哲学是属于全人类的

哲学必须依托某一文明

只有优秀的文明才能为人类提供哲学

我们生活在两个世界中

哲学新解

上卷

1

孙利平 著

九州出版社
JIUZHOUPRESS

图书在版编目（CIP）数据

哲学新解. 上卷 / 孙利平著. -- 北京：九州出版社，2019.6
ISBN 978-7-5108-8075-9

Ⅰ．①哲… Ⅱ．①孙… Ⅲ．①哲学－研究－中国 Ⅳ．①B2

中国版本图书馆CIP数据核字(2019)第102509号

哲学新解. 上卷

作　　者	孙利平　著
出版发行	九州出版社
地　　址	北京市西城区阜外大街甲 35 号 (100037)
发行电话	(010)68992190/3/5/6
网　　址	www.jiuzhoupress.com
电子信箱	jiuzhou@jiuzhoupress.com
印　　刷	深圳市国际彩印有限公司
开　　本	787 毫米 ×1092 毫米　16 开
印　　张	17.75
字　　数	230 千字
版　　次	2019 年 8 月第 1 版
印　　次	2019 年 8 月第 1 次印刷
书　　号	ISBN 978-7-5108-8075-9
定　　价	238.00 元

自 序

翻开本书就能感受到作者的极大野心。

这个野心就是试图为中国现代文化的重构提供一个哲学框架。如果可能，希望这个哲学框架也可以引导中国人的现代信仰。宗教为人类提供过感性信仰。哲学则可以引导人类的理性信仰。

但作者哲学能力的粗浅与文化修养的粗疏，又与这个野心极不相称。这就使得这本书的表达还远不完美，甚至错漏频频。这是能力与目标冲突的结果。不因能力而限制理想，则是任何成功者的方法论。表达的错漏总可以慢慢消除。

人类文化的历史总是在错位中前行。合适的人常常无法干出合适的事情，不合适的人常常有意外的成就。

作者之所以敢于将这种野心著述出版，也有一些理由。今天的中国经历了眼花缭乱的百年变迁。有幸直接或间接感受了这种变迁的作者，愿意认真对待这种感受。广泛而远不精深的文化兴趣，也是凝聚这种野心的土壤。没有文化兴趣的经历者芸芸，但大多是历史的看客。作者试图不当看客。

这个哲学框架自然无法回答今天中国人的一切焦虑。但却可以试着在混沌中趟开一条路，也许还可以吸引今天中国的一些志士仁人共同前行，为中华文明的现代化延续筑路铺桥。如果在将来精美的中国梦通衢中，还可以感受到这个粗疏的铺路石，就是我此生的夙愿。

本书分上下两卷。上卷表明人类的精神世界是一个独立的存在，其存在的方式与形态就是观念空间与观念结构。人类的意识仅仅是在其中分布与运动的特殊生命能量。

下卷表明人类社会也是一个独立的存在，其存在的方式是多层次嵌套的人类群体，而并非简单的阶级。人类在其中的生存方式就是流转、变换与利用社会资源的交易活动。

哲学靠逻辑，文学凭故事。当逻辑工具不合手，表达就繁琐。这也是不得已的事情。请读者见谅。

是为自序。

作　者

2019 年 6 月

目　录

导论 文明的崛起与文化的重构

1. 中华文明崛起中的文化冲突

冥冥宇宙中有一个微不足道的地球。

地球表面的特殊环境孕育了生命。人类是生命中的奇葩。

人类从其他生命形态中的脱颖而出，就是因为人类能够依据特有的文明方式实现自己的生存。

所谓文明，就是人类依赖自己特有的精神环境与意识活动，构成了群体化的社会生存方式。具备文化就是这种生存方式的核心特征，也是人类与动物的唯一区别。文明的形态就是人类的社会存在形态。文化的内涵就是社会秩序的精神依据。

人类依据不同的文明，将动物式的群居转变成为人类社会的群体结构。中华文明是唯一保持了文化形态与社会结构完整融合的文明，也是唯一延续到现代国家形态中的古典文明。这是中华文明具备顽强生命力的证明，也是中华文化具备强大包容性的证明。其他古典文明，大都在其演化进程中瓦解与流散为文化的延续，变成了不同现代国家中的文化传统了。只有今天的中国成为在现代社会结构中延续了古典传统文明的国家。

文明的确立，就是其文化体系与其社会秩序结构的有效融合。文明的瓦解，就是其文化体系与其社会秩序结构相分离的结果。瓦解的文明仍然可以不同的方式延续其某些文化，而作为文明形态的独特社会结构与社会活动方式则消失了。消失了社会秩序的凝聚功能，漂浮在社会秩序之外的文化延续，就变成了文化的遗存。缺乏文化凝聚与支撑的社会秩序，就会变成没有精神依据的不自觉的环境存在，就会在历史演化中逐渐失散。

今天，各种古典文明的传统文化遗存，虽然还可以在现代国家中继续表达某些社会秩序的功能，也常常被文化学者们当作是文明延续的特征。但这种文化遗存并非现代社会秩序的精神依据，最多就是这种精神依据中的结构粘合剂或功能调味品。粘合剂只能将散乱的结构机械地组合，而并非消除了散乱。调味品只能在个体精神环境中充当灌缝的心灵鸡汤，为他们提供临时的心理慰藉，而与他们必需的信仰追求与秩序自信无关。今天很多中国人对西方宗教文化的皈依，对中国国学文化的追寻，就是在用鸡汤滋润精神混乱中的焦虑。

缺乏宏观文化体系作为其精神依据的社会秩序，就只能是一种缺乏信仰支撑的不自觉的社会存在。在这种社会的存在中，如果还具备了一些中观文化提供的技术工具依据，也还会具备一定的稳定性。如果连知识形态的技术文化也都缺乏，社会成员就只能被动地生活在世界大潮的随波逐流中。

已经被西方社会秩序的全球化传播活动冲击得七零八落的大多数传统文明，大都是以这种方式生存在现代世界的环境中，他们无法具有稳定的社会秩序与社会发展，常常生活在不确定的社会动荡中。中华文明也经历了这样的动荡，但又在对西方文化的借鉴与传统文化的继承中逐渐恢复了社会秩序的稳定。

社会秩序是社会存在的依据。人类的不同文明形态，依据不同的社会秩序形态得以区分。不同的文明占据不同的地球环境以实现其群体的生存。文明间的接触与交往形成了文明的竞争与冲突，也形成了文明的借鉴与融合。文明的延续就是其秩序的延续，文明的稳定就是其秩序的稳定。今天的美国人试图向所有的文明中推广自己的生活方式，就来自他们对人类社会存在方式幼稚的机械论认知，也来自基于这种肤浅认知的精神狂妄。

近代的欧洲文明首先创造出了工业贸易经济秩序，并依此而形成了人类最新的文明形态。这种经济秩序内生的全球化推广动力，将其扩散到了全世界。始于西方社会全球化殖民运动形成的工业贸易文明扩散，瓦解了大多数传统文明，但也为他们提供了重构新兴秩序的条件。只有少数传统文明在实现向现代经济秩序的转型中保持了自己传统文明的延续。中华文明的工业贸易转型或现代化转型正在获得成功。

伟大的马克思在赞赏欧洲新秩序与新文明的同时，也在为欧洲的新混乱而痛心疾首。欧洲人在这种混乱的冲突中将自己的暴力竞争传统扩张为世界性的战争。今天的欧洲人仍然在自己的文化与自己的社会秩序结构的疏离关系中苦恼不堪。德国人的欧盟理想与英国人的民族利益仍然在延续欧洲传统的分裂。意大利人与西班牙人虽然保持了鲜明的传统文化，但也逐渐暴露出他们与工业贸易秩序的疏离。曾经的冷战为他们提供的福利便车，已经开始载不动他们了。

中华文明在西方工业贸易文明扩张的初始冲击中，艰难地保持了自己文明的完整形态。她曾经在反复被游牧文明的冲击中积累了历史的抵抗力与包容力。中华文明也出现过短暂的秩序瓦解，但又在传统文化的支持中逐渐恢复了自己的历史演化轨道。为了自己文明的延续与恢复，她不得不借助了欧洲文化提供的马克思主义思想武器。这个武器又是传统文化向现代文化转型的桥梁。中华文明在极为特殊的延续方式中，保持了自己文化体系对社会秩序的精神凝聚功能。这个特殊过程让所向披靡自以为是的西方人陷入了历史的迷惑中。

人类经历了两百万年复杂曲折的演化进程，最终进入了工业贸易文明的现代社会之中。传统文明的不同文化与历史，决定了他们进入现代文明的不同方式。现代文明建立的标准，仍然是要构成与自己文化体系相融合的社会秩序结构。今天世界上的大多数国家，都还没有完美地实现这个目标，甚至包括美国与欧洲。他们在现代文明的初始辉煌中，仍然要痛苦地陷入自己社会内部与外部的冲突中。这种冲突中蕴含了他们现代社会结构本身的缺陷。中华文明在延续中虽然渡过了艰难转型的最危险阶段，但今天也还仍然没有实现重构完美的现代文明社会的目标。这个目标才是中国梦的最终形态。

人类在环境中生存。人类的社会生存方式本身就构成了一种环境存在。任何环境的存在方式都是演化的过程。人类生存环境与生存方式的演化，形成了不同的文明形态与文明台阶。

文明具有两个维度。文明的演化形态构成了人类大群体的横向区分，这就是历史延续中的不同文明。文明的演化阶段构成了人类群体演化的纵向台阶，这就是远古的狩猎采集文明，中古的养殖栽培文明，近古的农耕畜牧文明与近现代的工业贸易文明。马克思曾经用不同的阶级形态来区分人类社会的演化阶段。用文明形态中利用自然环境资源的不同方式来区分社会演化的进程，比用阶级形态的区分更为合理，也更为透彻。

人类文明在不同层次中的瓦解与重构过程，就是文明演化的基本形态。所谓的阶级冲突，只是复杂的社会演化进程中的摩擦与冲突的特例。阶级斗争并非社会演化的动力而是社会演化的表象。阶级关系仅仅是社会秩序形态的特殊表象。

人类的自由生存行为形成了社会演化的基本动因。人类生存方式的改变构成了文明内部的秩序与文化的瓦解与重构，为文明的整体演化提供了活力。社会的演化就是社会秩序与社会自由的对立统一，而不仅仅是社会阶级之间的对立统一。

一旦文明的整体秩序或整体文化被瓦解而无法重构，这个文明就消失了。文明在演化中的延续与保持，旧文明的消失与新文明的出现，共同构成了人类社会的演化过程。

文明的演化进程不断增加着人类社会的复杂性与有序性。演化形成了文明形态的层次迈进与升级，也形成了文明瓦解与重构的结果。人类及其社会环境在文明的演化中延续。今天地球上的大多数传统文明都在自己的演化进程中消失了，但又在文明的重构中获得了不同的新生。传统文明瓦解的重要标志，就是他们的政治秩序的瓦解与政治文化的瓦解。

欧洲大陆从环地中海的古典文明中孕育出了欧洲的现代文明，但它并不具备国家形态的秩序结构。今天的欧洲仍然在努力建立准国家的社会秩序，以维护其现代文明的延续。欧盟的理想仍然任重道远。

欧洲的现代文明一直在追求全球化的工业贸易秩序，并依据其封建奴隶制的传统文化，曾经形成了全球化的殖民运动。他们的后裔也在奴隶文化与种族文化的土壤中孕育了现代美国。美国的新精英则试图重构新的世界秩序。他们虽然抛弃了老欧洲的殖民主义，但其文化短板也让新秩序渐渐出现了危机。

欧洲文明在其现代化进程中创立的辉煌成就不容置疑，他为人类展现了工业贸易社会秩序与现代科学文化体系。这种新文明的优越性形成的强大影响力，推动了它在全球的强力传播，构成了现代文明的全球化运动。这个运动形成了对传统社会秩序的剧烈冲击与强烈瓦解，并伴随了试图重构世界秩序的强烈暴力冲突。今天令人烦恼的恐怖主义极端思潮，就是这个暴力冲突的余波。

这个过程形成的社会扰动与社会灾难，又激发了全球化的社会革命运动。这也是传统文明努力消除灾难与重构社会秩序的方式。从风靡全球的马克思主义传播与世界工人运动，到推翻欧洲人殖民秩序的民族解放与民族独立运动，都属于此。

中华文明在这种剧烈的文明突变中努力保全了自己，并开创了进入现代文明的新道路。作为中华文明的外部衍生体的日本与韩国，则因为历史的机遇而在现代化重构中先行了一步。他们最终仍然会回归到中华现代文明的外部衍生体形态中。

西方文明的全球化进程冲击并瓦解了传统的中华文明，但也激发了她向工业贸易文明新台阶上涅槃的历史冲动。这个涅槃并非简单的华丽转身，而是痛苦曲折的脱胎换骨。从鸦片战争到新中国建立，无数志士仁人为这个脱胎换骨贡献了牺牲。这种牺牲还会在中国梦的构建中延续。

中国延续了近两百年的涅槃痛苦，形成了文明的危机，也造成了文明的文化疑惑。这个疑惑的重要结果，就是彻底抛弃自己的文化而全面拥抱西方文化的思潮。

文化是文明的灵魂。失去了文化的文明仅仅是文明的遗迹。中华文明是唯一在艰难地保持了文化灵魂的同时，又比较透彻地复制了西方工业贸易秩序的传统文明，也是唯一在文明台阶的提升中保持了传统社会秩序的文明。

工业贸易文明是由高度组织化的经济秩序所主导的社会结构，而不是更散乱更自由的社会结构。这种高度组织化的社会形态，是欧洲社会突破了中世纪的秩序约束重构而成的。新文明的构成形成了更为丰富的社会财富，也带来了社会成员更为广泛的社会活动空间，形成了更广泛的社会自由。

中华文明国家化的农耕经济秩序的组织化基础，为她顺利地接纳工业贸易文明秩序提供了先天条件。这也是中华文明在欧洲强大的殖民运动中没有完全殖民地化的原因。这个条件在传统文化中的表达，就是追求大一统社会秩序的政治伦理。西方现代文化将充分的社会自由作为实现工业贸易经济秩序的唯一条件，是一种历史的近视与文化的短视。

中华文化的传统政治伦理被马克思的社会主义文化所改造，从而具备了现代文化的形态。马克思主义的中国化就是马克思主义的儒家化。很多发展中国家，正是因为无法在传统文化的基础上接纳工业贸易经济秩序的高度组织化，反而要在西方文化鼓吹的自由化方向上背道而驰，他们的不顺利与失败也就是必然的了。文化的追求方向与社会秩序的重构方向相背离，就是按照西方提供的方法进行现代化改造的国家成功率很低的根本原因。日本韩国与新加坡的现代化奇迹，并不是来自他们对自由化的追求，恰恰是来自他们中华文化传统中的社会秩序保持。他们的儒家文化基础，为他们提供了能够高效率复制工业贸易经济秩序的社会环境。

在全球化运动中被广泛传播的西方科学文化体系，承载了构建与管理现代社会秩序的技术方法，但却无法承载构成现代文明的伦理依据与精神灵魂。科学的灵魂并不在科学的学术体系中。科学世界观的局限性在社会结构的现代化重构中十分明显。"德先生"与"赛先生"并非现代化的灵丹妙药，单服此药的新兴国家不会成功。中国现代化的最终成功离不开儒家传统对现代文明的接纳。中华文明对西方科学世界观的完美接受，必然蕴含了对自己传统伦理的保持。

文化是文明的精神内核。伦理是文化的基本结构，也是文明的基因。外来新文化与本体旧基因的融合，是社会秩序在突变中成功延续的条件。有史以来人类任何新文明的建立，都不是凭空从天而降的，都是植根于传统文化大树的精神根基之中的。欧洲如此，美国如此，中国也是如此。

欧洲在创立现代文明的过程中，也在不断追求新秩序与传统伦理的重组与统合。这个统合并不顺畅，也经历了战争与暴力的血腥。在已经广泛联系起来的世界秩序中，也就将这种暴力变成了种族灭绝与世界大战。种族灭绝的成果撑起了辉煌的美国，世界大战的痛苦重塑了现代的欧洲。他们的历史苦涩今天还要默默咀嚼。

今天已经开始明白的欧洲人，则开启了非暴力的社会政治统合进程。但他们传统的政治伦理又使得这个进程必然曲折艰难。欧洲社会的现代统合一定将是重构了政治文化的结果。欧洲今天所坚守的看似现代实际传统的政治文化，正是欧盟理想的梦魇。

欧洲人的后裔在美洲大陆建立的新兴大国，似乎异地实现了欧洲社会秩序的统合。处于两大洋隔离中的地理条件，为这种统合提供了有力保障。这种统合主要依赖于统一的经济秩序。但这个统合则因为广泛依赖移民而形成的文化与种族的多元化，而被复杂化了。这使得在强大与成功的表象下也会不断出现曲折与反复。正因为美国的国家精神与文化基因是多元的，也就使得美国爆发式的短暂历史能够稳定延续下去的方式，今天还不太确定。要保持其世界大国的领导地位，他还必须解决与其他不同文明如何和谐相处的国际政治伦理问题。这就必须重塑世界性的政治伦理与文化。这也是他们内部能够长治久安的必要条件。

中古以来，人类的核心文明集中在欧亚大陆上。工业贸易文明的全球化推广，开始了欧洲的全球化殖民活动。这个活动对东亚传统文明的冲击与扰动，激发了东亚的现代化演化进程。日本捷足先登。西方殖民运动对中华文明的冲击，构成了国家安全危机与文明瓦解危机。这两个危机激发了社会秩序重构与文化重构的强烈需求。中华文明开始面对三千年的大变局。

中华文明追求社会重构的结果，就是从洋务运动到共产主义革命运动的发生，就是从新文化运动到国家文化的马克思主义化的文化动荡。

日本在文明突变中的捷足先登与他们地理封闭的岛国体量，简化了他们社会重构的难度。但他们文化的浅薄在突变中形成的文化迷乱与政治狂妄，则让他们妄图通过瓦解中华文明来实现自己的现代生存。他们的疯狂为中华文明带来了西方文化的输入与灭亡的危机。这反而最终激励了中华文明的现代化进程。

今天的中国已经度过了最初的瓦解危机，实现了向工业贸易文明的初步转型，也初步建立了现代国家的形态。尽管这个形态并不为西方已经捉襟见肘的意识形态所接受。

工业贸易文明在全世界的深入推广，已经不再是仅仅依赖西方文明与西方文化了。中华文明与中华文化可能是实现工业贸易文明全球化普及的新兴力量。

现代中国人曾经想把马克思主义的社会理想推广到全世界。这来自依据西方文化理解世界的文化肤浅与文化狭隘。今天已经实现了文明涅槃与文化自觉的中国人的理想，则是新时代的中国梦。依据中华文化的世界观追寻中国梦的重新出发，已经与无产阶级革命与世界工人运动渐行渐远，已经开创出了工业贸易文明全球化的新天地。在这个历史进程中，西方文明可能要交棒了。

但是，今天的中国还有自己深刻的文化困境需要解决。

任何文明的历史性转型，都必然经历对传统文化的重塑。只有在文化的重塑中保持了传统伦理对新秩序的精神支撑，才能在文化的保持中得到文明的延续。在中华文明的现代化转型中，虽然具备保持传统文化的基本条件，但在这个条件下实现对文化的重塑，则必然要包容新文明带来的西方文化。这个过程既是基于传统文化对新文化的吸纳，也是在保持文明延续中的文化重构。

今天，中国从传统文明向现代文明的转型并未完成。未完成的标志并不是工业化与城市化还在继续，并不是在传统的社会形态中还保留了某些贫穷与落后。而是今天中国的主流文化还处于混乱与冲突之中，而是还没有在新文明的基本秩序中，实现对转型中被解构的主流文化的重构。

人类文明的形态，就是依据特定的文化核心所凝聚成的社会秩序形态。中国新的现代文明必然是以新文化为精神核心的工业贸易社会秩序形态。今天的中国已经大致实现了工业化的理想，甚至已经变成了工业大国与贸易大国。但今天中国的主流文化则仍然处于分裂中。这就是中国主流文化的三足鼎立。

主流文化的分裂与冲突，使得中国人仍然缺乏文化自信。没有文化自信就没有精神信仰。漂浮在文化表面的信仰形式就难以深入人心。

中国人缺乏文化自信的标志，就是在中国文化精英们的内心深处，仍然在仰望西方文化的星空；就是少数坚守传统的学者们，仍然试图恢复旧秩序；就是支撑国家政治秩序的主流文化，开始远离普通人的心灵。

在中华文明稳定与灿烂的两千年中，中国人的核心文化支撑了中国精英们的精神世界，维持了国家政治活动的人才群体，凝聚了政治权力体的基本伦理。这就是儒家文化。在曲折痛苦的现代化转型中，新文化运动打碎了传统，西方文化的引进确立了马克思主义的历史地位。但马克思的局限又让一些人想重回新儒家。中国改革开放引发的文化改变，则重新塑造了一代崇拜西方自由主义文化的年轻人。这些人构成了今天中国文化精英的主体。

今天的中国人在三足鼎立的文化中不知所以。不知所以的文化无法自信。信仰单薄的中国人只能重新寻求佛祖与上帝。在高级知识分子中又以佛学为时髦了，也有些人常常是脚踏两只船的多重人格。

文化是社会秩序的精神依据。冲突的文化凝聚出分裂的梦。很多中国人仍然向往向西方移民。很多中国人对国家前途充满疑惑。一个精神散乱的群体不会有强大的秩序力量。

一个没有文化自信的国家，也不会有世界性的文化影响力。在今天中国的文化活动与教育内容中，西方文化仍然是主宰。所谓的现代文化就等价于西方文化。在外人看来，中国社会的主流文化与主流伦理，还分裂在自由资本主义文化与中国特色的社会主义文化的冲突中。中国社会的权力体与管理者们，只能在这种文化的冲突中进行技术性取舍。他们也必然在这种冲突中充满了价值疑惑与精神焦虑。

要发展现代经济就盲目追随自由资本主义，要管理国家与实现政治自立又要生吞社会主义。这就是失去文化自信与文化能力的中国精英们的精神状态。这种精神状态在世界面前，就是没有灵魂的躯体，没有骨气的脂肪，没有文化的钱包。没有文化自信的中国人可以为世界提供精美的工业产品，这只需要复制别人的技术与自己的勤奋劳作。但却很难为世界提供有感召力的精神伦理与价值观。

初入小康的中国人刚刚填饱了肚子与钱包，头脑仍在混乱中。今天诟病中国产品的人已经开始减少了，但诟病中国文化与中国人的精神状态，仍然是一种世界性的时髦。包括中国人自己。

今天中国的主流文化结构，由提供了传统伦理而被保持下来的儒家文化，由提供了现代社会的构建技术与管理技术依据的西方自由主义文化，由提供了新中国政治制度依据的社会主义文化共同构成。这三种文化体系在今天的中国都处于主流地位中，但又互不包容甚至互相冲突。

自由资本主义文化的核心价值是反对社会主义的。社会主义文化虽然在中国特色化的改造中已经容纳了一些自由资本主义，但这种容纳只是机械性与技术性的，还仍然缺乏基本伦理的统合。马克思的经典社会主义否定自由市场经济。这种基本价值观的冲突被今天的中国人技术性地回避了，也就只能在技术层面实现中国特色的协调，更无法共同与中国传统文化实现深层次融合。这也使得与现代价值观相疏离的传统伦理，无法安置全部现代价值体系。传统伦理常常支撑了现代中国人的深刻思考，但却被肤浅地秉持现代文化的学者们嘲笑为保守愚昧。

中华文明的传统文化结构，具有对现代西方文化实现包容的可能性。这是中华文化的优点与特点。只有通过这样的包容与重构，才能消除现代中国文化中的散乱与对立，但这种包容也必然是对传统文化现代化改造的结果。这种改造是重新理解与阐释传统伦理的世纪文化工程。今天的中国人还在纠缠于对传统文化的发掘与恢复中，改造的共识还远没有形成。中国还缺乏能够改造传统伦理的哲学家。

中国主流文化的冲突，必然蕴含了社会秩序的不稳定依据与演化危机。一旦社会权力活动的功能受到扰动而失效，这种不稳定的文化依据，就会变成社会秩序瓦解的实现条件。稳定的社会秩序必然以完美统一的主流文化为基础，动荡的社会秩序常常来自混乱的主流文化。中国人对完美统一的主流文化的构建还任重道远。

中华文明对来自西方文明的文化吸纳，是文明转型与社会秩序现代化的必要条件。但在吸纳中保持自己传统文明的延续，则又是一个艰难的文化改造与文化重塑的过程。特别是，中华文明所吸纳的西方文化本身，就处于社会资本主义与自由资本主义的对立形态中。这种对立在马克思经典中的表达，就是社会主义与资本主义的对立，在西方流行文化中的表达，则是自由主义与国家集权主义的对立。

马克思的社会主义理想，就被主张自由主义价值观的西方社会视作是现代集权思想的文化平台。中国传统的政治伦理，在西方现代文化的视角来看，就是封建集权的文化标志。但实际上封建从来不集权。

西方传统文化中的民主自由价值观，就来自传统的封建主义政治伦理。共和政治就发端于封建政治。西方社会在创立工业贸易新文明的过程中，则将曾经依赖一神宗教文化的传统伦理扣上了集权的帽子。中国人在自己的现代化转型中，也糊里糊涂地模仿了西方人而将自己的传统文化表达为封建集权。西方人现代价值观的历史局限，也就由此变成了中国人的思想桎梏。

这种来自西方文化的根本性价值冲突，就构成了今天中国主流文化冲突的基本结构。这种来自西方现代文化的视角扭曲与局限，就遮蔽了中国人的精神能力，并通过这种文化的殖民在中国人的现代头脑中设置了无法逾越的藩篱。

中华文明的辉煌延续证明了中华传统文化的合理有效。中华文化的包容能力已经解决过两次历史性的文化冲突。一次是内部社会结构突变形成的文化落后，一次是外来先进文化的冲击形成的文化分裂。中华文明通过自发的文化重构度过了文化危机，实现了文明的升华与延续。第一次文化重构废弃百家而确立了新儒家，第二次文化重构则融合了儒释道的冲突。

中华文明赖以确立的文化基因，来自维护传统封建社会秩序的文化目标。这就是西周以前以孔孟思想为代表的诸子文化。当新兴的秦汉帝国瓦解了西周封建制度而建立起大一统的新式帝国，当时混乱的传统文化就变成了新秩序的羁绊，因此就有了巩固新秩序的文化重塑与焚书坑儒。

确立与大一统的新秩序相融合的新文化，则是汉武帝与董仲舒的历史功绩。独尊儒术的文化重构，吸纳了传统经典中统合社会秩序的伦理，消除了其中的社会分裂与社会自由化的政治伦理，通过重塑孔孟思想而建立起了维护大一统政治秩序的新文化。这就消除了焚书坑儒前的文化冲突，为废止自由化的封建诸侯分裂的政治秩序而建立大一统的国家新秩序奠定了延续至今的文化基础。正是这个文化体系中对超验价值构建的粗糙与落后，遮蔽了后来中国人对其历史价值的理解。"天人感应"变成了愚昧迷信的标签。这种忽略也来自中国人历史观的局限。今天的历史唯物主义也没有能够解魅。

民国时期对史学的激烈争论，来自新文化视角形成的历史观迷惑。但这个争论只能不了了之。新中国对历史唯物主义的教条化移植，也没有真正形成中国人自己的历史观。今天看似属于方法论争论的对历史虚无主义的批判，恰恰就是这种移植的夹生饭。在这锅夹生饭中添加了政治伦理的水分以后，就被批判的大棒搅成了一锅糨糊。

历史观的肤浅与局限来自历史哲学的肤浅与局限。历史观的合理化依赖哲学的昌明。

与秦汉帝国的建立几乎同时，兴起于西方的罗马帝国也试图将曾经被排斥的基督教文化，改造为维护其大一统秩序的主流文化。这个文化改造的失败，就是罗马帝国不能持久与不会重新恢复的基本原因。秦汉制度延续到了今天的新中国，罗马帝国的消失则让今天的欧盟仍然困难重重。

罗马帝国的瓦解恢复了传统的封建多元政治秩序。直到工业贸易文明的兴起，欧洲社会才用大革命的方式废除了封建，并依据大一统的经济秩序重组了西方社会。经济秩序的集权与政治秩序的自由分裂，就是今天欧洲人的烦恼根源。但现代西方文化的保守与肤浅，让今天的欧洲人还不能理解这种根源。

今天西方现代文化中的历史观念局限，也在西方文化的全球化传播中，复制到了崇拜他们的中国现代知识分子的头脑里。马克思试图建立的新兴历史观，虽然打开了破除这种局限的大门，但马克思还没做完的事情，已经后继无人。在欧洲如此，在中国也如此。为往圣继绝学谈何容易。

中华文化的第二次危机来自汉帝国瓦解以后佛教文化的引入。佛教文化中具有深刻理性化的超验终极性，补充了孔孟思想的短板，满足了中国知识分子的高层次超验精神需求。中国人模仿佛家的超验结构与文化仪轨，集合了自己传统文化中的超验资源，又创立了本土的道教。道教与佛教就一起侵蚀了儒家的文化领地。特别是佛教文化在士大夫群体中的深刻影响，已经严重地危及了儒家正统文化的伦理地位。佛家与儒家的对立，构成了中华文明的文化危机。

这次危机的解决，最终来自程朱贡献的宋明理学对儒释道分裂文化的重新整合。理学在保持儒家文化伦理结构的基础上，吸纳了佛家与道家有益的超验观念，为儒家文化体系构成了比较完整的精神结构，也为佛教的中国化改造开辟了空间。佛教中也就出现了儒家化的禅宗。

这次重要的文化重构最终消除了中华文明的文化分裂，为延续中华文明提供了明确的文化支撑，但也固化了儒家文化的保守，将它变成了三千年变局中的文化靶子。由于历史观与哲学的局限，中国人一直缺乏对这次文化整合的清晰认知。将这次文化重构结果弊端的放大，就是民国时期新文化运动的合理性依据。

工业贸易文明的传入形成了中华文明的新危机。西方现代文化的输入构成了中华传统文化的新分裂。这次文明危机最终通过运用马克思主义文化工具的社会革命活动获得了政治解决。但这次文化分裂则仍然是今天中国人的精神困惑与智慧难题。

通过马克思主义文化的桥梁，中国人又聪明地吸纳了自由资本主义文化，并由此而融入了建立世界新文明的全球化大潮。马克思主义的思想滋养了新中国，马克思主义文化的成果也支撑了改革开放。但今天中国的主流文化形态仍然处于分裂状态中。

社会主义革命与改革开放为现代中国的崛起打开了两扇大门。已经由此重新走向世界的中国人，应该认真思考自己的文化重构任务了。今天中国的董仲舒和朱熹还没有出现，今天中国的知识分子们还远没有他们的文化能力。

但中国人并非没有努力过。面对社会危机与文化危机，开始于晚清的洋务运动试图机械性地接纳西方技术来解决中国的问题。这个文化努力的失败最终激发了辛亥的政治变革与新文化运动。新文化运动的文化改造冲动，逐渐变成了对传统文化的全盘否定。失去文化根基的文化改造注定没有成果。新文化运动分裂的政治成果就是国共两党，他们的分裂最终以建立新中国来结束。这次政治分裂的恶果直到今天还没有消除，中国还没有统一。

新中国试图依据马克思主义体系重塑社会主流文化。这个文化改造运动为新中国的工业化起步与国家政体的现代化重构，提供了技术性的文化保障。这个过程的副作用就是接纳了苏联建立的原教旨社会主义的局限性。

新中国对马克思主义的接纳过程，也形成了对它的中国化改造。这是由中华文化本身具备的传统包容性决定的，这也是由中华文化的基本伦理与社会主义基本伦理的价值结构一致性所决定的。

这个改造过程的曲折引发了中国现代化过程的各种挫折。中国人对挫折的反思与修正，最终会将中华文明引上重新崛起的坦途。这些挫折中的极端就是"文革"。这是一次失败的文化重构与政治重构。抛开其重构方向的合理性与否，仅仅是用政治方法甚至政治暴力来实现对文化的重构，就是其必然失败的方法论原因。

消除这个致命挫折的努力，又为中华文明重塑社会主义文化提供了条件与动因。其成果就是将原教旨社会主义改造为中国特色的社会主义。这一改造技术性地初步实现了对自由资本主义文化的融合，并依此而破除了中国现代文化重构的一个基本障碍。

中国特色的社会主义文化，在经济活动中恢复了社会主义对资本主义经济秩序的基础性依凭，重新确立了工业资本主义在现代经济中的基础性地位，并全面引入了自由资本主义经济秩序核心的市场制度。它在政治上则抛弃了阶级专政与暴力革命的模式，在文化上扬弃了马克思的阶级斗争理论，恢复了中华文明对世界秩序的理解，并开始恢复被新文化运动否定的传统伦理，进而为传统政治伦理的现代化回归开辟了可能性。

中国特色并不仅仅是改造了社会主义，也是将社会主义融于中华文明的传统文化之中。这就将中国执政党的根基更深刻地植入了中华文明的历史土壤中，还实现了对执政党本身的现代化改造。

社会经济资源的高度资本化是工业贸易文明的核心特征。现代社会主义必然以资本主义经济秩序为基础。工业贸易文明的初期弊端，并非来自资本主义经济秩序本身，而是来自这个秩序的内部不协调。剩余价值理论就是对这种内部不协调的逻辑归纳，但局限性很大。

马克思试图用剩余价值理论表达与理解这种特定经济秩序的混乱，既具有历史真理性也具有历史局限性。马克思的伟大贡献在于为人类理解社会环境开辟了一个崭新的逻辑平台，今天的中国人可以在这个平台上重构自己的新文化，但并非要复制这片平台的全部逻辑。中国的新文化要重新定义哲学价值与经济价值，要重新塑造剩余价值。

现代世界的冷战对立被称为社会主义与资本主义的对立。这是在文化的粗糙中形成的文化误解。冷战中的意识形态对立应该是社会资本主义与自由资本主义的对立。这两种文化的对立又被不同文明间的冲突衍生出来的国家利益竞争所掩盖，也就更加模糊与混乱。今天国际政治的全部文化依据几乎就在这种模糊与混乱中。这种混乱就是国际政治中充满了双重标准与自说自话现象的基本原因。双重标准并不仅仅来自政治的不诚实，也来自文化的冲突与分裂。这种混乱就是不同文明之间的文化冲突无法深入沟通的基本原因。西方文明的局限性开始显露了。

中国特色的社会主义通过接纳市场活动恢复了社会主义经济秩序的资本主义属性。现代市场经济就是经济资源资本化的经济。现代市场与现代资本主义等价。将市场制度带上社会主义的帽子，只是一种文化安置的标签。现代市场制度就是现代资本主义的基本秩序工具。基本工具的通用基于基本秩序的相同。现代市场经济的核心功能就是实现社会经济资源的资本化流动。自由资本主义如此，社会资本主义也如此。

市场秩序可以为经济活动提供充分的微观自由环境。这是在合理的经济秩序中实现秩序与自由均衡化的必要条件。

在社会结构中的秩序与自由的失衡，可以形成秩序的过分主导，也可以形成自由与无序的过分主导。前者是传统中华文明中的秩序短板，也是原教旨社会主义制度的基本局限。后者则主要是自由资本主义秩序的基本局限。

马克思对资本主义的全部批判，都是针对资本主义经济活动中的过度无序，而从来没有针对资本本身。社会的贫富分化，个人的生存异化，都不是来自经济资源的资本化流转，而是来自资本主义活动方式的过度自由与无序。而经济资源的资本化流转，则恰恰是工业贸易文明实现人类富裕昌明的新创造。中国改革开放解放出来的巨大经济活力，并非来自市场秩序的技术手段，而是来自由此而确立的经济资源的资本化流转的经济效率。

近代资本主义的全部弊端都来自其内在秩序的过度自由化。从当年马克思对资本罪恶的深刻抨击，到今天皮克迪对资本流转方式新弊端的发现，无不揭示此点。

科学社会主义思想是对资本主义过度自由的改造，而不是对资本主义本身的扬弃。但资本主义秩序中的这两个极端则可以互相补充与调和。自由资本主义秩序的优越性，其提供的高效率与高活力，常常是治疗原教旨社会主义病症的良药。社会主义秩序的优越性，其形成的社会公平与和谐，则又是克服自由资本主义弊端的法宝。但将治病的良药与制度的法宝当作了社会机体的全部营养与秩序依据，则是来自中国人的文化局限。今天也还仍然是西方人的文化局限。

自由资本主义文化将追求人类社会行为的绝对自由作为自己的终极价值，并依此来理解人类的社会秩序与文明。这种文化的明确贡献，是为西方社会由中世纪向现代化的转型提供了思想武器。它的明确短处，除了在现代西方经济活动中引发了剧烈的动荡之外，也遮蔽了西方文化对人类历史的透彻理解。

马克思主义则为消除这个短处开了一扇不太完美的窗子，但这仍然是人类文化史的突破。将这扇窗子改造为宽敞大门的任务，大概只能由中国人来实现了。

自由资本主义的这个短处也曾经被凯恩斯的工具遮掩过，但仍然在西方社会僵化的冷战思维中被政治伦理所绑架与桎梏，又顽强地以新自由主义文化的形态主导了当下的文化主流。这个畸形的文化形成的最近的经济恶果与政治恶果的例子，就是美国的次贷金融危机和这个危机背后隐藏的深层次社会冲突。这个恶果来自凯恩斯的货币工具被自由主义价值观土壤的滋养。简单地批判它们哪一边，都无法解决问题。

今天的美国在世界秩序的维护活动中的逐渐捉襟见肘，并开始与自己曾经推崇的世界秩序相分离，并不仅仅来自国力的不逮，而是来自其主流文化中的权力伦理结构的短视与不合理。

新中国文化重构实践中的灾难性曲折，也为中国提供了新的社会改造途径。这个改造的结果并不仅仅是形成了中国特色，还在社会经济秩序的开放中为自由资本主义文化的全面进入中国打开了大门。由此，在原教旨社会主义文化中曾经被不合理地强烈抵制过的资本主义文化基因，又被重新激活与包装，并以自由资本主义的文化形态大规模地融入了中国人的社会生活中，甚至变成了今天中国的流行文化。这种文化还试图变成引领中国社会秩序的主流文化。它们的核心口号就是普世价值与宪政政治。在今天的新时代与中国梦面前，这些口号暂时收敛了，但它们还会等待新的时机。

自由资本主义文化与中国执政党所坚守的社会资本主义文化是对立的。一切追随这个文化体系的学者们与学生们，也常常隐含了对社会主义秩序的广泛诟病。他们的终极政治目标必然会是废弃社会主义制度。

今天中国这两种文化的对立，主要发生在政治权力体的文化坚守与文化精英们的文化追求之间。中国当代文化的自由主义精英们几乎掌控了中国的全部文化活动。自由主义价值观几乎是学术界与文化界的精神圭臬，社会主义价值观则是他们合法社会活动的华丽外衣。一回到房间里外衣就挂上了衣架。在这种对立中隐含了巨大的社会政治危机。

今天中国的文化教育活动基本上被自由资本主义文化所统治，它们在不断地培养着从骨子里与中华文明相对抗的一代又一代的年轻人，将他们塑造成精致的利己主义者就是现代教育的明确目标。中国最优秀大学的毕业生们的主要理想就是奔向西方。而这种教育活动又恰恰是反对这种结果的国家权力所塑造出来的。

与此对应，内心主张社会主义价值观的人群，则逐渐被压缩为一个少数的群体。他们的常常被攻击与诟病，就是因为其中有些人仍然在试图恢复原教旨社会主义文化。这也表明了中国特色的文化体系的影响力之微。甚至在执政党的内部，真实地理解社会主义文化体系的人也不是太多。这从各种马克思主义研究活动中表现出来的迟钝与僵化，从执政党内的某些成员逐渐向传统宗教文化的靠拢，就可以看出端倪。

尽管这种严重的文化对立在社会经济的高速发展中被表观性地弱化和遮掩了，但这种深层次的文化冲突如果不能在文化的重构中得到最终的解决，则始终是中华文明转型中与中国梦中的一颗致命的定时炸弹。因为这种文化冲突中可以蕴含着国际政治博弈中的敌对影响力，也可能蕴含了中华文明在现代国际竞争中的败亡因素。

今天中国文化三足鼎立的另一只脚，就是中国的传统文化。

在中华文明的现代化转型中几乎废弃了传统文化。果真如此，中华文明也就寿终正寝了。但在经历了新文化运动的严重打击与马克思主义化的清扫之后，中华文明的传统文化仍然顽强地生存了下来。这来自中华文明的顽强延续形成的不可或缺的历史文化依据，也来自中国执政党核心人物的历史文化眼光，更来自中国现代化转型中的社会主义道路与中华传统文化中的政治伦理的一致性。

失去了传统文化的中国将最终失去自己的文化自信，没有文化自信的民族的前途必将是自己的瓦解。没有文化自信，道路自信与制度自信都是空中楼阁。

能够在剧烈的文明转型与强大的外来文化的冲击中保持自己的体系存在，就是中华文化的一个核心特征。从西周到秦汉的社会变革成功，就是在保留了传统文化基本伦理的基础上重塑了儒家新文化的结果。中华文明由此而比欧洲早两千年结束了封建制度。被董仲舒重塑的儒家文化体系也就成为大一统政治秩序的精神依据。它维护了中华文化的历史延续，也在近代大变局的文明危机中为中华文明接纳西方社会主义文化准备了条件。这个条件就是儒家伦理与社会主义伦理的价值同构。

西方的罗马帝国在崩溃以后就逐渐消失了。汉帝国则在多次崩溃中又多次恢复，并在不断的瓦解与重建中形成了中华文明独特的政治生态。这种政治结构的稳定性甚至让中华文明渡过了外族统治的异常危机。这种社会结构的高浓度凝聚力，让大一统的社会结构在中华文明中延续了两千年。今天罗马帝国的后裔们还在追求大一统秩序的努力中挣扎。自由资本主义伦理就是瓦解欧盟的精神武器。

欧洲人虽然率先创立了先进的工业贸易经济秩序，但并未为这种秩序的长治久安准备好合理的精神依据。自然科学仅仅是他们利用自然环境的理性化工具。工业贸易文明需要高度的社会组织化，而自由主义文化中则缺乏社会组织化的伦理基因。

今天的历史研究已经揭示，工业贸易文明经济秩序的创立，并非是经济活动自由化的结果，而恰恰是经济活动统合化与权力化的结果，只不过欧洲人的文化视角看不到这些而已。今天欧盟的困境是否会打开他们的精神桎梏还未可知。曾经伟大的欧洲智慧已经沉睡了。

欧洲人的后代在美洲大陆的成功，则主要是自然资源与地缘政治优越性的成果。美国人并不太相信文化的凝聚力。他们的文化活动主要是向外部彰显自己的优越性。美国的凝聚力主要来自其特殊的大一统经济秩序。

中华文化的外部包容性还可以由其容纳了外来的佛教文化而得到证明。汉王朝崩溃后主流文化的瓦解，为佛教文化的进入与道教文化的兴起准备了条件。儒家文化超验结构的短板，又为佛教文化在中华文明中的广泛落地提供了依据。经历了几百年的文化吸纳与重构，儒家与佛教道教最终统合为理学。

佛教的儒家化形成了禅宗。马克思主义的工具性儒家化形成了毛泽东思想。毛泽东思想的全面儒家化就是中国特色的社会主义。要表达中国特色新文化的完美体系，仍然要回到传统哲学中，仍然要实现对传统与现代终极公共观念的重构。

中华传统文化经历了多次外来文化的冲击，并在冲击中通过自我改造实现了对外来文化的包容。今天的中国文化又会经历类似的历史过程。但这个过程还任重道远。今天的马克思主义还不能全面融于儒家，今天的自由资本主义则根本不理解儒家，今天的新儒学的目标，就是在狭隘地排斥资本主义与社会主义中复古。他们不是在恢复传统文化，而是试图恢复传统社会秩序。他们的态度铸就了今天中国文化的三足鼎立的分裂。

消除中国文化冲突的途径，必须要回归到历史性的文化包容活动中，这就是传统文化为现代中国人提供的精神营养。包容并非恢复与接纳，包容他人也要改造自己。这也是实现文化现代化的途径。今天重提传统并非回到传统，而是要用传统眼光重新看待与理解现代。

实现中国梦必须重构中国新文化。中国新文化的基础仍然在中华文明的传统伦理中。这个伦理基础的博大精深，足以重新容纳工具理性的马克思主义与自由主义。这种容纳不是简单地模仿与学舌，而是将它们揉碎以后脱胎换骨地重塑。中国今天的文化人必须重新确立这样的理想，而不是继续沉浸在马克思中和自由主义中自恋自乐。

文化的内核就是哲学。哲学是理解文化与重构文化的工具。散乱文化的重构必须从散乱哲学的重构做起。

回到哲学去！就是今天中国文化重构的基础任务。

中华文化的包容功能，就是重构马克思主义文化与自由资本主义文化的条件。但中华文化的理性缺失与超验缺失，则必须由马克思主义哲学与西方哲学来补偿。中国人不应该在这种文化补偿中忘记了根本。

促使中国人忘记自己文化强大影响力的原因，恰恰来自西方文化强大的工具理性影响力。从洋务运动到新文化运动，从马克思主义化到自由主义化，中国文化人一直在忘记自己中兴奋不已。

今天中国特色的社会主义思想，已经为这种包容提供了一个工具形态的框架与方向。对于终极观念与基本伦理的重构，则可以仅仅依据今天的伟大实践而可以不受任何传统的约束。无论是孔孟程朱王守仁，还是马克思康德黑格尔，都可以在中国梦的实践中被重新审视。新文化的出现永远以传统为根基，但新文化的出现又必须打破与超越传统。

中华文明独特的大一统社会结构，创造了国家化大农耕的历史辉煌，也为接纳高度组织化的工业贸易经济秩序提供了条件。中国的现代化进程比条件好得多的印度更迅速更有效就是证明。这种社会结构的强大竞争力曾经塑造了强大的农耕中国，今天又在塑造强大的工业化中国。在这种竞争力面前，欧洲人已经无可奈何了。美国人还并不服气，还想用他们的权力与伦理为中国人套上枷锁。中国避免修昔底德陷阱的方法，就是在忍受枷锁中努力前行，并通过自己的成就让他们明白，这种枷锁无用。

在超越百年的文明转型与社会巨变中，中国无数志士仁人试图坚守自己的文化传统，也有无数精英主张废弃自己的传统文化。洋务运动中为本为用的分歧与争论，民国时期新文化运动与新儒学活动的对立，共产主义革命中完全莫斯科化与马克思主义中国化的分歧，都展现了中国人重构新文化的艰难曲折。幸好，今天的中国执政党还是终究坚守了自己文化传统的权力体，也幸好，这种坚守形成了现代中国特色文化的实践基础。

中华文明的文化体系构建了纵览天下的政治能力。中华文明的伦理体系具备拓展为全人类视角的潜在功能。传统的天下仅仅是自己的国家与周边，今天的天下则可以拓展为人类共同体。

中华文明的现代化转型不可阻挡。中华文化的现代化重构不能回避。这种重构已经具备的中间条件，就是马克思主义的中国化。但这并不是中国现代文化的终极形态，而是从传统文化走向现代文化的中间桥梁。马克思主义为中国人重构三足分裂的文化提供了历史依据与实践依据。

今天的中国，已经实现了社会政治结构的现代化改造，尽管西方人并不完全认可。中国社会仍然处在经济结构与一般社会结构的现代化改造进程中。中国文化的现代化重构则还在孕育中。

2. 重构新文化需要新哲学

地球表面的生物圈环境孕育了人类。

人类从动物同类中的脱颖而出，仅仅依据人类具备的文明。文明就是人类从动物的群居本能中演化出来的文化群居。人类依据文化的群居就构成了人类的社会环境。

文化是人类群体公共观念在社会环境中的表达。公共观念来自人类在观念交流活动中形成的个体观念共识。个体观念就是人类个体精神世界的存在形态。观念要素组织化构成的观念结构，为人类提供了意识活动的环境。

人类依赖文化的群体生存方式，就是依赖公共观念与公共价值的生存方式。人类的文明依据人类的精神世界而形成，文明的辉煌来自文化内涵的完美，来自文化内涵对人类生存环境秩序超越性表达的充分有效，也来自文化在演化中实现的自洽与和谐。

人类个体是人类社会存在的元素形态与能量形态。每一个个体的观念空间与意识活动方式都是独特的精神世界存在。个体的精神世界提供了个体生存行为的高维度环境，保证了个体行为的多样性与不确定性，实现了个体的精神自由与社会自由。

人类的生存环境分为四个层次，这就是物理环境、生命环境、精神环境与社会环境。社会环境是物质环境的综合。

存在是环境的终极本体。存在由秩序对能量的组织化构成。四个层次的环境形态具有四种能量形态，也具有四种秩序形态。

人类的社会环境由人类个体间的组织化关系构成。人类的生存方式就是依据精神世界实现对生存环境的适应与利用的方式。人类个体精神世界的独特性，决定了个体生存行为的独特性和自由度。人类群体公共意识活动的环境与形态，决定了群体社会行为的独特性与自由度。

人类文化表达的公共观念，就是个体观念结构在社会群体中的组织化与公共化形态。人类群体化生存的社会环境，就是人类个体生存行为的组织化与公共化成果。个体间实现群体化生存的联系也就构成了社会关系。社会关系的总和构成了社会秩序。社会秩序与社会成员与社会资源的总和，构成了社会环境。

人类的社会环境由社会秩序对社会能量的组织化所构成。社会结构表达了社会秩序，人类个体的生存活动构成了社会环境中的能量形态。个体的行为自由与社会秩序相对立与相均衡。社会秩序通过约束个体的行为自由提供其社会环境功能。个体自由通过瓦解社会秩序提供了社会环境的演化活力。人类社会的稳定存在依据，就在社会秩序与社会自由的均衡之中。

人类的精神环境也是精神秩序对精神能量的组织化成果。精神环境来自人类意识活动的构建。精神自由决定了个体精神环境与观念结构的独特性。在人类社会群体化的意识活动中，实现了公共观念与社会文化的构建与瓦解，实现了社会文化的稳定保持与社会文化的变化与演化。

演化是人类生存环境的存在方式。现代物理学表达了宇宙环境的演化，生命科学表达了生命环境的演化。哲学应该表达精神环境的演化。社会环境的演化模式则只有马克思试探过。

人类的文明也在演化中存在。文明的演化进程可以由不同层次的文明台阶表达。文明的演化依据在文化的演化之中，文明的演化台阶也就表达了文化的演化进程。人类进入最高层次的工业贸易文明台阶的标志，就是表达了工业贸易经济秩序的社会文化形态的形成。

文明的形成与存在，来自其文化提供的精神凝聚功能。文明的瓦解与消失，来自其文化功能的失效。文化功能的失效来自文化对个体精神自由包容的失败所引发的结构散乱，来自人类为消除这种散乱所追求的文化重构的失败。

文明的保持与延续，来自支撑文明存在的文化体系的保持与延续。文化体系的保持与延续来自文化结构中核心伦理的结构稳定性，来自伦理与其对应的自然环境的适应性。核心伦理的失效与重塑形成了文化的散乱与重构。文化的散乱与重构承载了文明的演化。

每一个文明都在自己特定的自然环境中通过演化实现自己的存在。人类的生存环境在演化中的改变促生了文明的演化。文明演化的依据在其文化的演化中，文明在其文化的延续中延续，文明在其文化的瓦解与消失中瓦解与消失。

中华文明曾经的辉煌与至今的稳定延续，来自她所具备的中华文化的包容能力形成的环境适应性，来自这种包容能力对环境重大突变的包容成功，来自她在自己的历史中面对自己内部冲突的不断合理重构。

中华文明今天仍然处于最剧烈的环境突变中，仍然在经历最复杂与最艰难的演化转型。中华文明曾经完美的文化结构，也在经历严重的瓦解散乱与艰难的重构中。中华文明的现代化转型已经大致成功。中华文化的现代化重构还刚刚开始。

今天中华文明的文化重构任务，就是融合三足鼎立的主流文化，重构自己在工业贸易文明生存方式中的新文化。有效完美的新文化是新文明合理存在与延续的标志。完美文化的特征则是保留了传统与适应了现代的核心伦理。没有传统的文化缺乏历史稳定性，也无法形成文化自信。不适应现代环境的文化不具备生存能力，也无法引领现代文明。

中华文化的核心伦理与西方现代文化中的科学社会主义伦理的功能类似，就是中华文明现代化转型获得成功的重要条件，也是中华文化可以实现现代化重构的基本依据。

马克思主义试图为西方新兴的工业贸易文明化解幼稚期的混乱，但也为中华文明的延续提供了新的文化环境。马克思主义为传统的中华文明转入现代的工业贸易文明，提供了文化演化的媒介与文化重构的工具。但中国的现代新文化必然是对马克思的超越。

在今天中国主流文化的冲突形态中，社会资本主义文化主导了现代中国的政治结构与权力活动，自由资本主义文化主导了社会文化活动与社会经济活动，传统文化则仍然在主导着中国人的精神生活。没有传统文化的承载与包容基础，也就无法融合社会资本主义与自由资本主义。就像没有儒家文化的基础就无法包容道教与佛教一样。

观念是人类精神环境的存在方式。观念结构构成的观念空间是人类意识活动的环境。公共观念是人类群体中的观念交流活动形成的观念共识，也是对个体精神环境的群体组织化构成的公共意识活动环境。公共观念与公共意识活动构成了公共意识形态。

文化是公共观念的社会表达。社会文化环境形成了公共观念与伦理对个体精神环境的公共化塑造。人类对精神自由的追求是文化瓦解的基本原因，也是文化重构与文化演化的动因。人类对合理社会秩序的追求在不断消除文化的瓦解与重构新文化。文化的重构依据在人类群体的观念共识中，在群体对社会秩序的理解与追求中。

理解精神世界是理解文化的依据，也是重构文化的依据。人类理解自己精神世界的存在方式与意识活动方式的文化活动，就是哲学活动。表达这种理解的公共观念体系就是哲学文化。所谓哲学，就是人类理解与表达自己精神世界的理性化公共观念体系。

文化是公共观念的表达。哲学是理解与表达公共观念的方法依据与结构依据。哲学也是理解文化结构与理解文化活动方式的依据。哲学活动的成果提供了文化表达的理性化方法与逻辑工具。

哲学的成果是人类构建文化的基本具。哲学活动是人类文化活动的核心。自从有了哲学，人类的文化活动才进入了理性自觉。哲学孕育了一神宗教，哲学支撑了自然科学，现代哲学则是人类现代理性的精华。哲学是全部逻辑工具的来源。

哲学也必然是重构文化与消除文化冲突的基本依据与基本工具。没有合理的哲学依据与哲学工具，大文化的根本重构难以实现。

不同的哲学又是不同文明中文化体系的结构核心。不同哲学的特征就是区分文化体系的核心标志。中华文化体系由自己的哲学内涵构成核心结构，就像基督教文化体系与佛教文化体系依赖于它们的哲学方法构成其核心结构一样。

西方现代文明的文化形态就是由自然科学文化所主导的现代文化体系。自然科学文化体系的哲学依据就是现代唯物论与经验论世界观和现代数学逻辑方法。

人类的文明演化需要不断重构文化。人类文化重构的需求激发了哲学方法与哲学工具的发展，也引导了哲学的演化。西方现代文化的重构激发出了现代西方哲学。中国现代文化的重构也必然从唤醒哲学与激发哲学开始。

历史是哲学的例题。文化是哲学的问题。

哲学的好奇心来自历史的感悟。哲学的动力来自文化的困惑。文化的散乱与冲突是哲学兴旺的条件。文化的统一与协调又是哲学凋敝与异化的原因。

中国西周时期诸子百家中丰富的哲学思想，就来自他们深刻的文化焦虑。宋明理学与心学的形成，就来自程朱与陆王解决文化冲突的追求。康德对欧洲近代哲学的集大成，来自他试图融合自然科学文化与传统文化相分裂的努力。马克思为了构建解决工业贸易文明初期的社会混乱与冲突的新文化，也就必然要寻求与重构新的哲学武器。

哲学是理解由其奠基的文化体系的钥匙。马克思的哲学就是理解马克思观念体系的钥匙。只会把玩与欣赏钥匙而不去努力开门，就只能当一个哲学技术工匠。政治家对社会的改变在社会政治秩序中。哲学家对社会的改变则在文化中。

任何流传于世的有影响的哲学，都是对当时文化问题有效回答的成果。哲学的边沿化与哲学家的自恋化，常常发生在文化重构欲望衰微的环境中。哲学从来就不是哲学家们自娱自乐的个人审美器具，也不应当是他们展示自己聪明与知识的精神包装。仅仅出于表达个人审美欲望与智慧能力的哲学观念，只能是伟大哲学的装饰花边。有创建的哲学家必然是怀抱治国平天下的理想与追求和引导社会秩序目标的智慧者。

人类社会中的丑恶来自文明的内部与外部冲突。文明间的竞争放大与激化了这种冲突。文明的外部冲突必然波及内部。任何文明内部的文化冲突必然以其外部环境中的文化冲突为条件。消除人类丑恶的最终方式，必然要从整合冲突的文化结构的目标中回到对哲学的追求中。哲学是人类理性智慧的源泉。

文化盛世出艺术，文化乱世出哲学。安适的文化环境滋养艺术家，冲突的文化环境激励哲学家。艺术家喜欢温暖的港湾，哲学家常常到中流击水。

自从有了哲学，人类的全部文化构建活动就被哲学统辖起来了。哲学的发展与功能的完善，决定了人类的文化构建能力与文化的完美程度。哲学也必然是消弭文化冲突的工具与文化重构的工具。文化冲突的消除困难与重构困难，常常就是哲学不彰与哲学困境的结果。

理性是人类理解自己精神世界结构与意识活动方式的能力。理性又是人类表达与构建公共观念的基本工具。人类的文明就是人类理性能力发展的成果。人类第一次理性能力的爆发形成了语言，人类第二次理性能力的爆发形成了哲学。如果出现了人类后现代的新文化，则必将是人类第三次理性爆发的结晶。

作为人类文化的核心与结构依据的哲学，就是人类用理性方法表达对精神世界理解的公共观念体系。人类对精神世界理解的感性化表达构成了广义的艺术文化。人类专门化的艺术活动构成了狭义的艺术门类。人类的宗教文化主要依赖艺术方法表达。宗教文化的逐渐理性化，就形成了具有哲学内涵的佛理与神学。

意识活动构成了人类的精神环境。意识活动的理性化能力构成了精神环境中的理性化观念结构。理解与表达理性化的观念结构与其中理性化的意识活动方式，既是哲学的核心目标，也是哲学的重要成果。艺术与哲学是人类文化的同袍姐妹，尽管艺术要年长得多。宗教与科学则是她们共同养育的不同后代。

哲学实现了人类对精神世界的理解，也提供了理解精神世界的理性化工具。这就是广义的逻辑。人类的哲学能力与理性化能力相辅相成。理性催生了哲学，哲学滋养了理性。

哲学又是人类构建群体公共观念的方法依据与工具体系。哲学由此而成为人类不同文明的精神活动依据与秩序表达工具。哲学为不同文明提供了不同的本体论与方法论，它们在一般文化中的展开就是不同的世界观。

自从有了哲学，人类也就有了自觉构建与整合文化体系的基本工具，也就有了自觉理解与表达文化结构的基本工具。各种哲学体系就是为此目的而被人类的文化活动所打造出来的。不同文明的哲学也就成为不同文明的主流文化体系的核心结构，成为不同文化体系的构成依据与构成方式。因此，理解一个文明的哲学，就是理解这个文明文化的钥匙与依据。哲学钥匙与哲学依据也必然是整合与重构不同文化体系的基本工具。

哲学作为文化体系的基础内涵，在不同文化形态与文化活动方式中具有不同的地位。文化的蓬勃与散乱，会激励哲学工具的频发与旺盛。文化的稳定与和谐，也会泯灭哲学的生命与活力。当社会文化深刻地成为社会权力活动的内在工具时，哲学也就常常会变成权力形态与政治秩序的阐释工具。哲学这时就会由文化的主人变成文化的奴仆。这是哲学功能凋敝与失效的深层次原因。

哲学的凋敝与失效疏离弱化了哲学对文化的支撑，也就常常会滋养着文化的散乱与冲突。哲学通过为文化活动提供免疫力而保持文化结构的健康。失去哲学思考的文化活动常常会陷入混乱中。狂暴的政治运动与偏激的群体情感状态，天生就要抵抗哲学的思维。深度沉浸在社会物质欲望享受中的精神迷失者，就常常会强烈地贬低哲学。

人类面对散乱冲突的文化环境，常常从哲学中获得整合文化结构与消除文化混乱的思考方向与实现工具。文化的完整与统合离不开哲学活动的有效与完美。完美的哲学是构成完美文化的必要条件。离开了哲学思考支撑的文化重构，常常只开花不结果。

在人类不同文明的演化历史中，都可以看到文化与哲学相辅相成的内在纠缠关系。中华文明的演化经历了多次的文化瓦解与文化重构，也经历了多次的哲学凋敝与哲学重振。

今天流行的现代新儒学文化体系，之所以没有形成与西方现代文化的融合，其中一个重要原因就是新儒学依赖的哲学体系与现代西方哲学的难以沟通。今天中国流行的社会资本主义文化体系与自由资本主义文化体系的冲突与对立，也来自他们互相对立的基本哲学观与世界观。简单化的唯心论与唯物论并不能表达这种对立。

在中国特色的社会主义文化体系中，将中华传统文化中以天理秩序为主导的世界观，与马克思主义哲学中以客观规律为主导的世界观相融合，大致形成了支撑现代中国大一统社会秩序的政治伦理的哲学依据。在自由资本主义的文化体系中，则将西方现代存在主义哲学思潮作为自己世界观的本体论依据，而将逻辑实证主义哲学思潮作为自己的超验工具体系。

中国传统文化对西方哲学思潮的不能理解与不能包容，就是今天中国文化重构的基础性障碍。今天遍布于中国哲学系中的西方哲学研究，大都是一种对中国文化问题事不关己的把玩或没有文明自我认知的殖民性崇拜。它们看似精巧深刻，实则空悬无用。不能理解中国哲学，也就无法真正理解西方哲学。中国需要引入西方哲学的唯一目标，就是理解西方文化以重构中华新文化。

中国传统哲学经历新文化运动的打击而逐渐边沿化的社会环境原因，在于她所依赖和支撑的农耕文明本身的局限性。这种哲学的局限还来自它在长期稳定的政治伦理中被逐渐工具化而失去了其内在的精神活力。

哲学的精神力量根基主要在其深刻的本体论思想中。哲学在人类意识活动的冥冥空间中所描述的世界本体，就是人类终极观念的载体依据。如果哲学思想在社会文化活动中逐渐被工具化，也就必然逐渐使其提供精神能量的无限深奥的本体论源泉逐渐枯竭。

中华哲学最活跃的状态曾经发生在社会文化散乱的西周时期与大汉崩

解的魏晋南北朝时期。在后来的唐初与宋初，也因为文化的散乱冲突而活跃过。活跃的结果就是哲学的璀璨。当董仲舒的新儒家确立了提供稳定政治伦理的文化体系以后，当程朱理学重新构成了消除儒释道分裂的政治伦理以后，哲学的本体论观念就逐渐在文化中被简化为精神的图腾符号了，天人合一观念与天理观念就由深邃的本体论思想逐渐变成了僵化思维的教条依据。这就是儒家与理学在新文化运动中被当作反动保守哲学被批判的精神原因。僵化保守的知识精英们的哲学教条，并不是哲学思想本身。今天马克思主义的意识形态装饰品，也远不是马克思的思想本身。

马克思的哲学在中华民国的政治动乱与文化混乱中进入了中国，其鲜明深刻的辩证唯物论本体论，为中国干枯的精神荒原洒下了甘霖。敏感的精神先驱们奔走相告。

但当马克思主义变成了稳定的国家政治伦理的来源时，其哲学也就逐渐变成了政治图腾中的教条符号了。在任何文化表达中炫耀几条马哲概念，就成为一种正确性的护身符。人人挂在口头的马克思则早就失去了其思想力量而变成了社会政治标识。一旦社会成员需要真实的思想力量时，就会发现他们手里的教条原来无用。

马克思主义哲学在改革开放的社会巨变中的边沿化，除了因为它在中国文化中的已经教条化以外，还来自她的工具体系的局限性。今天的中国推行工业贸易文明社会转型的伟大实践，比马克思所处的时代空间不知开阔了多少倍。当哲学提供的方法论失效后，其所依赖的世界观也就会失去影响力的光芒。

马克思的哲学思想天才地为现代文化提供了理解人类社会存在方式的新模式。但这种模式中的工具短板，特别是在这个社会模式中联系本体论与工具体系的理论桥梁的局限性，则是她在今天的后现代社会秩序中被逐渐边沿化的逻辑原因。这个理论桥梁就是阶级斗争理论与剩余价值理论。

阶级斗争理论的哲学依据在于辩证法方法论在社会存在方式中的简单化运用。剩余价值理论的伦理基础，则来自马克思哲学从西方哲学的绝对理念中继承过来的客观价值论。这两种高度超验的方法论逻辑的失效，也是他们在极端的政治文化环境中被教条化运用而失去精神活力的结果。通过对马克思文化体系的后现代重塑而恢复它在中国现代文化中的活力，就是今天中国知识分子的重要哲学任务。此事大概还无人问津。在新时代中重新开始谈论马克思的教授们，大都是在重拾旧牙慧来编织新花边。

中国梦的实现需要中国新文化的重构成果。没有文化自信的国家不会成为世界性大国。重新整合三足鼎立的分裂文化，必须重新回到哲学中去。完美透彻的哲学是统一和谐文化的精神依据。新文化的出现必然也是新哲学的成功。

3. 人类的精神世界与意识活动

人类生活在两个世界中。我们在物质世界与精神世界中生存。

物质世界为人类的生命存在提供了基本条件。人类在物质环境中的生存方式则来自精神世界。依赖精神世界的生存方式，是人类与动物的基本区别，也是人类文明的特征。当人类形成了复杂的精神世界以后，就从动物中脱颖而出了。

人类依据精神世界理解自己的生存环境。将人类与人类的生存环境仅仅理解为单一的物质世界，就是将人类混同于动物。这种世界观就是狭隘的唯物主义观念。将人类与人类的生存环境仅仅理解为单一的精神世界，就是将人类神秘化与神灵化。这种世界观就是狭隘的唯心主义观念。

人类的精神世界以人类的高级神经器官为物质环境。精神世界来自人类特有的精神活动的构建，人类通过意识活动利用精神世界来实现生存。物质世界是精神世界的存在环境。精神世界是物质世界的特殊形态。将它们区分为两个对立的环境，来自人类的传统观念。这个传统并非很好，但今天仍无伤大雅。

两个世界构成了人类两个不同的生存环境。物质环境提供了精神环境的存在依据。物质环境分为自然环境与社会环境两个层次。自从人类脱离动物而进入文明，就开始逐渐脱离了对自然环境的直接依赖，也就逐渐开始依据精神环境对物质环境的理解来间接利用自然环境了。人类的生存行为依据，就由动物的刺激反射变成了意识的价值判断。这种生存方式的群体化就形成了社会环境。精神环境是社会环境的秩序依据。

人类文明的发展与深化，就是精神环境的复杂化与深刻化，就是生存方式对精神环境依赖的深入化。由此，社会文化决定了人类的社会生存方式。

人类的高度文明来自对精神环境的高度依赖，来自在依赖物质环境的方式中深刻地嵌入了精神环境的公共化媒介。这个媒介在物质环境中的表达就是人类的文化。西方的文化传统将这种依赖简化表达为理性。中国的文化传统则将这种依赖简化表达为德性。

如何透彻理解人类生存其中的物质环境与精神环境的关系，就是人类哲学永恒的基本问题。哲学本体论表达了人类理解两个环境存在的模式。哲学方法论表达了人类理解自己在精神环境中的活动模式。哲学认识论表达了人类精神环境的形成模式。哲学世界观则表达了人类在两个世界中的生存模式。

所谓哲学，就是表达人类理解精神环境与其中的意识活动方式的公共观念体系或文化形态。人类对生存其中的物质环境的理解，就是精神环境的内涵。人类只能通过精神环境表达与描述对物质环境的理解，并依据这种理解实现自己的物质生存。哲学由此而关涉了人类的全部生存环境。哲学显性直接关涉了精神环境，哲学隐性间接关涉了物质环境。

人类的文化表达了自己的生存环境与行为方式。人类在不同的文化体系中表达的物质环境模式，都来自人类在精神环境中的意识活动成果，也都必然是精神环境的内涵。哲学由此而成为人类理解与表达物质环境形态的方法依据与范式。

自然科学是一种逻辑化的公共经验观念体系，它表达了人类对自然环境的特定理解。自然哲学与科学哲学则是自然科学的超验观念基础与方法论依据，也是科学范式的来源。社会学文化体系则表达了人类对社会环境的特定理解，哲学伦理学与社会哲学则是社会学的超验观念基础与方法论依据。社会学中的经济学分支，依据哲学关于社会经济资源的价值观念与价值判断方式所构成，法学分支则依赖哲学提供的立法伦理与社会活动事实标准所构成。

现代自然科学的形成，就是依据其特殊的逻辑表达方式与经验实证方式，逐渐从欧洲自然哲学中独立出来的。人类对社会环境的理性化理解模式，虽然形成了各种不同的社会学体系，但它们仍然不具备自然科学式的文化独立性，也就仍然还要寄生在哲学中。今天所谓的社会学，仅仅是一些理解社会环境与社会活动的散乱文化观念的大杂烩而已。只有其中的经济学逐渐形成了特殊的社会管理工具体系，但仍然很狭隘。

哲学为人类理解生存环境提供了终极的模式。人类以及人类生存的环境共同构成了哲学观念中的"存在"。存在的观念基本上可以统合一切不同哲学的本体论模式。不同的哲学本体论仅仅是对"存在"的不同表达形态而已。人类是存在，人类的精神环境是存在，人类的物质环境也是存在。全部存在都可以具有统一的本体论形态与统一的可分析结构。

至今为止的传统哲学的肤浅与不完善，只能将人类以及人类的生存环境理解为不同的存在。特别是分别理解为物质存在与精神存在。

唯物论哲学将人类的全部生存环境理解为物质的存在，认为精神环境是物质环境的直接反映。这使得对人类至关重要的精神环境并非独立的存在，精神环境被"第二性"的安置而被悬空。精神环境与物质环境也就没有统一的本体论形态。将人类的生存环境植根于物质环境是其优点，将精神环境的功能悬空与弱化则是其致命短板。

唯心论哲学则将人类的全部生存环境理解为统一的精神存在，物质环境仅仅是精神环境的特殊显现。这就将物质环境统合到精神环境之中去而被虚幻化了。将精神环境的主体化是其优点，将物质环境的虚幻化则是其致命短板。

人类对物质环境与精神环境理解的既不能统一也不可分离，就构成了传统哲学的基本难题。

人类生存环境的存在形态是多层次的与可以结构化的。结构化是人类理解存在的理性化工具。存在结构由存在要素构成。每一个存在要素都在自己特有的环境中实现自己的存在。各种存在要素互为存在的环境。存在具有秩序与能量的复合所构成的分析结构，能量被秩序的组织化构成了存在。依据今天人类的文化结构，可以将人类对自己生存环境的理解分为四个存在的层次。

无生命存在由物理秩序对物理能量的组织化所构成。不同层次的物理秩序在人类精神环境中的文化表达，就构成了从基本粒子到宇宙星系的物理学概念体系。

生命存在就是由细胞表达的生命能量被生命秩序组织化的结果。不同的细胞在不同生命秩序的组织中形成了不同的生物形态。它们被生态秩序的进一步组织化，则构成了地球生态圈。细胞是生命存在层次的基本元素，细胞的分解就是生命层次能量形态的消失，就是生命存在向物理存在的还原。人类是生命存在中的最高形态。无生命存在与生命存在共同构成了人类的自然环境。

精神世界构成了人类生存环境中的一个特殊存在层次。精神世界环境高于生命环境的存在层次。观念与观念结构是精神环境的存在形态，也是人类意识活动的环境。观念结构的总和构成了精神环境的观念空间。来自生命存在的意识能量在观念空间中的分布与运动，就构成了人类的意识与意识活动。

精神世界存在层次中的能量形态，就是由感官信息直接构成的元初观念。原初观念是精神环境中的元素与能量形态。在观念空间中漂浮流动的元初观念，被人类的认识活动形成的自组织过程注入了不同层次的超验秩序，从而构成了不同层次的观念要素与观念结构。观念空间是安置全部观念要素的基本逻辑依据，也是精神环境的本体逻辑。就像物理空间与物理时间是物理环境的本体逻辑一样。

观念结构具有逐渐升高的多层次形态。观念结构的最低层次是基础观念，最高层次是终极观念。观念空间中的结构形态并不均匀，观念结构的凝聚与汇集形成了基本观念。基础观念与终极观念都是特殊的基本观念。

如果可以将元初观念的存在分解为感官信息与脑细胞的活动方式，就是将精神环境的存在向生命环境的存在还原，就是精神环境的分解与消失。失去了精神环境功能与意识活动能力的人类个体，就是向生命存在层次或动物层次的生存方式还原。失去生命形态的人类个体，就是向物理存在层次的还原。人类的存在方式就是生命存在、精神存在与社会存在的综合。

社会环境由人类群体化的生存活动构成。社会环境以人类精神环境为依据，以自然环境为条件，是精神环境之上的更高层次的存在形态。人类依据精神环境的生存活动形成了社会秩序，社会秩序对人类个体生存行为与生存方式的组织化，构成了人类的社会环境。个体是社会存在中的元素与能量形态。人类个体的动物化与物理化还原，是其精神环境秩序瓦解的结果，也必然是其构成的社会环境存在的消失。

在逐级升高的四个层次的存在结构中，低层次的存在是高层次存在的能量构成基础，高层次的存在秩序中蕴含与保持了低层次存在的秩序功能。

存在的概念，是哲学为人类提供的理解生存环境本体的基础逻辑。人类作为特殊的存在要素，在其生存环境中实现自己的存在。人类与人类的生存环境共同构成了人类的存在。人类个体精神环境中的群体化秩序在社会环境中的表达与保持，构成了人类的文化。哲学是人类文化的内涵。人类的存在是哲学中的核心本体。没有人类，人类的环境就没有意义。没有人类就没有文化，也没有哲学与哲学观念。

存在的概念为哲学本体论提供了人类生存环境统一的可分析结构。这就是其中可结构化的秩序与可实体化的能量。人类本身也是秩序对能量组织化的成果。存在以及其中的秩序与能量，是超越了人类存在方式的精神环境中的逻辑形态，也是人类理解全部超越自己存在方式的生存环境的逻辑方法。

人类通过精神环境表达对全部生存环境秩序的理解。这就是人类精神环境秩序对人类全部环境秩序的超验映射。这种映射并非直接的镜像反映，而是具有同构功能的不同秩序形态。

人类精神环境秩序对生存环境秩序的映射方式决定了人类对自己生存环境秩序的理解。这种理解既是对环境秩序的局限，又是对环境秩序的超越。这种局限被人类生存方式中的实践循环所化解。这种超越形成了人类精神环境的独特存在层次，也构成了人类文化中的神秘与神灵。

精神环境的局限性决定了人类理解自己生存环境的相对性，也表达了人类精神环境在全部存在环境中的局限性，更蕴含了人类生存环境之外的存在形态的独立性。

人类生存环境之外的独立存在，虽然不能被人类感知与理解，但却可以在人类的精神环境中得到终极化的超验安置。例如宇宙的边界与宇宙爆炸的奇点，例如上帝与客观规律，就是人类文化中的这种安置。这种安置的合理性都是相对的与演化的。

人类对自己生存环境之外的独立存在的比较透彻的安置概念，应该是康德的物自体概念。这个概念缺乏系统的逻辑表达而在康德哲学中孤立存在。它并不容易理解，也没有形成明确的本体论影响力。马克思的辩证唯物主义观念体系试图超越康德，但并不成功。由此而决定了马克思的主要文化贡献并非在哲学中。

马克思的客观规律仍然蕴含在柏拉图的绝对理念与黑格尔的宇宙精神中，其区别仅仅是将它们并不牢靠地安置在唯物主义的本体论基础之上。今天西方文化中的普世价值与历史终结论思想，也蕴含了马克思社会哲学局限性的后现代表现，只不过是将马克思也没有摆脱的历史决定论具体功利化了而已。马克思认为人类历史的演化必然会进入现代资本主义，也必然会由资本主义进入社会主义，还会必然进入共产主义。但这都是不确定的。最多是高概率的。

中国人对客观规律和宇宙精神的最近信仰形态，则是程朱理学中的"天理"观念。王守仁的"心学"试图瓦解天理的神秘化，但由于中华哲学逻辑能力的薄弱，他的思想并没有得到传播与展开。王夫之的"理"与"气"关系的理论，虽然隐含了老庄哲学对客观规律的解构，也似乎隐含了秩序与能量的关系，但也没有形成明确的哲学影响力。正是由于中国哲学中逻辑工具的不彰，这些与欧洲人相比并不落后的哲学思想也就一直无法被理解与传播。

依据现代系统论逻辑的理解与表达，存在中的秩序是存在能量的运动形成的自组织过程的结果。存在秩序的构成与功能并不由确定的规律所约束，也就具有无穷的可能形态。秩序的演化进程虽然会具有不确定的逐渐收敛形态，但并不会收敛于宇宙精神与客观规律。宇宙精神与客观规律仅仅是人类的意识活动对不确定的收敛秩序的确定性终极认知与确定性终极表达。人类社会的演化也不一定收敛于共产主义。共产主义只是人类特殊公共观念中的终极性结构。

秩序并非客观规律。秩序是环境存在的永远流变的功能形态。秩序处于存在的演化中，它生生不息地"无中生有"又"有中泯灭"。这个过程永恒不息。

人类的环境构成了人类的世界。世界是人类对存在环境的理解与表达。世界是文化中的公共观念。人类在环境中实现生存的方式，就是在环境中追求价值实现的行为。

来自动物的人类仍然具有动物的生存本能。本能是人类一切生存活动的原动力。本能通过DNA的传承决定了人类的生存行为的基本方式。表达本能驱动人类生存活动功能的概念就是欲望。

人类在两个环境中生存，也就具有两类欲望。这就是物质欲望与精神欲望。欲望在观念空间中通过行为经验展开为观念要素中的环境需求，这就是价值。价值是观念空间中欲望的经验化展开与表达。欲望是价值的外在化抽象汇总。

人类的物质欲望分为三个层次。这就是生存与安全欲望、群体依恋欲望、环境影响与权力欲望或者自我实现欲望。人类的精神欲望则可以用审美欲望来统合表达。物质欲望驱动社会行为。精神欲望驱动意识活动。

审美欲望对意识活动的驱动形成了不同的功能，可以区分为构建精神环境秩序的认识活动与构建生存行为动机的价值活动。精神欲望或审美欲望是人类意识活动的全部内在动因。

人类进入高度文明以后，在物质环境中的生存方式就开始由社会活动所构成。人类的物质环境行为来自人类的肢体器官，也可以称为肢体器官活动。人类的文明将人类的肢体器官活动社会化，也就形成了社会行为。

人类社会是人类生存的特殊物质环境。社会环境来自人类生存行为形成的自组织构建，社会环境为人类的肢体器官活动提供了条件。社会环境的存在是一种互为因果的自纠缠结构。社会成员的活动构成了他们的活动环境，这种环境又孕育了社会成员更高层次的活动条件。

用社会存在表达社会环境具有超越人类需求与人类价值的涵义，也有超越人类社会活动功能的涵义。社会存在是自然的与自在的。

人类依据追求生存需求的活动构成了社会环境，但却无法完全理解与控制社会环境。人类对社会环境的理解永远是相对的与局限的，人类对社会环境的控制永远是不确定的。社会存在与物理存在一样，同样不以人类的意志为转移。自然环境无法根本改变，社会环境无法彻底革命。人类在自然环境中的生存活动影响与改变自然环境，人类也同时要适应自然环境。人类在社会环境中的生存活动也影响与改变社会环境，人类也要适应社会环境。对社会环境在影响中的适应，就是人类的社会生存方式，也是人类改变社会环境的方式。

人类生存在自己特有的精神世界中。人类的精神世界也是一个独立的存在环境。精神环境的存在也是自然的与自在的。人类也无法透彻理解与完全控制精神环境。精神环境的存在形态就是由观念要素构成的观念结构。表达观念结构的逻辑化方法构成了观念空间。

观念空间是精神活动的环境。精神活动就是意识活动，就是意识能量在观念空间中的分布与运动。人类通过肢体器官活动感受自然环境与社会环境。人类通过意识活动感受精神环境。人类的意识并不是精神环境本身，而是人类通过意识能量对精神环境的感知结果。

将精神世界理解为观念空间环境与其中的意识能量运动的逻辑结构，将是拓清与简化哲学中的复杂难题的有效方法，也是能够将人类在两个环境中的生存活动统一起来的有效本体论逻辑。现代哲学虽然已经暗示了这样的逻辑，但还远没有形成明确的表达。

理解人类物质环境秩序的来源是物理学与自然哲学的基本问题。人类通过意识活动创造了理解物质环境秩序的物理学，并依据物理学的观念体系的构建活动不断深入地探讨物质环境的来源问题。物理学是自然哲学的前沿。

理解与探讨人类精神环境秩序的来源，就是哲学的基本问题。

今天的哲学已经开始为人类全部环境秩序的来源提供了自组织过程的逻辑范式。所谓自组织，就是在人类生存环境的不同层次的能量运动中自发形成的有序化形态或秩序。自组织是今天的人类理性能力理解秩序来源的终极化模式。自组织的实现过程，可以用弥漫在能量要素之间的复杂丰富的因果联系中形成的多层次的功能耦合来理解和分析。

物理世界来自物理能量的运动形成的自组织成果。基本粒子是人类可感受的物理能量的基本自组织形态。化学元素则来自基本粒子之间的自组织成果。各种基本物理能量则是基本粒子自组织过程的媒介。全部物理环境都由元素的自组织所构成。

孕育了人类的生命存在环境，则由无生命存在要素间的自组织过程构成。细胞是生命环境层次中自组织活动的基本元素。由细胞活动形成的不同层次的自组织成果，构成了今天地球表面的生态圈。

人类的特殊生命活动能力构成了精神世界。精神环境是人类高级神经器官中生命能量运动的自组织成果。哲学将这种自组织过程表达为认识活动。感官信息是精神环境的外部秩序来源。感官信息的直接自组织认识成果构成了观念空间中的原初观念。原初观念是精神环境的元素。

人类依据精神世界的特殊功能将群居的本能改造为社会环境。社会秩序来自人类社会化的自由生存行为中的自组织过程。人类的群居方式形成了人类个体间的自组织关系，进而形成了社会结构与社会秩序。人类社会活动的自组织依据在精神环境中。

任何层次中的自组织过程对于人类的理性能力来说，都是永远不可分析的黑箱。基本粒子的形成过程是黑箱，细胞的形成过程是黑箱，原初观念的形成过程是黑箱，社会关系的形成过程也是黑箱。

哲学虽然仅仅关注人类的精神世界，但哲学也必然提供了物理学以及全部自然科学的思维方法与观念安置，也必然提供了理解社会环境的思维方法与观念安置。哲学为自然科学与社会学的构成提供了意识活动环境。

人类对环境秩序理解的合理性就形成了人类文化的真理性。这种理解合理性的判断依据，就在人类的合理生存方式之中。具有高度真理性的文化体系构成了高度稳定的人类文明。

观念与观念空间是人类精神世界的存在方式。每个人类个体都具有自己独特的精神环境与观念空间。个体的观念空间就是个体映射其生存环境与世界秩序的小宇宙。

个体的精神世界来自个体的意识活动，是个体的认识活动自组织过程的成果。精神世界也是典型的复杂因果关系的多层次耦合构成的自纠缠形态。意识活动构建与创造了精神环境秩序与观念空间，观念空间又为意识活动提供了环境条件。

认识活动就是精神环境秩序构建的自组织过程。精神环境中的全部观念结构都来自不同层次与不同方式的认识活动成果。认识活动由人类的审美欲望驱动。审美活动就是广义的认识活动。

认识活动通过对无序观念要素集合的审视，形成对观念空间秩序的自组织并构成观念要素。观念要素的认识构建过程是感性的直觉。科学的发现，艺术的创造，社会的创新，都是人类的广义审美成果。

精神环境的唯一功能就是表达与理解人类对全部生存环境的秩序，并为人类提供合理的生存行为方式。精神环境的秩序就是人类生存环境秩序的映射形态。其中包括了对外在物质环境秩序的映射与对内在精神环境本身的映射。前者构成了观念空间中的经验观念体系，后者构成了观念空间中的超验观念体系。前者蕴含了物质价值，后者蕴含了精神价值。

信息是环境要素间秩序的传播形态。实现对外在环境秩序映射的秩序媒介是人类五官的感官信息。实现对内在环境秩序映射的秩序媒介则是人类的内感官信息，也就是第六感。

人类通过在两个环境中的行为实现生存，并实现对两个环境的改变与适应。这就是意识活动与社会活动。人类社会行为的全部依据，都来自精神环境中的物质价值或社会价值。这就决定了人类逐渐脱离了动物，也决定了人类独具的文明。

社会环境就是人类群居本能的文明化成果。社会秩序依据人类个体精神环境的公共化成果而构成。在人类群体中实现的观念交流活动，就是个体精神环境实现公共化的自组织方式，其成果就是公共观念。公共观念中表达的人类群体的环境需求就是公共价值。

公共观念是个体精神世界在群体中的存在方式，它构成了超越个体观念空间的公共观念空间。公共观念就是个体观念空间的群体化组织形态，就是群体的公共意识活动环境。

人类观念交流方式的演化进程，决定了群体公共观念形态的演化。语言的出现，纸质印刷书籍的出现，公共媒体的出现，互联网的出现，都通过改变人类观念交流方式而不断塑造出公共观念的新形态与文化的新形态。

人类个体精神环境中的内在秩序，依据大脑皮层中的记忆与非记忆的观念要素实现其存在与表达，并实现其环境功能。人类的公共观念与公共价值，则通过文化的形态在社会环境中实现其存在与表达，也实现其环境功能。文化是人类群体公共观念的社会化表达，是公共观念的社会资源载体。

人类的精神环境通过感官信息实现与外在环境的秩序联系。感官信息通过认识活动的观念化构建形成了经验观念。观念空间中的经验要素表达了人类对自己生存行为的感受。

社会文化活动的文化传播与文化灌输，塑造出了个体观念结构的基本形态。人类由此而从动物的 DNA 后代变成了文化的后代。文化在人类个体间的代际影响与传承，深刻地决定着人类社会环境的形态。

作为动物的分支，人类的生存又离不开自然环境或物质环境。但人类在物质环境中的需求目标与行为依据都在精神环境之中。人类的全部生存行为都由精神环境中的动机来驱动。行为的目标就是动机的内涵。

行为动机是观念空间中的价值组合。动机来自意识活动的构建。认识活动构建观念结构，价值活动构建行为动机。它们构成了意识活动的两种功能。

价值活动构建行为动机的核心过程，就是价值选择与价值判断。价值选择通过价值比较实现。价值比较依据价值不变量标准实现。人类观念空间中最高层次的价值不变量就是终极价值。终极价值以终极观念为存在载体。价值选择形成价值权衡，价值权衡形成价值判断，价值判断组成行为动机。

将人类的精神活动理解为意识能量在观念空间环境中的分布与运动，是一种理解精神世界存在方式的新逻辑，也提供了一种新的本体论与认识论基础。

意识能量与其他能量一样无法在环境中均匀分布。能量的不均环境分布构成了能量运动的依据。从量子涨落到生命活力再到社会政治运动无不如此。能量的不均匀分布就是发生构成秩序的自组织过程的基本条件。

作为生命能量的不同细胞在生命环境中的不均分布，就是形成复杂生命形态与复杂生态圈的基本条件。直接来自感官信息的不同元初观念要素在观念空间中的不均匀分布，就是激发认识活动自组织过程与构成人类精神环境的基本条件。人类个体依据精神环境形成的不同社会生存行为，就构成了社会能量在社会环境中的不均匀分布。这就是人类社会秩序自组织发生的条件，也是社会资源构成与流转的动因，还是社会财富形成的原因。

意识能量在个体观念空间中的不均匀分布，构成了人类意识活动的情感状态。意识能量的简单不均分布构成的广义情感状态，就是人类意识活动的基本条件，也是人类意识活动的不确定状态与复杂性的原因。这种复杂性使得自古以来的哲学都回避情感问题。情感几乎是哲学的禁区。至今为止的哲学逻辑无法表达情感状态。

当不均匀分布的意识能量与特定的观念结构形成了耦合，并依此形成对散乱能量的吸纳汇聚与激荡放大，这就构成了狭义情感状态。狭义情感状态强烈地影响着人类意识活动方式。它既是人类认识创造的灵感来源，也是人类价值判断的直觉依据。

　　流芳百世的艺术作品，惊叹世人的科学智慧，大都是狭义情感状态中的审美成果。在特定情感状态中形成的爱情，就是狭义情感状态的典型例子。爱情状态就是三种欲望的价值内涵在狭隘的观念空间中形成的意识能量汇聚。这就是爱情常常异常强烈又常常扭曲正常价值判断的哲学依据。

　　情感状态也必然形成对价值结构的局限与遮蔽，并因此形成不合理的价值判断与价值选择。一般的情感状态可能形成情绪化的反常行为，严重的情感状态则会严重扭曲人格。群体意识活动中的情感状态就是群体无意识现象的哲学说明。

　　人类只能通过意识活动感受观念结构。不能被意识能量分布与关照的观念结构与观念空间，对意识活动就暂时不存在。

　　人类只能通过意识活动理解观念结构。理解成果的内在表达就是理性观念，其中的意识活动就是理性意识活动。人类理解观念结构的全部动因，都来自追求对公共观念的构建与表达。没有这种追求就不会有人类的理性能力。

　　不可理解的意识活动过程就是感性意识活动。认识活动的自组织过程就是不可理解的与感性的，这就决定了人类观念结构的基本形态是感性的，也决定了人类意识活动的基本方式是感性的。

　　人类的理性能力以感性能力为基础，并且滞后于感性能力。人类非理性的感性意识活动方式曾经有百万年的漫长历史。人类以语言文字工具为标志开始形成的理性化能力，大约只有一两万年的历史。人类以哲学为标志的理性能力只有三五千年的历史。人类以现代数学方法为标志的科学理性，则只有五百年的历史。

　　精神环境中的观念存在具有感性形态与理性形态。它们为感性化与理性化的意识活动提供了环境。感性观念要素是观念空间的本体，并充满了观念空间。理性观念结构则是感性观念要素的简化与抽象形成的脉络与框架。感性观念是能量与血肉，理性观念是骨骼与构架。所谓理性化的认识活动，仅仅是对感性化认识成果的理性化内在表达。这种表达可以被人类自觉的认识活动所引导。

人类的观念交流方式也形成了感性与理性的区分。感性化的观念交流活动构成了人类的艺术表达与传播活动，也形成了艺术文化的形态。理性化的观念交流活动则构成了知识的表达与传播活动，也形成了知识文化的形态。

哲学是人类理解精神世界的理性化公共观念体系与文化形态。哲学对观念结构的理解模式与表达模式就是广义的逻辑。逻辑化的结构是哲学思想的表达模式。现代数学则是自然科学观念体系的理性化表达工具。精美的数学逻辑还只能表达最简单的无生命环境秩序，还远无法表达哲学观念。就是在比哲学更为简单的生命科学领域中，数学工具的功能也极为有限。

因此，哲学的表达就只能主要依据简陋粗浅的语言逻辑与形式逻辑。语言工具理性化能力的严重不足，常常逼迫哲学的表达进入感性化的状态中。理性化表达困难的哲学家常常求助于文学方法。理性化能力强大的文学家常常会表达出哲学思想。

哲学的文化功能就是理性化地回答人类的基本文化问题或基本精神问题，而不是仅仅提供化解人类精神困惑的具体方法。哲学为这些方法提供精神依据。

哲学的问题首先是被理性化表达的公共化问题。运用文学工具的哲学家如果表达了基本文化问题，就仍然是哲学家。仅仅在回答个体精神困惑问题中表达了一些哲学思想，就仍然还是文学家。某些西方存在主义哲学家常常就兼做文学家，但他们的兼做区分清晰。某些中国传统哲学家则常常与文学家不能区分。

逻辑是对精神世界结构的理解与表达模式。逻辑仍然是一种特殊的观念结构。逻辑的唯一功能就是高效精确地构建与表达公共观念。现代数学工具对自然科学观念构建与表达的支持，就是典型的例子。逻辑并不是精神环境的本体，更不是物质世界的本源。现代西方哲学中的逻辑实证主义流派，试图将逻辑作为人类生存环境的本体甚至实体来理解，是哲学观念的肤浅化与捷径歧路。这种哲学来自在科学主义世界观中的迷失。

文化是人类群体公共观念的表达。公共观念与个体观念同构，文化与公共观念同构。人类依凭社会文化活动构建与传播公共观念。人类依凭公共观念构成了文明。

完整的文化体系具有与个体观念空间相类似的层次结构。个体观念空间中的基本观念在文化空间中的类似形态就是伦理。伦理就是公共观念中的基本观念，就是公共观念的结构凝聚与结构框架。伦理是文化的结构特征要素。伦理来自人类文化活动的构建与传播。伦理一旦形成就支撑起了文化的核心结构。

社会成员在文化环境中生存，也就必然被文化环境塑造出观念结构中的伦理。个体观念空间中的伦理是个体公共价值的结构依据，也是个体社会行为方式的基本依据。

伦理对个体社会行为方式的选择具有决定性意义。伦理常常主导了个体行为动机的塑造，这通过两种方式实现。一种是通过个体对伦理的习惯化服从，也就是依据伦理形成了社会习俗。符合伦理的习俗就是公序良俗。另一种则是通过个体在价值活动中对审美欲望的追求，从而保持了行为动机与观念空间中的伦理结构的一致性。这就是人类的道德精神活动。道德精神形成道德行为。道德行为被社会秩序维护活动塑造为道德规范。

道德精神活动具有维护社会秩序的功能。道德精神与道德规范是维护社会秩序的不同工具。道德精神活动服从公共价值的动因来自个体的审美追求。具有道德精神能力的个体也常常是具有高度文化修养的个体。

道德行为的习俗化与权力工具化就形成了道德规范。道德规范由社会权力活动构建与推广。道德规范可以形成道德精神活动的社会环境。

由于传统道德哲学与伦理学的逻辑含混，就常常将道德精神与伦理本末倒置。这就是将道德精神活动所追求的伦理目标当作了道德精神活动的结果。基本逻辑混乱的道德哲学也就常常在哲学中被边沿化。有些哲学家就将道德哲学推给了社会文化学。

人类超越动物的唯一特征，就是具备了复杂的精神世界。当人类的文化中开始出现了理解与表达精神世界的哲学，就是人类开始由自在的生存转变为自觉的生存的标志。哲学是一切现代文化的核心内涵，也是一切现代文明的精神基础。哲学还是人类一切伦理价值与公共信仰的理性依据。在人类的生存方式中支撑起现代文明的文化体系，从艺术到科学，从宗教到伦理，都是哲学基石上的文化土壤中生长出来的不同花枝。

精神世界为人类提供了生存环境秩序的特殊表达空间，也提供了人类生存行为的选择空间。人类行为选择的空间就是自由。

精神环境秩序为人类的行为可能性提供了更高的自由维度。观念空间秩序对生存行为的可能性维度的超越，就是人类具备意志自由与行为自由的条件。在高维度的秩序空间中的低维度行为实现，也就形成了行为的不确定性。行为选择的空间是人类意志自由的依据。自由行为的空间是人类社会演化动因的依据。

人类文明化的生存方式，通过社会环境中的社会行为实现。社会环境的功能由社会秩序形成。社会秩序就是在社会成员的行为可能性空间中实现的特殊自组织成果。社会秩序降低了社会成员的行为自由度，约束与限制了它们的行为空间。

合理的社会秩序，就是在约束社会成员的行为空间时，仍然保留了他们必要的行为自由。这种秩序与自由间的均衡，来自社会环境秩序与社会成员精神环境秩序的和谐。

不合理的社会秩序，或者是过度保留了社会成员的行为自由空间而削弱了社会秩序的环境功能，例如马克思对当时欧洲社会秩序的诟病，或者是过度约束了社会成员的行为空间而不适当地强化了社会环境的功能，例如中国传统社会中的某些过度专制。这种社会环境中的秩序与自由的不均衡，就是引发人类社会的冲突与动荡的一般原因，也是一切人类之恶行的社会环境依据。

社会秩序与人类文明的稳定性依据，在其合理的秩序与自由的均衡之中。社会秩序的瓦解来自其秩序与自由间均衡关系的不合理。人类稳定延续的文明，就是其秩序与自由合理均衡的历史证明。

在人类生存的四个层次的环境中，高层次的环境秩序就是对低层次环境秩序的组织化整合成果，也就是低层次秩序自由度的约束成果。秩序层次的升高就是秩序自由度的压缩，也就是存在方式与功能的复杂化与脆弱化。

生命环境是物理环境自由度的约束化成果，精神环境是生命环境自由度的约束化成果，社会环境是精神环境自由度的约束化成果。生命存在比物理存在复杂和脆弱，精神存在比生命存在复杂和脆弱，社会存在比精神存在复杂和脆弱。物理存在比生命存在稳定，生命存在比精神存在稳定，精神存在比社会存在稳定。

人类对两个生存环境中行为自由的追求，具有天然的合理性，也具有天然的局限性。人类自由价值的合理性，来自人类精神世界秩序对社会环境中行为秩序空间的绝对超越。人类自由价值的局限性，来自社会环境秩序对精神世界秩序的组织化与有序化。

人类的文明化生存，在形成人类精神环境秩序的同时，也建立了约束精神环境秩序的社会秩序。人类文明的演化与进步，就是不断瓦解与破除旧的社会秩序与精神世界的关系，又不断建立新的社会秩序与精神世界的关系的过程。这个过程对今天的人类来说，还仍然无法自觉。人类今天的公共意识活动与文化活动，还常常沉浸在对文明演化不自觉的非理性感受之中漂浮。所谓的人工智能只是这种漂浮中的泡沫。

理性化地理解人类文明的关键，就是理解人类社会秩序的存在本质。自从人类通过文化活动具有了理性能力，这种理解一直具有两种偏向。一种是将人类文明的依据仅仅理解为社会秩序的规范，认为维护与坚守社会秩序是人类文明的核心价值。中华传统文化具有这样的世界观与伦理。另一种则是将人类文明的依据仅仅理解为人类个体的自由，认为维护与坚守个体自由是人类文明的核心价值。西方近现代的文化体系就由这样的世界观与伦理所构成。

两种理解都是文化的偏见与理性的局限。文化的偏见来自对社会秩序演化理解的局限形成的历史沉淀。理性的局限则来自人类本身的意识活动能力不足与哲学的不彰。

西方社会在摆脱中世纪传统社会秩序的剧烈变革中，通过彰显个体的自由获得了政治的成功与新文化的确立，这就塑造出了他们局限于这种特定历史进程中的伦理。中华文明在抛弃封建制度的分裂与散乱以后，从形成大一统的社会秩序中获得了巨大的成功与文明的辉煌，也就必然将这种伦理绝对化起来。这两种具有深刻历史依据的文化偏见，在今天中国的广泛流行形成的深刻文化冲突，也就必然为中国学者提出了超越这种冲突的文化整合任务与超越这种局限的哲学重构方向。

新的世界观必须以新的哲学体系为根基。新的哲学可以从秩序与自由的均衡所构成的存在模式中获得更为周全的逻辑范式与世界观。哲学是文化的根基。任何新哲学确立的条件，都是在提供了新的世界观模式的同时，仍然可以容纳与安置全部既往的文化。

只有重构新的世界观，才能实现今天西方现代文化与中国传统文化的融合，才能重构中国新文化以消除当代的文化冲突，才能为中国梦提供精神依据，才能确立新中国的世界文化影响力。

4. 人类的物质世界与社会活动

人类生活在两个世界中。

人类依据精神环境实现对物质环境的适应与利用，实现文明化的社会生存。人类由动物本能传承了群居的方式，并依据精神世界的功能将群居方式构成了社会环境。个体的精神环境将个体文明化，群体的精神环境则构成了社会文明的秩序依据。这种依据就是文化。

社会环境是一种精神存在之上的特殊存在形态。文明化的生存方式就是依据社会环境的活动方式。社会存在由人类的生存活动所构成，是社会秩序对社会能量组织化的成果。社会秩序来自社会环境中的自组织过程。社会存在为人类的生存提供了物质环境。社会存在又超越了人类的生存活动能力。社会存在具有自在的演化形态。

人类的生存环境分为四个层次。社会环境是四个层次中的最高层次与最终形态。社会环境是人类依据精神环境利用与适应自然环境的特殊成果，是人类的物质环境与精神环境在更高层次中的组织化综合形成的外在环境。社会环境与内在精神环境相对立。

自从人类进入文明，就将自己利用与适应外在自然环境的方式，逐渐改造为利用与适应社会环境的方式了。人类现代文明的功能特征，就是用社会环境取代了自然环境。现代文明中的人类已经不再直接利用自然环境，人类与自然环境的关系已经全部社会化了。由此，传统哲学对人类物质环境与精神环境的区分，就可以表达为外在环境与内在环境的区分。它们都是广义的物质环境。

人类环境存在的可分析结构，就是秩序与能量的逻辑关系，就是秩序与能量的复合形态。秩序从能量的运动中通过自组织的方式无中生有，也在能量的运动中自然地瓦解与消失。

秩序就是存在要素或能量要素的集合中形成了外部环境功能的内部关

系。秩序的内部关系与环境功能永不停息地处在演化中。演化中的秩序形态永不确定，也并没有终点与收敛极限，但全部演化进程则是对既有秩序的延续与继承。

但是，在人类精神环境中的意识活动本能，则要追求观念空间秩序的终极化收敛。这种追求的结果就是在人类精神世界与人类文化结构中，都必然具备确定的终极观念与终极价值。精神本能追求与秩序存在形态间的冲突，就是人类外在环境秩序与内在环境秩序冲突的基本原因，也是人类哲学的基本困境与人类文化的基本迷魅。

社会环境的存在由社会秩序表达。社会存在的能量形态就是生存其中的人类个体，就是个体追求自己价值实现的自由行为方式为社会环境提供的能量功能。人类个体是社会环境的能量载体。

社会秩序是社会关系的总和。社会关系就是人类社会成员之间的社会资源流转关系。这种关系依据社会成员对社会资源的理解与需求而形成。这种关系也决定了社会资源的占有形态与所有制。

社会成员流转社会资源的活动，构成了人类的全部社会活动与社会行为。这就是流转社会资源的交易活动。社会关系就是交易关系。交易活动与交易关系，就是理解人类社会活动的基本逻辑。

资源是满足人类生存需求的环境存在要素。人类的生存需求由人类精神环境中蕴含的价值表达。人类生存资源的形态依据，就在精神环境的秩序中。

社会资源的形态与功能依据在人类意识活动的成果中。人类精神环境秩序的演化进程，既是社会资源形成与演化的依据，也是人类文明的形成与演化依据。

人类的生存资源可以分为自然资源和社会资源两种基本形态。前者是自然环境中满足人类生存需求的物理存在与生命存在要素，后者是社会环境中满足人类需求的社会存在要素。自然资源是社会资源的外部来源。

社会资源又可以分为消费资源与秩序资源两种形态。消费资源的功能是直接满足人类的生存需求，是社会资源的基本流转归宿与出口。秩序资源则是构成社会环境秩序与人类社会活动方式的资源，也是社会文化资源与社会政治资源的基本形态，还是社会资源的另一个流转归宿与沉淀方式。社会秩序资源的丰富性与复杂性，表达了人类社会环境秩序的丰富与复杂。社会消费资源的丰富性与复杂性，表达了人类生活方式的丰富与复杂。

社会资源又可以分为经济资源、文化资源与政治资源三种功能形态。经济资源是人类利用自然环境的依据与方式，文化资源是人类构建社会秩序的精神依据，政治资源是人类构成与维护社会秩序的权力能力的社会环境条件。

依据对不同资源的流转，人类社会活动方式也可以分为经济活动、文化活动与权力与政治活动三大类。经济活动通过获取与转换自然资源实现人类对自然环境的适应与利用，通过提供基本消费品满足人类的社会化生存，它是消费资源的主要形成方式。文化活动构建与传播群体公共观念，提供构建社会秩序与文明形态的精神依据。人类通过社会权力活动维护社会秩序的存在，保障社会秩序的功能实现与稳定延续。政治活动则通过流转与变换政治资源构建社会权力。

对环境资源要素的任何分类都是依据理性化方法的逻辑简化表达，也都是相对的。在真实的社会资源与社会活动中，都常常混合蕴含了三类形态与三类功能。

人类的全部社会活动，就是获取与变换自然资源，构建与分配社会资源的交易活动。人类依据社会交易秩序创造、流转与改造社会资源，最终实现人类的社会生存需求，其中包括对于资源的消费需求与对社会交易秩序的构建需求。

人类流转社会资源的交易秩序就是社会秩序。社会资源以人类的自然环境为外部源泉，其中也包括了来自生命环境的人力资源。自然资源进入社会环境后通过社会活动的逐渐变换，也就逐渐社会化与虚拟化。直接来自自然环境的资源构成了社会经济资源的实体内涵。经济资源的社会化过程也就逐渐衍生出了虚拟资源。社会秩序资源就是虚拟资源的主要形态。其中包括了社会文化资源与社会政治资源。

所谓"经济基础"概念，就是对经济资源或消费资源与流转它们的经济秩序资源的总称。所谓"上层建筑"概念，就是文化资源与政治资源以及流转它们的社会秩序资源的总称。

秩序是存在要素的环境功能依据与存在特征。秩序的形成由秩序的稳定性表达。具有稳定性是秩序得以存在的基本条件。不同程度稳定性的秩序表现出不同的存在形态。秩序的形成来自能量要素中的环境功能间关系的多层次嵌套耦合，形成这种耦合关系的突变过程就是自组织过程。秩序的稳定性来自自组织过程形成的耦合关系的内在维持能力。

社会环境是人类生存环境中最高层次的存在。社会存在的结构形态是多层次嵌套的人类群体。从家庭到家族，从村社到氏族，从企业到政府，从朋友圈到文化群，从民族到国家，从政党到国际集团，都是人类社会群体的具体形态。所谓阶级的概念，就是理解社会经济活动群体的特例。

群体是社会存在的要素。群体秩序的总和构成了社会秩序与社会结构。社会秩序的形态也由其稳定性特征来表达。社会秩序的构成来自人类的社会活动，社会秩序的稳定性也来自人类的社会活动。

人类维护社会秩序稳定性的活动就是广义的权力活动。权力活动也是构建社会秩序的活动。每一个社会群体都由特定的权力体的活动维护其秩序的稳定性。群体秩序的稳定性决定了群体存在的状态。

家庭与家族的秩序维护活动，企业与政党的秩序维护活动，文化圈与学术共同体的秩序维护活动，国家与国际集团的秩序维护活动，都是广义权力活动的例子。不同社会群体结构中维护秩序稳定性活动的专门或兼职成员，构成了群体中的权力体。

进入中古文明以后，国家就逐渐成为人类社会的基本结构。人类维护社会基本秩序的专门化社会活动，就是狭义权力活动或国家权力活动。实现狭义权力活动的社会成员就是社会政治权力体，也就是国家权力机构。国家机构是维护社会基本秩序的专门化结构。政府是狭义权力体的专业化执行机构。

在人类文明的形成过程中，仍然继承了动物化的秩序维护暴力方式。人类权力活动的逐渐非暴力化与人性化，就是人类文明演化进程的基本表象。但逐渐弱化的暴力始终是人类权力活动的基础方式。直到现代社会，暴力仍然是权力活动的最后方式，一旦非暴力方式无法维护社会秩序而出现秩序危机，人类仍然会不得不回到暴力之中。从时隐时现的家庭暴力到企业政党暴力，再到国家暴力与国际政治暴力，都是如此。

马克思将国家定义为社会暴力机构，是一种对人类权力活动的表象化描述。这种表象化的描述定义则常常会忽略甚至扭曲了国家权力的社会秩序维护功能本质。

在远古文明中，社会政治权力活动还没有专门化，常常由文化活动的专门成员兼职。进入中古文明以后，专门化的社会基本权力活动与专门维护社会秩序的专业官僚群体开始形成，原始的城邦诸侯国家开始出现。现代公务员群体就是传统官僚群体的现代工具化形态。现代国家就是传统城邦诸侯国家的进一步组织化构成的现代化形态。城邦诸侯国家变成了现代民族国家，大一统的帝国变成了多民族融合的大一统现代国家，就是国家演化的主要形态。

城邦诸侯国家表达了人类社会的初始化完善结构。这是对以土地为主的自然资源的分封占有的多层次分权结构，这就是封建权力结构。这种权力结构曾经是人类文明的主体。它的进一步组织化就形成了超越封建分权的大型统一社会群体，这就是大一统的国家结构。大一统国家瓦解与统合了传统封建国家。依据军事暴力构成与维护的大一统国家就是帝国，例如罗马帝国与秦汉帝国。依据特殊文化凝聚力或经济凝聚力构成与维护的大一统国家就是多民族大国。例如现代中国与美国。曾经的苏联是不成功的大一统国家。

在欧洲社会的演化进程中长期保持了多元分裂的封建国家形态，直到它们的现代化转型。在中华文明的演化进程中则很早就形成了文化统合的大一统国家形态，并且延续到了现代。这种国家权力的高度统一也是大规模农耕经济秩序的需求与成果，这种成果构成了国家化农耕文明的辉煌。而欧洲社会的经济秩序至今还无法国家化。构建欧盟就是欧洲人追求经济活动现代国家化的努力。

为了保证由经济秩序对多元文化秩序的有效统合，今天的西方社会就必须坚守文化自由化的伦理，让文化自由作为被经济秩序统合的条件。

依赖经济秩序的主导也是西方现代社会实现政治权力统一的途径。这个途径中蕴含的公共价值悖论，就是今天欧洲社会整合的困境来源。

中华文明社会秩序的国家化统一则是由文化统一所引领。中华儒家文化凝聚与支撑了大一统的社会权力结构。中国社会的文化活动与教育目标，主要就是为大一统政治秩序提供人力资源。中国集中统一的政治权力就依此而扎根于追求统一的文化根基之中。国家的集中与统一一直是中华文明的基本政治伦理。欧洲传统文化则没有这种伦理。中国人与西方人之间由此而生的各种技术性政治争论大都是驴唇不对马嘴。

传统中国的读书人与知识分子，就是国家权力体的社会成员基础，读书人的最高目标是出仕拜相和治国平天下。现代中国则将支撑社会权力的人才群体变成了由现代政治文化凝聚起来的执政党。现代中国知识分子的最高目标应是为国家的繁荣富强作贡献。但这个目标被西方自由主义价值观瓦解了，追求个人精神自由与价值实现变成了知识分子的时髦信条。

现代欧洲学者们文化活动的核心目标，则是在对多元文化的审美追求中实现个人欲望的满足。社会文化为社会秩序提供的精神依据，则常常不在学者们的个人追求之中。欧洲文化中社会秩序统合价值的缺失，正是今天欧洲社会统合困境的原因，也是今天欧洲开始衰败的文化依据。欧洲资本主义经济秩序的衰败与瓦解，并不会来自阶级斗争，而可能来自其政治文化的短板。这种文化也并非是欧洲的传统，而是工业贸易新文明中市民阶级的世俗文化追求。这种追求曾经是欧洲现代化的精神活化剂，但也会成为现代社会秩序的溶解剂。

在中华文明中，社会经济活动从属于社会权力活动。在西方现代社会中，则形成了由社会经济活动主导与控制社会权力活动的秩序形态。这就被西方文化表达为政治自由。这种秩序形态在美国社会就是经济财团主导的政治权力体。

社会经济活动方式形成了人类利用自然环境资源的基本方法与社会生存方式，经济活动方式也就决定了人类社会活动的一般方式与微观形态。经济活动与经济秩序就被称为经济基础。

依据人类经济活动方式的演化进程，就可以划分出人类文明的演化阶段与历史时代的四个阶段。这就是狩猎采集文明的远古时代，养殖栽培文明的中古时代，农耕畜牧文明的近古时代，工业贸易文明的近现代。人类主要文明的演化都大致经历了这些阶段，但经历的历史方式会不同。某些小文明也可以越过某一阶段。依据今天社会经济秩序的发展趋势，还可以大致推测出后现代的全球化信息智能文明阶段。

依据人类利用自然资源的方式来区分人类文明的演化阶段，比依据社会经济关系或社会资源的占有与分配方式来区分，具有更合理更清晰的意义，也应该是对人类文明形态更好的安置逻辑。马克思天才地率先提出了人类社会的演化方式与演化阶段的思想，并依据社会经济关系与分配关系的差异来表达演化的阶段。这在当时具有划时代的文化意义与精神影响力，也是人类理解自己演化方式的开创性理性模式。

但今天的人类实践与人类文化，已经提供了更丰富的历史视角与文明内涵，已经需要一种更合理更宽泛的文明演化逻辑来拓展与改善马克思的社会演化体系了。人类的历史观，永远是理解当下社会生存方式的历史视角。对当下理解的深化，永远会提出改善历史观的要求。

将马克思社会演化逻辑中的阶级关系依据，改为基本经济活动方式的依据，才能更好地包容今天的现代社会形态与今后的后现代社会形态。马克思的历史唯物论，为人类打开了自觉理解文明演化进程的大门。但今天人类文明的发展，又可以在这扇大门之后构建出更为周全的观念体系与逻辑结构。

社会经济活动是人类获取自然资源与构建基本社会资源的方式，也是形成社会基本财富的方式。人类获取与转换经济资源的社会活动方式形成了流转经济资源的社会交易关系，这就是社会经济秩序。

自然资源是自然环境中满足人类生存需求的自然环境存在要素，也是人类全部社会资源的外部来源。从自然环境中获取自然资源的活动，曾经是人类经济活动的主要内涵，也曾经主导了社会一般经济活动。随着人类文明的深化，获取自然资源的活动在经济活动中的地位就逐渐降低，自然资源在社会活动中的转化与流转活动的地位就逐渐升高。

在高度发达的现代社会中，经济活动已经主要是社会内部的经济资源转化与流转活动了。现代工业生产活动就是改变自然资源的形态与功能的活动，也是间接获取自然资源功能的活动。这种活动已经高度社会化了。现代社会获取与利用自然资源的活动已经完全由社会经济活动来主导与控制了。

在现代文明中，那种直接依赖自然环境的经济活动方式已经不复存在了，经济活动都已经完全社会化了。其标志就是，自然资源的内涵与获取方式完全由人类文化表达的公共价值来决定，自然资源的形态也由人类文化成果来决定。粮食蔬果已经都是人类技术的改造成果了，石化能源的形态也必定由自然科学决定。人类的衣食住行已经远离了自然环境而充分社会化与公共观念化了。

构建与传播公共价值的社会活动就是文化活动。构建与传播公共价值的技术方法，就是文化活动的交易秩序。构建公共观念的技术体系也就是基础文化资源。例如自然科学与狭义艺术。哲学则是基础文化资源的构建依据。

马克思将文化资源与政治资源，以及社会文化活动秩序与社会政治活动秩序统称为上层建筑。这种划分当时具有重大的文化意义，今天则由于缺乏内在分析结构而显得过于感性化。今天的哲学，应该可以提供更为细致的社会活动与社会资源的分析结构了。

社会资源依据社会成员的占有方式与流转方式的不同，可以分为资源，资产与资本的不同形态。资源是指没有形成社会成员的明确占有关系的社会资源形态。例如自然环境中的阳光与空气、淡水与未探明的矿藏，例如不具备知识产权的文化资源，例如公共化的社会交易秩序或社会关系。不被社会成员独特占有的社会资源是人类社会的基础性资源与重要的基本资源。

资产是形成了明确的社会成员占有关系的社会资源。合法性就是明确占有的基本特征。这种占有关系由社会主流秩序来表达与确定，也就是法定。国家化的领土领海领空，封建化的领地与奴隶，社会一般动产与不动产，现代货币与金融资产，知识产权，都是资产化的社会资源例子。所谓私有制，就是规范社会资产占有关系的社会秩序。所谓公有制，就是社会化大群体私有制的特例。它们并非对立的范畴。

人类社会的初始文明化，就是人类基本社会资源形成了对社会成员的规范占有关系的社会形态，就是马克思所说的私有制的产生。私有制是人类文明化的基本特征。公有制是人类社会高度组织化的特征。

没有资产化关系的文明，或者没有稳定明确的私有制的文明，就常常被称为史前文明或原始文明。社会资源的资产化程度，也就是私有化程度，就是人类生存方式的社会化程度的标志。人类经历了漫长的原始文明才孕育出了社会化的文明。现代社会中的各种非文明状态，也常常是重要社会资源还无法资产化的结果。例如现代公共资源提供了现代社会福利，社会福利在非资产状态中的滥用，就是现代社会中的非文明状态。

社会资源被社会成员占有关系的形成，以及这种关系的规范化与复杂化，就是人类文明的基本成果，也是人类社会富裕与幸福的条件。公共福利的合理利用，就在其隐含的占有关系之中。孟子说的有恒产者由恒心，就表达了资产关系与人类精神环境中的公共价值的关系。

私有制的社会秩序标志就是产权制度。现代产权制度就是社会资产占有关系的现代规范形态，也是公有制的秩序规范依据。

社会资源的合理占有形成了社会秩序的合理化与均衡化。社会资源的不合理占有常常是社会秩序与社会文化相分离的原因，也是社会秩序瓦解的原因。

人类的社会活动就是资源的流转活动。社会资源的资产化就是资源流转有序化的条件，也是资源丰富化与资源复杂化的结果。丰富与复杂的社会资源则是人类获得富裕与优越的生存方式的条件。

社会资源在社会环境中的流转由人类的社会活动构成。人类文明的发展就是资源流转方式的丰富化与便捷化的结果。高度丰富与便捷的资源流转形态就是现代文明的基本特征。所谓资源的有效配置，就是依据合理的社会关系实现的资源便捷自由流转的结果。所谓资源要素的有效配置，就是资源流转方式的要素化成果。

资源的功能在于满足人类的需求。资源的丰富化必然形成资源被社会成员占有形态的普遍化与丰富化。资源占有关系的稳定性是社会秩序稳定性的前提。但过于稳定的占有关系又常常阻碍了资源流转的便捷。解决这个困境的方式就是将资产资本化。

所谓资本，就是资产的特殊流转状态，就是资产的社会功能与其占有关系相分离的要素化流转状态。资本就是资产的广义出租状态。资产出租的要素化流转方式，在资产占有关系不变的前提下实现了资产功能流转的高度便捷和交易成本的大幅降低。所谓资源的资本化，就是在资产占有关系不变条件下的资源流转方式。

所谓资本主义社会，就是社会基本经济资源高度资本化的社会形态。货币资本就是被出租的货币，利息就是租金。工业资本就是以其功能的出租方式流转与配置的工业资产。管理与利用租来的工业资产与金融资产的专业人员，就是广义的资本家。资本家通过控制与利用租来的资产实现配置与流转经济资源，从而获取资本化的资产收益。现代职业经理人就是出租其人力资本的专业化资本家。出于对资本家称谓被污名化的回避，今天的中国文化中就用企业家称谓了。企业家就是资本家的社会职业称谓，资本家就是企业家的经济活动方式称谓。

欧洲资本主义所创造的全部经济与社会奇迹，都来自工业资产以金融资本为媒介的高度资本化流转而形成的高效配置。现代市场制度就是现代经济资源的资本化流转制度。

在欧洲传统社会中，封建领主的经济活动方式就是仅仅利用自己占有的土地资产。直到工业化以后的资本家的经济活动方式，才改为主要利用投资人或股东出租给他们的工业资本。他们将资本流转中获得的收益的一部作为为租金付给投资人或股东，这就是投资收益或产权人收益。在现代经济活动中，投资就是出租自己占有的经济资产，接受投资或融资就是租赁他人占有的经济资产。

中华文明在瓦解了西周封建制度之后，建立了中央集权的大一统农耕文明的创世纪业绩，它既是政治大一统形成的社会秩序大规模组织化的成果，也是经济上逐渐形成了对土地资产的国家资产化与部分资本化流转方式的结果。传统中国土地资产的资本化流转方式就是发达与规范的租佃制度，它形成了土地资源与其他农耕资源间，特别是优良的农耕人力资源间的高效配置。其中土地资本化制度特殊的高度稳定形态，就是江南地区的土地永佃制。这类似于工业资本的公共股份制。

土地资产的租赁化流转制度就是农耕文明中的土地资本主义制度。在这种制度中也有不充分的金融媒介与市场规范。正是这种传统的农耕资本主义经济活动方式，为中华文明接纳工业贸易文明的工业资本主义经济活动方式准备了条件。中国人对现代工业经济活动的天生适应性，就是中国人的天生"会做生意"，这就来自中华文明传统经济中的资本化活动方式。

土地资本化是中华文明经济繁荣与文明昌盛的重要条件，也是其区别于其他农耕文明的优越性依据。在近代的欧洲，从法国与德国再到俄罗斯的大范围的农耕经济活动中，就由于始终没有出现这种资本化形态，而使其经济制度一直落后到工业革命时代。他们的土地资源利用形式一直是由封建领主占有制的资产化形式所主导，他们的人力资源利用形式则主要是封建贵族的资产占有形态的奴隶制与农奴制。而中华文明中的封建奴隶制从西周以后就开始瓦解了。

在今天的中国历史表述中，仅仅将宋明以后少数发达地区的商业与手工业资产的资本化表象，看作是资本主义的萌芽。这来自对马克思的欧洲工商业资本化表象描述的生搬硬套，也来自对资本主义经济秩序本质的表象化理解。实际上中华文明特殊的农耕资本主义形态也被马克思感觉到了，但他对资本化经济秩序理解的感性化表象状态遮蔽了他的理解逻辑，所谓的"亚细亚特殊的经济活动方式"，就是他对中华文明的土地资本主义的感性化表达。

今天还只会教条式的搬弄前人概念的中国学者们，也将自己的头脑与感官悬而不用，也只会用他人的"亚细亚方式"来表达自己的历史，还引为时髦。这正是现代中国教育的学术恶果。

依据今天的现代经济活动方式，中国人已经应该可以重新深入厘清资本与资本主义经济活动方式的理性逻辑了，这只要重新回到自己的精神自由与学术理性中。这种新定义的基础，则要来自对社会资源与社会资产的哲学新定义。

欧洲文明在传统经济活动中的长期落后，既有其政治上分裂冲突的原因，也是其农耕畜牧资产的封建化占有方式所决定的无法资本化的结果。

中华文明的土地资本化秩序就是实现了国家化的农耕经济秩序的成果。在其中仍然常常占主导地位的自耕农制度，也是具备了土地资产高效流转方式的经济秩序。国家的政治权力为国家化的自耕农制度与租佃制度提供了秩序保障，这就是权力保障中的先进经济秩序。而这则被对马克思模式的生搬硬套理解为国家对地主阶级的剥削利益的保障。

欧洲社会的农耕经济秩序直到工业革命之前，都不具备类似先进的土地资产化与资本化的形态。新中国模仿苏联实现了原教旨社会主义的农业集体化，这种模式则来自社会主义理论与俄国公社农奴制的融合。这种高度统合的农业经济秩序，仅仅在低水平经济恢复活动中具有较高效率。改革开放以后逐渐形成的土地国有与集体占有中的农户承包与使用权流转，就是新时代的国家化的土地资产化与资本化形态。这是今天中国比较合理的农业经济秩序。

欧洲文明中的现代经济爆发，则来自其工业资产的资本化成果。这种新兴经济秩序的创立，来自传统的城市自由民经济活动方式在全球贸易环境中的社会化推广。正是第三等级为了将工商业资产的资本主义活动方式国家化与社会化，才形成了资产阶级的社会革命，才创造了新兴的西方现代国家形态。这被马克思称为资产阶级专政。

今天中国令人惊异的经济增长成就，也来自她破除了原教旨社会主义价值观的束缚，而开放了全部社会资源的资本化流转的成果。首先是人力资源的资本化或雇佣化流动，其次是国家化的货币金融资产与工业资产的逐渐高度资本化流转。所谓的社会主义市场经济就是经济资源的资本化制度。所有这些，在今天中国仍然被约束了哲学视角的文化表达中，还仅仅被简单地表达为是引入了市场经济秩序的管理技术。实际上，中国特色的社会主义就是社会资本主义。

发端于荷兰完善于英格兰的现代公司制度与现代会计制度，以及由此而衍生的现代金融制度，都是实现工业资产与货币资产的资本化流转的技术创新与工具保障。这些技术的积极意义被马克思忽略了。在马克思的观念体系中，社会文化为社会秩序提供的精神依据也被忽略了。这来自欧洲哲学的局限性与马克思实践视角的局限性。中华文明就不会忽略文化对社会秩序的基础性支撑。这来自中华哲学的优越性。也正是这种哲学传统让新中国的缔造者将激烈的社会秩序改造引入了激烈的文化环境改造中。但用破坏基本文化结构的方式重塑新文化则是方法论的败笔。这种方法论来自对马克思工具的过度崇拜。这才有了将马克思的道理简单地归根结底为一句话。

社会资源的资本化流转方式，带来了社会资产利用的高效率。这种高效率在全球化贸易中的推广与发酵，这就是现代资本主义财富爆发的内在秩序依据。当代中国改革开放的经济爆发，也是对社会经济资产充分资本化流转的成就。国有资产的股份制与国有经济结构的现代公司制，私有资产的资本化利用的开放与私人投资的合法化，对现代产权制度与市场化配置经济资源要素的追求，就是当代中国经济活动资本主义化的主要方式，也是社会主义的中国对经济活动高效率追求的必然方向。

所谓现代市场秩序，就是经济资产的资本化流转秩序。所谓现代产权制度，就是依据资本化流转的需要对资产占有关系的规范化，也是实现资产高度资本化流转的必要条件。

实现经济资产的资本化流转与配置的经济活动秩序，就是所谓的资本主义制度。这种制度的深化甚至将文化资源与政治资源的流转方式也资本化了。资本主义制度是人类工业贸易文明的基本社会秩序形态，也是现代文明的基本标志。所谓的资本主义与社会主义的对立是一个伪命题。真实的对立的则是工业贸易文明中的自由资本主义与社会资本主义。

工业贸易文明的初期社会秩序不完善的原因，并非工业资产资本化的结果，而是社会秩序的结构突变引发的不同层次的新旧秩序不协调与冲突的结果，而是经济资源的资本化过度无序与过度自由化的结果。现代西方社会对经济资源的资本化秩序的不断优化与有序化，对工业贸易秩序的不断合理化塑造的过程，就是资本主义新文明的不断成熟的过程。

马克思对资本主义制度基本矛盾的表达，既是正确的也是局限的，它夸大了社会经济资源被社会成员自由占有的社会矛盾的意义。这种夸大形成的解决方案，也就必然是摧毁经济资源的自由占有，这就是所谓的消灭私有制。这个解决方案的局限性就是它今天被边缘化的重要原因。人类的工业贸易文明从幼稚到成熟，需要创造超越马克思的新观念。工业贸易文明初期社会混乱状态的解决，并非将资本主义经济秩序与洗澡水一同倒掉，而是将资本主义经济秩序社会主义化。

社会主义可以救中国，也可以救资本主义。

在欧洲的农耕畜牧文明中，其人力资源的资产化形态就是农奴制度。中华文明从秦汉就开始瓦解了封建政治制度与人力资源资产化的奴隶制，并逐渐实现了人力资源的国家化与自由化。这就是"齐民编户"的制度与自耕农制度。其经济秩序成果就是以自耕农为主体以佃农为补充的国家化农耕经济制度。这不属于马克思社会模式中的封建经济制度与奴隶制度。中国传统社会早已超越了马克思的封建定义。中国的马克思主义史学家们出于缺乏独立思考能力的生搬硬套，就是今天中国人误解自己历史的重要文化原因。这种僵化的文化教条在今天中国的伟大实践中不应再被羞答答地回避了，而应该名正言顺地重新安置了。

中国的历史文化，曾经被帝王将相的君王政治所误导，后来又被对马克思的教条化理解所误导，今天的中国人应该具备回归自己独立思考的历史自信的条件了。

人类文明从远古到中古的演化与进步，将自由存在的人力资源组织起来，也就形成了被社会特定成员的所占有的人力资源的资产化形态，这就是奴隶制。这种方式带来的经济效率就是几大古典文明辉煌成就的依据。埃及的金字塔，两河平原上丰富的文化遗迹，就是奴隶制经济效率的证明。

他们大规模的奴隶制常常以经常性的暴力征服形成的人力资源掠夺为条件。中华文明在这个阶段中宏大文化遗迹的相对贫乏，也是其奴隶制规模不够典型的结果。

人力资源的资本化流转方式，则解放了奴隶而实现了对人力资源的雇佣化利用。雇佣劳动将人力资产变成了人力资本。雇佣劳动为人力资源提供了更高效的配置方式，但其效率依据的资本化程度，则仍然要依据社会一般经济资产的资本化程度。中华文明中的租佃雇佣程度就表达了土地资产的资本化程度。经济最发达的江南水乡也是土地资源与人力资源资本化程度最高的地域。

雇佣劳动是现代工业贸易文明中人力资源的主要利用方式。在后现代的文明中，人力资源的利用方式将会进一步实现要素的资本化，例如知识能力与容貌价值的资本化。人力资源的资本化的程度也是社会成员社会自由程度的依据。现代社会成员的自由化程度高于传统社会，后现代社会成员的自由化程度高于现代社会。

中华文明中曾经非常普遍的东家伙计关系，就是雇佣劳动制度的社会关系。这种雇佣制度遍及农业经济与手工业和商业经济中。这种制度的完善化与文明化，伴随了中华文明的经济发展。和谐有效的东伙关系，就是和谐有效的人力资源资本化经济秩序。

在欧洲社会的封建领主制度中，则将奴隶制度一直传承到近代。欧洲人移民到了美洲，还仍然要利用奴隶制度来实现自己的原始积累，因为这就是他们规模化经济中的最高效率。欧洲人的美洲后裔，为此在两个多世纪中几乎转移与消灭了非洲的一半人口，其中充满了让早已文明化的中国人不能理解的残暴与血腥。

奴隶经济制度只是封建政治制度中的人力资源利用方式，不是与封建制度相分离的不同社会演化形态。这也是马克思的社会发展阶段概念中的一个误区。

马克思的科学社会主义理想，必须以工业贸易文明中经济资源的资本化为条件。中国特色的社会主义是与西方社会不同的中国化的工业贸易资本主义形态，其中借鉴甚至移植了几乎全部现代西方的资本主义经济秩序与技术体系，但在社会宏观秩序中则仍然保留了儒家传统与社会主义伦理。

自由资本主义则是欧洲式的资本主义制度，它来自欧洲的历史演化进程与文化传统的融合。欧洲社会秩序的传统形态就是散乱的自由与多元。最新经济史研究表明，欧洲资本主义制度的发生与形成，并非经济活动自由化的结果，而是社会权力对经济活动强力组织化的结果。欧洲资本主义追求自由的伦理依据，来自其社会政治革命对传统教权与王权的摆脱形成的公共价值的伦理化。其社会成员的充分自由，则来自其雇佣制度的充分市场化成果。

中国今天大多数现代知识分子对西方自由主义文化与伦理的崇拜，则来自他们精神解放的个体需求。这种崇拜形成的文化推崇，也在新秩序的重构中曾经具有强大的进步意义。但将这种伦理普世化与绝对化，就会将他们引入中华文明演化的边沿沟渠中。好在他们的人生理想也就是在沟渠中向西方移民，他们没有通衢大道上的中国梦。他们除了个人幸福本来就不会去关心治国平天下。

社会的演化就是社会秩序的演化。社会秩序的演化动因来自社会秩序与社会能量的均衡中的冲突与失衡，也来自这种失衡为新的自组织过程提供的条件。

阶级是多层次嵌套的社会群体结构的特例。阶级间的对立与冲突，仅仅是社会群体间冲突化的竞争活动的特例。这种特殊活动状态也会在特定历史条件下表达社会秩序的主导形态，这种主导形态被马克思发现和表达，也被他教条化的学生们僵化与放大。将相对的特例普遍化与绝对化，也就将局部的真理变成了普遍的谬误。

将阶级矛盾与阶级冲突看作是社会秩序演化的动因，仅仅具备特殊条件下的真理性。社会秩序的内在冲突是构建新秩序的必要条件，但不是充分条件。社会新秩序的自组织过程来自多层次嵌套的社会关系的耦合成果，这种耦合必然包括了精神环境中的公共价值。

人类社会秩序更新的充分条件，就来自人类群体公共化的精神环境秩序与人类社会活动秩序的互动形成的自组织过程。社会秩序的瓦解与破坏并不会必然构成新秩序。这才是可以告别革命的哲学依据。革命的破坏可以具有正义，但革命并非必然正义。

广义社会财富的哲学定义，就是社会资源的公共化价值的总和。狭义社会财富的经济学定义，就是经济资源的货币价值总和。狭义财富是广义财富的子集。公共价值以精神环境中的公共观念为载体。货币价值是资源的货币化度量。社会资源依据人类精神环境中的观念确立其价值。

社会财富的增加量，来自资源种类与数量的增加量与其价值增加量的乘积。资本主义经济秩序带来了社会经济资源的种类与数量的大幅增加，更带来了它们价值的大幅增加。社会资源价值的增加才是其数量增加的内在动因。有价值的资源才能吸引人类创造与拥有它，高价值的资源才能吸引创造它的大量社会投资。高额的利润是高风险投资的基本动因。一夜暴富的梦想则是不计生死的赌徒行为的动因。

资源价值的增加是社会财富增加的直接与间接依据。资源的价值来自精神环境中的观念认知，资源价值的增加来自精神环境中的观念改变。资源价值的认知与增加是人类创造资源的精神依据。人类对资源价值的认知与改变，来自对资源功能的公共化理解与理解的改变。

人类的全部社会活动都是社会资源的流转活动。流转的方式就是依据特定社会秩序实现资源在社会成员间的交换。这就是社会交易活动。社会交易活动包括经济资源的交易、政治资源的交易与文化资源的交易。三种交易活动形成了三种资源，也形成了它们之间的转换，还形成了它们功能的综合。

在经济资源的交易活动中，人类也就改变着自然资源的形态与功能，这种蕴含了自然交易活动的社会交易活动就是所谓的生产活动。远古的生产活动就是直接获取自然资源，中古的生产活动开始控制自然资源的自然增殖，近古的生产活动则实现了这种控制的社会组织化与社会规模化，近现代的生产活动则是利用人类对自然秩序的深入理解来改变自然资源的形态并创造出其新功能。这种改变与创造的文化依据就是现代自然科学。

在社会活动中经济资源向政治资源与文化资源的转换，以及政治资源通过权力活动向经济资源与文化资源的转换，就形成了复杂的社会交易关系与社会资源的增值方式，也形成了社会资源流转的复杂形态和不同资源爆发式增长的可能性空间。这是马克思的政治经济学模式没有深入理解的重要社会活动内涵。简单地将社会活动区分为经济基础与上层建筑，远不能说明复杂的社会活动形态。马克思的经济学框架并不完美，西方自由主义经济学则更为局限。复杂的数学逻辑则是其捉襟见肘的混乱功能的华丽外衣。

人类文明的发展形成了社会财富的增值。工业贸易文明创造了社会财富的爆发。社会交易活动是资源数量与价值形成与增加的外在环境原因。经济资源价值的增加则来自人类公共化的精神环境，人类的经济文化与经济伦理，则是经济资源的最终价值依据。

经济资源在经济交易活动中形成其公共化的价值。经济价值的货币度量形成了经济资源的价格。市场既是现代社会中流转经济资源的社会结构，也是形成经济资源价值与价格的社会秩序。经济资源在社会环境中广泛存在与迅速流变。经济资源的价值是最活跃与最不稳定的价值。

社会权力活动就是维护与构建社会秩序的交易活动。政治资源就是构成权力能力的社会资源。政治资源的功能由社会文化中的政治伦理所塑造。政治资源的价值由其实现社会政治权力能力的功能决定。社会政治交易活动为政治权力的形成提供资源，并形成政治资源的价值。政治资源常常隐含在经济资源之下。政治资源的价值具有高于经济资源价值的稳定性。

社会文化资源是人类公共观念与公共价值的载体。文化资源的价值由其承载的公共价值的社会功能决定。公共观念的功能就是其实现社会秩序的表达与凝聚的功能。这种功能只能通过文化资源在文化交易活动中得到表达与确认。文化资源还具备满足个体审美需求的价值。将这个价值夸大为文化资源的全部价值，就是欧洲存在主义哲学的误解。文化资源的功能隐含在人类精神世界的公共化形态中，其价值的形成具有最长最复杂的交易链，其价值也最稳定。

社会资源增值的唯一方式就是交易活动。社会交易活动决定了形成资源价值的意识活动，也决定了公共观念中资源价值的改变。全部社会交易活动都是人类的社会生存行为，都必然付出人力资源。付出人力资源的社会交易活动就是劳动。劳动所具备的创造价值的功能，并非来自劳动本身，而是来自劳动所参与的有效社会交易活动。社会交易活动才是劳动创造价值的原因。劳动仅仅是资源增值的人类行为表象。

能够形成资源价值增值的交易活动就是有效交易活动。有效交易活动可以不断巩固与发展，无效交易活动则会逐渐瓦解与消失。有效交易活动中的人力资源付出构成了有效劳动，在无效交易活动中的人力资源付出就是无效劳动。

交易活动也必然要占有与付出其他非人力资源。这种能够形成财富的非人力资源的占有与流转，就是交易活动中的非劳动收益的来源。社会文明的发展既是人类社会财富的丰富化，也是非劳动收益的复杂化与普遍化。现代社会中的资本收益与公共福利，就是两种典型的非劳动收益。前者来自秩序资产的功能，后者来自社会公共制度的安排。

劳动的价值由劳动者所具备的人力资源的功能所决定，由人力资源在市场中的流转而形成。雇佣制度是现代劳动价值的规范化依据。用一般社会劳动时间来确定劳动价值，是马克思逻辑的一个不得已的误区。这来自他对社会资源价值的误解。

人力资源的复杂化与精神世界化，既是现代文明的特征，也是人力资源的文明化与知识化的依据。所谓的知识经济，就是人力资源的知识化的劳动形态。

每一个具体的社会活动都是发生在具体社会成员之间具体资源的流转。每一个有效的交易活动都必然会实现交易双方所交换的资源价值的增值。有效交易活动都是非零和交易。零和交易活动无法稳定维持。非零和交易活动是人类社会活动的主要形态，它既是社会秩序的自组织过程的依据，也是社会环境的负熵发生的依据。稳定的完全零和交易是极端的特例。

在交易活动中作为交易对手的双方，对付出与获取的社会资源的价值判断的差异，就是非零和交易收益的全部依据。这种差异的普遍依据就在人类观念结构的独特性之中。独特的个体观念与个体价值，形成了社会活动中独特的交易方式。

每一个有效交易活动的结果，都是交易双方占有的资源价值的增值。这来自他们对所交换的资源具有不同的价值判断与价值认可。例如在成功的商业活动中，买方一定认为获得的商品价值高于付出的货币价值，卖方一定认为获得的货币价值高于付出的商品价值。

商品价值与货币价值是他们在不同社会成员观念空间中的独特价值形态，而不是交易环境中表达的价格。商品的价格与货币的标称单位只是其特定的公共化价值表达。

人类精神世界的独特性，决定了同一社会资源在不同社会成员的观念空间中具有不同的价值。公共价值仅仅是不同社会成员的价值判断在社会文化环境中的公共化交集。经济资源的价格则是公共化价值的社会表达。社会化的价格并非真实的观念价值。就像一万个红楼梦读者心中常常有十万个林妹妹一样，每一种社会资源在不同的社会成员心中也就会有丰富多彩的价值判断的可能性空间。这由人类精神环境中永不停息的意识活动方式所决定，也由对这种变化的暂时公共化固定所决定。

每一个社会交易活动的实现，都由参与者当下的价值判断为依据，都由交易双方当下的价值判断差异而促成。这种差异就造成了交易结果在双方的价值判断中获得了增值。这就是交易活动构成财富来源的核心秘密。社会财富来自人类的社会交易活动，而不是来自这种活动的劳动表象。

将人类社会成员精神环境中的公共价值，特别是经济文化中表达的商品价值，当作超越人类活动的环境存在，就形成了客观价值的观念。

依据客观价值才能形成等价交换的观念。追求等价交换的合理性才能诟病不等价交换与剥削。这是西方哲学中从柏拉图的绝对理念到黑格尔的宇宙精神对马克思超验观念的影响结果。客观价值论是马克思哲学的最重要漏洞。

任何公共价值都是公共观念的内涵。任何公共观念都是基于独特的个体观念的公共化统合。社会资源的公共价值永远是相对于个体观念结构的，也是在人类社会活动中永远流变的。超越人类活动的客观价值是一种类似超越人类的客观规律的臆想。

没有客观价值也就没有等价交换，也就没有依据等价交换才能设定的剩余价值。只有无效的交易活动与不合理的交易活动，只有不合理的剥削活动，只有不合理的强制交易方式限制了弱势参与者的交易选择空间。交易活动中的相对剩余价值，恰恰是社会交易活动的有效收益，也恰恰是全部社会财富的来源。

有效的交易活动必定是有收益的交易活动，必然是在不等价的交换中实现互相"剥削"的结果。广义的互相剥削就是双赢交易的收益来源。雇佣者"剥削"了被雇佣者的人力资本，才能形成企业利润。被雇佣者"剥削"了雇佣者的工资付出，才能通过劳动与工作积累财富而致富。恰恰是不等价交换让他们非零和双赢。人类在普遍的非零和双赢活动中创造了社会财富与人类文明。

按照马克思的逻辑来消除剥削，就是消除了人类的财富来源，就是消灭了人类文明与人类自己。这就是马克思的政治经济学逻辑必然被边缘化的哲学原因，也是中国人必须解放马克思的依据。只有解放马克思才能继承马克思。解放马克思的根本方法就是对他进行新的哲学安置。

所谓不合理的剥削制度，就是单纯追求社会交易活动的价值增殖最大化的社会制度，就是绝对保护社会交易活动中占主导地位的社会成员形成的社会资源占有形态的社会制度。这就必然形成马克思所强烈诟病的私有制。这就必然形成社会财富不合理的不均匀分布。自由资本主义世界观必然追求这样的秩序。

自组织来自能量要素差异形成的广义涨落。人类文明来自个体差异与资源要素差异形成的社会自组织。社会财富被社会成员占有状态的绝对不均匀，是社会交易活动的条件与结果，也是社会活动的原始动因与社会资源的增殖依据。社会财富占有状态合理地相对均匀化，就是兼顾了社会成员的人本需求与平等生存需求的社会秩序状态。社会财富占有状态的相对不合理与过分不均匀，则是造成社会成员的非人本生存状态与社会不平等灾难的原因。

完全消除社会财富占有状态的不均等，就会消除社会活动的活力与社会财富的增殖依据。过度保护社会财富占有状态的差异化，则会毁坏社会秩序功能的和谐与形成人道主义生存灾难。合理的社会秩序就是财富占有的均等化与差异化的合理均衡。这就是中国哲学主张的"阴阳相济"范式。

远古的狩猎采集文明，仅仅直接利用自然资源，人类生存在高度不稳定状态中。中古的养殖栽培文明，则开始了人类对自然资源的初步控制性利用，并建立了人类与自然环境的简单稳定关系与初始文明。近古的农耕畜牧文明，则实现了社会化大规模地控制利用自然资源的方式，通过更丰富的农牧产品创造了传统文明的辉煌。近现代的工业贸易文明，则开启了人类依据自然科学文化体系深入改变自然资源的形态与功能的技术途径，从而实现了对自然资源广泛深入的控制与利用，并形成了全球化的社会资源的流转与交易方式。人类的社会资源形态与功能由此而实现了爆发性的发展与增殖，并开始让人类摆脱了生存资源的匮乏状态。

人类在生存资源的匮乏中生存了上百万年，人类生存资源的不匮乏状态才有几百年。资源丰富状态中的人类社会，才是人类最高层次的文明，才能为人类提供完全不同的生存方式，但这种文明还远没有成熟。人类必须在对自然资源的有效利用与减少扰动自然环境的利益均衡中，逐渐实现更为合理的不匮乏生存。

社会资源就是满足人类生存需求的社会环境存在形态。社会秩序就是一种典型的社会资源。人类依据社会秩序资源构成了社会环境与社会结构，并通过社会权力活动维护社会秩序的稳定存在与功能。

社会秩序资源来也来自人类的社会交易活动。构建社会秩序资源的精神依据的活动就是社会文化活动。满足人类的审美需求只是文化活动的副作用。就像美味的口感是食物的副作用一样。将满足口感欲望作为饮食活动的核心目标，就会毁坏人类的健康。将满足审美欲望作为文化活动的核心目标，就会毁坏社会秩序。前者常常是中国人的生活误区，后者常常是西方人的精神误区。

人类文明深化的标志之一，就是社会资源中的秩序资源比例的不断扩大。直接构成秩序资源的交易活动，就是广义的投资活动。所谓投资，就是付出其他资源以获取将来有效交易秩序的交易活动。投资的成果就是可能提供交易收益的未来秩序。例如买房出租的投资，就是购买了一种有收益的交易秩序，例如存款获息的投资与股票的投资，都是获取了将来金融市场与证券市场的可能收益的交易秩序。文化投资获得了可以形成文化成果的文化活动方式与环境，政治投资则获得了形成权力的秩序维护资源。投资成果的收益方式就是资源的资本化出租的广义租金。

现代文化知识就是具有交易秩序功能的理性化公共观念体系。现代教育活动就是提供知识的文化传播交易活动。受教育者付出资源获取知识。现代教育活动是传播维护社会秩序的主流文化的交易活动，也就必然是社会权力活动的重要外延。

社会文化资源是社会秩序资源的核心内涵。宗教与艺术，科学与技术，都是典型的社会秩序资源，其满足审美需求的消费属性只是其次要功能。构建文化资源必然要付出大量的其他资源，包括特殊的人力资源。

存在的依据在秩序中。秩序依据其稳定性实现存在。社会秩序依据其必要的稳定性构成其功能。社会秩序的稳定性来自社会权力活动。社会秩序由文化活动设计，由权力活动构建与维护。社会政治权力或国家权力活动就是维护社会基本秩序的交易活动。权力活动依据社会政治活动实现其功能。政治活动通过流转与变换社会资源构成权力能力。政治活动构成与汇集政治资源。流转狭义政治资源的交易秩序就是国家政治秩序，其制度形态就是国家政治制度。社会成员对这种政治活动的参与方式就是民主。不同的民主形态形成不同的权力结构。选举仅仅是民主的特定活动方式。

社会秩序的演化由秩序对能量的均衡状态的改变构成。社会演化具有不确定性。社会的演化不会确定地收敛于确定的形态中。社会秩序演化的不确定性来自人类生存行为的自由空间所决定的行为结果的不确定性，也来自社会秩序自组织过程的不确定性。人类对生存行为方式的自由追求，带来了社会秩序演化的活力，也带来了社会秩序功能的不确定与演化的不确定。

社会演化只能终止于人类存在的消失，而不会终止于特定的模式。只要地球环境不出现突变性恶化，只要人类不自己毁灭文明与秩序，人类社会就永远处于不断演化与进化的过程中，社会秩序形态的变化就永不会终止。

　　人类只能用自己的理性能力相对地理解自己的演化历史，也只能用自己的理性能力有限地预测自己的将来。

　　人类的历史并不是人类曾经的演化经历，而是社会文化中表达的对社会演化进程的当下理解。历史不是演化的经历事实而是社会文化中的特定公共观念。人类文化的演化会永不停息地生成新的历史。过去的历史永远在当下的新认知中被修正。这种修正可能改变不了已经发生的事件，但却可以改变对历史事件的认知与安置。现代物理学中对物质存在的波函数在观测中的坍缩，也暗示了同样的逻辑。

　　历史是人类理解自己生存方式与演化进程的文化体系。人类永远依据理解当代社会秩序的需要而不断地重新打扮自己的历史。人类的历史永远在重新打扮中演化。

第一篇

哲学与存在

第一章 哲学是什么

5. 人类的存在与人类的环境

生命是宇宙中的奇迹，人类是生命中的奇葩。

生命通过自己特有的本能，通过利用与适应环境而实现自己的生存。生命适应与利用环境的方式就是与环境交换信息与能量。

生命通过生存本能感知生存环境，并依此决定在环境中的行为来实现生存。从单细胞生命到人类无不如此。

任何生命的存在，都经历了在环境中不断拓展自己生存能力的演化过程。生命的存在具有内在环境与外在环境。外在环境是生命的外部存在条件，内在环境则构成了生命体系中的秩序与能量相均衡的生命存在本身。

一个单细胞阿米巴虫，就可以感知自己身体几百倍或几千倍尺度以外的溶液环境的营养物质的浓度梯度，并依据这种感知来选择不同的行为。今天的生命科学还远不能理解这种感知与选择的方式与机理。

一个在文明环境中生活的人类个体，也会形成对周围的自然环境与社会环境的感知。这种感知从婴儿就开始了。这种感知的结果，就是逐渐形成了由精神世界表达的自我。人类依据精神环境秩序决定物质环境中的行为选择方式，就是意识活动中的价值判断。全部价值判断的总和就表达了个体的人格与价值观。

人类感知环境信息的器官就是感官。感官接受的环境信息被输入到高级精神器官中，形成人类精神环境中的外部环境秩序依据。动物对环境信息的感受与利用，可以还原为刺激与反应的过程。人类对环境信息的感受与利用方式则要复杂得多。人类的感官信息会被意识活动构成经验观念，经验观念又会被认识活动的反复抽象与超验化，在构成逐渐升高与抽象的观念结构的同时，最终形成终极观念。人类依据观念空间中的价值内涵实现行为的选择与驱动行为的实现。

人类与动物的根本区别，就是依据复杂的精神世界实现生存行为。人类依据精神世界的群体化活动，构成了人类的文明化生存方式，也构成了人类的文化。动物没有文化，所以不会劳动。

人类的精神世界由观念空间与其中的意识活动构成。观念结构构成了意识活动的精神环境。观念结构来自意识活动的成果，又为意识活动提供了环境。这是典型的自纠缠形态。

人类的认识活动构建了观念结构，并将感官信息融合在观念结构中。观念结构中蕴含的外在物质环境秩序形成了其中蕴含的物质价值，人类依据物质价值利用与适应物质环境。

人类的精神环境秩序是外在物质环境秩序的功能映射。数学空间之间的映射关系就是这种映射的特定逻辑表达。人类通过观念结构理解外在环境秩序，也理解外在环境提供的生存功能。这种理解是人类利用与适应环境实现生存的依据。精神环境中的意识活动构建了内在精神环境，表达了外在物质秩序，提供了人类生存行为的全部依据。

人类进入文明以后，就形成了精神世界。人类精神世界的外在化表达构成了文化。人类文化的演化表达了精神世界的演化。精神世界的演化是文明演化的内在依据。

所谓宇宙，就是人类对可感知的自然环境总和的观念表达，也是人类对自然环境理解的总体模式。在人类精神世界的演化进程中包含了宇宙模式的演化。

从阿米巴感知周围营养液的浓度梯度，到人类感知广袤深邃的宇宙空间中的能量场与引力场，仅仅是不同生命利用与适应环境的不同方式。

　　每一个生命个体的内在秩序，构成了他们的生存方式对环境需求的功能依据。生命个体的内在环境，通过细胞内复杂的生化过程实现的刺激反射行为，构成了对内在生理环境的适应与利用，并依此实现对外在环境的适应与利用。在不同生命形态中，逐渐复杂化的适应与利用内在生理环境的机理，最终形成了人类最复杂的意识活动，并最终形成了人类特殊的生存方式。人类意识活动的形成，就是从软体枝节动物到爬行哺乳动物的极其复杂的演化进程的最高成果。

　　意识活动一旦形成，就形成了人类超越一般生命活动之上的特殊存方式，也构成了人类特有的内在生存环境。这种生存方式与一般生命活动方式的区别，就是形成了精神环境与生命环境的区分。就像人类依此而将动物的群居转变为人类的社会化生活一样。意识活动无法还原为生命活动。社会活动无法还原为动物行为。

　　处于生命演化巅峰上的人类，以自己独具的神秘的意识活动，以及意识活动构成的复杂精妙的精神环境，构成了自己特有的内在生存环境，形成了自己无与伦比的环境适应与环境利用能力。这种能力的特殊性，更体现为人类的群居生活将个体精神世界的公共化组织化。人类依据公共观念与公共价值构成的外在生存环境，就是人类社会与人类文明。

　　人类特有的精神世界是人类与其他动物区分的基本依据。人类精神世界就是利用与适应外在物质环境的内在精神环境。人类在精神环境中的生存行为就是意识活动。精神环境为人类提供了远远超越一般动物的行为空间。

　　宇宙的存在形态是星体与星系，生命的存在形态是细胞构成的组织与器官，社会存在的形态是人类个体构成的群体，精神环境的存在形态就是观念要素构成的观念结构。它们都是不同层次的秩序对不同层次的能量的组织化结果。

　　每一个人类个体都具有自由独特的精神环境与独特的意识活动方式。

精神环境的存在就是观念的存在，观念空间构成了精神环境。个体依据精神环境理解从外在的宇宙到内在的情感的全部生存环境。人类个体的精神世界就是个体的小宇宙。

人类的群居方式形成了个体间的观念交流，形成了个体观念空间的群体化与公共化。公共化的观念结构在社会环境中的表达，就是人类的文化。人类的全部知识都是公共观念的理性化表达形态。文化还表达了知识无法表达的更为广泛的公共观念，这就是广义的艺术。公共观念的经验形态容易实现文化的表达，公共观念中的超验形态难以直接表达。终极观念中的完全超验化的公共观念，很难在文化中直接表达出来。

在超过数十万年的人类可理解的文化史中，不同的人类群体在不同的生存方式中创造与积累了不同的文化形态，但都大致呈现出不同的宗教形态或准宗教形态。人类进入现代文明以后，也就形成了不同的现代公共观念体系与主流的世俗文化形态。

不同的文化是不同文明的精神依据，是不同文明依据自己特有的公共化精神环境，适应与利用外在环境的生存方式的表达，包括从阿米巴内在的有机生化过程对环境的利用，到人类的文化构建出的文明形态对环境的利用。宇宙环境中经历了及其复杂的自组织过程才出现了生命，生命经历了及其复杂的自组织过程才出现了人类文明。

用精神世界表达自己适应与利用外在环境的内在能力与内在活动，是人类认识自己的环境与生存方式的结果。对这个结果整体的理性化的文化表达形态，就是哲学。哲学是人类感知与理解自己精神世界的统一的理性化公共观念体系，也是人类感知与理解自己群体生存方式的全部公共观念的基础依据。哲学的表达方法特征就是理性化与逻辑化。哲学又是对人类基本生存问题答案的最终来源，还是理解人类文明与理解人类社会活动的基本依据。

人类是宇宙中的奇葩。人类来自地球表面特殊的物理环境形成的生命形态。地球在太阳系中只是广袤空间中的小颗粒。太阳系则是银河荒漠中的一沙尘。银河系则是宇宙大海中的一滴水。人类生存在自己可理解的宇宙中。在人类可理解的宇宙之外的环境存在，与人类的生存无关，也与人类的理解无关。人类在自己可感受可理解的环境中，只要生存得足够谨慎，就足以延续人类的存在。

人类可理解的环境之外的存在与人类无关，也不是人类的环境。就像阿米巴可理解的营养溶液环境之外与它无关一样。人类对环境的理解与利用方式，随着人类能力的发展也在不断地拓展。在人类的观念中，宇宙的模式和宇宙的尺寸，总会随着这种拓展而展开和扩大。今天的宇宙比三千年前的宇宙，就大了很多倍。三千年后的宇宙也会比今天大得多。这不是宇宙在扩大，而是人类的精神世界在扩大。

地球表面的生命已经生存了几十亿年。人类的生存则至多两百万年。人类开始理解自己赖以生存的精神世界，最多只有一万年的历史。将这种理解表达为系统的文化结构则要更晚，哲学只有三五千年的历史。

所谓哲学，就是人类完整理解自己精神世界的存在方式与活动方式的理性化公共观念体系，就是这种公共观念表达出来的文化形态。哲学通过追求理解人类的内在环境，来理解人类的全部环境。哲学内涵的成熟化与技术化，就从哲学中娩出了其他文化形态。现代自然科学就是传统自然哲学的特殊技术化体系。自然哲学表达了人类对外在环境的理解，现代自然科学表达了人类今天对自然环境的适应与利用方式。

自然科学具有与哲学不同的外在环境理解方法。它通过人类公共化的行为经验来获取理解的依据，这就是所谓的依据观测事实。哲学理解内在环境则无法这样做。人类只能用在精神环境中的意识活动感受与理解精神环境。这种感受无法公共经验化。哲学的理解依据中没有事实，只有反思的感受。人类在精神环境中的活动无法实现外在观察，也就无法形成经验事实。这就决定了哲学方法与科学方法的截然不同。科学依据对事实的逻辑化安置来表达自己，哲学只能对自己的反思感受进行逻辑化表达。"我思故我在"既是哲学的本体论，也是哲学的方法论。

人类的精神环境秩序与外在环境秩序的一致性，并不需要人类内在的理性来证明。人类的存在本身就是证明。无数哲学家们试图寻找人类精神环境与外在环境的真实关系的复杂的理性探讨与逻辑演绎，最终都必然陷入无意义的循环论证。因为人类无法用自己的存在理性地证明自己存在的合理性，就像拔着头发不能提起自己。

试图追寻这个论证的依据，来自传统的哲学将精神环境理解为超越人类的存在，将理解超越人类存在的精神环境的哲学，也解为超越人类的存在。用超越人类的精神环境表达或映射超越人类的物质环境，就必然需要由人类的理性来审视这个表达与映射的合理性。这是一个最基本的哲学悖论，也是至今为止无数哲学家聪明的愚昧观念来源。

让这个证明不证自明的一个最直接的依据，就是人类的实践。虽然依据实践的不证自明仍然是循环论证的，但这却可以清晰地说明，在最高层次的观念结构的合理性证明中，所有的论证都必然是循环论证的。这种证明就是人类用自己对观念结构的理解来说明观念结构的合理性。在精神环境的最高层次中，理解就是合理性，合理性就是来自理解。

人类的实践，就是人类在环境中的存在方式与活动方式，就是人类不断适应与理解自己的外在环境与内在环境的演化过程，就是人类在精神世界的不断拓展中，也不断构建与拓展自己的外部环境的生存活动。人类的实践活动，就是人类的精神环境与外在环境具备统一性的原因，也是人类精神环境存在的实在性与外在环境存在的实在性的证明。

人类通过自己的内在环境或精神世界，理解自己的外在环境，也理解自己的内在环境本身。人类的内在环境是外在环境的映射镜像，但这种映射并非直接反射，而是依据内在环境的秩序实现对外在环境秩序的表达。人类只能通过自己的内在镜像来理解与利用外在环境，而无法直接理解与感受外在环境。人类能够直接感受到的外在环境信息，只是人类感觉器官的功能效果与人类不断创造的信息采集工具的效果，这都只能通过内在环境的经验观念才能实现对外在环境秩序的表达，人类只能通过经验观念对环境秩序的表达感受与理解环境。从显微镜到望远镜，从化学试剂到质谱仪，从高能对撞机到超算信息处理器，这些器具无论怎样发展，都是人类感受外在环境秩序形成的信息表达的工具衍生而已，它们的全部结果，都仅仅是为精神环境中实现外在环境秩序的映射镜像而提供信息资源的工具，而任何外在环境秩序的真实镜像展开，都是人类精神环境中的意识活动成果。

人类通过精神环境中的意识活动表达与理解外在环境的结果，就形成了关于自然环境与社会环境的全部观念体系及其理性化模式。今天人类的科学文化与社会学文化的全部内容，都是这类观念体系或模式的感性化表达与理性化表达。此外，人类的意识活动对自己的内在精神环境的理解也形成了一个观念体系，对这个观念体系的理性化表达，就构成了哲学文化。

人类对外在物质环境的全部理解，包括全部自然科学与社会科学的观念体系，也包括了全部宗教文化与艺术文化在内的全部文化，都是人类内在精神环境的存在方式，都是人类精神环境的秩序内涵。人类理解内在环境的哲学文化，也是内在环境中特有的存在形态与环境秩序。哲学理解了内在环境的构成与活动，哲学也就必然成为理解人类何以理解外在环境秩序的方式与活动。由此，哲学就是对人类理解全部生存环境方式的理解。哲学就是人类理解全部文化的依据，这就决定了哲学成为构建全部文化的基础性工具。

人类自己理解自己的内在环境或精神环境，具有明确的困难。这种困难就来自人类只能用意识活动本身来理解意识活动的环境与成果。这种困难形成的哲学困境，常常使得哲学无法超脱地观察自己的认识对象。哲学的对象只能在哲学之中。

这就决定了哲学方法不能像科学方法那样以客观化的事实观察为依据，哲学的方法就只能是反思。所谓哲学的科学化，是对科学与哲学都不太了解的幼稚想法。哲学可以科学化的，就只能是哲学的高度理性化与高度逻辑化而已。这本来就是哲学的目标。哲学的对象无法事实化决定了不可能将哲学观念改造为科学观念。

之所以会有哲学科学化的想法与思潮，就是面对现代哲学的困境，而对追求哲学的理性化表达努力的疑惑与退缩。这也来自人类理性化能力的不足所造成的不断深入理解精神世界内涵的困难，也来自在这种困难中不得不将哲学的表达退缩到感性化方法中所形成的哲学的文学化倾向。这也是哲学演化中不可避免的周期化过程。这种周期来自人类理性能力对人类感知内在环境能力的滞后形成的不协调，来自这种不协调形成的间歇性突破。

这个哲学方法中的基本困难，也是哲学的发展始终落后于自然科学的原因。当自然科学还蛰伏在一般哲学之内被称为自然哲学时，这个落后就形成了。在欧洲古典哲学中，活跃的自然哲学始终引领着社会哲学与心理哲学。在中华哲学中社会哲学的主导地位对自然哲学的引领状态，就决定了自然哲学发展的迟缓。迟缓的自然哲学只能支撑必要的自然技术，而无法涅槃出自然科学。当西方自然科学从哲学中娩出而独自飞奔以后，西方哲学就明确地与自然科学分道扬镳了。

哲学方法的这个困难，也使得哲学常常由于逻辑化的困境而处于表达的艰难晦涩之中。哲学方法本身追求理性化的表达，但哲学方法与哲学对象的关系，又决定了哲学表达中绝对的理性化局限。为了表达理解精神环境的哲学观念，哲学家们在理性工具不足时，不得不大量使用感性工具，同时在理性的表达中又不得不混淆与纠缠于多层次的感性方法，就是哲学著作常常深奥难懂的原因之一。数学逻辑将本来浅薄的科学观念变成了一汪清水，捉襟见肘的哲学逻辑则将深不可测的哲学观念搅成了混沌一片。一旦科学突破自己的边界进入哲学中，也就开始模糊玄妙起来。在哲学经典中，明晰的逻辑只能表达简单的道理，深刻的思想常常是深奥的感性谶语。

人类创造出来的各种看似绝对有效的逻辑工具，在表达关于自然环境的理性化观念中，获得了明确的成功。但在表达精神环境的理性化观念中，则始终处于纠缠不清而止步不前的境地。各种逻辑实证哲学在表达外在环境时虽然清晰明白，一旦他们的表达对象进入了人类的精神世界中，各种神气活现的逻辑方法与逻辑理论就常常会一筹莫展。大量逻辑悖论与二律背反的频繁出现，仅仅是这种窘境的冰山一角。

任何有效的逻辑工具，都只能有效地外向运用。逻辑工具不能说明自己。任何逻辑一旦陷入反身用于自己的境地，就必然出现悖论。实际上，逻辑工具的悖论结果是普遍的，只是人类的有意回避而将它们限制在小范围中而已。

人类的理性并非来自精神世界之外。理性就是人类运用自己的意识活动能力对意识活动方式的理解成果。只不过将这种理解的历史化与公共化的文化现象迷惑了世代的哲人。人类理性能力与理性成果的公共化形态，让他们出现了理性能力悬浮于人类精神环境与意识活动之外的幻觉。实际上，这只是公共化与文化化的理性能力超越了个体精神环境的假象。这个假象促使无数哲人致力于在人类之外去寻找理性能力的依据。这种寻找的努力就是今天仍然困扰哲学的迷雾。就连聪明的康德也没有完全拓清这个迷雾，但他应该是最先试图冲出迷雾的哲人。

至今为止的各种哲学流派，包括各种唯心论流派与唯物论流派，在如何理解人类精神世界的来源的认识论问题上，尽管表面上分歧巨大，但归根结底都会不由自主地回到对人类之外的理性存在的信仰中去。在西方哲学中这种信仰可以归结为柏拉图的绝对理念，在中国哲学中可以归纳到老庄的"道"与程朱的"天理"中去。在唯心论流派中，这种信仰就是绝对理念和宇宙精神，在唯物论流派中，这种信仰就是客观规律与因果关系。

在西方近代，康德曾经试图将人类对精神环境的理解与对外在环境的理解区分出来。这就是康德设立物自体概念与表象概念所表达的思想。但康德的思想对于创造新的认识论来说并不彻底，他还是不得不保留了一个先验范畴的尾巴。这个尾巴既是康德的局限，也是康德为后人展开的仍然充满迷雾的新路。在这条新路上努力跋涉的哲学学者们，也不得不在继承康德的贡献中继承了康德的局限。从黑格尔到马克思，大抵如此。

在中国近代有一个学者也意识到了这个基本哲学迷雾，这就是王阳明。王阳明早于康德就提出了"心外无理"的观念，就是认为包括天理的任何理性观念，都来自人类自己的精神世界内部。只不过王阳明的表达局限于中国逻辑的狭隘形态，特别是中国人后来在精神上被西方的奴役，蒙蔽了后人对他伟大思想的理解与阐发。

人类意识活动所具备的一个基本方式，也是人类理解两个环境困境的另一个重要原因。这个基本方式就是，无论出于什么样的认知处境中，无论人类个体的精神世界具有怎样的观念内涵，他们都必然要追求自己观念结构的整体化与绝对化。

在人类个体的意识活动中以及由此而来的人类群体的文化活动中，追求观念结构或文化结构的整体化与绝对化，是人类意识活动的重要精神本能。在这个本能的驱动下，任何个体在任何情况下，都会始终不懈地追求自己精神环境结构的完整性与观念结构的终极绝对统一。这个本能的成果，就决定了在任何个体与群体的精神环境中都必然具有终极观念的结构特征。个体终极观念的外在表达，就是终极价值与最高信仰。群体观念的终极结构的文化特征，就是人类文化中摆脱不了的宗教形态与终极公共价值形态。这也是人类永远不会告别文化的宗教性或类宗教文化形态的基本原因。

正因为这个追求，才使得历史上的哲学家们都在自己的观念结构中情不自禁地暗中确立了一个超验存在的实在性，并用这个实在性作为人类的知识，或者人类可能获得的知识的终极依据。这就是所谓形而上学的实在性。如果没有这个实在性，他们的精神追求似乎就失去了依凭。康德在面对宇宙星空与人类道德精神的思考中的迷茫，也是在追寻这种实在性中的困境。

但是，在任何现实的哲学思考中和现实的理性方法中，又在不厌其烦地展示出另一种人类精神世界的内容。这就是人类只能理解人类可接受的环境中的存在。在人类可接受的环境之外，仍然存在着无垠的环境。这个理解必然引出人类关于环境的知识永远具有相对性的观念。相对的知识与观念才是世界的真实与人类生存方式的真实。但这个相对性则必然引发追求终极存在的思想家们的心理恐慌。哲学的复杂与艰难，很多是来自对这种恐慌的消除努力。

实际上，人类不必恐慌。人类在环境中认知的相对性可以被人类在生存环境中的实践活动绝对化。这个相对中的绝对化可以让人类不必追求终极可靠的知识体系。人类的全部实践活动方式，可以消除人类终极观念的相对化带来的生存不确定性，并可以决定人类在环境中的具体生存方式是真实可靠的。人类不必担心对环境理解的最终无知，哲学的不可知可以完全被实践的可知代偿。

人类通过自己的生存实践决定了自己生存的真实与可靠。人类自己生存的真实与可靠是绝对的。尽管这种真实与可靠仍然要依据绝对不可靠的精神环境。人类精神环境相对于全部环境的绝对无知，并不会丝毫影响人类的合理性生存。远离阿米巴培养皿之外的环境与阿米巴的具体生存无关。远离人类可理解的宇宙之外的无垠环境与人类的具体生存无关。

人类对自己生存其中的外在环境与内在环境的理解与利用，受到人类本身行为能力的限制，也永远是局限的。人类对两个永远无法穷尽理解的环境，却又始终保持着追求对它们的完整与绝对的理解，就构成了人类哲学的基本矛盾。两三千年来人类的哲学，就是在无法穷尽认知的环境中与追求穷尽认知的意识本能的对立中踯躅盘桓。从柏拉图们到康德们，从笛卡尔们到马克思们，从老庄们到朱熹王阳明们，都大致如此。

至今为止的全部哲学基本争论，大都来自这个矛盾。哲学家们既要在自己的观念体系中塑造一个绝对的完美结构，又要在现实的人类生存中接受人类意识与人类活动的局限。这就是哲学永恒的纠结。这就是哲学的第二大难题。只有化解这个纠结，哲学才会有自己的明媚。

这个纠结在今天的现代哲学的基本争论中，则表现为决定论与演化论的争论。也就是在人类环境中的存在与秩序，究竟是永恒不变与确定的，或者在表象的变化中必定收敛于确定的终极形态的，还是在演化中逐渐形成与展开的，这种展开究竟是绝对发散的还是相对收敛的。这个世界观的根本分歧就在人类哲学的基本纠结之中。

哲学的困境就是人类精神的困境。精神的困境可以孕育文化的冲突。文化的冲突可能引发社会的动荡。

无论人类的哲学如何困难，人类本身都在自己的两个环境中正常的生存与发展。但哲学本身的独特追求，追求对人类精神世界的完整表达与终极理解，则必然使哲学常常离开人类的具体生活。那种将哲学具体生活化的努力，看似在向芸芸众生推广哲学，实际上则往往是引导哲学向一般文化乞讨，并试图通过这种乞讨来维持自己不被人类文明迅速的进程所冷淡与舍弃。这在今天人类社会现代化的进程中，在人类生存方式的剧烈变化中，在人类文化激烈的对立与冲撞中，尤为明显。现代社会的兴旺与繁盛，反而凋敝了哲学。

哲学所关注的问题，决定了哲学具有独立性与独特性，也使得哲学因为高处不胜寒而少人问津。哲学无关人间烟火，是世人对哲学的一般看法。因为哲学关注的是人类最根本的生存方式问题，这种问题常常远离人类具体的生活技术与生存工具。但哲学又必然是人类全部生活技术与生存工具的精神来源与精神依据。在各行各业中努力拓展人类的生存方式与生存技术的学者们，无时无刻不在创造新的方法与新的观念，他们似乎代表了人类新财富创造活动的前沿。从量子力学到宇宙起源，从普世价值到宗教情感，从数学逻辑的依据到人工智能的前景，无不如此。但当他们的精神活动进入困境受到迷惑而焦虑时，他们都会去寻求哲学的解药。但他们中只有少数人能清楚解药的处方。而那些能为他们提供思想解药的哲学家们，则看起来像是一些远离现代社会热闹的创新活动与财富追求的独居闲人。

人类的外在环境被人类不断地改造与构建。人类依据群居方式形成了群体共同的精神环境，并依据公共化的精神环境构成了社会环境。社会化的生活方式形成了人类的文明。人类文明的演化依据在文化的演化中，人类社会的演化依据在文化的演化中。今天的现代社会就是现代文化的成果。现代文化并非仅仅是科学文化。

人类社会环境的存在依据在精神环境中。理解社会存在与社会秩序的钥匙就在理解人类精神环境的活动中。任何关注社会问题与试图构建社会学观念体系的学者，也都必然会具备哲学兴趣和哲学关注。

6. 哲学的一般定义

人类在不断地改造世界中建立了文明。要合理地改造世界，必先有效地解释世界。哲学是有效解释世界的钥匙。哲学的有效性，就是能为人类打开创造合理文明的大门。有效利用哲学必须合理理解哲学。

人类对于哲学的一般定义，大都是说明性的，而基本上没有形成对哲学的归类型定义。

所谓定义，就是对由词语形式表达的观念内涵的界定性说明。当一个观念形成了明确的理性结构，或者在一个可以被理性化的观念结构中确定了自己的安置时，就可以得到一个归类型的定义。这就是将这个观念的内涵在一个更一般的观念范畴中区分出它的类型。归类型定义的构成，首先是要对定义对象形成归类结构，也就是形成在更高层次的观念结构中的理性安置方式。其次是要在这个归类结构中区分出定义对象与其他同类对象的区分特征。在一个归类结构中确定一个类别特征，就是归类型定义。

当一个观念内涵或观念结构，还无法在一个更广泛的理性观念结构中得到逻辑安置时，也就是还无法形成对这个观念内涵与其观念空间中的存在环境之间的关系形成理性的理解时，就无法构成归类型定义。这时，如果仍然要对这个观念内涵进行界定，就只能对其价值与功能进行外部说明，这就是说明型定义。

例如，地球是太阳系中的第三颗行星，就是关于地球概念的归类型定义。地球是我们人类生存其上的一个天体，就是关于地球概念的说明型定义。

至今的文化中对于哲学的定义，几乎全部都是说明型的。这源自对哲学理解的模糊与肤浅形成的逻辑安置困难。对于哲学有影响的说明型定义主要可以分为三类。第一类是哲学是关于对人生最终目标与最高价值的问题探讨形成的学问。这种定义就是将哲学理解为解决人生基本困惑的文化工具。这也是中华文明中对哲学的主要理解形态。第二类是哲学是关于世界本质与人类本质的探讨形成的学问。这种定义就是将哲学理解为认识人类的生存方式与生存环境的工具。这也是欧洲与西方文明中对哲学的主要理解形态。第三类是哲学是关于人类理性化的活动方式及其功能的探讨。这种定义就是将哲学理解为对全部逻辑方法与语言工具的追求成果。这也是西方现代科学文化刺激出来的更加工具化的哲学形态。

无论哪一种定义，哲学都是满足人类需求的工具，只不过这种需求与工具是最广泛最抽象的。在这三种流行的哲学说明性定义中，前两个是用人类精神世界中的人类生存需求与价值的关系来界定哲学的内涵。第三个则是将人类的精神世界等同于人类对自己精神世界的理性表达的结果。

我试图给出一个对哲学的归类型定义。这就是，哲学是人类理性地理解自己精神世界的存在形态与活动方式的公共化观念体系。这个定义的归类条件为，哲学是人类的观念体系，哲学是理性化的观念体系，哲学是公共化的观念体系。人类生存的环境可以分为物质环境与精神环境两个不同范畴，哲学是关于其中一个范畴的观念体系。这个观念体系本身的类别特征，又是理性化的与公共化的。

这里有一个隐含的循环关系。将哲学归为观念体系，而观念体系又是人类精神环境中的存在形态。哲学又是理解精神环境的成果。实际上，这种循环来自最高层次终极理性结构的逻辑层次凝聚。任何对最高层次的观念进行的定义，必然都是循环或隐含循环的。对不得不在这种循环中的定义的使用，只能是尽量将定义局部化，从而避开循环带来的悖论。

为什么将哲学定义为仅仅是对人类精神世界的理解之中？难道物质世界不是哲学的关注对象吗？难道理解人类社会环境的存在方式不是哲学的关注对象吗？

人类对物质世界或社会结构理解的全部成果，都是人类精神环境中的意识活动成果。人类精神世界的存在方式与活动方式决定着人类心中的物质世界的形态，也决定着人类利用与适应物质世界的行为选择。哲学对精神世界的直接探讨，也就能够直接或间接关注了全部物质世界。

自然科学，作为人类对物质世界理解的观念体系中最严谨的理性化公共观念体系，就是欧洲文明中的精神世界内涵的公共观念的社会表达形成的伟大文化成果。在自然科学前沿中探路的科学家们，无不在反复地思考哲学问题，将自然科学成果转换为社会技术体系的学者专家们，也都常常自觉或不自觉地被哲学所引领。对他们来说，数学是他们的直接工具，哲学才是他们的工具性基础。哲学是自然科学的母亲，也一直在引领着自然科学的发展。自然科学的新发展也会像繁盛的子女一样改变着母亲的面容与形态。

人类的社会存在方式，来自人类精神世界中对环境需求的理解。社会秩序就是人类精神世界秩序的外在行为化成果。人类社会秩序的演化，就是人类精神世界演化的外部展现。理解社会秩序的依据，就在理解人类公共化的精神环境中关于社会环境的观念体系中。今天的社会学还不能独立，真正纯粹的社会学仍然还在哲学中孕育。所谓美学、伦理学与政治经济学，都只是社会哲学的具体分支。现代经济学的全部基础与合理性判据都在社会哲学中。

哲学就是人类直接表达与理解精神世界的存在方式与活动方式的公共观念体系。哲学也就必然是人类对自己物质环境与社会活动理解的基础依据。人类对自然环境与社会环境的理解，也是哲学的基本对象和哲学理解意识活动的依据。

所谓学问，就是人类对理解环境存在的公共观念体系的理性化与结构化的文化表达。自然科学是表达自然环境的学问，社会科学是表达社会环境的学问，哲学是表达精神环境的学问。

所谓观念，就是人类精神世界的存在形态。观念的概念类似物质的概念。物质就是人类关于自然环境的存在形态的概念。实际上，观念就是特殊形态的物质。精神环境就是特殊形态的自然环境。观念存在就是物质存在的特殊子集，精神世界就是物质世界的特殊子集。将精神世界与物质世界理解为对立的存在形态，来自人类对精神世界理解的懵懂形成的神秘化，来自人类内在地理解精神环境的困难。

不同层次的物质要素的组织化，形成了不同层次的物质结构，包括了从基本粒子到地球生态圈的人类全部生存环境的层次结构。不同层次的观念要素的组织化，形成了不同形态的观念结构。结构化的观念构成了人类全部精神环境的秩序内涵。公共化的结构化观念体系，构成了人类全部文化结构的内涵。观念的存在形态，形成了人类精神活动或意识活动的环境空间。观念空间就是人类对自己意识活动环境的理解逻辑。

所谓存在，就是人类理解自己生存环境的终极抽象与终极归纳的表达。在西方哲学中有"太一"与"存有"，在中国哲学中有"道"与"天道"，都是相应的表达。存在之上没有可分析的结构，如果有，也仍然是存在。基本粒子与宇宙结构都是存在的内涵。精神环境中的观念就是特殊的存在形态。

存在又是最高层次的可分析环境要素。对存在进行分析的直接逻辑，就是秩序对能量的组织化。从基本粒子到宇宙星体，都是物质环境秩序对物理能量组织化的不同形态。从感受到终极价值，从情感到公共意识形态，都是精神环境秩序对意识活动能量组织化的不同形态。中国哲学中的"道"，既表达了存在的秩序，也表达了存在本身。在基督宗教与佛教文化体系中，上帝与佛祖就是对全部存在秩序的拟人化表达，上帝的意志与佛心就是对人类生存环境终极秩序的感性化表达。西方哲学中的绝对理念和宇宙精神，就是对存在秩序理解的特殊公共化终极观念。

全部存在又可以分为不同层次的存在结构形态。人类的理性化方法可以将存在分析为存在要素。任何存在要素都以自己的存在环境为存在的条件。任何存在要素的存在环境，都是自己存在功能的条件，也是自己存在功能的效果。存在与环境相互构成了不同层次的存在结构。观念要素以精神世界为存在环境，观念空间就是精神世界的逻辑表达。作为物理存在要素的基本粒子与元素，以不同层次的物理空间为逻辑环境，作为社会存在要素的人类个体或社会成员，则以不同层次的社会空间为逻辑环境。

所谓人类，就是宇宙中特殊的存在形态，也是地球环境中形成的生命存在结构中的特殊存在要素。所谓宇宙，就是人类对自己存在环境的终极理解与观念表达。宇宙是地球的存在环境。宇宙与地球是生命的存在环境。宇宙、地球与生命是人类的存在环境。人类是精神世界的存在环境。精神世界是文化的存在环境。

在复杂的存在形态中，并不都是这种简单直接的从属分析结构，还会形成循环因果与循环依存的自纠缠结构关系。意识活动能量与观念空间具有自纠缠关系，人类的生存活动与社会环境具有自纠缠关系，社会文化与人类精神世界具有自纠缠关系。

人类通过自己在环境中的行为，实现自己在环境中存在的功能，也实现自己对环境的影响。人类的存在功能就是人类的生存。人类的存在方式或生存方式，就是适应与利用环境的行为。人类是生命或动物存在中的特殊形态。人类与动物的区别，就在于形成了自己独特的精神世界，并依据精神世界理解自己的存在环境并实现生存。

人类存在的环境，可以依据人类不同的行为方式分为两个层次。这就是外层的物质环境与内层的精神环境。人类依据自己的生命活动能力形成的物质环境中的肢体器官行为，就是传统哲学中的狭义行为。人类依据自己高级精神器官中特殊的意识能量的运动能力，形成了在精神环境中的精神行为或意识活动，就是传统哲学中的精神活动。外在环境中的肢体器官活动与内在环境中的意识活动，共同构成了人类的生存行为。

所谓心理学，就是依据现代科学方法理解人类精神活动方式的观念体系。科学方法依据公共化的经验事实，心理学依据公共化的社会行为事实。哲学则依据对意识活动的全部感受，这种感受的无法事实化，就只能被称为反思。科学方法可以是哲学方法的子集。心理学可以是哲学的局部内涵。

人类生活在两个世界中，这就是物质世界中的社会活动与精神世界中的意识活动。人类在物质世界中的行为，形成自己对物质环境的适应与利用。人类在精神世界中的行为，形成自己对精神环境的适应与利用。人类适应与利用两个世界的行为方式，最终形成了人类组织化的社会生存方式与人类的社会环境，进而构成了人类文明。

人类通过高级精神器官提供的特殊生命环境，形成了精神行为或者意识活动，也同时构成了精神环境本身。人类通过自己其他生命器官提供的活动能力，构成了社会活动与社会行为，形成了自己在物质环境中的存在方式，也构成了社会环境。

人类通过对自己社会活动的理解直接形成了对社会环境的理解，这种理解的超验化凝聚所形成的公共化的文化表达，就是社会伦理。表达不同层次社会伦理的系统化形态，就应该是社会哲学的内涵。人类通过自己的社会行为方式，也间接形成了对宇宙与自然环境的理解，这种理解的公共观念形态就是自然科学的文化体系。人类通过对自己意识活动的感受形成了对精神环境的理解，表达这种理解的公共观念形态就是哲学的文化体系。对哲学观念的感性化表达就构成了哲学化的意识形态与哲学化的思考方式。

人类的一般物质环境包容了人类的精神环境，人类的精神环境是人类物质环境的内生成果。人类又依据精神环境构建了出最高层次的物质存在方式，这就是人类的社会环境。社会环境与精神环境构成的自纠缠结构，存在与自然环境中。

人类通过生存行为适应与利用生存环境。人类的全部行为依据都在精神环境中。人类在精神环境中的行为决定了人类在物质环境中的行为，决定了人类对自然环境的适应与利用方式，也决定了对社会环境的利用与适应方式。更重要的是，人类的社会环境就是人类依据自己的精神环境而构建出来的。

人类在物质环境中的生存方式，是通过精神环境的存在与意识活动的转换而形成的。人类对物质环境的理解与认知，构成了精神世界的基本秩序内涵。对人类来说，自己生存其中的物质环境和宇宙，就是将它们提供的感官信息在精神环境中的投射与变换成果。人类可理解与可利用的物质环境，就是人类在精神环境中对物质环境秩序的映射。所谓对环境的认识与认知，就是将全部生存环境的存在形态转换为精神环境的存在形态。其中也包括了将精神环境的存在形态转换为精神环境中的特殊存在与表达。这种表达了人类理解精神环境一般存在方式的特殊精神环境存在，就是人类的理性观念与逻辑方法和逻辑工具。

人类一直将物质世界与精神世界分为不同的环境。这种依据来自人类在两个环境中的不同行为方式，也来自人类一直不能对自己的精神行为与其他肢体器官行为形成统一的理性化安置。这就形成了专门理解与探究精神世界与精神活动的哲学。在至今的哲学中，对人类在两个世界中的行为方式的不同理解，仍然决定着哲学观念的基本分歧。从欧洲的柏拉图主义与亚里士多德主义的分歧和中国的老庄与孔孟墨子的分歧，到欧洲的贝克莱与休谟的分歧与中国的程朱与陆王的分歧，再到现代的逻辑实证主义与唯意志论与虚无主义的存在论的分歧，大抵如此。

哲学的分歧是文化分歧的结果，又是文化对立的原因。今天重新兴起的中国新文化与西方主流文化的分歧与对立的根源，必然在不同的哲学观念之中。没有共同的哲学基础，就无法让西方人理解今天的中国人与中国行为。光凭讲故事效率很低。

将精神世界与物质世界看成人类统一的生存环境的理解，是形成统一完整的哲学的有效途径，也是化解自古以来的哲学分歧的良好逻辑。

统一的哲学，是对人类行为统一理解的结果，也是对人类环境统一理解的结果。哲学虽然仅仅关注人类的精神世界，但由于人类的精神环境中蕴含了人类对物质世界的全部存在方式的映射，也是人类利用与适应全部物质环境的依据，物质环境也由此而变成了精神环境的间接内涵。哲学也因此而必然成为决定人类在两个世界中行为方式的最基本的观念体系。

哲学是人类对全部生存环境整体理解的理性化观念体系。在人类形成对自己生存环境的完整理解的理性化观念体系之前没有哲学，只有宗教与艺术。人类理解精神世界的历史要比哲学的历史悠久得多。在人类文化的大部分历史中并没有哲学。哲学只有几千年的历史，但人类形成了精神世界及其文化表达，并依此而形成了人类的文明形态与社会活动方式，则有一百万年的历史了。

人类的社会化生活方式，使人类在环境中的行为方式不断复杂化与多样化，也形成了人类精神环境中观念结构的复杂化与多样化。当一种观念体系形成了独特的理解与利用环境的理性结构时，也就会从哲学中逐渐分离出来，并形成自己独特的文化形态与社会功能。例如各种现代宗教文化体系与现代科学文化体系，就是这样与哲学逐渐分离的。哲学是现代科学之母，理性逻辑是现代科学之父。

7. 哲学是文化的成果与文化的工具

人类脱颖于动物，就是因为有了文化。文化既是形成社会结构的依据，也是形成社会存在的标志。人类文化的历史与人类本身的历史一样长。

文化是人类群体观念共识的社会环境表达，是人类对自己与生存环境的关系的公共化理解。这种理解的开始形态，是简单的与模糊的，也是感性的。

人类对自然环境的观念共识要比对精神环境的观念共识更容易形成。人类关于自然环境的公共观念的表达，造就了原始图腾宗教与原始艺术的文化形态。人类对精神环境逐渐形成了公共化的理解以后，对其感性化的表达方式就是形形色色的神明与神话。

人类与人类的文化经历了漫长的演化。演化进程的不均衡就形成了渐变与突变。随着人类社会结构的演化突变，也就促生了精神环境中的公共观念的突变。文化的突变形成了文明的爆发，也形成了理性爆发。在最近的两次理性爆发中首先诞生了哲学，后来诞生了自然科学。这已经是离今天很近的三五千年与三五百年中的事情了。

哲学是人类对精神环境的理性化理解发展到一定高度的结果。在有哲学以前，人类对精神世界的感性理解已经很丰富很久远了，那种理解依赖简单的语言工具实现其表达，就只能形成文学艺术，例如诗经与荷马史诗。

人类的理性能力，就来自对自己精神活动方式理解的成果，这种成果凝聚成专门的文化表达形态就是逻辑。用逻辑方法表达人类精神世界的存在与活动，就是哲学。

人类的文化演化，经历了四个阶段：远古文化的自然物图腾或原始宗教阶段，中古文化的多神宗教阶段，近古文化的一神宗教阶段，近现代的科学文化阶段。这四个相继的阶段越来越短暂，并不完全是因为社会演化的进程更快了，而是因为越近的演化过程我们就感受越强烈与越明晰。因为我们理解文化演化的逻辑方法是今天的。

人类文化的存在依据在精神环境中，但人类在社会环境中的观念交流活动则是形成文化的外在条件。人类的观念交流方式则依据精神环境中的观念结构与意识活动方式而形成。感性化的意识活动方式形成了感性化的观念交流方式，理性化的意识活动方式形成了理性化的观念交流方式。广义知识是观念结构的理性化表达形态，广义艺术是观念结构的感性化表达形态。

知识与艺术都可以成为哲学的表达工具，但哲学却必须以完整表达精神环境为目标，这种目标也就让哲学必须追求理性化的表达方式。由此，哲学表达的精神环境就是精神世界，其他文化表达的精神环境则只能是某一观念体系。哲学的深刻而宏大的目标与其理性化工具的不足形成的冲突，就使得哲学也不得不常常依赖感性化的方法表达自己。哲学与文学的某些交融就是因此而成。

任何对精神环境中的局部功能的特殊理所解形成的独特观念体系，都会逐渐从哲学文化中分离出去。人类理解与表达全部精神环境内涵的观念体系与学问体系，都必然是哲学审视的对象与材料。

从哲学中逐渐分离出来的各门学问与学科，以及被哲学的整合实现了重构的文化体系，都是哲学的直系与旁系后代。哲学永远引领着他们，他们又永远为哲学提供新的疑惑与瓦解的刺激，这就是哲学发展与重构的活力。

近代的几大一神宗教文化，都是传统多神宗教在哲学思维的整合中形成的，它们内在的矛盾与冲突又是哲学发展的重要动力。今天风靡世界的自然科学文化与科学世界观，是欧洲传统自然哲学与工业贸易经济活动方式相结合的文化成果，它们在对经济活动的引导与拉动中不断形成的结构矛盾与逻辑冲突，特别是现代文明的冲突与现代政治的冲突，则不断为现代哲学提出新问题与注入新活力。

哲学的基础在深厚的人类文化历史中，哲学的出现则来自人类理性能力提供的逻辑工具的形成。人类逻辑工具的不同水平就会形成不同的哲学形态和哲学体系。逻辑工具的突变也会促生哲学的突变。

人类初始的哲学诞生于人类初始的逻辑。欧洲文化的理性形态与中国文化的理性形态的不同，决定了中国与欧洲不同的哲学形态。欧洲很早就出现了成熟的数学逻辑，从毕达哥拉斯的原始数论到欧几里得的平面几何，都深刻地影响了西方哲学的形态。中国的哲学则依据自己的阴阳五行逻辑构成，更加复杂的易经逻辑却没有得到哲学化的普及。这主要是因为没有在主流文化的儒学中得到广泛应用。重塑了现代数学的群伦基础的英国人罗素，也在试图重塑现代哲学，但并不太成功。

哲学的发展动力来自两条腿的交替迈进，一条是人类对精神环境的理解，另一条是人类对意识活动的理解。前者是后者的基础与条件，他们的融合形成了完整的哲学。

人类逻辑工具的功能常常落后于人类对精神环境的理解与表达需求。哲学逻辑的理性化不足就常常借用文学的感性方法来弥补。在蓬勃发展的近代哲学中就常常看到文学化的哲学表达。欧洲就有些同时涉及哲学与文学的两栖学者。彻底的哲学家常常求助于逻辑学与数学，甚至求助于严谨的物理学，不彻底的哲学家常常会求助于文学。

文化是人类社会秩序的构成依据，也是人类文明的依据。文化的形成，来自人类个体间观念的交流形成的观念共识。在没有理性工具之前的漫长的人类历史中，观念共识的形成是困难的。这种困难决定了人类文化结构的模糊与神秘，决定了对神的信仰始终是文化的主体。

自从人类有了明确的理性逻辑工具以后，也就逐渐有了哲学。哲学对人类精神世界的理性化的理解与表达，极大地强化了观念交流活动的效果。哲学使得人类公共观念的形成与文化的构建具备了新的方式与新的效率。哲学诞生以后，也就逐渐成为了人类文化的主要构建工具与阐释工具，也就逐渐成为了不同文明的文化依据的核心结构。当哲学对某一文明的文化重构提供了重要的支撑时，就会在这个文明中形成哲学崇拜。当文明的文化处于稳定演化的状态中，文化就会疏远哲学甚至曲解哲学。哲学就会凋敝。今天的中国哲学就处于凋敝中。在今天丰富多彩的文化活动中，几乎没有哲学的影子。

人类的生存与演化，形成了不同地域与不同群体的不同文明形态。在欧洲文明与中华文明大致同步地实现了理性化的文化构建方式后，也都大致同时形成自己特有的哲学。不同文明的哲学源自他们的文化中理解与表达精神世界的观念形态。欧亚大陆几个文明的文化形态，大致同时地进入了不同的一神宗教文化形态中，就是因为他们在大致在相同的时期形成了不同的理性化文化构建方法。

人类文化从多神宗教到一神宗教的演化突变，就是理性方法在宗教文化体系中深入运用的结果，但也仍然没有改变宗教文化感性化的基本表达方式。宗教的传播主要在于故事而不在于道理。一神宗教的高度理性化方法，主要运用在其内在结构的构建中，这就是神学与佛学的任务。

人类不同文化之间最有效或最深刻的交流工具也是哲学。哲学是不同文化间的沟通利器。正因为人类大范围的全球化流动成为常态，不同文明间的文化交流也就成为他们文化演化的重要外部动因。不同文化的交流需要哲学，他们的交流引发的文化冲突与文化融合又促进了哲学的发展。在人类的不同文化之间实现互相理解的基本途径就是理解对方的哲学。哲学是理解异种文化的钥匙。不同哲学的理解与交融是不同文化融合的催化剂。

中国人要透彻理解源自欧洲文化的马克思主义观念体系，必然要利用马克思的哲学工具。马克思哲学因此而变成了新中国的主导哲学。中国的改革开放带来的对现代西方文化的多元性追求，就是现代西方哲学全面进入中国哲学教育的原因。

欧洲人要理解儒家文化的观念体系，最有效的方法就是探讨中国的传统哲学。有了基于西方哲学观念对中国传统哲学的理解，才可以达到儒家文化的根本，否则就只能在皮毛中徜徉把玩。任何真正的西方汉学家，都必须要具备充分的中国传统哲学修养。

基督教为了在不同文化环境中的广泛传播，也就花了很大力气将自己的教义理性化，也就是努力构建出自己观念体系的哲学结构，并因此而促进了近代欧洲哲学的发展。欧洲的现代科学与现代哲学的孕育，都是基督宗教理性化运动的副产品与无心插柳。同样，伊斯兰教与佛教也有自己特殊的理性观念内涵与哲学结构体系，但由于它们的哲学体系间缺乏共同的逻辑工具基础而难以深刻交流。这也是直到今天这几大一神宗教间难以交流更难以融合的基本原因，更是今天的人类不同文明在共同迈进工业贸易文明的历史潮流中，仍然不得不面对传统文化冲突的原因。欧亚大陆上的经济冲突是现代恐怖主义的火种，欧亚大陆上的文化分裂则是现代恐怖主义的土壤。消灭恐怖主义既要灭火也要改土。

自从人类有了哲学，自从人类在经济活动的全球化进程中有了对异种文化理解的需求，也就开始了探讨人类一般文化与一般精神活动方式的追求了。在这之前的欧洲人与中国人对人类一般文化的理解，都只是对自己的文化理解在周围环境中的放大而已。中国人的天下仅仅是中国人的世界，欧洲人的世界仅仅是欧洲人的天下。

人类精神活动的基本方式，使得每一个个体都依据自己的精神环境理解世界，使得每一个大的文明都试图将自己的文化普世化，也必然试图将自己的哲学普世化。中国人将自己的德性理解为人性，欧洲人将自己的人性理解为终极的善。

用自己的哲学理解全人类的精神世界，是人类的意识活动本性。曾经的中国认为普天之下都可以儒家化。今天的西方认为普天之下都应该西方化。他们都仅仅获得了局部的成功。

只有普世的哲学才能构建普世的文化，也只有普世的文化才能支撑普世的哲学。今天的人类离这个目标还十分遥远。将今天不同文明中的不同文化对自己精神世界的理解方式统一起来，在今天的文化学者中，还没有人敢立这样的课题，也没有条件立这样的课题。面对这个困境，今天的西方学者开始龟缩进自己曾经的历史成就中，对今天的世界变化视而不见了。今天的中国学者，还在忙于自己崛起中的内部问题，则还来不及具备这样的世界眼光与世界文化思考。在二十世纪末的精神启蒙中塑造起来的中国学者们，今天已经成为中国文化活动的主体。但他们的精神状态，仍然沉迷在被西方文化启蒙的快感中。对这种快感的盲目沉湎不能自拔，就是他们在精神上被殖民的原因。

中国学者远没有西方学者所具备的研究异种文化的兴趣，既来自传统的桎梏，也来自今天的迷信。在今天的世界，不同的文明仍然保守于自己的文化中，就是曾经开放鲜活的西方文明，也开始退缩与保守了。今天的不同文化，仍然在巩固自己的哲学根基。今天哲学的纷乱对立，则表达了文化的纷乱对立。

纷乱对立的文化又是哲学发展的有利条件。对立的哲学如果实现了新的统一，就是出现了更高层次的哲学创新。但这件事十分困难。难在不同文明的文化对精神世界理解的局限与束缚，难在不同的文化传统对意识活动方式的局限与束缚。这些局限与束缚就表现为不同的文化群体对自己价值观或信仰的盲从。如果不想盲从，就必须进入哲学根基中去理解自己的价值观念与信仰文化的合理性。

人类的不同群体，既具有了解与包容其他群体文化的欲望，又具有保持自己的群体文化延续的冲动。这种冲动常常拒绝与贬低其他群体的文化。

前者形成文化的融合与发展，后者形成文化的保守与延续。不同文化的保守与延续，常常就是文化发展的障碍。不同文化间的深入融合，常常也会成为对传统的瓦解。不同哲学的保持与坚守，也常常是哲学发展的桎梏。不同哲学的深入交流，则常常是传统哲学瓦解重构的契机。

8. 哲学的困境与困难

哲学的第一个困境就是理性的困境。

所谓理性，就是人类通过观念交流形成的对观念结构的理解能力与理解成果，以及依据这种理解成果形成的观念表达方法。这就是理性能力与理性方法。自从有了理性，人类就逐渐找到了表达精神世界内涵的有效工具。但人类的理性能力与对观念内涵的表达需求相比较，仍然是非常表面与非常简陋的。正因如此，在人类今天的文化形态中，仍有大量不能被理性方法所取代的感性方法，这就是遍及文化形态中的各种艺术工具。直至今天，广义的艺术表达功能，仍然远远超越了广义知识的表达功能。深邃的思想与观念，常常讲不出道理，只能依赖艺术的表达。知识工具则主要适应于对简单观念的表达或对观念的简化表达，例如在技术方法的训练中。在今天的人类现代文化中，面对复杂的观念的表达时，理性仍然是无能为力的。大量复杂的道理总也比不上深邃简单的谶语。

虽然哲学的出现极大地改善了人类表达精神环境秩序的能力，让人类的文化活动方式呈现出了全新的形态，但用理性工具来表达极为复杂的精神环境秩序与结构的困难，仍然是哲学的基本困境。哲学表达的困难常常来自作为哲学成果的逻辑工具本身的局限。相对简陋的理性表达与思维工具，永远不能透彻表达几乎无限复杂的精神环境秩序。这种状态是由人类的理性能力的形成与发展永远落后于人类构建观念结构的感性能力所决定的。为了用理性方法实现复杂深刻的观念交流，就只能通过向感性方法的还原来补充。

在近代以来的几大文明中，一神宗教的文化体系虽然努力构建出了复杂的理性化教义，但其基本教义的最通常的表达仍然离不开感性方法。如果没有对教义的感悟而单纯依据接受教理，仅仅熟读神学和背诵佛经，对于宗教精神的理解都会流于肤浅而无济于事。

现代数学逻辑是自然科学严谨精确的表达工具。自然环境的秩序是人类环境中最简单的秩序层次。对于理解复杂秩序的观念表达，任何数学工具都是表面的与肤浅的。现代数学在生命秩序的表达中就开始捉襟见肘，在哲学的表达中基本无用，根本就无法表达社会秩序。就是对科学观念的表达，也仅仅限于人类操作的技术层面。一旦进入科学观念的深层次结构，数学工具也会无能为力。很多进行科学前沿探讨的科学家都表达过这样的看法。例如爱因斯坦认为数学仅仅是关于科学观念表面形式的符号体系，理解符号后面深邃的观念，只能通过感悟。仅仅通过理性逻辑理解科学观念的人，只能浮在科学文化的表面形式中。要深刻地理解牛顿体系或爱因斯坦体系，必须依赖强大的感性能力。因为人类精神世界的本质形态是感性的，理性只是对感性观念本体的简化理解与表面化表达。

人类的理性能力形成的理性化观念表达方式的最大优越性，就是形成了对观念表达的高度确定性。理性表达方法的简单化与表面化，就是这种精确与准确表达的必要代价。人类复杂深刻的感性化观念本体，仅仅依据感性化的表达方式，很难形成高效准确的观念交流，而理性方法正是克服这个困境的人类精神成果。依据理性化方法形成了准确精确的观念交流方式，极大地提高了人类形成观念共识的效率。这就是今天理性方法成为人类构建公共观念的主导方法的原因，也是人类为了有效推崇自己群体的公共观念而开始崇拜理性的原因。但是，对理性的崇拜与绝对化，则造成了理性的迷信与理性的桎梏。

人类精神环境的感性本质与哲学方法的理性追求的冲突，就构成了哲学的第一个基本困境。

哲学的目标就是理性化地表达人类的精神世界。只有理性方法才能实现人类群体公共观念清晰准确的共识结构，才能形成明确公认的哲学思想与哲学理论。哲学表达的合理性与真理性并不依据对事实的公认，而是依据对理性的公认。哲学观念的说服力就在人类文化构成的公共理性能力中。理性能力与逻辑能力，是理解哲学的必要条件，也是思考哲学的必要工具。但在今天的哲学中，仍然没有为表达与理解人类精神环境提供合理有效的逻辑工具。这即来自人类理性能力的局限，也来自人类对精神环境理解的局限。今天哲学的幼稚，也就主要在于这种缺乏理性工具的理性追求中。今天人类对精神环境理解的肤浅，也就决定了看似依据强大的数据处理能力形成的人工智能，也只能是对人类意识活动最最简单最肤浅的模仿。其最大的优点就是具备了比人类更高的简单推理效率。但人类的意识活动绝不是简单推理的复杂叠加。简单推理构成的人工智能，离人类的复杂思维还十分遥远。

虽然哲学的文化形态都是理性化的观念体系，但这种理性化表达形态与哲学所涉及的观念内涵相比较，仍然是高度简化与表面化的。真正的哲学观念始终深深地藏在这些哲学逻辑与哲学理论的后面。这就是人们看似清晰地理解了哲学表达的道理，但却永远也达不到哲学家们的真实精神境界的原因。哲学的理性化表达形态对于其所表达的哲学观念，要比科学的逻辑化表达离开科学的真正观念更远。这也是科学的传播要比哲学的传播更容易的原因。

哲学的解放只能依靠哲学自己，只能由哲学的创新为哲学自己打造合理的表达逻辑。但今天的哲学逻辑追求，则常常被科学的表达追求所引领。因为今天的哲学还没有形成深入表达精神环境结构的理性自觉。

哲学的第二个困境来自哲学方法本身的自纠缠结构。

对精神环境中的意识活动的理解，只能通过意识活动本身的感受来实现。这就形成了一种根本的哲学困难。这就像用自己的手将自己抬起来。

克服这个困境的唯一方法就是将自己的手与自己的身体隔开。但完全隔开不可能，相对隔开也非常困难。

人类的意识活动形成了精神环境的存在，又只能通过意识活动感受与理解这种环境存在。人类理解意识概念的困难，就是理解意识活动构建精神环境的功能，与理解精神环境形成意识活动条件的难以区分。人类构建观念结构的活动也在同时感知与依赖观念结构，人类感知与依赖观念结构的活动又同时又在构建着观念结构。每一个理解观念结构的意识活动都在改变着观念结构。每一个改变观念结构的意识活动也都在感受观念结构。这就是意识活动方式与观念结构存在方式的自纠缠状态。

与哲学相对立的科学活动，就可以比较清晰地隔离意识活动与感知对象。隔离的方式，就是依据公共化的经验观念为标准，这就是依据客观事实。事实仍然是人类精神环境中的观念存在，但公共化的经验事实就可以相对明确地与一般观念结构分隔。人类对这种分隔的不理解，就常常认为事实并非精神环境内涵。这种误解也是科学世界观的一个陷阱。

所谓自纠缠结构，就是依赖特定环境的存在方式的功能活动就是存在环境产生的原因。在自纠缠结构中，活动形成了活动的环境，活动的环境支持了活动的存在。活动的存在与活动环境的构成深刻地融为互为因果的统一体。

实际上，任何环境存在都是自纠缠结构。自纠缠结构具有普遍意义。实际上，物理存在都是隐含的自纠缠结构，量子力学中的测不准原理就表达了物理环境中的基本自纠缠。生命存在都是明确的自纠缠结构。但人类对于大多数简单结构多可以通过自己专门的意识活动方法将活动的一般功能与活动构成环境的功能逻辑化地区分开，并形成封闭形态的意识理解与观念表达。这就是科学方法中的系统隔离与系统孤立。但在面对复杂的自纠缠结构时，人类的逻辑隔离方法就常常失效。例如人类的精神环境。人类的社会存在也是更为复杂的自纠缠结构。

自纠缠结构常常形成对活动主体与活动环境理解的逻辑困难。精神环境来自人类意识活动，人类意识活动又依赖精神环境与感受精神环境，意识活动在感受精神环境的同时又在改变精神环境。哲学活动因此而几乎无法实现对自己关注对象的准确观察，就像现代物理方法无法对基本粒子的动量与能量实现准确观察一样。也因此，人类的哲学观念只能来自自己对自己意识活动的感悟，并通过这种感悟理解与表达自己的观念结构。科学观念的公共化依据事实经验与逻辑工具来实现，哲学观念的公共化只能依据逻辑工具来实现。哲学逻辑工具的严重不足，也就加重了哲学观念公共化的困境。这也是人类今天对哲学本身的理解与定义还模糊不清的一个基本原因。

　　哲学的第三个困境实际上是一个具体的方法困难。这个困难来自第一个困境。这就是表达超验观念的逻辑工具的构建困难。

　　人类精神环境的存在形态就是观念。观念的形态表达了人类对生存环境的感受与感知。观念中对物质环境的感受与感知，构成了观念的经验功能。以经验功能为主体的观念要素就是经验观念。观念中对精神环境的感受与感知，就构成了观念中的超验功能。以超验功能为主体的观念要素就是超验观念。在观念空间中，经验观念主要集中在底层，超验观念主要集中在顶层。终极观念主要是超验观念。经验观念主要来自其蕴含的感官信息。超验观念主要来自人类认识活动的秩序构建。

　　经验观念可以依据外在社会行为的公共化实现其群体共识。高度公共化的经验观念就是经验事实。超验观念则很难准确获得外部的公共化依据，只能依据有限的逻辑表达实现相对公共化。超验观念无法形成事实。

　　人类的逻辑方法来自人类对精神环境秩序的感知与理解的公共化。逻辑无须事实依据。经验观念公共化的容易达成，形成了逻辑方法的主要适应空间。超验观念公共化的形成困难，也就限制了其中逻辑方法的生成与利用。这就是终极观念难以逻辑表达的基本原因。现代哲学一旦进入对超验观念的表达，也就只能求助文学。

哲学的目标，在于对精神世界的感知的理性化表达。这就形成了哲学对精神环境中非常重要的超验观念的表达的苍白与无奈。但哲学对精神环境的整体性关注，又无法回避与轻视对超验观念的表达。这就构成了哲学的第三个困境。这个困境也是哲学观念始终难以深刻精确表达的原因。深刻的哲学不精确，精确的哲学不深刻。

传统哲学对超验观念的公共化表达的努力，形成了所谓的形而上学。人类一神宗教文化的理性化追求，提供了形而上学的土壤条件。人类自然科学文化的理性化追求，则阉割了传统的形而上学。但哲学离不开形而上学，形而上学是哲学的内在灵魂。

这个哲学的困境，使得任何理性工具都难以进入人类观念结构的最高层次中。对人类意识活动至关重要的超验观念，则始终无法实现理性化与结构化。形而上学中蹩脚的逻辑，将它们变成了难以理解的玄学。因此，超验公共观念只能以感性形态躲在哲学理论中。实际上，任何高度逻辑化的科学观念体系，也都无法将最高层次的公理化的预设前提逻辑化。追求理性的科学无法理性地探讨科学公理的合法性，这就是科学体系的悖论。科学可以回避自己的难题，将他们推给哲学，但哲学不能回避对超验观念的理解与表达难题。哲学是人类对一切问题的最终理解，哲学必须包容人类的一切精神困境。

正是这个哲学困境对人类构建公共观念与文化结构的困扰，使得人类在漫长的文化构建历史中，只能主要依靠感性方法。艺术在文化中的历史要比知识深厚得多。人类文化对超验观念的感性化表达常常是拟人化的，这就决定了人类不同文化中都充满了各种神话与神灵。这也决定了在人类漫长的文明史中，不同文化的基本形态大都是有神论的宗教形态。

欧洲自然哲学的强大，受益于他传统哲学中蕴含的可以适度表达超验观念的数学逻辑体系。这种逻辑体系的发现与发展，是人类意识活动的或然组织化形成的公共观念成果。一旦这种逻辑体系被确立为现代科学观念体系的表达工具，随着科学文化的普及，数学逻辑也就成为理性思维的一般工具。

虽然数学逻辑曾经被欧洲哲学当作了表达超验观念的工具，但它仍然具有明确的局限性。这就决定了它并不适应一般哲学观念的表达。欧洲古典哲学中广泛引用的数学逻辑，今天常常被看成是迷信的笑话。今天的数学逻辑还难以表达生命秩序，更无法表达精神秩序。今天的哲学不再依赖数学逻辑了，而是退化到了更为原始的语言逻辑中。在数学逻辑几乎完全成为自然科学观念的理性工具的现代文化中，人类依赖新哲学创造新逻辑的任务还任重道远。

数学逻辑曾经在欧洲哲学中获得的较普遍应用，得益于欧洲哲学中独特的自然哲学体系。当自然哲学涅槃为自然科学以后，曾经与哲学联系紧密的数学方法也就明确与哲学分道扬镳了。

人类哲学的形成，来自构建理解精神世界的观念体系的理性化追求。哲学也必须依据有效的逻辑工具实现表达。任何逻辑工具的形成与发展，都会为哲学的发展提供新的条件。逻辑工具的创新常常形成哲学的突破。欧洲古典哲学曾经依据辩证法逻辑的创立得到了体系化的突破。中国传统哲学的不同流派，也都有自己独特的逻辑方法为依据，其中具有明确文化影响的方法，就是阴阳五行逻辑与易经逻辑。对适用于哲学表达的逻辑工具的追寻，仍然是今天哲学突破的重要条件。

人类对意识活动方式本身的理解，就是创造逻辑方法的唯一途径。理性的逻辑只能从对感性意识活动的体悟中得到。逻辑就是对超验观念的超验化理解。这也决定了新逻辑的超验依据难以用明确的理性方法来表达，只能来自一种超验的直觉。数学家们的灵感就与艺术灵感类似。

逻辑方法的形而上观念依据的直觉来源，决定了这种观念的神秘与艰涩。任何哲学的表达一旦进入逻辑方法的依据领域，就会开始模糊起来。任何逻辑方法一旦进入了自己有效领域的边界中，也就会出现形形色色的悖论与冲突。在这些领域中对逻辑方法本身的探讨，就像在哲学中对形而上观念本质的探讨一样，也就常常会莫衷一是。中国人认为天理是不可追究的，欧洲人认为宇宙精神是不可分析的。自然科学与现代数学都不会讨论范式的依据与公理的来源。

人们常常敬畏宗教文化中的终极观念，这种敬畏来自它们的遥远与神秘。人们也常常冷漠哲学，这种冷漠来自哲学远离人类的现实生活。

哲学就是一种高冷的文化体系。哲学是人类实现生存的全部精神依据或者全部文化的构建工具。工具不能代替工具的对象。具有文化兴趣的学者们仍然会躲避哲学。

人类所赖以文明化生存的全部文化，特别是直接解决人类生存方式与生活技能的文化，大都与哲学没有直接关系。哲学因此而无法解决具体的社会问题与生存困境，也无法直接缓解人类的精神焦虑。哲学的功能必须通过其他文化的媒介才能实现。例如宗教媒介与心理学媒介。哲学从来就不是包医百病的精神良药，哲学只是精神良药的研发引导。

为了改善自己的生存境况而研习哲学，常常远水不解近渴。喜欢哲学的人类常常与不食人间烟火者同类。哲学家往往终生清贫。哲学家的社会地位也从来不会被一般社会活动所认可，哲学家由文化学者们确认，由社会权力体保证。艺术家与技术家常常成为大众敬仰的明星而红火显赫，基础科学家与哲学家则常常被大众冷落而孤独冷清。这是人类文化的常态。

基础科学对现代技术的超越化引领，使得它必然与一般财富的创造技术相隔膜。哲学对人类智慧的引领，也使得它远离社会一般财富的创造。它们的成果基本上无法成为具有市场价值的专利。科学家的成就可能会在此生得到社会认可，哲学家的价值常常被来世后代感受。能全力投入哲学的人，就常常以不为基本生存而忧虑为条件。无论贫富，衣食无忧者才会喜欢哲学。哲学始终是一种少数人的公共文化活动。哲学难以大众化。大众只能享受由哲学家的贡献中滋生出来的新文化。

任何大众化的哲学，都不是来自哲学本身的需要，而是来自政治活动与经济活动的需要。新中国历史上几次哲学的大众化运动，都来自政治的需要而不是来自文化的需要。

9. 哲学的整体性结构

自从人类的理性能力达到了能够整体化的逻辑思维，就具备了整体地理解与表达对精神世界的认知的能力，哲学就开始出现了。哲学就是人类理性化地整体理解精神世界的文化成果。近代以来哲学的分领域化与分科化，是哲学的变异，是哲学受到科学方法影响的结果。这种异化有利于哲学分支的深入与细化，但不利于哲学本身功能的发展。哲学从来就是关注人类基本生存问题与生存方式的学问，而不是解决某个文化领域问题的方法与技术。

在有哲学以前，人类的公共观念中早就具备了表达精神环境秩序的能力，当这种能力主要是感性化的时，也是从局部开始逐渐理性化的。在有哲学以前的文化形态就是原始宗教与多神宗教。哲学的形成与一神宗教的形成大致同步。哲学常常是一神宗教的理性化成果与理性化工具，一神宗教的经验观念的理性化发展，则是科学方法的元初依据。

哲学运用逻辑方法实现对精神环境理解的表达。哲学观念的逻辑整体性，形成了哲学与其他文化形式对精神环境理解表达的基本区别。人类关注与理解精神环境的文化历史要比哲学的历史长得多，但只有哲学才追求对精神环境的整体性理性化关注与理解。就是今天似乎无所不在的自然科学，也只是关注精神环境中对自然环境理解的经验观念的理性化理解与表达。自然科学中对精神环境中意识活动方式的经验化理解与社会化利用，就构成了现代心理学。现代心理学基本上是一个科学观念化的技术体系，而哲学则是关注精神环境的全部存在方式与活动方式的本体论体系。心理学与自然科学一样，规范与局限自己的观察与干预领域，它的关注方向主要集中于人类意识活动形成的外在行为的结果形态。这就决定了心理学的方法只能依据人类社会行为方式中的经验事实。如果将对意识活动的内在感悟纳入心理学中，就会将心理学哲学化。心理学严格服从自然科学的结构体系，而哲学为了理解与表达人类深奥隐蔽的精神世界，则不受任何结构化方法的束缚。心理学不会跃出自然科学范式的雷池，哲学则常常不得不进入更自由的艺术领地。但哲学的目标始终是对精神世界的整体性关注与理解，而一般艺术文化的关注目标则要散乱得多自由的多。

在人类的精神环境中，终极观念是观念结构整体性存在的基本特征。在任何完整的个体精神环境中，都必然蕴含了终极观念与终极价值。这个特征从个体出生的婴儿时期就开始形成了。在人类个体的成长与成熟进程中，终极观念也在不断地调整与成熟。人类个体成熟的精神标志，就是其终极观念与终极价值的完善与稳定。这就是所谓的"四十而不惑"。

哲学的整体性关注决定了哲学必定要关注精神环境中的终极观念形态。哲学也必须依据终极观念的形态来理解观念空间的全部内涵。任何文化体系的哲学特征，就是对其中的终极公共观念的关注方式，也就是文化体系中隐含的形而上学。例如自然科学中的形而上学就是构成其范式的纯数学与最高公理结构。任何不关注终极公共观念的文化体系，都只能归入表达人类生存技巧的通俗文化中，而无法成为哲学的文化外延。关注人类的终极观念是进入哲学活动的首要条件，没有这种兴趣的哲学爱好者，仅仅是哲学领域中的娱乐者。他们的哲学活动只是把玩虚构的哲学概念来满足自己的审美欲望。一个关注人类终极观念的文学家，也就会开始进入哲学领域。

哲学明确区分了精神环境中观念要素的经验形态与超验形态，这是哲学的一个基本特征。哲学同时关注的经验观念与超验观念在传统哲学中就是形而下观念与形而上观念的区分。所谓形而上学，就是表达人类精神环境中的超验观念体系的学问。

自然科学仅仅以经验观念为自己的事实依据。但在人类的观念空间中，经验要素与超验要素是广泛交融的，并不会分别集中于不同的观念要素之中。在人类理解的观念结构中，经验形态与超验形态的浓度差异，只是人类意识关注方向与情感统辖内涵的差异结果。任何观念要素中都会同时蕴含经验要素与超验要素。所谓的经验观念，只是在意识的特定关注中经验要素呈现浓厚的观念，所谓的超验观念，只是在意识的特定关注中超验要素呈现浓厚的观念。一般来说，经验观念处于观念空间的低层次中，超验观念处于观念空间中的高层次中。

在仅仅依据经验观念的自然科学中，也不可避免地不时涉及超验观念。只不过这种涉及不被科学方法所重视与表达而已。在科学研究的前沿领域，由于经验观念的不足，超验观念的浓度会大大增加。面对这类问题的科学家们常常不得不进行哲学思考。哲学就是引领科学前沿创造活动的向导。

发端于欧洲的现代科学文化体系，是工业贸易文明的精神依据，也引领人类进入了一个利用与适应自然环境的新领域。人类由此而开始彻底摆脱了自古以来生存资源的匮乏状态。这个文化体系挟持着这个巨大的功绩被确立与传播，也就必然与曾经统治了传统文明的宗教文化形成了对峙。科学文化深刻地冲击并总体地瓦解了宗教文化，但并没有消灭宗教文化。科学与宗教的并存与对立并没有在现代社会中消失。这种对立来自它们各自的局限性，这种并存来自它们不可取代的不同功能。

新兴的科学与传统的宗教对立，这种对立又与不同文明中文化形态的对立相混合，就形成了今天的哲学实现整体性思考的繁难文化环境。哲学对现代文化形态的整体思考与整体理解的困难，形成了现代哲学的碎片化与感性化回归趋势，也形成了哲学的文学化趋势。深刻的哲学家们也开始讲故事了。从叔本华、萨特到尼采与海德格尔，都有这种特征。这种碎片化与感性化的人本主义哲学，就被带上了西方后现代哲学的桂冠。但这正是西方现代哲学的整体性瓦解与文化边沿化的结果。由此，哲学从关注人类基本难题的显赫文化地位中退化为关注个人心灵的通俗甚至边沿的文化领域中，为人类提供基本智慧的哲学变成了熬制心灵鸡汤的技术。现代文化的市场化推广方式，恰恰是这种小资文化得以宏大发展的经济环境。这不是哲学的兴旺，而是哲学的异化与凋敝。这表达了哲学对社会主流秩序的核膜与滞后，也预示了哲学具备新突变的契机。

要始终用整体性的思考关注哲学的体系并不容易。在人类基于意识活动的普遍感性化方法的文化活动中，在人们并非哲学式而是艺术性地关注精神环境的文化中，就已经可以局部地实现对精神环境的有效感受与表达了。这也就形成了一些容易达成考察目标的便捷准哲学。这种碎片式的哲学故事，常常可以为深化整体哲学提供精神营养，但也常常分裂与瓦解哲学。营养如果不能被整体性的生命活动所吸纳，就是环境中的垃圾。这就是关注精神环境的艺术活动对哲学的两面性影响。当哲学家们遇到困难时，艺术就常常是他们的遁道。这就现代文化中横跨哲学与艺术的两栖学者大行其道的原因之一。

与一切存在的演化机理一样，哲学的演化也是内在的功能瓦解与内在的功能重构形成的周期性变化形态。对哲学整体性的破坏与重组，就构成了哲学的演化周期。哲学的非整体性形态，形成了哲学的碎片化与艺术异化。哲学也会由此而变成了各种流行文化的附庸与跟班，由构建文化灵魂的引导者变成了文化的解释工具。

现代哲学的碎片化与感性化倾向来自现代哲学的发展困境，也来自现代文化的整合困境。文化的散乱与冲突为哲学提出了深刻的任务，也形成了哲学深刻的困难，并将哲学推向碎片化与边沿化。哲学必须在回应文化的冲突与自己的瓦解中，实现自己的重构与升华，形成哲学的创新与文化的重组。

从人类的文化活动中凝聚出来的哲学体系，传统地分为了四个内容。这四个内容今天仍然可以表达人类精神环境中意识活动的四种功能。这就是认识论、本体论、世界观与方法论。

哲学认识论回答人类精神世界的来源问题。人类通过认识获得了经验形态与超验形态的观念要素与观念结构，并形成了维持意识活动的精神环境。人类的精神世界是否完全来自认识活动？是否还要依据人类意识以外的特殊存在？认识活动的本质过程是什么？人类认识活动怎样能够形成精神世界的环境功能？如何才能保证与证明精神环境与物质环境秩序的同一性？这些仍然是今天的哲学中争论不清的认识论基本问题。回避基本问题则是后现代哲学家们的共同特征。

认识论是哲学的基本内容。对精神世界来源的不同理解形成了对精神环境与物质环境关系的不同理解，也就形成了不同哲学流派的基本划分。认识论体系表达的哲学观念构成了不同哲学的基础观念，也深刻地影响了不同哲学的基本结构。不同的认识论的特征基本上就是不同哲学派系的区分标志。

例如，所谓唯心论与唯物论的对立，主要就来自他们认识论的对立。他们依据认识论的对立而形成了本体论的对立。而在方法论中他们却是可以互通的。马克思对黑格尔的运用就主要在方法论中。

例如，现代西方哲学中的存在主义体系与逻辑实证主义体系的根本区分，也在他们完全不同的认识论结构中。他们完全不能相容的认识论结构，也就表达了他们哲学体系的完全不包容。

哲学的本体论回答了人类本身以及人类生存环境的存在方式问题。世界的本质是什么？物质世界的本质与精神世界的本质是什么？它们以何种方式互相联系与存在？它们的环境功能从何而来？这些问题关乎人类生存的本质，也是人类最高智慧的依据。这对于今天的哲学家们仍然是难题。

不同的哲学本体论基本上依据不同的哲学认识论而形成。认识论提供了精神世界的来源答案，也就引出了精神世界的存在方式，也就必然间接确定了物质世界的存在方式。对本体论的追究，最终必然回到对认识论的探讨中去。本体论的根本困难来自人类整合环境经验的理性能力。无法理性化表达的存在形态也就无法被哲学认可。现代物理学家是探讨物质本体的精神尖兵，现代哲学家们却蜷伏在世俗文化的帐幔后面自娱自乐。追寻精神世界的存在本质，仅仅是曾经的哲学家们的兴趣。

　　哲学的世界观表达了人类关于自己生存方式的理解。其中蕴含了对人类本身的存在方式的理解与人类的生存环境的理解。哲学世界观就是在哲学本体论的基础上形成了人类合理生存模式。世界观是人类全部生存智慧的依据。不同的哲学世界观形成了不同的社会环境秩序追求，也形成了不同文化中的基本公共意识形态。哲学世界观是一般价值观的依据。一般价值观是一般文化形态的依据。

　　中国的传统哲学也常常被称为人生哲学，就是因为其主要以世界观为自己哲学的核心内涵。在中华文化中，世界是什么、人生是什么的问题要高于自然是什么、认知是什么的问题。中国哲学的世界观以社会政治伦理为主要内容构成了统辖其他内容的一元结构，自然与人性都是社会伦理形成的条件与结果。

　　欧洲的传统哲学则分为自然哲学分支与社会伦理学分支的二元结构，这种二元结构来自他们宗教与世俗的二元文化传统，也形成了二元的世界观。在西方现代文化中，科学世界观与宗教世界观仍然在和谐地对立中。

　　新中国哲学中的世界观体系在中国传统世界观之上被进一步狭隘化了，变成了表达马克思社会主义政治伦理的世界观。原教旨的社会主义伦理，远不能支撑中华文明的现代世界观基础。但这种世界观却能在国家与社会秩序的崩溃散乱危机中迅速重整人心。一旦社会秩序进入稳定发展状态中，这种世界观就会捉襟见肘。破除既有文化的局限性，就是改革开放中蕴含的文化任务。这个隐含在经济制度改革中的文化变革，将原教旨的社会主义文化体系在中国现代化实践中进行了独特的重构，这个重构的结果就是中国特色，这个重构的文化路径，就是将西方的社会主义儒家化。

中国特色社会主义文化体系，扬弃了原教旨社会主义的局限与弊端，现代化地展开了儒家伦理的内在智慧。这种结果也来自中华文化的传统包容性。这种包容性在西方传统文化中几乎没有，在西方科学文化中也常常被忽视。科学的迷信就是科学的不包容状态。

哲学中的方法论表达了人类对精神环境的结构与意识活动方式的理解，也提供了有效交流精神环境秩序内涵的工具。哲学方法论的全部成果就是广义的理性逻辑。哲学方法论在一般文化中的延伸，也就形成了不同的公共价值结构。例如，西方的科学方法论形成了现代科学文化中的科学价值结构。欧洲现代辩证法方法论与传统唯物论文化的融合，就形成了辩证唯物论文化体系。传统中华文明中的易学方法论与社会政治伦理的融合，就形成了易经文化体系。阴阳五行方法论与中国传统健康技术的融合，就形成了中医文化体系。

哲学方法论在不同领域中形成了不同形态的逻辑工具体系。欧洲古典哲学中的辩证法，就是人类群体间的辩论方法和实现观念共识的工具。黑格尔对辩证法的发展，则变成了具有本体论意义的理解人类意识活动方式的完整体系。

中国传统哲学的方法论成果主要在阴阳五行逻辑中，它在今天被保留的文化形态就仅仅存在于中医技术领域中。西医的逻辑工具是现代化学观念体系，中医的逻辑工具则仍然是阴阳五行逻辑，中医的五脏六腑概念只是这种逻辑方法的形象化表达。

现代科学文化体系必须依据现代数学逻辑工具来表达与思维。牛顿的物理观念没有现代数学方法的表达就不会形成明确的影响力，为此他发展出微积分方法。爱因斯坦的广义相对论观念在形成以后，也几乎用了十年时间才实现了依据黎曼几何的数学表达，这才能被物理学家的群体所理解所接受。

哲学方法论还表达了人类理性化意识活动的一般方式或理性思维的一般方法，这就是形式逻辑的功能。形式逻辑的建立是欧洲哲学从一般公共观念体系中独立出来的重要条件。中国传统哲学缺乏明确的形式逻辑工具，也因此没有形成与一般公共观念的明确区分。黑格尔因此而说中国没有哲学。现代哲学中的逻辑实证主义流派，正是因为将逻辑方法表达的意识活动方式当作了精神世界的存在本体，才形成了他们偏执的语言哲学体系。这种思潮认为哲学的全部问题都可归纳为语言陈述问题，试图通过将语言陈述的抽象化标准化来形成统一的哲学体系。他们将方法论向本体论的不合理推广，就是因为本体论的薄弱而向方法论的投降，这让他们进入了一个更为狭隘的哲学牛角尖中。

10. 哲学的工具异化和哲学被科学的窒息

人类的文化中自从孕育出哲学，就有了两个利用哲学的文化发展方向。一个是将哲学作为理解人类不同文化的工具，实现不同文化在交流中的包容和文化的广义化。另一个则是将哲学变成自己文化的阐释工具，实现对自己文化体系的辩护和自己文化的封闭。前者虽然会形成哲学的分歧与散乱，但也会刺激哲学的拓展。后者虽然会形成哲学的完整与巩固，但也会形成哲学的保守与遮蔽。这两种不同的哲学运用态度来自对文化的不同理解。

人类进入现代文明后，形成了经济活动的全球化趋势，也形成了对西方现代科学文化与政治文化的全球化传播。这既带来了文化的广泛交流，也形成了文化的激烈竞争与冲突。中国近代全盘否定自己传统文化的新文化运动思潮，就是这种文化冲突的结果。

文化的交流会激发出新的哲学，文化的竞争则强烈地封闭既有的哲学。现代社会的经济自由化与文化自由化倾向，催生了社会文化的多元化。这就加剧了不同文化的摩擦与竞争，但也常常会加剧哲学的遮蔽与桎梏。在现代文化的多元化进程中，有时反倒促成了现代哲学的封闭与萎缩。这是现代哲学被边沿化的一个重要原因。在欧洲历史上，因为激烈的文化竞争而形成的文化保守与哲学封闭，也很常见。基督宗教与伊斯兰教的封闭文化形态，也是这样形成的。在中华文明的历史中，则是在文化的冲突中形成了新文化的重构。这就是程朱理学出现的原因。

现代社会的文化多元化也必然促生社会政治的多元化，多元化的社会政治结构滋生出丰厚的政治竞争行为。传统的政治竞争常常诉诸武力，现代政治竞争则更为文明地依赖经济竞争与文化竞争。现代社会中更复杂的文化摩擦与经济摩擦，就常常是政治竞争的结果。

面对现代社会中普遍的竞争与摩擦形成的社会冲突，在不同文明中对哲学的不同工具化运用，就形成了对哲学的工具异化。此外，现代西方社会强大的竞争力又形成了其社会内部的富足与安定。这种富足又极大地弱化了宏观文化的发展，也就常常将社会主流文化引入微观公共价值的表达中。这也会将哲学的兴趣引入个体的精神世界中。前者形成了发展中国家的现代哲学封闭，例如中国与印度。后者则是西方哲学中强大的存在主义与人本主义思潮的文化营养。

在中国现代文化中，哲学也就日益成为主流文化的阐释工具，现代哲学就逐渐变成了各种意识形态的文化仆从。

历史上典型的文化仆从哲学，就是基督教的经院哲学。现代哲学中的文化仆从形态的例子，就是科学哲学与马克思主义哲学。这也是科学哲学在科学文化活动中被边沿化与马克思主义哲学在社会主义运动中被边沿化的原因。本来它们应该是科学文化与马克思主义文化的精神引领。

当哲学变成了一种文化体系的辩护与阐释工具后，就开始保守与封闭起来，就必然抛弃哲学中的大胆怀疑的思辨方法，将哲学活动经院化与教条化。教条的概念，就来自封闭的基督教经院哲学对教义的辩护方式。作为任何一个封闭文化体系的阐释工具的哲学，都常常会失去它的精神活力与审美情趣而变成桎梏思想的教条。一旦哲学变成教条，其文化灵魂的引领者功能，就会分化为少数人自恋的精神娱乐活动与权力体表达意识形态的僵化文化样板。

欧洲近代哲学的辉煌成就，无不是对教条化的经院哲学的突破成果，今天中国哲学的重构实现，也必然是对既有教条的解构。

教条化的哲学就会逐渐失去自我演化的活力而变成僵化的文化仆从，直到被新的文化重构所打破。哲学本身的抽象与深奥一旦被僵化起来，就会更加晦涩枯燥。哲学本身对社会一般文化的高度超脱，一旦被僵化起来，就会更加玄妙与缥缈。这就会使本来表达与蕴含了人类最精妙的精神智慧的哲学陈述，变成了难以理解但又必须被崇拜的伦理口号。从笛卡尔的我思故我在，到马克思的存在决定意识，从王阳明的心外无理，到培根的知识就是力量，大都已经变成了无法引领深刻反思的意识形态口号与僵化的文化标签。

正是由于哲学提供的逻辑工具常常被当作了哲学本身，也就形成了哲学被逻辑工具的异化。例如在古希腊，讲哲学常常就是讲辩证法，在新中国的一个时期，学哲学就常常是学一分为二的方法论。在今天的中国，没有工具功能的哲学，就变成了少数人的智力游戏。

逻辑工具异化后的哲学的广泛流传，就会形成哲学的工具化审美功能。任何具有审美价值的文化形式，都有成为流行的社会审美游戏的可能性。具有审美价值的哲学工具化形态，也常常会吸引和造就一批以玩弄哲学逻辑为兴趣的学者。他们的玩弄哲学，就像中国传统社会中的一些有闲文人对诗词歌赋的技术性把玩，这种把玩中的审美追求不在文学表达的精神内涵中，而仅仅限于文学方法的技巧中。

有些现代哲学爱好者或学者，也具有这种对哲学的态度。他们的哲学追求与哲学兴趣，与哲学所表达的人类一般精神环境与意识活动方式大体无关，他们的兴趣就在哲学方法提供的审美欲望满足中，他们的哲学活动就是把玩哲学逻辑的智力游戏。他们依据熟练的哲学逻辑推演和哲学词汇运用来炫耀自己的文化地位。哲学对于他们，除了彰显自己以外没有其他的用处。哲学由此而变成了文化人休闲沙龙中的优雅话题，就像时尚女士的化妆品与手提包。

这种哲学态度也会影响比较严肃的哲学家们，从而将哲学提供的精妙方法论体系拓展为哲学的本体论结构，从而抬高了逻辑方法的哲学地位。这就是现代逻辑实证主义流派形成的内在文化环境原因。近代欧洲哲学曾经严重地被沙龙化。对现代科学方法的阐释需求，也是这个流派形成的另一个重要动因。

逻辑实证主义将人类理解自己精神环境存在方式的逻辑方法，当作了精神环境的存在本体，甚至推广为物质世界的本体。这种观念看似提供了透彻的本体论，实际上则是在科学方法论的束缚中局限与扭曲了哲学。他们将哲学的活动领域封闭在观念空间中的科学观念结构中，又将在科学思维中的特殊方法变成了普遍的哲学方法论，这就必然出现逻辑实体化的观念。

科学文化的辉煌形态，夹持着它在社会经济活动中的巨大成就，也就促生了科学哲学的蓬勃发展。科学文化与科学技术形成的强大文化影响力，就是将哲学引入科学观念的局限中变成科学阐释工具的原因。运用哲学来阐释科学观念的形成与发展，可以拓展哲学的新领域。运用哲学来为科学观念在与其他文化的对立中进行辩护，就会形成对哲学的新桎梏。今天的科学哲学家们，也大致形成了这样两个努力方向。只不过，前者的成就常常不容易被人们理解，常常被后者贬低为无用的异论。例如卡尔·波普尔。后者依仗自己对科学的辩护而搭上了科学的顺风车，他们自己也就风光起来。

所谓迷信，就是对公共观念在并不理解中的表面盲从。自从有了人类的文化，自从文化开始在没有文化修养的芸芸众生中的广泛传播，就开始有了迷信。符合文化价值内涵的迷信具有文化普及的功能，扭曲与违反文化价值内涵的迷信则会扭曲与误解文化。

在人类文化演化的社会突变进程中，为了清除旧文化的普及影响力，也就常常将社会成员对旧文化的表面盲从贬为迷信。科学观念与科学方法的发展，也形成了对科学观念的更新。新的科学世界观的建立，常常要破除旧的科学世界观，这就要破除科学迷信。现代文化中的迷信之一就是科学迷信。科学迷信的文化后果，既有对现代科学观念的普遍传播的正面功效，也会形成科学主义的负面思潮。

所谓科学主义，就是将科学思维的方法当作了人类一切文化活动的依据，就是将仅仅在理解自然环境的存在秩序中获得成功的特定科学逻辑，推广到理解一切环境秩序的领域之中，特别是推广到理解人类精神世界的哲学领域与理解人类社会环境的社会学领域之中。

这种推广是一种现代文化的时髦。其中最强烈的表现就是在经济学中对数学工具的盲目崇拜，就是在强大的信息处理技术面前对人工智能功能的不适当夸大。对任何时髦的单纯追求都是一种附庸风雅，科学时髦也不例外。

科学的时髦作为现代文化成果的表达工具常常是有效的，但作为理解人类意识活动的普遍工具则常常是牵强的甚至是扭曲与错误的。将科学方法用于普及传播现代公共价值的大众化宣传活动，并不会有太大的危害，一般大众的科学迷信常常就是他们应有的普及化理解。普罗大众对各种精确的科学观念的普及化误解，看似愚昧实则聪慧。对他们来说，将深刻的科学观念简化为生活经验就已经够用了。只有那些对科学观念教条化的附庸风雅式的盲目追崇，才是真正的愚昧。很多看似具有丰富科学知识的小资们，除了书上读来的碎片以外，实际上并不懂什么。不过这对他们的生活方式与人生追求也无大碍。

但是，不同文化领域中的专业学者们也这样过度崇拜科学方法，就会误入歧途，至少会走入死胡同。科学方法在人类理解自然环境秩序中的成功运用，是欧洲人创造新文明的成就。科学方法一旦在其他文化领域中被滥用，则会是人类文化的灾难。

但是，今天在不同文化领域中普遍流行的科学化追求，并非都是科学方法的滥用，而常常是人类理性方法的普及。在现代流行文化中常常将人类意识活动的理性化追求简化为科学化追求。例如，所谓的科学发展观就与科学方法并无密切关系，而是一种高度理性化的可持续的社会秩序构建理念，其中蕴含的社会发展智慧，远远超越了科学方法。

　　将科学的思维方式当作哲学关注的全部内涵，就形成了科学对哲学的窒息。好在这仅仅是少数不太懂哲学的哲学家们的追求。只要是真正理解了哲学的学者，都会在哲学活动中自觉地解放自己，都会追求在人类无边界的精神环境中让自己的意识畅游。如果他们原来受过科学主义世界观的影响与限制，也会在哲学的探求中得到拓展与解放。有些由科学活动转入哲学活动的科学哲学家，就是这样逐渐改变了原来的观念结构和审美追求的。但他们真正进入了哲学的天地中就会突然发现，在原来以为无所不包的科学观念体系之外，还有更为广袤的哲学空间。

　　将哲学活动科学化的结果之一就是将哲学的逻辑语言化。这也是现代哲学的一条死胡同。这个方法看似将哲学简化与统一化了，实际上则是将自己的视角简化与压缩了。他们太想模仿哥白尼与牛顿对自然科学观念体系的改造来改造哲学了。牛顿的科学成就绝不仅仅是对开普勒与伽利略的简化压缩，也不是对哥白尼的简单推广，而是搭建出一个开放的逻辑空间为物理学展开了一个广阔的新天地。但逻辑实证主义的科学哲学家们的方法，则是将哲学的文化空间简化与压缩到科学文化中去。他们并没有用哲学本身的方法来改造与整合哲学，而是用实际上比哲学局限得多的科学观念体系中的方法与模式来约束与捆绑哲学，因为科学的辉煌让他们迷了智慧之眼。

第二章　存在与秩序

11. 存在与环境

　　人类在环境中生存。人类必须理解自己的存在与环境的存在。存在是人类理解自己与环境的基本逻辑与基本概念。存在之外没有存在。存在包括了物质与精神。存在既是人类外在的自然与社会，也是人类自己的肉体与内在的心灵。

　　人类与人类的环境都是存在。存在的形态是存在的要素，理解存在的基本逻辑就是依据空间的存在结构与依据时间的存在演化。

　　存在的要素依据环境作为存在的条件。每一个存在要素或存在结构的层次，都具有自己的存在环境。每一个环境要素又是一个不同层次的存在要素。存在与环境相对立和相依存。

　　存在是人类生存的环境。空间与时间是人类理解存在的理性超验观念或基本逻辑。在人类的精神环境中，人类的生存环境在空间逻辑中的表达，就是存在的结构。人类的生存环境在时间逻辑中的表达，就是存在的演化。存在的环境表达了存在的外部条件与外部功能。

　　人类依据自己的精神世界理解与表达自己的生存环境。这种理解的终极形态曾经是物质与精神，存在则是这种理解的更合理表达。物质与精神仅仅是不同层次与不同功能的存在。

　　在人类的公共观念中，人类的生存环境可以分为逐级升高的四个层次。低层次的存在是高层次存在的基础与环境。存在的环境为存在提供了条件信息与活动能量，也提供了实现环境影响功能的空间。存在在环境中实现自己的存在。

存在要素对环境的影响功能既会扰动与破坏环境，又会形成其适应与利用环境的条件。存在要素对环境的影响与改变和存在对环境的适应与利用，就是存在与环境关系的两个内涵或两个机制。这就是存在与环境的外在统一与内在同一。

存在要素对环境的影响功能形成了它获取环境信息与能量的条件。存在要素通过自己对环境的影响与改变实现对环境的利用。存在要素通过与环境交换信息和能量来实现自己的存在。这种信息与能量的交换活动就是存在要素对环境的影响功能。存在要素与环境之间的联系，就是信息与功能的交换关系。

例如，任何物理存在对物理环境的信息与能量的获取，都是信息与能量交换的结果，都必然改变其物理环境的状态。量子物理学中的测不准原理，就是量子存在与其环境间交换关系的结果。

例如，任何生命存在对环境能量与信息的获取，都必须通过向环境输出能量与信息而形成对环境的改变。生命要素的环境存在必然通过与环境的信息与能量的交换来实现。生命的生存必须利用环境，也必然改变环境。

例如，人类个体的意识活动在精神环境中实现存在。意识活动利用精神环境的观念空间提供的信息与能量，在活动中改变了观念空间的结构形态。

例如，任何文明化的人类个体，都在特定的社会环境中生存，也就必然在社会环境中实现自己的价值需求，并同时改变了社会环境。这就是人类的生存方式。

例如，任何社会群体或社会结构，都在特定的社会环境中实现自己的存在。社会群体与社会结构存在的实现，也必然利用了社会环境和改变了社会环境。企业依赖与改变了市场环境，国家依赖与改变了世界环境。

自然界和精神世界都是人类理解自己生存环境的观念表达或文化表达。人类生活在两个环境之中。这就是精神环境与物质环境。人类通过自己的行为实现对两个环境的利用与改变。

物质环境是人类生存的外在环境。精神环境是人类生存的内在环境。人类通过与两个环境交换信息与能量，实现对它们的利用与适应，并构成了人类的生存行为。

进入高度文明以后，人类在物质环境中的全部行为都可以表达为社会活动。人类在精神环境中的全部行为都可以表达为意识活动。人类的物质环境由自然环境与社会环境或共同构成，社会环境是人类直接的物质环境。

进入文明以后的人类就从动物中脱颖而出了。从此，人类与自然环境间的信息与能量交换关系就必须通过社会环境实现了，人类在物质环境中的行为也就被转变为社会行为。自然环境就变成了社会存在的外部环境。

人类在自己特定的环境中实现生存。人类实现生存的方式就是人类的行为。人类生存行为的总和构成了人类的生活。精神环境中的行为总和构成了精神生活，社会环境中的行为总和构成了社会生活。

人类作为一种特殊的生命形态，也必然具备生命存在的方式。这由人类生命活动的特定功能决定，也由人类的社会环境形态决定。生命活动适应与利用环境的功能就是生命本能。

所谓本能，就是生命体所具备的生命秩序中表现出来的利用与适应环境的功能。本能表达了生命体在环境中的生存能力。

生命体依据本能驱动自己在环境中的生存活动，并以此来适应与利用环境并实现生存。本能驱动的活动就是生命体的行为。

人类具有的特殊行为方式，将人类生存的环境划分为两个世界，一个是物质世界，一个是精神世界。人类在物质世界中通过肢体器官的生命功能来适应与利用环境，就像一切生物体适应与利用自然环境一样。人类在精神世界中则通过高级神经器官提供的精神能量的运动来适应与利用精神环境，这种能量的运动就是意识活动。人类的高级精神器官提供了构成精神环境的生命条件，人类在精神环境中的行为则由意识活动构成。精神环境就是意识活动的环境。人类在精神环境中的意识活动，就是人类特有的精神活动。

人类精神环境的存在形态就是观念要素构成的观念结构。观念结构的总和构成了观念空间。观念空间就是表达精神环境的基本逻辑。

任何生命都通过对自然环境的信息感受形成对自然环境的秩序理解，从阿米巴到人类无不如此，并依此而构成他们适应与利用环境的生存活动方式。生命体通过感觉器官感受自然环境中的特定信息，依据自己的生命本能解释与利用这些信息，进而实现环境中的生存。人类利用感官信息的方式则是精神环境中的意识活动。这是人类与其他动物不同的生存方式。

人类将感官信息蕴含在意识活动构成的观念结构中，并通过观念结构选择与驱动生存行为。人类的观念空间秩序，就是外在生存环境秩序的映射变换。人类通过观念空间的秩序理解与利用外在环境秩序，并实现在外在环境中的生存。

人类的生存仍然要依靠生命本能。生命本能驱动了人类在物质环境中的行为，也驱动了人类在精神环境中的行为。精神环境中的意识活动决定了物质环境中的生存行为的全部选择与方式。

生命本能的生存功能表现为欲望。驱动物质环境行为的欲望就是物质欲望。驱动精神环境行为的欲望就是精神欲望。欲望并非直接驱动生存行为，而是通过其在精神环境中的价值展开来驱动行为。价值是观念要素的环境功能内涵，是欲望在精神环境秩序中的具体化展开。物质欲望展开为物质价值体系，精神欲望展开为精神价值体系。

人类的物质欲望可以理性化地表达为不同的层次。第一个层次是维护生存的食欲性欲和安全欲望，第二个层次是群体依恋欲望，第三个层次是自我实现或权力欲望。人类的全部物质行为或社会行为，都可以从这些欲望在环境中的展开所表达的价值与需求来驱动。

人类对精神欲望的理解还难以层次化，还只能统一表达为审美欲望。

审美欲望在观念空间中展开的审美价值与审美需求，就是驱动意识活动的精神动因与内在动因。人类的意识活动同时也受到物质价值的外在驱动。审美欲望驱动了意识活动中的认识活动，并构建出全部观念结构。审美欲望与物质欲望共同驱动了意识活动中的价值活动，并构建出全部社会行为动机。审美欲望在价值活动中实现了对伦理价值的服从，还驱动了人类的道德精神活动。

人类在精神环境中的全部意识活动，甚至人类精神环境的存在形态本身，都可以从审美欲望的实现活动中得到统一的逻辑说明。就像人类的全部社会行为都可以从人类的物质欲望中得到统一的逻辑说明一样。理解人类的精神欲望或审美欲望，就是解开哲学秘密的基本索引。

12. 存在与哲学

哲学通过直接表达人类对精神环境的终极理解，也就间接表达了人类对物质环境的终极理解。所谓存在，就是哲学对人类全部生存环境理解的终极观念表达。按照人类的传统文化，存在包含物质的存在与精神的存在。按照现代科学哲学的观念，人类本身也是存在。

存在是欧洲传统哲学的基本观念，存在表达了欧洲人理解的与人类对立的环境本质。存在的观念奠定了自然哲学的基础。在中国传统哲学中，则没有关于存在的独特观念。因为中国文化中没有形成与人类活动相分立的环境观念，中国人认为天人合一。中国儒家文化中没有独立的自然哲学。

有一种流行的说法，近代欧洲哲学中关于存在的观念体系，被三个优秀的犹太人思想家重构了。爱因斯坦重构了人类关于宇宙存在的现代观念体系，马克思重构了关于社会存在的现代观念体系，弗洛伊德重构了人类心理环境存在方式的观念。新哲学总是不完美的，它们的思想也是比较粗糙甚至还有缺陷的，但它们却为现代哲学提供了重要的新资源，打开了广阔的新空间。

但是，它们的思想体系还不是完美的哲学体系，还分别是对人类某一局部环境的深入理解，还无法表达精神环境的整体。对他们开创的思想实现统一理解与表达，则是哲学家们的任务了。至今为止的哲学家们，还没有将他们的局部思想抽象为统一的形而上学，还不能以超验视角来统一理解他们的观念，他们不同的观念体系也就还无法得到统一的哲学安置。

牛顿对传统物理学散乱观念的统合，奠定了近代物理学的基础。爱因斯坦对现代物理学的重构，解决了牛顿物理学中的现代危机，但又被物理学在微观领域中的拓展所打乱。量子理论表达了新的微观物理学观念，但又动摇了传统物理学的本体论基础。牛顿体系所依赖的机械论与还原论逻辑在现代物理学面前开始动摇。

马克思的社会学观念，第一次将人类社会确立为一个独立存在的环境体系，也第一次提出了人类社会的演化逻辑。其巨大的世界观影响力掀起了差不多一个世纪的社会革命运动，其思想魅力至今未衰。但冷战的对立异化了马克思，后现代的马克思主义被融入了理解现代社会的思想工具体系之后，也在当代的世界政治运动中逐渐式微了。这反映了马克思主义在急就章式的重构中不可避免的不完善。它除了比较好地回答了工业贸易文明创立初期的社会冲突原因以外，并不能周全地安置现代社会日新月异的新形态，也并不能完美说明现代社会辉煌的新创造出现的历史原因。与其对立的各种思想体系也就由此而获得了广泛流行空间。

弗洛伊德的精神分析思想仅仅局限于心理障碍分析的狭隘领域，但他却暗示地表达了人类精神世界是一个蕴含了意识活动的独立的存在环境。这种思想蛰伏在欧洲现象主义哲学和存在主义哲学中，却只被弗洛伊德点醒了。这就是他的精神分析理论对现代哲学的隐性贡献。弗洛伊德暗示了人类的意识是在特定精神环境中的行为，也就间接提供了人类精神环境独立存在的哲学依据。从而，研究心理学的弗洛伊德也就进入了哲学家的行列。

这三种表达了人类不同行为环境的观念体系，分别出于物理学、政治经济学与心理学，它们之间还无法直接形成哲学化的统一联系与统一模式。这就决定了他们哲学影响力的局限性，但这却是哲学家们拓展本体论的新空间。

将人类的生存环境统一地理解为独立的存在，用统一的逻辑结构同一地表达物质存在，精神存在与社会存在，就应该成为今天哲学家们重构本体论的终极超验观念的任务或形而上学任务。

所谓形而上学，就是人类精神环境中的超验观念体系的文化表达形态。这种文化表达必然是哲学活动的特殊成果。所谓超验观念，就是表达了人类精神环境秩序的观念形态。与其对立的经验观念，则表达了人类精神环境中蕴含的物质环境秩序。经验观念构成了现代科学观念体系与心理学观念体系的哲学基础，但科学与心理学永远也无法取代形而上学这个哲学的最高领地。哲学的核心目标就是精神环境的秩序。

在欧洲现代文化中曾经流行过存在主义的哲学思潮。在这种思潮中表达的"存在"，并不是关于人类生存环境存在的一般观念，而是关于人类生存方式与行为方式的一般状态，特别是指人类意识活动的一般状态。存在主义之所以可以称为哲学思潮，就是因为这种文化表达中必然蕴含了对人类精神世界的理解。

人类精神环境的存在决定了人类的生存方式。由于哲学的不彰，人类对精神环境存在的理解，仍然不得不常常混淆于对外在物质环境存在理解之中。这种混淆模糊了哲学的定义，也将存在主义变成了可以容纳各种现代流行思潮的文化垃圾筐。

存在主义中的存在观念，虽然表达了人类生活方式的终极性与本源性，但却是将人类生存行为本身作为一种模糊的存在来理解。但是这种模糊理解也仍然为理解精神世界的存在提供了丰富的材料与营养，为提升现代哲学的本体论观念提供了一般文化资源。存在主义文化可以看作是人本主义价值体系的文化思潮，而不是哲学体系的思想。

所谓哲学的存在，就是理解人类生存环境的逻辑化的终极观念。哲学存在也表达了人类与人类生存环境的基本逻辑。

人类对生存环境的理解就是精神环境中的秩序。哲学的存在就是人类理解自己与自己的生存环境总和的最高超验观念，既表达了人类物质环境的终极形态，也表达了人类精神环境的终极形态。人类不同文化的凝聚核心，就是表达存在的不同观念结构，就是由这些观念结构衍生出来的本体论与世界观。

所谓物质世界，就是人类生存的物质环境与人类在其中的生存活动的总体存在，所谓精神世界，就是人类的精神环境与人类在其中的意识活动的总体存在。所谓世界，就是人类的生存与人类的生存环境存在的统一概念。世界在存在之内，存在以外还没有存在也没有世界。哲学中的虚无，物理中的真空，仍然是存在的内涵。虚无与真空就是无秩序感知的能量存在。

存在表达了人类的自然环境或宇宙环境，也表达了人类的精神环境与社会环境。自然界是存在，精神世界是存在，社会也是存在。

所谓环境，就是人类行为的空间。存在也是对人类行为的可能性空间的总称。离开人类的行为追求和人类的环境感受，存在没有意义。这就是所谓的人择原理。

人类关于环境独立于人类而存在理解，来自人类感受的环境并不被人类行为所左右的经验。任何存在都不能脱离人类的感受，这就决定了存在是人类的精神环境中的观念。离开人类的生存行为与生存感受的存在对人类没有意义。对人类没有意义的存在人类也就不会有感受。

人类虽然可以形成独立于人类的活动而存在的环境的观念，但这种观念本身仍然是人类意识感受的结果与意识活动的环境。

存在就是人类对全部环境感受的外部化超验观念，也是对全部经验观念的终极安置方式。每一种环境感受观念的外部化本体，都是一种存在的本体。每一个环境感受观念的层次与形态，都形成了不同层次与不同形态的存在。人类的全部感受的公共化形成的文化历史凝聚，通过人类的生存活动构成了人类的全部世界，也构成了人类可理解的全部存在。

存在的边界由人类的感受边界决定。人类的宇宙观念是在文化的演化中不断拓展与扩大的。今天的宇宙已经比三千年前的宇宙大了很多倍，今后的宇宙也必将在人类的感受能力与认识能力的拓展中不断扩大。今天的宇宙爆炸模式与宇宙时间，就是人类今天对物理环境的感受能力形成的超验观念的逻辑化成果。

宇宙模式的突变来自人类感受方法的突变。依据肉眼视觉感受的宇宙是最小的，依据光学望远镜感受的宇宙就大得多了，依据射电望远镜感受的宇宙就是今天人类理解宇宙的极限。如果量子技术今后可以提供更为广阔的宇宙感受能力，人类也就必然要进一步拓展宇宙的逻辑范围。

自从有哲学以来，自从人类开始公共化地理性探讨精神环境与意识活动以来，什么是存在就是一个基本的哲学问题。对这个问题的不同回答，就形成了哲学中不同的本体论观念体系。不同哲学的本体论区分，还可以追溯到哲学认识论的区分中去。因为精神环境的来源依据在认识论中。

所谓的唯心论与唯物论，唯名论与唯实论，决定论与演化论，实在论与唯灵论，逻辑实证论与唯意志论，所有这些哲学基本观念的对立，大都来自对哲学基本问题的对立答案。不同的认识论必然衍生出不同的本体论，并进而发衍出不同的哲学体系。

但在今天的哲学中，仍然具有巨大影响力的存在观念或本体论观念，主要来自欧洲哲学的柏拉图的绝对理念观念与康德的物自体观念。黑格尔的绝对精神则是柏拉图绝对理念的逻辑展开。绝对理念是一切唯心论的终极依据，物自体是现代唯物论的逻辑归属。

在中国传统哲学中的本体论，则是一个模糊不清而又无所不包的天理观念。正是这个天理观念的逻辑化不足形成的理性化局限，也就极大地限制了他的传播影响力。但这种高度感性而又足够深刻与广博的终极观念，也足够地支撑了中华文明的近代精神环境。

在近代以后的中国哲学中，古代某些比较有效的逻辑工具并没有得到相应的发展与运用。在中国传统哲学中，逻辑工具与工具的运用对象常常混淆不清。这些逻辑工具也就随着其承载的陈旧公共观念一同被逐渐荒废了。曾经可以与欧洲的古典数学齐名的周易逻辑就被废弃了。欧洲的古典数学逻辑始终具有的旺盛生命力，并不是来自它们古代的完美，而是来自它们在近代的文化重构中的不断更新。现代数学并不是古典数学的直接延续，而是经历了数次浴火重生的重构后的辉煌。中国传统哲学则缺乏这样的重构。

在现代西方的本体论中，康德的物自体概念是比较合理的答案。康德明确表达了人类环境中存在的多元性与不确定性，表达了人类对环境理解的全部结果都来自精神环境与意识活动的成果，而这种理解必须依据环境信息。康德认为，人类感知的信息仅仅是环境存在的表象。表象永远无法表达存在的全部内涵。人类永远无法感知的存在仍然以自己的方式存在着。这就是物自体。

但康德哲学的基本局限就在于，从不确定的物自体到确定的人类精神环境，可以通过一种虚拟神秘的先验范畴来实现。但物自体中的秩序如果存在，它们又来自哪里？宇宙没有先验范畴。康德没有答案了。他深深地陷入了对星空秩序与道德精神的不解中。

欧洲哲学的鼻祖柏拉图所主张的绝对理念之所以还能影响至今，就因为至今的哲学中还没有超越柏拉图的本体论思想，就是在崭新辉煌的自然科学体系中，也不乏柏拉图的影子。科学观念崇尚唯物论哲学，但却延续了唯心论哲学的根基。因为科学不是哲学。唯物论与唯心论并不能简单区分。

尽管科学世界观号称是彻底唯物的，但在现代科学家们的心目中，特别是在科学共同体的核心思想家们的心目中的终极理想，则来自对一种绝对存在秩序所表达的客观规律的信仰，并且认为这就是科学所求。鼓舞科学家们在寂寞的精神世界中艰难跋涉的精神火炬，就是对这个绝对秩序与客观规律接近的向往。殊不知，这种信仰归根结底由他们思想祖先的绝对理念来照耀。彻底的唯物论者们在彻底的哲学观念中与彻底的唯心论观念是同一的。

柏拉图认为，世界的全部存在就是一个绝对的理念的环境展开，这个理念既是人类精神世界的存在依据，也是人类物质世界的存在依据。黑格尔将绝对理念逻辑化展开为宇宙精神。今天的科学主义世界观则将柏拉图部分地颠倒过来，虽然认为一切存在都可以还原为自然界的存在，但一切自然界的存在都必然最终归纳为绝对的客观规律。这个绝对的客观规律与绝对理念的同一，将科学与哲学，也将宗教与艺术最终将统合起来。客观规律统一了物理学，也将统一生命科学，还会统一哲学与社会学。

对柏拉图的局部颠倒看似表达了哲学的革命，实际上仍然是殊途同归。这就是从牛顿到爱因斯坦，甚至从普朗克到海森堡，从华盛顿到里根，或者从拿破仑到丘吉尔，大都不排斥对上帝的信仰的一个重要原因。

科学主义世界观向社会学观念中的延伸，就必然形成决定论的社会演化理论。马克思也没有能完全逃脱这个魔咒。虽然他在辩证唯物论指导的历史观念中提出了历史的演化模式，但在他的社会发展阶段理论中，仍然具有一个终极收敛的共产主义模式，就仍然在暗示一种社会演化的终极确定性。尽管共产主义模式中也可以暗含演化开放的空间。

这种暗示无论是在柏拉图精神与上帝的力量笼罩的西方人的心目中，还是在被永恒的天理观念与君子追求所滋养的中国人的心目中，甚至在现代宗教的信徒们的心目中，都会很容易地唤起明确的社会演化的终极确定目标。在当代的冷战终结后欢呼这个突变的美国文化中，则滑稽地提出了人类历史终结的概念。尽管提出这个观点的美国人很快就后悔了，但他后悔的仅仅是今天的历史终结论，并不会后悔他坚守的历史能够终结的世界观。

在决定论世界观土壤中长出来的各种现代文化，就可能派生出各种看似合理的思想怪胎。中华文明的传统智慧具有化解这种愚昧的能力。古希腊先贤们的同类智慧早就被他们的后代抛到九霄云外了。他们沾沾自喜地将科学世界观当作人类思想的终结了。

哈耶克看似试图打破这种社会学逻辑，认为决定论必然走入对人类的奴役。但他又肤浅地落入了片面推崇自由价值的泥淖。从秩序的确定变成了没有秩序，变成了绝对的自由就是秩序。这来自他肤浅的自由主义世界观的文化局限。

用自由主义反对决定论，就是从道路左边的泥坑中爬出来又滑入了右边的泥沟。但他新奇自由的言论却非常适合年轻大学生们幼稚的思想胃口。任何年轻人初入社会，必然会喜欢自由的感受，他们无法理解秩序。没有新的哲学来自安置与引导这种思想，人类的基本观念就仍然会像幼童顽皮的脚步在文化的演化中曲折踯躅地前行。

存在的本质是什么？是秩序对自由的组织化。任何存在都是秩序与自由能量的均衡。既不是绝对的秩序，也不是绝对的自由。

只有完全理解了人类环境存在的秩序与能量的对立均衡关系，才能理解社会环境中权威与自由的合理均衡。没有自由的绝对秩序是恐怖的，没有秩序的绝对自由可能更恐怖。

永恒演化中的世界的存在形态是无穷多元的。人类对世界的认知是不可穷尽的。人类社会的前景是人类的精神世界中无法真实模拟的。这就决定了人类环境的绝对不确定性。

世界的存在形态就是秩序的形态。秩序的演化就是在延续中的变化。这就决定了人类环境的相对确定性。

世界并非由亘古不变的天理构成，也不会由确定的客观规律决定，而是在自己的演化进程中在绝对不确定的自组织过程中维护与传承相对确定的秩序。在不确定地演化中生存的人类意识活动，则必定要追求精神环境的绝对统一。这就像在生命群体的不确定演化进程中追求每一个生命个体确定的生存一样。这种物质环境演化的绝对不确定与精神环境的绝对确定的对立，并不会必定为人类带来愚昧与灾难，但却常常形成人类文化中的冲突与困惑。

在人类的精神环境中，对观念结构的一元化追求形成了观念空间中必需的终极观念形态，这就必然要将无穷多元与无限可能的环境秩序最终归纳为一种唯一的终极理解。这种终极理解一旦在人类理性化的文化表达中得到实现，就会极大地鼓舞哲学家们依此来建立世界存在的绝对图式的信心。柏拉图的绝对理念，董仲舒的天人合一与朱熹的天理，就是这样的表现。

一个被终极观念统合起来的完整和谐的观念体系，就是每个个体构建精神环境秩序所追求的秩序目标，也是每一个人类群体的文化结构的形态。个体的精神环境是独特的，个体精神环境之间的差异与散乱则是绝对的。每一个群体的文化体系也是独特的，不同群体文化之间的差异与散乱也是绝对的。

人类精神环境的任何精美与完整，都仍然是建立在经验观念的散乱与冲突之中的。人类精神环境秩序对物质环境秩序的映射，虽然可以满足人类生存的需求，但永远无法表达生存环境的秩序本身。

人类的生存环境由秩序构成与表达，从物理环境到社会环境都如此。环境中的秩序虽然不唯一，但却绝对地存在。世界是绝对有序的，但也是绝对多元与绝对不确定的。

柏拉图的绝对理念，并不是自然界的存在方式，黑格尔的宇宙精神，也不是人类与人类生存环境的展开依据，现代科学中的客观规律，也不是自然界的存在方式。他们仅仅是人类精神世界中理解与表达物质世界的方式。这种理解方式甚至无法透彻理解人类精神世界本身，这也是哲学困境的基本原因。

13. 存在中的秩序与能量

人类理解自己精神世界的成果就是哲学。哲学只有大约三千年的历史。哲学依赖于对公共观念的理性化表达，也就只能出现在人类透彻的理性能力之后。人类理性地表达对精神世界的理解，是人类长期艰难文化追求的结果。只能依据个人意识活动来理解人类意识活动的环境，就是哲学的困境。

人类在对意识活动的感悟中逐渐形成了理解意识活动环境的理性能力。这种能力的文化成果就是广义的逻辑。但在人类精神世界的边界环境中，特别是在顶层边界环境的超验终极观念中，逻辑工具就常常会失效。这是因为逻辑工具来自对观念结构的理解，必须在明确的观念结构中运用才有效，但在观念空间的终极观念的边界中，观念结构的层次已经被凝聚压缩而模糊化了。在失去了结构层次的观念中就无法使用逻辑工具。这就是在观念空间的边界形态中频繁出现逻辑悖论与二律背反的原因。任何逻辑工具只有在清晰明确的观念结构中才有效。

人类关于自己生存环境的终极观念就是存在的概念。存在的概念是对环境秩序的终极性理解，也就已经无法形成归类型定义了。存在的概念只能由说明型归纳来定义。

对环境的终极理性理解，从来就是最困难的哲学问题。这种困难来自终极观念的难以理性化。理解与表达存在就只能依据对存在观念中更低层次结构的逻辑化来实现，就只能通过对存在的分析来表达。

在今天的文化环境中，表达存在的最合理的基本逻辑，就是人类以及人类生存的全部环境都由存在构成。人类以及人类的生存环境以外没有存在，或者存在没有意义。人类可感知的环境都是存在。人类的感知以外的存在没有意义。这里的感知依据对物理信息的获取，更依据观念空间中对物理信息的构建表达。

秩序与能量就是存在的基本要素。存在的要素都由秩序对能量的组织化构成，组织化的过程就是秩序的形成过程。环境中的组织化过程的发生来自存在内部的能量要素间不均衡运动形成的复杂联系的功能性耦合。这个存在内自发的组织化过程就是自组织过程。

自组织过程的方式与结果的依据，都在存在内部的联系中。自组织过程无需外在依据。有了自组织的逻辑，上帝与绝对理念都不需要了。先验范畴与宇宙精神也不需要了。自组织的逻辑就是现代哲学的奠基石。

从柏拉图的绝对理念到朱熹的天理，从康德的先验范畴与物自体到黑格尔的宇宙精神，都是对人类环境存在秩序形成依据的终极表达，也都必然是不可透彻逻辑化的，对其理性化的哲学表达，也都必然是内部归纳形成的说明性分析结构。这就是它们难以在广泛的文化传播中被透彻理解的原因，也是它们始终难言而神秘莫测的原因。

将环境的存在形态分解为可分析的逻辑结构，也是构建可理解的哲学本体论体系的途径。这种逻辑结构必须是广泛有效和可以普适安置一切人类环境形态的。用秩序对能量的组织化结构来表达存在的逻辑，就是今天的文化中比较合理的分析结构。

秩序对能量的组织化构成了存在，也形成了全部存在要素内的秩序与能量的对立与均衡。这种动态的对立与均衡既具有安置一切存在形态的空间逻辑条件，也具有理解存在演化的时间逻辑条件。现代辩证法就是对人类环境中普遍存在的秩序与能量的对立关系的逻辑简化。一切的对立统一物，都是存在中的秩序与能量的对立统一。普遍的矛盾就是秩序与能量的对立与冲突，矛盾的统一就是秩序对能量的统合功能。存在的概念为辩证法方法论找到了本体论依据。

空间与时间是人类理解与安置存在秩序的基础性逻辑，而不是一般存在。存在的一般内涵就是秩序与能量。空间与时间又是观念空间中的特殊超验存在形态。逻辑工具来自人类的观念构建，逻辑工具的功能对于其表达的观念内涵来说，具有更高的相对性。空间与时间在更为绝对的存在要素面前，就是会明确地呈现出相对性。只不过这种相对性人类很晚才认知。

人类曾经以为空间与时间是环境存在的基本形态，并依此形成了绝对空间与绝对时间的观念。爱因斯坦划时代的观念创造将时间与空间的相对化，也就暗示了空间与时间的工具化。他开创了新的物理学逻辑，也暗示了新的哲学本体形态。

实际上，精神环境中的全部观念存在都是人类理解与表达生存环境的工具存在。其中最通用的工具观念就构成了意识活动的工具，其中仅仅具有一般功能的观念就构成了多元的经验观念。空间与时间则是人类观念空间中最通用的超验工具。

在爱因斯坦的狭义相论中精彩阐明的质量与能量的转换关系，就将自古以来的质量实体虚化了。新的量子力学则彻底安置了质量相对化的逻辑。质量的实体就变成了能量的表象或表观功能，这种功能由其中的秩序状态决定。但这些对物理学传统观念的眼花缭乱的惊人改变，今天还仅仅是科学迷信中的教条，还远没有得到合理的哲学本体论归纳。今天的哲学还蜷伏在牛顿提供的本体论世界中。

空间是人类安置存在要素间位置关系的逻辑工具，安置的结果就是结构。时间是人类安置存在要素间演化关系的逻辑工具，安置的结果就是过程。在每个人的精神世界中，都有自己独特的空间时间观念，这种观念在后来的观念交流文化环境中首先被公共化。世代哲学家们被这种最为公共化的观念所迷惑，也就不得不将它们安置在宇宙中了。

存在要素的位置关系与演化关系的不可分离，就构成了空间与时间的内在联系。空间与时间分别了表达存在要素间的逻辑化表象，存在要素间的内部关系则要比时间与空间提供的表达方式复杂得多。人类今天还没有理解这种复杂关系的逻辑工具。爱因斯坦的时空逻辑还只能数学化，还远不能哲学化。

人类关于绝对空间与绝对时间的观念，来自人类直接经验的简单直观，也来自人类意识活动对精神环境秩序的完整性追求。人类意识活动的本能需要精神环境具有绝对性。绝对空间与绝对时间为人类曾经的生存活动提供了有效的基本直观秩序环境，直到人类的经验逐渐进入宏观与微观物理环境中才被瓦解。人类的宏观与微观经验对人类直观经验结构的破坏，为人类统一地理解全部环境的哲学观念形成了明确的冲击，也提供了明确的机会。

人类早就在不同的文化领域中用不同的空间逻辑安置思考对象间的关系了。在物理环境中具有物理空间，在生态环境中具有生态空间，在精神环境中具有观念空间，在社会环境中具有各种社会活动空间与秩序制度空间，例如管理空间、思维空间、控制空间、政治空间与文化空间等等，不一而足。

人类也同样在使用不同的时间逻辑体系。不同的时间体系依据环境中不同的稳定演化周期来表达。人类共同的社会活动方式形成了世界时间。世界时间曾经依据地球的公转周期分析为年月日时分秒的体制，今天又重新依据特殊元素的稳定震荡周期来重新设置了秒分时与日月年，新的时间体系就变成了旧体系表象的依据。在人类文明中，还使用过人类个体生命的存在周期与社会权力体的存在周期作为历史演化时间的依据。有三十年河东三十年河西的代际时间，有社会政治结构演化周期中的王朝时间，有人类文明演化周期中的文明时间，有地球表面状态演化周期中的地质世纪时间。如此等等。它们虽不精确，但在对特定演化的表达中仍然简单好用。

人类对世界时间的准确性要求，来自社会秩序的维护目标。不同的秩序目标形成不同的时间精度需求。传统物理学依据对地球公转周期的观测精度就足够了，这种时间依据物理摆的周期来保持与标定。现代物理学与宇宙空间技术，则需要依据特殊原子的稳定震荡周期提供更高精度的时间标定方法了。

今天的哲学，应该可以超越空间与时间的相对性思考一个稳定理解全部人类可感知的环境存在的逻辑结构了。

人类对至今为止的全部环境存在形态的理解，都可以统一表达为秩序对能量的组织化所构成。存在就是秩序与能量的复合。秩序与能量是环境存在的基本的逻辑要素。空间与时间仅仅是安置不同存在要素间静态位置关系与动态演化关系的逻辑工具。

同样，将任何存在都分解为能量与秩序的复合形态，仅仅是人类理解存在的逻辑方法而不是现实的存在本身。存在中没有无秩序的能量，也没有无能量的秩序。秩序相对于能量而存在，能量相对于秩序而存在。

存在就是物自体，任何现实的存在都是人类的感知对象而不是人类的感知结果。任何人类理解的存在都是对存在表象的感知结果。

所谓秩序，就是存在要素之间或者事物之间形成了外部功能的内在联系。内在联系相对于外部功能，就是存在要素间无穷可能的因果关系。

所谓因果关系，就是存在要素间的相互影响功能在人类精神环境中构成的特定观念。因果是经验观念而不是真实关系。真实关系是物自体的内容。休莫的疑惑并非空穴来风，但休莫自己无法解决自己提出的问题。

存在的外部功能就是存在中的秩序对能量的组织化形成的环境影响结果。这种功能是存在要素的标志与特征，也是人类对环境感受的经验观念。人类依据存在要素的环境功能感知存在。人类依据需环境信息的感知构成观念。

人类通过精神环境的存在秩序表达外在环境的存在秩序与功能，表达外在环境秩序就是观念空间存在要素的功能。对这种功能的文化表达就是价值。价值就是人类精神环境中表达的全部环境需求。

人类精神环境的内在秩序是人类外在环境秩序的映射模拟，但又远远超越了人类对外在环境感受的信息内涵。这种秩序的超越就来自人类认识活动的秩序构建。认识的构建形成了精神环境的秩序，这种秩序的文化表达就是超验观念。

蕴含了感官信息的观念要素就是经验观念，蕴含了精神环境秩序的观念要素就是超验观念。感官信息与精神环境秩序遍布于全部观念要素中。以感官信息为主要功能表达的观念就是经验观念，以精神环境秩序为主要功能表达的观念就是超验观念。

所谓信息，就是存在要素间秩序的传播形态。秩序依据能量实现存在，信息以能量为载体。存在要素间通过信息的交换实现相互影响与联系。另一种联系则是它们之间的能量交换。能量交换与信息交换不可分离。人类的精神环境通过感官信息实现与外在环境的联系，感官信息传输了全部外在环境秩序。

环境中的存在秩序具有无穷的形态，这也是物自体观念的表达的基本内涵。人类的感知能力与认识活动能力决定了精神环境的存在秩序形态。人类通过精神环境实现对生存环境的理解与需求。人类的感知能力与认识能力提供了精神环境秩序高于生存行为的无穷可能性。这种无穷可能性提供了精神环境秩序演化的可能性空间，也提供了人类生存行为的自由空间。它们共同构成了人类自由意志的内在条件。

人类本身也是一种存在。人类的存在方式所具有的无穷秩序可能性，既来自人类的生命秩序演化的可能性空间，也来自人类社会行为方式演化的可能性空间。人类社会行为方式的无穷可能性空间，就是人类自由意志的外在环境依据。

人类通过与环境交换能量与信息实现自己的生存。这种交换活动改变了人类的存在形态，也改变环境的存在形态。对这种生存方式的社会学文化表达就是消费活动。

一般生命的存在形态对环境信息的接受，直接由生命活动的功能处理与利用，其方式就是对刺激与反应。人类感官接受的环境信息则进入了精神环境中构成了经验观念。经验观念在认识活动的逐步整合中逐渐被超验化。它们共同构成了全部观念结构。人类依据观念结构中的秩序内涵实现对生存环境的理解与利用。这就是人类与动物的基本区别。

　　尽管人类的文明促生的强大能力已经极大地拓展了人类的感官能力，但人类通过感官可能接受的环境信息，相对于环境存在中的秩序仍然是极其局限的。这种局限来自人类感官的能力局限与人类生存行为的能力局限。人类拓展感官能力的全部技术，都是在感官能力与行为能力的范畴之内。从望远镜与显微镜到高能对撞机与超级计算机，都是如此。

　　人类的精神环境秩序就是人类可感知的环境存在的映射与模拟。这种映射关系的合理性或者精神环境与物质环境的一致性，从来都是哲学的基本难题。这种一致性由人类在两个环境中的行为方式所决定。这种行为方式就是人类的实践循环构成的连个环境秩序间的迭代。

　　这种一致性是相对的，相对于人类的实践能力与人类的生存需求的匹配性。所谓真理，就是与生存环境秩序相一致的精神环境秩序的文化表达。人类精神环境的存在方式与功能决定了全部真理的相对性。绝对真理仅仅来自人类意识活动对精神环境秩序的本能需求。

　　人类通过精神环境秩序表达对外在环境的理解，也就形成了两个环境中的秩序对应关系。这就常常使人类混淆了它们的存在区分。这种混淆就是一直争论不休的各种基本哲学问题的重要起因，其中包括精神存在与物质存在何为优先本质的争论，也包括人类的精神世界秩序与物质世界秩序是否具有同一性的争论，还包括环境秩序是否最终能被完全认知的争论。

　　任何存在形态或存在要素都具有内在要素集合的可分析性，直到受到人类信息感受与秩序理解的边界。存在具有多层次嵌套的要素结构。秩序就是存在要素的内在要素间形成的环境功能的耦合成果。秩序依据环境功能确立。存在或秩序内部仍然可以分解为存在或秩序的子集。这种分解的可能性是无限的。环境存在或环境秩序由此而构成不同的嵌套层次。人类信息感知与认识能力的发展，也就不断拓展了精神环境中模拟表达的外在环境秩序的上边界与下边界。这个拓展过程永不停息，直到人类自己存在的消失。

任何层次中的存在要素间的联系都是普遍的与几乎无限可能的。任何层次的存在要素都会被作为内在要素的组织化而构成更高层次的存在秩序。任何层次的存在要素都具有内在的低层次的存在要素的集合。这种向上与向下的结构关系是没有穷尽的，其限制仅仅在于人类的感知能力与认识能力。

所谓不可再分的基本粒子，所谓终极存在的宇宙秩序，都是人类的感知能力与认识能力的局限形成的秩序边界。这种秩序边界的具体观念则由人类追求观念空间秩序的统一性所绝对化。人类公共观念中的绝对秩序边界，永远在人类能力的发展中被间歇性地打破与重构。这种瓦解与重构的过程就是人类文化的基本演化进程。真理与客观规律从来就是用来被人类的文化突变所打破的。人类环境秩序的演化并不会收敛，但人类的精神本能则要求精神环境秩序的收敛。

人类的理性能力将环境秩序的多层次秩序表达为综合的关系与分析的关系，表达为环境存在中的多层次属种与类别关系。每一个属种都是更高层次存在形态中的具体实体，每一个存在中的具体实体也都是更低层次的存在形态的属种综合。那种试图将人类环境的存在理解为绝对的实在与绝对的形式综合的思想，在环境的真实存在中是虚幻的，在人类精神环境秩序中则是真实的。这是人类的意识活动将自己的认知能力对观念结构形态的感知结果的绝对化。

人类环境中的存在要素或秩序的可能性形态是无穷的。这种无穷远远超过人类可理解的逻辑所表达的无穷。或者说，存在秩序的无穷与人类意识活动能够构建出来的观念结构中所表达的秩序可能性空间提供的无穷相比较，是更高的无穷等级。这也可以表达为人类精神环境的存在空间是人类生存环境的存在空间的一个子集。人类全部环境的存在秩序的无穷形态，是人类可感知与可理解的环境的存在秩序的无穷形态的总和。

在每一个具体存在要素内的多层次子要素也几乎是无穷的，它们之间形成的相互联系的可能性更是无穷的。这两种无穷形态在人类的精神环境空间中则常常被表达为有限的秩序结构形态。这种将无穷秩序的形态局限化与有限化的方式，来自人类意识活动对环境秩序的简化，也是人类理性能力的基本方式。

人类生存环境中的存在秩序被人类的感官接受活动与认识活动所选择与过滤，被人类意识活动的内在秩序的构建方式所简化与固定，又被表达为精神中的相对有限的观念结构形态。这种对环境秩序的简化，也就形成了人类有限的环境存在形态。任何有限的存在都是人类活动的结果。真实的存在秩序形态是无限的。

人类可感知与可理解的环境秩序在精神环境中所表达的存在要素间的联系，并不是真实存在中的无限普遍的联系，而是人类可感知和可理解的有限联系。但这种有限联系又被人类的精神环境秩序的映射结果展现为精神环境中的无限联系了。这种精神环境中构建出来的无限联系，就是人类意识活动的成果。人类的理性能力与逻辑方法，就是对精神环境中所表达的秩序要素间的无限联系进行简化与定型的方法。人类通过理性方法对精神环境秩序的过滤与简化以后，既获得了个体观念空间中确定的观念结构形态，也获得了群体公共观念空间中能够被共同理解与公共化的观念结构。这就是人类文化中的知识形态。

所谓知识，就是精神环境中表达了人类群体对环境秩序感知的理性化的公共观念结构。知识是人类精神世界中对无限复杂与无穷可能的环境秩序的简化表达的梗概。这种简化的结果形成了个体观念空间中的确定观念结构，也形成了群体观念空间中的观念共识。这种简化的依据就是满足人类构建群体化的社会环境秩序的需求。人类的理性能力来自人类构建群体公共观念的需求，也在表达群体公共观念中被确立。

人类所理解的生存环境秩序，仅仅是人类的理解能力所形成的理解方法的结果而已。在人类的理解能力之外存在的不可穷尽和无法理解的秩序形态，或者存在要素间无法穷尽的联系，对人类的现实生存是没有意义的。它们的存在意义，就在人类的感知能力与理性能力的发展空间中。人类在自己有限的环境理解与环境行为方式中实现生存。人类生存环境中的无限秩序可能性，为人类精神环境的演化与生存方式的演化，提供了无限的可能性空间。

人类生存环境，并不是环境要素间的普遍联系空间，而是构成人类生存环境功能的现实空间。普遍的联系并不会构成秩序。只有形成了人类感知效果的环境要素间的联系，只有在人类精神环境中形成了超验秩序表达的联系，才是人类存在环境秩序的可能性空间。这种感知效果与秩序表达，就是环境存在中的普遍联系形成的特定外部功能与特定环境影响。对这种特定的确定，就来自人类的生存需求。这种特定功能与特定环境影响的总和，就是人类可理解的与有意义的环境存在要素间联系的可能性空间。人类的知识仅仅是表达这种非常局限的环境秩序的特定观念形态。

超越了人类的感知能力与理解能力的环境中的要素联系，也可以形成环境功能与环境秩序，但这种功能与秩序都在人类的生存环境之外。这种功能与秩序构成的存在所具备的自在性与不可知性，就被康德表达为物自体。人类的意识活动能力与精神环境空间无法理解与表达这种环境秩序存在，但人类的意识活动能力则可以设定这种存在。这种虚拟的无法理性化与逻辑化的秩序设定，就是人类观念空间中的感性无序与感性虚拟。将这种感性无序理性化，就形成了人类理性的逻辑虚拟空间。将这种感性虚拟表达为可以理解的秩序，就是人类精神环境中的神秘观念与神话观念。所谓上帝的能力，就是对这种人类无法具备的秩序感知能力之外的秩序存在的特殊表达方式。这种表达，在现代物理学的前沿科学家们心目中，仍然具有超越知识的意义。前沿科学家们经常会用上帝能力的概念来表达他们所代表的人类能力边界以外的秩序存在的虚拟空间。这种表达与宗教无关，仅仅与宗教中的超验观念有交集。

所谓秩序，就是环境存在要素间的普遍联系中的特殊的联系，就是形成了某个联系结构的要素集合的特殊环境功能的内部依据。这种联系就是形成环境要素的存在本质的哲学依据。

所谓事物的本质，并非环境要素的真实存在，而是人类依据环境要素的特定功能对存在要素的秩序形态的规定。环境要素的存在形态具有无穷的可能性，人类的环境功能需求具有有限的观念空间。人类的理性可能认知与可能确定的事物本质，就在这个有限的空间之内。每一个存在要素都具有几乎无穷的本质可能性。将无穷的本质可能性确定为单一的本质，则是人类的生存需要构成的理性能力的结果。

所谓秩序，就是人类理解环境存在形态的可逻辑化表达的观念内涵的概念标识。秩序是观念，而非真实的环境存在。秩序是人类精神环境中对真实环境存在的观念表达形态。但这种表达是最高层次的，也是最终极抽象的。

秩序是存在要素的表达与认知标识，秩序是存在要素的环境功能表达与认知标识。人类理解环境存在形态的另一个与秩序相对立的可逻辑化的基本概念，就是能量。能量的概念与秩序的概念共同构成了人类对环境存在的理解，它们在逻辑中相对立。它们就是本体论化的辩证法中表达的虚拟矛盾的存在实体。矛盾的普遍性就是秩序与能量对立存在的普遍性。

秩序与能量共同构成了存在。能量是存在中秩序的组织化对象，是存在要素中无序的本源形态。存在要素的构成就是秩序与能量的复合。秩序是存在要素中抽掉了能量的概念，能量是存在要素中抽掉了秩序的概念。秩序与能量在真实存在中不可分离。现实存在的秩序中必然蕴含了能量，现实存在的能量中必然蕴含了秩序。

能量中的秩序表达了能量要素间的有序关系，秩序中的能量表达了秩序中蕴含的无序与演化活力。存在中的能量为秩序的形成提供了无穷广泛的组织化条件与可能性。这种可能性就是存在形态具有的形式可能的最大极限，也表达了存在中的组织化活力的最大局限。绝对化的能量概念就是存在的基本元素概念，相对化的能量概念就是存在中的基础结构与演化可能性条件。

能量为秩序的实现提供了实体。秩序为能量的存在提供了形式。人类可理解的环境存在的终极本质或本体，就是无秩序形式的能量，就是具有无限秩序构建可能行性的存在本体。中华传统哲学中的"有物混成"和"不知其名"，就是对能量概念最早的理解与表达。西方哲学中直到近代才用"混沌"表达了独立的能量概念。

人类可感知的现实能量，必然是具有环境影响与环境干预功能的能量，也就必然是蕴含了特定秩序的能量。只有这种能量才能被人类的生命能力所感受，也才能被人类的生存所需求。

人类可感受的环境能量是一种形成了存在形态的能量要素，是一种脱离了单纯能量形态的狭义能量。广义的或者单纯的能量永远不能被人类的生存活动所感知与需求，只能存在于精神环境的超验观念中。离开了能量的秩序也同样没有任何真实的存在，纯粹的秩序只是人类精神环境中的超验观念。

作为人类的感知与认识成果的物理学能量，仅仅是宇宙环境存在中能量形态的极其特殊的形式。物理学能量的形态是人类对环境秩序认知的特殊观念形态。人类表达这种能量的最新逻辑，仍然是具有秩序的辐射形态。例如电子与光子就是物理空间中的不同能量辐射团。

将生命存在层次的能量表达为细胞，也是一种理解环境秩序的逻辑方法。细胞就是生命秩序层次中最基础的秩序构成形态。在物理环境中，细胞是最复杂的有机化学秩序。在生命环境中，细胞则是最简单的生命能量。这也表达了秩序与能量在真实存在中的相对性，它们相对于人类的理性观念。

　　人类为了理解精神环境的存在，也必然设定其中的能量形态。这就是观念空间中的元初观念。作为观念形态，元初观念已经是人类生命环境层次中的高级神经器官中非常复杂的秩序形态了。但在精神环境的层次中，则被当做最基础的简单能量。

　　将精神环境与物理环境和生命环境用同一的逻辑结构来表达，是构成深刻理解人类精神世界的特殊哲学贡献。这种哲学观念的基础，就是理解人类生存环境的"存在"逻辑与"存在"概念。

　　为了理性化地统一理解人类的社会环境存在，也可以将社会环境表达为社会秩序对社会能量的组织化成果。这种表达可以具备良好安置全部人类文化的逻辑内涵。人类个体是生命环境层次中的最复杂形态，但在社会环境中则是最简单的基本元素。个体是社会存在的能量形态。社会秩序又是依据人类个体的生存活动形成的组织化关系，并依据这种关系构成了社会存在的全部形态与全部功能。用社会秩序来表达社会环境的存在结构，也是可以完美地安置今天可理解的全部社会关系与社会活动的逻辑结构。

　　例如，人类今天可感知的基本粒子，就是人类可感知的物理能量的基本秩序形态，也是人类可理解的自然能量的基本存在要素。每一个基本粒子都会依据自己的存在方式形成对周围环境的影响与扰动，并因此而形成与其他基本粒子的联系。它们对环境扰动功能的几乎无限的方式，就形成了他们之间无限联系的可能性和无限组织化的可能性。人类今天的感知能力只能认知这种无序可能性中的及其表面与极其简单的关系。人类由此而确立了物理学的逻辑基础。这种认知的简单化，就来自这个领域已经是人类可感知环境的边界。

在由基本粒子构成的环境中，通过其中的自组织过程构成的多层次秩序，就逐渐形成了今天的宇宙与今天的地球生态圈，就逐渐形成了人类以及人类的文明，形成了人类生存与活动的现代社会秩序。其中每一个层次的秩序都是具体的，其功能只能由秩序本身所表达，而不可能由构成秩序的内在要素所表达。人类的环境功能无法还原。任何还原的逻辑方法，只能是理解环境秩序构成内涵的方法，不是理解秩序功能的依据。

物理环境中复杂的多层次自组织过程的结果，最终从无生命的存在秩序中偶然形成了特殊的生命存在方式。对于这种耦合的具体过程的理解，已经远远超过了人类今天的理性能力。每一个细胞，就是生命存在秩序的基本粒子。人类本身就是生命存在中的高度复杂化的自组织过程的秩序成果，就是大量不同细胞的环境功能通过人类还无法逻辑理解的环境功能的耦合而形成的组织化成就。

生命依据自己的特定本能适应与利用环境，形成在环境中的稳定的耗散结构秩序，这就是生命的存在形态与环境交换能量与信息保障内在秩序的具体方式。人类依据自己特有的精神活动来适应与利用环境，这就构成了人类特定的存在方式。人类的精神环境与社会环境都是人类的生存活动促生的自组织成果。

精神环境是人类生存环境中的特殊形态，其中承载了人类特殊的意识活动方式。精神环境依据生命环境而建立与维护，其生命环境主要由高级神经器官提供。精神环境构成的特殊存在形态就是观念空间中的观念要素。观念要素中的能量形态被意识活动的组织化耦合，构成了全部精神环境。

精神环境通过感官信息实现对外在环境的秩序联系，通过意识活动实现对感官信息的利用并实现与外在环境秩序的同一。感官信息来自生命环境。感官信息进入精神环境形成的初始观念形态就是元初观念。元初观念构成了精神环境中的能量形态。

精神环境的存在秩序来自意识活动的认识构建。这种对观念结构的构建活动就是精神环境中的自组织过程。认识活动仅仅是人类对这个自组织过程的理解与称谓。认识的构建从元初观念的形成开始，一直延伸到观念空间顶端的终极观念中。精神环境的全部存在内涵都来自认识活动的自组织构建。精神世界的存在无须外在的秩序引导，无须宇宙精神与先验范畴，它们都是精神环境的内涵与认识活动的公共化积累的成果而已。就像细胞的构成就来自物理环境中的自组织成果一样，也无须上帝的安排。

人类对生存环境的理解就是精神环境中的观念。随着认知能力的拓展，人类对环境秩形态的理解也就不断地深化。无生命环境中的能量曾经是火、土、水、气，后来逐渐变成了有质量的实体、光与热、电场磁场与原子力场、今天则会被整合为更统一的量子化的能量团。人类还会不断更新对物理能量的理解观念。

生命存在环境中的能量形态曾经是抽象的生命活力或生命力，今天则可以用细胞的环境活动功能来表达。在精神环境中的能量形态曾经被神秘地表达为人类的灵魂，也被模糊地表达为知识能力与艺术能力，而这仅仅是人类的意识活动能力与认识能力。今天则可以用由高级神经器官提供的特殊生命活动能量所构成的意识活动能量来表达。在人类理解社会环境的观念结构中还没有类似能量的观念，今天可以用追求自由行为与自由意志的人类个体的社会活动来表达。

存在处于永恒的演化中。存在的演化就是存在中秩序的演化。秩序的演化改变了存在中能量的组织化方式，也就改变了存在的形态与存在的环境功能。

所谓秩序的演化，就是不同层次的秩序永恒不断地通过自组织过程构成的秩序重构与更新，就是永恒不断地在环境能量的自由运动中被瓦解而消失，就是这两个对立过程的均衡形成的宏观现象的总和。

任何层次的存在秩序都处于永恒的"无中生有"与"有中消失"的演

化过程中。这个过程就是秩序的存在本质。秩序的无中生有来自存在中的自组织过程。例如物理环境中的负熵的发生与社会环境中的社会关系的建立与社会制度的生成，例如精神环境中的认识活动成果。秩序的有中消失则来自存在中能量的无序自由运动，例如物理环境中的熵增与社会环境中的社会动乱与制度失效，例如精神环境中的杂乱经验观念形成的观念冲突。

人类的意识活动本能追求精神环境秩序具有绝对的终极形态。这种终极观念必须统合散乱分裂的低层次经验观念。这就将蕴含了变幻不定的散乱经验观念在观念空间的最高层次中有条件地绝对化了。例如宇宙的观念就是人类精神环境中对全部存在环境的终极表达，宇宙曾经是永恒不变的。今天人类依据物理学逻辑重构了一个迅速变化中的宇宙模式，但这种模式反而引发了更多的精神疑问。

秩序与能量的复合构成了存在的基本形态。有序与无序则构成了秩序中的对立逻辑。有序就是秩序形成存在的环境功能机制的依据，无序则是与环境功能无关的内在联系。秩序在有序与无序的对立中实现自己的环境功能，也实现自己的瓦解与重构。存在中秩序在不同层次中的瓦解与重构，就构成了秩序的演化。

存在中的秩序表达了规范与和谐，存在中的能量表达了自由与冲突。秩序通过限制能量的自由度形成了存在的形态与功能。

例如，物理能量在物理秩序的限制与规范中形成了物理存在或物质存在，形成了无生命环境直到宇宙环境的存在功能。生命能量在生命秩序的限制与规范中形成了生命存在或生命体，进一步的秩序规范则构成了生命环境中的生物圈功能。意识活动能量在精神环境秩序的限制与规范中形成了精神环境的存在或观念空间中的观念结构，构成了人类理解与适应外在生存环境的意识活动的环境功能。人类个体或社会能量在社会秩序的限制与规范中形成了社会存在与社会结构的形态，构成了人类特殊的生存环境功能与人类文明的功能。

所谓能量的自由，就是人类表达存在中的无序对环境的影响功能的观念。自由就是无序的或不受秩序限制的环境功能。自由是能量的秩序形态。能量是自由的秩序载体。

所谓存在的自由，就是存在中蕴含的与秩序状态和秩序功能相对立的无序状态与无序功能。自由状态是人类可感知的无序状态，也是人类可感知的秩序缺失。

秩序形成存在的环境功能，自由则具有瓦解存在功能的效果。存在是在能量的自由运动状态中形成秩序的组织化结果的，秩序的形成就是对能量中的运动自由度的减少与约束。能量中蕴含了瓦解秩序与重构秩序的自由度与可能性。存在中的自由表达了秩序重构的选择空间与可能性维度。

秩序表达了存在的环境功能，也表达了秩序的演化状态。绝对的秩序状态就是其演化进程的完全规定化和唯一因果化，就是表达了演化结果的唯一确定性。绝对的自由就是存在演化进程的完全不确定化与绝对非因果化，表达了演化结果的无穷可能性不可预测性。

绝对的秩序与绝对的自由都无法真实存在，只能存在于人类精神环境的超验观念中。人类的理性逻辑工具在绝对的秩序与绝对的自由中也会失效。那种将自由理解为存在的基本功能依据的观念，是一种来自将社会政治伦理狭隘观念的迷信化推广，以及由此而形成的文化习俗。这种观念缺乏深刻的哲学逻辑安置。

14. 存在的四个层次

人类作为生命的特殊形态，在自己特有的环境中活动与生存。人类依据特殊的生存活动方式构成了自己特殊的生存环境。

人类通过高级神经器官的特有功能形成了独特的精神世界。人类依据精神世界的特殊存在形成了意识活动的环境，并依据意识活动实现对生存环境的理解与利用。

人类对生存环境的群体化理解以及人类独具的观念交流活动，又形成了公共观念体系与公共意识活动的环境。公共观念的内涵在社会环境中的表达构成了人类的文化。

在人类文化形成与演化的漫长历史中，人类表达自己对环境理解的形态也经历了复杂的变化。人们将在当下看来幼稚可笑的公共观念称为愚昧与迷信，但这只是人类文化演化的合理经历。随着文化的演化进程，今天的公共观念也会被以后的人类看作幼稚与愚昧。

在人类今天的文化中，仍然不能统一地理解自己的生存环境，仍然历史地将自己的环境分割为不同的领域。人类精神世界中不同的环境领域，也就构成了人类文化中的不同结构体系。

为了与至今为止的文化体系相协调，也为了顺畅地表达对环境理解的统一模式，今天构建统一理解人类环境的哲学观念，也必须分层次地表达不同的形态。将统一的环境分为不同层次的结构，既是对表达逻辑的简化，也是对历史文化形态的包容。

人类的生存环境可以分为四个层次。人类实现自己的存在就在四个层次的环境中活动。不同层次的存在具有不同的能量与秩序形态。在今天的文化形态中，不同层次的秩序形态适用于不同逻辑工具的表达，也形成了不同的公共观念体系。存在层次的划分依据，来自人类文化中沉淀的对不同环境形态的理解，也来自今天对存在的秩序与能量实现分析的不同逻辑方法。这些差异都来自人类的文化结构中的沉淀。

用统一的逻辑理解与表达人类的全部生存环境，就是哲学的伟大任务。就像用统一的秩序结构表达人类的物理环境是物理学家们的神圣理想一样。

被分割为不同层次的存在所具有的逻辑统一性，必然来自统一理解它们的本体论逻辑。这个逻辑这就是它们都可以分析为能量与秩序的复合，它们不同的能量形态与不同的秩序形态，都具有相同的能量属性与秩序属性。只要将人类环境要素的功能充分抽象，它们也都可以具有共同的环境功能以及形成这种功能的内部机制。进而，它们都可以具有共同的秩序形成机制与秩序瓦解机制，它们都具有共同的演化机制与演化形态。总之，人类不同层次的环境存在，今天已经可以用统一的哲学逻辑与哲学观念来较完美地表达了，已经可以具有统一的哲学定义与哲学意义了。尽管这种表达还嫌粗浅，还会有瑕疵，但这就是哲学家们今后的工作空间与工作乐趣。

将人类生存环境的不同存在形态用统一的哲学逻辑来表达，就可以实现对它们更为深刻地理解与分析，也可以更准确地理解他们的差异和消除人类理解不同生存环境中的争论。只有对人类环境统一的哲学理解才能揭示最高层次的人类环境本质与人类生存方式的本质。

人类的存在环境的四个存在层次是：无生命存在，生命存在，精神存在，社会存在。

无生命存在的秩序就是今天的现代物理学观念体系所表达的广义的物理环境秩序。其中包括表达微观环境的量子物理学的观念体系，表达直观环境的机械论与牛顿物理学的观念体系，表达宏观环境的相对论与天体物理学的观念体系，还包括与它们基本统一的宇宙模型与标准模型。现代化学则可以理解为广义物理学领域中的内部分支。

无生命存在层次的能量形态就是物理学中的物理能量。今天物理能量的逻辑形式就是量子能量团。量子能量团的可感知形态已经具备了秩序内涵。不同的量子秩序构成了量子能量团的不同形态，电子光子和夸克就是典型的例子。

量子能量团被不同层次的无生命秩序组织起来，就构成了从基本粒子开始，经过元素到宇宙星体的不同层次的存在形态。它们的复杂形态与神秘功能，只不过是量子能量团被不同层次与形态的无生命秩序所组织化的不同结果而已。

所谓正物质与反物质，就是能量形态完全相同秩序形态镜像对称的存在形态。镜像秩序的互相融合就会完全湮灭，并将其中的能量还原出来。

所谓质能转换，就是存在要素中秩序层次浓度的变化形成的不同存在形态的变化。高层次的秩序形态可以形成具有质量的环境功能，在低层次的秩序形态中没有质量的环境功能。质能的转换并非质量变成了能量，而是秩序的湮灭与降层将存在要素中的能量还原出来，并同时消除了原来秩序层次中具备的质量环境功能。其中的数量关系就是构成质量环境功能的秩序阈值所必须组织化的能量数量。

从量子能量团到宇宙星体的不同层次的无生命存在形态中的秩序，都来自量子能量运动促生的多层次秩序构建的自组织成果。只不过这种复杂的自组织过程在不同层次的无生命存在形态中表现出了丰富多彩而大相径庭的环境功能表象而已。

今天的宇宙爆炸生成模式，表达了宇宙存在从最原始的充分无序状态向今天的宇宙形态的逐渐组织化构成。在宇宙时间中，最初的组织化构成非常迅速，这是因为原始的无序存在状态中具备了极大的自组织活力或自组织自由度。随着宇宙自组织形态的提高，生成新的存在形态的自组织过程就逐渐变慢。只有在具备了充分自由度的秩序散乱与冲突状态中，才会出现自组织的局部突变。

在无生命存在形态中的最高层次的自组织突变中，就形成了生命活动的特殊形态。这就形成了超越无生命存在层次的生命秩序的存在层次。生命存在与无生命存在的基本差异，来自它们利用与适应环境的不同方式。生命存在形态所具备的与环境交换能量与信息的新陈代谢的方式，就是其与无生命形态的区分特征。在生命的存在方式中，通过新陈代谢过程将吸纳的环境存在要素组织化地构成自己秩序的形态，这是无生命存在所不具备的功能。

　　生命存在的秩序形态，就表达出了各种生物体的生存活动与生存方式，也表达出了其内部与外部不同的秩序与存在形态。生命体的内部机能提供了其不同的外部生存能力。不同形态的生物体具有不同层次的秩序程度。人类是生命秩序的最高层次。不同层次与形态的生命群体通过内部的组织化与外部的组织化，最终构成了地球表面适合人类生存的生态圈秩序。

　　在生命存在的层次中，能量的形态就是细胞。细胞是生命存在层次的基本形态或生命的元素，也表达了全部生命秩序的构成基础与构成依据，还蕴含了生命演化中的全部可能性与自由活力。细胞具有最基本的生命秩序特征，也就是具有最基本的新陈代谢与自我复制的功能。如果细胞被分解，生命秩序的特征就会消失。在细胞组织形态以下的存在形态中，就不再具备明确的新陈代谢与自我复制的功能，也就不属于生命存在的层次了。尽管某些复杂的有机大分子可能具备类似的新陈代谢活动，另一些有机大分子可能具有类似自我复制的活动，但都不会被人类的理性理解为生命。

　　细胞对于生命层次的存在功能，就类似量子能量团对于无生命层次的存在功能。它们具有相同的哲学逻辑功能。

　　从无生命存在层次到生命存在层次的演化过程，是一个极为特殊的自组织过程的结果。这在人类的理解中称为生命形成的突变过程。对这个过程的具体表达逻辑的建立，还在人类今天理解环境秩序的能力之外，还是今天幼稚的生命科学所不愿涉及的问题。对人类来说，很多曾经被神秘化的自组织过程都通过理性化的逻辑表达而被解构了，但生命形成的突变过程仍然是人类观念中的神秘领域。在今天的西方文化中，为了安置这个过程仍然要求助于上帝。中国人虽然不求助上帝，但也有将它悬空的感性化方法。

　　在生命存在的最高层次形态中，形成了高级动物与人类。人类在生命形态的演化中形成了复杂而独特的高级神经器官。人类依据最为复杂的高级神经器官，通过群居方式中形成的特殊观念交流活动，最终构成了人类复杂的精神世界。

精神世界是一种不同于生命存在的存在形态，是在人类的生命存在秩序之上，将生命存在中的特殊器官功能与人类的群居方式功能进行特殊的组织化融合而形成的。精神世界一旦形成，就具有了与其他任何动物的神经器官都不同的存在方式与活动功能，也形成了超越一般生命秩序的功能。

精神世界的存在方式，就是人类特有的与社会环境相融洽的意识活动方式，以及为这种意识活动提供特殊环境的观念空间。意识活动以生命器官的功能为基础，但又创造出了超越新陈代谢与自我复制的特殊存在功能。这种功能可以通过收纳安置感官信息，映射与表达复杂的人类全部生存环境秩序，并形成了人类超越一般动物的生存方式。

人类的基本生存方式属于生命存在层次，人类的特殊生存方式构成了一个特殊的存在形态。这种形态就是人类的内在生存环境与外在生存环境。内在生存环境就是精神世界，外在生存环境就是人类社会。

人类的精神世界基于个体的器官功能实现精神环境的存在。精神世界属于人类个体特殊的生存环境。人类特殊的群居方式，又将个体的精神世界联系起来形成了更高层次的组织化形态，这就是人类群体中公共化的精神环境与其中的公共化的意识活动方式。前者就是人类的公共观念，其中蕴含了人类的公共价值，公共价值在社会环境中的表达就构成了人类的文化。后者就是人类的公共意识活动，其中表达了公共意识形态。公共意识形态表达了人类基本的社会秩序形态。

精神世界构成了人类生存活动中的特殊活动方式，并为这种活动方式提供了环境。精神世界依此而构成了超越一般生命活动的人类生存环境形态与人类生存活动形态。这就是人类的精神环境与人类的意识活动。精神世界的出现，形成了人类文明化的生存方式，也形成了人类超越一般动物的社会活动方式。从此，精神环境中的意识活动就决定了人类在全部生存行为方式中的选择与人类的全部生存方式。精神世界的存在与功能，决定了人类的生存方式对一般动物的超越，决定了人类的文明形态。

人类所具有的全部精神世界环境，还可以分为两个层次的领域。一个是人类个体的意识活动领域，它构成了个体的精神世界。另一个是人类群体的公共意识活动领域，它构成了人类群体的精神世界。这是传统哲学未能明了与常常忽略的一个重要内涵。人类公共意识活动的精神环境的秩序内涵，就是人类文明的精神依据，公共意识活动环境功能的表达，就构成了人类的文化。

人类精神世界存在层次的秩序的表象或者对这种表象的理解与逻辑表达，就是精神世界的结构。个体精神世界的结构就是个体观念空间中的观念结构，群体精神世界的结构就是公共观念空间中的文化结构。

就像物质是无生命世界的一般存在形态一样，就是生物体是生命世界的一般存在形态一样，观念是精神世界的一般存在形态。物质元素是无生命世界存在形态的可分析结构，基本粒子是物质元素的微观结构。细胞是生命世界的可分析结构，也是生命元素的微观结构和"基本粒子"。观念要素则是精神世界的可分析结构，元初观念就是观念要素的微观结构，就是精神世界的"基本粒子"。元素的组织化形态构成了物质结构，细胞的组织化形态构成了生命体，原初观念的组织化形态构成了观念结构。元素构成物质结构的方式来自物理环境中的自组织过程，细胞构成生命体的方式来自生命环境中的自组织过程，原初观念构成观念结构的方式来自精神环境中的自组织过程。前两者为物理突变与生命突变，后者就是人类的认识活动。物质的全部组织化形态构成了物理空间。生命的全部组织化形态构成了生态空间，观念的全部组织化形态构成了观念空间。

观念空间就是观念要素的组织化结构的总和。个体的观念空间构成了个体的精神环境。群体的观念空间构成了群体的公共意识活动环境。

精神环境的结构就是层次化的观念结构。从人类感官输入的环境信息形成的感受观念和感觉观念，到人类依据对外在环境行为的感受与感觉形成的经验观念，再到人类认识活动的不断抽象化与超验化形成的超验观念结构，包括概念、理念、思想、伦理、信仰，直到人类文化似乎还无法表达的终极观念与其中的终极价值，所有这些，都是人类个体精神环境的存在方式，它们都是不同层次与不同结构的观念存在。观念的总和就是精神环境的存在。

　　所谓精神世界，就是人类对观念结构以及其中的意识活动的整体化的感性理解与文化表达。精神世界环境就是由观念结构构成的观念空间环境。精神世界的活动就是在观念空间中不均匀分布的意识能量的运动。这种活动构成了观念结构，形成了人类生存的特殊功能。

　　人类的生命器官与外在生存环境与生存活动，就是精神世界的外在环境。精神世界的存在也必须通过与环境的信息与能量交换才能实现。人类的生命体与神经器官为精神世界输入与排出能量，人类的感觉器官为精神世界输入环境信息，人类的其他表达器官则为精神世界输出信息。

　　感官信息是精神环境秩序与外在物质环境秩序的特殊联系方式。由输入观念空间中的感官信息直接转换成的观念形态就是元初观念。这就是精神环境中的外在环境感受。元初观念就是观念空间中的元素形态与能量形态。它被不同层次观念结构中发生的认识活动进一步组织化，就形成了不同层次的观念结构。由最微观的元初观念到最宏观的终极观念，都是人类意识活动中的认识活动的构建成果。

　　元初观念就是精神世界环境或观念空间环境中的基本元素。元初观念的分解就变成了来自感官的外在环境信息与来自高级神经细胞的意识活动能量与细胞间的轴突联系构成的内在生命信息。这就脱离了精神世界的存在层次而进入生命存在的层次了。这就像作为生命存在元素的细胞的分解就脱离了生命存在层次进入物理存在层次一样。

观念结构就是元初观念的组织化形态。元初观念就是观念空间中最无序的状态，也就是最基本的能量状态。元初观念在观念空间中呈现类似物理流体的状态，它们在观念空间中漂浮流动。观念空间中具有明确结构形态的观念要素，就呈现出类似物理固体的状态，它们被观念空间秩序所结构化固定与安置。

元初观念就是感官信息被初始组织化的观念形态。它们被认识活动逐层次地组织起来，就构成了从感受到感觉，从基础观念到基本观念，从经验观念到超验观念的逐渐升高层次的全部观念结构。精神环境中的全部存在形态，都是由元初观念的逐渐组织化而构成的。这个自组织过程也逐渐被人类所感受与理解，人类的哲学就将这个过程称为认识活动。认识活动就是精神环境秩序的构成方式。哲学认识论就是回答精神世界的根本来源问题的观念体系。

所谓人类的意识活动，就是人类在精神世界的特殊环境中或在观念空间中的生存行为。意识活动与社会活动的综合就构成了人类的生存方式。人类的社会活动方式由意识活动所决定。

人类的意识活动以高级神经器官中的神经生命活动为基础。神经器官中的生命活动支撑了意识活动的存在，并构成了人类精神环境的下边界。元初观念是精神环境中生命能量的微观接纳载体。生命能量通过元初观念的形态转换而进入了精神环境中，变成了意识活动能量。元初观念依此而成为精神环境中的能量形态。一旦神经器官提供的生命能量转换为元初观念中的意识能量，就形成了特有的活动方式与环境功能，就不能被还原为神经生命能量的形态与功能了。

精神环境来自人类的意识活动，又为意识活动提供了活动环境。自然界是人类生命活动的环境，但它并不由人类的活动所构建，仅仅会被人类的活动所局部改变。精神环境的秩序形态完全来自人类的意识活动，也更深刻地被人类的意识活动所改变。但精神环境仍然以生命环境为存在依据，生命环境秩序也会通过特殊方式影响精神环境的秩序形态。这就是由生命基因所传承的特殊意识活动方式或特殊精神禀赋。但这种影响关系不是哲学的主要关注内容，而是现代心理学的重要依据。哲学的关注目标，就是人类精神环境的一般存在形态与由其决定的一般意识活动方式，以及由意识活动的功能形成的人类一般生存行为方式。人类的特殊精神禀赋可以蕴含其中。

人类依据精神环境与意识活动来理解与利用物质环境，并依此形成了群体化的生存方式，这就是人类的社会关系与社会结构。社会结构的总和构成了人类生存的社会环境。

社会环境是人类依据自然环境与精神环境所构成的特殊生存环境。也是人类全部生存环境中的最高层次与最复杂形态。

社会环境就是人类依据意识活动形成的群体化的生存环境需求，将人类个体组织化而构成的环境秩序成果，也是人类群体生存本能被精神环境的特殊功能的改造与优化的成果。自从人类具备了复杂的精神世界，人类动物化的群居就变成了文明化的社会生活。

社会环境是在个体精神环境之上形成的更高层次的自组织成果，也是依据精神环境对人类与自然环境的生存关系的重构。自然环境是社会环境的能量依据，精神环境是社会环境的秩序依据。

作为存在的形态，社会环境也是秩序对能量的组织化结果。社会秩序就是人类社会成员之间的社会关系。社会能量就是追求合理生存的人类个体。精神环境提供了人类意识活动的环境，社会环境提供了人类社会生存行为的环境。意识活动引导社会行为，精神环境塑造社会环境。

自从进入文明以后，人类就不再是生存于自然环境中的动物生命体，而是生存于社会环境中的社会成员了。人类的文明化生存活动构成了人类的社会存在，社会的存在又改变了人类的生存方式以及人类本身。人类从自然状态的动物存在演化到社会状态的人类存在，是依据精神环境中的意识活动实现的。精神环境是社会环境的直接依据。没有精神世界就没有文明的人类。

社会存在是人类全部环境存在中的最高层次与最复杂层次。与社会存在相比较，精神存在是一个较简单的低层次，生命存在是更为简单的更低层次，物理存在则是最简单最基础的层次。

人类理解自己生存环境的理性化形态，最先在最简单的物理环境中实现。人类今天对生命环境的理性化理解，还远没有达到对物理环境的理解程度，生命科学还远不具备能有效表达物理秩序的类似逻辑工具。人类今天对精神环境的理性化理解还更为低级与更为感性，哲学的理性化程度比生命科学还要低。哲学还远没有成熟。

今天的哲学形态比自然科学形态幼稚得多，这并非因为人类哲学能力的简陋，而是因为精神世界的复杂。人类理统一解精神世界秩序的哲学观念体系的完整结构还远没有出现，今天的哲学形态只能分别表达精神环境中不同领域的秩序。今天的哲学还只能用不同的模式理解经验领域与超验领域。

社会环境比精神环境更为复杂。人类对社会环境的理解就更为原始。如果今天的哲学相当于牛顿以前的物理学，今天的社会学就相当于亚里士多德以前的物理学。因为人类的社会环境比精神环境更为复杂。

人类今天理解社会环境的公共观念模式，还相当于用地球中心模式理解宇宙环境的自然观念状态，那时人类认为自己是自然环境的中心与主宰。今天的人类也还没有认识到社会环境是一个超越人类的独立存在。托勒密的理性模式加上各种神话故事支撑了人类对自然环境三千年的理解。西方经济学的理性模式与各种心灵鸡汤则在支撑今天人类对社会环境的理解。

马克思的伟大思想创造性地提出了人类理解社会存在的理性新模式。但这个模式的局限与粗浅则被他的学生与拥趸放大了。马克思的局限可能会被两百年后的中国人纠正，正像哥白尼的局限与粗浅被他引导的更聪明的后代们所纠正一样。因为中华文明的现代化转型提供了理解工业贸易文明的新视角，因为中华哲学具有更合理地理解复杂社会环境的能力。西方哲学的长处则在理解自然环境秩序中。

哥白尼的伟大贡献是站在托勒密的肩膀上实现的。马克思的思想今天仍然为中国人深入理解工业贸易文明的社会秩序提供了坚实的逻辑肩膀。工业贸易文明就是资本主义文明，马克思的社会学逻辑就是资本的逻辑。

今天的西方社会学家们看似很现代的社会学观念，虽然来自欧洲创建的工业贸易文明的成功经验，但其理性化的哲学依据则是局限的与肤浅的。西方社会学的基本方法就是移植他们理解自然环境的成功方法。这种路径根本就不合理。虽然他们的存在主义哲学流派可以具备更为开阔的社会环境理解空间，但这种哲学的小资情调与现代欧洲人视角的局狭，使得这种理解的逻辑空间已经萎缩了。

中华传统哲学则具有理解社会环境秩序更为深刻的合理性。儒家文化就是成功表达人类社会秩序的文化，它的短板在于逻辑化程度不足。但它仍然可以更合理地安置工业贸易文明的社会秩序。将西方社会学的逻辑基础转换到中国哲学中来，必然会形成社会学的新面貌。这里的困难在于将中华哲学的现代逻辑化表达。

表达自然科学的逻辑模式逻辑工具，对表达人类精神环境的哲学已经力不从心了，更遑论用它来表达社会环境与社会活动了。

所谓社会秩序，就是人类个体之间依据共同的环境需求而组织化构成的多层次嵌套的群体结构。社会结构形成了人类生存需求的群体化关系，这就是社会关系。社会关系形成了人类文明化的生存方式与社会环境功能。

社会存在中的能量形态，就是人类个体本身，就是依据独特精神世界追求自由合理生存的人类个体。就像物理存在中具有高维运动自由度的元素或基本粒子一样，就像生命存在中具有广泛环境功能自由度的细胞一样，就像精神环境中流动漂浮的充满能量又充分自由的元初观念一样，人类个体就是多层次嵌套群体的社会存在形态中的能量。只不过，人类个体的社会行为方式，基于了精神环境，基于了生命环境，又基于了物理环境，因此社会秩序要比它们复杂得多。

社会环境的存在由人类个体被社会关系的组织化所构成。每个人类个体都依据自己独特的精神环境中的意识活动方式参与了社会秩序的组织化进程，每个人类个体都必然在社会秩序中形成自己的生存行为与社会活动。每个人类个体对社会秩序的不同依赖与不同影响的依据，每个人类个体对社会秩序功能影响的不同方式的依据，都在他们精神环境的观念结构之中，都是他们依据先天精神禀赋与后天文化经验的意识活动的结果。

就像物理环境秩序或宇宙的存在不会由哪一个或哪一些基本粒子的内部秩序所决定，就像生命体或生态圈的秩序不会被哪一个或哪一些细胞的内部秩序所决定，就像任何个体精神环境中的观念结构秩序不会由哪一个或那一些元初观念的内部秩序所决定一样，社会存在的秩序也不会由哪一个或哪一些人类个体的内部秩序形成的环境需求与社会行为方式所决定。

就像宇宙的秩序是全部基本粒子超越了它们个体秩序的群体组织化的结果一样，就像地球表面的生态圈的秩序是其中的全部生命细胞超越了它们个体的内部需求秩序而组织化的结果一样，就像人类个体精神世界的秩序是他们全部的元初观念超越了他们个体秩序的群体组织化的结果一样，人类所构成的社会存在的秩序则是超越了生存于其中的全部人类个体的生存需求与行为方式而形成的群体组织化的结果。人类群体精神环境秩序的组织化结果在社会环境中的表达方式，就是人类的文化。

之所以在很多人类文化中明确地具有人类个体的价值需求与社会行为方式会成为决定社会秩序形态的公共观念，就是因为人类曾经的愚昧认为人类就是宇宙的中心。这种观念认为，宇宙围绕人类而形成，人类个体是生态圈的灵魂，人类个体是精神环境的主宰，人类个体是创造社会秩序的英雄。

人类生存的全部环境存在，是一个统一的整体。之所以将人类的环境存在分解为四个层次来形成它们的分析结构，就是为了安置与适应人类至今为止建立的曾经分裂的公共观念体系与文化结构。因为在今天的人类文化中，就是分别用自然科学体系，生命科学体系，哲学体系与社会学体系的不同分析结构与逻辑方法，来分别表达人类对它们不同的理解的。但是，在四个不同层次的存在环境中，仍然具有了可以统一理解的逻辑结构。这种统一的结构只能由哲学提供。这种统一的结构也应该是哲学的理想。

这四个层次的秩序由低到高地形成了它们的秩序内涵与秩序支撑关系。各层次的秩序并不能通过向低层次秩序的还原而得到对他们环境功能的完整理解。

在四个层次的环境存在中，低层次的存在共同形成了高层次存在的秩序基础，低层次的秩序就是高层次秩序的内在要素，它们之间的组织化形态构成了高层次存在的内部机制。物理秩序是生命秩序的内在要素与内部机制，物理秩序与生命秩序构成的自然秩序则是人类精神世界秩序的内在要素与内部机制，自然环境秩序与精神环境秩序则是人类社会秩序的内在要素与内部机制。在每一个层次的秩序结构中，都必然蕴含了更低层次的秩序功能。

但是，这种秩序层次的逐层蕴含关系，并不意味着不同层次的秩序功能可以向下还原。每一个层次的秩序都构成了它们独特的存在形态与独特的环境功能，这些功能是不能由低层次秩序的功能所替代的。在每一个层次的存在中，更低层次的环境存在是实现它外在功能的内在机制的基础依据。人类社会环境的功能无法向人类精神环境或人类文化中还原，无法被其功能代替。人类精神环境的功能无法向自然环境中还原，无法被其功能代替。

今天流行文化中的科学主义思潮，就是试图用人类理解自然环境秩序的方式来表达人类对精神环境与社会环境的理解。就是试图将社会环境功能还原到对精神环境的理解中，用人类的情感与欲望来说明社会秩序。就是试图将精神环境的功能还原到对生命环境的理解中，试图用对高级精神器官功能的理解来说明人类的意识活动。这些方法必定会形成人类新的愚昧与新的迷信。

人类理解低层次环境秩序的方法与观念，可以作为理解高层次环境秩序的逻辑索引与方法借鉴，但不可以成为理解他们不同环境功能的替代。自然科学逻辑与现代数学工具对理解自然环境的成功，可以引导我们去探索理解精神环境与社会环境的方法与逻辑，但不能直接套用这些逻辑方法。理解人类的社会活动就无法直接依赖在自然科学中获得成功的数学逻辑。凡用此种套用的成果，基本上是一种简化后的牵强。那种将理解自然环境的模式与方法生硬地用于哲学与社会学中的路子，是文化活动中的愚者与懒汉的行为，也是仅有知识而不懂知识内涵的文化肤浅者的行为。

在现代人类的意识活动中，在现代文化与知识结构中，充满了各种秩序还原的思想方法。这种方法只有一定的相对借鉴意义，而无法形成对真实秩序的理解功能。在任何层次的观念结构中的秩序还原方法，所获得的价值转换的有效性都是相对的，所产生的价值改变则是绝对的。科学方法论中的还原论逻辑方法，仅仅在面对物理秩序的高度同一性中才具有意义，而在面对复杂形态的环境秩序中，则是具有极大局限的。将科学方法的逻辑工具直接用于理解复杂的社会结构与人类活动方式中时，其功能的相对性就会产生普遍的悖论与混乱。科学方法在不当引用中就会变成科学谬误。

在生命活动的全部领域中，细胞的基本活动则具有普遍的形式与普遍的功能意义，从阿米巴虫到人类的生存，无不如此。用不同细胞在不同的组织化形态中形成的环境生存方式，就可以理解与安置全部生命活动的秩序形态。但这种秩序形态却无法被完全还原到化学秩序与物理秩序中去。尽管运用分析方法在细胞的基本生命活动仍然可以看到化学过程与物理过程，但化学过程与物理过程却无法完全表达与安置生命过程的全部秩序。

生命活动的过程只能用适用于表达生命活动的观念与逻辑来理解与说明。这就是将同样属于自然环境的生命环境与无生命环境分别看作两个环境层次的方法论理由，也是在今天的自然科学中，逐渐将生命科学与无生命科学明确区分的原因。这种区分也就提出了构建与理解物理化学秩序不同的理解生命秩序的观念体系与逻辑方法的任务。

在人类理解无生命环境的领域中获得了完美成功的现代数学逻辑体系，到了理解生命科学领域中就基本上用不上了。现代系统论逻辑就是为了应对理解生命活动秩序的特殊困难而被创立出来的。但它的精细化程度仍然不足以使它完全表达人类对生命秩序的理解。将系统论逻辑在生命科学中的严谨运用，还有很长的路要走。直接将系统论数学化的努力方向不一定有效，只有依据系统论的需求创造新的数学体系才是方向。

人类现代社会学的简陋与肤浅，常常成为它们引用系统论逻辑的条件。人类哲学演化历史形成的复杂结构，则常常阻碍了系统论进入哲学的途径。

一旦进入了理解精神环境的层次，一旦进入了哲学中，就必须面对比生命环境更复杂与更难以理解的秩序形态。这就是直到今天的哲学仍然远离人类的日常活动而具有某些神秘感的原因，也是今天的哲学体系仍然混乱的原因。哲学的神秘常常让他进入神秘文化中。哲学的理性困境常常让他求助宗教。

关注人类精神世界存在方式的哲学，必然要依据与自然科学更为复杂的逻辑方法。那种试图将哲学科学化的想法，既是来自对科学领域与哲学领域差别的不理解，也是来自在将自然科学的成功方法简单化地向一切文化领域中普及的幼稚冲动。这种冲动对科学与哲学都是一种破坏。在这种冲动中还蕴含了对人类理性化能力的误解。

今天哲学的幼稚与混乱，当然也来自哲学本身的理性化能力的不足。提高今天哲学的理性化程度的努力方向无疑是正确的，但将这个方向表达为哲学的科学化，则恰恰会适得其反。

人类的内在精神环境具有与人类的外在环境同样的功能，这就是人类适应与利用一切生存环境能力的归宿与凝聚。这种归宿与凝聚也就常常模糊了人类审视自己精神世界的视角。一方面，人类常常无法区分外在环境秩序与精神环境秩序，常常将精神环境中的秩序当作了外在环境秩序的直接表达，这就是经典唯物论的误区。另一方面，又常常将外在环境秩序当作了精神环境秩序的投射，进而虚化了外在环境的存在，这就是经典唯心论的误区。

　　明确地区分人类生存环境中的外在秩序与内在秩序，并深刻理解人类生存方式中依据内在秩序适应与利用外在秩序的形态，就是最终化解唯物论与唯心论争论的途径。将人类的精神世界理解为人类特殊的生存环境层次，就是哲学可以获得透彻逻辑化表达的必要条件。

　　人类依据精神世界构建出的社会环境，则是在人类复杂神秘的精神世界之上，通过更高层次的组织化过程形成的更高层次的生存环境。社会环境具有与精神环境不同的能量形态与秩序形态，也无法用人类精神环境的秩序与意识活动的方式来理解与安置，必须运用更复杂更特殊的逻辑方法与思维工具，才能获得有效的理解。那种试图用理解无生命环境与生命环境的科学方法来表达对社会秩序的理解的思想，就是社会机械论模式与社会有机论模式。它们都是肤浅幼稚的思想。只不过社会有机论模式比社会机械论模式更为接近社会秩序的功能形态而已。但在今天西方文化中流行的科学主义方法论，则常常认为社会机械论模式更为合理。今天中国被西方文化启蒙出来的知识分子们，也大都在盲目追寻社会机械论而反对社会有机论。社会机械论模式可以比较简单地安置个体的自由价值与安置民主政治的工具方法，这也是这种模式大行其道的意识形态原因。

　　就是用表达生命秩序的系统论逻辑，也不能很好地表达人类的社会秩序，只是比其他逻辑相对合理而已。系统工程学是今天系统论逻辑的文化应用形态，它的成功主要在简单的人类工程环境中。马克思用辩证法逻辑来表达对社会秩序的理解，也是比较简陋与粗浅的。这也是马克思的社会学模式局限性的方法论原因。

人类的社会环境与社会活动，要比人类的精神环境与意识活动复杂得多。对此，今天在懵懂中的社会学家们还没有感觉到。这是因为人类还没有形成对社会环境独立于人类的具体活动而存在的理解，而是仅仅依据传统文化将社会环境理解为人类活动的附带形态，或者将社会环境理解为人类行为方式的表象。由此，一切社会结构与社会秩序对于人类来说，都是多余的附加物。这既是今天的哲学形成的对社会环境理解肤浅的世界观结果，也是方法论结果。

马克思是第一个将人类社会看作一个独立存在的自在环境的伟大思想家。但他这种创始性的贡献由于缺乏与工业贸易文明的演化进程相匹配的深化与细化，特别是将他的思想仅仅当作社会改造的革命工具来使用的不恰当，就是这个思想今天被边沿化的重要原因。工具的价值必然通过工具使用的效果来评价。好工具的不当使用也不会有好效果。

在今天西方文化的世界观中，认为社会环境就是人类个体活动方式的机械结合与行为加和，认为理解了人类个体的活动方式，就可以理解全部的社会活动与社会秩序，认为加和了个人意志就可以得到合理的公共意志。这就类似将生命活动理解为是细胞活动的现象，认为理解了细胞的活动的机理就可以理解一切生物的活动方式。这是明显的谬误。

生物活动方式的依据主要在生态圈环境中，而不仅仅在细胞中。人类社会活动方式的依据主要在人类公共化的精神世界环境中，而不仅仅在人类个体的生命欲望中。

15. 存在秩序形成的自组织机制

将人类和人类的生存环境理解为存在的形态并没太多的哲学困难。物质的概念，物自体的概念，就是不太彻底的存在概念。将存在理解为秩序与能量的复合的分析结构，也是传统哲学中就有的形态。从德谟克利特到老子，已经模糊地形成了这种分析的雏形，近代中国的王夫之提出了存在的道器复合，就已经近似地表达了类似的观念，康德的杂多表象与先验范畴的关系，莱布尼茨的单子模型，也都试图努力蕴含类似的分析结构，就是叔本华将世界古怪地表达为意志与表象的复合，萨特将世界理解为存在与虚无，也都可以看作是在追求这种分析理解的未完全理性化的表达方式。

将存在表达为秩序与能量的复合，则是将所有这些哲学史中积累的分析化的本体论模式，与现代文化中的基本观念统一起来的表达方式，也是将这种统一的分析结构引入系统论逻辑中的途径。这种分析方向就可以在秩序与能量复合的分析关系中进一步引入现代逻辑工具。追求透彻的统一性结构与简明通俗的表达形态，就是这个分析结构的优点。

这个分析结构的特殊优点，就是可以比较好地安置存在或秩序的形成原因与存在的演化机制。安置它们的逻辑依据，就是发端于系统论逻辑的阐释自然科学中复杂性现象的自组织过程。自组织过程的概念，不仅仅是理解物理存在的逻辑方法，也是可以推广到理解一切环境存在的哲学本体论方法。自组织过程的概念主要来自系统论逻辑中的耗散结构理论。

人类对于存在形成的机制与方式的哲学观念，一直有两个答案。

一个是存在天然，也就是认为存在是人类的理性无法追寻来源的永恒形态，如果要追寻永恒存在的根源，就只能脱离人类的哲学智慧而回到神明的功能中去。有神论的世界观就是唯心主义哲学的本体论的思想根基，也是一种躲避人类理解存在来源困难的哲学遁洞。这种本体论实际上是一种不得不偷懒的哲学，它将本体论中最困难的问题推给了哲学以外的神明和上帝，如果回避了拟人化的神明与上帝，就是更为深奥的绝对理念与宇宙精神。尽管这都有让人类一下子就透彻明白的效果，也让哲学简单了很多。就是今天的生命科学家在遇到无法理解的复杂生命现象的来源问题时，也会重新暗示相信神明的合理性。

这也是人类应对理解环境秩序困难的通常方法，还是人类精神世界中永远追求终极观念的结果。

随着人类理解能力的发展，这种理解世界的观念结构的终极化边界也会不断地拓展。但无论怎样拓展，一个包容一切不可理解的难题的终极观念的黑洞则是始终存在的。这个黑洞就是初始的存在如何构成。今天伟大辉煌的物理学也在回避宇宙爆炸极点的来源问题。

人类的理性应该能够将这个黑洞变成黑箱。

另一个答案则表达了人类的哲学自信，认为哲学本身就可以表达存在构成的方式问题，并将包容一切的终极观念从哲学以外拉入了哲学之中，使得在哲学本体论的全部结构中都无需神明的帮助就可以自洽与完美。只不过，在人类哲学的早期，这个理想的追求太艰难也太狂妄，因此难以完美，只能用简陋的物质概念来取代神明。莱布尼茨的单子，康德的物自体，王夫之的道与器，都是试图在哲学中排除感性神明的理性化努力。直到现代哲学中，这种将存在本源的难题推给神明的本体论模式被重新拉回哲学中来的努力，才因为人类逻辑能力的发展而具备了可能性。由此，无神论才能真正构成唯物主义哲学的本体论依据。

唯物论的认识论看似回避了理解存在初始形成方式的哲学黑洞，将整个黑洞简化包装为一种客观规律的概念。这看似理性了很多，实则是对哲学问题巧妙简单化回避。这也是唯物论哲学常常被诟病为对精神世界理解简单化的原因。但这种简单化却恰恰具备了容易普及的功效。唯物论常常容易为普罗大众所接受。

我们也不应该过度诟病有神论哲学与唯心主义认识论，他们只是在人类的理性能力不足时，不把困难套在自己头上的处理方法而已。神明就是一个本体论黑箱，客观规律只是比神明更简单而显得高大上而已。一旦人类具备了分析这个黑箱的能力，神明就会自然消失，客观规律也就会具备分析结构。但这并不容易。

当无神论与唯物主义哲学的本体论中的分析结构仍然不完善时，当这种不完善的分析结构仍然还无法安置人类复杂的行为感受与环境经验时，有神论哲学仍然具有理解复杂的精神世界的真理性市场。对于可以简单化地理解复杂的精神世界的唯物论哲学的世界观来说，用神明来说明一切存在的来源则是最简单的方式。所以，在肤浅认知中皈依了唯物论的信徒，一旦回到对复杂问题的探讨中，也就自然会重新回到唯心论中去，这并不奇怪。马克思主义的信徒们退休后常常会去念佛，他们并没有改宗的心理。新中国塑造的大批知识分子们，在简单化的文化环境中可以高举唯物论的大旗，一旦进入改革开放后复杂多元的文化环境，很多人就兴奋不已地像发现新大陆一样进了教堂。

我们永远要在儿童的故事中保留神话也是这个原因。因为神话是对复杂问题的最简单答案。我们也要允许仍然处于儿童的理性能力状态的社会成员用神明来化解他们的人生难题与意识困惑。今天大众化的西方宗教就具有这种功能。主张实用主义哲学的美国人，在用最现代的科技文化解决物质生存问题的同时，也最强烈地保留了宗教文化对终极价值的表达。对于不能接受唯物主义哲学模糊简单表达的世界本源难题的人们，则允许他们回到有神论中去，就是现代美国文化或西方文化活动与教育思想的一种实用主义的聪明。

向没有强大的理性能力与丰富的文化体验的个体灌输唯物主义的世界观，除了让他们形成新的教条之外，很难让他们具备真实的唯物主义观念。但为了维护一个文化体系的完整与尊严，让一些社会成员用教条式的意识活动来处理人生难题，将哲学提供的智慧能力变成对习俗观念的服从，也是一种可以接受的方法。教条化就是将复杂而深刻的文化体系在大众中实现迅速普及的最好方法。这种方法的称谓就来自普及比多神宗教文化复杂得多的一神宗教文化的成功。无论是马克思主义教条还是自然科学教条，都在普通民众中迅速普及了它们。但如果要深入理解这种复杂文化的内涵，就必须通过接受更复杂的知识来拓展他们的观念结构了。优良的教育与深刻的思考就是必要的条件。

当这种条件无法达到时，当社会个体的意识活动必须安置超越了自己理解能力的复杂社会经验时，因为无法脱离与超越这种普及化的教条的桎梏，他们就会陷入精神困境中。

摆脱这种困境的出路有两种，一种是前面所说的深化改造自己观念结构的复杂方法，另一种则是重新回到神明中去的简单方法。对于没有哲学兴趣的普罗大众来说，回到宗教文化中去就是最简单最省事的方法。用这种方法来明确地应对普罗大众的精神需求，就是实用主义的美国文化的必然选择，也是现代化的中国对宗教文化的理解与宽容的深层次原因。

在今天的中国，当具有独立思考能力的人努力摆脱主流文化对他的教条式灌输而回到自己的意识活动空间中时，就会发现理解宗教要比理解唯物论要容易得多也自然得多。这是因为回到自己与生俱来的感性意识活动方式中去，要比接受复杂而广泛的理性知识来重塑自己的意识活动方式要容易得多。宗教文化可以用通俗易懂的感性方法通透地表达人类的全部精神世界，就是它强大生命力的依据，尽管这种表达在严谨的逻辑拷问中可能会漏洞百出。但这种表达对于仅仅需要稳定安置自己心灵的个人来说，则是最合适的。

反之，依据现代知识对人类全部精神世界的表达，则常常会理性地回避难题而遮遮掩掩，只不过这种遮掩穿上了漂亮的逻辑外衣。知识方法的原则就是不去说明自己还不懂的事物。对于精神兴趣不止于知识的人，知识就远远不够了。这也是科学永远无法替代哲学的原因。

要完美表达哲学本体论的唯物论逻辑则必然是难以真正理解的。这种困难就来自唯物论逻辑本身的简陋。对于无法理解这种逻辑真谛的人们，如果继续桎梏于唯物主义文化的教条中而要保持自己观念结构的完整性，就会失去自己独立活跃的意识活动能力。这就是今天很多甚至具有优良教育经历的人仍然要回到宗教文化中去的精神原因。

只有创造出便于大众理解的本体论逻辑来透彻地说明世界的本源，才能让唯物主义的世界观去教条化，才能从根本上解放唯物主义，才能大大压缩有神论文化的合理市场。才能将回到宗教文化中去的人们拉回到理性中来。宗教文化的生命力并不在于宗教的深刻，而在于哲学的不彰。

　　教条式地宣称自己是彻底的唯物主义者是容易的，真正理解彻底的唯物主义观念而完全去除精神世界中的神明，则并非是容易的事情。人们一旦在理解事物的本源与人类的本源的终极观念的思考中遇到了困境，只能用于文化表白的教条是没有用的，要么将神明偷偷地请回来，要么止步于这种思考困境而将自己追求精神自由的意识活动用教条锁起来。很多人白天可以在知识的海洋中尽情遨游，晚上的梦境中则仍然会有鬼神。人类个体心灵深处永远暗藏的神，就是他们在最抽象的终极观念领域中解决难题的钥匙。只有具备了最强大的理性能力的人，才能在自己的全部思维中驱除了神明还能保持通透。

　　唯物主义哲学的根本难题，就是要回答人们不得不回到神明中去才能理解的最终极的本体论问题：如此完美又如此复杂的世界是如何形成的。美国人论证在高等教育中保留有神论的理由，就是无神论对这个问题答案的简陋。科学主义的世界观看似解决了这个问题，实际上科学家们只是将哲学家推给神明的难题，推给了科学方法论的预设前提或者推给将神明世俗逻辑化了的科学公理而已。

　　形成今天宇宙大爆炸模式中的爆炸发生的极点是如何形成的？宇宙的爆炸是如何被点燃的或激发的？爆炸的能量是如何会无中生有的？无生命的世界中是如何突然出现了从来没有过的复杂而精巧的细胞形态的？仅仅由大分子蛋白质构成的细胞是如何演化出复杂的人类的？人类有限的神经器官中是如何可以容纳下并思考着几乎无限的人类观念空间环境的？当面对这些问题时，科学家们就会请出哲学家来了，他们会说这已经是哲学问题了。而一筹莫展的哲学家们就会请出神明来了。今天的西方人就会去请教上帝，今天的中国人就会去求助佛祖。

　　回答这种难题还有一种科学的遁洞，就是设想了一种多重的宇宙以及他们之间可以沟通的虫洞，从而将复杂的难题推入另一个宇宙中去。这实际上就是一种比较理性的神话故事而已。任何科学方法都不会得到这样的结论。今天在中国流行的穿越文学就是这种神话的娱乐化普及，三体的故事就是这种神话与科学主义世界观的嫁接。虫洞就是神明的非拟人化。多重宇宙的观念就是泛神论世界观的初始逻辑化与一神宗教化。

哲学还任重道远。唯物主义哲学还迷雾重重。人类心灵中解决终极疑难的神明钥匙还会长命百岁。

在中华文化中，自古就不崇拜神明而相信自己。面对不良的气候，西方人救助上帝而中国人则用自己的能力追日射日。面对山川阻隔，西方人求助上帝而中国人则动员子子孙孙来搬走它。面对自然灾难，西方人求助上帝而中国人则自己化鸟衔石填海，面对滔天洪水，西方人求助上帝而中国人则治水改河。在终极困境与终极难题面前，中国人从来都靠自己的能力，哪怕这种能力十分弱小而要永世努力，而西方人则认为这种努力只是希绪弗斯的苦难。因为中国人相信，具有强大生存能力的人类不是上帝造的，而是自己在生存奋斗中形成的。中国人相信人类的终极秩序就是生于忧患死于安乐，西方人的终极幸福则是死后上天堂。

在中国人乐观与奋进的世界观中，自古就蕴含了人类与世界的演化观念。今天的中国哲学，则应该为中国人的唯物主义困境探索新的领域了。

新的理性化的本体论模式，可以为很多中国人打开信仰唯物主义与无神论的大门，将他们从唯物主义的教条桎梏中解放出来。哪怕还不彻底，哪怕还不能说服所有的中国人。说服了大部分中国人就等于说服了大量的人类个体，也将会说服大量的西方人。

将世界理解为人类与人类的生存环境，是一个合理的局限。人类生存环境之外的世界与人类无关也无须人类关注。人类今天能够感受的环境信息的范围就构成了人类的生存环境与人类关注的世界。这由最大的射电望远镜的射程与最精密的辐射能量探测仪的功能决定，还由人类精神环境对这类信息的超验构建决定。前者为后者提供事实，后者为前者提供虚拟环境。

在人类的观念空间中可以设想这些信息之外的宇宙模式，但这种设想的观念体系必须能够安置全部经验事实。离开了经验安置功能的精神环境秩序没有人类的生存意义，只有人类的审美意义。

人类环境中的单纯能量是一种永恒的存在本体，也是没有秩序的虚无。它们既不能创造也不会灭失，它们甚至充满了真空。能量中要素间的微观差异形成了内在的运动。这种运动间的扰动与联系构成了元初的自组织过程，也形成了元初的秩序与元初的存在要素。

存在要素间的差异永恒地形成着自组织过程，也永恒地构建出新的秩序与新的存在形态。存在的能量与存在的要素被秩序的整合与组织化，就形成了不同形态与不同功能的更复杂的存在，这也就进一步扩大了要素间的差异。扩大的差异为更为复杂的自组织过程准备了条件。宇宙就如此而逐渐构成了多层次的复杂形态。

宇宙大爆炸的极点可以理解为一种元初的单纯能量状态。极点仅仅是元初秩序的极点，而不会是元初能量的极点。元初物理能量仍然以没有秩序和无法感知的方式遍布于宇宙空间中。人类对存在的感受只能来自具有秩序的存在，而不会来自没有秩序的能量。大爆炸极点是人类的理性能力可以理解的元初秩序与元初存在。

人类环境存在的丰富多彩与千变万化，并不是能量本体的形态，而是存在秩序的形态。

能量是存在的本体，秩序是存在的依据。理解了秩序就理解了全部存在的形态与存在的功能。理解了秩序才能理解秩序之外的永不可及的单纯能量与秩序之内的现实能量。

存在的形成与发生并不是能量的形成与发生，而是秩序的形成与发生。秩序可以在存在环境中的能量与存在要素的永恒运动中永恒地发生出来，也会永恒地地湮灭消失。秩序可以无中生有，也可以有中消失。能量则永恒存在。

所谓暗物质，仅仅是人类的感知能力无法感知但理性能力可以设想的存在形态。所谓的物质与反物质，仅仅是秩序的特殊镜像对称形态。

理解能量运动中的秩序形成过程，就是理解人类环境的形成过程。对这个过程理解的深化与逻辑精密化，就是全部唯物论哲学的本体论基础。自然科学曾经为哲学提供了一次唯物论本体论的明确突破，但今天应该有一个哲学自己的突破了。

用人类环境本身的存在方式来理解与说明环境的形成与演化，而彻底摒弃曾经离不开的外部依据，彻底离开从柏拉图的绝对理念到康德的先验范畴，就是今天哲学的本体论任务，也是哲学为人类提供的进一步去神明工具的贡献。这种贡献的说服力范围，就是唯物论哲学的影响力范围。但无论这个范围多么广阔，都不会彻底消除神明工具的功能，只是压缩了它的领域而已。因为人类在自己意识活动环境的终极观念领域中，始终会有无法理性化的空间。

彻底的唯物主义不会存在于哲学中，只能存在于一般文化中。文化中对唯物主义的普及必然要依赖一些人的不求甚解的教条化态度。实际上科学文化的普及也是这样的。相信科学与理解科学并不是一回事。追求甚解的钻研常常会从明晰走向疑惑。疑惑就是人类在精神世界边界中的必然思维方式。人类的精神世界永远会有边界。

秩序的构成是存在形成的标志。秩序构成的普遍方式是存在中的自组织过程的结果。自组织过程就是来自存在本身的自发的新秩序构建过程。这就是今天物理学乐意理解但还无法分析的负熵的产生过程。秩序瓦解过程中的熵增，是比负熵的产生简单直观的过程，人类首先发现与理解了熵增过程，人类今天也在开始理解熵减过程，这就是耗散结构的构成过程与自组织过程。

熵增过程与熵减过程的同时存在，秩序的构成过程与秩序的湮灭过程的同时存在，是自然界与人类环境的一个最基本的对称与和谐。只不过人类的认知能力还没有透彻理解这种对称与和谐。

自组织过程的动因来自存在中的能量运动。能量的运动动因在能量要素的微观差异之中。所谓的量子涨落，就是人类可以理解的最微观的能量运动。能量的本质形态就是充分无序的状态。无序状态就是多自由度的自由运动状态。

秩序的形成依据并不在外部环境中，秩序的形成就是存在自身运动中的无中生有，就是存在的能量要素间的自由运动所形成的无穷因果关系中特殊关系体系的耦合构成。这种耦合来自它们特殊的环境功能，耦合的结果则是更为特殊的环境功能。自组织的依据就在这个耦合体系形成的外部功能之中。

秩序的形成并非普遍联系的形成。普遍联系是秩序构成的环境条件，秩序的构成则是普遍联系中具有特殊环境功能的联系体系的确定化与稳定化。

实际上，秩序从环境中的无中生有早已被人类感知，这就是无生命存在中的负熵的发生，就是无生命存在中的生命的爆发，就是人类意识活动的认识发现与灵感闪现，就是人类社会关系的自发形成与社会革命的突变成果。但今天的哲学还没有赋予这种内在秩序发生的过程普遍意义。在中国的道德经中就曾经表述了环境秩序的无中生有与逐渐复杂化的过程，但这种表达缺乏深入的逻辑阐发与经验安置，也就逐渐变成了没有文化影响力的精神咒语。在西方古典哲学中也曾经由过类似的思想。

秩序自组织的无中生有就是秩序的形成与秩序的创生。新秩序的形成就是新的存在形态的构成，这种存在形态依据它在环境中形成的特殊影响功能间的耦合关系被确定与被固定。这种耦合关系是突然出现的，这就是自组织构成的突变。

存在与环境联系中的确定功能就是确定存在的依据。人类环境中的存在功能依据人类的感受与理解构成。人类的秩序感受构成了经验观念，人类的秩序的理解构成了超验观念。人类的环境存在与环境秩序来自人类的感受与认知。人类通过环境要素与人类生存的关系以及环境要素间的关系确定环境要素的存在。人类确定环境存在的全部依据都在人类可感受与可理解的环境秩序中。

秩序形成的自组织过程，就是一个存在要素的集合之具备特定环境功能的新关系的形成。这种新的关系发端于既有要素间的普遍联系之中，并依据其形成的新的环境影响功能而被确认与固定。这个存在要素的集合内的新关系就是新秩序的内在机制，这个要素集合就是提供自组织过程的环境条件。

依据存在要素间的普遍联系发生的不同层次与不同规模的自组织过程，就构成了不同层次的存在秩序与不同层次的环境功能，并依此被确定为新的存在。

在不同层次的自组织过程构成的存在要素间，仍然依据其不同的环境功能形成了新的普遍联系，这种联系与既有的联系一起，又构成了更高层次的自组织过程的环境条件，更高层次的自组织过程又会构成更为复杂的存在要素与要素间的普遍联系。

在人类的生存环境中，就是这样逐层次地形成了从物理环境秩序经过生命环境秩序与精神世界环境秩序，直到人类社会环境秩序的存在功能与存在要素的。

每一个自组织的过程，都是一个其内部的存在要素间的普遍联系形成新的因果链循环的过程。要素间的普遍联系就是普遍的互相影响功能与普遍的因果关系。所谓因果关系，就是人类观念空间中对存在要素间的环境功能与环境要素间关系的观念表达。存在要素与环境的相对性与相互性，决定了因果关系的相对性与相互性。具体的因果关系都是相对的。普遍的因果关系都想相互的，都是可以因果互换的。因果互换的约束来自观念结构的秩序约束。

环境中普遍的要素联系形成了普遍的因果关系。互相衔接的因果关系形成了因果链。首尾相接的因果链形成了因果循环。在因果循环中，每一个形成了环境功能的原因，都是前一个因果环节的环境功能的结果。因果循环关系形成了一系列互相支撑和互为条件的稳定的因果链。这种因果链就是一个秩序元素。

控制论中的反馈循环就是人类表达因果循环的逻辑化工具。结果强化原因构成正反馈，结果抑制原因构成负反馈。正反馈循环是促生因果循环的原始动因，但其并不会具备稳定性，其中适当加入的负反馈关系，则是因果循环稳定性的来源。每一个秩序的存在形态，都可以理解为由一个具有稳定性的因果链关系所主导。

因果循环是自组织过程的细胞。自组织的过程就是普遍联系中的特殊因果循环间的突变耦合。环境中的因果关系普遍存在，因果循环则是被突然出现的环境功能所确定。这个确定的突变就是秩序的构建。

自组织过程的复杂性来自自组织过程的多层次耦合。每一个稳定的因果循环的建立，都在环境空间中形成了新的秩序与新的存在形态，也形成了新存在的新环境功能。一旦这个新因果关系成为更高层次的自组织过程所缺失的关键要素，这个自组织的成果就会成为更高层次新的自组织过程的激发条件。这就构成了一个自组织过程的因果。当多个自组织过程的因果首尾相接，就会形成一个自组织过程的突变链。自组织突变链就是复杂自组织过程。每一个现实的自组织过程都是复杂过程。简单自组织过程仅仅存在与人类的观念中。

环境中存在要素间联系的广泛性与多样性，为不同层次发生的自组织过程之间的联系与耦合创造了条件。每一个自组织过程的结果都形成了环境形态的复杂化。复杂化的积累形成了复杂环境，复杂环境为复杂自组织提供了条件。复杂自组织形成了更为复杂的环境形态，又为更为复杂的自组织过程提供了条件。

这就是人类存在环境中的秩序构建形成的不断有序化与不断复杂化的演化图景。

每一个复杂自组织过程能够突发性地构成新的复杂秩序。每一个复杂自组织过程都是低层次的简单自组织过程的积累，都是这种积累的耦合突变。所谓的量变到质变，就是表达这种复杂自组织过程的逻辑。复杂自组织过程中多层次嵌套的具体联系，就是量变到质变方法论的本体论内涵。

达尔文的生物进化模式，第一个提出了自组织过程的模糊形态与宏观结构。一直对它的诟病就是它无法安置自然界中复杂精妙的突变成果。达尔文的模型只能安置简单自组织。因为它的模式不具备解释复杂自组织的内在逻辑。

任何复杂自组织都是在简单自组织基础上的突变。突变的过程隐没了准备的环节。人类可以明确感受到复杂的突变，但难以感受到积累复杂突变的多层次简单突变的积累。因为感受不同突变的功能依据的不同，使得人类的感知能力无法同时覆盖所有的自组织过程。因此，复杂突变就似乎变成了不可理解的神秘过程，就只能由存在之外的神秘力量来促成了。

人类直接面对的最复杂的自然突变就是生命细胞的形成。细胞的形成过程，就是一系列大分子蛋白质之间复杂的自组织过程的复杂积累构成的特殊突变。只要这个复杂自组织过程的全部环节无法分析理解，细胞的突变就只能是一个黑箱。

人类面对的更为隐蔽的复杂自组织过程，就是精神环境中的认识构建与社会环境中的社会关系构建。它们蕴含的复杂自组织的条件积累，还完全在人类的逻辑能力之外，对它们突变的理解，也就远在人类的哲学能力与社会学能力之外。

人类精神环境中的自组织过程也就是观念秩序的发现过程。所谓"发现"，就是对其内部的既有联系依据新的外部功能的选择与确认，而不是对新联系的创造。当这种确认来自人类的意识活动时，这种构建就是发现。

环境秩序的无中生有并非普遍联系的无中生有，而是特殊耦合关系的无中生有。构成秩序的普遍联系条件，在秩序构成之前并没有明确的特定环境功能，也就没有环境存在，也就是"虚无"与"无"。哲学中的"无"仅仅是存在的无与秩序的无，而不是能量的无与普遍联系的无。能量无处不在，能量应不会无。普遍联系无处不在，普遍联系永不会无。宇宙的虚空不是真正的无，而是秩序与存在功能的无。没有环境功能的能量形态就是无，就是人类感知的不存在。宇宙的虚空中充满了无序的能量与普遍的联系。

秩序构成的环境功能对内部联系的确认以及确认中的固定，既是存在与秩序的构成，也是秩序稳定性的形成。新秩序的创立形成的环境功能必定改变了环境的存在形态，这种改变形成了环境对新秩序的确认，并维持了新秩序的稳定。

例如，新的物理状态的建立就是新的物理秩序与物理存在要素的形成，它必然形成对物理环境的改变。引力场或电磁场的改变，就来自其中新的物理秩序的建立，就来自一个自组织过程的成果。改变以后的物理场又形成了对新建立的物理状态或物理存在的确认，并且必然维护了这种确认状态的稳定性。

例如，新的生命秩序的创立就是新的生命形态与生命的确立，它也必然形成对其生态环境的改变。改变后的生态环境又会形成对新生命形态的确认与维护，并由此而获得其存在的稳定性。这就是生命秩序自组织的成果。每一个新物种的出现都是既有生态环境中复杂多样的自组织过程积累的结果，突变的过程是瞬间的突现，积累的过程则是隐蔽而漫长的。每一个被确认而生存下来的新物种，都必然受到了被改变的新生态环境的维护，并由此为获得了稳定生存。不能获得稳定维护的新物种就不会存在，它所发生过的自组织过程也就没有成果。失败的自组织过程也就不存在。存在由稳定的秩序所标识。

例如，新观念的认识构建，形成了观念空间中新的秩序形态或新的观念要素的存在形态，这也就必然改变了提供这个自组织过程的观念空间的既有秩序与环境条件。当这个被改变以后的观念空间结构形成了对新观念要素的确认，并构成了维护其稳定存在的条件，这个新观念才获得了观念空间中的存在。没有获得稳定性维护的新的认识成果就不存在。人类精神环境中的全部观念结构，就是这样逐层自组织构成，又逐层被环境维护与确认了其稳定存在的结果。

例如，人类社会环境中社会结构或者人类个体间的社会关系的形成，也是自组织突变的成果，还是低层次社会关系的自组织积累的结果。每一个新的社会关系或社会结构的自组织构成，也形成了对既有社会环境秩序的改变，并在这种改变中获得了稳定性的维护。这种对新关系的稳定性维护，就是既有环境复杂的选择功能。没有获得稳定性维护的社会关系，就在自组织突变形成中自然消失了，就不会形成社会的存在。家庭的建立，企业的创建，政党与国家的形成，民族的认可，都是如此。

每一个自组织过程的确立或者新秩序的形成，都由这个新的存在方式在环境中形成的功能所标识，也受到这个功能的环境影响结果的维护，并在维护中获得其稳定与存在。存在的秩序由其环境功能来维护其存在。一个内部关系的确立形成了外部环境的功能，这个外部功能又维护了内部关系的存在与稳定，这就是一个自组织过程与环境的自纠缠关系，也是理解自组织过程的宏观逻辑。

无生命存在的自组织过程，已经开始为现代科学方法所理解，这就是系统论科学方法中的耗散结构理论的新成果。普利高津具有重大的贡献。

人类对生命存在的自组织过程的理解还是感性的，还没有形成明确的逻辑化认知。这就是人类对深刻的生命活动现象的理解仍然处于神秘与模糊状态的原因。这种模糊的感性化理解引导了人类自古以来关于生命的观念。人类文化史中各种关于生命形成的神话，就是这种理解的感性化与拟人化表达。正是因为对这种复杂而神秘的自组织过程的无法理解，人类的传统文化就常常将其表达为他组织的结果，并将一切生命形成的发生过程都虚构了一个奢靡的外部原因。

人类今天哲学的肤浅与散乱，还没有将精神世界的形成过程理解为精神存在的自组织过程，还在用精神世界以外的原因解释精神世界存在的形成。这就是今天的认识论状态。唯物论的认识论将精神世界的存在原因归于具备意志与神秘的客观规律的物质世界，唯心论的认识论将精神世界的存在原因归于来自宇宙的绝对精神。聪明的康德试图对这种神秘进行解魅，但也不得不保留了一条先验范畴的外部原因的尾巴。

人类对与自己最密切的社会环境的存在还没有形成完整系统的观念。马克思的观念体系也仅仅是一个雏形。这源自社会存在的复杂性，也源自社会存在与人类活动高度的自纠缠关系。今天发端于西方文化中的人本本主义价值观的社会学观念，还在抵制马克思的观念，还不能明确认为人类的社会环境是一种独立的存在，还认为社会秩序就是人类个体活动的形态集合。今天的社会学还在懵懂中。社会学的逻辑中还完全没有自组织的观念。

今天的中国人已经忘记了自己祖先对人类社会的深刻理解。主流社会学被陷在马克思的局限中，时髦社会学则沉浸在被仍然懵懂的西方自由主义文化所殖民的快感中。中国人要创造自己的新理想与新国家，不仅仅需要直接提供国家竞争能力的自然科技与行政技术，还必须具备能够承载自己创新历史的新伦理与新文化。

秩序就是能量存在的形式。无秩序的能量就不存在。能量要素间具有无限普遍的联系。能量要素存在于自己特有的秩序中，并依据这些秩序实现自己的环境影响，据此而成为可感知可理解的能量。

能量要素依据其被秩序的组织化，构成了不同层次的存在要素。存在要素对环境秩序的改变又会形成对其存在方式的维护与改变。这就是存在要素的组织化结果与其存在环境间的自纠缠关系。这种关系也表达了自组织过程的内在机制。

因果关系是哲学的观念。它表达了人类对存在环境中不同层次的存在要素间的普遍联系的人类确认。

人类可理解的因果关系，只是形成了明确秩序的因果关系。人类观念空间中表达的每一个简单因果关系，在现实中都是由几乎无穷层次的因果关系的嵌套组合体。观念的因果是对现实秩序的认知简化。这种简化依据，仅仅在人类关注的可感受的环境功能中。就是人类不可分析的基本粒子，也仍然是能量要素间几乎无穷层次的因果关系的耦合所形成的环境存在形态。人类可理解的自然环境中的存在要素，都是基本粒子集合中几乎无穷层次的因果关系的耦合结果。人类社会环境中的存在要素，也都是自然环境中的存在要素的无穷层次的因果关系的耦合结果，其中包含了人类个体本身。

构成秩序的自组织过程的内涵具有高度的随机性。但这种随机性被构成因果循环的存在要素中的普遍联系的几乎无穷的自由度所稀释与降低了。每一个因果循环的构成形成了秩序，也提高了环境中普遍联系形态的随机性。在最复杂的存在秩序中则具有最高的随机性。例如化学元素的存在就比基本粒子的存在具有更高的随机性，细胞的存在就比其他无生命存在具有更高的随机性，人类的存在就比细胞的存在具有更高的随机性。

任何一个层次的因果循环一旦被自组织过程所容纳，就会具备在环境中的秩序稳定性。这种秩序稳定性来自因果循环中的正反馈关系与负反馈关系的合理均衡。秩序的稳定性是秩序存在的依据，也是自组织过程得以确立的依据。复杂秩序的稳定性来自其中每一个简单秩序稳定性的稳定耦合。

越复杂的秩序，其稳定性就越脆弱。单细胞生命的存在就比人类生命的存在具有更高的稳定性。复杂的秩序之所以能够具有相对高度的稳定性，就来自复杂秩序与环境间的复杂嵌套关系。人类生存的高度稳定性由人类所创造的复杂的社会环境秩序来保证。人类生存稳定性的消失，就是社会秩序稳定性消失的结果。

16. 存在秩序的演化机制

人类的文明，形成了宇宙中极其特殊与极其偶然的存在形态。这种偶然性表明，在宇宙的广泛环境中，类似人类生存方式的存在形态是稀少的。这种稀少的形态，就是在人类的生命活动基础上形成的社会化的生存方式与社会环境结构。社会结构的形态可以由社会秩序来表达。社会秩序就是对社会环境中的能量形态的组织化方式。社会能量的形态就是人类个体。

每一个人类个体，就是社会存在的基本要素，也就是社会存在中的能量。这个社会基本要素的全部环境功能，都来自他独特的精神世界对其生命本能的塑造。

人类依据无限复杂的精神世界形成个体之间的社会影响与社会联系。这种影响与联系构成的组织化关系形成了社会环境中的社会结构。所谓社会关系，就是对社会结构的组织化形态的环境功能表达。所谓社会结构，就是对社会关系的组织化形态的空间逻辑表达。

从基本粒子到人类社会，无非是存在能量在不同层次中的自组织形态。至今为止的人类认知能力还不能透彻理解它们。正是理解它们的困境，将表达它们的文化分裂成为不同层次的不同形态。将表达对环境存在理解的不同层次的文化观念统一起来，就只能是新哲学的任务。

　　存在的形态依据存在的环境功能维持与确定。存在要素的秩序稳定性形成了存在要素的功能维持。存在要素的功能维持就是秩序的耦合选择依据。

　　人类环境的存在秩序由其中永恒的自组织过程构成。高层次秩序的构成依据低层次秩序的耦合形成的功能确定形成秩序的选择。人类的文明构成与文化进步，只是宇宙中无限可能的秩序构成与自组织发生的偶然结果的秩序耦合选择成果。从人类的视角来看，这种环境功能的耦合选择，就是环境功能维持中的试错淘汰。

　　人类的文明演化，也并不是在逐渐逼近一个确定的宇宙秩序或确定的客观规律，而是在宇宙环境的无限秩序形成的可能性中被功能的偶然耦合所确定的形态，而是在不断创造出新的秩序形态的进程中被既有功能内在稳定性形成的试错选择的结果。人类社会的存在，仅仅是全体人类社会成员的精神环境的秩序总和中，无限可能的秩序形态中有限化功能固定的成果而已。

　　人类生存环境的存在形态就是演化。人类的精神世界具有理解人类生存环境的功能。人类理解环境功能的基本理性能力形成了时间与空间的基本秩序安置逻辑。时间是人类理解可分析的秩序演化过程的逻辑。人类对于可感知其演化表象间关系的过程，就可以形成时间化的逻辑安置，也就形成了具有时间的过程。人类对无法感知其演化表象关系的过程，就无法形成时间安置，也就形成了没有时间的过程。有时间的过程就是渐变的过程，没有时间的过程就是突变的过程。突变过程就是时间的黑箱过程。

　　构成环境秩序的自组织过程就是存在秩序的突变过程。以宏观的视角理解人类生存的环境，任何存在要素的演化表象都是渐变的，都是具备特定的时间过程的。渐变过程是广泛发生的突变过程的综合，这由人类对自己生存环境状态改变的感知能力决定。人类对环境状态改变的感知，形成了人类的时间观念。

在每一个不可感知其内在机制的自组织过程中，在不可感知的因果循环构成多层次耦合关系的过程中，则是没有时间过程的，则是突然实现的。突变与渐变就是人类依据不同的环境状态改变的感知方式，理解环境演化过程的基本形态。时间则是人类理解环境演化过程的基本逻辑。时间逻辑的有效性依据，就在人类对环境秩序变化的感知中。

人类可感知的全部演化过程，都会在时间逻辑中得到自己的基本安置。但在人类的生存环境中仍然遍布着不可感知的演化过程，这就是无法实现时间安置和没有时间的过程。人类环境的渐变，就是可被时间逻辑明确安置的演化过程。人类环境的突变，则是无法被时间逻辑安置的演化过程，或者只能被时间逻辑模糊安置的演化过程。前者是绝对的瞬间突变，后者是在相对模糊的时间中的缓慢突变。

逻辑是人类直接理解自己精神环境秩序的方法，也是间接理解人类物质环境秩序的工具。人类理性观念中的各种逻辑方法，只是说明特定观念领域中的特定秩序形态的特定工具，也只能近似地理解与表达一个特定领域中的特定关系的形态与变化。对于超越逻辑方法说明功能的秩序演化，就构成了秩序突变的观念。人类虽然仍然可以感受秩序的突变结果，但无法感受秩序的突变过程。在人类的公共观念中，只能用非逻辑的感性方法来表达与理解突变。在人类漫长的文化史中的各种虚幻的神话故事中，这种感性表达的突变过程比比皆是。天使可以变成魔鬼，孙悟空则有七十二变。

现代自然科学是人类现代文化中理解自然环境的理性公共观念形态。在自然科学的观念体系中，开始实现了完美理解与表达无生命秩序中的一般变化过程。牛顿以来人类已经建立了无生命环境中较完美的演化与运动逻辑，但人类至今对生命秩序的演化方式与演化进程的理解还在懵懂中。

达尔文的生命演化理论，开始明确提出了生命演化中的渐变过程的功能与原因，人类对生命演化进程才由此而具备了时间逻辑的基础依据，生命的存在形态才开始不是永恒不变的了。

直到今天，在人类理解生命演化进程的模式中还仍然充满了突变，这就是人类仍然无法感知与理解的演化过程。这也是反对达尔文理论的学者们的逻辑口实。

几乎与达尔文同时代的马克思，则用他独特而新颖的社会学思想模式，开始提出了社会秩序的演化形态与演化原因。马克思主义的诞生，既是对人类漫长文明中的社会秩序演化形态的最新的理性化理解答案，也是急就章式的解释新兴的工业贸易文明为欧洲社会带来的动荡与冲击的答案。

在马克思的思想体系中对社会演化机制的理解，还仍然远低于人类当时对自然环境演化机制理解的水平，这就决定了马克思的理论仍然不得不依靠大量的感性文化元素来实现其表达。马克思表达社会演化观念的逻辑工具，主要是黑格尔的现代辩证法逻辑。但仅仅直接依据这个高度抽象与超验形态的逻辑，又形成了在对具体社会演化过程的表达中的脱节与悬空，这就明确限制了其对社会秩序演化的表达功能。

高度超验的辩证法逻辑常常用高度确定的形式表达实际上并不确定的环境秩序。这就是辩证法逻辑工具的内在应用矛盾，也是马克思试图非常明确地阐明的观念体系，在他的学生们中间形成了明显的不确定的发展方式与发展结果的方法论原因。在辩证法逻辑与社会演化的方式之间，还因为缺乏经验逻辑而形成了巨大的空白。在西方传统自然哲学中，在亚里士多德的经验逻辑与超验逻辑之间的巨大空白，曾经将他的物理学涂上了神秘甚至滑稽的色彩。但在牛顿物理学中，这个空白则被伽利略们积累的经验逻辑成果填平了。马克思的后代们也肩负着伽利略对亚里士多德的责任。

今天丰富多彩的现代社会生活，已经为填平马克思主义观念体系中的逻辑空白地带，提供了丰富的经验素材，但填平空白的逻辑构建，则应该是今天仍然蛰伏中的哲学家们的任务。

正因为达尔文的观念体系对社会学与生物学秩序的表达，远远低于牛顿体系对物理学秩序表达的完美，牛顿的观念体系也就常常进入社会学与生物学中。牛顿体系虽然被爱因斯坦所打破，但仍然在特定的经验领域中保持了强大而确定的理性影响力。这就是社会学领域中科学主义思潮的逻辑基础。其方法论则是机械论与还原论。

在人类今天理解与表达精神环境秩序的哲学中，则还远远低于达尔文与马克思表达生命环境与社会环境的逻辑成就，虽然达尔文与马克思的观念体系今天仍然面临着巨大的完善任务。而今天的哲学，则还大致处于马克思之前的社会学与达尔文之前的生物学的状态中。今天的社会学还在微观的经验领域中自鸣得意，在唯一可以实现一些理性逻辑安置的现代经济学领域中，看似光鲜的数学应用实际上仍然是对经验观念的阐释与附会。所谓大数据的功能都是经验化的，离数学超验还十分遥远。现代经济学的真理性就像现代医学的有效性一样，从来就是模糊不清的。它看似高大上地引用了无数数学工具，实际上就连最简单的社会经济现象都难以透彻地说明。

西方近代哲学除了为一神宗教的理性化构建提供了明确的贡献外，也为马克思的社会学观念体系奠定了一个模糊的基础。今天的中国哲学则还没有实现由农耕文化的基础向现代文化基础的转变。毛泽东将马克思主义部分地儒家化了，今天的中国学者们的任务，就是将儒学文化工业贸易文明化。今天中国流行的马哲与西哲，仅仅是这个转变过程的准备条件，而不是转变结果。

马克思的方法论全面移植了黑格尔的辩证法逻辑。而任何逻辑的合理运用仍然需要经验观念的填充与支撑。对高度抽象的辩证法逻辑在复杂具体的社会学观念中的运用而缺乏经验逻辑的适配，就像将论语和庄子的表达直接移植到今天的中国来，常常也会带来并不确定的结果：正反两种结论都可以从辩证法中得到证明，互相冲突的观念都可以从孔子那里找到依据。这都不是逻辑悖论，而是文化悖论。

马克思思想体系本体论的模糊性，则来自英国经验论与黑格尔辩证法的本体论肤浅。他鲜明的实践观念虽然为这种肤浅打开了深入的大门，但仍然没有太多本体论的哲学意义。其实践观念与绝对理念的综合就走向了仍然模糊的客观规律。所谓客观规律，就是对环境秩序依据的隐性外因论安置，它与非拟人的泛神论和朱熹的天理观念在本体论意义上异曲同工。被理学熏陶过的中国人对客观规律必然感到亲切。

但这种模糊的本体论，仍然是人类在几乎完全没有本体论支撑而本底黑暗的现代社会学中的一盏明灯。至少，马克思明确提出了人类社会是一种人类活动之上的环境存在的观念，而今天的西方社会学则还在从柏拉图的理想国到人本主义和存在主义的泥潭中挣扎。这种挣扎中的希望亮光仍然忽隐忽现地来自上帝与天堂。

今天中国人的现代中国梦，就是被马克思的这盏明灯所照亮的。而西方现代文化中有效的本体论观念就到达尔文为止了。达尔文仅仅走入了生命环境而已。但马克思思想提出的社会本体论，则被西方现代文化的演化经历所必然地抵制了。马克思只能在中国落地。

但仅仅依据马克思还仍然粗浅的思想体系，来理解今天的世界与中国复杂丰富与绚丽多彩的社会形态与社会活动，则还远远不够。他的剩余价值理论远不能说明今天的全部经济活动，他的阶级斗争理论远不能说明今天的全部政治活动，他的上层建筑理论远不能说明今天的全部文化活动。马克思的思想对现代社会学的贡献，还无法与牛顿的思想对近代物理学形成的巨大影响相比拟。但牛顿的观念体系今天也被爱因斯坦们打破了。

今天支持马克思与反对马克思的思潮，都在扭曲马克思。支持马克思的扭曲方式就是将马克思主义绝对化与教条化。他们通过推崇与崇拜马克思的方式限制与僵化马克思，进而消灭了马克思的思想智慧的影响力，将马克思的鲜活思想变成了文字形式的教条符号与行为模式的膜拜对象。这种文化态度在中国曾经被毛泽东有力地反对过。而毛泽东的一些拥趸们又在用将毛泽东思想教条化的方式来扭曲毛泽东了。但是，对经典真理的公共观念教条化的文化活动方式，就是在缺乏文化修养的大众们心目中普及真理形式的有效方式。在没有读过书的中国人心中，深入人心的孔夫子的形象无非就是他的言论教条而已。

反对马克思的思潮扭曲马克思的思想武器则是将马克思妖魔化。他们将社会演化进程中不可避免的摩擦与冲突归罪于马克思，特别是将自称的马克思学生们对马克思的滥用形成的恶果归罪与马克思。将解决人类长远苦难带来的眼前痛苦放大化与情感化，既是存在主义哲学与人本主义文化的陷阱，也是任何伟大思想智慧的桎梏。

没有马克思们的努力，人类社会不会没有痛苦，但马克思们的任何努力也不可能避免痛苦。是药三分毒，良药必苦口。将治病救人的外科手术室中的血腥与技术性的冷漠放大，也可以扭曲为罪恶。他们对马克思的扭曲还受到了一种哲学世界观的支撑，这就是自由主义的理想，例如哈耶克的理论。但这仅仅是一种现代化包装的乌托邦而已。

无论是教条化还是妖魔化，都是对马克思巨大影响力的承认。只不过是一种不由自主心不由衷的承认而已。就像达尔文与爱因斯坦一样，马克思对人类现代文明的影响是历史性的，但也仍然是需要深刻地改造与继续完善的。

实际上，真正理解达尔文理论与爱因斯坦理论的人是非常少的，就是物理学与生物学圈子里，真正透彻理解的人也并不多，大多数的理解也只是教条化的形式。这也是现代教育方法的必然成就与必然结果。今天对马克思理解的人就更少了。马克思的思想在以马克思主义为主流文化依据的社会环境中，仍然主要以教条化的方式呈现。

哲学的发展只能靠哲学自己。哲学必须为自己的发展提供理性工具，也同时为社会学与生命科学的发展提供理性工具，甚至可以超越已经几乎完美的数学，为物理学提供理性工具。今天的哲学还在远离这个任务中，还在各个文化体系的角落里充当仆从。

人类与人类生存的环境都可以用可分析的存在概念来理解与表达。存在处于永恒的演化过程中。演化就是存在的形态。人类自己就是生命演化的成果。人类的自然环境处于永恒的演化中，人类的社会环境也处于永恒的演化中。演化就是存在的活力与生命力所在。

存在的演化就是存在中秩序的演化。演化改变了存在中能量的组织化方式，也就改变了存在的形态与存在的环境功能。

秩序的演化通过其环境功能的表象改变表达出来。演化就是环境功能表象改变的内在机制。宇宙的演化就是组织与安置宇宙能量的宇宙秩序的演化。人类的演化就是人类在生存活动中形成的内部生命秩序的演化，这种演化带来了人类活动能力的改变，也带来了人类精神环境与社会环境的改变。人类精神环境的演化就是观念空间秩序的演化，它形成了人类行为方式与行为空间的改变与拓展。人类社会的演化就是整合与安置人类社会成员之间的社会关系的演化，它形成了人类社会活动方式的改变，包括经济秩序的改变，政治制度的改变与文化形态的改变。

存在演化的依据在存在内部的秩序与无序的对立与均衡中。辩证法逻辑用对立统一表达了这种普遍的演化依据。

秩序表达了存在中的有序化状态，能量表达了存在中的无序化状态，秩序与能量的对立形成了存在的形态，也提供了存在演化的动因。秩序与能量的复合构成了存在的环境功能，这就是对立统一逻辑表达的本体论内涵。

秩序与能量的对立状态处于动态博弈中，其不断改变的主导状态的周期性交替，就构成了演化中的周期。宇宙的秩序有周期，生命的秩序有周期，意识的状态有周期，社会活动的方式也有周期。

不同层次的存在中的不同层次的秩序，永恒不断地通过自组织过程发生与构成，又永恒不断地在自由能量的冲击中瓦解与消失，这就形成了存在演化的宏观现象。

存在中的秩序通过其内在要素间的联系，形成了多层次耦合关系的自组织突然实现而被建立起来。但是在秩序形成的过程中，每一个具体的联系环节或耦合要素，则都处于渐变演化的形态中。在无数渐变演化过程中的存在要素所提供的环境功能的联系中，所形成的多层次耦合状态及其自组织构成的环境功能，则是突然发生的。这就是在无序的局部秩序体系的环境功能之间，突然形成了互相依存与互相支撑的特殊关系。这种关系的逻辑表达就是正反馈形态的因果循环。在这种特殊关系中所具备的维持这种关系的内在稳定性，就是秩序得以存在的依据。秩序的环境影响构成了秩序的外部功能，秩序的稳定性则是其内在功能的综合表达。稳定性是秩序存在的基本依据。

任何层次的存在秩序都处于永恒的无中生有与有中消失的过程中。这就是秩序的不断重构与更新和秩序的不断瓦解与消失。这个过程就是存在秩序演化的本质。每一个存在要素的演化，都来自其中多层次内在秩序的演化所形成的变化，都来自这种变化被存在秩序的稳定性功能的选择与固定。秩序的突变就表现为这种选择与固定形成的新功能的突现。

全部环境的存在，具有几乎无穷层次的结构。任何存在的秩序，都由其内部几乎无穷层次的子秩序构成。每一个存在要素的秩序都是其更高层次的外部秩序的一个内部的子秩序，也都是其内部环境中的子秩序的外部统合秩序。

在任何层次的存在中，新秩序的无中生有的构成过程，都会形成对更高层次的秩序结构的改变与无序扰动。这就形成了更高层次秩序的内在机制形态的变化，也就构成了它的秩序渐变演化。这种扰动可以强化更高层次秩序的稳定性，这就是正能量的秩序构建；也可以瓦解这种稳定性，这就是负能量的秩序构建。秩序的演化依据，就来自秩序内部多层次的子秩序的不断构建更新与不断瓦解消失。

人类依据精神环境实现对生存环境的理解。人类在精神环境中的活动方式，形成了人类对永恒秩序的认知与追求。这就是人类永恒观念的超验依据。这种追求又受到了人类的环境需求对于环境演化稳定性追求的支撑。这是人类永恒观念的经验依据。

这种永恒观念的追求，这就是人类在意识活动中追求观念结构的完整性与价值结构的统一性的原因，也是人类的观念结构与价值结构中始终具备终极观念与终极价值的原因。

在人类社会永恒流变的环境秩序中，人类理解环境秩序的意识活动又在不断追求秩序的永恒不变。这就构成了人类精神世界中的基本冲突。

曾经流行过的文化观念认为宇宙是永恒不变的，但今天的宇宙模式则是不断膨胀的形态。今天的宇宙不变性观念则被推移到了基本粒子与基本物理场的不变性中。在变化的宇宙中，人类又意识到了一个不变的外在环境。这个今天人类可理解的不变的外在环境，将来还会被理解为变化的。理解变化的逻辑依据就是理解演化的内在机制。

任何存在要素都在环境中存在。存在要素的集合构成了其中每一个存在要素的环境。每一个存在要素都必然与环境交换能量与信息，也就是与其他存在要素的一个集合交换能量与信息。这个集合就构成了这个要素的环境。所谓信息，就是秩序在存在要素之间的传输形式。存在与环境间交换信息的过程就是存在与环境间秩序互相影响的方式。光子是今天人类理解的最基本的物理要素间信息的传播载体。量子纠缠则是物理存在要素内部的秩序传播机制。光速是物理存在要素间的信息传播速率极限，量子纠缠不受光速限制。

多样化的存在对环境中形成多样化的影响与扰动，当这些影响形成了一个更广泛的环境中的功能时，新的存在与新的秩序形态就出现了。

存在与环境的关系是无穷多层次的。每一个层次的存在都由其内在要素形成的组织化而构成，每一个层次的存在又都为更高层次的存在而构成其内在要素。

人类认识能力之外的高层次的存在秩序，对人类的生存是没有意义的。超越人类理解能力的存在就是对人类的不存在。人类认识能力的不断拓展形成了人类精神世界结构与人类文化体系的不断复杂化，这个过程也在拓展人类对环境存在的终极结理解的边界。

今天人类的认识能力，就只能形成今天的宇宙爆炸模型。与三千年前人类的认识能力相适应的宇宙模型就是托勒密的地心模型。超越今天人类理解能力的宇宙模型对人类是没有意义的。人类今天理解的宇宙模式与人类今天在宇宙中的生存方式大致是协调的，这由人类的实践活动方式所决定。这个协调一旦出了问题，人类的生存就会出现危机。斯蒂芬·霍金的各种人类危机的说法，就来自他认为人类今天的生存方式与人类对宇宙的理解方式之间出现了冲突。

人类通过对环境的感知实现在环境中的生存。人类对存在要素间关系感知的外在文化表达就是因果关系。因就是特定要素的环境存在，果就是这个存在要素对环境的改变和对自己的确定。

所谓可感知的因果关系，就是人类精神环境秩序中所映射的外在环境秩序中不同存在要素之间的有价值的联系，也就是人类观念空间中的观念结构所表达的外在环境存在要素间的功能联系。在人类观念空间中表达的几乎无穷的环境要素间的联系中的可感知的功能联系，就是可以满足人类需求的环境秩序存在，包括满足人类物质需求与精神需求的全部价值。因果关系就是人类精神环境中对人类生存环境秩序的特殊理性化表达。

人类生存环境中具备的无穷多样的存在形态提供了形成了无限因果关系的可能性。人类的认识能力与审美追求则仅仅发现了满足人类生存需要的因果关系。人类认识能力的不断拓展与生存需求的不断发展，也就形成了对环境秩序所感知的因果关系的不断拓展。因果关系是精神环境中的观念，直接来自人类的意识活动，而不是直接来环境存在中的秩序。环境存在仅仅是因果关系的本体依据。在人类文化中对因果关系的不同表达形态，就是人类公共化的精神秩序的不同形态的外在化。

因果关系由精神环境中的秩序所表达。人类精神环境秩序复杂的组织化结构，表达了因果联系的复杂链条。这些链条也会形成首尾相接的因果循环。形成了因果循环的存在要素间的联系，也就形成了这种联系中的自我稳定与自我维持，就是形成了一个存在要素对环境的影响效果，就是形成了一个存在要素的秩序形态，也就是形成了人类对一个存在要素的感知。多层次嵌套的因果循环形成了多层次嵌套的自我稳定机制，也形成了多层次嵌套的存在形态。

所谓秩序，就是环境要素间形成了稳定外在功能的内在联系。形成秩序的内在联系又来自内在要素的环境功能中。每一个内在要素的存在，都由其存在范畴中的自组织过程所构成。无穷层次的内在要素的秩序与功能，就形成了复杂多样的外在功能形态。每一个内在要素范畴中的自组织过程的永恒发生，又在不断改变内在要素的存在功能，也在不断改变着外在秩序的存在形态。这种改变逐渐弱化与瓦解了已经构成的外在秩序。当这种内在秩序的改变达到了某一程度，就会引发外在秩序的崩溃与外在功能的消失。这就是内在自组织的活力瓦解外在秩序的机制。

自组织过程广泛地分布在全部环境层次中。低层次的自组织形成了高层次秩序中的能量活力，也形成了对高层次秩序的冲击与瓦解，各层次的秩序形成了对低层次自组织过程的引导与制约，也形成了对低层次自组织活动的自由度限制。

今天人类理解环境秩序的日益精密的理性逻辑，主要是将环境秩序层次化与将环境结构隔离化的结果。离开了被分割与被隔离的秩序结构，很多精密的逻辑方法都会失效。而将多层次嵌套的环境秩序统合起来理解的逻辑，则又常常是模糊的与粗糙的，也就是充满了感性化方法的。前者就是精确化的分析逻辑，后者就是模糊的整体逻辑。

以现代数学方法为核心的分析逻辑之精美，支撑了现代自然科学观念体系的构建与表达。但却仅仅是一种对环境秩序特殊的分割与隔离化的理解与表达。这就是自然科学形成了分析性的结构与分科型的向下还原的逻辑方法的依据。至今为止人类理解环境秩序的整体逻辑还十分粗浅。这是因为它所面对的问题要比分析逻辑复杂得多。因此，人类今天整体性地理解自己的生存环境的能力还很原始，还远远落后与分割理解环境秩序与隔离理解环境秩序的能力。因为分割与隔离才能将环境秩序简化，这种简化却能够适应人类对自然环境的基本认知。

永恒不停地构建与形成新的秩序与新的存在方式，就是人类环境的宏观有序化与宏观演化的趋势。任何自组织过程的发生，都必须以与环境的能量与信息交换为条件，这是耗散结构理论的核心要义。但每一个存在要素中又必然会蕴含着无限的无序化进程与宏观演化的趋势相对立。一旦将某一个具体的存在要素绝对地隔离起来，包括绝对的物理隔离与绝对的逻辑隔离，就失去与环境间的能量与信息输交换条件，自组织过程就会停止，无序化过程就会成为秩序演化的主导方向。这就是热力学第二定律所表达的状态。

热力学第二定律有两个明确的条件使得它并非普遍的演化形态。一个是实现了绝对的热力学隔离的孤立系统，另一个是它仅仅考察物理学观念所定义与规范的特殊的热运动。将它推广为宇宙间的普遍状态，也就必然破坏这两个条件，这个定律就会因为普遍存在的负熵的发生和秩序的自组织构建而失效。依据它所预言的宇宙热寂结果，只是人类依据简单逻辑的臆想。但这种臆想却让物理学家们也迷惑了。如果这个定律具有普遍性，人类就不会出现，人类的文明就不会出现。

严谨而高尚的物理学则会得到完全谬误的结论，而且还一时看不到逻辑的错误。足见自然科学的曾经简陋。迷信这种简陋就是现代愚昧。今天还有不少人处于这种迷信中。

人类全部环境的存在形态，就是有序化的宏观趋势与无序化的微观趋势的对立与均衡。低层次的有序化过程就是高层次有序化进程中的无序化，这就是秩序构建成果的相对性状态。

这种有序趋势与无序趋势的对立与均衡共同构成了存在的演化机制。深入细化对这个均衡关系的理解，并努力创造相应的逻辑表达工具，就是理解秩序演化的哲学方向。这需要通过构建新的逻辑工具作为钥匙来打开大门。

存在秩序的演化，就是有序状态与无序状态均衡关系的改变。这种改变形成了秩序与能量交替主导存在功能的状态，也就构成了演化的周期。从夸克的自旋周期与原子的震荡周期，到生物的生命周期与人类社会的经济周期与政治周期，都是如此，都可以用统一的逻辑来实现分析。

在存在中有序状态与无序状态的均衡关系的改变，由存在秩序的内部机制形态决定。辩证法逻辑向本体论观念中的延伸，就是对这种内在关系的逻辑化理解寻求本体论依据的结果。这个结果带来的方法论与本体论的混淆，也是泯灭辩证法逻辑影响力的原因。之所以有这种混淆，就是因为辩证法逻辑一直得不到同层次理性的本体论支撑。新的本体论必然要依据新的认识论，而新的认识论又恰恰受到了传统逻辑的限制。

今天的系统论逻辑则具备了比较好地表达这种演化机制的功能，但由于受到逻辑实证主义哲学方向的干扰，这个工具的发展也受到了极大的限制。系统论今天还主要被科学思维作为一般方法，还在受到科学哲学试图将逻辑工具实体化的桎梏，还无法突破孕育新的本体论的藩篱。系统论逻辑的哲学新生就在系统论滋养出来的本体论模式中。当系统论方法催生了人类对存在本体的新认知时，哲学就会获得新的解放。

实际上，人类具备的理性能力早就开始用演化的观念理解自己的环境了。但这却受到了人类意识活动基本方法的限制而无法形成明确的终极观念。这种观念还因为人类在不同领域中理性能力与逻辑方法运用差异，而无法形成统一的表达。今天的物理学已经可以比较好地用现代数学逻辑工具表达无生命秩序的演化形态了，但数学工具对物理演化的表达已经开始力不从心了。这也是今天数学发展的动力。今天的生命科学对生命秩序的演化表达基本上还是感性化的，这也是对达尔文理论的责难一直没有很好解决的原因。生命科学中的理性化工具也主要是向物理学逻辑与化学逻辑中的散乱延伸，它们还无法形成对生命秩序及其演化机理的统一理解。生命科学自己特有的整体性的理性逻辑工具，还在系统论方法中继续孕育。整体性的系统论方法还处在与分析性的数学方法的博弈中。今天的哲学已经可以开始描述精神世界的存在状态了，但这种描述也还主要被科学方法统辖的心理学所限制，还远没有形成对精神世界演化活动的完整理解。

在今天的哲学本体论中还缺乏明确的演化逻辑依据。今天的社会学对社会存在与社会演化的理解还在感性的懵懂中，要么借用拒绝演化的机械论模式，要么借用生命演化的有机体模式。只有马克思的社会演化理论开始运用了辩证法逻辑。但由于理解社会存在的本体论哲学的严重缺失，马克思理论的运用要么难以在成功的西方社会中落地，要么在发展中国家中落地得并不理想。

马克思为了构建一个理性化的社会秩序本体论基础，在其政治经济学体系中对资本化的经济活动秩序及其演化方式，进行了深入的逻辑构建努力。但这个开创性的努力至今无人继续而停滞不前。马克思的理想仍然任重道远。马克思当年的学生们与今天的拥趸们，仍然在阐释与引用马克思曾经的方法表述中盘桓，还无人开始站在马克思的肩头开创新的空间。中国现代社会革命运动对马克思理论的运用，主要取得了急就章式的工具化成功。中国人今天应该可以腾出手来对这个工具体系进行进一步的逻辑拓展了。中国儒家文化的传统既为这种拓展提供了历史经验的空间，也为这种拓展提供了优良的文化土壤。

人类具备的精神世界可以实现对自然环境秩序复杂与通透的理解，这并不奇怪。这来自人类本身的存在方式与自然环境的存在方式的统一性。人类的精神世界提供了构建人类社会的内在依据，当然也提供了理解社会秩序的内在依据。这来自人类的存在方式与存在环境的统一性。传统的哲学始终没有能够明确地理解这两个统一性的逻辑依据，也就始终将人类的精神世界如何或怎样能够表达人类生存环境的秩序，当成了哲学中最复杂最艰深的问题。全部哲学形而上学的复杂性与抽象性，都由追求回答这个问题所引起。这个问题就是，人类的内在精神环境如何能够完美真实地表达人类的外在生存环境。

在今天仍然散乱与多元的哲学体系中的冲突混乱的各种流派，归根结底就是出于对这个问题的不同解答途径与不同答案而形成的。正是对这个问题解答的感性与散乱，在今天的哲学中就仍然呈现出各种神秘古怪的形而上学形态，今天的哲学就仍然不能与传统的一神宗教文化体系明确地划清界限。就连康德这样具有极高的理性能力与极透彻的理性追求精神的人，就在黑格尔的理性化努力之中，也不得不保留了具有神秘色彩的先验范畴和宇宙精神。他们也仍然不能彻底摆脱柏拉图。

马克思运用英国哲学中的本体论与德国哲学中的方法论表达了自己理解社会秩序的观念体系，特别是提出了人类如何可以干预与控制社会秩序演化进程的方法。这个方法的局限性使得马克思逐渐离开了今天对现代社会中的管理与控制的逻辑体系。剩余价值与阶级斗争逐渐远去。今天的西方经济学则抛弃了马克思而将美国人的实用主义方法与自然科学中引申出来的现代数学逻辑生硬地嫁接起来。这个怪胎在人类面对工业贸易文明中突然出现的全球化经济秩序的剧烈动荡中不得不成为就手的应急工具。无论西方精英们如何得意地夸赞这个工具，它的局限性在现实经济活动中则是明显的。虽然依此而构建出了各种解释经济动荡的逻辑模式，但还没有一个模式可以真实地描述世界经济秩序的运动方式与演化方式。人类今天对全球化的经济活动秩序与政治活动秩序的理解，仍然要依赖感性的聪明，有时仍然要祈求上帝。

第三章　精神环境与物质环境

17. 人类的精神环境

　　人类作为特殊的生命存在，就是依据精神环境中的活动实现物质环境中的生存。人类生活在两个世界中。

　　哲学就是人类追求理解自己在精神环境中的活动方式的文化形态。但哲学至今还不能将精神环境理解为人类生存的一个基本环境，因为哲学至今无法明确理解人类的意识活动也是实现环境生存的一种行为方式。今天哲学还大都不能理解意识活动与意识活动环境的区分，也就常常将人类的意识活动与人类的观念空间混为一谈。

　　人类对环境的生存需求通过人类生命活动能力形成的本能或欲望来表达，人类实现生存需求的行为也由欲望来驱动。人类对物质环境的需求表达为物质欲望，物质欲望驱动人类在物质环境中的行为。人类对精神环境的需求表达为精神欲望，精神欲望驱动人类在精神环境中的行为。

　　人类的精神环境为人类实现精神欲望的意识活动提供了必要的信息输入与能量输入，又是人类意识活动形成的废弃秩序与废弃能量的收纳处。人意识活动的成果构建了精神世界的环境，人类意识活动的废弃物也在改变精神世界的环境。出现了意识活动障碍或精神活动疾病的人类个体，就是因为这些废弃物在精神世界中的不合理堆积而破坏了正常的意识活动。同样，人类在物质环境中的不健康状态，也是因为不合理的环境信息与环境能量的交换方式形成的。前者例如营养的错配与毒药的摄入，后者例如大气环境中的冻馁与中暑和水环境中的淹溺。

信息就是环境中存在要素间的秩序传输形式。精神环境向意识活动提供的信息，由意识活动对观念空间中的秩序感受所形成。意识感受了观念结构，也就接受了观念结构中的环境秩序。这被康德称为内感官的功能。

精神环境向意识活动提供的能量，则通过人类高级神经器官对生命能量的转换来实现。高级神经器官中的生理能量一旦转换为意识能量，就从生命环境存在的层次进入了精神环境的存在层次中。

生理能量存在于高级精神器官中，由人类生命活动形态所表达，例如器官体液中的糖类与酶类，也包括了承载信息的激素类。意识能量则只能存在于观念空间中，由人类观念空间中的观念要素承载与表达。观念空间中从元初观念到终极观念都是意识能量的载体。神经器官中的生理能量一旦进入意识活动中，就转化为精神环境层次的能量而被意识活动所接纳了。

高级神经器官的生命存在是人类精神环境的存在基础。精神环境的观念空间与神经器官的生理空间之间的边界，既是生命秩序或神经器官的上边界，也是精神环境秩序或观念空间的下边界。高级神经器官中的生理能量构成了精神环境中意识能量的物质基础。生理能量与意识能量的分界，既是生理能量的上边界，也是意识能量的下边界。

人类的精神世界是人类生存环境的一个存在层次。人类在全部生存环境中的生存活动，都要通过精神环境中的活动来选择与实现。人类的精神环境既是人类意识活动的环境，又是人类意识活动的成果。这就构成了意识活动与观念空间之间的自纠缠关系。

人类的意识活动构建出了精神环境，实现了对精神环境的适应与利用，也影响与改变了精神环境。

人类依据精神环境秩序或观念结构，实现对物质环境的理解与利用，形成了对物质环境中的生存行为选择。人类的认识活动，就是构建精神环境秩序的意识活动方式。

认识活动所构建的观念结构与秩序，就是满足人类意识活动需求的环境秩序，也是精神环境存在中的组织化成果。认识活动就是精神环境中的自组织活动。

人类生命活动的最高形态就是高级神经器官的活动。在这个生命活动的基础之上，人类构成了独特的意识活动方式与精神环境。在精神环境中，神经器官活动就是更低层次环境中的活动。在生命环境中，物理化学过程就是更低层次环境中的活动。生命活动离不开物理化学过程的支持，但生命活动不是物理化学过程。意识活动离不开神经生理活动的支持，但意识活动不是神经生理活动。

高级神经器官中的神经生理活动构成了人类精神环境下边界的外在环境。这两个环境之间的联系通过神经生命活动与意识活动之间的能量与信息交换实现。人类的社会环境构成了精神环境上边界的外在环境。这两个环境之间的联系，则通过人类社会物质消费活动与精神消费活动提供的能量与信息的交换实现。

人类在内在环境或精神环境与外在环境或社会环境中实现自为与自觉的生存，人类还在生命环境中实现自在的生存。人类的自主行为环境才是人类的活动环境。人类的生命环境仅仅是人类的存在环境。

人类作为生命存在的一种具体形态，必然生存于无生命环境中，也必然通过生命活动利用与适应无生命的环境。人类适应与利用无生命环境的行为，是通过对这个环境的感知与理解来实现的。对外在生存环境的感知理解与表达，就是人类内在精神环境的功能。

人类通过自己特有的感觉器官实现内在环境对外在环境的信息接受。人类外在环境秩序向内在环境中的传播所形成的信息输入，只能通过人类感官的选择过滤与加工才能实现。这种特殊的选择与加工所形成的人类可感受的外在环境信息，仅仅是外在环境秩序中微不足道的偶然投射，仅仅是外在环境存在秩序中凤毛麟角中的凤毛麟角。人类只能依据对外在环境秩序的偶然的微不足道的与极其狭隘的信息，来实现自己对外在环境的适应与利用。

但是，这种极其有限的环境信息则是与人类在环境中的生存方式与活动能力相匹配的，这种生存能力与生存方式与凤毛麟角的环境信息的匹配，来自人类在地球生态圈环境中几乎无限可能的生命演化进程的特殊成果。但这种微不足道的信息与人类自为和自觉的生存行为的融合，就被强烈地放大与强化了。感官信息输入精神环境的直接结果就是形成经验观念。人类经验观念中微不足道的外在环境秩序在经验中就变成了人类赖以生存的环境感知。

人类是宇宙中罕见的奇葩。所谓罕见，就是具有高度的不可几性。试图在宇宙环境中找到与人类同样生存并可被人类理解的生命的可能性，微乎其微。并不是与地球相似的物理环境就必然会形成人类形态的生命。地球环境形成生命是偶然的，生命中形成人类的形态更是偶然的。但这种极高的不可几的程度则可能被类地球环境的广泛性所降低。在宇宙环境中几乎无限数量的类地球环境的行星中，具有生命存在形态的可能性仍然会比较高，但具有人类生命形态的可能性就不高了，具有与人类同样精神世界结构与同样的观念表达方式而能与人类精神沟通的生命形态就更是极其罕见与强烈不可几了。宇宙中如果有可与人类交流精神世界秩序的类人的生命形态，也首先会形成与人类的竞争关系，这种竞争关系凶多吉少。人类之善是在人类间的交流中逐渐形成的。在没有交流的同类间不会有共同的善意。善待宇宙中的同类只是人类幼稚的幻想，因为对他们来说什么是善我们不可能知道。

人类通过自己的精神世界或内在环境，将这些偶然的微不足道的，表达外在环境的凤毛麟角的信息，运用自己的意识活动能力中的自组织能力，组织与构建出自己统一与和谐的内在环境或精神世界的秩序结构。这个内在环境为外在环境的偶然信息提供了有效与协调的结构化安置，这就是观念结构。这种安置将这些偶然散乱的外在环境信息融合地联系起来，构成了统一的内在环境的秩序体系，并提供了对外在环境秩序的间接表达，以实现人类对外在环境中的行为选择的引导与规制，继而实现了人类在外在环境中的有效生存。

可以对人类内在环境与外在环境中的秩序关系作一个形象化的比喻。内在环境秩序是一个连续存在与流动的大海，感官输入的外在环境秩序仅仅是投入其中的极其稀少的外部生命种子。有些种子因为偶然的机会在海洋中也开始生存下来，并逐渐形成了自己的生态，并由此而表达与映射了外在环境的秩序。精神之海中的外来生命种子就是感官信息，偶然生存下来的外来生命就是经验观念。海洋本身则是超验观念。

人类一旦形成了这样特殊的内在环境，就开始依据这个环境的秩序来构建与实现自己的外在生存方式了，人类对外在信息的获取活动，也就开始内在秩序化了。人类精神环境中的内在秩序就开始引导与规制人类对外在环境信息的选择与构建了。最终，人类也就依据自己的内在环境秩序，依据自己观念空间中蕴含的价值结构，选择与规制自己的外在行为方式了。由此，人类所获取的外在环境信息的形态，也就开始转换为与经验观念相一致的形态了。

所谓经验，就是人类精神环境中形成的对人类外在环境行为的感受观念。经验是观念。经验的形成包括两个环节，这就是感官信息的摄入与认识活动的构建。

人类的外在环境经验来自外在环境中的行为结果，来自这种结果形成的感官信息。人类的外在环境行为又必然被内在环境的秩序引导与规制，这样，就形成了经验观念在两个环境中复杂的自纠缠塑造与演化。人类的经验是内在环境中的观念形态，但又是外在环境中的行为感受结果。经验既不是单纯的观念形态，又不是单纯的环境信息，而是环境信息与内在观念结构之间，两个环境中的多层次的行为循环所构成的极其复杂的自纠缠结构的存在。人类的经验来自人类在环境中的全部生存方式的信息积累，也来自人类群体化的全部历史经历。人类群体化的历史经历的经验形态就是文化信息。

如何理解经验，也是一个传统哲学中争论不休而至今没有清晰定论的基本问题，在哲学中就被表达为休谟问题。

唯物论哲学将经验简单化为对外部环境秩序的反映。看似简单明了实则简陋狭隘。唯心论哲学就是因此而获得了强大生命力。唯心论的经验论哲学则认为经验就是人类意识活动的结果，就是人类的意识对生存感受的牵强安置。这就是休谟的思想。它们互不相让又各有偏颇。英国传统的经验哲学并非是唯物论的。

人类的外在环境向人类提供的凤毛麟角中的凤毛麟角的信息，支撑了人类认识活动对内在秩序构建的全部需求。这种构建的结果，就是形成了一个可以安置散乱而几乎完全无序的经验要素的秩序环境。各种外在环境中的经验，在这个统一和谐的内在秩序中得到了安置与整合，使它们之间构成了一些高度离散的外在经验与高度融洽的内在秩序的契合点与融汇点。正是这种融汇形态模糊了人类对经验与超验的区分。这种经验与超验的融合方式，就是内在秩序与外在秩序相一致性的依据和真理存在的依据。发现这些契合点与融汇点的文化活动，就是证明这些观念结构的真理性的活动。例如科学中的实证方法。

尽管如此，依据感官输入的信息所形成的经验观念，也并不会都得到内在秩序的有效安置。不能被安置，或者不能被稳定有效安置的经验观念，就会形成在内在环境中的完全或不完全的漂浮或离散状态，以及被简单安置后的相对流动状态。例如，作为观念空间中的基本能量形态的元初观念就是一种完全漂浮与流动状态中的经验观念要素，也是感官信息被观念化构建的初始形态。

个体通过文化活动接受的不能真正理解的知识，也会形成一种无法有效安置和相对流动状态的观念结构，这就是悬挂或悬浮的知识。例如各种理性教条。在人类个体的整个观念空间中，遍布着具有不同流动性程度的观念结构，它们承载了观念空间中的能量功能。悬浮的知识无法提供有效的意识活动环境，但却仍然是观念空间中的高效能量。

人类精神环境的观念空间中的观念结构或观念要素，由观念空间的秩序与观念空间的能量复合构成。观念空间中的秩序由观念要素中的超验内涵表达，观念空间中的能量由观念要素间的无序联系表达。元初观念就是典型的无序观念要素形态，也就是观念空间中的基本能量形态。

表达了精神环境中秩序的观念结构为意识活动提供了环境，意识活动的方式与形态则间接表达了观念空间秩序的形态。意识活动的环境秩序由观念结构提供，意识活动的能量由生命活动提供。

所谓观念要素在观念空间中的安置，就是建立新观念要素与既有观念结构的联系。稳定明确的联系形成稳定的安置，不稳定不明确的联系形成模糊的安置。不能与既有观念结构建立联系的新观念要素，也就无法获得安置而在观念空间中漂浮流动。

意识活动构成了精神环境与其中的观念结构。意识活动又不断地将新构成的观念要素安置在这个结构空间中。被安置的观念要素就转变为观念结构的一部分，无法被安置的观念要素就会在观念结构的间隙中漂浮流动。这种不断地构建与安置的结果，就构成了观念结构的演化进程。安置与无法安置就构成了观念空间中秩序与无序能量的对立。

人类的全部观念要素构成了精神环境的存在形态，也构成了观念空间的秩序。观念空间中的秩序与结构为来自外在环境的经验观念提供了统一安置的广泛可能性。人类的观念结构表达的内在秩序内涵远远超过了人类的经验观念表达的外在环境秩序内涵。经验观念永远只能填充精神环境秩序中的特殊要点，并通过这种要点为意识活动提供外在环境秩序的依据。经验要点中所蕴含的外在环境秩序，如果要在观念空间中形成统一且连续的秩序形态，就只能依据认识活动构建的内在环境秩序的整理与融合。

观念空间中仅仅表达了内在环境秩序的观念形态就是超验观念。经验观念承载了外在环境秩序，超验观念承载了内在环境秩序。它们相对立而存在，它们在观念空间中又永远融为一体。

人类依据感官信息的认识成果并非是对外在环境秩序的直接反映。但人类意识的认识活动功能具有将外在环境秩序在内在环境中实现重现与表达，这就是认为人类可以形成内在秩序与外在秩序的直接对应关系的认识论观念的依据。这也是人类中心论的观念在哲学中的表现。

人类中心论的观念对自然环境秩序的理解，就是地球中心论的宇宙秩序与万物为人类生存服务的自然观念。这是一神宗教的基本世界观。它们已经被现代自然科学观念所瓦解。但人类中心论的观念在哲学中的深厚基础则仍然难以触及。哲学的完美性还远远落后于自然科学。

精神环境的秩序由观念结构表达。观念空间是对全部观念结构的逻辑化。全部观念空间都是对感官信息所凝聚的外在经验要素的可能性安置环境。人类意识活动对经验观念安置的成果以及在这种安置中形成的超验观念构建，就是人类精神环境可以适应与满足人类在外在环境中合理生存的依据。这种适应与满足的结果还要依据人类的实践活动方式来达成。

人类精神环境的秩序结构，远比感官信息中蕴含的外部环境秩序丰富得多，远远超过了感官信息所能够获取的外在秩序的可能性空间。人类的精神环境与观念结构中所蕴含的环境需求与价值，也就远远超过了人类在外在环境中的行为经验的可能性空间。人类的意识活动可以据此而形成远远超越经验的幻象。这种超越关系，就构成了人类自由意志的行为空间。这也决定了人类的生存行为并非决定论的模式。

人类的理性方法或逻辑工具，就是对内在环境秩序的特殊表达方式。逻辑表达了安置外在环境经验信息的内在环境，也是对观念结构的简化与表面化表达。正是这种简化与表面化，形成了构建群体观念共识与公共价值的高效与准确，同时也形成了知识的肤浅。

人类对观念结构的理性化公共化表达，也就形成了超越外在经验秩序空间的外在行为的可能性社会活动空间，这也就表达了人类广泛的社会自由空间。由此，人类的社会行为方式也不是决定论模式的。

观念空间中既蕴含了全部经验观念的空间，这由经验观念的实证来保证，也包括了可以提供虚拟行为的超验空间。虚拟行为可能不具备生存功能的效果。观念空间中蕴含了交易要素与超验要素的理性化知识并非全部都是真理。知识具有远远超越经验观念的秩序维度，依据这种超越所构建出来的社会秩序与社会行为方式，就是知识对人类文明的重要贡献，也是人类文明的内涵可以远远超越经验观念的原因。

例如，各种虚拟的神话故事和宗教观念，都是人类文明的基本文化内涵，它们也在公共观念空间中提供了安置或预测公共经验观念的空间。

例如，数学观念体系为人类的意识活动提供了远远超越人类外在经验观念的行为可能性空间。数学空间远远超越了人类生存的物理空间。

例如，物理学观念体系为人类提供了远远超越人类可实施的物理行为的观念空间。在物理学描述的大多数环境空间中，人类的行为都无法达成。

在人类文化活动的全部成果中，都表达了超越人类现实社会活动方式的可能性的虚拟环境空间。各种娱乐活动就是依据文化观念构建出来的满足人类审美需求的虚拟社会活动方式。科幻小说的内容高度理性，但又高度虚拟。

人类所生存其中的外在环境，也是超越了人类生存需求的独立的存在，也具有独特的几乎是无限可能的秩序结构。这种秩序中的极其微弱的子集，才能通过人类感官功能的选择过滤被精神环境接受与理解。正因如此，人类生存其中的外在环境秩序，与人类可理解与可利用的环境秩序相比较，或者与人类精神环境秩序相比较，具有几乎无穷大的秩序超越。人类对物质环境的理解依据仅仅是其表象。人类在物质环境中的生存活动，仅仅是这种无限可能性中极其局限的一种特殊形态。康德用物自体的概念表达了这种关系。

人类的精神环境结构与社会环境结构，也仅仅是物质环境秩序提供的无限可能性中的一种极其特殊的秩序形态。人类物质环境存在秩序的无限可能性与人类生存行为方式与社会结构的极其有限性，就为人类的生存方式提供了几乎无限的自由空间，也为人类社会结构的演化形态提供了几乎无限的可能性空间。

人类是宇宙环境中极其特殊的存在形态。人类在生存中逐渐形成的行为方式与人类构建出来的社会环境，就是宇宙存在空间中极其特殊的存在状态。人类对宇宙存在秩序的利用与适应方式，对于宇宙存在秩序的影响与扰动，也是极其特殊的与极其局限的。

人类的全部环境存在构成了人类的生存条件。人类生存环境中的具体存在形态就是事件。人类环境的存在方式就是事件的发生延续与消失。事件就是人类可感知的环境存在的观念表象，就是人类理解生存环境形态的依据。

人类物理环境中的时间就是物理要素的形成延续与瓦解，人类生命环境中的时间就是生命要素的形成延续与瓦解，人类精神环境中的事件就是观念要素的形成延续与瓦解。人类社会环境中的事件就是社会关系的形成延续与瓦解。事件既是环境对人类的生存形成的影响功能，也是环境对人类生存方式形成的扰动与人类生存活动对环境的扰动。

人类的外在环境与内在环境具有不同的事件形态。内在环境中的事件就是人类对观念结构的构成与消失的感知。其中的经验观念表达了外在环境中的事件形态，超验观念表达内在环境中的事件形态。观念空间中的逻辑结构，则是人类追求观念结构的公共化所形成的事件表达规范。这个规范提供了一个更为狭隘的观念空间，但却提供了更为便于公共化的观念空间。但逻辑事件仍然可以表达更为广泛的外在行为可能性空间。逻辑事件表达了超越人类行为事件的虚拟空间。

逻辑结构也是精神环境秩序的特定存在形态，它来自人类意识活动对自己所处的观念结构环境的感受形成的公共化抽象表达。依据逻辑结构的观念表达形成了人类构建公共观念的主要方式，也形成了人类文化中的知识结构。

人类精神环境中的一般观念结构与特殊的逻辑化观念结构，共同构成了人类接受与安置外在环境事件的内在环境。一般观念提供了感性化的安置条件，逻辑化观念提供了理性化的安置条件。人类对经验观念在内在环境中的安置，由此就形成了两种不同的方式，人类在观念空间中的意识活动也由此而形成了两种不同的方式。这就是感性化观念结构与理性化观念结构，这就是感性化意识活动方式与理性化意识活动方式。

环境信息通过人类的感官转换输入精神环境。意识活动将环境信息构建成观念空间中的存在形态，也就形成了经验观念。经验观念就是环境事件在精神环境中的表达形态。

将环境信息转换成经验观念的过程，经历了两个环节。第一个环节是感官功能对环境信息的选择与转换，其结果可以表达为高级神经器官中接受的感官刺激。第二个环节是意识活动对感官刺激的观念构建，其结果就形成了意识的感受与经验观念。

在人类的生存环境中充满着表达环境秩序的无穷信息，只有能够被人类感官接受与转化的环境信息，或者只有能够被人类的技术方法转换为感官接受方式的环境信息，才能成为激发环境事件的信息，才是构成经验观念的依据。感官信息是人类环境信息中的凤毛麟角。经验观念并非环境信息本身，而是环境信息被感观选择和意识活动组织化的成果。

经验是哲学的基本概念。但在传统的哲学中，关于经验概念的内涵与功能则是模糊不清的，经验只是模糊地表达了人类精神环境与外在生存环境的直接联系而已。至于这种联系的内涵是什么，这种联系形成了与环境存在的关系是什么，这种联系在精神世界中怎样被表达，则都是模糊不清的。这来自传统哲学对于经验理解的感性化形态。经验没有可分析结构。

这种模糊不清的经验概念，就是近代西方哲学中长期争论不休的一些基本问题的来源。这些问题发端于休谟一直延续到现代科学哲学与逻辑实证哲学中。这就是所谓的休谟难题或休谟困惑。

将精神世界理解为人类特殊的行为环境，将经验理解为精神环境中由环境信息的输入而激发出来的观念存在，将经验观念理解为人精神环境中蕴含了环境信息的秩序构建成果，将精神环境秩序理解为人类外在行为的可能性空间，就可以为这个模糊不清的哲学争论提供一个比较清晰的理解逻辑。

经验是观念，是精神环境的存在形态，而不是外在环境秩序本身。外在环境秩序无法直接进入精神环境。任何人类可感知的外在环境信息，都已经不是环境中的秩序传播形态了，都已经被人类意识活动构建与加工整合为观念形态了。离开了精神环境中蕴含了环境信息的观念形态，仅仅是神经器官中的生理刺激，意识活动无法感受，也无法理解与利用，对人类的文明化生存也没有直接意义。

认为人类不能直接接受的环境秩序与环境信息仍然是环境的存在，这本身就是人类对环境的一种超验理解。这种观念来自近代哲学的去人类中心主义的形而上学成果。在哲学中，人类不可感知的环境存在，仅仅是一种安置可理解的环境存在的经验观念的超验观念结构。

人类不可感知的环境秩序，也就无法在观念空间中展开为观念结构，也就必然会被压缩凝聚成一个意识可关涉的抽象的超验观念表象。这就是终极观念的内涵。其中凝聚了人类可感知的环境秩序以外的全部不可感知的环境秩序。形式简单而内容无限丰富的终极观念是观念结构的全部秩序凝聚与观念结构的超越性条件，也是人类观念结构与观念空间的边界。

知识是人类可理解的观念结构中的理性化观念，知识是观念结构中的特殊子集。终极观念也是知识结构的宏观结构边界与上边界。知识的微观边界或下边界则由充满了元初观念的感性化观念的丰厚土壤构成。

知识的明确边界仅仅是逻辑的。现实的观念结构没有明确的边界。知识向终极观念的过渡，形成了知识的逐渐超验化与非逻辑化。科学观念的最前沿常常会与宗教信仰融合。科学范式的概念就大致区分了理性知识与感性超验的范围。

高度理性化的知识结构向微观下边界的过渡，也会逐渐感性化地进入一般观念的土壤中。爱因斯坦与量子力学专家们的争论一旦进入这个领域，也就无法利用数学工具与物理定律了。"上帝不掷骰子"的论断，就是知识争论变成宗教争论的例子。

终极观念并非完全不可理解。上帝与佛祖也可以有限地逻辑化，神学家与佛学大师就在做这个事情。在人类可理解的宏观终极观念结构中，还凝聚了人类不可理解的更加宏观深刻的环境秩序。这就构成了在超验文化结构与终极公共观念中广泛的逻辑失效与理性无能，在这个领域中的意识活动方式也就必然会回到看似神秘与愚昧的感性化方式中去。

例如，在宗教文化中要追问佛法的本性，要追问上帝存在的形式，也就必然没有任何道理可讲，也就必然没有任何逻辑工具可用。这里没有知识，但仍然有深刻的智慧。

例如，在物理学中追问量子纠缠的本质依据，也就没有道理可讲，没有逻辑依据可用，就只能回到感性感悟中去。

在人类精神世界的上边界中逻辑失效的另一个重要的例子，就是哲学中无法解释的各种二律背反。康德曾经试图详细分析一些重要的二律背反，但他也无法说明原因。实际上这就是逻方法在精神环境的上边界中被凝聚压缩的观念结构中的失效。

就是在结构清晰的观念结构中，一旦逻辑工具的运用出现了对观念层次的结构混淆或对观念结构的层次穿越，也就一定会出现不可解的逻辑悖论。例如罗素著名的理发师悖论与说谎者悖论，都是混淆了行为的实施者与行为的环境功能的逻辑层次的结果。

在观念结构边界中的逻辑失效，在逻辑工具运用中对观念结构层次混淆形成的悖论，也是至今为止的哲学成果常常会出现困境的原因。在哲学向人们提供的思维方法中，常常认为合理的理性方法与逻辑运用，在任何意识活动环境中都是等效的，如果出现了不等效的逻辑结果，就应该是逻辑方法的缺陷。探寻在人类全部意识活动中具有等效功能的逻辑体系，一直是哲学家们的理想，也一直是哲学家们的梦魇。

各种哲学体系的复杂性与晦涩性，主要就来自哲学家总是试图将人类在具有明确结构的环境秩序中成功运用的逻辑方法，推广到人类还不可理解或无法清晰理解的观念结构与环境秩序中去。逻辑工具的有效使用可以使复杂观念的表达变得简单清晰，逻辑工具的不当使用则会形成艰深晦涩的错误。在社会秩序的表达中喜欢无限制地引用数学逻辑的现象，常常是表达者在遮掩自己的无知。

哲学家们为了消除观念空间的边沿结构与模糊结构中的逻辑失效效应，就不得不创造出复杂的补充逻辑工具。这种解释与补充的积累就是至今的哲学变得千疮百孔但仍然不能自圆其说的重要原因。也是不同的逻辑方法日益复杂化的原因。用数学公式与数字图表来表达自己也不懂的道理是最唬人的。但这常常是学术规范。

只有哲学的进步才能引导人类的观念结构逐渐清晰化，才能将逻辑方法的运用逐渐简单化与合理化。在科学观念的发展进程中，任何明确的观念突破，也都会带来逻辑方法简单化的突变。哥白尼逻辑对于托勒密逻辑的突变，牛顿逻辑对于亚里士多德逻辑或伽利略逻辑的突变就是例子。他们的贡献既是科学的也是哲学的。

一旦哲学的方法回到人类可理解的观念结构与环境空间中，就会变得异常简单与清晰。所谓人人可理解的常识，就是这个领域中的哲学。

理解了人类理性的局限性，理解了人类理性方法在观念空间的边沿结构中的必然失效，破除逻辑方法的迷信，补充逻辑工具的不足，就会自然得到简单清晰的哲学。简单清晰的哲学就是能够在表达中合理使用理性工具与感性方法。科学永远不要去取代遥远而抽象的上帝，理性也永远不要试图分析佛心的逻辑结构。人类要永远承认在基本粒子的领域中逻辑悖论的普遍性。哲学也不要再费神去分析各种逻辑悖论的原因了。

在观念空间的边沿中，在不清晰的观念结构中，虽然理性方法必定失效，但人类也大可不必因此而沮丧。人类意识活动普遍有效的感性方法在这个领域中仍然会有效。知识工具不好用了，艺术技巧仍然可靠。实际上，人类仅仅在简单环境中才能完全依赖知识，到了复杂环境中，例如对社会经济秩序的控制，例如复杂工程系统的研发，都主要是依赖主持者的艺术能力。

深刻的思考者与实践者都会明白逻辑工具的局限性与理性方法在特定环境中的失效。只有观念简陋的人才会认为知识可以应对一切。明白的哲学家们在表达自己清晰的逻辑结构时，也会常常保留一定神秘观念的结构空间，例如维特根斯坦们。不太明白的哲学家则常常徒劳地试图将全部观念结构纳入自己的理性体系中，例如罗素们。这种强行纳入的结果，必然是局限与割除了部分精神环境，并将哲学也局限地收缩到理性观念的局部领域中去了。哲学从来就要关注人类的全部精神世界。

尽管人类在理解精神环境中有这样的困境，人类的生存态度则永远应该是乐观的。人类意识活动的环境与能力虽然有限，但只要人类的生存活动永不停息，就会永不停息地创造出满足人类生存需求的意识活动能力与精神环境秩序，人类在生存环境中极其有限的行为能力就会永不停息地接近环境提供的最有效的生存方式。

只要人类存在，人类的意识活动对观念空间的拓展就是永不停息的。人类理性能力的局限来自人类意识活动能力的局限，又会不断被意识活动能力的突破所化解。今天人类不可理解的观念空间的边沿结构，明天就也许会变成可理解的观念空间内部结构了。今天还模糊不清的观念结构层次，明天也许就会在哲学的发展中变成清晰可辨的了。人类的生存行为永远为自己开创神秘的精神未知，也会永不停息地解决这些未知。人类就是这样在自己两百万年的文明演化历史与文化演化历史中，不断拓展自己精神环境的观念空间的。只要人类存在，这个过程永不停息。

人类的观念空间在人类的意识活动与文化活动的努力中永不停息地扩大与拓展，也永不停息地被逐渐地理性化与逻辑化，但观念空间的结构边沿与不可理解的模糊结构则永远不会消失。人类理性能力的拓展永远要跟随在人类观念空间的扩大之后。

人类的理性能力也使得人类对日益扩大与日益复杂化的观念结构的理解逐渐地简单化。观念结构简单化的途径就是知识化。知识的功能就是简化人类对复杂观念结构的理解与方便其传播。知识体系在人类文化活动的环境中与精神环境中的内在拓展，与人类整个观念空间向不可理解领域的外在拓展，大致是同步的。

精神环境秩序来自人类认识活动的构建。虽然构建的材料离不开对外在环境信息的吸纳、处理与安置，但精神环境秩序本身并不是外在环境的秩序，而是人类意识活动构建出来的对外在环境秩序的近似投射与衍射图式。混淆精神环境秩序与物质环境秩序的区别，将它们理解为简单的反映关系，或者是唯物论的由外向内反映，或者是唯心论的由内向外反映，就是至今为止的大多哲学争论的基本发源，也是哲学的形而上观念漂浮不定不能落地的原因。这种混淆，归根结底来自人类对精神环境存在本体理解的模糊不清。

人类将能够被观念结构充分接受与妥善安置的环境经验，以及提供了安置这些经验观念的内在环境的超验观念，表达为真理。真理的实践意义就在被其完美安置的经验观念之中，但真理并非仅仅是经验观念。

所谓真理，就是人类观念空间中妥善地安置了全部经验观念的观念结构体系，以及对这种观念体系的公共化成果实现的文化表达。真理必然是完美与完善的观念体系。不能被观念空间中的完整结构实现安置的观念要素，就不会进入真理的领域中。观念结构对经验观念安置的相对妥善性，就是它们的真理性。

但是，观念结构的完整性与完美性又是相对的，又是相对于观念结构为人类提供的生存方式的功能有效性的。这就决定了全部真理的相对性。所谓绝对真理，仅仅是人类意识活动追求绝对完美观念结构理想的哲学化超验。绝对真理可以看作是相对真理的总和，但人类相对真理的总和仍然是相对于人类的生存环境与相对于人类的生存方式的。

人类进入工业贸易文明后确立的现代科学观念体系与思维方式，似乎表达了一种几乎不加选择地接受全部环境信息的观察方法。这里的不加选择，就是人类在拓展了对环境信息的选择能力后的幻觉。任何科学观察都必然是被科学观念与科学方法所选择后的行为结果，科学方法就是观察对象的选择方式。任何科学的选择，也必然是对人类感官能力与意识活动方式选择的结果。

人类的感官功能构成了对环境信息的第一层选择，人类共同的生理功能形成了信息选择的第一层共识。人类的文化结构形成了对环境信息的第二层选择，不同的社会文明形成了人类不同的环境选择与生存选择。文化中的理性化方法或科学方法，则是环境信息的第三层选择，不同的理性方法与逻辑工具形成了不同的第三层选择。就是在科学方法之内，也会由不同的学术范式形成不同信息选择的细化。

所谓科学不加选择地接受的环境信息，与环境秩序具有的信息量相比，仍然是九牛一毛中的九牛一毛。科学化的观察方法与人类获取环境信息的其他方法之间，并没有本质的哲学区别。

在科学方法中，对于在一个领域中或一种观察方法中所接受的经验事实的集合中，将能够被既定观念体系实现安置的要素与全部可感知的要素间的比例关系称为事实发生的概率。这种比例的程度也称为可几性。当某一个环境领域中用科学方法获取的环境信息构成的经验观念要素能够在既有的科学观念体系中实现充分安置时，这个既有的科学观念体系就被表达为确定的或实然的科学理论，其构成的理论体系也就是所谓的硬科学，例如今天的物理学。当一种环境信息构成的经验观念要素只能部分地被既有的科学观念体系所安置时，这个科学观念体系就被表达为盖然的科学理论或统计性理论，也就是所谓的软科学，例如今天的生命科学与医疗技术体系。

实际上任何确定的科学理论都是相对的与概率的，都是相对于它在环境信息的获取方法中的选择结果的。改变获取信息的方法就会改变科学观念的盖然性。

人类在不同环境中的生存行为形成了不同的环境信息选择方式，也必然形成对环境秩序理解的不同形态与真理的不同形态。欧洲的自然哲学观念体系孕育了现代自然科学体系，中国的自然哲学观念体系则孕育了中国的天文技术、医疗技术与手工业技术体系。它们都是不同文化形态中的真理体系。

特定的环境信息构成的观念要素集合，之所以能够在特定的观念结构的安置中表达出确定的概率状态，就是因为形成了在环境秩序的表达集合与观念结构秩序之间相对稳定的秩序关系。所谓概率，就是这两种秩序之间的稳定比例，这个比率表达了按某种规范方式构成的外在环境秩序与精神环境秩序之间的重合程度。概率分布曲线的固定形态，就是由人类信息选择方式而确定的两种秩序的重合形态。

人类精神环境的秩序具有宽于人类社会生存环境秩序的领域。这来自人类意识活动构成的超验观念。例如神话与幻觉的领域宽于实现世界的经验领域。超验秩序比经验秩序具有更为简单完整也更为深刻的形态。例如数学的深刻与精美几乎折服与迷惑了人类的全部哲人。经验秩序也就因此在形态上更为复杂，观念空间中经验观念的形态要比超验观念的形态更为散乱。人类各种确定的经验信息，来自人类有选择的生存行为方式与信息摄取方式，这种选择受到社会文化环境的深刻塑造。

科学理论的确定性并不一定表明了科学观念体系与环境秩序的高度融洽，而仅仅表明了科学方法获取环境信息的选择方式与科学观念的高度融洽。而科学技术的广泛真理性，也是来自其引导的社会活动方式与其观念体系的一致性。

例如，西医所依据的观念体系证明了西医技术的合理性。中医的观念体系则可以为中医技术的合理性提供依据。西方科学观念无法证明中医的合理性，中国传统哲学也无法证明西医技术的合理性。全部科学观念具有的真理性，就是意味着科学方法中蕴含的人类行为方式基本上可以复合人类主要的生存行为与环境之间的秩序关系。实际上，曾经的中华文化也可以具有类似的功能。

一旦某种环境行为的经验与科学观念相冲突，人类也就常常以不科学的理由对排斥甚至其视而不见了。这种视而不见主要通过对观察方法的规范与对观察结果的整理而实现。在科学研究中这种经验常常就会当作干扰信息而被删除。这是科学方法与科学活动对科学观念体系稳定性的维护与保护。这种行为保护了科学文化体系的结构及其真理性的稳定性，但也必然禁锢了科学观念的演化与发展动力。科学的演化就是在这种保护的努力与突破这种保护的努力的均衡中实现的。一旦既有的科学方法与科学活动方式无法有效回避对新经验的安置困境，改变科学方法与科学活动方式本身的任务就出现了，科学范式的革命条件就成熟了。

人类对环境信息的任何感受，都是真实有效的，但不一定是有用的。其真实性来自人类的生命活动与环境秩序的一致性，其有效性则来自人类意识活动对感官信息的处理本能。在有效的环境信息感受中，人类的意识本能会选择有用的感受来构成经验观念，无用的信息感受就会在感觉中当作环境中的背景杂音而被舍弃。人类历史中的文化积累，又形成了人类不同文明对环境信息的接受标准。日益丰富与复杂化的人类文化，也就不断加厚了人类对自己环境信息选择过滤的藩篱。不同文化环境中的社会成员必然具有不同的环境信息感受兴趣，这种感受兴趣是由不同文化形成的认知兴趣所决定的。例如欧洲人对环境秩序的关心集中于人类与自然环境的关系中，这就滋生了西方文化中丰富多彩的自然哲学。印度人对环境秩序的关心集中于精神世界中的经验观念与超验观念之间，这就滋生了印度哲学对人与神关系的深刻理解。中国人对环境秩序的关心则集中在社会环境中的人与人的关系中，这就滋生了中华文化中以政治伦理为核心的儒家文化形态。

人类依据不同的文化决定了社会环境中不同的行为方式，人类也因此而变成了自己的文化体系所塑造出来的不同群体，并在自己的文化群体中传承与延续自己的生存方式。不同的文化体系决定了不同人类群体对环境信息的选择方式与理解方式。

源自欧洲的现代文明所创立的科学观念与科学文化，也形成了其特有的感受环境信息的科学标准。全部科学标准的核心功能之一，就是为了维护科学方法与科学观念的一致性。但是，科学方法的标准，对于保证人类理解环境的全部观念体系的一致性，并无绝对的意义。在社会文化中表达的一般科学方法，仅仅是对理性逻辑工具运用的一般追求，并不是对科学方法规范的遵从。所谓的科学发展观仅仅是一种理性化的可持续的社会发展观念，与科学方法无关。

以不科学的理由来拒绝人类的环境感受与经验观念，就是一种科学迷信。就像因为与圣经不符而拒绝人类的生活感受与生命感受一样。只不过，新迷信比旧迷信的适应性更好，真理性更广泛而已。这就是新迷信可以诟病与取代旧迷信的原因。

所谓迷信，就是人类依据特定的终极观念体系来限制自己意识活动方式的精神状态。这种精神状态常常会强烈地遮蔽人类个体的经验感受，常常会封闭了个体的生存行为选择空间。但任何迷信状态的形成都来自这种终极观念的真理性在文化环境中形成的决定性影响功能。迷信是真理的僵化结果。

人类无论处于什么样的观念秩序状态中与意识活动方式中，从原始的愚昧状态到现代的科学状态，都必然在追求自己观念结构的终极统一性。这就决定了人类在任何生存状态中，都永远需要一个对环境秩序的绝对化的观念表达。在永远不能穷尽的环境秩序中生存，又处于永远演化发展中的人类精神环境中，又永远需要一个绝对的观念结构，也就必然永远会有不同程度的迷信。迷信是人类对真理的简单化服从。

自从进入文明以后的人类，就开始进入一定的迷信状态中了。没有迷信就没有信仰。每一种文化体系对于个体观念秩序塑造的普遍性，每一种公共价值对个体行为方式规范的绝对性，既是社会秩序的维护功能对人类意识活动方式的利用，也是人类具有普遍迷信的哲学原因。

18. 人类精神环境与物质环境的统一性难题

人类精神环境的唯一功能，就是表达与展开物质环境秩序来实现人类的生存。精神环境秩序是对物质环境秩序的变换映射。精神环境的内涵，表达了人类对生存环境的全部感知理解，也提供了人类全部生存行为的依据。人类各种不同文化中表达的关于环境的存在与环境的秩序，无不是精神环境的内涵与意识活动的成果。

人类精神环境对物质环境秩序映射的形成，先是依据感官信息的接受实现对物质环境散乱秩序的吸纳，再通过意识活动的认识构建实现整合，进而实现对感官信息中蕴含的外在环境秩序在精神环境中的组织化安置和表达。人类的认识活构建精神环境秩序的过程，就是精神环境秩序发生的自组织过程。这种构建的成果，一方面形成了精神环境中的秩序与观念结构，另一方面也形成了对人类对外在生存环境秩序的映射与表达。

精神环境的秩序并不是物质环境秩序的直接反映，而是重新构建后实现的映射。映射的秩序内涵并非外在环境秩序本身，而是外在秩序在内在秩序中的重塑与表达。人类只能通过这种间接的秩序重塑来表达与实现自己的环境生存。人类对宇宙环境与自然环境的理解与利用，人类对社会环境的理解与利用，都只能通过精神环境中的秩序映射来实现。

人类对自己生存环境的全部观念，从宇宙模型到自然生态，从生命模型到社会生态，从道德精神到社会规范，都属于人类精神环境的内涵。人类依据精神环境秩序对外在环境秩序的映射关系，形成了关于自己生存其中的外在环境秩序的观念，这种观念中表达的对生存环境的终极理解的哲学概括就是存在的观念。

人类关于存在的观念，首先形成了与人类本身的存在不同的自然环境存在的观念，其次又开始形成了人类内在精神环境存在的观念。只不过人类对于精神环境存在的理解，在现代哲学中仍然含混不清。人类至今没有形成对马克思提出的社会环境存在的观念体系，包括将马克思树立为主流文化依据的中国人。

在人类特有的精神环境中，依据特殊的意识活动方式所构建的观念空间秩序，形成了自己的存在。人类的生命存在秩序与人类以外的自然环境存在秩序共同构成了自然界的环境存在。人类特有的社会化的生存方式所形成的社会结构与社会秩序，又构成了人类的社会环境存在。每一种存在都具有独特的能量与秩序形态，都具有独特的演化方式。

人类关于宇宙与自然环境秩序的全部观念，在人类社会环境中实现的公共化表达，就构成了今天丰富多彩的各种自然文化，它们统称自然观。现代自然科学就是人类自然文化中最成功的逻辑化经验观念体系。自然文化的核心就是各种形态的自然哲学。自然哲学决定了自然科学的思维范式。但自然哲学无法涵盖人类对社会环境秩序的理解。

在人类的全部文化中，用各种方式表达的环境秩序与对环境存在的理解观念，都是人类精神环境的内涵与成果。这种内涵与成果表达了不同文明的人类群体的生存方式依据，人类常常将这种依据当作了环境秩序本身。这种表达的合理程度，足以满足人类在环境中的有效生存，足以实现人类对外在环境的有效利用。这种关系就让人类形成了一种深刻的文化误解，将自己模糊感知的精神环境内涵当作了自然环境与社会环境中的存在本身。关于宇宙的观念似乎就是宇宙的存在，物理学的观念似乎就是无生命世界的存在，生命科学以至于医学的观念，似乎就是生命存在本身与人类健康本身。社会观念也就是社会存在本身了。

人类精神环境秩序对人类生存环境秩序表达的有效性，就是人类精神环境秩序的真理性。这种有效性由人类依据精神环境秩序实现生存活动的有效性决定。自然科学的真理性并非来自其完美的观念结构，而是来自其提供了人类利用自然资源的巨大有效性。人类依据精神环境秩序实现生存的合理性，就是评价精神环境秩序真理性的唯一依据。

人类对精神环境的完整性追求与意识活动的稳定性追求，形成了对精神环境秩序终极统一的欲望，也形成了理解自然环境的观念体系的终极统一。就形成了宇宙的存在与自然环境的存在是具有稳定统一形态的观念。这种观念的哲学形态就是在西方哲学中具有深远影响意义的绝对理念，这个观念的现代哲学形态就是所谓的客观规律。中国传统哲学中的类似观念就是天理。这种观念在多神宗教文化中的拟人形态就是各种神明，在一神宗教文化中的拟人形态就是上帝安拉与佛祖。

实际上，人类生存环境中的秩序形态并不确定。其终极统一的形态，仅仅来自人类自己的精神需求意识活动方式，只不过这种需求与方式能够与人类的生存方式相适应而已。

人类及人类生存其中的环境秩序，并不存在唯一确定的终极形态与终极模式，全部存在的秩序永远处于具有无限可能前景的演化进程中。有序而不确定，是存在的本质特征。

人类将自然环境秩序理解为终极唯一与终极确定，进而也将人类的社会秩序理解为具有唯一确定的终极形态。这是人类在精神环境中意识活动的需要与结果。至今为止的人类关于宇宙与自然环境存在形态的观念与文化，都仍然在暗示与坚持这种理解。就是在物理学家们的心目中也不例外。从牛顿到爱因斯坦，心中都有自己的上帝。

但在现代物理学的观念体系中，这种理解开始瓦解了。没有终极确定性的存在秩序逐渐被接受了，微观粒子逐渐失去了确定的物理位置与能量形态。这种观念必然会影响与重塑人类的哲学。

自然界的环境存在，人类精神环境与人类社会环境的存在，都具有无穷多的秩序形态，其中每一种形态都是可能的。人类在不同的环境信息获取方式与生存方式的演化阶段中，在不同的文化形态与意识活动方式中，都会形成对生存环境中无穷多种秩序的公共化理解的集中与凝聚，并形成单一的文化表达，这就形成了在人类不同文化的不同历史阶段中对环境秩序的不同终极认知。人类绚烂变幻的文化形态，就是精神环境不同的演化形态的外在表达。

在人类每一种文明的特定文化中，对环境秩序唯一确定的终极认知也仍然是变化的与流动的。自然物的图腾变成了多神，多神凝聚为一神。在人类的文化长河中，每一种对当时唯一终极性的环境秩序理解，也在不停地变化着。但这种终极公共观念始终会存在。共产主义就是基于马克思逻辑的基督教天堂的世俗化与现代理性化。在中国传统文化中的终极信仰就是二元的，由遥远抽象的天理与近前现实的祖宗共同构成。

表达人类文明群体的公共观念的文化，从原始的自然物图腾形态，经历了多神宗教形态演化到一神宗教的形态，最后到达了今天的现代科学形态，所有这些光怪陆离甚至曾经荒诞不经的形态，都是人类依据自己对生存环境的适应与利用的需求，都是人类在对自然环境的无穷多种秩序的理解中，选择与塑造出了能够最有效地满足自己生存需求的精神环境秩序而已。只要这种选择与塑造不断地进行下去，只要人类文明的演化永远继续下去，人类的文化形态也就不会有终结，人类依据文化构成的社会秩序也不会有终结。

文化是人类文明的精神依据，也是人类群体精神环境的公共化表达。人类文化的创新，就是不同的文明在自己特有生存环境中，在精神环境与社会环境的无穷秩序可能性中进行不断选择与重构的结果。这种选择与重构当然也受到人类获取环境信息方式的制约与引导。每当人类获取环境信息的方式发生突变，人类理解与表达生存环境秩序的精神环境秩序的基本结构就开始更新了。

人类文明化的生存方式，发生于人类群体化生存方式对精神世界的依赖。人类依据观念交流活动形成了精神环境的公共化，就促生了人类的社会环境，也就促生了文明。人类文明的发展与深化，又孕育了文明群体理解环境秩序的理性化的公共观念体系。人类精神环境的公共化需求，又孕育了人类的理性化能力。

在人类的文化史中，不同文化体系的理性化演化进程，有三次依据观念交流工具的革新形成的明确突变过程，也相应地形成了三次文明形态的突变爆发。人类的第一次理性化突变所形成的文化爆发成就，就是可以深入表达精神世界内涵的语言工具的产生。人类由此而与一般动物相分离。

系统的语言来自人类初始的理性。这个理性化突变的成果，就是滋养出了人类不同生存群体中的大文化，尼罗河文明、两河文明、印度河文明与黄河长江文明开始明确地勾画出人类的四大古代文化体系与生存群体的发端。作为中华文明前身的黄河长江文明形成的最晚，但却是唯一完整延续到现代的古代文明。这个时期，在人类的精神世界中，人体与其生存的环境是融为一体的，人类表达公共观念的文化形态以自然物的表象为主。这就是远古文明。

第二次理性突变形成的文化爆发成就，则是文字及其记录工具的普及。这就促生了人类系统理解精神世界内涵的公共观念的理性化，这就开始出现了哲学。第二次理性爆发形成了人类古代智慧者突然涌现的奇观，孔子与释迦牟尼和苏格拉底几乎同时，孟子和庄子与亚里士多德几乎同时，阿基米德与韩非子几乎同时。人类中的智慧大师应该是在人类文明的同步演化进程中大致均衡分布的。

这个结果引领了欧亚大陆西端的环地中海古希腊文化圈的建立和东端的中华文化圈的建立。差不多同时，其东南端与中部也开始形成古印度文化圈与阿拉伯与波斯文化圈。这些文化圈中就逐渐孕育出了延续至今的几大一神宗教。儒家文化则是唯一一个延续至今的古典世俗文化。这个时期，人类精神世界中对环境的理解开始分化，开始获得了对精神环境的独立理解。但这时人类对精神环境的外在表达还只能是感性拟人的神明。

人类对精神环境独立表达与理解的深化，也促生了理性能力的迅速提高。其重要的文化成果就是将不同文化圈中的多神宗教整合为几大一神宗教。

望远镜与显微镜的发明，形成了人类视觉信息获取方式的突变，与一神宗教对立的近代科学文化开始出现了，奠定了现代文明根基的近代文化形态，就从被古希腊文化圈孕育的自然哲学中娩出了。欧洲人开发出来的全球化贸易活动方式，激励了工业贸易现代文明的诞生，也激发出了现代自然科学文化。

现代人类的信息获取能力进入了微观的电子与光子领域中，由此而构建出来的现代信息处理技术，又极大地改变了人类公共观念表达与交流的方式，后现代文化与文明的形态开始出现。这时，人类依据高度逻辑化的方法理解与表达自己的精神世界，也形成了对精神环境与自然环境的更为复杂的理解。时间与空间不再绝对，基本粒子的实体也最终消失，在近代科学观念体系中如日中天的还原论逻辑与确定论模式也开始瓦解了。理解精神环境的新方法与新逻辑也必然带来人类理解社会环境的不同方式。

虽然人类理解环境秩序的还原论逻辑与确定论模式今天已经开始瓦解，但它们对今天的文化活动仍然具有明确的影响力。自古以来绝对的宇宙秩序已经不再绝对也不再确定了，自古以来确定的物质本质也渐渐模糊了。人类精神环境的秩序与社会环境的秩序的也被理解为具有无限形态的演化可能了。但这种理解还在懵懂中。

在人类文化史中表达不同社会秩序终极形态的信仰文化，仅仅是人类精神活动需求的结果。从佛教的彼岸和基督教的天堂到马克思的共产主义理想都是如此。它们具有不同的相对合理性。今天还仍然短视的所谓社会学者们，仍然在将自己所理解的最合理的社会秩序绝对化起来，既限制了自己也强制了别人。今天的美国学者关于历史终结的可笑怪论，仅仅是幼稚文人趋附西方政治需求的观点而已。在人类文化的大树上常常会有幼稚的露滴，它们在阳光下转瞬即逝不会延续。

人类精神世界的演化，永远会不断形成人类今天无法想象也无法理解的新观念体系。人类社会秩序的演化，也永远会不断形成人类今天无法想象也无法理解的社会秩序与社会形态。就像今天的文化形态与社会秩序，两千年之前的任何人类智慧者都无法预测与理解一样，今天的人类智慧也无法预测与理解两千年后人类的生存方式。

人类的精神环境秩序仅仅是生存环境秩序的映射。但人类至今的哲学，则始终纠缠在精神世界秩序与物质世界秩序的一致性问题中，并将这个一致性当作哲学的基础性问题。这也是今天能够深刻思考的哲学家们的基本烦恼。

今天的哲学活动，甚至还纠缠在人类的语言逻辑是否与精神世界统一的诸如此类的问题中，就是因为今天还没有一个更好的本体论逻辑来安置精神世界秩序与人类生存环境秩序的关系，更没有一个能够统一理解人类社会环境和人类精神环境与人类物质环境的逻辑，也就不得不在理解不同环境的不同观念体系中混乱纠缠。今天混乱纠缠的哲学就是这种文化状态的表象。

　　作为生命存在的形态，人类在自然环境中实现生存的本能在精神环境中的展开，就是人类意识活动方式的依据。人类的意识活动就是人类依据生存本能在精神环境中的生存行为。这种生存行为依赖于精神环境，又创造与构建出精神环境。就像人类外在的生存本能依赖于社会环境又创造与构建出社会环境一样。

　　作为生命的存在形态，人类必然是自然环境中的演化成果，也必然要依据自然环境实现存在。进入文明以后，人类对自然环境的外在依赖就开始逐渐间接化了，社会环境就逐渐变成了人类生存所直接依赖的外在环境了，社会活动就逐渐变成了人类在全部物质环境中的活动。

　　但人类的生存仍然离不开自然环境。自然环境是人类生存的基础条件，也就长期被人类理解为是一个永恒不变的环境。这种理解在精神环境中的映射，也就为人类的生存提供了意识活动的环境。人类对自然环境的基础依赖关系，就在精神环境中形成了关于物质环境的观念与物质存在的观念。

　　在哲学出现之前，人类对生存环境的理解就是全部自然环境，就是关于物质世界的观念体系。人类当时对精神环境感知的模糊不清，也就将精神环境混同于自然环境之中，也就常常用自然物作为精神观念的文化表象。自从有了专门关注精神环境的哲学文化，自从人类的理性能力可以独立地理解与表达精神环境，人类的文化形态就焕然一新了。但人类还远没有认识到精神环境对于人类生存方式的全部意义，只是将精神世界当作人类特殊活动方式的结果。

　　传统哲学将自然环境超验化地表达为物质环境的观念，并将它理解为人类生存的全部环境。这种哲学观念至今还具有深刻的影响力。既然精神世界并非人类的生存环境，那么精神世界与作为生存环境的物质世界的关系，就变成了哲学的基本难题。

　　以自然环境为基础的全部物质世界的存在，之所以能够被人类日益复杂的生存活动与社会行为所利用，之所以能够成为人类文明化的生存方式的基本环境，就是来自人类精神环境中的秩序功能与意识活动的成果。人类从生命本能中演化出来的意识活动能力，就是人类在物质世界环境中生存与活动的全部能力的内在依据。动物依据生命环境提供的本能实现在自然环境中的生存，人类在生命本能与自然环境之间，则构成了一个特殊的中间环境，并形成了依赖这个中间环境的特殊生存方式。这个中间环境既不是生命环境，也不是自然环境，而是精神环境。正是有了这个特殊的中间环境，才出现了社会环境。人类社会化的文明，就是人类依赖精神环境实现生存的成果。

　　每一个生命的存在，都在自然环境中通过新陈代谢与自我复制实现生存。新陈代谢是自我复制的基础。生命个体都依据自己独具的感受与理解自然环境的方式，实现对自然环境的适应与利用。这种能力就是生命秩序的功能内涵，也表达了生命存在与自然环境之间互相依存的关系。

　　每一种生命个体，都具有理解生存所依赖的自然环境的本能。从阿米巴虫到爱因斯坦都是如此。这种类似的生存方式就表达在生命秩序中。在阿米巴的 DNA 与爱因斯坦的 DNA 中有很多部分是相同的。

　　阿米巴只能理解自己体量大致几百倍到几万倍范围的自然环境，这就足以满足它的生存需求。阿米巴的全部行为选择，营养的摄取与繁殖的实现，群体性地聚拢或分散，向不同溶液状态的环境中的群体化迁移，都是依据对这个范围内的环境秩序的理解而实现的。阿米巴的环境感受与利用方式可以用生命活动的刺激反射来表达。

　　爱因斯坦则要试图理解自己体量几亿亿倍以上领域的环境，以解决人类在其中生存选择的深刻疑难。这种对环境秩序的理解，要与爱因斯坦的全部生存经验相协调，其中包括了复杂的文化传承形成的经验。人类正是依据这种超越个体生存经验的公共观念，才实现了对生存环境的深刻理解，也形成了超越生命存在的环境秩序观念。

人类利用与适应自然环境的生存的方式可以被人类所理解。理解的唯一目标就是将理解群体公共化。阿米巴也应当会理解自己的生存方式，但它们理解的群体公共化来自 DNA 的传承，而人类理解的公共化则来自特殊的理性能力与文化活动方式。

理性能力为人类提供了理解自己理解生存环境的方式。人类开始理解了自己理解生存环境的方式以后，就开始形成了独立存在的精神世界的观念。精神世界就是人类利用与适应物质世界的内在生命活动方式的特殊升华。动物也会有类似的活动功能，但无法与人类公共化的精神环境与意识活动相比拟。用动物的生存活动来比拟人类的生存活动，就像用阿米巴类比爱因斯坦。

人类将实现生存必不可少的外在环境表达为物质世界，并据此来区分了两个环境与两种行为。在人类将物质环境中的生存活动表达为行为，但却迟迟不能理解在精神环境中同样的生存行为。人类早就感受到了精神环境中可以映射出一些物质环境的秩序，并将这种映射表达为环境认知。人类的意识也可以感受到在两个世界的环境中的活动，并将外在环境中的行为表达为社会活动，将内在环境中的行为表达为意识活动。

人类通过社会活动创造与构建了外在的社会环境，也通过意识活动创造与构建了内在的精神环境。人类创造与维护社会环境秩序的活动就是人类的广义权力活动与自我实现活动，人类创造与维护内在环境秩序的活动就是广义的审美活动与认识活动。

精神世界是人类演化进程的产物，文明化的人类生存方式逐渐形成了独立的文化活动与独立的精神环境。独立的精神环境也就具备了自己独立的演化进程与成果。独立的精神世界形成了与人类生命活动或精神器官功能的明确区分。公共化的精神世界超越了人类个体的意识活动环境。

社会环境也是人类演化进程的产物，文明化的生存方式逐渐形成了独立存在的社会环境。独立存在的社会环境也具备了独立的演化方式与演化成果。独立的社会环境也形成了与人类生存活动的明确区分。公共化的社会环境超越了人类个体的生存环境。

　　人类通过自己的精神世界理解生存环境。这种理解随着人类文化活动的发展与演化，经历了逐渐复杂化与精确化的过程，并从感性化方式中逐渐向理性化方式过渡。哲学的出现，是人类整体性地理性化理解生存环境的文化成果。哲学形成对生存环境的层次化理解，并区分出了人类的物质环境与精神环境。

　　哲学的演化进程，就是理解人类生存环境的不断理性化过程。直到近代哲学提供了更完善的逻辑工具，人类才形成了对全部生存环境的结构化观念体系，其中包括理了解自然环境的自然科学体系与理解精神环境的哲学观念体系，并且开始了建立理解社会环境的结构化观念体系的努力。

　　在人类的哲学演化中，只有对自然环境的理性化理解，才真正达到了比较完美的理性化程度，当这种观念体系与人类的生存经验观念的特殊融合，成为支撑利用自然资源的新兴技术方法的观念基础，这种哲学观念体系就从哲学文化中分离出来自立门户了，自然科学就由自然哲学中娩出。

　　自然科学的逐渐完善，也就开始将理解全部物质环境的任务当作了自己的追求。但这个伟大的目标还远未实现。至今为止的自然科学成就主要还局限在对无生命环境的理解中，对生命环境的理仍然肤浅模糊。在现代文化中，就只能将这个领域以及其他并不能严格逻辑化的领域称为软科学。自然科学还试图将自己的成功方法推广到理解人类社会环境的秩序中去，但这种推广带来了社会学中的大量曲解与大量误区。例如机械论模式与还原论逻辑的推广，例如数学逻辑在经济学模式中的滥用。

　　人类的哲学则还算谦虚，它仅仅将自己限制在理解与表达精神环境的领域中，对于自己无法理解与表达的内涵，也不在乎让渡给宗教与文学。

　　哲学也还厚道，还在包容科学无法管束的文化私生子，将这些无法科学化的观念结构都收养起来。哲学因此而看起来包罗万象甚至失去了自己的真实面目。面目模糊的哲学也常常会失去自己的任务目标，没有目标的哲学也就逐渐变成了一般文化的保姆。

人类通过两个环境中的两种行为实现生存。在物质环境中的生存行为，可以称为器官肢体行为。它们依据感觉器官与行为器官的功能实现。在精神环境中的生存行为，可以称为意识活动或意识行为，它们仅仅在高级神经器官功能的基础上实现。

人类的两个生存环境并非并列，精神环境是内在的直接环境，物质环境是外在的间接环境。人类在物质环境中的全部生存活动都依据精神环境中的活动来选择与决定。这就形成了人类文明化的生存方式。人类从动物中脱颖而出进入文明的过程，就是将直接依据物质环境的生存方式转化为直接依据意识活的过程。在今天高度文明的人类生活中全部物质需求的实现，都是人类精神环境中意识活动的结果。

群体化的生存方式形成了人类的观念交流活动，并构成了人类个体精神环境之间一个更高层次的组织化形态，形成了群体公共观念与公共价值。它们在社会环境中的表达就构成了文化。人类精神环境依此而逐渐群体化与公共化了。公共化的精神环境也就是文化形态的精神世界。人类对生存环境的理解由此而在不同层次的文化中得到了公共化的表达。

今天人类不同文明的演化，已经在其不同文化中形成了理解生存环境的极为复杂的表达。文化已经具备了复杂的层次结构。在现代文化的结构中，形成了对人类生存环境不同层次的表达形态。现代物理学表达了无生命环境，生物学表达了生命环境，哲学表达了精神环境，社会学表达了社会环境。

高度文明化的人类也就高度依赖精神环境中的意识活动实现生存。即使在不被意识活动所控制的生命活动中，也会明确地被意识活动引导与制约。哲学关注着人类的精神世界，哲学在直接表达意识活动的方式中，又间接表达了人类的全部生存行为。哲学中由此而凝聚了人类的生存方式。

文化是人类文明的精神依据。哲学对人类精神世界的关注与表达，也就必然成为人类文化活动的方法依据与模式依据。哲学由此而成为文化构建与整合的工具与文化的结构核心。

自然科学从自然哲学中分离出去以后，人类对社会环境的理解，就成为哲学关注人类精神世界的主要延伸内涵了。由于依据精神环境构建出来的社会环境秩序的复杂性，形成了理解社会环境秩序的观念体系的构建困难。这使得今天的社会学文化仍然处于分裂散乱的状态中。这使得今天的社会学仍然像五百年前的自然科学一样，必须寄生在可能安置它的哲学中而无法独立。

中华文明的社会学观念与西方文明的社会学观念就具有巨大的差异，这种差异被今天中国文化结构的分裂与冲突所放大，就是今天中国文化冲突的基本原因。融合这种社会学差异，进而融合中国今天的文化冲突与重构中国新文化的钥匙，必然就在更完善的哲学观念之中。在任何差异中的求同，都必须回到构成差异的共同基础上去。对今天中国分裂文化的求同，也就必然要回到如何理解人类文化与人类文明中去。这就必然是哲学的任务。只有哲学活动才能提供高度超验的文化定义。今天整合与重构中国文化，必须回到哲学中。

在今天的流行文化中，还远远看不到形成统一的人类公共价值与公认的社会学体系的前景。构建人类命运共同体的任务还很艰巨。这就决定了基础社会学还不会很快从哲学中娩出，系统的社会学基础观念就仍然是哲学所关注的一般问题，社会学的结构也就仍然是哲学的内容。

社会环境依据其内部的自组织过程所构成。构成社会秩序的自组织动因，就在人类个体依据精神环境实现的生存行为中。人类在依据精神环境实现生存的同时，也在依据精神环境构成了社会结构。

人类社会秩序的合理性，通过人类公共化的精神环境秩序的合理性来表达。人类合理的精神环境秩序也必然要表达合理的自然环境秩序。人类精神世界与自然界的一致性，人类社会环境与人类精神环境的一致性，从来都是哲学的关注内容。

在传统哲学中，关于自然环境秩序与精神环境秩序的一致性问题争论了几千年，至今没有完美定论。要么将精神环境简化为对自然环境的反映，这虽然一劳永逸地解决了这个哲学难题，但这种简陋仍然形成了新的哲学困境。要么将精神环境作为自然环境的存在依据，这虽然回避了这个难题，但却将人类生存其中的自然环境神秘地悬空了。这两种不彻底的答案至今仍然是传统哲学混乱与分裂的根源。

在今天的流行文化观念与理性常识中，自然环境秩序远远超越了人类的生存方式，也远远超越了人类的精神环境。这来自自然科学的深刻理念。而人类的精神世界则是相对局限的。如何理解极其有限的精神环境与几乎无限的自然环境的一致性，就是一个基本哲学难题。要么闭起眼来宣称人类的精神世界可以穷尽对自然环境的理解，并将对此疑惑的哲学观念打上不可知论的标识。这实际上是文化传统中人类中心论的遗留。要么将人类对自然环境理解的局限性问题扔给一个冥冥中的宇宙精神，用宇宙精神将自然环境与人类精神环境统合起来。这无非是让今天的现代文化重新拜倒在泛神论的上帝脚下。这种文化的影响力就是现代宗教的生存空间。

无法理解人类精神环境秩序与自然环境秩序的统一性，也就无法理解人类社会环境的合理性。武断地推出一个社会秩序合理性的判据，今天显然没有说服力了。西方的两个马克思，卡尔和韦伯都无法说服全部中国人，中国的儒家文化也无法说服今天的西方人。将合理的社会环境标准重新推到一种宇宙精神与客观规律中去，并为它戴上一顶实用主义的普世价值帽子，看似漂亮，却没有根本的说服力。曾经高大上的普世价值今天已经被国际政治中的利害涂抹成了小丑。

尽管在现代社会中追求生活幸福的大多数人并不关心这样遥远的哲学难题，但如何构建合理的社会秩序，如何合理地治理国家与人类社会，如何才能到达人类命运共同体的境界中，则无法回避这样的超验问题。这个问题必须由哲学来回答。只有优良的哲学才能给出可能超越人类不同文化的终极答案。

19. 人类理解两个世界存在方式的演化

人类在环境中实现自己特有的生存。人类通过生存活动实现对生存环境的理解。人类对生存环境的理解形成的环境需求构成了精神世界。人类精神世界中蕴含的环境功能，就是人类社会化生存方式的依据。人类依据精神世界将来自动物的群居本能转换为社会化的生存。自从人类开始依赖社会环境生存，社会环境也就统辖了人类对自然环境的依赖。

人类独特的精神环境，来自个体观念空间中的自组织过程，也来自群体中的公共观念结构的组织化过程。人类在个体观念空间与群体公共观念空间中的意识活动，构成了个体与群体的精神环境。人类将公共观念空间中的结构在社会环境中以文化的形式表达出来，促生了人类精神环境的复杂化，也促生了人类从动物中的脱颖而出。

人类群体化的精神世界与表达这个精神世界内涵的文化，构成了人类区别于动物的标志。所谓的劳动能力，所谓的学习能力，只不过是人类依据精神世界而形成的特殊生存能力而已。

人类通过对生存环境与生存方式的理解而构成精神世界，经历了漫长的演化过程，经历了从简单表面的愚昧神秘的理解到清晰复杂的理性化理解的演化进程。这个过程也是人类文化的演化进程。

人类的精神世界是人类特有的生存环境。精神世界始终处于其秩序的演化进程中。只要人类继续存在，这个演化进程就永不停息。

人类对自己生存环境理解的外在表达所构成的文化，也始终处在其结构形态的演化进程中。只要人类的社会生存方式继续存在，这个演化进程就永不停息。人类的社会环境也永远处于其秩序的演化进程中，只要人类继续生存，这个演化进程就永远不会有终极的形态。

那种将人类精神世界的演化进程理解为具有一个终极形态的观念，是人类对不能理解的演化过程的终极超验化的处理方式。那种将某一种形态的社会秩序理解为人类社会演化的终极形态的观念，是人类对自己的生存方式与生存环境演化本质肤浅理解的结果。人类的文化活动对这种肤浅理解的表达与依赖，就是人类的精神环境秩序与人类的生存环境秩序相脱节的原因。这种原因形成了人类文化的误区与人类的愚昧，也形成了人类不合理的社会行为追求。

在人类精神环境与人类文化漫长的演化历史中，在人类文明漫长的演化进程中，人类对自己生存方式与生存环境的理解，虽然总是不能透彻表达自己的生存环境，但也总是可以与当时的生存需求基本上相匹配。这种脱节形成了人类文明中不可消除的愚昧与混乱，这种匹配形成了人类大致合理的生存方式与人类的生存延续，也形成了人类文明的辉煌成就。

从演化的视角来看，在精神环境的演化历史与文化的演化历史中的任何具体形态，与人类今天的精神环境形态和文化形态相比，都是落后的与肤浅愚昧的。这是人类文化演化的必然结果。

假设人类处于今后的精神环境演化前景中与文化演化前景中，回头来看今天的精神环境形态与文化形态，也必然会感到是落后的与肤浅愚昧的。这也是文化演化的必然结果。

人类今天的理性能力与精美文化，衬托出了曾经的落后与愚昧，人类将来的理性能力与更为精美的文化，则会折射出今天的落后与愚昧。人类在每一个曾经的文化历史状态中，都会为当下的文化形态自豪，也都会诟病曾经的文化。这既是人类的进化方式，也是人类的精神状态。

以今天人类理解物理环境所取得的巨大成就，以今天人类自然科学的高度理性化的观念形态，来看待人类对自己全部生存环境的理解，包括对生命环境与生态环境，对精神环境与社会环境的理解，也仍然会是十分落后的与充满愚昧的。

人类今天试图用理解物理环境取得明确成功的理性方法与理性工具，来改造自己对生命环境的理解，来构建生命科学。这就一直是今天科学活动的前沿。人类甚至试图将在自然科学中取得成功的理性方法与理性工具，直接套用到理解精神环境的哲学上，直接套用到理解社会环境的社会学上，以为将它们科学化就可以改善它们的落后状态，这实际上也是一种愚昧。这就是今天的科学主义愚昧。今天流行的试图将量子行为与人类意识活动融为一体的思潮，看似时髦而高大，实则是肤浅狭隘的附会。这类似科学文化爆发初期将人类头骨的形态与人类社会生活的命运联系起来的骨像学思潮。

在人类文明演化进程漫长的史前状态中，人类对自己生存环境的认识与理解是模糊的但却是统一的。模糊来自精神世界的简单与社会生存方式的简单，统一来自人类意识活动中的生命本能追求精神环境的完整与有序的欲望。

在人类对生存环境漫长的简单理解中，精神环境将人类的生存环境主要表达为自然的与物质的，也就是形成了人类依赖物质环境或自然环境实现自己生存的公共观念体系与文化形态。在这种文化形态中，人类认为物质环境决定着人类的行为与生存。

那时的人类文化形态，就主要是表达对自然物崇拜的物图腾文化与原始宗教文化。这就是将对自然环境的理解与精神环境的秩序，将群体中的公共观念与公共意识活动方式，都注入一个自然物的表象形态中去，用这种自然物的表象来凝聚与表达精神环境中抽象的终极观念。这个自然物就由此而变成了人类群体的精神标识与膜拜对象。在这种文化形态中，将人类对自然生存环境的神秘感受与敬畏精神用对这种自然物的敬畏与崇拜来实现表达，并由此而构成了自然物崇拜文化形态。这就是人类原始文明中的图腾文化形态。在今天人类的意识活动中与文化活动中，这些就是难以理解的原始愚昧。

今天的人类无法理解自己祖先的原始精神环境与原始文化。因为没有可靠的沟通方式与理解信息。如果人类与动物的相区分已经具有了两百万年的历史，人类今天可感知与可理解的文化形态则只有几万年的历史。这大致对应了人类用实现生存的主要工具形态来表达的新石器时代的开始。物图腾文化形态则表达了人类文明的明确形成，也主导了人类文明史的大部分时间。

在人类的文明演化进程进入到大约前一万年前的历史中时，因为群体中观念交流活动技巧的积累，使得人类的精神环境秩序出现了突破性的发展或突变，具有初始理性化的观念交流工具，也就是具有简单语法结构的语言开始形成了，人类理性能力的第一次爆发出现了。人类由此而可以比较细致地表达自己精神世界的内涵了，也可以形成比较明确的公共观念了。这种文化活动方式的突变，形成了人类对精神环境与意识活动的全新理解，也开始逐渐理解了自己依据精神环境与意识活动来决定物质环境中行为的生存方式，并依此而形成了全新的公共观念形态与文化形态。这就是多神宗教文化形态产生的突变。

所谓神，就是人类对自己精神世界秩序的拟人化文化表达。所谓多神，就是人类对自己精神世界结构多元化理解的拟人化表达。所谓宗教，就是人类依据某种统一的超验文化体系来表达与制约全部精神活动与生存行为的文明形态。广义的宗教表达了文明，狭义的宗教仅仅表达文化。人类自从形成了大规模的文明圈，宗教文化就开始主导了人类文化演化进程中的大部分历史时间，并一直延伸到今天的现代文化形态中。

在多神宗教的文化的结构中，由多个表达与主掌自然界秩序的神，共同构成了公共观念的主体结构与终极结构。这些拟人化的自然神，就是人类意识活动对精神环境存在方式的理解形态，也是精神环境中所表达的自然环境秩序的感性化形态。

从此，人类的生存方式就开始自觉地由精神世界来主导了，从此，人类就开始有了明确的虔敬对象了。人类对神明的虔敬与膜拜，就是对自己感性化理解的公共化的精神世界秩序的虔敬与膜拜，敬神就是敬自己的精神世界，服从神明就是服从自己的终极观念与终极价值。人类对自己精神世界的观念结构的虔敬，就来自对人类生存方式由精神世界所主导的理解。从对自然物的崇拜到对神明的虔敬，是人类文化进步的阶梯与文明化的成就。

在人类多神宗教的文化结构中，人类对生存环境秩序的理解就是多元的神明，这种文化结构仍然不能理性化地区分人类生存的物质环境与精神环境，也就必然将人类的全部生存环境统归到精神世界之中。这就是今天的人类文化在明确区分出物质环境与精神环境之后，对多神宗教文化斥为愚昧的原因，也是今天认为无神论世界观更为先进昌明的原因。

人类在原始绘画艺术活动的基础上形成了用图形符号记录语言的表达与保存方法，这种方法的积累就产生了原始的文字。可以完美表达语言的文字一旦形成，就将人类表达复杂精神世界的语言实现了超越人类行为的表达与保存，也形成了人类公共观念传播的新方式。这种观念交流方式的突变也必然形成人类文化的突变。

大约进入到距今数千年的历史时期，在人类主要文明的文化活动中文字开始普及，公共观念开始更为明确地保存与传播，也就开始形成了对精神世界更为完整的理解与表达。明确地表达了精神世界秩序与全部外在环境需求的终极公共观念的精确文字形态开始出现了，人类对精神世界与物质世界的明确区分也开始形成。人类系统地理解生存环境的理性形态开始出现，哲学也就形成了。由此为基础，一神宗教的文化形态开始出现。作为佛教前身的南亚释迦牟尼教和作为基督教与伊斯兰教前身的中东希伯来教出现了。在环地中海的古希腊文化圈中，欧洲古典哲学的形成孕育了西方文明的滥觞。在黄河流域的中华文化圈中，中国古代哲学开始成为中华文明的文化核心。它们都一直延续到了今天的东西方现代文化结构中。与此同时，人类其他古典文明也在依赖其文字与哲学开始凝聚与形成。

哲学文化的出现深刻地统一表达了人类不同文化圈对精神世界的理解，并将广泛流行的多神宗教统合形成了一神宗教，这就是人类理性能力第二次爆发的成果。文字工具的普及，既是理性化地理解精神世界的哲学文化形成的原因，也是统一理解精神世界对人类生存方式的主导功能的一神宗教文化产生的原因。

人类理性能力的发展，也使得不同文明的文化形态开始分化，分别演化出了主导文明的世俗文化形态与一神宗教文化形态。但宗教也不再是人类文化的一统天下。虽然欧洲文化还会长期沉浸在一神宗教文化的引领中，但中华文化则逐渐形成了以世俗文化为主导的形态。在南亚大陆以及其他更为广袤的地域中，从非洲到拉丁美洲，文化形态则始终没有一神化，他们还仍然长期处于多神宗教的文化统领中。直到欧洲人近代的殖民运动形成的剧烈文化交流才被改变。

一神宗教统合了多神崇拜文化，将人类精神世界的全部秩序与公共价值统归于一个终极的神明中，并且开始反对将这个统一的神明拟人化表达，这就是反对偶像崇拜。这是宗教文化的理性化提升的必然结果。反对偶像崇拜就是一神宗教对多神宗教的文化改革活动。后来欧洲的世俗文化在工业贸易文明中的重新兴起，也出现了对基督宗教文化的改革运动。

被权力活动主导的剧烈的文化改革构成了文化的革命，但革命并非文化演化的有效动因。在中国现代社会重构的革命过程中，也蕴含了明确的文化革命。从新文化运动到"文革"运动，对于现代中国文化的有效演化进程功能有限。文化是人类社会环境中的独特存在，人类文化自在的内在演化机制常常抵抗任何人为的革命。

在世俗化的儒家文化主导下的中华文明中，佛教与道教和儒家文化的对立与融合，则形成了比较平和的演化过程。这是中华文化的特点，也是中华文化的优点。这来自中华文化内在的开放结构与包容能力。

一神宗教是人类以感性方法为表达主体的宗教文化的最高形态，也是宗教文化的最高理性形态。欧洲人在基督宗教的感性躯壳中的理性努力，最终孕育了近代哲学与自然科学。

一神宗教文化就是用非偶像的神来表达人类对精神世界的完整统一理解，就是用这种理解来统辖人类全部物质生活的公共价值体系。这种文化是建立在人类开始完整理解精神世界的理性能力的基础上的。但这种文化形态中的理性化程度还远远不足，还不得不仍然要借用感性观念的表达方式来阐明自己的终极价值。在一神宗教的普及传播中，仍然主要依赖感性化的教义表达，圣经就是感性的故事，教堂中的活动方式则主要是文学的绘画的与音乐的。但在一神宗教的核心观念体系的构建活动中，则开始运用特殊的逻辑工具了。神学与佛学开始出现了。

由于神学与佛学逻辑功能的不足所形成的表达艰涩，基督宗教与佛教的理性化结构在普及性的传播中就只能被形式化与符号化，这种对深刻观念的形式化与符号化的传播方式，就是所谓的教条化方式。教条的称谓就来对自宗教教义的形式化与符号化表达，教条的概念也就普及到了对任何深刻思想的符号化与形式化理解中。

这种因为理性能力的不足而形成的教条化的传播方式与活动方式，就是近代宗教文化活动中的各种弊端与不良方法的主要原因。任何合理的文化形态在传播中的教条化，既是文化观念传播的效率来源，也是文化观念异化的基本原因。在马克思主义文化的传播活动中也不例外。

上帝与安拉和佛祖，就是三大一神宗教文化对人类精神世界的终极表达形态。一神宗教实现了将人类在物质环境中的生存方式完全由精神世界来主导的理解，这是人类理解自己生存方式的重大进步，也是人类文明的重要成就。但这种理解的狭隘与极端化，挟持着对这种理解的理性化表达与传播方法的局限，也就是一神宗教文化的种种弊端的来源。幼稚的哲学孕育了一神宗教，但幼稚的哲学无法成熟一神宗教。

一神宗教文化对人类生存活动与人类精神活动理解与表达的简陋，造成了对人类的生存方式过度简单化理解的弊端。这种弊端被宗教权力的强制，就是一神宗教黑暗历史的原因。在这种文化中过度强调了群体的公共价值，忽略甚至抹杀了个体在精神环境与社会环境中的自由行为空间。这就是后来一神宗教文化被更合理的现代文化所诟病的原因，也是欧洲人在对传统文化的现代化改造中主要强调人类个体的精神自由与社会自由价值观的原因。正因为中华文明的儒家文化没有欧洲传统文化的偏激弊端，中华文化的现代化改造中也就没有过分强调个体自由与社会自由的公共价值。

一神宗教文化对人类个体的精神活动自由与社会活动自由的忽略与抹杀，也就必然主张人类应当完全生活在宗教文化提供的公共化的精神世界中，这也就必然将曾经被多神宗教认可的人类物质环境淡化与边沿化。这在佛教中获得了最为明确的理性化表达。贬低物质环境与物质需求，就形成了一神宗教的出世观念与出世伦理的世界观。这种世界观的合理性，就是应对了人类在近古时代中或前现代中曾经的物质匮乏的贫困化的生存方式，应对了曾经散乱原始的权力活动形成的普遍社会苦难与社会黑暗，采用精神漠视的回避来减轻了人类生存痛苦的感受。这也就是一神宗教容易在贫穷困苦的人群中获得广泛传播与拥戴的基本原因。伊斯兰教近代迅猛向南欧与南亚的传播就是这种典型。而基督宗教与佛教孜孜不倦的理性追求，则将自己贵族化了。

一神宗教从人类依据精神环境实现全部生存环境需求的终极观念出发，也就逐渐确立了否认物质世界具有独立存在价值的超验终极观念，并努力将这种终极观念体系理性化与逻辑化。这种努力也促生的哲学的发展，并滋养了相应的哲学。他们的神学家与哲学家常常难以区分。他们认为人类生存其中的物质世界仅仅是精神世界的派生与展现。这种世界观绝对地确立了人类精神世界的价值地位，深刻地表达了人类依据精神世界实现自己生存方式的文明化本质，是人类文化演化进程中的重大成就，也是人类近古时代的先进文化的重要形态。

但是，这种理解在本体论上的偏激与理性化表达中的简陋，也就形成了这种世界观的局限与弊病。这种局限与弊病也恰恰是那个时代人类哲学的局限与弊病。那时幼稚的哲学还远不能化解与澄清这种世界观的局限性，并常常将自己变成了一神宗教文化体系的阐释工具。这也是哲学在幼稚期不可避免的事情。

在欧亚大陆的西端与中部逐渐被一神宗教的文化体系淹没时，其东端的黄河长江文明中，则出现了能够统合传统多神宗教文化的世俗文化形态。在中古时代的中华文化体系中，并没有一个可以发展为一神宗教的文化内核来整合与改造传统的多神宗教，诸子百家中谁也不具备发展成独立的一神宗教体系的超验世界观的绝对影响力，就是老庄文化也无法统合诸子。最后被孔孟文化实现的文化整合，并非来自孔孟自己或弟子的努力，而是来自后来大一统社会政治结构的文化需要。这个文化统合则发生在几百年以后的汉帝国的文化重构中。而在欧洲大陆大致同时的罗马帝国，则试图依据基督宗教实现文化的统合，他们虽然留下了文化成就，但却是政治的失败。

中华文明中始终没有出现被一神宗教所主导的文化形态，就是几乎具有了绝对超验文化影响力的佛教与道教也不曾做到。这既是中华文化的特点与优点，也是中华文化的短板与弱点。这个优点决定了坚守世俗形态的中华文化对外来文化的开放性与包容性，也决定了中华文化可以在向依据现代科学文化的工业贸易文明的转型中得以延续。其他几大一神宗教则因为其强烈的封闭性与排他性，而在现代化的进程中必然被边沿化。而儒家文化的短板则是其超验价值的薄弱。这个短板就使得佛教与道教能够在中华文明中得到深厚的生存土壤。

而儒家文化的优点，又使得她可以接受与包容外来的佛教与本土的道教的大部分有益的超验公共观念内涵，并在形成了佛教的本土化与道家的儒家化的同时，将儒家文化重构为理学体系。这个伟大的文化整合也是经历了漫长的文化传播与文化博弈的结果，直到差不多一千年后的宋代，才被程朱所完成。中华文化的新儒家或者理学，在与佛教和道教的对立中实现了对他们的包容与自己的重构，也在改善一神宗教世界观的局限与偏激中，拓展了自己观念结构中终极理性的短板。这是近代中国文化史中，中华文化在通过对外来文化的包容中实现了重要的重构与完善化的过程。在今天中国人的文化观念与历史观念中，对这个过程的重要意义还远没有被认知。

这是因为在中国社会现代化转型的初期，其主要的文化目标就是诟病与抛弃这个传统文化体系，而这个转型的艰难成功，又固定了这个文化方向的合理性。这个转型的发端就是新文化运动。

这个重要的文化重构的历史功绩，在今天重构中国梦而对中国文化根基的追寻中，必须得到重新认识与恢复。今天的文化自信不仅仅来自恢复对传统文化的合理精神资源的认知中，还要来自重新认识中华文化的强大包容功能中。曾经的文化重构就是今天文化重构的信心依据与方法引导。

在欧洲文化的现代化与世俗化转型中，就只能依赖对抗性的革命方式来改变一神宗教的文化统治了。这源自欧洲世俗文化包容功能的不足，也源自欧洲世俗文化为欧洲传统社会秩序提供的维护功能薄弱。但欧洲传统文化中被保留下来的古典哲学的世界观，则缓和了这次文化革命的剧烈动荡。中世界末期的宗教改革也就由此而得到了一个可以平缓过渡的文化基础。马克思·韦伯的新教伦理体系就是将一神宗教世界观世俗化的成果，其依据在于传统哲学提供的世界观中。

欧亚大陆中的三大一神宗教，在其广泛传播中与对新领域的传统文化的替代中，提升了大部分被传播区中原有的多神宗教的文化水平，甚至在中华文化圈中也似乎立住了脚。其中基督宗教的文化影响力为欧洲人对美洲、非洲和印度次大陆的殖民活动提供了文化支撑，也同时形成了明确的文明提升与社会进步。但因为它的封闭性与排他性而拒绝对任何其他传统文化的包容，也造成了巨大的文化对立与文化冲突。基督教与伊斯兰教进入中华文化圈的过程，就没有当年佛教进来的顺畅。今天中非北非的文化冲突与政治冲突，今天遍及世界的恐怖主义思潮，看似来自今天的社会内在矛盾，实际上则是这次殖民运动的文化传播留下的病根。

欧洲一神宗教传统文化的现代化转型，则来自欧洲社会中工业贸易文明的创立。欧洲传统贸易经济活动的全球化拓展催生了大航海的业绩，促生了世界性的原料供应与消费品市场，进而在传统的手工业经济中孕育出了工厂化与规模化，在新经济模式的冲击中社会基本秩序更新了，工业革命出现了。新兴经济形态的文化需求，则将传统的自然哲学改造成了自然科学，新兴的现代世俗文化体系开始登上主流文化舞台。

新文化不会自发地产生，而只能是新兴经济活动拉动的结果。那种将西方工业革命看成是自然科学文化促进的成果的历史观是错误的。事实恰恰相反，应当是大航海形成大贸易，大贸易形成大工业，大工业促生自然科学。被一神宗教文化压抑了近千年的理解物质世界的古典公共观念，终于通过欧洲自然哲学的复兴而在世俗文化中得以落地，现代自然科学文化确立了。

一神宗教文化对精神世界的理解，压抑了人类对自然环境与物质环境的理解，也就将传统的唯物主义世界观边沿化了。只有在中华文明的文化体系中，这种公共观念才没有完全被排斥。程朱理学虽然确立了借鉴一神宗教世界观构成的"天理"在儒学中的地位，但又很快被王阳明回归于"人心"之中。而欧洲人的上帝始终是超越人心的。

欧洲文化现代化转型的需求，不得不从已经转移到中东的古典文化遗存中，重新发掘出自己祖先对物质世界理解的文化成就，也就将这个文化重构活动称为对传统文化的"文艺复兴"。对物质环境的重新重视与对人类欲望重新认可的人本主义价值观的感性艺术重构，就是这个文化改革被冠以"文艺"名称的原因。

现代科学文化的形成，是欧洲古典文化中理解精神环境与物质环境的二元结构的历史延续，也是欧洲哲学中独立的自然哲学体系与工业贸易文明中的经验观念体系相结合的成果。在十个世纪的历史中，统辖了欧洲文化的基督宗教，为了实现将人类的生存环境统一到对精神环境的理解中，花了很大工夫将自己的教义理性化。继承了欧洲传统理性方法的教士们，为了在精神环境中表达与安置全部物质环境，也就必须深入对物质环境的理性化理解。他们的努力无心插柳地铺垫了自然科学的温床。

基督宗教的文化努力对物质环境的理性化理解，也刺激了欧洲古典文化中被边缘化的理解物质环境的观念体系的复苏。这个以经验观念为主体的传统文化的复苏与自然哲学的融合，终于嬗变出了独特的自然科学体系。这种文化嬗变的动力，则来自环球大贸易对自然技术的强烈需求与由此而兴起的世俗文化对深入理解物质环境的引领。

欧洲自然科学的孕育母体是欧洲传统的自然哲学，其催生婆则是欧洲工业贸易文明的文化需求。那种认为已经具备了发达的自然技术的中华文明中也必然会产生自然科学的想法，是对历史演化与文化演化的无知。依据这种无知提出的所谓李约瑟问题，却被更加无知的中国学者们在精神殖民的快感中当作了理解自己文化史的圭臬。他们两百年来已经在西方文化的光环中失去了自己独立思想的精神能力。

以现代数学逻辑与现代物理学观念为核心的现代自然科学虽然只有几百年的历史，但这个文化的渊源则可以从更早的古典文化中得到其哲学观念的追述，这种追述也就常常模糊了近代自然科学的历史，似乎它已经出现了两千年。欧洲人还在遮遮掩掩地这样说，有些中国的学者则试图认真地将它落实。他们在追寻所谓李约瑟问题的答案中，并没有达到理解自己文明历史的新高度，倒是深入地表达了对西方文化史的崇拜。将欧洲现代自然科学的历史扩展到两千年之前，是欧洲人的文化迷茫，也是中国人的文化无知与哲学无知。自然科学本身早就表明，它只是牛顿前后才被确立的。在此之前欧洲人理解自然环境的文化体系，仅仅是包容了炼金术与永动机的散乱的自然哲学。如果西方的自然科学有了两千年的历史，中国的社会主义也可以有两千年的历史了。

现代科学文化体系的建立，就将基督宗教教义中表达自然环境的理性化观念体系分离出来，并且由此而形成了对教义结构的瓦解与宗教价值观的反动。这种反动又将人类的两个生存环境简单地归结到物质环境中去了，并试图用物质环境来理解人类的全部生存活动。

这种文化重构的趋势，被自然科学的巨大成就所挟持，被努力阐释科学文化结构的哲学家们所推崇，被科学化的现代教育活动所规制，就在科学家中与一般敬仰科学文化的民众中形成了近代唯物主义的世界观。原教旨的唯物主义世界观，则又是被还原论的逻辑方法统辖的。这种统辖也就构成了自然科学家们的哲学藩篱。这个藩篱限制了他们的哲学思考能力，也限制了他们真实地理解世界的能力。他们在科学研究中可以是翘楚，但在哲学问题中则常常与幼稚的青年学子同路。这就是现代哲学在强大的自然科学面前的智慧失明。

近代以来，在欧洲文化中以及被欧洲文化主导的其他不同文化体系中的演化趋势，就是形成了一个巨大的偏激摆动，由崇拜一神宗教所主张的人类精神世界主导人类全部生存活动的超验观念中，摆向了另一极的由物质环境主导了人类全部生存活动的经验观念中。于是，经验就是到达客观规律的路径，客观规律就是人类生存环境的本源。只有休谟最先提出了质疑，但他也无法解决。

实际上，这两种文化形态都具有片面性。这两种片面性都来自欧洲哲学的宏观短视传统。

人类经历了百万年以上的文明演化与文化演化，才进入了今天的现代。这个过程将人类对自己生存环境的理解在逐渐理性化的过程中，也逐渐分成了可以精细理解的两个不同的世界环境。今天的人类已经应该具备构成人类生活在两个世界环境中的世界观的智慧了。

一神宗教对人类精神世界功能理解的深化与理性化努力，为这种新世界观奠定了一个表达精神环境的终极观念基础，但对其进一步精细化理性理解，则必须借助现代自然科学。现代自然科学又为人类提供了理解物质环境的强大而深刻的理性化观念体系，但这又将人类理解自己生存环境的观念体系推入了另一个极端的终极形态。这两个终极观念体系在哲学中的对立，就形成了现代哲学的深刻分裂。对这种分裂的无奈来自哲学的文化滞后。对这种分裂的融合需要重构哲学的新智慧。康德在这个融合中率先踏入了一只脚，马克思曾经为这个融合高呼。但这个融合今天仍然任重道远。

科学文化体系经历了自己几百年的发展历程，并在工业贸易文明的成熟中实现了自己的完善化与工具化。但这也将它从表达人类理解物质环境的终极化观念形态中，逐渐降低为表达人类物质生存方式的工具体系了。这就是自然科学的技术化，也是自然科学与自然哲学的彻底分离。现代科学的拥趸们将这种具有形成巨大物质财富功能的工具体系，当作了自己的世界观依据，也就形成了比自己的前辈们狭隘得多与简单得多的哲学视角。狭隘与简单的好处就是容易普及。科学文化让人类的物质资源极大地丰富了，却似乎让人类的精神资源极大地简单化了。复杂的人类与人类活动，变成了元素与基本粒子的运动。复杂的精神世界与人类意识，变成了神经细胞的突触结构。有些还不死心的科学家似乎拾了叔本华的牙慧，试图用人类的意识来理解世界存在中的秩序。他们还不如叔本华的将意识称为意志的观念广博。这些看似理性化的文化成就恰恰就是哲学理性的病态。

今天的人类，特别是创造了人类历史演化的新形态的中国人，又进入了一个更广泛地重新认识自己生存环境的文化重构的境界中了。中国现代文化中的东西方价值观的冲突，则是这个新境界中的智慧激励。

人类从科学观念终极化发展的天花板中，逐渐开始认识到了经验观念的局限，并重新提出了理解经验与理解事实的问题。由对经验与事实的重新理解中，又可以逐渐展开重新理解科学观念体系在人类精神世界中的地位与形态的新视角。

人类从今天现代社会发达的物质环境中也终于体会到，无论人类的物质资源如何丰富，都无法取代精神环境对人类生存方式选择的决定性影响。贫穷的消除并没有减少人类的精神困惑，有时反而扩大了这种困惑。现代社会中丰富的物质生活与科学文化，并没有削弱人类精神需求的稀缺与减薄精神烦恼的滋生土壤，反而在现代富裕生活的精神困惑中，激发出了对独立存在的精神世界的新认识。激发的火种来自曾经几乎被科学文化彻底打倒的一神宗教的文化遗留，这让它们又在科学极其昌明的现代社会生活中似乎重新焕发了青春。进入现代生活方式中的人们，去教堂与烧高香的需求反而又增加了。科学世界观似乎取代不了这种需求。强力的取代只能带来精神世界的空缺与邪教文化的泛滥。今天在中国社会中到处暗流涌动的邪教文化，要比基督宗教和佛教文化肤浅得多也愚昧得多。物质的进步形成了精神的倒退。因为文化在市场化与娱乐化中被边沿化了。

科学世界观也无法取代无神论世界观。正是因为无神论哲学在面对人类不断丰富的精神世界环境与意识活动需求中表现出的凋敝与无能，神明才不得不又回到人们的心目中。真正懂得科学观念的人从来就不回避这一点。

人类今天对两个世界存在的认知能够获得新发展的一个重要条件，就是在理解两个世界的逻辑工具构建中的新成果。尽管这个成果来自对科学哲学的探讨中追求理解物质环境的目标。人类理解物质环境秩序的理性化方法也可以打开理解精神世界的大门，但进门以后仍然需要专门的哲学重构。科学哲学曾经试图直接转为一般哲学，但这却让哲学走入了死胡同。

人类对科学观念体系的终极结构的理性化探索，最终促进了人类对精神世界本质的更全面的理解，也终于得到了对科学观念体系的局限性认知。

对这个局限性突破的努力，也就得到了一个似乎可以同时理解物质世界与精神世界的逻辑工具，这就是广义的系统论逻辑。虽然这个工具是为理解比较复杂的生命环境而创立的，但用它也为人类提供了理解更为复杂的精神环境秩序的可能性。

人类只有具备了更有效更系统的逻辑方法，才能明确地表达对精神环境结构与意识活动方式的理解。但前提是人类已经形成了对自己精神世界的新感悟。逻辑工具的形成既是哲学的成果又是哲学的条件。理解哲学本身的逻辑工具则更加依赖哲学的完美化。这也是哲学的形成与发展滞后于文化演化的原因。

人类公共化的精神世界形态或者公共观念就是文明化的精神内涵与文化成果。自从有了公共观念及其文化表达，人类就开始有了理解公共观念的存在与表达方式的追求了。在实现这个目标的文化努力的大部分历史中，人类都只能主要依赖感性直觉的方法，直到人类的理性能力创立了哲学。

人类对精神世界的基本理解来自人类的感性感悟。人类理解与表达精神世界的感性化方法基础，就决定了艺术是人类文化的基本形态。广义的艺术就是人类精神世界感性化的表达方式。广义的知识则是人类对精神世界理性化的表达方式。知识比艺术年轻得多也肤浅得多。

人类在精神环境中形成的理性活动能力，促生了理解精神环境的哲学，也逐渐形成了理解一般文化的知识。人类理性能力的形成具有两次明确的突变。第一次理性突变与文明爆发由人类语言工具的形成为标识。年轻的语言工具超越了历史悠久的艺术工具，促生了人类表达与理解精神环境能力的突变与文化的突变。语言驾驭了传统艺术，从原始图腾文化中催生了多神宗教文化。人类也由此而开始区分了精神世界与物质世界。这种区分一直影响到今天的哲学结构。

第二次理性突变与文明爆发就依据文字工具的普及。这就促生了理性化地理解精神世界的哲学。哲学的诞生为人类提供了系统的逻辑工具。哲学的初始文化贡献就是将多神宗教文化整合为一神宗教文化。

人类近古文明中出现的农耕畜牧经济活动中更高的效率，促进了人类群体的激烈扩充与人口的第一次爆炸，也形成了人类在欧亚大陆范围与环地中海范围的广泛交流与文化融合。一直影响到今天的四大古典文明由此而形成了。人类理性能力的新高度催生了一神宗教。

几大一神宗教都进行了强烈的理性化努力来更有效地表达自己的超验教义，这种努力也是人类理性能力不断发展的文化动因。佛教博大精深的教理结构就是它对教义理性化表达努力的成果。其成果的形式就是各种依据难以理解的梵文逻辑来表达的佛经。基督教的二元世界观则分别创立了对物质世界与精神世界的理性化观念模式，也在逐渐完善化了表达这两个环境秩序的逻辑工具，特别是完善了表达自然环境秩序的数学逻辑。这为欧洲近代自然哲学的成熟创造了条件，并将自然哲学塑造为自然科学的母体。

在中华文明中哲学的形成过程，就始终保持了对理解人类社会秩序为终极目标的文化追求。这种哲学结构也就形成了其文明的文化结构特征。中国古典哲学以阐释社会秩序的形成方式来理解人类精神世界的功能，这也为造就博大精深的政治伦理体系与深刻的道德精神模式提供了有力的哲学支撑。它们共同构成了儒家文化的核心。

在儒家文化的哲学中没有主体结构的分裂与对立，在其表达还嫌散乱的哲学观念中，则一直围绕着政治伦理进行着不懈地理性化整合。在中国哲学也就没有唯物论与唯心的结构性对立，虽然现代中国学者们曾经努力地附会这种对立。认为全部哲学史就是这种对立的历史仅仅是欧洲人的视角，因为欧洲哲学才有自然哲学与伦理学的对立。在印度哲学中这种对立也不重要，今天甚至没有人知道南美洲玛雅人的哲学是什么。

近代中国人试图依据从欧洲哲学中山寨过来的对立的哲学体系，来重新理解自己的哲学，这是一个削足适履的文化盲从。这种文化盲从来自中国人在现代欧洲文化的强烈光芒中的文化眩晕。盲从了欧洲的中国现代哲学，也开始用唯物与唯心的对立来理解自己的哲学演化经历。这种文化改造的结果，将中华文明的文化变成了欧洲文化的附庸，中国人的文化自信基础被掏空了。上下五千年的辉煌变成了历史课知识中的教条，现代中国人的内心则充满了对西方文化的向往。

中国人对科学的盲从虽然打开了接受欧洲工业技术的大门，但也废弃了自己的传统医学。中医通过变成西医的技术补充而弱化了其文化内涵变成了边沿化的技术遗留。中国现代哲学的盲从则虚化了自己的文化，将传统文化变成了文化活动中的表象形式。

文化盲从虚化了中国人的文化自信，将中国人精神信仰的核心转换到西方文化中去了。从自然科学到共产主义，从基督教到人本主义，其中几乎没有了中国文化的地位。实际上，儒家文化才是中国人接受与理解它们的精神依据。

欧洲文化在理解社会秩序的结构中也形成了宗教文化与世俗文化的二元对立。当传统世俗文化成为现代社会秩序的理解依据时，在欧洲人的超验观念中自然就形成了对世俗政治权力的贬低。在现代西方文化中，政治权力由于缺乏伦理依据而变成了小团体的私利工具。现代西方政治家常常是与文化无关的政客。现代西方人要追寻公平与正义的伦理依据，则只能回到柏拉图和上帝那里去。在中华文明的传统文化中就延续了强大而稳固的政治伦理。这种具有超验终极地位的政治伦理，一直是中国人心目中公平与正义的依据，也是中国人维护与保持自己大一统的社会政治结构的精神依据。古代中国的君主一定是儒家文化的翘楚，现代中国的成功政治家则必须是文化领袖或精神领袖。

在今天中国的主流哲学史中，仍然在传播唯物论与唯心论对立的陈腐观念，唯物论与唯心论的区分仍然还是哲学学术的依据。现代西方哲学史早就跳出了这个僵化的窠臼，西方哲学也早就不用这样的学术规范了。

今天中国哲学的现状，来自新中国用马克思主义文化改造一切传统文化的哲学成就。这种改造形成了面对任何哲学观念与思想体系，都要用这个框架来鉴定与划线的文化方法论，也几乎成为哲学方法的教条。于是，中国五千年的历史，就变成了阶级的产生与阶级斗争的历史，中国五千年的哲学也变成了唯物论与唯心论的对立。在今天的中国哲学的教条中，凡唯心论必然是错误的甚至是荒谬的，凡唯物论则必然是具有真理性的。这来自中国人对基于欧洲文化传统的马克思主义文化的简单化理解与教条化传播。要剥离马克思的表达形式来理解马克思的精神并不容易。

面对支撑了马克思社会学观念体系的哲学基础，现代的中国人基本上就没有透过马克思去理解自己文明的先贤们更加复杂的思想的能力了，也就只会用马克思式的简单标识来教条化地一概而论了。只有毛泽东等少数人可以部分地摆脱这个束缚。

毛泽东思想就是借用马克思的观念体系来理解中国问题的思想，就是试图将马克思的观念体系还原为可以与儒家文化传统相衔接的观念体系的成果。毛泽东的贬儒扬法，仍然是儒家文化体系中的方法论活动。毛泽东思想就是马克思主义的儒家化。毛泽东的文化贡献，就是在借鉴马克思的同时，反对将马克思主义教条化。毛泽东的文化失误，也来自他对强大的马克思主义教条的不能完全摆脱，更来自他在传统文化中的认知偏差。毛泽东改造中国社会的宏伟理想与强大的政治能力，决定了中国人也必然将他的文化局限与哲学局限剧烈放大。

综观历史，没有伟人不被诟病，完人则基本上是庸人。伟人的必然被诟病就来自伟人的伟大理想与伟大功绩。庸人的生存不会扰动历史，庸人就常常是好人。伟大的历史变革必然伴随剧烈的社会摩擦，剧烈的社会摩擦常常积累摩擦面上社会成员的痛苦与怨愤。历史的伟人常常因此而被诟病。当历史的这类摩擦集中于文化层面中时，这种诟病就会在主导文化的怨愤群体中变成了主流文化的表象。

在中国哲学中，物质世界与精神世界的存在从来就是融合的。天人合一的观念就是中国哲学与儒家文化的基本传统。但这也常常被现代人诟病为逻辑的粗糙。精细的逻辑形成文化表达的漂亮，但却会简化深邃的思想。粗糙的逻辑常常表达不清，但却具有宽泛的观念容纳空间。前人的简单逻辑并非前人的简陋。后人的简单理解正是后人的浅薄。

儒家文化直到必须面对融合三足鼎立的儒释道的文化分裂难题，才出现了对基本哲学问题的集中争论，这就是天理来源的本体论分歧。到底是天理形成人心还是人心形成天理，看似这个争论也可以归入唯物论与唯心论的争论模板中，但中国传统哲学从来就没有这样的体系化对立。实际上，按照唯物唯心的模板，争论的双方应该都是唯心的。

近代以后的中国哲学，就开始失去了自己的独立思考兴趣，而忙于理解西方的工具理性价值观了。哲学一旦失去了超验追求的理想，也就会变成阐释政治观念与经济工具的僵化教条。但这也正是在衰败危机中求生存的中国文化的合理需求。生死存亡之中，只求工具方法，无暇超验精神。

进入新中国以后，哲学就变成了普及马克思主义的思想工具，唯物论就成了哲学真理，唯心论就成了哲学谬误。直到改革开放以后的文化多元化运动中，唯心论哲学才开始问心无愧但仍是羞答答地逐渐登上了学者们的讲台，但它们的真理性则还潜伏在方法论中，还始终没有得到本体论的阐明。

本体论是哲学对于世界本源问题的答案。唯物论与唯心论就是模糊肤浅的两种不同答案。唯心论认为世界的本源在精神世界中，物质世界的存在仅仅是精神世界的展开与延伸。就是自然科学中所描述的全部物质世界，最终也仍然要以精神世界中的绝对理念为依据。极端的唯心论甚至将物质世界虚幻化。由此，精神世界就必然是宇宙的存在与超人的存在。

唯物论认为世界是独立于人类存在的物质体系，人类是这个体系的具体形态，精神世界的全部内涵，都不过是物质世界存在秩序的反映，而且这种反映可以表达全部物质世界。离开了物质世界就没有精神世界独立存在意义。极端的唯物论甚至否认精神世界存在的意义。

唯物论与唯心论的对立来自它们各自可以说明人类全部生存环境的本体论自信，也来自它们的逻辑对立与无法互相包容。现代科学观念让他们之间出现了微妙的联系，唯心论也无法否认人类依赖的物质环境基础了，唯物论则在终极观念中离不开可疑而超验的客观规律了。唯物论的客观规律与唯心论的绝对理念之间的哲学区分，他们都在回避。

近代欧洲以后，新兴的自然科学文化成就与新兴的城市生活方式带来了活跃的思想，文艺复兴促生的人本主义价值观对传统基督宗教观念的冲击与异化，促进了欧洲哲学的发展。有头脑的欧洲哲学家们开始发现互相排斥的唯物论与唯心论都有自己的肤浅与不足了，他们就开始了在两个体系的基础上向对方的伸展与探索。新的哲学体系开始形成，这两个体系开始尝试融合，心物二元论出现了。

心物二元论的开创者是康德。他认为人类的生存环境中既有物质世界也有精神世界，它们同时存在又各自形成了不同的功能。康德用这个观念体系试图调和哲学中长期的对立。开始于康德的调和并没有彻底实现哲学的融合，这个调和方法在本体论中仍然保留了物质世界与先验范畴和宇宙精神的分裂。

不同的现代哲学家们大都将康德尊为近代哲学的集大成者，但并没有理解他重构哲学的苦心而继承他的未竟事业。康德的继承者们仍然又回到了唯物唯心的对立体系中去发展他们自己，这就形成了对康德继承的两个脉络。经过复杂的文化演化后，这两个脉络又分别收缩为今天西方哲学的存在主义与逻辑实证主义的两个主要分支。他们要么不再关注人类精神世界的全貌，要么将精神世界简化到个人的观念体系中去。

马克思在康德哲学之后，从分裂的两个脉络中获取了自己理解社会结构的哲学营养，并将对这种营养的运用表达为一种方法论体系。这就是马克思主义哲学。马克思的哲学并非对现代哲学的整体重构，但却支撑了他辉煌的社会学贡献中的全新文化视角。这种文化视角为中华文化的工业贸易转型提供了一个有效的媒介。马克思主义不仅仅是中国社会重构的精神武器，它也是中国现代化转型的文化媒介。现代中国人正是通过马克思才具备了接受西方文化的超验观念依据。基督教的教堂没有这样的功能。

中国的儒家文化正是在对马克思主义的包容过程中，才打开了与西方现代文化融合的大门，但进门以后仍然路途遥远。

第四章　哲学与文化

20. 文化是人类的特征与标识

　　人类与一切动物的区别问题，是人类认知自己的一个基本问题。在曾经的文化中，对这个问题的答案有多个，或者是具有特殊的灵感与灵气而能感知天意，或者是具有学习能力与劳动能力而能够掌控自然。唯物论哲学的答案则更为简单，就是劳动创造了人。

　　这些答案都仅仅表达了人类行为方式的表观特征而已。如要用劳动定义人类就要定义劳动，如要用使用工具定义劳动就要定义工具，离开了人类的生存与活动，工具的意义在哪里呢？人类对终极问题的解答必然都是循环论证的。但好的循环论证更为接近本质。

　　人类作为生命形态中的特殊动物，必然在自然环境中通过自己的活动实现自己的生存。人类与其他动物的区别就在其不同的生存方式中，就在其利用与适应自然环境的不同依据中。特殊的灵气与特殊的劳动能力都来自人类特殊的利用与适应自然环境的方式。

　　人类所具有的与其他动物不同的生存方式，就是依赖由特殊的意识活动能力而构成的复杂的精神世界，就是依据在精神世界中的意识活动来实现生存行为的选择与构建，就是依据个体精神世界通过观念的交流而构成了群体化的公共意识活动方式，并以此而构成了社会环境与社会化生存方式。这就是人类所独具的文明。动物最多只有组织化的群居，动物没有文明的形态。人类的文明远远超越了动物的群居。

文化与文明，是人类区别于动物的核心标志，也是定义人类的基本依据。理解文化与文明就是理解人类与人性的依据。理解生理欲望则是理解一般动物的依据。仅仅用生理欲望来说明人类的生存方式，就是将人类动物化。

　　人类精神世界在物质世界中的表达与投射就是文化。所谓文化，就是人类依据自己精神环境中的特殊功能在物质环境中实现自己生存的特殊存在形态，就是这种存在形态在自己所构建的物质环境中形成的特殊表达形式。文化对人类在自然环境中的生存所提供的特殊功能，就是形成了人类特有的社会化的生存环境，就是构成了人类的文明。

　　人类与动物的区别，从生存环境与生存方式来理解，就是具有了特殊的精神世界及其在物质环境中的表达形态，就是具有了文化。人类在自己群体化的生存方式中，依据高级神经器官的特殊功能，形成了复杂的精神世界。对这个实现文明化生存的内在精神世界的外在表达，就形成了人类特有的文化与文化环境。人类依据特有的文化构成了社会秩序与社会结构，形成了社会化的生存方式与活动方式。人类群体化的复杂精神世界及其外在表达形成的文化，就是人类区别于其他任何动物的核心标志。某些高级动物也会有明确的精神世界，但没有群体化的精神世界。它们的个体精神世界无法公共化，也就无法形成文化。

　　所谓灵气，就是传统文化对人类精神世界功能的感性化表达。所谓劳动，就是传统文化对人类社会化生存行为的抽象表达。所谓工具，就是人类利用环境资源的具体方式。从刀斧锄锯到内燃机与计算机，从记事的绳结到现代会计与经济学，从欧几里得几何到阶级斗争理论，都是人类实现生存的广义工具。

　　文化就是人类精神环境的秩序内涵在社会环境中的外在表达。文化并不是个体精神环境的直接表达，而是人类群体公共化的精神环境的表达。文化并不表达个体的观念，而是表达了群体的公共观念。个体精神环境内涵或个体观念，仅仅是构成公共观念的环境依据。

个体精神环境秩序或个体观念也可以形成外在社会表达，但这不是文化，而只能是个人的观念或情感。将个人观念或情感实现公共化的组织与群体化的表达，才能构成文化。因此，一些对社会成员的精神环境具有影响力的个体观念，也就可以通过在群体中的表达而形成文化。形成了群体行为的影响功能的个体观念就是文化。文化的内涵就是群体公共观念。文化的功能就是群体公共价值。

人类社会的形态就是多层次嵌套的群体结构。朋友圈是群体，跟随老师的学生是群体，思想体系的皈依者们是群体，民族精神的崇尚者们是群体。家庭是群体，社区是群体，企业是群体，种族是群体，政党是群体，民族是群体，国家与国际集团还是群体。

文化及其表达的公共观念，是社会群体形成与稳定凝聚的唯一原因，也是社会秩序的形成与人类文明化生存的精神依据。文化的唯一功能，就是提供了构建社会结构与社会秩序的精神依据，提供了维护社会秩序稳定存在的精神依据。

人类依据自己特有的公共观念与文化，构建出了社会秩序与社会结构，形成了人类的社会环境与社会生存方式。文化以及文化构成的文明，标志了人类与动物的区别。

人类脱离动物成为人类，就是因为有了文化，就是因为依据文化表达的公共观念而形成了社会化群居的生存方式。很多动物也有群居的本能，但它们的群居是依据DNA传承的动物本能实现的。而人类的社会化群居方式，则是依据人类文化的功能实现的。动物的DNA表达的秩序与信息存在于生命环境中，文化表达的秩序与信息则存在于人类构建的社会环境中。动物的DNA只能在动物的个体内保持其功能，人类的文化则可以在人类的群体中以及超越群体的社会环境中保持其功能。

动物没有文化而只有本能。人类具有本能也具有文化。动物只能依据生命本能决定自己的生存行为与生存方式，人类在则可以依据本能与文化共同决定生存行为与方式。本能是文化的形成基础，文化是本能的功能延续。

　　动物依据生命本能直接利用与适应自然环境。人类则依据本能与文化构建出超越自然环境的社会环境，并在社会环境中实现自己的自然生存。人类这种特殊的生存方式又是构成社会环境的依据。

　　人类通过特殊的神经器官功能构成了内在的精神世界，并依据精神世界在群体中的公共化，进一步构成了社会秩序。人类精神环境秩序的公共化构成了社会文化。文化既是这两个环境秩序间的联系桥梁，也是这两个层次的环境秩序的保存方式。文化连接了精神环境与社会环境，并蕴含与保存了精神环境秩序与社会环境秩序。

　　动物的生存本能只能通过 DNA 在个体的代际间传承与保持。人类的社会生存能力则主要通过文化在个体与群体的代际之间传承与保持。动物仅仅是 DNA 的后代，人类则还是文化的后代。

　　表达人类群体化精神环境的文化形态，就是人类的群居生存方式从生命秩序的环境功能中演变出来的外部化或社会化成果。文化就是人类社会化生存方式中的 DNA，就是人类文明的 DNA。

　　动物生存的形态谱系只能由 DNA 来区分与保持，人类生存的形态谱系则主要依据文化来区分与保持。文化是人类构建与保持自己社会群体结构的依据，也是区分人类不同群体与不同文明的依据。文化就是人类社会秩序保持与传承的基因工具。动物依据基因复制自己的生命秩序。人类依据文化复制自己的社会秩序。

　　人类文明的形成与演化，就是社会秩序的形成与演化。社会秩序的复杂化与发展，就是人类文化对人类生存方式决定性程度的深化与扩充。人类文明的演化进程，就是人类的生存方式依据从动物的本能形态转变为人类的文化形态的过程。

　　在原始的人类中，不同的生存方式还离不开 DNA 的表达，种族的血缘区分是生存方式区分的主要依据。到了现代的人类中，不同的生存方式则主要由不同的文化来区分了。人类的社会化进化就是人类生存方式的文化化进化。在高度社会化的人群中，文化的差异具有超越血缘的差异表达生存方式区分的功能。西方现代公共价值中对种族依据的过分重视，既是他们传统文化的遗留，也他们现代自然科学文化的不当延伸。中华文明则很早就用文化来区分人群了。中国文化自古就不重视种族差异。

中华文明早就达成了依据文化理解人类群体的终极认知，并依此构成了表达社会秩序的基本伦理。现代西方文明中仍然还在模糊不清地用生命秩序的差异来理解人类社会行为差异的本质。这就是他们种族主义伦理的哲学依据。

社会环境秩序分为不同的层次，文化结构也分为不同的层次。不同层次的文化形态就是人类不同层次的精神世界秩序结构的群体组织化的外在表达。不同层次的文化结构中蕴含了不同层次的公共价值。价值是人类精神环境中蕴含的生存环境需求。公共价值是人类公共化的精神环境中蕴含的环境需求，也是文化的基本内涵。公共价值是社会秩序构建的精神依据，也是人类一般社会行为的基本依据。

人类的文化形态决定了人类的文化活动方式，也构成了人类的社会文化环境。文化环境中表达了群体公共价值的物质资源，就是文化的物质形态，也就是承载了公共价值的物质文化形态或文物。文化环境中表达了群体公共价值的社会行为方式，就是文化的社会活动形态，也就是承载了公共价值的非物质文化形态。文化中的公共价值表达的社会活动方式与社会关系，就是社会环境与社会结构的秩序内涵。物质文化与非物质文化都是公共观念与公共价值的社会物质表达形态。

社会文化环境来自人类特有的社会活动，来自人类社会活动中的文化构建。所谓文化活动，就是构建与凝聚人类群体公共观念，进而提供构成社会秩序精神依据的社会活动方式。

社会公共观念中所蕴含的公共价值通过社会文化形态实现了在物质环

境中的表达、呈现与传承，并由此实现了对社会秩序的构建与维护功能。文化就是人类公共化的精神环境秩序的外部化形态，就是对人类意识活动与社会活动共同构成的对精神环境秩序的超越化存在形态。

所谓文明，就是人类依据特有的公共价值构成的社会生存环境，以及在这个环境中特有的活动方式所构成的生存状态。文化承载了文明的精神依据。文化就是精神环境秩序向物质环境中的投射方式，也是物质环境中的精神环境秩序的信息载体。

文化中的公共价值所具备的环境功能，将人类的动物群居方式改造成为人类的社会化生存方式，并创造出了人类特有的社会生存环境与人类的文明。文化与文化活动的成果，从根本上改变了人类的物质环境，将人类的物质环境由自然界转变为人类社会，人类依此而从动物中脱颖而出。

文化是人类外在社会环境中对内在精神环境秩序的表达模式。社会文化环境决定了公共意识活动在社会环境中的活动方式，提供了公共意识活动的社会环境。文化环境决定了人类群体的公共意识活动形态。

文化又是公共价值在社会环境中的表达与传播方式，并依此实现对社会秩序的表达与维护。人类在社会环境中表达与维护公共价值的文化活动就是公共意识活动。人类文化活动的方式就是公共意识形态。依据公共意识形态构成的社会公共秩序就是人类文明的特征。

文化在社会环境中形成的公共观念表达，又会通过文化活动与文化信息的方式输入到个体精神环境中，形成人类普遍具有的文化观念。这就是文化的传播对个体精神环境秩序的引导与塑造。

进入文明以后的人类个体就开始在社会文化环境中生存了，就开始通过社会文化信息接受社会环境中的公共价值了。文化信息在个体观念空间中被认识活动所构建，就形成了具有文化内涵的经验观念，这就是文化观念。

随着人类文明化程度的提高，个体观念空间中的文化观念要素也就不断浓厚，也就日益明确地引导与制约了个体精神环境中的意识活动，进而明确地影响与制约着个体的社会行为方式。这就是文化对社会成员社会行为的引导与规制功能。文化就是文明环境中为社会成员提供意识活动外部秩序的媒介。

文明人类在社会环境中的生存方式，主要是由社会文化环境中所蕴含的公共价值所决定。不同的文化构成了人类的不同文明，也决定了人类文明的不同形态，更区分了不同文明的差异。人类的文化是人类社会化的文明生活方式的内在依据，也是人类社会秩序与社会活动方式的差异与冲突的依据。和谐的社会秩序来自和谐的文化环境，冲突的社会秩序来自冲突的文化结构。

人类的全部生存环境都是存在。社会环境是由人类特殊的生存活动所构成的特殊存在。社会存在由社会秩序对社会能量的组织化所构成。社会秩序具有的内在稳定性是社会环境得以保持维护人类文明化生存的依据。社会秩序的稳定性来自社会结构内在的人类权力活动。

社会权力活动构建与维护社会秩序，也构建与维护社会主流文化，并保持社会主流文化功能的有效性。社会主流文化是社会基本秩序的精神依据。社会基本秩序与社会主流文化由社会政治权力活动所构建与维护。

人类的社会环境通过其中具备的文化活动方式，实现社会文化的构建与传播。并通过文化的传播塑造社会成员的观念结构与价值结构，进而引导与规范他们的社会行为方式。社会文化环境中的文化活动，通过在社会成员观念空间中塑造公共观念与公共价值的基本结构来实现这种功能。个体观念空间中的基本公共观念结构就是伦理。伦理结构表达与塑造了个体的观念结构形态，并引导其意识活动方式。伦理中蕴含的公共价值可以引导与塑造个体行为动机的形态，并以此决定个体的社会行为。

通过权力活动引导与控制主流文化的构建，通过主流文化塑造社会成员的伦理结构，通过伦理规范个体的社会行为。这就是人类社会环境秩序的稳定性机制。伦理价值的行为实现可以来自人类意识活动中具有审美追求的价值活动功能，这就是人类的道德精神。伦理价值的实现还可以来自权力活动的外部强制，这就是由社会权力活动所构建与塑造的习俗工具与法律工具的功能。

人类的精神世界构成了人类意识活动的环境。人类在群居化的生存方式中形成了个体间的观念交流活动，并依此实现了个体精神环境在群体中的组织化。这种组织化的精神环境中的观念存在形态就是公共观念。公共观念在社会环境与社会活动中的表达构成了人类的文化。人类公共化的精神环境与其中的全部意识活动，就是人类社会环境存在的基本条件。社会存在依据精神存在为基础。社会环境是精神环境之上的更高层次的环境存在。

人类通过社会行为实现自己文明化的生存。人类社会环境通过社会资源的功能满足人类的生存需求。社会资源通过人类的社会活动从自然资源中构建出来，又通过人类社会活动在社会环境中流转与变换，最终形成了社会秩序资源与社会消费资源的功能区分。人类获取与流转自然资源，将其转换为社会其他资源的社会活动构成了社会经济活动。人类通过流转与变换社会资源的活动实现对公共观念与公共价值的构建与传播，就构成了社会文化活动。人类通过流转与变换社会资源实现对社会一般秩序的构建与维护，就构成了社会政治活动与社会权力活动。

人类进入文明以后，就从动物转变成了社会化的人类。人类通过生命本能保持生命的存在并传承了动物化的生存，人类又通过文化保持与传承了精神环境中的公共价值，以构建与维护社会化的生存环境，并保持了文明化的生存。人类由此而从生命传承的后代变成了文化传承的后代。

标志了人类文明的社会环境秩序，依据文化中蕴含的公共价值的功能，通过社会文化活动与社会权力活动实现其秩序功能与秩序传承。社会经济活动则为社会文化活动与社会权力活动提供了必要的能量资源。

文化是人类文明的精神依据。人类的群居生存方式形成了人类群体对环境的共同需求，并构成了文化中蕴含的公共价值。这种群体共同的生存需求通过文化的表达和文化的传播，实现了对个体精神环境秩序的引导与塑造，并进而实现了社会成员的生存行为的引导与规制，最终形成了社会秩序的构建与人类文明的实现。

观念与价值来自人类精神环境中的意识活动。公共观念与公共价值来自人类群体内部的观念交流活动。观念交流活动就是社会文化活动的主要内涵。个体精神环境中的意识活动构成了观念交流活动的基本条件。依据观念交流活动形成公共观念与表达和传播公共观念，就构成了社会文化活动的主要方式与主要形态。

人类的观念交流活动由观念的表达环节与观念的接受环节构成。人类观念的感性化表达方式，构成了人类文化中的艺术形态与艺术活动。人类观念的理性化表达方式，构成了人类文化活动中的知识形态与知识活动。艺术活动与知识活动就是人类传播公共观念的两种主要方式。

人类的社会文化活动形成了社会文化资源。文化资源的流转与变换活动由文化活动秩序来保障。人类构建与维护文化活动秩序的成果，就是形成了特殊的社会文化结构与社会文化机制。文化结构与文化活动机制受到社会权力活动的引导与保障。

例如，人类文明中的宗教活动就是典型的文化活动方式。宗教机构则是典型的文化活动机构。传统社会中的宗教机构承载了主要的社会文化活动秩序。

现代社会中的文化机构则是由现代社会权力引导与构建出来的学术研究机构、教育机构与宣传媒体机构。这些机构逐渐取代了宗教机构的文化功能。

21. 文化的形成与演化

在人类漫长的文明史中，在人类不同文化的演化进程中，解构与整合的交替，就是文化演化的基本形态。生活在不同文化历史进程中的社会成员与文化学者们，由于其生命存在的时间局限性，常常就只能分别形成对文化解构或文化整合的不同体验与不同经验。这种局部化的文化体验与文化经验，就会强化与放大某一具体的文化演化状态，并将这片文化树叶在他们心目中夸大为整个文化历史的森林。

例如，在今天的西方文化中被绝对高举的自由主义价值观，就是来自他们对文化演化的特定进程中的体验，来自对传统宗教文化解构过程的新兴公共价值的绝对夸大。例如，新中国曾经对原教旨社会主义思想的强烈推崇，以至于在社会政治革命的成功基础上形成了非理性的经济革命与文化革命，也是对自己传统文化解构以后形成的文化与社会整合需求的特殊局部公共价值的绝对化夸大的结果。

人类文化演化方式的宏大形态，就会使得处于文化演化的局部过程中的社会成员或文化学者们，将自己毕生沉浸其中的某个文化演化过程的特殊状态，当作了他们理解人类全部文化的基本依据。因为在他们生命体验之外的文化活动对他们是虚幻的与隔膜的。只有少数人能穿透这种虚化与隔膜，洞悉人类文化的真谛。大多数文化人通过书本所了解的文化历史，在真实鲜活的文化活动面前，常常就变成了干枯无用的概念。只有少数能够游离于当代文化潮流之上的思考者，只有少数能够超越文化史概念束缚的智慧者，才能具有超越自己时代局限的文化形态的理解力，才能构建出俯视人类文化本身的恰当的观念体系。虽然他们所经历的具体社会环境所形成的多元微观价值，也会让他们感同身受甚至刻骨铭心，但他们的思想目光，则始终在关注人类整体的历史与人类全部的生存方式之中。这种超越性的精神状态，也就注定了他们是离群索居的孤独者或大度淡漠的超脱者。

这样的学者也常常会因为其观念的超脱与独特，而形成与当代主流文化的不一致甚至冲突。他们也会因此而受到文化环境的压迫与限制。这是超越者无法回避的必然生存环境。

例如，在中国曾经的新文化运动中的文化人的精神追求中，在二十世纪八十年代的所谓新启蒙运动中的文化青年与思想精英们的精神追求中，都仅仅是鲜明地塑造出了他们理解当时中国文化具体进程的思想与观念。如果将这种特定时代中的具体文化进程，当作了人类全部文化演化的常态，甚至形成自己强烈的终极社会价值取向，就只能成为特定时代中的普通文化人，而不会具有对人类一般文化理解的开阔心胸。

整合与表达人类不同文明的漫长演化中形成的具体而散乱的文化，并因此而形成超越当代具体文化进程的文化结构，为世人展现文化视角的超越高度，才是文化大家的任务领域。尽管这种整合与理解也必然要回答当代的文化问题，但广阔的背景才是深刻答案的条件。对时代的理解与对时代的超脱，就是他们必须同时具备的能力。具有超越当代流行文化的心境，才能甘于寂寞与孤独。只有甘于寂寞与孤独，才可能成就彪炳历史的文化成就。而大部分社会成员是不愿意经历这样的人生的。

人类具有群居的本能。人类社会化的群居方式形成了文化。文化又支持了人类社会化的群居方式。文化是人类公共化的精神环境秩序的外在载体。人类文化中蕴含的公共观念，与人类的社会环境和社会活动具有深刻的自纠缠关系。这就是在人类群体的环境需求表达的文化形态以及这种需求所构成的社会环境秩序之间的相互依存与相互支撑的关系。

人类精神环境中表达的生存需求形成了人类的生存行为。人类的生存行为在群体中的组织化，就构成了人类外在生存环境中的社会秩序与社会结构。人类的社会环境秩序又引导与规制了人类的生存行为方式，人类的行为方式与行为结果，又会形成新的经验观念而进入精神环境中，并由此而引导了人类的精神环境秩序的构建。这种构建的成果就形成了精神环境中的生存新需求。这种自纠缠关系既是人类文化形态与人类社会秩序之间的存在关系，也表达了人类生存行为中的实践循环的主要结构。

人类的文化随着人类社会秩序的演化而演化。人类的社会秩序随着人类文化的演化而演化。

人类的社会秩序伴随着人类文化的演化，经历了复杂的进程。人类精神环境中对这个进程的理解，就构成了人类的历史文化。社会秩序的有序化与组织化的过程，与社会秩序的无序化与自由化的过程相辅相成，并在这种相互关系的冲突与均衡中，实现了社会秩序由简单到复杂的进化。人类社会的进化过程并非是单一的，而是复杂反复与曲折多样的。这由社会存在的本质与社会演化的内在机制决定。

文化是人类公共化的精神环境秩序的社会环境表达。人类精神环境结构的复杂性与多层次性，决定了人类文化的复杂性与多层次性。文化是社会秩序的精神依据。人类社会结构中多层次嵌套的群体结构，表达了人类环境需求的复杂性多样性，也决定了文化的多层次结构的复杂性多样性。

人类文明的演化形成了日益复杂与多元的文化结构，也形成了日益复杂与多层次的社会结构。人类的文化结构与人类的社会结构，分别表达了人类精神环境的秩序与人类物质环境的秩序。人类文化复杂的多层次结构与人类社会复杂的多层次结构的相辅相成的自纠缠关系，就是人类文化不易被整体外在地理解与表达的原因，也是人类社会秩序不易被整体外在地理解与表达的原因。不同的文化学者对文化定义的复杂与散乱，不同的社会学者对社会定义的复杂与散乱，具有相同的原因。

结构是人类表达环境秩序的基本理性化方法。人类的文化可以大致分为蕴含了不同社会环境功能的三个层次的结构来表达，这就是宏观文化、中观文化与微观文化。

宏观文化由人类不同文明的公共观念中蕴含的大伦理文化、信仰文化、宗教文化以及哲学文化所构成。例如今天中国人的儒家文化与马克思主义文化的基本结构就属于宏观文化。不同文明的哲学文化则是宏观文化的核心结构与工具体系。至今仍然被哲学所蕴含的历史学文化与社会学文化也属于宏观文化的范畴。自然科学的基本范式与构架，也是宏观文化的范畴。

宏观文化提供了人类文明结构中宏观社会结构所依据的终极公共价值，也为社会成员提供了终极观念的基本结构。宏观文化是不同文明中的大文化所凝聚的公共化超验观念的形态。

中观文化表达了人类维护与构建社会秩序的技术方法体系的公共观念，其中包括自然技术文化或科技文化，包括管理社会经济活动的工具体系或经济学文化，包括维护社会基本秩序的工具体系的政治学文化与法学文化。由科技文化、经济学文化、政治学文化与法学文化构成的中观文化结构体系，表达了维护与管理社会秩序的方法体系的公共观念，它们依据其归属的不同宏观文化形态而形成了不同的文化形态，表达了不同文明对社会秩序的形态与功能的理解的公共观念体系。中观文化受到宏观文化的引导与制约。

微观文化则由家庭与家族文化、村社文化或社区文化、经济活动文化或企业文化、消费文化与娱乐文化所构成。微观文化表达了不同文明中微观社会结构的基本形态，也表达了它们的微观公共价值结构。微观文化表达了人类个体间的直接社会关系与公共价值关系，也表达了人类基本的生活方式。微观文化受到中观文化的引导与制约。

中观文化既是微观文化的公共工具化凝聚，也是人类构建与维护日益复杂的社会秩序活动的公共价值成果。在工具的形态与功能中必然凝聚了工具目标的价值。不同的中观文化结构则由宏观文化提供的大伦理所规范与引领。例如自然技术文化由自然哲学或自然科学公理与范式提供的伦理所规范与引领，政治学文化由社会政治伦理提供的政治价值与政治规范所引领。中观文化中表达的伦理，受到宏观文化中的大伦理的规范与安置。

宏观文化是中观文化的伦理化凝聚，表达了超越中观文化的超验公共价值，它将不同领域中的中观公共价值融为整体，形成了抽象的超验公共价值目标与人生社会理想。宏观文化为不同的中观文化提供了伦理依据。

在人类不同文明中的不同文化形态中，都具有从宏观到微观的整体统一的结构，这是文化演化的自然结果。在文化的整体结构中，宏观文化统辖与制约中观文化，中观文化统辖与制约微观文化。微观文化促生与滋养中观文化，中观文化促生与滋养宏观文化。

文化是公共观念的社会化表达。人类表达公共观念的主要方法就是与观念结构的主要形态相一致的感性化方法。人类在观念交流与文化活动中逐渐形成了更为有效的理性化方法，并以此形成了理性化的观念结构与理性化的意识活动方式。

艺术方法与艺术工具是人类表达公共观念的感性化工具，也是理解文化结构的感性化工具。理性方法与逻辑工具是人类表达公共观念的理性化工具，也是理解文化结构的理性化工具。

将文化进行结构化的划分与表达，仅仅是对文化形态的理性化理解的结果。文化并不会截然分为不同的结构，文化作为社会环境中的存在形态仍然是整体性的。文化的结构层次与结构要素内的学术区分，都是人类文化活动的理性化需求的结果。这种形态提高了文化活动的效率与功能，但也割裂了文化存在的内在关系。在社会环境中，各个层次的文化内涵在社会秩序的构建与维护中，在人类的意识活动中与观念塑造中，仍然是以整体形态形成其功能的。文化的社会环境凝聚功能，从来就是由文化的整体形态所提供与决定的，而不是由某一层次某一领域的文化结构所决定的。

宗教文化是人类文化中最稳定最悠久的形态，也是具有整体性的文化形态。宗教文化以宏观超验公共观念为核心，逐渐延伸到中观与微观文化结构的领域中。宗教文化依据感性化的超验伦理来规制与引导中观与微观公共观念的表达，其主要文化功能集中在超验伦理与信仰观念中。在地球表面的几个重要的大陆上，都形成了以宗教文化为主要形态的文化演化进程，只有中华文明中的主流文化表现出了弱宗教化或非宗教化的形态。这就是以高度经验化的社会伦理为核心来安置全部公共观念的儒家文化形态。

直到近代工业贸易文明所催生的世俗文化的兴起，宗教文化的统治地位才开始在欧洲逐渐弱化甚至边沿化。但工业贸易文明的推广形成的世俗文化与科学文化的全球化传播，则并没有彻底弱化宗教文化的地位。在某些进入现代文明的社会中，宗教文化仍然保持了统治地位。

在近代文明中异军突起的世俗文化中，凝聚出了以自然科学为核心的新兴文化结构。这种文化结构的形成标志，也就是依据自然科学伦理形成了终极公共观念的科学世界观。这个新兴世界观也就形成了对传统宗教世界观的剧烈冲击与瓦解。科学文化由此而一度产生了全面取代宗教文化的志向与趋势。但科学文化对人类公共观念表达的局限性，又最终在不同文明中保留了宗教文化的基本地盘。就是在中华文明中，儒家文化也仍然是接纳科学文化的基本文化依据。

科学文化局限性的逐渐显露，形成了对科学文化剧烈扩张的限制与反动，其结果就是现代社会中的宗教复兴。但这种复兴并不是重新回到传统宗教中去，而是在现代社会秩序中重新构建了相应的新宗教形态。

由超验价值主导与引领并决定经验价值的功能，就是宗教文化的主要特征。这就决定了经验观念在宗教文化中的从属地位。宗教文化的全部优点在于此，全部缺点也在于此。

近代西方自然科学文化体系的根基，源自欧洲传统文化中的自然哲学。自然科学文化体系的功能与活力，来自欧洲近代社会经济活动中新兴的工业贸易活动，也来自由此而兴旺起来的市民阶级的世俗化公共价值。这种文化活力为工业贸易经济秩序提供了构成相应社会结构的精神依据。

自然科学文化体系表达了西方文明对自然资源新的理解与利用形态。这种理解以人类生存活动的经验观念为其主导结构，以西方现代数学逻辑为其表达工具。但自然科学体系仍然需要超验化的观念安置，这种超验安置主要表达在思维范式与公理化前提中。自然科学的超验观念安置环境可以从自然哲学中得到借鉴，自然科学的直接文化功能则是对人类利用与适应自然环境的活动经验实现完美安置。自然科学也由此得到了对人类的物质环境生存活动的深刻表达。

在自然科学体系中蕴含的超验观念结构，也可以具备表达宏观文化内涵的一定功能，这就提供了科学文化与宗教文化在超验观念中可以协调共处的条件。任何在科学前沿中探讨与构建全新观念的科学家，也就必然会关注宗教问题，并从宗教文化中吸取智慧营养。从牛顿和爱因斯坦到普朗克和波尔，大都如此。对宗教文化的感悟为他们提供了感性化地体悟超验观念结构的能力。缺乏宗教文化修养或感性艺术修养的科学家，常常会在高层次超验科学观念的创立活动中遇到困难。彻底的唯物论者在这个领域中常常会失去精神自由。

人类文化结构的创立，常常从形式上来自个体意识活动的构建或文化人的创造，但任何文化观念的构建都必须来自群体内的观念交流。人类群体中的观念交流活动是形成文化的必要条件，也是构建文化的主要方法。

作为个体的认知成果所构成的观念，如果不能通过群体中的观念交流活动形成观念共识与公共价值，就只能是个体精神环境中的存在形态，就不会成为社会环境中的文化。个体观念空间中的观念构建，仅仅是文化形成的基本条件，社会文化的最终构成，则必须来自群体中的观念交流。人类群体中的观念交流活动才能构成精神环境的群体化形态，才能形成文化的内涵。仅仅从个体精神世界的视角，也就无法透彻理解社会文化的构成与功能。

人类观念交流活动的方式，也就是文化的表达形式与传播方式。人类感官信息的接受能力决定了观念交流的基本方式，也决定了文化表达与文化传播的具体形式。

人类形成了感性与理性两种意识活动方式与两种观念结构，也就形成了感性与理性的观念交流方式。感性化的观念交流方式形成了艺术的文化表达与传播形态，理性化的观念交流方式形成了知识的文化表达与传播形态。艺术与知识构成了人类文化的两种基本形态。

感性与理性的对立仅仅是人类逻辑方法运用程度的对立，而不是观念存在形态的对立。艺术与知识的形式对立也仅仅是逻辑方法范畴的，而它们观念空间中的存在形态则是协调与融合的。这两种文化形态在不同层次上的不同程度的结合与融合，就是各种复杂的艺术形式与知识形式的构成方式。

人类文化中的艺术技巧与方法在文化活动历史中的沉淀与凝聚，就构成了几大类狭义的艺术形式，包括了音乐、绘画、建筑、文学四类基本艺术形态，它们的进一步综合又构成了舞蹈、雕塑、戏剧、电影等艺术形态。

人类的理性化意识活动能力与理性观念，是在感性化能力与感性观念的基础上逐渐形成的。知识的历史要比艺术的历史短得多。在人类短暂的理性文化传播的历史中，也迅速分化出了不同形态的知识体系。其中最重要的就是表达对自然环境秩序理解的自然科学体系与表达对精神环境理解的哲学体系。哲学文化追求理性化的表达，但以理解精神环境的超验观念结构为核心。这就决定了哲学属于宏观文化的范畴。哲学是宏观文化中的理性结构。

在人类漫长的文化史中，占据统治地位的宗教文化形态虽然也以超验公共观念为其核心结构，但宗教文化仍然以感性形态为主导。随着人类理性能力的增强，又在逐渐将宗教文化理性化。人类宗教从原始的自然物图腾形态向多神形态的转变，从多神形态向一神形态的转变，都是其理性化程度的提高引发的形态突变。但宗教文化的超验核心则始终以感性化形态为主体。

人类的理性化能力的发展，则主要表现在经验观念的公共化结构中。随着公共观念结构中超验化程度的提高，各种逻辑工具的效用也在降低。

自然科学文化以经验观念为核心结构，就是其能够形成高度理性化结构的基本原因。宗教文化以超验观念为其核心结构，就是其难以彻底理性化的基本原因。

今天在各个文化环境中流行的现代宗教，则是传统一神宗教在现代文化中的变形与延伸。但由于现代文化中的理性化形态的主体功能，几乎完全由科学文化体系来承担了，现代一神宗教活动中的理性方式与理性表达形态就反而被弱化了，神学与佛学文化逐渐退入了哲学体系中而变成了理解人类精神世界的一般方式，变成了哲学学术的分支。它们反而与现代一神宗教的表达与传播活动疏远起来。在现代一神宗教的传播活动中，通过更加强调感性方式来补充科学文化在宏观公共价值与超验观念表达中的不足。这也是现代宗教与现代科学能够和谐共处的依据。曾经与科学文化视同水火的宗教文化，在进入后现代社会后又重新获得了新的生存空间。

存在由秩序对能量的组织化而构成。存在中的秩序与能量的对立与均衡，构成了存在的环境功能并确立了存在本身，也构成了存在的演化机制。秩序统合能量，能量瓦解秩序。存在的演化就是这种均衡关系的改变。所谓演化的周期，就是秩序与能量的主导地位在均衡关系中的交替所形成的功能表象。个体的生命周期是人类活动的基本依据。人生是人类全部生存价值的载体。社会秩序的演化周期以人类的生命周期为基本依据，这就是所谓的三十年河东三十年河西。

人类的文化存在也处于演化中。文化的演化也有周期形态。但文化的存在对人类生命存在的宏大超越，使得人类很难感受到文化的演化周期。文化演化的动因来自文化结构内部的秩序与能量的对立与均衡。文化结构要素间的散乱与无序，形成了对文化结构的瓦解与解构。人类文化活动中的秩序构建与维护，形成了对这种瓦解与解构的安置与统合。文化的解构与统合对文化形态的主导状态的交替，就构成了文化演化的周期表象。

在人类文化的结构层次中，微观文化常常具有最活跃最生动的演化形态，也是文化结构中最为变化不拘的流动形态。微观文化形态的迅速变化，既会形成对中观文化结构的维护与强化，也会形成对中观文化的瓦解与弱化。这种弱化形成了中观文化中的无序与流变。同样的影响功能也会发生在无序的中观文化与宏观文化结构的关系中。文化结构由微观到宏观的无序发生与从宏观到微观的秩序整合，就构成了文化演化的全部动因。

　　人类在精神环境中的行为本能，形成了追求精神环境形态有序化的审美欲望。审美欲望驱动着认识活动，永不停息地整合观念空间中的结构差异并消除无序。人类在不同层次的观念结构中的秩序构建总和，构成了人类的智慧。人类永不停息地从感官信息的无序中构建出形态散乱的经验观念，也永不停息地消除经验观念中的无序而构建出不同层次的超验观念。人类意识活动的秩序构建与观念空间中的无序对立，就构成了精神环境秩序的演化动因。社会成员精神环境的演化活动构成了社会文化演化的基础。
　　人类观念交流活动的功能，就是对群体中散乱无序的个体观念结构的统合。其结果就是形成了公共观念与公共价值。人类的文化活动就是统合不同群体成员的观念结构的社会活动。个体的认识活动会不断为观念空间提供无序的观念能量，也会不断消除观念空间中的无序。群体成员的文化活动会不断为公共观念空间提供无序的观念能量，也会不断消除公共观念空间中的无序。

　　微观文化具有最活跃的演化形态，在人类个体的代际中，甚至在十年中就会形成明确的变化。中观文化的演化滞后于微观文化的演化，就要稳定得多，就会因此而具有以世纪为时间标志的演化表象。宏观文化滞后于中观文化的演化，也就具有更加稳定的形态。人类文明中的宏观文化演化进程，常常就以千年的文化历史来标识。
　　宏观文化或大文化在人类社会历史中的稳定性，也就决定了人类大文明形态的稳定性。这就是人类的大文明形态可以经历数千年的历史而不断延续的原因，也是现代社会在工业贸易文明的广泛流传而被现代化改造的进程中，各个大文明的历史延续与历史特征仍然会明确地保留的原因。西方现代社会中明确地保留了其历史文明的形态，欧洲古典文化与基督教文化仍然深深地浸透着西方人的心灵。在中国社会向工业贸易文明的现代化转型中，虽然几乎全面接纳了西方现代文明的全部中观文化，但中华文明的宏观文化结构与宏观公共价值结构则仍然是中国人具有现代化社会转型的信心的心理依据。现代中国的文化自信仍然在传统的宏观文化中。缺乏传统宏观文化修养的中国人，难有文化自信。有些全面拥抱了西方自由主义文化的知识分子，看似得到了文化的自信，但他们终究会在中华文明的历史延续中变成文化的孤儿。

文化演化的一个重要的动因，就是不同层次间的感性结构与理性结构的不均衡形成的无序冲突，以及人类文化活动对这种无序冲突的整合努力。

文化中的广义艺术表达了其感性化结构，广义知识则表达了其理性化结构。社会成员在不同的文化层次中自发地构建出了自己追求的文化形态，其中的感性化结构与理性化结构层次处于高度的不均衡状态中。

当文化结构中的感性形态过分强大而理性形态不足时，就会形成与社会成员理性化的文化需求相冲突。反之亦然。这种文化形态与文化需求的冲突，不断被人类文化活动的公共观念整合与构建所消除，就形成了文化演化进程中的感性化与理性化形态的交替发展的周期形态。

在文化演化的进程中，任何新兴的理性化方法的形成与发展，都提供了促进文化结构统和与整合的新功能。任何新兴的感性化方法的形成与发展，也都会激发文化形态与文化结构的多样化与深刻化，从而为文化的演化提供新的活力。这两种过程与趋势的交替强化与主导，就形成了文化演化周期的重要形态。这种形态在自然科学史中具有明确的表达，在其他文化史中则不太明确。这是因为它们漫长而复杂的演化进程模糊了人类的认知。

例如，欧洲文化中第二次理性爆发后形成了对理性方法与理性文化结构的崇拜风潮，也大大强化了理性化的文化形态，哲学出现了，哲学家们的地位大大提高了。这种理性崇拜思潮将人类一切智慧都理解为理性，也就压制与排斥了文化对感性方法的合理运用。这种不均衡状态带来的文化弊端，又重新激发了文化活动对感性方法的回归，这就是崇尚理性的一神宗教统合了多神宗教而一举成为主流文化的原因。

在文化史中，对于这种偏向感悟与直觉的文化活动方式，就被贬为一种文化的黑暗。尽管基督宗教依据超越多神宗教的理性化方法确立了自己的地位，但在其一般活动中仍然保留了感性化的主体方式，这也是它仍然属于宗教而不能属于哲学的原因。它的感性化主体形态也就是后来被贬为文化黑暗的哲学原因。

但是，基督宗教内在追求理性化的神学努力，则孕育了激发世俗理性的土壤。大约十个世纪后，欧洲文化演化进程中重新追求理性能力的世俗化努力，又通过从阿拉伯文化对古典理性方法的回输而实现了新生，由此为重新振作起来的理性化方法，终于在工业贸易经济需求的拉动下，造就了瓦解基督宗教的世俗化科学文化。

在中华文化的演化进程中，也可以看到这样的周期性摆动。只是由于中华文化总体结构的比较均衡，使得这种摆动并不会太剧烈太明显而已。中华文化的演化既没有出现强烈的理性化崇拜，也没有出现强烈的感性化推崇。就是在其自然技术文化的演化进程中，例如中医的演化中，也没有表现出理性与感性方法的明确主导周期。

不同的文明群体具有不同的文化形态。不同的文化具有自己的演化经历与演化结果，由此而形成了自己存在与发展的脉络。这就是文化的历史路径。人类的任何文化都是历史的，只是不同层次的文化具有不同层次的历史而已。在微观文化的演化中表达了人类个体代际更迭的历史周期，这种演化周期中的文化对立与冲突就是所谓的代沟。在宏观文化的演化中，则表达了与大文明的社会秩序演化历史相匹配的文化历史，这个文化历史也就贯通了整个文明史。

社会结构的复杂性与多样性决定了文化的复杂性与多样性。文化的复杂性与多样性又支持了社会结构的复杂性与多样性。只要人类精神世界与生存行为的复杂性与多样性存在，社会结构的多样性就永远存在，文化的多样性就永远存在。文化的演化不会收敛为单一形态。社会演化也不会收敛于单一的形态。

人类社会进入工业贸易文明以后，不同文明间的文化出现了全球化的交流，也就必然形成了文化结构的世界性整合趋势。这种趋势永远以微观文化的多元自由发展为条件，也永远与微观文化的多元状态相均衡。

至今为止的世界性文化交流活动，还主要是局限于微观文化与部分中观文化中。不同文明间宏观文化的交流还很困难。这由宏观文化的理性化表达难度所决定。例如，当今中国的社会资本主义文化体系与西方的自由资本主义的文化体系的宏观结构交流，就还存在着巨大的障碍，它们的交流还只能局限在经济学文化与部分政治学文化的中观工具体系之中。中国一些知识分子自以为理解了西方文化，实际上他们的理解还仅仅是工具层面的观念。例如，在当今世界中已经被现代化晕染后的几大一神宗教之间，还仍然是互相隔绝甚至互相排斥的。它们的隔绝来自宏观公共观念的排斥。

这些文化现象的原因，就在于人类至今所具备的文化表达能力，还找不到不同宏观文化间有效沟通的理性化工具。上帝的逻辑与佛祖的逻辑还无法沟通，高大上的现代数学远不能帮他们的忙。

至今为止，人类在不同文明的演化进程中发展起来的不同的公共价值体系，还不能形成更高层次的宏观融合。今天人类的哲学，还远不能提供这种融合的能力。在人类不同文明的不同文化体系之间，共同的结构还远没有形成。那种曾经风行一时的所谓普世价值，实际上就是西方政治文化的超验化表达工具而已。它们看似也可以表达其他不同文化的公共价值，但这种表达只是文化表象的，它们一旦在文化结构中具体化，就立刻会陷入各种冲突中。

今天的世界还远没有达成一个人类共同体的观念共识，被宣传出来的一些普世价值则充满了虚伪的多重工具标准。某些处于优越地位的社会秩序与社会文化，将自己的公共价值标榜为人类的公共价值的说法，已经开始露怯了。

人类不同宏观文化结构之间的共识困难与交流困难，形成了今天世界上的文化区分和文明区分，也构成了今天的文明冲突与世界分裂。这种分裂与冲突今天还看不到融合的明确途径。就是在具有共同文化渊源的基督教文化与伊斯兰文化中，今天还蕴含了十分明确的对立。

今天所流行的文化融合，大都还都局限在文明内部的文化冲突中。例如中国文化体系内的文化整合与美国文化体系内的文化融合。这种文化的融合，还仅仅以维护某一历史阶段的特定社会秩序为其要义与目标。就是这样的内部文化整合也还常常步履维艰。例如中国今天的文化整合。

人类还将长期生存在文明的分裂与文化的冲突中，面对这种不可回避的生存状态，人类对一般社会秩序的追求也就必然是求同存异。这就必然要承认与接受其他文明的文化差异与社会秩序差异，并在对文化与社会差异的包容与忍让中寻求低层次生存价值的共识。这种对社会秩序与社会生存方式理解的最好哲学，就是中华文化的核心价值结构。那种强行推广自己主张的文化观念，那种将自己的世界观强加于人的文化活动方式，都是来自西方社会中帝国政治的传统，是一种陈旧落后的世界观与政治观，更是过时的文化工具。

文化的构建来自人类的意识活动本能。文化的传播与推广来自人类对公共观念的理解与接受。其他方法都会适得其反。

将被某一文明中认可的文化当作全人类都应该接受的先进文化形态，并用政治工具甚至军事工具向其他文明推广的理想，曾经主导了欧洲与中东的历史进程与政治经验。这种对人类社会秩序统合的追求方式，常常带来了剧烈的社会摩擦与社会冲突，也曾经造成了无数的人间灾难。这种方法对于人类文化与社会的融合效果甚微。

今天遍及全球的恐怖主义思潮，就是这种政治价值观的宗教化延伸与极端化变异，其根源就在人类大文化的分裂中所形成的政治与经济冲突中。

22. 哲学构建文化与文化禁锢哲学

文化是人类精神环境秩序的外在表达。人类从动物中脱颖而出的标志，就是形成了自己特有的文化以及依赖文化的生存方式。

文化来自人类个体之间表达与接受精神环境内涵的观念交流能力，来自社会念交流活动对个体精神环境的群体组织化，来自个体精神环境的公共化过程促生的复杂化。观念交流活动形成了文化，也形成了人类群体的公共观念与公共价值，还形成了人类群体公共意识活动的环境。

在人类开始意识到自己独特的文化形态决定了社会化的生存方式以后，也就开始主动地构建自己的公共观念与文化了。自从人类形成了社会文化活动，就从自在的自然生存状态进入了自觉的社会生存状态中了。人类社会化的文化活动既是文明的标志，也是人类的标志。

人类通过社会文化活动实现对公共观念的构建与维持，通过对自己意识活动环境与方式的理解来理解文化活动的方式与内涵，并依此而形成了构建社会文化的活动方式。艺术方法的凝聚与规范技术化，知识体系的构建与社会化传播，就是人类通过理解自己的精神世界内涵所构成的社会文化活动方式。

自从人类进入文明，自从人类有了文化，就开始了理解自己精神世界的探讨进程，哲学观念的基础萌芽就开始孕育了。真正的哲学文化体系之所以很晚才出现，就是因为它必须是人类具备了理性化的理解能力与表达能力的结果。理性能力的形成是人类努力理解精神环境与意识活动的结果，这也是人类文化漫长演化的成果。

哲学是人类对精神环境与意识活动的理性化理解与理性化表达所构成的文化体系。哲学是人类理解精神世界存在方式的理性化公共观念，也是理解文化结构与文化活动方式的理性化公共观念。

哲学是人类文化的特殊内涵。哲学的出现远远晚于人类文化的形成。人类文化漫长的初始形态与成熟过程，就是处于哲学出现之前的感性化形态中。理解精神世界的感性化公共观念的文化表达只能是艺术。原始艺术是人类原始文化的基本形态。

哲学将人类的文化活动引入了理性化的圣殿。自从有了哲学，人类文化活动方式与文化成果的本质，就可以由哲学来进行理性化的揭示了，人类就可以理性地理解与表达自己的文化成果了，知识化的公共观念形态与高效率地文化传播方式就开始出现了。

自从有了哲学，仍然以感性化方法为表达与传播方式的艺术活动与艺术文化形态，也可以从哲学中得到对自己深入的理性化理解了。这种理解的工具化成果，就是艺术方法的技术化与知识化，这些理解的超验观念成果，就是艺术哲学。

自从有了哲学，人类就开始通过哲学来理解精神世界，也就必然从哲学中获得对构建公共观念的文化活动的理解。人类的文化活动就开始具备了明确的目标，就变成了可理解与可规划的社会活动，人类文化活动的大格局就由哲学的发展来引导与制约了。哲学的新突破常常为文化的繁荣开辟新途径，哲学的禁锢与凋敝也常常是文化衰微的原因。

自从有了哲学，哲学开始就为人类的文化活动提供高效的理性化思维工具了。人类对文化发展的工具化需求，也就必然变成了哲学发展与应用的社会动因。每一个新兴文化体系的构建者，也都必然会追求一种新的哲学工具，并在这种追求中激发出哲学的新发展。从苏格拉底与孔夫子到牛顿与马克思，都是如此。就是自然科学家们的新思想，也都是哲学发展的重要动力。

哲学的发展为文化活动提供了新的方式与新的空间，文化发展的需求又不断向哲学提出新问题与提供新营养。哲学为人类提供了文化的基因。任何新哲学的产生也就常常是新文化派生的先导。

哲学文化的存在又必然以一般文化的丰富与成熟作为自己的生存环境与生长土壤。哲学引导文化，文化滋养哲学。

但是，文化对哲学的滋养与文化对工具的需求，也常常将哲学在自己的文化体系中封闭起来，变成了自己固有的阐释工具与宠物。这就形成了文化对哲学的禁锢与遮蔽。

人类进入成熟的文明以后，特别是进入一神宗教文化所支持的近古文明以后，在每一种文明的文化体系中，都形成了作为方法依据与核心结构来源的特定的哲学体系。在人类不同的大文明中，表达其公共观念与公共价值的文化形态，也就都具备了相应的理性化结构。表达这种理性化公共观念结构的文化工具，就是他们的哲学。由此，哲学也就逐渐变成了文明中文化的结构核心与结构依据，也就逐渐变成了各个成熟文化体系的构建工具与表达工具。理解一个文明的文化体系的钥匙，就在他们的哲学中。

人类不同的传统文明，就是依据其不同文化体系提供的精神纽带凝聚而成。文化是文明的精神活动依据，文明是文化的物质生存展开。人类文明中文化体系的形成，来自文明的社会成员对其中表达的公共价值的广泛共识与自觉皈依，来自对这种公共价值的感性与理性表达。文化体系的形成也就必然依赖于由这种表达方式形成的公共观念的有效传播。

只有具备了比较充分的理性化表达与理性化接受方式，才能在不同层次的社会成员中获得比较一致的深刻观念共识。人类群体中理性化的观念交流方式形成的高效与准确，也就为构建文明的文化体系提供了强大的工具。这种工具来自哲学的成果。

人类理性能力的形成促生了哲学。人类哲学的形成促进了文明中文化体系的稳定保持与深入普及，也形成了不同文明的稳定传承。

在人类漫长的远古时代或旧石器时代，文化体系的形态主要是自然物崇拜的物图腾文化。远古的人类由于不具备理解生存环境的理性能力，也就只能将模糊的公共观念寄托在一个可以被公共化认可的自然物的形象之中。这种简陋的表达无法明确传承其中蕴含的深刻观念，就使得后来的人类将这种文化看作是原始和愚昧。人类对曾经感性化表达的公共观念的无法理解，就是对它们形成迷信与愚昧评价的原因。

　　人类文化活动的方式经过复杂曲折的演化，终于形成了对精神环境的理性化理解与表达的能力，原始的语言出现了。将语言工具逐渐实现符号化记录与表达，原始的文字就出现了。这就使得比较复杂的公共观念可以在更为广泛的群体中更为明确的表达与交流了，物图腾文化也就可以转变为多神宗教文化了。但这时的理性能力还仍然原始与肤浅，对高层次的超验公共观念的表达还只能依赖感性形式。多神文化形态就是多元化的超验公共观念的拟人化。

　　直到中古时代的末期，也就是新石器时代的晚期，人类的理性才形成了系统化地理解精神世界的能力。哲学开始出现了。原始哲学就的文化贡献就是实现了对多神宗教的一神化改造，也就是将文化体系中的多元公共观念结构统合为一个更为抽象的整体。多神不需要了，一个终极的偶像就可以表达全部文化体系的内涵了。哲学的发展与理性能力的增强，也使得超验公共观念的表达无须拟人化了。这就是几大一神宗教都反对偶像崇拜的原因。反对偶像崇拜开拓了一神宗教文化的理性化传播途径，但其普及化的文化形态也仍然在延续感性化方式的主导。

　　哲学的发展提供了更强的理性化能力，也就必然要突破一神宗教的感性躯壳而成为自由的世俗文化形态。欧洲哲学又开始与一神宗教相分离。实际上，古典哲学就是世俗的与自由的。

　　哲学在文化的土壤中生存，又不断为自己创造更合理的文化土壤。欧洲文化中的世俗哲学形成了世俗文化的土壤。中国传统哲学没有被宗教化的历史，也就没有太明确的文化独立过程。

哲学曾经对一神宗教的引领与改造，为它们提供了更为精密准确的传播方法，也在瓦解它们在大众化传播中的感性化方法。这种瓦解的结果之一，就是近代欧洲的宗教改革。宗教改革的文化意义就是将教义的哲学化。

西方哲学曾经在基督宗教中寄生而壮大了自己，她们从宗教文化中的脱颖，则为自己开辟了更为开放的文化环境。这种开辟的重要硕果，就是将在宗教理性滋养下成长起来的传统自然哲学，建树为满足工业贸易文明文化需求的自然科学。

欧洲自然哲学是现代自然科学的胚胎来源，基督教神学则是自然科学的孕育母体。这两个条件中华文化中都没有。这一点，缺乏哲学视角的李约瑟是不懂的。自然科学一旦脱离母体而自立于世，就开始形成了与哲学不同的文化功能。这种强大的功能几乎横扫了全部传统文化，并为人类文明进入工业贸易形态打开了新的精神大门。

自然科学从自然哲学中娩出的标志，就是将追求理解精神世界的目标变成了理解自然环境，虽然理解自然环境仍然需要依赖理解精神环境。这就必然将自然哲学的思辨方法改造为自然科学的经验实证方法。截然不同的思维方法与环境信息获取方法划分了它们的边界。全部自然哲学对自然环境的理解都必须最终归结为对精神世界的理解，而自然科学对自然环境的理解则是为了重新建立了一个与宗教文化完全不同的并且排斥超验观念结构的经验化的世界模式。自然科学由此而催生了近代唯物论哲学。

文化是人类社会秩序的精神依据。人类社会环境也必然形成对文化的依赖与需求。人类社会环境与社会活动对文化的不同需求形成了社会文化活动的特定方式，也构成了拉动文化发展的不同条件。这种需求的引导也必然形成了对文化发展的限制。

自从人类进入了文明，就开始出现了建立和谐合理的社会秩序的追求。当人类认识到社会秩序对文化的依存关系后，人类倾其能力构建与表达公共观念的文化活动就开始形成了。理解了这一点，在中古时代简陋的社会经济条件中仍然出现了令今人惊叹的恢弘文化建筑，从巨石阵到金字塔，从神庙圣殿到石窟巨佛，从遍布中华大地的家庙祠堂，到帝王的陵寝与辉煌的地宫，就是很自然的事情了。从原始宗教到现代科学，都是人类文化追求的成果。人类对文化资源与文化活动的重视程度，就是其文明程度的标志。人类对此从不会吝啬。古代祭祀中的巨大牺牲，金字塔工程可能会耗尽当时全部的社会资源能力，都是人类可理解的精神追求与社会秩序向往。

哲学文化依据理性能力构成。哲学因为等待人类理性能力的成熟也就很晚才出现。哲学一旦形成，就成为人类文化活动的理性引导与理性工具。哲学正是因为满足了人类对文化体系的构建需求，才被表达为一个独立的文化形态。

自从哲学成为主要的文化构建工具以后，人类追求合理社会秩序的文化需求也就开始不断向哲学提出工具要求。这种要求一方面形成了对哲学的引导，另一方面也形成了对哲学的制约。这种引导与制约也就形成了哲学发展中的文化工具化倾向。

当哲学从自由无拘的理解与表达人类精神世界的文化形态，变成某一个文化体系的构建工具时，哲学也就常常会被这个文化体系的公共价值限制与束缚起来。哲学也就会由此从文化的主宰逐渐变成了文化的仆从。当哲学变成某一文化体系的单纯工具提供者后，哲学的发展空间就只能被限制在这个文化结构的空间中了。这个文化的和谐安宁会让哲学安于现状充当它的阐释者与粉饰者，这个文化的冲突形成的危机，才会为哲学提供新的发展机会。

人类文明的发展，在逐渐解决了与自然环境相处的难题后，在逐渐建立了可以滋养大型文明群体的经济活动方式后，也同时遇到了日益强烈的社会结构本身的内在冲突的困扰。人类从自然环境中的解放又开始堕入了社会环境的束缚与冲突中。自然科学的昌明并不会消除一切社会冲突。

原始人类的生存灾难主要来自然环境，文明人类的生存灾难就逐渐来自人类本身创造的社会环境了。今天的人类早已摆脱了自然资源贫乏的困境，但人类社会的危机与问题仍然没有减轻，这种危机则主要来自人类社会的内部冲突形成的秩序瓦解。原始人类惧怕自然，现代人类恐惧同类。

当人类生存困境的缓解主要集中于对社会秩序的合理化追求后，文化发展的主要目标就从自然科学转为社会观念了。

人类也常常想绕过艰巨的文化构建活动，幻想直接得到理想的社会秩序。这就是人类文明史中络绎不绝的乌托邦理想的来源。从柏拉图的理想国到基督教的天堂，从孔夫子的王道到孟夫子的大同，大抵如此。就是在新中国，当社会统一与国家强盛的条件突然形成时，希望一夜之间就得到一个理想社会秩序的乌托邦情结，就将全体中国人引入了一个跑步进入共产主义的运动中。

共产主义仅仅是一个从欧洲引进的文化形式，中国人自己的乌托邦情结被公共情绪化，则是这个简单抽象的文化形式迅速落地的原因，穷乡僻壤的农夫也都开始向往共产主义了。当中国人终于明白，合理的社会秩序只能一步一步地逐渐构建才能形成的道理时，才将自己的国家现代化努力引入了社会管理与社会秩序的逐渐改造中，才从社会突变的乌托邦幻想回到了脚踏实地的改革与发展中。

但是，乌托邦的虚幻阴影并不会远离。一旦社会秩序进入继续重构的散乱冲突中，这个阴影就会显现。各种民粹主义思潮就是构成阴影的水汽。今天引发中东动乱的所谓颜色革命，虽然具有强烈的外部政治干预原因，但其内在依据仍然是现代乌托邦思潮的后果。美国民众与法国民众的占领华尔街与黄马甲运动，他们也有一种神圣的情结。

在人类不同文明的历史中，当强烈的社会秩序维护或重构需求出现时，都会形成强烈的文化发展需求，也都会催生出强烈的哲学工具需求。这时的哲学，也就常常会失去自己的自由之身而变为文化的奴仆与工具。这源自哲学本身的幼稚与不成熟而无法文化独立，也来自社会权力活动对文化活动的明确引导与强烈制约。

欧洲中世纪的经院哲学形态，就是哲学成为基督宗教文化体系奴仆的例子。新中国成立初期的马克思主义哲学就是哲学成为马克思主义政治文化体系阐释工具的例子。今天二元分裂的西方哲学，就是今天西方二元对立的公共观念体系对哲学进行工具化塑造的例子。它们都表现了哲学在文化活动中的不能自立。但强烈的社会秩序维护需求，也会形成重构统一哲学的积极动因。

只有对社会秩序的维护压力不大时，才会形成宽松的文化环境与多元文化自由发展的条件。这时的社会权力对文化多元化的认可，也就会缓解对哲学的工具化拉动，哲学也就容易在宽松的文化环境中获得独立自由的发展，哲学也就会得到解放而恢复它探讨人类精神世界奥秘的本源活动方式。但宽松的文化需求也会弱化重构完美哲学的动力。

例如，欧洲经院哲学的解放而获得发展活力，来自占据主流地位的基督宗教文化体系的瓦解所形成的文化多元化环境，也来自社会秩序环境的逐渐多元散乱所形成的文化自由。

例如，中国进入改革开放时代以后，社会文化的多元化环境逐渐形成，社会价值的多元化被逐渐认可，哲学才不仅仅被限制在马克思主义的框架中了。西方哲学、印度哲学与中国古代哲学都可以从禁锢与边沿化中走出来登堂入室了。哲学获得了自由活动的空间，也就可以开始脱离对政治观念的阐释工具的文化从属地位，回到了不受拘束地探讨人类一般精神世界形态与人类一般意识活动方式的本源功能中了。

但是，如果没有对自己文化体系内在冲突的消弭与文化重构的需求，哲学就仍然会是具有特殊爱好的学者们的智力游戏。哲学的昌明从来就不是少数人智慧的显现，而是社会秩序与社会文化重构需求的拉动。哲学的任何经典成就，都必然是对当代核心社会文化问题的有效回答。

社会文化的碎裂可能会解放哲学，也可能会带来新的哲学困境。这会使得已经没有文化主导地位的哲学，不得不在分裂多元的文化体系中由于得不到合理的安置地位而困窘。这时的哲学虽然不再是主流文化的仆从而获得了自由，但也不会具备对文化活动的引领地位。这种自由还是破落流浪的自由。

这时的社会文化在比较自由的环境中，得到了虽然混乱但却自由的发展，而哲学还只能游离在文化环境的边沿中而不受人待见。社会文化的过度市场化与娱乐化，形成了由娱乐主导的肤浅文化，则仍然不需要哲学。甚至自然科学也可以通过科普形态与文学形态而变成大众的娱乐消费品，但哲学则很难被大众的审美需求所消费。科普段子可以吸引粉丝，科幻小说可以流行追捧，哲学讲座如果不加入历史的文化调料而渗出心灵鸡汤，就几乎无人会关注。这就是哲学的另一种被流行文化所遮蔽的状态。

西方社会中世纪的哲学状态，是第一种遮蔽状态，也就是教条化与工具化遮蔽状态。宗教改革与文艺复兴后的西方哲学，则又逐渐陷入了流行文化的遮蔽状态中，这就是第二种遮蔽状态。今天西方哲学中的存在主义与逻辑实证主义的分裂与它们各为体系，就是哲学被流行文化遮蔽而边沿化的结果。哲学的这种结构分裂与文化功能收缩，看似来自哲学内部的结构散乱，实际上却是分裂的社会主流文化将哲学的分割与遮蔽结果。在这种边沿化遮蔽中仍然会蕴含了它们各自的工具化遮蔽。

新中国成立初期的哲学形态是第一种遮蔽或工具化遮蔽的例子。改革开放以后的中国哲学状态就是散乱文化环境对哲学的边沿化遮蔽或第二种遮蔽的例子。这两种遮蔽都是中国今天哲学凋敝的原因。

第一种遮蔽会局限与分割哲学，使哲学天生的完整性形态被分解，让哲学放弃完整理解人类精神世界的神圣情怀，变成了具体文化的阐释工具，甚至变成了主流政治观念的阐释工具。第二种遮蔽则将哲学变成了散乱文化流派的理性仆从与娱乐调料，使得哲学洞悉一切人类精神世界的宏大理想，变成了局部文化结构中的思想碎片。哲学家们则躲藏在这些傍身于政治伦理或寄生于文化碎片的被肢解的哲学结构中，用自我欣赏来获得哲学形式的安慰与满足，并不得不将自己打扮成为各种形态的政治理论家或文化学者。这使得各种文化学者们也就可以将自己混同于哲学家，并开始为自己添加哲学调料了。哲学就开始变成了散乱文化的边沿结构与垃圾箱。各种学术分支与文化结构，都可以通过在自己的名头中加上哲学之冠而进入哲学殿堂。各种以哲学冠名的学术分支如雨后春笋，被散乱文化所瓦解与遮蔽的哲学反而到处出现在文化树丛中了。哲学似乎有些兴旺了。参天大树变成了茫茫小草。在大学院子里蜷缩在宏伟华丽的经济学院大厦旁边的简陋的哲学楼，变成了丑小鸭。经济学院里汇集了显赫的高官商贾，哲学楼门楣上悬挂着为了谋生的各种培训招牌。

现代流行哲学的散乱化与微观化，哲学教育在一般文化教育中的边沿化，就是哲学被不合理遮蔽的重要后果。这种状态在今天的中国与今天的西方大致相似。也可以说，今天中国哲学的散乱化与边沿化，就是大规模地吸纳西方文化运动的结果。

哲学对人类精神世界的关注与表达的重要文化功能，注定了哲学不会安于被微观化与边沿化的地位。今天的哲学还不得不在散乱的亚文化中存身。已经登堂入室的哲学们，还不得不将大教室让给经济学与自然科学，甚至让给逻辑学与心理学。哲学课堂中的主要听众仍然是具有特殊精神爱好的小众。

在社会一般文化活动中还被保留的哲学，就常常变成了少数人彰显自己特殊思维能力的智力游戏俱乐部。哲学在这里就从最具一般意义的文化变成了象牙塔。

今天还有些人踏入哲学中的特殊理由，则是要用哲学命题来表达他们激烈的社会政治理念。这来自新中国曾经流行的哲学习惯。因为在哲学课堂中常常可以大声地讨论自由与平等，民主与公平。但他们的兴趣并不在哲学中。

哲学自从诞生起就从来不是文化的奴仆，而是文化的引导者。虽然哲学经常被处于主流地位的文化所局限和被处于非主流地位的文化所分裂。每当这时，哲学的核心结构就会暂时在合适的文化结构中栖身，并且努力保存与完善自己。一旦人们发现自己的主流文化需要从整体上重新认识，需要整体性地重新整合时，哲学与哲学家就会被重新重视起来，哲学就会焕发新的活力而展开自己。

在人类不长的哲学史中，哲学演化的周期，大致就是不同文化体系的演化周期中散乱与重整的周期。每当文化体系处于稳定的鼎盛中时，哲学就会被看成是漂亮的装饰。每当文化体系处于激烈的对立与冲突中时，每当文化体系需要重新整合时，哲学就会迎来新的尊重与生机。这就是理解扑朔迷离的哲学史的基本线索。

今天中华文明的文化体系，就是处于需要整体重建的历史进程中。中华文明延续了五千年的文化史，就是一个不断地应对文化分裂和实现文化整合的大历史。今天的中国文化，处于与传统意识形态相融合的主流政治伦理中，也处于与西方现代文化接轨的自由资本主义文化中，又处于中国人追求历史自信所必然皈依的儒家文化中。这三种文化体系都具有深厚的历史根基与辉煌的实践成就。但他们的基本形态结构与价值目标则仍然难以互相通融，有些甚至还十分对立。

这种基本文化中的对立，也就必然会成为各种不同社会秩序需求群体的对立的精神依据。社会成员心中的社会秩序与社会理想的分裂与对立，就是社会秩序瓦解的内因，也是和谐繁盛的社会结构中潜在的危机。

今天的中国人已经开始摆脱贫困与落后了，已经不太惧怕落后与挨打了，甚至可以俯视其他发展中国家与主张自己的世界秩序诉求了。但今天中国人的文化则仍然没有太大的世界性影响力，中国人的精神世界还并不被西方人看好。就是中国人自己也还缺乏坚实的精神自信。就是在塑造中国儿童心灵的小学教科书中，具有伟大心灵感召力的主角也常常是西方儿童。砸缸的司马光已经变成了远离我们的符号。道路自信与制度自信可以通过社会秩序的表观来呈现，可以在轰轰烈烈的社会活动中得到彰显。精神自信与文化自信则只能通过人们的心灵来皈依，只能在夜深人静中获得内心的强大。

今天中国人的世界威信还主要来自经济的成就与金钱的富足。头脑古怪的有钱人，就是今天的世界对中国人的尊重评价。中国的文化还不能被世界敬仰，还只能存在于对传统的好奇中。今天的中国对世界还缺乏精神吸引力。

少数中国人获得了世界认可，一是因为他们对西方文化的皈依成果，二是因为他们对自由资本主义文化的接受能力。今天希望融入世界的中国人，大都以自己对西方文化的皈依程度为骄傲，以自己对咖啡和红酒的熟悉为炫耀。他们将仍然喜欢大蒜与茶叶的中国人称为"土老帽"。

中国的传统文化与社会主义文化，在西方也会具有一些亚文化的地位。这来自西方对文化多元的喜好以及对自己的文化包容的展示。在这种展示中被隆重接待的中国文化学者，也会产生虚假的文化自信。一旦他们与西方文化的交流深入实质，就会碰上一堵坚硬的墙。在这堵价值观之墙的面前，刚才还被尊为贵宾的中国文化，转眼就被推下了桌面。

今天的西方主要国家与附庸他们的日本，在经济潜力上已经开始在中国面前没有太多的优越地位了，但他们并没有感受到自己大国地位的动摇。他们仍然在用睥睨的目光扫视中国人。

中国文化需要重整了。中国文化必须重整了。没有主流文化的重组与振兴，就不会有中国真正的大国地位。文化大国才是一流大国，经济大国只是二流大国。

哲学是文化的核心结构，也是文化塑造与整合的工具。文化的重振必须回到哲学的复兴中。每一个具有世界影响力的文化体系，其根基都在他们拥有的哲学与哲学家的影响力之中。艺术影响力和技术影响力都只是工具影响力，都是可以山寨的。哲学影响力则是精神影响力，是具有信仰感召力的。技术与艺术可以学习，哲学必须自己创造。没有哲学创造能力的文明就不是独立的文明。西方人从来不敢轻视中国人祖先的哲学能力。今天的中国人则还只会跟随西方人的技术。

第二篇
认识与审美

第五章　精神世界

23. 精神世界是人类特殊的生存环境

在宇宙极其独特的地球表面环境中，人类作为特殊的生命形态，与其他生命存在与无生命存在一样，都必须依赖环境实现自己的生存。

人类通过利用与适应环境实现生存。人类适应与利用生存环境的能力，来自生命秩序中传续的本能。人类与其他生命形态的唯一区别，就是必须依据自己特有的精神环境实现生存。人类具有两个生存环境，这就是物质环境与精神环境。人类依据对精神环境的适应与利用，实现对物质环境的适应与利用。

人类在生命演化进程中形成了特殊的高级神经器官，并依据高级神经器官的特殊功能构成了独特的精神世界。精神世界由意识活动与维持意识活动的精神环境构成。精神环境构成了人类生存的内在环境，物质环境则是人类的外在环境。

人类依据精神环境表达与理解物质环境，并依此实现在物质环境中的生存。人类依据精神环境中的意识活动决定物质环境中的生存行为。人类依据精神环境构建出了社会环境，也创造了文明。

在人类以外的其他生命存在中，则是基本上直接通过生命本能驱动生存行为。在它们的生存活动中没有精神世界的中间环境。至少在它们的生存方式中人类还不能分离出类似人类意识活动的生存方式。

虽然在哺乳动物中也开始具备了某些高级神经器官的特殊功能，但这种功能提供的生存能力，还远无法与人类在精神环境中的意识活动方式相比拟。人类虽然与其他高级哺乳动物之间没有绝对的生命活动方式的鸿沟，但人类独具的精神世界形态与意识活动方式，则是在动物中与众不同的。

仅仅以群居方式生存的动物并非社会化的动物。人类脱离动物本能而构成了社会环境与社会活动方式，就是在本能中加入了精神环境与意识活动方式的结果。人类的社会环境来自人类精神环境的群体化。这种群体化的精神环境在社会环境中的表达，就是人类的文化。任何动物都没有文化。

人类在生命的演化中形成了适应与利用环境的本能，其中也包含了构成精神环境与意识活动的本能。生存本能决定了人类在精神环境中的活动方式，也决定了精神环境的存在形态。个体的本能决定了个体观念空间的形态，也决定了其中意识活动的方式。这就表达了个体的社会行为特征与人格特征。

精神环境由人类的意识活动构建而成。人类构建精神环境还要依赖外在物质环境的信息输入。由感官输入的物质环境信息被意识活动所组织化整合，实现了在精神环境中的内在表达，也就实现了精神环境对外在环境秩序的映射。

精神环境与物质环境表达了人类生存的两种环境需求。精神需求通过意识活动实现，物质需求通过社会活动实现。意识活动与社会活动构成了人类在两个环境中的生存行为。

人类进入文明的标志，就是形成了依据精神环境的社会化生存方式。精神环境由此而逐渐变成了人类生存的直接环境，物质环境则逐渐变成了人类生存的间接环境。人类通过意识活动不断构建与完善精神环境，也在依据精神环境不断构建与完善社会环境。表达了精神环境秩序的社会文化的演化进程，就构成了人类文明演化的依据。

理解精神环境与社会环境的关系，是理解人类生存方式的基本出发点，也是理解人类社会与人性的钥匙。

人类的外在环境功能通过内在环境功能得到确定与实现，人类的内在环境功能引导与制约着人类对外在环境功能的理解与需求，并决定了人类对外在环境的利用方式。

人类通过精神环境秩序来实现对物质环境秩序的映射与表达。这种映射与表达的直接依据就在感官功能对外在环境信息的选择与接受功能中。精神环境秩序并非仅仅来自感官信息中蕴含的外在环境信息，其中还加入了认识活动在观念空间环境中进行的秩序构建成果。认识活动就是精神环境中的自组织过程。认识活动形成了观念空间中的超验秩序。超验秩序对感官信息的安置构成了经验秩序。

对物质环境的需求是人类生存的基本需求，这直接来自人类的动物本能。进入文明以后的人类也就形成了对精神环境的生存需求，这间接来自人类的动物本能。人类的文明化过程，就是人类对精神环境的需求与依赖逐渐深化的过程，这个过程的结果最终形成了人类生存对精神环境的完全依赖。

人类精神环境的存在形态就是观念空间中观念要素及其构成的观念结构。观念要素与观念结构由人类精神环境中的意识活动所构建。观念要素与观念结构又为人类提供了意识活动的环境。意识活动与观念空间构成了典型的自纠缠关系。

感性化的观念形态是人类精神世界的本源状态或实质状态。理性化的观念形态来自人类意识活动对观念结构的理解成果。感性观念结构提供了感性化意识活动的环境。理性观念结构提供了理性化的意识活动环境。理性观念结构是感性观念结构的简化秩序表象。

人类的群居化的生存方式，促生了个体精神环境的群体组织化形态，形成了公共观念与公共价值。个体精神环境的群体化构建需求，形成了对理性意识活动方式与理性工具的需要，其结果就是产生了理性化的个体观念形态与知识化的公共观念形态。哲学就是人类表达对精神环境秩序的理性化公共观念体系。全部逻辑方法都是意识活动的理性化工具。

人类理性化能力的成果，又促成了对观念交流活动方式的改变和文化形态的改变。理性能力创造了知识化的观念结构。知识观念孕育与传承了人类的理性能力。

作为独立存在的环境层次，精神环境具有超越低层次物质环境的独特秩序形态，也为人类提供了超越物质环境中的活动方式的独特的意识活动环境。精神环境秩序为人类安置与表达物质环境秩序提供了可能性环境空间，精神环境秩序又具有超越物质环境秩序的独特存在内涵。精神环境秩序既不是全部物质环境秩序的投射，也不是局部物质环境秩序的反映。精神环境秩序依据超越物质环境秩序的方式表达了人类生存的局部物质环境秩序。

精神环境的秩序维度远远大于人类感官信息中所蕴含的物质环境秩序内涵，这表达了它对人类可感知的物质环境秩序的超越。物质环境的整体秩序维度又大于人类精神环境的整体秩序维度。这表达了全部物质环境秩序对人类感知能力与认识能力的超越。

人类依据极其有限的感官信息仍然可以构建出完美的精神环境，并在这个环境中表达出超越自己外在行为可能性的广阔行为空间。这种关系就提供了依据精神环境秩序对物质环境秩序进行虚拟表达的可能性。这就使得人类可以通过意识活动虚构物质环境中并不存在但却具有存在发生可能性的秩序空间。这种虚构广泛地表达在人类的文化中。例如各种非常真实的神话故事与幻想世界，例如逻辑演绎的虚拟结果，就是精神环境中超越物质环境秩序的行为可能性空间的感性观念形态与理性观念形态。

精神环境中提供的虚构行为空间，为人类外在环境行为提供了开阔的选择可能性，但也使得人类在精神环境中依据任何严谨的理性方法所进行的行为选择，都仍然具有虚拟的性质，都可能是虚假的。逻辑演绎的结果只能保证逻辑的真，不能保证现实的真。理性方法仅仅提供了开阔的行为选择可能性，但并不能保证行为结果的真实性。这就是任何理性都仍然需要经验实证的哲学依据。

在逻辑方法为人类提供的行为空间中，包括了真实空间与虚拟空间。它们的区分只能在经验中。这种现象在数学的应用活动中是普遍的。例如，两条无限延长的平行线永不相交的现象，仅仅存在与超验逻辑的虚拟空间中，不会存在于人类的现实行为空间中。人类的现实行为空间总是有限的，但在虚拟的无限超验空间中则可以安置多样化的现实有限空间。

人类在精神环境秩序中表达的外在行为可能性，远远大于人类真实的外在行为可能性。这就是精神环境秩序维度对人类物质生存维度的超越。传统哲学中所谓的"休谟难题"，也可以看作是对这种超越关系不能理解的结果。因为传统哲学认为完美的精神环境秩序与完美的物质环境秩序是等价的。休谟的所谓"是"，表达了精神环境秩序，休莫的所谓"应该"，则表达了人类生存行为空间的秩序。

人类在外在物质环境中的生存活动由肢体器官行为构成。人类外在行为的结果以感官信息的形式输入精神环境中，被意识活动在观念空间中实现组织化的安置，就形成了外在经验或经验观念。这就是传统哲学中的狭义经验。人类外在经验的主要功能，就是在精神环境中表达物质环境中的行为结果，并通过这种表达实现对局部物质环境秩序安置与全部物质环境秩序的虚拟。人类依据精神环境对物质环境的利用与适应的全部行为，都必须依赖对经验观念的秩序内涵的安置与虚拟。人类的生存行为中永远蕴含了真理，也永远蕴含的谬误。虚拟超验中的谬误是实证经验中真理的生存土壤。人类的理性能力不断为人类开辟生存的土地，人类的实践活动则不断从土地中检出有用的真理果实。

从外在行为到经验观念的关系，是人类在两个生存环境之间的沟通方式与联系桥梁。外在行为在实现人类对物质环境的利用与适应的同时，也实现了对外在环境的干预与改变。来自外在行为后果的经验，则是人类获取的外在环境信息输入精神环境后被意识活动组织化安置的观念形态。

人类的外在行为由精神环境中蕴含的价值所驱动。这就是精神环境秩序向外在环境中的秩序输出方式。人类的感官信息则是外在环境秩序向精神环境内的秩序输入方式。

所谓广义经验观念，就是人类对环境行为的结果感受在精神环境中的表达。所谓外在经验，就是人类社会行为结果的感受在精神环境中的表达。所谓内在经验，就是人类意识活动的行为结果的感受在精神环境中的表达。外在经验来自感官信息，内在经验来自"内感官"信息。

经验观念中蕴含了两个环境中的秩序信息，也表达了人类在两个环境中的行为方式。外在经验观念中蕴含了外在环境秩序与外在行为方式，这就是传统哲学中的经验观念或者狭义经验观念。内在经验观念中则蕴含了内在环境秩序与内在的行为方式，或者蕴含了观念空间秩序与意识活动方式，这就是传统哲学中的超验观念或先验观念。狭义经验观念就是外在经验观念。内在经验观念就是超验观念。超验观念由认识活动的自组织过程构建，由意识活动感受。

外在经验观念的公共化理性表达构成了人类文化中的实证知识。内在超验观念的公共化理性表达构成了人类哲学中的形而上学。在康德的哲学中普遍使用的"直观"概念，就是对内在经验的模糊表达。康德虽然明确使用了内感官的概念，但却缺乏明确的哲学化定义。

在人类今天的文化结构中，科学化的知识结构形态要远远丰富于哲学化的形而上学形态。因为公共化地理解外在经验要比公共化地理解内在超验要容易得多。因为物理环境是比精神环境低层次的简单环境。

人类在精神环境中的意识活动实现了人类的外在生存，也形成了对精神环境秩序的干预与改变。意识活动中的认识活动构建了精神环境秩序，改变了精神环境。意识活动中的价值活动构建了外在行为动机，驱动了外在生存行为，也引导了对外在环境的改变。

环境的存在方式就是环境秩序对环境能量的组织化形态。存在要素的环境功能来自要素内的能量在秩序中的运动。物理环境与生命环境如此，精神环境与社会环境也如此。

人类的意识活动就是意识能量在观念空间中的运动。意识活动能量来自人类生命能量向精神环境中的输出。人类的内在经验或直观，则是意识活动对意识活动过程本身的感受，也是意识活动对观念空间秩序的感受。这种感受形成了意识活动对精神环境秩序信息的接纳。人类通过内在经验或内在"直观"，感受与理解自己的精神环境，或者感受与理解观念空间中的秩序结构。人类也只能通过内在经验感受与理解观念空间的秩序结构。

人类构建精神环境秩序的活动就是精神环境中的自组织过程。这个过程的结果，安置了外在环境的感官信息，也添加了内在环境的自组织秩序。

人类依据精神环境秩序形成物质环境中的生存行为。人类在物质环境中的全部行为结果，又以感官信息的形态重新进入了精神环境中，并重构了精神环境秩序。这样的一个循环就构成了人类将两个环境联系起来的循环关系。这就是实践循环。

实践循环实现了两个环境秩序的联系与秩序的统一。实践是人类精神环境与物质环境能够实现和谐一致的唯一依据。所谓"实践是检验真理的唯一标准"，是一种并不严谨的流行文化表达，而并非严谨的哲学表达。因此也就难以得到充分的哲学辩护。努力阐释这个命题的哲学活动，都是一种低层次的哲学仆从活动。

人类在环境中的生存行为，来自生命本能表达的欲望驱动。人类通过认识本能或审美欲望，驱动了精神环境中的认识活动，构建出了精神环境。这就是精神环境秩序的有序化进程的自组织过程，也是精神环境秩序的创造与构建过程。所谓认识活动，就是对这个自组织过程的人类活动方式的文化表达。对认识活动的理解，则是人类哲学的基本任务。这个任务的不同成果就构成了不同的认识论体系。

由认识活动构建出来的精神环境秩序，创造了远远超越感官信息内涵的新的存在形态，也就必然具备了超越人类在物质环境中的生存方式的秩序内涵。人类精神环境中的全部认识活动的自组织成果，就是观念要素中的超验内涵。与此对应的经验内涵则是对外在环境感官信息的秩序表达。所谓"超验"，就是对"经验"的秩序超越。

人类精神环境在意识活动中的不断发展与复杂化，就逐渐在扩大与深化表达物质环境秩序的超越性结构。这就决定了精神环境中由超验内涵表达的秩序，逐渐远远地超过了人类从物质环境中感受到的秩序内涵。人类精神世界的复杂化，也形成了人类外在生存行为的复杂化，更进一步形成了人类文明的复杂化。

超验观念中表达的内在秩序，不断开辟出人类外在行为的可能性空间，这种行为可能性空间，就是人类的智慧能力对人类在物质环境中的生存行为的引导与拓展。人类在物质环境中的行为方式或行为技术的不断拓展，又进一步丰富了感官信息的内涵，这又为进一步构建出更高层次的超验观念结构提供了条件。例如，人类文化史中表达的对于宇宙环境秩序理解的公共化观念的演化过程，也就是人类文化史中关于宇宙模式的演化过程，就是这种关系的一个典型例子。

在传统的哲学中，无法清晰理解具有共同结构形态而又分别存在的两个环境，也无法理解具有复杂联系的两个环境的功能与差异，也就不得不模糊地表达出精神环境的独特形态，哲学也就因此而变得深奥艰涩起来。就是伟大的康德，也被传统哲学的经验观念所禁锢而没有完全解脱。他为了说明人类精神环境秩序的来源，除了依据外在环境的信息输入构成经验以外，还不得不设想了一种先验的范畴，用来解释精神环境中的超验秩序的形成依据，而先验范畴的来源问题则被语焉不详地回避了。

全部精神世界的秩序都来自人类认识活动的构建。除此以外无须其他依据。就像全部人类环境的秩序都来自其内在运动的自组织构建一样。宇宙秩序无须外在依据。精神秩序也无须外在依据。精神环境是宇宙环境的内涵。

但是，精神环境又通过感官信息的联系形成了对物质环境秩序的表达与映射。这种关系迷惑了至今为止的哲学。哲学家们的简单思维几千年来就在两个极端状态中跳动。要么精神环境就是物质环境的秩序表达，要么物质环境就是精神环境的秩序表达。

传统哲学中关于经验的理解是模糊的，关于先验与超验的理解更是模糊的。哲学将形而上学遮遮掩掩地作为自己的核心，但又羞答答地说不清形而上学是什么。因为哲学没有理解人类精神环境的独立存在。

传统哲学还有一个本体论困境。人类的外在物质环境中如果具有秩序，其范围和领域必然会远远超过人类的感官能力。相对于人类可感知的环境秩序，物质环境中的存在秩序必然是无穷的。人类依据对有限的环境信息的感知而形成的观念理解，还必须用来表达自己远不能感知的环境秩序的无限内涵。这就为哲学提出了一个如何理解与表达人类全部环境存在秩序的总和与极限的问题。

传统哲学将这种极限的存在表达为一种绝对理念的概念，仅仅是依据有限的意识活动能力解决这个无限内涵的哲学难题的技术方法而已。但这个技术方法则可以满足人类的生存需求与思维需求。只有康德勇敢地直面了这个基本问题，他提出了虽然有些古怪但又无人愿意反对的"物自体"的概念。

自古以来的人类中心主义观念将宇宙看作是人类的生存环境，也用人类的生存需求作为理解宇宙秩序的依据。这就必然认为宇宙秩序可以被人类完全理解。各种认为理解宇宙秩序是人类能力所不可及的观念，就被高大上地贬为"不可知论"。但是，人类对宇宙环境的"可知"，永远是局部的与局限的。对于整个宇宙来说，人类永远不可知。

人类对于生存环境的宏观永远不可知，对于生存环境的微观也永远不可知。物理学的基本粒子与弦空间，只是人类可知秩序的边界而已。毛泽东曾经表达过的基本粒子永远无限可分的观念就暗示了这种不可知。

这个困境也为理解人类合理的生存方式形成了逻辑压力。如果人类生存于一个具有无限秩序形态的环境中，又只能仅仅通过自己的感官来接受极其有限的环境信息来实现自己的环境需求，人类理解生存环境的方式就变成了通过一个小孔来看无垠的世界了。尽管这个观察与沟通的感官孔洞，在人类不断复杂化的社会活动能力与自然行为能力中，可以被不断地扩大，但无论这种信息孔洞在人类的文明演化的进程中如何扩大，比起人类所处的几乎具有无限秩序可能的自然存在的外在环境来说，这个孔洞仍然是微不足道的。不要说今天有了五百米直径的射电望远镜，不要说今天可能实现的量子化信息处理技术，就是将整个地球变成一个抛物面天线，就是将今天的基本粒子再细分几个层次，也只能接受全部宇宙信息的九牛之一毛。

人类对自己生存环境的理解如何可以达到完整与完善呢？如果人类不能完整与完善地理解自己生存的物质环境，人类关于世界统一与完美的观念是从哪里来的呢？

这个答案，就只能从人类本身的意识活动的能力中寻求。

人类依据自己的审美能力所构建的精神世界，虽然可能具有充分的复杂性与超验性秩序，但还必然受到人类本身能力的约束。除了获取环境信息的局限性约束外，还要受到人类生命能力可能提供的高级精神器官的功能约束。这种功能并非仅仅由大脑细胞的活动就可以提供，还必须依赖人类的群居化生存经历中积累的全部文明的成就。这种成就更多地依赖于人类的社会化活动所形成的公共观念结构。这种外在环境秩序的无限可能性与人类精神世界内在环境秩序的有限性的对立，就决定了物质环境对人类来说就是完全不可透彻理解的物自体。

尽管如此，人类精神环境中所具备的超验观念的秩序功能，仍然大大地改善了人类获取外在环境信息的局限性困境。人类精神环境中的超验秩序对非常局限的感官信息中的秩序展开，才实现了人类相对完整与相对完美地理解物质环境秩序的精神环境功能，才在精神环境中超越了只能通过感官孔洞获取的环境信息的局限性，从而理解与表达了更为开阔的外在生存环境。这种超越虽然不能完全消除感官信息的局限性，但却可以极大地拓展人类依据感官信息的经验观念中的秩序内涵。

人类只有通过对经验的验证，才能将精神环境中的超验观念所表达的外在行为的可能性，转变为外在环境中的行为现实性，才能实现内在环境秩序与外在环境秩序的相对一致。对于无法或还没有被经验观念验证的超验观念，就只能作为可以为人类的新经验提供安置与说明的结构空间，而不能作为可以直接表达外在环境行为方式的秩序。人类精神环境中这种还无法被经验观念证实的超验观念，就常常被认为是虚幻的和神秘的，在哲学中就被理性化地称为是唯心的。

超验观念内涵所具备的安置与协调外在环境的杂乱多样经验的功能，就是唯心论哲学对人类精神世界理解的核心意义。理性表达的公共化超验观念体系，就是形而上观念体系或者形而上学。与此对立的形而下观念体系就是经验观念体系。中国哲学中对形而上与形而下对立的进一步的理性化表达就是"道"与"器"的对立。由形而上观念体系主导的文化，也就是宏观文化，就称为"本"，由形而下观念体系主导的文化，也就是中观与微观文化，就称为"用"。

在哲学中如何理解超验观念的本质，如何理解超验观念中表达的内在环境秩序对经验观念中表达的外在环境秩序的超越，就是至今为止纠缠不清的一个基本难题，很多哲学争论都由此而来。

在至今为止的人类文化活动中，一直试图将精神环境秩序与物质环境秩序的终极一致性，作为哲学理解与论证的基本目标。由于至今为止的哲学对人类生存的两个环境关系始终不能清晰地理解，也不能形成明确的逻辑表达形态，这个难题的答案至今仍然模糊一片。

在唯心论哲学中，求解这个难题就是论证精神环境秩序对物质环境秩序的终极蕴含与终极展开关系，这也是唯心论哲学的真理性依据。但离开了对两个世界存在方式的清晰理解的本体论结构，这种关系也就仍然是感性模糊的，也就始终处于艺术直觉的表达形态中。这也是唯心论哲学与宗教文化无法明确切割的原因。

在简单化的唯物论哲学中，求解这个难题就是论证精神世环境秩序对物质环境秩序的反映关系。唯物论因此而必然主张对经验观念的绝对尊重，并试图将经验观念当作精神世界的全部内涵，从而以此证明唯物论中的真理性。

在这种哲学方向中，也就只能回避精神环境秩序对物质环境秩序的超越关系，这也似乎可以回避了本体论的基本难题。但这种回避由必然局限与简化了唯物论哲学的本体论内涵，并将人类生存的两个世界的秩序关系简单地统为一体。

一旦唯物论哲学中出现了对高层次经验观念的安置需求，并不得不让意识活动进入抽象的超验观念结构中时，一旦在自然科学的经验观察之外，不得不思考数学观念提供的超验秩序的本体论依据时，一旦要面对宗教文化中的真理性问题时，简单的唯物论哲学就只能将这种对物质环境秩序的超越，表达为一种更为神秘的或者虚幻超越性物质存在，这在康德那里就是先验范畴，在马克思那里就是客观规律，在现代科学主义者与逻辑实证主义哲学家们那里就是知识世界与逻辑实体。这就在冥冥中又沟通了与唯心论哲学的宇宙精神的联系。

在这些不得不深化的唯物论哲学那里，从先验范畴与客观规律到知识世界与逻辑实体，并不是精神环境的内涵，但也无法真正在物质世界的秩序中得到本体论安置。实际上，这就是简单唯物论哲学悬置精神世界秩序的一种理性化的遁洞。

深刻的唯物论无法回避对精神世界的终极依凭。这是人类精神世界的基本功能。彻底的唯物论不得不简化这种功能。简化的世界观简化了人类的行为思考，但也简化了人类的精神忌惮。彻底的唯物主义常常无所畏惧，这在一般社会活动中可以形成强大的工具性力量，也会是正确社会秩序追求方向中的真理实现动因。但在失去了终极精神依凭的人类狂想与人类莽撞中，彻底的唯物主义则会构成可怕的破坏力量。执行这种破坏的人群可以完全没有任何约束。伟大的革命家从来都不会违背精神深处的基本伦理。简单的破坏者则会没有一切忌讳。

人类生存的两个世界是不同层次的环境存在，它们也就不可能具备终极的绝对一致性。追求它们终极一致与绝对一致，仅仅是人类意识活动的需要。但这两个环境的秩序仍然可能具有可以满足人类生存需求的相对一致性。这种非终极的相对一致性，仅仅存在于满足人类生存需求的功能中。人类正是依据这种在不断流变演化的相对一致性中，才实现了精神环境秩序对物质环境秩序的完美有效的映射与表达，并依此而实现了自己在物质环境中的有效生存。

可以用一个直观的例子间接地表达这种关系。在一个暗室中用一个光源将一个人的影子投射在墙上，这个人的影子中表达的信息与这个人所具备的生存能力与环境功能相比是微不足道和极其简陋的。但是一个具有足够复杂的经验观念与意识活动能力的观察者，则仍然可以依据这个影子提供的信息感受到一个真实鲜活的人的存在。投射出影子的人是一个真实的存在，其中表达了观察者所处环境中的真实秩序。能够依据影子信息来理解这种真实存在的环境就是人类的精神环境。影子信息的结构形态，由投射光线或投射能量的性质与它们赖以传播的空间媒体的性质决定，也由显影墙壁的性质决定。投射能量可以类比人类的意识活动，传播媒体与显影墙壁可以类比人类的观念空间结构。投射能量的不同性质，以及包括投射角度与方位的不同投射方式，可以使同一个人的存在与活动呈现出各种不同的影像信息。显影墙壁的不同空间结构与表面形态所形成的不同显影功能，也会使得影像信息千变万化。人类依据影子信息获得的对投影人存在的感受则可以类比人类的环境生存方式，这种方式可以依据对影子信息的理解来适应与重构投影人的行为经验与意识活动能力。

人类可以依据简陋局限的影像信息逐渐形成对一个真实存在的被投影对象的理解，并可以依据这种理解与其相处。这种理解超越了影像信息的秩序内涵，但却远远不是真实的被投影对象。

人类的感官只能感受物质环境中几乎无限存在的秩序中极其简化的影子，但人类从生存经历中演化出来的生存能力，又能够将这个不可直接感受的被投影者的存在，用变化不定的不同影子在自己精神环境中实现展开，并依据精神环境秩序构成一个可以理解与利用的观念形态。人类可以依据这个外在影像展开的内在观念形态，实现对被投影人实际存在的环境的理解与适应，并实现自己的合理生存。

我们今天理解宇宙环境的信息依据，就是宇宙环境投射给我们的特殊能量中蕴含的简陋信息。我们依据将这些信息在精神环境中的展开，构成了我们理解宇宙的模式。人类文化能力的演化进程也就表达了宇宙模式的演化进程。自然科学体系中的宇宙模式就是人类理解宇宙信息的显影环境。人类获取宇宙信息的技术手段，从肉眼到光学望远镜和射电望远镜，以及各种光学与电子信息处理技术，就是黑暗空间中的传播媒体与投影墙壁。

对于人类来说，宇宙是一个没有边界的黑屋子中的环境存在，人类心目中或人类文化中的宇宙图式或宇宙模型，仅仅是一个宇宙真实存在的特殊简化的投影结果在精神环境中的表达。这种特殊简化的投影方式来自人类对某些宇宙能量的特殊的感知能力与宇宙环境信息的偶然复合。人类的全部自然科学理论仅仅是可能显现出可理解的投影形象的精神环境条件，人类的各种逻辑工具都仅仅是不同的投影能量与显影墙壁。前者表达了理性意识活动能力，后者表达了理性观念结构。越是强烈与细致的投射能量与越是平整与光洁的显影墙壁，其显影效果就越充分越真实，就越容易被人类公共化理解。但它仍然是真实存在的简化影子。现代宇宙论就是比传统宇宙论更为有效的影像展开与秩序表达的精神环境，现代数学就是比传统逻辑更为平整的显影墙壁与更具分辨率的投射能量。

人类精神环境的存在来自人类高级神经器官的特殊功能，是物质环境特殊的生命存在中形成的更高层次的存在形态，也是全部物质环境自组织结构中出现的特殊的存在功能。精神环境的存在提供了物理环境与生命环境完全不同的功能，这就是人类特殊的生存能力。精神环境是人类生存活动中的特殊内在行为方式所构成的内在生存环境。社会环境则是人类特殊的外在行为方式构成的人类外在生存环境。

将人类的生存环境划分为四个不同的层次，来自人类意识活动对生存环境的理解与表达成果，也来自人类的文化积淀。从物理环境到社会环境，每一个层次都具有共同的结构形态与组织化机制，它能够内在具有由下向上的依存关系。但每一个层次的存在又都具有完全独特的环境功能，这些功能又都是无法互相还原与互相统合的。人类的认识能力既要将它们理解为一个统一的整体，又要区分出它们不同的存在方式与存在功能。

人类意识活动本能所必然追求的精神环境的完整性与和谐性，就是将人类的生存环境表达为终极统一秩序的原始动因。这种动因蕴含在人类本身就是宇宙中的自组织成果的统一秩序中。

人类的意识活动能力形成的对自己生存环境的理解的不断深化，就形成了人类文化的演化进程。其中也包括了理解精神环境的文化的演化进程。这个进程的最高成果就是哲学。这就是哲学要始终不渝地追求用统一协调的存在秩序来表达人类生存环境的依据。这种追求来自人类的意识活动本能，这种本能来自人类的生命存在方式，也来自生命在宇宙中的存在方式。

人类的精神本能与审美追求，就是人类追求精神环境的完整化与完美化的生命活动能力。但人类具备的这种精神追求，并不会将人类理解生存环境的精神环境变成统一与和谐的环境，人类精神环境中仍然永远具备无序与杂乱秩序的来源。这就是感官信息形成的经验观念。散乱经验观念与统一超验观念的对立与均衡，就是人类精神环境的存在方式，也是人类精神环境的演化依据。

统一与和谐的秩序是人类生存环境中高度不可几的可能性状态。统一与和谐的环境秩序又是人类的生存需求。当人类的环境秩序具备的可能性状态可以满足人类的生存需求时，人类就得以延续自己的存在。当人类的环境秩序具备的可能性状态不能满足人类的需求时，人类的存在就会瓦解，人类就会灭亡与消失。

人类对环境秩序统一与和谐的追求，来自人类本身就是环境秩序中最为统一与最为和谐的存在形态的成果。这个成果来自生命的奇迹，这个成果又创造了更为神奇的精神世界，进而创造了人类的社会环境与人类的文明。人类的精神环境与物质环境表达了不同层次的存在秩序，其中能够实现和谐与统一的可能性依据，就在人类本身的生存方式之中。人类的哲学所追求的这个终极问题的答案，就在人类自己的存在方式中。

24. 精神世界的结构与边界

人类对自己以及自己的生存环境的终极理解就是存在。存在又是人类理解生存环境的理性化结构。存在可以分析。

存在的观念是哲学本体论的基础依据与出发点，哲学通过自己特有的理性化方法理解与表达精神世界，也理解与表达存在。

在传统哲学中，曾经用实在与实存的观念来表达存在。这就是为了区分存在中的虚实。物质存在大致为实，精神存在大致为虚。当哲学终于可以用统一的逻辑来理解存在时，存在中的虚与实就统一起来了，实在与虚在，实存与虚存也就统一为存在了。

存在具有可分析的层次结构。在每一个存在层次中都可以分析为存在要素的组合。存在要素之间的联系构成了不同的存在主体与存在环境或存在客体的关系。存在主体是哲学意识活动所关注的存在要素，存在客体是存在主体的环境要素。主体与客体由哲学的关注视角所决定，主体与客体相对于哲学思维方式的关注而被区分。

环境是存在要素的外部条件。全部客体的总和是主体的全部外部条件。将存在分解为存在要素与存在环境，将哲学关注的对象分解为主体与客体，是人类对存在进行结构化或理性化表达的结果，也是人类追求对存在可分析的成果。

存在或存在要素依据自己的环境影响或环境功能确立自己的存在。环境则是存在要素之外被其影响涉及的存在空间。环境与存在相对立。环境本身也是存在。

人类的环境就是人类存在的条件，也就是被人类的活动所影响所涉及的人类存在以外的全部存在。人类的生存环境是与人类不同的存在。人类的生存活动形成了人类的环境功能或环境影响，也就区分了人类与人类的生存环境。

将存在的环境功能与环境影响分为存在与环境的对立来理解与分析，是审视或讨论存在活动的逻辑方法。这种方法的核心意义就在于理解人类的存在。但这种方法也可以推广到理解非人类的存在中，例如各种物理存在与各种其他生命存在。理解人类存在与物理存在以及其他生命存在的逻辑的一致性，就是这种逻辑方法合理性的证明。

人类在自然环境中获得了自己的生命生存。人类又依据精神环境实现自己的社会生存。人类的精神环境是一种存在，是人类内在的活动环境与活动空间。精神环境的存在功能为意识活动提供了环境。意识活动是人类在精神环境存在中的能量的运动形态，也是精神环境的存在能够形成环境功能的依据。精神环境中的意识活动方式，构成了人类精神世界的存在形态与演化形态。

与物质环境中的外在行为相对应的意识活动或意识行为，就是人类的内在行为。行为是人类实现环境需求与实现生存的活动方式，也是形成环境存在与环境影响功能的方式。人类生存的基础秩序在生命环境之中。人类的外在生存行为通过生命器官的外在功能来实现。人类内在环境中的意识活动，则由人类高级神经器官的功能所派生，人类的社会活动则由人类的意识活动所衍生。

人类的生存行为，通过其环境功能与环境影响实现其行为目标。人类行为的唯一目标就是实现环境需求与价值追求。社会活动的核心目标是实现社会价值，意识活动的核心目标是实现精神价值。

人类对环境中不同要素间关系的理性化理解，形成了空间的观念。人类对环境中不同要素中秩序演化的理性化理解，形成了时间的观念。空间与时间是人类理性能力形成的理解环境的基础逻辑工具，而不是什么神秘的先验范畴。

空间与时间逻辑具有不同形态。对这种基础逻辑的不同文化表达，就构成了不同的空间模式与空间理论，也构成了不同的时间模式与时间理论。从阴阳五行和周易的卦与爻中蕴含的空间观念，到莱布尼茨的单子空间和牛顿的绝对空间，再到康德的先验范畴空间与爱因斯坦的时空与质量弯曲空间，以及今天时髦的量子纠缠空间和超弦空间，都是人类文化体系中不同的空间模式。人类为了理解生命存在的秩序与要素间的关系，形成了不同的生态空间与生命活动空间，人类为了理解社会存在的秩序与要素间的关系，形成了不同的社会活动空间，人类为了理解精神环境的存在形态与观念要素间的关系，也就形成了观念空间。观念空间就是意识活动的环境空间。

所谓结构，就是空间逻辑的表达工具。所谓结构化，就是将特定空间模式中的存在要素关系用这个空间模式的理性化工具表达出来。不同的结构化方法与结构理论，就是不同空间逻辑的应用方法与应用理论。

人类精神环境的存在方式构成了观念空间。对观念空间的结构化表达就是观念结构。观念结构是观念空间的分析化表达。观念或者观念要素是精神环境的存在形态。观念空间与观念结构就是理解与表达精神环境存在形态的逻辑化方法。

所谓观念，就是对人类精神环境的泛称。精神环境的存在就是观念的存在，观念就是精神环境中全部秩序内涵与全部环境功能的载体与本体。

所谓观念结构，就是精神环境的结构。将观念结构表达为观念要素，就是对精神环境存在方式的离散化与分析化表达。

所谓观念体系，就是系统化的具有特定环境功能的观念结构，就是对具有特定环境功能的观念形态的系统论逻辑表达。这里的特定环境功能，就是文化中表达的公共价值与人类群体化的生存需求功能。

所谓观念的层次，就是对精神环境的存在结构或观念存在形态的结构分析表达，也是对观念空间秩序的分析化表达。

所谓观念要素，就是可独立分析的观念存在形态，也就是构成观念结构的可分析材料。观念要素来自对观念结构的解构结果或分析结果。最基础的观念要素就是构成观念结构的元素，也就是在人类的理解能力中不可再解构与再分析的观念存在形态。这就是元初观念。如果对元初观念再解构，就脱离了精神环境而进入了生命环境的存在层次中了。

人类的生存环境可以分为四个存在层次。它们的复杂性依次升高。无生命环境是最简单的基本存在，生命环境是比较复杂的存在，精神环境是更高级更复杂的存在，社会环境则是最复杂的存在形态。

在每一个较高层次的存在形态中，都蕴含了它以下的全部较低层次的存在形态。任何较高层次的存在形态与存在功能，都不可能在低层次的存在中得到全部表达。每一个环境存在层次，都具有它自己特殊的环境功能意义，都是不可完全向下还原的。

人类的社会环境是最高层次的存在，它蕴含了人类精神环境的存在与人类生命环境与生态环境的存在，也蕴含了全部物理环境或宇宙环境的存在。社会环境的存在功能无法完全还原到精神环境中去，更无法还原到生命环境与无生命环境中去。

　　人类对自己生存环境的理解与认知，是从最简单的无生命环境开始入手的，并最先获得了明确的理性化成功。以物理学为核心的现代自然科学就是这个成功的辉煌成果。

　　人类对生命环境认识的理性化过程，今天才刚刚开始进入工具理性的发展轨道。今天的生命科学还处于由幼稚期向初步成熟期的转换阶段中，这个转换的成功还远没有实现。人类在理解无生命环境中大获成功的逻辑工具，在对生命环境的理解中还无法有效使用。生命科学的成熟化还要依赖新的逻辑工具的形成，也需要依赖新的信息获取与处理工具的形成。今天生命科学的研究活动，还基本上在借用无生命科学的逻辑工具与信息获取方式与信息处理方式。今天的生命科学状态大致相当于伽利略以前的物理学，生命科学家们现在还在做伽利略对物理学做的事情。生命科学中的牛顿还远未出现。

　　在今天的自然科学文化体系中，从辉煌成功的物理学向还模糊不清的生命科学的过渡，就表现出了从硬科学向软科学再向准科学的过渡。这表达了自然科学观念体系在对不同层次的环境秩序的理解与表达中，其确定性与真理性的逐渐降低。大量的伪科学主要出现在理解生命秩序的文化活动中，就是因为这个领域中的理性化程度与确定性程度还远远不足。今天大量似是而非的养生方法与防病技巧，仍然可以打着科学的旗号在现代医学技术的不确定中流行于世，就是因为生命科学离硬科学还很遥远。

　　今天人类认识精神环境秩序的能力更是十分有限。今天的哲学还在幼稚中蛰伏。哲学还应该有极大的发展空间。哲学的不彰与人类理解精神世界的迫切需求的冲突，为各种神秘的灵魂不死的观念与绚丽诱人的心理安慰工具构成的心灵鸡汤，留下了广阔的空间。

　　人类今天对社会环境秩序的认识，则还在懵懂中。今天所谓的社会学，就是各种杂乱社会现象与混乱文化价值的垃圾箱。尽管这个垃圾箱中也会形成一个似乎有序的角落。例如今天某些西方社会学的观念体系，例如今天如日中天的现代经济学体系。一旦这个角落与广泛的社会环境与社会活动的观念体系交流融汇起来，也就常常会表现出垃圾的特征：它们看似很漂亮，但却常常没有用。特别是在至关重要的公共价值的理解与判断中没有用。今天的经济学无法理解与控制人类的经济危机，在富裕的现代社会还有大量人口处于贫困与饥饿中。今天的政治学无法理解与控制人类的政治危机，在现代社会中常常出现没有意义的政治动荡。

今天人类理解社会环境的结构形态，根本无法统一安置今天大部分人类的社会活动方式与社会秩序形态。既无法理解社会经济秩序如何形成与瓦解，也无法理解人类文明如何形成与瓦解，更无法理解社会秩序是如何和谐与如何冲突的。

今天的社会学大致相当于亚里士多德的物理学。就像他曾经认为物体因为有下落的欲望而下落，就是一种简单肤浅的逻辑一样，今天的所谓现代社会学逻辑，似乎比这还要简单肤浅。

流行的看法认为，今天的现代经济学可以表达对今天人类社会经济繁荣的理解。其实罗马帝国的多神宗教公共观念体系，也认为自己可以理解罗马帝国当时的繁荣。

人类社会活动的形态与方式，比今天人类所理解它们的观念，具有深奥得多的原因。试图用经济学模式来理解今天的世界冲突，甚至来理解今天恐怖主义思潮的泛滥，就像用欲望来理解物体的下落一样，也会具有表面的合理性。今天很多知识精英们正在追求这种理解，就像罗马帝国的精英们一样。

人类的社会活动方式，比现代经济学的简单模式提供的理解，具有深刻得多也复杂得多的内在机制。人类社会经济活动自在的演化与自在的发展，并不能证明勉强依附于这种活动的表象说明的现代经济学观念体系的合理性，经管这种说明常常包装了数学的华美外衣。今天所谓的经济预测，实际上就是对各种经济现象的牵强选择与牵强附会的经验观念的运用而已，只不过这种经验观念被穿上了严谨逻辑的表达躯壳。这种光鲜的经验观念又被现代媒体进一步放大了他们的价值，就像现代广告放大了奢侈消费品的价值一样。在媒体引导下的社会成员对经济模式的行为依附与服从，也就常常会呈现出这些模式的虚假真理性。

经济预测表达了人类对经济活动的感性预期，这种预期又引导着人类在各个层次中的经济行为，特别是社会经济的管理行为。经济行为对经济预测的不自觉服从，就会呈现出预测的合理性。这就是经济学理论偶然可以被证明的原因。今天经济学的可实证性程度，还不如托勒密的地球中心理论的可实证性。

空间逻辑是人类理解环境秩序的基础性理性工具，也是其他一切逻辑方法的运用基础。人类对最重要的精神环境的理解，则一直没有实现空间逻辑的表达，这也是哲学观念还不能得到知识化彰显的重要原因，这还是至今为止的全部哲学对于人类精神环境存在的理解还仍然处于懵懂中的原因。

哲学一直没有将精神世界理解为人类的生存环境。这种理解只有弗洛伊德在心理学研究中无心插柳地暗示了一些，但这种暗示并没有启发主流哲学家们重整哲学体系。

至今为止的哲学所提供的逻辑工具，都是表达人类外在环境秩序的工具。形式逻辑支撑了语言工具，数学逻辑支撑了自然科学体系。某些数学逻辑被引入了对社会环境的理解中，但这种引用还仍然牵强。在人类理解精神环境的哲学体系中，任何数学逻辑都无法运用，因为哲学对象难以事实化。尽管如此，逻辑工具的演化进程，仍然深刻地影响了人类对于外在生存环境本体模式的理解。

逻辑工具对于人类外在生存环境秩序的表达，已经实现了不同层次的理性化。但在表达内在环境秩序的哲学中，则仍然不得不主要依赖感性化方法。今天的哲学表达中仍然充满了文学形态。人类的哲学创造的逻辑工具还不能有效表达哲学自己。哲学中尽量对逻辑的运用，也只能是对感性表达主体的细节修饰与补充，哲学在复杂观念结构的表达中，仍然充满了感性表象与感性借喻。智慧的哲学谶语常常令人警醒，但也常常让人误解。对于广泛流传的哲学家语录，真正理解的人并不多。

人类精神环境的存在以生命环境的存在为环境基础。个体精神环境的存在以高级神经器官的功能为其提供生命活动基础。高级神经器官的生命活动构成了意识活动与观念空间的存在条件。但意识活动并不能还原为高级神经活动，也不能完全用高级神经活动的秩序来表达。那种试图通过深入地研究高级神经器官的活动方式来理解人类全部意识活动的科学追求，是不会成功的。充其量只能得到一个对人类意识活动简化基础的模糊表象。人类的高级神经活动与意识活动是不同层次的存在形态，只能分别用不同的模式与逻辑来表达与理解。生命科学无法取代哲学。

人类精神环境的观念空间的基底，与高级神经器官的生命活动空间相衔接，它们之间具有明确的形态与功能区分，也应该有明确的逻辑分界。这个界面既是高级神经器官的上边界，也是精神世界的下边界。

人类意识活动的能量由神经器官的生理能量转化形成。神经系统的生理状态决定了意识活动的能量供应状态。神经器官的生理能量本身，并不能直接构成精神环境中的意识活动形态，意识能量在精神环境中的活动，必须依据精神环境特有的存在秩序提供的环境条件，这就是观念空间的环境条件。只有在观念空间中，才能形成人类特有的意识活动方式与功能，并依此而构成人类特有的精神世界。

人类精神环境中的观念要素的总和构成了观念空间。观念空间通过一个下边界与人类的生命环境相区分，划分出与高级神经器官的存在形态和活动功能的边界。观念空间又通过一个上边界与人类社会环境中的文化形态相区分，划分出人类观念空间中的公共化观念形态与人类社会环境空间中的文化形态或伦理结构的边界。

文化是人类社会环境中的存在形态，文化表达了人类群体公共观念的秩序内涵，文化是公共观念与公共价值的社会资源载体。文化的社会存在形态与功能内涵，构成了它与精神环境的区分边界。文化中的这个区分也就是人类精神环境的上边界。不能把社会文化混同于人类的公共观念与公共价值，就像不能把意识活动混同于高级神经器官的活动一样。

在人类的社会环境空间中遍布着不同的文化形态，在人类的精神环境中或观念空间中则遍布着由文化表达的公共观念形态。人类精神环境中文化内涵的基本结构，就是伦理观念与伦理价值。自从人类进入文明以后，社会文化环境就逐渐成为社会秩序构成与维护的精神依据，个体观念空间中的伦理结构也就逐渐成为观念结构的主体与框架。伦理与伦理价值，也就成为引导人类社会行为方式的基本价值依据了。

所谓伦理，就是人类文化内涵中公共观念的基本结构。伦理通过人类的文化活动输入到个体的观念空间中，并塑造出个体的伦理价值结构。伦理由此而成为人类精神环境与社会环境的区分边界中的结构连接要点。

文化活动是人类基本的社会活动方式之一，它构建与传播了公共观念与伦理。价值活动是人类精神环境中主要的意识活动方式之一，它构建了人类全部社会行为的动机。从伦理价值到文化结构，就是精神环境向社会环境的功能渗透，就是人类生存环境从意识活动空间向社会活动空间的转换。从文化结构到伦理价值，就是社会环境向精神环境的功能渗透，就是人类生存环境从社会活动空间向意识活动空间的转换。

伦理与文化又是同一个存在形态的功能在两个环境中的不同表达。伦理可以称为精神环境中的社会秩序要素，文化可以称为社会环境中的观念结构要素。伦理在精神环境之内，就表达了观念空间中的社会秩序结构的功能，文化在社会环境之内，就表达了社会环境空间中公共价值结构的功能，它们是一个硬币的两面。这就是文化中伦理的双重存在形态，也是文化与伦理的环境功能互相转化的表达。

25. 观念空间中的结构形态

结构是人类表达存在要素间的空间关系的逻辑工具。演化是人类表达存在要素间的时间关系的逻辑工具。

结构化的方法，就是表达存在要素间关系的逻辑方法。体系或系统，则是表达具有独特功能的复杂结构的逻辑概念。所谓系统，就是具有整体性功能与结构化特征的复杂的环境存在形态。

结构主义哲学就是用结构工具理解与表达人类精神环境秩序的方法论体系。但是，离开了对精神环境理解的本体论基础，结构主义方法就变成了对精神环境与物质环境的存在要素的模糊混合的方法论体系。正是这种模糊混合中的无所不包，形成了这个哲学流派似乎无所不在的功能。

包医百病的药也常常是基本上无效的药。无效的庸医形态也就最终将这个流派在哲学中边沿化了。

哲学的功能在于回答人类生存的基本问题。哲学也就必然要形成对人类生存环境的基本功能划分。离开了回答人类生存问题的哲学方法论，就必然变成了一种虚幻的智力游戏。就像现代中国人心目中的传统俗术与阴阳五行逻辑一样。

哲学的发展与整合必须不断地结构清晰化。哲学的演化进程，就是将人类与人类生存环境逐渐明确区分成不同的层次结构的过程，就是依据不同的逻辑方法与观念形态表达出不同层次的环境秩序形态的结果。这个结果也会将一些哲学内涵的功能专门化，并与哲学相分离。例如自然科学与自然哲学的曾经分离，例如社会科学与社会哲学将来的必然分立。

但是，这种对不同层次领域秩序的表达中所保持的方法统一性，也就构成了哲学本身的方法论体系。对人类完备生存环境秩序的统一理解与表达，并将这种模式统一于人类精神世界中，就始终是哲学的任务与目标。结构主义含混地表达了这种目标，但也表达了哲学在实现这个目标中的功能不足。

尽管如此，人类理解与表达精神环境秩序的基本方法，仍然可以归纳为广义的结构化方法。用观念结构表达精神环境的存在形态，就是对精神环境秩序的广义结构化表达。这个方法的确立，必须具备对精神环境的终极统合功能与对精神环境的完整分析功能。

　　观念空间中观念要素的结构化存在形态就是观念结构。为了表达具有复杂内部机制与完整环境功能的观念要素集合构成的结构，也可以使用观念体系或观念系统的称谓。为了表达形态简单与功能单一的观念结构，也常常使用观念要素的称谓。这些称谓的区别仅仅是表达中的方法倾向或视角差异的结果。

　　精神环境中的观念结构总和就是观念空间。观念空间的局部形态或特定功能就是观念结构。观念结构中蕴含着观念要素，也蕴含着精神环境秩序，更蕴含着人类的生存价值与环境需求。

　　观念体系或观念系统就是观念要素组织化形成的观念空间中的复杂结构，也是对观念结构的系统论逻辑表达。观念体系与观念系统也可以是观念结构在不同逻辑工具中的表达折射，还是观念结构在不同文化表达中的常用形式。

　　在任何层次与任何形态的观念结构或观念要素中，都蕴含着精神环境的内在秩序与物质环境的外在秩序。其中的内在秩序来自意识活动的构建，其中的外在秩序则是通过感官信息的输入所蕴含。观念要素中的内在秩序与外在秩序的综合，也就形成了精神环境秩序对物质环境秩序的映射。

　　向精神环境中输入物质环境秩序的感官信息可以分为两类外在环境秩序的形态，这就是经验与文化。

　　所谓经验，就是表达了外在行为结果的感官信息的内在观念表达形态。在一般文化中也常常用经验借以表达人类生存行为结果本身。经验观念也是外在环境秩序的基本载体。正是经验观念的这种功能，使得传统哲学将经验模糊地看作是外在环境秩序在内在环境中的直接表达。精神环境中的经验观念，就是对个体全部生存行为结果感受的观念化表达。经验来自个体的环境行为。

个体精神环境中的文化要素，则是特殊的经验观念形态，就是个体对特定社会活动中蕴含的群体公共观念的感受观念，也是个体对社会环境中蕴含了公共价值的社会活动方式结果的感受观念。文化是特殊形态的群体公共化经验。文化也是广义的经验。狭义的经验强调了其行为结果的个体化特征，文化经验则表达了人类生存行为的群体化特征。文化是公共价值化的群体经验，经验是个体独特的行为感受。它们并非逻辑独立。

将文化与经验并列表达是为了强调它们的区别，也是为了与传统哲学与流行文化的表达相融合。

人类精神环境的内在秩序，就是构成了精神环境特殊功能的秩序，就是精神环境存在的依据，也是观念要素结构化的依据。精神环境中内在秩序的存在载体就是超验观念。经验观念则是外在秩序的载体。

所谓超验观念，就是承载了精神环境内在秩序的观念形态。与此对应的经验观念，则是承载了物质环境外在秩序的观念形态。内在秩序只能由意识活动来感受，这就决定了哲学活动的反思方法。

观念空间中的观念要素由意识活动构成。构成观念要素的基础过程由感官信息所激发。观念要素的基础内涵就是感官信息。对感官信息的观念化构建，也就加入了内在秩序。

在任何观念要素中都具备外在秩序的内涵或经验内涵，也都具备内在秩序的内涵或超验内涵。经验观念就是主要蕴含了外在秩序的观念要素，超验观念就是主要蕴含了内在秩序的观念要素。

经验观念与超验观念的区分，仅仅在于哲学表达中对外在秩序与外在秩序的不同强调，其中并没有太多的两种秩序差异的绝对意义。经验观念的表达，强调了以外在秩序的表达为主体，超验观念的表达，则强调了以内在秩序的表达为主体。

　　人类通过理性方法来实现对自己观念结构的精确化与明确化的表达，并由此实现个体观念在群体中的准确传播，还构成了群体中的公共观念形态。当经验观念通过表达与交流，在社会群体成员中形成了高度共识，也就构成了群体中的无差别经验。所谓事实，并非社会环境中的存在形态，而是精神环境中的存在形态。事实是观念，是人类群体中无差别的公共化经验观念。所谓的"不以人类意志为转移"的存在，就是人类精神环境中的无差别观念存在，而不是超越了人类活动的外在存在。

　　事实是人类获取环境信息行为的精神环境结果，也是人类群体中公共化的社会行为的无差别结果。这种结果仍然是经验观念。事实是特殊的经验观念，例如天地山河雨雪风霜，例如地球太阳星系宇宙，例如花草树木飞禽走兽，例如冷热温度重量惯性，例如电磁场与基本粒子，例如人性情感伦理信仰。它们都是人类内在环境中高度公共化的外在经验观念，都是自然环境与社会环境秩序在精神环境中表达的经验事实。

　　所谓超验事实，则是人类通过观念交流形成的对内在环境秩序的高度公共化观念。例如上帝安拉佛祖与各种神明，例如数学的点与圆和永不相交的平行线，例如超弦空间与宇宙虫洞，它们都是超验事实。

　　所谓司法事实，就是符合司法活动规范与主流公共价值中的法伦理的社会行为的无差别经验观念，所谓科学事实，就是符合科学共同体学术规范与科学观念体系的观测行为的无差别经验观念。所谓政治事实，是符合政治制度规范与政治伦理的政治行为的无差别经验观念。如此等等。这里的无差别都是相对的。在这些领域中的事实争论，就是对相对差别的辨析。

　　人类观念空间中的观念结构形态，又可以分别表达为元初观念，基本观念，基础观念与终极观念。元初观念是精神环境中的存在元素，也是观念空间中的能量形态。基本观念是观念空间中的结构凝聚形态，也是观念结构的主体框架。基础观念是观念空间中底层结构中的基本观念，主要来自人类个体的初始经验。终极观念是观念空间中顶层结构中的基本观念，表达了个体观念空间秩序的整体统合与整体汇聚。

　　人类获取外在环境信息的特殊感官功能选择与整理了外在环境的信息，并以精神环境可接受的形态输入精神环境中。感官信息只有通过意识活动的整合与构建才能形成精神环境中的存在形态，这就是感官信息向观念形态的转换过程。直接依据感官信息所构建的观念要素就是元初观念。元初观念就是传统哲学中表达的人类的感受观念。元初观念就是"感受"。

　　元初观念是观念空间中的元素。元初观念是精神环境存在中的能量形态，它是意识活动构建观念结构的基本素材与原始材料。全部观念结构都是在元初观念与其他观念要素的存在形态中发生的自组织过程所构成。元初观念表达了精神环境中的基本无序状态，并由此而成为观念空间中的能量形态。

　　元初观念在观念空间中还缺乏明确的结构安置与结构统合，还没有形成与其他观念要素间的广泛联系，它们的存在形态就类似物理空间中的气态元素或液态元素。它们在观念空间中具有充分的流动性，它们在观念结构的缝隙与观念空间的真空中漂浮流动。

　　这种无序状态使得它在观念结构中无法表达与固定，也使得它们无法形成记忆。元初观念不可回忆。元初观念无处不在地充满了观念空间。

　　所谓基本观念，就是观念空间中的结构凝聚节点与结构汇聚形态。基本观念以及它们之间的联系，构成了观念空间结构的基本框架，也为其他观念要素提供了空间安置的条件与环境功能的组合条件。这个框架为意识活动构建新的观念要素提供了内在表达的依据和固定安置的依据，也为新的观念要素提供了进一步结构化的基础依据。这个框架还为观念空间中蕴含的价值内涵提供了空间安置与表达的结构基础。基本观念为个体观念的公共化与个体价值的公共化提供了外在表达的依据。个体观念空间中的秩序形态以及结构特征可以通过基本观念或基本观念结构来表达。

基本观念表达了对一个局部观念空间中的精神环境秩序稳定的归纳与概括形态，它就是它所关涉或关照的局部观念空间内的主要观念要素的抽象化凝聚。

基本观念的结构功能又为意识活动提供了意识能量的聚集中心，为意识活动能量在特定观念空间中的汇聚状态提供了环境条件。这种状态就是人类的情感状态。基本观念是人类情感的依据。

基本观念也表达了个体价值结构中的核心价值或基本价值，这就提供了人类行为方式的稳定依据。最高层次的基本观念构成的终极观念则是人类信仰价值的载体。

人类的意识活动，就是高级神经器官提供的意识能量在观念空间中的运动。基本观念结构及其之间的联系所构成的结构框架，也就直接引导与制约了意识能量主流的运动方式，从而间接引导与制约了全部意识活动。人类意识活动的基本形态就由观念空间中的基本观念结构所决定。基本观念的结构特征就表达了精神环境的秩序特征与功能特征，也表达了意识活动的方式特征，还表达了价值结构的功能特性与人格特征，进而也间接表达了个体的性格特征。

基本观念具有层次化的差异。不同层次的基本观念，形成了对不同观念空间范围的结构凝聚功能。如果将元初观念也看作是一种最微观的基本观念形态，它就只能形成最微观的观念空间范围内的结构汇集与秩序凝聚。

处于个体精神环境最高层次中的基本观念，就构成了个体的终极观念。终极观念形成了对个体全部观念空间的结构汇集与秩序凝聚。在元初观念与终极观念之间，则分布着具有不同层次与不同范围的结构凝聚功能的基本观念。这就是基本观念的结构相对性。

基本观念在观念空间中的存在形态是稀薄的与局限的，可以类比于物理空间中的网络结构与生命空间中的脉络结构。在基本观念结构以外的观念空间范围中，广泛分布着或漂浮着比基本观念结构功能更低层次的次级观念要素。

　　每一个基本观念要素都可以通过分布于其中的意识活动能量，形成对自己所关照与所涉及的观念空间中的观念要素的功能凝聚，并因此而形成了对这个关涉空间中的观念要素的组织化联系。这种依据基本观念形成的局部空间结构，也就成为意识能量的分布与汇聚环境。一旦意识活动能量分布形态改变，或者意识能量离开了这个基本观念形成的关涉空间，这种局部空间中的观念要素间的联系也就在意识中消失了，直到意识能量再次进入这个结构中。这就是基本观念的结构凝聚功能的相对性与流动性。

　　秩序是环境存在的功能依据。秩序的不均匀性就是人类生存环境形态的本质特征与绝对状态。基本观念的存在，表达了精神环境秩序在观念空间中分布的不均匀性，也表达了观念要素间联系的不均匀性。正是这种不均匀性形成了意识能量的分布不均匀性，并形成了人类意识活动的基础动因。

　　将人类精神环境中的结构形态用不同层次的基本观念来表达，是人类理解与表达精神环境存在形态的理性化追求所形成的逻辑化方法。基本观念是相对于人类理解与表达观念空间秩序的需求而存在的。基本观念只是一种逻辑的存在。这就是基本观念的存在相对性。

　　在人类群体化的公共观念空间中，也具有基本观念的公共化结构形态。公共观念中的基本结构，就是社会文化形态中的基本公共价值的载体，就是社会伦理。

　　就像人类的一切生存环境形态所具有的演化过程一样，人类的精神环境形态也具有发育与演化的过程。在个体的初生时刻，在由高级神经器官提供的观念空间中，观念要素是微弱而稀薄的，也可以理解为观念空间基本上是真空的，观念结构基本上是空白的。只有胎儿时期的微弱感官信息与初始意识活动，使得这种真空并不绝对。

婴儿的初生，就开始了生存活动的过程，也开始了获取环境信息与构建观念结构的过程。精神环境就开始构成与演化了。婴儿的初始信息就开始被组织化构成了初始的元初观念。这些元初观念在观念空间中的飘荡，使得观念空间不再真空。

　　意识活动对初始元初观念的进一步构建的结果，就形成了明确的初始经验观念。这些初始经验观念在意识活动的组织化构建中逐渐形成了秩序的积累与结构的凝聚，也就逐渐构成了观念空间中的初始基本观念。这种基本观念就是基础观念。

　　所谓基础观念，就是人类精神环境秩序的初始构建中形成的基本观念。基础观念主要是经验观念。它们因此常常被称为基础经验。基础观念的形成过程就是人类精神环境的基底构筑过程与基本空间拓展过程。这个过程的结果，构成了观念空间后来全部演化的结构基础，也就是构成了观念空间的基底。

　　所谓基础观念，就是观念空间中处于最底层或者处于下边界中的基本观念结构。这个结构的环境功能，可以直接与神经器官的功能相衔接。人类生命秩序对意识活动方式的影响，主要通过基础观念实现。基础观念中蕴含了浓厚的个体生命遗传特征与高级神经器官的功能特征。这也是生命本能所形成的个体性格特征的来源。这也形成了个体的审美取向与审美禀赋。

　　在传统文化中所表达的人类个体的先天精神禀赋与遗传性审美喜好，就主要由基础观念来蕴含与表达。人类全部生存环境需求的个体特征也主要在基础观念的影响功能之中。基础观念提供的这类功能基本上终生不变。

　　基础观念构成了个体观念空间秩序演化的初始基础，也是这种演化进程能够稳定的初始依据。这个功能对个体一生的意识活动方式都具有基础性的引导与制约。

　　基础观念在观念空间秩序的演化进程中具有明确的稳定性与不变性。个体在社会行为中表现出稳定不变的价值结构与人格特征，就是这种稳定性与不变性的社会行为结果。个体由生命遗传功能所形成的先天禀赋与性格特征，都依据基础观念的稳定性功能实现。

基础观念的存在功能决定了基本观念结构的演化方向。基础观念具有的稳定性决定了人类观念结构演化特征的不变性，并由此而决定了个体的人格稳定性。

基础观念中蕴含的环境需求内涵就是基础价值。个体的基础价值也具有终生稳定的特征。基础价值决定了个体的人生追求与生活方式。这就是中国文化常识中所谓的"三岁看到老"的哲学内涵。直到老年时，个体仍然会明确地喜好幼年时的基本需求与嗜好。

人类精神世界中的观念结构，具有从下向上的逐渐抽象化与逐渐有序化的结构特征。这在观念空间中就表现为观念结构从下向上逐渐地被凝聚与整合。这种特征也必然在基本观念结构中得到明确的表达。在个体观念空间的最顶层，就会因此而形成一个统辖全部观念空间结构的最高层次的结构汇聚与结构整合，这个结构就是终极观念结构。

所谓终极观念，就是全部观念结构的最高结构凝聚与结构汇集，就是观念空间中全部基本观念的最终汇聚。被这个结构所汇聚起来的观念空间秩序，就是个体全部观念结构的最高抽象与终极归纳，也是个体全部环境需求与价值结构的最高抽象与归纳。终极观念是精神环境秩序最高层次的自组织结构。

终极观念是观念结构的制高点与顶峰，它表达了全部观念结构的总联系与总功能，它引领与制约着观念结构的构建与演化，也引领与制约着意识活动的形态与方式。

驱动人类意识活动的生命本能，在观念空间中的终极目标与最高欲望在精神环境中的最高追求，就是形成终极观念结构与服从终极观念结构。人类的精神本能使得人类无法忍受没有终极观念的精神世界。如果观念空间中出现了这种状态，就会使个体处于心灵飘荡与心神不宁的意识状态中。

在这种精神状态中没有心灵的安宁与生活的幸福。

人类始终具有追求终极价值与终极关怀的情感，人类始终具有追求统一信仰的欲望，就是意识活动追求终极观念的本能表达。这也是人类消除内心纠结焦虑与获得心灵安宁的追求方式。观念空间中始终具有的终极观念结构，就是人类这种情感与这种精神追求的哲学说明。

在个体无论何种形态的观念结构中，都具有从下向上的结构汇聚与秩序整合的形态，也都会具有最高结构汇聚的终极观念。从牙牙学语的幼儿到洞悉人生的智叟无不如此。幼儿终极观念的表象可能是妈妈的怀抱，智叟终极观念的表象则可能是上帝与天理。在人生经历的不同阶段，这种终极观念的形态与内涵也相应不同。终极观念也在观念结构的演化中实现自己的演化。

个体完美的精神环境形态，就是在观念空间中形成了最高层次观念结构的完美统一汇聚，就是具备了完整的终极观念结构。这是精神环境的一个最重要的特征。这个特征对人类的意识活动方式与生存行为方式具有决定性的影响。

个体不完美的精神环境形态，就会形成多个最高层次的观念结构汇聚形态，这就是多元化的准终极观念形态。多元化的准终极观念结构，在观念空间中形成了不完全的观念结构终极统合，也由此而形成了不完美的意识活动方式与社会活动方式。这就是多重人格与"双面人"的哲学说明。

终极观念中蕴含着的环境需求内涵就是终极价值。意识活动能量在终极观念结构中的汇聚，就形成了终极情感与终极关怀。终极价值是个体精神环境中价值结构的终极汇聚与终极统一，也是价值判断与价值选择的最高的不变价值依据。

个体从生命秩序中获得的意识活动本能的先天差异，个体不同的生存环境与成长经历向精神环境输入信息的后天差异，形成了他们精神世界结构的绝对差异。在这些绝对差异的条件下，由个体观念空间中独立发生的意识活动所构建出来了个体精神环境秩序也就具有了绝对的独特性。依据这种独特性形成的个体独立的价值追求与社会行为方式，就构成了个体的独立意志。人类具有独立意志的哲学依据，就是人类个体精神环境秩序的独特性。

只有在人类文明的早期仍然保持了明确的动物化的生存特征时，个体精神世界形态的差异的依据才会主要由先天因素所主导。随着人类社会化程度与文明程度的不断深化，个体社会生存环境的差别因素就会逐渐处于观念结构演化的主导地位。这就决定了每一个人类个体的精神世界都是一个依赖于不同社会环境的绝对不同的独特的小宇宙。

不同的人类个体，就因此而可以由他们精神环境的差异与意识活动的差异来标识和区分，并依据这种标识与区分形成他们之间的社会化联系。马克思所谓的人的社会化，就是这个意思。所谓社会化的人，就是社会环境塑造出来的具有独特精神世界的人。

中华文明就秉持了对人类的存在方式的类似认知。在中华文明的基本伦理中，"人以群分"的依据就在人类内心的社会文化结构差异所形成的德性差异之中。而在欧洲传统文明的基本伦理中，人类个体的差异则主要由不同的生物种群的差异决定。这种主要依据人类血缘形态的先天差异来区分人类群体的方式，是比较低级愚昧的观念。这种观念今天仍然在西方文化中有很深的影响力。今天仍然深入西方人骨髓中的种族主义伦理，就是这种落后的基本哲学意识的文化后果。

每一个个体的精神世界都是一个独立的小宇宙，它表达了个体对全部生存环境秩序的独特理解。独特的个体精神世界，既是人类群体公共价值与群体文化多样性的基础，也是人类自由行为与自由意志的依据，还是人类社会秩序的演化动因与活力来源。依据个体精神世界的独特性所形成的社会行为方式与人生追求的独特性，就构成了人类广义的行为自由。社会环境秩序对人类精神环境秩序的维度超越，则构成了个体自由意志的行为空间。

每一个个体独特的精神世界都具有不同程度的完美性与完整性。这由个体的社会文化环境与意识活动本能所决定。完美的精神环境由观念结构的和谐一致来表达，完整的观念结构形成了观念空间中全部观念要素的汇聚与整合，也就形成了完美统一的终极观念形态。

人类个体观念结构的完美性与完整性又是相对的，其中所必然蕴含的观念结构的无序状态与观念要素的散乱状态所表达的观念结构的不完整与不完美特征则是绝对的。

人类的精神环境与其他环境层次一样，都是有序的和谐与无序的散乱的均衡。完美与完整的观念结构提供了和谐的意识活动环境，不完美与不完整的观念结构提供了散乱与冲突的意识活动环境。

和谐的观念结构形成了和谐的价值结构，也表达了个体复杂多样的环境需求的最终汇聚与统一。在人类意识活动中追求价值结构的完整性与完美性的审美欲望，就是人类道德精神的依据与道德行为的原始动因。

人类的精神环境是依据精神本能的自主意识活动所构建的。人类个体在精神环境中追求价值实现的意识活动也完全是自主的。这个自主状态就是人类的精神自由与意志自由的内在依据。

理解人类个体精神环境的独特性，理解人类精神环境对物质环境行为空间的超越性，就是理解人类意志自由的哲学依据。传统哲学中对这个问题的含混与争论，就来自对人类精神环境存在方式与观念结构形态认知的误解。

26. 观念结构表达环境秩序的方式

时间与空间是人类理解自己的意识活动方式的基础理性工具。人类的精神世界具有时间与空间的无限性。这表达了人类观念空间中秩序创造的无限可能性与秩序演化的无限可能性。人类的意识能够关注全部空间中的内容也可以关注超越空间的内容，人类的意识可以关注全部时间的内容也可以关注超越时间的内容。空间与时间工具可以规范意识活动，但无法限制意识活动。人类的意识活动在对空间与时间工具的运用中也具有无限的可能性。

人类的意识活动可以关涉无边界的无垠空间，既可以关涉无限遥远的过去，也可以关涉无限遥远的未来。在人类意识活动中，空间的边界仅仅是空间工具的逻辑边界。宇宙大爆炸的起点仅仅是大爆炸逻辑模式的逻辑奇点，宇宙的边界仅仅是宇宙逻辑模式中的结构边界。人类仍然可以思考大爆炸以前的宇宙与边界之外的宇宙，只是这种思考失去了逻辑依凭而常常不得其所而已。当意识活动不被自己创造的逻辑工具所限制时，意识活动就没有边界了。人类的全部理性追求，都是为了限制与规范人类的意识活动方式。人类无穷的精神能力并不在理性中，而在感性中。

人类意识活动的时空无限状态，一直深刻地影响着人类的观念形态与人类的文化形态。在个体终极观念中常常蕴含着时空无限的秩序内涵。人类梦境中常常出现的时空无限的意识感受，就是这种观念形态的无意识表达。在人类文化形态中的时空无限观念，则主要由各种形态的神明与神话来表达。古希腊神话中诸神的法力无边，中国神话中众神的永不衰竭，基督宗教中天堂的无限美好，佛教中极乐世界的没有任何烦恼，都是对时空无限世界的公共观念的感性化表达方式。今天娱乐文化中兴起的穿越故事，就是这种观念在现代文化中的栖身。如果没有了神明，人类就将自己变成神明。

从西方文化中具有一定理性化形态的理想国与乌托邦，到以一种理论体系为依托的无限完美的共产主义社会，都是对突破时空限制的观念在理解人类社会环境的文化中进行的不同表达。乌托邦中没有历史约束，也没有演化进程限制。乌托邦不是人类现实的生存环境。

在人类的自然存在与社会存在状态中，由于受到生命环境秩序与社会环境秩序的限制，必然是时间有限的和空间有限的。人生不过百年，人世不过家国，生命不过地球或类地球的表面环境。人固有一死，每一个社会成员也必定在具体的社会结构中活动与生存。

　　这种物质环境中社会活动的时空有限性与精神环境中意识活动的时空无限性的对立，就构成了人类意识活动的基本冲突，也构成了人类意识活动的终极困惑。这也是人类哲学基本困境的来源。

　　人类对这个冲突的解决方法，就是在个体与群体的意识活动中，永远追求一个可以统合全部观念空间结构的明晰的终极观念，在个体与群体的价值结构中，永远追求一个可以统合全部价值结构的终极价值。人类的这种追求就来自意识活动的本能。人类的精神本能提供了人类回避意识活动困境的途径。

　　人类所具备的精神本能，决定了人类精神环境具有终极观念的形态，决定了人类可以通过终极观念的统合功能，来凝聚与遮蔽观念空间的时空无限状态，将实际上时空无限的观念空间收缩到了终极观念之中。也通过这种精神本能，在价值结构中构成了终极价值，并依此而压缩了个体与群体价值判断活动中几乎无限的价值比较空间，将几乎无穷的环境需求与价值内涵集中在终极价值中表达。

　　这种来自精神本能的观念空间的结构形态，在构成时空无限的观念空间来安置精神环境秩序的同时，又保证了意识活动本身在有限的时空结构中得到了明确的集中。人类在追求意识活动与价值活动向有限时空中集中的过程中，也就必然首先要形成意识活动向局部观念空间的核心结构与核心价值的集中，这就是向统辖局部观念空间的基本观念结构中的集中。这也就实现了对意识活动的微观困惑的预先消除，这种逐层次的局部困惑的消除方式所积累的最终结果，就是通过终极观念结构消除意识活动中的全部冲突与困惑。

人类通过观念交流活动形成的群体公共观念结构，与个体观念结构具有相同的形态。在时空无限的观念空间中游荡的个体意识能量，为了自己的稳定与安宁，也就必须时时依赖一个绝对与有限的终极观念与终极价值将自己锚固与安置。这是人类个体观念结构中终极观念的存在依据与功能依据，也是人类公共观念结构中或文化结构中公共化的终极观念结构与终极价值结构的存在依据与功能依据。

　　例如，作为人类文化的典型形态的宗教文化，其结构中就突出地表达了这种形态。每一种宗教都必须以一个或多个公共化的终极观念为其价值核心与文化核心。宗教偶像就是对这个核心终极观念的感性拟人化表达。就是在自然科学的公共观念体系中，也必须具有一个无须证明与验证的公理性出发点或预设前提，来压缩与凝聚这个科学观念体系的时空无限性。在牛顿提供的高度理性化的绝对宇宙秩序中，最终也需要一个上帝来归纳他的观念结构的边界。物理学观念体系的外部边界就是模糊神秘的宇宙边界，内部边界则是神秘莫测的基本粒子边界。任何物理学理论，都只能在这两个边界之间进行思考。超越了这两个边界，就不属于物理学而进入了玄学。

　　例如，在马克思试图高度理性化地表达一种人类社会秩序的终极结构的模式中，也需要一个具有超验特征的共产主义理想或信仰，来凝聚与压缩表达这个社会秩序的时空边界。

　　例如，在追求绝对完美的物理学秩序的麦克斯韦那里，也不得不虚构出一个"小妖"来表达他对负熵发生的理解与微观秩序的自组织过程的理解。小妖的功能就是试图突破封闭的物理学观念体系，从而构建出的一个暂时还无法逻辑安置的新的时空环境。这个时空环境就是现代物理学还无法理解的自组织过程与复杂性过程的环境。

　　人类对生存环境的统一理解就是对两个世界秩序的统一理解。这种统一的结果，必然形成统一的理解逻辑与统一的结构描述方式。如果在人类所理解的环境秩序中无法达到统一的结构描述，就会产生各种代偿的统一描述方式，这会形成哲学的困境与混乱。

在今天的哲学中，就可以用秩序对能量的组织化构成的存在形态来较好地统一表达各个层次环境的存在形态了。实现这种表达的统一逻辑，并不是来自人类之外的神秘设计与神秘创造对人类意识的感召，也不是来自模糊不清的宇宙精神与飘在空中的先验范畴的展开与引导，而是来自人类本身生命秩序的演化成果，来自人类特殊的生存方式中形成的意识活动方式的成果，来自意识活动方式形成的认识能力的成果，来自这种特殊的成果所派生出来的社会结构与人类文明。

在人类文明中，对人类意识活动能力及其成果的集中表达，就是人类的理性能力和它构成的知识体系的文化成就。人类的全部理性能力与全部逻辑工具，都是精神环境中意识活动的成果。

人类生存其中的生命秩序来自无生命环境中自组织过程的特殊成果。人类精神环境的秩序来自生命环境中自组织过程的特殊成果。人类社会环境秩序来自人类生命环境与精神环境中自组织过程的特殊成果。

生命的存在方式无法用无生命秩序来完全表达，精神世界的存在方式也无法用生命秩序来完全表达，社会环境的存在方式更无法用生命环境与精神环境的秩序来完全表达。

在物理学中获得成功的逻辑方法也不会在生命科学中获得同样的成功。生命科学体系的最终完美化必将依赖哲学对新逻辑工具的创建。人类无论如何深化对人类大脑活动方式的理解，也不可能解决哲学的难题。试图用生命科学与神经生理学来理解人类精神世界全部内涵的努力，基本上是徒劳的。

社会环境虽然来自人类的活动，但也无法用人类个体的行为来获得全部的理解与说明。试图将理解人类社会活动的全部依据，还原到个体的生存行为中去的社会学理想，也是肤浅的与幼稚的。今天这种方法论在政治学与经济学的研究中仍然具有明确的影响力。

还原论的方法论来自人类早期文化活动对生存环境的成功理解。这种在人类理性能力的幼稚时期形成的肤浅逻辑，今天已经不再适用了。但在今天不同文化中的各种不合理结构中，在今天肤浅的哲学中，还普遍保存了还原论的逻辑。

人类生存环境中不同层次存在中的自组织活动，都具有它们各自的环境依据与过程形态。它们的成果通过存在层次之间的功能联系，构成了统一的环境整体。但在这个统一的环境秩序整体中，又不会泯灭其中的层次与功能差异。这些差异就是它们的层次区分依据与存在区分依据。

在人类文化所表达的不同公共观念体系中，都会具备对人类生存环境的统一认知。这种统一认知由公共化的终极观念来表达。这种统一认知的不同层次内涵由不同层次的伦理来表达。其中也必然会理性化地划分为不同层次的知识结构。知识仅仅是对公共观念的理性简化表达形态。表达全人类理解生存环境秩序的统一知识，今天仅仅在理解自然环境中获得了初步成功。理解精神环境的哲学与理解社会环境的社会学的全人类公共化，其路途还很遥远。在人类不同文明中拥有不同的哲学与不同的社会伦理的状态，还会维持很久。

将在某一个层次的环境秩序表达中获得成功的逻辑方法，向其他层次中的直接推广，可能会因为它们之间的秩序同构性而获得一定的成功，也可能获得一些模糊的真理性。但依据这种类推的逻辑方法来理解不同的环境秩序，则必然蕴含了谬误。在深入细致的表达中，特别是在对人类社会环境的复杂秩序的表达中，今天还远不能到达普遍的真理状态中。

人类哲学的发展，可以具备创造出超越环境秩序层次而具有广泛适应性的逻辑工具的可能性，但这种可能性的实现，则必定是来自对表达不同层次环境秩序的不同逻辑工具的整合与综合。在不同层次秩序的理解与表达中建立有效的逻辑工具，是这种可能性实现的前提。但这仍然是今天哲学艰巨而渺茫的任务。

今天的方法论哲学家们，还在努力为理解与表达具体环境层次秩序的逻辑方法而打工，还远没有形成这样的宏观兴趣。这也是科学方法对哲学活动的影响。逻辑实证主义者看似在构建一种普适的逻辑体系，但他们的逻辑基础仍然主要植根于自然科学的层次中，他们的工作实际上仍然是对科学逻辑方法的推广而已。他们还没有形成独立理解精神环境与社会环境的逻辑兴趣。

统一完美的普适逻辑工具的出现必将来自统一完美的哲学体系。分散甚至分裂的哲学体系不会提供统一完美的逻辑工具。

在今天的人类文化中，物理学方法还无法完美表达生命科学，生物学方法还无法完美表达哲学，哲学方法更无法完美表达社会学。今天还没有系统的社会学体系。社会学的散乱结构，还分布在经济学、政治学、法学，甚至心理学与伦理学中。马克思是第一个试图建立一个社会学体系的学者，但他的工作还只是一种方向的开创。

哲学表达了人类精神环境的存在秩序与活动方式，也就表达了人类对全部生存环境的理解。哲学的理解虽然不能代替对不同环境秩序的具体理解方式，但却可以为理解不同层次的环境秩序提供不同的理性化工具，这些不同的逻辑工具依赖它们的表达目标的复杂程度而具备了不同程度的完备性。在今天哲学中，只有表达物理环境秩序的逻辑体系是比较完备的，对于表达精神环境与社会环境的逻辑方法，人类还有很远的探究之路。曾经表达它们的逻辑都很粗糙。

哲学曾经是今天大获成功的自然科学的孕育母体。哲学也应该是将来能够功成名就地完美表达社会环境的社会学的孕育母体。

全部存在都是秩序与能量的复合。这可以作为哲学表达人类全部生存环境的一个基本逻辑出发点。对这个出发点的细化与展开，就有希望得到一个表达人类全部环境秩序的逻辑工具体系的统一框架。这个框架可以对至今为止人类表达不同层次的环境秩序的文化结构实现比较合理的协调与安置。将这种安置的进一步细化与协调，就可以提供构建出普适逻辑工具的途径。

今天的逻辑实证哲学仅仅是将表达自然科学的逻辑方法向本体论中混合，并试图用形式逻辑来表达一切秩序与能量的组织化关系。这条路是走不通的。将存在分析为秩序与能量，仅仅是一种表达本体论形态的逻辑方法，逻辑方法不是存在本身。但逻辑方法在特定需求中可以简化替代对本体的表达。无论逻辑工具如何发展，都不能抹杀其与本体存在的区分。但逻辑实证则在努力抹杀这种区分。

不同层次的存在就是不同层次秩序的功能形成的表象。逻辑方法只是通过表象来表达功能，而无法表达存在本身。

所谓表象，就是人类对环境存在的内在秩序形成的环境功能的感受。人类可感知的表象来自感官功能可接受的环境信息体系。感官信息就是人类生存环境存在要素的内在秩序在环境中的传播形态被人类的感受，这仅仅是环境秩序中可以引起人类感官反应的环境功能结果。

环境存在的秩序具有无穷的形态，也具有无穷形态的环境影响结果。所谓因果关系，就是人类依据感官经验构建出来的环境要素之间的联系，就是环境要素间的无穷联系中被人类的感知能力选择出来的表象关系的观念化形态。人类可感知的存在秩序，仅仅来自意识活动对特定感官信息间联系的组织化与系统化。人类对存在要素的环境表象的关注与选择的改变，就会改变人类的因果关系观念，也就会改变对环境秩序形态的感受与理解。人类文化史中对宇宙模式理解的演化过程，就是这种环境理解改变的典型例子。

在人类哲学的幼稚状态中，这种构成了因果关系的经验观念成果，常常被它们所依赖的极其有限的感官信息表象所遮蔽，以至于认为因果关系就是环境存在要素间的全部联系。当人类感受的环境信息逐渐细化与环境表象逐渐丰富时，这种遮蔽就会被显露出来，既有的因果关系也就会瓦解。只有哲学的进一步成熟，对这种因果关系的本体论认知才能被进一步廓清。

例如，量子力学中的不确定原理或测不准原理，就是在改变感官信息获取方式时形成的因果关系的改变。当精确地确定了微观粒子的位置时，其动量就在一定的空间中模糊地弥散，动量变成了位置原因的观察结果。当精确地确定了微观粒子的动量时，其位置就在一定的空间中模糊地弥散，位置就变成了动量原因的观察结果。这种曾经让物理学迷惑的典型的因果不确定关系，今天虽然已经被物理学接受，但还没有得到哲学化的理解。

基本粒子的存在，本来就是一个局部物理空间中具有无穷可能性的秩序形态。人类的确定秩序理解来自对无穷可能性在特定信息感受中的理性简化与观念固定。量子力学提供的模式，就是对这种秩序的无穷可能性用叠加态逻辑来表达。这对人类既有的环境存在的理解来说是颠覆性的，但如果用新的哲学观念来理解则是十分合理的。

理解最简单的基本粒子形态尚且如此深刻与复杂，将生命存在与精神存在表达为确定秩序的形态，就注定是一种迷信与愚昧。将人类的社会存在表达为具有确定的演化结果，就是这种迷信与愚昧向几乎一片荒漠的社会学领域中的推广。

在今天的流行文化中，关于社会秩序具有确定的演化收敛目标与人类公共价值具有确定的演化收敛的普世形态的观念，就相当于远古时期人类将具有无穷多可能秩序形态的自然环境秩序投射到一个确定的自然崇拜物之上的愚昧。如日中天的自然科学还没有完全解开人类的这个愚昧，社会学则还在襁褓中。

在这个问题上马克思也不能免俗。它虽然天才地认识了人类社会的自然存在与自然演化，但又不自觉地将这种存在与演化的形态与方向确定化了。西方的新自由主义思潮又借用了基督教的传统与马克思的旗帜，硬生生将确定的共产主义秩序改成了确定的普世自由主义秩序。但他们并没有超越马克思的思想框架。

人类只能通过环境存在的表象来理解环境的存在，并通过表象构建出精神环境中关于环境存在的经验观念，这也就同时构建出了理解环境秩序的超验观念与超验秩序。逻辑就是理性化理解精神环境的超验观念。

人类可以感受和可以表达与指认的环境事物，无一不是形成了环境功能的存在要素表达的环境影响结果，无一不是这种环境功能被人类感官信息的选择与人类意识活动的构建成果。所谓事物，就是传统哲学对人类可感知的环境要素的一般性表达。这种表达也广泛地渗入了各种知识体系中。每一个存在要素依据他们特定的环境功能，被人类所具体感知并被具体表达为环境中的事物。每一个存在要素的本体，就是其内在秩序可能形成的全部环境功能中的可能形态的虚拟观念。所谓事物的本质，就是这些环境要素中人类所能必要关注的主要环境功能。

每一个存在要素都蕴含着内部的子要素与内部的无序或能量。它们形成环境功能的内部秩序，就是对这些子要素与无序能量的组织化成果。人类对事物内在秩序的感受与理解的理性化，就是对事物实现分析性思维的条件。

每一个环境存在或事物都是一个共相，其中的内在要素就是相对于这个共相的殊相。每一个存在要素又都可能与环境中的其他存在要素组成新的无序集合，又可能为构成新的更高层次的共相准备条件。

每一个存在或事物中都必然蕴含着内在要素的殊相，这种向下蕴含的关系是没有止境的或无限的。人类的意识活动能力对环境秩序的感受边界，就是当下人类生存环境中最小的存在要素。今天物理学的理解能力，就决定了今天基本粒子的层次与形态。曾经的自然宗教与自然哲学的理解能力，就决定了人类曾经对生存环境微观本质的理解形态。将来的微观环境秩序由将来的人类理解能力决定，而不是由宇宙秩序决定。

哲学方法中所谓的还原操作，就是运用分析思维的方法，对存在要素形成环境功能的内部机制的展开，就是依据精神环境秩序来理解事物环境功能的内在依据。

对这种方法运用取得的局部成功，形成了人类对存在环境可逻辑还原的终极化理解。这种终极理解极大地简化了表达环境存在的观念，但也形成了哲学的桎梏与愚昧。由此，社会环境的存在似乎可以还原为精神环境的存在，精神环境的存在似乎可以还原为生命环境的存在，生命环境的存在似乎可以还原为无生命环境的存在。物质似乎可以还原为元素，元素似乎可以还原为基本粒子，基本粒子似乎可以还原为物理能量。之所以不再继续还原下去，完全是因为人类能力的限制。

人类每一个获取微观信息能力的突破，都会将环境存在的秩序向下拓展出一个新的层次结构，只要人类存在，人类拓展获取环境信息能力的活动就不会终止，人类理解环境秩序的向下拓展过程，人类理解更加微观的殊相的进程也就不会终止。

人类获取环境信息的能力与意识活动的方式，制约了对环境信息组织化构建出的边界，也制约了人类可认知的环境存在形态的边界。在这个边界上，仍然具有无限存在形态的环境秩序，就会被压缩在一个有限的终极观念的结构中。这在观念空间的下边界就变成了简单的元素形态，这在观空间的上边界就变成了高度超验的宇宙形态。人类精神环境中的这种环境形态，并不是人类生存环境的真实状态，而是人类理解环境秩序的能力与方式形成的结果。

人类通过意识活动能力对感官信息的组织化构建，构成了精神环境中理解生存环境的观念结构。人类的观念结构就是对生存环境秩序在精神环境中的表达形态。这种表达又大大超越了感官信息提供的环境秩序内涵。这种超越来自意识活动在观念空间中的秩序构建，这种超越由观念空间中的超验观念表达。

所谓的殊相与共相，所谓的特殊与一般，都是精神环境中的观念结构形态，都是人类外在环境秩序的内在投射与内在表达形态。在人类的精神环境与外在环境之间，依据感官信息提供的联系构成了秩序映射的关系。人类精神环境中最基本的殊相，就是直接来自感官信息的元初观念要素，它也是精神环境中最基本的环境感受。每一个元初观念或感受，都是特殊的和与众不同的。元初观念被认识活动的进一步组织化就变成了感觉观念，也就在内在环境中实现了初步的安置与表达，也就是实现了初步的结构化。感觉观念才具有被记忆的功能。元初观念不可记忆，也就不能被意识活动的反思所明确感知。元初观念似乎在人类的意识活动中不存在，就像元初物理能量似乎在宇宙中不存在一样。

人类的意识活动永不停息地发现与构建观念空间中各个层次的殊相中的共相，也就不断形成逐渐升高与逐渐抽象的观念结构，并不断将观念结构的形态通过抽象而凝聚简化。但在被抽象简化后的观念要素中其秩序内涵则被广泛化与深刻化了。

人类的意识活动最终将观念空间中最高层次的观念结构抽象成为一个或几个观念要素，这就是终极观念与准终极观念。这个终极观念抽象与统合了观念空间中的全部秩序，表达了精神环境中唯一与绝对的统一秩序形态与价值形态。

观念空间中各个层次的观念要素都具有被统合形成更高层次共相的无限可能性。就是这种统合压缩了观念结构的秩序形态，才降低了继续统合与继续升高层次的可能性。每当终极观念被低层次的观念演化形成的新的无序所瓦解，不得不分裂为多个统合中心时，新的统合需求就又形成了。一旦个体的意识活动形成了对最高层次观念结构的重新统合，分裂的准终极观念就又被重新统合成为唯一的终极观念了。

人类无论处于什么样的观念结构形态中与观念结构的演化进程中，在精神环境中追求终极观念的单一性的欲望则是永恒的与稳定的。由此而形成的终极观念结构或准终极观念结构的单一性或准单一性形态也是永恒的与稳定的。

人类追求完美统一的观念结构形态的意识活动本能，在面对低层次的经验观念对统一结构的不断冲击与不断瓦解中，永远会努力地重新构建完美的终极观念。人类对完美的终极观念的永恒追求，构成了人类精神环境的基本结构特征和人类文化的基本结构特征。

来自人类生存环境的感官信息是随机的与散乱的，这就决定了元初观念的无序与散乱，也决定了一般经验观念中充满了无序与散乱的秩序。这种不断涌进观念空间中的无序能量，就是人类追求观念结构的完美统合的刺激条件。

单一结构形态的终极观念对全部观念结构的统合，虽然简化了观念结构，却仍然抽象而凝聚地表达了观念空间秩序的丰富性与深刻性。这就来自其中蕴含的无数低层次观念要素中的殊相形态或无序能量的丰富内涵。但观念空间中的全部秩序功能，并不会由终极观念的单一形态所全部表达，而必须通过其统合之下的多层次的观念结构才能完全表达出来。

27. 人类对精神世界理解的演化

人类进入文明以后，就开始依据精神世界来实现社会化生存。几乎与此同时，人类也就开始探讨对精神世界的理解。这种探讨的结果，就由人类漫长的文化演化史所表达。但直到出现了哲学以后，才实现了对人类精神世界的理性化理解。

在至今为止的哲学中，并没有明确形成精神世界属于人类特殊的活动环境的观念，更不能将精神环境理解为人类独立的生存环境。今天的哲学同样也不能理解社会环境也是独立的生存环境。

其实人类早就有了将精神世界看作一个特殊生存环境的模糊观念。但由于哲学一直不能将这种观念实现理性化表达，也就无法让这种观念进入哲学。这种理解就长期蕴含在一般文化中。哲学同样也无法将人类的物质环境与精神环境理解为统一的生存环境，并以不同的环境形态来表达它们。依据对两个生存环境统合起来的不同哲学方法，也将哲学本身分裂了。

正因如此，在传统哲学中只能模糊暗示的精神环境，就变得神秘莫测而失去了本体论的根基。因为对两个环境的功能与统合地位的不同理解，也就形成了哲学中唯心论与唯物论的分裂与对立。在这种对立中，要么将精神环境理解为物质环境的反映与复制，从而模糊与贬低了精神环境超越性的存在功能，要么就是在理解精神环境的超越与统合功能中，虚化了物质环境的基础性存在功能。如何将两个独特存在的人类生存环境逻辑化地统合起来，也就变成了哲学的难题。

在传统哲学中，对神秘化与模糊化的精神世界的终极理解，就逐渐变成了一个超越人类存在的至上的绝对形态，这个形态既不能在物质世界的存在本体中得到表达，也不能在精神世界中得到明确的本体论安置。某些现代哲学观念将人类的生存环境理解为三个世界，一个是物质世界，一个是知识世界，一个是逻辑世界。其中的逻辑世界中也就模糊地表达了这种绝对终极秩序的存在。实际上，知识世界与逻辑世界都是精神环境的内涵。正因为哲学对精神环境理解的肤浅，才将其分裂为两个世界了。

关于这种绝对存在的终极环境的观念，在西方哲学中早就明确具备了，从柏拉图的绝对理念到黑格尔的绝对精神就是其观念的表达。被康德所简化了的先验范畴，也是这种观念的一种形态。

这种观念在中国哲学中也早就形成了，但由于对其表达的理性化程度不足，而常常不被现代哲学所认可。从老子的"道"到董仲舒的"天"，再到朱熹的"天理"，都是对这种观念的表达。

在比哲学悠久得多的一般文化中，对这种观念的感性化表达，就是各种宗教文化中的不同的神明，从自然物神到多神，最终汇聚为今天现代宗教中的一神。就是无神论科学家们心目中的自然泛神，也仍然是对这种观念的感性化表达。

在现代哲学中，这种观念就被逻辑实证论者们展开成了逻辑实体或逻辑世界，并试图进一步展开为知识本体。

在今天中国流行的通俗哲学中，这种观念的表达形态，就是似乎披上了唯物论外衣的万金油式的客观规律。在面对任何哲学困难或逻辑困境时，它都可以拿出来抹一下。客观规律的观念，也是现代通俗哲学的一个困境遁洞，任何哲学困难都可以抬出它来化解。这对普罗大众不乏是一个简化思维难度的方法，但对哲学思考则不能容忍。

在今天的西方文化中，对精神世界的理解仍然强烈地受到柏拉图主义的影响。今天的欧洲人一旦遇到对文化冲突的统合任务，就会不约而同地回到柏拉图的绝对精神中去寻找依据。就像今天的中国人一旦陷入公共价值的深刻分歧中，也不得不回到天理良心中去一样。就是在探讨宗教与科学的文化冲突时，这种方法与归宿也常见。

人类的这种理解精神环境中的超验观念的终极形态，可以从现代哲学中穿越到复杂漫长的一神宗教文化的演化史中，还会暗暗地一直延续到更早的多神宗教文化中。在今天的现代自然科学的世界观中，也会到处显现它们的影子。

柏拉图的绝对理念与现代科学的理性方法相结合，形成了瓦解中国传统哲学的逻辑化不足的强大力量，从而将中国哲学赖以确立的阴阳对立的世界观本体结构，以及中国传统哲学追求秩序与自由的均衡存在的世界观，以逻辑化不足的理由而被边沿化甚至谬误化了。

中国哲学中看似神秘莫测的阴阳对立与阴阳均衡的世界观，反而更加接近今天对两个环境统一理解的合理形态。由于中国哲学中表达这种世界观的逻辑工具的过于抽象与失传，遮蔽了中国哲学这种思想的深刻合理性，也让中国哲学在西方哲学强大的逻辑能力面前，失去了引导与改造现代西方哲学的自信心。

中国哲学在本体论中的深刻合理性，既来自对人类两个生存环境统一理解传统的坚守，也来自近古时期的文化改造中对佛教思想的吸纳形成的超验观念补充。在中国哲学的本体论中始终坚持的天人合一的深刻观念，由于缺乏有效的逻辑表达，就在现代西方哲学二元结构的强烈冲击面前逐渐失去了发展空间与深化活力，这个深刻的观念也由于后来人的不能理解而常常被望文生义地误解。

中国哲学本体论的瓦解与边沿化，就是对中国人的传统世界观与传统文化自信心的根本消弭。今天中国的主流文化所依赖的马克思主义世界观，是依据英国近代哲学的本体论与德国近代哲学的方法论所构建。实现马克思主义中国化的途径，就是将马克思主义提供的工具体系与中国哲学提供的合理世界观相结合。中国人的现代文明与现代世界观，必须从中国传统哲学中获得自己特殊的优良营养。

柏拉图主义的核心观念，就是认为世界存在的本质或基本秩序由一个无所不包的完美和谐的绝对精神所表达与所统辖，并将绝对精神表达为超越人类存在的世界的本质。人类所具有的精神世界与智慧，仅仅是通过人类特殊的能力对这个绝对存在的逐渐揭示或逐理解。人类个体的精神世界，就是这个人类以外的绝对精神的不同程度的特殊投射与展开。就是人类赖以生存的物质环境，也是这个绝对精神中表达的绝对秩序的投射与展开的环境成果。由此，人类以及人类生存其中的精神环境与物质环境，都可以统一到绝对精神之中去了，绝对精神与绝对理念既是人类的本源也是世界的本源了。这看似也是一种对人类两个环境的统合方式。

现代西方哲学就将柏拉图的绝对精神现代化改造为逻辑世界。并认为逻辑世界通过中间形态的知识世界统治与整合了全部人类环境。由此，唯心论世界观的绝对精神核心，就通过逻辑与知识容纳了全部唯物论世界观。

柏拉图主义为后来的唯心论哲学奠定了深刻的本体论基础，这个基础甚至也延续到了唯物论哲学中。但这个观念本身却并不是唯心论哲学的唯一来源。

几乎遍布全球的一神宗教文化体系，又为唯心论哲学提供了丰厚的感性化土壤。柏拉图主义表达的完美本体论模式，最终也被在终极观念中得不到坚实依靠的唯物论哲学在形而上学体系中所部分地接受了。西方哲学中看似对立的唯心论与唯物论体系，在柏拉图大师这里几乎被统合了。

从牛顿到爱因斯坦再到普朗克和波尔，几乎全部杰出的现代物理学家们，都在冥冥之中追寻着一个由绝对理念所表达的客观规律体系，只是牛顿和爱因斯坦明确坚决，普朗克们和波尔们有些模糊了而已。他们并不忌讳将自己的追求与上帝的存在相融合。

在试图调和唯物论与唯心论的康德那里，在坚守了物自体的本体论本源的同时，也不得不用具有绝对精神传统的先验范畴，来表达世界存在的秩序依据与知识形成的本体论依据，以便安置人类知识的形成原因。

就是高举唯物主义大旗的马克思，在坚决地颠倒了黑格尔的绝对精神之后，也不得不留下一个对世界秩序的终极依靠。这就使得这个彻底的唯物主义哲学，也不得不仍然踯躅于一种对绝对精神的现代化表达的窠臼中。这就是暗中仍然表达了绝对精神在宇宙中超越了人类的存在，而且是一种绝对不变的客观规律。

不能因此而责怪马克思哲学的不彻底，因为至今为止为唯物主义提供了全部经验依据的自然科学家们，也几乎都没有逃出这个窠臼。只有少数研讨耗散结构论的学者，在不自觉地提供突破这个窠臼的逻辑。但他们的思考也仅仅局限于自然科学的领域中。他们缺乏更远大的哲学志向与能力。

西方近代哲学为了适应现代自然科学形成的巨大哲学影响力和文化影响力，也就逐渐形成了关于知识与知识体系是超越了人类精神世界的绝对存在的观念。这就是将现代知识的本体论依据，与柏拉图的绝对理念或黑格尔的宇宙精神逐渐对应起来，并从柏拉图那里获得文化史的安定感与文化自信。就像今天的中国人将中国特色的社会主义思想，通过孔孟的桥梁，搭建到朱熹的天理中去获得历史安定感与文化自信一样。

这种哲学观念认为，人类的知识体系就是宇宙精神向人类精神世界中的合理投射与合理表达的成果。宇宙精神的绝对存在就可以证明人类知识的绝对存在。人类知识的绝对真理性也只能从宇宙精神之中得到依凭。人类的实践只是获得这个依凭的方法。

这个哲学观念的本体论化，就形成了现代分析主义哲学的本体论基础，这也是逻辑实证主义哲学的本体论基础。实际上，这是欧洲基督宗教文化体系千年以上的影响力与世界观在现代科学文化中的遗留。因为现代自然科学的孕育过程，就是在基督宗教的文化重构中保持了自己的哲学本体论依据的结果。

如果将主导了现代精神世界的知识，理解为世界存在的本质与本体，就可以将探索人类精神世界的全部目标，都集中在对知识的探讨与对知识结构的理解上了。于是哲学的活动，就可以简单地局限于对知识的分析中了，哲学的任务，就可以简化为对知识的核心结构与逻辑方法的理解了。看来这样可以极大地简化纷乱复杂的哲学。

逻辑实证主义哲学家们为此而兴奋不已，以为找到了通向真理的最后一道门，也认为找的了哲学的新大陆。但很快，这个新大陆又开始漂浮不定了。真正有哲学见地的科学哲学家们，又开始质疑这个新大陆的坚实性与广博性了。在托马斯·库恩那里，知识又开始被局限在人类自己的精神世界的领域中了。

也可以说，现代分析哲学与逻辑实证主义哲学，就是柏拉图主义的现代化与科学化变形，就是传统的柏拉图主义世界观与今天的科学主义世界观相结合的哲学产物。

柏拉图主义何以有这样深入骨髓经久不息的影响力呢？他的真理性何在呢？

柏拉图的绝对理念就是在人类哲学的幼稚时期，表达了对人类精神世界在人类群体中形成的组织化与公共化形态的理解，就是对人类高度超验的公共观念的神秘化表达。绝对理念和宇宙精神并不在宇宙中，而在人类群体的公共观念中，而在表达了这种公共观念的复杂而又难以琢磨的文化体系中。柏拉图主义就是将人类文化演化中形成的秩序精髓，安置在宇宙的虚空中而已。因为传统的哲学家们，不能理解精神世界的独特存在形态与精神世界公共化的存在形态。

人类之所以形成了与任何高等动物不同的复杂的精神世界，并不仅仅是由于人类具备了高级神经器官的特殊功能。很多高级哺乳动物的高级神经器官与人类的差异并不大，例如猪的大脑皮层与人的大脑皮层就非常相似。

人类之所以形成了其他动物所不具备的精神世界，就是因为群居的需求形成了个体之间复杂的观念交流活动。这种活动的结果就是将不同个体独具的精神世界联系起来，形成了组织化的公共意识活动的环境空间。

自从人类出现了特有的表达与接受他人精神世界内涵的能力，就将原来局限于个体之中的精神世界在群体中组织起来了，就形成了群体化的公共观念空间与公共价值结构。特别是，这种公共观念结构被人类特有的文化活动在人类生命存在之外的社会环境中得到了表达与保存，公共观念就转变成具有超越个体生命存在的社会文化存在了。人类的社会文化资源与文化活动，支撑了个体精神世界在外在环境中的公共化与组织化形态的存在，又是个体精神世界公共化与组织化的外在成果。

当人类公共化的精神世界开始表达了人类之外的全部生存环境秩序时，这种表达的深刻内涵，就被柏拉图主义者们深刻地感悟到了。但他们却无法理性化地深刻表达。因为哲学还在襁褓中，还无法提供这么复杂的逻辑工具。但他们的深刻体悟则震撼与引导了他之后的几乎全部哲学家，甚至也影响了几乎全部自然科学家。

马克思的哲学理想是颠倒黑格尔的头脚倒置，但似乎并不太成功。今天的中国哲学家们应该具有将柏拉图的绝对理念和朱熹的天理观念与黑格尔的宇宙精神逻辑化的伟大理想，而不是在新兴的社会政治伦理后面甘当小跟班，或者躲在现代心理学的咖啡厅中拾西方人的哲学牙慧和煲中国人的心灵鸡汤，并以此来混饭和自恋。

人类自从有了文化，精神世界就逐渐变成了主导个体生命存在的主要环境，也就开始实现了个体精神环境的代际传承。因此，人类就在动物形态的生存本能基础上，多了一个由文化传承的追求公共价值与服从伦理的本能。尽管这种文化追求的欲望基础仍然在生命秩序提供的审美本能中。由此，人类就开始从动物式的血缘后代变成了社会化的文化后代了。

在中华文明的公共观念结构中，最先明确表达了这一点。在中华伦理中人与动物的区分，人与人的区分，就在教化程度与文化能力之中。而在西方伦理中，今天仍然还在保持着注重血缘关系的人类群体区分方式，这就是现代种族主义的哲学根基。

至今为止的西方传统哲学，始终将人类的精神世界局限在人类的个体中，始终排斥公共观念对个体精神活动的统辖，这也就无法理解人类文化中超越了个体精神环境的公共观念空间与公共观念结构，更无法理解公共价值的依据与来源。他们只能将公共价值，特别是高度超验的公共价值安置到宇宙中去。在现代西方人的文化活动中，凡是遇到对公共价值的追溯，不是简单地回到基督宗教中去，就是模糊地回到宇宙精神中去。他们一说到自己的价值观，就仿佛在说上帝和宇宙一样。

特别是，当公共观念用人类不同文化群体之间共识的逻辑方法，实现了广泛的公共化表达与公共化传播时，当公共观念表达了人类以外，甚至超越了人类生存分工方式的存在秩序时，将它们理解为宇宙中的秩序与存在，就自然是很合理的事情了。人类在刚刚能够理性化地表达公共观念的文化活动中，就只能用拟人的神明作为公共观念的表象，随着人类理性化能力的增强，拟人的神明就变成了抽象的宇宙。无神论出现了，柏拉图并未消失。

今天看似愚昧的历史文化形态，在当时则是十分自然的真理。今天表达了强烈真理性的文化形态，在哲学获得了新的发展以后，也会变成一种文化历史陈迹中的愚昧。

柏拉图的绝对理念，就是对人类文化中沉淀出来的稳定持久的公共观念体系所进行的绝对化与外在化表达的结果。人类由此而将文化传承的公共化的精神环境中所蕴含的不变观念与不朽价值，就看作是超越了短暂人生的永恒不变的宇宙精神了。实际上，这种超越就是公共观念对个体观念的超越。

在人类的文化史中，曾经长期将自己看作是宇宙的中心。由此而将超越个体生存的公共观念与宇宙等同起来就不奇怪了。在现代知识论哲学中，将知识与宇宙等同的观念，则是被知识可以表达的广博精确的环境秩序功能所迷惑的结果。

在人类文化中沉淀出来的超越了个体生存活动秩序的公共价值，就是精神世界的内在功能的外部化形态。但在不能理解这种超越性功能的哲学中，就只能从人类之外永恒不变的宇宙中去寻求这种超越功能的稳定依据了。

所谓绝对理念与客观规律，就是人类大群体或大文明中稳定的公共观念体系。它们只能来自个体精神环境中意识活动的历史积累。还是中国的王阳明说得好，天理来自人心，心外无理。

王阳明此说虽然比柏拉图晚了几乎两千年，但却比康德早了差不多三百年。直到康德，欧洲哲学才开始了将绝对理念收纳到人类自己的意识活动中的努力。但王阳明的观念则因为缺乏精密的逻辑表达与体系构建，而无法被后来的哲学所阐发。

康德的努力并不太成功。这也就决定了黑格尔的犹豫与彷徨。直到部分继承了黑格尔的马克思，这个哲学本体论问题都没有得到一个很好的解决。马克思以后的欧洲哲学，干脆就回避了这个问题，从历史延续的唯物与唯心的对立中又分头钻进了存在主义与逻辑实证主义的分裂中。

柏拉图主义虽然模糊与神秘，但仍然具有一定的真理性。这种真理性来自人类意识活动的基本方式与本能追求。正是这种真理性形成了它的历史影响力。自从哲学在文化中出现，类似的观念就顽强地受到人类初始文化形态的影响与束缚，就始终在人类中心主义的观念结构中发展着自己，直到康德的伟大转向。

人类中心主义是人类文化中的另一个魔障与陷阱。这个魔障来自文化的幼稚，它也形成了在哲学中的明确印记。

人类自从形成了对自己生存环境的理性化理解，人类中心的观念就必然成为理解环境的初始依据。因为人类只能从人类自己的生存方式中理解自己的生存环境。这种理解的结果必然是可以满足与适应人类生存的环境，这种理解的终极观念也就必然是人类中心主义的。

人类中心主义也具有真理性。只不过随着人类文化的发展，随着人类理解自己生存环境的领域与方法的拓展，随着人类精神世界中的秩序结构的拓展，都在不断地破除原来的较为局限的人类中心观念，但又不得不进入一个更高层次的人类中心观念之中。

传统的人类中心主义认为世界就是人类的环境，世界的存在就是为人类的存在提供条件，人类是世界的中心，人类的存在是世界存在的依据与目标。这种世界观主导了各种宗教文化的世界观体系。但在理性化程度较高的一神宗教文化中，又孕育了对这种世界观的超越，例如佛教。

从柏拉图的具有唯心论特征的绝对理念，到亚里士多德的具有唯物论特征的经验观念体系，奠定了人类中心主义的本体论。比他们更早一些的中国庄子的哲学观念，则是反人类中心主义的。但庄子的哲学观念体系则基本上失传了。能够保留下来的庄子已经变成了儒家伦理的阐释工具，今天的庄子更是变成了社会主义伦理的鸡汤调料。这也是一个中国哲学萎缩悲剧的例子。

人类中心主义的宇宙观支撑了托勒密的天文学系体系，认为人类居住的地球必然是宇宙的中心。哥白尼理论的出现开始打破了宇宙论中的人类中心主义，将地球在宇宙中的地位一般化了，但仍然认为太阳是宇宙的中心。这个打破继续引导着人类的宇宙观向深层次发展，太阳可以不是宇宙的中心，银河系也可以不是宇宙的中心，直到人类明确地表示，人类不可能理解宇宙的中心或者宇宙就没有中心。最开放的想法是，完整统一的宇宙本身可能就不存在。

牛顿在整合古典物理学的散乱体系中获得了辉煌成功的同时，也打破了物理学中的人类中心论。他认为表达物质世界存在的物理学原理与人类的存在无关。在牛顿之前的各种物理学，都或多或少地受到人类中心论观念的束缚。但牛顿也留下了一个自己的局限性，就是认为人类的生存环境中的空间与时间具有绝对的形态。绝对的时间与绝对的空间就是牛顿心目中人类中心主义的残留。任何绝对的秩序，都来自人类意识的需求，都是人类精神环境的形态。将人类意识的需求与精神环境的形态表达为宇宙的秩序就是牛顿的局限。

牛顿的局限被爱因斯坦打破了。爱因斯坦将牛顿不能割舍的绝对空间与绝对时间舍弃，但仍然不能割舍自己关于世界具有一个统一的确定秩序的传统观念，他用"上帝不掷骰子"来强烈地反对波尔的量子理论。

直到薛定谔依赖波函数的强大逻辑说服力，才将自己设想的生存在生与死的叠加状态中的神奇的猫确立起来，并表达出一种崭新的世界观。这才突破了爱因斯坦确定论中的人类中心主义的最后的残余，开辟了一种有序而不确定的新世界观的前景。

这种世界观认为，人类的生存环境可以不是一种确定的秩序存在，而是具有无穷多可能秩序的叠加态的存在。人类的感官感受到的环境信息中的秩序，仅仅是人类能够感受的秩序结果，并不是环境存在的秩序本体。人类只能感受到人类行为功能的可能性中所涉及的环境秩序，人类不能感受的环境秩序则具有无限的可能形态。人类的宇宙仅仅是因为人类的感受能力才呈现出了这样的形态。

现代自然科学观念体系是人类现代理性化意识活动的最前沿，现代哲学却远远落后了。落后的哲学就无法在科学活跃的突进活动中实行自己的智慧引导，但这也注定了现代科学在现代公共意识活动中的内在局限性。这种局限性也来自传统科学观念在传统唯物论哲学的引导中仍然保留的对柏拉图主义的暗中尊崇。因为唯物主义者们在最终极的超验观念中仍然离不开柏拉图。

人类中心主义的另一个核心观念，也就是宇宙具有人类可理解的确定秩序的观念，这却被勇敢的量子力学理论突破了。但这个突破还没有得到哲学家的总结与推广。

哲学中的人类中心主义根深蒂固。其中的核心观念就是被从柏拉图到黑格尔所表达为绝对理念和宇宙精神。这就是将人类的精神世界中的必然存在的终极理性观念，理解为世界存在的本源。这就像原始文化中的人类中心主义将人类的生命存在理解为宇宙的本源一样。从人类生命的神奇功能构成的宇宙，变成了由人类公共化的终极观念构成的宇宙，这是人类文化的巨大理性飞越，但仍然没有摆脱人类中心主义的窠臼。这个窠臼开始被勇敢的自然科学家们突破了。但是，一个具有确定秩序的宇宙，仍然是人类中心主义的最后遁洞。

在这个遁洞的掩护下，这样的观念仍然以柏拉图的身影暗中飘荡着：宇宙中最终存在一个绝对理念或者绝对秩序，也可以理解为绝对知识或绝对规律，人类的认识活动仅仅是一个逐渐揭示这个理念与秩序的具体的行为过程。只有具备了特殊能力的智者或智者群体，才能够达到绝对理念与绝对秩序的境界，这样的个体与群体就必然是人类生存方式的楷模与先知。

这个观念一直统治着西方哲学的本体论与认识论形态。在中国哲学中的程朱理学中的天理观念，就是其本体论中类似的绝对理念。中国哲学中打破这种人类中心观念的思想就是王阳明的心学。心外无理的论断，将天理回归了人心。人心就是人类自己的意识活动的环境与意识活动的成果，宇宙秩序的本源形态与人心的活动状态并无直接关系。在康德的物自体观念中，也模糊地但并不彻底地暗示了同样的思想。

康德的批判哲学将人类的认识活动大致地拉回到了人类本身的精神世界中，他认为人类的意识活动依据先验的知识范畴从经验的表象中构建出了关于宇宙的知识。从此，知识开始不是绝对理念在人类心中的显现了，而是人类自己的构建了。

但康德本体论的局限性又使得他仍然要保持一种似是而非的类似绝对精神功能的残余，这就是他的先验范畴。他无法理解人类的理性能力构建出来的公共观念中的广博秩序，能够远远超越个体精神世界与人生活动的原因。为了有一个安置这个原因的可理解的逻辑，就必然离不开一种人类之上，但又模糊不清的先验范畴。这就好像又不得不回到了柏拉图。康德的不彻底最终让他的继承者们分道扬镳了。其中的黑格尔就更加坚决地回到了柏拉图，将原始的绝对理念变成了近代的宇宙精神。这里仿佛又可以看到了康德的影子。

康德的先验范畴，仍然保持了人类意识活动与冥冥中的宇宙精神的模糊联系，这就是他在本体论的逻辑构建中，不得不对柏拉图的绝对理念的保留与让步。这个文化历史的残余，又被仍然不能从绝对精神中解脱出来的自然科学家们紧紧地抓住了，并影响了一大批科学哲学与分析哲学的学者。

看似为科学世界观进行哲学说明的分析哲学与逻辑实证主义哲学，实际上就是在康德对柏拉图主义的残余保留中努力保持了绝对精神观念的尾巴。但他们把康德不得已的本体论残余变成了自己的本体论基础，则是他们的肤浅从康德的倒退。在这个现代哲学的重要流派中，仍然将人类精神环境中由人类的意识活动形成的逻辑和语言，将人类对自己观念结构特别是公共观念结构的表达形态，明确地绝对化与实体化了。

这种绝对化与实体化的结果，就时时在暗示着逻辑与语言具有超越人类活动的宇宙秩序的涵义。现代科学哲学虽然高举着唯物主义的旗号，但骨子里则仍然离不开柏拉图的绝对精神，只不过他们用唯物主义的外衣进行了包装而已。这种哲学本体论的表现，就是在某些自然科学家的世界观中始终相信与追求一个宇宙中人类以外既有的"客观规律"与"绝对因果"。实际上，这就是柏拉图主义在现代科学世界观中的变形隐含。

对于这种文化形态，我们不能苛求自然科学家，甚至不能苛求科学哲学家。这不是他们的过错，而是现代哲学家们的无能。集全部现代唯物主义哲学家的能力，也无法驱除柏拉图这个老祖宗的影响力。康德号称是现代西方哲学的奠基人，但所有这些哲学弊端也都来自康德的哥白尼转向的不彻底，来自康德世界观中的二元论结构形成的脚踩两只船。这两只船就是康德的认识论中对表象主义与建构主义的同时承诺。

黑格尔试图统合康德的两只船，但这个统合的更加模糊与更加不彻底，也就常常让他被拥趸们所误解。黑格尔的不彻底来自他看似严谨的哲学中本体论方面的模糊与犹疑。

精神世界的本质到底是什么？！人类的意识到底是什么？！这几乎是让全部哲学家们的逻辑失败的陷阱，黑格尔也不例外。黑格尔试图将人类的知识统合在完全的建构主义中，认为人类的知识就来自人类本身的活动，但又无法理解人类的精神世界与人类的物质世界的既局限又超越的关系，特别是无法理解感官信息在两个世界之间实现的既微弱又重要的联系。这就必然将仅仅来自精神世界的知识观念体系，绝对地看作人类理解外在环境的全部内涵，甚至看作是外在环境本身的全部内涵。这种思想就被依凭了自然科学成就但仍然狭隘的唯物主义者们抓住，将黑格尔的哲学打上唯心主义的标识。

哲学就是研究人类精神世界存在方式与活动方式的学问，哲学的成果就是关于人类精神世界的观念体系。但精神世界又是人类赖以理解与利用自己全部生存环境的基本方式与内在环境。人类在物质环境中实现自己的生存，人类生存其中的物质环境也就是人类独具的精神世界的外在环境条件。人类对物质环境的理解与利用方式，又全部属于精神世界的内涵。这个自纠缠结构，决定了哲学的困境，也决定了哲学的反思方法和哲学对经验实证方法的拒绝。黑格尔明确表达了这一点，他认为哲学的思考由于没有任何边界与先验的预测，哲学就必然呈现循环的结构，哲学就是思考同一与差异的同一性。这就可以表明，哲学的内容与对象就是一种具有终极形态但没有边界的观念结构，其中的基本逻辑就是表达了遍布于人类生存环境中的秩序与自由的对立统一。秩序就是相对的同一，自由或能量就是绝对的差异。秩序与自由或秩序与能量的同一就是绝对的存在。

康德的两只船，是他整合对立的哲学体系的伟大工程在最困难的领域中无能为力的结果。黑格尔统合康德的两只船的不够成功，则将他自己的哲学打上了唯心主义的标记。他自己也被归入了自己不能统合的对象中了。这种归类是唯物与唯心这两个对立的哲学体系本身的视角局限的结果。黑格尔的努力并没有打开他们的视角。作为彻底的唯物主义者的马克思，从来也没有将黑格尔看作是彻底的唯心主义者。

与哲学的关注没有环境边界不同，自然科学则是具有明确边界的观念体系。它的上边界由人类理性化的伦理观念或理性化的常识形成的公理体系所构成。自然科学不研究公理体系的合理性与实证性，只是对具有合理哲学内涵与伦理常识的公理体系无条件地服从，并依此而形成不同时代的科学活动范式。在人类文化活动中，哲学思考的发展形成了公理体系的改变，并促生了科学的范式革命。这就是文化常识的改变与哲学观念的发展，改变了自然科学的上边界的结果。一旦哲学将理性化的观念常识结构拓展了，自然科学观念的上边界也就扩大了。

人类获取自然环境信息的特殊方式，或者获取事实经验的规范化方式，构成了自然科学观念体系的下边界。亚里士多德的自然环境信息获取方式，支撑了欧洲自然哲学的独立结构。伽利略依据望远镜与显微镜的获取方式，则为牛顿观念体系的建立打开了大门。从法拉第到马可尼与波波夫创造出来的新获取方式，最终被麦克斯韦提供了新范式的材料，这些材料被爱因斯坦的天才组织化，就瓦解了牛顿的范式。现代高能物理实验技术又为人类获取自然环境的信息提供了新的方式，这就为薛定谔们与海森堡们总结来自普朗克与波尔的新观念，奠定了量子物理学新范式的基础。自然科学下边界的拓展，并非仅仅来自信息获取方式的拓展，更重要的是来自将新的信息形态整合为新的经验事实的规范模式。自从量子理论被确立，原来具有确定空间位置与确定运动状态的基本粒子模式也就瓦解了。甚至基本粒子具有确定运动路径的模式也瓦解了。波函数开始代替了依据牛顿模式的轨道方程。

现代自然科学对现代文明的巨大文化支撑功能，让它在社会主流文化中处于了主导地位，曾经显赫的宗教文化败落了。科学观念体系对一般文化的主导，也就常常将科学的边界引入了科学之内。科学的发展拉动了科学哲学的发展，科学的发展也拓展了科学常识的边界。

在现代自然科学独立之前，自然哲学为它提供了孕育的温床。当现代自然科学从哲学中娩出之后，哲学则始终在为它提供精神环境中的边界条件，就像母亲提供的终生呵护。失去了哲学提供的初始条件与边界条件，自然科学就会因为失去实证的可能性，而退化为仅仅具备逻辑形态的自然哲学。基础科学的发展离不开哲学的引导与安置。现代中国哲学的不彰，也是中国的基础科学没有文化空间的重要原因。

至今为止的唯物主义哲学对物质世界的终极理解，仍然逃脱不了柏拉图主义的窠臼。这就是认为物质世界具有一种确定的存在方式。唯物主义哲学将绝对精神包上了物质化的外衣，但这恰恰表达了唯物论与唯心论在柏拉图的本体论中的隐性融合。深刻但不失简单化的柏拉图主义在哲学的终极结构中，仍然是全部唯物论们与唯心论们的归宿。这就像今天还不够透彻的中国特色的社会主义观念体系，仍然要在孔子与孟子那里找到隐含的公共观念依据一样。

哲学中的唯物论与唯心论的对立，以不同的变形一直延续到今天哲学的分裂散乱中。但今天哲学的分裂与散乱还有更重要的文化历史原因。这就是工业贸易文明的蓬勃发展与剧烈突进，将人类的意识活动方式强烈地工具化了，也将人类的哲学强烈地实用化与教条化了。

现代文明对哲学观念的深刻影响，也明确地束缚了马克思的思维空间，也影响了马克思在历史观念的领域中实行的哥白尼转向的进程。在历史哲学的领域中，马克思是去人类中心主义的英勇斗士。他第一个将人类历史的演化进程，从人类的精神环境和意识活动中解放出来，将人类的历史自然化与存在化了。这就为表达社会秩序是超越人类本身活动的环境存在的观念，奠定了本体论基础。

但马克思的哲学观念，仍然无法摆脱当时仍然在柏拉图的影子中活动的科学世界观的影响与束缚，他仍然要塑造一个具有确定形态的人类社会终极秩序的共产主义制度，就是这种影响的结果。共产主义作为引领人类社会秩序发展的精神理想，是人类的意识活动方式与情感活动方式的必要结果，也是人类观念空间结构形态的必然形态。但将共产主义当作具体的社会秩序形态来追求，则必然要出大乱子。中国人出过这种乱子。

实际上，马克思也隐隐感受到了这一点，他在自己的社会主义思想前面冠上了科学的头衔，但从来不说共产主义是科学。

第六章　意识活动

28. 意识活动与意识活动的环境

　　人类对精神世界的理性化理解，构成了哲学本体论中的核心问题。这也是哲学的核心难题。对这个难题的化解途径，还在理解人类的生存方式的基本模式中。

　　人类通过自己的活动或行为，实现在两个环境中的生存。人类在物质环境中的行为实现物质生存，在精神环境中的行为实现精神生存。在物质环境中的人类生存行为，可以在群体中实现共同感受与共同理解，也就形成了观念共识或公共观念，这就是环境中的经验事实。

　　人类对自己在物质环境中的活动方式与行为方式的群体化感受，很早就是人类文化的内容了。虽然在不同文明的文化中对物质环境中的生存行为具有不同的理解，但人类在物质环境中具有一种公认的活动与行为，则是人类文化中普遍的基本观念。这种基本观念也就逐渐形成了区别人类与其他动物的依据，并进一步形成了区别人类不同群体与不同文化的依据。人类在不断深化对自己物质环境中行为方式的理解的同时，也就不断深化了对物质环境的理解。

　　人类如何理解精神环境的关键，在于如何理解自己在精神世界环境中的生存活动方式。在人类漫长的历史中，一直难以透彻理解自己在精神环境中的活动与行为，只能模糊地将这种行为与行为的环境，理解为人类的意识。意识是哲学的基本概念，却表达了哲学中最含混的观念。意识也就变成了各种文化中的神秘性观念。

人类很难将精神世界当作是自己生存的环境。这个困境就来自感受与理解精神环境中活动的困难。人类必然依据生存活动理解生存环境。人类理解生存活动的透彻程度，决定了理解生存环境的透彻程度。

人类对物质环境中的生存活动的理解，很容易通过对这种活动的外部观察与感受形成公共化的观念共识。人类的物质环境行为也就容易形成文化中的表达内涵。但人类对于精神环境中的行为，则很难实现共同感受与共同理解，也很难形成理解它们的观念共识与文化表达。

在人类个体之间，无法互相观察并互相理解他人在精神环境中的行为方式。个体在精神环境中的活动，只能由个体自己的意识才能感受与体验。这就是人类理解精神环境与其中的意识活动的第一个困境。这就是哲学中的反思困境。"我思故我在"，这个笛卡尔的著名表述之所以神秘深奥而难以理解，就来自哲学表达反思活动的困境。这个困境也是哲学在人类文化中很晚才出现的重要原因。

哲学的形成是一个漫长的文化演化进程的结果。在孕育哲学的文化活动中，人类理解自己精神环境与其中的行为方式的公共观念，并非一直没有。只是由于这种理解还没有形成独立的理性化文化形态与文化活动方式，这种理解就不能被确立为哲学。在哲学以前的人类对精神世界的理解，就只能在各种宗教文化中以感性的方式蛰伏起来。这种蛰伏的状态，形成了对后来独立出来的哲学的深刻影响。哲学的模糊与散乱主要来自孕育它的原始宗教文化的散乱。

人类很早就形成了关于精神世界的公共观念。但由于对这种公共观念的表达始终无法理性化，始终找不到可以明晰表达这种观念的逻辑工具，也就难以将这种观念构成明确的哲学结构。因为哲学只能承认理性化的观念。

哲学以表达对人类精神世界的理解为目标。哲学的表达追求理性化方法。哲学不能接纳理解精神世界的感性化表达。但在人类漫长的文化历史中，理解精神世界的主要方式就是感性化的。人类理解精神世界的成果构成了哲学，人类理解精神世界的理性化方法又来自哲学，这个纠缠关系就构成了哲学的第二个困境。

这个困境决定了哲学形成的困难，也使得人类表达对精神世界理解的方式，只能长期地以感性化方式寄存在其他文化形态之中，主要是寄存在各种不同的宗教文化中。宗教曾经是孕育哲学的土壤。

在人类漫长的文明演化进程中，文化的主要形态就是广义的宗教。从远古的自然物崇拜的原始宗教，到中古的多神宗教，再到近古的一神宗教，宗教统辖与引导了人类百万年以上的文化史。近古几大一神宗教的形成，就是人类不同文化结构中开始初步具备了理性化结构的成果，这种成果也促使哲学从宗教文化中分离出来。独立的哲学体系大致与一神宗教同时诞生。

这种孪生的血缘关系，使得哲学在其幼稚时期仍然不得不与一神宗教文化保持密切的联系。直到近代的自然科学文化的确立，形成了完整的理性化世俗文化体系，才开始出现了与宗教文化没有密切关系的近代哲学。

正因为中华文明的主流文化是并不具备典型宗教形态的儒学，中国的传统哲学也就没有与儒学的世俗化独立过程。这就形成了中国传统文化中似乎没有独立哲学的形象，因为中国哲学一直蕴含在主流文化之内。

中国哲学没有世俗化改造的任务，但却面临了儒释道文化分裂的困扰。消解这个困扰的理学的建立，并不依赖于世俗的自然科学文化的兴盛，也就失去了类似欧洲形成独立的近代哲学体系的机会。中国近代哲学也就仍然寄生在准宗教形态的理学主体之内，而没有形成近代欧洲的自然科学与哲学的二元文化结构。直到中华文明进入向工业贸易文明的转型进程中，开始了大规模地依据西方文化改造自己的文化时，哲学在中国才依据西方文化的现代结构，获得了独立的文化地位。

哲学在宗教文化中或准宗教文化中孕育与形成。幼稚的哲学中所表达的对精神世界的理解，也就必然充满了各种宗教色彩。直到哲学从宗教文化中明确地解放出来，才开始了开拓自己独立发展道路的历程。

但哲学理解人类精神世界的依据，仍然来自人类的一般文化活动中，仍然来自文化所表达的一般公共观念中。公共观念就是人类精神世界为构建社会环境提供的精神成果，也是哲学活动的基本营养与依据，还是哲学的重要维护目标。历史永远是哲学的例题，文化永远是哲学的问题。

哲学是超越一般文化结构的公共化超验观念体系，哲学就是一般文化肢体之上的大脑。哲学是传统文化的历史积累，哲学的活力又离不开流行的文化。哲学的发展始终伴随着流行文化的发展。哲学为流行文化提供了历史之锚。当哲学的活力不足，也就会被这种锚链所拖累。

现代西方哲学在自然科学的发展与确立中获得了自己的新天地与新土壤，也同时被自然科学的文化局限拖进了新的桎梏中。现代中国哲学在广泛接纳西方现代文化的过程中，开始从传统文化中独立出来，也打开了自己新的发展空间。但同时又进入了现代中国文化转型中的分裂与冲突的泥淖中。

在人类漫长的文化历史中，在哲学出现之前，人类对精神世界理解的表达就在主流文化之内。直到一神宗教建立以后，哲学才开始独立出来。在至今的哲学中，仍然难以摆脱它幼稚时期的各种文化烙印，仍然不能独立地理解人类的物质世界与精神世界。

曾经的欧洲哲学广泛依赖于基督宗教文化，曾经的中国哲学广泛依赖于儒家文化。今天的西方哲学广泛依赖于自然科学文化，今天的中国哲学则广泛依赖于西方文化与中国传统文化的对立。今天的哲学还没有完全成熟与独立，还没有形成引领文化的独立的功能。

发端于欧洲的自然科学文化体系的确立，建立了理解物质世界的严谨文化，也为人类理解物质生存环境开拓了新的空间。达尔文理论的出现，将人类对生命存在的理解从宗教文化中拉入了科学文化中。这也拓展了现代哲学的空间。马克思主义的出现，则开始将人类对社会环境的理解纳入了科学理性之中。这也为哲学开辟了新的空间。

哲学家们除了努力跟随科学观念的前进脚步外，对达尔文的创建则反应平淡，直到弗洛伊德的出现。弗洛伊德从科学观念体系与科学方法论出发，重新审视了人类在精神世界中的活动方式，他依据自然科学观念理解人类心理活动的追求，则为哲学打开了一扇新的窗户。弗洛伊德也由此而进入哲学家的行列。

弗洛伊德的思想暗示了这样的观念，人类在自己的精神世界中是以一种局限环境中的活动方式存在的，也是用一种局限的方式感知自己的精神世界的。这种局限的活动环境是不确定的，但仍然是全部精神世界的一部分。这种暗示意味着，人类可以将自己的精神世界看作是一个行为与活动的环境空间。但这种暗示并没有被太多的哲学家重视。同时代的欧洲哲学家们，还在兴致勃勃地分别忙着钻入存在主义与逻辑实证主义的死胡同中去聚会。同时代的中国哲学家们，不是忙于在传统哲学的故纸堆中寻找新的灵感，就是忙于为新的社会政治伦理寻找哲学辩护。

今天，哲学终于可以以一种全新的视角来理解人类的精神世界了。这就是将人类的精神世界理解为意识能量在观念空间中的活动，理解为意识能量在观念空间中的不均匀分布与局部关涉，并由此而决定了人类对精神环境的感知，也决定了人类意识的活动方式。

哲学对精神世界的理解，应该具有这样的模式：人类的精神世界由观念空间提供的精神环境与在其中分布与运动的意识能量构成。

人类通过环境中的行为实现生存。人类通过外在器官行为实现物质环境中的生存。其中通过肢体器官实现对物质环境的适应与利用，通过感觉器官实现对物质环境的信息感受。人类通过精神环境中的意识活动行为实现精神生存，通过意识活动适应与利用精神环境，通过"内感官"实现对精神环境的信息感受。意识活动的能量与环境，都依赖高级神经器官的功能提供。人类依据意识活动构建出精神环境，并依据精神环境实现意识活动。

人类高级神经器官的特殊功能，构成了精神世界，也形成了其中的意识活动。这种特殊功能就被传统哲学模糊地称为人类的意识和人类的意识能力。

人类是精神世界由人类的精神环境与其中的意识活动构成。精神环境就是观念空间，精神环境的存在方式就是观念结构。观念空间提供了意识能量的分布与运动环境，也提供了人类精神世界的全部生存功能。这种功能由意识活动能量在观念结构中的运动实现。这就是通过意识活动实现精神环境的功能。

人类在精神世界中的活动方式就是意识活动。人类通过意识活动实现自己对精神环境的需求，并实现精神世界提供的生存功能。人类通过精神环境中的意识活动实现物质环境中的生存。这是人类文明的特征，也是人类文明的成果。

人类文明的发达程度，就是精神世界中的生存活动对物质世界中的生存活动的统辖程度。不能被精神活动所统辖的物质生存行为，就是人类保留下来的动物性行为，也就是直接通过生理反射的行为。人类的直觉行为并非生理反射行为，而是直接依赖精神环境的无意识感受的意识活动。

意识活动或意识行为，就是由高级神经器官提供的生命能量的特殊运动形式。这种能量在观念空间结构中的分布与运动，就形成了人类的精神世界的存在方式与环境功能。

将人类的精神世界理解为由观念空间提供的环境，以及在这个环境中活动的意识能量，就为哲学对人类精神世界的理解提供了一个新逻辑模式。这个方法似乎沿用了人类理解无生命世界的模式，但却不是物理学方法的直接套用。这是将物理学的逻辑方法，在理解人类一般活动与一般环境中，进行更高层次的推广与抽象的结果。在这个推广与抽象中，也就为建立一种超越物理学逻辑模式的新逻辑开辟了空间。

在这个表达精神世界的新模式中，仍然会借用一些物理学逻辑的概念形式，但概念中的观念内涵已经远远超越了物理模式的含义。用传统概念表达新观念的条件，就是新观念中可以蕴含旧概念的内涵。这样的方法避免了大量创建新词汇的怪诞与艰深，也不至于引发太多的表达误解。我的新观念都在借用旧概念的标识来表达。

这些用来表达精神世界新模式的概念，从空间到结构，从底层到顶层，从能量到运动，从摩擦到协调，从能量的分布到能量的汇聚，都已经远远不是物理学观念的内涵了，都已经被推广与拓展了新的观念空间。

正因为新哲学的表达仍然缺乏与之相适应的新逻辑，在这种大致理性化的表达中，也就常常充满了感性的借喻，也就还不能达到严谨与精确，也就还需要专门化的继续构建来细化与精确化。

但这种借喻的表达，在面对新兴理论的初始运用中，也有通俗易懂的好处。因为避免了大量使用难以理解的新设专用名词。在这种表达中，虽然表达工具的形态是旧的，但其中观念内涵的推广意义则是明晰的。即使面对不能完美理解这种新表达的接受者，至少也不会产生太多的误解，也会让他们在旧概念的思维中方便地领悟到新的观念内涵。这种借用旧概念表达新观念的方法的合理性，就在对旧概念重新定义所形成的观念内涵边界的拓展之中。对既有观念的重新定义，就是这种表达的核心内容。

人类的精神世界就是由人类的意识活动所构成的。人类意识活动的环境就来自意识活动本身的构建。人类意识活动环境的可分析形态，就是观念空间中的观念结构。对这个存在形态的分析逻辑，仍然是秩序对能量的组织化与整合，仍然是能量对秩序的瓦解与冲击。

所谓人类的"意识"，就是对精神环境的感受。就是意识能量在观念空间中的分布与运动形成的对观念结构的感受。"意识"概念的内涵，既包括了意识活动的方式，也包括了意识活动实现的对观念结构的感受。意识概念的这种双重功能，在传统的哲学与心理学中是无法区分与分析的。这种混淆正是意识概念具有扑朔离迷的神秘色彩的原因。

康德感受到了这一点，也试图进行区分与表达，但由于他的感受还缺乏理性化的逻辑结构的支撑，也就只能提出了一个难以理解的"内感官"的概念。这个概念与他的物自体概念同等重要。如此重要的概念又几乎没有影响后来的哲学，就是因为这些概念的内涵仍然是高度感性化的。康德的内感官概念，就是表达意识能量对观念空间秩序形成感受的方式的感性化模拟，就是用外在感官的环境信息获取功能来模拟意识对内在环境信息的获取功能。

人类意识的存在离不开观念空间中的观念存在。人类意识的活动以观念的存在为环境。离开了具体的观念空间环境，意识活动就变成了不可琢磨的神秘幽灵。表达这种幽灵的文化形态就是灵魂。所谓灵魂不死，就是在人类精神世界中存在一种不依据生命存在的意识能力，这种能力在生命消逝之后仍然可以继续存在。

这是人类早期的哲学不彰所形成的对精神世界的误解。个体的意识活动必然依据其生命器官才能存在。但群体的公共观念空间中的公共意识活动，则超越了个体生命的空间，并形成对群体成员意识活动的深刻影响。传统文化与哲学对这种现象的不能理解，就设想出了神秘的灵魂。所谓不死的灵魂，就是在公共观念环境中群体化的意识活动方式。文化是人类灵魂的保存环境，灵魂是人类延绵不绝的文化存在中的精神内涵。

任何能量的存在形态都是其在环境中的运动形态。能量所处的环境秩序对能量存在形态的引导与制约，决定了能量的运动形态。环境是能量运动方式的决定性因素。物理环境如此，生命环境如此，精神环境如此，社会环境也如此。

没有质量的物理辐射能量的存在形态，就是它们在电磁场环境空间中的运动形态。具有质量的物理能量的存在形态，就是它们在引力场环境空间中的运动形态。细胞在生命环境中的存在形态由生命环境中的秩序决定。意识能量在观念空间中的活动方式由观念结构决定。社会成员在社会环境中的活动方式由社会秩序的形态决定。如此等等。

至今为止的哲学对人类生存环境的理解仍然是模糊的，仍然是无法超越自然科学提供的观念局限的。哲学对精神环境与社会环境的理解，也就不得不运用与理解自然环境不同的逻辑与模式。这种哲学形态来自人类哲学初期形成的观念。

人类对意识的感觉，来自意识能量在观念空间中的活动，来自这种活动形成的意识能量与观念结构间的关系。人类只能通过意识能量在观念结构中的分布与存在感受到观念结构的形态与功能。在没有意识能量分布的观念空间中，观念结构的存在就不会被人类意识所感受，它们就在意识中不存在。

不被意识能量占据与关涉的观念结构，就不能被意识感受到，在当下的意识活动中就不存在。这是一个重要的精神活动现象，也是一种重要的哲学观念。只不过，这种现象无法事实化而已。

人类只能通过意识活动来感受意识活动的环境，并且通过对意识活动环境的感受来感受意识活动本身。离开了意识活动，意识活动的环境就无法被感受与被理解。这就是人类无法将意识活动与意识活动环境分开感受与分开研究的原因。但仍然可以运用逻辑方法将他们分开表达。这就是至今为止的哲学中仍然不得不将意识与意识活动环境混为一谈的重要原因。

经验是人类对生存行为结果的观念感受。人类通过意识活动对观念结构的感受，也就构成了精神环境中的内在经验。内在经验来自精神环境秩序向意识活动中的信息输入，也来自意识活动对这种内在环境信息的感受形成的观念化构建与表达。这种将内在环境秩序信息向意识活动的输入功能，被康德称为内感官的功能。

人类通过内在经验实现了对观念空间秩序的超越性感受，也就是超越了意识能量的分布与运动状态的感受。内感官信息仅仅表达了意识能量所关涉的观念结构秩序，但内在经验则可以表达超越意识能量关涉领域的内在秩序。

　　将内在经验在观念空间中表达与固定，就形成了观念空间中的超验观念秩序。所谓超验观念，就是对意识可感受的观念空间环境的虚拟化展开。这种超越意识感受的虚拟化，就来自意识活动对内感官信息的自组织构建。超验观念就是承载了观念空间秩序的观念要素。与此对立的经验观念，则是承载了物质环境空间秩序的观念要素。当超验观念通过文化活动形成了群体公共观念时，就构成了人类文化中表达的超越了个体精神环境的人类一般精神环境的存在秩序。

　　人类理解与表达精神环境秩序的方式主要是直接的与感性的，但又在直接与感性的理解与表达中，逐渐发展出了更为高效更为精确的理性方法，逻辑工具出现了。

　　人类对观念结构的理解方式的发展，又会进改变对意识活动的引导与制约方式。人类理性化的意识活动方式，就是依据对观念结构的理性化理解而形成的。

　　人类构建观念结构的认识活动的感性本质，决定了人类观念结构感性化的主体形态。人类理解观念结构的理性化方法，引导了意识活动对观念结构的认识构建，也就形成了具有理性化内涵的观念结构。人类理性化的观念结构在感性观念的主体中是相对的与稀薄的。人类对自己观念结构的理解程度，决定了观念结构的理性化程度。

　　人类理性化理解自己观念结构的唯一目的，就是实现个体之间的观念交流，并由此而构建出群体化的公共观念结构。可以清晰地表达出来的观念结构，可以形成明确公共观念形态的观念结构，必然是高度理性化的结构。

人类大多数的观念要素都可以被意识活动明确地感受到，但却只能通过感性方法模糊而不确定地表达与交流。感性化观念交流方式的高度不确定，只能通过人类复杂的社会文化活动形态来实现约束与固定。这就是形成人类文化形态的重要依据。人类文化中的艺术形态与知识形态，都是人类追求对观念结构的明晰表达的成果。知识形态具有比艺术形态具有更高效的表达功能。

　　人类的意识在精神环境中存在与活动。意识的存在方式，就是被观念空间的秩序环境所约束与引导的方式。来自生命环境的意识能量被观念结构秩序所引导与制约，才能转变为意识活动能量。意识能量只能在观念结构中实现自己的存在与功能。意识的存在功能实现离不开观念空间环境。意识活动与观念存在不可分离。这是传统哲学的本体论中不具备的逻辑模式。不能理解意识活动与观念空间秩序间的关系，就是很多哲学疑难的根本来源。

　　作为精神环境中特殊的能量形态，意识能量通过自己在观念空间环境中的分布，形成了对观念结构的关涉。被意识能量所关涉的观念结构，就相当于被意识能量照亮了，就能够在观念空间中对意识感受显现出来。被照亮的观念结构才能形成刺激内感官的环境秩序信息，才能被意识所感受。意识能量在观念结构中分布的不同强度，表达了意识能量对观念结构不同的关涉亮度，也决定了意识对观念结构的不同感受强度。人类强烈的观念感受，来自意识能量在被感受的观念结构中的高强度汇聚。

　　意识能量在观念空间中关涉而照亮观念结构的同时，也就实现了自己在观念空间中的存在。意识能量依据所处的观念结构形态，实现自己的存在方式。离开了观念空间中的观念结构，意识就变成了虚无的精神能量，而不再具备意识活动的功能。离开观念结构意识无法存在。

　　人类对自己意识的感知，必然是通过意识能量与观念结构的相互关系而实现的。意识的感知就是观念的感知。从这个意义上说，意识就是观念。人类感知自己的意识，就是感知意识能量在当下所处的观念结构中的存在形态，也就是感知观念的形态。自由的意识能量只有被观念结构所容纳与塑造，才能形成可感知的意识。

这就是意识与观念在人类的感受中不可分离与不可区分的现象。人类可感受与可表达的意识或意识活动，就是他可感受与可表达的观念结构。

人类的自我意识，就是意识能量在个体独特的观念空间中的活动形态与活动方式，就是这种活动方式构成的意识状态。所谓自我意识，就是个体对自己精神环境秩序或观念结构形态的意识感受。自我的内涵就是精神环境中观念结构的内涵。人类的自我感受，就是对意识活动状态的感受。人类对于生命状态的感受也都必然通过意识的感受体现出来。人类无法超越意识感受自己的生命活动。现代医学提供的生命状态信息，只是人类文化环境中表达的公共观念形态。对医学信息的理解与感受，来自公共化的意识活动。

人类成长过程中逐渐形成的自我意识，就是对自己精神环境秩序逐渐透彻与完整理解的成果。婴幼儿的没有自我意识，就是因为无法形成对自己独特的精神环境的整体性感受。人类个体的成熟，表达了独立生存能力的形成，也表达了完整观念结构的形成。个体离开了对自己观念结构的感受，就无法体验与感知自我。

传统哲学中表达的人类意识，就是人类个体通过意识活动体验到的观念空间环境秩序。个体意识表达了对个体观念空间秩序的感受，群体意识表达了对公共观念空间秩序的感受。至今为止的哲学仍然不能区分意识与观念，也就常常会在谈论意识时模糊地指向了精神环境中的观念，也常常会在谈论观念时又模糊地指向了意识在精神环境中的活动。将意识活动与观念空间环境明确地区分开来，为哲学提供了理解人类精神世界的清晰逻辑。

29. 精神欲望是意识活动的内在动因

人类作为生命存在的特殊形态，通过生命的本能，实现自己在环境中的生存。人类实现生存的具体方式，就是人类的生存行为。人类的全部生存行为都来自生命本能的驱动。

人类在两个环境中生存。人类具有的两种行为方式区分了两个生存环境。人类通过物质行为实现在物质环境或社会环境中的生存，人类通过精神行为实现在精神环境中的生存。

所谓本能，就是生命体适应与利用环境的生物能力。这种能力表达出对生存环境从需求。欲望则是生命体对环境需求的抽象化表达。本能是生命体一切生存行为的原始动因。欲望是人类生存行为的基本驱动原因。

人类的生存能力来自生命本能。人类通过本能形成的欲望驱动行为实现环境中生存。生命本能提供了人类在两个环境中的生存能力，欲望则是人类在两个环境中的生存行为的基本动因。

生存欲望在生存环境中展开为复杂多样的生存需求。人类通过社会行为适应与利用物质环境或社会环境。人类通过精神行为或意识活动适应与利用精神环境。物质欲望是人类全部社会行为的外在需要依据与行为动因。精神欲望是人类全部意识活动的内在需求依据与行为动因。两种欲望共同驱动人类在两个环境中的全部行为。

人类对自己物质环境与其中的生存行为的理解程度，远远超越了对精神环境与意识活动的理解。人类对自己在物质环境中的行为方式与欲望形态的理解程度，也远远超越了对精神环境中的意识活动方式与精神欲望形态的理解。

人类对物质欲望的理解可以将其分析为三个层次。最底层的物质欲望为生存欲望，包括食欲和性欲，也包括基本安全欲望。中间层次的物质欲望就是群体依恋欲望，包括依恋他人与被他人依恋的欲望，也包括对群体的依恋和避免孤独的欲望。最高层次的物质欲望就是自我实现欲望与广义权力欲望，这也就是人类追求对环境秩序的影响欲望。

人类的精神本能在人类的精神活动中表达为精神欲望，人类的精神欲望在人类的精神环境中展开为精神需求。人类对精神欲望的理解还很模糊，但也可以表达为不同层次的审美欲望。审美欲望就是在至今为止的人类文化中对人类精神欲望的统合表达。审美欲望就是在不同层次的精神环境中追求观念要素由序化的欲望。审美欲驱动了人类的认识活动，构建出观念空间中的秩序。审美欲望与外在物质欲望共同驱动了人类的价值活动，构建出人类在两个环境中的行为动机。人类的意识活动由物质欲望与精神欲望共同驱动。审美欲望是驱动意识活动的内在动因。人类精神欲望的满足可以获得精神快感或者精神愉悦。人类的精神愉悦就是审美愉悦。

人类在物质环境中的每一个具体的行为与社会活动。都在追求一种具体化的物质欲望的满足。人类在精神环境中的每一个具体的意识活动都在追求一种具体的精神欲望的满足。

欲望的满足表达了生命本能的实现，欲望的满足必然获得生命活动的快感。生命的本能在生命活动中积累欲望。欲望的积累也就积累了生命快感的渴求与需求不足的痛苦。痛苦表达了人类的环境需求无法实现的本能感受。人类对生命快感的渴求程度决定了人类追求环境行为的强度，也表达了人类行为动因的强度。

人类的生命活动积累生存欲望。人类的生存行为满足欲望与化解欲望。实现欲望的行为结果形成欲望满足的快感。快感就是人类追求欲望的直接行为目标。人类的社会物质生活常常以物质快感为简单的直接目标。人类的精神生活常常以精神快感为简单的直接目标。

人类的生存过程，就是欲望的不断积累与欲望被生存行为的不断化解的均衡过程。过度的欲望积累会形成生存的痛苦。过度的欲望满足会形成生命能力的过度损耗与欲望的淡漠。

人类的全部欲望来自生命秩序提供的生存本能。不同的欲望积累与满足过程，都会消耗生命秩序能量。不同欲望之间在生命能力的统合中，具有一定的代偿关系。某一欲望的过度积累形成的强烈痛苦，会遮蔽与弱化其他欲望的积累。某一欲望的过度满足也会遮蔽对其他欲望的追求。在生命能力充沛的条件下，不同欲望之间也会形成互相激励的关系。

人类在两个世界中的生存行为的原初动因都来自欲望。在人类的生命演化进程中，生存本能的复杂化促生了人类生存行为的复杂化。这个复杂化的结果就是欲望在环境中的具体展开与复杂化。生存欲望与生存环境形成的相互关系促成了欲望在环境中的展开，也构成了人类环境需求的复杂化。

人类依据精神环境实现环境生存。人类的生存环境需求在精神环境中的观念表达形态就是价值。价值是人类精神环境的观念要素中蕴含的环境需求。价值是需求的内在环境表达形态，是驱动人类行为的具体动因。人类依据精神环境中蕴含的环境价值，实现全部行为方式的选择与驱动。行为的选择就是价值的选择与组合。

物质欲望与物质环境相融合展开为物质价值，驱动人类在物质环境中的社会活动。精神欲望与精神环境相融合展开为精神价值，驱动人类在精神环境中的意识活动。人类的意识活动的内在动因来自精神欲望与精神价值，外在动因来自物质欲望与物质价值。

人类通过在物质环境中的特殊行为方式，构成了自己生存的社会环境的存在形态。人类构建的社会环境存在又进一步为人类的生存行为提供了更复杂更合理的环境条件。人类通过自己在精神环境中的特殊的行为方式，也就是意识活动方式，构建出了精神世界的存在形态。人类构建出来的精神环境又为人类的意识活动提供了环境条件。

30. 观念结构与意识活动的路径

人类精神世界的存在方式就是观念空间与其中的意识活动。人类个体的观念空间构成了个体意识活动的环境。个体观念空间的秩序内涵就是观念要素组织化构成的观念结构。观念结构与观念空间是理解与表达人类精神世界的基本逻辑形式，也是全部哲学观念的表达基础。

人类在精神世界中的存在方式与行为方式就是意识活动。人类的意识活动就是人类高级神经器官提供的生命能量在观念结构中的运动。观念结构是意识能量运动的环境。观念结构的形态决定了意识能量的运动方式与运动形态，决定了意识活动的方式与结果。人类全部意识活动的依据都在他们的观念空间中的观念结构中。

在观念空间中运动的意识能量就构成了所谓的意识流。意识活动在观念结构中的运动路径构成了意识活动的观念空间路径。可理解与可分析的意识活动路径就是所谓的思路。理解与分析意识活动路径的条件，就是对意识活动过程的明确感知与对这种感知的明确表达。人类大部分意识活动或者主要的意识活动，都是难以感知甚至是无法感知的。可以表达为思路的意识活动，在全部意识活动中十分罕见。这就是人类传统文化中对精神世界与意识活动的理解与表达始终无法摆脱神秘化的原因，这也是哲学研究的困难所在。

人类对自己意识活动的感受，只能通过意识活动本身对自己运动路径与方式的感受来实现，这种感受就是意识对观念结构的感受。就像通过对沿途的景色感知自己的旅途一样，如果睡着了旅途就像不存在。

感受观念空间的观念结构，就是感受意识活动本身。被人类意识能量的运动所游历所关涉的观念结构，才能被个体的意识所感受到。意识能量在观念结构中的运动，就形成了个体对自己观念结构感受的变动经历，这种变动经历的积累，也就形成了对特定观念空间中的不同观念结构的感受与认知。

意识能量在观念空间的不同结构中的运动与分布状态，就形成了个体对自己观念结构的不同的感受状态与认知状态。正是意识能量在观念空间中分布的不均衡性和不稳定性，形成了个体对自己观念结构感受与认知的局限性与不确定性。这就是个体意识活动的情感状态的结果。

在人类的意识活动中，被意识能量的分布所关涉到的观念结构，才能被感觉到。这种感觉就是所谓的有意识。在意识活动中不能被意识能量的分布所关涉的观念结构，就不会被个体感觉到，这种感觉就是所谓的无意识。这里表达的有意识与无意识，仅仅是哲学的观念而不是生命科学的观念。在生命科学与医学中，有意识是指个体神经器官具备识活动的能力，无意识是指丧失意识活动的能力。哲学的有意识并不是指具备意识活动的能力，而是指意识活动对观念结构的感觉结果，是具备了特定观念结构的存在与功能，哲学的无意识就是指被意识能量的关涉所遮蔽与忽略的观念结构存在。但在传统哲学与心理学的概念中，意识与观念的区分仍然是模糊不清的。

意识能量在观念结构中的分布与占据，形成了它对观念结构的关涉，也就发生了对观念结构的感觉。这种感觉本身又是精神环境信息通过内感官向意识活动的环境秩序输入，又会构成新的内在"经验"的观念。这就是超验观念。

人类的外感官对外在环境信息的摄取构成了外在经验或者"经验"，人类的内感官对内在环境信息的摄取构成了内在经验或者"超验"。在这种超验观念中，蕴含了个体对观念空间中既有秩序或既有观念结构的感受，也是既有的观念结构秩序在观念空间中形成的内在表达与内在的投射。广义的"内在经验"观念，就是哲学中的超验观念。狭义的经验观念则蕴含了人类生存的外在环境秩序，狭义的超验观念蕴含了人类生存的内在环境秩序。

被曾经的意识活动所感觉到的观念要素，可以通过意识活动的认识构建，被保持在个体的观念空间中形成新的记忆，这种记忆中的观念结构，就形成了表达曾经存在的观念结构的观念，这就是所谓的前意识或者潜意识。潜意识表达了模糊不清的既有观念结构，前意识则明确表达了曾经感知的观念结构。

人类意识的形成，就是对自己观念结构感觉的形成，就是内感官信息构成了原初超验观念。所谓意识，就是意识活动能量在特定观念结构中的聚集，从而形成了对观念空间环境感受的结果。意识能量只能对其所占据与所关涉的观念结构形成即时的感受。曾经的感受只能在超验观念的记忆中。所谓意识的消失，就是意识能量对观念空间结构即时感觉的消失，就是意识能量离开了观念结构的结果。

意识能量在观念结构中聚集的程度，形成了意识能量在观念空间中的分布强度，也形成了对所关涉的观念结构的感受的强度。所谓的集中精力，就是个体通过干预自己的生命活动方式与意识活动方式，增加自己需要集中感觉的观念结构中的意识能量的强度。人类特定意识活动功能的实现，需要由在特定观念结构中分布的意识能量的强度来保证。如果这种保证不充分，就会出现意识散乱与精力无法集中于特定观念结构中的结果。

所谓的意识消失，就是意识能量在特定观念结构中的离开或能量强度的消散，也就是由于意识能量的减弱而弱化了对特定观念结构的关涉。这就会形成对观念结构感觉的消失。这个意识感觉的消失过程，也是意识能量的强度逐渐降低的过程。这会形成个体对观念结构感觉的逐渐弱化直到消失。个体进入睡眠的过程就是一个正常生命活动中的意识消失的例子。由于神经器官的生命活动障碍而进入昏迷状态中，就是非正常的生命活动中失意识消失的例子。

人类在睡眠中的梦境，就是不足以维持正常能量状态的低能量中的意识活动方式，这种方式所形成的不正常的意识感受，就是梦境常常古怪离奇的原因。梦境状态与正常意识活动状态并没有截然的区分标志，就像睡眠与清醒也没有截然的区分标志一样。完全无序的与微弱的意识能量残留，会形成恍惚散乱的梦境，基本无序的但又具有一定强度的意识能量残留，则会形成似乎清晰完整的梦境。

梦境常常来自还没有完全消散的意识活动能量，来自它们在观念结构中的无序飘荡形成的残留感觉。这种意识能量的残留状态，无法形成正常的意识活动方式，也就无法被个体的意识活动欲望正常地驱动与控制，也就只能依据残留能量的分布状态，在既有的观念结构中自由漂浮与无序分布。这就是梦境不受意识控制与荒诞奇妙的原因。

梦境是人类被动或者无序意识活动所形成的观念空间感受。这种感受是真实的，但感受的被动与无序又遮蔽了其真实。梦境可以暗示真实的观念结构，也可以曲解真实的观念结构。这种暗示可以表达真实的欲望目标与遵循真实的价值结构，这种曲解常常异化欲望目标与背离价值结构。这就是梦境不能完全被相信的原因，也是梦境在一定条件下可以被相信的原因。这就决定了梦境只能作为理解精神环境的观念结构或者精神分析的或然性依据。精神分析与心理分析不可能具有确定的结果。它们的确定性来自人类的心理希望形成的附会。中国传统算命活动的神奇，就是引导这种附会的技巧的成功。

所谓精神分析，就是依据意识能量在无目的的状态中的自由分布，所获得的对观念结构的不受自主控制的感受，来揭示个体观念结构中隐蔽的内涵。这种隐蔽常常是个体有意识遮蔽的结果。当这种观念结构的隐蔽内涵，与个体观念结构的统一性与整体性相背离与相冲突时，就会在正常意识活动中被精神欲望所压制而无法真实地感受到。但在个体无序而自由的类似梦境的意识状态中，则可能会被揭示出来。这种冲突的观念结构的存在，会在特定的条件下形成对个体意识活动的强烈影响与干扰，并造成意识活动的焦虑困境。运用精神分析的方法，就可以将这种潜在的观念结构冲突状态揭示出来加以审视与干预，并形成意识活动对观念的重构，从而消除这种潜在的冲突。

人类的意识活动就是意识能量在观念空间中的运动。这种运动的逻辑动因，来自意识能量在观念空间中分布形态的差异，也来自意识能量与观念结构间的相互关系差异。观念空间环境为意识能量提供的差异化分布状态，构成了意识活动的环境依据。正是这种差异，构成了人类观念空间中审美欲望的积累与表达，构成了意识活动的哲学动因。

　　意识活动就是人类在精神环境中的生存行为。其内在功能就是满足人类的精神欲望与实现人类的精神价值。人类的精神欲望驱动了个体的意识活动，并由此而实现了人类在精神环境中的生存行为。

　　人类通过精神环境中的意识活动，选择与决定物质环境中的社会行为方式。人类在全部生存环境中的存在与活动，都具有意识活动表达与提供的其内在动因。但内在动因驱动的意识活动成果，常常还必须通过外在环境中的行为方式才能最终实现。

　　看似人类在社会环境中丰富多彩的行为来自生命能力与生命欲望，实际上它们都由精神环境中的意识活动所引导与决定。

　　在人类仍然保留的动物性本能的行为方式中，还会有一些外在行为依赖生命秩序的反射性驱动。这是人类动物生存历史的行为方式遗留，但已经不会在社会化的生存方式中产生重要影响了。只有在意识能力薄弱或意识能力基本丧失的状态中，反射式的动物行为方式才会主导外在行为的状态。只要个体具备明确的意识活动能力，绝大部分动物反射的行为方式都会被遮蔽。例如所谓的植物人状态就是意识活动能力高度消失的状态。例如个体在异性面前的反应，只有很少部分是来自性欲望本能的反射，主要都是来自文化灌输形成的性价值对意识活动的引导。

　　人类最终是直接生存在自己的精神世界中的。弗洛伊德将人类的基本行为都还原到生命欲望甚至性欲望中，恰恰表达了现代西方文化对人类生存方式的误解。中国传统文化对人类生存方式的理解则更为合理。

意识活动就是意识能量在观念结构中的运动。意识活动的具体形态，则可以区分为具有明确的观念感知与路径追求与没有明确的观念感知与路径追求两类。前者就是思维状态的思考活动，后者则是非思维的感性直觉活动。明确的思维活动状态，也就常常表现出理性化的特征。思维活动也就常常称为理性化或者逻辑化的意识活动。明确的非思维活动状态，也就常常表现出感性化的特征。非思维活动也就常常称为感性直觉活动。所谓感性直觉，就是无法感知意识能量的运动方式与路径的活动。感性直觉活动的过程不可理解与追溯，甚至感到没有过程。非思维的意识活动常常被称为下意识。思维方式与非思维方式，也常常被用来作为区分理性意识活动与感性意识活动的表达。

思维活动就是具有明确过程追求与过程控制的意识活动。思维活动实现条件，就是明确感知意识能量关涉的观念结构。这个条件的实现就是人类对观念结构的理解。思维活动依据其在观念结构中的不同运动方向，又可以区分广义的分析活动与广义的综合活动。

观念空间中的结构具有由下至上的逐渐凝聚与抽象的层次化形态，这种层次形成了观念空间的一个方向维度。所谓广义的分析活动，就是意识活动的路径方向在观念空间层次中表现出由上向下的状态，就是意识能量从较高层次的观念结构中逐层进入较低层次的观念结构中。这时，意识能量所游历的观念结构，是逐渐内部化展开的，意识能量逐渐在不同层次的观念结构中形成对其内部秩序与机制的关涉。在广义分析活动中，意识能量必然要经历进入低层次观念要素的路径比较与选择。分析活动的成果，就是在对观念结构内部要素的比较与选择中实现了对特定观念结构的理解。

所谓广义的综合活动，就是意识能量的活动路径在观念空间中表现出由下向上的状态，就是意识能量从较低层次的观念结构中逐层进入较高层次的观念结构中。在综合活动中，意识能量经历的观念结构是逐渐外部化与逐渐形成结构汇聚的，意识能量在运动中是逐渐在不同层次的观念结构中向其外部要素关注与分散的。在广义的综合活动中，意识能量必然要逐渐关注相邻与相关的观念结构，形成对他们的之间关系的感受与认知，进而形成对这些观念要素的统合与汇集。这也常常是对它们实现了秩序的整合与组织化的结果。

人类认识活动的核心过程都是一个综合过程。分析过程只能是对既有认识成果的再感受。

分析活动与综合活动，就是对意识能量相对于观念结构层次的不同运动方向的状态表达。当意识活动处于观念结构的同一层次中并与观念结构层次平行时，也就无法明确区分其分析与综合的特征了。分析思维与综合思维的区分是相对的，并没有绝对清晰的标准和界限。那种在逻辑方法中绝对的分析方法与综合方法，则是对一般意识活动的理性化简化的结果。在接近观念结构层次的平行方向中运动的意识活动，也就可能会同时具有分析与综合的混合形态了。

所谓狭义的分析活动与狭义的综合活动，就是对具有明确理性化特征的分析活动与综合活动。大部分的分析活动与综合活动，都处于不同程度的感性化形态中，都是不可明确感知其路径的活动。理性化的分析与综合是一般分析与综合活动中的特例。

在传统哲学中，试图对全部意识活动给出明确的分析思维与综合思维的区分，并将这个目标作为一个重要的研究方向，这实际上是对人类意识活动的不了解所形成的不切实际的追求。这种追求必然将哲学引入狭隘的死胡同之中。但这种追求仍然具有一定的哲学意义。其意义必须在承认人类意识活动的高度不可感知，在承认人类可感知的意识活动的高度稀少中才有价值。这个哲学目标可以通过简化意识活动的方式来对意识活动进行必要的抽象，也就可以得到一种理解意识活动的简化模式。但如果将这种模式理解为人类意识活动的普遍方式就大错特错了。在欧洲分析哲学的最后发展中，他们自己也就逐渐模糊了曾经看似明确的分析与综合的区分定义了。

第七章　认识活动的功能与本质

31. 认识论的模糊与哲学的散乱

本体论是哲学的基础结构。本体论表达了存在与存在的环境功能。认识论是哲学的基本结构。认识论表达了精神环境的形成方式与形成机制。本体论是世界观的依据，认识论是方法论的依据。

哲学就是关于人类精神环境的存在方式与活动方式的理性化观念体系。哲学对人类精神环境的形成方式的不同理解，构成了不同的认识论体系。从不同的认识论出发，也就构成了哲学的不同体系与流派。不同的认识论也就常常是哲学流派与哲学体系的区分标志。

不同哲学流派的本质特征，大都可以从它们不同的认识论体系与认识论逻辑中得到阐明。就是以方法论为主要形态的逻辑实证主义哲学，也必须依据自己的基本逻辑结构反过来构建自己的认识论基础，以表达自己可以具备完善的哲学结构。不同的分析哲学流派，也最容易从他们不同的认识论结构中进行区分与标识。

中国儒家文化体系中蕴含的传统哲学，比较关注社会伦理的公共价值与行为功能，并不太关注认识论与本体论问题。这就是中国哲学的价值功能特征。欧洲哲学则更为关注人类精神世界的本体存在方式。这是不同文化传统的结果。先秦诸子关于认识论的各种观念，在儒家文化体系的整合中大都被弱化了。当中国哲学面对隋唐以来儒释道形成的多元文化的整合任务时，为了构建出更为完整的理学哲学体系，认识论问题才又被逐渐凸显出来。理学拓展了中国哲学的超验空间，补充了其形而上学的不足，也就不得不回答精神环境中超验观念的来源问题。程朱理学以后出现的陆王的心学，就是对理学中认识论的悬空进行的补充。心学试图回答"天理"这个精神世界中的终极公共观念的最终来源问题。

辛亥以后的民国时期，通过大规模地接受西方文化，中国人也囫囵吞枣地引进了各类西方哲学，那些所谓学贯东西的大师们，在动乱的文化环境中还来不及整合出新的文化。在新中国成立以后建立的现代中国哲学中，就开始以马克思主义的哲学体系为依据来统合一切了。后来的改革开放，又通过文化的多元化与广泛吸纳西方现代文化，也就将中国当代哲学变成了虽也活跃但又散乱冲突的大杂烩。哲学由此也就开始淡出了对现代中国文化的引领地位。各种公共化的终极观念就摆脱了哲学的引领，直接以它们的本来面目直接登台表演了。今天中国的哲学已经被边沿化了。

今天中国的哲学文化形态，处于一个东西包容杂合散乱的混乱冲突中。没有一个流派可以执掌牛耳。就是仍然被主流政治伦理所依凭的马克思主义哲学，也只能勉强倚傍着国家化的政治伦理而栖身，已经失去了曾经的光泽。各级党校中的哲学课也常常变成了理解杂乱文化的开胃小菜。今天中国的传统哲学，则被不同的漂亮制服所装扮而变成了多元文化的门童与仆从。综合大学的哲学系又从白天鹅变成了丑小鸭，学术舞台的高光区中，早就没有了哲学的身影。能够光鲜神气地站台与代言的教授中，从来就没有哲学。就是文学教授也可以讲讲历史故事来刷存在感，军事学教授也可以开开公共讲座来解大众文化饥渴，哲学教授们甚至没有熬制心灵鸡汤的能力。哲学几乎百无一用，哲学系学生的最佳出路就是去考公务员。哲学书籍也就几乎是最冷僻的图书，它们最重要的功能就是装点阅览室与领导们的书房，但肯定没有人真的去读它。今天中国漂浮的文化已经失去了哲学的根基。

在今天混乱的哲学中，被各种哲学流派认可与追随的精神世界的本质与来源，也就表达出了多元化的认识论观念。认识论的多元化也将认识论边沿化了，认识论的边沿化又是哲学边缘化的基本特征。

今天中国哲学的应有任务，就是通过整合与安置散乱多元的哲学，形成表达自己对现代文明的核心价值的理解，并表达出中国人对人类精神世界的统一理解。这就像程朱理学当年面对的问题一样。

要整合散乱冲突的哲学，必须回到对哲学基本问题的追问之中，必须通过对哲学基本结构的重新理解，来重建统一的哲学认知。

无论是马克思主义哲学坚持的反映论的认识论，还是基督宗教哲学坚持的上帝精神感召论的认识论，还是佛教中暗示的人类内在的神秘精神能力的外在展开的认识论。无论是西方现代哲学中的存在主义流派所坚持的人类个体意识天然自生的认识论，还是逻辑实证主义试图驾驭科学文化的观念体系，但又不得不隐含柏拉图的绝对理念的永恒功能的认识论，都在以不同的方式回答人类精神世界的来源问题。不同的回答有不同的道理，不同的道理支撑起不同的文化体系。这些不同的道理之间又不能通融包容，这就为散乱的哲学体系提供了互相冲突的依据，也就注定了他们支撑起来的不同文化体系之间的对立与冲突。

整合冲突散乱的认识论，就是整合冲突散乱哲学的出发点与合理途径。整合的方法就是建立一个可以包容，或者至少可以大致安置这些不同认识论的逻辑框架。这种安置的合理性，就要通过对不同认识论的真理性与局限性的完整说明来实现。这就要求新的认识论框架必须具有广泛的包容结构与广泛的文化安置功能。

人类在两个世界中被动生存与主动生活。人类作为特殊的生命形态，也就仍然要依据自然环境实现自己的生存。生命在环境中的生存通过对环境的利用与适应来实现。这种利用与适应的方式就是生命活动的行为。生命活动的行为又依据生命本能而发出，又通过对复杂多样的环境条件进行判断与选择来实现。全部生命体在环境中的行为方式，就是它们的环境功能理解与环境价值判断的结果。从一个微不足道的阿米巴虫到伟大的爱因斯坦，无不如此。

人类具有与一般生命形态不同的生存方式，这就是利用自己复杂深刻的精神环境中的意识活动，进行价值判断与价值选择，从而实现对生存行为的判断与选择。

人类精神环境的存在，是人类理解与利用物质环境的全部依据，是人类对物质环境秩序的内化衍射。人类通过精神环境对物质环境的表达与描述来表达自己的生存方式。这与简单的生命形态通过生命本能直接适应与利用自然环境的方式完全不同。人类独特的生存方式造就了人类独特的精神环境与意识活动，并由精神环境中的意识活动决定了自己文明化的物质生存。

人类的精神环境与其中的意识活动，是人类的生命本能利用与适应生存环境的特殊中介，正是这个特殊的中介，决定了人类与其他动物的区别，也增加了人类透彻理解自己适应与利用环境方式的难度。这使得在人类今天的很多文化中，仍然会主张将人类的精神环境形成的特殊功能，看作是来自超越人类本身生命存在的特殊存在，并认为在精神环境中表达了超越一切存在的终极秩序。这种观念强烈地制约着人类理解自己精神世界的存在方式与活动方式的方向，也强烈地决定了哲学的形态与内涵。

这种观念在哲学中的集中表现，就是至今仍然具有强大影响力的物质世界与精神世界的对立存在的本体论观念。唯心论哲学忠实地依赖着这种观念，唯物论哲学在表观逻辑中虽然宾摒弃了这种观念，但在终极观念中又不得不把它偷偷地放进来。

将人类精神世界理解为人类来自生命本能的适应与利用生存环境的中介环境与中介方法，是透彻地理解人类精神环境的存在方式与意识活动方式的有效钥匙，也是打开构建统一完整的哲学结构的大门的特殊钥匙。

至今为止的人类哲学正因为不能透彻理解精神环境的存在方式与活动

方式，以及它们在人类生存中的功能，也就不能理解精神环境的秩序内涵及其形成过程与形成原因，也就在对这些问题的纷乱冲突的解答中形成了认识论的纷乱与冲突和哲学的纷乱与冲突。以至于让哲学自己也不能理解自己了。至今没有一个统一明确的定义来标识哲学的边界与内涵，就是这种状态的最好说明。

人类特有的精神世界来自人类特有的意识活动能力，也只能源自人类的生命本能。精神环境的存在，就是精神环境中的意识活动所构建的结果。这种构建的成果就是形成了一个人类特殊的生存环境。正是这个特殊环境提供的活动方式，使得人类有别于其他生命形态。人类的精神世界来自人类的意识活动本身。

由高级神经器官提供的意识活动能量在精神环境中的运动，构成了人类在自己特有的意识活动行为。人类在物质环境中的外在器官行为，是实现人类对物质环境需求的方式，人类的意识活动则是实现对精神环境需求的方式。

人类实现生存的行为来自生命本能的驱动。生命本能对环境的需求被抽象为欲望。欲望是人类生存能力的生命依据。欲望实现的具体形态，则来自生命环境对欲望满足的条件。

人类在物质环境中的生存行为来自物质欲望的驱动，在精神环境中的行为或者意识活动，则来自精神欲望与物质欲望的共同驱动。但精神欲望决定了意识活动的主要形态。

人类的全部精神欲望，人类驱动全部意识活动的生命动因，都可以用广义的审美本能形成的审美欲望来表达。审美欲望就是人类意识活动的基本欲望与主导欲望，审美能力就是人类的意识活动能力与观念构建能力。

人类的意识活动具有两个基本内在功能，这就是认识活动构建精神环境秩序的功能与价值活动构建全部行为动机的功能。认识活动是人类精神环境形成的依据，价值活动是人类全部生存行为的依据。认识活动与价值活动构成了全部意识活动的生存功能。

人类的认识活动由审美欲望所驱动。认识活动就是广义的审美活动。审美欲望在认识活动过程中的实现，就是人类个体追求精神愉悦的结果，这种结果来自观念空间的秩序构建与秩序维护。人类的广义审美目标，就是认识活动构建精神环境秩序的目标或者构建观念空间结构的目标。审美追求的感性成果形成了艺术构建，审美追求的理性成果形成了知识构建。审美欲望驱动的认识活动的任何一般结果，都是一种观念要素的构成。

人类的审美欲望来自人类精神本能，表达了人类构建与保持精神环境秩序的环境需求。人类精神本能的特征与差异性，也必然通过遗传基因在生命繁衍过程中得到的保持与延续，这就是个体意识活动方式差异的先天依据，也由此而决定了个体精神环境形态差异的先天依据。

在人类后天的意识活动中，依据审美欲望所形成的观念构建与价值选择，则是人类精神环境的独特性与丰富性的更为重要的原因。个体审美欲望在后天的具体实现形态，才是他们精神环境的存在形态与活动形态所具有的独特性的决定性原因。先天禀赋通过后天意识才能实现。

审美欲望在人类不同的意识活动环境中或不同的观念结构中的实现，形成了不同的广义审美内涵。只不过，在至今为止的人类文化中，还只能用不同的文化活动方式来模糊地表达不同内涵的审美活动，也就是只能表达为艺术形态的审美活动，还无法将它们统一理解为广义的包括知识构建的审美活动。这不是文化的局限，而是哲学的肤浅。对狭义审美活动的认知，只能来自文化经验的归纳。对广义审美活动的认知，则只能来自哲学的形而上思考。

至今为止，美学仍然是哲学中最为模糊不清的一个分支。艺术文化经验的局促与狭隘，也将美学禁锢起来了。来自文化经验的美学，最多能够将人类感受到的感性化秩序构建的体验，归纳为审美体验，而从来不会将理性化的知识构建活动纳入审美活动之中。因为在人类的哲学今天对感性与理性意识活动方式的理解中，还有很多模糊之处。这种审美认知，也是传统哲学对审美感受依据文化经验来认知的结果，这使得美学从来就缺乏形而上依据。

审美活动是人类最普遍的意识活动，也是追求审美欲望实现的意识活动。人类意识活动的审美内涵在传统哲学中的表达，则变成了更为多样化的文化活动形态。对宏观精神结构的审美追求，被表达为对信仰感的追求与宗教感的追求，对价值结构的完美性的审美追求，被表达为对道德精神的追求，对经验观念的审美追求，被表达为对物质对象的审美追求，对理性知识观念的审美追求，则被理解为对逻辑方法的追求，如此等等。

人类审美欲望在理性意识活动中的展开，也形成了人类对理性方法的追求和对逻辑工具的探讨喜好，并驱动了人类构建各类知识观念的兴趣。人类对科学思想的追求甚至迷恋，就是广义审美欲望在理性领域中的典型表现。在认识活动与审美追求中，科学与艺术融为一体。伟大的科学家大都是具有深刻艺术感悟与艺术兴趣的人。缺乏艺术兴趣的科学家只能是科学工匠。

审美欲望在感性意识活动中的展开与实现，就形成了人类对各种艺术形式的兴趣与艺术形式的追求。对这种审美欲望的满足就是无数艺术家们毕生的生命追求。音乐、绘画、建筑、舞蹈、文学、诗歌，所有这些，仅仅是人类文明演化中凝聚出来的感性化观念表达的具体文化形式。人类在这些观念交流活动中对狭义审美欲望的追求，就凝聚出了人类哲学中肤浅的美学理论。

科学发现活动的表象是追求知识，而其内涵仍然是在追求构建观念结构秩序的审美满足。科学活动与艺术活动具有同样的意识内涵。科学技术活动的主要动因可以来自社会功利的拉动，纯科学研究的精神动因则只能在人类的审美本能中。艺术文化氛围与艺术本能的训练，是培养科学大师的精神基础。

就是人类神秘而又普遍的爱情状态，也是审美欲望在特定观念结构中高强度汇聚的结果。这种欲望汇聚与人类的性欲和群体依恋欲的融合交织形成的情感强化，就是人类爱情状态具有异常强大的欲望形态与需求动因的依据，也是特殊爱情能够生死相依的依据。

审美欲望在人类的行为动机构建活动中的展开与实现，则形成了人类对道德精神的向往与追求。人类的道德精神活动就来自审美欲望的驱动。在构建行为动机的价值活动中，审美欲望促成了对完美价值结构的服从，并由此而形成了行为动机对伦理价值的服从。人类追求行为动机与完美价值结构关系的有序与和谐，是审美欲望实现的重要方式，也是道德精神与道德行为的内在动因。

32. 审美欲望驱动认识活动

人类依据生命本能利用与适应环境和实现生存。生命本能驱动生命行为，并具体实现对环境的利用与适应，进而实现生命的生存。生命本能就是生命形态在环境中保持自己秩序存在的能力。

人类在环境中的全部行为，都可以归结于本能的驱动。本能对环境需求的表达形态就是欲望。人类全部行为的原始动因都在欲望中。

人类在精神与物质两个环境中实现生存。人类具有两种欲望驱动的两类生存行为。物质欲望与精神欲望共同构成了人类生存行为的原始动因。

人类的智慧与认知能力，最先感受与理解了人类在物质环境中的生存方式与欲望形态。物质欲望可以表达为三个层次的分析形态。这就是表达生存欲望的食欲性欲和安全欲望，表达群体生存本能的群体依恋欲望和表达影响以控制生存环境本能的自我实现欲望。

人类在精神世界中的全部意识活动或行为，也由人类的生命本能来驱动。生命本能在精神环境中驱动意识活动的功能就是精神欲望。人类的意识活动由精神欲望直接驱动，由物质欲望间接驱动。物质欲望通过精神欲望起作用。

意识活动的直接结果就是满足精神欲望，获得精神愉悦与精神快感。意识活动的间接结果则实现物质欲望，最终实现外在生存。

生命本能形成生存欲望，生存欲望驱动生存行为。在欲望与具体行为方式之间，还要通过精神环境的中介功能，才能实现简单欲望与复杂行为的具体联系。这个由精神环境提供的中介联系的方式，就是观念结构中蕴含的价值。

价值是人类生存欲望在观念空间中的经验化展开与观念化表达。物质欲望在精神环境中展开为物质价值。文明化的物质价值就是社会价值。精神欲望在精神环境中展开为精神价值，也就是审美欲望在精神环境中展开为审美价值。审美价值就是精神价值。

人类通过物质环境行为或社会行为实现物质价值，通过精神环境行为或意识活动实现精神价值。精神价值实现的直接成果，就是构建或者创造出观念要素与观念结构，就是构建与维护精神环境中的秩序。精神价值实现的间接成果，就是保证了人类在自然环境与社会环境中的合理生存。精神价值的公共化形态就是社会环境秩序的构建依据。人类依据合理的公共价值构建出合理的社会环境，实现合理的社会化生存。

人类在精神环境中的意识活动具有两种环境功能。一种是对内在环境的秩序构建的自组织功能，这就是认识活动。另一种是对外在环境中生存行为的驱动方式的构建功能，也就是构建行为动机，这就是价值活动。个体的认识活动是精神环境中的自组织过程，也是精神环境内部自为发生的秩序创建过程。人类精神世界的存在由观念空间秩序对观念空间能量的组织化构成。观念空间的秩序来自认识活动的自组织构建。

人类精神环境秩序的自组织过程，来自人类的意识活动。这种意识活动就是哲学中的认识活动。这种意识活动由人类的审美欲望所驱动。人类精神环境中的全部观念要素和全部观念结构，从元初观念到基础观念，从基本观念到终极观念，人类观念空间中的全部感性化的直觉观念与情感观念和理性化的知识观念，包括理念与思想，也包括逻辑与数学，都来自审美欲望驱动的认识活动的自组织成果。

个体的认识活动是个体观念空间结构的全部来源，也是人类群体中的公共观念结构的全部来源，更是人类文化的源泉。

理解认识活动的过程，就是理解精神环境存在本质的依据，就是理解人类智慧的依据，还是理解人类艺术与知识如何构成的依据，更是理解人类文化如何出现的依据。

人类通过自己的智慧理解与认知物质世界的秩序。特别是在理解与认知无生命世界的秩序中已经取得了巨大的理性化成果。这种成果也迷惑了人类的智慧，认为人类的一切生存环境秩序无非如此，或者都可以还原到无生命环境的秩序之中，或者与无生命环境秩序大致相同。

人类理解与认知无生命环境秩序具有一种可以超脱的优越条件，既可以超脱于人类的行为之上，也可以超脱于人类的精神世界之外。一旦进入对与人类的行为方式相关的环境秩序的认知中，一旦进入对人类精神环境秩序的认知中，人类的认知能力就迅速捉襟见肘而不能应付了。这就是至今为止哲学的困境与哲学的局限性的重要原因，也是人类始终将哲学看作是最为需要智慧能力的文化活动的原因。

哲学的局限性主要来自传统哲学对人类个体认识活动本质理解的狭隘与肤浅，也来自对人类生存方式的生命活动理解的狭隘与肤浅。因此在传统哲学中也就很难说清审美活动的内在机制与环境动因。传统美学就是哲学中的一个没有形而上逻辑结构的模糊不清的经验体系，就是哲学的一个不确定的边沿性内容。

在传统哲学中对人类认识活动与审美活动的理解，形成了不同领域中的不同功能的模式。这是对人类具有统一动因的不同行为表象的经验化分割。这也是人类在哲学领域中将不同的经验表象进行高层次抽象能力不足的表现。

人类的抽象能力，就是统合不同经验结构的能力。人类最高层次的抽象能力就是完全超验化的消融经验的抽象。这必须依赖哲学提供的形而上能力。抽象能力的不足也就必然形成对不同经验的统合不足与统合散乱。这种统合的不足与散乱，也就造成了在各种哲学认识论中都无法理解人类认识活动本质与动因的后果。

在传统哲学中，将人类的审美活动与审美欲望仅仅看作是一种特殊的意识活动方式，也仅仅理解为对某些特殊经验的归纳。而无法将审美活动上升到人类构建精神世界秩序的一般形式中。这是因为传统哲学无法透彻理解人类精神环境的存在方式，也就无法透彻理解人类精神环境秩序的来源依据。

如果精神环境是一种存在，也就必然有一种内在自发的自组织构建功能，这种功能也必然在人类的生存能力之内。只有人类的审美欲望与审美能力，可以安置与说明这种特殊功能。

在传统哲学的认识论中，在中国的心学和在西方的康德哲学中，对人类认识活动的功能的理解，也可以模糊地感受到对观念的构建功能与对精神环境序的发现功能，但仍然无法理解这种构建与发现的成果是一种环境的存在。更无法理解这种成果为意识活动提供了环境。他们也就根本无法理解人类普遍具备的构建观念的意识活动行为的动因与依据。

正是对精神环境秩序发生的自组织机制表象的不同理解与不同安置，形成了现代哲学认识论的基本分歧。无论是构建主义认识论与预成主义认识论，无论是康德的先验范畴还是黑格尔的宇宙精神，都是对这种自组织机制表象的模糊理解的不同形态而已。这就是至今为止的哲学在认识论中难以取得一致认知的重要原因，也是使得至今为止的哲学处于结构散乱与体系对立的重要原因。

哲学无法得到认识活动的根本依据，也就不得不将认识活动神秘化与外在化。用外在存在的客观规律来说明人类认识的成果的最终依据，就是一种最好的哲学遁洞。

哲学中的美学，则仅仅表达了人类意识活动中的观念构建与观念发现过程中所获得的欲望满足后果的感受现象，但对这种感受现象的行为原因，又不能与认识活动的过程统一起来。美学表达一般审美活动的观念，也就由此而仅仅局限于对既有观念形态的感受中。哲学史将美感发生的原因从外在事物对象的感官刺激发展为内在观念的感受，已经是全部美学观念在几千年的努力中最显著的进步了。现代美学也将这种发展作为最新的美学本体论成就。但这种观念也同样无法理解这种审美快感的行为原因来与环境依据，仅仅是将审美快感的神秘原因的表象从外在环境移入了内在环境而已。

在传统哲学中，认识论与美学就在这种表象化的归纳中分裂为两个不同的体系。这种对人类意识活动的基本功能的分裂理解，也是哲学仍然肤浅的重要依据。将这种分裂的观念统合起来，既可以为不同的认识论与不同的美学安置在统一的本体论基础之中，也可以大大简化哲学本身的结构。

在传统哲学中，为了表达一般的审美活动，为了强调其带来的特殊欲望满足，也就是获取美感，就不得不将追求人类审美欲望的行为本身，作为这种行为成果的全部环境依据。这就只能将审美的成果安置在对意识快感的获取结果中。

实际上，人类任何生存欲望的满足结果都会形成快感。食欲与性欲的满足结果具有快感，群体依恋与自我实现的满足也具有快感，但这些行为的结果并不仅仅在快感中，还形成了更重要的人类生存成果。食欲性欲的快感中蕴含了人类生命维持与生命延续的成果，群体依恋的快感中蕴含了人类群居的成果，自我实现的快感中蕴含了人类控制生存环境秩序的成果。

在人类审美快感的实现中也同样如此，也同样蕴含了人类重要的生存成果，这就是构建出了人类特有的精神环境秩序。实现审美欲望的意识活动过程，就是对新的观念要素的构建与发现过程，审美快感只是这个行为过程的欲望满足的生命功能表达而已。任何审美感受的获得，都是观念结构构建与发现的欲望满足的功能表达。任何认识活动对精神环境秩序构建的成果获得，都必然伴随着特定的审美快感结果。就像进食获取营养必然伴随食欲快感与性行为实现繁殖必然伴随性欲快感一样。

广义的艺术与艺术活动，就是人类对新构建出来的观念要素实现感性化外在表达的方式。在传统哲学中，人类只能将构建观念要素的结果快感与这种特殊的观念表达行为联系起来。这虽然非常狭隘与肤浅，但也在几千年中大致合理地安置了人类表达新观念的行为经验表象。

人类对观念空间中构成的新观念的事实化确认，主要表达在对这种新观念的公共化表达中。而对于无法公共化表达的新观念的发现感受，就只能塞进还仍然神秘化的"意识"这个哲学表象的大筐中。将美学仅仅局限中人类公共化的新观念的表达中，也就窒息了美学的真正活力。美学难以得到深刻的理性化发展与难以真正哲学化，这就是原因。

正是因为人类观念结构的基本形态是感性的，艺术形式与艺术活动也就成为人类观念交流的基本方式。这种感性形态来自认识活动的感性本质。人类艺术化的观念交流活动必然以观念构建的审美发现为依据，也就必然伴随了审美感受。这种经验表象一直在左右着哲学对审美的理解。在广泛的艺术活动中，审美的感受也就变形了这种活动方式的本质。

实际上，以满足人类精神愉悦或审美欲望为目标的意识活动，就是广义的审美活动，就是全部艺术活动的必要内涵与内在机制。其社会环境功能与外在机制，则是构建与传播了感性形态的公共观念。这种活动的复杂与深刻，也就是传统文化对艺术活动内涵理解的模糊与混乱的重要原因。

这种混乱的理解还来自对艺术活动的在人类两个生存环境中的两种功

能的混淆。社会学将艺术理解为社会文化活动的方式与内涵，人类学与哲学则将艺术理解为人类的精神追求活动。这两种不同的理解在文化中表达的对立，就形成了对艺术活动理解的二元化混乱。这也形成了传统哲学中美学内涵的含混与混乱。有些美学在追求对审美的哲学的理解，有些美学则在用审美来阐释社会艺术活动。正是艺术活动跨越在人类的精神环境行与社会环境行为之间，就将还嫌幼稚的哲学对这种活动的理解推入了困境。

人类的审美活动就是精神环境中的意识活动，就是人类构建自己的观念空间中的结构秩序的活动，也是满足自己审美欲望的行为。人类的艺术活动则是社会行为，是感性化地表达与传播精神环境中构建出来的公共观念的文化活动。前者来自人类对审美欲望的追求，后者则来自人类对合理社会秩序与社会行为的追求。正是这两种行为在成果表象中的一致性，就将它们在传统哲学中混淆起来了。

实际上，人类还有理性化地表达与传播公共观念的社会行为方式，这就是知识的构建与传播活动。这种方式随着人类理性能力与理性工具的复杂化与文化主流化，随着人类社会秩序与社会活动方式的高度组织化，也就日益处于更重要的地位中。曾经的艺术活动逐渐被现代的知识活动取代了。

在知识的表达与传播活动中，也蕴含了审美欲望的满足。正是由于人类哲学对生命理解的传统狭隘，也就常常忽略了这种欲望满足与审美动因。这种将人类的艺术追求与知识追求对立起来的哲学观念，也就必然将两者的动因归纳到不同的活动过程中去。于是方法论开展遮蔽本体论。于是知识逐渐代替了观念。于是将传统哲学中始终神秘化的精神本体的思想转变成为知识本体的观念。这种哲学的现代化转变，并没有任何真实的哲学进步。

人类对审美欲望的追求与对观念的构建以及表达这两种行为功能，实际上是通过在两个环境中被统一起来的行为过程中实现的，也就是在意识活动与社会行为的综合中实现的。将统一的行为功能分别理解为不同环境中不同形态的行为方式，就正是人类对自己的生存方式理解的肤浅化与表象化的结果。

人类观念空间秩序的凝聚与抽象，就是将经验表象不断地统合与简化的结果。人类的哲学目标，就是对人类的生存方式与环境形态构成最统一的也是最抽象的理解的追求。这种最高的抽象，就是最高的秩序，就是形而上的抽象。

人类在物理学中的最高目标，已经被集中于建立最抽象最统一的秩序中了，这就是标准模型的功能与四力统一的目标。人类在哲学中的最高目标，还在分裂的观念结构与价值追求中徘徊。

人类在艺术活动中的审美追求，也为哲学的审美追求提供了普遍的经验依据。但处以幼稚中的哲学则还无法理解与利用这种依据。哲学中的美学，也就逐渐尴尬地变成了人类文化活动的阐释工具，也就只能在艺术活动中寻求自己的灵感。美学在哲学中也就必然被局限化与边沿化了。

而在哲学的认识论中，正是需要理解与利用审美经验表象的领域。但哲学始终无法为人类日益深刻与重要的认识活动找到本能与欲望的依据。数学家们，物理学家们，哲学家与逻辑学家们，在认识活动中的精神追求，也就变成了一种神秘缥缈与不可言说的目标。在塑造他们的文化表达中，也就充满了超越人类生存欲望的所谓"精神"。这也将试图培养进入这个领域的人才的文化活动抽去了人本主义的依据。好像要成为科学家与哲学家，就必须具备超人的特殊精神不可，就非要不食人间烟火不可。殊不知，驱动他们的行为动因也是人间的欲望。

对他们的追求与理想的神秘化表达难以普及与传播，也就形成了一种简单化的普及方式，这就是将他们的理性与追求表达为对认识成果价值功能的追求。于是，科学活动的追求变成了对科学成果的追求，科学成果的追求变成了成果中的个人利益与国家利益的追求。当科学成果可能形成的个人利益变成了科学活动的大众化动因，科学成果的国家利益就变成了科学活动的道德化动因。因为审美禀赋与审美追求而进入这个领域中的青年们，就会在这样的功利面前形成了新的精神迷茫而不知所措。因为追求成果利益而进入这个领域中的青年们就会因为没有审美兴趣与审美能力而手足无措。他们的痛苦就是今天哲学不彰的文化后果，也是绞尽脑汁扶持人才的努力常常事倍功半的原因。

今天的中国在这种科学文化与哲学观念的引导下，已经失去了基础科学对年轻人的吸引力，也已经将社会现实利益异化为科学的目标了。以这种目标培养与使用人才，也就离开了实现人类审美本能的发觉与培养的本源，这才是当今中国科学人才匮乏的基本原因。也正因此，当今天的年轻人观察曾经的科学大师的活动时，只能感受到他们与我们的追求完全不一样，但又无法理解这种差异的本质。因为今天中国哲学的凋敝已经让中国人没有哲学思考能力了。

西方文化活动中的科学活动，从来不是完全以成果的价值利益为主导动因的，至少在某些领域中仍然会有一些追求科学活动中的审美满足的人群。只有在现代美国人的科学活动中这种动因才成为主导。美国文化就是实用主义文化。中国模仿美国的实用主义，只能更加肤浅与更加低效。欧洲曾经建立了伟大功业的科学大师们的科学追求就是他们的生活目标，其动因就在他们的生命本能中。这是今天的中国人难以理解的。

中国今天的文化形态还可以吸引一些年轻人投身于科学活动中，因为无论科学成果的个人利益与国家利益，其社会价值的感召力还是明确的。但要吸引他们投身数学，甚至投身哲学，就没有任何成果感召力了。数学的一般成果只能为科学成果提供工具，数学的优秀成果也没有诺贝尔奖。哲学家的成果大都在身后，他们大都难以在此生中享受自己的成果。这就只能到佛寺中的修行人群中，才能招聘到愿意投身哲学的人了。在今天的中国，没有多少人愿意投身于"功成不在我"的事业中。

科学史已经证明，大量的科学家与数学家们的工作目标，从来就不是他们后来所创建的具体成果的社会价值，他们在高度抽象的观念结构的构建活动中的毕生努力，常常并没有明晰的社会功能成果目标。对他们来说，这就是他们的人生追求与生活方式的兴趣所在。这种兴趣就来自人类普遍追求的审美欲望的满足，只不过他们追求审美欲望的满足方式具有特殊性罢了。

达尔文在进入艰苦的海上考察旅程时，并不会以构建一个新的生命演化秩序并颠覆基督教教义为具体的目标，他就是在追求一种理解自然界秩序的审美目标。毕达哥拉斯与欧几里得毕生沉浸在枯燥抽象的数学概念的逻辑构建活动中时，也不是在追求为人类的将来提供一个承载自然科学方法的数学工具，而是像贝多芬与毕加索追求自己的审美理想一样，在追求自己的审美欲望的满足而已。

33. 认识活动的感性本质和顿悟性突变

人类以及人类的生存环境，都可以用由秩序对能量的组织化所构成的存在来理解与表达。所谓的精神世界与物质世界的对立表象，只是不同层次的秩序与能量所构成的不同层次的存在形态而已。

存在由能量与秩序的复合所构成。能量是存在的本体形式，秩序是存在的功能依据。秩序对能量的组织化统合，既是形成存在的环境功能的途径，也是标志存在的依据。存在依据环境功能实现存在。存在的环境功能与实现环境功能的方式，就来自存在中的秩序功能。

存在处在永恒的演化进程中。存在的演化就是存在中秩序的演化。秩序的演化内涵就是旧秩序的瓦解与新秩序的重构的对立与均衡，就是这种对立与均衡的变化形成的秩序功能变化。这种变化也必然由秩序本身的结构改变来表达。

存在中的秩序具有无穷的层次。每个存在的秩序层次都永远处于不断地瓦解消失与不断地重构创生之中。秩序的永恒创生就是秩序永恒的无中生有或负熵发生，这来自秩序的自组织过程。存在中秩序的瓦解来在秩序功能的消失，这也来自存在内部微观的自组织过程。高层次存在中的秩序发生构成了对低层次存在的组织化。低层次存在中的秩序发生构成了对高层次秩序的瓦解。

自组织的过程遍布于环境的存在中。自组织过程形成秩序，增加存在中的有序程度，也提高了存在的秩序层次。

人类的生存环境可以划分为四个层次的存在。无生命存在、生命存在、精神世界存在与社会存在。精神世界是一个人类生存的环境层次。精神环境由其中的秩序表达其存在形态与存在功能。精神环境中的秩序形态就是观念结构。

人类精神环境中的秩序来自其内部的自组织活动。这个自组织活动就是人类意识活动中的认识活动。认识活动就是构建精神环境秩序的意识活动，这种构建的具体形态就是在观念空间中不断地构建出不同层次的观念结构。观念结构是人类精神环境秩序的存在形态或秩序载体，观念来自认识活动。观念结构与观念要素的总和构成了精神环境的存在空间。这就是观念空间。认识活动是人类精神环境得以形成与保持的原因。

所谓认识活动，就是对具有特殊功能的意识活动的哲学表达，就人类构建与创造精神环境秩序的方式。这个活动过程与无生命世界中由基本粒子构成元素，由元素构成宇宙星体，再构成地球生命的过程是同样的。人类的精神世界就是生命环境中的神经器官活动秩序在更高层次的自组织中构建出来的更为复杂的环境。

每一个人类个体都具有自己独特的精神世界，这都来自他们具备了特殊功能的高级神经器官活动的成果。人类通过生命秩序的传承具备与保持了构建精神世界的能力。这种能力的实现过程就是意识活动中的认识活动。

人类的意识活动构建出了精神环境，精神环境又为意识活动提供了环境条件。这就是精神环境与意识活动之间的自纠缠关系。人类至今的逻辑工具，仍然无法表达与理解自纠缠关系，逻辑的运用一旦进入自纠缠结构中就会失效。这是哲学困境的一个方法论原因，也是逻辑悖论的形成原因。

人类认识活动的结果，就是形成新的观念要素与观念结构，就是构建出新的观念空间秩序。每个人的观念空间中的全部观念结构，都是他们从出生以后由认识活动的构建成果的积累。每一个群体中的文化形态，都是群体成员的认识活动对公共观念的构建成果的积累。这种积累的最终成就，就是人类的文明。

至今为止人类可理解的自组织过程，都是突变过程。所谓突变，就是人类的理性能力无法理解的环境秩序的演化过程。自组织过程就是这样的过程。人类今天还无法理解与分析自组织过程，也就是只能将它当作环境存在中的黑箱过程。人类对无法理解又必须接受的环境过程，就只能在观念中将它们黑箱化。所谓黑箱过程，就是不可分析的过程，就是只能感受条件与结果的过程。黑箱过程的结果就是黑箱观念，也就是感性直觉观念。人类观念空间中布满了黑箱。

基本粒子的形成是突变过程。元素的形成是突变过程，生命的出现是突变过程，精神世界的形成也是突变过程，人类社会与人类文明的出现更是突变过程。这些过程都超越了人类的理性能力而不可分析，都是人类观念空间中的基本黑箱。人类的认识活动也是典型的自组织过程，也是典型的黑箱过程。任何一个认识活动的结果都是一个黑箱观念。

每一个认识活动的过程，都是对观念空间中的秩序的发现或秩序的构建，其结果都是形成或创造了一个新的观念要素。这个过程是突变过程，是不可理解与不可分析的过程。在传统文化中对这个突变过程的特殊表达就是"顿悟"。

任何认识过程都是顿悟。意识活动中的顿悟，超越了人类的意识感知能力对这个过程的感受与理解，也就只能将这个过程表达为一个突变的黑箱。人类的顿悟过程创造了全部精神环境与全部文化，但却无法为人类自己所理解。就像人类无法提着自己的头发抬高自己。

人类对认识活动的理解，只能从认识活动的条件与结果中得到，而不能顿悟的过程中得到。人类只能通过新观念的产生来确认认识活动的结果，还可以通过构建新观念的准备活动来理解认识活动。

因此，在人类的文化中和哲学中，仍然常常用具有神秘色彩的眼光来看待认识活动，人类的顿悟能力也就常常被看作是来自宇宙精神的感召的神秘能力。就是在康德那里，也还要用神秘的先验范畴来最终安置人类认识成果的高级形态。

人类对全部认识活动理解，都只能来自认识活动的结果与认识活动的准备。这种间接的理解，就是哲学的认识论始终无法清晰明确地回答精神世界来源的困难之所在。任何理性化的公共观念体系与文化表达，都必须是可分析的。哲学对不可分析的观念结构，也就只能安置到感悟性的形而上学之中去。

人类将意识活动分为感性与理性两种形态。所谓感性意识活动，这就是只能感知其结果而不可理解其路径与方式的意识活动，也就是直觉活动。这种活动虽然不可感知，但仍然是按照观念空间中的秩序进行的。由于人类对这个过程的不能理解，也就只能从这个过程的结果功能来确认这个过程。

当人类在社会化的观念交流活动中逐渐形成了对意识活动的理解之后，就开始出现了理性化意识活动能力。人类很晚才形成的理性化能力，逐渐实现了对自己观念结构的意识感知，并逐渐将一些意识活动的过程变为可理解与表达的。可理解与可表达的意识活动就是理性化的意识活动，可理解与可表达的观念结构就是理性化的观念结构。

人类对观念结构与意识活动方式的理解与表达能力，也就是理性能力，也是逐渐形成与深化的。其明确的文化标志，就是第一次理性的爆发形成了语言，第二次理性爆发普及了文字并形成了哲学，第三次理性爆发普及了数学工具并形成了自然科学。

人类理性能力的深化来自对意识活动的感知与对公共观念表达的互动。对意识活动的感知促进了对公共观念的表达，对公共观念的表达又促进了对意识活动的感知。

但是，人类构建观念要素的认识活动过程，仍然是不可理解的感性化意识活动，也是人类理性能力最终难以穿透与理解的意识活动。认识活动的突变黑箱，将永远是人类的直觉。人类认识活动的感性化本质也就决定了人类观念空间形态的感性化本质。在感性化的观念空间中，人类的理性能力提供的逻辑化观念与知识化观念，仅仅是一些简化的脉络。

那种将认识活动理解为理性意识活动的哲学观念，是一种对理性化意识活动方式的肤浅理解，也是对认识活动的误解。人类的认识能力构建出了精神世界，也形成了意识活动。认识活动与人类的形成同步形成。但人类很晚才形成了对意识活动的理解，人类系统化的理性能力则形成得更晚。在理性能力为人类提供了对公共化的超验观念的有效表达方法以后，才开始有了哲学。哲学只有几千年的历史，认识活动则可能已经有至少两百万年的历史了。人类在漫长的感性化意识活动中，仍然依据认识活动构建出了辉煌的文化与文明。人类具备系统的理性能力以后，仅仅形成了对认识活动成果的更深刻理解，甚至也可以实现对认识活动条件的理解，但对于认识活动构建观念要素的突变过程，在哲学中仍然还是一个黑箱，就像今天的自然科学对自然环境中的突变过程也都只能用黑箱理解一样。理解自然环境秩序要比理解精神环境秩序简单得多。

至今为止的人类哲学，在自己追求理性化地理解与表达精神世界的存在方式与活动方式的活动中，仍然无法理性化地深入到广泛深刻的感性意识活动中去，而只能在人类有限的理性化观念结构中徜徉。就是高度理性化的自然科学，也只能理解最简单的自然环境秩序，这种理解的方法，也主要是将普遍的非线性秩序进行线性简化。而对于无法线性简化的秩序，自然科学也只能将他们安置在感性意识活动中。

人类的理性能力来自对观念的公共化表达。理性方法的功能也主要蕴含在对人类精神环境观念形态的简化表达中。这种简化带来了观念公共化的高效与精确，但仍然无法穿透人类精神环境中丰厚的感性化本体。

人类的理性能力也深刻地改变了认识活动结果在观念空间中的内在表达方式。使得具有理性化特征的认识成果可以构成可充分理解与充分表达的观念形态。至今为止的哲学中表达的理性认识活动，仅仅是认识成果的理性化内在表达，而不是认识过程本身的理性化。正因为哲学还不能理解与区分认识活动的过程与认识活动的成果表达，也就常常将理性化形成的成果表达当作了理性认识本身。

虽然这种被理性化方式改善与重塑的内在表达过程，也属于认识活动必要的内在表达环节，但它并不是认识活动实现自组织的核心环节，不是意识活动构建观念空间秩序的环节。

人类意识活动的基本方式是感性的与非理性的，人类认识活动的基本方式也是感性的与非理性的。人类的理性化意识活动能力仅仅是感性化意识活动能力基础之上的特殊形态，理性意识活动方式与理性观念结构仅仅是一般意识活动方式与一般观念结构形态中的特殊方式与特殊形态。

感性化方式是人类认识活动的核心方式，这就决定了由此而构成的人类观念结构的主体形态是感性化的，也决定了人类精神环境的中的基本观念形态是感性化的。在观念空间中，来自人类对自己意识活动理解的稀疏的理性化观念结构，仅仅是感性化的主体观念结构中的表面化与简单化的脉络而已。

认识活动通过发现观念要素集合的普遍联系中形成了特殊环境功能的联系，并将这种联系与依据这种联系所构成的环境功能，在观念空间中通过表达而形成了固定安置，这就是一个新的观念要素的自组织过程，也就是构成了一个观念结构秩序的过程。本来表达这种秩序的联系就是观念空间中的存在，但这种联系形成的环境功能并没有通过在环境中的表达而形成固定与凸显。每一个自组织过程都是对多层次嵌套的联系功能的集中凸显与秩序强化而形成了突变性固定。多层次嵌套的环境功能在这种集中凸显与强化固定中被放大与确认，这就形成了整个要素集合在环境空间中的新功能。这种新功能就是对既有联系形成的既有功能通过特定的环境功能实现了数量放大的结果，但这种数量放大在多层次嵌套的功能叠加中突然形成了原来没有的环境功能形态，于是，新的存在秩序与新的环境功能就出现了。

每一个构成环境秩序的自组织过程，既是对既有联系的重新发现与固定放大，也是对这种联系进行新的环境安置形成了新的秩序构建。自组织过程就是发现与构建的共同过程。人类认识活动的内涵同时具有发现与构建的功能。

自组织过程的发现，来自对既有联系间功能感受的内在酝酿与汇聚，自组织过程的构建，则来自对新发现的多层次环境功能的凸显性放大与强化固定。

每一个新的观念要素的发现与构建，就是一个新的观念结构的构成。所谓"发现"，就意味着新的秩序在原有的无序存在中被组织起来，就意味着新秩序以原有的更低层次的秩序中的无序存在为既有的存在基础，在这个既有的无序存在中的无穷多样的联系结构中，通过认识活动而形成了一个新的秩序结构。所谓的"构建"，就意味着新的观念要素或观念结构及其环境功能，是原来的环境中不存在的，是认识活动过程对一个新的环境存在形态的创造。

用发现与构建来同时表达认识活动的过程，就表达了理解这个过程的两个不同视角。这两个视角共同构成了认识活动的自组织过程。

认识活动的发现与构建过程，是一个作为意识活动主体的人类个体所无法感知的感性化的意识活动过程，是人类的理性能力无法进入与理解的自组织过程，也是观念结构或观念秩序的突变过程。这个突变就是所谓的顿悟与灵感凸显。具有强烈环境功能效果的认识成果，就被人类体悟出了它的明确存在，也就被表达为顿悟。在一般的认识活动过程中，对感性直觉成果的功能发现并不明确，个体也就无法明确体会到顿悟，而只能体会到在过程中被满足的审美欲望与出现的审美快感。任何一个认识过程的发生都会形成审美快感与意识愉悦，但不一定形成明确的观念发现。欲望的满足是人类的直接感受，欲望满足的功能结果只是人类的间接感受。

人类的认识活动与理性能力还无法直接地反身识与理解认识过程本身，还只能间接地通过认识活动的环境功能成果感受与理解认识活动过程的存在。任何理性逻辑工具，都只能是将依据感性化方式形成的认识成果改造成为可理解的理性化观念结构的工具，而不能干预认识的自组织过程本身。逻辑的运用只能在认识的成果中，而不会是认识发现本身。人类哲学中表达的所谓理性化认识活动，都只是对认识成果进行理性化表达形成的改造成果。

34. 两种认识论的对立与局限

认识论是哲学的基础结构。不同的认识论来自对人类精神世界形成方式的不同理解，也就必然会衍生出理解精神世界存在方式与功能的不同的哲学体系。认识论的对立与混乱，就是哲学体系对立与混乱的基础性原因。将不同哲学中的认识论在统一的逻辑中得到合理安置，或者追寻一个可以融合各种哲学的包容性的认识论，就是统合至今为止仍然混乱的哲学体系的基本途径。

在至今为止的哲学中，从两种对认识活动的对立的理解出发，也就形成了两种对立的主流认识论体系及其衍生的主流哲学体系。这就是唯物论与唯心论的认识论体系与哲学体系。这两类哲学体系的对立与分歧，就可以从它们认识论的对立与分歧中得到阐释与理解。依据不同的认识论特征，也可以将不同的哲学流派大致归入唯物论与唯心论的范畴中去。正因为认识论的复杂与多样，这种归纳也是相对的。对丰富多彩的哲学流派进行唯物与唯心的区分，仍然是逻辑的区分。

唯心论的认识论认为，精神世界是来自一种超越人类的活动方式的神秘活动的结果，也是一种超越人类生存方式的特殊的环境存在。这种在人类的存在之上的精神存在，通过人类个体的意识活动实现对人类观念的启示与映照，并展现为人类具体的精神世界。人类个体具体的精神世界的形成依据，就在人类之外存在的那个永恒的超越性的精神世界之中。这个永恒不变的精神世界为人类具的精神活动提供了秩序依据。

对这种超越人类存在的永恒的精神世界，在不同的哲学中常常具有不同的表述，它们被称为绝对理念或绝对意志，也被称为宇宙精神与先验范畴。在今天最新的生物中心论中，也被称为多重宇宙的综合与不死生命的存在。就是在主张唯物论世界观的自然科学中，也常常会有这种终极认知的影子，这就是超越了人类活动的绝对的客观真理与客观规律。它们都可以归纳到古代欧洲哲学的绝对理念中去，也可以归纳到近代欧洲哲学的宇宙精神中去，还可以归纳到中国哲学的"道"与"天理"中去。这种认识论的核心特征，就是认为人类个体的精神世界，必然来自超越人类生存的永恒精神的具体展现。人类精神世界的秩序依据在冥冥宇宙之中。实际上，这具有超越的真理性。

这种认识论也为一神宗教文化体系提供了理解人类精神世界与意识活动的依据。实际上，一神宗教就是在这种哲学认识论的支撑中形成的。一神宗教文化的形成，又为这种哲学体系提供了社会文化环境基础。以这种认识论为基础的哲学，也就常常是一神宗教中理性化教义表达形态的哲学同盟。通常认为神学认识论与佛学认识论属于唯心论哲学，就是这个道理。在今天已经被现代化改造而融入了现代社会文化之中的主要的一神宗教中，唯心论的认识论还仍然处于核心地位，还在宗教观念体系中被人们广泛地接受。现代宗教文化的隐性或显性的广泛影响力，就是唯心论哲学今天影响力的稳固根基。要推翻唯心论就必然要推翻宗教文化，这显然不可能。现代宗教在现代文化中几乎可以获得与现代科学文化同样的影响力。

唯心论认识论的通俗化观念形态，就是认为人类的认识能力来自天外的神秘感召，来自从曾经的上帝与佛祖到今天的宇宙生命中心之类的神秘力量的投射。这个认识论的强大的影响力，仍然在深刻地左右着今天的哲学家们，甚至也深刻地左右着很多自然科学家们。但有头脑的自然科学家们在相信它们的同时又可以不被它们所束缚。

自然科学看似以唯物论的认识论作为自己的哲学基础，但由于唯物论认识论本身的局限，这种认识论就只能满足具有肤浅内涵的技术层次的文化构建需求。自然科学家们一旦深入到对世界本质的思考中，唯物论哲学的逻辑就会遇到天花板。唯物论哲学的重要影响力，主要来自它可以比较好地满足一般以科学技术发现活动为目标的技术专家们或科技工作者们的哲学需求，也可以比较好地满足一般社会管理技术构建活动的哲学需求。科技学者与行政专家们可以在其中得他们所需求的几乎全部逻辑依据。

但对于那些需要深入思考一般科学观念的学者们，对于需要深入追究人类社会的一般存在方式与活动方式的学者们，他们就常常无法在唯物论的认识论中得到哲学思考的满足，他们常常会就自然而然地滑入唯心论中去寻找更为深刻认识论理解。很多处于前沿探讨活动中的科学家们，很多深刻思考人类社会秩序的政治家们，都常常会在有限的观念空间中信仰宗教，就是这个原因。因为唯心论的认识论所具备的深刻性，恰好是他们打开思维的广博空间所需要的。牛顿与爱因斯坦对基督宗教的皈依与不舍，现代物理学家们的头脑中不时地闪出上帝与自然神的影子，今天西方社会的政治家们仍然不能放弃对上帝的依恋，现代中国的深刻政治家不得不将共产主义观念终极化与神秘化，并隐隐输入了儒家的天理，并不是因为他们的肤浅与迷信，恰恰是因为他们需要深邃的思考与深刻的探求。面对这种文化混乱与文化活跃，本应出来主持大局的哲学家们则在无所适从。因为今天的哲学萎缩了。

处于这种文化混乱中的深刻思想者们，并非对唯物论的认识论不理解，恰恰是因为他们不愿意被唯物论所束缚。一旦进入对人类根本生存方式的思考中，他们对人类在物质环境中的生存方式必须依据精神环境秩序来表达的自纠缠关系的困惑，就让他们追求统一和谐的终极观念的意识活动本性，促使他们不得不回到唯心论中去寻求解惑的钥匙。因为唯物论认识论的简单化形态无法回答这些困惑。

唯物论认识论的巨大影响力，来自它简单化的精神环境构成原因表达，可以基本上满足各类技术专家们局限化的意识活动与认识构建的需求，包括可以满足社会管理技术学者与社会改造技术专家们的精神需要，也可以满足在人生中追求实用主义现世合理生活的社会成员的精神需要。但却远不能回答那些以探索人类生存环境与生存方式的深刻本质为追求目标的思想者们的精神需求。中国人曾经仅仅追求简单的满足温饱与国家富强，唯物论哲学对此已经足够，而且简单好用。今天的中国人开始追求理解人类与理解世界的中国梦，简单实用的哲学就无法应对了。

由唯物论的认识论所衍生出来的哲学体系，由于直接支撑了自然科学文化体系的确立，特别是支撑了科学文化的普及，从而取得了如日中天的文化影响力。这种影响力也将唯物论哲学在现代文化的很多领域中推上了绝对化的地位。看起来唯物论已经彻底地战胜了唯心论，看起来哲学的历史性分歧已经得到了最终的解决。但这种最终解决的表象仅仅是由工具理性的思潮所支撑的实用主义哲学滋养的结果，就是高举辩证唯物主义哲学旗帜的马克思主义哲学，也仅仅在急于改造社会秩序的工具性饥渴中，才会在发展中国家成为主流文化。他们一旦进入了稳定成熟的社会秩序状态，这种哲学的影响力也就会收缩到表达其社会伦理的模式中去，而不会继续广泛地引导一般哲学。辩证唯物主义就是在已经广泛流行的自然科学的哲学基础上，也渐渐不具备统治地位了。今天科学哲学的领导地位，一直稳定地被逻辑实证主义哲学以及它的派生体系所占据。因为它更适合现代自然科学的哲学需要。

当今天的人类面对混乱的文化，不得不对根本哲学问题重新思考与探讨时，当人类在重构自己文化体系的活动中，不得不回到深刻的超验观念的思考领域中时，当人类的文化构建，需要深层次地探索人类精神世界的存在本源与活动本质时，已经看似获得了成功的唯物论哲学就开始捉襟见肘了。

唯物论哲学始终没有能够心悦诚服地统合与安置人类的全部哲学与全部文化，而只是对仍然深深地依赖唯心论哲学的文化体系进行了漠视与遮蔽，简单地将他们贬低为迷信。就在唯物论哲学形成了巨大影响力的现代社会文化活动中，各种唯心论哲学所滋养的文化体系，仍然具有广博的社会需求与生存土壤。因为它们对唯物论哲学的局限与不足的弥补无法被取代。

在自然科学的探索前沿中需要深刻思考自然界本源的自然科学家们，在现代社会管理活动中需要深刻思考人类精神世界的本质功能的经济学家与政治学家们，在夜深人静的深邃静思中面对人类的不可知与不可控的行为领域的人们，常常会不自觉地回到宗教文化之中，就是这样的例子。哲学系的教授们，白天可以开唯物论的课程，晚上面对自己的健康与心灵，则会相信道教的养生与佛教的禅宗。

某些今天处于前沿探索活动中的自然科学家们，也不由得会重新捡起唯心论的认识论工具，来理解他们的思考深入而不得不脱离了经验观念结构，来理解他们只有进入超验观念空间中才能得到很好理解的自然环境秩序。也不得不用理性的视角重新审视曾经被贬斥为迷信与曾经被抛弃的神明了。人类对宇宙的理解的深入，不断证明了人类对宇宙理解的狭隘与肤浅。最新的说法是，人类的全部知识仅仅关涉了宇宙的百分之五。宇宙已经不止一个，远在人类可理解之外的不止一个的宇宙还要依据一个更为永恒的精神或灵魂才能被人类所接受。实际上很可能人类的知识对宇宙的理解远远低于百分之五。

最近由著名美国生命科学家提出的所谓生命中心论的思想，甚至可以提供一种获得广泛影响力的新的世界观体系。实际上，这只是传统唯心论世界观用现代科学观念进行包装后的翻版，也是历史悠久的人类中心论观念在现代文化中的还魂。更为时髦的哲学则将神秘的量子理论与同样神秘的人类意识联姻，让它们获得了在不同神秘中的互相支撑，也表达了自己的伟岸。

类似的世界观以及已经被一两百年前的哲学家们早就争论清楚了的唯心论的短处，又在今天缺乏哲学思考能力的文化环境中，因为哲学的凋敝而被忽略了。因为这种忽略，唯心论哲学就换了一套科学观念的马甲而重新流传起来。他们那里所说的生命秩序在宇宙中的普遍存在，就是原来的唯心论世界观中所坚守的灵魂不死的基本观念，或者就是唯灵论的世界观的现代化装修形态。只不过他们将宇宙间普遍存在灵魂的概念改换成了宇宙间普遍存在生命的概念而已。它们用量子现象的神秘难解来表达人类意识，就是用科学化的量子观念代替了宗教化的神明。灵魂过于神秘，生命比较科学。神明已经迷信，量子必然真理。

这种偷梁换柱的炒剩饭，之所以还会被惊叹为创新的思想而受到人们的追捧，就是因为现代教育的知识传播与知识塑造的工具化方法，已经泯灭了知识分子们的哲学思考能力，就是因为哲学对人们思维的影响力，已经在现代文化中被哲学的常识化与形式化而几乎被消灭了。正是哲学能力在现代文化中的消灭，才使得已经被两百年前的哲学家们说清楚了的认识论争论，今天又在唯物论哲学的肤浅简单的概念中，又能够沉渣泛起了。

所有这些，恰恰说明了唯物论哲学在深层次的现代文化活动中影响力的局限，恰恰说明了似乎已经最终解决了的唯物论与唯心论的哲学争论，还在继续隐蔽地处于争论中。也恰恰说明了今天哲学的肤浅与哲学的散乱冲突。

唯心论的认识论否认物质环境的信息输入对认识活动的基础性作用，也就否认了精神世界对物质世界的存在依赖。他们否认的方式就是将人类难以理解的物质环境秩序，表达为一种特殊的超越人类的精神环境。这就是否认了人类精神世界以外具有一个独立的物质世界的存在，这种否认就来自对一个独立存在又具有无穷秩序可能性的物质世界的不能理解。但这种不能理解，恰恰又是传统唯物论哲学形成的精神桎梏。这个桎梏同时限制了唯物论与唯心论。

传统的唯物论无法说明人类不可理解的秩序存在，更无法容忍这种秩序存在具有无穷的可能性形态。他们为此而设置了一个被称为不可知论的巨大的垃圾筐，当这个垃圾筐成为战胜唯心论的好用而简单的核心武器时，也就常常将很多可爱的婴儿与脏洗澡水一起倒了进去。

唯心论哲学对物质世界信息输入功能的否认，也来自他们不能理解精神环境秩序与物质环境秩序间的投射关系与表达关系，更无法理解包含了人类全部生存环境秩序的精神世界，本身就存在于物质环境之中。人类的精神环境，特别是公共化以后的精神环境，虽然必然包含了人类可能理解的全部物质环境秩序，但物质环境秩序则远远超越了人类精神环境秩序的可能性空间，精神环境秩序仅仅是物质环境秩序的一个被高度压缩的局限空间而已。薛定谔的盒子打开后，人类可以看到的猫必然具有确定的生或死，但在没有打开的盒子里，猫的生存状态则具有无限的可能性，包括了无限多的处于生死之间，或生或死的可能性。但这种对环境秩序的新颖理解，却是难以被人类今天的哲学所安置的，无论是唯物论还是唯心论。哲学已经远远跟不上前沿科学。

至今为止人类的全部精神世界，对于自然界的物质存在来说，仅仅是一个打开了的盒子。人类的全部文化仅仅是这个盒子里的一只猫的生与死。只不过这只猫的生与死已经足以支撑人类的生存与文明了。还有无穷多的没有打开的盒子，在每一个可以打开而具有无穷多秩序可能性的盒子里，才是人类精神世界之外的物质世界的存在环境，它们既不是不死的灵魂也不是广义的生命，更不是既定的客观规律与流变的科学定律。

唯物论哲学无法接受一个处于生死之间的猫。唯心论哲学则有可能接受这个具有神奇功能的猫，尽管猫的生命存在对人类的理解仍然是具有无穷秘密的，尽管如果透彻理解了猫的生死，也就可以理解人类的全部生存，但唯心论哲学则否认了存放与保障这只神奇之猫的盒子，否认了使猫得以存在的盒子以及盒子以外的其他无穷多的盒子。

唯心论哲学的这种否认，实现了对物质环境秩序存在的基础性功能的否定，也间接地否定了人类精神世界本身存在的合理性基础而将精神世界悬空了。这种将人类生存环境的完全悬空，就只能将人类的全部生存环境神秘化。这就是唯心论哲学的最大短板。

这种否定，来自将具有时空无限性的精神环境对物质环境的超越性表达，理解为物质环境本身的超越性存在，也就是将间接的表达变成了直接的存在。尽管这种理解就来自人类的生存方式，但这也必然将扭曲与倒置了人类两个生存环境的关系。

这种扭曲与倒置，也就必然将人类精神世界所必须依赖的物质环境，变成了在精神世界秩序面前被贬低与被虚化的对象。在唯心论哲学所支撑的现代一神宗教文化体系中，在其所表达的公共观念中，就将人类生存其中的物质环境，以及人类对这种环境的基础性依赖的物质欲望，看作是精神环境中的精神价值的虚幻的不真实的展开。佛教的世界观就是这样的例子。

人类很早就形成了与唯心论对立的唯物主义世界观。这种世界观将物质世界的存在当作精神世界存在的直接基础。但早期的唯物主义世界观则是简单与肤浅的，这也是它们在现代哲学中被冠以"朴素"的原因。

但这种简单肤浅的思想，却迷糊地正确表达了人类生存的两个环境之间的合理关系。这种思想后来形成的哲学体系，仍然坚持了对这种关系表达的简单与肤浅，也就使得它在唯心论哲学面前常常露怯。

马克思说黑格尔的唯心论体系是一种合理结构的头脚倒置，就暗示了传统唯物论是缺乏智慧细节的头脚正置。马克思对这种智慧细节的补充，仅仅是加入了人类实践活动的辩证循环。但这种只是基于方法论而缺乏本体论基础的补充，则远远不能充分展开倒置的唯心论哲学中的丰富智慧。

欧洲社会创立的工业贸易文明，使得在历史文化中并没有深刻影响力的唯物论哲学，驾驭着科学文化的巨大影响力重新亮相了。自然科学对物质环境的出色理性化理解，似乎重新遮掩了唯物论哲学的短板。在科学文化取得的巨大成功的耀眼光芒中，一个简单而直接的认识论，为这个新的世界观体系提供了哲学辩护。

这种略显简单的认识论与自然科学的基本方法，与仅仅关注人类的经验观念体系的哲学结构是高度融洽的，也为人类理解自己的生存环境提供了简单直接的观念。在这个世界观中，超验观念变成了悬浮于社会秩序之外的特殊精神存在，从而与社会秩序的形态没有直接的关系。这种实用主义的世界观，恰恰忽视了超越性文化对人类社会秩序的根本性意义。

这个认识论与哲学的简单性与直接性，来自欧洲世俗社会成员在宗教社会环境中的崛起，也使得科学观念的普及与传播因为回避了唯心论哲学的复杂逻辑，而变得畅快无比。简单的常识要比复杂的逻辑更容易为大众所接受。自然界具备一个永恒的客观规律要比一个神秘莫测的上帝更容易理性化地理解。简单的唯物论哲学，为现代文化的大众化普及提供了充沛的文化动力。在现代社会中，唯物论世界观常常是普罗大众的基本观念，唯心论与宗教世界观，则常常变成了追求文化修养的社会成员的喜好。

唯物论的哲学影响力，来自英国近代哲学中的经验主义流派看似理性实际上是感性的透彻说服力，但这个说服力又被所谓的休谟困惑所悬置起来了。休谟将人类精神世界的存在与来源还原为经验的结果，这也是唯物论世界观的基本结构。这个还原受到了近代科学家们的欢迎，也为科学文化打败宗教文化提供了常识性的认识论武器。

但在唯物论哲学的认识论中，仍然回避了人类精神世界的存在方式中无法用经验去说明的一个黑洞，这个黑洞就是休谟困惑的来源。只不过，在依据事实与常识理性就可以基本上完美化的科学文化体系中，这个黑洞对大多数科学家们来说仍然是可以回避的，这个黑洞在一般追求现代生活的社会成员的心目中，也是可以忽略的。

　　人类如果探求意识活动的终极形态，如果要探求科学观念与科学思维的终极依据，就无法回避这个精神黑洞，也就必然要重新回到唯心论哲学所提供的本体论中去，也就必然会碰到休谟的困惑。这个黑洞就是，人类精神环境中安置了经验观念的超验观念结构是如何产生的。对于科学家来说这个黑洞就表达为，科学范式的依据在哪里？逻辑与公理是如何形成的？客观规律如何存在？数学来自宇宙还是来自人心？他们无法从任何经验事实中找到这些问题的解答依据。对于仅仅关注常识的普罗大众来说，这个黑洞就是，超验伦理与终极信仰是从哪里来的？既然不能从经验中得到它们，而依据任何科学方法也都无法从宇宙中找到它们。

　　这些人类现代文化中的根本困惑，都来自哲学认识论的模糊与困惑。面对这种深层次的根本精神困惑，那种将宇宙的本源归为一种生命存在的本体论逻辑，似乎是一种有效的小聪明。

　　在现代唯物论哲学中，其主要成就与依据都集中在认识论之中，而对于精神世界的本源的本体论问题，唯物论哲学则大都采取了回避的态度。这种状况直到由现代心理学支撑的弗洛伊德的精神分析的方法中，才隐约打开了进一步探讨的逻辑门洞。

　　一神宗教文化在今天的现代社会中，之所以还会重新焕发新的生机，各种神秘的世界本体观念，例如生命宇宙模式与多重宇宙模式，之所以还会在科学的外衣包裹中登台显现，各种唯心论的认识论之所以还常常会在科学观念体系中借尸还魂，就是因为唯心论哲学对于人类精神世界存的理解，比唯物论哲学更深刻也更完整。尽管它们常常头脚倒置。这就是因为唯物论哲学对人类精神世界理解的肤浅化与简单化，使得它在很多深刻思考的领域中无法满足人类的需求。唯物论哲学只能比较好地满足低层次经验体系中的文化需求与精神活动需求，一旦进入对复杂秩序的理解与超验观念的文化领域中，它就常常无法自圆其说了。休谟对经验论哲学提出的责难，在今天的哲学中仍然没有解决。只是因为现代科学哲学将自己的注意力集中于工具理性的探讨之中，从而形成了对超验哲学或形而上哲学问题的忽视与淡化而被现代文化活动所回避了。

　　唯物论哲学的基础就是反映论的认识论。唯物论认为人类精神世界的存在内涵，都来自人类对物质环境秩序的直接反映，都来自人类的感官信息。唯物论哲学的目标就是揭示人类精神活动中的这种反映过程而已。反映论的认识论认为，人类的认识活动不过是对既有的物质环境中现存的秩序的发现与揭示而已。这种发现与揭示的全部依据都在感官信息中。反映论认为人类认识活动的最终目标，就是揭示与理解宇宙中的客观规律。而对这个客观规律的来源依据，则悬而不问。
　　但这个悬空，也就恰恰是唯物论哲学与唯心论哲学在认识论中的冥冥联系。人类探讨精神世界奥秘的活动最终是统一的。只不过，在两种哲学的直接形态的终极化中，唯物论认为精神世界反映了物质世界的秩序，唯心论认为精神世界就是全部人类环境的本源。实际上，在它们的终极结构中，都无法回避人类精神世界秩序是外来的。在现代哲学中两种认识论的对立，似乎被客观唯心论模式缓和了。因为客观唯心论的终极本体已经与唯物论的终极本体融合了。
　　唯物论的认识论深刻地说明了物质环境的信息输入对认识活动的重要作用，这就支持了自然科学的世界观本体，从而深刻地说明了精神环境必然要依据物质环境提供的秩序来源的依据。深刻的唯物论也就必然努力将精神世界的存在还原为物质存在本身，并以此来支持它们的本体论。这个方向在哲学上是有问题的。正是由于缺乏了合理认识论的支撑，这个方向的哲学努力很难成功。

唯物论在自然科学的文化活动中获得了明确的成功。这种成功也进一步引导了科学哲学对整个哲学的改造，甚至形成了科学哲学对整个哲学活动的遮蔽与局限。

这种局限来自唯物论不能说明精神环境独有的秩序来源，也就是不能说明精神环境中常常显现出来的超越了物质环境秩序与超越了经验观念的秩序来源。例如，对于人类创造的数学逻辑体系与现代数学提供的工具体系，就无法用反映论来理解与安置。也就只能回到传统唯心论中去，认为数学观念就来自宇宙的本源。面对数学逻辑中表达的超越了自然环境中的经验事实的可能性空间，以及这种空间对自然环境秩序提供的超验安置的功能，无论如何也无法归纳到唯物论的反映论中去。正因为数学观念体系对自然环境秩序的超越是唯物论哲学所无法理解的，高层次的数学家们也就大都并不会将自己的世界观完全拘泥于唯物论中。

由反映论支撑起来的唯物论哲学，只有把精神世界的存在形态简单化与表面化，才能安置人类的全部文化成果，这也就必然在较低层次的世俗文化中形成了对传统宗教文化的排斥。但这只是当时欧洲文化现代化改造的必要需求。一旦进入高层次的深刻文化思考中，主张唯物论的哲学家们常常也无法摆脱宗教观念的影子。

唯物论的认识论否认了人类意识活动的观念创造功能，也就无法解释与安置比比皆是的物质环境中没有的精神环境形态，特别是无法说明复杂深刻的一神宗教的来源，也就只能简单地将它们贬为无用的迷信。这就回避了对人类至关重要的超验观念的思考，甚至将作为哲学观念的核心结构的形而上观念体系也边沿化了。唯物主义必须反对形而上学。

正因为宗教观念是无法从自然界中"反映"进来的，所以一切唯物论哲学家也都要回避对处于人类文化史中的主流形态的宗教文化的探讨，包括马克思。宗教文化被看作是人类精神的麻醉剂。没有了宗教，如何理解与安置人类漫长的文化史？

在唯物论的哲学中，对物质环境的认识与理解，也被说成是对既有的客观规律的揭示与发现。而如何理解这种必然存在的客观规律的来源，则不是被回避，就是又不得不回到人类之外的神秘力量中去。这种处理方法，就为唯物论哲学最终通向唯心论哲学保留了通道。这就是唯物论认识论的一个最基本的逻辑漏洞。这个漏洞表明了反映论所支撑的哲学体系对本体论问题的回避，并常常用方法论的运用来掩盖这种回避。虽然在认识论中引入辩证法逻辑工具可以缓和这种漏洞的矛盾，但方法论的缓和不能代替本体论的说明。

例如，辩证法的方法论工具，在新中国的哲学中就曾经被延展为理解世界存在的本体论观念。把人类的环境存在表达为矛盾的对立统一，回避了是何"物"的对立统一。对立统一来自黑格尔的精神，而不是来自物质世界的"反映"。这种哲学的混乱也就是后来的文化混乱的精神原因。辩证法的方法论与自然科学的本体论的奇怪混合，甚至将自然哲学的学科改称为自然辩证法。这种哲学形态看似获得了逻辑的完美，实际上则是造成了哲学的模糊与混乱。在同一个时代的有些西方哲学家们，则在努力将自然环境的本源还原到逻辑中去。这似乎与新中国哲学不约而同了。

康德利用"宇宙精神"和先验范畴这两个神秘化的观念，试图既说明唯心论认识论的精神来源，也说明唯物论认识论的客观规律的来源，从而实现对它们的统和。但这种逻辑安置由于对哲学重构的功能不足，而缺乏真正的哲学说服力，好像仅仅是用"宇宙精神"同时取代了上帝与客观规律而已。这就是康德的哲学虽然被尊为西方现代哲学的基础但仍然难以被人高度尊敬的重要原因。

第八章 认识活动的三个环节

35. 认识活动的准备环节或认识对象的形成

人类的存在也由秩序对能量的组织化所构成。人类存在于生命秩序中，也存在于精神秩序中与社会秩序中。

秩序的形成来自存在中自发的自组织过程。生命来自无生命的自组织成果。人类精神环境与社会环境也都来自其中自发的自组织过程。人类的精神环境是一种特殊的存在形态，它也由其中自发的自组织过程而构成。这个过程就是人类的认识活动。

人类精神环境中的能量存在，通过认识活动的自组织，不断构成了精神环境中的秩序，也不断形成了精神环境的存在与观念结构的存在。认识活动在精神环境中发生，认识活动构成的精神环境又为认识活动提供新的条件，又通过新的认识活动构成了新的观念结构与精神环境。

认识活动就是精神环境中的秩序发现与秩序构建过程，就是发现与构建观念空间中的观念结构的过程。哲学认识论的目标，就是回答人类精神环境的来源问题。认识论的形态就是对认识活动构成观念结构的自组织过程的逻辑化表达。这种表达提供了理解认识活动的分析途径。

认识活动可以分析为不可或缺的三个相继的环节。这就是形成秩序发现领域的准备环节，实现秩序构建的自组织环节，对秩序构建成果的内在表达环节。

虽然只是在第二个环节中实现了认识活动的核心功能，但每一个认识活动的实现，又都必须通过第一个环节实现自组织条件的准备与酝酿，也都必须通过第三个环节将自组织结果在观念空间中保存与固定。它们都是人类理解认识活动的不可或缺的过程。

由于认识发现的自组织突变环节，是一个不可感知与不可理解的黑箱过程，在至今为止的一般文化中，甚至在哲学的认识论逻辑中，也都只能通过对认识活动的准备环节与表达环节来感知认识过程的存在与理解认识活动的过程。这也常常模糊了人类对认识活动本质的认知。

秩序形成的自组织过程，就是在能量要素存在的局部空间中通过特殊的环境功能突变，形成了一个新功能的内部机制。这种机制就是一个多层次嵌套的因果关系在这个空间中的功能耦合，这就是一个新的存在秩序。

认识活动的自组织过程，也是在一个局部观念空间中的无序观念要素中，形成了一个具有外部环境功能的内部机制的过程。这就是观念要素存在秩序的发现与构建过程。只不过，这个过程又是通过意识能量特定的运动而形成的。这个意识能量的特殊运动，就是观念空间自组织过程的动力学机制，这个运动就是认识活动。

认识活动的秩序发现与构建的结果，就是在一个无序形态的观念要素集合中，组织化地构成了一个新的观念结构，也就是将这些无序观念要素的集合依据认识发现与构建确认的新的内在机制，抽象成为一个新的观念要素。这个过程的结果，使得原来的观念结构的秩序层次被升高了。这个过程就是认识活动的核心自组织过程，就是观念空间中观念要素的组织化与结构化过程，就是无序观念要素的有序化过程。这个过程是一个不可分析的突变过程。

每一个具体的认识活动，都有一个具体发生的环境或者发生的观念空间范围，这就是认识活动的内在环境对象。认识活动就是对这个观念空间范围内的观念要素的自组织过程。这个观念空间范围由人类意识的特定关注所构成，也就是由意识能量的特定空间分布所构成。这个观念空间范围就是认识活动的审视空间。这个审视空间由认识活动所关注的无序观念要素的集合构成，这些被认识构建所关注的无序观念要素集合在意识活动中的形成过程，就是人类认识活动的问题与对象的构成过程。这个审视集合就是认识活动的问题与对象。

所谓认识活动的准备环节，就是认识活动的条件或问题的形成环节，就是构成一个可能实现新的自组织过程的无序观念要素的审视集合的意识活动过程。这个审视集合就是认识或审美的对象，就是观念空间中秩序构建的自组织过程的领域，就是意识活动追求审美欲望实现的观念领域。

人类认识活动的对象仍然是观念本身，认识对象是内在环境的内容而不是外在环境的信息。外在环境信息的形成仅仅依据感官功能。在认识活动的对象中可以蕴含外在环境投射进来的信息成果，但不会是外在环境的秩序本身。人类对外在环境的全部感知，都来自对感官信息的认识构建成果。

传统文化认为认识的对象就是环境中的存在要素。人类之所以会形成认识活动的对象是外在环境存在要素的直觉，仅仅是来自对认识活动成果表象的直觉感受，仅仅是对蕴含了外在环境信息的内在观念要素实现了认识的发现所形成的功能直觉。当认识活动的特定结果中蕴含了鲜明的外在环境信息时，这个认识成果就会向人类的意识提供这种信息的来源对象的感觉，也就会形成将感官信息的承载观念当作了直接的外在环境对象的错觉。实际上，这种感官信息已经是观念空间中的观念要素的内涵了，已经是被认识活动构建以后的内在秩序中的观念存在了。它们从来都不是外在环境存在要素本身。

人类生存的外在环境秩序，只能以感官信息的形态输入到观念空间内之后，才能进入认识活动的对象领域中。全部认识活动的对象都只能是观念空间中的既有观念，都只能是既有观念要素中的无序形态。只有在构成元初观念的特殊的初始认识活动的对象中，才包含了一些直接来自外在环境的感官信息，它们在后续不断的认识构建中，也就仍然被蕴含在秩序层次不断升高的观念结构中了。

观念空间中的感官信息输入的结果，就是激发了构成元初观念的认识活动。这些感官信息就是认识审视集合中被掺杂的外在环境秩序要素，它们来自生命活动秩序功能的直接呈现，也就是来自高级神经器官中的外部刺激信息。它们在被认识活动融合进元初观念的结构中之后，才正式进入了观念空间。只有在胎儿孕育中形成的初始意识活动中，才会有直接将感官信息构成观念要素的特殊的初始认识活动。在其他构成原初观念的认识活动中，其审视集合中仍然要蕴含大量的其他观念要素。这种婴儿的初始认识活可以当作在神经器官与观念空间的逻辑界面中，由感官输入信息的生命反射活动向意识活动转换的穿越界面的逻辑过渡过程。这个过程也可以不属于一般认识活动。

一旦高级神经器官提供的意识活动环境的功能形成，一旦个体开始建立了完整的意识活动过程，认识活动的对象主体就只能由观念空间中的观念要素来构成了，任何感官信息都变成了在这种观念要素集合中的外部环境信息添加。感官信息只能在加入这个集合的过程中而被容纳与被参与组织化。任何直接容纳感官信息的认识活动过程，都是构建元初观念的过程。因此，原初观念的概念也仅仅是一种逻辑区分。

人类看似在直观中形成了对外在环境存在要素进行了认识活动，但实际上就是对直接或间接表达了外在环境秩序的经验观念进行了组织化的活动。离开了感官对外在环境的选择与转换实现的信息输入，人类的精神环境无法感受任何外在环境的秩序，认识活动也无法直接涉及与组织任何外在环境中的存在对象。

人类认识活动对象的形成，就是认识活动面对的一个无序观念要素的审视集合的形成，也就是认识活动的准备环节的完成。这个审视集合中的观念要素，仍然是更低层次的认识活动的结果。这个审视集合也就是意识活动在特定观念空间中形成的特殊能量分布状态，以及这种状态对特定观念要素集群的特定关涉。

构成这个审视集合的意识活动过程，也主要是不可感知的感性过程与直觉过程。只有在某些特殊情况下，才可能是部分可感知的与可控制的理性化过程，其条件是在审视集合中蕴含了充分的逻辑化观念结构。

所谓理性化的认识活动，就是在形成认识活动的准备环节中与实现认识成果的内在表达环节中，蕴含了一定丰度的可感知与可控制其过程的意识活动形态，也就是蕴含了一定丰度的逻辑化的观念要素。最基本的逻辑化观念要素就是语言化的概念要素。当认识审视集合中蕴含了足够丰富的可用语言概念表达的观念要素时，这个审视集合就变成了相对概念透明的了，这个审视集合的形成过程也就具备了可感知的路径与过程了。这种相对可感知的认识活动内涵就被人类体验为理性化的认识过程了。但这种过程永远只能存在与认识活动的准备环节与认识结果的表达环节中。

在认识活动的发现与构建观念要素的核心自组织环节中，则永远没有这样的形态，也永远不会形成人类意识的明确感知。这就是全部认识活动的感性化本质的逻辑依据，也是全部观念空间存在形态的感性化本质的哲学依据。

如果在认识活动的核心自组织环节中出现了这种相对透明的形态，也会被逻辑化的划分到前后的两个环节中去。人类始终不会真正进入自组织突变的逻辑感受中。因为人类的逻辑能力这能是这种感受的结果。

人类对认识活动理解的逐渐深入过程，就是逐渐将围绕着观念秩序构建的突变过程的黑箱中的边沿部分，逐渐分离为认识的准备环节与表达环节的过程。人类可理解的理性化认识活动，都仅仅是认识活动的准备环节与表达环节。也只有这些活动内涵才可以理性化。

意识活动就是特定观念结构或局部观念空间中意识能量的自发运动，这种运动形成了意识能量在个体空间中的分布与汇聚。这也是认识活动准备环节的形成方式。意识能量在观念空间中的运动方式，大部分无法被意识本身感知，其路径形态基本上是模糊的。意识只能感知运动过程中的某些特殊的环境要点。例如所经历的可概念化的基本观念要素。人类大部分可感受的意识活动则只能相对地感知其发起的形态与结果的形态。

所谓理性化的意识活动，就是对意识能量的运动过程具有更为具体的感知的活动。这种感知来自特定观念结构的可感知性，也来自意识能量在这种结构中的特定汇聚。这就是理性化的观念结构与理性化的意识活动方式。

理性化的认识活动准备环节的形成，来自这个审视集合中的无序观念要素本身的可感知特征，也来自意识能量在这种可感知要素中的特殊汇聚。可感知的观念要素来自对认识成果的可感知内在安置。也就是来自理性化的内在表达认识环节。

在观念空间中广泛发生的主要是感性化过程的认识活动的准备环节的形成，是无法感知也无法自主控制的，它们都是直觉的过程。人类绝大部分认识准备环节的形成，都是感性直觉过程。在人类一般文化中，对这种认识准备环节或认识问题的形成过程的表达，就是所谓的灵感的积累与形成。灵感的来源不可感知，灵感的形成过程不可感知。人类大量的感性化的认识活动都是艺术化的与直觉的。这也是人类文化将意识活动的感受表达为审美感受的原因。

具有理性化特征的认识准备环节的形成，就是在一般灵感汇集的直觉过程中，可以相对有目的地将自己关注的认识对象或审美对象关涉进去，甚至可以将某些特定的认识对象安置在审视集合的特定空间位置中。在知识化的认识准备环节中，就是直接将需要重新组织化的无序知识要素安置进去。这都就可以相对影响与安排认识构建条件的部分形态。

这种对认识审视集合的安置，就使得认识活动的发现与构建成果中必然包含了所要关注的观念要素，甚至必然包含了它们之间的特定联系。这就是所谓的理性化地形成问题或提出问题的过程。

在任何具有理性化特征的认识准备环节中，其基本形态或基础形态都仍然是感性化的，都必然以灵感与直觉为主体。任何理性化认识问题的构成，都只能是在感性化的准备环节中加入了或者安置了必须涉及的观念要素或要素间的联系而已。所谓理性化的认识活动，都是在感性化认识活动主体中具有了相对可理解与可控制的过程。

认识准备环节或认识问题的理性化程度，就是在审视集合的感性化主体中，加入的有目标与可感知的特定观念要素的比例，就是对其中蕴含的可控制的无序观念要素的比例。这种比例表达了它们在审视集合中的结构化安置程度。这种比例越高，认识准备环节的理性化程度就越高，认识过程的理性化程度就越高。

人类的认识活动虽然发生在观念空间的一个局部结构中，但人类对这个认识审视的特定观念结构的形态，则是不可能完全感知而只能是局部感知的。在不可完全感知的结构中加入了可感知的观念要素，其比例也就必然是只能感性感受而不可逻辑计量的。这就决定了认识活动的理性化程度永远无法量化分析。

人类有目的与可控制的认识活动，构成了广义的理性化认识活动。但其中的理性化程度则具有极大的差异。有些理性化认识活动，在一个很大的不可知的认识审视空间中，仅仅加入了极少的可感知观念要素，也就构成了极低理性化程度的认识准备环节。在一个非常有限的无序观念要素的审视空间中，如果加入了非常明确的可感知观念要素，就会构成具有较高理性化程度的认识准备环节。前者常常是艺术活动中的理性化创作过程，后者常常是科学研究活动中的理性化发现过程。对这两种状态的区分，并没有绝对与明确的标志。

人类的认识活动方式，从极低的理性化程度状态过渡到极高的理性化程度状态，包含了极其丰富的认识活动形态。从艺术活动到科学活动都在其中，甚至也包括了宗教文化活动的一些方式。认识活动对观念结构的构建与精神环境的自组织过程，是人类全部文化活动的基础。

　　人类逐渐形成的理性化能力，就表达为日益复杂与完善的逻辑工具，也形成了理性化的文化形态。逻辑工具在认识准备环节中的运用，可以明确有效地限制认识审视集合的观念结构范围，也可以有效地将可以理性化感知的目标观念要素加入其中。这里的有效性来自逻辑工具本身的有效性。现代数学是人类至今为止在特定观念结构中最为有效的逻辑工具，它在表达人类对自然环境秩序的理解中具有高度的有效性。一旦离开了对这个观念领域的表达，其有效性也就会大大降低。将数学逻辑运用到表达社会环境秩序的观念结构中去，大致是无效的或至少是偏差甚大的。将数学工具运用到艺术创作活动中去，则基本上是无效的。人类对表达精神环境秩序的逻辑工具的构建成果还很薄弱，复杂的哲学观念还常常只能用最原始的语言逻辑来表达。哲学文化艰涩而冗繁。

　　认识活动的无序观念要素审视集合的形成，是一个复杂的有时甚至是缓慢与反复的意识活动的过程。这个过程常常在人类无意识的意识活动中或者其他目的的意识活动中自发地逐渐形成，也就是在意识能量在观念空间中的有目的与无目的的运动中自发地形成。这就是认识活动自组织过程的自发内涵。这也常常是艺术活动的灵感积累过程与科学活动中的问题明确的过程。正因为这个过程还常常远离认识活动的发现过程，它也就在传统哲学中不会进入对认识活动的考察视角。但认识活动离不开这个过程。

　　认识活动的审视集合的缓慢酝酿，也可以是有目的的意识活动的结果，但更多的常常是无目的的意识活动的自发结果。这个过程的不确定性与无法界定性，也就很难明确地构成认识活动的开始标志。人类的认识发现具有明确的突变特征，但对这个突变过程的准备与酝酿，则常常是模糊不清甚至漫长的过程。传统哲学对这个过程理解的含混，主要是不能将认识活动理解为一个秩序突变发生的结果。

36. 认识活动的发生环节或观念要素的构建

认识活动的核心功能来自它第二个环节的过程，这就是对观念结构的秩序发现与构建。这个环节就是认识活动的主体环节。只有这个环节才是认识活动的核心本体。

认识活动对精神环境秩序构建的方式，就是从观念要素的无序集合中存在的可能联系中确定一个特殊的秩序结构，并依据这个秩序结构形成一个观念空间中的存在功能。这就是观念空间中的秩序发生的自组织过程，也就是在几乎无穷可能的要素间的联系中，形成一个多层次嵌套的因果关系的耦合体系的过程。这个自组织过程，也可以理解为意识活动在既有的无穷多样的联系中，实现环境功能的选择与发现的过程。

这里用了"发现"与"构建"两个动词来表达认识活动的过程。发现是相对于意识主体的表述，表达了认识活动的行为主体对环境秩序的认知功能，表示从环境的既有关系或既有秩序的存在中形成了新的秩序。认识构成中秩序的无中生有，并不是存在联系的无中生有，而是从既有的无序存在联系中选择出特殊的关系结构来的无中生有。在这种不同层次中的秩序选择，可能构成的几乎无穷多层次的功能耦合，就是秩序的自组织过程。在这个过程中承认认识活动主体意识的地位，承认既有秩序与既有联系的存在，也就可以将认识过程的哲学意义表达为"发现"。

"构建"则是对观念空间中构成新的秩序形态的自组织过程的本体性表述。构建表达了认识活动对观念空间的秩序存在形成的内在自发性的创造功能。当离开意识主体来理解认识活动的发生时，当用自组织的视角来思考认识活动时，认识活动过程的哲学意义就是秩序的自发构建。

在以后对认识活动的表述中，也会单独使用"发现"或"构建"。对它们的不同选择，分别表达了对认识活动的主体功能的强调与对观念空间中秩序形成的自组织的过程的强调。

认识活动就是精神环境中秩序的自组织发生过程。这个过程的积累就形成了精神环境存在形态的有序化进程。

人类生存的全部环境秩序的存在形态，都可以用自组织过程的逻辑来理解与分析。自组织过程就是系统论逻辑中的突变过程与复杂化过程，也就是耗散结构论中的负熵发生过程和结构主义中的结构构成过程。

认识活动的自组织过程，构成了人类精神环境的全部秩序，形成了人类精神环境的本体存在。就像物理环境中的自组织过程形成了全部物理存在一样，就像生命环境中的自组织过程形成了全部生命存在一样，就像人类群居中的自组织过程形成了社会环境与人类文明的存在一样。

由于至今为止的哲学还没有用自组织过程来理解人类全部环境存在的形成机制，在人类文化中也就只能将这些秩序的发生过程分别用不同的本体形态来表达。将这些不同形态的秩序发生与存在演化进程，统一地表达为秩序构建的自组织过程，既是统一理解人类生存环境的新逻辑，也支撑了人类新的哲学认识论与本体论的逻辑形态。

认识活动的构建或发现过程，就是在蕴含了无序观念要素的审视集合中，突然爆发了秩序的发现与结构的组织化。这个突变也就实现了对无序观念集合中新秩序的构建。构成这种新秩序的观念要素间的联系，原本就蕴含在无序集合之中的无限联系形态中。观念空间中要素间既有的无限因果联系，提供了认识发现的无限可能性。薛定谔打开盒子在无穷可能性的波函数中确定了猫的生死，就是对突变过程的特殊逻辑化表述。在这里，猫的生死不是被存在，而是被发现。

认识的发现过程，就是依据特殊的环境功能确认这种联系的具体形态，并将潜在的秩序可能性变成了现实的秩序存在。对这种无序要素中特殊的外部功能的发现与确定，就是认识活动的表观成果，也是认识活动对新的观念要素的存在确认。

认识的构建过程，就是对这种表观成果与环境功能的内部机制的组织化认知。秩序的构建来自对无序存在的组织化结果，来自对特殊秩序内涵的外在功能的认知与确定。在认识活动的自组织过程中蕴含了对秩序的认知，也蕴含了对特定环境存在功能的确定。

在任何存在的环境功能中，既蕴含了对环境的外部扰动，又蕴含了内部秩序机制耦合的稳定性维护与秩序认可。在认识活动的自组织过程中，这种认知或认可的组织化过程，是通过认识的表观成果显现出来的，这就是认识结果在观念空间中的内在表达。在一般存在秩序的自组织过程中，这种认知或认可是通过新秩序对环境的新扰动显现出来的，这就是自组织结果的环境功能确认。认识活动的表观成果，就是新的观念结构或新的观念要素的确立，或简称新观念的确立。一般存在秩序的自组织过程的表观成果，就是新的环境存在形态或新的环境存在要素的确立，或简称新事物的确立。

每一个认识活动形成的具体秩序发现与具体秩序构建，只是在观念空间中形成新秩序或新要素组织化结果的无限可能性之一。每一个具体的认识活动，仅仅是通过意识能量的关涉，将其中一种可能性选择出来并将其在观念空间中形成的环境扰动标识出来。这种标识就是内在表达。这种对无限可能之中的唯一结果的确定，则来自多层次嵌套的秩序的环境功能的可能性联系之间，所形成的环境扰动结果的突发性耦合。这就是自组织过程的内在逻辑，也是突变过程的可分析逻辑。

认识活动形成的每一个具体的结果，都是对特定观念空间中观念要素间特定联系的无限可能性的选择与确定。这种选择的方向，来自意识能量汇聚其中的观念结构所蕴含的人类生存需求的倾向。其中包括了认识活动的审美愉悦追求方向或审美本能的先天禀赋，也包括了意识活动所追求的外在生存价值。这种选择结果的最终确定方式，则是偶然的或者不可分析的，则是自组织突变的黑箱。

意识活动就是意识能量在观念空间中的分布与运动。意识能量在观念空间中的不均匀分布形成了人类的情感状态。情感状态决定了认识活动对秩序发现的选择取向，也决定了先天的审美禀赋在认识活动中的实现方向。丰富多彩的情感状态正是人类认识活动的复杂环境条件。这种复杂条件决定了认识活动过程与结果的复杂与多样。这种蕴含了人类情感的复杂多样的意识活动形态，一直在困扰着人类的智慧与人类的哲学，也一直在困扰着人类哲学中的认识论。

　　人类通过感官信息形成了外在环境秩序向精神环境的输入。表达了外在环境秩序的感官信息对认识活动的激发，是通过感官信息对观念空间中提供的微观无序的活力增加而形成的。每一个感官信息都是观念空间下边界中的生命能量载体与观念空间中的能量输入，感官信息的输入增加了观念空间中的能量运动的活力，也就增加了其中观念要素间因果联系的可能性空间。这就为认识活动构成元初观念提供了可能性。正是对这个过程细节的不可感知与理解，人类的传统文化就将认识活动直接理解为对外在环境信息的直接经验化过程。这就是将被感官信息激发的认识活动过程与感官信息的输入过程等同起来，这也就将认识活动过程表达为对外在环境存在的直接感知过程了。这种传统观念就是至今为止的哲学认识论混乱复杂的一个基本原因。

　　例如，苹果掉下来的现象形成的感官信息对人类意识活动的刺激，可以激发出无穷种认识发现的可能性。从食物的发现到植物的生殖方式的发现再到物体的运动规律的发现，几乎可以涵盖无穷的认识发现领域。但只有牛顿的认识活动形成了万有引力的发现。

　　例如，人类的耳朵无时无刻不在接受空气震动波的刺激，也就形成了几乎无穷种声音信息感受的可能。这就形成了具有发现与构建无穷种和谐声音秩序与相应观念结构的可能性。但对大多数人来说，这些刺激都是些毫无意义与没有感受的杂音而已。如果这些杂音能够形成感觉，也就必然是被感官功能与意识活动进行了过滤选择与加工后的结果。只有贝多芬们可能从其他人从不在意的杂音中激发出交响乐音场的秩序依据，而一般人则只能将听觉的感受结果，局限在同类的语言表达或具有社会价值内涵的声音中之中。

　　时间是人类理解环境秩序演化过程的逻辑工具。在可感知的环境秩序的演化过程中，才能感受到时间的存在。在不可感知的环境秩序的演化过程中，时间就不存在。有时间意义的过程，就是人类可感知的环境秩序演化过程。没有时间意义的过程，就是人类不可感知的环境秩序的演化过程。

　　人类的认识活动的秩序发现或秩序构建，是没有时间逻辑内涵的瞬间过程。认识成果的形成是观念结构的突变。认识是顿悟的，尽管认识的条件准备可能是长期的。这种突变或顿悟的具体过程，则是超越了人类的感知能力与认识能力的。人类永远无法分析自己对观念结构发现的突变过程，就像人类今天无法分析物理环境与生命环境中的突变过程一样。各种描述物理突变与生命突变过程的理论，都是相对的黑箱化描述，为其赋予的时间都是虚幻的。

　　人类在环境中的生存活动由生命本能驱动的行为构成。认识活动就是人类在精神环境中的生命存在行为，也必然由生命本能来驱动。驱动认识活动的生命本能就是审美本能。人类的审美本能追求人类精神环境中的有序化，这种追求以精神环境中的无序存在为条件。

　　人类的审美本能促生了认识活动，但人类的意识只能感受到观念结构环境，只能感受到观念结构的突变结果，而无法感受突变过程的内涵。这就决定了在精神环境中普遍发生的认识活动的具体内涵，就永远无法被人类的意识所感受到，这就决定了认识活动过程无法认知的本质，这也就决定了认识活动过程的感性本质与认识活动结果的感性本质。

　　·感性是意识活动的不可感知与不可理解形态。理性是意识活动的可感知与可理解的形态。由于认识活动对观念结构的构建过程是绝对不可感知与不可理解的，所以认识活动的核心过程是绝对感性的。

但是，在认识活动中意识对于无序观念要素的审视集合的形成过程，则有时是可以感知的，对于认识结果的安置过程，有时也是可以感知的。这两个环节的相对可理解，就形成了理性化认识活动形态的依据。

在认识活动的准备环节中，当在可关注的审视集合中可以有目的地安置一些具有理性化结构的观念要素时，就形成了相对有目的的认识准备环节过程。这也就是具备了分析条件的准备环节。但这种可分析的条件仍然是高度相对的。认识活动准备环节的主体仍然是感性化的。可以有目的地安置的理性化观念要素，在认识审视集合中始终处于稀薄的状态，这也就是认识活动的核心构建过程总是高度不确定性的原因，也是任何理性认识过程中都仍然需要灵感的原因。

在准备环节中被安置进入审视集合中的可理解的观念要素，被认识活动的组织化构建与整合而进入到新的观念结构中，也就必然将其中可理解的联系融合在其中了。虽然实现这种融合的构建过程是不可理解的，但是在其构建的新观念结构中，则必然具备了一些可理解的观念要素。这些要素也就会表现出新观念结构的可理解功能。这就让这个认识活动过程本身具有了可理解的内涵。这就是人类关于理性化认识活动的经验依据。对这种经验的哲学化表达，就形成了理性化的认识过程。

但这种理解的高度相对性，并不能改变认识活动过程的绝对感性和绝对不可理解性。认识发现与构建的过程，仍然是主要是直觉的顿悟和突变的过程，仍然是不具备时间内涵的与不可分析的。

因此，人类全部认识活动的成果，也都必然是以感性化形态为主体的观念结构，人类观念空间中的主体形态，也就必然是感性化的。其中相对蕴含的理性化形态，则来自认识活动的准备环节与安置环节中的可理解过程。可理解的意识活动过程，就是运用逻辑方法的意识活动过程。全部逻辑都是人类对观念空间环境与意识活动过程的理解成果。

观念结构来自认识活动的感性化构建。观念空间中的理性化结构来自对相对可理解的感性化的观念要素在观念空间中的安置结果。这种安置过程也是相对可理解的。

当认识活动准备环节的审视集合中蕴含了一些可理解的观念要素时，当这样的准备结果形成了相对可理解的自组织认识成果时，也就具备了将这种成果实现理性化结构安置与表达的条件。这种安置与表达的结果也就是相对理性化的观念结构。这就是理性化认识结果的构成依据。

逻辑是人类感知与理解观念结构的理性化工具。但任何逻辑工具的构建过程则仍然是高度感性化的与顿悟的。只不过在这种感性顿悟的结果中蕴含了比较多的理性化观念而已。例如全部数学概念的构建过程，都是不可分析的与感性化的。

人类精神环境中全部理性化的观念结构，只是蕴含在绝对感性存在的本体中的相对可逻辑化表达的形态。任何理性化观念的存在形态，都像是溶解在感性化观念的汪洋大海中的溶质，都像是漂浮在感性化观念的汪洋大海中的浮游生物。人类可以通过海水中的溶质与生物理解大海，但溶质与生物不是大海。

理性观念必须以感性观念为存在的环境条件，它们的存在则为人类的意识活动提供了极其特殊的功能而闪现出罕见的光辉。自从人类开始理解自己的精神环境，人类就进入了文明化的自觉生存中。

人类在依据精神环境实现生存的漫长过程中的经验积累，形成了感知与理解意识活动与观念结构的理性化方法。人类理性化方法形成的两个重要条件的出现，形成了人类文明史中的两次理性化能力的突变。这就是语言的出现形成的基本理性的普及，以及文字的普及形成的哲学的出现。现代科学文化与科学方法的形成又构成了人类理性化能力的第三次突变。这就构成了人类文明演化史中的三次理性能力的爆发与文明发展的台阶。

但是，在人类任何理性化的意识活动方式中，认识构建的观念结构的主体形态，都仍然是感性的。这源自认识活动核心过程的感性化本质。

例如，任何科学发现的意识活动过程都是感性的与顿悟的。从毕达哥拉斯和德谟克利特到欧几里得，从牛顿和爱因斯坦到普朗克们和海森堡们，无不如此。他们只有将无法表达的感性顿悟成果，转换为可表达与可理解的科学规范的逻辑化形态后，才有了可以被科学家共同体所理解的科学发现成果。这种理性化表达的转换，都是发生在认识成果的构建之后，都是对已经顿悟的感性化观念的理性化改造与表达的结果。只有将科学观念依据逻辑方法实现了知识化的改造与表达以后，才能被具由相同逻辑能力的知识接受者所理解与接受。

人类的意识活动本能或审美本能，并不会直接形成接受与理解理性化观念的能力。接受知识的理性化能力，必须是理性化方法的灌输与逻辑方法的训练的结果。语言训练是对人类婴儿的基础性理性灌输，文化表达中的逻辑是对人类幼儿的第二次理性能力塑造。这种塑造蕴含在传授知识的文化教育活动中。语言逻辑的塑造隐含在语法逻辑中。一般逻辑方法与特殊逻辑工具的塑造蕴含在知识的道理与定理中。科学方法的塑造则来自专门化的学术训练。

认识活动的核心自组织突变环节，就是在已经具备了突变条件的充满了无序观念要素的观念审视集合中，突然感悟出了它们新的环境功能，并突然发现了无序集合中原来具备的特殊因果关系环，也就是在无序中"选出"了秩序。由此，这个审视集合中就形成了一个新的秩序存在与功能存在，也就是形成了一个新的观念要素。

但是，将这个新的观念要素实现被意识活动的确认，则必须将它在观念空间中表达出来。这就是认识活动的第三个环节的功能。

37. 认识活动的完成环节或观念要素的表达安置

人类的认识活动就是在特定观念空间中构建出新的观念结构的意识活

动。认识活动的核心过程就是观念空间中的局部自组织过程。每一个具体的认识过程，都具有具体的环境目标与具体的认识成果，这由认识准备环节中形成的审视集合的内涵与形态所决定。不同的审视集合形成了认识活动的不同环境条件。

每一个认识活动过程的自组织结果，都必然形成观念空间中的新秩序与新存在。但这个结果并不是认识活动的完结。驱动认识活动的人类审美本能，追求观念空间秩序的结构化与有序性。这个追求也就必须将每一个认识成果在既有观念空间中实现有序安置，就形成了认识活动的第三个环节。这就是认识成果的结构安置与内在表达环节。每一个认识活动的结果实现了内在表达与安置才完成了全过程。实际上，这也是在一个更为宏观的观念空间中的组织化过程。

将认识活动表达为三个环节，只是人类对理解认识活动过程观念的逻辑简化。真实的认识过程，则是弥漫在不同层次的观念结构中逐渐展开与逐渐弱化的。逻辑简化都是对具体存在秩序的分割与孤立。这种分割与孤立形成了观念的传播表达与理解的便捷。

所谓认识成果的内在表达，就是将认识活动构建的新观念要素在既有的观念结构中实现关联与安置，就是让它们在观念空间中具有确定的位置而不能自由流动和漂浮不定，也就是将它们在观念空间中进行位置固定。

内在表达的称谓主要是与外在表达相区别。所谓外在表达，就是社会成员在社会环境中向其他成员表达精神环境的观念内涵。外在表达的结果就是实现社会环境中的观念交流与社会文化的构建。外在表达的社会环境形态就是文化。

内在表达是外在表达的方法依据与内容基础。全部外在表达的形式与方法，全部人类文化的形态，都由内在表达的形式与方法决定，也就是由认识过程的表达安置环节决定。例如，科学观念的外在表达方法，依据特定的数学逻辑，艺术创作成果的外在表达方法，依据特定的艺术技巧。数学逻辑与意识技巧都来自人类认识活动的内在表达成果。

作为认识活动第三个环节的内在表达的过程，就是依据新观念要素的感性表象，建立与既有观念结构的感性表象之间的联系，并通过将这种联系的多维化，将它们稳定地安置在既有的观念结构中。

实现了内在表达的新观念要素，就是获得了在既有观念结构中的特定关系位置，也就是在观念空间中被结构化。

这种对认识结果的内在结构安置，是依据内感官形成的表象实现的，这就是这个过程被称为内在表达的原因。

新构建的观念要素在既有观念结构中的安置过程是逐渐实现的，它与既有观念结构的表象联系是逐渐明确与逐渐强化的。认识活动的第三环节也是弥漫在延绵不绝的意识活动中的。对于每一个认识发现的自组织突变过程来说，都有一个没有明确起点的漫长而逐渐强化的准备环节，也都有一个没有明确终点的漫长而逐渐弱化的表达安置过程。

因此，认识活动的第三个环节也就与第一个环节一样，是一个渐变的过程而不是一个突变的过程。这个过程的渐变，是通过逐渐增加新要素与既有观念结构的联系方式来实现的。

一旦一个新的观念要素在观念空间中被认识活动的第二个环节所构建出来，内在表达的过程就开始了。这过程只能随着这个观念要素与既有观念结构联系的逐渐稳固而逐渐弱化，这个过程没有明确的完成标志。这就决定了每一个认识活动的全过程都会在观念空间中长久地蔓延，既通过长久的无序集合积累来构成认识感悟的条件，又通过对突变结果的长久安置而逐渐弱化。

认识活动的核心环节是突变的与没有时间过程的。但认识活动的准备环节与表达环节，则是渐变的与有时间过程的。准备环节几乎没有开始的标志，表达环节几乎没有结束的标志。这种形态就构成了人类对认识活动过程的渐变性表观感受，也形成了哲学中关于认识活动具有时间性与认识活动过程可以理解与分析的观念。

　　人类将认识活动区分为感性化与理性化方式的依据，也只能在对认识的准备环节与表达环节中。而认识的核心构建环节，则永远是感性化的。

　　认识活动对新观念要素的构建与提供，改变了观念空间中的秩序形态，也必然会形成意识活动主体对它的感受。这种感受来自对精神环境秩序形态的改变，就像感官信息的输入也会形成精神环境秩序形态的改变感受一样。前者形成了内感官信息，后者形成了外感官信息。它们共同构成了对观念空间秩序的扰动。

　　要实现新观念在既有观念结构中的内在表达，首先要建立新观念的内在表象。所谓内在表象，就是认识活动的成果在内在表达中的标识依据，就是意识主体对新观念要素的形式标识与命名。就像每一个新生儿在社会环境中都必须确定一个个体标识的名字一样，每一个新观念在精神环境中也必须确定一个名字。

　　内在表象来自新观念的表观环境功能，也就是来自新观念对既有观念空间秩序的直接扰动。这种扰动就是这个新发现与新构建中的新秩序的环境功能的效果。人类可以通过意识活动感受到这个新环境功能的扰动。感受扰动就是感受表象。

　　观念要素的表象，就是观念要素的环境存在对观念空间秩序的扰动对意识感受的信息投射，也就是意识形成的内感官对观念空间秩序扰动的信息采纳。这种内在信息的观念化构建，就形成了新观念的内在表象。新观念的表象形成，则又是一个微观层面的认识突变过程。

　　每一个认识活动的新成果，都会通过内感官向观念空间中提供新的表象。既有的观念要素与观念结构，则始终为观念空间秩序的稳定提供既有的观念表象。新表象与既有表象的功能类似，就是它们形成结构安置与内在表达的依据。

观念要素的表象，就是精神环境中的观念结构被感知的主要形态。人类的意识活动通过表象感受观念空间中的全部秩序与存在，这种感受就是感性意识活动的依据。

人类超越表象的精神世界感知，则来自人类的相对理性化的意识感知能力。这种感知能力相对于与观念空间的秩序，仍然是局限的与肤浅的。人类的理性化能力将观念的表象转化成为概念。概念具备了与其环境功能对应的结构归纳内涵。概念的语言表达形态就是词汇。运用语言词汇的思维过程，就是概念化的思维过程。但这只是最简单的概念运用方式。

一个新的观念要素具备了表象感受，就是具备了意识活动中的标识。这就提供了意识重复感知它与确认它的依据。确认是重复的条件，不能确认就不知道重复。对观念要素的可确认表达就是形成观念记忆的基础。观念要素的可记忆就是具备了可重复寻求的功能。意识活动在观念空间中对观念要素的寻求确认，就是依据对观念要素具备的特定空间位置的理解来实现的。这种空间位置只能通过对认识成果的内在表达过程来构成。

所谓新观念要素的内在表达，就是将其依据表象或概念建立与既有观念结构的联系，并通过这种联系实现对观念要素的结构安置与空间固定。这就是认识活动的第三个环节。表象的安置是内在表达的初始形态与感性安置，概念的安置是内在表达的深化形态或理性安置。

对观念要素依据感性表象的安置与定位，就是在它们与既有观念结构之间，依据表象间的相似性建立联系。对观念要素依据理性概念的安置与定位，就是在它们与既有观念结构之间，依据概念可依据的逻辑关系建立联系。这两种对新要素安置的方式，都是认识活动第三个环节的内涵。前者表达了感性化的认识方式，后者表达了理性化的认识方式。

认识活动结果的内在表达过程也是对新观念要素实现记忆的过程。所谓实现记忆，就是对一个认识构建的新要素在观念空间中建立了有效的寻求方式或检索方式。观念要素在观念空间中虽然存在但不可被意识活动寻求与检索，也就是无法被记忆。

对观念要素在观念空间中的寻求与检索，都是通过理解对这个要素在观念结构中的安置位置来实现的。观念空间中的结构，就是对已经结构化安置的观念要素的检索依据。观念要素的检索方法与人类记忆的方法，就来自对检索目标的安置位置与安置它的环境结构的理解。

有效的记忆，来自对记忆环境的结构理解与对记忆目标的安置方式理解。安置的方式的依据就在记忆要素的感性表象与理性概念之中。被记忆的观念要素，就是依据其表象或概念实现了结构安置的观念要素。

记忆通过在记忆对象的表象与记忆环境的结构表象之间建立的联系实现，包括感性直观表象与理性概念表象。充满了概念联系的观念结构就是理性化的观念结构。理性化的观念结构来自认识活动的概念化安置或理性安置。

观念要素的表象来自内感官的环境感受。没有表象的观念要素也就无法被内在表达，也就无法被记忆。观念中由大量的感官感受所构成的元初观念是没有明确表象的。元初观念不可能由概念标识。

人类的记忆活动，就是对认识活动新成果进行内在表达与安置的活动。认识活动的第三个环节的直接功能，就是实现对新观念的记忆。没有完成安置环节的认识成果不会形成记忆，也就不会在思维中存在。

记忆的技能，就是将被记忆的观念要素在观念空间结构中进行安置的技能。完美的观念空间结构是有效记忆的基础。记忆能力并非来自对记忆对象的感知强化，而是来自对记忆环境的有效优化。强大的记忆能力不会来自将记忆对象在观念空间中的艰苦刻画，而是来自丰富完美的观念空间结构。只有这样的观念结构环境，才能为任何新的观念要素轻易实现稳定安置。因此，记忆能力并不在记忆活动之内，而在一般公共观念与文化修养之中。

只有观念空间结构丰富，才能实现对广博的新观念实现表象包容与方便安置。观念空间结构的完美，就提供了对以安置观念要素的有效检索环境。强记来自博学，博学必有强记，就是这个道理。

认识活动的成果形成的记忆也具有不同的强度。这种强度来自新观念的表象与既有观念结构建立的联系的强度。这种强度也表达了新观念结构安置的稳定性程度。任何低强度的记忆或模糊的记忆，都是被记忆观念的结构化安置程度不足的结果。它们也常常是被安置在边沿性的观念结构中。任何高强度的记忆或鲜明的记忆，都是被记忆观念在既有观念结构中具备了高度稳定安置的结果。它们也常常被安置在核心观念结构中。记忆的强度常常与观念要素的价值重要性无关。这就是很多重要的观念要素常常记忆模糊，很多随意的观念常常会记忆鲜明的原因。但对于重要的观念，也常常会在复杂反复的意识活动中形成更为稳定的记忆。

没有得到稳定结构安置的新观念就无法形成稳定的记忆。其中包括没有建立与既有观念结构的明确联系，也包括所建立的联系是既有观念结构中的不稳定结构。后者虽然已经形成了在观念空间中的位置固定，但这种固定的结构依据则是不稳定的。这种记忆就会随着意识对观念结构的感受程度的变化而呈现出不稳定的状态。在某些情况中它们表现出稳定的记忆，在另外的情况中就会相反。

在认识活动的结果中，一个新感受的形成就是对一个新观念形成了表象确认的结果。一个新感觉的形成就是将这种感受在既有观念结构中实现了安置的结果。感受是感觉的初始形态，它还没有形成安置与记忆。感觉是感受的记忆形态，它是对感受的安置记忆结果。

在认识活动的结果中，一个新概念的形成，就是对一个感觉观念进一步理性化确认的结果，也就是对这个观念的功能内涵与结构边界的确认结果。可以用理性概念代替感性表象作为内在表达标识的观念，就开始被初步理性化了。概念化的感觉就是理性化的感觉。

明确的感觉是新观念在既有观念结构中实现了稳定感性化表达与安置的结果，明确的概念则是新观念在既有观念结构中实现了稳定的逻辑化表达与安置的结果。任何理性化的内在表达，都必须以感性化的内在表达为基础，都是感性化表达的进一步结构化与逻辑化深入。任何认识结果都是首先形成了感受观念，任何感觉观念都来自感受观念的结构安置。任何概念观念都来自感觉观念的理性化安置。这就是认识活动的内在安置环节的逐渐深化的过程。

每一个认识构建的新观念在既有观念结构中的安置，都会形成对既有观念结构的秩序改变与秩序扰动。这可能是对既有观念结构的强化，也可能是对既有观念结构的瓦解。强化或瓦解的区分，由被安置的新观念要素的环境功能与既有观念结构的环境功能是否相一致决定。新观念与既有观念结构的环境功能相一致，就会形成对既有观念结构的秩序强化，反之就会形成对既有观念结构的秩序瓦解。任何存在要素的环境功能都会是多样化的。具有不同环境功能的新观念，既可能对既有观念结构形成强化，也可能对既有观念结构形成瓦解。这种区分的标志在对这种扰动的价值视角中。

新观念对既有观念结构形成的扰动的强度，构成了对其强化与瓦解的强度。它由新观念的环境功能强度决定，也由其他内在秩序的稳定性强度决定。

秩序的扰动就是秩序的改变。秩序的强化就是有序化的改变，秩序的瓦解就是无序化的改变。认识活动在观念空间中的整体功能成果，必然是实现观念结构中的秩序增加或有序化的增加。但每一个具体的新秩序与新结构的增加，都可能在更高层次的秩序结构中引发扰动，或者增加了有序，或者增加了无序。无论认识活动的成果是增加了观念空间中的无序化还是有序化，这种扰动都可能会为更高层次的认识活动的发生准备新的激发条件与审美刺激，都会为更高层次的认识活动准备新的条件。

在意识活动中，并不是每个认识活动都会完美结束，其第三个环节并不是总能成功地实现。认识活动对新观念在观念空间中的表达安置结果，总是复杂多样与不确定的。有些表达是明确稳定的，有些表达则是模糊犹疑的，有些甚至可能得不到明确表达。虽然每一个认识活动必然会构建出新的观念要素来，但新观念在观念空间中的表达方式则是多样的与复杂的，也是形态不确定的。

对新观念确定形态的表达安置，就形成了确定的认识成果。对新观念不确定的表达安置，就形成了不确定的认识成果。不确定的表达安置让新观念无法稳定融入既有观念结构中，仍然具有观念空间中的无序性。但它们仍然可能在后来的认识活动中得到进一步的有序化。不完美的认识成果常常是进一步认识构建的条件。这就形成了认识活动的交织性延续。

没有形成确定表达安置的认识成果，常常会形成观念空间中漂浮流动的观念要素。这就是在梦境中常常出现光怪陆离的意识感受的观念依据。梦境中的观念要素是真实的，但它们与观念空间既有秩序的关系则是流动的与虚幻的。

确定的认识结果形成不确定的观念结构，也就为不可控制的意识活动提供了环境。所谓梦境，就是强度微弱与不可控制的意识能量在无目的的运动中形成的内在感受。其中包括了确定的观念结构，也包括了不确定的观念结构。清晰明确的梦境来自对确定观念结构的感受，光怪陆离的梦境来自对不确定观念结构的感受。

不能被表达与安置的观念要素无法形成明确的记忆，也就常常被意识感受认为是没有根据的或者不是自己精神环境中的存在。它们也会被认为是精神环境以外投射进来的记忆之外的观念。这既是梦境的原因，也是正常意识活动中各种神秘感受的原因。

这种不确定的观念结构中蕴含的环境秩序间的因果关系，仍然可以被内感官的功能形成感受，仍然可以被认识活动进一步构成具有不确定内涵的新观念。这就是人类精神环境中广泛存在的神秘化观念的形成依据。当这种神秘观念通过观念交流活动形成了观念共识，也就进入了文化结构中。神秘化的文化结构，就是人类观念结构的幼稚形态的公共化表达，也是哲学对精神环境的肤浅理解结果。

认识活动广泛发生在观念空间中，但更多地聚集在低层次的观念结构中。越是高层次的观念空间中的认识活动就越稀薄，观念结构秩序就越薄弱，人类意识的感受就越模糊。因此，高层次的超验化观念结构也就更容易被神秘化。

认识活动的第三个环节对新观念可以形成清晰的表达，也可以形成模糊的表达。模糊的表达也有两种形态。一种是感性的模糊表达，也就是依据模糊的不太确定的感性表象所实现的表达，这种表达只能形成模糊的表象化记忆。另一种则是形成了理性化的知识化的模糊表达。虽然知识结构常常是结构清晰的，但在这些清晰的知识结构中表达新的概念时，则仍然可能是不清晰的。不清晰的知识认知常常形成不清晰的知识内在表达。

认识活动对新概念的内在表达也可能会不清晰，这种知识接受的文化活动中常常出现。不清晰的内在表达的新概念，要么是表达安置它的知识结构本来不清晰，要么是表达安置形成的逻辑关系不清晰。不能形成清晰内在表达的新概念，就会构成观念空间中浮动不定的知识结构。这种漂浮的知识结构仍然可以满足应试活动的社会需求，但却基本上不能在意识活动中得到展开与运用。

认识活动第三环节的一个重要环境功能，就是为观念的外在表达准备了条件。观念的外在表达为人类建立公共观念与公共价值，形成文化与建立社会秩序提供了精神依据。观念外在表达的形态依据就在内在表达形式中。这种表达形式只能通过内在表达的过程来形成与建立。

例如，狭义艺术具有的特殊表达形式，从绘画与音乐的基本形式到诗词与文学的基本要素，其依据都来自艺术家们艺术感悟的内在表达形式。各门艺术的表达规范与表达技术的依据，也都来自他们内在表达的理性化形态。就是数学家们的基本逻辑要素与物理学家们的基本概念要素，也都来自他们对观念要素的理性化内在表达的形态，来自这种形态的外在化与公共化成果。他们在内在表达中的完美与完善，就是他们可以形成外在表达的艺术作品与科学思想的前提条件。科学家们构建出来的新观念，也必定是通过内在表达形成了新的概念以后，才能进一步进行外在的知识化表达。这些新观念在内在表达环节中建立起来的概念表象与标识，就是进一步外在表达的条件。对科学家来说，认识构建的内在表达活动，既是对认识成果的内在安置，也是对认识成果的外在表达准备。这两种需求就是拉动人类构建逻辑工具的全部动因。

认识活动可以发生在观念空间的不同层次中。其结果也会在相应层次中得到表达与安置。这些自组织过程的反复叠加，最终形成了对整个观念空间秩序的构建。人类观念空间中始终存在的统合整体的终极观念结构，就是认识活动不断实现对新观念内在表达的最终依据，也是认识活动的自组织过程在观念空间中的终极成果。终极观念结构为表达安置环节提供了最终的安置环境，使得发生在任何层次的认识成果，都可以获得相应层次的表达安置。这种安置的结果，又引导着认识活动实现对观念空间秩序的整体化构建。

第九章 认识活动的整体性与同一性

38. 认识活动三个环节的连续交融

将认识活动的过程分析为三个环节，是人类理解与表达这个过程的需要，也是人类理性化表达对此理解的结果。实际上的认识活动的三个环节，并不是以机械的逻辑形态截然分开的，而是互相交融与相互影响的。

真实的认识过程，是一个复杂而丰富的多层次的秩序构建与秩序表达的过程。每一个可逻辑化表达的认识活动成果，又是由几乎无限层次的内在自组织过程的耦合与叠加的结果。人类今天的逻辑能力还远不能表达这种活动形态。人类的全部理性化方法，都必须将实际上多层次嵌套的演化过程机械化地分割与孤立起来，才能够实现分析的思维。

将人类精神环境中的秩序构建的自组织过程，分为三个环节的表达形态，只是为了适应人类今天的理解能力与表达方式的结果，也是将人类感受认识活动过程的复杂观念简单化与逻辑化的表达。任何逻辑工具对观念结构的塑造与表达，都不是观念结构的本真形态，都是适应了人类特有逻辑工具的形态。任何逻辑工具的运用，从最基本的语言逻辑与形式逻辑到最复杂的数学逻辑，都必然会形成对所表达的观念秩序的简单化与肤浅化，任何逻辑工具的表达内涵，都远远超越了逻辑形式的内涵。但这种简化却可以形成对观念内涵更为确定的外在表达与交流，并依此而形成了明确的公共观念形态与公共化的思维方法。

人类认识活动的准备环节，也就是形成无序观念要素审视集合的环节，并不是孤立发生的，必然是受到曾经的认识发现成果的刺激的结果，这些结果也会在更广泛的观念空间中形成新的无序存在与新的认识目标，或激发出新的审美价值。这种特定观念空间中无序状态的增加，就会促成新的认识活动的审视领域的形成与审美价值的集中与汇聚。每一个新的认识活动的准备环节，都是对这个审视空间中已经完成的多层次的认识成果的审美延续。

　　人类精神环境中普遍存在的意识活动，永不停息地实现着认识的构建，并因此而永不停息地促生着观念空间中的新观念与新结构。这就构成了观念空间中秩序的流变与秩序的演化。这种秩序的流变也形成了分布其中的审美价值的流变。

　　人类全部意识活动的内在动因，都来自意识活动本能提供的审美欲望，以及这种欲望在精神环境中的展开形成的审美价值。在精神环境的观念结构中，审美价值是普遍分布的，但又是不均匀分布的。不均匀的审美价值在不同的观念结构中分布的变化，就形成了审美价值的流动与演化。在观念结构的流变与演化中与审美价值的流变与演化中，当某一状态的审美价值分布与可以实现这个审美价值状态的观念要素的无序状态，形成了审美价值与认识审视准备的对应，也就是形成了特定的审美价值与相应的审美环境的协调与耦合时，一个认识活动的准备环节就完成了。

　　审美欲望在观念结构中形成的审美价值的不均匀分布状态，就是认识审视集合形成的初始条件。观念空间秩序的不均匀状态与观念空间环境结构差异的耦合，就形成秩序功能的特殊汇聚。观念秩序结构中雨涵的审美价值的特殊汇聚，也就形成了对认识审视集合形成的引导与拉动。这是通过审美价值对不同状态的观念要素的空间分布的适应与耦合来实现的。这个耦合过程既是认识准备的形成过程，也是人类意识活动的灵感形成与思维方向形成的过程。

　　人类感性化认识活动条件的形成，就是不可理解的认识准备环节的形成。这个过程只能用直觉灵感的酝酿来表达。这种准备环节的形成活动不能被意识所控制，只能在意识活动中自发地形成。各种直觉性的与灵感突现性的认识发现活动的准备环节就是如此。

人类理性化的认识活动的条件的形成，就是在明确的认识构建目标的拉动下形成的认识审视集合过程，这个过程是相对可感知与可控制的。这也就是在明确的审美目标的追求中所实现的认识审视集合的构建。在这个过程中形成了为认识的既定目标服务的相对可控制的审视集合。例如科学研究的问题构成，艺术创作的题材构成。

人类认识活动中的第二个环节是认识活动的核心环节，也是观念要素构建的自组织过程的突变环节。这个环节的突变特征使得它不具备可理解的内涵，它只能通过突变结果来确认。这个环节普遍分布于广泛的意识活动中，并永不停息地在不同层次与不同领域的观念结构中构建出新观念要素。但这种突变又是意识能量的局部汇聚而形成的。

由这个环节促生的各个观念结构层次中的局部突变，也就自然形成了普遍分布的新观念的内在表达与结构安置。这种表达安置结果，又会不断形成观念结构整体秩序的改变，也就不断为新的认识准备环节提供了条件。

认识审视集合的形成不一定形成自组织突变。自组织突变的结果一定形成内在表达。只是表达的过程与结果不同。内在表达的结果一定形成观念结构的改变，也就为新的审视集合的形成提供了条件。这就是认识活动在观念空间中的演化延续。这种延续并不是简单地相继，而是在复杂的空间结构中交织地发生。

认识活动的观念构建的主体过程，虽然是通过第二个环节实现的，虽然其第三个环节仅仅是在认识结果出现之后的内在表达过程，但第三个环节也仍然会形成对第一个环节的影响，并因此形成对第二个环节的重新强化与拉动。这就形成了认识活动在同一的观念结构中的重复深化。人类有目的的文化活动常常如此。人类的社会实践活动中也必然如此。

认识活动的结果表达，必然形成对既有观念结构秩序的改变与扰动，这种广泛的改变与扰动形成了观念空间中无序状态的增加。这种改变与扰动形成的新的认识审视集合，常常会发生在完全不同的结构空间中。这是扰动在观念空间中传播的结果。

这就形成了认识活动三个环节在广泛空间中的横向扩散与纵向联系。各种无心插柳的意外发现，就是这种过程的结果。

每一个认识活动的内在表达过程，都可能会成为新认识活动的无序审视集合的形成创造条件，这种关系在观念空间中的复杂传播，就形成了认识活动之间永不停息的延伸链条。这就将认识活动组织成为复杂的不可逻辑分析的延绵不断的意识活动过程。这也是意识能量在观念空间中复杂的连续运动状态。

将认识活动用三个环节的过程来表达，仅仅是对这个复杂延续而具有无限环节过程的理性化的表达。任何分析思维中的逻辑方法都是对实际过程的孤立与简化。

39. 认识活动的全空间分布与观念结构的整体化

由生命本能驱动的认识活动的目标，就是追求精神环境中观念结构的秩序构建，并最终追求精神环境整体结构的完整性与有序性。

在人类传统文化与传统哲学中关于认识活动的观念，仅仅是人类理性能力对这种观念空间中自组织过程的结果理解。哲学一直没有形成分析认识活动过程的逻辑。但这种理解的不断深入也在促使哲学认识论的发展。

将认识活动理解为一个特殊的意识活动过程，来自人类对认识成果理解与表达的方便。这种方便既来自人类对自己外在行为的理解与划分的方便，也来自人类对自己精神愉悦实现的阶段性与节奏性方式理解的方便。

人类精神环境中的认识活动总是永不停息地发生在观念空间的整体结构中，尽管这种自组织过程具有复杂的多层次嵌套形态。这种意识活动的整体性发生状态，又必然受到意识活动能量对观念空间的局限性关涉的分割与限制。这就使得每一个认识活动并不是在一个局部观念空间中孤立发生的过程，而是在广泛的观念空间中形成了多层次联系的自组织过程。这种过程形成了广泛分布于观念空间中的秩序构建与结构整合。

但是，认识活动的这种广泛的空间分布仍然是不均匀的，仍然是具有在局部空间中汇集发生的形态。认识活动以这种局部集中的不均匀形态广泛地分布在观念空间中，又广泛形成了新观念的构建过程在观念空间中不均匀的普遍影响与普遍传播。

广泛分布在观念空间中的认识活动过程，可以通过三个环节来实现分析性表达。这种表达将认识活动在观念空间中的广泛交织与秩序改变，变成了一些独立的认识活动形态，变成了构成具体独立的观念要素的意识活动过程。这是人类理解认识活动的理性化方式的需要与结果。这个结构的具体形态，则来自人类理解认识活动的局部视角与需求。

在对每一个认识活动的分析化理解中，最终出现的审视集合虽然具有明确的结构集中特征，但形成这个审视集合的意识活动过程，则常常是意识能量对广泛的观念空间实行关涉后的结果。

认识活动准备环节的建立，就是对一个具有新秩序发现可能性的观念空间实现结构凝聚与空间压缩结果，这个过程由此而具备了可分析与可表达的形态。这个过程常常是漫长的，常常是蕴含在复杂多样的意识活动的过程之中的。每一个认识准备环节的形成都不是单纯的。认识的灵感常常来自意识活动的长期酝酿。

在认识活动的核心环节中，由于其突变的过程形态，也就具备了绝对的局部特征。这个观念结构的构建过程是相对地集中于特定的观念结构中的。这就形成了哲学对认识活动可以具体分析的依据，也形成了人类对认识活动可以孤立化理解的依据。

人类的认识活动具有明确的连续性，也具有明确的观念空间分布的整体性。这主要通过认识活动的第一环节与第三环节的交织联系来实现。这两个环节广泛地交织分布在整个观念空间中。

由认识活动形成的观念结构自组织过程，使得在观念结构中，特别是在层次化并不完美的高层次的观念结构中，出现了向可能发现新结构的演化倾向。这种演化倾向在意识活动中的表达就是最高认识希望，这也表达了人类对观念结构形态的终极追求。

这种演化倾向通过发生在不同层次中的认识构建，形成了对高层次观念结构的不断补充与完善。这种演化倾向也就是意识活动在广泛的观念空间中追求认识构建与观念结构有序化的必然结果。

这个希望的最终实现，必然来自高层次观念要素的整合构建与对它们在高层次观念结构中的表达安置。这种希望实现的结果，就形成了人类观念空间中始终存在的终极观念结构。

在最高层次的观念结构中的认识发现目标与审美价值追求，也就必然要对其中蕴含的各个层次的认识活动实现不同程度的引导与拉动。这又必须要依靠蕴含在各个层次中的认识构建成果。这种追求与目标也就形成了对观念空间中各个层次中的具体认识活动的驱动原因。对这种追求的生命本能表达，就是宏观审美欲望。

宏观审美欲望形成了在整个观念空间中的认识活动的第三环节对第二环节的多层次向下引导，并进而形成对第一环节的向下引导。认识活动分析表达的三个环节，实际上在意识活动中的广阔观念空间中则是普遍联系在一起的，它们也是由统一的宏观审美欲望所驱动的。

这就是认识活动在观念空间中发生的整体性依据，也是审美欲望在观念空间中追求整体结构秩序完善性的结果。

在数学模型的推演活动中的新结果，常常会引导出对物理过程的新理解与新发现，就是这种过程的局部理性化活动的例子。在艺术活动中为了表达一种酝酿已久的宏观情感，而突然形成了一个具体的艺术形象，则是这种过程的局部感性化活动的例子。

也正是认识活动的三个环节间的耦合关系，构成了由上向下的多层次的引导与拉动，才产生了高层次的终极观念对全部认识活动具有决定性引导功能的特征，才形成了精神环境中的信仰伦理对人类各个层次的行为选择与价值判断的决定性引导功能。

康德先生始终无法摆脱柏拉图的绝对理念模式，来安置自己对认识模式的终极理解，就是出于对这种意识活动状态的无法理解。他始终将一种无法说明其来源的绝对存在的先验范畴，作为一切理性化认识活动能够发生的外在条件。实际上，这种条件就在精神环境的内在活动机制中。合理的哲学本体论逻辑就可以消除康德的先验范畴。康德被绝对理念所局限，是因为他的文化环境还不能提供理解人类精神环境秩序的终极来源是自组织过程的模式。但康德仍然对将西方哲学从柏拉图中解放出来提供了巨大的贡献，而这种解放的不彻底也一直局限了今天的西方文化。

从另一个视角观察，人类的认识活动又永不停息地从来自感官信息的微观无序中构建出新的元初观念来，也就永不停息地在为空间观念输送了自由能量。这种源源不断的观念空间能量既提供了对既有观念结构的瓦解力量，也提供了认识活动构建新结构的广泛可能性。

广泛发生在低层次的观念结构中的认识成果，必然会形成较高层次的无序状态，并激发出新的认识活动发生条件。在较高层次中的认识构建的结果，又会形成这个层次中新的无序状态，也就又会激发出更高层次的认识活动发生条件。如此延续，就可以逐渐形成从低到高蔓延扩展的秩序构建的有序化进程。这个进程的依据，就在普遍分布于观念空间中的自组织过程中。

这个过程就会形成观念结构由低到高的逐渐统一与逐渐和谐的形态，直到最终形成最高层次中终极观念对全部观念空间秩序的统合。例如高度抽象的空间与时间逻辑，例如几乎代表了绝对秩序的几何观念等等，都是这种逐渐升高的经验观念的抽象化与超验化的成果。

认识活动的秩序构建，就是在精神环境中自发构成了内在的环境秩序。蕴含了这种内在秩序的观念要素就是超验观念。超验观念就是内在环境秩序的载体，内在秩序就是超验秩序。与此对立的经验秩序，则是依据对感官信息的容纳而表达了外在环境的秩序。经验观念就是外在秩序的载体，外在秩序就是经验秩序。

在观念要素中常常同时蕴含了经验秩序与超验秩序，只不过它们具有不同的浓度比例。蕴含了较高浓度的经验秩序的观念要素就是经验观念，蕴含了较高浓度的超验秩序的观念要素就是超验观念。

在观念空间中，随着观念结构层次的升高，经验秩序逐渐稀薄，超验秩序逐渐浓厚。在终极观念中主要是超验秩序。

这种观念结构形态来自人类认识活动的广泛分布与反复叠加。每一个层次中的认识活动成果，都是对其一下层次的无序观念的有序化整合。广泛发生在观念空间中的认识活动，对不同层次秩序的整合叠加，也就在逐渐升高的观念结构中，逐渐稀释了经验秩序和逐渐浓缩了超越秩序。因为在每一次的认识叠加中，都会加入新的超验秩序。

如果认识活动的构建结果，出现了不能被终极观念结构所安置的新的超验观念，特别是通过文化活动所接受的外来超验观念，在被认识活动重构以后常常无法融入既有的终极观念中。例如从某种宗教文化或科学文化中接受的抽象观念的内涵，被认识活动的整合构建，就会在观念空间中形成特殊的外来超验观念，它们就常常会与既有的终极观念结构不能相容。

当观念空间中的这种观念形态不恰当地增多时，就会发生终极观念结构的稳定性危机。这种危机也就会激发出重构终极观念的认识活动，以重新构成能够包容这些外来超验秩序的稳定的终极观念结构。

人类社会成员在高度文明的复杂社会环境中，由文化活动提供的超验公共观念的形态，常常超越了个体认识活动的接纳能力，这种文化信息的输入，就会形成对既有终极观念结构的严重冲击。他们就会遇到需要重整终极观念结构的困难与困境。

解决这种困难与困境的方法之一，就是接受外部文化提供的具有包容功能的终极观念结构，并依此来整合与安置自己散乱冲突的终极观念要素，依此而重建和谐统一的终极观念形态。选择皈依某一宗教文化体系或信仰某一科学世界观体系，就是个体常见的摆脱重整终极观念困境的方法。某些在社会一般活动中取得了明确成就的个体，常常会突然出家遁入空门或者隐居桃园摆脱世尘，这些看似难以理解的行为，就是他们在追求重构自己终极观念结构的精神活动努力。

人类每一个认识活动的结果，就是在特定观念空间中注入了新的超验秩序。发生在元初观念层次与终极观念层次中的认识活动都是如此。认识活动对于超验秩序的不断输入，既会增加观念空间中的无序，也会增加观念空间中的有序。这种功能最终必然会不断充实或瓦解终极观念结构。这就是终极观念能够不断更新演化的依据。

个体从出世就开始了构成了精神环境中的终极观念结构。随着精神环境秩序的不断丰富与复杂，个体也始终在整理与改善终极观念结构。这就构成了终极观念的演化。个体在这个过程中不断重组终极观念的过程，也就是文化常识中所说的重新认识自己的过程。

外在的自己是社会成员的身份。内在的自己就是精神环境的结构。终极观念表达了精神环境的总体结构，终极观念就表达了内在的自己。

终极观念的演化在个体的幼年到青年时期是非常活跃的。当个体的社会生存方式成熟以后，这个进程就会逐渐平缓下来。这就是从"三十而立"到"四十而不惑"的过程。

进入精神环境成熟状态的个体，也就常常表现出对接受新的超验观念的漠视与拒绝。这是对他们终极观念结构的自我保护，也是对精神环境秩序的稳定性维护。成熟个体精神环境秩序的稳定性，就是他们人格特征的稳定与社会行为方式稳定的内在依据。

完整的认识活动具有相继的三个环节。其中第二环节是核心的与必要的，第一环节也是必不可少的。任何实际发生的第二环节都以相应的第一环节为条件。但第三环节则可能出现缺失。这就形成了认识活动的构建结果无法在既有观念结构中得到内在表达与安置，也就形成了没有完美结果的认识过程。

未能实现表达与安置的新观念，就是不完善的或者中断的认识结果。这种认识结果也就在观念空间中处于无结构联系的漂浮状态中。

这种漂浮的认识成果，也是观念空间中的观念结构与秩序存在，也会改变后来的审美活动的环境状态与意识活动的环境条件。这些漂浮的观念常常会为后来的认识活动提供难以感知与出人意料的组织化要素。它们的存在仍然是认识活动发生的积极性因素。

直接来自感官信息的元初观念，处于观念空间中最无序的状态，也是观念空间中最充沛的自由状态，这就是将它们表达为观念空间中的能量的依据。构成元初观念的认识活动，就完全没有实现内在表达，元初观念因而处于最充分的流动状态中。元初观念是全部认识活动中最普遍的能量要素与秩序构建素材，只不过这种素材的使用无法被人类所感知。

感官信息是精神环境接受外在环境秩序的基本途径，也是精神环境与外在环境的基本联系方式。感官信息必须被认识活动组合构成原初观念，才能被精神环境做接纳并存在于观念空间中。这个最初始的认识活动就是感官信息向观念形态的转换过程，也是构建元初观念的过程。在这个过程的审视集合中，也就必然直接蕴含了来自生命环境的特定形态的感官刺激信息，组合这种感官信息就是这种认识审视集合的功能主体。观念空间中没有实现认识转换的感官信息也就无法被意识活动感受与利用，也就不是精神环境中的存在。

认识活动的第三环节是对新观念的表达与安置，也是在观念空间中保存认识结果的环节。这个环节既是对新认识结果的确定，又是对既有观念结构的改变与异化。这个异化在观念空间中促生了新的无序，也就为激发与启动一个更高层次的认识活动准备了条件。这就是在精神环境的有序化的过程中促生新的无序又激发新的有序化的循环。

　　在人类精神环境中的认识活动创造新秩序的自组织过程中，也具有人类全部生存环境中发生秩序构建的自组织过程的同形态意义。这个过程使得每一个发生于观念结构中的认识构建结果，都会形成一个逐渐向观念空间最高层次不断拓展的认识活动的自组织过程传输"波"，虽然这个逐渐拓展的传输波在意识活动的一般状态中会逐渐被弱化，但在某些特殊的环境中，也会因为激发出来的审美价值的耦合汇聚而被强化。这种状态就可能形成大范围的秩序突变。

　　人类生存环境中所发生的明确的结构性突变，都具有类似的多层次耦合的自组织过程的形态。从初始宇宙的混沌中的基本粒子的自组织过程，激发出了元素的自组织过程，又激发出了地球表面环境中碳氢氧氮元素的自组织构成有机大分子的过程，这种过程的进一步自组织突变就形成了生命。生命形态中的自组织突变，进而激发出来了人类的精神世界与社会环境。这个过程也可以看作是一个最广泛的自组织过程的耦合形成的秩序发生波的传输成果。

　　观念空间中的认识构建形成了向上传输的秩序"波"。这种功能一直可以延伸到终极观念结构中。由于这个过程的复杂与多样，使得这种过程并不会形成明确的人类感知。但这种过程在形成人类精神环境结构的整体性特征，在构成人类精神环境结构的绝对同一化特征中，具有重要的意义。

　　这种观念结构秩序的构建与拓展的过程，是通过一个连续发生的连锁性的认识活动序列构成的。这个连锁过程就是一系列发生在不同的结构层次中的认识活动的叠加。它们在有些结构中的拓展会很迅速，在有些结构中的拓展又会很迟缓。这源于在既有的观念空间秩序中可能形成的不同认识活动条件。一旦这个连锁进程出现，就会激活与引发大范围的认识活动发生与协同，就会形成一个突然茅塞顿开的认识感受。如果这个过程在某些观念结构中受到了阻碍而很缓慢，甚至会缓慢到与人类的生命周期相比较，就形成了终生不得其解的难题。

与认识活动的表达安置所形成的观念结构的构建过程的向上拓展相对立，任何新结构的形成结果，都会反过来影响认识活动的后继发生方式，也同时通过价值活动影响个体在外在环境中的行为方式，这又影响与决定了输入观念空间的外在经验的内容。这个过程就形成了人类精神环境中的秩序由上向下的拓展。这个由上而下的秩序拓展是间接的，而认识活动形成的由下向上的结构拓展则是直接的。

认识活动对观念空间中的秩序构建，并不是局部机械叠加的构建，而是类似生命构建过程的一种整体范围内逐渐演化与整体改善的构建。将这种构建理解为观念空间中一个具体新观念的增添，是一种便于理解的逻辑简化。认识活动对观念结构的任何自组织化过程，都必然是全局性的结构改变。在微观结构中，既有的观念要素被构成了新的组织化秩序，在宏观结构中，这种新的组织化秩序被安置在既有的观念结构中，又形成了对既有的观念结构秩序的更高层次的改变，或者瓦解或者强化。

将认识活动局限为一个具体的观念发现，是人类的哲学理性对复杂现象的逻辑简化，是为了哲学便于清晰表达与理解。但实际上任何认识活动对观念空间的影响都是全局性的，差别仅仅在这种影响的强弱之中。人类每一个具体的认识活动看似发生在一个具体的观念结构中，但其结果则总是蕴含在对全部观念结构的影响功能中。将一个全局性的改变局限在一个封闭的结构中研究，仅仅是人类自己简化思维的需要。这也是科学活动中的常见的方法。在对物理环境秩序的理解中，这种简化比较有效，在对精神环境的理解中，这种简化就会偏差很大。

人类精神环境的存在形态与功能，由其中蕴含的秩序所表达。观念结构就是理解这种秩序的逻辑工具。人类的观念结构中具有不同的秩序浓度。所谓秩序浓度，就是人类生存环境中的存在要素形态的组织化程度的量化表达。不同的秩序浓度是观念空间中区分结构层次的主要依据。

在人类的观念空间中，底层的观念结构比较松散，其中的秩序浓度很低，也就是无序程度较高。随着空间位置的升高，观念结构中的秩序浓度增加，观念结构的整合性、抽象性与有序性逐渐提高。到了观念结构的顶端，就具有了最浓厚的秩序含量，也就形成了最抽象最统一的观念结构，这就是最为超验化的终极观念结构。这种结构形态，就是认识活动的在不同层次观念结构中所形成的秩序构建叠加的结果。

认识活动在精神世界中的全空间中发生，也就形成了认识活动的多层次叠加与多样性形态。发生在观念空间底层的认识活动，主要体现为对充分散乱的经验化观念要素的组织化。发生在更高层次观念空间中的认识活动，就是对已经有序的观念要素的进一步的组织化。其中也就叠加了曾经在底层中的自组织化成果。发生在不同层次观念结构中的认识活动的结果，也就因此而具有不同的组织化程度与不同的抽象程度，这就表现为其中超验秩序的浓度。这种状态就是认识活动具有复杂化与多样化形态的原因，也是传统哲学在认识论中遇到的大量难题的来源，还是传统哲学将认识活动区分为不同形态的意识活动方式的原因。例如区分为经验认识与超验认识，区分为认识与审美。如此等等。

每一个认识活动的成果形成与秩序发现，都是对原有观念要素审视集合中的无序化的减少，又是对这个审视集合之外的观念空间环境中的无序化的增加。新观念在原有观念结构中的表达，则又是一个秩序重构过程。这个重构如果形成了与原有观念结构的有序联系，就会升高这个认识审视集合在观念空间中的结构地位，这就是认识成果对于观念空间秩序的强化。如果这个重构形成了对既有观念结构的破坏，就会降低这个认识审视集合在观念空间中的地位，这就是认识成果对观念空间秩序的瓦解。

40. 基本观念的结构凝聚功能

认识活动在精神环境中具备的整体性与同一性方式，形成了精神环境由下向上逐渐增高秩序浓度的形态，这就是由下向上逐渐增加了观念空间的组织化程度。但这种表述仅仅是一个总体状态，在精神环境中的具体秩序浓度形态的分布，常常又是不均匀的，在有些局部空间中常常是极不均匀的。

这种秩序浓度分布的不均匀状态，可以用观念空间中的基本观念形态来表达。所谓基本观念，就是观念空间中秩序结构的汇集或凝聚点，在这个观念空间的位置上，具有在一个领域或局部范围中的秩序浓度的极大值状态，也是具有观念结构局部的高度组织化状态。在这个凝聚点中，形成了对一个观念空间邻域的秩序汇聚与秩序表达。对这个空间点上的秩序特征的哲学概念表达，就是基本观念。

基本观念就是对不均匀分布在观念空间中的秩序浓度的结构化凝聚状态，也是将观念空间中不均匀分布的结构秩序向其浓度核心简化的逻辑形态。前者构成了个性化的基本观念，后者构成了理性化的基本观念。

每一个基本观念，都具有对一个局部观念空间中的环境秩序的汇聚功能。这就是基本观念对局部环境秩序的集中表达与统合。基本观念就是局部观念空间中的类终极观念。终极观念就是整个观念空间中的基本观念。

在不同的局部观念空间中，由于认识活动的自组织过程的随机发生，形成了观念结构秩序自组织成果的随机分布，也就必然会形成观念空间中秩序浓度的不均匀分布。对这种分布的逻辑简化表达，就是观念结构的局部空间凝聚形态。

在观念空间中，结构秩序在局部空间中浓度最大的位置，就是基本观念的结构核心，也可以逻辑化地看作是基本观念结构本身的空间位置。基本观念就是在观念空间中具有较高结构秩序浓度的观念要素。基本观念的存在形态是相对的，相对于它对观念空间中局部秩序的凝聚功能，相对于它在人类理解自己精神世界环境秩序的价值视角。

每一个基本观念的秩序汇聚功能都笼罩了一个局部观念空间。这就是基本观念的功能空间。在观念空间中布满了不同层次的基本观念。各个基本观念的功能空间呈现多层次嵌套的形态。

人类生存环境的存在由特定秩序对特定能量的组织化所构成。存在中的秩序提供了存在的环境功能，环境功能就是环境秩序对特定环境空间的影响结果。

每一个存在要素都依据其内在秩序形成了一个确定的环境影响功能。在每一个存在秩序的环境影响空间中，都具有一个秩序浓度的结构核心，这个结构核心就是秩序的环境功能的发出中心，其环境功能从这个核心向周围空间发散而逐渐弱化。也可认为这个结构核心具有统辖环境功能空间的秩序功能，或者具有在环境空间中吸纳低层次秩序形态的能量存在要素的功能。

例如，在物理空间中的质量秩序的结构核心构成了质心，电场或磁场秩序的结构核心构成了电极与磁极。在生命空间中的秩序结构核心就是细胞。在生态空间中的秩序结构核心就是生命体。在社会环境中的秩序结构核心就是社会成员。在人类精神环境中，观念空间秩序的结构核心就是不同层次的基本观念。

观念空间中基本观念的存在所形成的环境功能，也必然会对它周围低浓度的秩序形成吸引与凝聚。这种环境功能的哲学表达，就是基本观念对局部观念空间中意识活动的统辖功能。

在基本观念所统辖的空间中发生的意识活动，都会受到基本观念结构秩序的制约与统辖。理解基本观念的形态与功能，就是理解精神环境秩序形态与秩序功能的理性化依据，也是理解在这个环境中的意识活动方式与功能的理性化依据。

这种理性化方法，已经在人类文化中形成了理解物理环境与社会环境的普遍方法。这是物理学的基本理性化方法，也是社会学的基本理性化方法。例如，在表达个体的人格结构与性格结构中，常常使用结构化的人格特征与性格特征。在表达社会公共价值的结构形态中，常常使用伦理结构特征。

在精神环境中，基本观念广泛地分布在观念空间中。基本观念所表达的秩序汇聚形态是相对的与多层次的。基本观念具有多层次嵌套的结构，宏观的或高层次的基本观念结构中蕴含了较低层次的中观的基本观念，中观的基本观念中又蕴含了更低层次的微观的基本观念。

每一个可感受的观念要素，也都具有自己统辖的微观观念空间，也都可以看作是一个基本观念的形态要素。基本观念的逻辑结构就是它们对自己秩序所控制的观念空间中环境功能的理性表达，也是对观念空间中不同层次的存在秩序的凝聚形态与统合形态的逻辑化表达。

在观念空间中的不同层次或不同高度中的基本观念，具有不同的观念统辖范围特征。随着观念空间的位置与结构层次的升高，其中的基本观念的秩序浓度也会升高，其统辖的空间范围与秩序强度也就会扩大与增强，作为观念结构的秩序核心，在观念空间中的功能范围也就增加了。到了观念空间的顶部，全部观念结构就常常会凝聚与浓缩为一个或几个基本观念。这些处于观念结构顶端的基本观念就是终极观念。终极观念所具有最高层次的秩序浓度与空间秩序的统辖功能，也就具有了最大的观念空间秩序吸纳与整合安置功能。这就是终极观念对全部观念空间与全部观念结构的统辖功能与制约功能。

人类的认识活动在全部观念空间中的分布，形成了观念结构秩序层次与秩序浓度的逐步升级，就决定了最高层次的观念结构的最高抽象与最高统和功能，还决定了观念结构必然具有终极观念。

　　在观念空间的最底层中，基本观念虽然最为微观或统辖的空间最微小，但最底层的基本观念仍然具有明确的中观秩序凝聚形态。因为它处于的底层边界决定了他必须承载这个领域中的全部秩序。这就形成了基本观念在观念空间底层形成了一个强化与放大层。认识活动在这个领域中的叠加并没有迅速升高层次，而是形成了平行与底层的横向拓展。这个位于观念空间底层的基本观念强化结构就是基础观念。基础观念凝聚了个体最初始的经验观念，也承载了全部观念空间秩序的演化发生的基础依据。基础观念在人生过程中基本不变。

　　认识活动在观念空间中分布的不均匀，也由驱动认识活动的审美欲望在不同观念结构层次中分布的差异所决定。审美欲望在不同观念结构层次中的价值展开的差异，来自其中观念结构的差异，也来自其中审美经验的差异。观念结构的微小差异又被审美经验的差异放大了。

　　这种差异形成了不同的认识活动内在动因，也表达了不同的认识发现好奇心与认识兴趣的倾向，这还表现为在观念空间中分布的不同审美取向。这种差异就决定了认识活动空间分布的不均匀性。这种认识构建与自组织过程不均匀分布的结果，就形成了在不同观念结构中秩序浓度与结构形态的分布差异。这种差异的综合效果，就是每一个人类个体的观念空间都具有独特的结构形态的依据，这就决定了不同个体精神世界的独特性与独立性。

　　人类个体间的绝对生命差异形成了它们生存欲望的绝对差异，也同样形成了人类个体间精神环境与意识活动的差异，还进一步形成了个体审美价值的差异。这种差异被审美价值驱动的认识活动的进一步放大，也就形成了个体观念空间秩序的绝对差异。这种差异形成了人类观念交流的本质困难。无论在怎样的观念交流活动中，人类个体之间都无法完全理解他人的精神环境。这就是人类群体观念共识的绝对差异的依据。

人类生命秩序的同一性又形成了人类生命本能的同一性。人类由此而具有共同的人性与相似的精神环境，人类个体之间也由此而可以互相理解。这就是人类实现观念交流与相对相互理解的依据，也是可以相对形成观念共识的依据。

对于人类个体间精神环境形态的差异绝对性与相对同一性，在传统哲学中形成了不同的表达。在中国传统哲学中追求对个体观念结构最终公共化的可能前景，就构成了关于人类普遍具备"仁"的哲学观念。对这种文化追求的理想化，就形成了人类必然追求德与善的伦理。在中国传统哲学中对人类个体观念结构的绝对差异性的理解，就表达为人性中普遍存在的恶。哲学中的普遍之恶，就是依据个体观念结构中的绝对差异所表达出来的价值追求与行为方式的不可绝对公共化与不可绝对道德化。

在欧洲传统文化中，个体精神世界的差异性曾经被中世纪的宗教文化所强烈地贬斥，尽管在他们的古典哲学中也具有明确的承认。这种差异性就被宗教文化看作是人类社会全部罪恶的根源。这种差异的绝对性就表达了人生中罪恶的原本性与劣根性。基督宗教认为，个体不可被宗教观念统合起来的精神差异与特殊价值追求，必定是十恶不赦的。

直到文艺复兴与宗教改革形成的主流文化突变，才改变了这种理解。在表达了新兴市民阶层的工业贸易文化中，也就逐渐放松了对个体独特的精神世界与值追求的贬斥，逐渐恢复甚至又极端化的放大了个体观念结构差异的重要性。上帝不再统治人类，自由成为人类的终极追求。这种对曾经具有强大文化影响力的偏激公共价值的强烈反向摆动，则又引导新兴的西方文化走入了另一个极端。他们又极度底贬斥人类精神环境的公共化价值与人类社会秩序的公共化功能，这种贬斥的文化表达就是蔑视伦理与道德，这种贬斥的社会行为表达就是抵制一切维护社会秩序的权力。这种文化倾向在哲学中的表达，就是从经院哲学中脱胎出来，又进入了另一种极端化的存在主义哲学中。在存在主义哲学中，道德与伦理就变成了应该被抛弃的陈旧价值。

人类生存环境中秩序发生的自组织过程具有过程的随机性与结果的不确定性。认识活动对观念空间秩序构建的不确定性，决定了个体价值结构的差异性与个体社会行为方式的差异性，也必然决定了人类不同个体观念结构中可公共化的形态与途径的差异性。这就决定了个体道德精神活动方式的独特性。每一个人类个体的观念空间的结构内涵都是独特的，都是不可复制不可绝对互相理解的，但又是可以通过观念的交流与文化的传播被相对地公共化的。相对公共化的个体观念结构，也就形成了相对可理解的公共伦理价值形态与具有绝对差异性的个体道德精神活动方式。

个体观念结构的独特性还有一个重要的外在原因，这就是个体外在生存活动中形成的感官信息的绝对差异性。这种差异性形成的个体经验观念的绝对差异，也是个体观念结构的独特性的一个重要原因。

41. 认识活动中的审美张力

人类通过在环境中的行为实现自己在环境中的生存。人类在环境中的行为由人类的生命本能驱动。人类的认识活动由人类精神活动的审美本能驱动。

本能在环境中的目标化抽象就是欲望。人类通过欲望驱动在环境中的全部行为，包括在自然环境中的生存行为，也包括在社会环境中的全部活动，还包括在精神环境中的意识行为。进入文明以后，人类的物质欲望驱动人类的社会行为，人类的精神欲望驱动人类的意识活动。人类的精神欲望就是审美欲望。

生存欲望来自生命活动的积累。人类通过生存行为与社会活动满足欲望或实现价值。欲望被满足后就会减弱与消失，欲望缺乏满足就会被积累强化。欲望不断在生命活动中积累，又在生存行为的满足中释放消失。

例如人类的食欲与性欲，就是处于不断被生命本能的强化中，也不断在生存行为的满足中而被削弱。欲望的生命积累与欲望的实现削弱的均衡，就构成了生命的生存状态。食欲的积累形成饥饿与食欲，进食活动消除饥饿。缺乏饮食又会形成新的食欲。性欲的积累形成性需求，性活动则缓解或消除性欲。缺乏性活动又会积累新的性渴望。

审美欲望的积累形成好奇心与精神需求，审美欲望驱动的认识活动满足好奇心与消解精神需求。审美活动的缺乏又会重新积累新的好奇心与新的精神需求。审美欲望的积累与消解的均衡，构成了人类精神活动的状态。

欲望追求环境行为实现满足的程度表现出不同的强度。欲望会由于满足的缺失而增加强度，也会由于满足的充分而削弱强度。欲望的强度表达了欲望被满足的状态。不同强度的欲望会驱动不同强度的行为方式来实现满足。高强度的欲望会形成坚决明确的满足行为，低强度的欲望则形成犹疑模糊的满足行为。

人类意识活动的全部内在动因，都可以从审美欲望中得到说明。审美欲望满足的缺失就会形成审美欲望的强度积累，就会形成追求其满足的强烈的意识活动方式。审美欲望的过度满足就会形成其强度的微弱，也会明确地削弱意识活动的审美动因。

人类意识活动的合理状态，来自审美欲望的适度满足与适度缺失。审美欲望满足的过度缺失，会因为精神欲望的过度积累而形成强烈的审美饥渴，从而造成意识活动的方式的扭曲和失度失措。审美欲望的过度满足，又会强烈削弱审美欲望，轻则形成审美疲劳，重则形成审美淡漠甚至审美无能，从而形成意识活动失度与失措。现代社会中某些个体怪诞与难以理解的社会行为方式，就是意识活动失度与失措的结果。强烈的意识活动失度与失措，常常涉及或引发高级精神器官的功能失调，这就是今天的心理科学常常将精神环境中的行为失常归结为神经器官的功能失常的依据。任何精神器官的功能失常，都必然是通过意识活动的失常表现出来的，也可以通过意识活动的失常来理解。

审美欲望通过认识活动的成果来满足。无论感性化的艺术欣赏与艺术创作活动，还是理性化的知识接受与知识构建活动，都是满足审美欲望的基本方式。

认识活动是观念空间中自发的自组织过程，这个过程的发生与结果，都具有高度的不确定性。这就决定了人类通过认识活动满足审美欲望行为结果具有高度的不确定性。

但是，人类的审美欲望则可以在观念空间中普遍分布的不确定发生的认识结果中得到大致均衡的满足。这就形成了审美欲望满足在不同审美活动或认识活动中的可代偿性。在遍布于观念空间中的大量的认识活动中，很多成果的实现都不会明确地对应原有的审美目标。但它们仍然可以代偿性地缓解精神环境中的审美饥渴。只不过这种代偿常常并不能自觉。人类经常会出现没有理由的沮丧与没有理由的兴奋，就是这个原因。

在观念空间中随机发生的大量认识活动中，某些汇聚在特定审美价值中的审美欲望如果长期得不到满足，这就会形成在特定观念结构中汇聚高强度的审美欲望。这就会促生出更强烈的认识目标追求。这种状态就会增加特定认识成果出现的概率。在人类文化活动中有目标的艺术创作与有目标的知识构建，都需要进入这种状态中。这也是在特定领域中的认识灵感的积累状态。

当审美欲望在某一个观念结构中得到比较充分的满足时，就会在这个观念空间中被弱化甚至暂时消失。在这个观念结构中的既定认识目标也就会被弱化。这就会大大降低在这个观念空间中继续形成认识新成果的概率。

在认识活动过程中，首先要通过意识能量在特定观念空间中形成的意识关照，形成一个观念要素的审视集合或审美对象，依此作为认识构建的发生条件。这就是形成认识发生的准备条件。不自觉的认识准备条件是由意识活动内在的审美取向所直观形成的，自觉的准备条件则由认识主体的审美目标追求所形成。审美价值构成的审美取向，常常构成了一般认识活动的准备条件。审美欲望在这个审美价值中的汇聚强度，决定了这个认识准备条件的充分性。

每一个具体的认识活动都具有具体的审美目标，只不过这个目标常常并不能被意识主体所明确感受。这个目标就是在一个具有无序内涵的观念要素的审视集合内构建出一个新的秩序形态，并将这种秩序形态表达为一个新的观念要素。这个审美目标由认识准备环节所形成的审视集合的形态决定，由其在观念空间中的分布状态与其中的观念要素的内涵所决定。认识成果的形成概率或认识活动的成功概率。就由这个审美目标的合理性或审视集合的结构合理性决定。

对于一个结构不合理的认识审视集合或审美目标，依据其形成认识成果的效率就很低，这就会使得认识活动的过程漫长，甚至没有结果而失败。

一个已经形成的审视集合中必然汇聚了审美欲望。如果经历了意识能量的汇聚与努力后，在这个审视集合中并没有形成认识成果，具有满足希望的审美欲望就不会得到满足，审美欲望就会因为明确的满足缺失而被进一步强化，这就会出现在特定审美目标中的审美饥渴与意识活动焦虑。

没有结果的认识活动就是不成功的认识活动。因为不成功而放弃的认识活动就是失败的认识活动。认识活动的失败，会进一步强化审美欲望并形成意识焦虑，严重时甚至会带来审美欲望的失常与意识活动的混乱与冲突。

因此，人类面对形成了汇聚较强审美欲望的认识准备条件，就希望具备较高的认识发现概率。这就提出了一个如何形成具有较高成功概率的认识准备条件的问题。这就是构建合理的认识活动发生条件的问题，也就是审美目标选择与确立的合理性问题。

合理的认识目标，也就是具有较高认识成功概率的审美目标，应该具有这样的特征，这就是在认识的准备环节构成的审视集合中，所蕴含的意识可感知的无序联系的程度，与审美欲望驱动的认识活动的秩序发现能力相匹配。这种匹配关系就会在认识活动中形成构成新观念的较高概率。

当审视集合中的无序状态明确地低于认识活动的审美能力时，或者审视集合中的无序性过低时，认识活动构建新观念的概率就会很高，或者认识的成功概率就很高。当认识审视集合中的无序程度明确地高于认识活动的审美能力时，或者审美对象集合中的无序性过高时，认识活动构建新观念的概率就会很低，或者认识活动的失败概率就很高。

当认识活动的成功概率过高时，审美欲望的满足过度容易，就会过度弱化审美欲望而产生审美无聊或好奇心消失。当认识活动的成功概率过低时，就会强化审美欲望与形成审美饥渴，这常常会形成更强的审美活动的能量投入来强化审美能力，最终实现审美欲望的满足。但过低的认识成功概率，也会使人失去追求认识成功的信心或审美满足的兴趣，而不愿意继续在这个活动中投入更多的意识能量或花费更多的精力，从而放弃这个审美目标而转为其他目标。这就是问题的困难而使人失去了行为追求的兴趣。

审美本能驱动认识活动的欲望，只能在认识活动对观念空间秩序的构建过程中得到满足，也就是在观念空间秩序的自组织突变过程中得到满足，而不会在认识活动的成果中或者自组织过程的成果中得到满足。认识活动在观念空间中秩序的构建与发现过程本身，或者自组织过程本身，就是审美欲望得到充分满足的条件。

对于过度困难的认识目标，使得认识活动难以得到成果，或者最终无法实现观念空间秩序的自组织突变。这种无法形成成果的认识准备活动，也就不具备审美欲望满足的条件。对于过于容易实现的认识目标，则会形成过于简单和过于肤浅的认识过程或过于平淡的自组织突变过程，这种过程也不会得到审美欲望的充分满足。

审美欲望的充分满足，来自认识活动充分经历的秩序发现过程，来自审美欲望充分展开的观念空间自组织过程。这种过程来自认识目标与审美能力的合理匹配。

任何过于容易实现的或者过于简单顺利的实现欲望满足的行为过程，都会直接降低对欲望满足行为的诉求。食欲性欲如此，审美欲望也如此。过于丰富的美食会毁坏食欲而厌食，频繁过度的性兴奋也会泯灭性欲而性冷淡，过于容易实现的审美欲望或者过于简单的认识过程，则会淡化甚至灭失审美欲望而形成审美无聊的感受与没有好奇心的意识活动状态。

合理的认识活动目标，必须保持足够的审美张力，也就是通过选择合理的认识目标来保持足够的审美或认识难度。这个合理的认识难度，由审美对象的无序程度与相应的审美能力的适度匹配构成。选择合理的认识目标的方法，就是既要回避过于困难的审美目标，也要回避过于容易的审美目标。过难的目标会让人因为望而生畏而失去审美兴趣，过容易的目标则会让人因为审美欲望在没有饥渴张力的情况下的轻易满足，而感到欲望的淡化并产生审美无聊。

追求认识活动合理目标的结果，也就形成了人类在特定社会文化活动中的行为选择。科学家的好奇心，来自他们本能禀赋中的审美取向与审美偏好。这种偏好的主要特征就是理性化的认识方式偏好或者理性化的审美活动偏好。具有这种审美禀赋的个体，就会制约与引导他在社会活动或社会职业中选择理性化方式的审美活动来实现审美欲望，如果这个个体的审美能力强大，就会引导他在特定的文化环境中选择钻研复杂深奥的超验科学观念的构建，例如基础与前沿科学研究。至于他进入哪一个具体的学术领域，则由他们后天的文化环境与教育经历所决定。

如果他面临的科学或学术问题过于艰难，也会让他因为审美欲望的压抑而放弃这种行为选择，如果他面临的审美问题过于简单，也会让他因为过于容易地获得成果，而逐渐感到审美无聊并要努力追求更为强烈的审美欲望的刺激和更高难度的挑战。

只有具备了强大的审美能力和理性化兴趣的追求者，才可能自发地或者有兴趣地追寻复杂艰难的科学或哲学问题的答案。社会文化环境也会为这种追求提供外在价值，来强化与拉动这种行为方式与审美追求。这种追求与性欲旺盛者疯狂追求异性和食欲旺盛者疯狂进食的本能原因是同样的。充满了生动丰富的异性活动的社会环境，与充满了容易获得的美味佳肴的社会环境，也会形成对他们这种追求的具体拉动与选择强化。

因此，不必过度夸大科学家们行为方式的道德内涵与他们的伦理贡献，也不必过度歌颂文学家与哲学家们向人们提供的公共观念与精神环境资源。尽管他们的成果常常具有高度的社会公共价值意义与伦理意义。可以通过合理的社会秩序安排给予他们更多的资源收益并保证他们的消费水平，过度彰显他们行为方式的道德内涵与伦理内涵，只会异化他们的行为，只会异化道德精神与伦理价值。没有先天特殊审美禀赋的个体，仅仅塑造他强烈的道德精神，也仍然难以成为有特殊成就的学者。因此，社会教育活动的重要功能，就不仅仅是统一塑造受教育者的知识结构，更重要的是发现与鉴别受教育者的先天审美禀赋，并引导他们以后的文化活动选择。

人类历史中有成就的学者与文化大师，他们的行为方式与行为结果，既有他们追求公共价值与伦理构建的理想与信仰的外在原因，也有他们的先天本能提供的特殊的审美禀赋的内在原因。但要在社会公共价值或社会伦理的评价中成为优秀的科学专家，或者成为著名的作家与哲学家，则必定同时具备强大的审美能力与高尚的伦理观念。缺乏高尚的伦理观念的聪慧者，有时也会形成特殊的文化贡献。但这种文化贡献有时则会是对社会公共价值的负面瓦解。

对于审美能力一般又有一些理性化追求能力的个体，则会在社会行为中选择简单有趣的理性化审美方式来满足审美欲望，例如简单的专门艺术活动或者智力游戏。很多人在枯燥而审美不足的职业活动之外，选择专门化的艺术爱好，例如诗歌音乐摄影书法等等，就是对自己审美饥渴的补充。就是以科学研究或艺术创作为职业的人士，也常常需要可以调节职业审美的焦虑与疲劳的业余审美娱乐。

个体对与文化艺术的好奇心与审美追求，虽然来自他们文化环境的熏陶，但也由他们通过遗传所获得的审美本能中的特殊禀赋决定，当然也会受到社会环境中公共价值的引导与拉动。特殊的先天审美禀赋就是艺术天赋。追求理性化审美活动的科学家的先天禀赋也是艺术天赋。没有艺术天赋的人只能当好技术专家，难以成为科学大家。这是由认识创造活动的感性化本质所决定的。

具有艺术天赋的个体，常常会表现出强烈的审美欲望，当这种欲望难以在一般社会活动中实现满足时，他们就会放弃简单容易的社会职业与社会生活方式，而去追求具有复杂艰难的审美内涵的社会活动方式，哪怕这种生活方式对他们来说就是放弃舒服的坦途去攀登危险的崎岖。这就是具有强大的审美天赋者们，常常会具有难以理解的社会行为选择的原因。实际上，这与四川人追求剧烈甚至包含痛苦的麻辣食物，生活无聊的纨绔追求具有强烈刺激而怪诞的夜生活，是同样的原因。意志薄弱而职业不顺的艺术家，常常会通过暗中吸毒来获得药物形成的精神快感，以代偿他们在职业生活中难以满足的审美欲望追求。吸毒只能毁灭灵感而不会形成灵感。瘾君子的最终归宿就是审美能力的丧失。

缺乏强大的审美能力但又强烈地追求感性化审美活动方式的个体，也会具有艺术活动的兴趣。如果他们不能获得合适社会文化环境的引导与安置，就难以进入社会艺术活动的高层次中，也难以实现复杂深刻的艺术创作成果。他们就只能在一般层次的艺术活动中，以复制的方式临摹或演绎他人的艺术作品来获得自己较低难度的感性审美欲望满足。在社会艺术活动中正因为充满了大量的这类从业者，也就决定了在一般文化艺术活动中遍布这种模仿与临摹活动，以及遍布这种活动中生产出来的大量的准艺术作品与伪艺术作品。

所谓准艺术作品，就是主要通过模仿他人的创作来实现自己的表达，例如模仿的诗作与模仿的艺术表演，模仿出来的电影与戏剧等等。但他们并不会刻意掩饰自己的模仿。所谓伪艺术作品，就是将模仿出来的艺术表达包装成为自己的独特创作，例如各种文物赝品与艺术赝品。

由于社会艺术活动中特定的优秀表达方式对文化活动方式的强烈影响，由于合理借鉴活动的普遍存在，真正的艺术作品与准艺术作品和伪艺术作品的区分，常常是模糊的。但遍及社会文化活动中的准艺术活动和与伪艺术活动，仍然可以为一般文化活动提供广泛的文化资源与文化活力，它们仍然是一种不错的社会职业与社会生存方式，也是一种不错的获取经济收益的社会文化产业形态。它们会因此而长盛不衰。但它们并非真正的文化创造。

真正的文化创造是艰难的，也总是稀缺的。

第十章　实践循环构成人类两个环境的融合

42. 精神环境与物质环境之间的实践循环

人类是生命环境存在中的特殊形态。人类通过自己特有的精神世界实现环境生存。意识活动就是人类生存方式的核心内涵。

精神世界是人类意识活动的内在环境。精神世界由其中的秩序对能量的组织化所构成。精神环境秩序表达了人类对自己生存其中的外在环境秩序与内在环境秩序的理解。人类依据精神世界对外在环境的理解与表达实现在外在环境中的生存。

精神环境的秩序具有映射表达人类外在环境秩序的功能。这种功能来自内在精神环境与外在物质环境的秩序联系，这种联系来自人类特有的在两个环境中的生存方式。人类的生存方式构成了人类的两个生存环境，也沟通了两个生存环境。人类在两个生存环境中统一的生存行为，就是人类的实践。

实践并非仅仅是人类在社会环境中的活动，也不仅仅是人类在精神环境中的活动。实践是人类在两个环境中实现自己生存的统一的行为方式。实践包含了人类外在环境中的社会行为，也包含了人类在精神环境中的意识活动。实践是人类社会行为与意识活动的交织互动的无尽循环，这就是实践循环。在实践循环中，两个环境的秩序互相迭代与互相促进。实践循环的终极目标是两个环境秩序的相对统一。

那种将实践仅仅理解为人类在社会环境中的行为与活动的观念，虽然是哲学的通俗化观念，但也是哲学的肤浅化结果。肤浅的实践观念无法表达实践的特殊功能。中国当代哲学中对实践问题的表述与探讨，主要是围绕着对社会政治伦理的阐释，因而缺乏真正的哲学意义。具有哲学意义的实践观念，只能在对人类在两个世界中的生存方式的深刻理解中才能达到。

　　人类实践的哲学意义，来自对人类在两个世界中不同的生存行为的统一理解，来自对人类社会活动与意识活动的统一理解，也来自对人类精神环境秩序与社会环境秩序可能具有的统一模式的理解。

　　实践活动发生在人类的两个环境中，并通过人类的两种行为来实现。实践活动构成了人类精神环境与物质环境这两个截然不同的存在形态中的秩序联系，也保障了这两个环境秩序的相对统一。实践能力来自人类对外在生存环境的适应与利用本能，来自这种本能中形成的感官信息功能，也来自人类在精神环境中对这种感知实现内在表达的本能，还来自利用精神环境在物质环境中的生存本能。

　　实践能力是人类的本能，也是人类的标志。具有实践能力也是区分人类与灵长类动物的依据。

　　实践本能在人类的社会活动方式中得到展开。展开实践能力的关键，就是将个体精神环境的公共化。

　　人类依据生命功能中的感觉器官、行为器官与神经器官，实现了精神环境与物质环境间的联系，也构成了精神环境的观念空间与物质环境的社会空间。

　　感觉器官实现了外在环境秩序向内在环境的信息输入，行为器官依据内在环境秩序实现了在外在环境中的生存需求，高级神经器官则提供了精神环境的生命条件。

　　感官信息的输入构成了精神环境对外在环境秩序的接纳。认识活动对感官信息的组织化构建，将其表达为观念空间中的经验观念，也就实现了外在环境秩序在内在环境中的表达。经验观念中蕴含了感官信息中表达的外在环境秩序，也蕴含了内在环境的超验秩序。这两种秩序的浓度比例，决定了经验观念的经验化程度，也决定了超验观念的超验化程度。经验观念与超验观念在逻辑上必须加以区分，但在观念空间中的存在方式中则无法区分。感官信息没有超验秩序的安置与表达，就无法转换为内在环境中的存在形态。

精神环境中对外在环境秩序表达的初始观念形态，就是感官信息直接形成的感受。感受就是观念空间中的元初观念，也就是观念空间中的基本能量形态。元初观念来自认识活动对感官信息的组织化构建，但其结果却没有实现内在表达与安置。这也就决定了元初观念的漂浮状态与能量形态。

对元初观念进一步认识构建的结果，就会实现观念空间中相对模糊的表达，这就将感受转换为感觉。这种特殊的元初观念就从感受转变成为感觉。感受不可记忆，感觉可以记忆。但它们都是观念空间中的存在。

意识不可感知的元初观念在观念空间中漂浮流动，其中表达了大量的外在环境秩序。元初观念可以为后来的认识活动提供能量，这也就将外在环境信息以不同的方式融汇于不同层次的观念结构中。

在原初观念中蕴含的外在生存环境秩序是非常散乱与非常微弱的。原初观念其至经验观念中的秩序，都远不能表达与符合外在环境秩序。但是，这种无法符合又会在人类不断的实践循环中得到消弭。

人类通过精神环境秩序对物质环境秩序的表述，来实现自己的物质环境生存。人类全部生存行为的结果，也都必然形成感官信息重新输入精神环境中，并依此重构精神环境秩序对物质环境秩序的表述，这种秩序表述又会进一步形成更合理的生存行为。这就是人类生存活动中实践循环的哲学内涵。

简单的感官信息远不能保证两个环境秩序的一致性，但通过实践循环的不断迭代，则能够最终形成人类两个生存环境秩序的相对统一。只不过，这种迭代过程的漫长的历史积累。人类超越了个体生命存续周期的实践循环的延续条件，正是依赖社会文化环境才得以实现。人类在两个环境中的生存活动是实践循环的原始动因。人类是社会文化环境是实践循环的基本条件。

人类通过意识活动选择与构成全部生存行为的动机，并依据动机选择与驱动全部生存行为。人类的每一个生存行为都来自蕴含了经验观念的观念结构中构成的行为动机，人类的每一个生存行为的结果，又都会形成精神环境中新的感官信息输入与经验观念表达。这就是精神环境秩序决定物质环境行为，物质环境行为的结果信息又向精神环境反馈，并通过认识活动构成新的精神环境秩序。这就是实践循环的哲学实质。

人类的实践循环构成了人类生存活动中的一个几乎无限循环的信息传递链与秩序功能延续迭代的因果链。人类的生存行为就在这个循环中不断拓展了自己在两个生存环境中的行为空间，并且不断深化了本来不统一的两个生存环境秩序的相对统一。

实践活动分布在人类的两个世界中。实践活动连接与沟通了物质世界与精神世界。实践概念的范畴中包含了社会活动，也包含了意识活动。实践活动的结果决定了人类精神环境与物质环境的相对同一性。精神世界与社会结构是人类生存环境的特征。实践循环是人类生存行为的特征。

经验来自人类生存行为的效果，人类生存行为又依据观念结构来选择与形成。人类全部经验观念都是实践循环的结果。自从有了人类，这种循环就开始了。自从人类进入文明，实践循环通过社会文化活动得以明确与强化。

人类个体的人生经历，也都是在一个具体的实践循环中实现的。这个实践循环塑造了个体的精神环境，也塑造了个体的社会行为。人类的社会结构与群体的形成，也是实践循环的结果。群体的实践塑造了群体的公共观念，也塑造了群体的社会行为，还塑造了群体的秩序结构与社会功能。群体的公共观念投射出社会的文化。人类的文化凝聚出了伦理价值，也表现为宗教、艺术、科学、哲学。

实践活动是人类文明形成的依据，也是人类合理性生存方式的形成依据。合理的生存方式与合理的社会秩序，就是人类的真理。

只有理解了人类生存的两个世界的环境，只有用两个世界中交织循环的实践概念，才内理解人类在两个世界的不同环境中实现合理生存的依据。

广义的实践概念或哲学的实践概念，就是人类在两个生存环境中的生存行为的循环关系。狭义的实践概念，则是人类在社会环境中的生存行为。流行文化中表达的实践概念主要是狭义的。正是流行文化中对实践概念的狭义与广义内涵的混淆，才是实践概念常常模糊不清的原因。关于实践的内涵与功能的哲学讨论，也常常在这种混淆中而含混不清。

实践是现代哲学的重要概念。实践是马克思主义哲学的基本概念。但中国当代哲学基本上就没有清晰理解实践。这来自中国今天马克思主义哲学的僵化与肤浅。只有回到一般哲学中去，才能理解马克思思想的精髓。仅仅在马克思的哲学中徜徉，就只能得到马克思思想的皮毛。

在传统西方哲学中，则曾经肤浅地将经验理解为单纯来自外在环境的秩序，这是一个最重要的哲学误解。这个误解在至今的西方文化中也没有被化开。这个误解也是近代西方哲学陷入困境的一个原因。这个困境就是著名的休谟难题。按照这种经验概念，就根本无法理解实践循环。

人类的全部环境行为都具有确定或不确定的行为效果与效果感受，也必然形成明确或不明确的经验观念与超验观念。在任何经验观念中蕴含的外在环境信息都是外在环境秩序的凤毛麟角。这就决定了观念空间中大量经验观念的存在并不会直接形成完美的外在环境秩序的内在表达。观念空间中的经验观念悬挂在超验秩序的网络中，仅仅表达了合理的外秩序的经验要点。在经验要点之外的超验秩序中，是否让人合理地表达了外在环境秩序，就高度不确定了。这种不确定只能通过实践循环来消除。

人类观念空间中的超验观念，就是对不确定的经验观念的安置环境。超验观念提供了人类理解与表达外在生存环境秩序的内在秩序形态。尽管这种秩序形态来自意识活动的"虚幻"而并不一定合理。终极观念就是最高层次的超验观念。

观念空间中经验观念对外在秩序表达的高度散乱与不确定，既是精神环境秩序构建的能量与活力的依据，也是精神环境中广泛存在的散乱冲突的原因。这种状态构成的精神环境的典型特征，也强烈了影响了哲学的发展。例如在存在主义哲学的某些流派中，就强调人类生存环境的本质就是虚无。这也是在至今为止的各种唯心论哲学中，都强调人类对物质环境感受的不确定性，并进而认为物质环境本身的虚无性的原因。

唯心论哲学崇拜精神环境中超验观念体系的完美性是不容置疑的。但这种完美性如果不能通过实践的逻辑安置与协调由经验观念所表达的外在环境秩序，他们的崇拜就会被悬空了，休谟的困惑也无法解决。

人类来自具有确定目的的行为感受经验，就是所谓的主动经验。人类来自没有确定目的的行为感受经验，就是所谓的被动经验。在观念空间的经验观念中，大量存在着模糊与不确定的被动经验，其中的主动经验虽然十分稀少，但却异常重要。主动经验来自具有明确目标的环境行为，这种行为又必须由具有明确经验内涵的观念结构中的价值目标来驱动，这就决定了主动经验必然是实践循环的内涵。为实践循环提供重要功能的经验观念，大都是主动经验。人类的主动经验为人类的特殊生存方式提供了主要的精神依据，这就是传统哲学的经验概念内涵基本上局限于主动经验的原因。当西方现代哲学开始关注被动经验的功能时，就形成了哲学的新迷茫。这种迷茫甚至分裂了哲学。存在主义强调被动经验的普遍意义，逻辑实证主义则强调主动经验的理性意义。

在人类的实践循环中，既包含了对外在环境中的行为选择与行为实现，也包含了对内在环境中的审美选择与价值判断和认识发现。人类的主动经验既来自外在行为的明确目标，也来自内在审美追求的明确目标。前者构成了广义的外在主动经验，后者构成了广义的内在主动经验。

在生存环境中普遍分布的实践活动，将人类的社会生存空间不断地拓展与扩大，也将人类的观念空间不断地拓展与扩大。这两种在实践循化中紧密联系的拓展与扩大，形成了人类的文明化生存方式，也形成了精神环境与社会环境的统一与和谐。

43. 从自然哲学与自然技术到现代科学

人类在环境中生存。环境的要素就是存在。存在就是其中的秩序对其中的能量形成的组织化结构。

生命是地球表面的秩序演化形成的复杂存在形态。人类是生命存在中的特殊高级形态。生命的存在就是对环境的适应与利用的结果，这个结果也在改变环境。生命依据其特有的行为方式实现对环境的需求。人类依据对环境的理解形成环境中的生存行为。人类精神世界的唯一功能，就是表达自己对环境的理解，并以此决定自己在环境中的行为选择与行为方式。

人类精神世界是一个独立的存在层次与独立的环境层次。精神环境中的秩序对能量的组织化与整合的结果，就是形成了观念空间中的观念结构。观念结构就是对精神环境秩序的公共化表达。观念结构中的秩序具有对人类生存环境秩序的表达功能。

在观念结构中，既表达了人类外在环境的秩序，也表达了人类内在环境的秩序。前者由观念要素中的经验内涵表达，后者由观念要素中的超验内涵表达。经验秩序就是外在秩序，超验秩序就是内在秩序。外在秩序来自物质环境中的自组织过程，内在秩序来自精神环境中的自组织过程，来自认识活动。

在观念要素中，经验内涵与超验内涵是不可分离地融为一体的。这种融为一体的经验内涵与超验内涵，则可以依据它们不同的环境功能实现逻辑化分割。这种分割是人类理性化意识活动运用逻辑工具的结果，而不是观念结构内涵的本体形态。

在主要表达了外在环境秩序的观念结构中，蕴含了人类在物质环境中的行为选择原则与行为方式，也就决定了人类的社会行为。在主要表达了内在环境秩序的观念结构中，则蕴含了人类在精神环境中的行为选择原则与行为方式，也就决定了人类的意识活动。

人类在两个环境中生存。人类对两个环境的全部理解都是精神世界的功能。这个功能又逐渐被人类的理性能力划分为对外在环境与内在环境的不同理解，并形成了两个不同的观念体系。人类理解环境的观念形态的公共化表达形成了文化，人类将自己的生存环境理解为两个不同的世界，是人类进入文明以后很晚才出现的文化形态。

人类通过群体化的观念交流与文化活动，逐渐形成了群体精神环境的公共化形态，这就是在人类群体中的观念共识。人类公共化的精神世界形态，仍然是个体精神环境中的观念结构形态，只不过是个体观念结构在群体中的特殊组织化而已。这种组织化的公共观念就是人类文化的全部内涵。

人类通过对公共观念的构建与表达，形了对自己群体化的精神环境秩序的理解，并通过文化形态将这种理解实现了社会环境中的表达与保存，进而通过文化活动输入到个体的观念空间中重塑了个体的观念结构。人类文化活动也就是保存与延续公共观念的实践循环形态。

人类理解精神世界的公共观念体系的理性化文化表达就是哲学。在某些哲学中也就必然将对人类两个生存环境的理解，分析性地划分成了两个不同的公共观念体系，例如西方哲学。在某些哲学中则没有形成这样的明确区分，例如中国哲学。明确的逻辑区分提供了更好的分析条件。

明确表达对外在环境秩序理解的哲学体系，就是自然哲学与社会哲学，明确表达对内在环境秩序理解的哲学体系，就是心灵哲学或心理哲学，以及它与社会哲学的交集所构成的伦理学与道德哲学。在伦理哲学与道德哲学中，人类生存的两个行为环境常常是不可区分的。这正是对人类生存活动的实践方式的表达。

哲学表达了人类对精神世界的理性化理解，从这种理解中形成的行为方式与行为工具，则是哲学的成果与派生功能。哲学为人类提供了两个生存环境"是什么"的公共观念体系，也同时派生出了人类在两个环境中"应该"如何行为的方法依据。并进一步提供了在两个环境中合理行为的工具。这就是逻辑工具。世界是什么的问题，是人类如何生存的终极问题。离开了人类的生存与生存活动，世界没有存在的意义。

自然哲学表达了人类群体对自然环境的完整而终极的理解。无论这种理解的合理程度与完美程度如何，自然哲学对这种理解的表达，都必须是理性化与逻辑化的。自然哲学中也就必然会派生出人类在自然环境中的合理行为方式。这就是人类文化中的各种自然技术体系。这些技术体系依据哲学观念的表达，也都形成了理性化的形态。自然哲学的现代文化形态就是自然科学。自然技术的现代文化形态就是现代科技。现代科学依据现代技术方法，又形成了与哲学不同的观念体系。

社会哲学则表达了人类群体对社会环境的理性化理解，也同样会派生出人类在社会环境中的合理行为方式。这就是构建与维护社会秩序的技术体系。其中包含了社会文化活动的合理方式，也包含了社会权力活动与社会政治活动的合理方式。对这种公共观念体系的表达也应该是理性化的。

自从有了哲学，也就开始明确或不明确地分化出了自然哲学与社会哲学，也同时分化出了心灵哲学与伦理哲学。只不过，在不同文明的哲学中，这种分化具有不同的程度与形态。由于哲学本身发展的困难与困境，由于哲学观念表达中的理性化能力的不足，这种分化也就常常是模糊的与不确定的。

在欧洲传统哲学中具有自然哲学与社会哲学的明确二元分立传统。这就形成了哲学的独立分支与每个分支的充分发展。自然哲学在基督教神学的滋养中的充分发展在新兴的经济活动方式的拉动中就孕育了自然科学。社会哲学的充分发展在现代社会中就孕育了独立的现代伦理学与现代政治学。

在中国传统哲学中自然哲学与社会哲学的结构分化就不明确，但在先秦哲学中也具有了比较明显的区分。这种区分则被后来的文化整合又逐渐模糊了。董仲舒的文化整合融合了先秦哲学，程朱理学的文化整合融合了中国传统哲学与外来佛教哲学。中华文明虽然没有独立发展的自然哲学，但仍然有在一般哲学的引导中充分发展起来的自然技术体系。这种技术体系支撑了中华文明的辉煌。在西方自然科学兴起之前，中华文明的自然技术水平并不落后于欧洲的传统自然技术。

在漫长的生存历史中，人类在自然环境中的生存行为具有基础性的意义。哲学中的自然哲学也就处于基础性的地位。人类对自己社会化生存方式的理性化理解的形成则要晚了很多。只是在人类的文明创建了大型复杂的社会结构以后，只是在形成了复杂深刻的文化活动方式以后，这种理解才逐渐成形。

在欧洲传统哲学中，自然哲学始终处于重要的核心地位中。这源自欧洲社会经济活动方式的多样化与散乱化所形成的对自然环境的复杂多元依赖。这种依赖在漫长的文明史中常常遮蔽了欧洲人对社会环境的依赖。欧洲社会结构的多元与散乱，也是无法形成以理解社会环境的统一公共观念的重要原因。在欧洲文明的演化进程中，理解与利用自然资源的经济活动方式，始终是欧洲社会稳定存在的重要因素。就是在中世纪比较平稳的社会状态中，欧洲人对社会秩序的依赖方式也是由基督宗教提供的超验公共观念来表达的。

而在中国的传统哲学中，社会哲学则发育得更好。这是因为中华文明进入近古以后就形成了大规模统一的社会化农耕经济活动方式来利用自然资源的结果，在这种简单明确的自然资源的利用方式中，也就蕴含了复杂深刻的社会秩序构建与维护的需求。这是欧洲社会没有过的社会演化经历。

秦汉以后，中华文明的近古时代中形成的大范围社会秩序高度统合的政治权力形态，也就必须面对比欧洲社会复杂得多的社会秩序构建任务与维护任务。这种需求也就引导了中国传统哲学体系与文化体系的发展方向，使得以政治伦理为主体的伦理哲学或者表达了明确的政治伦理的文化体系，成为哲学的核心结构与文化依据。

与欧洲传统哲学相比较，中国哲学中的自然哲学就开始逐渐处于较次要的地位中。因为中华文明面对的主要问题与难题，并不是农耕技术问题，而是社会结构的组织化构建与稳定性维护的技术难题，而是大型社会结构的政治权力活动的合理性与有效性的难题。而在欧洲的传统社会中的社会秩序维护，只需简单依赖传统的与民族化的城邦诸侯封建国家，这类问题则要比中国维护一个中央集权的大一统多民族国家要简单得多。

在欧洲哲学与中国哲学中，无论自然哲学处于何种结构地位，其中表达的理解自然环境的公共观念功能，则仍然是存在的。这对任何文明都是不可或缺的。这为任何文明的群体化的生存方式都提供了利用与适应自然环境的技术方法的精神依据。从自然哲学中衍生出来的自然技术，就是表达这种方法的公共观念体系。

在欧洲社会，自然技术是多元化的，包含了航海、农耕、畜牧与手工业的四元结构。它们在不同地域环境中虽然也表现出了不同的主导形态，但在整个欧洲文明中则是大致均衡地得到了发展。

在中华文明中，自然技术的主流体系则是比较单一的农耕技术体系，其他自然技术虽然也具备，但在社会经济活动中只能处于从属地位。例如中国的传统航海技术也不比欧洲人落后，但航海活动不是主流经济活动，也不会受到主流社会秩序的重点维护。中华文明的其他自然技术体系，都是围绕着主流的大规模农耕技术体系才得到相对发展的。其中只有维护人类健康的中医技术体系得到了独立的发展。中华文化中的天文技术，仅仅局限在理解季节变化的天文观测与历法编制中，而不会深入关心宇宙天体的独特存在方式。中国的星相学与社会政治伦理的关系并不密切。中华文明的缲丝与纺织技术体系与陶瓷烧结技术体系，则主要服务于社会生活的需求，而没有欧洲那样的对宗教价值的表达需求。中华文明的自然技术中虽然也形成了复杂的机械结构，这些技术的工具局限化，也就不必再超验化地探讨独立的机械原理。在陶瓷手工业活动中虽然也形成了复杂的高温化学反应的控制技术，但却没有超验化地理解这种技术内涵的哲学需要。工具化的复杂技术并非必然依赖深入探求物质存在的本源思想。正因为这些技术无须普遍公共化，也就无须普遍逻辑化。

这些自然技术以社会化的农耕经济活动为核心而发展起来，并支撑了中华文明几千年的兴旺与繁荣。到了近代欧洲自然科学诞生的前期，中华文明的这些自然技术与欧洲的传统自然技术相比较，反而具有更高的水平。

欧洲传统自然哲学的独立发展，形成了理解自然环境的独立而完整形而上学体系，形成了对独立于人类的生存活动的自然秩序的公共观念体系，这种文化形态也是孕育现代自然科学的温床。

在中华文明的传统哲学中，理解自然环境秩序的超验观念体系并不独立，而是与理解社会环境的观念体系相融合的。从"天人合一"的观念体系到"天理"的观念体系，就表达了这样的哲学形态。这种不能独立理解自然环境的哲学形态与形而上文化形态，也就决定了中国文化中缺乏孕育出类似欧洲自然科学文化体系的文化环境。

欧洲自然科学文化形态的出现，并不完全来自其自然哲学的自然演化。新兴的社会经济活动方式需求的拉动，则是其更为重要的社会原因。这个至关重要的条件中国传统社会则没有。欧洲自然科学从自然哲学中的娩出，来自全球化的航海成就所促生的全球化的贸易方式，来自这种新兴的贸易活动促生的全球化商品需求与原料市场。这些条件就将欧洲传统的手工业改造成了工场化的近代工业。这种新兴的经济活动方式对欧洲传统社会秩序的冲击与改变，就是工业革命。

　　尽管全球化贸易建立的初期仍然充满了暴力与血腥，但它能够将欧洲传统手工业经济的原料来源与产品销售范围，从环地中海扩大到环大西洋与环印度洋。大规模的原料供应与产品销售，形成了大规模单一化的商品生存需求，这种需求就是传统手工业向工厂化与机器化转变的条件。没有这个条件，工业革命不会发生，自然哲学也不会转变为自然科学。

　　自然哲学是自然科学的文化基础，工业革命则是自然科学文化成就的原因，而不是相反。自古以来支撑了欧洲经济活动的环地中海贸易传统，则是在蒙古帝国兴起与崩溃后探求全球化航海贸易的历史原因。工业革命则是全球化贸易的结果，而不是相反。

　　正因为对这种历史理解的偏差，才会倒错了全球化贸易、工业革命与科学诞生的关系，才会有所谓的李约瑟问题。

　　正是这种由经济活动方式拉动的技术突变，形成了对自然技术演化的剧烈刺激。正是这种刺激与传统自然哲学中蕴含的完美超验观念的融合，特别是与传统哲学提供的精美数学逻辑工具的结合，才造就了特殊形态的欧洲自然科学文化。

　　这种文化的成果又在推动欧洲人的全球化经济活动中取得了巨大成功，并通过全球化的殖民运动将这种文化带到了全世界。与这种文化相融合的新兴工业贸易经济秩序所创造的巨大财富与巨大能力向东方的传播，则强烈地冲击和瓦解了中华文明的经济环境与政治环境，并强烈地冲击了中华文明的传统社会秩序与传统文化结构。中华文明终于以被动与痛苦的方式进入了新的文明中。这种被动与痛苦的原因，正是她曾经的伟大与辉煌。

　　欧洲创立的工业贸易文明终于构成了一个更高更合理的文明台阶。全人类不同文明在这个文明的全球化推进中，只能跟随和适应这个新文明而不得不改变自己。全球化的贸易活动与殖民运动，最终带来了全球化的现代化进程，尽管这个进程中仍然充满了暴力与磨难。

中华文明为了适应这个新的改造进程而进行了剧烈的社会转型。这种复杂的社会秩序的突变过程，又激发出中国人在各个层次中的社会革命与文化革命，以实现自己公共价值的新追求。革命不一定形成社会秩序的突变，却一定会形成社会秩序的动荡。动荡则是社会秩序新兴自组织过程的机会。典型的例子就是太平天国的革命。

在这个社会突变与转型中形成了剧烈的社会冲突与生存痛苦，也形成了不同程度的社会破坏。但今天的中国已经度过了最艰难的历程而可以看到转型成功的曙光了。坚忍不拔的中华民族在经历了无数的苦难后，终于为中华文明在源自西方的新兴社会秩序中实现了自己的涅槃。这个涅槃的最终成功就是今天的中国梦。

西方现代科学文化体系，以欧洲特有的自然哲学为根基，以欧洲近代工厂化商品生产经济的活动方式为社会需求的拉动，在支撑了新兴的社会经济活动秩序的同时，也创造出了新兴的自然技术体系，这就是依据自然科学世界观的现代科技体系。

中华文明虽然没有独立的自然哲学，但也在自己的经济活动历史中形成了自己独特的高水平的自然技术体系。这种自然技术体系也能够完美地解决中华文明在农耕经济方式中对自然环境的有效利用与有效适应问题。中华文明长期兴旺与繁荣的历史，就是这个技术体系合理性的证明。

但在中华文明的演化经历中，没有追求全球化贸易活动对传统手工业方式的规模化刺激，也由于缺乏独立的自然哲学体系，以及在对这个体系的表达中凝聚出来的精密数学逻辑，从而无法创造出新的自然世界观，也就必然不会出现类似欧洲形态的自然科学文化体系。

依据欧洲特殊的自然技术形态来衡量与观察中华文明特殊的自然技术形态，并由此而提出的所谓李约瑟难题，是一个不理解人类文明演化过程的伪问题。中华文明在农耕文明中也形成了适合自己社会形态的合理的高水平的自然技术，中华文明没有欧洲社会的工业贸易秩序的社会转型，也就不会自发地形成与欧洲一样的自然技术形态。中华文明在工业贸易文明的全球化推行中被动的社会转型，则必须从接受欧洲的自然技术开始。但中华文明的社会转型仍然是自己的社会演化进程，仍然不会是对西方社会秩序的复制。

人类的不同群体依据不同的实践循环方式，形成了不同的文明与不同的演化历史。不同的实践形成了不同文明中的不同文化，也形成了不同文明中的不同社会秩序形态。作为欧洲人的马克思也只能深刻理解欧洲人的实践方式，他对中华文明的理解也只能模糊地表达为神秘的亚细亚方式。

无论是欧洲的自然技术体系与自然科学体系，还是中国传统的自然技术体系与世界观体系，都是人类不同群体理解与适应自然环境的不同方式形成的文化体系。其中的精神依据都是自然哲学的观念。不同的自然技术必定是依据人类不同的群体化与组织化的实践活动的社会文化成就。

人类不同群体的不同实践活动，创造出了不同的公共观念体系与公共技术工具体系。但人类在精神世界与社会环境中的行为联系所构成的实践循环，则是人类普遍的行为方式，既是普遍的意识活动方式，也是普遍的社会活动方式。理解实践的哲学才是更高的普世价值。

当近代哲学逐渐深入地理解了人类的社会活动方式以后，才逐渐出现了关于实践的理性化概念。在人类开始进入文明以后的漫长演化历史中，实践的循环就普遍存在了。只不过，在人类理解自己生存环境与生存方式的文化构建的大部分历史中，还没有形成这样的逻辑形态而已。人类理解自己生存方式的实践逻辑，仅仅是近代哲学的产物。

实践并不仅仅是科学的方法，而是人类生存活动的一般方法。人类的实践循环活动方式，要比仅仅具有几百年历史的现代自然科学文化主导的现代活动方式，具有悠久得多的历史。实践是人类生存的基本方式，也是人类形成自己独特的精神世界的方式与构成文明的社会化的组织结构的方式。

44. 经验观念公共化的文化成就与文化弊端

人类通过自己独特的行为方式，在生存环境中实现了超越其他动物的生存能力。人类特殊的生存能力来自特有的意识活动的特殊功能。其他动物如果不能具备复杂的意识活动能力，也就永远不会形成类似人类的生存方式。人类创造出来的机器与工具，如果不能具备类似人类的意识活动能力，也永远不能超越人类与控制人类。

今天最高水平的智能化信息处理工具，仅仅是以极高的效率模仿人类最简单的意识活动，例如下棋翻译与驾车。正是这些机器功能的简单化，才具备了远远超过人类神经器官的效率。这种远超人类的效率甚至迷惑了人类，让人类惊呼机器超越人类的时代就要到来。实际上这是机器在特定规范内对意识活动的简单模拟形成了超越人类效率的结果。机器超越人类意识活动能力的前景并非没有，但离今天还很远。

人类的精神世界是一个独立的存在形态。人类的精神世界具有自己独特的秩序内涵与环境功能。正因为人类精神世界中的秩序内涵可以相对合理地表达人类生存环境中的秩序，人类才可以依据精神世界实现合理的生存。

人类精神世界的秩序内涵与人类外在生存环境是不同的两个存在形态，这就决定了它们具有不同的秩序形态。但它们不同的秩序形态又具有相对的一致性，这来自人类本身的活动方式，也就是来自人类的实践循环。

人类精神环境秩序与外在环境秩序的绝对不一致，就是人类各种不合理行为的原因，也是人类行为造成的各种困境与灾难的原因。人类精神环境秩序与外在环境秩序的相对一致性，就是人类可以在外在环境中合理生存的原因，也是人类可以创造和谐的文明化的社会环境的原因。

人类在外在环境中的合理生存是相对的与不稳定的。人类永远要探求自己的合理生存方式，永远要改进自己精神环境的内涵与结构。人类只要存在，实践循环的任务就永远存在，对环境理解的问题与难题就永远存在。

一劳永逸地建立一个合理的社会环境，只是对乌托邦的幻觉。

人类在实践循环中通过生存活动获取外在环境信息，并依据感官信息构建精神环境。感官信息并不是外在环境秩序，而是外在环境秩序的局部传播形态被人类感官功能选择的结果。精神环境可以接受的外在环境信息，仅仅是外在环境秩序九牛之一毛的极其局限的形态。人类只能在感官信息的微弱通道中管窥外在环境，并依据微弱的管窥构建出从宇宙模式到量子模式的观念体系来，人类就是依据这种观念体系实现了自己的自然生存。

人类依据微弱的管窥信息所构成的观念体系中的秩序表达，如何可以保持与深不可测的外在环境秩序相一致性呢？这就只能依赖人类行为方式中的实践循环。

人类的全部生存行为，都由观念空间中的内在秩序所决定。人类依据经验观念构成观念空间中的外在价值，依据意识活动选择与组合观念空间中的价值并构成行为动机，依据行为动机驱动外在生存行为，并实现合理生存。

经验观念来自行为的后果，这就决定了在任何经验观念中都蕴含着行为动机的价值结构，也都蕴含了既有的观念空间秩序。经验观念在实践循环中不断被新的感官信息所迭代，不断被新的认识活动所重构。每一个稳定成熟的经验观念，都是大量反复的实践循环的结果。只有少量新鲜经验是例外。在实践循环中形成的经验观念，都不会完全是初始经验。特别是任何可以成为行为动机中的核心价值的经验观念，都必然是实践循环反复迭代的结果。

在观念空间中流动漂浮的元初观念与被动经验，也会成为行为动机的内涵，但不会成为核心内涵。他们为人类间动机的价值活动提供了能量与活力，但不会直接成为动机的核心结构。

所谓被动经验，就是无明确目的或明确价值追求的行为结果的经验观念。其中也包括了无意识的感官感受。

只有能够为意识活动构建行为动机提供明确的价值要素的经验观念，才能成为表达了明确的外在环境秩序的经验观念。只有这种观念才能成为行为动机的核心内涵。

　　在人类具有明确目标的生存行为中，其动机中必然蕴含的价值结构，都会在实践循环中不断被改变修正与强化。人类观念空间中的表达了外在环境需求的价值结构，在人类的实践循环中不断地被迭代与重构，也就形成了人类精神环境中经验观念与价值结构的演化进程，这个演化的结果就使得精神环境秩序不断与人类生存的外在环境秩序相一致。在每一个实践环节中，都会依据行为结果修正经验观念的内涵。这种修正的历史性积累也就铸就了人类两个生存环境的相对一致性。

　　这个演化过程，这也是人类观念结构具有逐渐升高的复杂性形态的基本原因。通过实践循环，经验观念中的外在环境秩序内涵就被不断地加入认识活动的构建中而被不断地组织起来，也就不断与认识构建的超验观念融为一体。这就是在逐渐升高层次的观念结构中，经验内涵逐渐稀薄的过程与超验内涵不断浓厚的过程。这也同时让经验内涵逐渐遍布在观念空间中的所有结构中。尽管它们会在遍布中被超验观念所稀释。

　　正是观念空间中不断增厚的超验观念，将经验观念中对外在环境秩序的微弱管窥展开与放大了。超验对局限经验的展开，就是人类精神环境具有无限的广度与深度的依据。

　　在传统哲学中，机械地理解人类的环境经验，简单地将感官信息理解为经验观念的全部依据，也就无法理解实践循环对经验观念的逐渐深化与逐渐淡化的改造功能，更无法理解在这个深化与改造中逐渐实现了经验观念的超验化。正是依据简单逻辑与机械方法理解经验观念的简陋与局限，才形成了从休谟到康德都无法透彻说清经验观念中必然蕴含超验内涵的原因。

人类的群居方式形成了个体间生存行为的组织化需求，也形成了个体间的观念交流活动。观念交流形成了个体精神环境的群体组织化形态，形成了群体的公共观念与公共价值。

　　所谓公共观念，就是在个体精神环境的存在形态之上，通过个体间的观念交流活动，以社会文化活动为纽带和载体而形成的群体中公共化的精神环境的存在形态。人类文明与人类精神世界的主要特征，人类超越其他高等的动物生存方式的主要标志，就是在群体中形成了公共化的精神世界。公共化的精神环境中的公共观念的普遍存在，就是人类复杂精神环境的基本特征，就是人类得以从一般动物中脱胎出来的基本依据，还是人类得以形成自己特有的文明化的生存方式与社会环境的基本依据。

　　文化是人类公共观念的社会化表达。作为社会环境中的存在形态，人类文化也形成了自己特有的存在方式与结构。不同的文化结构又深刻地影响着与塑造着生存其中的社会成员的精神世界。自从进入文明以后，每一个人类个体就变成了自己群体文化的后代了。人类在通过 DNA 来延续生物种群的同时，也在通过群体文化延续着自己的公共观念种群与文化种群。人类由此而形成了与动物生存形态的鲜明区别。动物仅仅是生命种群的后代，人类则主要是文化群体的后代。

　　文化的结构构成了人类生存的文化环境，也为个体提供了构建观念结构的重要外在公共观念依据。这种依据通过社会文化活动实现。

　　能够塑造个体超验观念结构的文化功能就是广义的宗教文化功能。在人类文明演化的漫长进程中，广义宗教始终是人类表达公共观念的主要文化形态，直到现代科学文化的崛起。现代工业贸易文明创立了非宗教形态的世俗文化体系，但他们仍需要传统宗教文化的内涵对自己的超验短板实现必要的补充。就是在依据科学世界观所创立的马克思主义的文化体系中，类似的超验观念结构也不可或缺，例如其中的共产主义社会理想。

　　宗教文化的演化进程，就是其高度感性化的超验公共观念形态逐渐理性化的过程。近代一神宗教之所以还能够与完全崇尚理性的科学文化在一定领域中实现共处，就是他们具备的理性化形态可以互相沟通的结果。

在文化中表达的超验公共观念结构，为社会成员在复杂的行为经历中形成的散乱多样的经验观念提供了统合与安置的条件，也由此而提供了将它们独特的经验观念实现公共化的依据。这就是社会文化环境的基本功能。

在欧洲的古典哲学中，柏拉图主义的所谓绝对理念，就是对高度公共化的超验观念的哲学化表达。在欧洲近代哲学中，可以包容自然科学文化结构的理性化超验公共观念结构，就在康德那里表达为先验的范畴，在黑格尔那里就是绝对精神。这是近代哲学为安置经验观念而构建出来的具有感性色彩的神秘观念。这也表达了哲学在最高层次中的理性化局限。

在人类的文化中，也表达了对某些经验观念的公共化理解。高度公共化的经验观念就构成了无差别的经验事实，也就是客观事实。客观事实不是物质环境的存在，而是精神环境中高度公共化的经验观念。所谓"客观"，并未超越人类活动的理解，而是在人类的理解中无差异。客观事实的客观性程度，来自公共化的经验观念在社会成员中理解的无差别程度。不以人类意志为转移的客观事实，只是不在人类个体的意志之中而已。

客观事实来自人类群体化的实践循环中的观念交流活动，来自对群体经验观念的高度公共化塑造。科学事实则来自依据规范化的观察方式获取的被规范化理解的环境信息。

超验化的客观事实表达了人类对自然环境的终极公共化理解。这就常常凝聚为基本哲学观念。数学公理就是这种公共观念。传统哲学无法理解高度公共化的超验观念的来源与依据，就只能继续引用宗教文化中的表达，将它们归于宇宙精神或上帝意志在人类精神环境中的展开与实现。从柏拉图的绝对理念到康德的先验范畴与马克思的客观规律，都大致如此。

高度公共化的超验观念曾经是宗教文化的核心观念。在今天的几大一神宗教中，这种核心观念已经被相对理性化了，这就形成了神学体系与佛学体系。在自然科学文化体系中也具有高度公共化的超验观念结构，例如宏观的宇宙模式，直观的机械原理，微观的原子分子论与超微观的量子模型等等，它们并非直接来自经验观念，其内涵则蕴含了丰富的超验观念。对它们的哲学化综合，就构成了与宗教世界观对立的科学世界观。所谓世界观，就是不同公共观念体系中对人类生存环境的终极理解的哲学化表达。科学世界观认为人类环境存在于永不停息的演化中，科学观念也存在于永不停息的演化中。由此而形成了探讨一切既有观念的合理性的科学批判方法论。

而宗教世界观则试图为人类提供一种终极不变的环境模式。这种模式是不可怀疑与挑战的。宗教世界观对人类现代文化仍然有深刻的影响。很多理性公共观念都在追寻与服从一个冥冥中的永恒真理，很多文化都试图将自己标榜为永恒真理。曾经流行的马克思主义中也隐藏了这样的影子，今天流行的新自由主义世界观中这个影子也很明显。希望中国梦不要陷入这个俗套中。

客观事实来自人类群体文化所塑造出来的基本公共观念。超验化的公共观念体系是形成与确定客观事实的精神环境条件。在社会活动中关于客观事实的全部分歧与争论，都来自它们所依凭的超验公共观念体系之间的差异。例如在司法审判中对法律事实的复杂激烈争论，并非对具体事实信息的争论，而是对塑造事实的超验公共观念的争论。对证据争论的对象并非证据信息本身，而是证据的合法性。证据的合法性就在支撑了证据的超验公共观念中。

当一个文化体系中的主要公共观念结构与内涵改变了以后，由其统辖的很多社会活动中的客观事实的内涵也就改变了。人类的社会文化塑造并决定了人类的无差别经验，也塑造并决定了社会化的客观事实。人类文化的演化也形成了客观事实的演化与变化。

例如，今天的西方文化将一些自然科学提供的生化指标作为人体健康的一般依据，例如血液的生化指标。而今天的很多中国人则还依据中国传统医学观念提供的其他生命特征作为生命健康的依据，例如阴阳虚实与寒热表里。这都是他们的客观事实。今天的西方文化将他们对民主与自由的追求方式作为社会客观事实，今天的中国人则将对和谐与发展的追求方式作为社会客观事实。这都来自他们不同的历史文化积淀，来自这种积淀形成的不同的超验化公共价值结构。只不过今天的西方文化与西方公共价值具有更为强大的全球化影响力而已。

人类在实践中形成了对自己生存的两个环境的理解。人类对外在环境秩序的理解凝聚在今天的自然科学与社会科学中。人类对内在环境的理解则凝聚在哲学中。哲学就必然为不同文化群体提供了理解自己公共观念体系的理性依据，也就由此而成为理解与构建文化的工具。人类的哲学要比人类的文化年轻得多，因为人类理解精神世界要比理解自然与物质世界困难得多。

人类理解精神世界的主要工具就是逻辑方法。逻辑是哲学的成果，也是哲学所依赖的工具，还是人类对精神环境秩序与意识活动方式的描述与表达工具。逻辑并不是精神环境存在本身，更不是人类外在环境中或者宇宙中环境存在的秩序形态。

正是逻辑方法可以表达精神环境的结构与功能，才让人类得以将对精神环境的理解实现公共化。这就让人类形成了一个错觉，认为逻辑就是人类精神环境秩序本身，甚至也是人类物质环境的内核。

正因为高度理性化的西方哲学曾经实现了对社会文化的绝对引领，这个错觉在西方现代哲学中也就仍然具有强大的影响力，并且还支撑了一个重要的哲学流派，这就是逻辑实证主义流派。这个哲学流派的文化依据则是自然科学的巨大成功中所表达的世界观。这个流派将哲学方法论中的成果，盲目而自信地拓展到哲学本体论中去，将逻辑方法塑造为逻辑存在与逻辑世界。这个哲学既来自逻辑工具在自然科学中的巨大成功带来的迷惑，也来自西方现代哲学在唯物论的机械经验论影响下的实用化。

逻辑实证主义哲学的发展动力来自自然科学对哲学阐释的强烈需求。它通过将人类对全部生存环境的理解纳入自然科学体系之中，也就似乎可以将人类精神环境理解为科学思维的内涵了。这个哲学方向几乎影响了全部西方现代哲学家，也深刻地影响了今天大部分中国的哲学家。实际上这是十分狭隘与十分局限的本体论模式。

自然科学的巨大成功，解决了人类自古以来在自然环境中的被动生存状态与人类自然资源的匮乏状态，开拓了人类利用自然资源的广阔新空间，也形成了更为能动的社会新环境。人类主要依赖自然环境的生存方式由此而变为主要依赖社会环境了。

人类在理解自然环境中的巨大成功，并不能同样带来理解精神环境与社会环境的同样成功。现代人类的生存方式虽然摆脱了自然环境的束缚，但仍然受到精神环境与社会环境的强烈束缚。这种束缚在科学昌明的现代化进程中还在加强。

今天哲学的使命已经远不是追求对科学方法的阐释了。哲学面对重新理解精神环境，进而打开理解社会环境的大门，还有更为重要的使命。今天的人类对精神环境的理解是肤浅的，对社会环境的理解还在懵懂中。

现代自然科学仅仅表达了人类对自然环境秩序的理解。这个观念体系具有特殊的观念结构与特殊的思维与表达方式。其特殊结构就是经验实证结构，也就是必须依据特定的超验公共观念体系所安置的无差别公共经验观念结构。其具体价值由实证化的经验观念所表达。这种表达的成果就广泛的科学技术。其思维与表达的规范化方法就是现代数学逻辑。自然科学就是逻辑实证观念体系。

自然科学所依凭的无差别公共经验观念，就是所谓的观测事实。自然科学追求高度确定性，也就要求绝对地消除观测事实的不确定性。消除的方法就是不断对观测事实进行规范化。规范化的结果就是不断压缩这类无差别公共经验观念的空间结构与空间维度。

观测事实并非自然环境的存在秩序本身。任何观测事实都是人类精神环境中的特定经验观念，都是在被公共化的过程中消除了个体精神环境差异性的经验观念，都是表达了人类实践循环的重要秩序内涵的特殊观念结构。科学观念也并非自然环境秩序本身，而是人类依据特殊方法理解自然环境秩序的高度公共化成果。科学观念也并非精神环境秩序本身，而是其中具有特殊功能依据的特殊观念结构与局部观念空间。

实践活动构成了人类在两个生存环境中秩序构建行为的循环。在科学实践中，依据精神环境中的理性超验价值追求确定的环境秩序，对确定的环境秩序的理解与表达又依赖于确定的观测事实。确定的观测事实只能来自规范的观测行为，规范的观测行为又来自被特定逻辑方法所规范的经验观念结构，这种经验观念结构又必须实现被科学理性的超验观念结构的安置之中。这种理性化的特殊超验公共观念就是科学的范式。不同的科学范式仅仅是人类公共化从超验观念结构中的一个特殊的局部。真是这个局部观念结构所具备的透彻完美的逻辑化形态，才使得人类将它误解为全部精神环境。这样，漂亮的装扮就变成了一个人的全部表象。

人类文化中的这种认知，也就决定了科学实践的循环在逐渐规范观测行为的过程中，也逐渐规范了科学观念本身，在逐渐规范科学观念的过程中也就逐渐规范了科学范式。规范化的科学范式又会提出更加规范的观测事实标准。高度规范化的范式也会被突发奇想的虚幻观念所打破。这种打破的实证化实现就是新范式的革命。

正是这种不断规范化的精神环境秩序与人类散乱丰富的自然经验之间的对立与均衡，就形成了科学演化的原始动因。科学的批判精神就来自在严格的规范中永远要安置散乱的经验。

自然科学的专业化发展，并非展开了它在人类观念空间中的结构，而是压缩了它在人类观念空间中的范围。这就是它日益规范化的结果。这也是现代自然科学日益专业化与专门化，日益脱离日常行为方式与常识的原因。今天，似乎没有深刻的数学理性能力，已经难以理解自然科学的基本观念了。

在自然科学的初始构建活动中，科学研究方法与日常社会生产活动是密切相关的，其经验事实也就主要来自人类的直观。而现代自然科学的研究方法已经被高度专门化甚至神秘化了。例如现代物理学的研究方法与研究工具，是一般社会活动所不需要的，也是一般社会文化所难以理解的，它的观测事实也就远离了人类常识的直观。

因此，自然科学的深入发展也就不断需要科普文化活动来建立它与人类一般意识活动的常识联系，以便保持它在社会文化中的影响力。这在早期的科学活动中则是不太需要的。儒勒·凡尔纳严谨的科学想法可以直接写成现实的文学故事，而刘慈欣的科学故事则主要是远超常识的文学幻想了。

现代自然科学的构建与表达方式，就是依据现代数学逻辑工具的理性化方式。自然科学不仅仅是理性化的观念表达，还是必须是用西方现代数学逻辑实现理性化表达的观念体系，它以依据数学逻辑所构建的物理学逻辑结构为核心。

在中国传统自然技术中的中医技术，也是一个理性化的工具观念体系，但它的范式依据并非西方自然哲学，而是中国自然哲学。它的逻辑依据并不在现代物理学中，而是在中华文明的传统文化对生命活动理解的哲学观念中。其核心逻辑工具并非数学逻辑，而是阴阳五行逻辑。但它的社会功能表明它具有明确的真理性。中医支撑了中华文明群体的健康繁衍，其效果要比西医的前身好得多，其观念结构也要比西医的逻辑化结构深刻得多。现代西医的伟大成就主要集中在理解不良微生物对人体的侵害中，而在其他更为广泛的健康领域，其观念与技术就远不像它自己宣称的那样有效了。

其营养观念体系与治疗技术体系，都可以商榷，都可以有更为不同的评价视角。

在西方科学文化体系面前，中医技术就不是科学观念，在科学主义世界观面前，中医就变成了迷信的谬误。中医甚至在西方文化面前失去了讨论自己的真理性的勇气。这不是中医的败落与中医的无能，而是中国哲学的败落与中国文化的无能。

西方几百年的文化殖民，似乎让广大非西方的文明认为西方文明就是人类文明了。因此，西方人今天到处用保护民族文化的态度来干预中国人的国家政治就显得十分滑稽。这就向当年他们将自己的上帝推给全人类一样。不明就里的中国文人在帮他们演戏时还以为是在推广全人类的福祉。

无论中医还是西医，都是从人类不同文明理解自然秩序的不同观念体系中引申出来的技术体系，也都是具有特定功能的维护人体健康的有效技术体系。他们的合理性仅仅在他们的社会功能中，而不在他们的逻辑方法中。科学文化的巨大影响力常常夸大了西医的真理性，中国传统文化的败落也常常贬低了中医的真理性。对中医与西医的优劣争论，常常并不去收集它们维护人类生命健康功能的社会数据，而是纠缠于不同的逻辑方法的争辩中。将逻辑方法作为判断真理的标准，就是科学主义迷信与逻辑实证主义愚昧的文化结果。考量技术体系合理性的依据不在逻辑方法中，而在社会实践效果中。

中医技术中被证伪的各种错误观念与无效技术，在西医中也会比比皆是，只是形态不同而已。西医常常将现代社会生活的改善所形成的人类健康状态的提高，纳入自己的功劳中。西医一旦穿上了现代科学的逻辑马甲，各种错误与无效技术也就似乎获得了科学的解释与科学的理解了。无效的医疗技术与药品，常常用复杂的逻辑正确来迷惑人。中医因为其不同的逻辑依据而受到的不科学评价，似乎也就变成了中医无效的证明。

有头脑的西方科学哲学家，早就看出了现代自然科学的局限与流变。

卡尔·波普尔就宣称，看似表达了真理的全部科学理论，实际上都是人类意识活动中的猜想。全部科学理论永远不可能被绝对地证实，而只能在相对地证伪中被筛选。比较少地相对证伪的科学理论，就是比较具有真理性的理论。科学理论的发展过程，就是新的更少证伪的理论不断取代旧的逐渐增加了证伪的理论。但这种清晰的科学世界观与方法论范式，还在仍然沉浸于科学主义迷信的文化氛围中不能被流行文化认真对待，在没有深刻哲学思考能力的科学家中间也不会被真正理解。

今天科学主义的迷信，恰恰泯灭了科学真理的光辉与科学理性的力量。就像多神宗教的迷信曾经泯灭了一神宗教的真理性一样，就像一神宗教的迷信曾经泯灭了科学观念的真理性一样。就像科学的迷信泯灭了活跃的哲学思维一样。这就是人类文化前进的脚印。

迷信对真理的泯灭来自迷信中真理性的教条化。所谓教条，就来自欧洲中世纪对基督宗教深刻教义的简单化形式化的理解，真理由此而变成了教条。科学的迷信来自对科学观念理解的简单化形式化所形成的教条化，科学真理由此而变成了科学教条。

对复杂公共观念的简单化与形式化表达，则是在文化底层的民众中普及与传播这种观念的有效方法。在马克思主义的流行与普及中，也有将马克思主义教条化的现象。对深刻复杂公共观念的普及传播，条件化的出现似乎不可避免，问题在于文化精英们不应被教条束缚精神的自由度。普及永远不能取代真实的理解。

45. 两个环境秩序一致性的哲学依据

人类在两个环境中实现生存。这就是外在物质环境与内在精神环境。这两个生存环境由不同的能量形态与秩序形态构成，也为人类提供了不同的生存功能。

这两个环境之间具有什么样的联系？是否可以认为精神环境与物质环

境具有相同或者至少相似的秩序形态？如何理解精神环境与物质环境的一致性？

这些问题是哲学本体论的基本问题，也是困扰哲学的基本难题。自从有了哲学，就将人类的精神世界与物质世界理解为截然不同的存在形态，并以用不同的方式来理解它们的为人类生存提供的不同功能。这来自人类在这两个生存环境中具有完全不同的行为方式与行为结果。

当人类通过精神环境理解与利用物质环境，也就开始提出了如何理解精神环境秩序与物质环境秩序的一致性的问题。人类的精神环境是否能完全表达物质世界？如果不能，也要回答到底是精神环境超越与包容了物质环境，还是物质环境超越与包容了精神环境的问题。

对这些问题的不同答案构成了不同的本体论基础，也就衍生出了不同的哲学体系。今天哲学中各种困惑，都与这个问题的含混答案有关。要拓清哲学的本体论，必须回到物质环境与精神环境的来源问题中，哲学的认识论首先要直接回答精神环境的来源问题，其次也要间接回答物质世界的来源。

人类不同层次的生存环境的秩序是由其中发生的不同形态的自组织过程的构建所形成的。每一个自组织的过程与结果都是独特的。人类同一个生存环境中不同层次的秩序形态都是独特的，人类不同的生存环境中的秩序形态更是大相径庭的。

传统哲学从人类的基本生存方式与直观经验出发，认为人类通过感官感受了外在环境中的秩序，这种感受的外在秩序输入到内在环境中，就形成了内在环境中对外在秩序的复制或反映，这也就保证了内在环境秩序与外在环境秩序的一致性。这种原始的哲学观念，就形成了所谓的朴素唯物论哲学，并由此而构成了后来的各种复杂化的唯物主义的哲学体系。

对朴素唯物论哲学的复杂化改造，来自人类逐渐深入的对精神环境功能的理解。这种理解发现了精神环境所具备的独特性，这种独特性提供了物质环境所不具备的环境功能。这种发现就形成了另外一种哲学体系，这就是唯心论哲学体系。唯心论哲学体系具有比朴素唯物论哲学更为广泛的文化土壤，这就是主导了人类文化的各种宗教。

唯物论与唯心论哲学都回避了一个更为根本的问题，这就是外在物质世界秩序的来源问题。这种回避在宗教文化中并没有形成太多的矛盾，因为它们将这个问题推给了他们不用透彻理解的精神终极，推给了神明与上帝。唯物论哲学认为上帝创造了复杂精美的物质世界，唯心论哲学则认为上帝的创造归根结底就是精神本身。

近代欧洲的自然科学文化提供了一个比较合理的世俗哲学世界观。但自然科学世界观也仍然回避了物质世界的来源问题。也在高层次的超验观念中将这个问题仍然推给了隐含着的上帝。自然科学的内涵不探讨高层次的超验观念，而将这个必要的终极秩序依据推给了哲学，而哲学对此仍然一筹莫展。

现代自然科学的发展对人类生存环境理解的深入，终于将演化的观念注入了科学世界观中。宇宙大爆炸的模式虽然为后来的演化提供比较严谨的逻辑，但爆炸的起点则又变成了这个逻辑中的无法分析的极点。只要探求这个极点，数学又只好让位于隐形的上帝。

人类的哲学发展逐渐深化了对精神环境内涵的感受，也逐渐又形成了对精神环境独特的存在形态的理性化理解。这种理解表明，人类精神环境的复杂程度，完全无法从简单局限的感官经验中得到全部说明。

于是，精神世界具有自己独特的存在形态的哲学观念就逐渐形成了。人类依据独特的精神世界实现物质生存的观念也形成了。这都要拜一神宗教追求其教义的理性化所赐。但在这种理解中，也仍然要保持对精神环境与物质环境具有一致秩序的追求。只是这种追求的依据被翻转了，只是将物质世界的秩序看作是精神世界秩序的外在展开与外部投射了。这种哲学也保持了人类生存的两个环境秩序的一致性。唯心论哲学的文化影响在宗教文化的统辖中也就居于了主导地位。

自然科学世界观不得不恢复唯物论哲学的地位，但它仍然无法回答这个基本哲学问题：远远超越了人类感官信息与经验观念的复杂性的精神世界，是如何构成的？是如何可以与被感官信息隔离的物质世界保持一致的？卡尔·波普尔的猜想论也无法成为明确的答案。

这两种互不包容的哲学体系在坚持自己的真理性的努力中则始终无法统一起来。

如果将人类生存其中的物质环境与精神环境，看作是不同层次的自组织过程所形成的不同层次的存在形态，在本体论模式中就可以得到一种统一的哲学体系，也将理解精神世界形成原因的认识论与理解物质世界形成原因的本体论统合起来了。只不过仍然要将自组织的内在过程继续当作一个不可分析的黑箱。但这个黑箱仍然澄明了哲学。

但是，这种统合又如何可以支持人类两个生存环境秩序一致性的理解呢？不同层次的环境中不同的自组织过程，形成了完全不同的存在形态。在不同的存在形态中如何可能具有秩序的一致性呢？生命秩序就与物理秩序具有以明确的差异，精神环境秩序与物质环境秩序的一致性依据在哪里呢？物理环境与生命环境中的自组织过程的成果，与人类高级神经器官中的自组织过程的成果，如何可能在感官信息的管窥联系中实现了广泛的一致性呢？这既是古代自然哲学家的难题，也是现代科学哲学家的难题。

迄今为止的所有哲学家都巧妙地回避了这个难题。康德躲在了先验范畴的后面，黑格尔躲在了宇宙精神的后面。马克思用辩证法应对这个难题，但答案仍然是模糊不清的。今天的哲学应该试图有所突破了，如果不是完全解决的话。

人类的精神环境中通过认识活动的自组织过程自发地构建出来的秩序形态，如何可以表达人类外在深不可测的物质环境秩序呢？仅仅依赖极其有限的感官信息的联系，是没有说服力的。这也是各种唯心论哲学始终不会消失的基本原因。人类如何可能仅仅依据精神环境的秩序就实现了在物质环境中的合理生存呢？这也是哲学必须回答的问题。这也是全部哲学认识论的核心难题。

中国哲学与西方哲学经历了复杂的演化进程后，在传统中国哲学与欧洲哲学中，不约而同地形成了对这个基本问题犹豫不决的经验论答案。这个答案在中国近代哲学中的表述就是格物致知，在近代西方哲学中的表述就是机械唯物论体系。但王阳明的心学对这个答案提出了质疑。休谟则代表欧洲哲学对唯物论的经验论提出了质疑。

所谓归纳，就是在复杂多样的存在形态中发现或构建出蕴含其中的统一的秩序形态。归纳的过程既是认识发现与构建的过程，也是对既有秩序的抽象过程。每一个认识活动的成果，都是对认识对象的一种广义抽象。

但是，依据对归纳逻辑方法的理解，归纳的过程仅仅是对既有秩序的统一化表达，归纳的结果仅仅是简化了其中的无序。归纳逻辑并不承认新秩序的构建与发现。如此，归纳的最终结果就是秩序的虚无。这就是归纳逻辑的基本悖论。这个困境就是逻辑方法对认识活动肤浅化与简化表达的结果。

如果全部精神环境的秩序，都可以理解为对感官信息构成的经验感受的认识与归纳的结果，人类对物质环境秩序的全部理解，也都必然来自对具体经验感受中既有关系的归纳与简化。那么，人类精神世界中内在的只有归纳功能的认识活动过程，如何就能形成对外在环境中无限丰富秩序的深刻与完美的理解与表达呢？人类有限的经验如何可以归纳出精美的数学，神秘的宇宙膨胀模式，神奇的微观粒子与生动的细胞活动呢？不仅仅自然科学的全部内涵无法从归纳逻辑中得到安置，哲学与社会学的内涵就更无法通过逻辑归纳来理解了。科学的猜想并非对事实的简单归纳，人类复杂精妙的精神世界，根本就不可能仅仅蕴含在感官信息之中。

人类的数学观念来自何处呢？感官信息构成的经验观念如何能够转换为高度抽象而又十分优美的时间与空间的抽象概念呢？这在仅仅依据感官

信息的秩序输入的反映论的认识论中是完全无法解释的。康德则聪明地安置了一个先验范畴的遁洞。

　　如何能够证明人类依据自己意识活动的抽象能力，仅仅运用归纳逻辑的方法就能形成精神世界的内在秩序呢？丰富多彩而远远超越了感官信息内涵的精神世界秩序，是无论如何也不可能仅仅从感官信息中归纳出来的。

　　更进一步的问题是，如果人类用某种神秘的方式可以归纳出自己丰富多彩的精神世界秩序，那么这种仅仅出自内在意识活动的归纳所形成的秩序，如何就可以依据简单局限的感官信息，而与外在环境秩序保持相一致呢？如何依据这种模糊不清的一致来满足人类的全部生存需求呢？这就又回到了我们的基本哲学难题中。

　　传统哲学回避这个难题的方法就是将感官信息的内涵神秘化。现代信息论可以破解这种神秘化，已经可以数量化地比较感官信息的秩序规模和宇宙环境秩序的规模了。神秘化就是自古以来人类化解难题的基本方法。人类不断创造出来的理性化的新答案，就是不断破解各种神秘观念的武器。自然科学的逻辑反对各种神秘化，但仍然无法回答全部神秘化所面对的问题。

　　合理地破解这个难题可以有两个哲学途径。第一个途径，就是将人类本身的存在秩序与存在方式，理解为人类全部生存环境的存在秩序的一个内在的秩序子集。人类以及人类的全部生存环境，都是一个统一的自组织过程中的和谐的秩序成果。中国古代的天人合一的世界观暗示了这种理解。只不过这种暗示的高度感性化形态，无法形成确定的公共观念表达与传播，这在现代自然科学的严谨体系面前，也就更为缺乏对人类全部活动方式与活动结果的合理安置逻辑。感性化真理的模糊与神秘，在理性化的观念结构面前就变成了迷信。正是欧洲哲学的逻辑能力，让中国哲学家们相形见绌。易经远远不如现代数学。

　　人类的意识活动就是人类生命活动中的高级形态，就是来自生命环境中的自组织过程的特殊成果。而地球表面的生命秩序，就是宇宙中无生命秩序的自组织成果与演化结果，只是这种结果具有极高的不可几性而已。从宇宙环境到人类精神环境，经历了极其复杂多样的低概率的自组织过程，但仍然不能排除其中涵盖了这些低概率秩序的一致性。这种复杂的多层次秩序一致性，来自包含了人类的全部环境秩序体系中内在发生机制的唯一性。尽管这个整体性的发生机制，还仍然远远超越了人类今天可以理解的任何过程形式，也远远超越了今天人类理解这种形式的任何逻辑工具的功能。但这并不不妨碍人类今天继续用高度感性抽象的模拟观念近似地表达这种理解，就像人类文化史中曾经出现的各种高度抽象的模拟表达形态一样。在远古的原始宗教中的自然物图腾，在中古的多神宗教中的各种神明，在近古的一神宗教中的上帝与佛祖，在现代科学观念中的宇宙爆炸，都是如此。逐渐将这种感性化的表达转换为一种具有统一逻辑的结构，就是将它们逐渐哲学化的途径。人类的哲学还任重道远。

宇宙存在的秩序决定了地球生命的演化结果，地球生命的演化决定了人类意识活动的方式与成就。尽管这个具有极其复杂内涵的逻辑链条，还难以被人类今天的逻辑工具所系统地分析，但这个链条的存在则是可以相信的甚至是可以不必置疑的。宇宙秩序的自组织与演化的全部过程，在非常特殊与非常不可几的情况中，终于形成了极其罕见的人类精神世界，又依据这个非常罕见的精神世界的存在，组织构成了更加罕见的人类社会与人类文明。奇葩的罕见与奇特，不能否定奇葩来自生命秩序的基础条件，不能否定奇葩中蕴含的统一秩序。

从遥远的宇宙爆发中形成的基本粒子，经过地球生命与人类精神世界，直到人类的现代社会环境，就是一个统一的存在体系的统一的演化进程的结果。尽管这个结果极其罕见，但在广袤的宇宙空间中所具有的几乎无穷的演化可能性中，这种极其稀有的罕见也就在无限可能的秩序构建中变成了真实的存在。无限可能的秩序环境放大了极其稀有的不可几过程的概率，极其稀有的不可几过程压缩了环境秩序演化的无限可能性。他们的均衡与综合构成了确定的环境存在。

高度的偶然性被高度无穷的可能性所折中与均衡，也就形成了人类可理解的与可需求的必然性。人类可理解的宇宙演化进程中的全部必然性，实际上都是偶然性与可能性的折中与均衡的结果。这种折中与均衡所形成的稳定秩序机制，就是宇宙秩序演化中保持了整体一致性的基本原因。

如果仅有宇宙秩序演化过程的一体化，这个具有必然性的演化过程，仍然会在演化中形成逐渐异化的新秩序。在漫长演化进程中蕴含着几乎无限的秩序异化可能性，必然使最终的秩序成果，极大地偏离这个演化进程中蕴含的完美的单向有序化的进程。怎样纠正或抑制这个对终极完美秩序的绝对偏离与异化的可能性呢？只有人类的实践循环的活动方式。这就是第二个理由。

人类的实践循环建立了包容两个复杂存在环境的极其宽泛的自组织过程。人类通过自己在两个世界或两个环境中的行为与活动，实现了对环境的利用与适应，也实现了对环境的认知与理解。这种在两个环境中的统一的生存活动方式，既形成了人类对外在环境秩序的有序化改进，并逐渐构成了人类的社会环境，又形成了人类对内在环境的有序化塑造，并逐渐构成了自己高度统一与高度完美的精神世界。

人类的生存与活动，永不停息地通过获取外在环境的信息形成内在环境中的经验感受，人类精神环境中的认识活动，又在这些感受的基础上不停息地实现对各个层次观念的构建。在这些无微不至时时发生的观念构建的成果中，就蕴含了人类精神环境的全部内在秩序，它们可以表达人类对外在环境秩序的全部理解需求。人类正是依据这种内在秩序实现了在外在环境中的合理生存。

人类生存其中的两个环境是不同的存在。精神环境秩序并非是对外在环境秩序的直接表达，而是对外在秩序的间接映射。在这种映射中表达了两个环境秩序的相对一致性，也表达了两个环境秩序的绝对差异。

精神环境秩序永远直接蕴含了一些物质环境秩序，这来自感官信息。但这种蕴含在两个环境秩序的绝对不一致中，则是微不足道的和极其局限的。而这种局限又通过精神环境内在秩序的拓展间接满足了人类的外在生存需求。这种拓展来自精神环境中的自组织过程，也就是来自认识活动。

这种内在自组织过程构成的秩序，之所以可以保持与外在生存环境的一致性，其依据就在人类的实践活动方式中。人类的实践循环，实现了对两个环境中秩序的绝对差异的不断相对修正，保证了两个环境秩序在演化中的相对一致性。

人类在两个环境中构成了循环的实践方式，恰恰形成了对两个完全不同的环境秩序在特定领域中逐渐接近与逐渐一致化的功能。这种相对与动态的一致化，也就相对地消除了人类的生存需求对两个环境秩序理解的背离。

两个生存环境秩序的绝对差异，又决定了人类的生存行为永远具有内在的不合理性与生存的危机。这种不合理生存行为与生存危机的消除，又必须依赖人类永不停息的实践努力。人类只能在不竭的实践努力中保证自己的生存。人类永不可懈怠。任何懈怠的结果，就是两个生存环境秩序的分离与冲突，就是人类的生存危机。"生于忧患死于安乐"是中国哲学至高的真理。

人类就是在生存活动中不断与不合理的行为方式相对抗中实现自己的合理生存的，这也构成了人类生存方式的演化进程。

实践循环的行为成果，也形成了人类可以依据精神环境秩序来表达与理解物质环境秩序的有效性。自然科学的成功离不开积极的实践。这种有效性在人类哲学中就形成了追求两个环境秩序一致性的理想。

人类的物质环境是物自体，也永远是人类感知的黑箱。人类对不可完全感知的环境秩序的感知方式，就是广义的黑箱方法。黑箱就是观念空间中的感性直觉观念。认识活动不断在人类精神环境中构建出不同层次的经验黑箱，经验黑箱又在实践循环中被不断地结构化感知与分析化理解，并在感知中分化为更低层次的黑箱。人类将自己观念结构理性化的进程永不停息，人类观念空间中的黑箱永远存在。

人类也不必因为精神环境中遍布的黑箱而恐慌。精神世界中不可分析的黑箱形态与人类的生存需求大致是一致的，实践循环保持了这种一致性。

人类的感性直觉观念不仅仅是经验的黑箱，还包括了超验的黑箱。经验直觉相对地表达了外在环境秩序，超验直觉则相对地表达了内在环境秩序。逻辑工具就来自对超验黑箱的结构化表达与分析化理解。

经验观念是人类外在环境中的行为依据。超验观念则是人类意识活动的依据。超验观念是经验观念在观念空间实现有序安置的条件，也为人类提供了超越经验观念的外在行为空间。但这种行为空间并非都合理。其合理性只能来自实践循环的保障。

例如，遍布于人类传统文化中的各种神话故事与虚拟传说，就是公共化的超验观念空间所提供的虚拟行为方式空间。它们的流行依据来自它们的真理性。它们的谬误依据来自它们的虚拟性。

例如，逻辑工具与数学模型可以表达出人类的现实行为秩序，其中蕴含了大量的超验秩序提供的行为可能性空间，这就是虚拟行为空间。这些行为可能性空间并不都是合理行为的表达，也蕴含了不合理的行为方式。这就是任何理论设计都可能蕴含了错误，都必须由实践来检验的哲学依据。这也是任何逻辑模式与数学模型中都必然同时蕴含了真理与谬误的哲学依据。逻辑方法并非正确的依据，实践才是真理的保障。

单纯的理性思维与合理设计，永远无法形成合理的生存方式。人类的合理生存永远离不开实践循环。认为仅仅依据高度精美的理性方法就可以形成完美行为方式与社会秩序的思想，是一种科学主义的迷信。

尽管如此，精神环境中的超验秩序内涵，仍然是人类实践活动的合理的可能性空间。这种秩序空间的合理性，就在于它为人类提供了进一步拓展行为方式与改进行为方法的可能性。任何真理都蕴含在谬误中。那种将逻辑成果与数学模型视为真理的思想，就是一种哲学的无知。

经验观念来自真实的行为结果，这就是经验观念的真理性依据。任何经验观念中又蕴含了认识活动注入的超验秩序，它们展宽了经验观念中的真理性，同时也进入了真实行为的虚拟性。这种展宽在拓展了合理行为空间的同时，也蕴含了发生谬误的可能性。经验观念的局限性来自其行为依据的局限性与感官信息的局限性，也会来自其中的超验内涵对合理行为空间的不当拓展。

观念空间中的高层次超验观念结构，则为安置经验观念提供了内在环境条件。安置其中的经验观念表达了经验的真理性。在经验观念之外而广泛弥漫在观念空间中的超验观念结构中，在会依据被安置的经验观念"点"而具有凝聚性的真理性。在经验点上的真理性最高，离开经验点越远真理性就越低。但这种观念结构则正是人类依赖有限的经验在无限的超验中映射与表达外在环境秩序的方法。

人类在两个生存环境之间的活动互相依赖与互相影响，这就构成了实践循环。当从物质环境行为获得的经验观念与精神环境秩序比较一致时，这种经验观念就会当作对外在环境秩序的理解而被观念结构保存与固定，直到更加一致的经验观念的出现。当经验观念与精神环境秩序不一致时，意识活动就会弱化它在观念结构中的位置，直到最终被边沿化而消失。这就是精神环境秩序对外在感官信息的选择性接纳。这种接纳的依据就在精神环境秩序的合理性之中。人类漫长的文化史的核心内涵，就是构建合理的精神环境秩序。曾经的合理秩序是一神宗教，今天的合理秩序是科学思想。他们都是接纳与安置人类社会行为经验的秩序依据。

科学哲学史已经表明，就是曾经构成与巩固科学观念的基本方法，也会是新兴科学观念被弱化与淘汰的方法依据。合理的科学怀疑就是抵制这种淘汰的方法论。在淘汰中顽强地生存下来的新兴观念，一旦获得了更好的真理性证明，科学范式的革命就会出现。

与观念空间中的主流超验秩序不一致的经验观念，仍然会部分地保留在观念空间中。这种经验观念在观念空间中的积累，最终会形成对既有精神环境秩序冲击与瓦解，并刺激其重组。这就形成了观念结构的改宗与认知范式的革命。这就会重塑个体的人格特征与社会行为方式。

实践循环的意义主要表现中人类群体的公共观念和文化与社会结构环境之间的关系中，也由此而塑造了人类与社会环境结构相一致的公共观念体系。实践循环也同样表现在人类个体的观念结构与其微观社会环境的关系中，并塑造出与社会环境相一致的个体观念结构。在个体生存的两个环境之间的实践循环构成了群体实践循环的微观基础。

当个体在社会环境中不断形成的经验观念与其观念空间中的主体超验结构比较一致时，个体就会感受到环境的和谐与自己在环境中的幸福与自由。当个体不断形成的新的经验观念与其主体超验观念结构出现了差异与冲突以后，随着这种差异与冲突的积累，个体就会逐渐感受到意识活动的困惑与冲突，这种困惑与冲突的增加所形成的精神痛苦最终会促使个体调整与重构自己精神环境的整体结构，以便重新安置与统合观念空间中散乱与冲突的经验观念，并重建一个新的比较和谐的观念结构与社会环境之间的关系。由此而形成的观念结构的改变或突变，在人类个体的人生进程中时有发生。但这种改变又具有明确的局限性，也就基本上不会改变基础观念的结构。这表达了个体基础观念的不变性。

人类个体在人生所经历中的实践中，也在不断实现精神环境秩序与外在环境秩序的一致化改造，这种一致化也是相对的。个体观念结构与外在环境秩序的不一致性则是绝对的。这种绝对的不一致性，就是存在主义哲学家们的基本依据，也是人类个体具有独特的精神世界与独立的个人意志的哲学依据。

人类的社会实践活动还保持了社会群体的公共观念与社会环境秩序的相对一致性，也就是保持了社会主流文化与社会结构秩序的相对一致性。这种相对性来自人类环境行为的局限性与人类对环境信息感知的局限性。这种相对性也就是社会结构形态相对独立于社会主流文化的原因。这表达了文化结构相对于社会秩序的演化滞后。

　　任何文化中表达的群体公共价值都来自实践活动的循环，都在实践循环中逐渐被塑造出来的。所谓"真理来自实践"就是这种关系的直觉表达。

　　现代社会中流行的自然科学文化体系，深刻地影响了现代人类的世界观与哲学结构。但自然科学观念体系也仍然是人类公共化的精神环境秩序的存在形态。一种广泛群体化的公共观念体系，它与人类生存的物质环境秩序的一致性，是由其高度规范化与理性化的实践活动方式来保证的。这种规范化与理性化也是自然科学文化容易普及传播的原因。但这种保证也是相对的。就是被称为硬科学的物理学中表达的环境秩序，其真理性也仍然是随机的与相对的。

　　人类的知识，就是人类精神世界的理性化内涵，就是逻辑化的观念结构。知识表达了人类大群体广泛的理性化公共观念空间结构。这种广泛的公共观念结构是人类文化活动的理性化历史积累。知识因此而形成了对人类生存活动与社会环境的深刻超越。这种超越就迷惑了无数的哲人，让他们不得不虚构出一个超越人类而存在于宇宙中的绝对理念，来表达这种超越了人类一般精神环境秩序的广泛化的公共观念形态。如不这样，他们的理性能力就无法理解源自人类个体精神环境但又超越了个体精神环境秩序的存在形态的本质，无法理解这种公共观念形态中所表达的超越了人类生存环境秩序无限功能。

　　甚至今天自然科学家中的大多数，也仍然无法摆脱这个从柏拉图就开始形成了的基本世界观，并认为宇宙中存在着一种值得人类永恒追求与不断逼近的绝对真理形态，具有一种绝对的理念与客观性规律在承载着这种真理的存在。在今天的现代文化活动中，人们仍然不乏将某种文化中所表达的公共观念结构恭维地崇拜为终极的客观存在，就是这种世界观的必然表现。例如肤浅而愚昧的普世价值说与历史终结说。

面对这个人类意识活动的迷障，仍然是自然科学家们最先开始摆脱出来。他们已经开始相信并建立了一个大致上相对存在的世界模式。例如难以理解的多重宇宙和神秘的超弦空间的物理模式，例如世界本来可能就并不存在的世界观，例如可以有神明的终极观念，如此等等。但社会学家们则仍然要肤浅愚昧得多，他们还在柏拉图老先生的观念体系中踯躅不前。

这与文化史中的演化形态也几乎完全一致。在人类文化的演化进程中，总是自然哲学先获得了新的更加先进的观念结构，而社会哲学则总是最愚昧最保守的。正是因为自然环境要比社会环境简单得多，才使得无生命的物理世界是人类最容易理解的环境存在。

全部所谓的客观规律，都是人类精神世界的内涵。只不过这种内涵的群体化与历史化积累，远远超越了个体的生存空间与活动空间而已。至今为止的西方哲学与西方社会学，还在试图用原始的还原论逻辑来理解人类活动与人类社会，也就只能在人类个体的精神世界中寻求人类文明的全部钥匙。这就只能形成一孔之见。今天的西方哲学与西方社会学，基本上就是这样的一孔之窥所构成的观念体系，他们将这自诩为实用化与经验化。因为这个一孔之窥也曾经具有过比较大的合理性。

在中华文化中则似乎缺乏明确的逻辑工具来表达其世界观，但却具有更为稳定与更为合理的结构。正是这种世界观文化表达的感性化，使得它难以大众化普及传播。中国哲学中的形而上体系要比欧洲哲学更加合理通透也更加稳定，但这种形而上体系由于缺乏现代逻辑的阐释而不易理解。这种不易理解常常使得中华文明的世界观被简单化与肤浅化，也常常因此而受到现代文化的嘲笑。但历史会证明它们的瑕不掩瑜。

在历史演化的潮流中几乎稳定不变的儒家伦理，与欧洲大起大落与冲突不断的伦理体系相比较，就可以透过稳定看到其中的真理性。由于剧烈更迭而形态新颖的伦理价值，常常更容易满足个体在短暂生命中的新奇审美追求与具体人生目标，而稳定不变的伦理形态以其流传中的高度抽象，又容易疏离个体具体的价值需求的表达。这种亲近与疏远的感受差异，就常常被敏感的文学家们与肤浅的哲学家们颂扬与唾弃，尽管哲学家们仍然可能秉持了更为合理的评价。但这类评价又常常因为哲学的抽象而难以为大众所理解。

在欧洲文化的演化进程中，看似复杂怪诞的宗教冲突，实际上则是变动不羁的公共价值形成的文化冲突被宗教的外衣所包裹而已。这种冲突引发了欧洲历史中的动荡不定与冲突不断，并常常由此而尸骨成山血流成河。从亚历山大的远征直到第二次世界大战和今天的恐怖袭击中的不同血腥状态，大抵如此。今天比中国还小的欧盟还在为自己的内部秩序的整合而争吵不息。中华文明早就趟过了这条河。马克思就认为，与欧洲文明相比较，中华文明是早熟的。中华文明比欧洲文明的优越性，要有万年的视角才能够比较清晰。

哲学是属于全人类的

哲学必须依托某一文明

只有优秀的文明才能为人类提供哲学

我们生活在两个世界中

哲学新解

上卷

2

孙利平 著

九州出版社
JIUZHOUPRESS

第十一章　传统认识论与本体论的拓展

46. 唯物论哲学与唯心论哲学的对立与融合

　　在哲学出现之前，人类对精神世界的理解只能依据原始的感性化方式。哲学的出现，将这种理解方式理性化了。自从有了哲学，人类对精神环境内涵的表达，就是不再是文学与诗歌和音乐与戏剧的天下了。

　　哲学的理性化，根本改变了人类对精神世界理解的内涵。但不同哲学也形成了对精神世界与意识活动的不同理解。这些理解的分歧，也就形成了哲学在幼稚期中的基本分歧。这些分歧在不同文化的演化中的复杂演化经历，也就逐渐形成了哲学散乱多样的流派体系。

　　唯物论哲学与唯心论哲学的对立，仍然是这些分歧中隐含的基本对立，但却日益不明显了。但这个对立的两个方面仍然在交替地主导哲学的主要流派，并形成了哲学演化的大周期。在每一个具体哲学流派中，对物质环境秩序与精神环境秩序的理解侧重的交替，就形成了哲学演化的小周期。

　　表达对精神环境的理解，是人类文化中的重要与活跃的领域。哲学表达方法与文学和宗教表达方法的不同，在于哲学的表达对逻辑工具与理性化能力的依赖。

　　人类对意识活动本质的不同理解，来自对精神环境本质与功能的不同理解。人类对认识活动本质的理解，就是对一般意识活动理解的核心内涵。不同的哲学认识论体系，就是区别不同哲学流派的标志。自从有了哲学，自从哲学分为不同的流派，他们的主要分歧与对立就是以对认识活动理解的区别与对立来划分的。

在哲学的四个核心内容中，认识论表达了对精神环境的形成方式与形成原因的理解，也间接回答了意识活动的发生原因与环境依据的问题。本体论表达了对人类生存的全部环境，包括精神环境与物质环境的统一存在方式的理解，回答了世界终极模式的问题。方法论表达了对意识活动方式的理解，也间接回答了意识活动的环境依据问题。世界观表达了对人类生存需求与生存环境关系的理解，回答了应当怎样合理生存的问题。

在哲学的四个基本内容中认识论是基本内容，本体论是基础内容。不同的认识论可以相应地形成不同的本体论，也可以相应地形成不同的方法论与世界观。认识论由此而形成对不同哲学流派的引领与区分。

不同的认识论引发的哲学主要分歧，最终就集中在对精神世界与物质世界的相互关系的不同理解中，就在这两个环境的孰先孰后与孰主导孰服从之中。

这两种认识论及其哲学，既各有千秋也各有局限。这两种认识论的不能统一也就表达了哲学本身的不能统一。不能统一的哲学演化史，就是被这两种对立认识论的优越性与局限性交替表现并交替主导的历史。这种交替主导了哲学的整体演化，也主导了哲学具体结构的演化。

哲学的分歧与对立，又形成了由其主导与衍生的文化体系的分歧与对立，甚至也可以表达不同文明间的对立。人类不同文明中的文化分歧与对立，以及这种对立对社会形态与社会活动的影响，就表达为对立的公共意识活动方式的对立，或者意识形态的对立。

人类的文明史中充满了人类间的对立与冲突。人类社会的对立与冲突的根源，就在其文化的对立与冲突中。人类文化对立与冲突的依据，由它们哲学的对立来表达。哲学是理解对立文化的钥匙，对人类文化冲突的探讨与辨析，最终必然进入对哲学的探讨中。和谐统一的社会结构来自和谐统一的社会文化。整合对立冲突文化的基本途径，就是追求和谐统一的哲学。

在人类的远古文化中，在自然物崇拜的原始宗教中，对人类生存环境的理解是简陋与模糊的。由于没有理性化能力，也就还没有哲学。那时人类对精神环境与物质环境的理解是浑然一体的，其特征就是用物质的特殊表象来表达精神的存在。物质表象的精神化就形成了对自然物的图腾崇拜。人类文明在这种简陋文化中经历了漫长的孕育。

　　人类文明进入中古时代，就开始感受到了精神世界的独特性，也开始形成了对两种生存环境的分别认知。单独表达精神环境与精神活动的文化形态出现了，这就是拟人化的多神宗教。几乎在人类所有文明中都经历了这样的文化形态。这也是文化还不能统一理解精神世界的结果。

　　与专门表达精神世界的宗教文化相对立，专门表达物质世界的文化体系也出现了。这也是欧洲自然哲学的文化基础。尽管在一神宗教中也经历了统合自然哲学的努力，但并没有明确改变其主要文化形态。

　　在属于中古时代的中华商周文化中，也有了独立理解物质世界的明确内涵，但后来则被整合为统一理解社会环境与自然环境的哲学体系。欧洲的二元哲学则分别形成了理解两个生存环境秩序的形态，这就为近代自然科学的孕育准备了条件。中国的一元化哲学，虽然在相应的理性化方法中得到了和谐发展，但却弱化了理解物质环境的专门化逻辑。

　　人类不同文明中的几大一神宗教，在差不多的时期中先后出现，表明不同文明几乎同时开始形成对精神环境的统一理解。一神宗教的共同特征，就是反对偶像崇拜与追求终极观念对全部伦理的统合。一神宗教文化的强盛，形成了人类以精神环境为主体的世界观，也形成了强大的唯心论哲学。

　　欧洲传统的自然哲学，在工业贸易文明的文化需求拉动下，孕育出了近代自然科学。自然科学在人类利用自然环境的技术体系中取得的巨大成功，又反哺了自然哲学，进而形成了以物质环境为主体的新世界观，这就让古典唯物论的认识论开始重新兴盛起来。唯物论哲学在理解社会秩序中的运用，就构成了对现代社会科学的主要支撑。马克思主义哲学是其中最重要的成就。

已经有了两三千年历史的哲学，直到今天仍然是分裂与散乱的。这种分裂与散乱的原因，看似表现在本体论的不同体系中，其深层次的原因则仍然在认识论中。唯物论与唯心论的对立曾经长期是哲学分裂的根源，今天这种对立虽然在现代哲学的多元化中被弱化了，两种认识论的基本分歧虽然被现代哲学的学科化所回避，但仍然没有得到明确的融合。散乱多元的现代哲学流派，反而为它们提供了更为宽阔的生存空间。在现代哲学中，认识论的冲突可以躲在流派的冲突之后了。

今天要重建统一的哲学，并统一地说明唯物论与唯心论的分歧，重新融合唯物论反映论的认识论与唯心论否定物质独立存在的构建论的认识论，是不能回避的途径。

反映论之所以可以回避休谟问题所表达的传统经验论哲学中的认识论困境，主要是出于现代自然科学的巨大成就。这种成就拓展了经验的内涵，将自然科学中表达精神环境秩序的超验观念也含混地经验化了，并依此而建立了似乎完美统一的本体论体系。

将超验观念经验化的文化媒介就是知识。将实际上蕴含了大量超验观念的知识结构外在化与实体化，就为反映论提供了一个虚幻的外在秩序空间。这就可以避开休谟难题而似乎解决了两种对立的认识论的冲突，也就似乎将反映论从曾经在经验论哲学中遇到的困境中解脱出来了。

这种解脱，也是康德所回避的和马克思与恩格斯所没有做好的，但却似乎被科学本体论对超验观念的经验化所蒙混过去了。这种蒙混的途径，就是将逻辑实体化或外在化，甚至将知识实体化与外在化。但这个蒙混回避不了逻辑实体与知识实体的本体论来源问题。这就又会回到康德的方法中去。康德还可以将逻辑和知识与先验范畴分离开，但今天的逻辑实证主义们则只能又将它们混为一谈。康德将先验范畴与知识分立，为了说明知识构成的外部原因，他们将先验范畴又混入知识中，则从来不去涉及知识与逻辑的来源问题。这就像基督宗教将一切存在秩序的来源归为上帝，却不能探讨上帝的来源一样。他们的方法是一样的，知识与逻辑是世界的本体，上帝也是世界的本体。在这里，逻辑实证哲学与基督宗教在终极超验观念中合体了。

他们从康德的高度坠落下来，却标榜自己创造了新的哲学高度。

要重新融合两种今天看似已经不再对立的认识论，必须回到对被今天的逻辑实证主义所弱化的反映论的局限性的分析中去。今天的反映论，似乎在现代科学观念的基础上去除了历史上哲学的对立，但这种去除是模糊的与暧昧的，这来自科学本体论对两个世界存在区分的模糊化。

在现代科学支持的本体论中，似乎可以将传统哲学统一起来了。其不能统一的地方，也被科学体系中的心理学方法论重新安置给了现代宗教。实际上，这仅仅是现代科学世界观依据对两个世界认知领域的拓展，为反映论找到了一个掩蔽所。

现代科学观念体系对两个世界秩序区分的模糊，来自它将自己体系中的超验观念的经验化。科学观念体系自称是实证的，也就依此而自称是彻底经验性的了。一旦将几乎可以表达人类全部生存环境秩序的观念体系，进行了经验化的模糊概括，人类生存的两个环境的本体论差异就模糊起来。有了这个模糊，反映论的局限性就可以去除了。

现代科学的实证方法，并不能决定它们全部来源的经验化。在科学观念体系中起重要支撑功能的经验观念结构，并不能证明这个观念体系全部来自人类的外在环境秩序与感官信息。现代科学观念体系仍然是人类生存的两个世界环境秩序的混合，其中既包含了外在环境的感官信息，也蕴含了内在环境的超验秩序。

科学观念并非全部是经验观念。科学观念中仍然遍布着来自精神环境秩序表达的超验观念。这种普遍存在于科学观念中的超验观念，只是还没有被今天的科学哲学所清晰地认识与区分而已。

在今天处于前沿的科学哲学中，已经开始在科学本体论中打开了一个巨大的缺口。这来自卡尔·波普尔关于科学观念的本质是猜想的本体论观念，也来自他对科学观念的真理性是在证伪中形成的新的方法论。

但这种科学哲学的新观念，由于没有得到在哲学中的升华与安置，也就几乎没有形成任何明确的哲学影响力，就是对科学哲学本身也没有形成明确的震动。这种本来振聋发聩的思想，在流行文化中仅仅被当作一种新颖的观点来到处引用炫耀。这是因为波普尔也没有将这种观点进行一般化的哲学表达。他的表达将他的伟大思想桎梏在科学中了。

这种颠覆性的思想之所以什么也没有颠覆，不是它还不够明确，而是它没有得到哲学的体系化支撑。离开了哲学支撑的科学本体论，就只能被锁在科学体系的内部被观察与理解。就像物理学中的相对论与量子理论，虽然也剧烈地动摇了唯物论反映论所支撑的物质世界的本体论体系，但也由于没有得到哲学对这种动摇进行超验化地安置与说明，它们也就只能被看作是自然科学中的一些奇怪但又有效的方法与逻辑结构而已。它们为哲学所提供的鲜明的本体论贡献，就被哲学自己的愚钝与忽略抹杀了。

就是在科学本体论的活跃发展中，也到处出现了认为科学观念中并不仅仅是由外在环境秩序所构成的思想。例如已经广泛流传的关于获取事实的观察成果中蕴含了理论的说法，就是对科学观念体系中包含了两个环境秩序的明确表达。但这种思想也由于被看作仅仅是对科学方法的理解，也就没有被哲学所重视。科学哲学家们仍然沉迷于如何将知识结构本体化中，而远离了科学观念中的新鲜活跃。哲学家在科学家的巨大光环下早已自惭形秽了。

自然科学的观念体系，是一种深刻精密地表达了人类生存的自然环境秩序的观念体系。它的精密与深刻，并不应该模糊它仍然包含了人类理解外在环境秩序的经验内涵与理解内在环境秩序的超验内涵的哲学本质。科学观念并不是直接由外在环境感官信息直接构成的，也不是由经验观念所能概括的，而是在安置了外在环境信息的同时，也同样蕴含了逐渐升高层次的超验观念的内涵。科学观念所依据的客观事实，仅仅是一种特殊的人类无差别经验观念而已，其中也蕴含了超验观念。任何经验观念都是包含了外在环境信息的内在观念存在。只不过在直接经验观念中，外在环境信息处于秩序的主导地位而已。由被公共化的直接经验构成的观察事实，也仍然是感官信息与超验秩序的组织化结构。

人类的任何经验观念，都要依赖超验观念表达的内在秩序实现它们的内在化安置，科学观念也是如此。在越是抽象的科学观念中，超验观念内涵就越浓厚。最终安置科学经验的最高逻辑或数学观念，就几乎全是超验秩序了。超验秩序只能来自人类精神环境内部的自组织过程，而无法来自感官信息。

科学观念来自人类公共化的外在信息获取方式形成的感官信息，来自这些信息被认识活动构建的成果。对这些感官信息的观念化构建与内在表达，也就必然注入了超验秩序。人类科学实践中的感官信息，常常通过规范的行为方式与标准的仪器设备所获取。任何科学观测的方法与设备，都是无穷形态的外在环境信息向人类感官接受功能的转换工具，这种转换虽然极大地拓展了人类的信息感受能力，但在自然环境秩序的无穷性面前，这种拓展仍然是微不足道的。对于无限复杂的物理环境，从高能粒子的运动痕迹中获取信息的方式，只是细微的窥测孔。

所谓实证，就是用外在行为验证内在经验观念。实证的客观化，来自外在行为方式与结果的公共化，也就是经验观念的高度公共化。只要验证的方式与内在观念相关，只要人类的观察方法与对观察结果的处理方法来自人类精神环境之内，这种实证活动的结果，就必然受到人类精神环境中的超验观念的引导与制约。

任何经验都是精神环境中具有超验秩序内涵的由感官信息主导的观念

要素。人类对经验的实证活动，都必然蕴含了对外在信息的超验化安置。没有被超验安置与表达的环境信息，无法成为经验观念，也就无法被实证。这就是薛定谔的神奇之猫的故事所表达的本体论思想，也是海森堡测不准原理的本体论意义，甚至还是贝克莱的奇谈怪论的逻辑依据。波普尔将全部科学观念看作是人类的猜测，就非常明确地将任何可以被实证的科学观念内在化与不确定化了。

离开了人类意识活动的内在秩序构建，任何经验观念都不会出现。经验并非物质环境秩序的直接反映，而是精神环境的秩序构建成果。只不过在这种构建中安置与表达了外在环境信息而已。全部人类的经验如此，全部科学的观察结果也如此。

在科学方法论中有一个流行的哲学遮蔽，这就是只尊重事实。所谓事实，就是一种特殊的经验观念，事实并非外在环境秩序。事实是人类个体间通过观念交流与文化统合实现的无差别经验，这种无差别特征模糊了它们仍然是精神环境中的观念的本质，也就常常将他们看作是一种超越了精神环境的外在存在。这种将事实看成是单纯的外在存在的假象，就是对精神环境秩序的虚幻外在化，就是对经验观念向外在环境表象中投射的依据。于是经验就变成了外在环境存在要素本身的形态。

只要将自然科学观念体系中蕴含的大量超验观念揭示出来，反映论的认识论就会失去其最重要的现代掩蔽所，但这并不容易。

科学观念的另一个方法论标准就是逻辑化，而且是在特定逻辑工具中的逻辑化。将规范化的观察事实用现代数学工具安置与表达，才会被科学的学术规范所认可。观察方法的规范化就是依据表达方法的规范化所塑造出来的。

数学是什么？数学从何而来？数学的本体论意义是什么？这些问题在科学家那里被视而不见，在哲学家那里则因为说不清楚而回避。

数学就是典型的逻辑工具。全部逻辑工具都是人类对自己精神世界内在秩序的理解与表达的方法论成果。逻辑是人类精神环境秩序的表达，而不是宇宙秩序的表达。在任何复杂的宇宙观测信息中都不会有数学，只是人类精神环境中的超验观念将观测信息数学化了而已。

那种将逻辑工具理解为宇宙中超越人类的一种先验存在的思想，可以追溯到柏拉图那里去。但在柏拉图时代的文化结构中，让他将人类精神环境中的公共观念表达为宇宙中存在的绝对理念，已经是非常超前了。而今天的哲学家们还动不动就回到柏拉图去，则是非常保守与落后了。中国今天的哲学家之所以不能回到"天理"中与"天人合一"中，只是因为中国传统哲学的逻辑能力不足，只是因为今天的流行文化被西方文化所统治。

将数学看作是宇宙中的秩序存在，还来自欧洲古典哲学的传统观念。这种观念也为唯心论的认识论提供了本体论依据。被这种本体论支撑起来的现代逻辑实证主义思想，实际上是用一种超验理性方法，将唯物论的本体论统合到高度超验的唯心论本体论中去了。这种统合并不是很好。

就像科学家们常常走到仍然在迷茫中踟躇的哲学家的前面了一样，数学家也开始在哲学范畴中表达自己对数学的理解了。现代数学家已经开始表明，数学与科学既不属于相同的本体论体系，也不属于相同的方法论体系。数学的构建并非依据外在事实，而是依据人类精神世界中的意识审美。科学是对外在环境信息的理性化安置，数学则是对精神环境内在秩序的理性化表达。数学是理性的艺术，而不是客观的知识。全部数学天才都必然具有艺术天赋。

如果将科学观念体系的确立过程，也理解为人类精神环境中意识活动的构建过程，如果将数学观念体系看作是人类对精神环境秩序的理解与表达，反映论的认识论就会失去其全部现代文化依据。

与反映论对立的唯心论认识论，也曾经激发出如日中天的文化影响力。这种影响力与反映论依靠现代科学的文化平台实现的影响力不同，而是在曾经处于文化统治地位的一神宗教的文化平台中，实现了自己的强大影响功能。就是今天唯心论哲学的文化空间，也仍然要拜赐于宗教在现代社会环境中的复兴。

在欧洲哲学的唯心论体系中，精神发现论的认识论与精神实在论的本体论，都来自基督宗教的理性化需求。一神宗教就是依据自己更高的理性化能力，从而打败了多神宗教而一统天下的。具有较高程度的理性化表达方式，也是一神宗教得以广泛地在不同文明之间传播的原因，也是它们得以遮盖不同文明中的传统文化的原因。在中国知识分子心目中，基督宗教常常要比禅宗高大上。

在今天的西方哲学中仍然具有学术地位的神学体系，就是基督宗教观念体系理性化的现代文化形态。今天在中国文化中仍然具有合理地位的佛学体系，就是佛教观念体系理性化的现代文化形态。

基督宗教统治了欧洲文明由传统向现代转型前的十个世纪，也就在欧洲哲学中留下了其最重要的影响痕迹。这就是完美的唯心论哲学体系。直到近代自然科学推出了新颖的世界观，并且依据这个世界观在重构世俗文化中将基督宗教推下宝座，唯心论的哲学才开始逐渐被新兴的唯物论哲学取代。

但是，在科学世界观中表达超验观念的逻辑局限性，最终使它仍然要让出一些自己力有不逮文化领域。这使得挟持着自己的巨大成功而试图一举消灭宗教文化的伟大科学理想，也就渐渐被弱化了。科学与宗教的战火渐渐熄灭了，它们开始相安无事。宗教文化在经历了自己的现代化转型后，又开始在文化舞台上重新焕发出了新的活力。在今天的现代生活中，宗教日益进入更广泛的文化领域中，各种曾经严肃无比的无神论文化的脸孔，也开始变得和善起来。著名的科学家也可以公开谈论相信神明的可能性了。

在现代哲学的多元化思潮中，唯心论哲学也适度复活了。在西方文化中本来就没有被扫除的唯心论哲学，在庙堂中获得了更明确的地位。即使在经历了被马克思主义强力重构的中国现代哲学中，唯心论哲学也开始有了合法身份。在今天中国的哲学系讲堂中，对唯心论哲学的讲述，也开始摆脱了反面教材的身份，而具有一些正面哲学认识论的意义了。在今天中国出版的唯心论哲学著作的篇首，也不再必须有原来表达文化正确的批判性序言了。即使有些批判，也会同样有些欣赏和崇拜了。

这是因为，在唯心论哲学中蕴含了独立理解人类精神世界存在方式的真理性，这也是一神宗教文化中的真理性在现代哲学中的表达。这种真理性是简陋的唯物论反映论所不能表达的。

在人类的文化演化史中，经历了漫长的逐渐分清两个环境的过程，也经历了漫长的逐渐将两个环境的理解理性化的过程。今天合理的文化形态，都是对其历史合理性的保持与演变的结果。不同文化的演化进程，具有自己的特定的历史途径，也必然留下特定的历史痕迹。

在今天西方文化的合理性中，蕴含了他们文化史中的合理性，包括了从基督宗教的合理性到希腊神话的合理性。在今天的中国梦所依凭的中国特色的文化合理性中，既蕴含了两百年来所吸纳的西方文化中的合理性，例如社会主义与自由主义的合理性，也包含了中华文明文化史中的合理性，例如从孔夫子到儒家文化体系的合理性。

在今天仍然还不成熟的哲学文化，也就同样既要保持唯物论哲学曾经提供的合理性，也要继承唯心论哲学曾经提供的合理性，并由此而构成自己今天的合理形态。

唯心论哲学的根本合理性就表现在，它能够系统地表达人类精神世界独立存在的思想，能够系统地表达人类精神活动的基本功能。它在科学哲学面前的不合理与谬误，则来自没有将精神环境的独立存在与自然环境的独立存在统一起来，甚至试图用精神环境的独立存在否定自然环境的独立存在。

依此而构成的哲学在一神宗教理性化追求中的发展，也就深刻地揭示了人类精神世界的辉煌内涵与不朽功能。在某些一神宗教中，也深刻地表达了意识活动对人类社会活动的决定性影响。例如佛教。

所有这些至关重要的哲学内涵，在唯物论哲学中的表达则是十分简陋与肤浅的。只是因为现代科学的巨大成就和文化普及，掩盖了这种简陋与肤浅，才使得唯物论哲学占据了文化的主导地位。为了将这种比较简陋的公共观念哲学化，也就必然滋生出了实用主义的哲学流派。所谓实用主义哲学，就是用来表达社会成员简单行为的简化哲学。这在新兴的美国文化中非常有用。

　　只要人类的文化追求回到对精神世界的存在本源与活动方式的认真探讨中，就会立刻无法回避唯心论哲学所提供的深刻与精细的观念体系。就是信仰唯物主义世界观的马克思，也必须从黑格尔哲学中获取自己理解精神世界的意识活动营养。任何具有深刻精细的超验精神追求的知识分子，无论属于哪一个专业，都会不约而同地进入某种宗教文化的领域中，过去的欧洲如此，今天的中国也如此。佛学与禅宗在具有深刻精神追求的中国知识分子中的影响力就比马克思哲学的影响力要大。仅仅依赖对马克思世界观的皈依，就可以安置自己全部超验观念的个体，大都是文化结构比较简陋的人。这并非是具有深刻精神追求的知识分子们对马克思主义政治理想的态度模糊，而是因为马克思主义哲学的深层次功能与超验影响力的不足。马克思主义及其哲学必须拓展了，也可以拓展了。马克思及其哲学，应该在中国当代文化中获得自己的新生。

　　在今天仍然分裂的哲学中，要理解精神世界深刻的本质与内涵，就无法回避对唯心论哲学的某些回归。因为只有唯心论哲学才深刻地进入了对人类精神世界本质的理解中。就像黑格尔。它的缺陷仅仅在于无法合理安置人类的精神环境与物质环境的相互关系。马克思虽然认为唯心论哲学是头脚倒置的，但要深入理解精神世界中的活动方式，就仍然要回到倒置的头脑中去。

　　具有深刻内涵的唯心论哲学，在面对唯物论哲学中表现出来的短处也不能回避。这就是无法安置人类之外的物质环境存在秩序的永恒性与真理性。这来自唯心论哲学对人类本身的生存方式理解的肤浅，也来自它对人类的生存需求与自然环境的存在功能理解的肤浅。消除这个短处不是在唯物论与唯心论中二者择一，而是在新的哲学结构中统合它们。普通民众可以对它们二者择一，哲学家即使全部接受它们也还远远不够。

唯心论哲学头脚倒置的短处在于，认为人类的一切生存环境都可以由精神环境来表达与代表，精神环境以外的存在形态没有本体论意义。这种观念实际上将精神环境的存在基础虚幻化而悬空了。这也是它在取得了利用物质环境的巨大成功的自然科学面前常常站不起来的原因。

它必须面对无法回避的物质环境的真实存在，虽然这就必然碰到一个本体论的困境。它必须表达在人类出现之前的世界存在的依据。唯心论哲学解决这个困境的方法，就是将人类精神世界超人化，并将精神环境安置在物质环境之上。这种方法的逻辑是十分完美的。这使得这种古怪的本体论也被现代科学主义的皈依者们用来解决自己的超验困境。他们看似仅仅在唯物主义的世界观中打开了一点玄妙的门缝来驰骋自己的思想，但却不知不觉地进入了唯心论世界观的逻辑结构中。

但这也是很多具有深刻精神追求的现代科学家们解决自己哲学困境的方法。在这种方法中，他们顺畅地在两种哲学中各取所需。很多科学哲学家们也在利用唯心论提供的完美逻辑，安置自己在唯物论中无处生根的超验观念。数学逻辑就是科学家们与唯心论之间的漂亮桥梁。唯心论哲学为他们的超验观念提供了深刻的安置结构，唯物论的逻辑漏洞则可以在这种安置中被遮掩。

为了解决今天自然科学的深刻思考中的超验困难，一些在形式上没有背叛唯物论的科学哲学家将唯心论的逻辑进行了拓展。他们将人类赖以存在的生命环境，进行了超越无生命环境的安置，用来理解他们仅仅用唯物论无法安置的宇宙秩序。这种对现代科学的头脚倒置就是所谓的宇宙生物论。他们将宇宙秩序理解为一种特殊的生命活动秩序，认为在宇宙的存在与演化形态中，也具有遗传功能与意识功能。

他们将生命环境的秩序倒过来推广到宇宙秩序中去，这样才能安置唯物论哲学中无法安置的自组织过程与复杂化过程。这种方法人类的祖先早就用过，今天的宇宙生物论就是曾经的自然神化论的现代化翻版。只不过祖先们没有复杂的生命科学观念，就只能用拟人化的神明来表达宇宙秩序，而在今天的翻版中，则可以穿上全部科学成就的漂亮外衣。

康德在他的哥白尼转向中曾经试图消弭唯心论的困境，并由此接纳唯心论的合理内核。他一方面将唯心论的世界观拓展为科学的世界观，否定了创世纪和去除了上帝，另一方面则保留了唯心论哲学对精神世界独立存在的含义与超验观念的意义，并将唯物论哲学的肤浅性进行了深化。他将唯物论无法表达的精神世界的深刻性与复杂性，简化地表达为知识的形成依据问题，又将这个依据表达为一种科学世界观中无法安置甚至可能受到反对的先验范畴。这就为局限的科学世界观开了一个天窗。

康德的聪明智慧已经超越了当时所有的哲学家。这就是他的哲学被看作现代西方哲学的全部基础的依据。但这个机械式的天窗也就必然是康德哲学与科学世界观之间的龃龉。康德对科学观念的承认与崇拜，使得科学家们无法贬低他，也使得唯物论哲学不得不礼让他。这种尴尬的关系也就是康德哲学并没有形成它所追求的那种巨大影响力的重要原因。

马克思对人类精神世界深刻理解的追求，就是他成为黑格尔唯心论哲学拥趸的原因。但他对科学世界观的皈依又使得他在继承黑格尔的同时，又完全否认了黑格尔哲学的宗教观念基础。在马克思的社会学理论中宗教没有任何文化地位。马克思的哲学体系是分裂的，他的唯物论的反映论无法安置他的唯心论的方法论体系，他的辩证法没有本体论基础就只能被悬空。这种本体论悬空，也是马克思的辩证法在大众传播中常常被神秘化与玄妙化的原因。现代中国曾经流行的来自马克思的辩证法，常常成为佛学的方法论依据的怪现象，马克思要健在是不会同意的。这也是来自唯心论的辩证法没有得到唯物论安置的结果。

基于自然科学的现代世界观，构成了理解自然环境的坚不可摧的公共观念体系，但又无法安置哲学史中积累的复杂深刻的精神世界内涵。实际上，这也是能够表达复杂精神世界的现代哲学无法完美安置自然科学的原因。自然科学则试图用脑细胞的功能安置人类精神世界，这却是哲学无法接受的。仅仅用脑细胞的触突在复杂生化环境中的神秘联系，是永远也无法描述人类的深邃思想与复杂情感的。

今天科学世界观的深入发展，已经在突破传统唯物论的简陋了，已经开始打开了接受传统唯心论哲学的一些观念结构的大门了。科学世界观早就不仅仅用康德的天窗来观察广博的精神世界了。但由于这种大门的哲学内涵的深刻与隐秘，仍然在一般科学常识中难以显现，但在前卫的科学哲学家那里早就进出自如了。唯心论哲学对他们早就不是禁地了。

现代宗教也开始尝试与科学共处。他们也开始将自己理解精神世界的观念体系，尝试在科学观念的物质环境中得到安置。但这种努力还远远不足，还远不能达到重塑宗教的结果。

科学成就的张扬与宗教谦逊的低调，开创了融合两个对立哲学的新前景。这个前景的实现，就是将人类精神环境的独特存在方式与人类物质环境的独特存在方式在理解人类的生存方式中融合起来。这就必须要建立新的认识论与新的哲学。

47. 统一的认识论与统一的本体论

完美统一的认识论与本体论，是哲学的基本问题与基本难题。如果将认识论与本体论分别构建而不考虑他们之间的联系与统一，哲学就会容易得多。黑格尔基本上回避了这个难题，康德模糊地捏合了这个难题，马克思也回避了这个问题。

在现代西方哲学的存在主义流派与逻辑实证主义流派中，也是在分别地回避这种问题。存在主义回避人类精神世界的本体存在与外在环境的本体存在的关系问题，他们看似以人类的精神世界为本体，但这种本体结构则是以忽略精神世界对物质世界的依赖关系而得到的。逻辑实证主义看似得到了一个逻辑本体，但这仅仅是对精神世界内涵的虚幻化与简化。在逻辑本体的虚幻中，就是将表达精神世界存在方式工具的简化。与存在主义一样，如果离开了对人类外在生存环境本体的统一理解，单纯孤立的精神世界本体是没有稳定的哲学基础的，它很容易就滑入方法论的坑里去。例如曾经在新中国流行的辩证法逻辑，也正是因为回避了其方法论的本体依据，又将自己包装为一种似乎具有表达人类全部生存环境本体的功能，这就必然带来深入思考中的悖论与逻辑的混乱。"一分为二"这个相对的方法论工具，一旦被当作了绝对的存在本体，就会处处在对实体的认知中寻找其中一分为二的本体结构。很多哲学悖论甚至哲学笑话，就是由此而生。

在几百年来的哲学家中，康德是最接近融合对立哲学的人。但康德的融合也在走模糊本体问题与方法问题界限的途径。他的先验范畴，就是孤悬在他的科学本体世界体系之外的一种奇怪的实体。正因为他的哲学缺乏统一坚实的本体论基础，他自己就始终困惑与纠缠于广袤星空的秩序与人类道德精神秩序的来源问题中。

正像唯物论哲学是被新兴的自然科学抬上了哲学女王的宝座一样，今天自然科学中的前沿性思考也为对立哲学的融合指明了新的方向。在自然科学的哲学思考中，已经大致地解决了世界秩序的来源问题，已经不需要牛顿的第一推动力了。这个成果引发的最伟大的科学范式的变更，就是彻底地将宇宙的存在方式动态化了。爆炸的宇宙模式取代了仍然试图保持永恒不变但又折中于演化中的宇宙模式。宇宙都可以无中生有，还有什么不可以无中生有呢？人类的精神世界具有比宇宙更根本的存在意义吗？就是在唯心论的哲学中，精神世界的存在与宇宙的存在也是同等地位的。只不过宇宙的存在被精神化了而已。

系统论原来只是作为表达生命秩序的一种新逻辑工具被提出来的。但这个新兴的逻辑工具却突然打开了可能构建一个新的本体论模式的空间。优秀的逻辑可以透彻表达精神环境的结构。优秀的精神环境结构可以透彻理解人类生存环境的本体。

系统论逻辑为了表达存在秩序的演化方式，也就必然进入了表达演化着的存在本体的观念空间中。从系统论中发展出来的耗散结构理论，对原来偶然出现的自组织过程或者负熵的发生过程，提供了普遍化与绝对化的哲学方向。同时也就必然将原来似乎表达了宇宙中最基本演化秩序的热力学第二定律相对化与局部化了。这是现代科学世界观最重要的新基础，也应该是新哲学的本体论基础。一旦用存在中秩序内在发生的普遍的自组织过程来理解一切存在的本体意义，对立哲学的融合就有了一个明晰简单的基础。

既然物质环境的全部存在秩序都可以从自组织过程中得到解释，那么精神环境的秩序也就可以作为物质环境秩序的一个特殊层次了，也可以用自组织的机制来表达它的形成与出现了。宇宙可以无中生有，生命可以无中生有，精神世界也就可以无中生有了。人类社会的无中生有就更好理解了。

生命科学又为这个哲学基础提供了另一个方面的支撑。这就是人类的精神世界内涵都可以用高级精神器官中的生命活动来承载与表达。只不过今天这种理解与表达还很模糊肤浅而已。

由此，精神世界与物质世界就可以在耗散结构逻辑所表达的自组织过程中，通过生命活动的秩序层次而统一起来了。哲学与生命科学也由此而可以实现和谐的连接了。

将人类以及人类生存的全部环境，都看作是自组织过程形成的秩序体系，都看成是不同秩序提供的不同环境功能所呈现出来的差别化的存在形态，就可以实现人类的物质环境与精神环境的统一。在这种统一中，既有统一的发生机制，也有统一的表达逻辑。这就提供了可以实现它们在方法论与本体论中统一的条件，也提供了一种统一的新哲学的条件。

　　人类理解自己生存的生命形态，遍布着各种困难。从生命的发生到生命的维持功能的依据，不一而足。在传统宗教文化中，表达生命的形成与存在方式就是最神秘的观念结构。在现代自然科学中，这也仍然是一个巨大的黑箱，只不过科学逻辑可以协调这个黑箱而已。通过人类在精神环境中的存在与活动的方式来理解他们在物质环境中的存在与活动的方式，则一直是哲学的困难。

　　哲学的产生，就是人类将自己的生存环境分别理解的结果，就是人类形成了自己在两个不同的环境中生存与活动的理性化观念的成果。但是，对人类在这两个环境中的活动方式为人类提供的生存功能的清晰理解，则仍然是哲学的难题。对这个难题的不同答案，就形成了唯物论与唯心论的哲学对立。它们分别将两个环境之一，作为人类生存的主导环境，而将另一个环境作为主导环境的附属投影与外部幻象。这样的分歧保持了几乎两千年，直到今天。

　　今天的哲学终于可以拥有一个可以理解精神世界环境，也可以理解物质世界环境的统一的本体论逻辑了，这就是将它们分别理解为不同层次的秩序的自组织结果。这可以解决哲学对立中的本体论难题，但仍然无法解决哲学对立中的认识论难题。这个难题就是这两个以不同方式构成的环境形态，如何可以具有秩序的同一性的问题。传统哲学正是在这个难题中，才不得不走入了唯物与唯心对立的泥潭的。

　　这个难题是哲学的基本难题。就是运用耗散结构逻辑的自组织过程也无法透彻解开这个难题。耗散结构逻辑仍然不能真正说明以不同的存在方式通过不同层次的自组织过程形成的秩序中，如何可以实现精神环境秩序有效地表达物质环境秩序的问题。这就是如何理解人类精神环境中的观念如何可以反映人类物质环境中的各种实体的存在方式的问题。既然它们是不同的存在层次，它们之间实现同一性的联系是什么？

在传统哲学中似乎有一个简单的答案，这就是反映论的认识论的答案，这就是用人类通过感官接受的外在环境信息来解释两个世界秩序的一致性。这个答案的局限性早就暴露无遗。如果感官信息是精神环境全部秩序的依据，则根本无法解释人类精神世界中远远超越了感官信息内涵的复杂秩序形态的来源。感官信息中没有数学的点和数学的圆，更没有数理方程，也没有上帝与伦理。

如果用反映论与意识构建论的混合来缓解这个难题，似乎是合理的。但这又会进入同一个困境，也就是精神世界中的意识活动构建出来的秩序如此复杂与如此重要，如果它们偏离了外在环境的秩序内涵，精神世界中具有真理的观念就无法成立了。

康德就是试图用这个途径解决问题。但他又不可避免地将这个困境表面化了。康德将人类知识的形成方式与形依据从感官信息中分离出来，因为全部感官信息的内容都无法安置复杂而神秘的知识结构。但知识理性化的结构来自哪里呢？人类的逻辑方法的依据又来自哪里呢？意识对知识的构建活动如果只能依据感官信息中蕴含的相应关系，知识的依据就只能悬空，也就只能神秘地安置在一个既不是人类的精神环境，也不是宇宙环境的特殊的环境中。这就是康德哲学的困境。

即使是按照今天的逻辑方向，可以轻易地将知识的来源安置在意识活动的自组织过程之中，也仍然必须回答这个问题：精神世界中内在发生的自组织过程的结果，如何可以精确地与远离精神世界之外的浩瀚宇宙中的秩序高度相吻合呢？任何自组织的系统论逻辑，都无法得到宇宙中的自组织成果与精神世界中的自组织成果具有必然的紧密联系的结论。

这个答案只能从人类本身的生存方式中得到。人类的生存方式本身就是两个世界秩序一致性的保证。这种保证的具体形态，就是人类在两个世界的环境中形成的互相关联的行为循环。这种行为循环就是实践。

人类的精神环境，如果仅仅依据感官信息来保证与外在物质环境秩序的一致性，其依据是微不足道的。这种仅仅提供了微不足道秩序依据的感官信息，又被精神环境中的自组织过程不断构建出来的超验观念结构所稀释，这就决定了精神环境秩序偏离外在环境秩序的概率是极高的。但人类的行为方式又决定了必然要以精神环境中不一定正确的经验观念，作为外在环境中进一步行为的依据。当这种行为的结果以新的感官信息形态重新进入精神世界时，其中除了蕴含原来的经验观念与行为结果外，还必然蕴含了表达原来经验与行为结果之间的偏差的秩序信息。这可以构成一个纠正精神环境秩序对物质环境秩序偏差的反馈循环。人类在延绵连续的生存行为中，也就在这样的循环中，不断保留合理的经验，不断纠正不合理的经验。这就使得看似孤立的经验观念中永远蕴含了对精神环境秩序与物质环境秩序偏差的纠正因素。

这种跨越了两个环境的人类生存活动的循环的普遍存在，就形成了跨越人类两个生存环境之间的超宏观的自组织过程。这个过程就时时保证着两个环境秩序的动态一致性，这种动态的相对一致性在人类精神环境中的超验积累，就会得到一个比较接近外在生存环境秩序的终极性的内在环境秩序。当这种内在终极环境秩序可以比较好地满足人类的生存需求时，它们向人类展示了真理。

所谓真理，就是人类公共观念空间中表达了合理生存方式的基本公共观念。各种伦理观念就是相对真理的文化表达。真理来自人类特有的跨越了两个环境的实践循环。真理永远存在于实践循环之中，而不会具有固定的形态。真理永远在流动中。

当人类在这种相对一致的环境秩序关系中具体实现了自己的合理生存时，永远相对的一致性就这样变成了局部与瞬时的绝对一致性。一旦这种局部与瞬时在人类的生存需求中具有相对的稳定性，人类的精神世界秩序就会消除这种局部与瞬时，将这种关系表达为广泛的与永恒的。相对的真理就在人类的精神需求中变成了绝对的真理。在人类至今为止的文化演化史中充满了这样的例子。在曾经的文化中的具有绝对永恒真理性的观念不断地被后来新的绝对永恒的观念相对化与局部化，后来新的绝对永恒又会重新被相对化与局部化。这就是人类文化的演化形态。

48. 辩证唯物论的局限与拓展

马克思主义的文化体系，表达了欧洲文化对工业贸易文明社会秩序初期形态的理解，也是第一个明确地表达了人类社会环境的独立存在与自主演化形态的思想体系。它比较好地解答了欧洲人对新兴的现代社会活动方式与演化前景的迷惑，使得它成为几乎统治世界一个世纪的流行文化。但也正是这个文化体系的局限性，才让它在人类社会的迅速变化中又从高峰迅速跌入了低谷，并在自己发源的本土几乎失去了现实意义而变成了一种历史文化形态。

正是它向具有类似伦理结构的中华文明中的成功移植，才使得它在人类大文化体系中得到了有效的延续。它在中华文明的文化土壤中的落地，形成了它与中华文化的融合，为它提供了新的生命力。

马克思主义的社会学结构，主要是阶级与阶级斗争的理论。这个理论曾经在中华文明艰难转型的社会改造与社会重构中形成了强大的工具力量。马克思主义在中国社会的转型实践中也改造了自己，并因此而形成了自己变异后的新生命力。这种生命力就来自中华文化与欧洲文化的优势互补，其中既有中华文化的优点对欧洲文化弱点的改善，也有欧洲文化的优点对中华文化弱点的改进。这很像今天的中国经济秩序与美国经济秩序的优势互补。

马克思为了建立一个完整的文化体系，也构建了自己的哲学基础。这就是马克思倡导的辩证唯物主义哲学。由于哲学文化本身高度理性化的结构，由于这个哲学体系的巨大影响力对中国现代哲学的高度统辖，也由于中国哲学对马克思主义哲学还缺乏深刻的消化能力，才使得辩证唯物主义哲学仍然保持了自己的体系而并未形成与中华哲学体系的充分融合。今天中国的马克思主义哲学，基本上还是一种移植状态或"山寨"状态。这就让它的局限性在中华文化中的落地中并没有得到很好的改善。

今天中国的马克思主义文化体系，特别是它的社会学体系，在中华文明现代转型的文化融合中，已经被中国社会的特殊政治需求与文化需求所改变了。依据阶级斗争与革命专政的社会学方法论体系基本上被放弃了，它的文化本体基础则为现代中国接受自由资本主义文化搭建了桥梁。马克思的社会主义制度为中国进入现代社会的资本主义经济体系中，提供了文化条件与政治条件。中国社会秩序的社会主义改造成果，为中国社会的改革开放与经济秩序的高度资本化铸成了通衢。

马克思主义在这种改变中放弃了一些不合理的观念结构，并形成了具有中国特色的社会主义文化的新形态。任何社会文化都必须与社会秩序密切融合。马克思主义的中国化就是马克思主义的儒家化。在今天中国的马克思主义文化中，所蕴含的儒家文化日益精深，也日益结构化。

但马克思主义哲学则仍然基本上保持了自己的独立性。一方面，辩证唯物主义哲学本身的逻辑严谨性，拒绝了文化演化对它的改变。另一方面，现代中国的文化重构能力还来不及深入到对哲学的改造中。中国的马克思主义已经焕然一新了，中国的马克思主义哲学则还沉睡在老面孔中。

这也是中国现代哲学本身缺乏活力的结果。辩证唯物主义哲学也应该并可以得到自己的涅槃了，就像马克思主义的社会学结构在中国的改革开放中已经涅槃了一样。传统的社会主义已经变成了中国特色，传统的辩证唯物主义也应该进入中国特色的改造中了。

中国社会现代化转型的伟大实践，通过对社会经验体系的合理安置，逐渐形成了自己特有的现代文化体系。这个文化体系的有效性，支撑了中国的改革开放与经济腾飞。但这个文化体系仍然是肤浅的与散乱的，是缺乏完美的超验结构或形而上结构的。现代中国文化的散乱，就表现在三足鼎立的基本文化的共同流行但又互不包容。主导着经济活动的西方自由主义文化，主导着政治秩序的马克思主义文化，主导着传统观念的儒家文化，各自依据自己的超验结构而确立流行。他们也主导了当代中国人分裂的精神理想。

当代中国文化的有效性是实用性与经验性的。这种处于经验形态中的文化结构，也就必然缺乏完美的整体性结构，更不能为新兴的现代中国提供超验文化信仰与深刻文化根基。摸着石头可以过河但无法修路。道路自信与文化自信不能仅仅依赖成功的经验，必须有依赖这种经验重构出来的超验化的公共观念体系。文化的自信不会来自文化活动的经验，必须来自鲜明深刻的信仰。没有信仰的个体难有稳定的理想。信仰来自公共观念中完美的超验结构，没有超验公共观念就没有信仰，没有完美的超验公共观念结构也无法形成强大的信仰。仅仅追求工具理性的人不会有信仰。

杨靖宇牺牲前对劝降的叛徒说过，你劝我投降的话都很有道理，但我们都投降了还有中国吗？他心中就有一种超越合理经验价值的超验价值追求。

将文化经验转变为深刻透彻的文化信仰的唯一途径，就是重构表达与支持这种信仰的新哲学。哲学是完美超验观念的依据，也是完美超验观念的构建工具。

认识论是哲学体系的核心结构。辩证唯物主义哲学的涅槃，必须放弃或改造反映论的认识论，必须在黑格尔正统唯心论基础上通过吸纳后黑格尔哲学，对认识论的构建主义进行新的改造。这种改造的依据与途径，就是现代自然科学提供的新经验与新世界观，就是现代系统论逻辑提供的新方法论。通过对这些新文化的吸纳，也可以为唯物论的本体论提供新的空间。

在辩证唯物主义哲学体系中，已经具备了接受唯心论哲学方法论的条件。辩证法提供的方法论逻辑工具，对全部唯心论的本体论结构也都具有广泛的包容性。但仅仅回归到黑格尔的唯心论体系中去就是一种倒退了，必须用唯物主义的本体论观念，以及全部现代科学提供的新世界观，实现对辩证法的工具化安置，才能将黑格尔的头脑嫁接在现代科学观念的土壤中。这种嫁接的实现必然是对唯心论与唯物论本体论结构的融合。

现代唯物论哲学的新兴逻辑工具就是系统论。人类任何合理的逻辑工具，都可以在意识活动中得到通融。逻辑工具的合理性程度及其在文化活动中的普及程度，则是他们通融的基础。曾经广泛普及的辩证法逻辑与今天广泛流行的系统论逻辑，必然有深刻的共同超验基础。

从系统论逻辑中衍生出来的耗散结构论，为自组织过程提供了基于科学世界观的本体论基础。以自组织过程为核心的本体论思想，也完全可以引入唯心论哲学的本体论中。人类精神世界的自组织过程，人类公共化的精神世界或者宇宙精神的自组织过程，与生命形态和物理形态的自组织过程具有同样的逻辑本质。自组织过程具有超越唯物论与唯心论本体论鸿沟的功能，也可以融合既有的唯心论与唯物论的认识论。人类在精神环境中的自组织过程可以安置唯心论的认识论，也可以安置唯物论的认识论。这种安置首先要瓦解反映论。

这种包容性安置的结果，就可以提供一个新哲学的结构基础。在这个哲学结构中，被改造后的辩证唯物主义结构仍然可以得到保留，马克思关于人类社会独立存在的基本观念体系，还可以得到一个更合理的哲学支撑。

这个新的哲学结构也可以包容中华传统哲学的基本结构，并因此而将自己扎根于中华文明之中。"道"生万物与阴阳五行，都可以理解为感性粗浅的自组织观念与自组织逻辑，或者至少可以在自组织模式找得到新的阐发与理解。这个新的哲学必然要深刻地依赖自然科学的新成果，这就可以为科学家们打开更为广阔的精神空间，并可以从精神上解放仍然沉浸在传统科学观念中的科学主义者们。

马克思在对英国古典机械唯物论的接纳中，也看到了它们的局限性。这个局限性在反映论的认识论中得到了集中表达。为了改善这种局限性，马克思就在摒弃黑格尔哲学的唯心主义本体论的基础上，用其方法论的框架重新安置了唯物论的反映论。这就是将黑格尔的辩证法头脑嫁接到唯物主义本体论躯体上。由于马克思的兴趣方向不在哲学中，使得这种嫁接因为没有重构哲学体系而并不透彻。这就形成了辩证唯物主义哲学体系的形式上的包容与实质上的局限。

　　马克思也看到了传统唯物论认识论中的机械性与局限性，他为了实现自己的哲学嫁接，也就试图改造这个认识论。改造的方法就是将实践的观念引入了反映论的认识论体系中。

　　在传统唯物论的反映论中并没有实践的观念。马克思对它的引入，就是在人类的两个生存环境之间构成了行为结果的互相影响与互相支持的循环。但马克思的实践观念，由于当时简陋的文化要素的支撑不足，以及更合理的方法论还没有出现，特别是系统论的思想还没有形成，也就并没有形成完美理性的表达形态。马克思的实践观念还仍然是感性化的与表象化的，还缺乏深刻的内在哲学结构。但其深刻的思想性，已经可以感悟敏感的哲学思考者了。

　　直到列宁对实践观念的哲学理解还仍然主要是感性化的形态。这也就是他们身后的学生们不厌其烦地努力展开与深化实践观念的原因。毛泽东的《实践论》则具有更深刻的哲学意义。虽然他对实践循环的表达也还主要是经验化的，但他对实践循环的特殊功能的强调，则超过了列宁与马克思。

　　在中国改革开放初期的思想解放运动中，关于实践检验真理的大讨论，则主要是借用既有哲学观念的政治观念争论，对哲学本身并没有太大的影响。这个讨论也在后来的哲学教学中引出了一大批时髦的哲学论文，但它们更像是一些摆弄既有教条形式的学术游戏。这种游戏的价值来自按篇来计量论文成果的制度。

马克思对实践观念的引入，是他构建辩证唯物主义哲学体系的核心环节。不能理解这个环节，就无法理解这个新哲学的要点。但由于这个新观念的理性化程度严重不足，这个新哲学也就常常被后人误解为是两种旧哲学的机械加和。似乎只要将它还原到机械唯物论与唯心论辩证法中去，就可以理解它的全部功能与价值了，但这也恰恰就歪曲和瓦解了它。实际上马克思的哲学敌人们也屡试不爽地使用了这个路数。

毛泽东对马克思通过嫁接方法创立新哲学的成果具有深切的体会，这种体会也来自他当时面对的中国党内文化改造的需求。毛泽东喜爱哲学也自称哲学家，但他并没有太多的哲学专著。他著名的哲学著作就是篇幅不大的《矛盾论》与《实践论》。前者单独介绍了马克思主义的基本逻辑工具，后者则表明了他对新兴的唯物论认识论的理解。这种理解在当时是超越了流行的唯物主义反映论的。

马克思的文化敌人对其最深刻的攻击，常常就在对唯物论哲学观念的简陋与误解中。毛泽东在实践论中用明确的逻辑结构，表达了他所理解的人类在两个世界中行为循环的思想，这要比马克思本人的表达更为直接也更为透彻。至少对中国人的文化理解是这样的。毛泽东还感性地表达了认识论中离开了反映论的构建主义思想。只不过这种思想还是感性直觉的，还不能形成明确的哲学逻辑。

马克思的实践观念极大地改善了传统反映论认识论的局限，但这种改善的理性程度不够高，哲学构建的明确性也不足，在辩证唯物主义的理论体系中，仅仅被当作一个经验性的方法论结构表达出来。也因此，反映论的认识论，就没有受到根本的改造而被保持下来了，甚至还在新中国的哲学中广泛流传。这种感性化的实践观念，仅仅是为反映论的局限与副作用添加了一味调节药性的补药而已。这就是在中国仍然具有明确文化影响力的辩证唯物主义哲学在理论结构中的重要缺陷。

49. 精神世界秩序与外在环境秩序间的差异

人类以及人类的生存环境，可以由不同层次的存在结构实现理性化表达，进而可以用不同层次的秩序对能量的不同组织化形态与环境功能实现表达。秩序与能量是表达人类与人类生存的环境的基本逻辑要素，它们为表达提供了可分析的条件。秩序对能量的组织化构成存在的逻辑结构，也可以提供一个统一哲学的本体论基础。

这个本体论基础具有两种意义。一方面，人类的全部生存环境都得到了统一的分析结构来理解与表达，实现了对包括精神世界在内的全部人类生存环境的逻辑结构的统一化，这一直是传统哲学本体论的难点。另一方面，在这种统一的逻辑结构中，仍然可以充分安置不同层次环境中的不同形态与不同功能，并由此而安置传统哲学的全部既有内容。这就提供了新逻辑对既有逻辑的和谐相容与有效包容。

在至今为止的哲学演化中，始终在追求一个表达人类全部生存环境的统一的逻辑模式，这也是无数哲学家们的理想。但曾经哲学中的各种本体论逻辑，或者其表达方法的理性化不足，或者其逻辑工具显得简陋与不合适，前者就像中国哲学的深刻与含混，后者例如欧洲辩证法的精妙与古怪，这使得至今为止的哲学无法跟得上现代文化蓬勃的脚步而自惭形秽。这也是曾经优良的中国哲学近代开始衰微的原因之一。

在欧洲哲学中也曾经有过不同形态的统一表达模式，但他们的不足也让他们在现代文化的冲击面前基本上瓦解了。从古典哲学的三位先贤，到近代哲学的康德到黑格尔，都进行了类似的努力。现代以后的哲学家们在新的困难面前似乎放弃了这类努力。逻辑实证与存在主义分别钻入了对不同环境的分别理解中。欧洲后现代的哲学家们已经没有追求统一理解与表达人类生存环境的志向了。

现代中国则在艰难地渡过了自己文明转型的危机后，还来不及恢复自己的文化自信，中国现代哲学除了在中国传统与西方现代的夹缝中勉强延续外，早已泯灭了高屋建瓴的雄心。在绚丽热闹的现代娱乐文化中，哲学已经不好意思登台了。但是，重振中华文明文化自信的伟大历史任务，则必须从恢复哲学的引领地位开始。

现代哲学要从散乱与凋敝中重构与振兴，探讨一个可以安置全部现代文化的哲学结构，是一个绕不过去的任务。这种探讨的方向也就必然将哲学引入对人类生存环境的统一理解中。

实现这个伟大任务的困难在于，今天哲学对人类生存环境的理解已经被科学方法明确地分割了。取得了辉煌成功的自然科学观念体系基本上可以漂亮地安置欧洲的自然哲学，但还远无法同样地安置好全部哲学。物理学定律远不能解释心灵与情感。甚至在自然科学的世界观中也无法统一地理解物质世界的全部形态了。就是物理学逻辑与生物学逻辑也不可完全统合，心理学逻辑与社会学逻辑则更没有关系。曾经用辩证法逻辑来统合他们的漂亮的哲学成果，也因为仅仅是一种方法论的推给而并不能为哲学提供更坚实的本体论基础，而在根伟丰富的本体论思考中逐渐被边沿化。曾经光鲜的自然辩证法也渐渐在自然科学中漂浮起来了。

构成全部哲学统一的结构化方法，不能仅仅依赖虚幻的逻辑工具，必须可以植根于对人类对环境理解的本体论中。如果这个本体论模式可以包含精神世界，也就必然要包含一个与此相协调的新的认识论。

虽然现代结构主义哲学流派，曾经试图逻辑化地达到对两个环境的统一理解，但也由于它明确的方法论局限而失去了普遍坚实的基础，它的逻辑仍然无法在统一的结构中实现对精神环境与物质环境的形态与功能的明确区分。没有合理的区分就无法合理的整合。结构主义也始终没有进入可以提供统一的本体论的境界。

没有一个既能够区分不同层次环境的绝对差异，又具有统一逻辑形态的本体论工具，才是传统哲学得以现代化整合的核心难题。曾经风靡的辩证法逻辑，只能模糊地统合一切环境形态，但又无法区分它们的层次差异，也就逐渐泯灭了它的影响力。就像中国曾经的周易逻辑一样。

逻辑统一的困难就在实现明确的环境层次的区分中。自然科学提供了对无生命环境的完美逻辑，这个逻辑则无法同样有效地表达生命环境，更无法表达精神环境与社会环境。历来的哲学家们已经做出了巨大的努力来表达一种统一的本体论逻辑，但他们的难处最后并不在统一中，而在于用统一来表达不同层次的巨大差异的困境中。常常是统一而简单的逻辑工具无法包容这种巨大差异。

用秩序与能量的复合来表达人类以及人类的全部环境，可以从形式上提供一个统一的本体论形态，但这个逻辑能否透彻与成功，则仍然取决的与能否表达不同层次环境存在的差异中。

从形式上说，不同层次的存在差异，用不同层次的基本能量的绝对差异就可以得到大致的区分。无生命存在层次的基本能量就是今天已经十分稳定成熟的物理能量。这个基本能量的概念已经通过现代物理学的发展实现了具有微观无穷可分析的逻辑形态。这种基本能量形态向人类理解能力之外的环境中实现无穷可分析的可能性，也就是对人类可理解的环境层次中的分析结构的无穷可能性的统一表达。物理能量在形式上的下边界并不是物理实体或基本粒子的边界，而是人类理解能力或逻辑的边界，这个边界来自人类精神世界秩序的边界。只有对人类理解能力之外的环境存在形态具备的无穷可能性都得到一个统一的逻辑安置，这个逻辑工具才能具有完备性。

由无生命层次向生命层次的过渡可以是逻辑和谐与结构完美的。虽然这种完美的逻辑结构今天还没有得到完美的表达，但它们之间的边界并没有逻辑裂痕或逻辑漏洞。只不过人类今天的逻辑工具还无法深入细致地跨越这个边界而已。这就是自然科学中关于生命起源问题的基本难题。

今天的生命科学还远没有进入这个层次中。这也就是如何用连续的自然结构表达从无生命环境中产生生命活动的一个逻辑间断与逻辑阶跃。这个逻辑间断就是生命科学永恒的基本问题，就像基本粒子的来源永远是物理学的基本问题一样。这是自然科学的两个基本难题。

但是，理解人类生存环境存在层次区分的更大难点，则在两个不同生存环境的边界中，则在外在物质环境与内在精神环境的区分中。追求这个区分的和谐与完美则一直是哲学的根本难题。

这个区分的难点不仅仅在存在形态的逻辑区分中，更是在对两个层次的秩序功能关系的区分中。这个难点的解决必然要依据更深刻更合理的认识论来实现。这就是认识论对理解精神环境的本体论的关键性支持。

历来重要的哲学家，都在努力通过拓展认识论来解决这个问题。但他们的努力都并不理想，在今天看来都有明确的缺陷。例如，柏拉图的绝对理念悬置与神秘化了认识论的终极问题。莱布尼茨的单子理论看似也在试图安置认识论，但其逻辑则非常牵强。王阳明的心学对认识论是振聋发聩的，但却由于缺乏深入的逻辑而不能真正形成哲学影响力。康德将认识论问题局限和简化为知识形成的问题，这虽然简化了问题的难度，但他的解决方案也仍然不彻底。直到他的晚年才用一本《实用人类学》来表达自己对这种简化的纠正，但这种纠正离理解精神环境的本体论难题还很远。

不同的哲学体系的完美性与有效性，只能用它对当时社会文化形态实现和谐有效安置的功能来判断。只能用它对于人类历史的合理说明来判断。文化是哲学的问题。历史的哲学的例题。

哲学体系的完美性，从来都是相对于流行文化形态的复杂性的。任何曾经完美的哲学体系一旦要面对新兴的文化形态，也就会重新变得不完美起来。在现代科学文化体系形成之前已经比较完美的哲学体系，在今天崭新的现代文化面前，也就必然需要重构体系来重现自己的完美性。

现代西方哲学曾经的完美，在他们自己内部兴起的美国文化面前已经不再完美了，中国在现代化转型初期所获得的马克思提供的完美哲学工具，在今天已经进入现代文明的当代中国社会文化的丰富多彩中，也早就不再完美了。

柏拉图的绝对理念的基础功能一直影响到今天的自然科学家的头脑中，莱布尼茨的单子论则很快就被日新月异的自然科学迅速废除了。康德提出了关于知识构成方式的认识论体系，并没有派生出一个新的本体论结构，但他在其中表达的物自体观念，则为重构新的本体论展现了天才的光芒。黑格尔对康德的拓展，则基本上是在用辩证法逻辑恢复柏拉图的本体论体系，他也因此被打上了唯心论的标签。还有一个青年才俊叔本华，也试图提出一个具有统一逻辑的本体论思想，这就是他的意志对表象的组织化的思想。这个思想具有鲜明的哲学光芒，但其逻辑的混乱却遮蔽了他的光芒，让他在自己的本体论影响力远远低于他对自己的评价中郁郁而终。至于萨特用"虚无"来表达的本体论，则因为其高度感性而最好是归纳到文学思想中去。罗素引发的逻辑实证哲学的本体论思想，将哲学家们的头脑缩入了狭窄的科学观念体系中，用这种逻辑来表达全部精神世界，注定是行不通的。好在有一大批存在主义哲学家在补充它们的短处。

　　在中华文明的传统哲学中，透彻的本体论主要是老庄思想的哲学贡献。老子从混沌中生成的道，又从初始的道生成了万物，是具有可以影响到今天的本体论智慧的。但他简陋的阴阳五行逻辑工具，则遮蔽了这种智慧的光芒。逻辑工具的发展不足，也是中华哲学难以彰显与流传的根本短板。这种本体论思想如果得到合理的逻辑展开，在今天的文化中仍然可以具有明确的影响力。但由于今天的中国哲学对西方哲学与西方逻辑工具全方位的接纳与崇拜，也就不自觉地废弃了这种深刻的本体论思想资源。这种思想的哲学意义并不比柏拉图思想的意义肤浅，在重构新的统一的本体论逻辑的现代努力中，中国哲学仍然可以从这个传统思想中获得有益的感性引导。

　　王阳明的心学虽然表现为认识论的形态，但也必然包含了重要的本体论贡献。他不认为格物可以致知的思想也是深刻的，可能与康德的物自体观念相通。他将天理归为人心之中，既表达了一种新的认识论方向，也表达了对两个世界理解的新的本体论关系。可惜由于官复原职让他的哲学半途而废了。让一个优秀哲学家去当官是一种最大的浪费，尽管当官也可能功勋彪炳。

后来的王船山提出了道器区分的新的方法论观念，但这种新逻辑由于缺乏对当代文化的明确安置而无法展现其光芒，也就只能在后来的中华文化的重振中作为一种历史性资源了。

在欧洲的近代哲学中康德的物自体概念具有开创性的意义。物自体概念的核心意义在于，它表明了人类两个环境之间秩序的绝对差异，它表明了这个绝对差异是不可沟通的与不可调和的。这个思想在柏拉图以后的欧洲哲学中一直是模糊的，但在老庄哲学中则还要清晰一些。所谓的"道不可名"，就具有这类含义。老庄的"道"具有物自体的自在秩序的含义。

人类的能力只能得到对自己精神世界的清晰与完美理解，尽管这也很困难。这种理解的成果就是完美的逻辑结构及其衍生的知识体系。这种完美理解可以实现人类在物质环境中的生存需求，但永远也无法达到对物质环境的完全理解。

人类只能通过极其有限的感官信息构成的表象来理解外在环境，这种一孔之窥的局限性，在外在环境的无限存在形态面前，就决定了人类精神环境与物质环境的绝对差异。

柏拉图以后的欧洲哲学，逐渐形成了精神世界可以完全表达物质环境秩序的观念。但康德却明确地否定了他们。这种否定由于缺乏相应的逻辑表达工具而理性程度不高，康德的这个思想也就因此而常常被后来的哲学所忽略。但康德为我们提供的外在环境秩序无限超越精神环境秩序的思想，除了开辟了一个新的哲学结构空间外，也为自然科学的多元化发展开辟了广阔的前景。

相对于人类的精神环境秩序，人类的物质环境秩序几乎是无限的，包括自然环境秩序的无限与社会环境环境秩序的无限。处于这种无限的外在环境中的精神环境，则是极其有限的。与此对应，人类在几乎无限的物质环境中的生存需求也是极其有限的。只要这种极其有限的生存需求与精神环境秩序的极其有限能够相匹配，人类就可以正常生存。这种匹配是通过人类行为方式中的实践循环实现的。这种匹配的程度表达了人类生存的合理性。

人类的精神环境秩序表达了人类对生存环境的全部需求，但又远远超越了这种需求。这种表达由感官信息构成的经验观念秩序来实现，这种超越由精神环境中的超验观念秩序来提供。人类对环境的全部生存需求可以包容在经验观念秩序之中。精神环境中广泛存在的超验观念秩序，则可以表达人类需求以外的外在环境秩序的存在可能性空间。这也表达了人类的生存行为超越经验观念的可能性空间。

这种特殊的两个环境间的秩序关系，是至今为止的哲学中都没有能够很好理解与表达的。人类的传统文化中可能具备这种理解，但也只能在感性化的传统艺术与传统神话中得到表达。

在今天的全部哲学体系中，几乎都或明或暗地将人类精神环境的秩序内涵等同于经验内涵，又将经验内涵等同于人类的环境需求与行为可能性。这种狭隘的对应关系严重地束缚了哲学的功能，使得哲学失去了对精神世界全方位的理解与表达。实际上，这也是现代自然科学文化对哲学文化的束缚。

人类的精神环境远远局限于人类的外在物质环境。但在这种极其局限的精神环境中，又表达了远远超越了人类对外在环境需求的内涵。这种超越也表明，人类在外在环境中的行为可能性，只能局限于人类精神环境中所表达的秩序空间中，尽管这个秩序空间要大于人类在外在环境中的行为可能性空间。

物质环境的秩序内涵远远超越了人类精神环境的秩序内涵。宇宙的维度远远大于人类理解宇宙模式的维度。但人类精神环境中大量的合理秩序与合理价值，在人类的物质生存行为中仍然是无法实现的。

例如各种虚幻而无法实现的神话故事，仍然是合理的价值观念表达。就是刚开始能够听懂故事的幼儿，都会理解故事的内涵是不能完全实现的，但他们都会接受虚幻故事的内容而并不会感到怪异。

例如数学逻辑中常常表达了相对行为可能性的无限秩序，但这些秩序内涵则是无法在行为中实现的。直线可以无限延长，但人类行为没有无限。有理数可以无限细分，但人类的计量活动没有无限。逻辑推理甚至可以证明兔子追不上乌龟，而现实中则是绝不可能的。

例如，全部逻辑方法都是人类理解与表达精神环境秩序的超验观念。逻辑中的合理秩序，很多都无法在人类的外在行为中实现。这就是逻辑结构中的超验秩序。罗素用摹状词来表达这种秩序的语言形态，现代数学用荒谬解来表达方程组描述的超验秩序。用初始条件与边界条件来约束方程组的解空间，就是通过压缩超验空间来提高逻辑结果的行为可能性。逻辑结构中表达的秩序，虽然高度局限于人类的精神环境，但却可以远远超越人类外在行为的可能性。

人类依据超越了物质环境行为可能性空间的精神环境秩序，创造出了人类生存其中的社会环境，也就是创造出了具有超越人类社会行为可能性空间的物质环境秩序。人类的社会秩序中永远蕴含了社会行为无法抵达的空间。法律条文中常常包含了人类永远不会出现的行为，这种行为只存在于法学逻辑中。而法律仅仅是人类对合理社会秩序理解的非常局限的行为规范空间表达。

在人类生存环境中的四个秩序层次中，每一个更高层次的秩序都以低层次的秩序为基础依据，并在自己的层次中形成了更为复杂的秩序形态的同时，也构成了远远低于基础层次的自由度空间。在四个秩序层次中每升高一个层次，就增加了一个复杂性台阶，但也缩小了一个自由度的领域。这就是从物理环境开始，通过生命环境与精神环境到社会环境，为人类提供的不同秩序层次台阶与不同秩序自由度空间。

反过来，在人类生存环境中每降低一个存在的层次，其中的秩序内涵就会降低一个层次台阶，而秩序的自由度就会增加一个空间领域。人类的社会环境的秩序内涵具有最高与最复杂的层次，人类精神环境的秩序内涵次之，生命环境的秩序内涵比精神环境秩序内涵更低更简单，无生命的物理环境秩序则具有最简单最低层次的秩序内涵。社会环境秩序的自由度最低，精神环境的自由度就提高了一个层次，生命环境秩序的自由度则更高，物理环境秩序具有最高的自由度。

第十二章　审美欲望的实现条件与娱乐代偿

50. 审美欲望的实现方式与满足条件

人类依据生命本能实现在环境中的生存。人类依据本能形成的欲望驱动生存行为。人类在两个生存环境中具有两种生存行为，也具有两种生存欲望，这就是精神欲望与物质欲望。进入文明以后，人类在精神环境中的行为就逐渐成为物质环境行为的依据了。

欲望来自生命活动的积累。欲望通过生存行为实现满足并被消解。在生命活动中生存的人类，欲望不断被积累，又不断被行为满足与消解，这就构成了人类生存的基本状态。

欲望在环境中的展开形成了精神环境中表达的环境需求，这就是观念中蕴含的价值。价值是人类生存行为的具体动因。人类对精神价值的直接追求形成了意识活动，人类对物质价值的直接追求形成了社会活动。

意识活动具有两种不同的环境功能。认识活动构建精神环境秩序，形成观念空间中的观念结构。认识活动是精神环境存在的自组织过程。价值活动构建人类的行为动机，驱动具体的环境行为方式。认识活动是价值活动的基础，提供了价值活动的环境条件。价值活动在驱动外在行为的同时，也在驱动内在行为，也构成了认识活动动因。认识活动的动机主要由审美价值构成。

审美欲望直接驱动认识活动，也间接驱动价值活动。审美欲望通过对价值活动的驱动，既间接驱动了外在的社会活动，也间接驱动了内在的认识活动。审美欲望的最终解决与实现，必然汇集于认识活动之中。审美欲望在人类神经生命活动中被积累，审美与其通过认识活动的实现得到满足与消解。

人类精神本能形成的欲望都是审美欲望。审美欲望构成了全部意识活动的基本内在动因。审美欲望在复杂多样的观念空间结构中的具体实现方式，表达了对不同精神环境的审美需求，表达了不同的审美价值。

审美欲望对审美价值的直接追求驱动了认识活动，也在认识活动中实现满足。认识活动的结果发现与构建了新的观念要素，也实现了审美欲望或审美价值追求的满足。

审美欲望可以间接驱动价值活动，也会在价值活动的观念秩序维护中得到间接满足。人类对审美价值的追求，形成了在两个环境中统一的生存行为。这就是实践循环的本能依据。

欲望的积累形成欲望的强化。欲望的满足形成欲望的消解。审美欲望的积累与审美价值实现的不足，形成了审美欲望的强化。也形成了审美追求的饥渴。审美价值的过度满足与消解，形成了审美欲望的弱化缺失，也形成了审美追求的无聊。

欲望的满足形成特定的快感。对欲望的追求就是对欲望满足快感的追求。人类精神欲望或审美欲望的满足形成精神愉悦或审美快感。人类对精神欲望的追求就是实现精神愉悦与审美快感，就是消解审美饥渴与精神焦虑。

每一个具体的认识活动，都是对一个具体审美价值的追求。这种追求实现认识的自组织过程，也获得审美快感与精神愉悦，并弱化或消弭了审美欲望积累的审美饥渴。

认识活动的感性本质促生了感性化为主体的观念结构，也形成了全部艺术成果。人类全部艺术活动的成果，都是认识活动追求审美价值满足与审美快感的结果。

人类全部理性化观念结构的构建与逻辑工具的构成，也是对生命价值追求的成果。认识活动对理性观念结构的构建，仍然来自审美欲望的驱动。人类全部逻辑化的知识观念的构建活动，甚至全部逻辑工具的构建活动，也都来自对特定审美价值的追求。无论艺术创作还是科学发现，都是认识活动实现审美价值的不同方式。也都是对审美快感的追求方式。科学家与哲学家的思想构建与理论发现，艺术家的艺术演绎与艺术创作，都是追求审美快感的社会文化活动。其中也蕴含了对其他社会价值的追求。

人类的物质需求由物质欲望在物质环境中的展开而形成，也就是满足需求的行为结果在精神环境中的经验观念化。食欲性欲的经验观念化形成了精神环境中的饮食需求价值与性需求价值，群体依恋欲望的经验观念化形成了爱与被爱的需求群体依恋情感价值。自我实现欲望与权力欲望的经验观念化形成了自我实现需求与权力价值。

人类的审美欲望在精神环境中的展开，形成了精神需求与精神价值。这就是意识活动的行为结果在精神环境中的内在经验观念化，也就是超验观念化。观念结构的复杂性与多样性，形成了精神需求与精神价值的复杂性与多样性。这就是哲学对此难以理解与分析的重要原因。在不同层次的观念结构中蕴含了意识活动不同层次的超验感受，也表达了不同层次的审美价值与不同层次的好奇心。

审美欲望的具体内涵与直接功能，决定了人类精神环境的结构形态与认识活动的特殊方式，这就是由生命秩序提供的审美禀赋或审美天赋。它们决定了审美活动的具体方式与具体目标追求。审美欲望的直接功能形成了人类的精神环境。审美欲望的间接功能则引导与制约了人类的全部生存行为方式，也形成了人类和谐一致的人格特征与完整的人格结构。审美欲望是人类道德追求的本能依据，也是人类道德精神的内在动因。

认识活动的过程是对特定无序观念集合的审视，审视的结果是形成自组织突变，也就是实现对观念空间秩序的构建。认识活动要形成自组织结果，也有一定的条件。

形成了结果的认识活动才会实现审美欲望的满足，才会有精神愉悦与审美快感。没有结果的认识审视过程不会满足审美欲望。

认识活动的审美满足与精神愉悦来自认识活动的自组织过程，而不是来认识审视集合的形成与审视，也不是来自认识成果的内在表达。一旦自组织突变完成，一旦新观念要素形成，审美感受也就完成，精神愉悦也就消失。

对已经构成的审美结果或认识成果的继续审视与欣赏，如果没有新的秩序发现，就不会有审美愉悦，如果还有审美愉悦，一定是形成了新的审美发现与秩序构建。

没有新的秩序构建成果的认识审视，没有新的审美发现的艺术欣赏，并不会形成审美愉悦，只能形成审美无聊与审美疲劳。

人类的认识活动，是一种没有必然确定结果的自组织过程，也就是绝对的随机过程。认识活动在特定的意识审视空间中，在被审视的观念要素间的联系提供的自组织可能性空间中，追求对新秩序的构建与表达。在这个过程中构成新秩序的可能性，由准备环节形成的审视集合的形态决定。认识审视集合的形态决定了认识成果形成的概率。

在大多数认识活动的准备环节中，常常受到对既定观念结构秩序目标追求的拉动，这就是面对既有观念结构的缺陷提出了问题，或者形成了认识构建的秩序目标方向。这种问题与方向，并不会确定认识活动的具体成果，只能确定认识活动对既定观念结构的秩序改善形态。

这种具有确定秩序目标的认识活动，在认识目标与认识审视集合或认识问题的形态相一致时，就会强化认识成果发现的概率。在认识目标与认识审视集合或认识问题的形态相背离时，就会弱化认识成果发现的概率。

人类认识活动成果的实现条件，就在于审视集合要素间发生自组织过程的可能性条件与意识活动激发这个自组织过程的能力的匹配。审视集合的无序化程度表达了认识活动的难度，意识活动能力激发自组织过程的能力表达了克服认识难度的意识能力。只有这两种状态间的关系相匹配时，认识活动才能进入最佳状态。

　　所谓认识活动的最佳状态，就是认识条件具有的自组织难度与意识活动能力的自组织激发能力相匹配。当难度高于能力，认识结果的形成很困难，认识活动常常陷入难以实现审美价值的困境。当难度低于能力，认识结果的形成过于容易，审美欲望在没有积累适当的强度中得到轻易满足，认识的过程中缺乏审美愉悦的张力，也会让认识活动缺乏审美快感的强度。缺乏快感的认识发现也就缺乏对生命欲望的满足。

　　当认识活动所审视的观念集合的无序程度太高，或者在其中发现或构建出一个新的目标秩序的难度，超过了认识构建的自组织能力，认识活动发现新秩序与形成新观念就会很困难，在个体的意识活动中实现特定审美目标的概率就会很低。认识主体就会由于审美欲望追求的不能实现，而感受到意识的困顿与焦虑。这就是审美欲望不能满足的困顿与焦虑。

　　反之，当认识活动所审视的观念集合中有序化程度太高，或者在其中构建出一个新的目标秩序过于容易，个体意识活动中审美目标实现的概率就会很高，审美欲望的满足就会很容易。容易实现审美欲望的认识活动过程，形成了审美欲望的弱化与消解，认识主体也会因为审美欲望的实现过程缺乏内在需求的张力而感到无聊，也会感到审美欲望满足的淡漠与无趣。

　　这种情况的出现，常常就是在认识的审视对象中已经蕴含了大量曾经的认识成果，在这些既有的认识成果之间，要重构新的秩序结构的可能性空间已经不多了，已经没有太多的发现新秩序的可能性空间了。对既有秩序的重复构建，这就会降低审美欲望实现的快感，就会在无张力的秩序发现中感到无聊。这时，人类审美欲望的实现也会受到阻碍与困扰，也会感到审美活动的无趣与精神活动的无聊。

在认识活动中要获得充足而又顺畅的精神愉悦与审美满足，就要实现审视集合中的无序程度与认识主体相应的认识能力的匹配，以使得个体审美欲望得到充分的积累与充分的释放，个体就会感受到适度的审美饥渴与相应的审美满足。偏离了这种认识活动状态，个体的审美欲望要么得不到适度积累，要么得不到适度释放。

人类的全部愉悦状态，就在各种欲望的适度积累与适度释放中。人生的幸福也就在这种状态之中。任何偏离了这种状态的欲望积累与欲望释放状态，都不会让人感受到愉悦与幸福。精神欲望的满足如此，物质欲望的满足也如此。

要经常保持意识活动的顺畅与精神愉悦的状态，就必须使自己在时时发生的不同层次的认识活动中，保持认识审视的无序集合处于与自己认识能力相匹配的状态中。这就会使认识活动既有一定的难度形成审美张力，也不会因为过分困难而形成认识失败的焦虑，既有问题与能力的匹配形成的认识活动成功的高概率，也不会因为问题太容易而轻易成功而弱化甚至消弭审美欲望。

这种合理的认识活动状态，可以通过控制意识活动状态与调整认识目标的关注内容，使它们相匹配而达到。例如，读自己太不了解但通过努力又可以读懂的书，让读书不会过于艰涩和过于容易。学自己缺乏的知识但又具有一定知识基础的课程，让学习不会过于艰难和过于简单。欣赏自己不熟悉但又有基本修养的艺术演绎，让欣赏充满好奇但又不会不理解。如果读的书完全没有基本概念，学的课程完全没有基本知识，欣赏的艺术品完全不能了解，就会让审美发现因难以实现而困顿。如果读轻易就懂的书籍，学已经了解的知识，欣赏已经熟悉的艺术品，就会因为继续沉浸在既有的认识发现中而没有新的审美快感而感到无聊。

过度追求认识活动的新挑战与新创建，就容易进入审美发现的困境中，虽然有可能偶然得到强烈的审美愉悦，但也常常会感到更多的困顿与焦虑。过度沉浸在既有的审美形式中，虽然会获得认识与审美的轻松与惬意，但仍然会因为新的审美发现结果的不足，审美欲望得不到足够的满足张力，就常常会陷入审美无聊与审美疲劳中。

　　人类精神环境的秩序内涵提供了远远超越人类行为方式可能性的秩序空间。这种超越就为人类行为方式提供了足够的选择空间。人类在精神环境提供的行为选择空间中，实现对有限可能中的行为选择，追求某些行为，放弃某些行为，就构成了人类的自由意志状态。所谓意志，就是人类在精神环境提供的行为可能性空间中的行为选择能力，就是在这种选择中保持特定价值目标的能力。所谓意志自由，就是人类在行为选择空间中的选择自由度。人类的自由意志，为人类提供了选择认识目标与调整意识活动状态的可能性空间，也就提供了控制认识活动的合理性的可能性。

　　人类文明的发展，不断拓展了精神环境中提供的行为选择空间，也同时不断拓展了物质环境中的行为方式空间。前者对后者的超越，形成人类意志自由的拓展，也形成了对意识活动控制能力的增强。

　　这种拓展的过程，由人类社会文化的不断丰富与精细的演化进程实现，也由人类社会秩序不断复杂化与合理化的演化进程来实现。所谓合理与优越的社会环境，就是为生存其中的社会成员，提供了充分自由的行为选择空间的文化环境与社会秩序环境。

　　现代社会的合理性与先进性，就体现在为社会成员提供了足够广泛的行为选择空间，就是社会成员具有了较高的社会行为自由度。这是传统社会所不具备的，至少是对大多数社会成员所不具备的。

　　这个选择空间的拓展，并不是通过消解社会秩序的强度来实现的，而是在不断强化社会秩序的进程中，通过更为丰富的社会文化，塑造社会成员更为丰富的精神环境，以形成他们在高度有序的社会环境中，仍然具有丰富的行为选择空间。在传统社会中，虽然社会秩序比较简陋，但社会成员的精神环境更为简陋。他们因此而仍然会缺乏自由意志的空间。

人类的生存行为依据就在精神环境中。人类增加行为自由的方式就是拓展精神环境秩序的空间。教育活动就是拓展社会成员精神环境秩序的社会文化活动。合理的教育改变社会成员的行为方式与行为空间，教育改变人生。

社会成员的精神环境秩序越丰富越宽泛，他们在社会环境中的行为选择空间也就越丰富越宽泛。反之亦然。那些常常感到社会环境不合理而走投无路的人，常常是精神简陋的人，那些因此而违抗社会秩序违法犯罪的人，也常常是精神环境简陋或理性知识不足的人。但他们的不能自知而将这种状态的原因归为社会环境。

不同的社会成员在相同的社会环境中，会形成不同的行为自由感受，就是因为他们不同的精神环境为他们提供了不同的行为选择空间。精神世界丰富人，遇到困难总是处于天无绝人之路的状态中。精神世界狭隘的人，遇到困难就常常会觉得大家都在和自己作对。

具有强大意识活动能力的人，可以实现对自己行为选择空间的有效控制。为了使自己处于具有较高行为自由度的状态中，就要有效地控制精神环境提供的行为选择空间与社会环境中的行为能力相匹配。这种匹配就是使自己的价值追求与自己的价值选择能力向匹配。

具有控制自己意识活动状态能力的人，可以调节认识活动中审视的无序尺度，可以调节价值活动中价值选择的范围。这就可以保证在任何社会环境条件下，意识活动处于被有效主导的状态中。这种能力就是保持自由意志的能力。

在意识活动中如果过度追求严谨与有序，就使意识活动常常处于紧张而顺畅的状态中。过于紧张形成的顺畅，看似是一种理想状态，实际上却会因为审美发现的强度不足或认识活动的张力不足，而形成精神状态的呆板和无趣。任何经常处于完整严谨的意识活动中的人，都会不自觉地有意打破这种状态，以便获得短时间的更为宽松的意识自由度，以此补偿审美张力的不足。这就是他们常常会追求怪诞或异常行为刺激的原因。他们下班后愿意去饮酒放纵，他们假期愿意到陌生环境中去历险，就是如此。

51. 娱乐活动是获得审美愉悦的人工代偿方法

欲望是人类生存行为的基本动因。物质欲望驱动社会环境中的人类生存行为，精神欲望驱动精神环境中的人类意识活动。人类依据精神环境秩序实现自己的全部生存行为。欲望在精神环境中的存在形态就是价值。价值是人类全部生存行为的精神依据。精神价值是意识活动的依据，社会价值是社会行为的依据。

人类的生存目标就是欲望的实现。人类的行为目标就是价值的追求。欲望的实现就会获得欲望满足的快感。人类对快感的追求，就是全部生存行为的直接原因。充沛的快感构成了幸福的基本条件，快感的缺失形成了生活的痛苦。欲望就是价值的集合与抽象。价值就是欲望的展开与具象。欲望的满足展开在不同价值的实现中。同类不同价值的实现，都可以满足相同的欲望。价值目标的实现具有欲望满足的代偿功能。

人类建立的文明，就是追求从容舒适的生存方式的成果，就是追求更有效地适应与利用生存环境的成果。文明演化的进步就是人类生存方式的改进。这种改进通过两个方面来实现。一方面是不断丰富人类利用自然环境的方法，不断改善人类自然资源的匮乏状态，由缺衣少食到丰衣足食。另一方面是不断用人工方法构建人类社会化的生存环境，拓展人类生存行为的新空间。

这两个方面的活动常常是统合为一体的。例如，用人类的活动来控制作物与牲畜的自然生命状态，形成农耕畜牧经济活动方式，就从狩猎采集文明通过养殖栽培文明进入了农耕畜文明。例如用新兴的行为方式与社会自组织活动，来获取自然资源并改变自然资源的状态与功能，就创造了工业贸易文明，就在更高水平中满足了人类在自然环境中的生存需求，这种满足是通过构成复杂的社会环境来实现的。

人类文明的进化就是社会秩序的复杂化与有序化。有序的社会环境将社会成员高度自组织起来，也深刻塑造与限制了他们的行为空间。这才构成了人类的现代文明。秩序就是对自由的限制。

这种文明演化进程中形成的环境秩序的不断强化，也就不断压缩了社会成员的行为自由空间。但人类文明又通过对社会行为环境的拓展，开辟了新的行为空间。这就抵偿了社会有序化对人类行为空间的限制。当社会环境秩序的拓展超越了社会秩序对社会成员行为空间的限制，这种抵偿就充分，人类就会感到增加了行为自由。反之，人类就会感到减少了行为自由。不断增加行为自由空间的社会秩序才是合理的文明。

不同的社会成员生活在不同的社会秩序环境中，他们就会对社会自由具有不同的感受。但自由感受的依据，都在社会秩序的拓展对社会秩序的约束与限制的抵偿均衡中。

现代社会经济活动的高速有序化，将社会成员的生存方式迅速组织起来，也迅速压缩了他们在传统经济活动中的自由空间。自由自在的农庄变成了严格纪律的工厂。轻松放荡的起居与劳作，变成了必须准时进入规范的操作。工业化迅速限制了人类的社会行为空间，也迅速限制了人类的意识活动空间。

为了抵偿这种限制带来的痛苦，工业文明也就在不断改善社会成员的生活便利中增加了他们社会行为的选择空间，还在不断丰富他们的文化活动中拓展他们意识活动的审美空间。由社会环境提供的生活条件构成了现代社会福利。由社会环境提供的审美条件构成了现代社会娱乐。

人类通过意识活动中的认识活动来满足自己的审美欲望与获得审美快

感。但通过真实的认识活动实现审美愉悦的条件，又常常是比较苛刻的，对于一般社会成员来说，现实意识活动中的认识发现并不是时时可以实现的，这就使得处于日益高度组织化的社会结构中的社会成员，会经常处于审美快感不足与审美饥渴的状态中。这就是现代社会中人类精神焦虑的主要原因。这种广义审美欲望满足缺失形成的精神痛苦，与人类在物质环境中由于食物的缺失形成的饥荒痛苦相类似。

现代文化活动提供的审美空间丰富多彩，但现代社会生活则常常简单贫乏，这就产生了现代社会成员明确的审美缺失。所谓娱乐活动，就是人工虚构的审美活动方式，以方便廉价地满足社会成员的审美欲望，以补偿单调的现代社会中人们的正常审美实现的缺失。娱乐提供的审美满足，不是对真实生存环境秩序的审美构建，而是对虚拟环境秩序的审美构建。

娱乐活动通过人工构建虚拟审美对象的方法，形成了方便快捷地满足审美欲望与获得审美快感的社会活动方式。这种方式的便捷与简单，也就可以大规模地直接满足社会大众对审美愉悦的广泛需求，并因此而缓解日益复杂化的现代社会秩序对社会成员带来的审美困境与精神活动自由空间的不足。娱乐活动的商业化形成了新兴的消费产业，也促进了经济的活力。

例如现代电子游戏可以提供各种新奇玄妙的秩序构建环境与价值实现方式，但它们并非真实的社会环境，其结果也不是真实的社会生活方式。例如现代影视可以提供虚拟的环境感受和深刻的审美满足，但出了电影院一切就消散了。例如激烈的体育比赛可以提供虚拟的人类群体化的准暴力对抗，以满足自古以来人类的暴力对抗嗜好，但这种对抗不是真实的社会权力竞争，激烈对抗的双方仍然可以是好友。但激烈的体育对抗激起的暴力情绪，也常常会延伸到真实的社会环境中去，球迷常常会真的打起来。

全部娱乐活动的真实性，只能在它们的具体社会活动方式中，只能在它们的产业化形成的经济秩序与经济效益中。而它们提供的精神愉悦与审美满足，则都是虚拟的，都不是人类真实生存中的审美。

如果娱乐活动中能够蕴含一些真实的伦理与公共价值，它们就具有了教育与教化功能。如果教育文化活动中蕴含了虚拟的娱乐，它们就具有了娱乐的功能，并因此而改善教育活动中的审美条件。寓教于乐与娱乐有教，都是人类文化活动的复杂形态。

进入工业贸易文明以后，人类的物质条件得到了极大的改善，但精神活动的条件则由于社会结构的同质化与社会活动的高度组织化，反而变得日益局限而困难了。阳光白云海滩飞鸟，绿树红花莽山大江，这种曾经普通的审美环境已经不易获得了。就是各种曾经并不困难的社会艺术活动，诗歌戏剧歌舞杂耍所提供的街头表演与民间聚会，也由于城市化商业化与工业化而精致起来与稀缺起来。文化活动的高度商业化，带来了观念交流与公共审美的高度同质化的同时，又将本来便利的活动中加入了商业成本。剧院里的戏剧倒是比露天的戏场精美得多，但也昂贵得多。

工业化的工作方式，将劳动者的劳动高度机械化与程序化。程序化的活动方式就是完全没有创意的方式，就是没有审美快感与非人性化的工作方式。处于工业化环境中的社会成员，要通过自己独特的认识活动来实现审美欲望的满足，也就变成了十分艰难的事情。

在曾经落后的农耕文明中，人类物质追求的劳作与精神追求的审美常常可以兼顾。而工业社会中机械规范的工作方式，则会形成强烈的审美饥渴。大多数现代社会成员，都生活在既定而精致的社会经济秩序与社会文化结构中，他们在这种复杂而规范的多层次既定秩序的环境中，要不断通过对环境秩序的新发现与新构建来满足自己的审美欲望，就会十分困难。如果社会成员不能在这种精致的现代生活中常常发现无序与常常构建新秩序，精致的生活也常常是无聊的生活。现代社会的生活方式本身，就是社会成员审美饥渴的原因。他们充沛的审美生命本能，常常没有发散的途径。

解决这个困难，缓解他们焦虑，为现代社会成员提供审美欲望实现的方便代偿方式，就是现代娱乐活动兴起的社会原因。

人类文明的发展，不断缓解了人类自然资源的匮乏状但却因为在追求社会结构的日益复杂化的过程中，不断构建出更加复杂的公共观念体系。由此而形成的社会文化结构与文化环境的复杂化，也就会通过深刻地塑造社会成员观念结构的文化活动，例如日益复杂与繁重的社会教育活动，日益复杂与细腻的艺术活动，影响与塑造社会成员的观念结构与意识活动方式。这种文化环境，就会使得他们的精神环境秩序与观念结构获得了极大的拓展。但这种文化环境又无法同时赋予社会成员相应的认识能力。现代教育活动与现代艺术活动的追求高效与功利和追求简单与娱乐，都不会注重塑造社会成员的认识能力。

这种文化活动方式，就常常使得人们在更广泛的审美空间中实现审美需求的意识活动能力日益弱化，使得在他们被拓展了的审美价值空间中，审美欲望的满足与审美快感的出现反而更加困难。这就需要社会化的娱乐活动来进行补偿。

在现代社会中只有少数具有强大认识能力的个体，才能理智地掌控自己观念空间的拓展方式与意识活动的深化方式之间的协调，才可以生活在无需大量娱乐活动的状态中。但他们也会需要有节制的娱乐活动来调剂与丰富自己的审美方式，以获得意识活动的结构改善与精神休息。例如科学家用熟悉的艺术活动来调剂与休息，艺术家用走进大自然的新鲜感受来调剂和休息。这种具有较完备的精神环境与意识活动能力的人，在现代社会中反而是稀少的。

在社会现代化进程中经常可以看到这样的例子，迅速富裕起来的社会生存环境，并不会明显地缓解社会成员的精神困顿，有时还会增加他们的精神困顿。在今天物质资源迅速富裕起来的中国人中，在精神环境中的行为困难不是减低了而是增加了，心理的焦虑不是弱化而是加重了。但大家焦虑的内容中则更为轻浮了。这就是源自物质条件的迅速改善，形成了观念空间的拓展速度高于认识审美能力的拓展速度的结果。

为了缓解迅速现代化进程中日益丰富的物质环境与日益困顿的精神环

境的剧烈冲突，也就需要就不断创造出更丰富的人工虚拟审美环境，来模拟精神环境中便捷简单的认识活动条件，来为普罗大众提供与他们审美能力相匹配的精神快感获取方式。现代娱乐活动由此而得到了迅速发展。

特别是对那些认识能力严重落后于文化环境的社会成员，例如突然进入城市环境中而仅仅具备简单认知能力的农民工，在突然被拓展的观念空间中要实现有效的审美满足，就只能依靠廉价简单的娱乐活动。

中国今天迅速扩张的高等教育的成果，仅仅是对观念简单的青少年们实现了一些知识训练，而对他们的认识审美能力则基本上没有太多改善。便捷高效的高等教育无暇顾及对学生的人格塑造与审美能力塑造，这也就为中国社会提供了大量娱乐消费的生力军。仅有就业知识而精神空虚的年轻大学生们，常常就是在电子游戏与影视追星娱乐中大把花钱的消费主体。

用商业化的方式来引导与刺激社会娱乐活动的发展，以形成新的经济活力与缓解社会成员的精神困境，也是社会权力体与社会管理者在维护社会秩序的活动中的必要选择。

娱乐活动虽然也属于社会文化活动的范畴，但这种虚拟化的文化活动并不会形成具有人类真实生存意义的公共观念塑造，只能将社会成员的公共观念结构进一步地虚拟化。如果这种虚拟化的公共观念与社会主流伦理能够相吻合，也就形成了具有正面价值与积极意义的娱乐活动，反之则会形成负面价值与消极意义的娱乐活动。由此，在娱乐文化与教育训练文化中成长起来的社会成员，也就常常生活在并不真实的公共观念空间中，它们常常对社会环境缺乏真实的理解。这种真实的理解只能来自真实的社会文化中。

高度商业化的娱乐性文化活动的成果，既可以形成与社会主流秩序相一致的观念塑造，也可以形成与社会主流秩序相冲突的观念塑造。前者就是具有正面意义或者正能量的娱乐，后者则是具有负面意义或者负能量的娱乐。正是因为他们的活动方式主要受到急功近利的商业目标的牵引，而不会顾及社会文化活动的根本追求，才使得具有负面意义的娱乐活动常常更加兴旺，因为这种娱乐常常更为简单与刺激，也因为与主流公共观念相背离的亚文化，反而可以激起在僵化死板的主流文化中沉浸多年而十分厌烦又不谙世事的年轻人的强烈兴趣。对抗主流公共价值的娱乐文化就刚好是他们在严格的工业化环境中得不到释放的反叛情绪的宣泄口。今天网络文化中漂浮的大量偏激情绪，无论是正面的还是负面的，都是这种宣泄的结果。它们常常没有真实的文化意义，但却容易形成偏激的公共化情绪。

娱乐活动也可能提供一些对真实社会微观结构的认识发现，他们也可以为社会文化活动提供有效的微观能量。这就是合理的娱乐活动具有社会文化价值的原因，也是在文化活动中可以适当加入娱乐要素的依据。但在以商业利益为目标的娱乐产业中，这种活动常常缺乏商业效益。

娱乐活动为社会成员提供的虚拟审美环境，就像化学合成香料可以模仿真实食品的滋味一样，在感官欲望的满足层面是没有太大差异的。但这种感官满足的结果，并不会形成真实的营养摄入。娱乐活动为人们提供了一些可以满足审美欲望的文化活动方式，但这种文化活动的社会价值，仅仅在于满足审美欲望而不会具备对合理公共价值的真实塑造，或者塑造真实社会公共价值的功能很微弱。在合理的文化活动中适当加入一些娱乐元素，就像在食品中可以适当加入化学合成调味料一样，可以改善感官感受以有利于激发食欲与强化营养摄入。将公共观念的传播活动过度娱乐化，就像是依据合成调味剂的鲜美口味来推销缺乏营养的食物。

娱乐活动向消费者提供的审美对象，并非是他们精神环境需要的表达了真实社会环境的观念结构，而是人工构建的虚拟观念结构。这可以为他们提供便捷形成审美快感的虚拟精神环境。为了使这种虚拟的精神环境与娱乐参与者的真实观念空间尽可能地融合，以引导他们真实的意识活动，在各种娱乐技术中就会尽可能地弱化参与者们的虚拟感受，模糊虚拟精神环境与真实社会秩序环境间的差异。这种技术手段就要在娱乐环境中不断深入地模拟真实的社会环境与社会关系。

例如，现代娱乐电影的努力方向，正是在不断表达更加广泛的虚拟审美空间的同时，又不断地保持这种虚拟审美空间的真实性。其中的精神环境真实性，就是深刻地虚拟人类意识活动的方式，也就是深刻地表达虚拟人性。其中的社会环境真实性，就是深刻地表达故事情节的真实性与视听感受的真实性，这就是追求画面与声音的精致完美和动作情节的生动逼真。不断发展技术手段追求这些目标，就是现代电影的制作成本不断飙升的原因。在成本不断升高的过程中，现代电影的公共观念塑造与引导功能不但没有提高反而在降低。看似现代电影艺术在追求真实的人性，实际上则在追求少数人心目中的虚拟人性。只不过这种虚拟人性被现代电影的娱乐技术实现了华丽包装而具有了巨大的感召力而已。曾经流传的经典电影并没有太多的技术化真实，但却有深刻的社会真实。今天流行的娱乐电影常常具有深刻的感官真实，但却没有社会真实。现代电影与其他现代文化活动一样，也在逐渐深入地娱乐化。因为表达真实社会环境的公共观念更为困难，也因为电影人本来就在追求别的东西。

电子游戏是依据现代电子技术形成的可与参与者行为互动的娱乐形式。参与者可以在高度逼真的虚拟环境中进行自己的行为选择与行为实现，也可以获得现实环境中无法满足的自我实现快感与审美快感，还可以获得现实生活中无法实现的其他社会价值的虚拟满足。这就为一些生活简单和审美饥渴的社会成员，提供了一个方便廉价的满足精神欲望的捷径。现代电子游戏常常是生活无聊者的精神盛宴。

电子游戏的普及目标，就将其打造成简单与直接的欲望实现方式，也就是用直接的感官刺激来激发参与者的简单快感，这就决定了电子游戏只能处于低层次的文化形态中。色情与暴力常常是电子游戏的主要内涵，对于有些文化修养的游戏参与者，则需要具有一定文化内涵与智力展现的色情与暴力。某些处于高层次文化环境中的社会成员，也会偶然需要用这种完全虚假的审美活动，来破除他们过度严谨的审美活动中的审美疲劳。科学家可能也会在极度疲劳时去喝杯酒打打游戏机。

人类欲望的满足具有高度的代偿性。当个体深度沉浸于某种欲望的满足与追求中，就会弱化对其他欲望的需求。当个体将某种具有高度代偿性的欲望满足方式作为自己的主要欲望实现形式时，他们就进入了成瘾状态。例如精神药品的成瘾就已经遍及西方社会了。今天中国青少年的网瘾就是网络娱乐的成瘾。这将是今天中国完善的基础教育塑造出来的精神畸形青年难以摆脱的梦魇。

进入这种状态的个体就是形成了对虚拟观念空间环境的迷恋状态，他们真实的价值结构则常常被遮蔽起来，他们也就会失去真实的人格特征。他们的社会行为方式的异化与扭曲就是游戏上瘾的危害。在传统的娱乐活动中也会有这种危害状态，只不过由于这种危害并不普遍而常常被归为个体的精神病态而已。例如传统社会中的戏迷与戏痴。

破除网瘾的有效方式就是重新拓展网瘾者的真实观念空间。但这并不容易，就是现代心理医生也没有确定的办法。各种不合理甚至非法的办法就会应运而生。

娱乐活动就是通过将参与者引入虚拟社会环境空间与虚拟公共观念空间来实现他们的审美追求。参与者们仍然需要具有一定的审美意识活动能力。为了适应观念结构简单的参与者，娱乐活动也就会尽量模拟简单的感官刺激，以弱化他们对特定审美能力的依赖。这就形成了主要模拟奇特社会行为来营造感官刺激的娱乐技巧。适应低层次文化结构人群的动作游戏与感官刺激游戏，也就因为商业市场巨大而层出不穷了。

人类还会通过追求某些具有虚拟价值的社会行为来实现社会欲望与精神欲望的满足。其中主要是广义权力欲望或自我实现欲望和广义的精神愉悦。这种行为方式并非娱乐，但仍然是在追求虚拟化的欲望满足。这种社会活动也会具有娱乐功能。

这种行为方式分为两种，一种是利用自己的经济财富来消费奢侈品，通过这种消费间接得到独特的自我实现满足和愉悦。在奢侈品的消费价值中，主要是追求特殊自我实现欲望或特殊社会身份表达的价值。这种价值远远超越了奢侈品的消费功能价值。豪车的主要价值是表达身份而不是代步，名牌手袋的主要价值是表达身份而不是协物。

另一种方式就是通过摄入具有干预精神活动功能的特殊食物与药物，来干预神经系统的生命活动状态，以获得在现实社会生活中稀缺的生理性的精神愉悦。这就是现代社会中烟酒消费长盛不衰的原因，也是吸毒活动久禁不止的原因。

所谓吸毒，就是利用特殊药物的功能来获得虚拟的精神愉悦。这种方式比通过意识活动的审美过程，要简单得多和方便得多，甚至也会深刻得多。甚至比参与娱乐活动也更简单与更直接。

所谓毒品，就是能够形成精神快感的生理干预药物。这种药物的滥用，就会部分替代与扰乱人类正常意识活动的审美过程，甚至异化个体的人格结构与社会行为方式，这就是毒品的主要危害性。毒品地下非法流转的巨大商业利益对正常商业秩序的破坏，则是其衍生出其他社会危害的原因。

毒品也是人类发明的实现精神愉悦的代偿方式。人类对毒品的容忍，也来自对其危害与收益的权衡。现代西方社会中对某些毒品解禁的思潮，既来自社会权力面对普罗大众的审美饥渴与精神困顿的逐渐加深的无奈，也来自新的社会文化对这种代偿方式的利弊重新考量与重新权衡。其利弊如何还要拭目。

人类对烟酒的消费就是传统的精神愉悦药物代偿方式。它们的危害已经被人类社会容忍，它们的代偿功能则被人类社会接受与放大，并被融入一般社会文化活动中。这种容忍来自对健康危害与精神愉悦收益的权衡。随着人类对生命质量追求标准的不断提高，随着人类不断获得更为有效的文化活动与娱乐活动方式，对其危害与收益的权衡也就会不断改变。这就是现代文明的发展，不断弱化人们对烟酒消费习惯追求的原因。

毒品对审美愉悦实现的替代与扰动，也会形成对正常审美活动的刺激，甚至可以促生出激烈兴奋的情感状态。艺术创作对这种状态的需求和求之不得，就是某些艺术家也使用毒品来激发灵感的部分原因。

具有丰富文化内涵与强大意识活动能力的人，依赖本身真实的意识活动，就能够实现足够的甚至强烈的审美满足。他们常常通过正常的社会文化活动获得一般的审美快感，他们常常通过追求宏大的文化构建与伦理构建，来追求强烈的审美满足。人类历史上无数的思想家与艺术家，现代社会的著名科学家，就是这种审美追求的成功者。在他们看似安静简单的社会生活状态中，实际上则充满了激烈的精神愉悦与审美幸福。

通过社会文化活动为社会成员的精神世界构建真实的审美环境，这就不是娱乐活动而是教育活动了。正因为在人工构建的精神环境中，虚假观念与真实观念的完全区分并不容易也并不可能，也就决定了教育活动与娱乐活动的广泛交集与密不可分。教育活动中常常可以含有娱乐要素，这就是寓教于乐。娱乐活动中也常常可以蕴含教育要素，这就是高雅娱乐的依据。

为了在娱乐活动中实现人工虚构的审美环境，就常常会借用流行的艺术表达形式。一般的艺术形式主要用于表达真实的观念结构，并以此实现真实的观念交流与真实的公共价值构建。娱乐活动中的艺术形式，则以满足虚拟审美需求以获取审美快感为目标，因而并不具备实现真实公共价值构建的功能。但娱乐活动对真实艺术形式的借用，也会形成对艺术观念的有效交流，也会附带实现一些真实公共观念的传播。这就是在娱乐活动中可能蕴含一些艺术传播功能的依据。但这并非娱乐活动的主要追求，也就不会成为娱乐活动的主要形态。

娱乐活动追求虚构审美快感的低成本实现，常常会随意扭曲与破坏艺术文化的结构与内涵。这会形成对艺术的破坏与异化，也会蕴含艺术形式的演化活力。

所谓艺术中的娱乐，就是为了顺畅表达与方便传播真实公共观念而进行的必要的观念虚拟。这包括了艺术中的虚构，也包括了艺术中的娱乐。前者的目标是追求真实的审美，后者的目标则是追求虚拟的审美。

虚构是各种艺术方法中的基本技术，但这种虚构与娱乐的虚拟具有不同的目标。娱乐虚拟仅仅是为了便捷获取审美快感，艺术虚构则是追求真实公共观念的有效表达。娱乐虚拟与艺术的虚构并没有明确的形式区分，其区分只能表现在对公共观念的表达效果中。

第三篇 ‖ 观念的交流

第十三章　观念的交流与精神环境

52. 观念交流是精神环境形成的外在动因

人类依据精神世界理解与表达对环境的认知，形成在环境中的行为选择，实现在环境中的生存。

人类精神环境的秩序，来自人类精神本能的认识构建。精神环境中的认识活动，是人类精神世界得以形成的自组织过程，是人类精神环境秩序的来源，也是精神环境的演化动因。

人类的群居化生存方式，形成了个体间的观念交流活动，也是人类精神世界形成的外在动因。观念交流活动就是个体精神环境的群体化与公共化的外在动因。

人类的观念交流活动，为个体意识活动提供了超越个体生命存在的更广泛的外在环境，也是人类精神环境的形态能够日益复杂化与如此丰富多彩的根本原因，更是人类所独具的意识活动能力从高等动物的神经器官功能中脱颖而出的根本原因。

由人类认识活动提供的精神环境秩序构建的自组织过程，来自人类的生存本能。这个本能促生出来的特殊意识活动方式，为人类适应与利用自然环境，提供了特殊的精神环境，并依此而构成了人类的社会环境。人类在物质环境中的生存需求，形成了人类精神环境中意识活动的外在动因，这种动因通过人的群居方式中形成的观念交流活动，得以具体展开与细化。

正是人类群体化的生存方式，促生了人类复杂的精神世界。这种促生是通过人类个体间对精神环境内涵的交流活动所实现的。这种促生机制又形成了个体精神世界的外部公共化，并由此而形成了人类的文化，形成了人类群体依据精神环境的组织化，形成了人类社会。

人类的群居方式形成了社会群体与社会结构，形成了人类文明。社会结构形成了人类对自然环境的公共化需求与公共化适应与利用方式，这就形成了人类个体间互相理解各自精神世界内涵的需要。这种需要来自社会群体的成员对环境需求理解的公共化，以便实现他们群体化的生存方式与群体中的精神联系。人类精神环境公共化形态的形成，就是人类社会群体与社会结构的形成条件，就是人类文化与文明的形成条件。

进入文明的人类个体就变成了社会基本成员。由个体组织化构成的多层次的社会群体也是不同层次的社会成员。人类的文明将人类个体的组织化，构成了多层次嵌套的人类生存方式共同体，这就是社会群体。

在社会环境中，每个社会成员的存在与行为，都构成了其他成员的生存环境。每个社会成员为了理解自己的生存环境，也就形成了对他人精神环境的理解需求，也同时促生了向他人表达自己精神环境观念内涵的需求。这种需求促生了人类表达自己与接受他人的观念内涵的能力，也引导了个体的意识活动方式的公共化进程与个体观念空间结构的群体化统合。

在社会环境中的社会成员，通过形成观念的表达与观念的接受活动而构成了观念的交流活动。观念交流活动的结果，就是形成了个体观念结构的群体组织化，形成了超越个体精神环境的公共观念空间，也形成了其中的公共观念结构。这就是人类群体化的公共意识活动环境。社会群体的公共观念来自群体成员在观念交流中形成的观念共识。公共观念是公共价值的精神环境载体。价值是人类环境需求的观念表达，是人类生存本能欲望在精神环境中的展开。公共价值是人类群体对环境需求的精神表达，是群体生存欲望在公共化的精神环境中的展开，是文明的依据与文化的内涵。

如果没有人类个体之间的观念交流活动，人类个体精神环境中的意识活动就不会具有如此复杂的组织化形态，也不会具有如此复杂与抽象的公共观念形态，人类精神环境中的超验秩序就会简单得多，人类的精神世界就只能是类似其他高级动物的精神世界形态。

　　人类的观念交流活动，形成了人类与动物不同的精神环境形态与意识活动方式，也形成了人类特有的适应与利用环境的生存方式与活动方式，直到形成了人类的文明与人类的社会环境与社会秩序。观念交流活动与观念交流能力，是人类区别于其他动物的基本行为方式依据。

　　观念交流活动又是人类精神世界形成的外在动因。观念交流活动引导并决定了人类认识活动的方式与方向，也就决定了个体观念结构的形态，进而决定了观念空间中复杂的层次结构与完整统一的超验形态。自从进入文明，人类个体的观念结构就逐渐由文化环境来引导与塑造了。

　　观念交流活动形成了人类的公共观念空间与公共观念结构，其中也就蕴含了公共化的超验观念空间与超验观念结构。这又是个体观念空间中得以形成高度抽象的超验观念的外部环境条件。传统哲学中的绝对理念与宇宙精神，就是这种公共化的超验观念结构的高度抽象的观念交流形态与文化形态。

　　人类精神环境所具备的独特而复杂的功能，由观念空间中特有的多层次结构承载与表达。人类精神环境的主要特征，就是逐层向下统合与逐层向上抽象的观念结构形态。这种形态既来自人类意识活动的审美本能，也来自人类的观念交流活动。前者是人类精神环境构成的内在依据，后者是人类精神环境构成的外在依据。

　　观念交流活动构成的公共观念空间，又是人类精神环境中超验秩序的凝聚所形成的公共化环境。离开了人类观念交流活动与文化活动构成的超验观念的公共化凝聚，仅仅依据个体的审美本能，虽然也会形成超验观念结构，但远不会形成今天人类所具有的高度抽象的超验观念形态，也就不会有感性的宗教文化形态与理性的哲学文化形态。

文化是人类社会环境中群体公共观念的表达形态。文化的全部功能，就是保持与传承群体的公共观念与公共价值。没有群体中的观念交流活动，就不会有文化，也就不会有依据文化形成的人类文明。观念交流活动是全部文化活动的核心内涵。

观念交流活动对人类观念结构的决定性影响，并不仅仅发生在高层次的观念构建或认识活动中，而是普遍地发生在全部观念空间中。在接纳感官信息形成元初观念的最微观的认识活动中，观念交流活动就开始起作用了。皮亚杰的发生心理学研究就为此提供了大量证据。

人类精神环境与物质环境的基本联系，来自感官功能对外在环境信息的选择与摄取。人类依据精神环境秩序所形成的外在生存行为，则是精神环境与外在环境间更为复杂的深层次联系。这两种联系间形成的因果循环，就是人类实践活动的依据。

人类生存其中的外在自然环境，具有超越了人类精神环境秩序的更高维度的秩序形态。表达了外在环境秩序的无限多样性的感官信息，就是人类精神环境对外在环境秩序实现的第一个层次的选择与整合。这个选择与整合通过感官功能实现。生命秩序向人类个体提供了同一的感官功能，也就由此而实现了不同个体间对环境信息的初步同一化。这就是个体间各自独立构建的精神环境秩序可能具有统一形态的生命秩序依据，也是人类个体间可以实现观念交流的基础条件。如果个体的精神环境秩序之间没有来自生命环境秩序的相对同一性，观念交流活动就不可能实现。

不同个体间被初步统一后的感官信息，经过人类共同具有的审美本能，进而实现了初始经验观念的构建，也就形成了个体间相对一致的环境感受或元初观念。

元初观念是个体精神环境中的基本能量要素与基本材料要素。由感官功能与审美功能提供的元初观念的大致同一性，就提供了元初观念能够在不同个体间实现交流与公共化的基本依据。但元初观念并不会参与观念交流活动，这种基础只能蕴含在个体观念结构之中。

元初观念来自个体观念空间中独特的认识过程或自组织过程。由此为形成的个体元初观念的独特性，就是个体观念结构与精神世界的独特性的基本依据，也是个体具有独立意志的基本依据。

基于元初观念的观念空间环境而形成的全部认识活动，虽然发生在个体独具的精神环境中，但个体在群体中的观念交流活动，则逐渐引导与制约了这种独特的意识活动，也就由此而逐渐深入地影响与制约了个体的观念结构。这被很多心理学的研究成果所证实。

人类的认识活动独立地实现了全部精神环境秩序的构建。但这种构建又必然发生在人类群体化的生存方式所引发的观念交流活动活动的外在环境中。这种外在于精神环境的观念交流活动，深刻地影响与制约着个体认识活动对观念结构的构建方式与构建结果。在不同的观念交流的方式中，在不同的文化环境中，人类认识活动的方式与结果就会大相径庭。如果消除了人类的观念交流环境或文化环境，个体甚至无法构成复杂的精神世界。

例如，一个正常生活在人文环境中的幼儿，可以不费力气地掌握自己文化环境中的母语。语言中蕴含的逻辑方法与幼儿的审美能力相融合，就构成了他们理性能力的基础。其中蕴含了语音符号逻辑与构词语法逻辑。人类基本的逻辑能力，就来自语言工具的学习与塑造。一个从初生就被动物抚养的"狼孩"，即使后来回到人类社会中，也会永远失去了恢复语言能力与逻辑能力的可能性。这表明观念交流活动对精神环境构建的深刻影响，甚至可以深入到对高级精神器官的发育进程中去。

人类的语言能力既来自生命秩序提供的意识活动本能，也来自文化环境提供的语法逻辑。人类语言能力的形成过程，既包含了语言本能的展开，也包含了基础逻辑方法的构建。其中可能包含了对理性化的空间观念与时间观念的构建，也可能包含了对感性化的自然现象的直觉理解。所有这些，都是后来对知识化的公共观念的接纳与理解的内在秩序基础。各种物理学观念得以形成的条件就在这个过程中。

这就是幼儿获取丰富的感性观念对后来的知识接受能力的重要意义。幼儿的简单游戏，恰恰是他们理解复杂环境秩序的基本直觉构建方式。幼儿的复杂知识灌输，恰恰会泯灭了他们对这些重要基本直觉的形成能力。中国不合理的教育方式，塑造了懂得很多知识的儿童，但恰恰弱化甚至摧残了他们丰富的感性认知能力。西方的合理教育，则可以塑造知识不多但感性观念结构丰富多彩的儿童，这些儿童一旦成年，就会比儿童时期就具有很多干枯的漂亮知识而感性观念结构薄弱的成年人聪明得多。

进入少年时代后，逐渐复杂化的学习活动与认识活动，就是人类个体观念结构在更高层次的观念交流中的概念化与抽象化的统合阶段。他们通过对更为复杂的逻辑工具的掌握，才能形成可以覆盖全部观念空间的理性能力。但这种理性能力的有效运用，仍然要依赖丰富而深厚的感性直觉的观念土壤。

概念是观念交流的基本理性化形态。有了概念化的观念表达方式，也就形成了对更深刻的观念内涵的准确表达与接受的可能性。概念来自人类对观念要素的公共化表达形态。所谓知识，就是依据概念构建与表达的公共化的观念体系。

逻辑工具是知识观念的构建依据。知识观念体系具有安置一般经验观念要素的功能。知识结构对经验观念的安置结果，也就进一步促进了理性化逻辑工具的发展。

人类的通用语言，就是依据语法逻辑安置与表达词语概念间关系的观念交流工具。人类对精神环境内涵的公共化需求，以及这种需求拉动的观念交流活动，就是语言工具形成与演化的基本动因。随着人类理性化能力的提高，各种专门化的语言工具也就出现了。数学是科学观念的表达语言，图纸是工程观念的表达语言，编程工具是计算机技术观念的表达语言。

人类复杂的理性能力不可能仅由单纯的个体审美与认识活动构成。它必然是社会环境中观念交流活动的不断积累与沉淀的结果，必然是公共化的超验观念对个体意识活动的引导与制约的成果。这种超验观念结构在观念交流活动中的形态，主要由宗教文化与哲学文化所承载。前者表达了感性化的超验公共观念体系，后者表达了理性化的超验公共观念体系。

　　人类不同文明的文化演化进程，就是在深刻的观念交流中逐渐完善其超验结构的过程，也是公共化的超验观念结构逐渐抽象化与理性化的过程。公共化的超验观念通过文化活动在个体的观念空间中实现的构建与安置，也就改进与拓展了个体观念空间中的超验结构。

　　在人类文明史中长期处于统治地位的宗教文化，就是这种由特定超验公共观念所主导的公共化表达形态。所谓宗教，就是由感性超验观念主导的公共观念构成的文化体系，也是依据这种文化体系形成的特定社会活动方式。宗教文化对个体观念结构的塑造，就可以在个体观念空间中建立起公共化的超验观念结构。在传统社会中，个体观念空间中的感性化超验观念结构就主要来自宗教文化环境中对他们的文化输入。人人心中都有自己的神明与上帝。

　　由文化环境向个体观念空间中输入的理性化超验观念体系，就属于哲学观念的内涵。哲学的核心内涵，就是表达精神环境秩序的理性化超验公共观念体系。这在哲学中就表达为形而上学。只有当人类文明的文化结构被理性化方式主导以后，宗教文化才会被哲学文化所取代。科学文化也是一种理性化的公共观念体系，但其核心内涵是经验化的，超验观念不是科学观念的主要结构，而是构建科学观念所依赖的外部文化条件。所谓的科学范式就是这种外部文化条件形成的超验化观念，科学范式的革命就是科学所依赖的超验观念体系的变更。

　　在西方文明中，对超越人类生存与人类行为的绝对理念的崇拜，就来自柏拉图代表的超验观念体系的哲学文化。这种公共化的超验观念并非是人类精神环境之外的秩序形态，而是人类精神环境中高层次公共化的超验观念。这种观念来自大范围的历史环境与文化环境中对超验观念的深刻观念交流形成的超越个体精神环境的凝聚。正是因为这种高度凝聚的超验观念中所表达的绝对与永恒价值，才是它们蕴含的人类生存环境秩序的高度超越性特征的来源。这种绝对与永恒环境价值特征，就形成了人们的错觉，仿佛其中的秩序内涵可以超越人类的存在与人类的活动本身。

对这种高度凝聚的超验公共观念的哲学抽象，就是所谓的绝对理念和所谓的宇宙精神。这种哲学化的超验公共观念的强大与深刻影响力，保持了它在两千年的西方文化史中的绝对统治地位。这种影响力一直延续到了现代科学文化中。很多现代科学家一旦进入对超验观念的思维中，就常常会不自觉地回到柏拉图那里去。

绝对理念和宇宙精神，先验范畴与客观规律，都表达了超越人类全部行为可能性空间的超验秩序。这种特殊的公共化超验观念形态，只能是人类历史性的广泛观念交流的结果，只能是人类的文化活动对超验公共观念沉淀的结果。

正是由于在传统在哲学中，缺乏关于人类观念交流构成公共观念的逻辑内涵，也就无法安置与理解这种高度公共化的超验观念的存在与功能。这也是今天的哲学还仍然无法摆脱柏拉图的本体论影响的原因。

破解这个迷障的途径并不复杂，这就是在哲学中建立关于个体意识活动的观念空间环境的逻辑，建立关于个体间的观念交流活动形成群体公共观念的逻辑，建立关于公共化的超验观念的逻辑。并依据这些逻辑构成新的本体论。

这个新的哲学结构，对于今天的西方学者们或者被西方哲学统治的中国学者们，接受起来还是有些困难的。这来自西方传统文化中自然哲学与社会哲学的分裂结构。欧洲人依据独特的自然哲学在欧洲率先创立了工业贸易文明，也孕育了现代自然科学。这种文化传统也严重地割裂了对自然环境与精神环境的统一理解。被独立理解的自然环境，也是基督宗教文化中的基本观念。这个基本观念又被现代科学观念继续强化，并形成了与科学观念相协调的新兴的现代世界观。这种世界观就是今天几乎主导了科学哲学的逻辑实证主义的重要文化基础。

在传统的中国哲学中，也有类似绝对理念的观念结构，这就是理学中的"天理"观念。由于中国传统哲学没有分裂为自然哲学与社会哲学的二元形态，这种超越了人类存在的超验价值，就在人类的社会伦理中被高度人性化了。这就使得中国文化中的天理观念，并不具备强烈的脱离人类的生存活动而存在的本体论意义。这也曾经被中国学者中的西方文化拥趸们看成是中国哲学的落后之处。但换一个角度来看，这也可能是中国哲学能够为西方哲学解魅的特殊功能之所在。

现代自然科学对现代哲学的影响，就将经验观念绝对化与客观化了。现代西方哲学对绝对理念的经验化与实体化成果，就是所谓的逻辑实体化。这就是将表达人类精神环境秩序的逻辑形式，理解为超越人类存在的一种特殊的外在环境存在。柏拉图将绝对理念安置在宇宙中，逻辑实证主义也同样将逻辑实体安置在宇宙中。甚至还有试图将人类的知识体系安置在宇宙中的哲学努力。

形成这种哲学观念的最具说服力的例子，就是数学观念在宇宙中具有的超越人类存在的永恒真理性，就是时间与空间观念在宇宙中超越人类的永恒存在。实际上，这是一种深刻的现代愚昧。

全部数学观念体系，都是人类对观念空间秩序的理性化表达结构，都是人类精神世界的内涵。这种表达中蕴含了超越人类在外在环境中的行为可能性的秩序空间，但绝不会超越人类的观念空间。看似超越了人类行为方式的数学规律，仍然是人类精神环境内在秩序的表达。数学的超越性就是精神环境秩序的超验性。

空间与时间，也是人类精神环境中表达外在环境秩序的超验观念。这种观念的高度超验形态与基本安置功能，也就迷惑了人类自己。人类也就常常将它们外在化。空间与时间的直觉来自人类的基本经验。空间与时间的规范概念来自人类的文化塑造与观念交流。这种基本超验观念的高度规范化，就是康德将它们表达为先验范畴的迷人之处。

在人类文化曾经的愚昧中，认为宇宙是上帝之类的神明所创造的观念就曾经统治了人类很长时间。虽然这个古代的愚昧今天基本上被边沿化了，但逻辑实在论哲学又将上帝以理性的方式隐蔽地请了回来。

所谓愚昧，就是人类对文化演化进程中走过的脚步的抛弃性回顾评价。今天的愚昧曾经是过去的智慧。今天的智慧又必然会变成将来的愚昧。

53. 个体观念的公共化与观念交流的内在化

观念空间就是人类精神环境的全部内涵。观念结构就是精神环境的结构，就是观念要素的组织化与结构化安置。观念要素在观念空间中的表象就是感觉与概念。前者是观念要素的感性化表象与安置，后者是观念要素的理性化表象与安置。

每一个观念要素都表达了一个精神环境中的具体秩序或具体存在，也可以表达一个具体的记忆。可记忆的观念要素就是在观念空间中实现了结构安置的观念要素。没有结构安置的观念要素不可记忆。

记忆的功能，就是意识可以依据观念空间中的结构，对已经被结构安置的感知过的观念要素进行索引与搜索，索引的依据就是观念结构。不能被结构安置的观念要素无法实现意识的索引搜索，也就无法形成记忆，但它们仍然是观念空间中的存在。高度有效的记忆对象，就是被明确结构安置的观念要素。模糊的记忆对象，就是只被模糊结构安置的观念要素。强化记忆的途径并不是对记忆对象的意识审视强化，而是对安置相应观念要素的观念结构的强化。前者常常艰涩困难，后者常常豁然开朗。

人类对生存环境的需求，形成了人类与环境的联系与对环境的依赖。精神环境中观念要素的基本功能，就是保存与表达人类对环境的需求。观念要素构成的精神环境，就是对人类全部环境需求的秩序化固定与秩序化表达。人类精神环境的这个功能决定了人类的生存方式对精神世界的依赖。

观念要素是精神环境的存在形态表达。价值是观念要素的环境需求或环境功能表达。观念要素是价值的存在载体，观念要素的环境功能就在其价值内涵中。

人类群体中的观念交流活动，形成了个体间精神环境的联系与组织化，形成了个体精神世界之间的交集与共识。这是人类精神环境的外在化存在方式，也是人类群体公共观念的存在形态。所谓公共观念，就是通过个体间的观念交流活动，所形成的超越个体精神环境存在形态的群体化的精神环境形态。

公共观念就是人类群体公共化的意识活动环境空间。公共观念空间就是人类群体的公共意识活动环境，它决定了公共意识活动的形态与方式。公共观念也可以称为广义的公共意识活动的形态，或者广义的公共意识形态。

公共观念表达了群体共同的环境需求或公共化的价值，也铸就了人类社会活动方式与社会结构的精神依据。这种精神依据就是文化结构中构建与维护社会秩序的依据。

个体精神环境之间的交集与共识形成的公共观念，并没有形成个体精神环境之外的观念存在，它们仍然是个体精神环境中的观念存在形态。公共观念属于个体观念空间的内涵，但又具备了超越个体观念空间内涵的环境功能。在个体观念空间中的公共观念形态中，蕴含着群体中他人的观念内涵与观念空间秩序。这种蕴含一旦形成了巨大的群体化形态，如果在文化中被表达成一种超越了个体观念结构的公共价值，就会形成一种似乎在个体精神环境的存在之上的观念存在形态。但这只是由于公共观念对公共价值的蕴含功能所能形成的人类幻觉而已。

当一个个体的观念空间中蕴含了大量的公共观念或群体性的观念结构

内涵时，就是其观念结构与群体中他人的观念结构形成了交集，就是形成了与群体公共观念结构的交集。在这个个体的观念空间中，也就表达与蕴含了群体的公共观念与公共价值。这种精神环境状态，是人类群体化的生存方式中形成的观念交流活动的结果，也是广泛深入的社会文化活动的结果。这就是人类精神环境的社会化与人类本身的文明化。

个体之间的观念交流活动，形成了个体间观念结构秩序内涵的传递与融合。但观念交流活动形成的个体间观念要素的单纯传递，仍然是次要的与微观的，它的重要功能则是形成了群体中观念空间结构的同化与凝聚。这就使得在每一个人类个体的观念空间中，都必然蕴含着群体的公共化的观念要素。这种蕴含的主要环境功能，就是对个体观念空间广泛的公共化与组织化。

文化活动就是观念交流活动的社会化方式。自从人类进入文明，在每一个个体的观念空间中，都必然蕴含了来自文化灌输所形成的公共观念要素。它们并不仅仅依据个体独立的认识活动所生成，而是依据个体认识活动对文化灌输的公共观念要素进行的重构与安置所生成。

人类个体的精神环境与外在环境的联系，通过感官信息的输入实现。感官信息的秩序内涵，相对于外在环境秩序虽然是高度局限的，但感官信息获取的行为主动性则弱化了这种局限性。感官信息来自人类对外在环境生存行为结果的感受，感官信息被认识活动的组织化构成了广义的经验。

经验是精神环境中的观念形态，其中包括了感官信息表达的外在环境秩序，也包括了意识活动对内在环境秩序的感受，这就是内感官所接受的内在环境秩序。人类的精神环境秩序通过内感官进入意识活动中，它们被认识活动发现与表达，也就形成了广义经验观念中的超验观念。

所谓超验秩序，就是人类的意识活动对精神环境秩序的构建成果，所谓超验观念，就是认识活动对内在环境秩序感受信息的经验化构建与表达。精神环境秩序来自认识活动的构建。认识活动对精神环境秩序感受的不断构建形成的组织化成果的叠加，最后就逐渐凝聚成观念空间中的超验观念。全部超验观念中的秩序内涵都来自认识活动的成果。

人类意识中的认识活动构建了观念空间中的秩序，但却不能时时感受这种秩序。这就是认识活动构建观念结构的自在方式，其直接成果仅仅是审美欲望的满足。在自在的认识活动中，个体并不能感受到自己构建的观念结构秩序，只能感受到过程中的审美快感与快感伴随的认识成果表象。认识活动依据成果表象将其实现内在安置。

认识活动所形成的观念结构构建成果，只能通过特定的意识活动来感受，只能通过意识能量在这个观念结构中的运动过程来感知这个观念结构，这种感知的功能就是内感官功能。

人类对外在环境信息的感受可以分为两种形态，就是经验形态与文化形态。经验感受来自对追求个体价值实现的外在行为的结果，这就是传统的经验观念的来源。文化感受则来自对社会环境中群体化行为的结果，这种感受形成的经验观念中就蕴含了社会环境中的公共价值信息或文化信息，这就形成了广义经验观念中的文化观念。社会群体行为依据公共价值驱动，群体行为结果中也就蕴含了公共观念。对群体行为结果的感受就是对公共观念与文化经验的感受，这种感受来自社会环境中具有文化内涵的信息。在社会活动中文化信息的接受结果被认识活动的重构与安置，也就构成了公共化的经验观念或者具有文化内涵的经验观念。公共化的经验观念就是文化观念。

人类的文明化就是人类个体精神世界的公共化或文化化。人类的文明形成了人类通过社会活动方式实现对自然环境的适应与利用。社会文化对个体观念结构的输入与塑造，则用公共观念引导与制约了个体的意识活动方式与行为价值选择。

人类生存方式的文明化与观念结构的文化化是一个逐渐深化的实践过

程。现代文明的特征就是人类完全依赖社会活动实现对自然环境的利用，人类完全依赖社会文化实现对观念结构与价值结构的构建。现代人类对自然环境的依赖已经完全转化为对社会环境的依赖了。现代人类对精神环境的依赖已经完全转化为对文化环境的依赖了。

在现代社会中生存的个体，其精神环境秩序的基本结构已经很少是自己独特的观念形态了，个体精神环境的独特性已经被压缩在微观观念结构中与非结构性的观念要素中了，其任何独特的观念要素都已经具有了隐含的公共观念形态，其社会独特性已经变成了文化的独特性。人类个体观念结构中的公共化形态，就是他们得以实现个体间观念交流的基本依据，就是得以构成语言交流的语境环境的依据。完全个体化的观念要素也就完全无法实现观念交流。

在现代社会成员个体的宏观与中观观念结构中，已经被高度地文化化与公共观念化了，就是他们的微观观念结构，也在社会化的群体活动中被广泛地公共化了。现代社会中个体的几乎全部行为，都是对不同层次的公共价值追求的结果，都是对不同层次的文化价值追求的结果。就是在个体独特的情感世界中，也充满了群体化的公共观念要素。

当个体的观念结构主要依据社会文化环境的形态来构建时，个体的经验观念也就主要是对社会化行为结果的感受。在他们的观念空间中，文化环境的形态构成了观念结构的基本框架，社会伦理构成了他们基本观念的主要内涵。他们精神环境中的文化观念与伦理观念来自社会文化活动。文化活动就是他们观念交流的基本方式，文化观念就是他们观念空间的主要外在环境信息的接纳成果。

社会文化环境对他们观念结构的引导与安置，也离不开文化观念中蕴含的深刻的超验观念。只有充分超验化的公共观念，才能透彻安置与协调复杂独特的个体观念结构。

表达了精神环境秩序的超验观念也会在观念交流中被公共化。人类文化中的重要基本结构大都由公共化的超验观念所构成。文化中的经验观念则常常处于从属地位。公共化的超验观念表达了社会群体对精神环境秩序的公共化理解，也表达了群体公共观念中的超验结构。

当这种公共化的超验观念以文化信息的方式向个体观念空间中输入时，就会为个体提供对一般经验观念构建活动的引导功能。这也是人类在社会文化环境中形成个体观念结构同构形态的主要原因。曾经主导了人类文化形态的宗教文化与宗教活动就具有这种明确的功能。现代社会中的同样功能则被科学化的知识传播活动所取代。但由于科学观念体系中的超验结构的薄弱，这种取代仍然具有明确的局限性。这也是现代宗教文化仍然可以在现代科学文化的强大主导环境中得以安然存身的原因。

无论由文化的输入形成的个体间观念结构的同构性具有怎样的程度，都不会泯灭个体观念结构的独特性。现代社会中的个体观念结构的同构性仍然是相对的，个体依据自己特有的意识活动方式所构建的观念空间秩序的独特性则仍然是绝对的。

在两个个体之间的观念交流活动中，当他们体验到各自所独具的某一观念都表达了共同的环境价值时就会体验到观念的共识。个体间共同的环境价值常常通过共同的外在环境行为来确认。任何观念交流活动所形成的观念共识都是相对的，任何公共观念都不是个体观念结构之间的完全一致形态，而是形成了在外在表达中的相对一致与外部价值的相对一致形态。

在人类的观念共识中，既包括了共同的外在环境需求与价值，也包括了共同的内在环境需求与价值。前者就是狭义的经验价值，后者就是狭义的超验价值。

即使是形成了共识或公共化的个体观念，也仍然是个体观念空间中独特的观念形态，它们的公共化仅仅是外在环境中的价值表达相对相同的而已，它们的存在形态仍然是独特的。

观念交流活动所形成的个体间审美感受的一致性，也会形成他们之间强烈的感性化观念共识，进而也会由此而形成强烈的情感共识。在具有强烈的共同情感感受的个体的观念空间中，观念结构仍然是独特的与绝对不同的。

归根结底，个体的观念空间就是仅仅属于个体的，就是个体自己的宇宙，并不会真正与他人共享。个体之间形成的观念共识，并不是观念结构要素真正地与绝对地同化与重合起来了，而是它们中蕴含的环境需求与观念表象的相对同化与重合。人类个体间观念结构的同化与重合，仅仅是其中可以实现外在社会表达的表象与功能的同化与重合。

当个体的观念空间中蕴含了足够的群体价值时，他的观念结构也就被相对地群体化与公共化了，个体的意识活动也就具有了群体性。当个体的观念结构充分群体化时，当他的意识活动中充分地蕴含了群体的公共价值时，他的意识活动就会表现出一种超脱于个体价值之上的崇高特征。

所谓崇高，就是个体意识活动中充分表现出了群体化公共价值的意识活动状态。这种意识活动状态常常将外在环境要素作为表达的表象，例如雄伟的高山与辽阔的大海，例如伟岸的青松与神圣的建筑。

当个体的观念结构通过外在价值的公共性实现了公共化时，也常常会通过文化形态的公共性实现内在结构的同质化，特别是会实现内在环境中的表象与概念的公共化。这就是观念交流活动在个体观念空间中形成观念公共化的内在表达成果。

首先，这种公共观念的内在化要素，来自个体观念空间中的表象公共化。人类全部认识活动的结果，都必须通过观念空间中的内在表达来实现安置与保存，这种表达通过对新观念要素的标识与命名实现。对感性化的观念要素的命名就只能是感性表象。感性表象是感性观念要素实现结构安置的依据。这种安置的结果，就是在既有的感性观念结构中的结构同化。

认识活动是观念空间中的自组织过程。这个过程由多层次嵌套的因果关系的耦合构成。这种耦合来自特殊环境信息的激发。这种自组织过程的结果也就常常依据意识对激发过程的环境信息的感受而被标识。就像某人出现的意识感觉是被其视觉信息的激发而构成，这个人的视觉信息就变成了他在观念空间中的感性标识，一种形象就标识了关于这个人的经验观念。

感性观念要素的命名依据或表象依据，常常就来自激起认识活动的环境信息特征。承载这种环境信息特征的元初观念，就常常是感性命名的表象材料。当元初观念的内在环境功能中蕴含的环境信息是个体独自的行为感受时，这种表象就是个体经验的，也就常常用来作为新的个体经验观念的感性标识。当元初观念中蕴含的内在环境功能中蕴含的环境信息是公共化的行为结果甚至是具有文化要素的内涵时，例如天空与浮云的感受变成了湛蓝的天空与洁白的云彩感受时，这种表象的内涵就被文化内涵公共化了，这种表象也就常常用来标识公共化了的新观念。随着社会成员观念空间中文化要素的增多与观念要素公共化的程度提高，其中元初观念感受的公共化也会不断提高。公共化的感受就是具有文化内涵的感受。

当个体在丰富的文化环境中生活，并使自己的经验观念高度地公共化时，个体蕴了感官信息的元初观念与感受，也就会变成表达群体公共化感受的观念要素了。例如麻辣的感受变成了川菜的味道，美女的感受变成了明星的形象，心中的恋人变成了白雪公主与白马王子，巨大的成功变成了时髦的跑车与欧式的别墅。当个体运用这些公共化的感受观念，作为感性观念的内在安置的命名形式或表象时，被安置与被表达的感性观念结构，也就会因为这样的内在表象而注入了文化内涵，也就会因为这种内在表象的公共化而具有了公共化的要素。如果这种新观念本来就具有了充分的文化内涵，公共化的表达表象就会使他们的公共化更容易进入文化表达。

例如经典诗句常常是文化人直接表达个人情感的方式，这种表达中蕴含的公共化文化内涵，就使得这种个人化的情感表达，具有了很高的公共性。在文化表达中引用经典故事来表达特殊的个体感受，就会将这种个体感受迅速公共化。这都是因为它们的外在表达标识本身就是高度公共化的观念。

当个体观念空间中这种用文化形态的公共化表象所表达的观念要素充分丰富时，个体外在社会文化环境中的公共观念形态，就会被充分地内在化，这就形成了个体观念结构被文化表达形态所同化的结果。他们的观念结构仍然来自他们独特的认识构建，也具有独特的秩序内涵，但这种独特的观念结构依据公共化的感性表象实现了内在表达，也就具备了由表达表象引入的公共观念内涵。由此，天空就变成了湛蓝的天空，浮云就变成了洁白的云彩。

被现代教育强行塑造出来的中国小学生们的外在表达就常常是这样的状态。他们源自天生本能的认识发现所构建或者所能够构建的丰富多彩的观念结构，被过度的知识灌输充满观念空间中的公共化表象所标识，就会泯灭了其中独特的观念内涵。曾经的有钱人都是坏人，今天的有钱人都是成功者。曾经的政府都是为人们服务的，今天的政府都是多余无用的寄生官僚。不是他们的观念结构改变了，而是文化环境的改变内化了他们的价值结构。

个体观念结构被文化环境的公共化观念形态的同化现象，更明显地表现在理性化的观念结构中。理性化的观念要素的内在安置命名形成了概念。所谓概念，就是理性观念要素的理性化安置表象。概念的形态基本上来自外在的知识化文化元素，主要来自语言的词汇元素。个体观念空间中的理性化观念结构，则基本上由母语词汇的表象形成自己的概念表达形态。在理性化的意识活动或者思维活动中，意识能量的环境运动依据就是母语词汇。这就是所谓的语言是思维的内在形式的意义。

由概念所有效标识的观念要素，也必然要具有明确的内在理性化结构和明确的逻辑化边界。当天空的观念实现了概念化标识，就应该蕴含了大气的成分与功能和大气层的边界与外层空间了。当浮云的观念实现了概念化的标识，就应该蕴含了水蒸气的相变结果与微水滴的热运动结构了。观念通过认识活动的内在表象安置而确立。概念通过明确的逻辑定义而确立。

一旦意识活动离开了理性观念结构，也就离开了由语言构成的概念表象，思维活动也就转化为一般的直觉活动了。直觉意识活动是更普遍更基本的意识活动方式。这种依据非语言表象实现的一般意识活动方式，也就无法为意识活动过程留下明确的路径与结构感受，甚至完全没有路径感受，意识活动也就呈现出模糊经历甚至没有经历的直觉形态。

54. 公共观念的基本形态

意识活动是人类利用与适应生存环境的特殊行为方式。自从进入文明，人类就开始通过群体中的观念交流活动来引导与制约自己的意识活动了。由此，认识活动也就逐渐更多地在观念交流所形成的内在方式与内在结构中展开。

观念交流活动必然要形成个体对自己观念结构的外在表达，观念交流对意识活动的深入主导，也就形成了个体观念结构外在表达的普遍化。全部逻辑都是这种表达的理性化形式与结果。人类文化中不同层次的逻辑方法，也就逐渐变成了人类理解自己观念结构的层次与形态的方法与工具。

认识活动逐渐被观念交流活动的限制与引导，也就形成了专门以对观念的外在表达为目的的认识活动。在这种认识活动中，人类的审美欲望满足与精神追求，就开始与审美成果的外在表达融为一体了，认识活动获得的精神愉悦就与认识成果融为一体了。以此为目标的专门文化构建活动与文化审美活动就形成了。

在这种认识活动中的每一个成果的形态，也都必然是一种外在表达的文化形态了。认识活动的内在表达环节因此而外在化了，认识活动的成果就是文化的成果了。这种认识活动的自组织过程就变成了构建公共观念的过程。

这就是人类在文明化的社会环境中，逐渐形成的文化形态的意识活动状态，也是人类的意识活动逐渐公共化的状态。从古代文人追求琴棋书画中的内在审美，到今天的普罗大众凡事必发朋友圈，都是这种文化形态的意识活动的具体方式。

认识活动被观念交流所制约与引导的结果，就是个体观念结构的主要形态的逐渐公共化，就是个体基本观念的逐渐伦理化。伦理在社会行为中开始逐渐处于主导地位的过程，就是人类逐渐文明化的过程。

人类文明化的生存方式，既是人类精神世界的形成原因，也是人类精神世界形态的依据。人类通过逐渐深入地在社会环境中生存，也就逐渐深入地将自己的观念空间中的基本结构塑造成群体公共价值的载体了。在一个充分文明化的个体观念空间中，大量的基本观念都是公共观念中的元素，也都是伦理的要素。

普遍分布在人类观念空间中的公共观念，具有两种典型结构：这就是可以理性化表达的清晰的客观事实与只能感性化感受的模糊的鉴赏情感。

所谓事实或者客观事实，就是人类个体间可以理性化表达的公共化的无差别经验观念。事实就是精神环境中的特殊经验观念。事实依据特定的理性化方法实现其表达。要摆事实必先讲道理。其中的道理就是表达事实所必须依据的理性逻辑。

这种经验观念通过观念交流活动的表达与理性化方法的规制，就形成了在个体间行为感受的高度一致性与无差别性，也就形成了它们"不以人的意志为转移"的特征。

它们可以与人类的意志无关，但它们并非与人类的精神环境无关。它们只是与人类个体特殊的价值需求与特殊的意识感受无关，也与人类个体甚至群体特殊的自由意志无关。事实看似外在于人类的行为，实际上仍然在人类精神环境的行为之内。

人类高度公共化的理性经验观念，甚至会形成几乎超越的了不同文化形态的事实。这就是认为这种经验观念是超越人类精神世界存在的理性依据，甚至也是认为事实可以超越人类生存环境存在的理性依据。这种观念与文化形态仍然是人类中心主义世界观的一种遗存。

人类文明的进步，就是不断地去除人类中心主义世界观及其文化的解魅过程。将对具体自然物崇拜的文化，转变为拟人而抽象的多神宗教文化，是一个解魅的结果。将各具功能的多神宗教文化，统合为表达一切秩序的终极形式的一神宗教文化，则是进一步解魅的结果。现代自然科学的文化体系，又提供了一个似乎与人类的生存活动无关的自然存在的世界观，这又实现了对一神宗教文化的部分解魅。其中对人类中心主义核心观念去除的里程碑，就是哥白尼理论与达尔文理论的确立。

但是，自然科学文化体系仍然忽略了人类精神世界的独立存在，进而也常常会忽略人类社会的独立存在，也就常常混淆了精神世界的存在与物质世界的存在。这就使得在科学主义主导的世界观中仍然保藏了人类中心主义的魅影。

科学主义世界观中的基本逻辑混淆，这就是将人类精神环境中的秩序与存在，拓展成为人类外在生存环境的秩序与存在，并且试图用人类的精神环境秩序来取代与包容人类全部的外在生存环境秩序。在文化活动中，这就是试图用自然科学的观念体系完全表达物理世界与生命世界，就是试图用人类的伦理观念体系完全表达社会结构与社会环境。

自然环境与生命环境是人类精神环境以外的不同存在。社会结构与社会环境是人类伦理结构与公共价值以外的不同存在。人类今天的理性能力仍然在混淆精神环境与物质环境，其原因就来自对人类个体精神环境公共化的误解与迷茫。但人类精神环境的公共化又是人类文明的必然结果。

人类依据精神环境来理解与利用外在环境的特殊生存方式，也就形成了对外在环境秩序的内在化表达。这种表达必然形成其在不同个体观念空间中的差异。这种差异在观念交流活动中的体现与放大，也就不断昭示了人类具有两个不同的生存环境，也不断昭示了人类精神世界的独立存在。

人类观念交流活动的结果，就是超越个体观念结构的差异而形成了公共化的观念空间环境，也就是形成了最重要的无差别的经验观念。当这种无差别的经验观念在观念空间中被高度超验化地安置与表达时，它们的外在环境信息来源依据或外在投射对象，也就常常会变成一种高度抽象的超越人类行为与超越人类存在的幻象。这种幻象在现代科学世界观中的理性化表达，就是所谓的人类之外或者人类之上的客观规律。

这仍然是柏拉图绝对理念魅力的延续。科学世界观在逻辑上废除了一神宗教文化中的人类中心主义的观念，但又由于其无法区分人类的两个生存环境，也就无法确认人类精神环境的独立存在。这就必然会模糊与混淆了精神环境秩序与物质环境秩序，并必然将精神环境秩序推广到物质环境中去。现代科学的本体论局限，在前门拒斥了一神宗教的人类中心主义，又不得不从后门将另一个改头换面的人类中心主义的马甲放了进来。这就为哲学提出了进一步解魅的任务。

事实能够被确立的依据，就在人类共有的感官能力与意识活动能力之中。人类的文明所创造出来的获取感官信息的公共化方法，也就进一步扩大了事实的领域。例如科学中的规范化观测。只要承认科学文化的合理性，就会接受科学观测方法的合理性，也就会接受科学事实。

当人类的感官能力改变与拓展时，当人类的意识活动环境改变与发展时，或者当人类的公共文化结构与理性逻辑工具改变与发展时，很多既有的事实形态也就改变了。这在人类社会生活中的例子比比皆是，在人类文化史中的例子也比比皆是。例如科学观测方法的发展就会拓展科学事实的范围。原来不为人知晓的由特殊检测方法与计算方法提供的环境信息，今天就是物理学的事实。

电子是具有微小尺度的实体粒子是事实，电子是弥漫在一个空间中无明确尺度的能量集团也是事实。基本粒子具有确定的空间位置与运动速度曾经是物理学的基本事实，但今天已经不是事实了。宇宙具有绝对不变的时间与空间曾经也是不可动摇的事实，但可变的时间与不确定的空间，又是今天的事实了。万有引力曾经是事实，但广义相对论则证明它可以是一个虚幻的表象。四书五经的传播塑造了中国人的德性曾经是历史的稳定事实。四书五经是毒害与迷惑人们的精神毒药也曾经是一种事实。南京大屠杀在中国人的文化中是明确的历史事实，在日本人的文化中就不一定是事实。

各种不同的事实，通过人类文明中日益精确的观察方法与共同体验而被文化的表达所凝聚起来，也就形成了人类理性化地理解自己生存环境的基本观念要素。它们也就必然在人类社会秩序与文化的演化中不断演化与变化。人类文化的不断复杂化，将事实的构成条件渐变成了特定的理性化表达工具的功能。将人类经验观念中的公共化形态用公认的逻辑方法表达与安置，就构成了社会环境中的事实。社会文化中公共观念的理性化结构就是构成社会事实的环境条件。

例如，法律的事实由法学伦理和司法逻辑与司法技术确定。法学伦理与司法技术的演化与改变，就必然会形成法律事实的演化与改变。例如，科学文化体系被特定的理性化工具所表达，这种表达又规范了科学观念所需求的环境信息的获取方式，这就是科学的实验方法与观察方法，这就构成了科学事实的形成条件。科学观察工具的改变，改变了人类获取自然环境信息的方式，也就必然会改变人类观念中的事实形态。望远镜与显微镜的出现，曾经剧烈地更新了欧洲自然哲学的传统事实。今天的电子信息技术与互联网媒体的高速发展，也必然会不断改变人类理解社会环境的事实形态。原来的"眼见为实"似乎会被瓦解。

在人类精神环境的观念结构中，可理解可分析的理性结构是局部的与特殊的，不可理解与不可分析的感性结构，则是普遍的与一般的。这就决定了对观念的理性化与概念化表达是特殊的与局限的，也决定了对感性化观念的表象化表达是普遍的与一般的。

在人类的精神环境中，在无差别的公共化的经验观念中，事实观念也就是局部的与特殊的。而其中具有感性化特征的无差别公共经验观念，就不是事实而是鉴赏情感。所谓鉴赏情感，就是依据感性表象实现公共化表达的无差别经验观念。

鉴赏情感或鉴赏经验，就是在公共观念空间中不具备明确结构形态的公共化经验观念，它们在公共观念空间中的表达形态就是其感性表象。它们是公共观念空间中仅仅具有明确的情感感受的公共经验。情感的感受就来自意识能量在这些观念结构中的凝聚，以及对这种凝聚的观念表象感受。这种凝聚无法形成概念表象的感受。

这种经验观念不具备理性化表达的可能性，也就不能被表达为事实，也就只能在观念空间中形成大致公共化但又仍然是模糊与不确定的情感感受。所谓鉴赏感受，就是具有明确的情感感受结果，但其表达结构与内涵边界又是模糊不清的公共化经验观念的感受。鉴赏经验是通过不确定的意识活动方式形成的确定的情感感受。鉴赏感受的确定性，就来自对感受观念的公共化，就来自依据共同的文化表象实现的外在表达成果。

人类文化中的公共观念表达形态，依据是否具有理性化的结构形态可以分为知识体系与艺术体系。知识的表达依据事实经验，艺术的表达则依据鉴赏经验。知识的传播依据表达事实理性的公共化逻辑工具的普及，例如数学逻辑与物理逻辑。艺术的传播则依据表达鉴赏经验的公共化情感表象的普及，例如文学修辞与音乐绘画技法。传播知识事实讲道理，传播艺术经验讲情感。

经验观念来自对行为效果的感官信息输入的认识构建成果。不同的感官功能形成了不同的环境信息感受领域，也形成了不同的鉴赏感受的经验形态。人类感官功能的差异，形成了人类鉴赏经验的基本区分。人类感官功能差异是人类狭义艺术形态区分的第一个依据。

人类的直观感官功能主要来自视觉、听觉与触觉能力。味觉与嗅觉能力则要微观得多。由感官区分后的鉴赏感受所构成的经验观念，通过观念的交流活动实现了其公共化的统合和形式的凝聚，也就在观念交流活动逐渐社会化的过程中，形成了表达人类基本情感的三大艺术形态。这就是音乐、绘画与文学。它们的进一步拓展就形成了雕塑与戏剧。雕塑是绘画的立体化，其进一步功能化形态就是建筑。戏剧是音乐与文学的融合，其电声技术化就构成了电影。舞蹈则是音乐与肢体语言的融合。文学的细化分支形成了诗歌、散文与小说。

人类对社会文化活动的组织化，逐渐构建出了文化活动的形态差异，以及依据这种差异形成的社会活动方式的凝聚。这就是狭义艺术出现形态分化的第二个依据。

人类共同的感官功能形态，决定了人类不同文明中的鉴赏感受可以具有可公共化的基本形态。因此，虽然不同文明的不同文化形态常常具有不同的鉴赏内涵，但他们之间仍然可以依据共同的感官功能形成共同的艺术形态区分。这就是不同文明间丰富多彩而又形态各异的艺术形态，可以在一个基本的艺术形态结构中得到合理安置的依据。虽然不同文明中的艺术形态千差万别，但它们一旦得到合理的沟通，就会很容易找到它们之间的共同形态的结构。由此，人类不同文明间就可以形成在文化艺术的表达形态中的大致统一。

事实经验观念与鉴赏经验观念是人类公共观念中的两种对立的典型形态。从事实观念到鉴赏观念之间，人类的公共观念还会具有各种复杂的中间形态。它们可以是事实，也可以是情感，可以不是事实，也可以不是情感。人类文化的复杂性就是由此而来。

对这些不同形态的公共观念的多层次的组织化与统合，就构成了人类不同文明中的公共观念的体系。对这些观念体系的各不相同而又丰富多彩的外在表达，就是不同的社会文化形态。

在人类高层次的公共观念中，事实观念与鉴赏观念就逐渐融合起来了。在高度专业化的艺术观念中，为了实现确定的价值表达，由事实构成的知识也就成为其重要的内涵。在科学研究活动的思想前沿，由于高度抽象的观念结构难以充分逻辑化，各种模糊的鉴赏情感与鉴赏经验，也就常常是发现科学新成果与构建科学新理论的依据。

人类的认识活动在观念空间中的全面分布，决定了人类的任何观念结构，都会自发地逐渐向高层次的结构化与超验化形态生长。这是人类意识活动的本性使然，也是人类精神环境的存在本质。事实观念的超验化就是神秘的自然神观念。鉴赏观念的超验化就是崇高情感的观念。神秘与崇高，就是人类基本公共观念中的超验形态，也是人类个体观念空间中的基本结构被外在文化形态的统合实现的公共化形态。

55. 观念的交流与观念的结构

观念结构构成了精神环境的存在形态和人类的观念空间。观念空间既是意识活动的全部环境，也是人类理解与适应外在物质环境的全部内在依据。

人类精神环境的存在，由感官信息直接构成的元初观念为发端，再通过观念空间中普遍发生的认识活动的自组织过程而逐渐形成。观念结构由此而被不断地组织化与抽象化，不断地形成了更高层次的结构形态，并逐渐汇集与浓缩到一个终极结构中。这就是精神环境的最高统合结构或终极观念结构。

精神环境通过两个界面实现与外在环境的联系。第一个是与高级神经器官相联系的生命活动界面。精神环境由此获得生命能量并转化为意识活动能量，也由此而获得生命环境信息而受到生命活动的影响与制约。

这种影响与制约对于意识活动具有全局性功能，但并不是意识活动具体形态的决定性因素。它们只能在复杂丰富的意识活动中间接表达出个体的先天禀赋。人类意识活动的一般能力差异与精力差异，意识活动的一般功能差异与效率差异，都可以在这种先天禀赋中得到安置。

人类意识活动的主要形态与功能，则由观念空间中的秩序形态决定。意识活动能量在这个空间中的不同分布与运动状态，决定了意识活动的关注领域与关注效果，也决定了意识活动的形态与功能。这种关注形态并不会由生命能量的提供形态来决定，只能由意识活动能量与观念空间环境中的秩序形态来决定。

人类的生命环境提供了驱动全部意识活动的欲望本能，也就是提供了审美本能。审美本能的形态由生命秩序决定。审美本能的形态的差异则决定了个体审美活动的具体取向与追求。这就是个体意识活动禀赋与精神追求禀赋的差异，也就是个体性格差异的依据。

不同的审美禀赋形成不同的意识活动追求与认识活动的兴趣方向，也就必然最终形成不同的观念空间秩序。生命秩序中提供的审美禀赋的差异通过意识活动的转换，最终会形成观念结构的差异与价值结构的差异。这种差异直接决定了人类在社会环境中的行为选择差异与行为方式差异，也就形成了社会成员的人格特征差异。

生命环境向精神环境提供了意识活动的能量与意识活动的欲望动因，其中也必然蕴含了特定的生命秩序信息。生命能量在精神环境中被意识活动组织与利用，形成了观念空间的秩序形态与功能形态，最终形成了人类精神世界中的生存活动方式，并进而实现了人类在社会环境中的生存。人类的生命本能形成的审美欲望，也就必然在这种复杂的转换中，融入了精神环境中与意识活动中。

那种试图仅仅依据对生命活动秩序的理解，就实现说明与安置人类精神环境中的全部功能内涵的所谓科学思想，是一种科学主义世界观的错误推论。这就决定了科学观念体系还不能取代更为宽泛全面的哲学观念体系。生命科学永远无法取代哲学。

人类精神环境与外在环境的第二个界面，就是人类的外在行为。人类具有两个行为环境，一个是肢体器官的外在物质环境，另一个是意识活动的内在精神环境。人类依据生命器官的功能实现外在环境中的生存行为，也获取了行为结果的外在环境信息，并依此而获得了精神环境的外部秩序来源。

人类的外在行为都来自生命器官的活动方式，其中包括了感觉器官与肢体器官。精神环境获取的感官信息就是感觉器官的功能成果，其中也间接蕴含了其他器官的活动成果。感官信息构成了精神环境与物质环境间第二个界面中的联系方式。

感官信息进入精神环境后，就可以被认识活动转化为内在环境的存在形态，这就是元初观念或者感受观念。元初观念被认识活动进一步地组织化，并在观念空间的既有结构中实现了表达与安置，就逐渐转换成为具有记忆形态的感觉观念。没有被固定安置的元初观念则不具备可记忆的功能，它们是观念空间中漂浮流动的观念要素，这就是观念空间中的能量形态。

人类进入文明以后，全部意识活动就都开始受到观念交流的引导与制约了，这种引导与制约从元初观念的构建过程中就开始了。人类公共观念的内在化过程，一方面引导与制约了认识准备环节中审视集合的形成方式，在每一个审视集合中都会加入文化要素。另一方面又在认识成果的内在表达与安置中，不断引用文化要素作为表达的表象与概念。在任何认识活动的成果中，都由此而逐渐融入了来自观念交流成果的文化要素了。

随着人类文明程度的深化，随着文化环境对意识活动的引导与制约的深入，在人类大部分的认识对象与审美结果中，都因为充满了文化要素而可以明确地公共化了。这就是个体观念结构逐渐群体化与文化形态化的依据。例如对自然环境的感受，就变成了对蓝天白云的诗意形态的情感，面对春光明媚和锦鳞游泳，就会产生心旷神怡的情感，就会激发出表达高尚公共价值的豪情壮志。就是听到啄木鸟敲击树木的自然节奏，也会用对特定打击乐曲风格的联想，来实现记忆与表达。就是看到夜光中的陨星轨迹，也会联想牛顿的运动定律来表达自己的理解。如此等等，不一而足。

人类的文化环境为社会成员提供了认识活动方式的选择空间，使得他们的认识准备环节与认识结果表达，都逐渐沉浸在各个层次的公共观念中与文化形态中了。以至于在今天每一个可以分析的认识结果中，已经很难区分出哪些观念要素的构建过程是可以离开观念交流的影响而独立完成的了。

人类观念结构的公共化或文化形态化，并不仅仅发生在低层次的观念结构中。随着人类公共观念体系超验化程度的提高，随着大文明的文化结构逐渐向一神宗教文化形态的发展，也随着哲学为人类的超验观念不断提供更明晰的理性化表达方法，人类个体观念空间中的文化形态，也就逐渐会向高层次的超验结构中延伸了。这使得个体高层次的观念要素的构建成果也逐渐具备了文化表象的形态。

古人的超验观念结构，常常用文化表象提供的神明与神力来表达。就是生活在现代文化环境中的个体，在高层次的抽象认知中得到的新体验，也会不由自主地回到上帝与佛祖的表象中去。就是无神论的科学家们，也会有一个最高层次的神秘化的客观规律，作为一切终极化的超验观念的表达工具。这个表达工具必然是来自文化的灌输，而不会是来自个体的认识独创。

个体从文化环境中接受的公共化的经验要素，可以为认识活动的经验构建提供内在表象。个体从文化环境中接受的公共化的超验要素，则为认识活动提供了内在安置的超验表象。

在人类的社会文化环境中，遍布了各种表达超验观念的宗教文化要素。它们可以为社会成员提供丰富的终极观念构建营养，并为他们提供了构建统一完美的世界观的内在条件。这就是他们可以构成完美观念结构的文化环境。一神宗教的传播史就表达了不同文明的社会成员对完美精神环境的追求。皈依一神宗教的社会成员的文化追求成果，就是在追求完美精神环境中实现了一神宗教文化的传播。就是今天中国的高层次知识分子们，也常常会在体验宗教文化要素中表达与安置自己的终极超验感受。传统的佛祖已经被高度现代化了。

在日益复杂的文化环境中，人类个体的观念结构从微观的元初观念，到宏观的终极观念的全部内涵，都会受到不同的文化塑造与文化引导，这也就进一步强化了个体之间实现观念交流与观念统合的条件。

人类个体的精神环境来自他们独特的认识构建，来自他们独特的先天禀赋形成的审美本能。这就决定了个体观念结构的独特性。每个人的精神环境就是他自己独特的小宇宙。因此，个体之间具有的观念结构交集与价值共识，就应该是偶然的与罕见的。

但是，在社会环境中世代积累的文化形态中，又蕴含了丰富的公共观念要素，文化要素在观念交流活动中向个体观念空间中的输入，就形成了他们进一步实现观念共识的外在驱动。实现这种驱动的依据就是人类的理性能力。实现这种驱动的方法就是人类的理性逻辑工具。正是人类的理性能力，使得在人类独特的精神环境之间偶然与罕见的观念共识，变得普遍与容易了。正是人类的理性能力促生了人类高度公共化的群体环境需求，也促生了人类的社会环境。

人类个体只有处于社会文化环境提供的广泛深刻的观念交流活动中，他们的终极观念才有可能形成在公共观念环境中的组织化与再凝聚。他们才能构成高度统一的一神宗教文化与自然科学文化。在人类文化中逐渐复杂化与理性化的观念交流活动，就是人类高度超越个体观念空间秩序的公共化的终极观念得以形成的原因。绝对理念与客观规律，就是这种公共观念的最高凝聚。

人类的理性能力形成了理性化的观念结构与意识活动方式，也形成了理性化的逻辑工具。高度抽象的逻辑观念体系，例如现代数学体系，就是一种似乎与个体经验观念无关的精神环境存在，就像是只能从人类共同的外在环境中才能得到印证的超验化观念。仅仅依据对个体经验观念的认识与整合，是无法形成这样的超验化公共观念的，仅仅将人类精神世界理解为个体精神环境的传统哲学，也就因此而无法回答数学观念的来源问题，也就只能将其安置在冥冥宇宙的绝对理念中。

但如果以人类深刻的群体化观念交流活动为条件，就可以依据高度公共化的超验观念结构形成的公共观念环境，来安置类似数学观念的来源。这种深刻的观念交流成果，只有通过社会文化活动的传承与保持，才能在人类生存的无数代际之间，形成悠久的历史积累形态。正是这种高度公共化的历史文化的积累形态，才模糊了传统哲学的本体论思考。

正是因为传统哲学中对观念交流活动形成人类精神环境形态的重要功能的忽略，才形成了对人类公共化的超验观念的理解与安置的困境。传统哲学对这个问题的答案，就只能求助于人类之外神秘的宇宙精神，就只能求助于人类之上的飘忽的先验范畴。前者是从柏拉图到黑格尔的答案，后者是康德的答案。这两个答案都是现代逻辑实证主义哲学的本体论基础。

第十四章　意识活动与观念结构的两种形态

56. 意识活动对观念结构的两种感受

意识活动就是人类在精神环境中的行为方式。观念要素构成的观念空间是意识活动的精神环境。观念要素在观念空间中的存在形态可以表达为观念结构。人类只能通过意识活动来感受与理解自己的观念结构，就像人类只能通过自己的社会活动来感受与理解自己的社会环境一样。

意识活动是人类生存活动的特殊方式，是人类特有的精神欲望与精神能量的有序化运动方式。意识就是精神能量的存在形态。

人类的意识活动能量在自己的活动中形成了自己的组织化形态，这种形态是通过观念结构表达与保持的。观念结构是意识能量运动的环境秩序与环境条件。观念结构由意识活动所构成，又构成了意识活动的环境秩序而引导与制约了意识活动。这是一种典型的自纠缠存在形态。

保障人类生存的精神环境与社会环境，既是为人类的生命秩序提供的生存条件，也是人类的生存活动利用与塑造的结果。

人类的精神环境通过感官信息接受物质环境秩序，并依此理解与利用物质环境。人类意识活动也通过观念结构感受、理解与利用精神环境，这种意识感受就是所谓的内感官功能与第六感活动。

意识能量只能通过自己对观念结构的占据涉及或关照，形成对观念结构的感受。意识不会感受到不被关涉的观念结构。

意识对观念结构的直接感受，通过内感官接受观念的表象信息来实现。

观念的表象就是可以直接感受到的观念标识。观念的表象来自认识活动构建观念时形成的内在表达或结构安置的必要命名。表象的形态要素，则主要来自观念空间中自由流动的元初观念与其他漂浮观念。漂浮的知识要素也可以成为表象要素。

人类主要通过认识活动形成的观念表象来实现自己对观念结构与观念空间环境的感受与理解，并通过这种感受与理解来实现意识在观念空间中的活动功能。

观念要素的表象构成了感性化的观念形象，也就是一般感性化观念要素的标识。意识通过表象感受到的观念结构就是感性观念，其感受内容仅仅蕴含在表象提供的标识对象中。这种感受的形态来自认识活动构成此观念要素时的内在表达结果。当这种感性化个观念要素中蕴含了外在环境的感官信息，它们就是感性化的外在经验观念。当这种感性化观念要素中蕴含了内感官信息，它们就是感性化的内在经验或超验。外在经验观念中蕴含的物质环境秩序，就是经验内涵或物质环境秩序的内在表达。内在超验观念中蕴含的观念空间秩序，就是超验内涵或精神环境秩序的内在表达。

人类在物质环境中的行为结果，形成了外在经验或狭义经验。人类在精神环境中的行为结果，也就是意识活动的结果，形成了人类的内在经验或狭义超验。狭义经验与狭义超验的总和就是广义经验。

普遍发生的认识活动在将观念结构不断地组织化与抽象化的过程中，也就不断地在观念结构中加入了新的超验秩序，也就不断地稀释了来自感官信息中蕴含的经验秩序。因此，在观念空间的高层次结构中就蕴含了浓厚的超验秩序与稀薄的经验秩序。也因此，终极观念的秩序内涵就基本上是超验秩序了。

意识活动是人类重要的生存活动。人类的文明化形成了对自己生存活动的理解与控制的追求，其中包括对自己社会活动的理解与控制的追求，也包括对自己意识活动的理解与控制的追求。前者构成了人类的广义社会权力活动。后者构成了人类的广义理性化意识活动。

人类通过对观念空间秩序的感受与理解，来实现对意识活动的引导与控制。所谓理解，就是意识对观念要素的感受超越了表象标识，获得了对其内部结构与机制的感受，就是将观念要素的表象表达拓展为其内部结构与机制的表达。这种对观念要素的内部结构化理解就是观念要素的理性化。理性化的观念要素就是理性观念结构。与此对应的仅仅局限于表象感受的观念要素，就是感性化的观念结构。

意识对观念要素表象的超越与深入是相对的与局限的，意识对其内部结构的感知与理解也是相对的与局限的。意识永远无法感知与理解观念要素中的全部秩序内涵。意识对任何理性观念结构的理解，都永远具有表面性，都不会完全通透观念要素的全部秩序内涵。意识对观念要素的表象化感知则是绝对的。

意识活动以观念结构为环境。意识活动依据意识对观念结构的感知形成自己活动方式。依据观念表象感知的意识活动方式就是感性化的意识活动方式。依据内部结构感知的意识活动方式就是理性化的意识活动方式。

在人类的一般意识活动中，意识对观念的感受既不会完全局限于表象，也不会完透彻深入其内部。意识活动的感性化形态与理性化形态也是相对的。感性化的观念结构是观念空间形态的本质状态与普遍状态，也是绝对状态。这来自人类内感官功能相对于观念空间秩序的绝对局限性。理性化的观念结构则是观念空间中的特殊状态与局限状态，这也来自人类内感官功能的局限性。这种局限性来自人类认识活动的自组织过程永远超越人类意识活动对观念空间秩序的感知过程。认识的自组织过程是环境存在中的自发过程，意识活动则是人类生存活动的价值追求。

经验与超验是人类观念结构的两种形态。感性与理性也是人类观念结构的两种形态。这两种区分表达了人类理解自己观念结构形态的两个不同维度。前者表达了对观念结构秩序内涵的两个环境区分，后者表达了观念结构为意识活动提供可理解与不可理解方式的区分。

人类将理性化地感受到的精神环境或观念空间秩序，用专门的公共观念形态表达出来，就形成了广义的逻辑。所谓逻辑，就是对人类理性化地感受到的精神环境秩序的公共观念形态的表达。逻辑不仅仅是理性化的观念感受，而是对这种感受通过观念交流形成观念共识，还是对这种观念共识进行的文化形态表达。理解、共识与表达，是逻辑构成的三要素，也是逻辑工具构建的三环节。但在真实的构建活动中这三个环节是融为一体的。个体从文化中接受的逻辑就已经是表达的成果了。逻辑是人类文化的重要内涵。

　　逻辑就是人类对观念空间秩序的抽象化表达工具。逻辑表达了人类精神环境秩序，逻辑也就因此而是人类引导与控制自己意识活动的工具。人类有目的的公共化意识活动的唯一目标，就是构建与表达公共观念与公共价值。逻辑工具的基本功能就是构建与表达公共观念。

　　逻辑是对观念空间秩序可理解的公共化表达，这种表达是通过对观念空间秩序的简化与表观化来实现的。不同的逻辑方法具有对观念空间秩序不同的简化与表观化能力，也就形成了观念空间中不同形态的公共观念的表达工具。简单的逻辑方法可以高度简化复杂的观念结构，形成对复杂的观念结构的简单表达形态。复杂的逻辑工具则可以比较复杂地表达观念结构的功能，形成对复杂观念结构比较细致精密的简化表达。每一种逻辑方法或逻辑工具的运用结果，都是对观念空间秩序的简化表达，从来也不会是对观念空间秩序的全部表达。

　　形式逻辑就是简单逻辑工具，数学逻辑则是最复杂的逻辑工具。在它们之间还有多种中间形态的逻辑方法。不同的逻辑方法都具有结构的自洽性与和谐性，也就是在不同层次的观念结构中运用逻辑工具的结果，大都可以互相协调而不冲突。但这种自洽与和谐也是相对的。任何逻辑工具的不恰当运用，都会出现结果的冲突。这就是所谓的逻辑悖论。在逻辑工具的运用中出现悖论的概率比通常理解的要多得多。只不过大多数逻辑悖论都被其他更为表面的解释掩盖了。

逻辑是人类构建与表达公共观念的工具。逻辑在公共观念体系中的运用就形成了逻辑化的文化形态。逻辑是构建文化结构的方法依据。在人类特定的文化体系中对特定逻辑工具的运用，常常形成它们的特定融合形态。例如，现代数学逻辑与自然哲学公共观念体系的特定方法融合，就形成了现代科学文化的结构。周易逻辑与中华商周政治伦理的融合，就构成了易经文化的结构。阴阳五行逻辑与中华传统医学技术观念体系的融合，就构成了中医文化的结构。近代辩证法逻辑与马克思的历史观念体系的融合，就构成了历史唯物论的文化结构。如此等等。

表达人类公共观念空间的一般秩序或者对观念结构的一般理性化表达，就是广义逻辑。它们也必然是公共化的观念体系。观念的逻辑化与公共化是等价过程。观念的语言化就是观念的公共化与语法逻辑化。

全部逻辑工具或逻辑方法，都是人类理解与表达精神环境秩序的理性化观念体系的超验化结构。逻辑是表达超验观念的特殊超验观念体系，逻辑是超验观念的超验化。逻辑是描述观念结构的特殊观念结构。

逻辑来自人类对精神环境秩序感知的公共化表达形态，来自对这种感知的观念交流的成果。逻辑观念的秩序内涵，必然是一种超越了个体观念空间秩序的公共观念秩序内涵。单纯从对个体观念结构与意识活动的理解中，单纯在个体观念空间中的意识活动成果中，也就无法得到逻辑的观念。这就是传统哲学在单纯探讨个体精神环境的活动中，无法理解逻辑来源的原因，也是它就不得不在人类精神环境之外去寻找逻辑来源的依据。因为传统哲学仅仅能够理解人类个体的精神世界。为此，柏拉图找到了绝对理念，黑格尔找到了宇宙精神，康德仍然离不开先验范畴，这才能安置逻辑的来源。现代科学哲学家们仍然没有走出这个泥淖，他们只是将现代科学观念体系中的逻辑化特征与自然环境秩序融合起来，将逻辑宇宙化与实体化，试图用知识实体与逻辑实体的本体论结构，来摆脱这个哲学难题的纠缠。他们在由现代科学观念体系开创的广阔新大陆中，热烈期盼自己的哲学能够成功。殊不知这仍然是在精神环境的超验手心中跳舞。

观念空间中的观念结构是意识活动的环境。意识活动通过感受观念结构实现自己的行为目标与审美追求，人类主动的意识活动，就是通过理解自己所关涉与经历的观念结构来实现自己的意识选择与价值判断。人类主动控制与引导意识活动的依据就在意识对观念结构的可理解的感受中。

意识活动通过观念要素的表象直接感受它的行为环境，也直接实现其行为目标。这就构成了意识活动的感性化方式。意识活动依据逻辑工具就可以超越依据表象的观念感受，就可以理解观念要素的内部结构与机制，也就可以依此来实现在观念空间中的行为选择与价值判断。这就可以在逻辑工具所能够表达的观念结构中，主动地控制意识活动的方向与方式，这就构成了意识活动的理性化方式。

所谓感性观念结构，就是为意识活动提供了感性化活动方式的观念结构。所谓理性观念结构，就是为意识活动提供了理性化活动方式的观念结构。

人类感知自己观念结构的感性化方式与理性化方式，是相对的与逐渐过渡的。人类的感性化观念结构与理性化观念结构，人类的感性意识活动方式与理性意识活动方式，也是相对的与逐渐过渡的。没有绝对的感性活动与绝对的理性活动，没有绝对的感性观念与绝对的理性观念。在任何感性化的意识活动方式中，都会必然蕴含一定的理性化意识活动方式，这是人类文明与文化的必然结果。在任何理性化的意识活动方式中，也都必然会蕴含感性化的意识活动方式，这时人类精神环境存在形态的必然结果。任何理性化的意识活动都必然要以感性化的意识活动为内涵与基础。这也是由人类精神环境的本体形态与意识活动的基本方式所决定的。

例如在任何公共规范化的艺术文化的表达中都会蕴含了理性逻辑，音乐中可以蕴含乐理，绘画中可以蕴含构图与色彩关系，只要将他们表达出来，就一定会有理性方法，至少会有语言词汇。唱得很好与画得很好，而完全说不出来的人是罕见的。他们至少具有表达的语言逻辑能力。

例如在物理定律的表达中，既可以仅仅使用语言，也可以充分使用数学方程。前者主要依据感性表象，尽管其中可以有大量由语汇表达的概念。后者主要依据理性逻辑，但也必然要依赖表象与概念。任何逻辑中都蕴含了低层次的感性表象，它们就是将数学形式实现物理还原的依据。完全数学化的观念是空洞的，也是几乎不存在的。数学教授与学生们在思考数学问题时都要依赖自己独特的感性表象，只不过他们的表象表达的观念的超验层次不同而已。

感性意识活动方式，是人类意识活动的基本方式与基础方式。任何理性方式都是对感性基本方式的工具化改进与提高，都以感性方式为基础而存在，都是对感性方式的抽象化与简化，都是对不同层次的表象关系的相对结构化表达。

观念结构来自认识活动的构建。观念结构的感性本质由认识活动自组织过程的感性本质所决定。将人类的意识活动明确地区分为感性方式与理性方式本身就是一种逻辑的近似。将任何逻辑方法运用于对观念结构的表达与对意识活动方式的表述，都是一种相对的与局限的运用，都不会在运用中改变观念结构的基本感性形态。

57. 观念的交流改变观念的形态

认识活动是观念空间秩序的来源。认识活动对观念要素的构建结果，都必须通过内在表达来保存与固定。无法固定的观念要素也就无法进入观念结构中。

人类群体化的生存方式形成的观念交流活动，促生了人类对观念内涵的外在表达需求。这种表达的结果，就是形成了群体中的观念共识或公共观念，进而形成了社会环境中的文化形态。

人类的观念表达方式决定了公共观念的结构形态。人类表达观念的外在方式的依据就在其内在表达的形态中。认识构建的内在表达所形成的观念结构形态就是将个体观念公共化的形式依据。

人类对观念要素的内在表达利用表象作为标识，这就形成了感性形态的观念结构。当内在表达相对地超越了表象表达的简单与直接，开始进入了观念要素的结构内涵中而实现了结构化的表达时，也就开始出现了理性化的表达方式。认识活动理性化的内在表达结果就是形成了理性化的观念结构。

认识活动内在表达的表象依赖方式，形成了观念要素间的表面联系或感性化结构特征，这是认识结果的本质特征与基本特征。这个特征形成了人类观念结构的感性化本体。在认识活动的内在表达环节中，超越了表象关系而深入了观念要素结构内涵的表达形态，则是其感性化特征中蕴含的理性化特征。认识成果的理性化特征永远是依据感性化特征而存在的，也永远是相对于感性化特征的。

认识活动构建了观念空间秩序，其内在表达的方式最终形成了观念空间的结构形态。人类的观念交流活动中观念的外在表达方式，则形成了人类公共观念空间中的观念结构形态，也就是形成了人类文化中的公共价值结构的形态。

人类个体观念空间中的理性化结构必然是观念交流的结果。没有观念交流形成的外在表达的需求与公共观念的构建需求，人类就不会有对观念结构理性化表达的需求。没有理性化外在表达的需求，也就不会形成内在表达对表象依赖的打破与超越，也就不会酝酿出个体观念空间中的理性化观念结构。没有群体中的观念交流需求，人类也就会永远埋没在感性表达与感性化的观念结构中，就会永远沉浸在感性化的意识活动方式中，人类的文化和文明都不会出现。高等哺乳动物的高级神经活动大致就是这样的状态。

人类的观念交流活动与理性化的意识活动，是一个自纠缠的相互关系。观念交流促生了理性化意识活动与理性观念结构，理性意识活动与理性观念结构又促生了观念交流。人类的语言就是在这种自纠缠关系的实践循环中出现的。人类的逻辑也是在这种自纠缠关系的实践循环中出现的。

没有人类观念内涵的外在表达需求不会形成语言工具，也不会形成任何逻辑工具与逻辑方法。逻辑方法是人类观念内涵外在表达的理性化工具，逻辑方法又是逻辑工具在人类观念空间中的内在化结果。逻辑工具的内在化来自依据逻辑工具的意识活动方式对意识活动的引导与改造，特别是对认识活动的引导与改造。

例如，语言就是一种依据语法逻辑工具构成的具有理性化特征的声音符号表达工具。语言的形成必然是观念交流活动的方法创造与工具演化的成果，而不可能是直接来自个体观念空间中的认识发现成果。人类语言的运用又引导了他们的意识活动方式，并将语言形态内在化为观念空间中的主要表象。在文明人类的意识活动中就由此而充满了语言要素。这甚至让现代哲学误认为语言就是精神世界的本质，并形成了一个语言哲学的流派。

例如，自然科学的观念体系是通过数学逻辑的表达而实现其公共化而被确立的。这种观念体系中也就充满了数学逻辑的理性化要素。这种观念要素又强烈地引导与规制了这个领域中的认识活动，让认识的准备环节与表达环节中充满了数学逻辑要素。由此也就误导了传统哲学，认为人类具有单纯的理性认识活动。科学活动中的思维方式也就由此而基本上遵照逻辑化的概念来进行，由此而引发的哲学科学化思潮，甚至试图将逻辑当作人类精神世界的本质。这就是逻辑实证哲学的直观依据。

在人类不断创造与发展外在表达的理性化工具的同时，也同时在运用这些工具中逐渐改造了自己的观念结构，并将这些工具逐渐地内在化而变成了认识活动的内在表达形态。这就是逐渐将具有理性化特征的观念要素引入到认识的审视集合中，例如词汇表象中的概念要素。这就是在认识成果的内在表达中逐渐引入了理性化的表象特征，例如认识成果表达方式的概念化。

理性化的概念表象可以相对地表达观念要素的内在结构与机制，这也就形成了具有理性化特征的观念结构。认识的理性化成果就是由此而来的。但无论如何，认识活动的发现构建环节永远都是感性化的自组织黑箱。

随着人类观念交流活动的不断深化与理性化观念形态的不断积累，个体观念空间中的理性化观念结构也就渐渐浓厚起来，观念空间中来自文化环境的逻辑方法也就开始普遍起来。知识化的观念体系就开始出现了。人类依据这种观念结构的特殊理性化意识活动方式与文化形态也就逐渐形成了。

例如，语言的形成依赖初始语法逻辑的出现，语言运用的结果又改造了个体观念空间的环境，形成了依赖语法逻辑的观念结构与依赖语法逻辑的思维方式。人类的幼儿就是在学习语言的过程中接受基本的逻辑训练的。

例如自然科学从自然哲学中的逐渐娩出过程，也是逐渐深化地依赖数学逻辑的过程，还是逐渐深化地将自己的观念结构数学化的过程。在这个过程中甚至也深刻地改造了数学逻辑本身。传统数论的现代群论化与集合论化就是这个过程的例子。

人类理性化的外在表达工具与理性化的内在活动方法的形成过程，是一个几乎同步的自纠缠过程。之所以将这个过程表达为由人类的外在表达的原因所发起，就是因为观念交流活动形成的外在表达需求，就是形成这个自纠缠过程的基本动因。这也是人类特殊的生存方式拉动了精神环境演化进程的基本过程。

观念空间中的理性化观念结构是在感性化观念结构之中形成与存在的。观念空间中的感性化观念结构就像汪洋的海水，其中蕴含的理性化观念结构就像依赖海水生存的海洋生物。理性观念结构以感性观念结构为存在的环境。当人类为理性化观念结构构成的知识的功能所惊叹时，就会忽略形成知识的感性化观念的基本环境。这种忽略仍然难以被今天的哲学所纠正。当人类为海洋生物的特殊功能所吸引时，也会忽略形成它们的必要的海洋环境。但这种忽略却很容易为简单的经验所纠正。

观念空间中的理性化观念结构，也是在人类观念的交流活动方式的演化中不断被强化与不断被提高的。人类形成外在表达的理性化能力，也是一个逐渐演化的过程。在一开始的简单观念交流活动中，只能形成简单肤浅的观念共识，也会通过文化活动的表达与固定形成简单肤浅的逻辑工具。例如原始语言中的简单语法关系。当这种简单的逻辑工具在广泛的观念交流中被运用，并在广泛的文化活动中被传播后，就会逐渐进入群体成员的个体观念空间中，并在认识活动进一步的观念构建过程中被观念化与概念化。这就形成了他们观念空间中初始的理性化观念要素。当这种观念要素逐渐在普遍的观念交流活动与文化传播活动中得到积累与深化以后，就会更广泛更深入地进入到他们的认识活动中，也就会逐渐在新构建的观念结构中更多地被蕴含与被表达。这个过程就会逐渐改变观念结构的形态，并逐渐形成观念空间中系统稳定的理性化结构。这种理性化的观念结构，也就必然会改变个体意识活动的方式，形成了逐渐深入地超越表象联系的理性化的意识活动。

观念空间中理性化观念结构的形成与强化的基本特征，也就形成了广泛概念化的基本观念结构。概念化的基本观念就构成了观念空间中的"理念"。

观念空间中的理性化结构一旦形成了对意识活动的主导，也就必然会在观念的外在表达中得到明确的体现。这种表达也就促进了文化结构中理性化程度的提高，并进而形成了知识化的文化环境。这种文化环境又会进一步强化观念交流中的理性化要素，并进一步强化社会成员观念空间中的理性化结构。接受知识与表达知识，就是现代文化活动中对社会成员的主要理性化训练方式，也是现代人类观念结构逐渐高度理性化程度的途径。

所谓知识，就是人类公共观念结构的理性化表达形态与传播形态，也是理性化的文化体系的形态。知识的形成过程就是理性化观念交流方式的形成过程与强化过程，就是在这个过程中对观念结构的理性化塑造与强化过程。知识的传播就是人类精神环境理性化结构的塑造与强化，同时但也是对感性化观念结构的遮蔽与对感性化意识活动方式的弱化。

知识形态的演化进程就是人类理性化能力的形成与发展过程。这个过程的不断深化的实践循环，也就是人类理性能力的强化过程与人类逻辑工具的发展过程，其中包括了语言工具的发展与数学工具的发展。在这个循环过程中，最终通过特殊个体特殊的认识活动方式，形成了理性化方法的突变与知识结构的突变，这也就形成了逻辑工具的创新。

人类逻辑工具的创造来自人类精神环境中的意识活动方式的演化，这种演化来自人类社会化的生存方式的需求。逻辑工具不会来自人类之外的宇宙精神和先验范畴的感召与安置。人类自己创造了自己的精神世界，也创造了自己的逻辑工具与知识体系。

人类的理性能力与理性观念结构的形成，是人类在两个生存环境中的深层次的自组织过程或者实践循环过程的结果。人类公共观念的理性化演化进程是如此，人类个体观念结构的理性化演化进程也是如此。

例如，幼儿的语言学习过程就是最重要的理性化能力训练的实践过程。他们在语言学习的过程中训练了基本逻辑能力，其中包括概念的区分与使用，也包括分析与归纳的方法。他们依此而具备了接受数量逻辑的能力，也形成了数量归纳与数量运算的概念。幼儿的数学逻辑能力并非先天具备，而是在语言训练中形成的。没有语言能力的幼儿，也就无法具备基本的数学能力。儿童在经过数学教育的文化灌输，才能逐渐理解现代数学的方法与结构，这就为他们准备了理解现代物理概念的逻辑基础。

数学并非计算工具，而是表达观念结构的理性化工具。没有数学修养的人难以进入高层次的理性意识活动中，缺乏数学训练的文科学生难以具备深刻的哲学修养。没有高度理性化的哲学思考并非真正的哲学。

　　复杂抽象的逻辑方法与理性观念结构，并不会在一个具体的意识活动中突发地形成，这也是传统哲学通过反思无法理解逻辑与先验范畴的来源的原因。全部逻辑方法的观念形态，包括高度超验的绝对理念与先验范畴，都来自人类精神环境中的意识活动在长期的文化活动方式的演化进程中的积累，来自在这种积累与社会文化活动的交织中反复深化的实践循环过程。人类在两个环境中的内在行为与外在行为的交织所构成的极其复杂的多重循环关系，才是一切理性方法与抽象理念的最终来源。这种循环中蕴含的认识活动过程则是一切新方法与新形态发生的原动力。不能理解人类精神环境中的意识活动方式，不能理解意识活动与社会行为之间的互相依存与互相促进的关系，就是传统哲学始终无法对绝对理念与先验范畴解魅的根本原因。

　　认识活动的构建成果，依据内在表达的不同标识形成了不同的观念要素，并依此而构成了观念空间中的结构。观念要素内在表达的标识包括了感性的表象与理性的概念，它们可以分别用象征表达与符号表达来区分。象征是观念的感性标识或表象，符号则是观念的理性标识或概念。就像感性表达与理性表达是相对的一样，象征表达与符号表达也是相对的。这种相对性表示了象征与符号之间区分的逐渐过渡的模糊性。将它们的区分绝对化的理解，仅仅是一种理性思维的逻辑方法。

　　感性表象的象征表达具有模糊性与不确定性。无论是认识活动的内在表达还是观念交流的外在表达都如此。象征表达的感性化观念要素在内涵与边界上都是不确定的，这就形成了象征性的文化表达内涵的不确定。内在表达的不确定形成了观念结构的不确定性，也形成了文化内涵的不确定性。这就决定了在其中进行的感性化意识活动方式与结果的不确定性。

　　感性化意识活动的直觉方式所具有的深刻性与准确性，是依据特定的公共观念环境来保证的。任何深刻准确的感性表达，离开了其特定的公共观念环境都会失效。人类至关重要的复杂价值判断常常是直觉的和不可分析的，但这种直觉也常常是不确定的。其确定性与不确定性，都来自特定的公共观念环境，都来自特定的文化氛围和语境。

这种不确定性就形成了感性观念交流方式结果的不确定性，也形成了文化活动中广义艺术活动结果的不确定性。但由于这种方法中蕴含了特定环境中的深刻性和准确性，就使得这种方法仍然是重要的，有时是不可或缺的。

理性化的概念标识对观念要素的表达，则具有内涵与边界的清晰性与确定性。依据概念符号的观念表达，也就会具有明确的确定性。确定性就是概念符号工具的基本功能。在观念交流中的概念或符号表达，就类似现代信息技术中的数字化传输，在传输过程中可以保持信息的高度不变性。

就像数字化传输方法需要预先对信息进行数字编码一样，概念符号的观念表达也需要对观念信息进行编码。观念的概念化就是类似的编码过程，也是对观念内涵的简化过程。就像数字编码是对模拟信息的简化一样。对模拟信息的数字化也就是对信息形态的删减与简化。人类对公共信息的数字化处理与传输就是人类理性意识活动方式的社会环境化与社会组织化。

数字传输的结果必须要进行模拟还原才能被人类感官所接受。概念化的观念交流结果也必须通过向观念的还原才能被意识所接受。在数字信息的传输结果向模拟信息的还原过程中，必然会形成来自编码与解码失真的不确定性。在理性化的观念交流过程中，将观念的概念化与将概念的观念化过程，也都会引入不确定性。

人类精神环境中的观念要素结构化内在表达的确定性，形成了意识活动对观念结构感受的确定性。人类观念交流活动中外在表达的确定性，形成了观念交流活动的确定性。这两种确定性都必然是对不可完全确定表达的感性化观念要素进行肤浅化与简单化的结果。意识对观念结构的简单化感受形成了确定的逻辑观念结构。人类对逻辑化的观念结构进行简化后的外在表达形成了确定的知识结构。

在人类的意识活动中与文化活动中，一旦深入到确定表达的观念要素的内部，任何表达的确定性都会模糊起来。

在人类观念交流中难以理性化表达的观念要素，就只能依赖感性化的艺术方法。人类为了追求感性观念表达中的相对确定性，就逐渐形成了日益复杂的狭义艺术形态。在狭义艺术活动中的确定形式与确定技术，都是对观念表达内涵相对简单化与肤浅化的结果，付出这种代价的目标，就是形成了表达方式的规范化与公共化，这是狭义艺术活动具有相对确定性的依据。这种依据就是狭义艺术活动得以在社会活动中得到世代传承的原因，也是它得以保持自己的形态与技术体系的稳定性的原因。

在人类观念交流活动中无法规范化的艺术方法，就是广义艺术方法。它由于没有形式与技术的规范和统一，在蕴含了高度不确定性的同时，也获得了自由而广泛的表达空间。这就必然为个体独特的感性观念表达提供了最一般性的文化形态。人类的广义艺术活动永远是观念交流中最活跃最有生气的领域。

在广义艺术活动中，人们心目中的艺术感受与艺术观念是没有形式规范与内容边界的，也是不拘方法与不限内涵的。这种不拘与不限，也就几乎可以涵盖人类可能进行的全部观念表达方式。广义艺术形态也由此而成为最一般的文化表达方式，其中也就可以蕴含了精神环境中几乎无限丰富但又几乎无法穷尽感受理解的公共意识活动空间。人类深刻的宏观文化形态与超验观念结构大都处于这种表达的形态中。例如宗教的核心教义，例如科学的一般范式，就像相对与绝对的空间与时间，例如哲学的基础观念，就像"道"与"存在"。它们几乎无限深邃与深刻，但又没有确定的逻辑。

观念的确定性表达所形成的公共观念体系就构成了人类知识的文化形态。通过文化活动在个体精神环境中构成的确定形态的观念要素，就形成了个体观念空间中重要的理性化公共观念结构，这就是个体的知识观念结构。这种观念结构具备的稳定性与完备性，可以形成个体观念结构的稳定特征与完备特征，也表达了个体对群体公共价值的稳定理解与稳定接受。

　　社会成员观念空间中稳定的公共观念结构是稳定的社会秩序的精神依据。因此，人类理性能力的逐渐提高，也就必然造成人类群体中公共观念形态的逐渐明确与逐渐稳定，进而造成社会环境秩序逐渐具有了更深刻的公共化理解与更稳定的群体拥戴。这就是人类精神环境的不断发展与深化促成人类文明的不断发展与深化的过程。

　　人类的文明看似来自人类个体观念结构的复杂化与意识活动自由度的拓展，实际上则是来自人类群体公共价值的复杂化与完美化。文明并不在个体的精神自由与意识丰富中，而在人类群体精神环境的复杂与完美中。

　　知识形态所表达的公共观念体系具有社会秩序的稳定功能，因为知识结构可以稳定完备地表达与传播人类大群体的公共观念结构。具有这样的公共观念结构的个体，在社会环境中的行为方式也就具有与社会秩序相协调的稳定性。文化体系中蕴含的知识形态，也是文化结构稳定性的核心依据。稳定的主流文化结构则是社会秩序得以稳定存在的基本条件。

　　社会文化环境的形态决定了个体精神环境中感官信息的基本形态。人类文明的发展促进了社会文化环境的逐渐浓厚，也决定了个体感官信息中公共观念与文化要素的逐渐浓厚。个体的观念结构也就由此而逐渐深入地被社会文化环境所塑造了。

　　充分文明的社会环境形成了个体观念结构中充分的文化形态。个体观念空间中的文化要素，也具有两种意识活动方式形成的两种形态，这就是感性化的艺术形态与理性化的知识形态。随着人类社会文化环境的深化，蕴含了艺术表象与知识概念的公共观念就逐渐成为主导个体观念结构与意识活动的核心要素了，这些核心要素在观念空间中的凝聚就形成了伦理结构。人类个体的观念结构形态也就由此而逐渐变成了文化传承的结果，人类个体就从生命的后代开始变成文化的后代了。

作为公共观念理性化依据的逻辑能力，也必然是通过文化活动实现在个体精神环境中传播的。语言能力与数学能力就是文化传播所引导与激发出来的特殊意识活动能力。在这种能力的传播与激发中仍然充满了感性化的方法。在形成人类最基本的理性能力的语言工具的学习活动中，在形成人类高层次理性能力的数学方法的训练活动中，感性化的观念传播方式，都是至关重要与不可或缺的。遍及文化活动中的感性化方法则深刻地传播了理性化的能力。

人类的理性能力来自对自己意识活动方式理解的成果。理解意识活动的方式只能是意识活动的过程本身。人类理解意识活动方式的意识活动则仍然是感性化的，对其理性化的理解只是对感性化的感受结果的特殊简化的表达方式而已。人类全部的理性化方法都来自对自己复杂丰富的感性化观念结构的简单化与表面化的特定公共化表达形态。这种简化的目的就是超越感性表象的约束。只有对观念形态的简化才能超越观念存在的表象而形成观念的结构化。结构化与逻辑化都是对观念存在形态的简化，都是对观念存在形态在观念空间中的凝聚化。

在人类漫长的文化史中，理解与表达自己观念结构的方法主要是感性化的。在传统文化中，对表达了精神环境秩序的超验公共观念的外在感性化表达形态就是各种神灵与神话。在人类漫长的感性化文化活动中逐渐形成理性化方法的过程，就是人类语言能力与逻辑能力的形成过程。人类普遍具备的语言能力与逻辑能力，都是在感性化的观念交流活动中逐渐形成的。人类感性化的文化能力的传播可以直接形成意识活动的能力，人类理性化的文化能力的传播对意识活动能力的构建则是间接的。

直到康德的西方哲学，才开始将人类接受知识与构建知识的依据归纳为先验的理性能力。而在这之前的西方哲学，则一直认为理性能力直接来自绝对理念的感召。王阳明的认识论思想，则似乎比康德更为直接，认为天理就来自人心。但其逻辑内涵的模糊也就掩盖了这种直接的透彻性。

被康德表达为逻辑方法的最高形式与基本依据，就是所谓的范畴。康德也必然回避了对范畴形成与来源的认识论探讨。人类全部知识的形成，都是文化的传播与人类意识活动的交织互动的结果，都是人类群体中反复深入的观念交流活动对观念结构与意识活动方式形成理解的逐渐理性化的结果。知识来自范畴的引导，范畴就是知识的超验化凝聚。这是一种人类公共观念结构中最宏观的自纠缠结构。这种人类实践循环中的自纠缠逻辑关系就是西方哲学中简单的因果逻辑无法表达的，甚至也是现代系统论逻辑也还无法表达的。

这种自纠缠结构形成的漫长循环过程，终于在人类生命秩序的代际传承中积累出了复杂奇妙的逻辑方法，也终于被哲学家的思考凝聚出了理性方法的范畴。逻辑存在于人类表达公共观念的文化形态中，范畴则隐含在人类文化的知识结构中。

正是因为传统哲学的幼稚与局限，才使得康德和康德以后的西方哲学还不能更透彻地理解人类认识活动能够构建出如此复杂精美的人类精神世界的本质，也就不能更透彻地理解认识活动对人类意识活动方式形成的深刻影响。他们也就只能求助于一种感性化的外在超验条件来表达人类精神环境中的理性方式的来源了。知识是理性化的观念结构，形成知识的范畴依据则是感性化的了。因为范畴只有表象而不可分析。

58. 理性意识活动与理性观念结构

人类的文明化生存方式，也就逐渐形成了人类对精神世界的理解。但人类对精神世界的理性化理解则仅仅发生在很短的近期历史中。这种理解的重要文化成果就是哲学的出现。

人类对精神环境形成理性化理解的基本标志，就是出现了理性与感性两种不同的公共观念形态，以及出现了表达两种不同公共观念形态的文化形态。两种观念形态提供了两种意识活动环境，也就形成了两种意识活动方式。感性化的观念形态提供了感性化意识活动的环境。理性化的观念形态提供了理性化的意识活动环境。感性观念结构与理性观念结构的相对性，决定了感性意识活动与理性意识活动的相对性。

所谓理性化的意识活动，就是可以理解与感知其路径与过程的意识活动。这种理解与感知，是通过意识对理性化观念结构的感受来实现的。在理性化意识活动中，分布在观念要素中的意识能量，按照观念要素内部的可感知结构运动，并在运动中感知了自己的运动路径与空间形态。将这种感知作为内在环境信息输入到认识活动的准备环节中，就被认识活动构建出具有超验秩序的新观念。将这种新的观念要素在观念空间中表达出来，就形成了表达观念结构的观念要素。这种观念要素在观念空间中的存在，就是观念结构的理性化，其秩序内涵就是超验内涵。

超验观念的内在表达，就是理性化观念结构的内在依据。超验观念的外在表达，就是理性化观念结构的文化形态。仅仅实现了内在表达的超验观念，仅仅是具备了理性化的内在条件，还不能真正实现理性化。只有具备了外在结构性表达的超验观念，才是真正理性化的观念形态。仅仅具备内在表达的超验观念，仍然只能在外在表达中呈现感性化的形态。

所谓可理解的观念结构，就是对其内在秩序实现了结构化或逻辑化外在表达的观念要素。结构化是特殊的逻辑化，逻辑化是一般的结构化。

所谓理性化的观念要素，就是可以由另一个观念要素的逻辑形态来表达其观念秩序的形态。理性化的物理观念就是用数学逻辑表达的物理观念。理性化的语言观念就是用形式逻辑表达的语言观念。理性化的中医观念就是用阴阳五行逻辑表达的中医观念。理性化的基督宗教观念就是用神学逻辑表达的基督宗教观念。

观念空间中的超验观念要素表达了观念空间中的秩序。对超验观念要素的可理解表达，就形成了专门表达观念空间秩序的观念结构，这就是逻辑。逻辑就是表达超验观念的特殊观念。逻辑观念的外在表达构成了可理解的逻辑工具。逻辑工具就是逻辑观念的公共化形态与文化形态。

逻辑观念表达了观念空间中的超验秩序，也就形成了对超验秩序的结构凝聚与功能抽象。逻辑观念具有层次结构。最高层次的逻辑观念表达了全部观念空间中的超验秩序，也就凝聚了全部观念空间中的抽象功能。康德的范畴就是最高层次的逻辑。逻辑工具也具有层次结构与层次功能。逻辑工具在表达观念结构的运用中的最基本的合理性条件，就是工具的层次结构与表达对象的层次结构的一致性。逻辑工具中的矛盾律原则就是对这种一致性的方法保证。

逻辑观念就是高层次的超验观念。逻辑工具与逻辑方法就是结构化与可理解的逻辑观念，这种观念也就必然是公共化的。

在逻辑观念之内，充满了表达观念空间秩序内涵的超验要素，这些要素广泛地分布在观念空间中的不同层次的观念结构中。逻辑观念则是对这些超验要素的单纯凝聚与抽象，也就是在观念空间中仅仅对超验观念要素的抽取与组织化构建。抽取与构建的过程也就是舍弃了经验要素的秩序内涵的过程。因此，逻辑观念无法被外在行为所验证，只能被内在意识活动所验证，或者只能被超验意识活动所验证。数学的证明只能依据数学概念的逻辑演绎，而不能依据现实例子。逻辑化的物理定律的证明也只能依据数学逻辑，而不能依据物理数据。数据只能证明逻辑的实用功能，无法证明逻辑的超验完整性。

蕴含了外在环境信息的经验观念中超验内涵，则难以直接实现逻辑表达。蕴含了全部观念空间秩序的终极观念，虽然也具有高度超验的形态，但其中也同时蕴含了观念空间中的全部经验秩序，这就使其难以逻辑化。人类的终极观念始终是感性化的。

观念的结构形态决定了意识能量的运动方式，人类通过意识活动感知自己的观念结构。这种感知的结果，就是内感官的信息在观念空间中的组织化认识构建，构建的成果就是在观念空间中形成了表达对观念结构感知的超验观念。这种超验观念在观念空间中的积累与凝聚，就逐渐形成了人类理解自己观念结构的逻辑观念，将这种观念的公共化文化表达就形成了逻辑工具。

逻辑观念对意识活动的主导就形成了逻辑化的观念结构，这就是可理解的理性观念结构。在可理解的观念结构中的意识活动就可以感知到自己的运动方式与运动路径。人类理解自己观念结构的相对性，形成了意识活动对自己运动方式与路径感知的相对性。对运动路径的理解程度较高的意识活动，就是理性化的意识活动，对运动路径的理解程度较低的意识活动，就是感性化的意识活动。在知识结构中运动的意识活动，可以具有明确的运动路径与运动方式感知，也就具备了明确的理性化意识活动的特征。理性化的意识活动方式就是狭义的思维方式。思维就是可感知路径与方式的意识活动。

可感知的意识活动，就是超越了观念要素的内在表象的屏蔽而实现了对其秩序内涵的穿越与结构层次的感知。这种穿越与感知的方式，就是理性化的方法。意识活动在观念结构中向下的层次穿越，就是理性分析的方法，意识活动在观念结构中向上的层次穿越，就是理性综合的方法。

感性化的意识活动不可感知观念结构的秩序内涵，这就是只能通过观念要素的内在表象标识来实现运动的意识活动方式。在这种方式中意识无法感知表象之内的观念要素秩序。这就是意识活动的直觉方式，也是无意识的意识活动方式。尽管在这种活动中意识能量实际上仍然穿越与关涉了观念要素的秩序内涵，但意识无法感知这种穿越与关涉，只能停留在表象中。感性化的意识活动就是对意识能量运动环境简单化感知的方式，也就是不可分析与不可综合的直觉方式。但在这种方式中仍然蕴含了复杂的意识能量运动路径。

人类理性化意识活动的依据就是理性化的观念结构。理性观念结构由对感性观念结构的理性化感知与理性化表达所构成，其本体仍然是感性的。观念结构的理性化，并不是对观念结构的重新构建，而是对既有的感性观念结构的结构化理解与逻辑化表达，而是对这种表达形成的对观念要素在观念空间中的逻辑化安置与逻辑化重整。这种安置与重整的依据就是观念空间中的逻辑超验观念结构。

理性观念结构只能来自对认识活动成果的特殊表达与特殊安置，而不会直接来自认识活动的自组织过程。认识成果的理性化与感性化区分仅仅在认识活动的内在表达环节中体现。这就是认识活动的感性本质的涵义。

理性化的意识活动方式，提供了人类对意识活动过程的不断深化的感受，也形成了对意识活动过程的分析性重现。人类就由此而不仅仅只局限于对自己意识活动成果的利用中，就开始可以对这种成果的形成过程进行理解与改造了。人类理性化能力的形成就是人类可以主导自己意识活动方式能力的形成。

人类意识活动中的全部逻辑方法，就是在理解自己意识活动方式的成果中形成的控制意识活动的外在工具，也是理性化安置与重构观念结构的内在方法。逻辑工具在文化活动中的传播与运用，又进一步塑造了社会成员的理性化观念结构，也就又进一步强化了理解自己观念结构的能力。这种能力的发展又会形成更复杂的逻辑观念与逻辑工具。这个循环就是人类理性化能力的发展与强化过程，也是人类理性化观念结构的发展与强化过程。这个循环蕴含在人类的一般实践循环之中。

这个循环发端于对意识活动方式的简单与模糊的感受中。为了在观念空间中安置这种简单模糊的感受，就形成了简单而单纯的原初理性化观念，这种安置的结果也就形成了简单模糊的可理解的观念结构。在就为意识活动对观念结构的进一步复杂化和清晰化的理解创造了条件。在这种条件中对观念结构的进一步感受，也就形成了更为清晰明确的可理解观念结构。这样的过程就构成了人类不断强化观念结构的理性化程度的循环。只不过这种循环是发生在大群体的社会一般文化活动环境中的。人类在构建外在公共观念结构的活动中，一方面将这种超验观念改造为逻辑工具，一方面又会不断促进这个循环的进一步深化。这就是人类理性化能力与理性化的观念结构的形成与演化的过程，也是人类理性化的文化结构的演化进程。

理性观念结构的形成过程，就是一个观念秩序的反复重建过程，这个过程发生在人类群体的公共化意识活动环境中。仅仅发生在个体精神环境中的意识活动，永远也无法形成如此复杂精密的理性化观念结构。人类的理性化观念结构的形成，不是来自某个特殊个体观念空间中的自组织突变，而是来自人类在两个环境中的生存活动中形成的无数自组织过程的积累。

人类对自己观念结构的理解程度是逐渐形成与逐渐深化的。在特定的观念结构中的理性化意识活动方式，也是逐渐形成与逐渐深化的。这就是人类文化演化形态的内在依据。

人类理性化地表达自己精神世界的文化形式就是哲学。哲学的出现是人类进入高度理性化时代与高度文明的标志。哲学的局限与幼稚也是人类理性化程度与文明程度的局限与幼稚的原因。哲学的发展与突破则一定是人类文明的发展与突破。

人类理性能力形成的特征，就是人类文化中逻辑工具的出现。逻辑工具的突变表达了人类理性能力的爆发。逻辑既是哲学的成果，也是哲学的表达方法。这就决定了逻辑在哲学中的核心工具地位。

哲学是对人类不同文明的公共观念体系或文化结构的构建与理解工具。这就决定了哲学在一般文化中的核心结构地位。文化是公共观念的社会表达方式，哲学则是公共观念的构建方式与表达形态的依据。文化让人类理解自己的公共价值，哲学则让人类理解自己公共价值的来源与结构。

在人类形成逻辑以前的漫长文明史中，感受自己精神世界的主要方式都是感性化的。感性化的超验观念体系的公共化形态，就是长期处于主导地位的各种宗教文化中的观念结构形态。宗教文化的核心结构与哲学文化就构成了人类理解精神世界的感性化形态与理性化形态的基本对立。感性化的超验观念结构是宗教文化的核心，理性化的超验观念结构则是哲学文化的核心。正是因为宗教文化中理性化表达能力的不足，才形成了以超验观念为核心但又包含了不同层次的经验观念体系的复杂文化结构，才形成了以艺术化的感性方法为主导的宗教文化传播形态。

哲学的形成与理性崇拜的形成来自人类理性能力的第二次爆发。就是在以感性化形态为主导的宗教文化中，也经历了一个逐渐理性化的过程。这个过程并不会从根本上改变宗教文化的感性化主体形态，但也在促进宗教文化的相对理性化。这个理性化的成果就是一神宗教从历史悠久与丰富多彩的多神宗教中的脱颖而出。这个文化突变形成了宗教文化对精神世界的统一理解，也形成了对拟人化的感性表达方式的去除。但在这个突变中仍然保存了基本的感性形态与感性方法，宗教文化的形态与功能并未改变。在一神宗教已经具备了较高理性化程度的观念体系中，神学体系与佛学体系已经基本上被逻辑化了，但艺术化的感性方法仍然是其传播方法的主体。基督宗教对自己观念体系理性化改造的努力，既滋养了西方近代哲学，也孕育了世俗化的近代科学。

在哲学初期的幼稚形态中，也具有非整体性与非完全理性化的形态。这就形成了哲学与一般文化形态或者与文学形态的交织与混淆。在不同文明的文化形态中，常常可以看到哲学与宗教的混合，哲学与一般伦理的混合，甚至哲学与文学的混合。哲学与具有哲理性的文学的区别就在于，哲理性的文学中也表达了精神世界中超验内涵，但其表达的方式主要是文学感性的。而在任何哲学体系中对公共化的超验观念的表达，都必须具备一个整体性的理性化逻辑结构，虽然在这个结构中也常常不得不容纳一些感性化的文学形态。文学的表达主要是讲故事。哲学的表达则主要将道理。

各种不完善的哲学体系，要么本身的结构相对于精神环境是片面的，这最多只能成为哲学的分支。要么就是整体的理性结构中还仍然保留了大量的感性形态，这就是不透彻的哲学。

高度完善与高度理性化的哲学一直是哲学家的理想追求，但今天的哲学离这个目标仍然还很远。哲学的发展总是不能跟随人类精神环境秩序拓展的进度，因为哲学只能是人类精神环境与文化结构的历史积淀成果。沉淀常常远离活力的前沿。这就是今天的哲学在蓬勃生动的文化活动面前还具有幼稚性的原因。

观念空间中理性化的观念结构，只是寄生在普遍与基本的感性化观念结构之上的特殊观念形态。这种形态又是对观念空间一般存在形态的归纳与简化表达。这种归纳与简化来自人类理性能力的成果，这种成果最终凝聚成了可理解和分析的单纯超验观念，这就是逻辑工具。

对于无法理解的超验观念结构凝聚形态的公共化表达，人类就只能继续保存在宗教文化中，例如绝对理念与上帝。就是在现代科学文化中的超验观念结构，也都要用类宗教的文化来表达。这就是科学公理与科学范式。

人类理性能力对观念结构理解的广泛与深刻程度，远远低于感性能力对观念结构构建的广泛程度与深刻程度。观念空间中的理性观念结构远比感性观念结构简单和肤浅。但简单与肤浅的理性观念结构仍然具有最重要的特殊功能，这就是可以实现高效率与高精度的观念交流，并依次而构成明确清晰的公共观念结构。这种特殊功能对人类文明的形成与发展具有的特殊意义，这就是人类理性崇拜的依据。

人类自从形成了理性化的意识活动方式与理性化的观念形态，也就开始将自己的意识活动分成了感性与理性两种形态。这种对立的区分具有广义与狭义两种涵义。

广义的区分依据就是对意识活动的可理解性，可以理解的意识活动称为理性意识活动，不可理解但又明确感知其存在的意识活动，就称为感性意识活动。当人类感受到精神环境独特的存在方式与独特功能时，就开始形成了意识活动的广义区分。

广义的理性是使人类区别于动物的特征，也是人类具备特殊的生存方式的能力依据。广义的理性能力形成了人类复杂而精妙的精神世界，也形成了人类理性化的行为方式，更形成了人类对这种行为方式的整体服从。这就是人类社会环境与社会行为的来源。广义的理性能力也是人类具有审美追求和道德精神的依据。

当人类对意识活动的过程与方式的理解形成了明确的超验观念以后，当这种超验观念通过观念交流活动形成了观念共识以后，人类表达理解精神环境的超验公共观念文化形态就出现了，这就是逻辑方法与逻辑工具，这就是人类狭义理性的具体内涵。广义的理性方法形成了人类理解精神环境的超验观念或逻辑观念。逻辑观念的公共化形成了狭义的理性工具。狭义的理性工具就是广义的逻辑方法。狭义化与专门化的逻辑方法，就是狭义逻辑技术体系，也就是在具体的文化领域中具有特殊表达功能与表达规范的逻辑工具。例如在人类语言领域中的语法逻辑与陈述演绎逻辑，在现代科学领域中的数理逻辑等。

59. 感性意识活动是理性意识活动的存在基础

人类的形成与演化，人类文明的形成与演化，就是人类精神世界的形成与演化。人类从远古文明进入中古文明后，就开始逐渐形成了对精神世界的独立理解，也就开始逐渐形成了原始的理性观念结构与原始的理性意识活动的方式。在人类文化形态的演化进程中，这就是从自然物崇拜的文化形态到多神文化形态的转变。

感性观念结构是人类精神环境的本体结构与本源结构。理性观念结构则是人类意识活动对自己的活动方式与活动环境的反身理解的表达成果，是在感性观念结构之上形成的具有特殊功能的观念形态。理性化的观念结构就是意识活动可理解其结构内涵的观念结构。

自从人类形成了理性化的观念结构，精神环境就逐渐被区分为两种形态了，人类就开始有了对精神环境的感性理解与感性表达和理性理解与理性表达的对立。这种对立的明确化与逻辑化则来自哲学的功能。

自从人类依据哲学来表达精神环境与意识活动，哲学中就开始具有了对精神环境的感性结构与理性结构的区分，意识活动也就逐渐分为对立的感性方式与理性方式。但在传统哲学中，对理性观念结构与感性观念结构的定义，对理性意识活动与感性意识活动的定义，在逻辑上都是简单直接与含混的，在观念上则是多元化的。逻辑的含混来自理解的肤浅，体系的多元来自认知的分歧。这种分歧也是哲学本身内在结构散乱的重要原因。因此，追求一个对理性观念结构与感性观念结构，对理性意识活动方式与感性意识活动方式清晰统一的逻辑定义，就是整合哲学结构的途径之一。

精神世界由人类意识活动及其环境构成。精神环境由观念空间构成。意识活动的功能，就是依据观念空间中意识能量的运动为人类提供的理解与适应全部生存环境的能力。

感性观念结构与理性观念结构，仅仅是人类意识活动对观念空间结构的可理解与不可理解的形态，他们的区分来自人类的意识对自己环境的理解能力与理解方式。依据感性观念结构运动的意识能量，就构成了感性意识活动的形态，依据理性观念结构运动的意识能量，就构成了理性意识活动的形态。当人类意识活动的感受能力与认知能力改变后，对它们既有的区分也会改变。

感性意识活动就是意识能量依照观念要素的外在表观间的联系实现其运动。这种表观联系由观念要素内在表达的表象间的联系构成。意识活动对这种表象间联系可以感受却不可理解和不可分析。这种感受仅限于观念要素的表象中，而不能穿越表象进入要素内部。这种感受无法理解观念要素中的层次化形态与结构功能，只能感到这个表象表达的要素实体的环境功能。感性化观念就像一个意识的黑箱，意识能量对这种黑箱的感受就是直觉。

认识能量在观念空间中的运动，并不会受到要素表象的约束，仍然可以进入观念表象的内部，但意识活动对观念要素的内部结构的感受则受到了表象的约束。意识能量可以穿透观念要素的内部结构，但意识的感受或内感官的功能则只能停留中要素的表象中。

感性化的意识活动方式具有意识活动的普遍意义与深刻意义，但这并不会被意识本身所感知。这也就是哲学文化的艰难之处，也是历来的哲学对感性意识活动感知的肤浅与简单的原因。这种肤浅简单的哲学也扰乱了人类的理性能力。

在感性化的意识活动中，意识能量仍然遍及其经历的全部观念结构中的各个层次。只不过由于人类的意识对其感受的局限，或者内感官无法获取感性观念要素内含的秩序信息，就将这种活动的环境功能理解为仅仅发生在感性观念要素的表象存在中，而对实际上进入了观念要素内部的意识能量的活动因无法感受而处于无知或不能认可。由此，人类分布在广泛观念空间中复杂深刻与多层次的意识活动，也就不能得到哲学化的理性认知，而只存在于非哲学的模糊的文化观念中。而在某些哲学中的感性意识活动就变成了简单肤浅的活动方式。近代哲学不再认为感性活动是肤浅简单的了，但由于对其过程的不可感知与难以理解，也就不得的不将这种活动继续神秘化。人类的感性从来都是艺术文化中的神秘领域。

人类只能通过自己的意识活动感知意识能量在观念空间中的运动路径与运动方式。感性意识活动对观念要素的表象化感受，决定了它感受活动路径与活动方式的表象性与模糊性。这就决定了人类意识对感性观念结构感知的表面性与模糊性，这还使得传统哲学认为感性意识活动的直觉形式和感悟方式是表面的与模糊的。传统哲学认为人类对感性意识活动的路径感觉是联想式的，而对活动功能内涵的感觉则是表观式的。感性的路径不能理解，感性的功能神秘莫测。

但是，感性意识活动的普遍存在的意义则表明了它的实际内涵仍然是深刻与丰富的，只不过这种深刻与丰富不能被人类意识所感知而已。对这种深刻与丰富的活动方式的表面化感知，就形成了人类对感性意识活动认知的局限，也就在传统哲学中形成了对这种表面感知与深刻功能相背离的长期迷惑。

人类认识活动的自组织过程对观念空间的秩序发现与观念构建就是典型的感性意识活动过程。这个高度感性化的过程构成了全部观念要素的来源，也就形成了全部观念要素的感性化本质。认识活动自组织过程的具体内涵是不可感知的，是意识能量在活动过程中内在自发地突然构成的，也是内感官无法感知其过程中的信息的。认识活动的过程因此而是不可分析与不可理解的。人类至今为止的理性能力，对认识活动实现观念结构的构建过程的内涵的感知都是模糊的与结果表象的。可能人类的理性能力永远也无法透彻认识过程的全部内涵，而只能不断接近这种内涵。这也是将认识活动的过程表达为顿悟与突变的哲学依据。

认识活动对这种不可终极感知的黑箱过程的不断深入感知的成果，只能不断丰富人类对认识活动的审视集合的形成环节与认识成果的内在表达环节的理解，只能不断将这个自组织过程的黑箱外壳不断剥离到认识的准备环节与认识的表达环节中，而黑箱本身则永远是黑洞。

人类的精神环境由认识活动所构建。认识过程的感性化特征，也就决定了观念结构的一般感性化本质。观念结构的一般感性形态，又决定了一般意识活动的感性化特征。在这个一般化与基础化的感性形态的观念空间中，在这个一般化与基础化的感性形态的意识活动方式中，理性化的观念结构与理性化的意识活动方式，仅仅是具有特殊形态的观念结构与具有特殊功能的意识活动方式而已。

人类的理性化能力来自意识活动对观念空间环境的深入理解。这种理解来自意识能量对观念结构的感受逐渐超越了表象的约束。这种能力来自人类的意识活动对精神环境长期感受的积累，更来自将这种感受坚持不懈地表达成外在环境中中公共化的文化形态的成果。这种表达的需求则来自人类构建社会秩序的精神需求。没有这种社会环境中的文化构建活动的拉动，就不会有人类理性能力的产生。人类的理性能力集中在逻辑工具中，全部逻辑工具都是人类精确表达公共观念的工具。

在逻辑能力形成以前很久，人类就已经具备了通过认识活动构建自己精神世界与观念结构的能力了。但人类在漫长的生存历史中，还不能主动审视与理解这种能力，这种能力就因此而长期处于神秘的状态中。人类传统文化中对人类精神世界的各种神秘观念，大都是由此而来。例如灵魂与灵性，例如顿悟与灵感，例如德性与善。这种神秘化的理解在人类大多数文明的大部分文化形态中都可以看到，它们之间也就具备了公共化交流与互相转译的可能性。

人类理性的出现与发展逐渐形成了理解自己意识活动方式的能力，表达这种理解的文化形态就是哲学。尽管今天的哲学仍然不乏散乱与肤浅。

在人类在进入文明很久以后，才能从自己对意识活动方式的理解中构成逻辑工具，才开始对自己既有的感性观念结构实现了相对模糊的分析可能。逻辑工具的形成与发展也就形成了对某些感性观念结构的理性化外在表达。于是，这些感性化的观念要素就开始被理性化了，这些感性化的观念结构就具备了理性化的简化形态与获得了结构的关系与分析的脉络了。这种观念结构虽然在其公共化中被确定和在文化表达中被明晰，但这种确定与明晰相对于观念的本体来说，则仍然是不透彻的和表面化的。这就是人类理性化文化结构的普遍形态，例如各种经典的哲学观念。

尽管如此，理性观念结构的形成，终究使得人类自己可以用层次化与结构化的逻辑方法来理解自己本来不能理解的感性观念结构了，可以用这种理解来逐渐认识自己意识活动的大致路径和大致经历了，可以用逻辑方法逐渐深入地分析自己的观念结构了，人类并因此而具有了逻辑的演绎能力，从而具有了利用逻辑工具在观念空间中展开安置经验观念的超验新空间了。

也正因为如此，人类的公共观念与文化就认为，这些可以理解广博而丰富的感性观念结构的表观简化形态的逻辑方法和逻辑工具，才是观念结构的存在本身。将理解观念的方法当作了观念本身，就是人类将表达工具投射为精神本体的一种幻觉。这就像今天将理解宇宙秩序的自然科学观念，理解为宇宙的存在本身一样，就像今天将艺术表达的工具形态，例如将明星的歌喉效果与作者的诗句形式，投射与理解为感动自己的艺术观念一样。而对于实际上支撑了自己全部意识活动，而自己又不能深入理解的普遍与基本的感性观念的存在，以及不能理解的在这种观念存在中的意识活动，则只能被模糊地神秘化地悬空起来，并在大多数情况下被无视和忽略。人类观念存在的感性本质与人类对感性观念结构的不能理解，就是感性观念比理性观念复杂得多深刻得多但又模糊得多的原因。

人类在自己精神环境中普遍分布又永不停息的神圣而重要的认识活动的感性本质，则更是长期不能被人类自己所理解。一旦人类通过理性化的意识活动，间接地理解了一些认识活动的过程表象与功能表象时，也就必然将这种认识活动的表象归结为理性化认识活动的本质了。在人类文化演化史中不时出现的理性崇拜的对象，基本上都是一些相对理性化的感性表象。

人类理性意识活动与由此而形成的理性观念结构，虽然是对基本而普遍的感性观念结构的可分析可简化的特殊超验归纳的结果，但却由此而形成了人类可以理解自己意识活动的方式与条件，以至于，人类的哲学智慧就将任何意识活动的方式与成果，都归纳到自己可以理解的理性方式之中。由此，人类就将认识活动与理性活动合一了。

自从有了理性与逻辑，人类就可以逐渐相对地理解自己的观念结构了，并逐渐将这种对认识成果的相对理解当作了认识活动本身。自从有了理性与逻辑，人类就认为自己的认识活动就是理性活动了，就认为理性就是最有效的认识活动方式了。这个思想一直到今天仍然在严重地影响着哲学的思维方式与努力方向。现代哲学的一个重要误区，就是认为逻辑方法与逻辑形态就是人类精神世界的存在本质，就是人类意识活动的基本方式。

第十五章　观念的感性交流

60. 观念的感性表达

人类的文化与人类精神世界的共同形成与共同演化，就是人类区别于动物的特征标志形成依据。文化是人类群体观念共识的社会表达形态。文化来自人类个体之间通过观念交流活动形成的观念共识成果。人类精神环境中的观念存在既是人类文化的内涵与基础，也是人类文化的塑造与成果。

文化是人类的特征，文化是文明的依据。人类的出现来自文化的形成。文化来自人类个体间的观念交流活动。观念的交流形成了人类个体独具的精神环境之间的融合与交集，形成了人类公共意识活动方式与公共意识活动环境。文化环境就是人类群体中公共意识活动环境的社会存在形态，也就是广义的意识形态。人类群体的文化结构，决定了他们的公共意识活动形态。

文化形成了社会环境与社会秩序的精神依据。人类社会秩序由社会政治活动提供了构建与维护的能力。政治活动的结果决定了社会基本秩序形态。直接形成政治活动方式的社会文化环境，构成了社会基本秩序的精神依据，也就构成了狭义的公共意识活动环境与狭义的意识形态。

人类具有两种意识活动方式与两种观念结构形态，人类的观念交流也就具有相应的两种方式。这就是感性的观念交流方式与理性的观念交流方式。

观念交流的过程分为观念的表达与观念的接受两个环节，在每个环节中也就形成了观念交流活动的理性化与感性化两种方法的形态。感性化的观念交流方式由感性化的观念表达方式与感性化的观念接受方式两个环节构成，理性化的观念交流方式由理性化的观念表达方式与理性化的观念接受方式两个环节构成。在观念的表达环节中形成了艺术化表达与知识化传播的文化活动形态，在观念的接受环节中形成了艺术性感悟与知识性理解的文化活动形态。

感性观念结构对人类自己的意识感受而言是模糊的与不可理解的，但却是普遍的与基本的。感性观念的表达方式也由此是模糊的表象的与不可理解与不可分析的，但它却是基本的与普遍的观念表达方式。人类的感性观念表达方式，远在人类形成理性能力之前就出现了。人类的感性文化比人类的理性文化具有长得多的历史。

由于人类对感性观念结构的内涵无法形成明确的意识感知，在观念交流活动中表达的感性观念要素，也就常常是模糊的甚至是无明确感觉的。人类的感性观念表达方式常常是不自觉的表达活动，这就像人类的感性意识活动也常常是不自觉的直觉一样，就像肢体语言与情绪状态的不自觉。

观念的表达就是意识活动对观念感受的表达。感性观念被意识活动感受的表观性表象，决定了感性观念表达的表象特征。普遍通过表象表达的感性观念形态，就是传统哲学中将人类精神世界的内涵理解为表象的依据。丰富多彩而又混乱不堪的表象在康德那里就变成了杂多。传统哲学中对人类外在环境与内在环境的混淆，也就出现了将表象当作外在环境的存在形态与物质世界的存在依据的观念。

感性化的观念交流活动就是广义的艺术活动。感性观念的一般表达方式，就是广义的艺术表达方式。狭义的艺术表达方式则是具有特定方法体系与规范技术形式的表达方式，它来自人类长期文化活动的塑造积累与文化工具的定向凝聚。特定的文化活动塑造了狭义艺术的具体形态。人类不同文明中丰富多彩甚至神奇妙想的艺术形态，就是由人类不同的文化活动形态中蕴含的特殊的方法体系所塑造的。狭义艺术的表达内容与其表达形式常常融为一体。

全部狭义艺术的形态，都必然受到人类实现观念交流活动的器官功能的区分与规制。人类的五种外在感觉器官，就形成了人类狭义艺术在不同文化中都具有的三类基本区分与七类派生区分。这就是依据人类的听觉与视觉的感官功能以及人类的初始理性能力对视听信息的符号化，所构成的音乐、绘画与文学的三类基本区分。音乐与文学的融合派生了戏剧，戏剧中形体表达技术的专门化派生了舞蹈，绘画的实体化派生了雕塑，雕塑的社会功能化延伸派生了建筑。这就形成了由音乐、绘画、文学加入雕塑、建筑、戏剧、舞蹈的七类区分。戏剧在现代电子声光技术中的延伸形成了电影，音乐在人类艺术活动方式中的社会化区分，又形成了声乐与器乐的分支，文学中则分化出具有特殊表达功能的诗歌、散文与小说等艺术体系。如此等等。

狭义艺术方法的主要特征，就是由社会文化活动所积累的技术方法进行规范的结果。那些不受任何艺术方法的技术体系规范与约束的感性化观念表达方式，就变成了今天泛滥的行为艺术。

狭义艺术形态，就是人类社会文化活动中对感性化观念表达活动方式的自组织构建成果。在这个体系之外的丰富多彩的感性化表达方式，就是维持了这个体系存在的艺术活动的自由能量形态。例如行为艺术和街头表演与仪式表演等。例如西方的教堂唱诗与街头游行，例如中华的龙灯与社火和跳大神与红白仪式。

在任何文化形态的艺术表达形式中，特别是在狭义的艺术表达形式中，都必然蕴含了一定程度的理性化表达要素。这是因为人类全部公共观念的形成，都必然要依据与蕴含一定的理性方式所决定。其中最基本的理性方式就是语法逻辑。狭义艺术形态是公共观念的表达方法体系，也就必然要依赖与融入人类构建公共观念的基本理性化能力。人类听觉感受的经验观念的符号化，就形成了具有语法逻辑的语言表达体系，人类视觉感受的经验观念的符号化，就形成具有文法逻辑的文字表达体系。他们都是高度感性的视觉与听觉功能的理性化文化构建的成果。文学就是由视觉符号的文字体系被语法逻辑方法所组织化的特定文化表达成果。

所谓符号，就是对感性观念的表象标识的外在表达的组织化形态，以及对这种表达形态的理性化构建成果。任何语言工具所提供的观念内涵的直接表达结果，都仍然是感性化的与不可分析与不可理解的，但语言工具的表达功能仍须依赖特定的逻辑工具。

人类语言工具的表达方式，就是用语音符号的逻辑化形态对观念结构的感性化表达。虽然其中的符号化与逻辑化中蕴含了一定的理性化方法，但这种工具对观念内涵的表达方式本身则仍然是感性的与表象的。语言就是观念表象的逻辑符号化。其符号逻辑的理性功能仅仅是对表象的适当组织化，而不是对表达内涵的逻辑化。语言表达中的形式逻辑方法才具有将表达内涵逻辑化的功能，但这种表达又具有了非艺术的知识化功能了。

在狭义的艺术表达方式中，都必然要蕴含特定的理性化与逻辑化的技术方法。例如音乐中的乐理逻辑形成的和声技术与配器技术，绘画中的色彩选配逻辑与构图逻辑以及它们所支撑的光影处理技术，文学中的语法逻辑与声韵逻辑形成的修辞技术，都是这些感性表达方式中对理性化方法的包容与运用。但这些理性方法仅仅处于支持观念表达的技术工具层面中，它们并不会改变利用这些理性工具的观念表达方式的表象化感性本质，这些观念表达活动的主体形式则仍然是依据表象的。

音乐的表达只能通过对听觉表象的传播来实现，无论这种传播中使用了怎样的理性化技巧，都只不过是对听觉表象进行规范化表达的特定技术而已。绘画的表达只能通过对视觉表象的传播来实现，无论这种传播中使用了怎样的理性化方法，都只不过是对视觉表象进行规范化表达的特定技术而已。

观念的表达是人类的社会行为，也是社会群体成员之间实现个体价值追求的肢体器官行为。观念的表达又是人类公共观念形成的行为基础，也就是人类社会秩序与社会环境形成的行为基础。

人类个体的观念表达行为可以分为肢体行为、表情行为和发音行为三种方式，它们的表达功能逐次深入与复杂化。语言表达是人类发音表达能力的理性化成果，但语言表达本身则仍然是观念表象的与感性化的。

所谓语言，就是在人类的发音表达行为中对声音信息进行逻辑编码的结果，也是人类最基本的理性能力在感性化表达中的运用。人类的发音表达方式经历了漫长的非语法形态的演化进程，才出现了语言。所谓语法，就是语言表达中的逻辑方法的文化表达形态。所谓文字，就是对语言表达中的语音符号进行图形符号化的文化形态。但文字也具有自己不完全依赖语音符号的独立演化形态，例如象形文字。只有拼音文字才是语音符号的直接图形化，而象形文字则是对一般图形符号的语音化凝聚。

人类行为器官功能的多样性也就形成了对同一个观念要素实现感性表达方式的多样性。同一个观念内涵的外在表达，可以是肢体的或表情的，也可以是音乐的或语言的，更可以是文字的。在大多数情况中，人类的观念表达常常是三种形态的混合。这种混合表达通过多维度的方式取长补短以便准确高效。不同的观念表达方式具有不同的表达能力与表达效果，人类的观念表达活动也就依据其所追求的价值目标来选择与组合适当的表达方式。

正是感性观念表达方式的模糊性与不可理解性，才形成了感性表达方式的变幻不定与形式无穷，也决定了感性表达方式的高度不确定性。

必要的确定性是观念表达方法的存在基础。在感性表达方式中蕴含的极其有限的确定性，则来自感性接受方式与表达方式的偶然同构。这种交流活动中的对象双方在精神环境内的观念结构的偶然同构程度，就是他们的交流方式可以得到一定程度的确定性的依据。这种几乎绝对的不确定性中蕴含的偶然有限的确定性，就决定了艺术表达方式虽然丰富多彩和形态无限，但其表达的效果则因人而异和大相径庭。

用感性化方式来表达一个观念要素或观念结构，并不会周全地表达这个要素的整体内涵，而是仅仅通过表达观念要素的表观特征或表象以及表象间的关系，来表达观念要素的秩序内涵。为了实现对一个复杂观念结构的相对准确与相对确定的艺术表达，感性表达活动常常要通过表达观念结构中的几个具有明确功能特征的表观点，或者具有明确联系的几个独立的表象来实现。通过对观念空间中几个处于不同位置的观念要素表象或表观特征的表达，也就汇聚与代表了对这些看似孤立的观念要素所包容与蕴含的局部观念空间中的结构内涵的表达。

这就是在感性化表达或者艺术表达中，仍然可以对这些表象所涉及的观念空间秩序实现具有一定程度的确定性表达的必要方法。对观念空间中多点要素表象的分别表达，并依此而表达这个空间中的观念结构秩序，就是感性化观念表达获得相对确定性的基本方法。

观念交流中的感性化表达就是对观念要素表象的表达。但在表象的表达中所蕴含的表象间的关系中，也就蕴含了观念要素组成的观念结构的内在秩序。这种秩序表达的依据就在认识活动构成观念要素的内在表达形态之中。这种内在表达的形态依据就在相应观念空间中所蕴含的超验秩序中。

观念要素的表象表达也会间接蕴含对其内在秩序功能的表达。观念要素的表象来自认识活动对其成果的内在表达，在认识的表象表达中也就蕴含了认识活动所构建的超验秩序。这种秩序的蕴含内容也就是表象的外在表达中可以间接具有秩序内涵功能表达的依据。

表象所蕴含的秩序内涵虽然对于外在表达来说是模糊的与不确定的，但对于其内在表达则是明确的与深刻的。人类观念交流活动中的感性表达，就是将观念要素在认识活动中的内在标识直接地或者相对直接地用外在行为表达出来。这种表达行为，也就是将精神环境中认识活动的内在表达形态，在外在的社会环境中的行为实现。这种外在表达中也就因此而必然蕴含了内在表达的深刻内涵。但这种深刻内涵的社会传播功能，则必须依赖观念接受者与观念表达者之间高度偶然的观念同构，这种同构就来自社会文化的塑造。

人类观念空间中普遍的感性化观念要素在内在表达中的表观性，决定了个体意识对观念结构感知的模糊性。这种自主感知的模糊性就决定了具有确定秩序内涵的观念要素可能会被不确定地外在表达。这就是人类确定的表象表达常常表达了不确定的观念内涵的原因。人类感性观念外在表达的不确定仅仅是相对于表达目标的不确定，而不是相对于观念要素本身秩序的不确定。人类的意识能力对观念要素秩序内涵的确定性感知，是观念要素外在表达确定性的内在依据。但这种依据是稀罕的，常常是不能在外在表达中完全实现的，其实现的程度取决于表达者的意识对观念内涵感受的深刻性。只有深刻的观念感受才会具有明确的观念表达。很多观念表达活动在形式上的明确清晰，却常常蕴含了观念上的模糊不定。振振有词的不确定常见，简明扼要的确定不常见。

人类在感性化的观念交流活动中，虽然通过表象的表达具有了不确定的表达内涵，但这种不确定性，仍然可以通过对同一个观念内涵运用多个不同表象的表达来减弱甚至消除。虽然多个表象的外在表达无法实现与其观念内涵对应的确定性，但在表达中则可以相对模糊地实现对更广泛的观念空间秩序的覆盖与交织。尽管这种秩序表达的空间覆盖的有效性会在意识能量在观念空间中分布的流散中逐渐失效，但这个方法则提供了对一个观念要素实现多个表象表达的可能性。

在这样的表达活动中，这些表达同一个观念内涵的不同表象的秩序内涵在观念空间中的覆盖的交集，则能够将它们共同关涉的虽然并不确定的表达功能集中在一个局部观念空间中的某个明确的观念要素之上，并通过这种不同表象所形成的空间交集，实现对一个观念秩序的明确表达的强化。这就像利用不同的反射镜面将散射的光线汇聚于一点一样。光线的汇聚有视觉直线可寻，观念表象的汇聚则只能在意识的模糊感受之中。

如果个体试图仅仅通过表象表达一个自己确定感知的观念要素，就必须了解可以蕴含这个观念要素的多个表象。个体对这个要表达的观念要素的确定感受，实际上也必然是通过多个表象的多重内在表达来实现的。这就是外在表达与内在表达的一致性现象。人类的外在感性化表达的确定性依据，就在表达目标的内在表达的确定性之中。也只有在内在表达中形成了确定性感受的观念要素才会形成确定性的外在表达需求。深刻的艺术表达必然来自深刻的观念构建感受，在模糊不定的观念感受中不会有深刻的艺术创作。

人类这种对感性化观念的外在表达的确定性追求，就是在艺术化的观念表达中对一个确定的表达对象具有无穷的多样性表达形态的原因。例如用语言表达一个想法就常常要从不同的角度以不同的理由述说。与此相对立，在人类理性化的观念表达方式中或者知识的表达中所具有的确定性，就来自其表达方式的简单性抽象的统一规范。

人类感性观念表达方式的表象表观性，决定了感性表达的间接性。感性化的表达方式不可能直接表达一个观念要素的完整结构，只能通过对这个观念要素在内在表达中的表象，来表达意识对它内在结构的间接感受。这种内在表达对意识活动的引导则只能达到表象的层次。而意识活动对表象所表达的内在秩序的进入与感受，就只能来自意识能量在观念要素的内在秩序与内在机制中的不自觉运动。这种意识能量的运动方式可以被观念要素蕴含的秩序所制约，但不会被意识所感受。这种受到观念要素秩序的引导与制约而不能被感受的意识活动，就是感性化的不自觉的意识活动，也就是直觉活动。

感性观念的表象，来自认识活动构建这个观念要素时的第三个环节，来自认识活动对自组织成果的内在表达结果。认识活动构成了这个观念要素以后，对其在观念空间中的内在表达与结构安置的形态，就是这个观念要素在精神环境中的感性化存在形态与可感知形态，也就是这个观念要素实现外在感性化表达的可能性依据。

观念要素实现内在表达的表象形态，也就决定了感性化外在表达的模糊性与不确定性。同一个表象形态可能会表达了不同的观念要素的秩序内涵。这种表达的不确定性，来自感性化观念要素在观念空间中存在方式的表观性，也来自其表象对其蕴含的间接性。这就是感性化的观念要素对意识活动的引导与制约的不可感知特征或黑箱特征的依据。

意识能量在感性观念要素中的运动与分布，具有从简单与微弱的涉及深入与强烈的进入的不同状态，具有在这两种极端形态之间的无穷多的可能性。当意识能量在观念空间环境中仅仅以一般存在方式分布时，或者没有确定的价值目标追求时，就接近前一种状态。当意识能量以一定的价值追求汇聚于某一观念要素中，并通过在这个要素的内在结构中进一步深入分布与活动来实现这个价值目标时，就开始接近后一种状态了。

在前一种状态中，意识能量虽然到达与涉及了某一观念要素，但这种涉及的方式仅仅是局限于表象或者仅仅感受了其外部环境功能而很少深入其内部的，这种涉及也就无法为意识提供对这个观念要素内在秩序的感知，或者提供对其内部结构机制的感知。在这种状态中的意识对观念要素的感受，就只能停留在感性化的表观形态中。

如果意识能量在这个感知对象中进一步汇聚与强化，也就可能实现对这个观念要素的进一步深入感知。这种感知的深入程度，由意识能量的汇聚与强化的程度决定。如果在这个被感知的观念要素中意识能量不能继续保持汇聚与强化，这种感知就只能在短瞬的强化印象中明确地停留在既有的表象感知中。这就是感性化意识活动的常见方式。

　　人类理性化意识活动方式的形成，则来自在意识能量在观念要素的表象分布与感知中，就能够获得对观念要素的内在秩序机制的感受方法。这种感知方法来自逻辑工具对观念要素的解构。如果能够将这种感受实现外在表达并公共化，也就形成了一种可理解的理性化观念结构。这种观念结构就是实现理性化意识活动的环境依据，这也奠定了逻辑方法在人类理性意识活动中的核心地位。这种观念结构对意识活动所提供的可以进入观念要素内部结构的功能，就是逻辑工具提供的对这个观念要素的分析性感知。

61. 观念的感性接受

　　人类观念表达的唯一目的，就是实现社会群体中其他成员对这种表达的接受而形成观念的交流，就是通过观念表达活动影响他人的意识活动方式。观念的表达与接受共同构成了观念的交流。观念交流活动是人类社会文化活动的行为方式，也是全部社会文化的基本内涵。人类的文化依据观念交流活动而建立。

　　构建文化的观念交流活动，由观念的表达行为与观念的接受行为这两个环节构成，并通过这两个环节实现观念的传播。在这两个环节的不同行为中，所具有的传播观念的形态与其中的意识活动方式的一致性，就是观念交流与传播能够达成的依据。

　　感性方式的观念表达，必然形成感方式的观念接受，其中也必然要依赖感性化的意识活动过程。理性方式的观念表达，必然形成理性方式的观念接受，其中也必然要依赖理性化的意识活动过程。

　　感性化观念的表达方式是表观的与间接的，是依据对感性化观念要素内的表象的表达来实现的。对应于感性化观念表达的观念接受方式，也是必然是表观的与间接的，也必然是依赖表象形态的。

　　在观念交流活动中的接受者，对感性观念表达的接受过程，就是从接受感官输入的表象信息与表象之间的关系信息开始的。在观念接受活动中，认识活动将这些信息在接受者观念空间中构成了新的元初观念要素，并由此而改变了观念空间中原有的意识能量分布与汇聚状态，再依据这种新的意识能量分布形态与汇聚方式，为认识活动提供了新的审美条件，进而在新的审美实现中构建出了新的观念要素，并实现它们在观念空间中的结构安置。这就是观念接受的感性化过程。

观念接受过程可以分为两个环节。前者是信息接受与感受环节，后者是对感受的审美构建环节与构成接受成果的环节。

在人类的流行文化中，对这种感性化的观念交流活动的理解，常常表达为通过交流者之间观念结构的表观相似性形成了观念结构中的意识能量运动方式共鸣的结果。对这种意识共鸣在心理状态中的表达就是所谓的感动，或者就是强烈的感动形成的激动。如果接受过程没有形成感动，也会在观念空间中留下了感受。感动必然是第二个环节的结果。感受的结果则是对感性观念的接受止步于第一个环节。

这种被激发出来的意识共鸣，就是意识能量在认识构建活动中在特定观念要素集合中的汇聚，就是这种汇聚形成了明确的审美欲望实现的意识感受。所谓共鸣，就是借用特定形态的声波物理能量的传播在特定形态的声学物理结构中形成的汇聚状态，来比喻表达特定形态的意识能量在特定形态的观念结构中的传播汇聚状态。

感性观念交流实现的基本条件，是在参与交流活动的个体之间具有相似的感性观念结构。感性观念的表达者通过对观念要素特定表象集合的表达，向感性观念的接受者传输了形成特定意识能量汇聚运动的环境信息。当这种来自表达者的环境信息在接受者的观念空间中转换为特定形态的元初观念与感受时，接受者观念空间中特定区域中的意识能量汇聚分布的活动方式也就会被激发出来，在接受者观念空间中就会出现与表达者观念空间中相似的意识能量运动形态。当接受者与表达者都具有某种功能特征相似的感性观念结构时，这种相似的意识活动运动能量就会在相似的观念结构中汇聚与强化，并形成明确甚至强烈的审美条件。随着审美结果的发生，新的观念要素在观念接受者的观念空间中被构成，这种意识能量的特定汇聚，也就形成了新的审美感受与精神愉悦。这种新观念与新感受，就是感性观念接受中的成果，也是感性观念接受中的感动。

在观念接受者与观念表达者的观念空间中，具有某种功能特征相似的观念结构，就是他们实现感性观念传播与审美感动的条件。有了这个条件，就可以实现他们的意识活动能量在相似的观念结构中被特定的感官信息的发出与接受而激发，并同时汇聚起来甚至形成审美激励。表达者在表达中会形成新的审美激励而获得审美愉悦，这就是艺术演绎者与表演者们所获得的精神愉悦，接受者则在接受这种表达中，在自己类似的观念结构中也实现了对意识能量的汇聚与审美激励，并由此实现对表达的接受与接受中的审美感受。这就是感性观念传播中"共鸣"的哲学依据。观念表达者的表达活动也在激发出对被表达的既有观念结构的新的审美，并在这种审美中实现对表达内涵的秩序强化与结构优化。这就是同一个艺术作品在反复演绎中的逐渐炉火纯青，就是某一个思想理论在反复的讲解中的逐渐结构优化。对外的表演与讲演也就是艺术家与思想家们的内在自我修炼。

不同个体间发生感性共鸣的条件就是他们具有类似的感性化观念结构。这种类似观念结构的一般存在来自他们共同的文化环境所塑造，例如共同的母语与共同的文化教育环境的塑造。这种类似的感性观念结构就可以通过对感性表达信息的接受所构成的新鲜表象群或原初观念群在观念空间中的分布，而被结构性的显现出来与实现能量的汇聚所激发出来。

能够在接受表达表象中所激发出的与表达者类似的感性观念结构，具有两个形态内涵。一个是具备他们之间潜在的一般感性超验结构的同构特征或宏观超验观念的通过特征。这种超验同构就是意识能量实现汇聚的一般条件，例如共同的宏观文化结构与信仰结构。没有这一般条件，在不同的宏观超验观念环境中实现的对表达表象的接受，就难以激发出明确的同类意识能量的汇聚。另一个就是在表达者与接受者的观念空间中具有微观观念要素的同构形态，这就是实现接受者感动状态的具体发生条件。如果没有这种微观的同构条件，明确的感性化观念的传播结果就不会实现，就只能形成模糊的宏观兴奋。

如果这两个同构条件都不存在，观念交流活动就变成了"对牛弹琴"。

感性观念接受的方式，就是通过对表象信息的接受形成了接受者在类似观念结构中的意识能量汇聚，进而激励出接受者新的审美活动与审美成果，也就是形成精神共鸣。可以形成这种激励或共鸣状态的条件，就是接受者与表达者之间具有类似的宏观与微观感性观念结构，这就是能够被感动的条件。这种条件可以通过统一的教育与统一的文化塑造来实现。

所谓感动，就是接受者或表达者在独特的观念结构中的被观念的表达所激发出来的意识能量汇聚，以及这种能量汇聚形成的新的审美实现。这种意识能量的汇聚过程也就是一个认识活动的准备环节的形成过程，这个准备环节就来自汇聚起来的意识能量在特定观念结构中形成的意识关涉。这种审美激励的形成具有明确的环境条件，这就是接受者与表达者的特定观念同构。这种审美激励的结果无明确的形态，这就形成了感性观念表达的接受者的认识审视集合内涵与审美结果的不确定性。

在面对同一个艺术表达活动的接受群体中，每一个被感动的接受者都会具有自己独特的感动形态与感动原因，但每一个感动都是与表达信息的共鸣。艺术表达所投射的感性表象的丰富与深刻，就是优秀的艺术表达能够具有广泛的感动效果的原因。但每一个感动的内涵都是独特的和与众不同的。红楼梦感动了无数具有一般阅读能力的中国人，但没有一个被感动者的感受是相同的。

在同一的社会文化环境中的成员中，语言是最普遍最有效的感性交流工具。就是在语言的交流中，交流者之间也已经具备了由同类语言所塑造的观念共识与观念同构，这就是形成共同语境的宏观条件。如果不能在语言的交流中形成特定的微观观念的同构，也就是构成了共同的语境，在可以抄同样语言的交流者之间，也只能是鸡同鸭讲与隔空喊话。在语言交流中经常有这样的现象，说者的语言听者都能懂，但面对说者的侃侃而谈，听者仍然不知所云。

另一个相反的现象则是，如果在具有高度类似的感性观念结构的个体之间，也就是可以深刻互相理解的熟人之间，一个简单的表达行为，一颦一笑与一举手一投足，都会形成明确与深刻的观念交流，甚至形成强烈的感动。这在情深意切的交流中常常见到。

在感性观念的表达方式中，表象的表观特征与表达内涵间的多样性关系，也就决定了感性表达本身的不确定性。这种不确定的表达在不确定的接受中之所以还能够成为某种具有相对确定性的观念交流方式，还能够在人类漫长的文明构建中起到主导作用，就是这种交流方式在特定的条件下仍然可以获得一定的确定性的结果。这就是通过特殊的文化塑造，仍然可以在不确定的感性观念交流活动中实现在相对确定的交流人群中具有比较一致的感性观念结构。

人类感性观念交流活动形成确定性结果的依据，就在交流群体成员具备的观念结构的类似形态中。但在类似的感性观念结构中要实现比较确定的观念交流结果，还要通过对表达内涵的多点表象表达来汇聚强化，以及这种多点表达的表象在接受者观念空间中形成的多点感受观念要素间能够形成同构内涵的汇聚。这种对多点接受表象形成的同构观念要素的汇聚，才是引发接受者意识能量汇聚的重要原因，才会可能引发接受者观念空间被多点表象的多重交集形成了一个比较确定的观念共鸣结构的结果。这种多重表象形成的意识能量在特定观念要素中的汇聚共鸣，就形成了一个相对确定的特定观念结构内涵。这个特定观念内涵就是在不确定的表象交流中仍然可以获得一定确定性的依据。这就是在逻辑上高度不确定的感性化观念交流，在特定条件中仍然可以获得相对的确定性的哲学原因。

　　认识成果在观念空间中内在表达的表象对于观念要素并不唯一。这来自一系列唯一表象在内在表达中向特定观念要素结构的融合。每一个认识成果的唯一内在表象，在多重认识构建中向特定结构中的叠加，最后就形成了稳定观念要素结构之上的多重表象。这就是认识成果在观念空间中的表达与安置在观念结构中反复重叠的结果。这种重叠强化了观念结构，也为特定观念要素提供了多重表象。

　　在感性交流活动中可能获得的确定性，就来自表达者对特定表达要素进行多个表象点的表达所形成的不同信息的投射，就来自接受者对这种投射信息的接受所引发的观念空间中多个点上的意识活动的激励，以及这种多点激励形成的意识能量的共鸣。这种接受者观念空间中依据多点表象形成的意识共鸣，既可以发生于单纯的观念要素中，也可以发生在复杂的观念要素丛的集合体中。但这种区分也是相对的。

　　在这种接受感性观念的意识活动状态中，接受者的意识能量同时聚集于被几个接受信息的表象所激活的观念要素中，或者聚集于单个观念要素的不同内在结构的不同表象形态中。这就构成了意识能量在观念空间中的多点聚集。这种多点聚集的意识能量对观念空间结构关涉功能的交集，就形成了它们的功能在观念空间中的融合与汇聚，也就可能形成在特定观念结构中的能量强化与放大，并因此而形成能量的共鸣。如果这些表象之间具有比较好的同构联系，它们的汇聚就会激励出同构的意识能量的强化方式，还会形成意识能量在观念结构中的进一步强化。前者是多点能量的空间汇聚，后者是多点能量的结构汇聚。

　　这就像黑暗的空间中几束不同的光线虽然各自照亮了自己的投射范围，但如果它们的投射范围在某些局部空间中形成了光线的重叠与汇聚，就会出现光能量明确的汇聚强化。如果这些不同的光线具有相同的频率与相位结构，它们的汇聚就会形成同构激励。前者是一般光线的空间聚焦，后者是特定激光的激励发射。

在感性观念接受者的观念空间中，通过接受信息激发出来的意识汇聚与意识关涉的能量集中，常常就会形成一个强烈的审美发现，并构成了对一个特别观念的接受活动所激发出来的新观念，这个新观念就是感性表达的接受成果。这个接受成果的不确定性，来自其在独特的观念空间中的独立运动与独立的自组织过程，这个接受成果的确定性，则来自激发起构成能量汇聚形态的信息表象间的关系结构的确定性。

虽然每一个被接受的表象信息在接受者观念空间中的激发结果是高度不确定的。但一个具有内在联系的表象集合在观念空间中激发出来的审美集合，就具有了相对确定的内涵。这种表象间的内在关系来自观念表达中的结构秩序，也来自表达者对表达要素的组织化。

看似散乱的表象集合被观念接受者有意与无意地接受进来，但他们被表达者有意或无意的审美追求形成的组织化结构，则蕴含了这个交流过程中的确定性。这种确定性既不是表达者可以完全感受与控制的，更不是接受者可以感受与控制的。

感性化的观念接受过程，也必然是一个认识活动对新观念结构的构建过程。如果接受的表象是单一的，被这个表象信息所激励起来的意识能量的汇聚也就会形成一个单一与高度不确定的认识活动审视空间。在这个空间中形成的认识发现成果也就必然是高度不确定的。在每一个确定的感性观念要素的接受过程中，都蕴含了大量这样不确定的单一审美成果。但是，当这些认识过程与审美成果在一系列的表象激励中被组织起来形成了特定的空间结构时，它们的综合成果中就蕴含了确定性。这种确定仍然要来自对其进一步的审美组织。这种来自表达信息间的确定性就是这个交流过程的确定性。

在具有明确确定性的感性观念交流过程中，通过具有内在结构关系的一系列相关表象的传输，就在接受者观念空间中激发出了一系列具有结构关系的认识过程，这些认识过程结果的汇聚，就形成了一个具有交流确定性的新观念。这个新观念与表达者的观念可能完全不一样，但却具有了表达者的艺术表达中蕴含的秩序内涵。每一个红楼梦读者心目中都会形成一个独特的林妹妹形象，但这些形象中又都蕴含了曹雪芹的表达含义。

在感性观念交流中必然蕴含的认识活动，决定了任何观念交流的结果都是认识活动的结果，也都是审美欲望的实现结果。这就是可以将一般文化活动中的广义认识活动表达为审美活动的依据，这也是在感性观念交流的狭义艺术活动中，可以将艺术感受能力看作艺术认识能力的依据。

将专门化的狭义艺术活动的感受成果表达为审美成果，实际上是对一般认识活动实现本质的特例化表达，是将特殊审美活动普遍化的文化表达结果。在传统哲学中，由于忽视与模糊了观念交流活动的过程意义，也就将对人类精神世界具有至关重要影响功能的观念交流活动，仅仅归纳到个体一般的认识活动中，变成了人类对环境信息接受的一般经验的构建过程。

人类全部感性观念交流的结果，都是激发了接受者一个新的认识发现过程的成果。这个认识发现的条件，是由他人的观念表达所激发的和所约束的。没有他人的观念表达的刺激与引导，接受者就不会自发形成这个新的认识发现成果。人类群体中个体之间的感性观念交流活动所激发出来的认识活动，既是人类复杂丰富的精神环境形成的基本原因，也是人类复杂丰富的意识活动的形成原因。蕴含在个体观念空间之间依据观念交流活动而形成的复杂的认识活动，就是人类精神世界环境的群体化与公共化的自组织方式。

人类文化活动中每一个艺术要素的接受都是接受者新的审美发现成果。感性观念交流的成果，并非观念秩序或艺术形象在不同个体间的直接传递，而是在依据复杂多样而不确定的艺术表象的传递中，所激发出来的不同接受者们相对集中的认识活动所构成。观念的交流并不是观念的复制，而是通过对表达观念的表象信息的传播形成对新的认识活动的激发，并通过观念的表达方式与观念的接受方式中蕴含的秩序同构，实现被激发的认识构建结果具有与表达的观念的同构性。这种在不同个体的观念空间结构中的同构性观念要素的建立，就是在人类观念交流活动中实现的精神世界秩序的公共化投射。

人类观念交流活动的过程，就是个体间不同精神环境秩序间的投射与还原的过程。首先，文明化的人类表达者，通过复杂的技术环节将要表达的观念秩序的内涵，转换为可以通过表达器官的行为方式输出的信息形态，例如语言的特定语句，例如艺术表达的特定形式，这就是将精神环境观念要素的内在形态的外在化的过程。这个过程的依据就在观念要素的内在表达的表象形态中。对观念要素实现外在表达的过程，就是对其内在表象的外在转化的过程。

例如，任何语言的表达，都有一个将要表达的观念内涵转化词汇表象或概念表象的过程，也都有一个再转换为语法关系与句型的过程。在更复杂的语言表达中，还包括了将语法关系修辞化转化的更复杂的过程。表达者的这种转换活动的能力就所谓的语言表达能力或口才。

例如，在狭义艺术活动的表达过程中，对每一个表达内涵的外在信息转化过程的综合，都构成了规范化的艺术活动形式的创作过程。狭义艺术的创作活动，就是观念的表达内涵向规范化的外在信息形态的转换活动，就是将要表达的精神环境的秩序内涵，转换为特定艺术形式的规范表达方式的活动，这种方式最终又可以分解为人类器官行为构成的表达信息。音乐家将自己欲表达的观念内涵转化为特殊的旋律与节奏，或者更复杂的和声与配器，画家则将自己欲表达的观念内涵转化为特殊的图形与色彩，或者更复杂的构图与光影。他们在其中的意识活动并非是对外在环境的直接写实，而是在自己精神环境的徜徉中寻求艺术表达活动中的审美满足。

艺术表达者们将这种转换以后的表达信息通过行为实现外在表达的活动，就是狭义艺术的演绎活动或表演活动，这就是将已经实现了表达转换的外在信息形态，通过艺术行为传播到社会环境中去。这种转换的过程就是广义的艺术创作活动。

在对创作成果的演绎与表演过程中，也仍然会蕴含一些微观的继续转换过程，这就是艺术演绎与表演中的再创作过程。

这种将观念的表达内涵，转换为特定的狭义艺术形式中高度技术化与规范化的表达信息形态的活动方式，就是艺术规范与艺术技巧。这种行为规范与活动技巧必须通过文化活动中的教育与培训才能建立。

在观念的表达环节中，在将所表达的观念内涵转换为可表达的外在信息的意识活动过程中，也蕴含了丰富的观念重组与重构的认识活动过程。这些过程就是将观念空间中弥漫的一般秩序形态，构建成一个可以集中表达的秩序形态，就是将观念秩序进行典型化构建的认识活动过程。在这些认识过程中，观念空间的秩序被重新浓缩与集中重构。这个过程也必然会形成强烈的审美感受，这就是艺术创作活动中的审美感受。这就是表达过程中的观念重构。

观念交流活动的接受过程，就是将外在环境中表达与传播的特殊信息形态，转换为内在环境中的观念形态的过程，也就是实现特定的感官信息的输入过程，并以此而激发出特定的认识活动与新观念的构建过程，这也是一个明确的审美欲望的满足过程。对于简单感性观念的接受，这仅仅是单一的认识过程与简单的感觉观念的构建过程。对于复杂感性观念的接受，这就是一个多层次综合的复杂认识过程。

例如对一个语言表达的接受，必须首先通过语法逻辑来分解与安置语言信息，进而依据句法和语汇逻辑将这些语言信息与信息间的关系还原为一般感官表象，并在这个过程中实现对语言表达的表象化感受，最后还要将这种表象感受的结果，在观念空间中集合汇聚起来，形成由它们激发出来的多层次认识活动的组合，并最终通过这种多层次认识成果形成的观念构建，实现语言交流的最终完成。人类看似简单常见的语言交流活动，实际上则蕴含了复杂的观念表达与观念接受过程。个体间语言表达能力与语言理解能力的巨大差异，就是它们在这个复杂过程中的意识活动能力的差异。

在文化活动中不同语言间的翻译，就是在语言传播的两个转换环节中加入了一个中间连接的过程，就是将表达者转换为外在信息的语言表达形态转换为接受者的不同语言接受形态的过程。这个过程并不是信息的直接转换，而是在翻译者精神环境中进行了两次表象转换间的表象对应。首先将表达的语言体系转换为自己所接受的外来表象，然后再将这些表象转换为自己观念结构中可以安置的内在表象，最后再将这种内在表象转换为翻译目标的语言表达形态。优越的翻译活动就是优秀的观念转换与观念再构建活动。翻译绝不是不同语言形式的对接，而是观念的接受与观念的再表达。

今天通过人工智能技术实现的语言翻译，仅仅是对既有翻译结果的大规模寄存与大规模检索匹配的逻辑算法过程，并不是人类真实的意识活动过程。今天的人工智能还远不能实现对人类意识活动的直接模拟。因此机器翻译只能应对最简单最常见的语言表达现象，它们对任何复杂语言的翻译都是对既有翻译实例的套用模仿而已。

正因为不同语言工具的使用者之间无法形成语言的交流，翻译活动就是建立这种交流可能性的技术方法。机器翻译虽然可以用语言符号间的直接逻辑对应实现，但这只能在最简单的表达中相对有效。因为这种翻译的结果，必将因为逻辑符号的直接传播的简化，而丢失大量的秩序内涵信息而形成了翻译的高度模糊与不确定性。语言翻译的确定性并非来自语言逻辑的严谨，而是来自感性化观念交流过程的深刻。信达雅的翻译绝不是逻辑关系可以描述的。机器翻译算法的困难与复杂不在语言逻辑的对接中，而在两个观念表象转化间的秩序对接中。

对狭义艺术表达的接受过程，也是在复杂的信息接受与观念转换中蕴含了多重认识活动的过程。首先，必须将感官接受的丰富多彩的艺术表达信息转换为接受者的感受与感觉观念，进而要将这些散乱的感受与感觉观念依据接受者观念空间中的文化要素，形成初步的理解与安置，进而依据这种安置形成的认识审视空间进行新的观念重构。这个重构的结果才能形成艺术接受的经验观念。这就是一个多点与多重的复杂认识过程的集合。实现这个转换的条件，就是接受者观念空间中具有能够接纳与安置同类艺术信息感受的文化结构，这就是接受者理解艺术表达的内在条件。这种文化结构就表达为接受者的艺术欣赏修养。

例如，只有懂得诗词韵律的运用方法与修辞方法，才能在感受诗词的审美愉悦中理解诗词表达的深层次内涵，只有懂得交响乐中的乐队组织结构与具体的配器表达技巧，才能不仅仅笼统的感受到音乐的美妙，还能进一步分析化地深入理解作曲者与演绎者的情感表达。

在艺术活动中的艺术表达接受者，只有实现了将艺术表达的形态在自己观念空间中的观念还原以后，才能实现对艺术表达内涵的接受，才能在接受者观念空间中激发出多重的认识审美的观念构建。艺术欣赏中的审美感受并非来自艺术表达的信息接受，而是来自这种接受激发出来的认识审美过程。只有能够实现对艺术表达丰富多彩的感性化观念转换的接受者，才能实现对艺术表达信息中传输的观念表象实现多重与多点感受，才能在接受者的观念空间中激发出强烈的意识能量的汇聚的情感状态，才能被艺术的表达所感动。

感性观念交流活动的不确定性，常常形成社会文化活动中不确定的交流结果。高度不确定的观念交流就是失败的交流。在任何成功的感性化观念交流中也都仍然蕴含了不确定性。感性观念交流的确定性是相对的，其交流的成功也是相对的。在任何成功的感性观念交流活动中都会具有相对的确定性。观念交流活动的确定性程度决定了观念交流活动的功能效率。理性化的观念交流方法，就是为了提高交流的功能效率而逐渐形成的技术手段。

在感性观念交流活动中获得相对确定性的条件，来自交流的表达者与接受者之间观念结构的相对同构。这就形成了他们之间精神环境秩序实现联系与实现公共化的可能性。

人类个体的精神环境内涵是独特的。在观念结构差异巨大的个体之间也就难以形成高度有效的感性观念交流结果。例如完全没有西方音乐修养的中国人，就不会接受与欣赏西方音乐的表演而获得审美享受与精神感动。例如在观念结构差异巨大的个体之间，即使是使用相同的语言交流，虽然费尽口舌也难以沟通。

在感性观念交流中，对于原来熟悉的感性化表达，也会因为接受者的文化环境的变化形成的观念结构的改变，而出现对同一个观念表达形成前后不同的接受结果。这就是古老的艺术作品永远会激发后人不同的新感受的原因，也是优秀的文化成果永远具有欣赏价值与感知意义的原因。在人类的社会环境中，后人对前人创造的古代艺术作品的理解方式与接受结果，是由他们的观念结构与价值需求所决定的。同一个古代艺术作品，在不同欣赏者的心目中，可能形成完全不同的感受结果。

在人类个体不同的社会经历过程中，必然会形成观念结构的变化，也必然会形成他们审美情趣与艺术价值追求的变化。个体在经历了不同的生活以后，对同一个历史事实或文化对象，也就常常会形成新的不同的看法与不同理解。

62. 感性观念交流活动的一般形态

观念的感性交流是人类的基本观念交流方式。它直接来自人类的感官功能，是由感官功能所派生形成的方式。其中最广泛的方式是基于听觉与视觉功能的方式，因为这两种方式传播的信息量最大。这就决定了这两种方式是观念交流的主要形态。

观念交流活动由观念表达与观念接受的两个环节构成，这两个环节互相促进相辅相成。人类的主要感官接受功能决定了感性观念交流的主要接受方式，也就决定了观念交流的表达方式。

感性化的观念表达方式就是广义艺术活动。在感性观念表达方式中的一些特殊的表达方式，经过文化活动的凝聚与沉淀，就逐渐形成了具有特定规范方法与特定审美形式的艺术表达方式，这就是狭义的艺术活动方式。今天人类文化中的艺术活动形态，主要是指狭义的艺术活动形态。其中包括了绘画、音乐、文学、戏剧、雕塑、建筑、舞蹈、电影等等。相对这些规范化的狭义艺术形式，广义艺术形式也就变成了内涵模糊的各种感性观念的交流方式。其中主要是各种通用的非知识化的交流方式的混合，例如口语语言与肢体语言或表情的混合，例如文字与语言的混合、图形与文字的混合、图形与肢体语言的混合，如此等等。在人类社会活动中的全部感性观念表达方式，都可以归为广义的艺术方式。例如语言的艺术，指挥的艺术，设计的艺术，工业规划的艺术，号召的艺术，组织的艺术，协调的艺术，人格魅力的感染艺术，如此等等。

在依据感官功能的感性观念交流方式中，主要是依据听觉与视觉功能的方式。依据其他感官功能的观念交流方式虽然不太重要，但也是前两者的补充。依据触觉味觉与嗅觉的观念交流方式，除了在特定的社会活动领域中具有意义外，例如在饮食与服饰的消费活动中，也会在广义艺术活动中具有补充功能。例如在现代媒体的表达中，就会运用启发或刺激嗅觉与触觉感受的方式，来强化自己的表达。

依据听觉功能的观念交流方式，主要由人类的发音器官以及人类创造的发音工具决定，例如语言工具与音乐工具。但人类创造的全部发音工具的形态，又必然由人类的听觉器官功能决定。各种乐器以及依据电声技术创造的全部声音重放设备，都是围绕着人类的听觉功能设计出来的。

人类的听觉功能又促生了语言交流工具。但语言工具的形成还要依据人类意识活动的理性化能力。语言是人类感性观念表达方式中的声音符号化工具。没有人类的理性能力就不会有声音的符号化与声音符号的语法化，就不会有语法逻辑。其他动物所具备的听觉交流方式即使再复杂，由于它们不具备类似人类的理性化能力，也就无法形成类似人类的语言形态。

将语音符号进行图形化表达的成果就是文字。文字是图形符号的逻辑化与视觉能力相结合的产物，其中也必然包含了人类图形表达能力的成果。从象形文字向拼音文字的演化过程，就是由图形信息向声音符号信息的表达转变，这个转变简化了文字逻辑的复杂性，也同时弱化了文字的信息内涵。今天汉字中仍然蕴含了表音与表意的综合功能，就是它比拼音文字更为深刻高效的依据。

各种狭义艺术形态的观念交流方式，也仍然是依据人类感官功能的结果。视觉功能直接形成的狭义艺术形态就是绘画艺术。绘画用人类在物质环境中创造的平面图形来表达观念，其中包含了图形表象与色彩表象。绘画由平面向立体的延伸就促生了雕塑。雕塑在人类生存环境需求中的工具化就形成了建筑艺术。依据听觉能力的音乐艺术与依据文字功能的文学艺术的融合，就形成了戏剧。舞蹈则是戏剧艺术中的肢体表达方式的特殊艺术分支。舞蹈虽然完全由人类肢体器官的活动形态来表达观念，但也需要音乐的表达实现抽象的辅助。人类在一般观念交流中利用肢体行为的表达就构成了肢体语言。其中也包括了面部表情的表达功能。

依据听觉功能实现观念交流的狭义艺术形式就是音乐。音乐艺术是最为感性化的观念交流方式，因而其交流的结果也就最为模糊与不确定。人类为了追求音乐艺术方式的确定性与有效性，就常常以其他方式来辅助形成对所表达观念内涵的界定。音乐艺术与文学艺术的混合表达就形成了戏剧。在文学艺术中，词汇艺术和语句结构艺术与声韵艺术的融合就形成了诗歌。

音乐艺术的这种不确定性，则又恰恰使它具有了最广泛与最抽象的交流功能，音乐就常常具备在广泛的公共观念领域中的情感渲染与情感传播功能。这就是音乐艺术常常具有超越文化群体间的一般文化差异，能够形成最广泛的可接受性与最普遍的公共化审美价值的依据，也是音乐无国界的说法的由来。音乐艺术也因此而具备了与其他任何艺术形式广泛融合的可能性。

人类感性观念交流活动虽然具有高度的不确定性，但仍然可以通过特殊方法的补充，形成相对的确定性，这才使得感性观念交流活动具有实际意义。

只有确定的表达才可能形成确定的接受。感性交流方式的确定性由感性表达的确定性与感性接受的确定性构成。感性表达的确定性程度决定了表达的准确性，也决定了表达的可接受性。越是确定的观念表达，其观念接受的确定性程度就越高，其观念交流的有效性就越好。

所谓观念交流的有效性，就是对观念的确定表达形成了相应的确定接受。如果对确定的表达形成的接受并不确定，或者虽然接受具有确定性但并不与表达相对应，就难以形成有效的观念交流。

人类个体间观念交流的有效性越高，对交流中的信息传输的约束力也就越强，在接受者观念空间中形成相应意识能量共鸣的条件就越苛刻，对接受者观念空间中的意识能量激励或感动的可能性就越低。反之，如果观念交流的结果具有高度的不确定性，或者观念交流的有效性很低，其对交流活动中的信息传输的约束性也就很低。如果这种交流活动可能汇聚的意识能量有限，就不会形成明确的交流结果。如果这种交流活动仍然可能汇聚起有效的甚至巨大的意识能量，就会在接受者观念空间中形成更宽泛的共鸣条件和感动空间，这就会形成明确的但结果不确定的观念交流成果。

在狭义艺术活动中形成比较准确成果的交流方式，常常需要以特定文化修养和技术训练为条件。这种艺术方法中的技术体系，就是人类利用理性能力归纳形成的规范方法，也就是形成有效观念交流成果的方法。

在人类广义的艺术活动中，或者在一些具有广泛抽象表达方式的狭义艺术活动中，观念交流的结果常常具有比较高的不准确性。但这种不准确则会形成观念交流的宽泛性与普遍性。这些观念交流方式也就常常具有最普遍的方法意义。正是这种交流方式的不准确性，才容易形成广泛的但并不一定与表达目标相一致的观念接受成果与感动结果。这是人类艺术活动中的常见现象。

一般来说，语言方式具有最高的交流准确性，音乐方式具有最低的交流准确性。其他艺术方式大致处于语言与音乐之间。

狭义艺术活动作为流行的文化活动方式，作为感性化观念表达的主要方式，也就逐渐形成了自己特殊的增强表达确定性的方法，以弱化其中必然蕴含的不确定性。其典型方法，就是对被表达的观念要素实行多重表象的混合表达，并让每一个表达表象在接受者观念空间中激发的不确定观念重构，在一个特点观念结构中被重合的表达所凝聚，这就可以实现比较确定的观念交流效果。

例如，在文学表达或与文学相关的表达中就常常使用这种方法。在文学表达中，常常围绕着所表达的核心观念要素，通过多重与多侧面的表达，例如人物的多重行为方式与多重性格，环境的多重内涵与多样秩序，情节的多条线索与多个视角，以此而轮流激发与强化接受者逐渐形成比较集中与明确的观念感受与情感感动，这些观念与情感在观念空间中的重合与叠加，也就逐渐消除了表达中的不确定性，并升华出更高层次的观念接受成果。

例如在高度不确定的音乐表达中，也会运用对主题旋律与节奏在不同表达方式中的变奏，以及运用配器组织的变换来形成表象不同但核心内涵同构的表达效果，以明确观念表达的内涵。例如在超现实主义的绘画中，甚至将不同视角的画面集中在一个平面中来表达，以便让观赏者直接得到多重表达的感受。这种表达虽然失去了视觉真实，但却获得了表达明确。

在接受者的观念空间中，对这种多重表达所激发出来的观念构建活动，常常会形成在不同观念结构中的情感激荡与审美发现，这些在同一个艺术表达中被激发出来的不同的认识过程，在观念空间中的逐渐深化拓展与融合，就会形成它们之间秩序构建的重合与叠加，也就会形成更高层次的清晰明确的认识发现。这种感受形态就使得狭义艺术活动可以形成比较确定的传播效果。

由于这种确定性是通过不确定的多点表象的传播来实现的，由于这种确定性是在接受者多层次的认识活动中实现的，这就决定了狭义艺术传播中的确定性具有对个体观念形态的依赖，并形成了同一表达在不同接受者中结果的差异性。

对于同样表达的狭义艺术作品，例如同一首诗歌或同一出戏剧，例如同一幅绘画或同一首音乐，其中表达的多点性与多重性表象在作品中是确定的，但在不同欣赏者的不同的精神环境中的接受形态则是不确定的。这种对确定的多点表象形成不确定的接受形态的现象在狭义艺术欣赏活动中是常见的，甚至在具有较高确定性的文学作品的接受中也是会常见。一部红楼梦在不同的阅读者心中就可以"看到排满，看到道和淫，看到缠绵悱恻，看到吊膀子"。同样的音乐演奏，在不同个体的情感空间中，也会激起完全不同但又十分明确的情感感受。

63. 观念交流方式的演化与人类的演化

观念结构的基本形态是感性的，这是由认识活动自组织过程的不可理解本质所决定的。对感性观念结构的交流过程，也就必然是感性观念的表达与感性观念的接受过程。感性化方式就是人类观念交流活动的基本形态。广义艺术活动就是人类最基本与最普遍的观念交流方式与文化活动方式，古代与现代概莫能外。

与此相对立的理性化观念交流方式，以及由此形成的知识化传播方法，则是工具化简化的特殊观念交流方式，是人类通过对自己观念结构理解的积累而形成的具有较高效率的观念交流方式。文化是公共观念的一般表达形态。知识是公共观念的特殊简化表达形态。在人类漫长的文化史中，艺术的历史要比知识的历史长得多。

人类文化中的艺术形态与艺术方法的演化进程，就是感性化的观念交流方式的演化进程。这由感性观念交流方式中不同的技术方法的演化过程所构成。

语言是人类最基本的观念交流工具。语言工具依据特定的理性语法形成。语言是对感性化观念交流方式中的语音体系进行逻辑化组织的结果。语言的形成是人类理性能力的第一次重要突变的成就，这个理性突变形成了人类极为重要的观念传播方式。文字的普及与哲学文化的形成，则是人类理性能力的第二次突变的成果。现代数学与自然科学的形成则是人类理性能力的第三次突变，今天还在发展中的人工智能则将是人类理性能力的第四次突变。

在今天的文化活动中，语言工具相对于哲学的逻辑结构，相对于数学与科学，也就仍然处于感性化状态之中了。语言中的逻辑方法并没有改变语言观念传播方式内涵的感性化主体，语法逻辑仅仅是感性化语言要素的一般方法载体，而不是语汇体系本身。但因为语言仍然依赖于人类最初始的逻辑能力也就必然要晚于一般艺术方式的出现。

人类的语言工具形成了对感性观念表象的规范化表达，这种规范也就是对感性观念丰富多彩而又扑朔迷离的内在表象的外在表达简化。词汇就是对感性观念表象的外在表达简化形态。语言对观念表象的外在简化通过对两个环节构成。第一个是对声音表象的符号化抽象简化，第二个是对声音符号的语法化抽象简化。

文字则是人类利用图形符号表达观念表象的成果与表达语言符号的成果。前者构成了象形文字，后者构成了拼音文字。在文字的符号化过程中也孕育了语音的符号化过程。语言与文字的演化常常相辅相成。文字逻辑以语言逻辑为基础，但又深化与重塑了语言逻辑。这两个逻辑体系的知识化形态就是语法。所有这些，都依赖于人类理解自己的观念结构与意识活动方式的理性能力的发展成果，也都是人类在基本的感性化观念交流方式中长期积累的文化成果。

精神环境就是人类理解自己生存环境秩序与生存需求选择方式的意识活动环境。意识活动在精神环境中的观念结构中实现，又同时构建与创造了观念空间的结构。人类在依据精神环境表达与理解外在生存环境的同时，也在不断地表达与理解自己内在的生存环境，并在外在环境中将这种理解表达出来。这就构成了人类的文化。

　　在精神环境中经验观念是外在环境秩序的载体，超验观念是内在环境秩序的载体。人类对精神环境的理解就是对经验与超验的理解与区分。将这种理解与区分实现社会环境中的理性化表达，就形成了哲学文化。

　　人类对精神环境的理解以对精神环境的感受为依据。人类对精神环境的理解远远落后于对精神环境的感受。人类对精神环境的感受形成感性化的超验观念，对精神环境的理解形成理性化的超验观念。人类对物质环境的感受形成感性化的经验观念，对物质环境的理解形成理性化的经验观念。

　　在观念空间中超验观念的普遍形态是感性化的，因为人类今天对精神环境的理解还很幼稚。而在经验观念中则已经具有了一些理性化体系了。这来自今天人类对物质环境秩序理解的深入。自然科学文化就是特殊理性化的经验观念体系。宗教文化，特别是一神宗教文化，就是能够统合大部分经验观念的感性化的超验观念体系。在个体观念空间中的终极观念基本上是感性化的超验观念。因为人类的理性能力还远不能理解终极观念。

　　人类意识活动能力的演化发展，也就逐渐形成了对精神环境秩序的理性化理解，这就在观念空间中逐渐凝聚出了具有理性化内涵的超验观念。理性化的超验观念就是可理解的超验观念，就是可理解的精神环境秩序，就是广义的逻辑。超验观念结构中的理性化程度随着观念结构层次的升高而降低。人类经验观念要素中蕴含的超验秩序最容易理性化或逻辑化，人类终极观念结构中的超验秩序则最难理性化与逻辑化。

　　对理性化超验观念的结构化外在表达就是广义的逻辑。逻辑就是人类理解自己观念空间秩序的理性化表达形态，就是超验观念的理性化表达形态，也是表达超验观念结构的理性化方法。超验观念表达了精神环境秩序，理性化的超验观念提供了有效外在表达精神环境秩序的功能，也就是提供了外在表达超验观念秩序的功能。逻辑本身就是特殊的超验观念，又是对一般超验观念的反身表达。

正是对这种反身表达形成的特殊功能的不能理解，才形成了人类哲学中关于逻辑的混乱观念。对逻辑理解的混乱，一直深刻地影响了哲学的结构与发展。

传统哲学将对逻辑的理解局限在逻辑的特殊功能中，也就形成了对逻辑本体存在的模糊观念。人类对精神环境中超验秩序的理解与安置，只能回到理性化的哲学中。但哲学对高层次超验观念的理解与表达，也仍然主要依赖感性化的方式。在哲学的演化与发展进程中，也在不断提高对高层次超验观念理解的理性化程度。但这种理解在今天的哲学中仍然很粗浅。哲学演化的历史就是人类提高理解精神环境宏观超验结构的理性化程度的历史。人类对宏观超验观念理解的突变形态就是哲学演化的台阶。

人类理解自己精神环境秩序的困难与哲学的困境，决定了人类文化结构的主体形态仍然是感性化的。人类在观念交流活动中逐渐实现的理性化演化进程，也就逐渐改变与深化了艺术形态的感性化交流方式，并在传统的艺术方式中孕育出了知识的方式。

人类不同文明的形态依据不同的文化内涵与生存环境条件而构成。不同的文化内涵又来自其特定的生存环境。人类文化的形态则依据观念交流的方式形成。人类观念交流的方式则发端于感性观念交流的方式，并在其中很晚才逐渐孕育出了理性化的方式。感性化的观念交流方式决定了人类文化的基本形态，艺术也就成为文化的基本形态。人类理性化的观念交流方式则是文化活动中的特殊形态。广义的知识是对广义艺术的可理解的特殊概括与凝练。广义的知识必然以广义的艺术为其内涵的基础。没有艺术修养难有深刻知识。知识的大师大都也是某类艺术的内行。

人类远古的绘画与音乐艺术，早于具有初步理性逻辑的语言的形成，具有比语言长得多的历史。人类初始的理性能力对音乐艺术与绘画艺术的感性化方法改造，才逐渐形成了语言和文字。语言是音乐符号的观念表象化及其逻辑化，文字是绘画符号与语言符号的观念表象化及其逻辑化。语言和文字的出现奠定了人类理性化观念表达的基本形态与人类理性化意识活动的基础，也为孕育更复杂的逻辑方法准备了条件。

在语言形成之后的漫长的理性能力发展进程中，人类又将文字符号进一步规范抽象与逻辑化，用来表达更为深刻的超验观念，这就形成了初始的数学逻辑形态。数学逻辑是语法逻辑的升华成果。从语法逻辑到数学逻辑，是人类理性化能力的一次飞跃。在中华文明中已经中断了的周易逻辑，就是处于语法逻辑与数学逻辑之间的中间逻辑，它高于一般语法逻辑但又达不到数学逻辑的高度。

数学逻辑的高度简洁与高度抽象，形成了对人类高层次感性化超验观念进行逻辑化组织的能力，也形成了更为抽象的理性化表达方式。知识的表达就由此开始从艺术的表达中脱颖而出了。数学的形成是人类理性化能力的高层次成果，也促进了人类理性化能力的极大发展。依据数学逻辑，人类文化中就出现了全新的理性观念形态。

欧洲自然哲学中隐含的实证方法，与严谨的数学逻辑的表达工具的融合，就为欧洲全球化贸易活动的社会需求提供了一个崭新的公共观念体系，现代自然科学开始诞生。现代自然科学的形成，既是现代数学方法对传统自然哲学改造的成果，也是人类新兴的生产方式对文化形态改造的结果。

人类的理性化能力在孕育了传统数学的同时，也形成了对自己精神环境理解的新方法与新形态，哲学由此而诞生。作为理性化地表达精神环境秩序的公共观念体系的哲学，是在感性化地表达精神环境秩序的艺术文化体系中被孕育的。对于西方哲学来说，也是在一神宗教文化对理性化的追求活动中被孕育的。一神宗教文化的形成曾经包容了大部分西方哲学文化。

西方哲学的自主发展，又从一神宗教文化中逐渐分化出来。这来自人类理解精神环境秩序的理性化方式对宗教观念体系的突破，也来自西方哲学传统中的世俗化文化追求。这个过程形成的文化突变就是西方哲学对基督宗教的超越与独立。

西方哲学对宗教的独立来自表达超验观念的逻辑方法的完善化，来自这种完善对拟人化感性方法的完全摆脱。一旦哲学逻辑摆脱了对上帝的依凭，西方哲学就独立了。近代西方哲学的演化进程，也是逐渐将自己内部源自基督宗教文化的感性超验观念逐渐驱逐出去的过程。早期的西方哲学中充满了各种宗教观念或者非宗教的传统观念，现代西方哲学中则充满了自然科学的观念。这就是文化演化的进程在哲学演化中的投射与对哲学的塑造。就是康德对哲学的理性化改造，也还在努力最终摆脱人类理解精神环境的方法中对上帝的依凭。但康德仍然没有彻底成功，他还不得不为上帝留了一扇小门。这并不是康德能力的局限，而是人类当时文化的局限。

人类理性化能力的发展终于实现了对仅仅依据感性方法的文化体系的改造。这个改造的最初成果就是哲学从宗教中的娩出，这个改造的最明确成就，就是自然科学从自然哲学中的破土，这个改造的最终目标，还必须是哲学对宗教方世界观的完全摆脱。今天的哲学仍然没有完成这个最终的任务，也就是还不能将人类文化中表达终极观念结构的体系完全哲学化。

但今天的哲学家们则在这个任务面前知难而退了，哲学退入了追求逻辑方法的工具理性中，将改造感性表达的终极观念文化体系的任务又还给了宗教。现代哲学开始与现代宗教分道扬镳各说各话了。现代哲学不再为人类的终极信仰提供支撑，现代宗教则又逐渐坐上了这把交椅。这来自今天逻辑方法的严重不足，也来自今天的哲学远不能满足今天人类的理性化需求。不要说哲学重新进入宗教文化中，就是在自然科学的终极依据里，哲学也在渐渐褪色，宗教也在渐渐回潮。从柏拉图到黑格尔，无数有理想的哲学家的奋斗目标被今天的哲学放弃了。曾经为人类确立精神支柱的哲学，今天则变成了各种文化体系的维护工具和门童。

在人类文化的演化舞台上，哲学虽然逐渐变成了微不足道的配角，而观念交流的技术方法则仍然占据了舞台的中央。人类观念交流基本技术的演化，常常就是文化演化突变的序幕。

语言是人类观念交流的基本工具，具备了语言，铸就了人类与动物的分水岭。语言来自人类原始的理性能力，语言又传播与强化了人类的理性能力。自从有了语言，人类的观念交流活动才具备了初步的确定性。语言的出现是人类的第一个理性台阶。

文字则是人类的第二个理性台阶。文字来自人类更复杂的图形符号逻辑能力。文字尽管在语言的演化中得到孕育，但仍然要滞后于语言的出现。文字是人类深刻精细地表达观念内涵的首要的和基本的工具，也是在人类不同社会环境中与不同社会成员间稳定保存与稳定传播精神环境内涵的文化工具。文字的普及是人类文化与文明形成的第二个重要特征标志，也是人类理性的第二个台阶。

初始的文字依据泥板竹木与丝帛兽皮为记录与保存的媒体，用手工刻画与书写形成。这就决定了文字传播工具昂贵的高成本与贵族化的应用模式。文字的媒体就是当时社会文化活动中的奢侈品，就像今天的雪茄高尔夫与跑车。

造纸术的发明，形成了文字媒体的第一次低成本化运动，依据纸张的文字媒体开始普及。文字媒体的普及促进了文字普及，文字的普及又大大地改变了人类的语言工具与思维方式，最终重塑了人类的精神环境。这个重塑的重要成果就是哲学的普及与成熟。

在社会文化中对文字的普遍应用，形成了大众化的深刻文化活动方式，理性能力开始从祭祀与贵族的专有状态中解放出来。认字与写字开始在一般社会成员中普遍化了，普通人也可以读书了，尽管读书还仍然是比较奢侈的文化活动。在欧洲文明中普及读书的动力主要来自宗教文化的推广。

直到中世纪，最普及的读物就是圣经，读书是欧洲人与上帝沟通的手段。在中华文明中，读书的动力则来自社会治理的需求，读书人的最高理想就是出仕拜相与治国平天下。

狭义艺术文化的出现，将人类从远古文明引入了中古文明。文字的出现，则促生了人类的近古文明。这个文明的成果在欧洲的形态就是辉煌的古典文明，古希腊文明横空出世。这个文明的成果在东方也造就了黄河文明。中华文明以自己独特的文字所形成的主要文化纽带，一直延续到了今天。

印刷术的发明，作为观念交流方法的新技术，又是一个降低文字媒体成本的重要台阶。这个台阶的功能，在欧洲促进了基督宗教文化的普及化传播，贩夫走卒也可以有一本圣经了。这个台阶在中国则促进了以科举制度为引导的全民化读书潮流，于是万般皆下品唯有读书高了。这个习俗的现代化遗留，就形成了东亚文化的基本特征，也异化成今天中国幼儿园中激烈的早教竞争。

造纸技术与印刷技术的工业化，为工业贸易文明中大众化的公共媒体奠定了技术基础，现代报刊媒体开始诞生了。报刊媒体衍生出来的文化功能，促生了现代科学文化的普及与现代政治活动的平民化与民主化，也形成了现代教育的普及与现代经济技术方法与社会组织方法的普及。现代人的文化能力，远不是仅仅会读书写字了，而是会广泛应用与依赖现代媒体了。传统中国人的识字仅仅是为了读书，新中国人的扫盲则首先是为了读报。

新兴微电子技术的发展，形成了具有极高效率的文字与图像的处理与传输方法，这又突破性地降低了原来只能依赖传统文字工具的观念交流成本，其中将一般影像信息的制作与保存成本降低到可以到处使用的方便状态，就极大地改变了人类的观念交流方式与文化活动方式。自古文人用笔记，今人随时可拍照。

互联网技术的发展又催生了崭新的公共媒体形态，并开始将公共媒体个人化。人类的观念交流活动在全球范围内已经失去了距离成本。在互联网之后，基于纸质印刷技术的传统报刊媒体与信息载体将开始衰微。

新兴的互联网技术及其派生的信息技术，将又是人类观念交流方式与文化活动的新形态台阶。在这个台阶上，人类表达自己精神环境内涵的全新方式将会出现，人类文化活动方式的全新形态将会出现。人类现代社会的活动方式从贸易的全球化开始，向生产的全球化与生活的全球化拓展。在大规模信息传输技术的全球化普及以后，将会出现完全不同的人类社会组织化方式与完全不同的文化形态。

从结绳记事方法到互联网信息技术，都只不过是人类的观念表达与观念交流技术的不同发展形态而已。绳扣是人类内心计数的外在表达，大数据也只是人类观念的逻辑结构。技术工具的发展必定促进观念交流方式的改变，但观念交流的工具功能，永远都不会取代人类观念交流活动本身。任何外在环境中的技术工具，都无法取代人类内在的意识活动，只能为人类意识活动提供更广泛的环境空间。文字工具如此，互联网技术如此，人工智能技术也如此。

现代信息技术并不会动摇哲学在人类文化中的根本地位。就像自然科学无法取代哲学一样。互联网技术的成果只能形成新媒体。人工智能技术只能造就机器人。媒体并不是人类意识活动的精神环境，而只是意识活动外在化的工具。机器人仍然是人类的生存工具而不会是人类本身。机器人无法控制人类，就像现代战争不会杀光人类，核武器不会灭绝人类一样。

人类的全部工具，都来自人类的生存需求所形成的选择与构建，也必定受到人类生存活动的控制。人类在自然环境中生存到了今天，人类形成了自己独特的文明，就是实现了对环境秩序的理解与利用的结果，就是对自己利用环境方式的理性化控制的结果。这种控制的智慧与实现，就是人类生存的条件。这种控制智慧的消失与控制方式的失败，将是人类消亡的基本原因。

人类能否出现主要取决于自然环境。人类是否会消亡主要取决于人类自己。

第十六章　人类意识活动的理性化

64. 人类意识活动的理性化方式

人类通过精神环境中独具的意识活动实现了在自然环境中的生存，又通过将意识活动的群体化与公共化，建立了独特与灿烂的文明。

但是，人类在进入文明后的很长一个时期中，对自己特殊的生存方式与行为选择方式并不能理解，更不能理解自己在精神环境中的意识活动方式。人类长期处于不自觉的自在生存中。直到人类进入近古文明才开始形成对自己意识活动方式的理解，并通过这种理解建立了对精神环境的理解。于是哲学诞生了。

人类对意识活动理解的公共化表达形成了哲学文化。哲学的出现开始了对人类精神环境存在的理解，也开始了对人类公共化的意识活动方式的理解，但这种理解还远没有被表达为哲学化的理性结构。在人类初始的哲学中对公共观念形态的终极本体论表达，就是西方神秘的绝对理念，就是中国不容探讨的天理。它们都是哲学之上与哲学之外的超验观念。哲学还不能覆盖它们。

人类理解自己精神环境的秩序内涵的能力，理解自己意识活动方式的能力，就是广义的理性能力。自从渐渐具备了理性能力，人类对自己精神环境的理解，也就逐渐公共化或客观化了。这种公共化理解的实现都来自哲学的成就。所谓理解，就是人类自觉的意识活动能力。

自从有了理性能力，理性就成为人类统合文化与公共价值，就成为构建社会观念共识的强大工具与基本方法。这个方法形成了人类对社会生存与社会活动方式的共同理解，也开始形成了人类对社会秩序的认知与伦理价值的认知。这些既是人类文明的精神成果，又是人类文明的精神依据，更是人类追求社会环境合理化的终极价值来源。人类从此开始崇拜理性。

所谓理性能力，就是人类的意识活动对意识活动环境与方式本身的直接感觉能力。对这种能力理解的公共化表达，就形成了哲学文化的为核心内涵。哲学是一种特殊的公共观念形态与文化形态，是对人类理解自己的精神环境与其中的活动方式的理性化的观念体系。

人类的理性能力，又来自人类对自己精神环境的理解进行公共化表达的需求。没有公共化表达的需求就没有理解。表达形成了理解并促进了理解的深化。人类理解精神环境的全部理性方法都是对这种理解的公共化表达方法。人类理性能力的公共观念表达形态就是广义的逻辑。没有人类对理解自己精神环境成果的公共化表达的追求，没有人类建立理解自己精神环境的公共价值的欲望，就不会有人类的理性，也就不会有任何逻辑。

人对自己观念结构的理解在观念空间中的内在表达，就形成了理性化的观念结构。所谓理性化的观念结构，就是人类意识可感知与可理解的观念结构，就是人类的意识可以获得其中一个领域中的结构关系与层次秩序的观念结构。逻辑是人类理解观念结构的成果，也是人类理解观念结构的工具，还是引导与安置意识活动方式的方法。

人类理性化观念结构的形成并非是认识活动的直接成果。认识活动所构建的观念结构的本体形态都是感性的。理性观念结构来自认识活动对既有的感性观念结构的再认识与再构建。认识活动直接形成了超验秩序，认识活动对超验秩序的再认识形成了对超验秩序的超验化。表达了人类精神环境内在秩序的超验秩序的不断超验化凝聚，就逐渐形成了人类表达对精神环境秩序的逻辑。这种超验化凝聚出来的特殊观念形态，也必须来自人类对超验秩序的公共化表达。认识活动对审美成果的无穷尽的追求是逻辑形成的内在依据，人类对理解自己精神环境秩序的成果的公共化外在表达则是逻辑形成的外在动因。

人类对内在超验秩序的再认识与再构建的依据就是广义的逻辑工具，人类对内在超验秩序的群体公共化与外在表达的结果就是逻辑的文化形态，这包括了从基本的语言工具到各种哲学逻辑直到科学所依赖的数学逻辑的全部内涵。

人类认识构建的直接成果永远是感性的，认识构建的超验成果永远是不可直接理解的。理性能力对既有感性观念要素实现可理解的再构建与再安置，才将它们实现了可理解的内在表达。对这种可理解的内在表达的不断可理解化地重构与安置，才逐渐形成了明确的理性化的观念结构。

将认识活动构建的观念要素进行表象化的内在表达，就形成了感性化的观念结构，将认识活动构建的观念要素进行逻辑化的内在表达，就形成了理性化的观念结构。逻辑化的内在表达必须以表象化的内在表达为基础。逻辑化的内在表达就是对观念空间表象关系的逻辑化安置。认识的直接成果只能形成表象安置。对表象安置实现进一步组织化的逻辑安置才能构成理性观念结构。对认识表象的逻辑安置仍然要依据感性化的自组织过程。只不过在这个自组织的结果中具备了逻辑化安置的表象而已。观念要素表象的逻辑化安置的依据仍然离不开具有逻辑安置条件的观念表象。

全部理性化的观念结构都以感性观念结构为本体基础，都是对感性观念结构的逻辑抽象化与简化的内在表达。理性化的内在表达形成了超越感性观念表象表达的特殊形态，在这种表达形态中具备了穿越表象表达的更深层次的功能关系。

对这种观念要素间的功能关系的感性化理解，就是所谓的得到或建立了因果关系。所谓因果关系，就是人类对感性观念要素间功能联系理解的感性化表达。因就是实现了环境功能的观念要素，果就是受到前者环境功能影响的观念要素。因果关系就是人类意识对这种无穷普遍联系的特殊选择结果。选择的依据在人类的环境需求中。

因果关系并不是人类外在环境的存在秩序，而是人类精神环境的观念结构秩序，也是对这种秩序的感性感受的初始理性化表达。在中华文化中对因果关系的感性化表达就是"机缘"，因果功能的实现就是机缘巧合。这种理解就比欧洲哲学深刻得多，在这种理解中就蕴含了对环境中存在的无限联系的人类需求选择结果。对机缘功能感悟的理性化表达就是"因果"。对因果来源的意识活动理解表达就是感悟。对机缘关系的结构性表达就是逻辑。易经逻辑表达了社会活动的机缘，阴阳五行逻辑表达了人类生命活动的机缘。佛家的因果与科学的因果在哲学中是同构的。在科学文化中的机缘，就是特殊的规律化现象。对规律化现象的逻辑化表达就建立了科学因果。科学因果依据数学逻辑实现外在表达与内在思维。科学的机缘就在数学中。佛教观念结构对机缘的逻辑化表达就建立了佛理因果，佛理的机缘就在佛经中。在世俗文化视角中科学逻辑与佛学逻辑截然不同，在哲学视角中它们则是同构的。科学观念体系是高度理性化的经验结构，佛学观念体系则是高度理性化的超验结构。

人类的哲学一出现，就有了将理性化表达的内在环境秩序理解为外在环境秩序的虚幻观念。这来自人类对可理解的理性化观念结构的存在形态与其环境功能之间关系的不理解，对其理解仅仅局限于结构中。这也来自人类对自己理性化能力的感性化崇拜。这种虚幻也就是著名的休谟困惑的原因，也是至今的哲学难以理解人类经验的存在本质的原因。

当人类对依据表象实现的直觉化感受的感性观念要素，形成了超越表象的结构化感受以后，也就可以建立观念要素内部蕴含的不同价值之间的因果关系了。全部因果关系，包括科学的因果关系与宗教的因果关系，都是不同价值之间形成的结构性联系，都是对这种结构性联系的不同理性化理解。这种联系来自人类的理性能力对感性观念要素内涵的理性化表达形成的升华。建立表达了外在环境功能的观念结构的内部要素间的因果关系，是人类基本理性的追求，也是人类理性能力的文化成果。具有因果内涵的观念要素就是人类可以初步理解的观念结构，也是最简单最原始的理性化观念结构。因果关系也是人类最简单的逻辑关系。

人类依据逻辑方法对认识构建的全部感性化观念要素进行重构安置，就逐渐形成了理性化的观念结构。这种理性化的重构安置过程遍布于各个层次的认识活动中。自从人类具备了理性能力，自从这种能力通过文化活动实现了普及，人类精神环境中也就开始逐渐遍布了逻辑化的内涵了。人类观念空间中的基本逻辑内涵就来自语言的普遍运用形成的语法逻辑的普及。精神环境中的逻辑内涵就是认识活动对感性观念要素实现不同层次的理性重构安置的精神环境条件。幼儿对语言的学习过程中就蕴含了对语法逻辑的学习与接受过程，这就是在他们的精神环境中铺设逻辑基础结构的过程。语言是人类观念交流的基础工具，语言又是人类接受逻辑的基础途径。

对认识的感性成果实现理性化内在表达的重构与安置，在观念空间中被重复与叠加，就不断强化了人类对观念空间秩序的可理解结构。可理解的观念要素结构不断进入认识的无序审视集合中，也就不断强化了认识成果中的可逻辑化表象。这种表象的逻辑化安置又会进一步强化了观念空间中的逻辑安置条件。这就是人类精神环境不断理性化的循环进程。

理性观念是感性观念的凝聚与升华，是直接构成感性观念的认识活动对认识成果的逐渐结构化安置，也是对表象化的感性观念的逐渐结构化与逻辑化改造。这种改造的结果就为意识活动提供了超越表象感受的内在信息感受环境。这种功能的实现并不会改变观念空间中感性化观念形态的基本存在，而是在这种基本存在之中形成了特殊的结构秩序表达。

理性能力在观念空间中构成的理性化观念结构，形成了意识活动的特殊环境。在这种环境中意识能量可以超越感知观念空间环境的简单而混乱的表象形态，而可以感知到不同层次的表象间的有序的功能关系，也就是可以感知到观念的逻辑化的空间结构。这种感知就是理性能力对观念空间秩序的理解依据。这种感知也是将意识能量的关涉空间的结构拓展与放大。

就是在理性化的观念结构内，人类对观念要素的可感知基础仍然是认识活动内在安置的初始表象。任何理性能力对观念结构的感知在观念空间中的拓展与扩大，任何理性能力对观念空间秩序的逻辑化，都永远是对基础表象间的无限复杂联系的层次化安置，都不会脱离认识构建的基础表象。任何理性化的观念结构感知都是在基础表象的汪洋大海中形成的特殊秩序凝聚，他们无法离开基本表象就像海洋生物无法脱离海水。理性化的结构感知永远漂浮在感性化的表象感知之上，它们虽然永远比感性化的表象感知肤浅，但却永远比感性化的感知开阔与广泛。

将理性能力与感性能力对立，将理性观念结构与感性观念结构平等地对立，是传统哲学的一个重要误区。

理性观念不是与感性观念对立的存在，而是在感性观念的存在之上的特殊存在。理性观念中必然蕴含了感性观念，没有感性内涵的理性观念是虚幻的，没有经验基础的知识是虚假的。

正因为理性观念是感性观念之上的特殊形态，全部理性观念结构中的理性化意识活动方式，都必然以关涉作为观念基本存在形态的感性意识活动为基础条件。没有感性基础的理性意识活动是虚幻的，就像没有物理观念内涵的数理方程是一种逻辑虚幻一样，就像没有表达对象的语言形态是语法虚幻一样。

理性意识活动的过程必然时时依赖感性意识活动的过程，只不过这种依赖的关系不会被意识所感受。在任何理性观念结构中都必然蕴含着感性观念要素，理性观念结构就是对感性观念结构的特殊安置与表达。任何理性意识活动方式中都必然蕴含着感性的直觉，理性的思维就是对感性直觉的逻辑表达与安置。

人类的认识活动是一个对观念要素从无到有的创造过程。这个过程的全部直接成果都是感性的，这个过程的秩序创造功能则是生成了新的超验观念。认识活动在观念空间中的普遍存在与叠加，形成了对超验观念秩序的特殊凝聚与积累，在将经验观念逐渐超验化的同时，也形成了逐渐将感性观念的理性化。这是观念空间的秩序结构被认识活动逐渐改造与逐渐表达的过程，也是对既有的感性观念要素逐渐明确的内在安置过程，还是对既有感性观念要素重新整理与重新构建的过程。当这种安置与重构中蕴含了人类对观念空间秩序的超验理解时，当这种安置与重构渗入了逻辑方法时，这种安置与重构的结果就具有了将观念结构理性化的功能。这种理性化的过程的对象就是观念空间中既有的认识活动的感性化成果。

人类意识活动对观念结构的理性化过程主要是通过认识活动的表达环节来实现的。而认识活动的构建环节的任何结果都仍然是感性化的。当认识的审视集合中蕴含了理性化的可理解要素，认识活动的感性化成果中也就具备了实现理性化内在表达的条件。这种具有理性化特征或逻辑化表象的认识构建成果如果不能在既有的逻辑环境中得到妥善安置，就仍然还是感性观念要素。例如牛顿的万有引力观念来自他的认识构建，其结果只有在既有的物理学逻辑数学工具中得到安置与表达才能变成理性化的知识，如果不能实现这样的表达，其观念也就只能是虚幻的神话与神奇的故事。

人类观念结构的理性化改造过程，是一个循环积累的过程，这个过程分布在人类社会化的文化环境中。完全感性化的观念结构无法一蹴而就地实现理性化重构与逻辑化安置，只有具备了一定理性秩序内涵的感性观念，才能在内在表达的安置环节中实现进一步的逻辑化。人类的理性观念结构就是在这样的不断积累中形成的。

在完全感性化的观念要素中，初始而微妙的理性内涵就来自意识对观念要素功能机制的模糊理解。如果仅仅有了意识的理解而不能在观念结构中得到逻辑安置，这种理解就无法在观念空间中得到保持与积累，也就不会逐渐成长为明确的理化观念结构。

人类的审美活动中蕴含的理解能力，就是逐渐形成对观念要素的功能内涵微妙理解的依据。这种能力创造了观念秩序，也在创造的过程中感受与感知了观念中的秩序。这种弥漫在认识活动中的感知积累，也就逐渐形成了观念空间中的可表达与可理解的超验观念，这就是逻辑。当这种积累的过程并不仅仅在个体的精神环境的演化进程中，而是广泛分布在人类群体的文化结构的演化进程中。

人类的全部广义逻辑，就是对感性观念要素实现理性化表达与安置的方法。不同的逻辑方法，来自人类意识对观念结构的不同理解方式与不同理解程度。从阴阳五行逻辑到周易逻辑，从辩证法逻辑到系统论逻辑，从依据计数方法与计算技术的古典数学逻辑到依据集合论与群论的现代数学逻辑，都是如此。随着哲学的新突破人类还会创造出新的逻辑形态来。在全球网络化与社会智能化的文化环境中将会出现今天无法预测的逻辑形态。

在可理解的观念结构环境中，才能形成与理解相一致的具有逻辑表象的观念要素的安置。依据特定理性化结构对观念要素的安置过程，也就是对可安置的观念要素的理性化选择过程。并非具有逻辑表象的认识成果都能成为知识。

在认识活动的第三个环节中，也可以依据逻辑方法实现对感性化观念要素的理性化安置，这种安置的条件就是其表象具有可逻辑化的特征。例如任何感性观念的语言表象都具有词语逻辑的特征。这种可逻辑化的条件是相对的，这就决定了认识活动实现观念要素的理性化安置的结果是相对的。具有不同程度逻辑表象的新观念，可以形成在不同逻辑结构环境中的不同理性化程度的重塑与安置。人类初始的理性化观念结构也就因此而是粗浅与含混的。人类理性化观念结构的深刻化与精密化，并非是特殊个体的特殊认识能力的结果，而是人类群体化的意识活动与观念交流活动的结果。人类深刻的理性能力与理性观念结构，来自人类在观念交流与文化活动中对粗浅理性观念的不断表达与重塑，来自感性观念在不断的表达与重塑的公共化中形成的凝练化，来自这种凝练化对特定个体超验观念结构的文化塑造，来自特殊个体意识活动对这种凝练化的超验观念结构的不断凝练化表达。这个循环就是镶嵌在实践循环中的理性化认识循环。实践循环孕育了人类的文明也孕育了人类的理性。

不同的逻辑工具具有不同程度的理性化功能。它们对可安置的观念要素的安置结果也就具有不同的理性化程度。例如从东方的阴阳五行逻辑到西方的现代数学逻辑之间，就呈现出了差异极大的理性化功能程度。全部逻辑工具对观念要素的理性化改造结果都是相对的，也都是必须继续包容了感性化的观念内涵的。任何逻辑工具的使用过程都是一定程度与一定层次的感性黑箱过程，在它们实现的理性化重塑与安置结果中也都必然包容了感性化的黑箱内容。这就是全部逻辑方法的理性化相对性。

人类的全部理性化观念结构，包括全部知识结构，都是部分地或在一定层次上与一定程度上被逻辑化的感性黑箱。就是在今天高度理性化的物理学中，也有在其数学化的表达形态中蕴含的物理概念之内的感性黑箱。在今天的中医理论中，也正是在阴阳五行逻辑与经络逻辑中蕴含了大量难以理解的感性黑箱，才被现代科学文化神秘化与愚昧化的。现代物理学与现代中医具有完全不同的理性化程度，但都仍然表达了理性化的相对性。

在任何理性化的观念结构中相对存在的逻辑化形态都主要表现在其相对宏观的结构中。一旦进入其微观结构，它们都会逐渐失去逻辑而变成感悟。虽然在任何理性化的观念结构中都可以实现意识活动的向下分析运动，但任何分析思维都会达到一个可分析的边界，越过这个边界就会进入没有层次与不可分析的感性要素中。这些感性要素在宏观上被逻辑结构包容与安置，并向意识活动提供了逻辑思维的环境。一旦意识能量进入这些感性要素中就仍然会回到感性直觉的与不可分析的活动状态中去。

例如在今天具有最高理性程度的物理学中，基本粒子的观念要素就是其理性化分析的下边界，对基本基本粒子的内在秩序形态也可以被进一步思考，但这种思考则会离开了物理逻辑而进入了感性直觉。这种思考就是物理学前沿中的猜想活动。

例如在今天理性化程度还远远不够的社会学观念结构中，例如在现代经济学中，人类个体的价值判断活动就是其理性分析逻辑的下边界，一旦进入了人类个体的心理活动中，任何经济学逻辑也都会失效，人类经济学的微观思考也都会变成感性直觉。面对这些，经济学就只能依赖大数据的统计经验了，各种逻辑工具都会变得异常简单了。

所谓理性观念结构，就是被逻辑工具重新组织与安置的感性观念结构，就是在这种安置中形成了意识的明确感知与理解的观念结构。在任何形态的理性观念结构中都仍然包容着大量低层次的感性观念要素。直觉就是知识的本体内涵。这就是感性观念是理性观念的构成基础的哲学涵义，也是人类观念空间的基本形态是感性化的本体论依据。

人类的理性能力构成了理性化观念结构，并不会消除观念空间中的感性观念形态，而是在它们之上构成了新的内在与外在表达形态。理性观念与感性观念并非平等对立的存在，而是宏观对微观的包含形态。将他们理解为对立形态的观念来自人类哲学的幼稚期对理性能力与理性观念的不能理性理解，来自人类哲学对这种不能理解的感性化表达。人类的理性崇拜就是这种感性化理解的文化结果。崇拜是一种感性化的情感状态。

人类的理性观念结构，仅仅是对感性观念要素的特殊简化概括与简化归纳，这种简化的结果就是获得了意识活动的感知与理解。这种简化的代价也是为了获得意识的感知与理解的付出。逻辑就是实现这种简化概括的超验观念结构，也是实现这种简化概括的意识活动工具。被理性化概括与归纳的观念结构内部仍然蕴含了无限丰富深刻的感性化精神内涵。仅仅停留在逻辑结构中的意识感知仅仅是对观念结构的肤浅感知，但这种感知却具有高效构成与传达公共观念的特殊功能。只有在逻辑感知中仍然可以渗透到其中的感性结构的感知才是最深刻最真实的感知。

人类单纯肤浅的理性化意识活动只能依据理性观念结构进行，并不会进入到其中包容的感性观念要素中去。这就形成了任何理性意识活动对感性意识活动的简单间接蕴含。人类深刻复杂的理性化意识活动则必然蕴含了对其中感性化内涵的渗透。深刻的知识感知必然要回到艺术中去。

所谓理性意识活动方式，就是意识可感知与可理解的活动方式。这种方式由意识能量在可理解的理性化观念结构中的分布与运动实现，这也是对感性化观念表象的感知在逻辑空间结构中得到了安置的结果。形成这种特殊感知形态的工具就是逻辑方法。理性化观念活动的方式就是利用逻辑工具形成的对观念空间秩序的感知，就是通过这种感知对意识活动建立了路径与过程的理解。

人类理解自己意识活动的追求，来自对自己观念结构与意识活动方式外在表达的追求，来自将自己的观念结构实现群体环境中的公共化的追求。没有这种追求，就不会人类的理性能力。人类在这种追求中的不懈努力，也就逐渐实现了对自己观念结构内涵的明确表达，也就实现了对公共化的观念结构的准确化与精确化表达与传播。

人类的理性能力可以实现对他人观念结构的精确理解。建立在不同个体间的可以互相理解的公共化的观念结构，也就形成表达这种公共化观念结构的文化工具。逻辑就是这种公共化工具。例如可互相表达观念内涵的共同语言工具的核心功能，就来自公共化的语法逻辑。例如可以跨文明顺畅传播的自然科学观念的公共化依据，就来自公共化的现代数学逻辑。就是资深的物理学家要理解爱因斯坦的明确想法，离开了数学工具也无能为力。

人类要建立可互相理解的公共化的观念形态，也必须具备公共化的观念表达工具。这也离不开逻辑工具。将蕴含了群体公共价值的个体观念结构实现理性化，并将这种理性化的观念用公共化的逻辑工具实现表达，就是人类追求个体观念公共化的方法，也是文化学者的意识活动方式。

自从人类有了逻辑工具，就可以通过对理性化改造后的观念内涵的逻辑化表达来实现不同个体观念内涵的互相理解与互相交流了。语言就是人类个体观念结构公共化的基本工具。逻辑工具的完美与完善程度，决定了个体间观念交流的深刻程度与准确程度。高度精密完美的数学逻辑，就是追求高度精确一致的自然科学观念的必要工具。现代自然科学的公共观念体系所具有的高度可理解性与可理解的高度准确性，就来自现代数学逻辑工具的特殊功能。

运用特定逻辑方法所表达的公共观念体系，就构成了人类文化的具体形态。依据语法逻辑与修辞工具表达的公共观念构成了文学，遵守特定音韵逻辑与格律逻辑的文学就构成了诗词，依据特定乐理逻辑与技术逻辑演绎表达的公共观念就构成了现代音乐艺术，依据现代数学逻辑与特殊信息获取方式构成的公共观念体系就是现代自然科学。遵守特殊的逻辑表达方式就是现代科学的学术规范。

现代哲学中所关注的人类精神环境秩序内涵，则要比现代自然科学所关注的自然环境秩序内涵要广泛得多也深刻得多。直到今天还没有什么逻辑工具能很好地满足哲学表达的全部需求。这也是今天的哲学文化还仍然常常是模糊的与不精确的理性观念体系的重要原因。哲学表达也就因为没有严格的学术规范而与文学表达难以区分。由于哲学活动中缺乏将精神环境信息公共化的规范逻辑方法，哲学也就始终无法获得意识活动的经验事实，哲学就必然仍然处于传统的反思方法中，这也就构成了哲学与科学间不可逾越的方法论分水岭。

将自然科学的研究方法与逻辑工具引入到对精神环境秩序与意识活动方式的理解与表达中，就只能构成仍然属于自然科学体系中的心理学，远不能覆盖与取代哲学。但心理学仍然可以为哲学打开一些逻辑空间与提供一些观念素材。弗洛伊德之所以也可以被称为哲学家，就是因为他的心理学体系为哲学提供了重要贡献。

在人类漫长的文化活动历史中，实现公共观念表达与传播的方式主要都是感性形态的。这就决定了一般文化的表达成果或一般文化的结构形态常常具有模糊性与不确定性。为了使这种模糊与不确定的公共观念表达具有明确的可传播性与可理解性，在人类传统文化的表达中就广泛地使用了拟人化的感性方法。用人类对自己的存在方式与活动方式的感受来表达高度抽象的超验化公共观念，就是感性工具中或者艺术方法中比较有效的表达与传播工具。这就是在人类不同文明的传统文化中都普遍具有各种神话形态的基本原因，也是传统宗教基本上是有神论世界观的依据。

在人类文化中曾经处于主导地位的神明，就是对感性化从超验公共观念实现表达与传播的拟人化的有效方法。直到人类理性能力的发展达到了可以表达较高层次的超验化的公共观念时，依赖神明的表达方式才会逐渐式微。就是今天的文化表达中也仍然不乏神明的影子，这不是来自愚昧而是来自人类理性能力的不足。现代自然科学家们为了表达对生命秩序与宇宙终极模式的深刻理解，为了表达这种理解的高度超验化观念，也还在探讨回到神明中的表达方法，只不过比较隐蔽罢了。

人类今天的理性能力所创造的全部逻辑工具，仍然不足以完美表达高度超验的公共化观念。这就是有神论文化今天仍然具有几乎无法动摇的地位的原因，也是无神论文化体系常常被贬斥为肤浅低俗的文化体系的原因。无神论与有神论世界观的对立，并非先进与落后的对立，而是在不同文化层次中的表达方式的对立。在人类真正建立了可以精确表达高层次的终极观念的逻辑方法之前，有神论文化是不会消失的。它们只是离开了粗浅的拟人化形态而披上了逻辑马甲而已。例如在今天的现代佛教文化中，有神论世界观甚至主张可以包容全部自然科学。这不是佛学的愚昧，而是自然科学的局限。因为在自然科学的观念空间中还无法真正安置佛学的观念。只有深刻的哲学才能为他们之间的争论做裁判。

无论人类的逻辑工具如何发展，无论人类的理性能力如何提高，人类对自己在基本的感性观念中的意识活动过程与方式，仍然是无法透彻理解的。就像人类的天文技术无论如何发展都无法理解全部宇宙环境一样。这是因为人类精神环境中的自组织过程的维度远远高于人类意识的感知维度，就像人类社会环境中的自组织过程维度远远高于人类对社会环境的感知维度一样。人类精神空间中的理性观念永远无法透彻涵盖全部精神环境秩序，人类观念空间中的全部社会学观念，也永远无法涵盖社会环境秩序。

　　在人类的意识活动中也就因此而永远保持了一定领域的黑箱状态，就像人类的宇宙模型中也永远有黑箱一样。例如今天的黑洞概念与暗物质概念就是一种典型的感性黑箱。没有逻辑可以描述它们，它们只能被物理学思考感悟。当人类理性能力的发展可以理解与分析黑洞与暗物质以后，在更深层次的环境秩序中又会有更多的黑箱领域被建立起来。人类的逻辑工具在不断深化对精神环境理解的同时也必然会不断开拓出新的黑箱领域。人类在黑箱中的意识活动方式与观念感受就只能是感性的直觉。人类的直觉永远是最基本的意识活动方式，人类的直觉永远不会被理性所消除。

　　在具有完美的理性工具之前，人类通过感性化方式的观念交流活动的结果，常常是高度不确定的。为了得到相对确定的观念交流结果，就必须反复多次运用不同的方式进行交流，以便利用多层次多角度的直觉重合与叠加来自增加观念传播的确定性。传统教育活动方法中的耳濡目染，就是感性化观念交流方式中获得比较确定结果的例子。

　　人类在文明的演化中逐渐形成的理性能力就是对观念空间秩序的结构性理解能力，包括对个体观念空间的理解与群体公共观念空间的理解。对这种理解的表达就是对观念空间秩序的结构化。所谓结构化，就是人类运用特定空间逻辑工具对环境秩序实现具有层次结构的表达与认知。

　　所谓结构，就是人类意识理解环境秩序中的要素间空间关系的理性化表达。意识对观念要素形成了结构化的理解与表达，就是意识活动对观念要素间联系的结构化安置。这种安置的成果就是观念结构。这种理解与安置是对观念要素间关系的感性化感知的深化与超越，是将多层次重叠复合的表象关系在观念空间中依据其环境功能的联系实现了感知的透明化。这种对观念空间环境具有透明化感知状态的意识活动方式，就是对观念要素间关系的可分析性状态。

一般来说，可分析性可以作为观念结构实现了理性化表达的标识。所谓观念的可分析性，就是对观念结构可以实现超越了意识能量的直接分布形成的表象感受而实现了对观念空间秩序的逻辑化感受，这也就是意识能量在观念空间中的分布状态被逻辑化。这种活动方式在不同层次的观念空间秩序中的展开，就是意识的分析性活动。观念结构的理性化程度越高就是其可分析性越高，就是其中的意识活动对观念要素表象关系的超越性逻辑化理解程度越高。

人类具有的对观念要素表象关系超越感知的本能，就来自审美禀赋的理性本能。但这种本能主要蕴含在感性化的意识直觉中，仅仅是对直觉的微观分析突破。这种本能只有在不断将这种感知结果实现内在与外在表达的积累中，才有可能转换为人类的理性能力。这种积累转换的真正形成则主要依赖人类对观念结构理解的外在化表达。这种表达将人类可分析的理性化意识活动的外在显现才不断强化了人类对自己观念结构的内在理解。

这种对观念结构的超越表象的理解具有不同的层次，也就形成了不同程度的可分析性。在全部可分析的观念结构中的可分析程度都是相对的。观念结构的不可分析状态则永远是绝对的。观念结构的可分析程度表达了其理性化的程度或者逻辑化的精密性与精确性，也表达了意识活动对直觉过程的可感知的程度。不同逻辑方法可以实现不同程度的观念结构可分析化，也就是不同程度的逻辑化。语言逻辑与形式逻辑可提供的理性化程度最低，数学逻辑可提供的理性化程度最高。

意识活动可以利用不同理性化程度的逻辑工具，对观念要素实现不同理性化程度的内在表达，从而构成观念空间中不同程度的理性化结构。不同逻辑工具的运用形成了不同理性化程度的观念结构，同一种逻辑工具在不同感知程度的观念结构中的运用，也会形成不同理性化程度的观念结构。

人类的哲学文化追求对精神环境秩序理解的统一表达结构，这来自人类意识活动的本能追求，也来自人类的审美禀赋。但哲学中实现了统一表达的精神环境秩序仍然会具有不同程度的理性化形态。在哲学的初始形态中这种理性化程度是很低的，哲学的主体常常是文学化的。哲学的问题领域来自人类的文化，文化的发展不断为哲学提出问题，也不断弱化甚至瓦解哲学表达的统一性。哲学的发展进程就是这种对统一性的不断维护与强化的过程，就是统一表达精神环境秩序的观念结构的理性化程度的提高过程。

人类文明的突变伴随了文化的突破。每一次文化的突变都是既有哲学的危机也都是新哲学出现的条件。新文明与新文化永远在激发新哲学。只有新哲学才能整合新文化。

人类进入工业贸易文明以后，主流社会文化就开始从一神宗教转换为自然科学。这种文化的突变来自人类对自然环境秩序的高度理性化理解，这个突变也冲击了人类的哲学与社会学。自然科学的理性化程度为它构建了比较完美的统一结构，尽管在这种结构构建前沿中还有大量的科学家在为模糊不清的理解而努力。但对新文化中的哲学重构则仍然踯躅难行，因为哲学的理性化程度还远远不足。现代社会学则还在懵懂中。

人类的理性能力是蕴含在一般审美能力中的，也是人类普遍具备的。人类对自己观念结构实现理性化理解的追求是普遍的，这种追求实现的理性化成果也是普遍的。人类先天的语言能力就是这种普遍理性能力的特殊例子。但在个体意识活动中只能实现对观念结构很低程度的理性化理解，这种理解如果不能在观念交流中得到外在公共化的文化强化，也就没有明确的理性化意义。这种个体微观的理性化成果也就仍然会以特殊感性化的方式继续蕴含在个体观念空间中。只有人类群体化的公共意识活动方式才能将分散在个体观念空间中微弱的理性成果富集起来，才能将个体微不足道的理性能力通过文化的传播积累起来，并逐渐形成了人类强大的理性能力与理性文化结构。

人类的文化活动方式才是人类理性能力的富集与强化方式。人类的文化构建从来不是个体特殊理性能力的爆发，而是群体文化积累中的理性能力在个体意识活动中的整合与放大。文化大师绝不是来自具有特殊理性能力的个体，而是来自追求群体公共价值的构建与表达的个体。文化成就绝不是聪明个体的成果，而是人类群体意识活动的成果。

65. 认识活动中的理性化形态

至今为止的传统哲学，由于认识论的模糊与本体论的含混，常常将人类的理性能力与认识能力混为一谈，也常常将人类的理性意识活动方式与认识活动混为一谈。

认识活动就是人类构建观念结构并形成精神环境秩序的意识活动，就是精神环境中秩序发生的自组织过程和负熵的生成过程。只有将人类精神世界理解为人类的生存环境，只有将意识活动理解为人类在精神环境中的生存行为，才能进一步理解理性意识活动仅仅是一种特殊的意识活动方式，理性观念结构仅仅是这种特殊意识活动方式的环境依据与环境成果。

这样一个本体论结构，也可以比较好地明晰哲学中对立的主体与客体概念的日益模糊。可以将主体完全用意识活动取代，将客体完全用精神环境与观念空间取代。传统哲学中模糊不清的主体与客体概念，就来自对意识活动与意识活动环境的混淆。这种观念也来自传统哲学本体论中残存的人类中心主义观念。这种观念认为，人类的存在与活动是人类环境存在的关键原因，这就必然将人类的自主生存活动与人类生存环境的存在方式混淆起来，也必然将人类的行为与人类生存环境演化的动因混淆起来。这就必然要将人类的行为客观化与外在化。传统哲学中也就常常堂而皇之地出现了超越了人类的所谓"理性主体"与"理性存在"的概念。这仍然来自哲学的无能产生的愚昧，就像哲学的无能必然需要上帝与佛祖驾临一样。

客观化了的人类行为，就不能用人类本身的存在来理解与表达了，就只能用人类之外的存在秩序来理解与表达，这就是传统哲学中主体概念的模糊性的来由。在这种概念中人类变成了超越环境存在的主体，人类的生存环境与人类的生存区分也就会模糊起来，也就只能用模糊的客体概念来表达了。

实际上，人类的生存活动仅仅是人类生存需求的结果。人类的生存环境深刻地受到人类生存行为的扰动与改变，但又不是人类生存活动的全部结果。人类的生存环境具有超越人类生存需求的存在方式。人类的生存环境通过其内在的自组织过程构成。这个过程人类今天的理性能力还无法理解。

人类的意识活动仅仅是人类生存需求的结果。人类的精神环境深刻地受到人类意识活动的扰动与改变，但又不是人类意识活动的全部结果。人类的精神环境具有超越人类生存需求的存在方式，人类的精神环境通过其内在的自组织过程而构成。人类的哲学应该将这个过程理解为意识活动中的认识活动。

人类的意识活动就是哲学的主体。人类的精神环境就是哲学的客体。如果要将认识活动看作是人类构建自己精神世界环境的秩序发生的自组织活动，要将理性看作是一种特殊的意识活动方式，还须进一步厘清认识活动与理性意识活动的边界。

人类通过行为实现在环境中的生存。人类具有物质环境中的行为，也具有精神环境中的行为。人类的生存行为来自人类生命存在中的生存本能。人类文明的形成，使得人类得以依据精神环境实现物质环境中的生存，同时也促进了精神环境的拓展演化。在这个演化进程中，也逐渐形成了意识活动对精神环境的结构化感知，这种感知的结果就是对观念空间秩序的理解。人类表达对精神环境感知的文化形态就是哲学。

人类从自然生存状态向文明生存状态的逐渐转化，就是逐渐形成独特的精神世界的过程，其中包含了逐渐理解精神世界的过程，也包含了逐渐形成群体化的公共意识活动环境的过程。这三个过程是交织共生的。人类实现这三个过程的核心能力，就是意识活动中的认识能力。人类由审美欲望驱动的认识能力，就是精神世界得以形成和得以复杂化拓展的基本依据。审美欲望的实现方式就是精神环境中的意识活动。

人类意识活动的环境功能促生了人类的精神环境，也形成了人类对精神环境秩序的意识感知与理解，还通过这种感知与理解实现了个体间精神环境秩序的深刻联系与群体精神环境的组织化，并由此而形成人类的公共意识活动环境与公共意识活动方式，形成了人类的文化环境与社会环境，最终形成了人类的文明。

这个复杂演化过程的全部功能都蕴含在人类的意识活动中，都要依赖于意识活动中的认识过程对精神环境秩序的构建。意识活动的认识构建就是精神环境存在所依凭的自组织过程。

认识活动是人类意识活动的特殊功能形态。理性化的意识活动依据理性化的观念结构形成。理性化的观念结构又通过理性化的认识活动所构建。这个循环的积累最终构成了人类明确的理性观念结构。这个循环的发起则蕴含在人类意识对感性化观念要素的表象关系的理解中。仍然处于感性形态中的认识自组织过程，就在不断被理解而增添了理性化要素的观念结构环境中，不断在构建新观念的过程中强化与富集了观念结构中的理性化形态。理性认识活动的核心自组织过程仍然是感性的。

人类对观念结构秩序的理解来自意识活动对观念空间秩序的感受，这种感受仍然由认识的自组织过程形成的观念空间的秩序所表达。观念空间中承载与表达观念结构秩序的存在形态就是超验观念。人类意识活动对观念结构的理解也由超验观念表达，这就形成了表达超验秩序的超验秩序。这与经验观念中表达经验秩序的超验秩序相对应，这种对应就区分出了逻辑观念。

当这种表达超验秩序的超验秩序在认识的积累中富集到一定程度，就在观念空间中突变形成了单纯表达超验秩序的逻辑观念。人类广义的逻辑就出现了。将理解观念空间秩序的超验观念实现公共化的表达也是逻辑观念出现的必要条件。当逻辑观念被公共化传播以后，就会通过文化的塑造为社会成员提供理解自己观念空间秩序的意识工具，也就会广泛地分布在不同个体的观念空间中。从此，逻辑方法就为人类感知与理解自己观念结构秩序的超验观念提供了一个新的安置环境。超验的超验观念的公共化形成的逻辑，逻辑又为超验的超验观念提供了更好的内在安置环境，这就是逻辑工具在人类精神环境中不断复杂化演化的自纠缠方式。在明确的逻辑结构中安置的理解观念结构的超验观念就构成了明确的理性化观念结构。人类理性观念结构的形成是理性意识活动的环境条件。理性观念的形成则是在认识的感性构建中对超验秩序感知成果的积累凝聚。

人类语言的形成与语言能力的传播就是理性观念构成的好例子。语言来自人类对观念内涵的表达。有效的表达方法来对表达内涵的明确感知与理解。在表达中积累的理解最终形成了表达方法中的语法逻辑。语法逻辑的普及又为语言的传播与学习提供了文化环境，人类个体不断在文化环境中受到语言逻辑的训练，也就会不断形成由语法逻辑安置的表达自己精神环境秩序的特殊方式，也就逐渐构成了由语法逻辑表达的语言化的理性观念结构。

人类对语言要素与语言方法的理解都以认识活动为基础。理解语言的认识活动仍然是感性的。感性化的认识活动不断积累与传播了逻辑方法的要素，最终仍然依据感性化的认识构建而形成了逻辑工具的形态。

对人类具有特殊意义的理性化的意识活动方式与理性化的观念结构，仅仅是对认识构建的观念空间秩序逐渐形成的意识感知与依赖这种感知的意识活动方式的特殊积累。

人类生存的自然环境秩序在人类出现之前就形成了，人类因为自己的生存需要形成了对这个环境的理解与认知。人类的精神环境在人类的理性能力出现之前就形成了，人类将精神环境不断地理性化塑造，也仅仅是因为构建公共意识活动方式的需要。

人类的精神环境与意识活动同时形成。在人类形成明确的理性化观念结构之前，意识活动中的认识活动功能就存在很久了。从今天的人类的理性视角来看，在人类漫长的文明演化进程中，认识活动都在人类不能自觉理解的精神环境中普遍地实现着，就像人类曾经在自己不能理解的自然环境中已经生存了很久一样。直到在人类群体化的生存方式中形成了复杂观念交流活动方式，独特形态的理性意识活动方式与理性观念结构才开始出现。由此，人类的意识活动由自在的形态逐渐变成了自觉的形态，人类也就开始自主地构建与干预自己的精神环境秩序与意识活动方式了，人类的文化与文化活动也就开始独立存在了，哲学也开始出现了。

人类理性化意识活动方式的形成也深刻地改变了认识活动的方式，也逐渐实现了对认识活动本身的感受与理解。在这种理解中的误解就形成了认识活动依赖于理性能力的观念。这就像人类逐渐理解了自己的生存对自然环境的依赖以后，也就形成了自然环境就是因为满足人类的生存而存在的误解一样。

人类的理性能力逐渐形成了对意识活动方式的理解，但这种理解也仅仅局限于对既有观念空间中意识活动结果的感知，而对结果形成的过程仍然是无法感知的，也就只能是推测与虚构的。这种虚构的合理性就形成了合理的形而上学，这种推测的不合理结果就是虚幻的哲学与哲学误解的原因。

对于认识活动构建观念空间秩序的自组织过程，在人类今天的理性能力中仍然是禁区。就像基本粒子如何出现，宇宙运动如何出现也是禁区一样。它们的形成过程只能是人类有限而相对的理性能力中的推测。

至今为止的人类理性，对自然环境中的无生命秩序与生命秩序的自组织过程还无法理解，也就更不具备理解精神环境自组织过程的能力了。人类要理解社会环境的自组织过程则更为遥远。在人类意识活动的认识过程这个几乎绝对的理性禁区中，也就只能保持绝对的感性化形态。不可理解的意识活动过程就是感性化的过程。

但是，人类的理性能力仍然在不断深入对认识过程的外围环节的理解中，尽管其中仍然充满了推测，但却可以具备一定程度的逻辑化表达了。这个过程就是人类理性的发展对黑箱结构的不断压缩与对黑箱外壳的不断剥离。人类今天的哲学已经可以将认识活动的准备环节与内在表达环节大致剥离出来了。

在认识活动的准备环节与表达环节中，由于它们仍然属于在既有观念结构中的可感知过程，而并非是不可感知的自组织过程，也就会逐渐被意识所感知并被理性能力所理解。这种对认识活动的非核心环节的感知与理解，也必然会实现对认识活动的自觉引导与制约，也必然会形成人类对自己认识活动过程的理性化表达。

人类的理性化能力只能发生在认识活动的准备环节与表达环节中。在认识活动的准备环节中，人类的理性能力通过对认识审视集合的感知与理解，就可以实现对审视集合结构的选择与控制，从而引导与约束认识发现的自组织过程的方向，并相对地引导与控制自组织过程结果的形态。这种引导与控制仍然是外部黑箱的与不确定的。但这种引导与控制的结果，仍然会依据人类理性化能力的提高而逐渐强化，甚至会形成人类可以控制认识成果的哲学误解。实际上任何理性化程度的认识结果都是不可预测的，就是科学发现活动中也常常出现无心插柳的状态。人类的理性可预测的全部内涵，都仅仅是被自己的预测所引导的行为结果。科学预测如此，社会学与经济学预测也如此。

人类的理性能力只能相对地理解认识活动的准备结果，只能模糊地理解认识审视集合的大致形态，这种理解仍然是高度感性化的与充满了直觉的。但在特定的认识活动中，也可以较高程度地控制其中审视要素的逻辑化程度，并形成集中于某种逻辑结构中的认识成果。例如在科学研究的认识活动中，就常常可以明确地控制认识审视集合的内涵与结构，也就可以比较明确的预测仍然会不确定地发生的认识成果。科学研究活动之所以可以以问题为导向，就是其认识发现的问题结构可以控制。艺术创作无法被主题确定而必须充分自由，就是其认识发现的准备环节只能是被模糊感知与非控制的。一旦艺术创作被引入了确定的结果追求中，也就会变成没有创作灵性与鲜活审美发现的单纯形式表达。哲学的研究处于这两种状态之间。

但是，人类理性能力的深化发展，仍然可以逐渐强化有目的的认识准备环节。在能够高度理性化的科学思维中，这种强化的成果可以将科学发现活动进行明确的目标控制。恰恰是哲学的模糊，将这种可以理性化控制的准备环节，当作了认识活动的主体，也就形成了关于理性认识与感性认识的区分。这种区分仅仅是在其前提与结果中，而无法在认识发现的过程中。

在任何规范程度的科学研究中，仍然只能不确定地产生预想的科学成果。科学发现的进程难以明确计划，可计划的仅仅是人类实现确定技术目标的工程化社会活动而不是科学研究本身。

任何规范化的认识活动都必然会限制认识发现的可能性空间。这种认识活动的方式一旦引申到一般文化活动中，就常常会出现僵化与保守的弊端。科学的信仰在科学活动中形成了高效的规范化思维，科学的迷信在一般文化活动中则会形成认识的保守与局限。科学规范的功能不能推广到更复杂的社会环境中去，有成就的科学家在面对纷繁复杂的社会文化问题时，常常就会显得幼稚与简单。

在中国文化中曾经的"天不变道亦不变"的观念，就是一种由相对较高程度的理性化认知形成的价值活动规范。规范化的认识活动带来了明确的方向与高效率，但也带来了保守封闭与僵化。但这种规范也正是人类文明的依据。规范常常在文明的演化进程中被打破，但规范并非就是用来打破的。

认识准备环节审视集合的清晰程度决定了认识目标的明确程度。在大多数的理性化认识活动中，这个目标仍然具有很高的含混性。至今为止的人类理性能力，对认识准备环节的理解仍然是高度感性化的。这就是在科学思维中也常常要依赖不确定的灵感的原因，这也是明确提出科学研究的问题本身就是科学的难题的原因。

人类的理性化能力对认识审视集合的理性化引导与改造，也会强化对认识成果的可理解性与理性化程度。当认识审视集合的无限要素中的逻辑形态比较多时，认识结果的逻辑化程度也会比较高。认识成果的可理解性与可理解程度，又决定了对这个成果实现内在表达的理性化程度与表达中的逻辑形态。具有较高理性内涵的认识成果也就具有较明确的逻辑化表象，也就容易概念化与容易在理性观念结构中实现安置。在科学思维活动中任何有效的新观念的创立，都必须实现在既有的理性化的观念体系中的安置，也就是与既有理论体系相融洽。任何新知识的创造成果必须与既有的知识体系相融合，这就是科学表达的规范性约束。新知识与既有知识的明确不融洽，只能通过科学范式的更新来解决。任何科学观念的根本性突破都是科学范式变更的结果，也都必须在新的范式环境中得到理性化安置。

正因为这种严谨的规范化约束，也就常常使得很多天才的新观念因为无法实现规范表达与安置而被废弃。这种规范约束也是科学发展活动的基本滤网。那种以为任何一个具有严谨逻辑的新创建都必然要被科学共同体接受的想法，仅仅是民科们对科学活动的无知。民科们的见地只能在具体领域中自由驰骋，而无法通观与改造范式。仅仅具备普通常识的大众也常常会同情他们的被压制。

哲学活动也具有类似的形态。任何新哲学都必须融洽于既有的形而上体系，如果与既有形而上体系不能融洽，就必须建立新的形而上结构。新哲学因此而繁难艰涩。

牛顿与爱因斯坦既是聪慧勤奋的也是幸运的。他们对自己感性发现的新观念实现的理性化表达，即是使其在既有的科学观念体系中得到了融洽的安置，也是他们科学活动中最为艰辛的过程。牛顿为此不得不重新探索一种新的逻辑工具，从而创立了现代微积分方法，爱因斯坦不得不重新整合自己的数学能力，并从头学习了原来并不了解的黎曼几何，以为自己独特的感性观念寻找理性化的表达方法。

哲学家们对自己的感性化发现实现理性化表达的环境，则是比较宽松的。因为哲学文化体系还远没有形成统一的范式与统合的逻辑。这使得哲学的方法与边界很模糊，也使得追求理性化表达的哲学观念变得艰涩难懂。反而是感性化程度比较高的哲学观念容易流行，因为它们可以借用艺术中的文学方法。

今天的很多逻辑方法，都是哲学家们为了表达自己难以表达的感性认识成果而不得不创造的理性工具。从苏格拉底的辩证法到中国的易经大致如此。就是今天现代数学的发展动力也仍然有两个，一个是数学家们审美欲望满足的艺术追求，另一个则是现代科技表达困境中的明确拉动。

正因如此，很多逻辑工具与其所表达的感性观念内涵，也就常常在一般思维中变得混淆不清。今天中国文化对易经的理解是这样，曾经的中国人对现代辩证法的理解也是这样。表达社会秩序的伦理内涵似乎变成了"卦"与"爻"的本体，属于方法论的辩证法几乎就变成了理解世界存在的本体论。这个混淆一直影响到马克思的哲学中，也似乎一直影响了新中国的哲学结构。

无论人类今天的理性能力如何发展，无论人类如何用各种技术方法拓展自己的理性能力，人类也只能将自己的理性能力与理性方法运用在认识活动的准备环节与安置环节中，这是由理性方法必然面对既有观念结构的理解所决定的，也是由理性方法无法进入认识活动的自组织过程的本质决定的。

人类的理性能力，只能是从认识活动的第一与第三环节逐渐接近与影响第二环节，但永远也不会进入或取代第二环节。自然界中的自组织过程与负熵发生过程是今天人类的智慧所不可理解的，人类精神环境中的自组织过程也是今天人类的智慧不能进入的。对于人类的意识活动能力来说它们永远是黑箱。这大概由人类本身的存在方式与存在秩序仍然依赖于这种秩序的发生过程所决定，在这种秩序环境的发生过程中形成的人类，也就难以理解这种秩序本身。

人类理性能力的形成与发展，最开始是逐渐形成了对认识活动的准备环节与安置环节的模糊理解与大致掌控，后来则逐渐增加了这种理解与掌控的深度并逐渐逼近了认识活动的自组织发生的第二环节。人类对于认识活动自组织过程的外围形态，也就是对于准备环节与表达环节，虽然可以逐渐实现不断细化的感知与可分析化的理解，但实现这种感知与表达的方法仍然是逻辑能力。对认识外围环节理解的逻辑能力就由此而被误解为认识能力了。利用逻辑能力感知与控制人类认识活动的准备环节与表达环节的能力，也就被误解为与认识感悟相对立的理性认识能力了。

在认识活动的秩序构建环节中的自组织过程，对于人类的意识来说则是没有时间内涵的过程，也就是不可感知与分析的过程。逻辑能力对认识过程的感知永远无法深入到这个过程之中。这就像宇宙大爆炸发生之前是没有时间过程一样，人类今天物理学的理性能力也无法进入大爆炸之前。这就决定了在宇宙大爆炸的逻辑模式中大爆炸以前的宇宙是不存在的。这就像艺术灵感中产生的没有时间过程的，有时间的感知发生在形成了灵感的结果以后。这就像人类群体的公共情感的形成是没有时间过程的，公共意识活动与文化形态演化的时间出现于公共情感形成了以后。人类全部生存环境中的突变过程永远是时间逻辑无法进入的黑箱。

人类认识活动的核心环节或观念秩序突变生成的过程永远是人类理性的禁区。这也就决定了人类认识活动的感性本质与人类精神世界结构的感性本质。

人类的理性能力对认识活动的准备环节的影响，是通过对构成认识审视集合的观念要素的结构化理解实现的。但无论在怎样透彻理解的准备环节中都无法完全确定认识结果的明确形态，认识结果只能来自不可理解的自组织黑箱。人类的理性能力对认识结果预测永远是相对的与概率的，任何理性化方法都无法改变认识活动的感性本质与消除认识结果的不确定性。任何形成了成果的自组织过程的具体形态都是在无穷的可能秩序形态中对秩序耦合的选择结果，都是不可预先确定的。今天的人类对这种不确定性在物理秩序中的最终理性表达就是量子力学中的物理本体的最终不确定性。但这种不确定性今天还没有明确的哲学化表达。

人类对自己行为的预测是依据认识构建的行为经验来实现的。但对复杂行为经验的理性预测则仍然要依赖安置它们的逻辑结构的合理性。经验表达了曾经真实的行为结果，安置经验的逻辑结构提供了虚拟的合理经验观念空间。

经验观念来自认识成果，人类依据行为经验对行为预测的真实性依据仍然蕴含在认识结果与认识准备中的目标追求的一致性中。依据认识准备环节中的逻辑化内涵可以将认识结果的可能形态用逻辑方法预先演绎出来，但认识结果的最终实现形态则是无法预先确定的。人类的理性方法提供的任何预测结果都是概率的，概率的降低与消除则来自人类在行为实现过程中的认识修正。

自然科学思维活动中的经验实证与事实证明，就是一种典型的预测活动。任何预测活动的结果都是相对的，这来自人类的理性能力与理性工具对感性方法的相对局限性。科学预测的相对性决定了科学真理的相对性。任何真理的绝对性都来自人类意识活动中的绝对化，宗教真理与科学真理无不如此。

人类理性能力的发展只能逐渐逼近对认识结果的确定预测领域，却永远无法达到确定的预测。任何确定的预测都是通过对预测不确定结果用适当逻辑方法的抹杀结果。在科学预测中抹杀不确定性的主要方式就是删除异常的数据，实际上也就是删除高度不确定的经验，其中包括删除既有经验也包括删除预测的经验。这在科学活动中称为数据确认与数据处理。

随着人类预测能力的逐渐精确化预测结果的确定性也就会不断提高。物理学如此，哲学如此，社会学也如此。它们预测结果的差异仅仅在于不确定性的范围不同。科学规范的一个重要功能就是限制与收缩期预测结果在自然环境中的范围。

至今为止的人类文明中，现代自然科学中的思维活动具有最高的理性化程度，这是由规范的经验依据或事实观察作为基本约束与基本保证的，是由严谨的数学逻辑工具的规范化运用来约束保证的。规范化的科学研究方法，就是对科学思维方式的高度理性化程度的保证，也是出于这种保证的需求才被构建出来的。

但即使是在科学思维中的认识活动，也无法实现对认识结果的预先确定，这种不确定性也就是深刻的科学活动中的魅力来源。魅力就是不可理解的神秘功能。

在有些特殊的科学活动中可以实现对某些认识结果的比较确定的预测。这仅仅出现在能够高度理性化的认识对象中，也就是出现在这种认识对象的理性化形态与认识目标的高度契合中。这种认识活动就是对既有的高度理性化观念结构的完善性构建，主要是对既有认识成果进行理性化安置的再认识，而不会是在陌生领域中的突破性创新发现。

只有在认识的审视集合已经具备了较高程度的既定结构秩序时，只有在已经高度有序的审视对象中对一些微弱的无序关系进行再整理与再安置时，才会预先对认识结果形成高度的确定性。但这种认识活动的方式已经基本上脱离了认识活动的普遍状态，特别是脱离了人类构建一般经验观念的普遍状态，它们基本上就是对既有的理性化结果进行再安置的特殊认识活动了。

人类认识活动的三个环节的关系，是在意识活动的不同层次中的复杂嵌套关系。在每一个认识活动的第一环节与第三环节中，都常常蕴含着更低层次的认识活动的全过程及其成果。这也是认识的这两个环节具有可理解与可分析形态的可能性原因。

　　人类理性化能力对认识活动的第三个环节，对认识成果的表达与安置活动也具有重要的影响。作为认识发现成果的新观念要素，要在观念空间中实现内在表达与结构安置，都要依据它们对意识能量提供的可感知性与可理解性。其感知性来自认识结果的表象，其理解性则是实现结构安置的依据。

　　抽象的表象概念没有可理解性，真实的表象中总会蕴含不同程度的可理解性。观念的表象提供的观念理解来自意识活动对表象的浸入与渗透。完全不具备可理解性的观念要素也就根本无法实现结构化安置，例如元初观念。比较复杂的观念要素的表象都会提供一定程度的可理解性。这种可理解性来自观念要素中蕴含的逻辑化结构。这种逻辑化结构来自认识审视集合中囊括的逻辑内涵。

　　在观念空间中随着观念结构层次的提高，人类一般的认识活动在逐渐超验化观念结构的同时也在逐渐理性化观念结构。尽管这种理性化程度的提高在较高的观念层次中会也逐渐收缩到特定观念要素中。人类最高层次的终极观念难以理性化的原因就在人类理性能力的局限性中。在人类最低层次的元初观念中由于其高度的不可理解性与表象性，也就使得它们处于观念空间中最为感性化的观念状态中。

　　人类观念空间中这种普遍存在的理性化状态的不同理性化程度，决定了分布在不同层次中的认识审视集合可能具备不同的可感知程度，也决定了其认识成果的可理解程度。具有较高理性化程度的认识审视集合，就会形成具有较高理性化程度的认识结果。具有较高理性化程度的认识结果，也就能够得到较高程度的结构化安置，并形成较高理性化程度的观念结构。人类观念空间中的理性化观念结构，就是这样在普遍的认识活动的叠加中逐渐凝聚出来的。

因此，人类依据高度知识化的审视集合所实现的认识发现，也就必然是具备明确的知识结构的。人类从高度感性化的情感要素的审视集合中形成的艺术性感悟的结果，常常也是高度感性的或只能是艺术形态的。

所谓概念，就是理性化的观念要素的表象。传统哲学中的所谓观念，也就是感性化的观念要素的表象。广义的观念则包含了概念。表象就是观念要素的环境存在标识。概念标识就表达了理性化的观念要素的存在，观念标识就表达了感性化的观念要素的存在。

人类观念交流活动实现了对概念的外在文化表达，其表达形态常常是具有理性化内涵的符号，或者是语言中的词汇符号，或者是狭义艺术中的表达元素符号，例如音乐符号或绘画符号，还可能是纯粹的逻辑符号，例如数学符号与哲学的形而上符号。

这些外在符号在文化活动中也会通过塑造观念而被内在化。观念符号的外在化与内在化，是一个自纠缠的互为因果的关系。

内在化的概念符号也就会成为意识活动的感受表象，这种表象也就具备了理性化的内涵。例如语言词汇就是文明化的人类意识活动中最普遍的内在化的概念表象。

概念标识的观念存在是认识活动中对理性化观念内涵的叠加凝聚的结果，也常常直接来自具有高度理性内涵的认识结果。被高度概念化的审视集合形成的认识结果也必然是一个新的概念。用概念方式表达的观念要素也必然具备了内部的可分析结构。概念的可分析性就是概念要素得以在既有的理性化观念结构中实现可分析安置的条件。

概念来自观念交流中的外在表达需求。概念是构成确定文化形态的理性化依据。人类的文化通过定义表达与确定概念。对概念的定义方法有两种，一种是对概念在观念空间中的结构安置关系的描述，另一种是对概念的内部功能分析的描述。前者就是在更高层次的观念结构中安置与区分被定义的概念，后者就是对概念表象的内在结构功能进行分析性说明。

所谓结构安置关系的描述定义方式，就是在完整封闭的观念结构中对新概念的归类安置的说明。安置空间的封闭结构由大条件表达，安置归类的方式由小条件确认。例如，地球是宇宙的银河系中太阳系的第三颗行星，其中宇宙银河系与太阳系是封闭结构的大条件，行星是实现归类的小条件，第三颗则是定义的位置安置。例如，人类是地球表面生命存在中具有高级意识活动能力并形成了对环境的自主控制的生命存在形态。其中的地球表面与生命存在是封闭结构的大条件，具有高级意识活动能力是归类的小条件，实现了对环境的自主控制则是特殊的位置安置。例如，哲学是人类精神环境中表达人类对精神环境与其中的意识活动方式的理解的公共观念体系。其中人类精神环境中是封闭结构的大条件，公共观念体系是实现归类的小条件，表达人类对精神环境与其中的意识活动方式的理解则是实现定义的逻辑安置位置。

所谓内部结构功能分析的定义方式，就是在对概念要素形成环境功能的内部机制的分析描述中实现其与相邻类型概念的区分。例如，自然科学是表达人类理解与利用自然环境的实证化的特殊逻辑形态的观念体系。全部观念体系都具有表达人类对环境的利用与适应方式的功能，自然科学仅仅是表达对自然环境的理解与适应的观念体系，而且必须具备经验实证的方法特征与数学逻辑的表达工具特征。

具备不同理性程度的认识成果，就决定了这个成果在认识的第三环节中的安置方式。人类的理性能力通过认识的构建不断提高观念空间中的理性化程度。人类社会文化环境中广泛深化的知识形态的文化灌输，则形成了现代人类个体观念空间中广泛的知识结构。具有高度理性程度与完美封闭结构的知识观念结构，才能为新构建的概念提供安置的环境空间，也才能明确确认与表达新的理性化概念。人类观念空间中的理性化观念结构环境与认识构建出来的新的理性化观念要素，也是具有互为因果关系的自纠缠结构。观念空间中完美的知识结构是对新概念实现理性化安置与定义的环境条件。不断被理性化的认识活动构建出来或者文化活动接纳进来的新概念在知识结构空间中的不断被安置，又是知识结构进一步完美化的条件。丰富多彩而散乱冲突的知识结构则难以具备这样的功能。

较高理性化程度的观念空间结构，提供了安置与表达新的理性化观念的环境条件。当这种安置与表达并非很和谐时，就常常会形成观念结构中新的缺陷与无序。这又为进一步的认识活动提供了激发条件。这就是人类的认识活动不断凝聚观念空间理性化程度的循环关系。人类就是在不断提高其理性化程度的几乎无穷嵌套与永不停息的认识活动的循环中，并通过文化活动的社会环境不断提供的有效信息输入，才逐渐实现了今天所具备的精神环境的理性化形态，才在文化中凝聚出了复杂深刻的逻辑方法与逻辑工具。人类的理性化成果与理性化能力，来自人类意识活动的缓慢积累，更来自人类群体化生存方式形成的观念交流活动的强烈激励。人类精神环境中的逻辑存在并非来自宇宙秩序，也更不是超越人类生存存在的外在环境存在。逻辑实证主义哲学的大目标是虚幻的。

人类理性化能力在精神环境中的积累逐渐构成了理性化的观念结构，理性化观念结构为人类提供了理性化意识活动的环境。人类用文化活动的方式保存与传播了理性化的观念结构与理性化的意识活动方式，这就是知识的传播与知识的运用。

单纯通过知识的灌输形成的个体观念空间中的知识要素与知识结构，并不会自发地融合于他们观念空间的本体结构中，而是常常在观念空间中悬空地形成一个具有流动性的知识层次结构。外来的文化知识在不能与观念空间的本体结构相融合的状态中，也就分离与弱化了它们对意识活动的理性化支撑，使得其中蕴含的理性化意识活动仅仅被局限在知识结构中，而无法渗透到广泛的观念本体中去。这就形成了一种功能漂浮甚至结构虚假的理性化意识活动方式。这种意识活动并不能有效利用知识结构提供的功能，甚至还会形成对意识活动的局促与遮蔽。这就形成了不透彻的知识结构对意识活动完整性的破坏。

在理性文化活动高度发达的社会环境中，社会成员的观念空间中常常会形成这种知识形态，这就是仅仅具备知识观念而不具备知识化的意识活动能力的不能"消化知识"的知识分子。这就是所谓"有知识而无文化"的人。知识是文化的理性化载体，如果接纳的外来知识不能被观念还原与感性消化，其中的公共化观念就不能在观念空间中卸载，也就无法实现知识内涵的意识活动功能。

文化是人类文明中公共观念的外在环境载体，知识仅仅是表达公共观念的特殊工具形态。具有了工具能力而不能将工具在自己广博的观念空间中得到深入的运用，就并不能完全具备工具的功能内涵。

66. 人类意识活动的思维方式与直觉方式

人类的全部行为都来自生命本能的初始驱动。物质本能驱动生存行为的结果形成了人类的物质需求，精神本能驱动意识活动的结果形成了人类的精神需求。人类的两种需求在精神环境中的表达与融合，形成了人类依赖意识活动的特殊的生存方式，也形成了人类群居生存方式的社会化。

人类的精神环境是一个独立的存在层次，其中的秩序表达了人类对物质环境的理解与需求，也表达了人类对精神环境的理解与需求。人类的全部行为，包括物质环境中的社会行为与精神环境中的意识活动，都来自精神环境中价值的驱动。人类的社会行为直接来自物质价值的驱动，人类的意识活动直接来自精神价值的驱动。

人类有两种形态的意识活动动因。一种是意识可感知的或具有明确价值目标的意识活动，这就是有意识的意识活动，简称有意识。另一种则是意识不可感知的或没有明确价值目标的意识活动，这就是无意识的意识活动，简称无意识。

有明确价值目标的意识活动才会被意识明确感知，这就的有意识的思维活动。所谓思维，就是在可感知的观念结构环境中的意识活动，也就是具有理性化特征的意识活动。在认识活动中的思维方式所具备的理性化特征，使得思维可以超越观念结构的表象的表观联系，构成具有可感知的价值内涵的认识审视集合，这就是在思维中实现了明确的认识目标。思维方式对认识结果的表达与安置也必然形成具有理性化特征的可理解的观念结构，特别是可以实现对知识结构的安置与整合。

人类意识对观念结构的感知，来自意识能量在观念结构中的分布形成的关涉。这就形成了意识对观念结构感知形态的相对性与局限性。对于意识能量不能分布与无法关涉的观念结构就形成了意识的不能感知。人类观念空间中可感知的观念结构是相对的，不可感知的观念结构则是绝对的，无意识的形态在意识活动中也就具有了普遍的意义。

意识活动的可感知状态来自人类理性能力的成果，意识活动的不可感知状态则来自观念空间中普遍存在的感性化观念形态。

人类的理性能力形成了相对化的理性意识活动方式。人类的意识能量形成的对观念结构的感知方式，人类意识活动的价值目标，都是相对的。这就决定了在理性化的可感知的意识活动中，在感性化的不可感知的意识活动中，都有具备明确的价值目标与不具备明确价值目标的形态。在可感知的意识活动方式中，也仍然会蕴含一些无法被感知的意识活动方式。在不可感知的意识活动方式中，也仍然会蕴含了具有明确价值目标的有意识活动与无明确价值目标的无意识活动。对这些相对状态的绝对化确定，就来自人类哲学反思的视角与心理感受的主导方式。这种哲学现象的相对性也是哲学问题逻辑化的困难原因和哲学悖论层出不穷的原因。

思维活动就是依据理性化的观念结构的意识活动方式，就是具有可感知的意识能量运动路径的意识活动方式。与此相对应，依据感性化的观念结构进行的意识活动就是直觉活动。直觉是无法感知意识能量运动路径而只能感知特定意识活动功能表象的意识活动。思维活动类似于在可以记忆与分析路径的环境中行走，思维也大致可以按照预先的预设路径实施。如果要对意识活动路径预先设计就必须预先能感知或能理解将要经历的观念结构。

直觉则类似在完全陌生的环境中行走，其路径选择只能凭当下的感受并无法记忆。直觉要经历的观念结构不能理解与不可感知，其过程的路径也就无法预先设计。但直觉过程的结果并非模糊不清，只是意识对过程的感知模糊不清而已。思维的过程虽然在意识感知中是清晰的，但这种感知也是相对的，也仍然是蕴含了微观直觉的。

高度直觉化的意识活动甚至完全不能感受任何路径与过程，甚至就像没有过程一样。这就是在意识活动过程中直觉仅仅感知了具有明确环境功能的观念要素的表象的结果。过程中的明确观念表象就是直觉对过程的感知内涵，如果只有结果的观念表象直觉就没有过程的感知。

在直觉只能感知的有限的观念表象中也会包括概念表象。由于直觉不能感受表象之内蕴含的可分析结构，这使得意识能量在观念要素的内部结构中虽然经历了复杂的环境运动，但直觉却只能感受其进入与完成运动功能的观念表象，实际上提供了环境功能的整个观念要素对于直觉来说就是一个意识黑箱。所谓黑箱，就是人类感性直觉意识活动的逻辑化模式。在最纯粹的直觉中意识只能感受到能量活动的直接结果。在最纯粹的黑箱面前人类只能知道黑箱本身的存在。

直觉活动与思维活动相对立但又相融合，它们的区分是相对的。人类意识活动中的可感知状态与不可感知状态是相对的与逐渐过渡的。在思维活动中对意识活动的路径与过程的感受程度由观念结构中的理性化程度决定。有什么形态的理性化观念结构就有什么样的思维方式与思维习惯。在任何思维活动中，不可感知其路径过程的直觉意识活动仍然普遍存在，它们在可感知的思维活动中仍然存在于不可感知的观念结构中。在任何思维活动中都必然蕴含着感性的直觉，只不过它们不在主导状态中而已。人类的思维活动方式是相对的，人类的直觉活动方式则是绝对的。

感性观念结构是人类观念空间中的基本形态与主要结构。不可感知的直觉意识活动就是人类主要的与基本的意识活动形态。这就决定了人类大量的甚至主要的意识活动的具体内容与具体过程与路径，是意识不可感知的与主体不清楚的。理性化的观念结构在观念空间中则是十分稀薄的，就是在具有高度理性能力的数学家与物理学家的观念空间中，这种专业化的高浓度的理性化观念也是全部观念空间中极为局部的形态，他们的绝大部分观念结构仍然是感性化的。他们专业活动中高层次的理性能力与思维活动，在其一般意识中也仅仅是一种特殊的专业化方式而已，一旦出了这个领域他们仍然常常处于感性意识的直觉中。

这种意识活动状态，就是人类至今为止对自己的精神环境与意识活动方式的感受始终是若隐若现并常常被神秘化的原因，这也就是哲学尽管耗费了人类几乎全部的智慧与理解力，但仍然具有很多的模糊与含混领域的原因，还是哲学体系难以获得清晰的整体逻辑结构的原因。

感性化的观念结构是精神环境的主体形态，也决定了人类主要的意识活动方式。人类意识活动的方式主要是直觉的。至今为止的人类文化形态与文化活动方式，也深刻地证明了这一点。

人类个体有什么样的感性观念结构，也就有什么样的直觉意识活动方式与直觉习惯。也因此，人类个体对自己与他人意识活动方式与观念结构形态的感受，也就主要是模糊的与间接的。个体对他人观念结构的认知，可以通过文化环境提供的人格评价方式与人格标准而间接得到，个体对自己观念结构与意识活动方式的形态的理解，则只能在长期的意识活动的积累中得到一种模糊的感知，这就是所谓理解自己的困难。中国文化常识中就有"知人易知己难"的表述。这并不是说理解他人观念结构比理解自己观念结构要容易，而是说在社会生活中满足理解他人的需求要比实现理解自己容易。理解自己的要求要比了解他人的需求深刻得多。

个体具有明确路径与结构感受的思维活动只占意识活动的很小部分，

对于大部分的意识活动来说思维活动只能提供肤浅与模糊的感受。所谓分析活动，就是对可感知的意识活动路径的预感受或再感受。狭义的分析活动还表达了意识活动对观念结构层次的特定方向。分析的实现程度依赖于对观念结构的理解程度。

可分析性的意识活动方式虽然似乎是普遍的，但分析活动的深度与广度则是极其有限的。在感性化为主体的观念结构中可分析的意识活动是表面的与局限的，只有在具有较高理性化程度的非常狭隘的观念结构中，才能实现比较明确深入的分析活动。这种观念结构常常就是专门知识化的观念结构。这就决定了个体明确的分析能力来自社会活动的知识塑造结果与专业训练结果。具有较高智慧能力的个体如果缺乏知识塑造与专业训练，其分析能力也会不足。能力平平的个体只要在特定领域中受到专业化的分析训练也会获得有效的思维能力。这就是现代教育对社会成员在现代社会活动中的能力构建的重要性，也是现代教育活动主要集中于知识训练的依据。

人类个体只能依据意识活动对路径与过程的感受获得对观念结构的感受，意识对路径与过程感受的程度决定了对观念结构的感受程度。清晰的意识路径形成鲜明的观念结构印象，不清晰的意识路径产生模糊的内在观念感觉。人类绝大部分的意识活动形态是感性化的，也就是难以获得对观念结构的清晰感受的。这就决定了个体对自己大部分的观念结构无法明确感知与明确理解，也决定了对自己精神世界的主要形态无法深入理解。人类感知世界环境的复杂与深奥程度实际上是对自己精神环境的复杂与深奥感受的程度。

虽然个体观念空间中的主体结构是感性的，但在任何感性观念结构中都会形成一定程度的理性化形态，但只是在具有较高理性化程度的感性观念结构中，才会呈现出理性观念结构的特征来。普遍存在于感性化观念结构中的较低理性化程度的观念内涵，就很难为意识活动提供明确理性化的思维环境。

　　个体对自己精神环境的理解与感知还有一个外在的途径，这就是是通过对自己在社会环境中的行为方式的公共化特征的感受来实现的。个体自己的社会行为特征并不会直接形成对自己精神环境的直接感受，而是会在社会环境中形成公共化的文化评价。这种评价就是个体感知自己精神世界的外在间接依据。

　　在复杂的文明环境中生活的人类个体要认识自己，也就是要认识自己由精神世界决定的社会行为方式的特征，就只有通过社会环境中的公共化评价或他人评价，社会公共化评价就是社会成员看清自己的镜子。只有具有很高文化修养与思维能力的个体才能具有直接理解自己的能力。

　　只有透彻理解了自己的人才能具有恬静的精神状态，才能平淡地面对自己的生活经历与自己的生死。理解自己就是理解自己心中的世界。

　　人类的思维活动是依据意识对观念结构的理解来实现的。意识对观念结构的感知与理解，都是对具有丰富复杂秩序内涵的感性观念结构的抽象与简化。这就决定了思维活动都是在被简化的观念结构环境中的意识活动。思维活动所能够获得的意识过程与路径的清晰明确感知是对真实过程的简化与抽象的结果。思维活动对意识过程的理解是通过付出对观念秩序内涵感知的简单化与表面化的代价得到的。因此，人类复杂深刻的意识活动，最终都必然会离开简单化的思维而向复杂深刻的感性化方式回归。任何理性思维都要在直觉中落实。

　　通过明确清晰的思维活动只能获得简单的观念结构关系与简单的公共价值表达。一旦意识活动进入复杂深刻的审美追求与价值判断中，就必然会离开简单化的理性模式而回到感性直觉的无拘无束中与生动丰富中去。思维的困境常常用摆脱思维的方式打破。艰难的苦思常常在意识的放松中得解。

思维一旦回到直觉中，由于失去了对意识路径的明晰感受也就常常被意识的主体所忽略。但这种被忽略的意识活动的内涵则常常是观念空间中独特的秩序表达形态。因此，仅仅停留中思维活动中，就无法理解意识活动的丰富性与多样性，也无法理解依据共同认可的逻辑方法对共同认可的事实所进行的思维的结果，常常会因人而异的原因。

　　即使是在共同的文化环境的共同知识体系的塑造中，不同个体的观念空间中所形成的理性化观念形态与程度仍然是千差万别的。这就决定了具有相同知识观念形态的个体的思维方式的绝对不同，也决定了他们最终向感性化回归的方式与程度的绝对不同。就是具有高度公共化与逻辑化形态的自然科学观念体系在不同个体观念空间中的形态差异，也仍然是普遍的与深刻的。高度公共化的科学理论，在不同个体的观念空间中仍然会呈现出不同的各自独特的形态。这就来自他们独特的认识活动对这些公共观念接受的不同重构与不同安置。只有在对肤浅与简单的科学观念的学习与交流中，或者仅仅局限于知识传播形态的教育活动中，才会得到不同个体间对理性化观念的明确共识，他们对问题才能得到相同的答案。任何对知识问题的相同的答案都必定是简单的与肤浅的。仅仅训练对于知识的共同解答永不达不到深刻理解公共观念的效果。好的教育方法鼓励不同的答案，坏的教育方法则在通过简单化地强力统合问题的答案来泯灭个体的智慧与理性，但这种方法则会具有形式上的简单与高效。因此，这种坏的教育方法又常常是现代商业化的文化活动追求高效率的必然结果。

　　在任何具有深刻思维能力的科学学者们的观念空间中，他们关于科学理论的内在表达所形成的观念形态，其差异也是明确的与普遍的。对于公认的基本科学观念，在不同科学家的头脑中也会具有几乎完全不同的感性化表象。这是他们深刻理解这些公共化理论的必然结果。这种理解的外在表达的形态统一，仅仅是在肤浅的理性化结构中对深刻观念的简化形态。他们的学生如果只能在知识层面接受他们的观念表达，就永远也无法进入他们理解这些知识观念的深刻与复杂的观念秩序内涵中。

第十七章　观念的理性交流

67. 观念的理性化内在表达与外在表达

人类与其他生命形态的生存方式差别就在精神环境中。人类可以依据精神环境中的意识活动实现对全部生存行为的选择。人类精神环境的存在与演化，也最终形成了人类对这个环境的理解与对意识活动的理解，并最终形成了人类对自己全部生存环境的理解。人类由此从自在的动物变成了自觉的人。

自在与自觉，是存在与环境间的两种不同的关系形态。自在是存在的一般与普遍的方式，也是存在要素被动依赖环境的存在方式。自在存在的形态主要由环境的功能决定。无生命存在与一般生命存在都属于自在的存在。人类在自己漫长的演化进程中，也长期处于自在的存在方式中。人类对自己这种存在方式的认知，也就形成了所谓的"存在决定意识"的著名哲学论断。

所谓存在决定意识，就是将人类的存在看作是自在的存在，就是认为人类的存在形态与存在方式，主要由人类的存在环境功能所决定，就是认为人类的全部生存行为都是环境条件的结果。这种观念中并不蕴含人类能够通过自己的生存行为改变甚至创造环境的含义。

直到马克思为止的哲学思想中，都没有表达出人类的生存行为可以创造人类的生存环境的含义，马克思也仅仅表达了人类的生存行为可以改造自己的生存环境的含义，他在理解人类生存方式的努力攀登中已经看到了辉煌的顶峰，但还没有达到。

在毛泽东的哲学思想中，则具备了人类可以创造自己生存环境的强烈意识。但由于缺乏对这种观念的明确逻辑化，这种观念也就只能通过高度感性化的方式形成文化表达。这种诗词式的公共观念表达方式虽然具有强烈的感染力，但却不容易为他人准确理解。这种伟大的思想在被误解的含混中，在为中国社会的改造形成了明确的失误以后，也成为今天诟病毛泽东的文化中的基本依据。

在马克思的思想中，也已经蕴含了人类的意识并不一定由人类的存在环境所决定的观念。但在他对这种观念的感性化表述中，还缺乏明确的逻辑结构，这就使得他的思想常常被他的后人所埋没与误解。

自觉的存在则形成了一种特殊的存在方式。这就是存在要素依据对环境的需求而实现对环境改造的生存方式，甚至是依据自己的存在需求而创造出自己的生存环境的存在方式。在这种存在方式中，存在的环境决定了存在的行为，存在的行为又构建了存在的环境。这种存在方式就是互为因果的自纠缠形态。

马克思试图在人类社会环境中构建出一个自觉的阶级形态，以表达人类对社会环境构建的自觉功能，但这个模式并不成功。他认为一个新兴的阶级能够通过自己的社会活动创造出一个完全满足自己存在的但又是完全合理的社会环境，他为此为形成了阶级使命的政治伦理。但用阶级模式理解社会存在本身的局限性也就限制了这个模式的功能。马克思的这个理想并没有实现。马克思的阶级使命今天已经式微，今天中国人的政治伦理已经是中华文明的复兴与人类命运的共同体了。

人类的生存方式本身就是自觉的存在方式。自觉生存也是人类区别于动物的存在特征。人类的全部生存活动都在不断地创造出满足人类生存的社会环境，又在改造着人类生存方式本身。人类的自觉存在方式是整体性的，是无法从社会结构要素中割裂与孤立出来的。用某一个群体或阶级的特殊自觉无法代替人类的自觉。用某一个群体或国家的合理生存无法代替人类的共同命运。尽管人类的自觉方式总是由特殊社会成员来构建与表达的，尽管人类共同的命运也常常蕴含在特殊群体与特殊国家的社会秩序中。

用某个群体的合理秩序来改造整个社会结构，就是毛泽东的晚年失误与晚年困惑的社会哲学原因。今天的美国人在世界活动中的自信也来自这种可疑的哲学观念，当年秦始皇在残暴中的自信也可能来自这种世界观。前者被文化表达为传教士情结，后者被文化表达为治国平天下情怀。

人类社会的合理结构必然在人类本身的全部生存方式中孕育出来。人类的自觉存在是全人类的自觉存在，而不会是某一群体或某一阶级的自觉存在。人类的自觉存在方式对自己存在环境的创造，也必然是对满足全人类生存的社会秩序与社会环境的创造。

人类对自己意识活动方式的理解，形成了理性化的观念结构与理性化的意识活动方式，也就是形成了人类的理性能力。人类的理性能力是人类对复杂观念结构实现深刻精确表达的条件，这种深刻精确表达的观念交流活动，又是人类形成理解自己精神环境的理性能力的条件。

明确的表达来自明确的理解，明确的理解在明确表达中形成。人类广义的理性能力就是构建公共观念的能力。自从有了理性能力，人类就逐渐形成了复杂而精确的公共观念形态或者文化形态，人类的精神环境内涵也就在文化中开始得到了比较完整的表达。完整文化形态的典型例子就是一神宗教文化与现代科学文化。

感性结构是人类观念的基本结构。感性观念交流方式是人类观念交流的基本方式。一切理性化的观念交流活动最终都必然通过向感性化方式的还原来实现。在一切理性化与逻辑化的观念表达与观念接受方式中，都必然蕴含了对感性观念的表达与接受。感性化的观念交流方式是一切观念交流活动的基础。

理性观念交流方式是观念交流方式的特殊高级形态与高级方法，也是观念交流活动向简单化与表面化方向凝聚的成果。理性方法的准确与精确就来自它对感性方法的简化。在任何理性化观念交流方式中都蕴含了感性化的方式。

所谓知识，就是人类社会环境中理性化公共观念的文化表达形态，知识是理性观念的载体。知识只能直接传播被简化后的观念结构。这就是知识化的文化传播方式能够具有准确性与精确性的原因。正是人类的理性能力对观念表达的简化才获得了观念表达的高度确定性。

知识化的观念传播过程是间接的，其传播的结果是仍然要向观念本源的感性形态还原与回归的。与知识方法相对应的艺术方法，就是直接化的观念传播方式。艺术方法具有广泛的观念传播领域与直接的观念传播功能。任何复杂的观念交流，最终都可以通过广义的艺术方法得到实现，只不过实现的效率不同。知识方法具有观念传播的高效率，但却不具备观念传播的完备性与透彻性。艺术方法具观念传播的完备性与透彻性，但却常常效率很低。这主要来自其观念传播结果的不确定性。

在人类的文化活动中，有大量观念形态的复杂程度超越了知识的表达与传播能力，也就只能局限于广义的艺术方法的表达与传播中。文化活动中的艺术方法要比知识方法普及得多。在知识方法中也可以实现对特定复杂观念的传播，但这种传播必须高度依赖特殊的逻辑工具，例如科学知识对某些观念结构的传播。但知识传播方法也仍然要通过向感性方式的还原才能最终实现观念的透彻交流。正是因为知识方法的观念交流常常可以容许止步于逻辑程序之中，才使得这种方法在现代高度技术化的职业训练中得到了普及。

理性观念的交流活动，由观念的理性化表达与观念的理性化接受这两环节构成。人类对自己观念结构的理解方式，决定了理性化观念的表达方式，也决定了理性化观念的接受方式。

对观念空间中的公共化结构实现系统的理性化表达，也就形成了人类文化中的知识形态。所谓知识，就是人类公共观念系统化的理性表达形态。所谓系统化的公共观念，就是在一个大群体的公共观念空间范围中，具有统一和谐秩序的观念共识形态。仅仅将一个小群体的局部公共观念空间中的观念共识实现了理性化与逻辑化的表达并不能称为知识。知识必然是大道理而不会是小道理。知识的客观化来自知识的大群体高度共识。

人类观念交流活动的出现也是人类进入文明的标志。观念交流活动的深化与复杂化程度也就标志了人类文明的程度。观念的交流形成了文化也构成了文明的精神依据。在人类的文化演化历史中，观念交流的理性化方式要远远晚于感性化方式。人类能够理性化地表达自己的公共观念，就是人类在逐渐理解了自己的观念结构以后形成的高级文化成果。

理性化方式的产生来自人类追求准确与精确观念交流的需求，来自人类在对合理社会秩序的追求中构建与表达复杂公共观念的需求。深刻的观念交流活动是构建与表达复杂公共观念的文化活动方式，也是人类不断深入理解自己观念结构的基本条件。

人类依据理性能力实现对观念结构理解的全部动因，都来自观念表达的需要，都来自构建更为客观与确定的公共观念与文化结构的需要。没有这种需要，人类就不会追求对自己观念结构的理性化理解与理性化表达。全部理解都是为了表达。只有自己理解的表达才能实现他人的理解。人类理解自己观念结构的动因最终来自追求他人对自己的理解。

作为观念表达的高级形态，理性化方法的唯一功能就是形成了一种相对于感性化观念表达的更为准确与更为精确的方式。依据这种方式这就会形成具有更高效率的观念交流活动。理性化方法的唯一目标就是提高观念交流的效率，但效率的提高是以交流的简化与表面化为代价的。

结构化是人类理解环境要素间的空间关系的理性化方法。观念的理性化表达就是观念的逻辑化与结构化表达。理性化方法也就是对观念形态的结构化与逻辑化表达的改造方法。对观念形态的结构化改造，将观念形态转变为观念结构，是人类实现理性化表达的基本条件。这种改造的结果引入就是改变了观念空间中要素的内在表达形态。任何理性化表达都以某种结构化形态为基础，任何通透的理性化表达也都不会离开结构化的形态。因此，追求透彻完美表达人类精神世界内涵的哲学观念体系也就必然以观念空间的整体结构为其表达的基础。对观念要素实施内在理性化表达也就必然会形成对观念形态的通透性与可分析性改造。

　　实现观念要素理性化表达的依据就是观念空间中的逻辑结构。逻辑结构来自对观念要素的内表达形成的结构秩序的超验化理解。表达理性观念的环境与理性观念的表达结果又是一个互为因果的自纠缠结构。

　　只有实现了理性化内在表达的观念结构才能形成理性化的外在表达。理性化外在表达的环境条件则是文化环境中的公共化逻辑结构。例如，具有语言能力的人一定在观念空间中安置了语法逻辑，语法逻辑来自文化活动中的语言环境，语言环境通过观念交流活动塑造了社会成员观念空间中的语言化观念表达形态，他们对这种观念形成的理解，也就形成了他们观念空间中的语法逻辑环境，它们对语法逻辑在观念交流中的公共化运用，也就形成了具有语法逻辑的文化环境。

　　人类追求对自己观念的理性化表达，并继而实现了理性化观念交流的前提，就必然是对自己要表达的观念实现内在表达的理性化改造，并将它们塑造为可理解的理性化观念结构。这种改造的途径就是运用逻辑工具将观念空间的秩序结构化与逻辑化。全部逻辑都是人类实现自己观念空间秩序理性化表达的意识活动工具。

　　工具的广泛功能常常形成超越工具对象的工具存在。逻辑工具的使用对象是人类的全部观念空间秩序，人类也就常常将逻辑工具理解为人类精神环境以外的存在。这就类似人类公共化的意识活动可以涵盖人类全部的精神环境，也就在人类的文化史中形成了人类公共化的意识活动是可以超越人类精神环境的观念。

观念交流中的理性化表达就是对内在理性化的观念结构实现外在表达。对观念空间秩序的理性化内在表达是实现其理性化外在表达的条件。观念的理性化内在表达来自认识活动的成果安置。认识成果的理性化形态决定了观念空间理性化结构的形态，也决定了观念交流的理性化方式。

认识活动对新构建的观念要素的内在表达，主要依据它们的感性表象来实现。但随着意识对观念表象感受的深入与超越，也就逐渐出现了理性化的理解与理性化的内在表达。这种对表象的深入超越程度来自认识审视集合中的可理解程度。这种对新观念的理解就是结构化的理解，依据这种理解的内在表达就是结构化的内在表达。这也就形成了对这个观念外在表达的结构化条件。

认识活动就是观念空间秩序的自组织过程。在任何认识的审视集合中都蕴含了需要组织化的无序与杂乱，但也都仍然会蕴含观念空间中的既有秩序。这种既有秩序可以来自元初观念中蕴含的秩序，也可以来自曾经的认识活动在观念空间中的秩序构建。认识审视集合中蕴含的既有秩序就是认识结果的新观念中的可理解依据，就是对其感性表象可以适度超越的依据。这种可理解性在认识活动中的积累就是观念空间中理性化观念结构的形成依据。

认识审视集合中的秩序内涵越丰富，认识成果实现理性化表达的程度就越高，反之亦然。在已经被高度理性化的认识对象构成的审视集合中，也就具备了很高的秩序程度，其认识成果也就会具有极为明确的理性化结构，并实现高度理性化的内在表述。

如果认识审视集合中蕴含了某些逻辑化的观念要素，例如某些语言要素或数学要素，它们也就必然会在认识构建的成果中得到进一步的整合与表达，认识成果中也就可能会具备更为有序的逻辑结构，并在观念空间中表达为更高程度的逻辑化结构。这种认识成果中的逻辑结构就是被认识过程凝聚起来的更为有序的逻辑结构，其表达的形态也就必然是对原有逻辑形态的进一步深化。认识活动的自组织功能广泛而深刻地发生在一切形态的观念结构中，也是对一切形态的观念结构的进一步组织化。这里的广泛与深刻包含了感性化的观念结构也包含了已经理性化的观念结构。

普遍发生在观念空间中认识活动，就是这样不断地将观念空间中的可感知秩序不断地凝聚起来，最终形成了人类单纯表达观念空间秩序的逻辑观念与逻辑工具。逻辑方法就是人类理解自己观念空间秩序的超验观念在认识活动中的不断叠加与不断强化的突变成果。这种理性能力的凝聚离不开人类观念秩序在群体中的公共化，也离不开对观念的公共化表达的需求。

例如，在具有丰富数学内涵的物理学认识对象中，解决了对其中无序形态的认识构建并形成了新的观念要素后，也就常常用蕴含在认识的物理对象中的数学逻辑作为表象来实现对新观念的内在表达。这种数学逻辑的要素就来自认识审视结合中或认识对象中既有的数学概念与数学表象。

用数学方法提出的认识问题，其结果也必然可以得到数学化的表象表达。用艺术方法提出的认识问题，其结果也就必然可以得到艺术形态的表象表达。在认识活动的准备环节中的可理解秩序形态，或者其中蕴含的理性化内涵，也就决定了认识结果的表达状态中的理性化形态。这个关系并不会改变认识活动自组织过程的感性化本质。可理解的认识问题只能蕴含在认识的审视集合中，可理解的内在表达形态只能是认识结果的表象，而认识活动的秩序构建过程则仍然是不可理解的。

人类的认识活动广泛地发生在观念空间中，并且不受限制地涉及一切观念结构。任何观念结构中蕴含的无序关系都会成为认识活动的对象与有序化改造的目标。广泛的永不停息地发生在观念空间中的认识活动，对于观念结构的有序化改造与重构，也就必然是重叠的与重复的，这也就在逐渐增加着观念结构的可理解性。这种可理解性通过社会文化活动的外在表达的进一步提炼与刺激，就会形成理性化观念结构形态的突变。人类的社会文化活动，就是人类理性化能力与精神环境的理性化程度得以明确提高的外在条件。当这种理性化的突变积累到一定程度时，逻辑工具就产生了。

全部逻辑工具，都是人类在认识活动的漫长积累中逐渐形成的，都是人类对自己观念空间秩序的公共化理解与表达形成的特殊超验观念的凝聚。这种积累与凝聚的外部环境与内在媒介就是人类群体化的公共意识活动。这种积累与凝聚的过程远远超越了人类个体的生命周期，并在社会群体的文化传承中实现自己的功能与表达。逻辑与理性的形成虽然基于人类意识活动的理性能力，但又以人类大规模群体体化的观念交流活动的积累为条件。逻辑与理性来自构建公共观念的文化活动，它们的形成又为文化活动提供了方法与环境。

无论人类的理性能力与理性方法如何发展，都不会改变人类精神环境秩序的感性形态本质。理性化的观念结构仅仅是对感性化观念要素的逻辑化表达形态。感性观念要素永远是理性观念结构的内涵与基础。

逻辑是人类理解自己观念结构内涵秩序的工具，也是对感性观念要素进行理性化简化与表达的工具。逻辑工具对观念的任何表达都永远漂浮在感性观念的汪洋大海之上，也永远不会达到和超越被表达的感性观念结构本身。人类的理性观念结构永远比感性观念结构简单与肤浅。

理性观念结构就是对感性观念要素的概括与抽象。不同的概括与抽象程度与方式就形成了不同程度的理性化观念结构。不同理性化程度的观念结构也就在观念空间中形成了从低到高逐渐升高其理性化程度的观念结构形态。这种理性化的观念结构蕴含在充满了观念空间中的概念化的观念要素中，就像在感性观念中形成的脉络。

全部逻辑方法都是对观念结构进行可理解的内在表达的重构工具，也是对重构后的观念结构进行理性化外在表达的工具。逻辑工具在两个环境中的表达功能是统一的与重合的。这种统一在两个环境中的特殊表达功能，就是逻辑实证哲学常常被迷惑的重要原因。逻辑既是内在环境的秩序形态又是外在环境中公共观念的表达形态，这就不得不被迷惑其中的逻辑实证哲学将它当作了超越人类存在的外部存在实体。

例如，人类的语言形态首先是观念要素的理性化内在表达形态，其次也是观念交流活动的理性化外在表达形态。观念的语言化外在表达的条件就是实现对观念要素的语言表象内在表达。人类语言的外在运用也就将词汇形态内在表象化了。人类对观念空间中普遍存在的语言化表象的观念结构的感受就是运用母语的思维结果。这也是语言学哲学流派试图将语言作为人类精神环境的存在形态的依据。

例如，人类要实现对观念要素的数学化外在表达，就必须首先具备观念要素的数学化内在表达形态。数学化的观念要素来自依据数学逻辑提供的数量表象对观念要素的内在表达成果，数的概念是数学逻辑的基础。人类从幼儿开始在文化环境中接受的数量化逻辑的文化熏陶，就会在观念空间中形成将经验要素间的数量关系与空间关系数学表象化，这就是将这种对观念要素间的秩序关系的感受用数学表象实现内在表达，也就是依据文化输入的数学逻辑工具对观念空间秩序的表达方式的改造。从通过语言接受公共观念的幼儿那里，这种对观念结构的改造就开始了。这种在观念交流活动中塑造出来的数学逻辑对观念结构的内在表达依据，则很难被人类自己体会到，也就常常被传统哲学理解为来自宇宙精神的神秘感召或者来自先天禀赋的神秘范畴。

这种观念交流活动对人类精神环境的改造功能与人类精神器官的发育阶段的融合，就形成了这种逻辑塑造在幼年阶段中才能实现的方式。一旦个体幼年失去了逻辑化的文化环境，成年以后也将失去这种改造的可能性，例如狼孩。

正因为逻辑是文明化的人类精神环境中的基本理性化结构，逻辑也就成为表达公共观念的基本文化方法。这种基本文化方法构成的文化环境，也就成为人类个体精神环境中的逻辑表象的外在来源。这就是逻辑方法在两个环境中的存在方式与循环构成方式。

具有特定逻辑的文化环境，例如语言环境，就是人类将观念要素实现理性化外在表达的基本文化条件，也就是人类个体能够具备逻辑能力与掌握逻辑方法的文化条件。个体在这种环境中学习语言的活动就是构建内在环境的基本逻辑结构的过程。数学逻辑也必然是通过语言环境才输入到个体观念空间中的。

人类文化环境中的理性化形态，通过文化活动实现了对人类精神环境的理性化改造或逻辑化塑造。这种改造的功能来自人类文化的积累与文化的传播。这种改造的过程就是对观念空间中的感性化观念形态依据逻辑工具进行选择性地过滤与凝聚。通过了这种过滤与凝聚的观念要素就是被逻辑抽象化或逻辑超验化改造的观念要素。这种改造是蕴含在认识活动过程中实现的。这种改造的结果，就是形成了对观念结构中的核心价值的内在表达的凸显化与清晰化，也就是对观念中的价值功能实现了意识感知的通透性与可理解性。人类对观念结构的理解就是对其中蕴含的环境功能或价值的理解。

对观念空间秩序进行逻辑化改造的结果，就是实现了意识对观念要素感受的通透性与可分析性。在获得这种特殊意识活动功能的同时，也就形成了对观念结构中大量蕴含了非主要价值的观念要素的滤除与遮蔽。这就是对逻辑化方法对观念结构的抽象简化。这种简化就像对观念结构中的鲜活水分与复杂血肉的剔除，而只留下了干枯坚实但却表达了观念结构的主要环境功能的脉络与骨骼。观念的存在形态就像复杂的生命体，理性化的观念结构就像生命体中的骨骼，骨骼可以附着于表达其他生命组织的存在形态但不会具备其他生命组织的功能。

人类依据对观念结构的理性化表达建立了社会环境中的文化体系与思想体系。文化表达形态中不同的理性化表达程度就形成了不同理性化程度的文化形态。艺术是理性化程度较低的文化形态，科学是理性化程度较高的文化形态。

人类观念结构的不同理性化程度形成了对观念秩序不同程度的简化与遮蔽。人类文化结构的理性化程度也形成了对公共观念秩序不同程度的简化与遮蔽。对观念结构与文化结构的理性化塑造的结果形成了人类观念交流活动的高效与准确，也形成了对个体观念与公共观念进行简化的弊端。

68. 观念的理性化外在接受与内在接受

在观念交流活动中对理性化观念的接受，是通过两个环节实现的。第一个环节是对被接受的理性化观念实现内在逻辑安置，第二个环节是对已经逻辑化安置的理性化观念进行感性化还原。

理性观念的接受过程，就是依据文化环境中的公共化逻辑工具实现对理性化观念的文化接受，进而运用观念空间中的逻辑工具在观念空间中安置这种文化形态的观念要素，最后还必须将逻辑化的文化观念要素依据乃在逻辑能力还原为观念空间中的一般感性化形态。接受进来的理性化文化观念仅仅是公共观念的骨骼，对理性化文化观念的内在感性还原，则是通过认识活动的观念重构为它们添加其他血肉组织，这样才能将干枯的理性观念变成鲜活的感性观念。

要接受逻辑化表达的理性化观念，必须具备与表达方式相同的逻辑工具能力。接受语言的观念表达，必须具备与表达者相同的语法逻辑能力，接受自然科学的观念表达，必须具备与表达者相同的数学逻辑能力。接受表达者的道理，必须理解讲道理者的逻辑。

在理性化观念的接受过程中，内在安置被接受的理性化观念结构，就是将其在接受者观念空间中的逻辑结构中实现再表达。这个过程也就必然是一个认识活动的过程。这个安置的结果，也就是实现了被接受的文化观念要素中的逻辑结构与接受者观念空间中的逻辑结构的融合。这种逻辑融合来自接受者的认识能力。

例如，语言的接受首先要将外来的语言表达形态转换或翻译成自己观念空间中的语言表象形态。当自己的语言形态与外来观念的语言形态高度统一时，这个过程也就非常简单。其中包含了对不同语言习惯的转换与不同方言形态的转换。这也就是理解语言的过程。

例如，科学观念的接受首先要将外来观念表达的数学方法转换或翻译成自己观念空间中所具备的数学形态，也就是将表达中的逻辑转换为自己观念空间中所具备的逻辑形态。这个转换来自接受者的数学理解力。一般来说，个体观念空间中的逻辑形态并不会与文化环境中的公共化逻辑完全一致。每一个掌握了数学方法的个体都有自己对数学知识的独特理解，这种理解的独特性就表达在他们面对数学问题时的不同思维方式中，也表达在他们数学考试的不同成绩中。每一个物理定律的教科书形态，在每一个学习者的观念空间中都会有些不同的安置方式。这种内在安置的差异，就来自学习者观念空间中数学逻辑形态的差异。每一个讲授同一个物理定律的教师，也都会有讲授的差异，这种差异也来自他们安置这个物理定律的内在逻辑差异。

个体对理性观念接受的前提，就是具备了与理性观念的表达相同的或类似的逻辑方法与逻辑化的观念结构。这也是不同个体间实现理性化观念交流的内在环境条件。有了这个内在环境被接受的观念结构才能实现相应的内在安置，并重构形成与既有逻辑环境统一的新观念结构。这就实现了理性观念接受过程的第一个环节。

这种安置也必然是一个认识活动的结果。这个认识活动就是构成外来观念要素与内在逻辑化要素之间的新秩序。这个新秩序的构成也就实现了外来观念与既有观念的逻辑化统一。这个环节在知识的接受活动中就是对知识的理性化理解的过程，也就是实现知识的一般记忆的过程。

被接受的理性化观念要素在既有观念结构中实现了逻辑化安置后，还仅仅是观念接受的理性化前提和理性化媒介的形成。这种媒介具有将复杂观念实现简单化接受的功能。只有进一步将所接受的理性化形态的观念要素还原为观念空间中基本的感性形态，并实现了对其感性化的安置与融合，才是理性观念接受过程的全部实现。这就是理性观念接受过程的第二个环节。

人类的精神环境为意识活动提供的环境本体是感性化的，意识能量在观念空间中的分布与运动也主要是在感性化的观念结构中实现的。正是感性化观念的不可绝对感知与理解的特征，使得人类的哲学难以理解观念空间中的感性化本质与意识活动形态的感性化本质。

以概念形态或知识形态实现了内在逻辑安置的外来观念，仅仅悬浮在观念空间中的逻辑化结构。所谓悬浮，就是仅仅通过逻辑方法实现与既有感性观念逻辑表象的联系而不能与其完全融合。因此，这种安置形态的观念要素并不具备透彻提供意识活动环境的功能，意识能量的分布与运动并不能融洽地进入逻辑化的观念结构中。被接受的理性化观念要素如果无法与接受者本体形态的感性化观念体系实现融合，也就无法通过形成完美通透的意识活动环境来实现其功能，这就无法实现观念接受的最终目标。

人类的意识能量并不能在逻辑结构中自由流动和真实分布，只能形成一种悬浮的虚拟分布。这种能量分布状态是不能实现对观念空间秩序的透彻关涉功能的，也就无法透彻感知与利用观念空间提供的环境功能。逻辑推理的活动并非的真实观念空间中的意识活动，而是在高度超验的虚拟逻辑空间中对意识活动的可能性模拟。

不能提供真实意识活动环境功能的逻辑化观念或知识观念，就只是寄存或悬浮在观念空间中的逻辑化观念结构，而不是融合在观念空间结构中的有效观念要素，它们只能向意识活动提供虚拟简化的逻辑化可能性。任何真实的价值判断都不会仅仅在逻辑结构中实现，理性逻辑结构只能为价值判断提供合理但虚拟的逻辑空间，价值判断的最终实现必须回到感性观念结构中。逻辑推理为行动的决心提供了宽泛的空间条件，但任何行动决心的最终形成则都是感性直觉的。

要使观念空间中悬浮的逻辑化观念要素或知识化观念表象转化为可以支持真实意识活动的感性化观念形态，就必须将它们从逻辑化的内在表达状态或文化传播状态中，还原为精神环境的基本感性化状态，这样才能将它们与观念空间中的既有基本秩序相融合。这就是所谓的知识的消化过程与逻辑化观念的感性还原过程，也就是理性化观念接受的第二个环节。

只有实现了感性化还原的理性观念结构，才是被透彻接受的理性观念，才是完全实现了观念交流过程的观念传播成果。如果观念交流活动仅仅是形成了知识形态的观念传播，就并没有完成理性观念接受的全过程，就是不能消化的夹生过程。

语言就是一种最基本的具有理性化功能的观念交流工具。语言对感性化观念要素实现理性化改造与表达的方法，就是将所表达的观念进行词法逻辑与语法逻辑的塑造，这就是将感性观念的表象改变为词汇标识，再将词汇标识转变为语句陈述。语句陈述已经不是观念的本体形态了，而是被逻辑化改造以后的观念表达形态。语句陈述并非观念本身而是表达观念的工具载体。

通过语言工具实现的观念接受，如果不能将语句陈诉在接受者的观念空间中转换为其中承载的感性化观念，如果仅仅以陈述的形态安置与保存在观念空间中，就仅仅是一种具有理性化特征的观念交流的中间状态，观念空间中保存的语句陈述表象，仅仅提供了意识活动的虚拟可能性环境，而不会提供意识活动的真实环境。个体在语句表象中的思维活动，如果不能带动真实的感性化情感，就只能是虚拟的意识活动表演。仅仅依据漂亮的言辞无法判断表达者的真实意图，就是这种现象的社会化经验。仅仅记住了别人的话语并不一定能体验到别人的情感。

漂亮言辞的表达与真实行为的分离并非表达者的有意欺骗。人与人之间的理解与信任，从来就不会仅仅依据言辞，而常常是依据形式简单而内涵深刻复杂的感性化观念表达。

现代数学是现代物理学的规范化表达工具。对数学化的物理学知识实现了接受，例如理解了公式，并不一定能透彻理解公式后面表达的极其丰富复杂的物理观念。仅仅熟背物理公式也就远不能真正实现在物理观念中的思维。

阴阳五行逻辑是中医理论的表达工具，五脏六腑是阴阳五行逻辑的感性表象。仅仅背诵了依据这种工具表达的阴阳虚实寒热表里的逻辑关系，离理解中医深刻复杂的观念与掌握中医的思维还十分遥远，依此来判断接受者的接受水平也就基本上不靠谱。

在逻辑实证哲学的语言学分支中，就在追求一种超越一般词汇的元词汇，希望用这种元词汇构成一种元语言，并试图用虚构的元语言来表达人类精神环境的存在本质。这是做不到的哲学虚幻。虚构的语言只能表达虚构的精神环境。

离开了真实的感性化观念内涵的词法逻辑，无法在精神环境中真实地存在，也只能是一种对观念存在的理性化虚幻。任何语言逻辑都必须以真实的观念表达为其存在基础。超越真实观念的语言只能从真实的语言活动中抽象得到，而这种抽象的结果已经不是观念本身了。

超越了一切具体语言的语法逻辑，也就必然就失去了语言活动的生命力功能而不是真实的语言了。这种仅仅具有逻辑形态的语言如果可以构建出来，也仅仅是一种哲学的游戏。语言只能在真实的观念空间中与文化土壤中生存。就是在不同土壤中的两种语言间的转译，都会极大地弱化其表达的内涵。一种对所有的语言都能实现转译的超语言，也就必然完全没有真实观念所具备的环境功能内涵了，最多只能是一种高度抽象的转译工具。

逻辑实证主义哲学对元语言的追求，来自他们将逻辑工具的超验化理解为超人化，来自他们关于逻辑是一种超越人类精神环境与意识活动方式的特殊环境存在的本体论观念。他们认为逻辑是宇宙中的自然存在，认为逻辑本身就表达了宇宙秩序。这也是与宇宙中存在超越人类观念的客观规律或绝对理念的哲学传统一脉相承的。这种观念是人类中心主义观念的虚幻残余，他们的哲学目标也是虚幻的。

通过语言工具表达与接受的观念，已经是被初步理性化改造后的逻辑化观念形态了。任何语言形态的观念都无法被意识活动直接感受与利用，都必然要有一个向感性化形态与直接表象的还原过程才能具备其环境功能，这就是语言的感性还原与感性消化。

将一般观念要素进行理性化语言改造的能力，将语言观念向一般观念要素的感性化还原的能力，就是人类的语言能力。这来自人类幼年的语言学习过程以及这个过程对观念空间的初步理性化塑造。语言能力来自人类理性化的基础观念。

基本的语言能力就是表达观念的词法能力，这种能力体现在两个过程中。一个是将观念的感性表象表达的内涵装入符合语法逻辑的词汇表象中，另一个是将词汇表象中的初步概念化内涵还原为感性表象表达的观念内涵。前者是对观念的语言化改造，也就是观念的初始概念化，后者是对语言的观念化改造，也就是概念向观念的还原。

将感性表象的内涵装入词汇表象的合理性，就是语言表达能力的基本依据。将词汇的内涵还原为感性表象的合理性，就是依据这种语言工具接受观念表达活动的可理解性与正确性。人类的语言能力来自审美本能中蕴含的理解秩序精神环境秩序的理性化本能。这种理性本能在意识活动中的具体实现仍然需要一个语言环境中的审美学习。这个过程是与高级精神器官的发育过程相融合的意识活动能力的训练过程。

人类对理性化观念表达的接受必须要依据其与表达方法相同的逻辑方法。逻辑方法就是观念传播中的编码与解码工具。接受者的接受与解码方法必须与发送者的编码与发送方法相一致。具有共同的逻辑方法是理性化观念交流活动的基本条件。

人类最完美的理性化工具就是现代数学工具。自然科学特别是现代物理学的严格学术规范，将感性化的观念体系实现高度确定与高度严谨的理性化表达就是数学工具的规范性功能。物理学概念就是对物理学观念进行数学逻辑化的初步改造与安置结果，也是对物理学观念实现数学逻辑化表达的基础准备。只有按照数学逻辑的规范实现了概念化表达的物理学观念才能进入数学表达的工具体系中。个体通过文化活动所接受的物理学概念，必须通过相同的逻辑工具实现对观念形态的解码还原，才能转变为接受者观念空间中的物理学观念，也才能为物理学思维活动提供观念环境。学习物理学的过程并不仅仅是接受概念与概念的逻辑化构成的理论的过程，将理论中组织其来的概念还原为物理学观念才是学习最终目标。蹩脚的物理学教师只会讲述物理学概念，优秀的物理学教师则具备将物理学概念在不同接受者的观念空间中展开与还原为物理学观念的能力。

现代数学就是现代物理学的编码与解码工具。掌握现代数学就是学习物理学的逻辑条件，数理方程就是物理学的核心逻辑工具。对表达物理观念的数理方程形式的接受与理解，仅仅是接受过程的初始环节。将数理方程高度抽象简化的数学概念中蕴含的物理学概念逐层地还原为感性化的物理学观念，才能真正达成对物理学的接受，才能透彻理解数理方程中所表达的物理学内涵。这是成功的物理学大师们的基本功。冯·卡门对钱学森的赞赏不在他精准的物理理论能力中，不在他精巧的数学工具掌控能力中，而在他对复杂物理概念的感性穿透与内在融洽中。

实际上只有非常少数的物理学家才能达到将全部物理学知识体系完全实现感性化还原的境界。大多数达不到这个境界的物理学工作者们，就只能在并不透彻的理性化物理学观念空间中活动。他们只能适应物理学概念的传播活动或教学活动，或者适应依据一般概念的技术开发活动，他们很难适应研究与改善物理学观念体系的深刻创新活动。真实的物理世界在他们面前仍然隔着一层帷幕，这个帷幕就是物理学知识体系。穿透这种帷幕的能力就是将知识还原为观念的能力。

　　艺术是感性化的观念交流方式。但在狭义艺术形态中，仍然具备了一些理性化的工具规范。狭义艺术依据其规范性的表达方法确立其文化形态。这种规范性就是它们表达丰富的感性表象的方法体系与逻辑形态。在绘画艺术中的规范性要素就是由色彩概念、构图概念、光影概念与笔法概念的不同逻辑组合所构成。在音乐艺术中的规范性要素就是由旋律概念、节奏概念、配器与和声概念和音色表现概念的不同逻辑组合所构成。没有这些可以逻辑化表达的方法规范，也就无法实现超越艺术家个体观念甚至超越群体文化形态的高度公共化的艺术表达与交流方式。不同的文化体系如果要进入电影艺术领域来表达自己的观念，也就必须将自己欲表达的观念改造为规范的电影技术要素。

　　这种对欲表达的观念的改造，就是将它们的秩序内涵进行初步的理性化与逻辑化的表象编码。只有符合了狭义艺术表达的规范化方法的观念要素才能被狭义艺术所表达，才能被称为狭义艺术的特定技术方法。

　　因此，对任何狭义艺术表达的接受与欣赏，都必须具备对他们的规范性方法的理解，才可能将所接受的规范化的艺术表象转换为观念表象，才能实现对艺术表达的透彻接受。这种转换也是将具有理性化形态的观念表达向感性化观念的还原。不懂得现代美术表达的技巧，就难以深刻领会绘画者的情感，不懂得现代音乐的表达方法，也就无法深入欣赏抽象的音乐作品。不具备与表达者共同的逻辑理解，也就无法还原与解码艺术表象。

　　具备共同的逻辑工具是实现理性化观念交流的媒介条件。物理学家之间的交流依据共同的数学工具，音乐家之间的交流依据共同的音乐概念与音乐理论，政治家之间的交流则依据共同的政治伦理与政治逻辑。

　　社会成员依据公共化的理性方法接受公共观念的活动就是社会化的学习活动。依据公共化的理性方法传播公共观念的活动就是社会化的教育活动。完全理性化的学习活动就是接受知识的活动。

接受知识的前提，就是必须具备表达知识的理性化工具能力。学习自然科学知识必须掌握数学逻辑工具，学习音乐知识必须掌握乐理逻辑工具，学习宗教知识必须掌握神学逻辑工具。如此等等。

人类依赖逻辑工具作为观念交流的媒介，就构成了理性化观念交流方式与感性化观念交流方式的基本区别。感性化的观念交流活动也需要共同的媒介，这就是在共同的生存环境中形成的经验观念共识。这种公共化的经验观念中蕴含了对环境秩序的公共化理解。这种理解就是事实共识。没有事实共识任何感性化的观念交流都无法实现。

个体间具备的事实共识与逻辑工具共识的深度与精度，就决定了他们之间实现感性化与理性化观念交流的效率。个体间对社会行为方式的事实化理解的深度与精度，就决定了他们讨论社会活动问题的效率。个体间对统一的词法逻辑与语法逻辑的理解深度与精度，就决定了他们之间语言交流的效率。为了在复杂深刻的观念交流活动中与更广泛的异种文化交流中追求更高的效率，就必然要追求具有更高抽象程度与更严谨的公共化程度的逻辑方法，也就要追求对共同环境中的经验观念实现更为精确的事实共识。逻辑化与事实化的程度是观念交流的效率依据。

在人类不同群体的文化之间实现基本观念交流的理性化逻辑工具就是语言逻辑。人类不同的社会群体常常依据不同的语言体系来区分。融合人类不同的群体的基本方法就是统一他们的语言。中华文明是人类文明中罕见的统合了不同民族的文明，其非常重要的文化环境条件就是汉语对不同民族语言与方言的高度统合功能。

人类通过哲学活动对逻辑工具的不断发展与改善，就来自表达日益复杂与抽象的理性化观念结构的需要，也来自对高效传播理性化公共观念的需要。哲学对逻辑方法与逻辑本质的不懈探讨，就来自哲学对人类理性观念交流活动理解的追求，这也转化为哲学对人类精神环境以及其中的意识活动方式理解的追求。不理解逻辑在人类观念交流活动中的工具地位就无法理解逻辑的本质，也难以理解人类精神环境的存在本质。

　　人类理性化的观念交流方式，形成了比感性方式更加准确与更加高效的效果，形成了构成群体公共观念体系的高效化与精确化的文化活动形态。这也是人类社会结构日益复杂化的成果，还是社会环境中大规模复杂化的公共观念构建需求与传播需求的结果。理性能力来自人类特有的精神本能。但这种本能在意识活动中的实现，则依赖于人类不断追求高效精确地构建与表达公共观念体系的文化追求。这种本能的实现成果就是人类的知识化公共观念结构。

　　理性化的观念传播活动就是对概念化与逻辑化形态的观念的传播。这种观念传播方式的效果，不仅仅来自观念表达中的简化与抽象的效果，也来自观念接受中的感性还原的效果。知识的形态并不能表达完整的观念内涵，只能表达观念的抽象表象或逻辑表象。在利用知识形态来传播公共观念的文化活动中，都必然蕴含了将知识形态向接受者观念空间中的观念形态的还原过程。没有这个过程，知识形态的观念传播就是不透彻的和不完整的。

　　理性化的观念交流方式的确定与高效，仅仅在理性观念的传播中才被完全体现。一旦这种传播中的知识形态在接受者观念空间中进入感性化的还原过程，其确定性与高效性仍然会被削弱，在这个过程中仍然会引入不确定性，确定的知识仍然会变成不太确定的观念。如果仅仅在知识形态的传播成果中评价传播活动的确定性与效率，则知识的传播方式就必然是具有最高准确性精确性的与具有最高效率的。

　　知识化的观念传播方式如果局限在经验化的公共观念中，就会具有明确的全程高效。因为经验化的知识结构向观念结构的还原过程比较简单易行，也就可以同样具有较高的效率。一旦知识化的观念传播进入了高度超验化的公共观念中其效率就会大大降低。例如在现代物理学的前沿理论的传播中，例如在佛经的传播中。

　　人类观念交流的目标并不是知识的传播而是观念的传播。在观念传播中对感性方法与理性方法的比较与评价，则会得出他们各有千秋的结论。理性观念传播方式在形式上比感性观念传播方式呈现出来的准确与高效，常常被这种传播活动最终的感性还原环节的不确定与不彻底而打了折扣。

　　在人类的观念交流活动中，无论何种形态的理性化方式所提供的准确性与精确性保证，都是相对的与局限的，都仍然无法形成对全部观念内涵的透彻交流。这来自人类对自己精神环境秩序理解的局限性。这种局限性限制了哲学的功能，也限制了逻辑工具的功能。

　　感性化的交流方式虽然具有模糊性与不确定性，但却具有完全性与透彻性。但这种完全与透彻常常被交流过程中引入的模糊与不确定削弱与遮蔽。理性化的交流方式虽然具有过程本身的准确性与精确性，但将这种过程展开到观念交流的全过程中来评价，其准确与精确也就常常在交流的理性化准备环节中与感性化还原环节中被削弱与遮蔽。

　　因此，理性观念交流方式的高效与准确功能，也就常常被人为地夸大了。哲学必须解释这种夸大，并由此揭示理性观念交流方式的局限性与知识传播方式的局限性。通过对这种局限性的透彻理解，才能真实理解人类知识文化中的各种现象，才能理解现代教育活动中的优越性与弊端。

　　理性化观念交流方式的局限性程度由理性方法对感性本体的概括程度决定。这种概括程度既表达了将观念形态向知识化形态改造的难度，也决定了知识接受以后进行还原与消化的难度。经验化知识传播的高效率恰恰来自它的概况程度比较浅显。

　　越是深刻细致的逻辑工具的运用，就会形成越是精确与准确的知识表达与接受，也就越是容易形成表达公共观念的确定文化体系。人类理性能力的发展成果在为人类提供了更高理性化程度的知识体系的同时，也提供了更为精确明晰的公共观念结构。不断明确化与精确化的公共观念体系就是人类社会秩序不断复杂化与有序化的精神依据。现代自然科学为现代文明提供了巨大贡献的根本原因，就是以更为精确与准确的方式向人类提供了理解自然环境秩序的观念与方法。

人类理性观念交流的局限性，就来自理性化工具或逻辑方法对感性化观念本体的概括与简化功能。越是深刻复杂的逻辑工具所形成的理性化知识传播，在形成了知识结构的高度准确性与精确性的同时，也必然会形成更为明确的观念交流局限性。这种局限性既来自逻辑工具的简单化局限，也来自运用这种逻辑工具的过程中形成的秩序编码与秩序解码的失真局限。越是复杂的编码方法失真就越大。

发端于欧洲文明的数现代学逻辑，就比发端于中华文明的阴阳五行逻辑与易经逻辑要复杂与细致，也因此，由欧洲传统的自然哲学中演化出来的现代自然科学，就可以形成比中国传统的自然哲学对自然环境的理解要深刻得多与精确得多的公共观念体系。这是自然科学文化得以在不同文明中普及传播的原因，这也就带动了西方现代数学的传播。

在这种深度理性化的传播中，也就必然蕴含了较高的观念传播局限性。这种局限性首先来自不同的文明中的文化环境将科学理论与概念还原为本土文化形态时的不确定性，其次来自在个体精神环境中将知识化观念还原为感性观念的不确定性。后者已经属于个人化的意识活动领域，也就常常被文化活动所忽视。

69. 逻辑是理性化的观念表达工具

文化史中遍布这样的例子。爱因斯坦为了表达自己感性顿悟的广义相对论观念，耗费了多年精力寻求理想的数学工具。这个观念体系只有用数学方法表达出来，才能进入科学文化圈。牛顿的绝对运动与万有引力的思想也发端于感性观念,他为了实现这种观念的理性化表达,就不得不创造新的数学工具。于是微积分方法出现了。正是这种观念的数学化表达,让牛顿的思想折服了全部物理学。

曹雪芹的人生经历形成了他对当时社会生活的深刻感悟。他要将这种感悟以公共观念传达给大众,就必须打造出便于表达与流传的文化形态,红楼梦的文学故事就出现了。他的虚构人物与故事构成的精美文字,就是对感悟进行初步理性化的表达方式。为了深入表达自己的核心观念,也就形成了遍布于故事中的各种禅语与神秘暗示中的因果关系。

毕加索成熟后期的现代派怪诞画作,就是他创立的感性观念特殊表达方式。他试图将超越人类视觉感受的精神世界内涵,用普通的视觉形态表达出来。他作品的怪诞正是复杂表达逻辑对日常视觉经验的超越与破坏的结果。在不能理解他特有的表达逻辑的观赏者眼里,这种画作就是胡闹。直到人们最终大致理解了他超越视觉经验的表达方法,才将它尊为美术中的至高大师。

人类对自己观念结构的理解构成了理性化的意识活动方式。理性化的意识活动方式构成了人类理性化的观念结构。人类理解自己观念结构的方法构成了逻辑工具。依据逻辑工具构成了人类理性化的观念结构。人类理解自己观念结构的需求,则来自对观念结构的外在表达。逻辑方法就是人类表达观念结构的工具。

理解观念结构是有效表达的必要条件,也是有效构成公共观念的必要条件。人类通过逻辑工具理解观念结构,也通过逻辑工具表达和理解观念结构。逻辑对观念结构的理解,改变了依据直观表象感受观念的方法,实现了对观念要素的可分析结构化,理性化的观念表达出现了。这个表达的过程也就是对观念要素的理性化改造过程,改造的结果就是对感性化观念的理性化转换,转换的结果就是对其理性化表达的条件。这个转换过程蕴含在认识活动的准备环节与表达环节中。

没有实现理性化转换的认识成果，就只能以感性化的直观表象实现内在表达，这种表达构成了观念空间的主要形态。感性观念实现理性化转换的结果，就形成了感性观念内在表象的超越性形态，这就是对表象表达的结构化改善。

感性观念实现理性化改造与逻辑化表达的过程，也可以分为两个环节。第一个是将观念要素的表达表象进行概念化转换，构成具有可分析内涵的概念化观念要素。第二个是将概念化的观念用逻辑工具实现观念空间中的结构安置与表达。

这两个环节是在不同层次的表达中互为因果与互相嵌套的。将观念要素概念化改造的过程就是一个低层次的逻辑化安置过程，将概念的集合进行逻辑化安置，也会形成更高层次的新的概念表象。

人类理解精神环境并形成理性观念结构，要比形成精神环境与出现意识活动晚得多。在大部分的文明史中，人类意识活动仅仅是自在的和不可理解的，而不是自觉的和可控制的。就是现代文化环境中个体的意识活动，也还仍然保持着大量不可理解的方式，也还充满了感性直觉方式与情感化方式。只有实现了对观念空间秩序的明确理解以后，人类才能逐渐进入意识活动的自觉状态中。实现这个状态的进程仍然蕴含在今天哲学的发展中。

人类形成对自己观念结构的明确理解是很晚近的事情，哲学也在文化史中很晚才出现。人类形成明确的逻辑方法也同样是很晚近的事情，哲学才能说明逻辑的形态与功能。

哲学的演化经历丰富多彩，逻辑工具也同样经历了复杂的演化过程。不同的逻辑工具也就为不同文化体系的理性化表达提供了支撑。阴阳五行是中华文明的传统逻辑工具，也是中国最重要的古典逻辑。它具有广泛表达抽象观念的强大功能，并因此而成为中华传统公共观念体系的基本理性化工具。中华文化能够对外来佛教文化实现本土化改造，就是这个逻辑工具的特殊成果之一。直到今天，中医仍然用这个逻辑工具表达对人类生命活动的理解。

也正是这个古典逻辑工具的理性化程度不够高，才形成了中华传统文化的理性化表达的局限。这种局限甚至成为今天中国人轻视自己传统文化的重要理由。西方哲学提供的复杂精巧逻辑，为它们的文化穿上了时髦的外衣，土气的中国传统文化常常相形见绌。就像曾经土气的中国人常常仰视洋人一样，就像今天暴富的中国人仍然在西方文化面前没有自信一样。

传统逻辑工具的简陋，也是今天的中医文化在西方哲学的流行中难以传承的基本原因。失去中国哲学的理性化支撑，中医深刻的思想就退化为对西医不足的技术化补充。在中医的传授中失去了中国逻辑的精髓，也就阉割了中医的灵魂，就将中医的教育变成了展现技术僵尸。

周易是中华文明中曾经流行的另一种重要的逻辑工具。其高度简化的逻辑方法与其表达内涵的高度经验化形态的内在分离，形成了使它失传与中断的基本原因。这就像如果用数学方程来表达人类的情感也一定不会形成有影响力的文化体系。作为一种逻辑工具的文化表达，周易已经退化为一种历史文化的遗迹了。

中华文明文化结构中的儒学主体一直可以延续到今天的原因，就是其结构的开放与内涵的抽象深刻。过于经验化的肤浅逻辑，只能在历史文化中存身。抽象深刻的超验观念，才能在今天的新文化中仍然具有营养功能。但过于抽象的逻辑形态，又难以与现代文化环境相融合。在今天大多中国数学者心目中，儒学文化已经是历史了，西方文化才是今天。

在中国传统文化中表达自然环境与社会环境的一元化结构，形成了天人合一的逻辑视角，也是阴阳五行逻辑与周易逻辑的内涵延续。这个世界观视角一直是中国新文化诟病自己祖先的重要把柄。这种诟病来自哲学的肤浅与技术文化的流行。

中国传统逻辑支撑的文化形态，没有形成欧洲传统的二元哲学形态而为自然哲学提供独自发展的空间，并造成了中国哲学中自然哲学的不彰。这也是中华传统文化不会像欧洲文化那样，在特殊的社会经济活动环境中也孕育出现代自然科学观念体系的文化结构依据。自然哲学是自然科学之母，基督宗教是自然科学之父，工业贸易文明是自然科学之家。这都是中国传统社会中所没有的。李约瑟也没有看懂这些。一个外国人的糊涂，引导了一大批更糊涂的中国学者跟着跑。

在西方文化面前中国学者已经做了两百年奴隶了。新中国的文化重构，曾经部分地扫除了这种情绪。但对"文革"失误的纠正，又将这个鬼魅灌入了今天学者们的头脑中。今天的中国学者大都是"文革"中的"红小兵"，他们感受了强烈的"文革"挫败，但又几乎没有任何历史文化观念。今天掌控着中国文化活动的学者们的头脑，几乎只是由西方文化的知识所构成。中国的文化与中国的历史，特别是中国的近代史，在他们头脑中就是一个虚幻的笑话。

中国古代逻辑发展的狭隘与肤浅，也确实让今天的中国传统文化相形见绌。中国数学逻辑的不彰，使得数学在中国文化中从来也没有登入哲学的殿堂，就是被李约瑟所惊叹的内容，也只是处于计算技术的雕虫地位中，而欧洲传统数学从来就是表达世界观的逻辑依据。在中华文化对自己超验价值结构的表达中，从来就没有数学逻辑的身影，周易的符号体系本来具有发展为数学逻辑的潜力，但却因为没有自然哲学的拉动而无人发展它。阴阳五行逻辑就离数学更远，今天只能在残喘的中医内栖身。

欧洲传统文化具有对自然环境与社会环境分别表达的二元结构，这就促生了自然哲学与社会哲学的二元分立，并分别形成了适于它们表达的不同逻辑工具体系。他们的数学逻辑与古典辩证法逻辑都得到了充分的发展，并一直延续到今天。今天的西方文化仍然具有同样的二元结构，这与今天中国的现代文化形态仍然不同，尽管现代中国文化还没有定型。

欧洲二元逻辑工具的分别发展与分别应用，促进了两种逻辑的精密化与细致化，也支撑了西方文化中自然哲学与社会哲学互相独立的形态。数学逻辑工具充分发展的历史，奠定了欧洲自然哲学的理性化基础，也促生了近代的科学世界观与自然技术体系。其文化标志就是从牛顿到哥白尼与达尔文的理论。他们分别为现代物理学与现代生命科学提供了原始基因。

辩证法逻辑则一直是欧洲文化中理解社会秩序的理性化工具。这个工具的成就远不如数学工具的成就显赫。虽然辩证法在近代哲学中得到了黑格尔的激发，又成为马克思构建新的社会学体系的基本工具，但这种工具在狭隘的现代西方经济学中又被如日中天的数学逻辑所排挤。马克思的弟子们大都没有哲学兴趣，这也就注定了它今天的边沿化地位。

数学工具的局限性科学家们应该最清楚。曾经在对无生命自然环境秩序的理性化表达中获得了巨大成功的数学工具，在更为复杂的生命环境秩序的表达中，就遇到了极大的困难。更遑论将数学工具引入理解精神环境秩序的哲学表达中了。那种在理解社会秩序的表达中到处运用数学工具的方法，实际上是肤浅皮毛的隔靴搔痒。今天的大数据与区块链虽然像当年的永动机与炼金术一样神圣，但终究会同样恢复平庸。只不过今天投资矿机比当年投资永动机制作与炼金坩埚更方便而已。

数学工具基本上与哲学观念的表达无关，或者只能在最基础的方法论中为哲学提供一些支撑。数学大规模地进入表达社会秩序的经济学领域中则是一个工具的误用，但这种误用的弊端还没有尽显。

数学对生命秩序表达的局限促生了系统论逻辑。或者说辩证法逻辑与数学逻辑的融合打开了系统论逻辑的空间。在还仍然幼稚的系统论逻辑的框架中大致可以安置辩证法逻辑，也为数学逻辑留下了广阔的空间。数学要融入系统论还须实现基础性的改造。

系统论逻辑的活力并不在生命科学中，而是来自现代物理学的前沿思想。系统论逻辑的开放框架又为哲学本体论的发展提供了空间。系统论逻辑支持的哲学本体论，主张环境秩序是不确定的和永恒变化的。而数学逻辑支撑的哲学本体论，则主张环境秩序是终极确定的与内在不变的。作为哲学方法论，数学仍然是保守的。

系统论逻辑支持了人类对环境的不确定性与复杂性的理解，这也决定了系统论方法本身的深刻与复杂。今天的系统论逻辑还处在其发展的幼稚期，还远不具备与数学方法类似的精确解析能力。它必须在为数学逻辑提供新的发展方向中建立自己的数学基础，它也会由于数学逻辑的强大文化惯性而在各个文化领域中被排挤。系统论逻辑广泛运用的障碍，常常就来自现代数学方法的桎梏。这也是传统逻辑对新兴逻辑的抵制，这常常限制了新兴逻辑的应用。因为数学方法仍然如日中天。

逻辑是人类理性意识活动能力的必然成果。逻辑的出现来自人类对观念内涵外在表达的需求，来自人类对更有效的观念交流方式的追求。这都是人类追求更合理的社会环境的努力方式。合理的社会环境来自合理的公共观念，合理的公共观念来自有效的理性能力。

人类的理性能力就是构建复杂社会结构并形成高度文明化社会生活方式的能力。这种能力基于人类的生命本能，又来自人类社会群体结构的大范围组织化融合的结果。这种能力的实现依据逻辑工具。每一次人类文化的大范围交流与融合，都会形成新的理性能力形态与逻辑工具的突变，这些突变就构成了人类理性演化进程中的明确台阶。

人类理性能力突变的第一次爆发形成了语言能力。人类理性能力的第二次爆发出现了哲学与逻辑工具。人类理性能力的第三次爆发形成了现代科学文化，人类理性能力在今天的积累，孕育了新兴的人工智能。

文化是人类群体共同认可的精神环境内涵的外在表达，逻辑则是对这种表达的理性化与结构化方法。这种表达形成的文化传播方式，又影响与塑造了个体的观念结构，形成了个体观念空间中的逻辑结构与逻辑方法。例如个体幼年的语言学习过程，就是被语法逻辑塑造基本理性化观念结构的过程，也是训练他们实现理性化思维与理性化表达的过程。

逻辑方法作为人类理解公共观念结构的工具，也只能来自人类文化活动的构建。逻辑是构成人类文化的核心工具。人类文明形成的文化环境，为人类个体理解与表达自己的精神环境提供了不同的理性化方法。每个体的精神环境都是独特的。个体观念结构被文化塑造的成果永远是相对的。

个体观念结构的独特性也形成了其独特的理性化观念形态。这种个体独特的理性化观念结构为个体意识活动提供的独特环境理解，也可以借用逻辑的概念来表达，这就是直觉逻辑。所谓直觉逻辑，就是个体对自己观念空间秩序的独特理解形成的内在表达，也就是个体化的准逻辑方法。直觉逻辑也常常称为思辨逻辑。所谓思辨，就是个体独具的理性化意识活动方式。思辨逻辑就是哲学文化的逻辑工具。这种逻辑工具虽然无法表达为公共化的理性观念，但对于个体来说，仍然是具有理性化意义的意识活动方式。

逻辑工具是群体的与文化的。思辨方法是个体的与独特的。直觉逻辑又是个体接受文化环境提供的公共化逻辑方法的内在环境依据。形式逻辑就是最基本的公共化逻辑，就是对直觉逻辑直接公共化构建的成果。

人类文化中的哲学活动追求对精神环境公共化的理性理解与理性表达。但文化中的逻辑工具对于这种表达任务来说还远远不够，人类的逻辑工具还远不能满足对人类精神环境秩序的理性表达需求，哲学就必然要广泛地依赖直觉逻辑了。不得不用个体化的理性方法来表达公共化的观念结构，就是哲学方法中永恒的悖论，也是哲学永远难以高度理性地透彻澄明的原因。这是由人类理性能力的演化永远落后于人类精神环境秩序的演化所决定的。正因为人类的理性能力永远无法穿透观念空间的全部领域，哲学也就永远会有模糊含混的空间。但哲学对于理解人类精神世界的理性化追求，又使得哲学必须具有整体性的理性结构。

但哲学的表达也不会被逻辑工具功能的局限性所限制。全部逻辑方法的功能，只能表达相对表浅与相对简单的观念结构，而哲学需要表达的观念内涵则要复杂得多与深刻得多。哲学的理性化表达需求远远超越了人类文化中提供的逻辑方法，哲学对逻辑方法的构建也永远落后于哲学感悟的表达需求。这使得以形式逻辑为基础的全部逻辑工具，都远不能满足哲学对精神环境秩序无穷探索的表达需要。

这就决定了哲学的表达形态或哲学的思维方式，永远会超越功能有限的一般逻辑方法，在哲学的表达中也就必然充满了哲学家个人独有的直觉逻辑与思辨。为了改善这种表达的局限与困境，有些哲学表达就不得不回到感性的艺术化方法中去。例如，在追求表达个体观念结构独特性的西方存在主义哲学中就遍布文学化的方法，很多存在主义哲学家常常兼做文学家。中国现代文化活动中的某些具有宏观理性化能力的文学家也会进入哲学领域，但他们的表达仍然是高度思辨的与缺乏基本公共逻辑的。哲学探索的广博性不会排除思辨方法，甚至在哲学探讨的前沿中常常主要依赖于思辨。但完整与完美的哲学体系绝不会完全依赖思辨方法，其基本结构一定是由逻辑工具表达的。

人类现代文化中的自然科学观念体系的表达方式也是高度理性化的形态。但在自然科学的表达中不主张使用直觉逻辑。对于还不得不依赖直觉逻辑表达的不成熟的科学观念，就常常被称为科学的猜想，而不能被称为是科学的理论。科学猜想与数学猜想都来自个体特殊的直觉逻辑感悟，对猜想的证明就是依据逻辑工具对其实现的安置。这也是将思辨中蕴含的潜在真理公共逻辑化。

提出猜想是天才的贡献，证明猜想则是专业学者的工作。区别天才猜想与神经病臆想的方法，只能在学者群体各自的直觉逻辑中。合理的科学猜想与数学猜想，只能在这种个人化的思维中被确认。由合理的猜想到被证明的理论，就是现代自然科学与现代数学的发展途径，也应该是现代哲学的发展途径。

合理的猜想也会被证伪。既可能是逻辑的证伪也可能是经验的证伪。数学证伪主要依据逻辑，科学证伪主要依据经验。

科学理论的发展，就是在对猜想的相对证实与绝对证伪中前行的，这就是卡尔·波普尔认为全部科学理论都来自猜想的依据。理论并非猜想，但必须来自猜想。

人类在可理解的观念结构中的意识活动就是理性化的意识活动。这就是对逻辑方法的依赖与遵循。理性化意识活动的可理解方式就是逻辑推理。依赖逻辑结构的意识活动就是思维，其中包括直觉逻辑与语言逻辑。

所谓逻辑推理，就是依据对观念结构的理解将其中的环境功能价值进行可理解的结构转换。运用逻辑推理的方法，就可以保证在意识能量的运动中保持其价值内涵功能的不变性。保持观念要素的环境功能在意识能量的移动中的不变性，就是逻辑推理的目标。这种保持的结果，就是在推理得到的新观念要素中具有预先确定的价值内涵。当这个观念结构是既有的经验观念结构的组合时，这种推理活动就是所谓的证明推理。当这种观念结构是一个认识构建出来的超验结构时，这种推理活动就是所谓的虚拟推理。

逻辑推理的合理性来自其逻辑工具对演绎中的观念结构中蕴含的价值的连续保持，其基础依据所运用的概念表象的严谨结构。观念结构是具有空间层次秩序差异的，在逻辑工具的运用中对观念结构层次的合理性关涉，就是逻辑工具基本功能的有效性保证，也是对其中可能暗含的逻辑悖论的规避。逻辑概念表象的严谨性保证了推理过程中观念内涵的不变性，也就防止了概念的不当变化与异化。逻辑工具功能的严谨性则保证了推理中概念表象的不变性。数学逻辑所具备的高度严谨性，就来自其对这几个因素的严格保障。某些逻辑的不够严谨，也来自其对这几个因素的不能保证。

逻辑推理成果的经验性或实证性保证，则来自推理前确定的初始经验条件与边界经验条件。这也是数学演绎中的基本方法。在一般逻辑推理中的经验条件，就是推理中的各种小前提。在一般逻辑推理中的大前提，则提供了逻辑运用中所必须服从的一般环境秩序。

在每一个逻辑推理的过程中，都必然蕴含了对观念秩序的构建活动，也就是必然蕴含了认识活动。这就在保证观念结构中价值内涵不变性的前提下，不断加入了新的超验秩序成分。推理的过程越深入，其结论中蕴含的推理过程所加入的超验秩序的程度就越强烈。复杂繁复的推理结论就因此可能会变成以逻辑超验观念为主体的内涵，也就会因此而大大弱化了初始经验条件的功能。在越是刻意实现复杂推理的逻辑工具中，也就越应当具有严格的矛盾律约束，就是一种补偿。

数学逻辑的严谨性就是数学方法的通行证。但在任何数学结论中，也都必然蕴含了背离初始条件与边界条件的超验化内涵，当这种内涵成为数学推论的主要内容，由其初始条件与边界条件所保证的经验功能也就会相应弱化，其推论的经验合理性就会降低。这就是任何数学结论都有可能包含现实谬误的原因。严谨的数学结论也并非真理。

语言是人类最重要的观念交流工具。语言使人类获得了与动物完全不同的观念交流能力，也是促使人类精神环境复杂化的最基本原因。语言活动是人类表达精神环境秩序与意识活动方式的最基本方式。

人类在漫长的自在生存状态中，一直无法理解意识活动的精神环境，这就是人类传统文化将精神环境的表达形态当成了精神环境的存在形态的原因。语言也就由精神环境的表达工具变成了表达对象本身。传统哲学中由此而出现了一个语言学流派，它将语言当作精神世界的存在方式来理解，并将人类的语言能力本能化与神秘化。

语言是人类观念交流活动中逐渐形成的表达工具。这种工具对意识活动的深刻表达与对高级神经器官功能的高度依赖，也就严重地误导了人类对它的理解。人类将来自本能的发声交流方式的逐渐符号化与逻辑化，就构成了基于逻辑方法的语言形态。语言交流工具提供的准确性与高效性，极大地拓展了人类观念交流的广度与深度，也极大地提高了人类观念交流的效率。语言的出现是人类进入文明的核心标志，也是人类形成自己特有的意识活动方式的核心标志。

自从语言成为人类最重要的观念交流方式后，构成语言的逻辑方法也就成为人类理解自己意识活动的最初始工具。语言逻辑也仍然是人类理解自己意识活动方式的产物。作为人类观念结构最重要最基本的外在表达方式，语言也就成为人类公共观念的一般表达形态，甚至也成为个体可理解的观念形态的内在表达形态。当语言形态成为观念空间中的主要表象时，人类对自己意识活动理解的基础依据就是通过语言表象实现的思维了。正因如此，语言学派才会将语言误解为精神环境本身的存在形态。

语言是观念交流最基本的工具。将语言表达工具当作精神环境的实体，也就将观念结构词语符号化了。由此，人类个体对自己意识活动在观念结构中运行感受，就变成了意识对观念的词语表象的运动感受了。这也就形成了将语言的理性化概念表象当作了精神环境中理性化观念的存在方式。进而，由概念构成的语句结构，也就变成了观念结构的理性化本体存在形态了。这就是语言哲学流派的本体论依据。他们将概念当作了观念，将依据概念表象形成的语言能力当作了人类的意识活动本能。他们甚至认为哲学的全部问题就是语言的问题，甚至认为，如果构成了一种通用的世界性语言，就可以形成一种人类的一般哲学。这是一种肤浅的哲学妄想，也是科学思维方式的局限性在哲学中的反映。肤浅形成的直接与简单，激发了妄想的激情。

语言就是具有一定理性化内涵的观念交流工具。但运用语言工具的观念表达方式则仍然是感性化的。语言的感性化表达功能决定了语言交流方式的深刻性与普遍性，也奠定了它在观念交流工具中的核心地位。

与此对应，高度超验化的数学逻辑工具就是具有高度理性化功能的观念表达工具。数学的精密逻辑结构铸就了它所具有的确定性和高效性的工具地位，但也限制了它的普遍性与深刻性。

数学可以表达的观念是超验抽象的。将数学表达的内涵实现经验化具象化还原就是数学的应用化过程。这个过程实现了数学形式的表象与感性观念结构的衔接与融合，也就必然将数学的表达模糊化与不确定化了。数学的精确性与确定性仅仅在数学逻辑中，而不在数学的经验化运用中。但人们在数学应用中常常忽略了这个引入不确定性的最重要环节，特别是数学在复杂的社会活动中的运用时，这个忽略极其严重，例如在经济学中的应用中。经济学中的数学模型的推导无论如何精确，一旦进入将其结论向社会活动方式的还原解释中，就仍然会充满了不确定性。

语言工具功能的复杂与透彻，来自语言表达中蕴含的感性观念内涵。语言工具功能的确定与精确，来自语言中的逻辑化语法。前者又决定了语言逻辑的抽象与模糊。高度抽象的语言逻辑，为其中可能包容的感性化观念内涵提供了丰富的空间。这就在简洁的语法逻辑之内，包容了极其丰富的感性观念内涵。

人类的任何理性观念的表达方法或表达工具，都不过是感性观念的特殊载体。语言所能表达的观念内涵远远不止于语法逻辑形式本身。语言就是依据语法逻辑的感性化艺术工具，语言表达能力就是艺术能力。因此，用语言工具表达的精神环境内涵也就被称为是文学艺术。

语言是实现了部分微观理性化的中观与宏观感性化的观念交流工具。语言的微观理性化形态就是对语音要素的符号化，以及对语音符号的语法逻辑组织化。语音符号的图形化表达形态就是文字。对文字工具依据数学逻辑的进一步抽象，就形成了独立于语音语言的一般符号语言。作为表达工具的符号语言又进一步整合了数学逻辑本身，并通过不断消除逻辑漏洞而将数学变得更完美。

任何语言工具对观念结构的表达方式都可以还原为两个观念要素间的关系，这就是主词与谓词间的关系。表达观念要素间关系的一般语言形式称为命题。命题所表达的观念要素间的关系，为意识活动提供了可能性空间。意识活动在命题所表达的观念关系中的运动，也就实现了命题表达的价值内涵的变换。意识活动对命题内涵的价值变换具有两种方式，一种是意识能量向观念要素的内部空间延伸，另一种是意识能量向观念要素的外部空间延伸。前者称为表达观念内涵的分析命题，后者称为表达观念内涵的综合命题。

依据命题表达的观念要素间关系的不同性质，又可以将命题分为定言命题与假言命题，还可以分为必然命题与或然命题。这些命题的性质区分，由观念交流活动形成的对观念结构理解的共识所决定，也由人类群体文化中表达的公共观念所决定。

当分析命题表达的观念结构处于具有公共性的经验观念空间中时，或者处于事实空间中时，这个分析命题就是定言命题。当分析命题表达的观念结构处于不同层次的超验观念空间中时，这个分析命题就是假言命题。经验观念与超验观念的相对存在，决定了定言命题与假言命题可以在不同的环境条件中互相转换。

当命题表达的观念结构关系是公共化的经验内涵时，而这种关系本身却是不确定的，这就构成了或言命题。人类生存环境中普遍存在的演化关系或因果关系，就常常会蕴含多种可能性而具有不确定性。表达这种必然存在但又不确定性关系的命题，就是或言命题。反之，当命题中表达的观念要素间的关系是确定的形态时，虽然这种确定形态可能是主观的或者非经验事实的，这就仍然构成了必然命题。

第十八章　逻辑是构建虚拟观念结构的工具

70. 逻辑是安置经验观念的超验空间

人类的精神环境来自认识活动的构建。精神环境的存在秩序就是认识发现的超验观念。超验观念就是观念空间秩序的表达。所谓逻辑，就是人类意识对精神环境中秩序结构的感受的理性化表达，也就是对表达了观念空间秩序的超验观念的理性化表达。逻辑就是对超验观念的超验理性化。逻辑也是观念，这种观念形态所具有的表达超验秩序的高度超验特征，决定了逻辑观念体系就是高度纯粹的超验观念体系。但逻辑又是高度理性化的观念体系，这由逻辑观念的公共化与工具化形态所决定。

人类的精神环境，通过接受与吸纳感官输入的外在环境信息，通过认识活动构建出了观念空间中的经验观念体系。认识活动对观念结构的构建过程，容纳与安置了外在环境信息中表达的秩序，也同时创造与添加了精神环境中的特有秩序。这就是观念空间中的超验秩序。经验观念要素中主要蕴含与表达了人类外在生存环境的秩序内涵。超验观念要素中则主要表达了人类精神环境本身的秩序内涵。

在观念空间中的全部观念结构中，在每一个观念要素中，表达外在环境秩序的经验内涵与表达内在环境秩序的超验内涵都是普遍分布的。在低层次的观念结构中，经验内涵比较浓厚而超验内涵比较稀薄，在高层次的观念结构中，则是经验内涵比较稀薄而超验内涵比较浓厚。这种状态是由认识活动在不同层次的观念结构中实现的内在秩序创建的重合程度不相同而形成的。高层次的观念结构来自对低层次观念结构的组织化叠加，其层次越高叠加的程度就越深，超验观念也就越浓厚，经验观念也就越稀薄。

精神环境中的逻辑观念体系，就是直接表达观念空间秩序的观念体系，也就是直接向意识展示观念空间秩序的单纯超验观念体系，其中几乎没有经验内涵。逻辑来自人类意识对观念空间秩序感知与理解的需求与追求，来自这种需求与追求通过认识活动的实现。

逻辑观念既表达了意识活动的空间环境，也表达了意识对观念结构的理解。对观念理解的观念表达也就必然是理性化的观念形态。高度抽象化的逻辑观念，就是高度纯粹化的超验观念结构，也是高度理性化的观念结构。数学就是逻辑最好的例子。在一般逻辑观念结构中，仍然会具有很微弱的经验秩序内涵，其浓度低到已经很难被意识感受了。逻辑观念中高浓度的超验内涵的纯粹程度，正是逻辑观念高度抽象的依据。

人类观念空间中具有理性化的纯粹超验观念与感性化的纯粹超验观念，前者为逻辑观念，后者为终极观念。

人类的意识活动方式由自在状态逐渐进入自觉状态，是通过对自己意识活动环境的逐渐理解来实现的。就像人类从自在的生命形态转变成自觉的生命形态，是通过逐渐对自己生存的自然环境与社会环境的理解所实现的一样。

人类理解了生存环境以后的生存方式，就是生存活动与环境控制与构建活动融为一体的方式，就是构建环境的活动与利用环境的活动构成了互为因果的自纠缠存在结构的方式。

人类的社会环境是人类社会生存活动与社会秩序的构建与维护活动的产物。人类的精神环境是人类意识活动的自组织构建的产物，也是人类意识活动的价值追求的产物。人类通过对社会环境的理解构建与维护了社会环境。人类通过对精神环境的理解构建与维护了精神环境。前者通过社会权力活动实现，后者通过社会文化活动实现。

人类理解精神环境的方法与成果就是逻辑。逻辑是人类精神环境中具有特殊功能的观念结构，是表达人类对意识活动环境理解的观念结构。逻辑来自人类对观念结构理解的凝聚与升华，来自这种理解形成的认识成果的内在表达与外在表达。理解观念结构的观念的内在表达形态就是超验观念的超验表象。理解观念结构的观念的外在表达形态就是逻辑方法与逻辑工具。超验观念的超验表象与文化环境中的逻辑方法，就是同一个观念形态在不同环境中的不同功能形态的表达。

逻辑就是对超验观念的超验化表达，逻辑就是超验观念的超验化凝聚。逻辑又是对超验观念理解的理性化表达。感性化表达的逻辑观念就是逻辑表象，它们是直觉逻辑的依据。理性化表达的逻辑化观念就是逻辑工具，它们是理性文化结构的依据。逻辑表象提供了直觉思维环境，逻辑工具提供了理性文化环境。

逻辑观念的外在理性化表达就形成了逻辑方法。逻辑方法为人类提供了对观念空间秩序的公共化理解。只有理性化的观念体系才能够实现精确的公共化表达，也才能成为人类群体公共化的意识活动工具。理性化的公共观念结构的典型例子，就是现代数学体系与现代自然科学体系，就是某些哲学体系。

时间与空间就是人类最基本的逻辑表象，也是最一般的逻辑表象。时间与空间来自人类理解观念空间秩序形态的最高超验观念的抽象，它们几乎是表达一切逻辑的逻辑。无怪乎康德将它们看作是人类构建知识的先天依据。

空间逻辑表达了人类对观念空间中要素间关系的理解，时间逻辑表达了人类对观念空间中秩序变化关系的理解。人类的先天理性能力使得每一个幼儿都会形成自己独特的时间逻辑直觉与空间逻辑直觉。每个人心目中的时间表象与空间表象都是独特的。时间逻辑与空间逻辑在文化活动中形成的理性公共化形态，就构成了人类文明中最普遍的空间逻辑工具与时间逻辑工具。

在今天的文化形态中，流行的时间概念与空间概念就是高度公共化与理性化了的逻辑成果。例如物理学中表达宇宙秩序的时间概念与空间概念，它们从牛顿的绝对存在变成了爱因斯坦的相对存在，虽然为物理学开辟了新的空间，但还没有惊醒颟顸中的哲学。例如在社会文化中表达社会环境秩序的时间概念与空间概念，已经被各种感性化的文学想象力塑造得五花八门了。

公共化了的时间概念与空间概念，仍然是依据个体精神环境中普遍存在而又光怪陆离的逻辑表象而来的，也就是对它们的公共化凝聚与表达。这种公共化凝聚与表达的方式又受到人类文化活动形成的最高层次的超验文化结构的引导与塑造。

在每一个个体的观念空间中，依据审美本能都会形成自己对超验观念独特的超验化理解。这种理解的独特性被文化环境的引导与观念交流的共识而被组织化与公共化了。这种公共化的成果就是公共化的时间概念与空间概念。

对这种个体独特的最高抽象的超验观念的最好的理解，就是康德关于时间与空间的观念表达。他将时间与空间的观念表达为人类个体构成一切理性化观念结构的基本依据，这就是他的先验范畴。但康德的理解没有能够明确区分出个体观念空间中特殊的逻辑表象与文化结构中实现了高度公共化的时间概念与空间概念。康德对这两类几乎完全不同的观念形态的混淆，就是他对时间与空间的先验范畴定义的含混不清与难以理解的基本原因。但康德的理解仍然是近代西方哲学中最好的理解，它要比笛卡尔们与莱布尼茨们的理解更为深刻。但在康德仍然模糊的深刻中也就蕴含了不可避免的神秘。

从康德之后，包括黑格尔直到恩格斯，都没有能够超越康德的理解。牛顿与爱因斯坦为人类提供了两种不同的安置物理环境秩序的时间与空间概念体系，但这也只能是局限在物理学观念体系中的基本逻辑工具。他们的体系仍然受到经验观察与数学表达的高度约束。他们自己可能理解了这种局限，至少牛顿如此。但他们的学生们并没有多少人真正理解这种局限。也正是这种约束的有效性，才使得人类将他们提供的极其局限的时间与空间观念，理解为宇宙中一般的时间与空间观念。

理解牛顿与爱因斯坦的思考者们大都不能理解康德。这就是物理学观念体系在哲学观念体系提供的秩序空间中的高度局限性。但康德的观念也没有很好地实现对时间与空间逻辑的哲学安置，而仅仅是为人类打开了进入这个逻辑空间领域中审美活动的大门。在康德打开的大门面前直到今天也没有哲学家再进去探险。

人类的认识活动依据感官信息构成的任何经验观念，都可以依据意识活动对感官感受的表象表达，被理解为外在环境中发生的事件。所谓事件，就是感官经验的一般内在表象。人类认识活动对全部感官信息组织化成果的内在表达，构成了人类对外在环境全部感受的事件表象，并由对全部事件表象的组织化构成了人类的世界环境表象。

全部外在环境事件，都是人类内在精神环境中的外在秩序投射表象。人类通过精神环境中存在的外在环境事件，理解与利用外在环境。事件的总合就是外在环境存在功能的整体。全部事件的逻辑化结构就是哲学的本体。

事件表象的观念内涵，就是外在环境信息在内在环境中构成的经验。全部经验观念在精神环境中的表达与安置，都要依据超验观念提供的观念空间秩序结构。超验观念的结构空间就是安置经验观念相互关系的内在逻辑依据。与此对应，超验观念的结构时间就是安置经验观念变化关系的内在逻辑依据。

超验空间对于物理世界的经验观念或物理事件的安置，就构成了物理空间。超验时间对物理世界秩序变化或事件演化的安置，就构成了物理时间。从物理摆到机械钟与原子钟都是物理时间的表达工具。超验空间用同样的方法构成了生命空间与生命时间，构成了观念空间与观念时间，还构成了社会空间与社会时间。

生命空间的模糊逻辑形态就是生态圈，生命时间的特殊表达与计量依据就是生物钟。观念空间的表达逻辑则更为模糊，这也是哲学幼稚的结果。观念时间还仅仅在心理学文化中得到认可，其感性化的表达就是意识流。观念空间还几乎没有相应的哲学概念。社会空间的逻辑形态就是人类的群体结构，社会时间的逻辑形态就是人类活动的历史过程。各种编年史与地方志就是历史时间的文化表达。现代社会对高度公共化的时间逻辑的追求，就引导人类逐渐将物理时间作为社会时间的一般标准。

人类对精神环境中超验观念的统一结构化表达，就以时间与空间这两类基本逻辑方法为依据。前者安置了环境秩序的静态表象，后者安置了环境秩序的动态表象。人类从环境中接受的全部经验观念，从微观的感官感受构成的元初观念，到社会环境中复杂的社会行为构成的高度伦理化的行为经验，都必须在时间与空间的基本逻辑结构中实现安置与表达，才能进一步被组织化与结构化，才能被人类的意识活动所追求的终极秩序所认可。时间逻辑与空间逻辑对经验观念的接受与认可，就是精神环境对事件的接受与认可。全部环境事件都存在于时间与空间逻辑中。

由此，人类通过环境经验或事件表象对全部外在环境的理解，就变成了在时间与空间构成的逻辑结构中对表达经验与事件的观念要素的安置方式的理解。也因此，时间与空间就似乎变成了人类环境事件本身的必然结构依据，甚至变成了事件本身的必然结构。存在要素与实现存在功能的必要环境要素的混淆，是人类哲学与人类理性能力还不完善时的必然特征。由于人类智慧与人类认识能力对环境秩序理解的相对性，这种混淆就永远无法消除，而只能逐步深入地被解惑。

这种模糊与混淆，就是在人类的文化演化进程中，也是人类直到今天还仍然将空间与时间当作外在环境本身的基本结构与基本要素的原因。例如，当物理空间与物理时间成为表达基本物理秩序的观念体系的安置依据时，人们就常常将物理空间与物理时间当作了物理环境本身的存在形态。这种观念今天仍然是物理学中的神秘魅力。只有在极少数的前沿物理学家心中才能解魅，例如爱因斯坦。今天的哲学家们则还远远地躲在后面把玩陈旧的哲学玩具。

在人类早期的文化形态中对经验观念的安置方式，可以将空间与时间完全分离，也就是对任何经验观念的位置关系与演化关系可以互相孤立地分别安置与分别理解，这是人类最基本的逻辑简化。这就在数理逻辑中将时间与空间表达为线性关系。这种分离也为空间逻辑与时间逻辑的绝对性与不变性奠定了基础。这就是牛顿的绝对空间与绝对时间观念的文化历史来源。

随着人类获取环境信息能力的发展，也就更深入地获得了对接近光速的物理运动形态的超验理解。对这种理解的公共化文化形态仍然主要是通过经验观念的表达来实现的。爱因斯坦对狭义相对论的通俗性表述，就是将自己高度超验的观念体系用虚拟经验的所谓理想实验来表达。这就有了他著名的光速火车。他对这种观念体系真正超验化的表述，只能依赖数学逻辑来间接实现。

从此，人类对环境事件的观念表达在空间与时间逻辑中的安置，就开始不能互相分离与互相独立了。非线性的时空逻辑模式出现了。于是，人类不得不调整物理空间与物理时间的逻辑内涵与逻辑结构，重新构建了新的时空逻辑来重新安置既有的经验观念。这就是狭义相对论提供的时空逻辑。

在人类的精神环境的观念空间中，由时间与空间逻辑构成的基本超验结构体系或超验结构化框架，就为安置全部环境事件提供了一个可能性空间。这个空间并不是环境事件必然被安置其中的空间，或者不是必然会出现环境事件的空间，而只是人类的审美能力构成的虚拟环境事件空间。在人类观念空间中会有大量的空间内涵与时间内涵，永远不会被外在环境中发生的观念表象或事件所填充。自古以来的哲学本体论，认为空间与时间中永远密实地存在着环境事件的观念，是人类审美追求的结果，也是人类终极观念构建的需要。

在观念空间中无法安置经验事件的超验结构，就是人类精神环境对外在环境的虚拟化。例如，在数轴上密实存在的有理数，仅仅是人类审美构建的虚拟，在数理方程中密实存在的有效解，也是人类审美构建的虚拟。在宇宙中密实存在的物理场，还是人类审美构建的虚拟。

在被安置了环境事件的空间与时间逻辑结构中，也就形成了这种逻辑工具中的秩序与外在环境秩序的统一性，或者一一对应性。在这种观念结构中表达的环境功能，也就必然可以通过适当的行为在外在环境中实现。这就形成了精神环境中可以外在功能化的观念结构。

在没有安置相应的环境事件，或者不可能安置相应环境事件的时间与空间的逻辑结构中，就为环境事件提供了虚拟存在的可能性空间。人类的经验观念永远无法填满超验观念的空间，人类的经验观念永远不会填满人类的逻辑结构空间，不会填满全部时间与空间的内涵。就像任何经验计数结果都不可能填满有理数一样。人类的计算能力无论怎样发展也无法算完圆周率的全貌。因为圆周率是人类的审美虚构。就像数学圆是人类的审美虚构一样。

但是，在任何可能超越人类既有经验的时间与空间逻辑结构之外，仍然具有在观念空间中可安置形态的超验观念，也仍然会被认识活动构建出来。时间与空间就是超验观念的特例。这种超验观念构成的观念空间，也就形成了无法被经验观念填满的基本逻辑结构。在观念空间中安置了经验要素形成的经验空间与无法安置经验要素的超验空间的对立，就是人类精神环境的基本特征。经验空间就是人类可以行为实证的事实事件的真实依据，超验空间则是人类可能安置事实事件的虚拟环境。在超验空间中永远具有无法安置经验要素的结构。超验观念空间中可能安置经验要素与不可能安置经验要素的结构区分，是人类永远无法明确与绝对认知的。例如，基督宗教的上帝就是一种感性拟人的超验观念空间，人类的宇宙概念也是一种逻辑化的超验空间。上帝观念与时间空间逻辑的不能协调就是西方近代哲学的梦魇，宇宙观念中具有安置各种光怪陆离的神奇观念的环境可能性，则是人类现代科学幻想的虚拟环境。

爱因斯坦就是因为需要安置原来的空间逻辑中无法安置的经验观念或事件，才努力构建出了超越了牛顿的时间空间的新逻辑结构，他的新逻辑的伟大成功就在于完美统一地安置了物理学中一直难以安置的重要经验事实。但他的逻辑一旦面对了现代物理学更为复杂的经验事实时也仍然会捉襟见肘。当他的逻辑空间安置不了这些奇怪的经验事实时他也会回到上帝那里去。人类的一般超验观念空间永远在逻辑空间之上。

实际上，在人类的文明史中，自从有了空间与时间的逻辑观念以后，其内涵就一直在不断地拓展中。爱因斯坦仅仅是提供了最近的拓展。曾经的有些拓展由于难以被今天的哲学体系理性化地安置，也就难于得到统一的理性化理解，也就只能被理解为不同文化的演化进程中光怪陆离的神秘现象了。人类今天对自己文化演化的理解还只有宗教形态这一个维度。从宗教维度到自然科学维度的文化变换还远没有得到哲学性的表达。今天的哲学史，一方面仍然依据宗教史的演化载体作为自己的存在环境，另一方面又完全钻入了对科学观念表达工具的演化理解中来桎梏自己。哲学的局限与分裂必然在哲学史的局限与分裂中表达出来。

超验观念表达了精神环境的内在秩序。不同的超验观念结构涵盖了不同层次的观念空间秩序。高度超验化的逻辑结构则可以涵盖观念空间中的全部环境秩序。但这种涵盖并不均匀。每一种具体的逻辑工具都是一种具体的超验观念结构，其功能都主要集中在它的表达形式被安置的观念空间中。其中蕴含的其他观念空间的超验秩序，则是逻辑结构的内在蕴含功能或潜在功能。

每一种逻辑工具都依据其公共化的表达形态展现出其显性的直接功能，也都可以通过其内在结构的展开将其蕴含的隐性功能显性化。这种特定空间功能的显性化过程是通过意识活动的逻辑演绎活动实现的。

所谓逻辑演绎，就是运用逻辑工具展现出一个可以安置经验观念的新超验空间。这个新的超验空间为可能出现的经验观念提供了不同的虚拟安置环境。任何逻辑演绎活动，都是在观念空间中依据既有的逻辑观念体系搭建出一个可以安置环境事件的不同超验观念环境。这种搭建并非观念的重构，而是依据既有的逻辑方法对超验观念的结构功能的变换与拓展。逻辑演绎并没有构成新观念，而是对既有观念向内在的不同层次结构中的展开。但这种展开的结果也就会形成观念空间中的新的超验表达。

在这个展开活动中也会蕴含一些低层次的认识构建，但这些构建是蕴含在结构展开之内的，是严格被结构展开所引导与规范的。这种认识构建的蕴含不会改变既有结构的展开本质。逻辑演绎的展开过程是对既有超验观念的内在安置功能的重新展现过程，也是对既有观念结构引入不同的逻辑表象实现不同形态的表达过程。这种改变表象形态的表达，就是为了得到与欲安置的经验要素相类似的表象形态，也就是将安置环境的功能向安置对象的靠拢。逻辑演绎的全部成果，都属于既有逻辑结构的秩序内涵，都是这种内涵在观念空间中的不同表达形式。

逻辑演绎活动具有三种形态。第一种是将逻辑观念的功能向微观结构中展开，以安置更为微观的经验秩序。这就是分析演绎。分析演绎的过程一般会添加经验观念要素，例如在数学演绎中添加经验条件，在艺术演绎中添加表演条件。第二种则是对逻辑观念功能形态的单纯变形，这种演绎改善了对同层次经验观念的安置条件，这就是平行演绎。平行演绎的过程一般不会改变经验内涵。第三种是将逻辑观念的功能向更宏观的空间中拓展，这种拓展开拓了经验安置的既有空间。这就是综合演绎。综合演绎的过程一般会减少与弱化其中既有的经验要素功能。综合演绎也可以被工具化地表达为归纳演绎，其中对经验要素的弱化与消除功能就被归纳逻辑表达为归纳的最终结果就是虚无。虚无仅仅是经验的虚无，而不是超验的虚无。

  人类认识活动的观念构建过程，形成了真实的超验秩序的创造与真实的观念结构的创造，其中也必然蕴含着真实的经验内涵。这种经验内涵的蕴含，就构成了在超验观念中安置经验观念的条件。逻辑演绎活动对超验观念结构的虚拟展开，则形成了没有增加经验内涵的超验观念的经验虚拟展开。逻辑演绎形成的结果来自逻辑方法中已经蕴含的经验秩序。这种蕴含在任何逻辑演绎中的经验要素都会通过具体的逻辑操作来实现。例如形式逻辑的演绎必须加入小前提，数理方程的求解必须加入初始条件或边界条件，艺术表达的演绎必须依赖具体的情感。

  任何纯粹的超验观念体系都为人类提供了一个可能安置经验观念的超验观念空间。这种安置的可能性就来自其中蕴含的经验秩序中。其中蕴含的经验秩序内涵的浓度与形态，就表达了它安置经验观念的不同功能条件。逻辑工具体系表达了高浓度的超验秩序，其中的经验观念的浓度很低，依据其直接对经验观念安置也就比较困难。但这种超验形态却可以完整地表达全部观念空间的安置功能。逻辑工具的有效性遍布与全部个空间中，不同逻辑工具的功能差异仅仅在其安置的经验观念的类型中。

  为了方便对经验观念的直接安置，也就常常需要将这种高度超验的逻辑观念向低层次中经验化地展开，并在展开中恢复或者加入适当的经验观念内涵。这种展开的结果也就形成了具有适当经验秩序浓度的方便直接安置经验观念的逻辑观念形态。

  例如，将抽象的物理定律展开为具体经验化的物理命题，将抽象的数学定理展开为具体经验化的数学问题，将抽象的经济学模型展开为具体的社会经济活动模式，将抽象的哲学观念展开为经验化的哲学例子。它们都是将抽象的超验观念展开为加入了经验要素的更为具体化的超验观念结构。在这种演绎中的经验内涵的增加，是通过补充经验条件实现的。

在物理定律的展开中可以补充更为具体的环境条件，例如在万有引力定律中补充地球表面的环境，例如在热力学定律中补充运动分子的动量特征与化学特征。在数学定理的展开中也可以补充更为经验化的逻辑约束，例如可以引入边界条件与初始条件，可以补充图形拓扑与投影的空间维度约束。对于抽象经济学模型的展开，也是通过补充具体的社会活动经验化条件实现的。例如在金融模型中补充货币汇率关系，例如在价格模型中补充特殊消费偏好。例如在抽象音乐旋律的演绎展开中补充乐队的配器条件或者合唱队的声部条件。例如在哲学原理的展开中补充具体的文化伦理。

形式逻辑的演绎是最常见的逻辑演绎方式。形式逻辑表达了观念空间中最普遍的超验秩序环境，它也是高度虚拟的逻辑观念结构。形式逻辑的演绎活动，必须向其中输入具有经验内涵的大前提，以约束其基本观念空间，也必须向其中输入表达具体经验问题的小前提，这就提供了演绎结果对一般经验观念的直接安置功能。

数学逻辑也是具有较高超验层次的逻辑工具。数学逻辑在经验观念空间中的运用，一般都是向低层次观念结构中的分析演绎过程，也都是不断输入经验秩序的过程。只有少数物理学大师在创立新理论时才会应用数学逻辑的综合功能。每一个应用性的数学模型都是一般数学方法与特殊经验条件的逻辑整合成果。基础数学的构建创造则需要最抽象的超验审美能力。应用数学的发明既需要对基本数学逻辑的深刻超验理解，也需要对应用领域中经验要素的深刻理解。

逻辑的平行演绎过程则是基本上不会输入经验要素的展开过程。它也基本上不会改变逻辑工具的虚拟化程度和增加逻辑观念中的经验秩序。但平行演绎却会通过改变其表达形态以方便经验秩序的加入与抽取，以为分析演绎或综合演绎的实现准备条件。

平行演绎的结果形成了抽象的逻辑观念结构在观念空间中的流动与变

形，让它们的表达形态与需要安置的经验观念形态更为接近。单纯数学推导就是平行演绎的例子，它不会改变逻辑表达结构的虚拟秩序特性，也不会增加表达的确定性，但却可以得到与物理模型或经验观念更为相似的表达结构。

分析演绎通过实现逻辑工具的经验化转变常常就表达了演绎的最终目标。综合演绎通过实现逻辑工具的超验化转变常常就在为分析演绎拓展新的逻辑空间。平行演绎通过实现逻辑工具的虚拟化转变常常为分析演绎提供了合理的表达形态。在具体的逻辑演绎中这三种方式常常同时出现，对它们的区分仅仅是一种便于理解的逻辑需要。

全部逻辑演绎的结果仅仅是在精神环境中提供了一个新的环境事件安置的可能性空间，也就是构成了一个事件的可能发生空间。逻辑演绎并不会提供环境事件的必然出现空间，而是改善了环境事件出现或安置的方便性与提高了安置概率。那种将逻辑演绎结果当作真实环境事件必然发生空间的观念，就是今天科学世界观的哲学误区，也是其局限性的基本原因。

现代文化中广泛流行的自然科学公共观念体系，向人类提供了更为有效地理解与利用自然环境秩序的方法，也支撑了一个具有不太高的层次形态的终极观念结构或者并不完美的终极价值。

自然科学观念体系对于无生命环境中的经验事件已经具备了很高的安置概率，这种安置概率来自它主要依赖经验观念的构成方式。这也是它能够为人类的生存行为提供广泛而有效的观念安置空间的依据。表达无生命环境秩序的自然科学观念就因此而称为硬科学。

自然科学观念体系对于生命环境中的经验事件的安置，则仍然具有较高的不确定性，这在依据这个观念体系构成的现代医疗技术中表达得很明显。但人们常常将它对物理领域中的确定性盲目地迁移到这个领域中来，这就常常夸大了科学方法在这个领域中的有效性。在这个领域中自然科学已经不是硬科学了。

对自然科学观念体系功能确定性的夸大，更是引导人们将它移入哲学与社会学的领域中，这就常常形成了自然科学的更大误区。哲学的科学化并没有增加哲学的逻辑空间，反而将哲学的视角引入了仅仅面对科学经验事件的桎梏中。社会学的科学化则是一种到处套用科学概念与数学方法的时髦。这就很像西方人曾经到处套用圣经来说明一切一样。圣经故事也曾经像科学概念一样时髦过。在人类理解社会环境秩序的观念体系中自然科学观念就变成了软科学。

对科学方法广泛移植与推广的唯一好处，就是加深了人类的理性化思维程度。但这种加深也必须严格遵循一般经验化思维的原则。任何理性化方法的成就，都是在更为深刻的经验观念的展开中获得的，这就是在任何合理的科学化活动中都必须强调实践方法的原因。但这常常被所谓的科学方法的规范性所遮蔽。

由于现代工业贸易文明对人类基本社会活动方式的机械化组织结构，形成了现代社会活动的高度程序化与现代社会生活的高度同质化，这也是推动科学方法普及运动的重要条件。在中国社会的现代化转型过程中，普及科学方法也就是最重要的社会文化的现代化改造活动。这个文化改造在迅速移植西方工业文明的社会改造中具有重要意义，但这个文化改造的巨大惯性也常常会泯灭中国人的自主精神。科学精神曾经是西方文化的解放者。科学精神却有可能成为中国文化的桎梏者。现代中国知识分子从科学精神中获得的自由思维空间并不大，但对科学方法的盲目依附则带来了不小的副作用。

科学方法的普及，引导人类的文化活动试图追求人类精神环境与物质环境秩序的完全一致化，也就是试图以消除精神环境与自然环境的差异为理性化的终极目标。这是一个由于哲学的幼稚而出现的科学虚幻，也是自然科学对人类意识活动与文化演化的最大干扰。在这种虚幻的理性化目标中就形成了将一切逻辑方法绝对客观化与外在化的观念，也就是将逻辑工具提供的环境事件的虚拟安置空间，当作了环境事件的必然出现空间，甚至当作了环境事件本身出现的条件。

这种对逻辑方法的误解在科学思维中的普遍展现，并不会对科学活动本身的认识成果形成根本性的破坏。因为科学方法中还蕴含了严格的经验化规范。一旦将科学方法中的逻辑演绎功能脱离了严格的经验规范而向其他领域中推广，这种方法的弊端就会不断显现。现代哲学的仍然幼稚还无法揭示这个方法论的根本局限性，反而让逻辑方法掌控了哲学思考本身，因为逻辑方法头顶上至高无上的光环已经将自己绝对真理化了。将它奉为上帝的民众就是被普及的自然科学。

作为人类最终智慧来源的哲学，反而被自己的产物或工具所桎梏起来。表达观念的工具超越了观念本身，权力体变成了权力工具的奴隶，狗的尾巴摇动了狗的身体。

在以现代数学逻辑方法为理性化工具而构成的科学观念体系中，仍然包含了大量的虚拟超验观念结构。这些结构表达的精神环境秩序并不会被真实的外在物质环境事件所全部覆盖。科学理论虽然可以通过逻辑严谨而保证其理性化的完善，但却无法保证其内涵的完全真理性。科学观念并不一定是真理性观念，而是一个可以比较好地安置真理观念的超验观念空间。这个空间的超验化结构来自科学方法中的逻辑工具。

例如，爱因斯坦的宇宙场方程试图安置一切宇宙中的能量现象与运动经验。正是它对某些经验的无法安置，也就必然要设想出虚拟的暗物质与按能量来。如果它们能被发现就会改变人类的基本经验，如果它们始终无法发现就必须改变场方程了。场方程今天仍然是一个完美的虚拟逻辑空间，当某些经验观念始终无法被安置时，其完美性就要被证伪了。

人类精神环境中普遍存在的超验观念，为合理的经验观念提供了安置空间与安置条件。这种条件确定了它们的真理性。由高度严谨的逻辑方法所提供的超验空间，则常常是最合理与最方便的经验安置空间。例如来自现代数学工具的虚拟空间。

但任何超验观念并非真理本身，而仍然包含着超越真理的虚幻。在任何超验观念中都蕴含了根本无法安置人类经验的空间，这就是常常伴随真理的谬误。来自严谨的理性化方法和实证规范的科学观念，仅仅是比其他来源的观念体系具有了更多的真理性内涵而已。其更多的真理性内涵则来自其规范化的实证方法。

任何通过超验观念结构所表达出来的观念要素，都具有了超越人类外在环境行为现实的可能性，这来自人类的审美成果形成的精神环境秩序对人类行为方式的超越性功能，科学观念也不例外。只是科学观念体系中的超验结构更为紧凑更为有效而已，只是科学观念体系中可以有效安置经验观念的空间更为密实而已。

一旦科学方法在一般思维活动中被广泛普及，其中所具有的较高真理性内涵的结构特征也就会被破坏。因为思维的普及并不会伴随实证的普及。科学方法的普及常常并不蕴含严格的实证规范，其严谨的逻辑在实证的缺乏中也就会被盲目的演绎所异化。

此外，普及化的科学方法也常常向一般思维方法靠拢。合理的靠拢会补偿科学思维的不足，不合理的靠拢则会放大科学思维的不足。这就是在一般文化领域中推广科学方法的状态。例如在科学方法化的社会学中和在科学方法化的经济学中就常常会放大科学方法的不足，因为安置科学事实的超验观念层次远低于安置社会行为经验的超验观念层次。

在一般文化活动中普及化的科学观念与科学方法，常常会演变成与其他传统真理文化类似的观念结构，这就是所谓的科学真理。其中的真理内涵也常常会浓厚一些。某些高度常识化的科学化观念，也就常常会接近高度常识化的宗教观念的真理性。

在改革与转型中的中国，在文化多元化发展的初期，曾经热闹非凡的伪科学与真科学的复杂争论，常常在伪技术与新技术的博弈中被遮掩。这个复杂的争论在没有任何明确的思想结论中被消散，其基本原因就是，一旦这个争论进入了如何理解精神环境与物质环境的本质关系，一旦进入了这个最基本的哲学问题中，争论的双方也就都莫衷一是而不甚了了。大多数的争论都进不了严格的哲学思考中而只能在混乱的概念中诡辩。这个不了了之的科学争论今天又在转基因的争论中复活了。转基因的争论也会像当年的伪科学争论一样不了了之，也会随着大众兴趣的转移而消散。今天的科学主义者们虽然仍然言辞绰绰，但无法相信他们的人们仍然凭直觉认为他们仅仅是一种用科学马甲包装起来的虚伪。他们的虚伪既来自其社会价值的不真实，也来自他们科学观念本身的不真实。因为严谨的逻辑中仍然会蕴含虚幻。

这种严格的科学争论没有一个具备公共说服力的合理结论，既是今天中国哲学思考的无能也是今天中国文化能力的无能。当真理变得犹疑模糊起来时谣言就会大行其道。这就是今天中国的文化环境。

人类对科学工具的运用在日益复杂的社会活动中的普及，也就必然会逐渐揭示出科学观念中的软肋。曾经铁板一块的科学真理也就逐渐出现了硬科学与软科学的划分。智慧的发展让人类面对科学的情感更为柔和了，科学主义者们宗教卫道士式的激情将会成为历史。

硬科学与软科学的划分具有一个大致明确的分界，硬科学不上生命，软科学不下物理。今天决定了人类健康与生死的医学技术仍然是高度不确定的。生命科学的柔软与医疗经验的复杂还无法确定它们。合理的误诊被医学制度的安然接受就是证明。那种因为使用了科学的方法就被证明具有合理性的医疗技术常常在临床中并非如此。今天的生命科学本身还高度不确定，今天的医疗技术还仍然是高度经验化的观念体系。这与传统医术并没有本质的区别，它们的合理性证明仍然被局限于临床中。无论具有何种科学依据的医药技术都必须由严格的临床效果来确认，就是对生命科学真理性的最好说明，它们的真理性还远不能从生命科学本身的逻辑结构中得到证明。在这个视角中，西医技术与中医技术水平相当而各有千秋。今天的科学观念所具备的超验观念结构还远不能为西医技术提供有效的真理性辩护。

为了对那些不能被环境事件完全覆盖的科学观念体系实现有效的表达，人类的理性能力构建出了统计方法或盖然理论的逻辑工具。概率工具是一种特殊逻辑方法，其表达了在人类理性化的超验观念空间中，或者科学观念提供的可能性秩序空间中，能够安置真实事件空间的有限比例。所谓概率，就是真实事件的发生形态在逻辑观念提供的虚拟观念空间范围内可安置的量化比值。

所谓硬科学，就是在其提供的虚拟观念空间中具有安置真实事件的较高比值。当这个比值达到一定程度，人类就用确定逻辑来表达它而成为确定的规律。当这个比值低于一定程度，人类就用概率逻辑来表达它的相对性。

所谓软科学，就是其提供的虚拟观念空间中所能安置的经验事实呈现概率化的确定性。物理学规律的确立需要很高的概率，医学技术的确立概率标准则很低。这就是自然科学观念的相对性。

任何科学真理都是概率性的。科学的发展并非来自绝对的证实，而是来自相对的证伪。科学思想的来源都是猜想，科学观念中的超验结构只能由思辨来表达。逻辑工具只能表达简单而表面的结果。

人类的理性能力所构建出来的各种逻辑方法，无不是在空间与时间逻辑的基础上更为具体的超验观念表达方式，并由此而向全部经验观念提供了安置空间。构成与表达复杂的超验观念结构的能力与结果，就是人类的智慧。逻辑是表达智慧的工具，而不是智慧本身。

人类的哲学提供了逻辑能力的发展条件，就来自哲学对精神环境中超验观念理解的深入，也来自对这种理解的哲学化外在表达。这种表达的文化形态就是行而上学。

逻辑工具提供的对观念结构的审视功能，就保证了意识活动过程的可感知性。逻辑工具提供的演绎功能，就保证了意识活动所关涉的价值的不变性。这就是逻辑工具为意识活动提供的理性化功能。逻辑演绎方法对观念结构价值不变性的保持程度，就是逻辑方法的严谨程度。

今天的现代数学工具，作为最严谨的逻辑方法，就是能够在演绎中最高限度地保持观念结构中价值不变性的逻辑工具。这就是数学方法具备高度理性化功能的依据，但也是数学方法在各种文化领域中被不恰当地普遍推广的原因。任何逻辑演绎方法提供的价值不变性都是相对的。任何逻辑方法所能够具备的价值不变性仍然要依据演绎环境中提供的经验条件。数学推导的严谨性并不能消除初始条件与边界条件引入的经验误差。在现代经济学中广泛运用的各种数学工具还远不能获得确定与精确的经验条件。那种仅仅依据数学逻辑本身的严谨性来确定演绎结论的真理性的思想，就是今天的现代理性愚昧。这种愚昧来自科学的局限，也来自哲学的不彰。

71. 逻辑对观念空间秩序的虚拟表达功能

逻辑是人类理解与表达精神环境中观念结构的意识活动工具。这种理解与表达是通过对观念空间秩序的虚拟化展开实现的。

人类精神环境的基础形态来自感官信息的散乱观念化，也就因此而具有散乱无序的特征。这来自感官信息本身的高度散乱与无序。人类生存环境与生存行为的复杂与散乱，人类感官功能的高度局限，决定了感官信息的散乱特征。散乱无序的感官信息决定了被认识活动所构建的观念结构中必然蕴含了充沛的散乱无序要素。这种散乱无序的主要形态就表现在人类经验观念的丰富多彩中。

散乱无序的观念空间秩序决定了其中意识活动的散乱无序。人类意识活动的散乱无序，又来自意识能量在具有散乱冲突的观念结构中的不均匀分布，来自这种分布形成的对观念结构秩序的无序关涉。尽管仍然会有一些特殊的意识活动状态可以关涉全部观念空间，但这种关涉状态是稀少的，其结果也是间接的。

人类的审美欲望则以追求观念空间秩序的有序化为目标。这种目标的最高形态就是观念结构的统一与完整。审美欲望面对观念空间中的散乱与无序，就会不断促生认识活动对观念结构的有序化构建，并向各个层次的观念结构中不断地注入新的内在超验秩序，并依此而强化观念结构的统一与完整。感官信息增加观念空间中的无序，认识活动削弱观念空间中的无序。这种削弱是通过不断强化观念空间中的超验秩序来实现的。

观念空间中的散乱与无序是绝对的。这就决定了精神环境的能量存在与经验形态的多元丰富。观念空间中的有序状态与结构形态是相对的，这就是精神环境中超验秩序与超验观念的功能。观念空间中的超验秩序就是认识活动的自组织过程向观念空间中注入的负熵，就是精神环境存在的内在秩序形态。

人类的审美欲望在追求观念空间中的有序化与完整性的同时，也在追求对这种环境秩序的感受与理解。对环境的感受与理解也是对环境秩序的深化动因。人类对观念空间秩序的感受与理解的追求就形成了人类的理性能力。理性能力又为人类提供了感受与理解观念结构的条件。

人类理性能力形成的意识活动成果就是逻辑方法或逻辑工具。逻辑就是人类理解与感受观念空间秩序的方法与工具。也是表达观念空间秩序的方法与工具。理性能力又促进了观念空间的有序化进程，这种进程是通过对观念内涵的外在表达实现的。人类的逻辑方法也就构成了观念空间中的理性化观念结构，这种观念结构是对感性化观念结构的简化与凝聚。

超验观念表达了精神环境的内在秩序。超验秩序或内在秩序，就是整合与安置散乱无序的经验观念的环境条件与秩序载体。超验秩序就像溶剂，可以融合散乱多样的不同经验溶质。

观念空间中表达逻辑方法的逻辑观念，就是高度纯粹地表达了观念空间秩序的超验观念体系，也是对一般超验观念实现整合与安置的基本秩序框架。空间逻辑与时间逻辑就是安置一般逻辑观念的最基本逻辑框架。超验观念就是精神环境中的秩序表达形态，逻辑观念则是安置一般超验观念的抽象化的超验观念环境。逻辑就是超验的超验。

观念空间中统一的超验观念体系，可以对散乱无序的一般观念要素实现统一完整的结构化安置。其方法就是在散乱无序的观念要素之间的观念空间中投射与布置统一的超验秩序结构。这种超验秩序结构，具有协调与安置全部观念要素，特别是散乱冲突的经验观念要素的功能。逻辑观念就是对超验观念秩序的内在与外在理性表达形态。依据逻辑观念表达与安置的观念要素，就构成了理性化的观念结构，也就为意识活动提供了逻辑化的方法。在逻辑观念体系中实现了安置与表达的经验观念要素，就像在它们之间注入了能够被理解的秩序溶剂而将它们融为整体，并因此而消除了它们之间的散乱与无序。

超验秩序来自认识活动的秩序构建。认识活动的自组织过程的成果，就是在无序的观念要素集合中发现或构成新的秩序关系。这种秩序关系就是超验秩序。认识活动的秩序构建对一般观念要素的容纳与安置，就是通过在它们中间注入新的超验秩序来实现的。每一个认识成果都是依据新的超验秩序对无序观念要素集合的容纳结构。

逻辑观念就是将一般超验秩序实现理性化转换的成果，它们是对超验观念的特殊感知与凝聚。一般的理性化转换成果构成了具有逻辑内涵的理性化观念结构，高度透彻的理性化转换成果就构成了单纯的逻辑观念结构。逻辑观念结构为人类理解自己观念空间的秩序形态与意识活动方式提供了方法与工具。逻辑观念就是逻辑工具。

逻辑工具就是表达观念空间中高度理性化的观念结构的方法。它来自人类理性化能力在认识活动中与观念交流活动中的不断运用与凝聚。具有逻辑化形态的观念结构的形成，就是人类对观念空间秩序的感知与理解的公共化表达成果，就是文化活动中凝聚出来的哲学方法成果。哲学的诞生就是这种成果在文化结构中的明确表达。

逻辑观念结构的形成，是人类公共化的观念形态与公共化意识活动方式的漫长积累的结果，也是在这个过程中通过文化表达的媒介将人类理性能力不断强化的结果。逻辑观念就是人类理性化能力对超验观念的纯粹化凝聚与公共化表达。

来自人类认识活动的超验观念仅仅表达了精神环境的内在秩序。认识成果中对外在环境秩序的表达，则是通过超验观念对感官信息与经验观念的容纳来实现的。这就是将来自感官信息的经验观念要素在观念空间中依据超验观念要素的连接协调，实现对他们的内在表达与安置。这种安置消除了经验要素间的散乱与冲突，形成了具有秩序结构的观念形态。观念空间中的经验观念是外在环境秩序的载体。经验观念中的散乱冲突来自感官信息，经验观念中的秩序结构来自超验秩序，在观念空间中经验观念与超验观念互相融合。观念空间中的单纯经验观念就是由感官信息直接构成的元初观念，观念空间中的单纯超验观念就是终极观念。可理解的超验观念就是逻辑观念，可理解的终极观念就是最完美的逻辑，逻辑就是理性化的终极，既不是宇宙精神，也不是先验范畴。

通过理性方法或逻辑工具，人类就可以引导自己的意识活动，就可以有目的地在不完备的观念结构中填充仅仅依据逻辑演绎形成的虚拟观念结构，从而实现观念结构的完整化。

通过逻辑演绎方法构成新的观念结构，必然要在单纯的理性化超验观念结构中添加经验要素，并以此实现对逻辑化观念的经验实体化。这种添加常常通过演绎过程中明确的或隐含的条件补充实现。

通过逻辑演绎形成的观念结构仍然是高度超验的，其中蕴含的经验要素也会因为安置环境的高度超验而成为高度虚拟的。这种为了构建完整的观念结构而超越认识构建中的经验功能而补充填充的逻辑化的观念结构，在观念空间中仍然会呈现出超验观念的功能，而不会具备经验观念的功能。

认识活动是观念空间中全部超验秩序的来源。感官经验提供了经验观念中的超验载体环境，逻辑演绎则提供了观念空间中展开单纯超验秩序空间，这种展开的成果仍然要通过认识活动的自组织过程才能实现。这种逻辑工具的功能极大地拓展了人类观念空间中的超验结构形态，特别是拓展了可以有效补充和有效消除观念结构冲突的超验观念结构。逻辑方法是引导认识构建超验秩序的内在秩序依据，这也是人类理性能力在认识活动中的实现方式。

仅仅依据逻辑方法实现的超验观念构建，只能形式地或经验虚拟地实现观念空间秩序的统合，并不会形成真实的完美观念结构，因为其中仍然缺乏充分的经验内涵。单纯的逻辑演绎与理性化拓展，只能为构建真实的完美观念结构提供超验条件。

真实完美的观念结构必定是逻辑完美与经验完善的。单纯完美的逻辑化超验观念，仅仅是精神的完美而不会具备人类合理的生存方式，单纯经验观念的完善则只能是局限无序的生存结果而无法实现精神环境的完整与统一。前者只能提供美妙的神话与理想的乌托邦，后者只能提供动物式的物质生存。

人类运用逻辑工具可以理解与外在表达自己的观念结构，还可以调整补充自己观念结构的秩序缺陷。但逻辑工具的使用也要具备特定的观念空间环境条件。已经具备了较强的秩序形态或超验秩序较浓厚的观念结构，就可以为逻辑工具的使用提供较好的条件。在秩序强度较低或超验秩序稀薄的观念结构中，也就会形成不良的逻辑工具使用条件。人类意识活动中理性化方法的运用条件就是观念空间中的超验秩序浓度，精神环境中具有较高超验观念内涵的个体，也就比较容易实现对自己观念结构的逻辑化表达。反之亦然。

在不好的环境条件中强行使用逻辑工具，虽然也可以在稀薄的超验秩序中与散乱的经验秩序中由逻辑工具虚拟地构成具有完整结构形态的理性化观念结构，但这种观念结构中的核心或主体主要是由逻辑工具构成的虚拟超验形态，其中蕴含的经验秩序很稀薄，观念空间中散乱的经验要素常常游离在这种虚拟完美的超验结构之外，它们被虚拟逻辑观念的整合与安置状态也就很模糊与很松散，其中也就常常会因为无法与超验秩序的协调而呈现出明确的虚假价值。在良好的观念空间环境中运用逻辑工具，可以得到比较真实的虚拟价值，在不良的观念空间环境中运用逻辑工具，就常常得到有道理的幻想与玄想。

个体观念空间中常常出现的高度经验虚拟化的观念结构，就常常是在不具备条件或条件不良的观念结构中强行使用逻辑工具的结果。那种在理性化知识稀薄的观念结构中勉强运用逻辑方法结果，就是在社会生活中常常见到的教条化思维。不恰当的逻辑化思维形成的教条化状态，就构成了理性的迷信状态或者知识的迷信状态。

相对于来自感官信息为依据的经验观念，内在的超验观念就是经验虚拟的。相对于认识活动构建出来的感性化超验观念，逻辑演绎的结果就是超验虚拟的。前者自在地实现了精神环境秩序的统一与完整，后者自觉地构建出统一完整的观念空间结构。

人类通过经验观念表达外在生存环境秩序，通过超验观念提供安置与整合经验观念的内在精神环境秩序。在精神环境中的任何观念要素，都蕴含着不同浓度比例的经验秩序内涵与超验秩序内涵。以感官信息为秩序主导的经验观念相对直接地表达了外在环境的秩序。但其中也必然蕴含着表达内在环境秩序的超验内涵。以超验秩序为主导的超验观念则是对外在环境秩序的内在虚拟，既是对精神环境内在秩序的表达形态，也是对物质环境外在秩序的虚拟形态。超验的虚拟是在观念空间中安置与表达依据感官信息的外在环境秩序的内在依据。逻辑观念就是人类自觉的内在环境秩序虚拟。

精神环境中表达的外在秩序为人类提供了外在环境的行为实现依据。精神环境中的超验虚拟则通过对经验秩序的安置，间接表达了外在行为实现的可能性。经验观念中蕴含了外在行为的高度现实性，超验观念中则蕴含了外在行为的一般可能性。在可能性中蕴含了现实性与不现实性，其中的不现实性就是超验虚拟的依据。观念结构中经验秩序与超验秩序的比例构成了外在生存行为的可能性程度。在高浓度的超验观念中，例如在终极观念中，外在环境行为的现实性很低，但其整体协调性与统一性很高。在高浓度的经验观念中，例如在感觉经验中，外在环境行为的现实性很高，但其中充满了散乱冲突。

　　深刻完美的终极理想并不能直接转化为现实行为，但却蕴含了最高的善。直接实现欲望的现实行为方式，则充满了动物式的生存冲突与人性之恶。

　　人类感性化的超验演绎与超验观念展开，就是各种虚拟的神话故事。宗教文化中的占卜与解谶，或者是具有一定理性依据的感性化直觉的超验展开，或者是充满了浓厚感性形态的逻辑推理。它们在演绎过程中对经验观念的添加，也就不断提高了其现实行为实现的可能性。对神话的高度经验化添加就会变成生活的现实。对占卜的高度经验化添加就会变成真实的神机妙算。中国算命先生的高超技巧，就是在高度虚拟的超验展开中不漏声色地实现了合理的经验添加。

　　任何数学演绎成果在现实行为中的真实化，也都要依据各种方式的经验添加。经济学模型的有效性，常常并非来自其内在的逻辑，而是来自人们不易感知与理解的各种经验添加。其中的理性化的经验添加可以表达为特定的约束条件，其中的感性化经验添加则常常是没有感知的心理诱导。

　　逻辑方法依据完全超越经验秩序的方式来虚拟地实现观念结构的构建功能。逻辑方法的任何实际运用都必须得到经验观念的支撑。在大部分逻辑工具运用的结果中，常常只要引入稀少或微弱的经验观念要素为基本环境条件，就可以依据严谨的逻辑方法拓展出具有经验意义的丰富复杂的虚拟观念结构来。这种虚拟的理性化观念结构，实际上并不具备真实的外在环境的行为实现意义，但它却提供了外在行为的广阔的可能性空间，尽管这个空间中的大量可能性并非可以实现。这种可能性向现实性的转化，则常常隐含在人类构建行为动机的意识活动中的环境条件添加中。

任何依据逻辑工具所构建出来的经验性观念结构，都会具有虚假的行为实现内涵。虽然它们可以为人类的环境行为选择提供开阔的秩序空间，但它们的行为实现的真实性则仍然要通过环境行为的新经验来证实。

不断通过理性化的逻辑方法拓展自己行为的可能性空间，又不断通过真实的环境行为的经验依据选择有价值的真实行为方式，这就是人类实践活动的核心内涵。不断依据逻辑工具拓展理性化的经验观念空间，又不断依据观察结果来证实其中的真实行为空间，这就是科学研究方法的核心内涵。科学活动仅仅是人类实践的一个子集。人类的一般实践远远超过科学的领域。

我们既不应该将一切逻辑工具的成果都视为可以通过行为实现的真理，这种观念来自哲学的愚昧。也不应该将自己的行为方式仅仅限制在经验观念之中，这种观念来自哲学的狭隘。人类就是在这种实现自己生存行为的虚幻与真实的对立与均衡中，逐渐形成了自己的智慧能力与实践方法。

逻辑工具向人类的意识活动提供了广博而又完整严谨的虚拟观念空间，这个空间为意识活动提供了展开两个环境秩序形态的充分可能性。在这种蕴含了外在环境秩序的充分可能性的虚拟空间中的思维活动，既可以为认识活动的秩序构建提供广博的可能性条件，又可以为价值活动中的价值选择提供广博的选择空间。这既是人类可以具有实现文明化的生存方式所依赖的无限智慧的精神依据，也是人类明确具有意志自由的哲学依据。

逻辑工具是可以融合与安置散乱冲突的经验观念的超验观念体系的理

性化表达。逻辑方法的使用结果，就是构成了蕴含大量经验观念要素的严谨的网络化的超验观念结构体系。人类知识化的公共观念形态就是安置了公共化经验的观念体系，也是安置了经验事实的逻辑网络结构。

所谓网络，就是在环境秩序中具有统一的形态与功能的简化超验结构，这种结构并不会充满全部环境秩序的空间，而是间隔性地保障自己的秩序功能。任何网络都具有空洞，但空洞中的秩序仍然可以由网络秩序得到表达与控制。就像渔网必然有空洞，但仍然可以满足捕鱼功能的需求。就像法网必然有漏洞，但仍然可以实现对社会秩序的基本控制。就像互联网必然有社会秩序覆盖的空白，但仍然可以主导现代社会生活。

网络的空洞也提供了网络构建的必要功能。正是具有空洞，网络才能明确地表达出凝聚的秩序。不舍弃一定的环境秩序空间网络秩序就无法构成。就像渔网的空洞提供了滤掉水的功能，不漏水的渔网捕不到鱼。就像法网的空洞保护了社会成员的自由空间，铁板一块的法律会窒息人类。就像互联网的空洞安置了非数据化的人类自由情感，仅仅生活在大数据中的人类就会变成机器零件。

任何逻辑观念体系都是观念空间中的网络结构。这个结构依据其所覆盖的散乱的感性化经验观念，作为其合理存在的必要依据，也形成了它在观念空间中的安置功能。完全离开了对经验观念覆盖的逻辑网络，也就会不确定地漂浮在观念空间中，也就会失去其对真实意识活动提供环境的功能。完全漂浮的逻辑观念就是完全虚拟化的逻辑游戏。缺乏与经验观念秩序深入联系的逻辑方法，尽管可能严谨完美，但却常常会提供真实环境中的价值谬误。

观念空间中的逻辑网络结构，就是对超验观念秩序的简化与归纳。其网络覆盖既代表了观念空间中的超验秩序又脱离了超验秩序，这种脱离就是对超验的超验。

在逻辑网络中所安置的经验观念中，表达了其与外在环境秩序的符合的形态，其中也就表达了环境行为的可实现功能。在逻辑网络中没有安置经验观念的领域，也就会是脱离了经验观念的形态，也就表达了环境行为的虚拟可能性。在任何严谨的逻辑观念结构中，都会具有这样两种经验形态的秩序表达。其中与经验秩序相符合的程度表达了逻辑观念体系的经验化程度。逻辑观念体系的经验化程度与超验化程度具有互补形态。

在较高经验程度的逻辑化观念体系中，就表达了较多的行为实现的真实性，反之则表达了较多的行为实现的虚拟性。个体观念空间中的逻辑化的观念体系中的经验化程度，就表达了他们理性化观念结构中的行为实现的可能性程度。理性化程度较低的逻辑观念体系，就容易安置较多的经验要素。理性化程度较高的逻辑观念体系，则不容易安置较多的经验要素。

例如某些经验观念结构薄弱而理性能力较强的个体，如果从文化活动中大量接受了丰富的逻辑化知识观念，或者大量接受了理性化程度较高的一神宗教观念，就常常会形成形态比较完整严谨的逻辑化观念结构，但其中的经验要素却很薄弱。在一般情况下，他们的社会行为会脱离现实而表现出"不食人间烟火"的状态。在极端的情况下，这种高度虚拟但又十分严谨的观念结构，会让他们变成追求虚幻行为方式的理想主义的科学迷狂、艺术迷狂或者宗教迷狂。

全部逻辑工具的有效运用都要依赖其中蕴含足够的经验要素。足够的经验要素可以有效建立其虚拟超验观念与现实经验观念之间的密切联系，从而有效地消除逻辑体系中的虚拟性。任何逻辑方法的运用都是人类追求真实环境中生存行为而合理选择的工具，任何逻辑方法的运用结果也都要依赖其中蕴含的经验要素向经验观念的还原。任何理性方法的最终结果都必须回到经验中去，这就是"理论联系实际"这个通俗命题的哲学意义。

逻辑观念体系本身，并不能表达自己行为实现的可能性程度，并不能表达自己结构内涵的真实性与虚拟性的比例。这种比例的评价只能从逻辑观念体系与经验观念体系之间的联系中获得，也就是从观念空间中逻辑体系的外部经验环境中获得。单纯逻辑方法的演绎与运用，只能拓展虚拟经验观念的空间，而不能拓展真实行为的空间。观念空间中足够的经验观念基础，就是任何逻辑方法有效运用的内在环境条件。没有理解现实社会生活的经验，任何逻辑化的知识都会被悬空。

例如，一个缺乏对社会生活经验感悟的个体，即使受到再完美的逻辑方法训练，也无法真正获得对其有效利用的理性化思维能力，他们的能力常常只能适应对逻辑方法的单纯复制与形式传播。这样的传播者所教授的学生，也不太会真正获得对逻辑方法的真实运用能力，但可能会学到单纯逻辑化的考试能力。单纯的理性训练与知识传播无法培养出真实有效的人才。对这个命题的哲学理解并不容易。

严谨但缺乏经验秩序内涵的虚拟逻辑网格结构常常会漂浮在观念空间中。只有经验观念才是固定单纯逻辑观念之锚，就像初始条件与边界条件是将偏微分方程组转换为数理方程之锚。将漂浮的逻辑观念在表达真实环境秩序的经验观念空间中获得固定，就是它们与真实经验秩序的复合而落地，也就是消除其漂浮状态。在能够落地的逻辑观念中，仍然会蕴含虚拟的行为方式，但也充分表达了真实行为的可能性。这种对真实环境秩序的虚拟化表达，就是人类的理性方法可以推测或预测经验发生的可能性的依据，也是理性方法在人类意识活动中形成的最大魅力和人类理性崇拜的基本原因。但在任何理性方法或逻辑推理的结果中，也都必然会蕴含不可能实现的虚拟环境秩序。

在人类的现代文化活动中，数学逻辑工具的广泛运用形成了科学方法的逻辑化普及。但在科学方法的学术规范中，对数学构建出来的高度虚拟化的观念结构，又必须由科学方法中的实证标准来实现经验化落地。这种用规范的观测事实来约束其表达内涵的严格的实证方法，就保证了数学虚拟的有效经验化还原。但在其他文化活动中，特别是在描述一般社会活动方式的经济学方法中，在广泛运用数学逻辑的同时，则很少严格规范其经验化的实证方法。在其中所必须依赖的所谓经济学数据的采集与处理方式中，也就充满了不规范与不确定性。这就使得数据化与数学化的经济学方法得不到有效的实证落地，也为各种经济学理性的实证留下了开阔的人为调整空间。调整数据采集与处理的方法，就可以明确地改变各种经济学模型的结果，也就可以让任何经济学模型都显得很有现实适应性。选择有利于自己的数据，就是经济学家们最基本的小聪明，而这种选择在各种经济学统计中又是非常方便的。

今天的经济学方法还很幼稚，还只是对自然科学具体方法的行为模仿，还远没有形成自然科学活动中依据其本体论与世界观所形成的严谨学术范式。今天的现代经济学方法很像欧洲中世纪以前的传教士们的科学研究活动。一方面，他们的逻辑结构还很粗浅，另一方面，他们的经验依据选择也很狭隘，基本上就是依据圣经中的终极观念。他们的科学研究也就可以深刻地证明上帝的存在。就像今天的经济学常常在证明自由资本主义的合理性一样，就像今天的经济学几乎无法说明中国当代经济发展的合理性一样。

今天的经济学方法从自然科学方法中生吞活剥地引入的数学逻辑工具，常常对经济学的观念结构进行了削足适履，使其与真实的社会活动方式严重脱离。依据经济学理论构成的社会经济管理技术的有效性，常常是在自我封闭的行为圈子中的循环性证明，它们缺乏开放环境中的严格逻辑验证，这就还远远落后于医疗技术中验证方法的双盲原则。后者至少还是科学方法论的延伸，而前者则更像宗教方法论的遗留。这就是今天的各种经济学理论基本上都无法预测人类真实的经济活动结果的方法论原因。每一次经济危机的预测，大都来自感性化的经济占卜，每一次逻辑化的经济学证明，大都是预测的失败。

人类依据理解精神环境秩序的虚拟化逻辑观念，之所以能够预测未发生的环境行为的可能性，正是因为它具备的超验秩序具备安置行为经验的可能性空间。表达了外在行为可能性空间的虚拟超验观念就是行为预测的秩序依据。感性化的占卜预测与理性化的推理预测都是如此。这种预测的确定性，则要由在虚拟观念结构中所能够填充的经验观念的形态与地位来决定，预测的概率就是超验观念中能够安置真实经验观念的概率。各种科学猜想的形成，就是能够大概率地安置科学观察事实的超验观念的构成，算命先生卦运，就是他构建的超验观念对测算者行为方式的安置概率。香港人疯狂地相信黄大仙与美国人虔诚地追随标普与期指，仅仅在不同文化环境中相同的公共意识活动方式，只不过前者只能依据高度超验而具备广泛文化影响力的感性直觉，后者则依据充满了各种现代逻辑与算法的形式来获取迷信而已。

逻辑工具的运用所表达的真实行为经验的可能性，也表达了认识活动成果的有效性。这也就可以引导认识活动的方向选择与方式选择，形成人类认识活动的目的性与方向性。逻辑方法因此而具备了对认识活动的引导功能。

认识活动具备了逻辑方法的引导，也就极大地提高了认识构建的效率，甚至可以形成对认识准备环节的有目的组合。这就是逻辑方法对认识活动最重要的影响与促进。但任何逻辑方法都无法进入认识活动的自组织过程中去。

运用逻辑方法对认识审视集合中的既有秩序进行虚拟化展开，就可以在审视集合中预先构成一个虚拟秩序框架或虚拟秩序网络，在这个框架或网络中促生的自组织过程，就会遵从逻辑网络的预先安置与引导。这就是理性方法对认识活动目标与方向的引导机制。

逻辑方法对认识活动引导的有效性，来自对认识审视集合进行初步逻辑表达的程度，也来其中既有秩序的理性化程度与可逻辑化表达的程度。观念空间中知识化结构的浓厚程度或逻辑展开可能性的程度，就是运用逻辑方法引导认识活动的可能性程度。因此，具有较高理性化能力的个体，具有较高逻辑观念浓度的个体，就会形成明确的可以控制方向的认识活动方式。科学方法的训练，知识化观念的塑造，都会增加这种能力。

人类理性能力所追求的全部目标，就是实现对意识活动的可理解与可控制，理解的目的在于控制。逻辑方法对观念空间秩序的虚拟展开就是实现意识活动的理性化的具体方法。逻辑方法对意识活动理解与控制的有效性，由虚拟的逻辑观念结构与观念空间中的经验观念结构的融合程度来决定。

例如，现代科学中可控制的思维方法，就是在尽可能稀少的经验观念要素的基点上高效率地运用逻辑工具构建出虚拟而完美的超验观念结构。这种科学方法引导的意识活动的高度可控制，来自逻辑虚拟观念结构与经验观念结构的高度融合，也来自科学的超验所必须安置的自然环境经验观念的低层次与简单形态。科学的规范化事实在科学理论中的深度融合，保证了科学观念体系提供的行为选择的实现合理性，这就是科学理论的高度行为预测性的依据。科学经验事实融合点的稀少，则保证了超验观念理性化构建的效率，这就是科学研究的方法规范的核心目标。用很少但深刻的事实证明很广泛的理论就是科学方法的特征。

科学活动构建的虚拟观念结构的完美程度由其超验程度决定。这种超验程度由科学范式与人类公共化的终极观念的高度融合来保证。高度超验化的逻辑观念也只能蕴含高度稀薄的经验内涵，也就只能为安置经验观念提供微弱的条件。科学经验要在高度超验的理性化观念体系中得到安置，也就必须被高度逻辑化地规范整合。经验内涵微弱稀薄的科学观念为了在少量经验事实的安置中提供广泛的说服力，又必须具有高度的文化公共性。这两个特点共同决定了科学观测事实的规范化特征。

只有高度超验化的逻辑结构才可以完整与完美地表达全部观念空间中的秩序。自然科学观念体系的真理性，就来自它对人类感知自然环境的全部公共观念结构的比较好的整体表达，也来自他对人类的基本事实经验比较好的安置。由此而获得的真理性就是它能够在人类不同文明中迅速传播的原因。

在近代科学的演化进程中，牛顿对物理学的贡献就是提供了一个新的数学化的超验观念结构，这就是精美的牛顿运动定律的超验表达依据。伽利略的丰富成果则为牛顿的超验观念提供了有效的经验支撑结构。爱因斯坦的贡献虽然具有了更为完美的超验形态，但它对经验观念的安置与衔接则是十分间接与晦涩的，它只能用虚拟的思维经验或思想实验来填补这个空缺。正是这种对直观经验的远离才造成了它的难以理解，它的重要性并非体现在对一般自然环境经验的安置功能中，而是体现在对物理学体系中虽然稀少但又处于重要的结构性冲突中的特殊经验观念的安置。这就是这个理论体系不容易得到常识理解的原因。而牛顿体系的既具有广泛的直观经验观念的包容功能又具有高度完美的超验化逻辑形态，就是它今天仍然具有强大的直观文化影响力的原因。

有些科学猜想尽管具有严谨优美的形态，但由于不具备对物理学基本冲突的融合功能，也就不能实现与广泛的物理经验观念相复合，也就不会成为公认的理论。新科学理论的确立总是来自对旧理论功能的改善中。对既有科学观念体系中的局限性与缺陷不了解也就无法找到创立新理论的方向，这就是今天的"民科"们尽管令人同情但又毫无希望的原因。

随着现代物理学超验观念结构的不断复杂化与特殊化，使得它们对经验观念的安置条件也就日益苛刻，甚至就只能安置特定实验方法中的特定形态的经验成果。例如量子力学只能依据高能对撞机中的数据经验来证明与发展。这样的科学观念虽然具备了完美的高度超验形态，但要在人类社会活动中实现普遍应用则仍然很困难，则需要复杂的技术转换。它们的伟大意义主要在对理解自然环境秩序的超验观念的前沿性探讨中。这种探讨为人类生存方式与现代技术提供新方法的可能性，则是拉动它们发展的基本外在社会动因。

任何科学观念都不能仅仅依据它自己本身的逻辑完备性证明自己的有效性，其有效性还必须从对人类的经验观念的安置中得到证明，但这种证明从来都是相对的。这来自经验观念在其中可能实现安置的相对性。任何科学观念都无法实现对人类全部经验观念的充分安置，它们对人类全部经验观念安置的相对充分性，就是其相对真理性的标准。当人类的社会化活动方式的不断拓展形成的经验增加，减低了它们安置经验观念的充分程度时，这种科学观念的真理性就开始降低，它们被新的科学观念的取代的需求就会出现，科学革命的条件就逐渐成熟。

一般的科学研究活动可以分为两个相继的环节。第一个环节是依据对科学规范的观察事实的包容，运用特定的逻辑工具构建出一个虚拟的超验观念结构。这就是科学发现的猜想环节。这个环节的难度并不在于依赖感性灵感构建逻辑化的超验观念中，而在于选择什么样的经验事实作为认识灵感的来源中。科学家工作的主要艰苦性就在选择与寻找认识的自组织过程的灵感事实的迷惑中。所谓科学的天才就是具有超越他人的特定灵感能力。现代科学实验的方法与结果具有几乎无穷的可能性，一旦进入了错误的经验选择方向中常常就会终生努力也难有成果。这就是科学研究的高度不确定性的依据。

科学研究的第二个环节，就是对已经构建出来的虚拟超验观念进行经验化补充与结构修正。这就是将作为构建目标的虚拟超验观念结构更好地安置在由事实构成的经验观念空间中，以获得与经验观念的更好复合。也可以反过来说，这就是将既有的经验观念体系与被经验观念证明的既有的科学理论结构，更好地与这个超验观念融合起来。这个过程也就必然会形成对新构成的虚拟观念的再塑造。这就是新兴科学理论的逐渐成熟过程。

例如牛顿观念的提出虽然震撼了物理学，但牛顿观念体系在物理学中真正变成基本结构，则是后来近两百年中自然科学家们将既有理论在其中的合理安置与重新塑造的结果。自然科学演化进程中的每一次巨大突破也都必须由后来者做了大量同样的工作，这也是新兴的科学观念逐渐被广泛认可的过程。在这个过程中常常也会形成对原创观念的明确改变，但科学观念体系则会仍然以原来的形态命名与表达。科学史中遍及这样的例子，从哥白尼到达尔文，从牛顿到爱因斯坦，无不如此。就是其他文化体系的成熟过程，例如一神宗教的成熟过程，也是如此。

这个环节就是新理论的理论化文化落地与经验化实践落地的过程，也是新观念的社会化普及的过程。科学观念的核心本体虽然是高度超验化的观念体系，但科学观念的普及文化形态则是这种观念的经验化表达与经验化转换的结果，科普文化并非科学观念本身，科学幻想小说与电影只是虚幻的文学故事。只有具备科学修养的人才能通过科普文化了解科学观念，在没有科学修养的人的心目中，科普文化只能是神奇的故事与干枯的教条的杂合，他们依据科普文化理解的科学观念就常常是科学迷信的土壤。在科学观念的文化普及中形成了科学的迷信就是典型的文化悖论。

而在今天的政治文化中的典型悖论，就是一人一票的看似透彻的政治民主恰恰是隔离大众介入权力活动的手段。政治选票的虚幻功能恰恰为民众画了一个不能充饥的大饼，没有政治文化理解能力的民众则在围着这张大饼狂欢。这就像酒精饮料为普罗大众带来的快感与幸福。这种政治生态形成的社会权力活动的无效治理，也就是西方文明将会进入衰败的重要原因，尽管它们在特定的历史环境中曾经有过短暂的成功。

现代科学观念体系的形成，来自人类新兴的经济活动方式的需求，来自工业贸易文明的拉动，而不是相反。科学观念体系的目标，就是安置人类工业化与全球贸易化地利用自然资源的新经验。传统文化体系在这些新经验面前开始捉襟见肘了。现代科学的巨大成功，就是为人类利用自然资源提供了更高效率的技术体系，在这个技术体系中的实践经验，又更有效地支撑了超验化的科学观念，并为现代哲学提供了大量营养。依据现代自然科学的新超验形成的哲学成果，就几乎形成了一个完整的世界观体系与独立的方法论体系。

科学观念体系在哲学领域中的巨大影响力，鼓励了科学哲学家们试图将科学观念中的本体论观念哲学化。这个努力的哲学成果就是科学主义的世界观体系与方法论体系。但这个结果又形成了对哲学体系的遮蔽，并逐渐在一般社会文化活动中显现出它的弊端来。

但科学方法在自然环境的经验领域中的巨大成功，仍然在鼓励各个领域中的观念构建者们，特别是在社会管理领域中的学者们，不遗余力地努力移植科学观念与科学方法。这种努力由于不恰当地扩充了科学方法的有效领域而常常出现弊端，例如在经济学中对科学思维与数学工具的不当滥用。

实际上，人类文化活动中有效的理性化思维方式要比科学方法具有开阔得多的方法论空间。将理性方法等同于科学方法，一方面是对科学方法的迷信，另一方面则是对理性方法理解狭隘。这是一种哲学的愚昧。这就常常将理性思维方法的推广误认为是对科学方法的推广。所谓的"科学发展观"实际上就是理性化的发展观念。

可以用一个数学工具的使用例子来说明理性工具的使用是如何用虚拟的超验观念来表达真实的经验观念的。

几何方法中构建出的图形，是人类特殊的超验观念表达工具。平面图形与立体图形可以表达二维虚拟空间与三维甚至三维以上的虚拟空间中的秩序。表达的方法就是按照经验要素在观念空间中的关系，将它们虚拟地标注在几何空间中。这就构成了观念空间秩序向数学空间中的投射。标注的方法由对经验要素在观念空间中位置的理解决定，这种理解又要依据逻辑工具进行简化抽象表达。这就是对观察信息的数据化整合与对统计数据的规范化整理。标注了一系列经验数据点的几何空间就是观念空间秩序的虚拟逻辑表象。

用一个连续的数学曲线或曲面，来拟合这些标注了经验数据的几何空间点，就构成了表达这个虚拟空间秩序的完美的超验观念结构。这种曲线或曲面表达了一种超验逻辑观念的具体形态，也可以虚拟地安置与表达一组经验观念之间的关系状态。拟合的方法由逻辑工具提供。拟合的成功表达了对经验要素关系虚拟安置的有效性。曲线或曲面表达的虚拟逻辑观念并不是经验观念要素间的真实关系，而是对观念空间中分布的经验要素间关系的简化与近似的虚拟表达。这种表达具有完美简单的形态，这种表达的有效性则来自理性思维与逻辑工具的功能成效。这种表达的狭隘与局限，就来自逻辑工具对真实观念的简单化与表面化。对这种表达方式的误解，就是认为几何图形本身就是我们的经验结构，更深刻的误解则是，认为数学化的表达就超越了人类的局限而具有广博的真理性。

同样，科学观念就是对经验观念的虚拟简化表达。科学观念本身并不是经验事实更不是宇宙秩序，而是对经验事实之间关系的超验化虚拟近似。而科学事实则是对宇宙秩序的微弱管窥。

哲学文化是人类理解自己精神环境中的存在方式与活动方式的理性化表达成果。哲学仍然是通过理性化的逻辑工具构建出来的观念体系，哲学是可以安置人类感受精神环境中的"经验"要素的超验虚拟观念结构。物质环境中的经验感受就是哲学中的狭义经验，精神环境中的"经验"感受就是哲学中的超验。哲学观念就是可以安置观念空间中全部超验观念要素的理性化超验结构。哲学的目标就是追求对全部超验观念完美安置的精神环境。安置超验观念的精神环境就是更高层次的特殊超验，传统哲学试图表达这种超验的文化形态就是形而上学。

哲学提供的完美而特殊的超验观念结构的文化形态或知识形态，就是比数学曲线和科学观念更为复杂抽象的形而上学体系。与此对应，安置物质经验的超验观念结构则被称为"形而下"观念体系。合理有效的哲学体系就是可以完美和谐地安置全部精神环境中的经验感受的形而上学体系。

人类精神环境中充满了人类文明积累的文化要素。哲学的完美性不仅仅依据其形而上学体系的完美性，完美的哲学体系还要具备合理地安置人类文化中的全部公共观念结构的功能。逻辑是哲学的成果，也是哲学的表达工具与表达脉络。文化是哲学的问题，也是哲学的内容与血肉。

　　传统西方哲学体系的不足之处，就在于或者仅仅满足于一个完美的形而上学体系的构建，或者则仅仅追求对人类精神世界丰富内涵的具体表达。前者的代表可以从柏拉图经过笛卡尔甚至延伸到康德与黑格尔，后者的代表可以是从文艺复兴中兴起的传统人本主义哲学，到曾经兴盛的现代存在主义流派，包括了从尼采叔本华到萨特们和维特根斯坦们。在主导了新中国哲学的马克思主义哲学体系中，则是过于关注了对社会改造经验观念的安置与表达，而忽视了实现这种表达的形而上学结构的完美性追求。这也是马克思的文化努力所顾及不到的。马克思对一般宗教文化的忽视，对本体论问题的轻视，也大致是同样的原因。但这个局限又是马克思哲学的优点，这个优点使得它能为社会秩序的改造提供鲜明有效的工具与武器。马克思的武器系统对当时世界秩序的突变提供了工具的满足，马克思的哲学也就这种满足中确立了其文化影响力。哲学的成就从来就不是来自书斋中的智力活动功能，从来都是来自它对社会问题提供答案的能力。

　　康德高度醉心于自己完美形而上学体系的构建，则有些忽略了对文化中的经验观念的有效安置。他以为有了形而上学体系经验观念的安置就可以不太重要了。这也是他哲学能力的顾及不到。直到他的晚年才大致明白了这个弊端。他生命中最后一个完整的著作，就是以"实用人类学"的名称表达了对一般社会精神活动的经验观念的安置追求。这种安置与它所构建的形而上学体系的融合不良就是康德哲学的内部缺陷。

72. 逻辑是观念空间中的经纬线

　　逻辑是人类理解自己精神环境秩序或观念空间结构的表达工具。人类对精神环境理解的追求来自对精神环境秩序的外在表达。理解的成果只能通过对理解的表达来实现。

　　逻辑来自认识构建所形成的超验观念的高度超验抽象，来自超验观念对观念空间秩序的反身表达，逻辑是超验的超验。

人类理解精神环境的最基本的结构化成果就是观念空间。空间是人类理解生存环境的基础逻辑，也是理解精神环境的基础逻辑。观念空间就是理性化表达精神环境秩序的逻辑基础，就像物理空间与对其内在表象化的数学空间，就是人类理性化的理解物理环境秩序的逻辑基础一样。

在空间的逻辑环境中实现对存在要素的理性化表达，还必须依据表达空间位置关系的具体逻辑工具。在经典物理空间中就是依据三维的几何逻辑工具或者四维的时空逻辑工具，在现代微观物理学中也就不断出现了更为复杂的标定空间位置的具体逻辑工具，包括从弦空间到超弦空间。

人类理解外在环境秩序的成果是通过理解内在环境的秩序实现的。观念空间秩序就表达了物理空间秩序的映射结果，也表达了生命环境秩序的映射结果与社会环境秩序的映射结果。表达不同空间的逻辑工具就是不同环境中的秩序表达依据。人类文化中的全部逻辑工具都是表达自己观念空间要素间关系的位置标定工具。就像在三维几何空间中的位置标定工具就是直角坐标系统一样，人类的各种逻辑工具都可以看作是表达观念空间中的要素间空间位置关系的不同的坐标体系。

人类的精神环境来自意识的认识活动的观念构建。每个具体认识构建的结果，就是在超验观念表达的观念空间中安置与固定一个新的观念要素。任何得到认识安置的观念要素，都在观念空间中具有了确定的位置，都在空间中固定了自己的存在。

人类理性能力的功能就是实现对自己观念结构的理解。所谓理解，就是建立不同观念要素之间的不同环境功能的联系，或者建立它们所蕴含的不同价值关系。理解要素间关系的基础条件就是对相关要素空间位置的明晰确认，这种确认是通过逻辑工具实现的。逻辑工具就是确认观念要素在观念空间中位置的依据。例如数学逻辑提供的数量表达功能，就是对数量化的观念要素实现位置的确认或实现量化排序。

人类的全部超验观念都是精神环境秩序的载体。宏观超验观念就是大范围观念空间秩序的载体，也就必然是中观与微观超验观念结构在观念空间中实现安置的秩序依据。终极超验观念或终极观念就是精神环境中全部超验观念结构实现安置的依据。

人类精神环境的存在形态主体是感性化的。超验观念的本体形态也是感性的和不可理解的。不可理解的超验观念虽然可以实现对低层次观念要素的安置，但这种安置则只能是表象感知的而不可结构化表达的。

人类依据意识活动的特殊生存方式构成了人类的理性能力，也就是构成了人类自觉的意识活动能力。人类理性能力的逐渐发展也就在感性化超验观念的表象中，逐渐凝聚出来了可理解的理性化超验观念结构。这种能够对一般超验观念实现反身表达的特殊的公共观念形态就是逻辑。逻辑就是特殊的理性化超验观念，也就是提供了表达与理解超验观念的内在功能的超验观念。

只有宏观的可理解的超验观念，才能被人类的文化表达为明确的思维工具。这种思维工具的公共化就是哲学中的逻辑。广义的逻辑工具就是具有理解观念空间秩序功能的理性化超验观念结构。狭义的逻辑工具就是理解与表达特定理性化公共观念体系的方法。

观念空间中不同的超验观念体系，具有安置不同形态的观念要素的不同功能。对应这些不同的安置方式，也就形成了不同形态与不同功能的逻辑工具。从形式逻辑到数学逻辑，从模糊逻辑到精确逻辑，都在其中。

在可理解的超验观念中凝聚构成的逻辑工具就是具备了精神环境中独特功能的超验观念结构。这种功能就是可以理性化地安置与表达不同层次的超验观念，进而也就提供了理解与表达不同层次的经验观念的环境空间。

人类认识活动的成果就是实现对新观念的构建与安置。但认识构建的结果并不是都能得到完美的空间安置，仍然会有大量不能被有效安置与固定的认识成果或观念要素，以漂浮流动的状态存在于观念空间中。例如元初观念，例如浮动的知识结构。这种流动状态的观念要素，形成了精神环境中的能量形态，它们常常以无法被感知的方式普遍地融入任何一个认识活动的过程中去，并以此而提供了认识活动实现的基本环境条件。元初观念是观念空间中的基本能量。知识观念是观念空间中的特殊能量。

人类的理性化意识活动能力及其逻辑成果，就是在观念空间中构建出了特定形态的逻辑网络或观念结构的表达坐标。逻辑工具就类似于安置与表达地球表面的地理要素的经纬线工具。原始的地图只能利用图形表象间的关系模糊地表达地理要素的位置，有了经纬线工具就可以精确地表达它们的关系了。行路者利用路边的环境表象可以大致感知自己的行程，利用地图中的路线图形与路边的里程碑工具，则可以明确感知自己的行程与位置。经纬线和路线里程碑，就是理性化安置与表达自然环境要素的空间逻辑工具。

当人类的观念空间被不同形态与不同密度的逻辑网络覆盖起来后，就形成了对观念要素安置与表达的各种可理解方式。人类依此就可以自主感知意识活动的过程，并可以自主控制意识活动的方式了。逻辑工具让人类获得了思维能力。

主导与控制人类在地球表面运动方式的技术称为导航。惯性导航就是通过对运动过程感知的积累来实现对运动过程的理解。人类在观念空间中，也要依据对所经历的观念要素表象的感受，来理解意识能量的运动过程与运动形态。这种感知方式就构成了感性化的意识感受。利用逻辑工具提供的观念空间网络，就可以更精确地感知意识能量的运动，这就是理性化的意识感受。这就类似依据卫星定位技术来标定自己在地球表面的运动位置。

人类为了自地主地理解自己在自然环境中的运动形态，就不断创造出了各种导航技术。人类为了自主地理解自己在精神环境中的意识运动形态，也就不断创造出了不同的逻辑工具。

人类只能在建立了逻辑网络的观念空间中实现理性化的思维活动。观念空间中逻辑工具的复杂程度与精密程度决定了个体对意识活动的理解与控制的复杂程度与精密程度。对不同精密程度思维方式的追求，就是人类创造与选择不同逻辑工具的依据。人类对精确理解自己意识活动过程的不懈努力，特别是将这种理解精确地表达为公共化的文化形态的努力，就是人类不断创造出日益复杂的逻辑工具的动因。

人类的文明化进程对人类意识活动方式的长期拉动与塑造，形成了人类普遍具备的理性化能力。理性化能力的程度一般可以通过个体文化修养的程度来表达。人类个体都至少具有语言表达与语言思维的理性化能力，但任何语言工具对观念空间的覆盖都是有限的和局部的，在很多观念空间中的意识活动过程与感受，都是不能用语言工具来表达的。就是具有高度文化修养的个体也仍然如此。

逻辑观念在观念空间中的存在方式仍然是虚拟化的表象，例如数学逻辑中没有尺寸与端点的直线。逻辑工具无法在观念空间中实现经验实体化的表象表达，就只能借助图形符号与词汇表象实现外在的文化表达。逻辑符号与逻辑概念并非逻辑观念本身。观念空间中的秩序实体由超验观念承载与表达，逻辑观念则是对这种秩序实体的进一步虚拟化。

观念空间中的逻辑结构或逻辑网络是不会占据观念空间的具体结构的。这种对观念空间占据的虚无形态就决定了思维活动并不会形成对逻辑工具的具体感知。意识活动对理解工具的实际运用仍然是感性表象的。只有专门观察与理解逻辑工具的功能与形态的意识活动，例如关于数学观念的理性化思维，例如专门考察形式逻辑方法的思维，才能感受到逻辑工具在观念空间中的存在。

逻辑观念也常常会附着或融入一些表象近似的一般超验观念甚至经验观念之中，这就常常将逻辑观念超验实在化异化甚至经验化异化了。但意识却可以对这种实体异化的逻辑观念实现直接感受，这就是逻辑工具对实体观念的附着而对意识的显形。这就像几何逻辑中的图形因为附着了具体的经验观念，而常常被人们误解为是外在环境中的存在。人们将三角形或圆形理解为物质环境中的存在实体，就是超验逻辑观念实体异化的典型例子。一旦对误认为实体存在的几何图形观念不断深入思维，就可以实现对其中附着的一般观念的剥离，也就会将实体化的几何图形还原为高度抽象超验的逻辑形态。在深入思维中将会无法感受到任何一个纯粹几何的三角形实体，或者会无法感受到永不相交的实体平行线，它们只能是高度虚幻的。而任何可以获得外在感知的三角形都不是几何的，现实的平行线根本就不存在。

数学老师为了让儿童理解他对三角形这种高度超验观念的表达，也就必须将三角形的逻辑观念通过附加经验观念要素的方式，来将其经验化或实体化。儿童们由此就很容易得到实体化的三角形观念，但他们仍然会从老师的表达与暗示中，从其受到的抽象逻辑思维的训练中，逐渐形成自己特有的高度超验化的逻辑三角形观念。

在高度抽象超验化的逻辑工具中，附加上一般超验观念的表象或经验观念的表象，是通过逻辑工具在观念结构中的具体运用来实现的。意识活动对逻辑工具的运用必然需要实现对运用的感知，虚拟的和不可直接感知的逻辑观念也就由此而被意识活动过程所显现。这种通过意识的感知而附加了可显现观念的结果，也就会形成逻辑观念与一般观念的融合或逻辑观念的一般观念化。人类的意识也就常常会将这种实体异化了的逻辑观念当作了逻辑观念本身。

传统哲学中对逻辑观念的各种误解大都来源于此。这种误解甚至形成了试图用哲学方法表达逻辑实体的哲学流派。它们将思维中可感受的语言逻辑当作了思维感受的实体，将语言当作了思维的对象就是这种误解的重要表现。古希腊哲学家们认为圆形是宇宙中存在的基本实体，也是这种哲学误解的最初形态。

这种被实体化误解或者一般观念化误解的逻辑工具，也就会在观念空间中形成一种逻辑结构的假象。这就像水流中紊乱的速度场形成的复杂光线折射，形成了我们似乎可以看到紊乱水流本身的假象。实际上，我们看到的并不是速度场本身，而是水流的速度梯度中形成的光线折射功能形成的速度场显像。

当一种逻辑结构长时期地主导个体的某些经常性的思维活动时，它就会通过对一些基本观念要素的吸附和凝聚形成它自己的结构显像。这种结构的意识显现就常常形成了对其实体化感受的意识误解。这也是现代西方逻辑实证主义哲学家们所追寻的逻辑实体结构的意识感受依据。

人类在文明环境中的生存活动，形成了他们不同程度的但又是必然具备的理性化能力。这就决定了任何人类个体的观念空间中都具有不同形态的逻辑工具。个体观念空间中不同形态的逻辑网络线，贯穿了观念空间与全部观念结构，也以不同的形式安置与表达了全部观念结构。被逻辑工具实现了安置或表达的经验观念结构，就可以被相应地理解与实证观念，也就可以形成在社会环境中的外在文化表达。这是构成人类群体公共观念的必要条件。

这种通过逻辑工具实现的观念内涵的外在表达，也会依据逻辑工具的公共性来表达它们的公共性。对一些高度超验化的观念要素在外在表达中形成的高度超越性的公共性，就是人类至今为止的哲学仍然不能理解它们或者被迷惑于其中的重要原因。今天的哲学对这种高度超验化与高度公共化的观念形态，仍然只能通过将其存在方式的外在化来实现本体论的理解。这就是一直影响到今天的科学思维方式中的柏拉图绝对理念的理性依据，也是今天的科学世界观表达的本体论形态中，始终存在必然的客观规律的理性依据。

人类个体观念空间中的逻辑工具以网络线的形态实现了其工具功能。网络对空间的覆盖是局部的与有空洞的。在被网络线穿过的观念要素中，就会形成具有较高理性程度和较严格的逻辑方式的思维活动，在离开逻辑网络线较远的观念要素中，其逻辑功能与理性化思维方式就会逐渐弱化。

逻辑工具在观念空间中的不同位置中就会提供不同理性化程度的逻辑功能，其功能随着离开逻辑网络线的距离的增加而逐渐减弱。这就形成了逻辑工具在观念空间中功能分布的不均匀性，也就形成了在特定的意识活动过程中虽然严格运用了逻辑方法，但却会出现不同程度的理性化思维形态的现象。这就是逻辑实证方法仍然具有或然性的依据。对这种或然性的逻辑化表达工具就是概率逻辑。

理性化的观念结构就是被逻辑观念结构或逻辑网络连接与凝聚起来的一般观念结构或经验化的观念结构。各种理性化的观念结构的实证普遍性，由其中被连接与凝聚的经验化的观念要素的整合程度或者理性化安置程度所决定。在具体结构中的可实证性则由被安置的经验观念要素离开逻辑网络线的距离决定。只有高度接近逻辑网络线的经验观念才能被高度实证，才能被理解为精确的规律性陈述。

就是在自然科学观念体系中，任何科学规律的确定性都不仅仅是由其公共化的经验观念或观察结果所决定的，还要由其所运用的逻辑工具所决定，由其逻辑工具网络在经验观念空间中的分布密度所决定。具有不同实证程度的自然科学观念，也就形成了由硬科学向软科学形态的过渡。人类理性化观念结构中任何形态的实证性，都是相对于人类使用的理性工具的，都是相对于理性工具对确定经验要素的安置状态的。

各种不太确定或者不精确的理性化观念结构，就是因为他们在观念空间中的位置离开了表达精确结构的逻辑网络线的缘故，就在通过这种离开而远离了由此而安置的经验事实的有效关涉空间的缘故。将不太精确的理性化观念或理论所表达的秩序精确化从来就有两个途径，一个是更好地安置经验观念或者观察事实与逻辑线的关系，通过改善经验事实的逻辑表象来缩小它们与逻辑线的距离。这就是不断改进既有理论的途径。另一个则是重新构建新的更合理更密集的逻辑网络，以形成对既有的经验事实更好的重新安置。这就是创造新理论的方法，也就是理论的重建甚至范式的改变。在科学方法论中范式的改变就是所谓的转换范式或科学革命。

例如，托勒密的逻辑比较精确地安置了古代欧洲人对宇宙环境信息理解的事实经验观念，这种成就支持它近两千年对欧洲天文学的统治。当欧洲人获取环境信息手段的发展不断地更新了信息的形态，而依据这些新的信息构成的经验事实，又不断地远离了原来的逻辑网络线，或者既有的逻辑网络线的密度在不断丰富与浓厚的经验观事实面前日益显得疏离了，前者表达了既有理论对新信息安置的功能的减弱，后者表达了既有理论对新信息安置精度需求的提高。于是，既有理论就开始动摇了，重构新的逻辑网络结构或更新逻辑工具的需求也就产生了，哥白尼的观念就突然被接受了。

实际上，类似哥白尼观念的日心说的逻辑观念远在古希腊就已经出现过，只不过这种逻辑并不比托勒密的地心说逻辑能更好地安置欧洲人的天文事实经验而已。哥白尼革命的突变并不仅仅是来自哥白尼的智慧，还来自欧洲文化结构对新逻辑的需求。当社会文化没有形成明确的需求时，人类智慧虽然丰富多彩，但也仍然会被大量地泯灭与抛弃。一旦文化突变的充分条件形成，哥白尼智慧就变成了一个激发突变的必要条件。

在中华文明中，儒家文化表达的公共观念体系及其后来更为理性化完备的理学，以它特有的以阴阳五行为基础的天理逻辑作为实现其公共观念表达的理性化工具，理学也就成为中国人理解自己社会环境秩序的逻辑观念体系。三纲五常概念就是这种逻辑观念体系的世俗化观念表象或方便流行的文化形态。这个逻辑工具比来自董仲舒的儒家逻辑更好地安置了近千年的外来文化对本土文化的异化，实现了对儒释道不同观念结构的融合。直到欧洲兴起的工业贸易文明的侵入所形成的新的文化冲击，使得它不再能很好地安置新鲜的社会公共经验时，儒家的理学就开始失效了。但儒家逻辑本身的意义并不会全部丧失。

当中华文明在其文明形态的现代化改变中，逐渐实现了参照西方新兴的工业贸易文明形态对自己文明的改造后，西方文化所依赖的理性化表达方法中的逻辑弊端，也就会在中国社会环境中明确地显露出来。这种弊端在安置西方社会的演化事实经验中并不显著。消除这些逻辑弊端的哲学资源与智慧依据，仍然可以从理学逻辑中得到一些启发与某些继承。

在个体的观念结构中，由于观念的交流与文化的灌输，也就会被塑造出不同的逻辑观念形态。不同的逻辑工具可以在不同的观念结构中形成密度不同的理性化网络。在具有高密度的逻辑网络的观念空间中，几乎可以将各种重要的基本观念都安置在逻辑网络之上，并通过这种安置将各种公共化经验事实都实现与逻辑体系的融合。例如现代科学方法所提供的逻辑结构，就可以高度完美地实现一般个体观念空间中的物理环境经验事实的安置，甚至也可以安置绝大部分独特的个体经验观念。这种安置的结果，就形成了科学观念对个体精神环境的超越性统辖与高度客观化统辖。

但即使是可以有效地安置全部物理环境经验观念的现代数学逻辑网络，也不可能覆盖全部的观念空间，而仅仅是在特定经验观念领域的空间中提供了网眼更密实的逻辑网络而已。在这种特定的经验观念领域的空间以外，在虽然密实但仍然存在的逻辑网眼之中，那些仍然存在于观念空间中但又不能被科学逻辑精确安置的经验观念，也就始终是在数学逻辑的有限范围与密实网眼中可以被漏掉的观念要素。在规范化的科学活动中，对待这种经验观念的方法，就常常是通过排除它们事实性来进行滤除。

在各种科学方法中，对事实的观察获取与认定的标准，主要是由数学逻辑的网络功能来决定的。离开这个网络太远的经验观念，就会被科学方法以杂音与干扰的理由所滤除和遮蔽。过滤了杂音与干扰经验观念的科学事实，也就必然会呈现出与既有理论中的逻辑网络高度符合的形态了。直到杂音与干扰经验变成了无法忽略的事实经验，科学活动才会重构自己的逻辑方法。

自然科学文化体系的确立，来自其特定的规范性活动方式。科学方法规范性的一个重要功能，就是遮蔽与滤除离开了逻辑工具的精确表达功能的经验观念。只不过这种滤除与遮蔽活动都有一个很好的逻辑表达依据而已。将它们视为观察中的异常杂音和不明干扰就是最通常的理由。如此处理以后，在规范化方法中被认定的科学事实，就可以始终被逻辑工具实现精确安置了。

一旦人类对环境信息的理解进入了无法选择与滤除的混沌领域，例如对分子热运动的感受信息，传统的遮蔽与滤除方法也就无法再获得逻辑理由了，这种界定事实的规范方法就会失效。为了消除这种失效，概率逻辑与统计方法就出现了。

如果人类理性能力的发展，能够提供一种完美安置全部分子热运动经验信息的逻辑工具，每一个分子的自由运动就会变成遵循逻辑方法的可预测过程，对它们就不必用热力学来统计性地描述了。但人类离构成这样的逻辑工具还很遥远。

73. 逻辑悖论的形成原因

逻辑是人类理解与表达自己观念空间结构的工具。逻辑工具的运用可以实现个体意识对观念空间的结构化感受，这种感受的成果就是对观念结构的内在逻辑化与外在知识化。广义的结构化就是逻辑化。

逻辑是人类理性方法为观念空间构建出来的经纬度。具有不同复杂性程度的逻辑工具具有不同层次的精密程度。中华文明的阴阳五行逻辑与欧洲文明的辩证法逻辑就是比较粗糙的逻辑工具，现代数学逻辑则是比较精密的逻辑工具。

不同的逻辑工具为人类的观念空间提供了不同层次与不同密度的结构标识网络。因此，任何逻辑工具的合理运用就是在其所标识的网络环境中的使用，一旦逻辑工具的运用超越或突破了自己构建的网络结构，就会出现使用的混乱和逻辑的悖论。

不同的逻辑工具所具备的具体适用环境就决定了这种方法的局限性。

满足这种局限性的逻辑运用就会得到对观念结构理想的理性化认知与表达，如果不能满足逻辑方法运用的范围条件，逻辑的运用就会出现对观念结构的错误感知。当错误的逻辑感知与人类的经验事实明确对立时，所谓的逻辑悖论就出现了。

逻辑悖论仅仅是逻辑错误的冰山之巅。与经验观念相冲突的逻辑错误常常不会被认为是逻辑悖论，而只会在人类的理性崇拜中被认为是经验错误。证伪与虚化经验要比否定逻辑简单。只有与高度公共化的经验事实相冲突的逻辑错误才会被人类重视。逻辑悖论的确立标准就是与经验事实相冲突的逻辑演绎结果。

人类理性方法的运用常常会消除感性方法的局限与错误，但理性方法本身也会有自己无法避免的错误。能够被感性经验观念明确鉴别的理性错误，仅仅是其中的一小部分。

单纯从逻辑方法的运用方式中，也可以得到逻辑错误的一种判断标准。这个标准就形成了任何逻辑方法的运用都必须遵循结构完整性的原则，既不能突破逻辑方法在观念空间中的得以展开的结构，也不能在不同逻辑体系之间交叉运用。逻辑方法中的矛盾律就是这种标准的最一般形式。

直面讨论各种经典的逻辑悖论是传统哲学中的基本问题，这来自哲学对逻辑悖论的无所适从。各种著名的逻辑悖论都可以归入以上两种破坏逻辑运用的结构完整性原则的结果。在逻辑工具的实际使用中则可能会蕴含了更多的错误，这些错误会因为无法通过经验事实得到明确的鉴别而被人类所忽略。这种对普遍隐含的错误的人为忽略，加上逻辑工具对人类的理性化需求提供的重要功能对其的遮蔽，就形成了逻辑方法的运用成果永远正确的观念。

实际上任何提供了理性化思维方式的逻辑工具，既可以保证思维活动较高的合理性与较正确的结果也会蕴含不合理与错误。逻辑悖论就是人类无法用逻辑工具本身的功能来破解的逻辑错误，但在经验常识中这种悖论的错误又是简单明确的。

例如，在龟兔赛跑悖论中，就是因为在逻辑演绎中混淆了不同层级的无穷小量，将两个不同层级的无穷小量当作同级量来对消的结果。在理发师悖论和说谎者悖论中，则是混淆了逻辑工具的运用主体与运用对象，将处于不同地位的对象同样对待了。如此等等。

为了消除明确的逻辑悖论，人们常常在特定对象的逻辑工具运用中添加各种约束条件。各种理论工具都具有这样方法特征。约束条件的添加可以隔离出现逻辑错误的环境结构，但也会简化运用逻辑工具的环境对象秩序。面对复杂的多层次对象进行的约束简化，虽然会消除明确的逻辑悖论，但也已经将运用对象简化得面目全非了。

将单一结构的数学逻辑运用到多层次嵌套的人类社会结构中表达人类的社会活动秩序，出现逻辑错误的可能性就非常高，得到正确结论的可能性就很低。但由于这种逻辑错误常常发生在理解高度复杂的社会行为的思维中，也就很难得到经验事实的明确鉴定。因此，经常出现的逻辑错误就常常被含混不清的事实本身所遮蔽了，隐含其中的逻辑悖论也就常常会被忽略。只有像在理发师悖论与说谎者悖论的极为特殊的条件限定中，才会显现出明确的悖论形态来。

在现代社会的经济管理思维中，大量使用了严谨的数学工具。它们看似并没有明确的错误与悖论的原因，就在这种逻辑运用结果的形态与经验事实的巨大形态差别之中。如果将数学结果理解为人类的社会行为方式，也就必须要进行大量多层次的逻辑还原才能得到与人类社会行为方式的经验对应，在这种表现为解释与说明活动的逻辑还原过程中，大量的悖论就被修改与遮掩掉了。

人类观念空间中的观念结构形态并不是均匀的与均衡的。在终极观念结构中几乎浓缩与凝聚了全部观念空间中的秩序层次，也就容纳与表达了几乎无穷多层次的观念秩序内涵的形态。在这样的观念结构中，任何逻辑工具的运用都会遇到困难，都会因为无法将观念结构实现单一的结构化表达而失败。如果在这个环境中强行使用逻辑工具，就会得到一些矛盾的结论与奇异的结果。这就是逻辑工具在终极观念结构中运用的失效现象。高度凝聚化的观念秩序形态让具有有限功能的逻辑工具无能为力了。

康德曾经认真地分析了几种明确的二律背反的观念形态，就是这种情况下逻辑工具失败的著名例子。但康德只是将这种悖论明确地展示出来并说明了这种悖论的不可避免，而并没有说明这种悖论产生的逻辑功能原因。很多类似这样的复杂哲学疑惑，都被康德意识到并涉及了，但并没有得到理想的哲学解释。这既是康德超人智慧的成果，也是康德哲学观念局限性的结果。

在人类文化表达的终极公共观念的结构中，运用具有高度超验化功能的逻辑工具常常会出现悖论与失效。这就是一神宗教文化中的终极观念与理性方法相冲突的基本原因，这也是诟病它们的世俗文化们的重要口实。这种逻辑功能的失效还是自然科学的逻辑方法不会进入终极假设的证明活动中的原因。科学活动的逻辑从来不去证明公理的合理性。宗教文化无法避免的逻辑局限性，科学文化也仍然无法避免。只不过它们采用了不同的处理方法而已。

自然科学文化中呈现出来的理性严谨，就是以它排除了对自己终极范式与终极假设的证明为前提的。而明确地表达与辩护自己的终极公共观念与终极公共价值，则是宗教文化不可回避的基本特征。如果哲学能够解释这里的原因，也就可以告诉科学文化的盲目拥趸们，你们对宗教文化的嘲笑也只是五十步笑百步而已。

一旦科学活动进入了对自己高层次超验观念的探讨与表达中，各种悖论也会层出不穷。但由于科学文化可以通过对逻辑工具的巧妙运用来遮蔽这些悖论。对于某些实在无法遮蔽的悖论，科学就冠冕堂皇地称其为合理的但也无法理解的所谓佯谬。科学观念中的全部佯谬，都是科学方法中的逻辑悖论。在理性思维中，逻辑方法正确而结果荒谬称为悖论，结果合理而逻辑方法冲突则称为佯谬。

在传统逻辑学中对归纳方法的终极结果，就有一种虚无化的悖论。这就是认为任何归纳方法的终极运用，其结果必定是完全虚幻的空洞。实际上，终极的归纳就是进入观念空间中的终极观念结构中，而终极观念本身就是对全部观念空间秩序的凝聚形态，任何归纳逻辑都无法展开其中的层次结构也就必然变成了空无一物。

除了在精神环境顶层的观念结构中，由于观念结构的层次压缩与凝聚而出现的逻辑失败之外，在观念空间的底层中，在最微观的元初观念结构中，也会由于凝聚性地表达了微观秩序的无穷可能性，而形成了全部逻辑工具功能的失效与混乱。逻辑方法在这个环境中的运用也会失败。这种逻辑失败就是现代微观物理学中各种奇妙的佯谬现象形成的原因。从微观粒子动量与位置的测不准现象与波粒二象性到薛定谔可以处于生死之间的神奇之猫，都是如此。只不过，自然科学曾经取得的巨大威望压制了人们对这种逻辑悖论的讨论勇气。普通人对这种神奇的盲从无可非议，哲学家们则不应该躲在后面不吱声。

人类的终极观念结构是全部观念结构的汇集与统合，也是全部观念结构的层次消解与结构浓缩。在终极观念中，表达了全部观念空间的秩序被同一化与去结构化了，这就决定了任何逻辑方法在终极观念中的运用都会失效，任何逻辑工具的分析结果都会是矛盾与悖论，任何逻辑工具的演绎结果都会变成互相证明的循环论证。因此，终极观念不接受逻辑方法，逻辑理性无法表达终极观念。

这就是人类在表达终极观念体系的文化形态中无法实现逻辑化的哲学原因。科学观念在自己局限于仅仅安置事实经验观念空间中，可以嘲笑必须表达终极价值的宗教观念，而少数必须探讨科学范式所依赖的终极观念的科学先驱者们，则会虔诚地尊重任何宗教文化。低层次的科学家嘲笑宗教，高层次的科学大师则尊重宗教。低层次的科技人员炫耀自己的逻辑能力，高层次的科学家则常常表达自己的独特感悟。这种文化现象一直没有合理的哲学说明。

一旦科学活动进入自己必须依赖的终极观念结构中，也会堕入与宗教同样的境地。但科学方法则可以依赖自己结构与目标的局限，找到了一个遁洞来回避这种尴尬。这就是将科学观念体系中不得不表达的终极观念从一般方法中隔离出去，将它们另类地表达为不可分析与无须证明的公理。全部科学活动都不讨论科学公理的真理性与证明方法，而将它们推给了一般文化，也包括宗教。爱因斯坦在与薛定谔们的争论中就不得不高呼"上帝不掷骰子"，因为数学没有用了。

好在人类的一般思维活动本身就具备了整体性地容纳与接受终极观念的习惯，科学方法的这个结构缺陷也就会因此而被忽略。

终极观念是人类精神环境的最终条件依赖与条件约束，也是人类全部理性方法和哲学理论的最终陷阱。任何理性方法与哲学逻辑都会在终极观念中消解与失效。也因此，各种文化结构中对终极观念的表达，也就成为各种方法论中的理性奇点与感性神秘境界。正因如此，人类表达了公共化终极观念的宗教文化，也就永远需要保持一定的神秘色彩。宗教的神秘性来自人类终极观念的不可理解性，科学的澄明则来自科学对终极价值的回避。

在任何涉及终极观念的文化活动中，一旦进入对终极观念的探讨与表达，神秘性就必然出现。非宗教形态的儒家文化，为了融合与安置道教与佛教的观念，也就构建出了具有神秘性的天理观念而将自己改造为理学。在处于物理学的前沿探讨思维中的学者们，一旦进入了对终极假设的争论，也就无法回避使用神秘化的工具，这也是他们表达的必须。在高度信仰无神论的马克思主义者中，在谈到自己的死亡时也常常用"去见马克思"这种神秘化的观念来表达，他们并不会因此而尴尬。

在人类文化中出现了追求理性化地表达精神环境的哲学体系以后，全部哲学工具只要一旦进入了对终极观念的探讨中，也就会因为陷入复杂的逻辑悖论与逻辑陷阱中而失败，就会出现无法解脱的论证循环与悖论梦魇。哲学的这种不可避免的困境，就决定了哲学也常常回避对终极观念的理性化分析，而将这个任务推给宗教。应为宗教的类似尴尬已经被世人认可。这就使得现代哲学也无法割断自己与宗教文化的关系。任何精美的形而上学成果也就因此而难以堂而皇之地出来面对世人。现代哲学系中可以有神学专业，但很难有形而上学专业。

康德曾经试图分析各种典型的哲学悖论，但也因此而不得不证明了上帝的不可彻底排除。在任何哲学中，终极观念都是可能企及但不可论述的一个神秘存在。终极观念的只可意会不可言传，就是庄子所谓的"一说出就错了"。

终极观念是人类精神环境的特殊极点与意识活动的特殊领地，也是任何哲学方法论的终点。终极观念是方法论的禁区。

第十九章　观念的交流与公共意识形态

74. 观念交流的理性化方式决定理性观念的形态

　　人类之所以具备了自己特有的文明，之所以形成了人类特有的社会化的生存方式，正是依据了人类特有的精神世界的存在方式以及这种存在方式的群体公共化。人类依据精神环境来利用与适应自然环境的生存方式是人类文明的基础。人类个体独具的精神世界在观念交流中形成的公共化形态，则是人类文明形成的必要条件。个体精神世界的公共化形态在促生了人类群体化的生存方式的社会化改变之后，又在这个社会化的生存环境中实现了自己的表达。这种表达就是人类的文化。

　　精神环境的存在方式孕育了人类意识活动的方式。意识活动方式又决定了人类精神环境的存在形态。人类个体间的观念交流活动形成的公共观念形态，也就依据人类的社会化生存方式而成为精神环境秩序的外在依据。公共观念来自个体的精神环境，公共观念又通过自己在社会环境中的文化表达与文化传播，深刻地影响与塑造了个体精神环境的内涵。

　　精神环境的形态来自人类观念交流的结果，观念交流活动决定了人类精神环境的存在形态与结构。人类精神世界形态的演化，也必然受到了人类观念交流能力与观念交流方式演化的制约与引导。人类文化的演化与人类精神环境的演化互为因果。

　　观念交流活动深刻地影响着个体的观念结构形态，这就是社会文化环境对个体精神环境的塑造。人类进入文明以后，文化环境就日益成为个体观念结构形成方式的主要制约与引导因素了，高度发达的现代文化环境已经成为个体精神环境形态的决定性条件，现代文明将个体精神环境高度地公共化了。

在不同文化环境中生活的人群，会必然具有与其文化环境相一致的观念结构特征。社会群体中不同个体依据共同的文化环境也就形成了在不同个体精神环境中共同的公共观念与公共价值。

人类社会由多层次嵌套的群体构成，文化表达的公共观念则是构成社会群体的精神依据，不同群体依据不同的文化而存在。人类的大群体依据不同的文化体系构成了不同的文明形态。

在人类的生存方式中，并不仅仅是存在决定意识，还有意识决定存在。意识与存在互为因果。认为存在决定意识的观念仅仅是感受了人类生存方式的表象。

能够决定存在的意识，并不是个体精神环境中的意识活动，而是社会文化环境中群体的意识活动，而是公共化的意识活动。公共意识活动形态决定了社会结构的存在形态。

文化既是人类公共观念的表达形态，也是人类社会化的观念交流形态。文化依据社会环境中的物质形态表达了人类社会群体的公共价值。文化具有非物质文化与物质文化的形态区分，前者是人类表达了公共观念的社会行为方式，后者则是人类承载公共观念的社会资源形态。

人类观念结构的感性化主体形态决定了人类观念交流活动的感性化主体方式。艺术活动是人类观念交流的主体形态，感性化观念表达方式是人类文化表达的基本方式。

处于主要是感性化公共观念形态的文化环境中的人类群体，也就会形成以感性化形态为主导的公共观念体系和伦理形态，并形成他们在社会环境中以感性化为主体的行为方式。

以艺术形态为主体表达方式的公共观念体系构成了人类感性化人格的

主要特征。这也是人类社会化生存方式中的主要公共价值特征。

艺术是人类文化的主体。感性化是人格的主要特征。知识是人类表达公共观念的工具成果，理性是人类优化行为方式的工具成果，它们来自人类的理性能力。

人类的理性能力通过文化活动的积累与凝聚，就逐渐形成了理解与表达自己观念结构的理性化方式，并逐渐在精神环境中凝聚出了理性化的观念结构。人类普遍具备的广义理性能力决定了人类理性观念结构的普遍性。具有不同理性能力的个体也就形成了具有不同理性化程度的观念结构形态。依据逻辑工具构成的理性化观念形态为人类理解与表达观念内涵提供了结构化依据。

人类理性化观念结构的外在表达形成了理性化的文化形态，这就是广义的知识文化形态。主要由知识形态构成的文化环境，或者主要通过知识的传播向个体精神世界输入文化要素的社会环境，就会塑造出具有明确理性化特征的个体观念结构与人格特征。

但是，任何理性观念结构与理性人格特征都仍然要以感性观念结构与感性人格特征为基础，理性化观念仅仅是感性化观念之上凝聚出来的特殊表达形态。理性化意识活动方式仅仅是对感性化意识活动方式的抽象与简化规范。

在精神环境中无时无刻不在遍布与发生的意识活动，大部分是感性化形态的。由于人类对感性化意识活动不具备明确透彻的感知，而对实际上并不普遍的理性化意识活动却具有明确透彻的感知，这就形成了人类对理性化意识活动的强烈感受与意识依赖。感性的直觉是自在的意识状态，理性的思维则是自觉的意识状态。稀有的自觉状态常常覆盖与表达了普遍的自在状态。

人类的理性化观念结构对感性化观念结构的简化与概括的程度，由人类的逻辑能力与逻辑工具决定。理性观念结构的这种简化脉络向意识活动提供了对观念空间秩序的大范围透彻感受，也是人类得以透彻感受观念结构的依据。与此对应，意识对感性表象的感受则只能涉及观念结构的模糊表象。

精神环境中稀薄的理性化观念结构对浓厚的感性化观念的简化表达，又实现了对观念结构外在的可理解表达，并由此而形成了个体精神环境的群体公共化与组织化，也形成了人类的文化。

对精神环境秩序的理性化简化，达成了人类有限的理解能力与无限复杂的观念空间秩序之间的协调，理性的简化也让个体独具的精神环境具有了互相间理解的可能。这种理解就是人类形成精神世界的公共化与群体组织化的必要条件，也是人类文化形成的必要条件。

人类追求理性化的意识活动方式与理性化的观念结构，就是为了追求高效准确的观念交流成果，就是为了追求个体之间高度公共化的观念共识。人类最高层次的核心理性成果就是形成了个体间无差别的公共观念，其中无差别的公共经验观念就是人类文化中的客观事实，也是科学观念的经验依据。其中无差别的公共超验观念就是人类文化中的普世伦理与绝对精神，就是上帝佛祖与客观规律，就是绝对理念与宇宙精神。

这种明确一致的群体化观念共识的形成，又为个体感性化形态的观念拓展开辟了新的空间。人类理性化的意识活动方式构成了建立虚拟观念空间秩序的逻辑工具。逻辑工具的普遍使用，就在个体观念空间中打开了安置各类超验观念的更多空间维度，也为人类经验观念的安置提供了更开阔的虚拟可能性空间，进而也为人类外在社会行为的丰富化提供了广阔的精神空间。这是人类精神自由的精神依据，也是人类社会自由的精神依据。

人类社会活动方式的创新依据就在这种理性能力提供的虚拟观念空间之中。人类文明的丰富形态就来自这种虚拟精神空间的不断拓展。人类文明为人类生存方式提供的自由空间也来自这种虚拟空间的合理形态。

人类生存行为方式的创新与开辟并不是来自知识，而是来自人类的理性方法所形成的精神环境。知识仅仅是这种精神环境中的特殊观念形态。但当知识变成了人类理性成果的外在表达形态以后，知识也就变成了人类文明成就的标志。

人类公共化的理性观念的集中成就就是现代自然科学的观念体系，这就是具有特殊理性化模式与特殊公共化经验形态的观念体系。现代科学文化对经验事实的组织化安置也必然要依赖有效的超验观念环境，表达科学观念的数学逻辑就是这个超验环境的主要理性化结构。

在科学观念体系中所高度依赖的客观事实，就是精神环境中表达了外在环境秩序的经验观念的高度公共化形态。客观事实仍然是精神环境中的存在，而不是物质环境中的存在。所谓事实，就是人类个体间依赖观念交流活动形成的无差别经验观念。经验观念的无差别就是经验观念的高度公共化。高度公共化构成了事实的客观化特征，也是客观事实被人类误解为超越人类存在之外的环境存在的原因。

科学活动中的客观观察，就是依据人类精神世界中的特定超验秩序对环境信息的选择与加工的活动。其客观化的程度来自所依据的超验观念的公共化程度。

科学活动通过观察获得的事实，就是依赖广泛共识的逻辑方法将外在环境的感官信息进行逻辑化整理的结果。整理的过程也是认识的重构过程，整理的结果就是新的经验观念。

科学逻辑方法的严谨性，规范了对感官信息的重构方式，也进一步规范了感官信息的选择形态，甚至规范了感官信息的获取技术。科学观察方法的高度技术化，就是高度逻辑专门化与高度方法规范化。科学方法规范的观察技术，就决定了观察设备的形式与观察方法的形态，也就决定了对观察结果的理解与处理方法。

人类的理性能力在观念交流活动中不断被强化，并在观念空间中通过认识活动构成了日益强化的理性观念要素与理性观念结构，这又进而改变了认识活动的环境。这就是人类不断强化精神环境的理性化程度的内在循环。

观念空间的理性化程度的提高，还有一个更为重要的外部环境条件，这就是社会文化环境的文化输入。由文化输入的理性化表达方式，就构成了强化内在理性化循环进程的外部环境因素。这个外部因素常常是关键性的。例如，语言文化与知识文化的输入，就是人类理性化能力的基本激发条件。

人类的文化环境依赖理性化的公共观念形态塑造了人类的精神环境，又通过精神环境中的认识构建与强化了这种塑造的成果，又构成了更高层次的理性化文化形态。这就是人类不断强化理性化观念结构的外在循环。

特别是知识形态的文化输入，会明确地提高个体观念结构的理性化程度，并传播了逻辑方法与训练了逻辑能力。个体观念空间的知识化程度就是实现理性化安置一般经验观念的可能性程度。知识结构并非观念结构，而是具有逻辑结构的特殊公共观念的输入形态。知识结构是个体构成理性化观念结构的重要外在条件。

所谓知识，就是人类文化传播活动中可以承载感性观念要素的理性化公共观念体系。知识的理性化的结构就是被知识化表达的公共观念，就是公共观念的逻辑化。个体观念空间中接受的知识结构如果能够还原为观念空间中的一般观念形态，就可以为理性化观念要素提供安置的超验环境。知识结构提供了构建理性化超验观念的外部条件，但这种观念结构的构成仍然是内在审美过程的结果。

逻辑是人类理解与表达观念空间秩序的公共观念形态。人类理性化的思维活动依据广义逻辑方法实现。逻辑工具在观念空间中的展开，就构成了一个可能安置新的观念要素的虚拟观念结构。逻辑的展开通过逻辑推理活动实现。

逻辑推理是典型的思维活动。逻辑推理的结果并不是认识活动的直接构建成果，而是逻辑观念在观念空间中的虚拟展开。其中也会蕴含低层次的认识构建。这种虚拟超验结构为认识活动的构建成果提供了具有广泛可能性的安置环境。在高度逻辑化展开的观念结构中，就提供了对散乱经验观念的有序化安置条件。安置了经验观念的逻辑虚拟观念，就会实现向经验化的实体转化，并形成观念空间中有序的经验观念结构。逻辑观念结构的经验实体化形态是相对的。

　　感性化的观念要素也可以在逻辑结构中实现安置，其条件是在感性表象中具备理性化的表象条件。这就是在被安置的感性化观念要素的表象中具有与安置空间中的逻辑结构表象相关的形态。感性观念要素依据其表象实现在观念空间中的结构安置，这种安置一旦通过与逻辑结构之间的超验表象联系来实现，就在逻辑空间中实现了对感性要素的理性化安置，虚拟的逻辑观念结构中也就会填充了感性化的观念要素。这种填充是稀少的与表象化的。但这种填充形成了逻辑观念的感性化内涵与感性化表象，也为逻辑化观念结构的感性化表达提供了条件。人类在特殊情况中用艺术方法来表达知识，就是依据这种特殊的条件。

　　没有对经验观念要素实现安置的逻辑推理结果或虚拟逻辑结构，仅仅是观念空间中的虚拟超验环境，因为其中完全没有经验内涵而并不具备真实的外在环境秩序的表达功能，也就无法为人类提供生存行为的真实选择空间，它们也就不具备表达物质环境秩序的实体意义。

　　单纯的逻辑演绎活动形成的逻辑观念展开结果，如果无法实现对具有经验内涵的观念要素的安置就仅仅是一种逻辑智力游戏。在虚拟的逻辑游戏中如果蕴含了经验观念，游戏就具有了现实意义。单纯的逻辑游戏仍然具有对理性能力的训练功能。完全抽象的数学习题仅仅是一种逻辑能力的训练工具，具有经验内涵的数学例题也就具备了表达人类行为可能性空间的现实意义。

　　认识活动的观念构建成果都是感性化的观念要素，尽管其中会蕴含一些逻辑形态。他们主要依据其感性表象实现在观念空间中的安置，但也可以在特殊的条件下实现依据其中的逻辑内涵提供的理性表象实现在理性观念结构中的安置。认识成果中蕴含的逻辑形态来自认识审视集合中蕴含的逻辑要素与知识内涵，它们就会形成认识结果中不同程度的理性化表象。

具有逻辑化的感性表象就是认识结果在逻辑结构中实现安置的条件。认识审视集合中的逻辑化程度就决定了认识结果可以实现逻辑化安置的程度。认识构建的自组织过程并不会根本改变其中的逻辑化形态，这是又认识的自组织过程的本质决定的。自组织过程不受意识活动的控制，也不被价值活动所左右。

认识审视集合中的逻辑内涵越丰富，认识结果的逻辑化表象就越明确，其安置的逻辑化程度就越高。科学思维的认识活动就是这种状态。

人类有目标的认识构建活动，就是预设了对认识结果的安置结构的认识活动。这种安置的预设主要来自逻辑的推理构成的虚拟逻辑结构。这种逻辑预设的环境功能实现的可能性来自认识审视集合中的逻辑表象与这种预设的逻辑结构的一致性。在这种预设安置认识成果的虚拟逻辑结构中，与认识审视集合中的逻辑表象集合的相关程度越高，对认识结果预测的实现可能性就越高。反之认识成果就会在预测之外。科学化的认识活动，常常就是具有明确预测目标的认识活动。这种认识活动目标的实现条件，就是在审视集合的构成中充分填充与预测目标相关的逻辑表象内涵。这就会形成在认识问题中具有与认识目标相一致的知识形态。

观念空间中虚拟的逻辑结构也可以为认识审视集合提供一定的组合与构成条件。当认识审视集合中的无序要素可以在一个虚拟的逻辑结构中得到充分表达时，依据它们所构成的新观念要素也就必然会容易依据同一个逻辑结构环境来实现结果安置。人类理解自己认识目标的过程就是理解认识审视集合的过程。可理解的认识审视集合或者可理解的认识问题形态，就是具备了一定逻辑化安置形态的审视集合，就是已经具备了逻辑化表达形态的认识问题。尽管这个集合与问题对于认识活动来说仍然是无序的，仍然是需要进行自组织构建的。

要对认识审视集合实现一定程度的虚拟逻辑安置，甚至让它们具有一定的逻辑结构，就必须增加其中蕴含的理性化内涵。这就是人类追求对认识问题的明确化与可理解化的意义。可以明确提出来的问题就已经解决了一半就是这个道理。

人类的理性能力可以实现对认识活动的理性化改造，也可以强化认识活动成果的理性化形态。所有这些，都来自逻辑工具在认识活动中的运用。逻辑工具则来自观念交流活动对人类理性能力的公共化表达。

人类对逻辑工具的掌握，来自文化活动中的理性化能力传播与逻辑方法普及。文化环境是人类具有明确理性能力的必要条件。人类的语言逻辑能力必然来自语言文化环境的训练。观念交流活动构成的社会文化活动，既是逻辑工具形成的依据，也是逻辑工具传播的方式。逻辑工具的运用实现了人类理性化的意识活动方式的公共化与普遍化，也形成了人类文化本身。

75. 公共观念空间与公共意识活动

人类群体化的生存本能依据精神环境与意识活动，构成了人类的社会化生存方式。这就是依据精神环境来适应与利用自然环境的方式。在人类群体中被公共化与组织化的精神环境，就构成了群体公共意识活动的环境，这就是公共观念空间。公共观念空间中的精神环境秩序在社会环境中的表达就是人类的文化。

个体间的观念交流活动形成了个体精神环境间的联系。这种联系在群体化的生存方式中实现的组织化，就构成了公共观念结构与公共观念空间。公共观念空间中的公共观念结构就为人类群体化的公共意识活动提供了环境。公共观念仍然以个体精神环境为其存在的基础，仍然存在于个体的精神环境中，但这种个体精神环境中存在要素的公共化内涵，则已经变成了人类群体化生存功能的精神环境载体，个体精神环境由此而在人类的社会环境中构成了群体意识活动的环境。

人类的观念交流活动沟通了参与交流的个体观念空间之间的联系，构成了他们共同的意识活动环境空间，也就形成了群体意识活动的公共环境。群体意识活动由参与其中的个体意识能量在公共化的观念结构中的分布与流动所构成。群体意识能量就是个体意识能量分别在个体观念空间中的公共化的观念结构中的分布与汇聚。这种分布由公共化的观念结构形成，这种汇聚由群体中的观念交流活动构成。

群体公共化的意识活动，就是这种个体间汇聚起来的意识能量在公共化的观念空间中的运动。这种运动依据文化环境提供的公共观念结构而形成。社会文化环境与文化活动以及由此而生的社会群体化的观念交流活动，就是公共意识活动的特殊媒介。这种媒介的文化形态就是广义的公共媒体。在人类漫长的文化史中，公共媒体主要由各种原始形态的艺术形式与宗教文化形态构成。人类进入现代社会以后则形成了超脱于不同文化结构之上的专门化的公共媒体。

由文化媒体联系起来的公共意识活动环境的秩序内涵在社会环境中的不同表达，就构成了人类不同层次的文化。在这个公共化的精神环境中实现的群体化的意识活动就是公共意识活动。公共意识活动环境决定了群体公共意识活动的方式与形态，它们也就在文化中被表达为公共意识活动形态或意识形态。广义的意识形态就是人类社会群体中公共化的意识活动环境的特征形态。狭义的意识形态就是人类现代社会结构中承载了主流社会文化的公共意识活动环境，其中表达了主流社会秩序与维护社会秩序的权力活动方式的公共意识活动环境，就是今天流行文化中的特指意识形态。

人类很早就意识到了这种公共化的意识活动的方式与功能，并用理解人类文化活动的方式来间接理解这个活动的方式。人类至今为止的文化形态，对公共意识活动及其公共精神环境的理解仍然是感性化的。在人类理解精神环境的理性化文化结构中，在人类的哲学中，公共意识活动环境与公共意识活动方式以及公共意识形态，还没有明确的地位。今天的哲学还没有形成对这种群体化的意识活动方式及其活动环境的理解与表达，也是其仍然幼稚的一个重要标志。这来自哲学活动中理解人类精神活动与精神环境的根本局限。这个局限也让哲学难以透彻理解人类的社会存在与社会环境。

所谓文化，就是人类通过观念交流形成的群体观念共识在社会环境中的表达。文化也就是这种共识中蕴含的公共价值在社会环境中的表达形态。全部文化形态都是社会环境中满足人类生存需求的社会资源。文化又可以分为两类，一类是承载了公共观念与公共价值的社会物质存在形态，这就是物质文化。另一类则是表达了公共观念与公共价值的人类社会行为方式形态，这就是非物质文化。

人类群体的公共意识活动，由公共观念空间中分布与运动的意识能量构成。这种意识能量仍然是个体观念空间中的能量形态，它们的公共化分布由公共观念环境形成，它们的公共化运动由群体观念交流活动形成。社会文化就是对公共意识活动环境的表达。文化要素向个体观念空间中的输入，就是公共意识活动空间秩序向个体观念空间环境中的信息输入，文化对个体观念结构的塑造，就是公共意识活动环境秩序对个体意识活动环境秩序的塑造。

群体化的公共意识活动就是个体意识活动的特殊汇聚形态，它仍然是存在于个体精神环境中的特定公共化的意识活动形态，它就是这种公共化形态在群体公共观念空间中通过观念交流活动的组织化。个体功能空间中的公共化的意识活动是公共意识活动的子集，就像个体观念空间中的公共化观念结构是文化环境中的公共观念的子集一样。

个体意识活动为个体生存提供了精神活动功能。公共意识活动则具备了超越个体意识活动的特殊功能，这种特殊精神功能就是人类社会群体结构存在功能的精神依据，也是人类社会群体行为的精神依据。公共意识活动来自个体意识活动，但又引导与制约了个体意识活动。

群体公共观念的存在形态无法全部还原到个体观念中，群体公共化的意识活动功能也无法全部还原到个体意识活动的功能中。那种试图仅仅通过对个体精神环境与意识活动的理解来理解人类社会环境与社会活动的哲学观念，就是一种哲学的肤浅与愚昧，也是哲学活动与人类的社会化生存方式之间隔开一道鸿沟的原因。自古哲学似乎不食人间烟火。现代存在主义哲学思潮就是这种哲学愚昧形成的迷信。这种迷信将哲学的思考误导与桎梏到个人意识活动的环境中去，并由此而窒息了哲学理解人类社会存在与社会活动的能力。

离开了对个体精神环境的理解无法理解人类的精神活动。离开了对人类群体公共意识活动环境的理解也无法理解人类的公共意识活动。离开了对人类文化的理解也就无法理解人类的社会存在方式。这就是幼稚哲学的几个基本误区。

人类的观念交流活动构建了群体公共观念，也为公共意识活动提供了环境。公共观念仍然是个体观念空间中的观念存在，只不过它们具有了群体中不同个体之间的同构性形态与组织化结构。这是观念交流活动与文化活动的结果。

个体观念空间是公共观念的存在基础，个体观念结构是公共观念的存在要素。公共观念一旦形成，就具备了超越个体意识活动环境的功能，就不再仅仅是任何个体的观念存在和个体的意识活动环境了，而是群体成员共同的意识活动环境了。

个体的观念结构表达了个体对生存环境的需求，提供了个体利用与适应生存环境的意识活动依据。群体的公共观念则表达了群体对生存环境的需求，提供了群体利用与适应其生存环境的公共意识活动环境，也表达了群体的公共价值。人类依据公共观念中蕴含的公共价值，构成了社会秩序与社会结构，形成了社会化的生存方式与生活形态，形成了人类的文明。

公共观念作为群体意识活动的环境，又是群体情感能量汇聚与群体意识形态的条件。公共观念的形态决定了社会群体意识活动的方式，也决定了社会群体的公共情感状态与公共价值的选择状态。理解群体的公共观念结构或文化结构，就是理解他们复杂多样的群体社会追求与群体社会行为方式的全部依据。

人类进入了文明以后，就以群体化的方式来利用与适应自然环境了，这种生存方式也就构成了人类的社会活动环境。人类社会环境与社会秩序，就来自人类特有的公共观念形态和公共意识活动方式，就来自人类表达与保存自己公共意识活动环境所构建的社会文化。

公共意识活动环境之所以能够形成社会组织化的功能，或者之所以能够形成人类社会存在方式的决定性依据，就是因为公共观念表达了人类群体的环境需求或公共价值。个体精神环境中的价值内涵是个体观念要素中环境需求功能的表达。理解个体精神环境中的价值结构就是理解个体适应与利用环境的生存行为方式的哲学依据。群体公共意识活动环境中的公共价值内涵则是群体公共观念中的环境需求功能的表达，理解群体公共意识形态中的公共价值结构就是理解群体适应与利用环境的群体社会行为方式的哲学依据。人类的全部文化就是对这种依据的社会表达形态。人类全部哲学就是理解人类文化结构的工具。理解自然科学文化体系的依据在科学哲学中，理解各种不同形态的宗教文化体系的依据在它们的宗教哲学中，理解各种不同形态的艺术文化体系的依据也都在它们的艺术哲学中。

人类依据群体化的环境需求，构成了自己特有的社会秩序与社会环境。群体的环境需求就是群体成员对环境需求的共识，这种共识来自观念共识中蕴含的价值共识构成的公共价值。人类群体正是因为形成了自己特有的公共观念与公共意识活动方式，才具备了表达与理解群体化环境需求的能力，才具备了组织形成社会化结构与社会秩序的能力，才具备了社会化生存方式的能力。正是这些能力构成了人类的文明。人类文明的依据，并不仅仅在人类个体的精神自由中，还要在人类群体的公共化精神环境与精神活动中，还要在人类的公共价值与公共利益中。文明就是人类的群体化生存方式。

人类的社会存在就是社会秩序对社会能量的组织化成果。社会秩序来自社会关系的总和。社会能量就是追求合理生存的人类个体。不同形态的社会群体结构的形成与发展，就是不同形态的人类社会秩序的形成与发展，它们的总和就是人类文明的形成与发展。人类社会的演化就是人类群体化生存方式的演化，就是社会群体结构形态的演化。社会演化的动因，来自社会秩序与社会能量的对立与冲突，社会演化的过程就是这种对立形成的动态均衡状态的改变过程。将社会群体结构中多层次嵌套的对立与均衡，理解为阶级矛盾与阶级斗争，是一种简化的理性逻辑模式。这种简化来自运用对立统一逻辑理解人类社会秩序的简化。这种模式曾经打开了人类理解社会存在的精神大门。这种模式在今天的社会实践中又变成了局限的桎梏。

76. 文化是公共意识活动的工具与环境

文化就是人类群体的公共观念在社会环境中的存在形态。文化是公共观念的社会资源化形态，是满足人类表达和保存公共观念需求的社会环境存在。

表达与保存社会群体的公共价值，就是人类全部文化活动与文化资源的功能内涵。人类文化活动的意义，就在于通过对公共价值的表达与传承为社会环境秩序提供精神依据。丰富多彩而又光怪陆离的人类社会文化，正是表达了人类多层次嵌套的群体结构对社会环境千奇百怪的需求功能的结果。人类社会群体的公共价值的结构特征，决定了群体文化的结构特征。

文化又是人类公共意识活动的社会环境与社会化工具平台。不同的文化形态就是不同公共意识活动形态的表达方式。文化的结构就是公共意识形态的结构。人类可以通过理解不同的文化结构，来理解不同的公共观念体系与公共意识活动方式，进而理解不同的文明形态。

人类依据自己的文明而区别于一般动物。不同的文明依据不同的文化构成。文化是人类文明的精神依据与秩序核心。进入文明的人类也就永远生活在具体的文化环境中，也就永远生活在具体的公共意识形态中，不是这样的公共意识形态就是那样的公共意识形态。所谓的去意识形态化的文化追求，无非是去除既有的意识形态而接受另类的意识形态而已。这仅仅是一种特殊文化环境中追求宏观公共价值变革的需求，但把这种追求一般化为社会文化的口号，则蕴含了历史的无知与文化的愚昧。

　　文化表达了构成人类社会秩序的公共价值。人类的社会结构具有多层次嵌套的形态，人类的公共价值也同样具有多层次嵌套的结构，并表达了多层次嵌套的社会需求。文化也就必然具有复杂的形态与多层次的结构。文化结构形态的多样性与复杂性，就是人类理解文化的各种观念的混乱与复杂的基本原因。在至今为止的人类文化中，对文化本身的表述与定义还基本上无法覆盖文化活动的全部功能。哲学是表达人类对精神环境秩序理解的文化形态，哲学是理解文化的钥匙。文化的定义只能在哲学中。文化定义的混乱来自哲学的不彰。

　　为了理解与分析人类的文化，可以将文化大致分为微观、中观与宏观三个层次。在每一个层次中又可以区分出文化的不同功能形态。在微观文化中大致可以包含家庭文化、社区文化、企业文化、消费文化与娱乐文化。在中观文化中，大致可以包含地区文化与民族文化、政党文化与国家文化，还可以包含管理与控制社会秩序的不同技术领域的文化，这就是政治学文化与法学文化、经济学文化与科学技术文化，还包括道德规范文化与习俗文化。在宏观文化中，则大致可以包含信仰文化、哲学文化、宗教文化与终极伦理文化。这仅仅是一种简单化的逻辑划分。

　　人类在精神环境中的意识活动具有两种功能。一种是构建精神环境秩序的认识活动，另一种是构建生存行为动机的价值活动。在人类群体化意识活动或者公共意识活动中，也同样可以分为群体化的认识活动与群体化的价值活动。在公共意识活动中的认识活动，仍然以个体观念空间中的认识活动为基础，通过对个体观念空间中的无序公共观念要素的秩序构建，构成了新的公共观念要素。这种对公共观念要素的认识构建成果，则必须通过观念交流活动或者文化活动实现在公共观念空间中的表达才能构成文化。这个表达的过程就是个体公共观念的文化转化过程。表达思想的著述与发表出版，表达情感的艺术演绎与表演，都是这种对公共观念实现文化转化的社会活动。

个体意识活动中的价值活动构成了他们社会行为的全部动机，并决定了他们的社会行为方式。在公共观念空间中的价值活动，则构成了社会群体行为的全部动机，也决定了社会群体的行为方式。

人类自从进入文明以后，就开始形成了构建与表达公共观念的认识活动。只是在进入了较高文明状态的社会环境中，这种活动才会形成社会化的专门分工。文化活动由此而从一般社会行为中独立出来。从此，在各类专门的文化活动中的公共观念的构建者们，包括宗教文化的创造者与传扬者们，科技文化的创造者与发明者们，政治文化的创造者与实践者们，消费与娱乐文化的创造者与传播者们，他们都在通过自己个体观念空间环境中的认识活动，向公共观念的环境空间中不断提供出新的公共观念结构与公共价值秩序。公共观念的构建以个体的认识活动为基础，公共观念的传播以社会文化活动环境为条件。

专门从事构建公共观念与公共价值的文化活动者，特别是将构建与传播宏观与中观文化中的公共观念与公共价值，作为自己主要的社会行为方式的社会成员，就是广义的公共知识分子。仅仅将追求西方现代自由主义的特定公共价值的文化活动成员称为公共知识分子，是一种将狭隘文化概念的扩大化。

人类的全部社会活动就是人类个体在社会行为中构成的不同层次的组

织化形态的总和，也是由个体行为构成的多层次嵌套的社会群体行为方式的总和。人类的全部社会文化活动就是由个体意识活动所构成的不同层次的组织化意识活动形态的总和。仅仅理解与分析个体的意识活动，远不能形成对群体文化活动的理解。仅仅理解与分析个体的社会行为方式，也远不能形成对社会一般活动方式的理解。只有理解了人类群体化的意识活动方式与群体化的社会行为方式，才能理解人类的社会生存方式与社会的存在形态，才能理解人类的文明。

至今为止仍然具有巨大影响力的西方传统哲学与传统社会学，主要运用在自然科学中获得巨大成功的还原论逻辑来理解人类的社会环境与社会活动。认为分析与理解了个体的意识活动就可以分析与理解全部文化活动，认为分析与理解了个体的社会行为选择与行为方式就可以理解人类社会的全部活动方式与存在形态。这是一种狭隘的误解，也是西方现代文化中的传统迷信。这是西方传统自然哲学中的具有深厚文化影响力的还原论逻辑在现代文化中的延续。

在中华文化的传统中，就一直有依据人群体化的意识活动与群体化的社会活动来理解人类个体的行为方式与人类社会的存在方式的思想。但这种理解所依据的逻辑方法的原始与粗糙，使得这种文化观念在现代在西方文化的强烈冲击中，已经被中国人自己也淡忘与忽略了。这也是因为在这种理解中也常常会形成忽略个体意识活动的独特环境存在，忽略个体行为方式的独特选择意义的弊端。这就是中传统文化的公共价值中的群体有余而个体自由不足的弊端。中华传统文化也就因此而常常压缩与忽略了个体意识活动的独特性，也常常忽略了个体自由价值追求在人类社会活动中的基础功能。这种弊端在西方文化大局进入的现代环境中，也就成为中华传统公共观念被完全被边沿化的依据。在今天的中国社会中传统文化只能在个体特殊的微观领域中保持其影响力，在任何高大上的公共文化中，它的出现仅仅是中国人在面对西方公共价值时的一种装饰性的自我安慰。中国今天的年轻人大都认为，西方文化是实在的生存工具而不可或缺，中国文化则是虚幻的精神装饰品而可有可无。这来自他们被西方文化的价值遮蔽所形成的对人类社会生存方式与人类文明的肤浅理解。

在今天的中国，由西方文化主导的如日中天的现代文化，则呈现了与中华传统文化不同的特征。西方文化驾驭着文艺复兴以来强烈的人本主义公共价值所构成的意识形态潮流，纠正了中世纪一神宗教文化对社会群体意识活动与公共价值的过分强调，解放了由此而来的精神桎梏与文化压制，恢复了人类个体意识活动与个体价值对社会存在的基础性地位。但在这个文化结构中，又形成了试图用个体意识活动与个体的社会行为来说明人类社会全部存在方式依据的趋势，这种趋势与自然科学提供的还原论逻辑的结合，也就被进一步固化成了现代西方文化的基本范式。这种文化范式几乎否定了人类群体意识活动的存在与公共价值的意义，将它们仅仅看作是个体意识活动与个体价值追求的特殊社会表达方式，并通过片面追求个体行为的自由来否定一切群体秩序与集体价值在社会存在中的基本意义。

这是人类文化演化的历史进程中常常无法避免的局限与偏向。这种局限与偏向来自欧洲文化演化进程的大周期形成的单向摆动的趋势。这种趋势中的单向的甚至偏激的价值追求，常常会迁延数个世纪，也就常常因为超越了主要文化学者们的人生局限与情感视角，从而塑造了他们的文化短视。

这种历史性的文化短视，来自对中世纪的极端强调宗教公共价值的文化极端趋势的反动，但这种纠偏的反动又摆向了另一个文化极端，形成了单纯强调个人自由的另一个极端趋势。欧洲中世纪偏狭的宗教公共价值的极端文化，仍然大致维护了欧洲社会的基本稳定。今天偏狭的自由主义极端文化，发端于欧洲近代社会革命中的新兴公共价值，但又被狭隘地理解为工业贸易文明成就的全部文化依据。中世纪的宗教公共价值偏狭与现代欧洲文化的自由主义褊狭，都是对文化形态与社会环境秩序的复杂关系的简单化理解。

这种自由主义的思潮之所以能够得到广泛的传播与在不同文明中落

地，就来自工业贸易文明的全球化传播对人类精神自由的解放，就来自这种价值观中蕴含的深刻的人本主义内涵在独立接受社会文化的个体中形成的亲和与喜爱。这种思潮与情感就是今天中国知识分子们的主要精神状态，因为他们就成长在改革开放以后的自由主义启蒙的精神环境中。民族的历史与国家的利益在他们的精神世界中已经是一种文化的虚幻。因此，无论他们如何理解人类社会与人类文明，只要是主张个体精神自由的文化，他们都会无条件地拥抱。

由这种文化演化趋势的剧烈摆动形成的极端化，主导了当今现代西方文化的思潮，并在工业贸易社会变革的成功中构成了自由资本主义的文化形态。虽然这个文化趋势曾经瓦解了中世纪主流文化的结构缺陷，曾经为欧洲打开了工业贸易文明发展的广阔精神空间，并因而具备了重大的历史进步意义。但这种文化方向形成的简单化的现代公共价值形态，又会将构成社会秩序的精神依据引入另一个错误的极端。这种文化极端的错误形成的西方现代精神的迷茫，仍然会继续隐含在复杂的历史进程中延续下去，直到出现了新的社会秩序巨变。中国的重新崛起也许会改变他们。

这种与中世纪极端文化相对立而滑向另一个极端的现代西方文化体系，否认了群体公共价值对社会存在与社会秩序的根本意义，认为只要依据人类个体的自由追求，只要充分实现个体的精神价值，就能自然而然地出现合理的社会环境结构，社会秩序就会自发地进入和谐与幸福的状态中。这是与中世纪的愚昧类似的现代文化愚昧。这种愚昧今天还被西方工业贸易文明的巨大经济成就所掩盖。工业贸易文明在全球化普及以后这种掩盖就会逐渐被揭开。西方现代文化中很多虚幻的观念和虚伪的观念就会逐渐不合时宜。就像当年基督宗教文化逐渐不合时宜一样。今天的欧洲秩序已经开始与这种公共意识形态相分离了。极端化的自由主义公共价值已经开始被弱化了。

这种西方现代文化的趋势，是对人类社会存在方式与社会秩序功能理解的局限化结果。今天西方社会在处理外部事物与内部事物中常常秉持的双重标准，就是这种文化局限的明确显现。对人对己使用不同的价值逻辑，是人格低下的标志。对内对外使用不同的价值逻辑，则是国家文化低下的标志。

这种文化局限在形成了不合理的文化演化趋势的同时，也极大地限制了现代西方文化对人类社会的构成依据与演化机制的理解，并形成了西方现代社会学中的基本理论误区。这也就使得现代西方社会学只能将脚踩在基督宗教世界观与自然科学世界观的两只船上进行简单的逻辑折中，而无法在它们之上重构新的世界观。这种肤浅地理解社会环境存在方式与社会秩序的演化机制的社会学逻辑，就只能让人类在终极公共价值的形成中继续依赖今天还无法退休的上帝，也就只能将自然科学世界观安置在上帝的精神之下为人类提供生存技术。

在现代自由资本主义文化的伦理体系中，也就只能对社会秩序的形成机理讳莫如深，或者只能简单地将这个机理归为模糊而万能的人性而了事。似乎只要有了包罗万象的个体人性，复杂的社会结构就可以形成了。这就类似曾经认为只要有了万能的上帝，复杂的世界就可以理解了一样。

在西方现代文化中看似在用科学世界观来理解人类社会，但却从来不用科学方法论来深入分析社会秩序的形成机理与形成过程。他们仍然像将科学公理看作是天然的存在一样，也将社会秩序看作是天然的存在，这就恰好又沟通了它们与上帝的联系。复杂秩序的天然存在只有上帝可以设计。

只有马克思曾经开创了对这个问题不同答案的艰苦探索。他鲜明地提出了观察与理解人类社会形成与演化机制的问题。虽然在他局限的文化环境中所能得到的答案并不理想，虽然由这个答案构成的马克思主义观念体系并不完善，但他仍然是近代提出这个根本问题的第一个伟大的哲人。也是第一个认为人类社会具有自在的存在与演化规律的伟大思想家。西方所有诟病他的伟大思想的学者们没有一个超越了他的高度。今天全部西方经济学与西方政治学，在马克思仍然不太完美的思想面前，都是一种浅薄的技术工具而已，尽管这些工具已经打磨得十分精美了。他们一旦要思考超验价值就仍然要去寻求上帝。马克思摆脱上帝的伟大理想虽然今天还仍然遥远，但马克思的思想今天仍然是人类理性的一盏明灯。

每一个突破性的创新思想的形态都是不完善的，甚至是包含了重大基本缺陷的。牛顿如此，达尔文也如此，马克思也不能免俗。牛顿体系的伟大来自后人深入的重塑，达尔文思想的深刻也来自后人的理性化阐发。马克思的后人们要做的事情还很多，今天的中国人不能仅仅满足于继续咀嚼马克思教条的味道。

自由资本主义文化体系与马克思主义文化体系的对立，也就必然反对任何表达与理解人类社会自在形成与自在演化机制的逻辑方法的构建，他们盲目地沉浸在对基督宗教文化伦理依赖的历史成功中，虽然形式上地拥抱了现代科学的世界观，但却仍然从后门将基督宗教的理性化世界观偷偷领了进来。在现代西方文化体系之中，上帝仍然被保留在一个合理的伦理地位中，不这样就无法填补科学世界观中的巨大空白。曾经的科学与宗教的绝对对立，已经被科学与宗教的和谐相处替代了。

在今天的看似高度理性化的自由资本主义文化体系中，对社会结构的形成与演化理解方式的迷失，也就必然会形成对人类社会的改造方法与演化控制技术的混乱观念。在这种肤浅与混乱的方法论中，认为只要有了表观形式的民主与自由，人类社会的合理结构就一定会出现。

人类的社会秩序来自人类依据群体化的公共意识活动方式形成的生存行为的群体化自组织过程。合理社会秩序的依据只能在合理的公共观念形态中，只能来自这种公共观念对社会活动方式的合理塑造。人类社会秩序与社会活动方式的合理性与和谐性的依据，从来就不在肤浅简单的所谓民主方法与民主制度中。

所谓民主，就是社会成员对构建与维护社会秩序的政治活动的参与方式。民主的程度与结果就是这种参与的程度与结果。这种参与有多种形态。

好的民主方式的判据只能在形成了优良的社会治理制度的成果中。中华文明曾经的辉煌中也必然蕴含了它合理的民主形态。欧洲社会曾经的动乱中也必然表达了其民主形态的弊端。

社会秩序并非仅仅由政治活动构成，也并非仅仅由政治活动所决定。民主的状态只能直接影响社会政治活动的形态，并不会完全决定社会秩序与社会结构的形态。人类民主的状态仅仅是社会秩序演化进程中的水面浪花，但却常常被误解为中流砥柱。

在几千年文明史中，西方社会的民主传统经历了不同文化载体的剧烈演变。无论是古希腊的市民民主，还是中世纪教会的教派与教团民主，无论是世俗市民塑造出来的自由资本主义民主，还是曾经的贵族权力所维护的王权共和民主，直到新兴的社会主义民主与工人阶级民主，所有这些，恰好说明了民主本身从来就不是社会秩序合理性的根本依据。

人类社会的存在依据与合理性依据，要比人类今天肤浅理解的民主形态要深刻得多，也复杂得多。今天的西方民主看似在一些主流国家中还可以理解为社会秩序合理性的依据，但在大量的其他复制这种制度形态的非西方国家中，则常常一无是处。

现代民主制度仅仅是现代合理社会秩序的表象之一，远不是合理社会秩序的形成依据。今天西方发达国家的富裕与和谐，必定还有其他更深层次的社会演化原因。将社会秩序的表象当作社会秩序的依据就是今天西方社会学的肤浅与愚昧。

在今天的流行文化中，这种理解人类生存活动方式与理解人类社会环境秩序的迷失，又来自哲学的凋敝与哲学的无能，还来自今天的哲学对人类的生存活动与生存方式的简单化理解。中国传统哲学对人类社会理解的复杂与深刻，已经被今天的中国人忘记了。

这种简单化是从西方社会基督教文化传统中继承过来的。基督教文化理解世界的本体论体系虽然在形式上被抛弃了，但在深层次的文化结构中还在被继续利用。因为科学世界观虽然在理解自然环境的观念体系的构建中取得了巨大的成功，但并没有同样成功地重构人类理解社会环境的观念体系。马克思试图开创这个构建，但也几乎半途而废。自然科学的思维方法并不适合理解人类社会。局限的科学文化的巨大成功带来的盲目性，也使哲学家们看不到今天的哲学必须面临的新任务，哲学于是就逐渐从基督宗教的仆从转身又依附了科学。仍然没有自己独立精神的现代哲学，又变成了局限的科学文化的阐释者与仆从。

只有马克思几乎是冒天下之大不韪提出了另类的世界观模式，但这个模式因为其哲学基础的单薄而仍然虚弱。马克思世界观的合理性仍然可以通过对他哲学基础的重构而得到发展，马克思所开创的新的文化方向的局限与不足，也仍然要通过对其哲学方法的检讨才能得到纠正。在仍然不足的马克思世界观面前，自由资本主义世界观看似优雅与光鲜，甚至理性与精美，但仍然无法掩盖它的浅薄与局限。这种仅仅基于欧洲历史形成的文化，试图来理解与安置全人类的世界观，似乎有些自不量力。至少他们无法普适中国的历史与文化。

自由资本主义世界观看似是依据科学世界观对基督宗教世界观的颠覆与反叛，但这种颠覆与反叛仅仅处于社会行为的工具领域中，在终极伦理与终极价值的领域中，它们仍然具有共同的观念基础，因为科学世界观对这个领域无能为力。从基督宗教文化到科学化的自由资本主义文化，仅仅是同一个宏观文化体系在中观结构与微观结构中的演化摆动。现代基督宗教在理性的自由主义崇尚者中的广泛流传就是证明。

自由资本主义文化体系的哲学依据，基本上仍然是从欧洲古典文化中继承过来的柏拉图主义的本体论与亚里士多德主义的方法论。只不过将柏拉图的绝对理念改头换面为科学的客观规律，将亚里士多德的还原论依据更精确地表述为拉普拉斯的粒子轨道与哈密顿的遍历系统。

这个哲学认为，世界的全部组织结构与活动秩序，是可以通过还原的分析方法从其微观结构中得到全部依据的，任何宏观结构的全部特征，都必然在其微观结构中预先表达出来。这个哲学否认世界存在的多层次秩序的差异性、复杂性与不确定性，特别是否认世界是在不确定的前景中永恒演化的。这个哲学认为世界具有一个永恒不变的最终图景与最终的预成模式，例如像上帝一样神圣的客观规律。这种哲学提供的世界观认为，人类的全部生存活动与生存努力，仅仅是在揭示这个最终模式与理解这个最终图景而已。

这个世界观对社会环境与社会秩序的理解，就是主张社会环境的全部秩序特征，都可以还原为个人的意识活动与个人的需求特征，并由人类个体的价值结构与行为方式而全部表达与决定。只要理解了个人的追求与个人的行为，就可以说明与理解社会环境中的一切存在形态。只要满足了个人的需求，就可以满足社会存在的一切需求。

这个世界观也必然认为，人类社会的演化结果具有一个最终的模式与最终的图景，人类所追求的全部社会秩序理想，就是在努力地揭示这个图景与努力地实现这个图景。人类一旦得到与理解了这个社会模式的图景，也就得到了到达社会改造终极目标的钥匙。在曾经的西方文化中，这个图景就是上帝的天堂，在今天的西方文化中，这个图景就是美国式的民主与自由所表达的普世价值秩序。当上帝和他的天堂一同被证伪而开始崩塌之后，美国式的社会秩序就取而代之如日中天了。就连马克思也不能免俗，他的共产主义理想中也具有社会终极秩序的影子。

在中国的传统社会伦理中也有类似的终极形态，这就是所谓的天理与君权。这个终极形态终于被毛泽东用马克思的武器打倒了。但在中国的重新崛起中，中国人又会依据历史的惯性去追求新的终极模式，这种追求与西方普世价值的合体就构成了中国新的蒙昧。今天的中国人摆脱蒙昧的途径，并不是简单地回到马克思与毛泽东，而是依据他们的合理方向重构新的世界观，而是在既有的合理制度中追求超越西方现代文明的中国梦。

中国梦不是美国梦，也不会取代美国梦。美国梦不是中国梦，但却试图取代中国梦。人类社会的演化前景在不同文明的历史依据中，而不在某一文明确立的终极目标中。

今天的科学哲学，已经开始从还原论哲学中解脱出来了，这就是开始用新的系统论逻辑来理解世界了。由黑格尔创立被马克思传播的辩证法逻辑为它奠定了基础。很多自然科学家们都在重构理解世界的新模式中进行了艰苦的努力，例如普利高津们。

但系统论逻辑提供的新方法论对传统世界观的改造，则很容易形成对古典有机体社会模式的回归。有机体的社会观念来自古代文化对社会秩序感性化的整体性理解，不同文明中都有类似的公共观念形态。例如西方文化中的世界的秩序就是上帝的心灵，例如中国文化中的天人合一。正因为这种世界观缺乏严谨的逻辑表达形态，这种理解就常常变成秉持严谨的还原论方法的科学主义者们的嘲笑对象，一些盲目跟风的社会学者们，也用这样的嘲笑来显示他们的时髦。在他们眼里，只有运用现代逻辑方法表达的社会结构才是唯一的真理。

在现代科学哲学中，已经开始对还原论方法提出了根本性的质疑。就是主张科学观念是证伪的结果而不是证实的结果的方法论向本体论的延伸。这种延伸开始否认世界秩序的存在形态具有确定性与终极模式的观念，因为科学观念已经没有终极模式了。在这种思想中主张，曾经看似确定的科学规律实际上仅仅是随机发生的现象而已。其中的确定性只不过是人类意识活动的局限性与人类认识活动方式的特定产物。

这些由现代物理学的前沿发现所促生的新兴思维模式，已经开始颠覆传统自然科学中的还原论与确定论的思维方式了。但它们还远没有形成对哲学文化的决定性影响。今天的哲学家们还没有从习惯于当传统科学的仆从的精神状态中解放出来。

77. 观念结构与文化结构的同构性

文化是人类文明的核心结构。文化是人类社会秩序的精神依据。人类依据文化中表达的公共观念与公共价值，构成了社会秩序与社会环境。

不同的文化形态作为不同社会群体公共观念的表达，也必然是这些群体成员的个体观念结构中公共价值的形态。群体的公共观念寄生在个体的观念空间中。个体观念空间中对公共观念的表达来自社会环境中的文化输入与文化塑造，这种塑造仍然要通过个体的认识活动才能实现。群体中的观念交流活动传播了公共观念要素，也引导了个体的意识活动方式。

例如，科学观念的创造是科学家个体观念空间中的认识活动成果。只有当这种成果通过文化工具的表达获得了科学共同体成员的认可后，才能成为他们公认的科学观念与科学理论。科学活动的个体构建的科学观念的认识问题依据与表达方式也要来自科学活动的文化环境。文化引导下的科学观念与表达方式的塑造也必然引导了科学活动认识构建的方向。

例如，政治家的政治理念来自他们个体的认识构建。这种构建成果中蕴含的丰富的社会政治文化要素，只有在社会政治活动中通过文化表达被特定的政治群体所认可以后，这种认识成果才能变成群体的政治观念与政治价值。政治文化的观念输入与表达环境塑造则引导了政治家们的思维方式也引导了他们构建新观念的认识方向。

例如，艺术家的创作成果更是来自高度个人化的意识活动。但任何艺术成就的形成，都必须是这些艺术家个体的审美构建通过艺术活动的规范化表达的结果，也是被欣赏者与评论者所认可与接受的结果。这种表达与接受的标准就是艺术文化的活动秩序环境。艺术文化环境塑造了艺术家们观念空间中的审美方式，也引导了他们的创作方向。只有广泛表达了群体公共价值与公共情感的艺术作品才能成为重要的经典艺术文化。仅仅在小圈子中被认可的艺术表达就只能是一种微观的小文化。微观的小文化成为经典艺术的途径，就是在更广泛的观念交流活动中获得的广泛公共化认可。

更广泛的观念交流活动也就必然依据更广泛的公共化的艺术活动环境与艺术表达方法。

那种通过表达特殊观念来彰显个体独特价值的社会行为，并不是一般意义的文化活动，而仅仅是私人化的观念交流活动。在人类的传统社会中实现广泛观念交流的成本与门槛都很高，这就严重限制了微观文化与多元文化的丰富与发展。现代社会中出现的各种文化表达与文化传播技术极大地降低了观念交流的成本，并因此而实现了个体观念自由表达的高度便利，这就极大地拓展了流行文化中的微观形态或小群体公共观念的文化内涵。这就是现代社会文化形态向低层次化与多元化发展演化的重要原因。也是传统文化总是以宏观与中观文化为主体的原因。

人类的文化作为群体公共观念的表达形态，也就具有与个体观念类似的结构形态。这就形成了文化体系与个体观念的结构同构现象。

在个体的观念空间中形成的结构凝聚点被称为基本观念，其中蕴含了个体的基本价值。在群体的文化空间与公共意识活动环境中也具有类似的公共观念结构凝聚点，这就构成了基本公共观念或伦理，其中蕴含了群体的公共价值或伦理价值。所谓伦理，就是在人类不同文化体系中表达了基本公共价值的基本公共观念结构。

在个体的观念空间中，互相关联的基本观念构成了个体观念结构的基本框架与基本形态，其中蕴含与表达了个体的基本价值结构。在群体文化体系中，互相关联的伦理结构则构成了群体文化的主要结构框架与结构形态，也蕴含与表达了群体公共价值的基本结构。

在个体的观念空间中，观念结构可以形成由低到高的不同层次，其中的结构要素可以用元初观念和基本观念、经验观念与超验观念、理性观念与感性观念、一般观念与终极观念，这些互相对立又互相联系的形态来表达。

在人类群体的文化结构中，也可以类似地形成由低到高的不同层次，其中的层次形态可以用微观文化、中观文化与宏观文化来表达，在每一个层次中，又都可以分析为不同的领域形态。在微观文化层次中可以分析为家庭文化、企业文化、社区文化、消费文化与娱乐文化，在中观文化层次中可以用民族文化、政党文化与国家文化来实现大的领域区分，也可以用伦理文化、科技文化、艺术文化，经济文化、政治与法律文化，来区分不同的公共价值领域，在宏观文化层次中则可以用信仰文化、宗教文化与超验伦理文化来做基本的区分，如此等等。

这些表达了人类社会不同领域中的公共观念的文化形态，也可以具备类似个体观念空间中的经验观念形态与超验观念形态，也可以具备感性观念形态与理性观念的形态的类似特征。对不同的文化形态都可以进行感性化感受与理性化分析，也都可以理解为是对不同的经验观念内涵与超验观念内涵的表达形态。在文化结构中，感性化的公共观念体系构成了其中的艺术文化形态，理性化的公共观念体系构成了其中的知识文化形态，经验化的公共观念体系构成了其中的实证工具文化形态，超验化的公共观念体系构成了伦理信仰的文化形态。

个体的观念体系构成了个体意识活动的行为环境空间，为个体提供了理解与表达自己生存环境秩序的功能，也为个体提供了生存活动的精神依据。群体的文化体系则构成了群体公共意识活动的环境空间，同样为群体提供了理解与表达自己公共化的生存环境秩序的功能，也为群体提供了公共化的群体行为的精神依据。

利用个体观念结构与群体文化结构的同构特征，就可以用大致相同的逻辑方法理解与分析它们，还可以将哲学中理解与表达个体观念结构的逻辑工具同样用来理解与表达人类的文化结构，也可以将表达文化结构的方法作为理解个体观念结构的借鉴。由此，哲学方法就成为理解与表达人类精神环境与人类文化环境的共同方法。哲学可以表达精神环境的构成方式，也可以表达文化体系的构成方式。

对这个同构特征的直接运用，就可以用个体观念空间结构与群体文化结构中共同具备的感性与理性维度和经验与超验维度，来安置与表达不同的个体观念形态与不同的群体文化形态。这就可以在表达个体观念结构形态特征的观念结构平面中表达公共化的观念结构特征或文化结构特征。在观念结构平面中表达不同个体的观念结构特征形成了不同的个体观念结构图形，表达不同群体的不同文化结构特征则形成了不同的文化结构图形。

所谓观念结构平面，就是用两维坐标构成的平面来表达不同的个体观念空间的结构形态，其中纵坐标表达从感性到理性的观念形态，横坐标表达从经验到超验的观念形态。在这个平面中，不同形态的观念空间结构就可以分布在四个象限中形成不同的图形。第一象限中集中表达了理性化的超验观念结构，第二象限中集中表达了理性化的经验观念结构，第三象限中集中表达了感性化的经验观念结构，第四象限中集中表达了感性化的超验观念结构。

这个观念结构平面的表达工具也可以用来表达不同文化形态的公共观念结构特征。

不同的个体具有不同的观念空间结构形态，这种结构形态就可以在观念结构平面中得到分析性的表达图形。对于每个个体观念结构的独特特征，都可以用在这个平面中的不同图形来实现基本的区分与表达。由此，对个体观念结构特征的不同理解，也就可以有了一个直观性的平面图形来作为表达与交流的工具了。

当个体观念结构的内涵比较均衡时，在观念结构平面内的观念结构图形就是围绕平面中心点的近似园的凸曲线的封闭图形，图形的范围大小表达了个体观念结构的丰富程度。当个体的观念结构中某一特征的结构要素比较浓厚与突出时，这个图形就会向相应的象限中偏移。当个体的观念结构中具有某种突出形态的观念结构时，这个图形就会形成向某个方向的突出伸展。例如具有突出的理性经验观念的知识结构的个体，其观念结构图形就会明确地向第二象限伸展，具有突出的感性超验观念形态的宗教观念的个体，其观念结构图形就会明确地向第四象限伸展。

人类不同群体的文化结构也是独特的。不同社会群体的不同社会生存形态，就会凝聚出他们不同的公共观念结构与公共价值形态。对于不同的文化形态，也可以同样用观念结构平面中的图形来直观地表达其结构特征。对文化结构的不同理解也就会形成观念结构平面中不同的表达图形。

不同的自然科学观念文化体系，可以形成主要集中在第二象限中的观念结构图形。理性化程度较高的硬科学的图形就会向平面的上方延伸，理性化程度较低的软科学的图形就会向平面的下方延伸。纯科学与前沿科学中的超验观念内涵浓厚，其图形就会向第一象限延伸，延伸的具体形状由其中的超验观念结构的具体特征决定。

不同的数学观念的文化体系，就可以形成主要集中第一象限中的观念结构图形，基础数学与前沿数学的图形就会向平面的右方延伸，应用数学的图形就会向平面的左方延伸。

不同的宗教观念的文化体系，就可以形成主要集中在第四象限中的表达图形。理性化程度较高的宗教文化，例如佛教与基督宗教，其图形就会向平面的上方延伸。理性化程度较低的宗教，例如原始宗教，其图形就会向平面的下方延伸。

不同的艺术文化体系，就可以形成主要集中在第三和第四象限中的表达图形。理性化程度较高的艺术文化，例如文学，其图形就会向平面的上方延伸。理性化程度较低的艺术文化，例如音乐，其图形就会向平面的下方延伸。超验化程度较高的艺术文化形态，例如宗教化的艺术，其图形就会向平面的右方延伸，超验化程度较低的艺术文化形态，例如世俗化的艺术，其图形就会向平面的左方延伸。

个体精神世界的观念结构与群体文化的公共观念结构所具有的共同特征，来自他们共同的形成方式与环境功能。它们都来自人类意识活动的构建，都是人类精神环境中对人类生存环境需求的秩序表达形态，个体的观念结构表达了个体理解与适应生存环境的观念空间秩序，群体的文化结构则表达了人类群体组织化地理解与适应生存环境的公共观念空间秩序。人类对个体观念结构的理解来自人类意识活动的理性能力，人类对文化结构的理解则来自公共意识活动的理性能力。对它们的理解具有类似的表达形态与表达方法的依据就在这种为人类提供的生存功能的一致性中。

人类不同的文化形态来自人类在群体化的生存中演化出来的不同的观念交流方式，首先来自不同的观念表达方式。人类表达观念的方式可以分为感性化方式与理性化方式，人的不同文化形态也就可以依此而分为艺术化与知识化的两种形态。

观念交流的表达方式必然受到观念接受方式的引导与制约。表达感性观念的方式依据人类接受表达信息的器官功能的引导与制约，这就形成了主要由视觉功能制约的观念表达方式与主要由听觉功能制约的观念表达方式，还形成了更为复杂的肢体表达方式。

人类通过理性化能力实现了对可理解的观念结构的群体化表达与传播，也就形成了理性化的观念交流方式，并形成了理性化的公共观念结构。理性化的观念交流方式形成了知识形态的文化结构。知识观念的表达与接受必须依据相应的逻辑工具。逻辑工具的使用是感性化的观念交流方式向理性化方式转换的条件。这种转换的直接成果就是形成了语言文化的形态。

语言是人类直接将感性化的观念交流方式进行初步逻辑化改造所创造的观念交流工具。在语言工具的初步理性化方法中，仍然主要表达了感性化的观念形态。语言是人类观念交流的核心工具，它既是个体观念结构中最普遍的公共化形态，也是群体文化中最普遍的公共观念形态。文明化的人类个体的意识活动离不开语言符号，不同文明中的文化形态，都必然以其母语为其基本结构要素。语言工具是人类个体观念结构与群体文化结构实现同构的基本条件。

运用逻辑工具表达的观念就是理性化观念。典型的理性化文化形态就是自然科学体系与哲学体系。科学与哲学共同具有理性化的表达特征，它们的区分在于表达了对不同领域的环境秩序的理解，它们也依赖了不同的逻辑工具。自然科学表达了人类理解自然环境秩序的公共观念，它依据现代数学逻辑实现表达。哲学则表达人类理解精神环境秩序的公共观念，它还只能依据人类所具备的一般逻辑工具，精密的逻辑工具还难以实现对哲学观念的表达。至今还没有理想完备的逻辑工具就是哲学文化仍然多元与杂乱的原因，也是哲学的传播仍然难以高度知识化的原因。

　　个体的观念结构来自认识活动的构建。群体的公共观念结构则来自群体化的观念交流活动中形成的公共意识活动的构建，但仍然要以个体的认识活动为基础。所谓文化活动，就是人类构建群体公共观念的社会活动。文化活动的核心内涵仍然是社会成员在精神环境中的意识活动，但却必须通过包括了所有形式的观念交流活动才能实现，观念交流活动因此而成为文化活动的主要社会行为方式。文化活动的复杂形态就来自人类个体复杂多样的意识活动方式与人类群体复杂多样的观念交流活动方式的融合。

　　人类文化活动大都可以分为个体观念构建与群体观念交流这样两个环节。前者主要是从事文化活动的个体的意识活动，后者则包含了各种观念交流方式中派生的一般社会活动。前者并非一般的认识活动，而是以实现群体的观念共识为目标的特殊认识活动，也就是以构建公共观念的方式追求改变与优化社会环境秩序目标的个体意识活动。文化活动中的观念创造与构建是人类精神环境中具有特殊功能目标的认识构建。

　　从事文化活动的个体所构建的公共观念，首先以个体观念结构的形态被构成，再通过社会文化环境中的观念交流活动来实现其公共化表达，并在表达中实现其社会公共化。实际上，文化活动中的意识活动与观念交流活动是交织的与循环的。文化活动的过程，就是通过观念交流活动实现个体特定认识成果向公共化的文化形态的转化过程。以这种转化为目标，其认识活动也就不仅仅是在构建个体的一般观念结构了。这种认识活动的外在表达目标，也就决定了在认识的准备环节中就开始安置了认识成果公共化表达的条件，也就是形成了具备公共化外在表达条件的认识审视集合。任何发生在个体观念空间中的文化构建活动，始终都要依据观念空间中丰富的既有文化要素来实现。这种审视集合中的既有文化要素，就是其构建成果实现外在表达的环境条件。

人类个体构建观念结构的直接动因来自审美本能或审美欲望的驱动。这种欲望在个体认识活动中的实现只能形成个体的审美满足。这种欲望在群体化的公共观念构建活动中的实现还会实现群体成员的审美满足。这种群体化的审美欲望满足，就来自文化活动中群体成员对公共观念的接受过程，并通过这种接受过程形成对自己观念空间中新的认识与审美激发。群体成员的公共化审美欲望的满足，最终仍然要还原到个体认识活动的过程中去，在这个过程中也必然会形成公共观念对个体观念结构的塑造与强化。

由此，人类文化活动中的群体审美欲望的实现过程，也就变成了群体成员中的公共观念的传播过程与公共观念的塑造过程，其中主要是感性化的公共观念的传播过程。人类在艺术演绎与艺术欣赏活动中的审美欲望满足，就是这个过程的功能实现，也就是文化活动对个体审美欲望在公共化的实现方式中的强化与放大。这种特殊的群体化审美欲望满足，也就改变了审美欲望满足的个体化本质，将发生在个体观念空间中的审美满足延伸到群体意识活动的公共化环境中去了。这种复杂的过程与功能，就是哲学对艺术活动的功能理解常常模糊混乱的原因。

具有强烈的个人审美特征的艺术活动，从来都不是个人的精神活动，而是社会化的群体文化活动。

人类的文化活动既是实现精神欲望的意识活动，也是实现物质欲望的社会活动。文化是人类两个生存环境间的桥梁，文化活动是人类两个环境中行为的融合。在人类的物质欲望中包含了生存与安全欲望、群体依恋欲望和自我实现欲望。自我实现欲望就是个体影响与改变自己环境秩序的欲望，也就是人类广义的权力欲望。文化活动就是自我实现欲望的重要社会实现方式。

个体的文化活动通过影响与改变社会公共观念形态与公共意识活动的环境，也就形成了自我实现欲望的满足或广义权力欲望的满足。人类自我实现欲望的本能，就是自古以来人类中不乏各种公共秩序与公共观念的构建者的原因。各种追求政治理想与文化成就的人生目标，甚至某些追求经济利益的目标，就是这种广义权力欲望的具体社会行为表现。科学家们满足科学好奇心的特殊兴趣追求，政治家们满足权力欲的特殊理想实现，艺术家们满足审美喜好的特殊人生目标，企业家们实现自己宏图大业的愿景追求，都是人类自我实现欲望的实现方式。中国文化中表达的读书人的修齐治平目标，就是中华文明中对广义权力欲望的实现方式的文化表达。

人类的群体影响欲望或广义权力欲望，促成了观念交流活动的实现与发展，也促生了人类的文化活动。人类通过观念交流活动表达自己的精神环境内涵，就是构成人类全部社会结构环境与社会文明形态的基本动因，就是人类自我实现欲望的成果。

在社会环境中生活的每一个人类个体，都会用有效的方式来表达自己的观念内涵，以实现自己对公共意识活动环境秩序的影响。强盗的啸聚山林有时并不仅仅是为了劫财谋生，文人的努力著述也不会都是为了养家糊口。大家今天在微信朋友圈中显现和发声的乐此不疲，也就是在公共意识活动环境中实现广义权力欲望的最便捷的方式。

78. 文化形态的演化与观念交流方式的演化

文化是人类社会环境中的存在形态。全部存在要素都是秩序对能量的组织化成果，都在秩序生生不息的产生与湮灭中实现自己的演化。演化就是存在的基本方式。人类在演化中生存，人类社会在演化中存在，人类的文化也在演化中形成与发展。

存在中的秩序与能量处于均衡的对立状态中。存在的演化过程由其中秩序与能量的对立状态的改变构成。演化的动因来自秩序与能量的对立中的冲突。人类的演化依据自己生存环境中秩序与能量间的对立状态的改变构成。人类社会的演化由社会环境中的社会秩序与社会能量的对立状态的改变构成。人类文化的演化则由文化环境中的文化秩序与文化能量的对立状态的改变构成。文化的秩序由文化活动方式与文化结构表达，文化的能量由个体构建与表达公共观念的意识活动与社会行为表达。

人类的文明构成了人类的社会环境。人类的观念交流活动形成了社会环境的精神依据，也形成了文化。人类的文化永远处于生生不息的演化进程中。文化演化的基础动因来自人类对公共观念秩序的不懈追求，也来自对理想化的社会环境秩序的不懈追求。

人类个体在精神环境中的自主意识活动为文化的演化不断提供了基本能量。社会环境对文化演化的需求拉动与引导塑造构成了文化演化的环境条件，也形成对文化演化的制约。文化的演化就是在人类追求意识活动的精神自由与追求社会环境秩序的更为合理的对立与冲突中实现的。

文化通过人类的观念交流活动构成。人类观念交流活动的形态与方式决定了文化的形态。人观念交流方式的演化与发展也就决定了文化形态与文化活动方式的演化与发展。

例如，人类表达观念的视觉化方式与视觉表达工具的演化进程，就决定了人类美术文化活动形态的演化进程。绘画工具与绘画方法的发展不断拓展了人类视觉表达工具的功能与视觉表达技术的形态。不同文明的绘画艺术史就是这种演化进程的很好说明。岩壁上的涂鸦逐渐变成了织物上的图形，天然矿物颜料的色彩表现技术逐渐变成了人造油彩的运用技巧。人类的雕塑与建筑艺术的发展，虽然加入了其他社会公共价值的因素，但也仍然以人类视觉表达方式与表达技术的发展与演化为主导。

例如，人类观念表达的听觉方式与听觉表达工具的发展与演化进程，就决定了乐器的演化进程，也促进了声乐技术与戏剧表达技术的发展与演化。乐器与音响器材的演化与发展，又决定了音乐艺术技术方法的演化形态。听觉艺术与听觉技术之间互为因果的促进就构成了音乐文化的演化历史。现代电声技术可以实现在大空间中表达细微音响的功能，来自传统戏剧艺术的高亢唱腔也就可以变成现代声乐中的气声喃呢。

例如，人类语言文字表达方式与表达工具的发展，就决定了文学艺术的演化进程与文字媒体的发展进程。文字书写方式的发展与传播，印刷术的发明与普及，纸张与其他文字载体的发明与发展，以电子技术为基础的文字表达与传输方式的发展，互联网的发明与发展，都在决定性地影响着语言文字与文字媒体的发展形态与演化进程。在没有文字表达技术之前，文字就只能是口头表达的语言形态。有了文字之后也就有了文字化的语言，印刷术与书籍的普及也就有了书面语言。古汉语的口头表达形态与文字表达形态就具有巨大的差异。公共媒体的普及就有了媒体化的语言，互联网的普及就有了网络化的语言。

人类文化的演化进程由两个主要因素决定。一个是观念表达技术的发展状态，另一个则是不同群体间大范围观念交流的需求。前者通过改变文化活动的方式与成本来影响文化的演化进程，后者则通过改变人类社会对文化的需求来影响文化的演化进程。

人类的观念交流方式与交流工具的演化与发展，形成了文化史上的三个重要的台阶，也就在人类文化的演化进程中形成了三次重要的文化形态的突变，甚至也形成了人类理性能力的三次突破。

原始的语言形成了原始的文化，也促生了原始的艺术。这也应该是人类最初始的理性能力的出现标志。语言就是对语音表达要素的符号逻辑化。语言促生了人类文明化的初始观念交流方式，也是人类文化形成的基本标志。

语言的形成是人类从群体方式中构成社会化群体结构形态的关键因素，也是促生原始宗教文化的关键条件。差不多在语言形成的同时，各种具有专门形态的原始艺术活动也就出现了。原始的绘画与原始的音乐应该是伴随着原始的语言而出现的。它们的表达形态虽然比语言工具形成的更早，但它们的技术规范化与文化专门形态的形成，则应该与语言的形成大致同步。

语言的形成过程也就是人类文明的形成过程，也就是人类本身的形成过程。语言的形成过程要比今天可能的理解漫长得多。大致应该覆盖了整个旧石器文化时期。

语言工具是人类形成群体公共观念的基础条件，也是人类形成理性能力的基本环境。在语言活动的激发中不断发展的理性能力，终于形成了将语言要素图形符号化与语法逻辑化的观念交流方式。文字出现了。

文字的出现是人类文明与文化的第二个突变台阶，也是人类理性能力的第二次爆发的条件。文字的出现实现了人类公共观念的深刻化，也形成了人类社会活动方式的基本分工。专门的文化活动与专门的政治权力活动开始形成。文字就是区分文明史与史前文明的标志，也是人类可理解的历史的起点。在人类历史中对新石器文化与旧石器文化的区分，也大致区分了文字工具的形成。

语言工具的出现开始形成了人类特有的精神环境，也形成了人类初始的公共观念与文化。文字工具的出现则可以将人类精神环境内涵更为精细的表达与记录，形成了语言与公共观念在人类代际间的保持与传播，人类的公共观念也就具有了更为细致的文化表达形态。自从人类可以通过文字接受与理解前人的观念表达，深刻理解这种表达内涵的追求就出现了，哲学就开始萌芽了。语言是人类艺术的基础。文字是人类哲学的基础。

从此有了文字，就逐渐产生了文学与诗歌的观念表达形态，也逐渐开始有了可以用文字表达系统思想的远古经典，其中也就蕴含了元初的哲学。例如欧洲文明中的楔形文字经典与中华文明中的甲骨文经典。有了这些文字化的文化形态，人类群体的公共观念体系就开始明确地超越了个体意识活动的环境与方式，人类重要的公共观念就开始以社会化方式历史性地流传了。

随着文字的出现，各种超越人类的具体生存方式的超验公共观念也就开始具有了明确稳定的表达方式。在这之前，人类群体的公共观念体系只能通过构建者与传承者之间的直接交流的口口相传才能得到保存与传播。随着文字的出现，人类的不同文明也就具备了明确的历史传承开端。而在文字之前的历史就只能以史前文明的方式被后代们猜测。人类只有依赖可理解的文字工具才能获得明确理解自己文明史内涵的可能性，但这种理解仍然以对祖先文字工具的合理转译为条件。

文字工具在促成了原始政治活动与原始社会管理活动的专门化的同时，也促成了自然物崇拜的原始宗教文化向多神宗教文化的转变。只有具备了语言工具才能形成人类更为复杂精确的观念共识，也才能开始抛弃原始感性的公共价值表达方式，拟人化的公共价值文化形态才可以构建起来，多神宗教才能出现。

有了复杂精确的公共观念，才能有复杂分工的社会组织结构，才能有专门化的权力活动与社会管理活动。有了复杂的社会管理，才需要将经济活动、文化活动与权力活动相分离，社会基本分工才能出现。有了复杂精确的公共观念，也才会出现对精神环境秩序进一步抽象化表达的需求，感性化的多神宗教才会成为需要，理性化的哲学才有人研究。

在人类文化演化进程中的第二个文明台阶中孕育了人类第二次理性能力的突变，这就是在文字工具使用基础上进一步形成了对自己精神世界的理性化与结构化的理解，并将这种理解构成完整表达的公共观念形态与文化工具形态。这就是表达公共观念的逻辑方法的形成。

欧亚大陆是人类文明演化中最先进的地理领域，这是特定地理环境与气候环境的结果，也是这个环境中出现了大范围的群体融合与文化交流的结果。尽管这种融合与交流的方式常常是原始的与野蛮的，甚至是血腥的与残酷的，但这个融合与交流的结果则是文明的与进步的。人类的文明从来都是从野蛮中生长出来的，也是对野蛮生存方式改造与异化的结果。

欧亚大陆上的人类群体最先形成了大范围使用的语言与文字，这也来自不同形态的语言文字的交流与融合。在这个基础上又最先形成了逻辑方法与逻辑工具，这也来自对不同公共观念的理解与融合。

逻辑工具的使用将人类的文化活动带入了高度理性化的领域中，系统化的思想体系由此可以得到表达与传承，哲学就出现了。逻辑工具本身则又成为哲学的专门问题与专门成果，它也必然为哲学本身的系统化发展与表达提供了条件。每一次逻辑工具运用的明确改变都会带来哲学的突破性发展。

依据逻辑工具，欧亚大陆上的人类群体率先告别了简陋的远古文明，进入了具有较高文明程度的中古文明中，也同时形成了原始的国家形态。也就几乎在同一个时期，欧亚大陆的西端出现了欧洲的古典文明，欧亚大陆的东端与东南出现了黄河文明与印度河文明，欧亚大陆的中部与近邻的北非，则出现了两河文明与尼罗河文明。在中华文明与欧洲古典文明中，几乎同时出现了对今天的中国人影响最深的一批理性智慧的先驱，西方有柏拉图与亚里士多德，中国有孔子与孟子。

这个理性爆发的成果与文明演化的台阶，形成了一直延续到今天的深刻文化影响。欧洲的古典文明为今天的现代西方文化奠定了公共观念形态的超验基础。中华文明虽然今天还没有形成向西方文明一样的世界性影响力，但它作为唯一一个完整延续的古典文明所表现出来的历史适应性与文化包容性，则是今天的中国社会可以实现现代化转型与重构的历史依据，也是中华文明在接纳了工业贸易文明之后，可以重新焕发出强大的世界性影响力的文化依据。

人类的第二次理性能力突变的成果与第二个文明台阶形成的深入发展，就是基于造纸技术和印刷技术的推广而形成的文字工具的普及化的结果。这种技术能力极大地降低了人类文字信息的表达传输与接受处理的成本，也就极大地普及了文字的使用与流行。这使得在人类的社会活动中，书写与书籍成为普罗大众日常的观念交流工具。随着文字印刷技术的工业化，后来又开始出现文字媒体与报纸。

文字工具的普及，促进了人类文化活动中理性化工具与逻辑化方法的普及，促进了人类知识的构建与传播。文字工具的普及促进了近代社会的进一步高度组织化，并形成了创立与传播一神宗教的文化条件，也为工业贸易文明的孕育准备了文化条件。

文字工具的大规模普及最先在中华文明中实现。这个普及来自秦汉帝国权力所追求的文字统一，汉字独特的表意图形特征也是这个统一的先天条件。欧洲各民族的拼音文字要实现统合则要困难得多。

这个文字普及的结果就是将读书活动与教育活动世俗化与民间化，这也为中华文明中政治活动的世俗普及与传统的政治民主活动创造了文化条件。通过政治文化的训练与对优秀者的选拔，在中华文明中最先形成了大众参与的开放的政治民主形态，并在不同层次的社会成员的广泛参与中仍然保持了大一统的政治秩序。这在欧洲社会是根本不可能的。这也是科举文化制度的历史贡献。中华文明在传统农耕社会中创造的文化辉煌与经济成就，必定依据了比较合理的政治制度，这种政治制度至少要比中世纪欧洲的政治制度更为合理，更为适应文明的发展。

在同一个时代欧洲文明中，文化的构建与传播活动则长期被宗教权力所垄断。社会文化活动与政治活动被高度宗教化，教权与王权的分裂与对立，形成了社会基本政治秩序的分裂状态。当处于共同地域环境中的欧洲人无法通过统一的文化活动形成统一的公共价值追求与政治权力的统合时，就只能通过不同价值追求的社会成员之间的投票博弈来间接实现其政治民主。这实际上主要是不同封建领主们之间的政治共和民主。这种民主方式构成的政治秩序与文化形态，作为社会传统一直延续到了现代西方社会中。

在西周时期以前，中华文明中也有类似的政治活动形态。诸侯分封间的民主共和政治秩序，要比大汉的选举政治秩序以及隋唐以后的科举政治秩序更为原始与落后。选举比共和具有更高程度的社会秩序共识，科举比选举具有更高程度的社会秩序共识。

今天的现代投票民主，只有在稀少的已经具备了高度社会秩序的文化共识的国家中才会具有较好的效果。只要社会秩序共识的文化能力不足，任何依据投票方式形成社会政治权力的制度，不是失败就是灾难。社会秩序的构建与维护依据在社会成员的公共价值共识中，而不在出于各种动机的投票行为表达的不靠谱的正义中。

造纸术与印刷术通过蒙古帝国对欧亚大陆的征服才传到了西方。这个传播过程又经历了阿拉伯民族复杂的接力与改造。但这个可以迅速普及书籍的技术仍然给西方社会带来了文化形态的巨变。当每一个信徒都可以人手一册圣经地直接领略上帝的旨意时，教会的文化权威就开始瓦解了。中世纪末期宗教改革也是观念传播工具革命带来的间接文化演化的突变。

欧洲为了拓展欧亚大陆中被蒙古帝国的瓦解而破坏的东西方贸易，用不畏艰险与牺牲的海上探险开辟了全球化的航海贸易通道。大规模的贸易带来了规模化的原料供应与商品需求，规模化的生产将传统手工业改造为近代工厂，将传统商号改造为现代公司。

新兴的经济活动创造了新兴的社会秩序与社会群体，也拉动了新兴的观念传播方式，进而创造了新兴的文化形态。印刷技术与公共出版技术的社会化普及，铸成了瓦解中世纪社会秩序的文化工具。欧洲的工业革命中也同时孕育了社会理性能力的新突破。科技文化与工业经济，共同撑起了工业贸易文明的大厦。现代资本主义出现了。人本主义与自由资本主义的文化体系出现了，群体主义与现代社会主义的文化体系也出现了。前者在欧亚大陆的西方落地，后者则在欧亚大陆的东方生根。落地的历史依据是欧洲社会的分封共和传统，生根的文化原因则是中华文明大一统的政治结构与文化结构。

这就是人类文明的第三个台阶与人类理性的第三次爆发。

人类每一次观念传播工具的重要革命，都会相应地引发一场文化活动形态的改变甚至社会基本秩序的变更。或者反过来，每一次社会秩序的重要变更也都会促发观念交流技术的突破。今天的互联网技术，作为利用现代电子技术形成的信息处理方法的突变而形成了人类观念传播的新兴工具，也就必然形成了或正在形成第四个人类文明形态的台阶和第四次理性的爆发。这个突变的结果，应该是后工业信息技术文明与人工智能文化体系的建立。

互联网技术通过对观念交流信息的保存与传播效率的极大提升，又一次大规模地降低了人类观念交流的成本，并形成了人类个体间普及性的低成本观念传播形态。高度方便的图形影像与文字传播工具，将原来社会结构化的公共媒体私人化了，并依此而形成了现代社会文化传播的新形态。基于互联网技术的个人化的多媒体，正在逐渐取代传统的高度公共化的纸质印刷媒体与广播电视媒体。这种新的文化传播形态，也正在促生新的社会活动形态的形成。

这次观念交流信息传播技的革命，使得人类观念交流活动中原来由意识活动完成的大量信息获取与信息整理利用的活动，被外在地社会化了。这种技术就是所谓的人工智能。人工智能技术可以为人类的简单行为判断提供深入意识活动的外在辅助，甚至可以取代某些外围的意识活动。例如自动操作交通工具与自动实现机械加工，自动实现对人类工程系统的管理与控制，甚至可以简单取代一些社会管理活动。

现代信息处理与传播技术的发展，正在深入地改变人类社会的一般活动的方式，也正在创造新型的人类生存方式。人类的后工业社会秩序形态，将由新兴信息技术的发展形成观念传播功能与社会秩序传播功能所决定。

但是，无论观念传播技术的形态如何发展，都还是人类观念交流技术的外在更新与观念交流方式的外在改变，尽管这种改变也会部分地内在化与改变人类精神环境，甚至会改变人类文化活动的基本形态。但这种改变不会改变人类意识活动的本质过程与方法，也无法从根本时取代人类的认识活动与价值活动，更不会改变人类依据文化活动构建公共观念来形成社会环境秩序的精神依据关系。

所谓人工智能，仅仅是对人类价值判断的外在信息的整合辅助，永远也不会完全取代人类的核心价值活动与核心价值判断。人工智能无法取代人类情感，也无法取代人类伦理与人类信仰。但是，人类文化传播方式的发展与演化，则会促进人类意识活动的丰富化与复杂化，也会极大地改变人类精神环境的形态与意识活动的方式。这种改变也一定会在人类情感中留下重要的痕迹，也一定会形成人类新兴的伦理结构与信仰形态。

第二十章　现代教育的成就与弊端

79. 现代教育的方法与弊端

人类文明的形态就是社会化的生存方式。人类的社会环境由人类依据公共化的精神环境秩序而建立。社会秩序由人类的社会活动所构建，也由人类的社会活动所维护。构建与维护社会秩序的专门活动就是广义权力活动。形成社会环境主体功能的社会结构由社会主流秩序所构成与表达。形成社会环境的辅助功能与散乱功能的社会结构则由非主流社会秩序构成与表达。

社会主流秩序是构成社会基本结构与社会基本关系环境功能的秩序。社会主流秩序依据主流公共观念构成与维护。主流公共观念构成了社会文化的主体。所谓教育活动，就是传播社会主流公共观念的文化活动。社会主流公共观念是凝聚与表达社会主流秩序的公共价值的精神依据。

构建与传播社会主流公共观念的教育活动，主要由社会秩序的维护者推行与维护。社会化的教育活动由社会权力体推行与维护，由他们设置与支持的专门教育机构来实施。不同层次的社会教育活动由相应层次的权力体体构建与维护。国际教育活动由国际权力体构建与维护，国家教育活动由国家权力体构建与维护。宗教教育活动由宗教权力体构建与维护，民族与政党教育活动由民族权力体与政党权力体构建与维护，企业教育活动由企业权力体构建与维护，家庭教育活动由家庭权力体构建与维护。

教育活动从来就不是满足人类个体审美需求与个体观念构建目标的活

动。所谓的教育塑造人格并非塑造任意的人格，而是塑造复合权力秩序目标的人格。从国家权力目标到民族、企业、家庭的权力目标，都会具有自己特定的人格标准。一般来说国家权力目标会容纳其他权力目标，也是现代社会的基本权力目标。完美的权力目标推出完美的人格教育标准，狭隘的权力目标形成狭隘的人格塑造目的。权力目标的人格塑造标准由其主流维护中的基本伦理来表达。今天中国社会的基本伦理就是社会主义基本价值观。

无论是传统的东方文明强调群体道德的国家主义教育，还是现代的西方文明强调个人自由主义的人本主义教育，都是特定文明中特定权力目标的文化表达。国家主义与自由主义的权力目标，在追求精神自由的个体意识中就会形成大相径庭的感受，但其社会秩序维护功能则是相同的。

所谓狭义教育活动，就是为社会基本权力活动传播社会主流公共观念的文化活动，就主要由崇尚社会主流公共观念的文化活动者或文化人来实行。作为维护社会主流秩序的权力活动的分支，狭义教育活动的目标与方式从来都是由狭义权力活动所决定的。人类自从有了国家才逐渐有了社会化的教育活动。古今中外，国家都是狭义教育活动的推行者。所谓的民间教育，就是由公共知识分子自发维护与推行主流公共观念的社会文化活动，但也仍然是被国家权力保护与维护的社会文化活动。教育活动从来就不是自由知识分子追求个人审美满足的文化活动，尽管其中必然蕴含了丰富的审美活动过程。

国家的教育方针从来都是国家治国方略的基本内涵。例如，在传统中国社会中传播儒家文化的教育活动，就是维护其主流社会秩序的权力活动的重要文化分支。在今天的中国社会中，传播中国特色社会主义公共价值观念的教育活动，也就是维护今天的国家主流社会秩序的权力活动的重要分支。在今天的美国社会中，传播自由资本主义公共观念体系的教育活动，也就是维护美国国家基本秩序的权力活动的重要内容。曾经的欧洲国家主张了各种不同的教育理念，那就是对不同国家秩序所需求的不同公共观念体系的构建与传播方式的不同理解而已。他们的教会学校必然追求基督宗教的公共价值，他们的世俗学校则常常追求自由资本主义政治伦理，例如民主法制与自由人权，这就像中国的传统学堂追求三纲五常的儒家伦理一样。这都是特定文化中维护不同权力目标的公共价值而已。新中国的教育活动也就必然要推行马克思主义的公共价值观。

当西方的现代教育方法与思想进入了传统中国时，中国人曾经惊呼自己的文化落后，并激起了诟病传统的新文化运动。当中国特色的社会主义思想影响了美国社会时，他们也要惊恐地"反渗透"，而不再保护思想自由了。

不同的社会成员会因为自己不同的审美追求与公共观念构建理想，而对各种不同的教育方针表达不同的感受与意见。这只是个体在社会环境中文化价值追求的多元化表达。这种文化价值的追求又必然会受到社会主流文化的引导与塑造。社会权力活动通过构建表达主流公共观念的文化活动来引导与塑造社会成员对社会文化的认同，也引导与塑造了社会成员对社会教育活动的方式与方针的认同。现代西方社会依据自由主义价值观塑造社会成员的观念结构，新中国依据马克思主义的价值观塑造中国人，今天的中国社会则用中国特色的新兴公共价值塑造社会成员。这是人类文明得以形成与延续的基本特征，也是人类文明中的基本秩序。人类文明并非来自个体自由的审美追求，而是来自群体权力有目标的文化塑造。

所谓官方教育活动，就是由社会狭义权力体主导与主办的实现狭义权力目标的教育活动，就是塑造社会成员符合社会政治权力目标的公共观念结构的文化活动。"政治正确"是这种活动中的基本标准。所谓民间教育活动，就是被权力体允许和提倡的与权力目标相一致或者不相冲突的多元化的教育活动。所谓地下教育与邪恶文化的推行教育，就是传播与塑造与主流社会秩序相冲突的公共观念的文化活动。在近代的西方与东方的各种地下革命文化活动，今天世界上流传的邪教文化与极端主义思潮的传播活动，都属此类。

形成民间教育活动的社会文化资源也来自权力体的引导与安排。适应了国家权力需求的民间教育才能得到国家允许的发展。与国家权力的秩序构建目标相冲突的民间教育就必定会被压制。中国如此，美国也如此。人类文明自古如此，将来也仍然如此。教育活动从来不自由。

　　在欧洲文化中，曾经的教育活动完全被宗教文化所垄断，后来的世俗化则形成了多元化的教育形态，但它们仍然在新兴的世俗社会权力的控制之中。任何教育活动都必须政治正确。人类的教育活动从来就不是可以自由发挥的文化领域。这是由教育活动的社会功能所决定的。

　　所谓现代教育，就是工业贸易文明中形成的以理性化方式传播知识的教育活动。这种教育活动与传统方式具有明确区别。现代教育又将工业社会组织经济资源的统筹方式与规模化方法引入了教育活动中，这就改变了传统教育的多元分散形态，形成了高度集中的大规模文化活动方式，这就是现代学校的模式。

　　发端于欧洲的工业贸易文明创造了人类利用自然环境的新方式，并从此结束了人类生存资源的匮乏状态，也为人类创造了新的社会秩序结构与社会生活方式。这也形成了对社会成员公共观念与行为能力的特殊需求，这就是对雇佣化的人力源的需求与具有集体化生产能力的人才结构的需求。

　　现代社会高度组织化的社会经济活动方式形成了将全体社会成员组织起来的生产方式，构成了社会经济结构中不同岗位实现不同具体目标的操作者之间深刻广泛的合作关系。各种专门化的就业岗位需要社会成员具备专业化与专门化的技术能力，社会成员主要通过雇佣化的就业方式出租自己的人力资源以获取收入。现代社会通过提供多层次的公共服务提供社会化的福利，实现社会成员获取基本社会资源的必要保障。

　　现代社会的生产组织方式与生活方式，对社会成员的能力提出了与传统社会不同的新要求，也为群体化公共观念的构建提出了新的标准，这就是现代教育活动的必然目标。现代社会的权力体通过现代教育活动向社会环境提供必要的人力资源，以保证社会秩序的构建与维护目标。现代教育仍然是现代权力体实现自己权力目标的手段，人类教育活动的基本社会功能并不会在现代社会中改变。

在现代社会中，非主流文化的传播则并不主要依靠教育活动来实现，它们主要依靠商业化的文化媒体活动与商业化的文化娱乐活动来承载，主要依赖民间多元的文化活动来传播。所谓现代媒体，就是现代社会中商业化的公共观念传播方式。现代媒体的主要追求既是迅速的公共观念传播，也以商业目标为己任。快餐式地追求商业利润就是现代媒体的基本特征。现代媒体实现公共观念的传播也要依附特定的文化价值结构，他们的文化追求既有独立的价值表达也是对社会权力的服从。其独立表达以服从权力为条件，服从权力常常是其重要的利润环境。现代媒体的文化特征常常从属于其商业追求。

所谓娱乐活动，就是满足个体审美需求或精神愉悦的人工代偿文化活动。现代娱乐活动是满足一般社会成员精神愉悦的重要文化活动方式，主要以商业化方式实现其社会功能。娱乐活动的审美代偿功能通过向娱乐消费者提供虚构的文化消费要素来实现。娱乐活动的大规模商业化普及也使其具有了传播特定文化内涵的文化载体功能。丰富多彩的现代娱乐活动可以承载多种文化内涵的传播，其中也可以承载一些教育活动所追求的主流公共观念的传播。这就是所谓的寓教于乐。但归根结底，娱乐活动并不以文化的传播与教育的实现为其主要价值目标。商业化的娱乐活动的主要价值目标则在商业利润中。

现代教育的目标决定了现代教育方法可以高度理性化与知识化。专业化与专门化的人才需求所蕴含的人力资源形态的主要功能，就是在特定社会秩序结构中实现特定的规范行为与操作。对这种人才的基本能力需求，就是理解与实现特定技术体系与规范行为方式的能力。现代文化中的知识体系，主要就是完美精确地表达了特定社会技术方法的公共观念体系，以技术操作和规范行为作为主要的公共观念塑造目标的教育活动，也就必然可以高度地知识化。以知识形态实现公共观念的传播与塑造，也就必然成为现代教育与传统教育的基本区分。

在传统教育活动中对公共观念的传播与个体观念结构的塑造，还仍然保留了大量感性化的与非知识化的方法，这就是所谓的言传身教与耳濡目染的方法。传统教育活动中即使运用了一些知识工具，也会高度重视对逻辑方法的感性化还原，并不会将知识本身的获取作为教育活动的最终目标。因为传统文化体系的知识化程度并不高。

在传统教育活动中实现公共观念塑造与传播目标的途径，主要是追求被教育者对既定文化体系的理感性化接受，并建立起对新观念的意识活动的依赖习惯。这主要是通过塑造受教育者协调统一的观念结构来实现，其中也必然包括了对协调的终极观念的塑造。这样的教育目标很难将教育内容完全理性化与知识化，其中也就必然保留了大量感性化的观念传播方式，甚至要以感性化或非知识化方法为主体。

在以教书育人为目标的教育活动中，教书可以高度知识化，育人则必然是感性化的。教书可以局限于传播知识，育人则必须沟通心灵与塑造心灵。单纯传播知识的活动可以高度外在化与技术化，形成类似物质生产的工业化方式，塑造心灵的活动则必须是高度人性化的与深入精神世界中的，也必须是人文化的与感悟的。

现代教育的商业化模式强烈地拉动教育方式的知识化而抵抗教育方式的心灵化。因为商业利润来自知识化观念传播的效率。

现代教育活动与现代媒体活动也会有边沿的交集。将现代媒体的功能适度去除快餐化与适度专业化，就大致可以转化为现代教育的功能。将现代教育活动拉入普及化的短期培训，也就将其媒体功能化了。教育者不再关注心灵而仅仅关注传播就变成了现代媒体人。媒体人一旦稳定深入某一专业领域也就变成了现代教育者。

现代社会大量需求的技术型人才，完全可以仅仅通过知识的灌输来实现塑造，也基本上可以仅仅通过对知识掌握的程度评价他们的能力。在现代经济活动中的高级管理人才，其基本能力已经可以在管理技术无微不至的发展中被高度知识化了，就是掌控世界金融牛耳的华尔街投行中的专家们，离开了他们的逻辑化知识结构，也无法真正领悟世界经济活动的真面目。

在现代政治活动中的专门人才，也可以沉浸在各种政治理论知识观念中实施自己的能力，各种脱离实际的政治谬误甚至政治笑话，就是这些专家们的杰作。因为他们的观念空间中除了政治知识与政治技术，并不具备深刻领悟社会政治活动与社会权力活动的完美观念。

就是文化活动中的艺术家们，也在将自己的创作活动不断地知识化了。知识化方法创作的艺术作品，特别是影视作品，可以具有极高的产量与利润。演员们的表演在普通人的眼光中，常常就是一些没有人类灵魂而仅仅具有靓丽容貌与表演技巧的表演机器人。影视艺术也就由此而退化为真人秀的电子游戏，虚幻悬空的故事情节就退化为游戏的场景，其主要功能主要就是追求虚拟的感官刺激了。所谓的抗日神剧，就是以日本军人为玩偶让观众感受自己的能力与神力的游戏化影视，伟大而艰苦的抗战历史就变成了展开游戏情节中的虚幻背景。

但这种电子游戏化的影视产品，却高度适合被知识化地塑造出来的只具有虚拟审美能力的年轻人。他们是票房的主力军，票房则是影视公司的唯一目标。既然演员变成了电子游戏中的虚拟玩偶，戏剧学院的招生标准也就主要是容貌了。既然影视制作变了成虚拟游戏的制作，创作者们了解社会与体验生活也就完全不需要了，它们只要了解现代娱乐活动的主流形态就够了。

现代艺术家们仍然可以在虚拟化的艺术活动中摆弄知识而自娱自乐。

曾经创作了流芳百世深刻感人的艺术作品的艺术家们，从来就不会摆弄自己的艺术知识。曹雪芹的文学知识超越常人，但他深刻的文化影响力从来就不在他的文学知识中。以摆弄艺术知识为主业的现代艺术家们，正是因为他们缺乏真实的艺术感悟能力。艺术知识常常是灵感空洞的遮羞布。当代中国的"文化大师"就是以摆弄艺术与历史知识来到处招摇，而其真实人品则常常见不得人。

在现代教育活动中，由操作技能的需求决定的人才培养目标，就可以离开甚至不用涉及对个体终极观念结构的明确塑造来实现人才的培养，只要被教育者具备了在特定技术体系中的技术操作能力，就算达到了教育要求。这被美其名曰为追求工具理性。这种教育将人类精神环境中不可或缺的终极公共观念的塑造推给了自由媒体。自由化的媒体引导了中国人的终极价值与理想信仰，社会权力体主导的教育活动就只能在这种终极价值之内塑造他们的技术能力。

现代教育对工具理性的追求，就决定了可以将全部教育内容工具化与知识化，并将知识的传播作为教育活动的主要方式。现代教育漠视人心与人性的观念，就是追求工具理性的结果。在现代教育者面前，受教育者的目标就是工具能力的训练，而不涉及更为根本的观念结构塑造。这种教育的成果就常常是一大批奇怪的有知识没文化的人。

仅仅具备知识化观念结构的工具化人才，具有明确的意识活动能力弊端。一般来说，仅仅依据知识的传输所构成的基本观念结构，常常在观念空间中缺乏统一融合的观念形态，也就常常不能为意识活动提供通畅有效的观念空间环境。

观念结构的主体呈现知识化结构的个体，常常在某些知识与技术领域中具有特别精细的观念结构，但这种观念结构却常常不能与观念空间的主体结构融为一体，它们的功能也就只能局限于技术操作的层面中。而他们的其他非知识形态的观念结构则常常非常简陋。一旦离开了他们的专业技术领域，他们的意识活动能力就非常薄弱。他们决定基本生存目标的终极超验观念结构常常是残缺不全的。他们常常会缺乏深厚的终极伦理观念与明确的人生信仰目标，却能终日沉浸在技术能力的实现中乐此不疲。他们的社会活动方式与人生经历常常缺乏终极情感与明确信仰，他们的内心缺乏灵魂的力量。他们一旦离开了具体的专业技术审美领域，就只能钻入商业化的娱乐活动中去。酒吧与电影院是他们大量消磨生命时间的场所，他们将这种生活方式理解为现代化。但他们却是现代消费经济的最佳拉动力量。他们的人生就是盲目地工作赚钱与疯狂地花钱娱乐，他们没有也害怕独自静思。一旦他们冷静下来，就会莫名其妙地产生一个百思不解的问题：我们活着到底有什么意义？

具有这种观念形态的个体的一般意识活动方式常常是非常简陋与直接的，他们常常会用精确而局限甚至荒谬的局部知识来代替深刻的系统思考。这就是今天流行的网络文化的形态与构成这种形态的原因。

他们常常用技术知识提供的基本功能来简化与代替终极观念的超验功能，这就常常会形成对一些基本问题的幼稚理解。现代流行文化中的大量极端主义的价值观与民粹主义思潮，就是现代教育活动方式的必然恶果。他们看似受到了高度理性化的教育，但他们的教育却让他们泯灭了人类最基本的理性能力。这就是对教育活动具有深刻洞悉力的学者所说，中国当代的教育活动就是"聚天下英才而摧毁之"。

在这种教育制度中，受教育者们的知识结构是为了适应现代社会高度组织化的社会活动方式而构建出来的，也是只能满足他们在特定社会结构中实现特定技术操作活动的价值判断能力的。他们可以依据知识结构而成为某一领域中的"专家"，但他们却常常缺乏最基本的社会价值判断能力。一旦超越了他们的专业领域，他们就会变得缺乏基本文化常识。专家们说傻话的尴尬，大学校长的错别字笑话，就是最好的例子。

现代社会中的大部分成员，并不会真正关心自己的技术活动方式与结果和社会整体秩序的深刻关系，也没有能力真正理解这种关系。他们主要由技术操作构成的社会活动方式，仅仅是一种获取工资的雇佣化活动。他们的人生追求也就集中在建立更好的被雇佣关系的知识结构中。他们优化与深化知识结构与操作能力的目标，仅仅是工资收入的增加与职业地位的提升。这也是现代社会管理活动中的公务员们的基本状态。

公务员们的工资增加主要来自职位的升迁，升官就是大多数公务员们的基本生活目标。要求他们有更深刻的精神追求与社会信念就非常困难，除非它们在幼年的义务教育中受到过相应的观念塑造。但这也恰恰是今天中国义务教育的短板。正因为公务员们的教育经历中也主要是技术性的知识训练。这种生活方式与精神追求甚至也会蔓延到社会文化活动的艺术工作者与科技工作者中去。艺术家与院士的头衔也就常常变成了一种官本位的标志。

现代社会环境中的复杂深刻的专业化分工形态，形成了具体社会成员作为一般技术操作者与社会整体秩序的高度隔离，也形成了各种知识结构与人类整体理性观念结构的高度分裂。这也是现代社会中理解全部社会秩序功能内涵的人日益稀少的原因，甚至也是关注人类精神世界与关注哲学的兴趣日益薄弱的重要原因。现代社会的成员看似获得了较充分的社会自由，但却失去了广博的精神自由。知识的灌输在打开了社会成员的观念空间领域的同时，又会形成了对他们意识活动的新桎梏。今天中国知识分子精神自由的缺乏并不是来自文化环境的约束，而是来自他们自己知识化的观念结构的简陋。而他们对此却茫然无知。

知识化的公共观念的普及恰恰是一些社会成员不再关注与自己的生存现实无关的基本社会问题的原因。这种不关注带来的无知，就是在互联网媒体中光怪陆离的谣言大肆泛滥的重要原因。制造谣言者有些是无知加恶意，传播谣言者则常常是无知加好心。

在中国传统社会中的读书人，必须理解修齐治平的全部内涵。而现代社会中的读书人，则可以仅仅关注自己的专业领域。一些高级知识分子对人类社会一般秩序的理解，也就仅仅是来自中学课堂的常识。与此对应的是，现代社会活动方式的高度组织化已经形成了远远超越传统社会的复杂形态。

现代教育活动的方法特征是知识化，形态特征则是专业化与专门化。对于无法知识化的经验公共观念与超验公共观念的传播，在现代教育活动中就只能被边沿化。感性观念的表达与传播方法在现代教育中只能处于补充地位和自发地位。只有深刻理解教育活动内涵的优秀教师才会主动地补充感性化方法的不足，而一般教育工作者仅仅会依据知识工具的方式，就会使得感性化方法的传播严重不足。这必然造成教育活动的僵化与简单化。各种非人性化的教育行为就是这样形成的。

这种教育活动的状况，也是来自感性化方法的不确定性与低效率，来自处于激烈竞争状态中的现代教育活动对效率的强烈追求。在教育活动中广泛引入竞争方式来刺激教育的发展，也是教育活动日益肤浅化与简单化和非人性化的重要原因。激烈的竞争扭曲了教育。中国高考的激烈竞争几乎左右了全部义务教育活动。

知识化带来了教育活动的高效率，高效率形成了强烈的竞争能力。在对竞争优势的追求中，又只能进一步强化简单直接的知识化工具。在这种循环的强化中，只有极少数能够忍受被边沿化的教师可以坚守自己理解教育的良知。

与现代教育对立的传统教育，特别是中国的传统教育，则是以感性化方法为主导方式来传播公共观念的。这就是通过高度不确定性的感性化的观念表达，并通过对这种不确定表达的接受形成的更为不确定的认识感悟来实现公共观念的传播。

传统教育的感性化方法决定了它的不精确与低效率。但它却可以比较完整深刻地表达全部观念结构的形态。一旦在这种观念传播方式中得到了感悟，就会形成明确深入的观念理解。这是简单的知识传播方式无法达到的。任何在知识传播方式中得到了深刻观念感受的受教育者，都必然是自己通过特殊的感悟能力实现了对知识的感性化转化的结果。

在中国传统的教育活动中，其方法就是尽量阅读与背诵形式上确定的经典文献，但对其传达的观念内涵则并不做明确的理解要求与规范的理解训练，而是由学生在宽泛抽象而言简意赅的观念表达中，依据自己的特殊感悟实现对被传达观念的领悟。这种低效率方法的结果虽然会非常广泛与深入，但其效果却高度不确定。认真者会醍醐灌顶豁然开朗，敷衍者则囫囵吞枣人云亦云。但在这样的观念传播方式中则会蕴含强烈的创新感悟能力的培养。

这种低效率与不确定性就是中国传统教育的主要弊端。这种弊端在现代教育的知识化工具面前，就常常会丑态百出而无一是处。其明确的优点虽然可以补充现代教育的短板，但却常常被现代教育高度放大自己的知识化方法所遮蔽。

中国传统教育方法虽然低效与模糊，但却始终可以将教育活动放置在观念的整体接受与整体塑造活动之中，并不会将具体的逻辑形态当作表达观念的本源。用形式抽象深刻而内容并不确定的经典文献表达的观念结构，虽然并不具体，但却可以将教育传播的观念目标虽然模糊但却明确地控制在公共观念的整体结构中。在用这种方式传播的公共观念中，整体价值功能是最重要的，表达它的逻辑结构则是辅助性的。被教育者并不会追求对逻辑结构的精确掌握，而会将精力集中于对核心观念的领悟中。这种教育方法的结果也就必然难以通过教育活动过程本身实现有效的考核与控制。

传统教育活动结果的不确定性，就决定了在同样的教育活动中可以出现学习成果非常好的学生，也可以出现完全学不懂的学生，他们虽然良莠不齐但又难以明确区分。他们只能最终在运用所学观念的实践表现中来被鉴别，而在教育的过程中则只能是大致模糊地鉴别与控制。文章优秀者不一定做事优秀，也就成为传统教育的必然现象。但文章优秀者必定观念结构优秀，则是现代教育的成果中所不具备的。现代教育成果中的优秀论文，常常会来自对此内涵理解肤浅的作者。因为论文的形式与内涵就仅仅局限于观念表达的表面化知识。

传统教育的效果不会仅仅由教育活动决定，还要由受教育者基础观念的结构形态与意识活动的感悟能力来决定，甚至还关乎他们的审美禀赋。有教虽然无类，成才则有选择。这也与传统教育的精英化目标相吻合。

现代教育活动方式中的知识形态的观念传播，具有直接在受教育者的观念空间中形成结构统一内涵确定的理性化观念结构的效果，但并不会直接形成观念空间中的感性本体。知识的表达与接受必须以共同的逻辑工具为基础。知识的传播形成了知识形态的观念接受成果，也就决定了传播结果的确定性与精确性。但这种确定性与精确性仅仅存在于接受者观念空间中的知识形态中，并不会进入其感性化的观念本体形态中。

知识化的观念传播方式并没有最终完成观念的传播，还必须有一个知识接受以后的消化过程，这就是将接受的知识结构还原为一般观念结构的感性化本体的过程。这个过程就是将逻辑简化表达形态的知识观念，通过认识活动的重构，还原为观念空间中的感性形态。

只有被还原为感性观念形态的知识，才能提供意识活动的真实环境功能，才能实现意识能量的深刻关涉。仅仅以知识形态保留在观念空间中的观念要素，也就无法成为意识活动的真实环境，既无法真正融入认识活动的观念构建活动中，也无法融入价值活动的动机构建活动中。这就是存在于观念空间中而漂浮在意识活动之外的知识形态。它们即使可以参与特定的意识活动，也常常是表面化的与概念化的。知识与概念无法形成情感，只有进入了情感状态才能透彻地融入意识活动中。

在任何知识化的观念传播中都会伴随一定程度的向感性化观念的还原过程，这来自人类的审美本能。完全没有还原的知识接受结果仅仅是一种特殊的极端状态。这种接受状态就是单纯知识的形式接受而完全没有任何对知识内涵的理解。对知识消化理解的程度才是知识真正被接受的程度。

在知识接受活动中不同程度的消化理解与还原，决定了对知识的感悟程度与意识活动对知识的可利用程度。还原的越深刻越透彻，知识的可利用性就越强烈。接受了而没有被消化还原的知识就是无用的知识。这种无用的知识仍然可以用来向他人展示表达，甚至可以得到考分。因为大部分对知识接受的考核依据就仅仅在知识的表达中。

但是，对于现代社会活动中的技术化操作方式的表达来说，知识化的观念形态则是最有效的。用知识来表达规范的行为方式，就是将知识观念直接当作行为价值的标准，这就无须对知识的深入还原与领悟，只须照知识操作。

受教育者通过知识形态的观念传播方式形成的理性化或逻辑形态的观念共识，虽然并未能够形成感性化的公共观念本体形态，或者并未能够透彻地表达出公共观念的全部内涵，但却可以表达出对社会行为方式的基本认知。这种不透彻的公共观念形态，仍然可以适应培养现代工业活动中的规范操作人才的需要。例如各种生产与管理岗位中的操作者就可以依赖肤浅的知识观念实现符合操作规范的行为与遵循预案应对问题。简单基本的工业设计活动，只要遵循周密的设计规范就可以大致得到合理的成果。这就是现代教育方法在工业贸易文明中能够得到高度发展的根本原因，也是现代社会中的专业化行为方式不断依据公共知识进行规范化的结果。

当一种知识直接成为某种社会行为方式的依据时，是否对其深刻理解就并不重要了。不理解也可以执行。资深的工程师能够依据自己独立的价值判断灵活运用知识。肤浅的工程师就只会照搬知识化的程序教条，资深的民航驾驶员可以理解对飞机操纵控制的深刻内涵，肤浅的驾驶员就只能依赖手册中的知识规范实现一般飞行。

对于训练执行操作活动的社会成员的教育目标，知识化的方法是最有效的。活跃在各个领域中的现代技术人员，大多对技术方法的本质功能无须深刻理解，也无暇深刻理解。只要可以规范地实现技术操作行为就可以了。这种规范可以用知识完全表达，甚至在比较复杂的工程设计活动中也不例外。这就是现代教育方法在现代社会中具有广泛合理性的社会活动方式依据。

现代教育方法对于知识的传播是直接的，但对于观念的传播则是间接的。知识传播的高效率就来自将一般观念传播的间接知识化。由此，低效率的直接观念传播就变成了高效率直接的知识传播。知识的直接传播并不会取消观念传播的间接过程，只不过是将这个过程推迟与隐含下来，只不过运用技术方法将这个过程排除在社会化的教育活动之外了。

现代教育的知识化传播方式仅仅是观念传播的前置环节，但在这个环节中也会形成中间状态的知识化的观念形态。这就是个体观念空间中逻辑化形态的公共观念，或者知识化的公共价值。

人类理性化的观念传播方式形成了对观念内涵比较确定的间接表达，也就形成了对公共观念比较确定的间接共识。在知识化的观念传播方法中，观念传播的根本困难并没有被消除，而仅仅是在形式上被推后了。但知识化的教育活动仍然可以形式化地实现对公共观念的传播，构成公共观念的教育任务可以在知识的传播中大体上完成。

对于塑造个体观念结构的目标来说，以知识方式接受的公共观念中仍然包含了无法消除的不确定性。但对于仅仅表达社会群体结构中个体的规范化操作行为方式来说，这种不确定性就大大降低了。对行为方式的规范要比对观念内涵的理解简单得多也肤浅得多。在一个社会群体中，可以保持成员观念结构的巨大差异，但却可以通过技术方法实现他们行为方式的统一与协调。这恰恰是现代社会组织化形态的需求。

现代教育传播的知识形态的公共观念，大致可以明确与确定地表达技术化行为的基本内涵，这也就可以基本上实现个体之间在社会行为方式中的一致性与组织化。这种在逻辑形式上与行为方式上的观念共识的方便，也就形成了知识化传播方式的优越性。对于现代社会环境中大规模地构成复杂的社会活动秩序的目标来说，知识化传播的方法具有明确的优越性。人们常常会形成这样的看法，认为知识化的观念交流方式构成的公共观念形态，就可以满足人类构建社会环境秩序的全部精神需要了，就可以完美地形成人类大群体优良的公共价值体系了。这种看法也就必然形成人类对理性与知识的盲目崇拜。

知识就是人类理性化的公共观念体系。自从具备了理性化能力，人类就开始了知识的构建，而知识化的观念传播活动，则需要依据这种构建形成的系统化成果。这耗费了人类漫长的文化努力。在工业贸易文明之前的传统社会中，因为社会公共行为并不需要高度统一的组织化方式，对公共观念的构建方式就仍然可以在传统的感性化方法中得到满足。在特殊的社会军事结构中，高度组织化的行为方式则可以通过简单的条令训练与命令服从来实现。对于需要透彻理解公共观念的少数精英们，则仍然可以在感性化的观念传播中达成他们的目标。知识化的教育方法因此就只能处于辅助地位。传统教育追求对受教育者完善人格的深切关注与完美塑造，而并不把教育的目标仅仅锁定在形成共同的行为方法之上，这也就决定了知识化方法的局限性。

现代社会中广泛需求的操作型人才，也就形成了依据逻辑化观念共识进行人才评价的标准。这种评价标准不是直接关注个体真实的观念结构或人格结构，而是直接关注个体逻辑化表达的公共观念与公共化的行为方式。具有不同观念结构的个体，在规范化的理性公共观念面前，其公共化的行为方式仍然可以表现得高度一致。

现代社会中高效率的工业化方法在其他行业中的推广与普及，也形成了各种不同社会活动中的人才需求的操作化形态。社会管理活动中数据化方法的普及，就带来了管理活动的高度操作化形态，也形成了对管理人才需求标准的高度知识化。这种改变从行政管理领域也会延伸到文化活动与教育领域中。现代教育活动的规范化操作方法，就将各具特点的塑造人格的文化教育活动变成了搬运知识的规范化行为。优秀的传统教师是人类灵魂的工程师，优秀的现代教师则是高效率的知识搬运工。

工业化方法在文化领域中的普及，将各种文化活动都变成了并不需要深刻思考与感悟的行为方式。艺术演绎中对深刻丰富的人类精神世界的揭示，逐渐变成了流行化的肤浅审美的行为展示。教书育人的深刻观念塑造活动，逐渐变成了达到大纲要求的程序化讲解和程序化的训练，以及程序化的考试评价。具有深刻的观念构建内涵的科学研究活动，则逐渐变成了规范化的实验数据与论文材料的搜集与拼接活动，以及不同形式的逻辑观点的技术化组织活动。依据深刻思维的科学成果评价活动，则逐渐变成了用固定标准在固定表达中的机械套用活动。所有这些改变，带来了社会文化活动的高效率化，但也形成了文化活动的现代化异化。这种异化也就形成了文化人才标准的异化，其中对人才观念结构的丰富性与人才意识活动的深刻性的需求也就逐渐被边沿化了。这就是现代社会投入巨大资源以工业化方式大量培养人才，但优秀人才并不比传统社会更多的原因。

与现代教育的目标相对立，无论是西方的传统教育还是中国的传统教育，则是塑造个体具备完美的意识活动能力与完美的观念结构。这种教育目标的实现，是通过对个体基本伦理结构的塑造成功与否来评价的，评价的依据则是个体的道德行为能力。这种教育成果无法由其具体行为方式来直接评价，也就决定了传统教育成果评价的模糊性与不确定性。这就常常成为现代教育诟病传统教育的基本理由。

现代教育对培养成果的评价是简单与直接的，这就是对知识接受的评价。对知识接受结果的评价要比对观念塑造结果的评价简单得多。只要被接受的知识可以用规范的逻辑重新表达出来，就可以算是接受合格了。这种评价方法基本上不涉及对知识的消化与还原环节，特别是不涉及对知识深刻的消化与还原。

即使在现代考试中用加入了解决具体问题能力的评价方法，由于考试方法与平价方法在不断提高效率的过程中，也被逐渐地程式化了与规范化了。通过理解这种考试方法来应对考试的能力训练，也就又成为知识传播的附加内容了，这就化解了精心设计的对知识消化能力的考核技巧的功能。当应考能力成为现代教育的重要内容以后，就进一步隔离了对知识还原能力的考核。

再难的能力考核问题，都架不住应对程式化考核的程式化的答题训练的破解。甚至完全不懂得考试问题真实内涵的考生，在经历了优良有效的应试技术的训练后，也仍然能够合格通过艰难的考试。通过了考试的考生并不理解考试问题内涵的现象，考试的评价远远高于他们对问题的理解程度的现象，在现代教育活动中比比皆是。高分低能是现代考试方法的必然结果。也是现代教育方法的必然结果。

这种对人才的考核与评价方法，也必然形成对教育方法的异化。这种异化的结果就已经无法保证对具有规范技术行为能力的人才培养目标了。今天的中国爆发性地发展起来的高等教育方式，虽然突然培养出了大量的高学历人才，但这些人才的真实能力则仍然是可疑的。今天中国高等教育的成果与社会和个人的资源投入并不相称。

在今天的中国，不得不通过知识的表达方式与外在行为方式来评价人才的方法，也就造就了激烈的人才选拔竞争中最高效的成才途径。各种人才评价活动中的异化方式与虚假现象，也就疯狂地生长起来。只依据文凭的评价标准，就促生了贩卖假文凭的技术和提供假教育的服务行业的兴旺与发达。只依据论文形式与数量的评价标准，就促生了大规模地抄袭论文的技术方法与代写代发论文的兴旺行业。只通过形式化的学术成果来设定国家科研经费的发放条件，也就促生了各种以虚拟成果套取经费的技术与专门化途径。在高度知识化方法的现代教育中，对真实的人格塑造与人格评价的回避与虚拟，也就必然会培养出大量的口头标榜追求公共价值与公共服务，而实际上则是"精致的利己主义者"的人才了。

在现代教育的知识化方法中，仅仅止步于知识的传播结果，而基本上不会去顾及后续的知识向观念的还原过程或知识的消化过程，也就是不关注教育活动对受教育者的观念结构的塑造与改变的实际效果。这也来自现代教育对评价观念传播的最终效果没有办法的困境。对知识的消化与还原活动的效果评价，不在现代教育活动的主要程序与主要方法之中，而仅仅在优秀老师的特殊个体体会与特殊个人行为中，而仅仅在特殊学生的特殊精神追求中。如果现代教育的成果中也会出现少数优秀的人才，这并不是现代教育主流方法的成就，而是现代教育的规范方法之外的不规范活动的结果。这种不规范的活动方式，则来自人类意识活动的特殊审美禀赋。这些少数特殊优秀的人才就是具有突破现代教育方法桎梏的天才。就是中国现代教育"集天下优秀人才摧毁之"中的漏网之鱼。

今天中国的优秀人才并非来自教育的塑造，而是来自他们特有的禀赋。优良的教育将平凡的人塑造为优秀人才，当今中国的教育则将优秀的人才桎梏为平凡的人。这种平凡的人又大致可以满足当今中国社会的需求。中国社会的人才饥渴与国家教育活动中的人才桎梏，就是今天中国文化活动中最严重的价值错位。

正因为现代社会的高度组织化与专门化的活动方式，并不大量需要具有完善观念结构的综合性创造人才，而是大量需要不求甚解但又能满足技术操作岗位需求的人才。这就使得具有明确弊端的中国当代教育，仍然可以与当代中国社会的文化需求基本上相匹配，国家教育中的严重价值错位也就仍然不会被提上台面，少数学者对不合理教育方式的痛心疾呼也就被当作了特殊的个人情感。

现代教育的形式成果，虽然具有从学士到博士院士的不同等级的学位学衔，但他们的能力形态却基本上是相同的。也就是大都是一些不同水平的具有逻辑化公共观念的拼接能力的技术操作人才。他们中只有少数人具有能够理解全部人类活动方式的思考能力。

对现代教育活动成果的真实评价，并不能由学业终结的考试成绩完全表达与控制。为了补偿这个短处，在西方现代教育制度中对培养成果的评价就是多样化的。中国现代教育环境的困境使得这种评价方式难以实现，单纯依据考试检测知识的接受，就成为最简单便捷的方式。现代教育活动中的考试成绩，一般并不能与学生的观念丰富程度与社会活动能力相匹配，高分低能是现代教育结果中的正常现象。

以现代教育的方式，要培养出高素质的创造型人才与行业领导人才，其效率必然是低下的。这就是当代中国简单复制西方现代教育形式与方法，并不能培养出大量具有优秀思维能力和创造能力的高素质人才的基本原因。令今天的中国人非常羡慕的民国时代的大家辈出，就是传统教育与现代教育相融合相补充的成就。

现代教育活动在塑造个体完美观念结构的目标中，在对受教育者的完美人格塑造中，常常是半途而废的。只有能够在教育中或教育后的实践中，能够不懈努力地纠正知识化传播方式弊端的个体，能够不懈努力将逻辑化的观念结构还原为一般观念的个体，才会达到塑造完美观念结构目标的顶峰。而具备这种能力的基础，则是个体丰富的感性化意识活动的能力以及依此构成的认识活动能力。对感性化意识活动能力的培养，才是最根本的智力能力培养。任何经历现代教育环境而获得了成功的人才，其关键并不在于对知识的接受的理性能力中，而在于他具备的感性化意识活动能力所提供的对知识的消化能力中。

80. 中国当代教育的成就与局限

在社会化的教育活动中，尽管存在着知识化的传播方法与考核方法形成的对受教育者观念塑造的间接性问题，但现代教育的方法仍然可以适应现代社会对操作型人才的大量需求，就是现代教育方式在现代社会中仍然具有强大的合理性与生命力的原因。

操作型人才与感悟型或创造型人才的不同，就在于他们只需要理解具体方法中的逻辑关系，只需要按照既定的逻辑方法思考就能完成社会岗位赋予的既定任务，而对于表达了操作方法的逻辑结构之下蕴含的复杂的深层次秩序关系，则无需理解与涉及。对于他们必须遵循的逻辑方法与技术规范的真实秩序内涵，对于这些技术规范的构成原因与改善方法，都是他们无须关注的。在他们的头脑中，技术规范与知识逻辑就是不容置疑的天条。

如果他们在执行逻辑规范的操作行为中可以理解到一些深层次的秩序，他们就可能深入到对这些规范构成原因与改善途径的理解之中，他们就会是少数操作岗位中具有特殊能力的人才，就会是一个聪明的由创造能力的操作手，就可以超越甚至改变既有技术规范实现更恰当的操作。这种特殊人才并非现代教育方法的培养目标，他们来自现代教育环境中具有特殊审美禀赋的个体，他们常常被称为是特别聪明的人或者特别勤奋的人。

对现代社会大量工作岗位中仅仅要求执行规范技术与知识逻辑的人才的培养与训练，就是现代教育活动仅仅灌输知识与考核知识的方法依据。受教育者接受了合理表达的知识就可以具备完美的操作能力，他们不能理解与消化知识则并不影响他们遵循与领会既定的技术规范与合理地运用逻辑方法。会套公式解题的人也会套规范进行设计，会推导数学公式的人也会编写计算程序。但社会秩序与人工系统的内在真实秩序，从来都不是设计规范与数学模型可以透彻表达的。

传统社会中的体力劳动者需要具有物质环境工具的操作能力。对劳动工具的使用能力就是评价传统劳动者劳动能力的基本标准。在传统劳动者中的少数特殊优秀人才，才能具备超越使用工具能力的工具改进能力与工具创造能力，他们就是具有特殊感性意识活动能力或特殊审美能力的人。

现代社会中的脑力劳动者，则需要具有对意识活动工具的操作能力，掌握逻辑工具与使用知识工具的能力，就是评价他们工作能力的基本标准。他们运用知识进行工作就像使用锄头锄地一样，仍然基本属于无须感悟不用创造的机械性操作。遵照设计任务书与设计手册的规范设计产品，遵照系统分析的方案与编码规范完成逻辑编码，都是这样的操作。电脑程序的编写者就由此被称为逻辑田野里锄地的"码农"。

当然，在这种操作中仍然会有低层次的细节感悟与创造，就像在锄地中也会有操作细节的感悟与创造一样。具有这样能力的人会具有完美更高效的操作成果，就像能干的农民具有高效完美的锄地能力一样。但他们实现工作目标过程中的本质方法，则仍然是工具的使用，就仍然是锄头的合理运用与对设计逻辑的合理运用。他们的聪明能力只能局限于此。

现代社会高度组织化的社会结构秩序与社会活动方式，已经被高度逻辑化与知识化了。从欧洲工业革命形成的数量化管理，到今天的大数据技术的普遍运用，就是社会活动逻辑化的特征。运用知识进行规范技术化操作的活动方式本身，对操作活动的社会需求效果并没有根本性的影响，知识操作活动满足社会需求的效果由知识本身的结构决定。符合知识结构要求的操作如果能有合理的社会效果，并不是来自对知识理解的操作本身，而是来自构建这种知识结构的文化活动的合理性。合理的现代社会秩序，并不会来自严格的知识逻辑，而是来自超越知识逻辑的认识感悟。对社会活动的操作者来说，只要实现了操作知识的规范要求，也就无须对操作结果负责了。构建与设计知识体系的活动也常常是设计与构建逻辑方法的活动。这种活动虽然也依赖知识但却远远超越了知识的范畴。

构建不同层次的社会活动的操作规范就是广义的设计活动，这由不同层次的管理方法的设计者与制度设计者负责。设计与构建全部社会活动的操作规范的活动，就是狭义的权力活动，这由社会政治权力体负责。无论是制度设计还是政治设计，都必须具备对所构建的社会活动方式具有深刻的感性体悟才能做好，仅仅依据知识与数据构成的形式逻辑，就常常是纸上谈兵与隔靴搔痒。

例如，很多形式上仅仅依据逻辑方法与数学模型的管理方法，对于某一领域的社会活动的影响与塑造如果能够成功，就必须是对整个活动领域具有深刻感悟的人才的深思灵感与领悟控制的结果。最复杂的社会活动决策并不会直接来自数据模型，而是常常来自穿透数据表象之后的深刻通透直觉。在一个依据逻辑模型成功实现社会活动管理的群体中，必然会有一个具备通透直觉能力的精神领袖，这个群体如果失去了这个感悟者的领导，也就常常会无所适从而一事无成。

如果仅仅具备利用知识的能力，而缺乏强大深刻的感性化艺术能力，对任何社会秩序的设计与构建活动，就会仅仅是执行设计规范的操作活动而已。依据技术知识的操作者，仅仅是具有深刻感悟能力的领导者之下的打工者或执行者，他们只要按照感悟者的要求完成技术操作就行了，至于为什么要这样做而不那样做，他们并不需要深刻知道。他们就像战略家之下的战术家，最多就是辅助战略家的战术家。现代社会高度组织化的社会活动方式的合理性，已经主要不在各个操作岗位的技术操作的合理性之中了，已经在对整体方向与整体方法的感悟之中了。就像现代军事活动的成功，已经不像传统军事活动那样主要在将领的武功能力之中，而是在高级指挥员的战略决策之中了。

在高度组织化的现代社会中，技术操作者的操作能力，既可以为行善者成就，也能够为作恶者张目。但这常常会不由他们自己决定。社会文化中的大伦理，则可以笼统地规范他们的行为范围而大致不失控。没有大的伦理信仰的技术专家，就是有能而少德的人，他们常常不具备深刻的善恶区分能力。他们的成功必须受到高层次的感悟者的引领与控制。

例如，今天的中国人已经能够模仿西方人的逻辑方法与操作程序，制造出比较好用的汽车发动机与航空发动机了，但为什么要这样制造和怎样制造才能更好，今天的中国人还并不太知道。制造出可以使用的发动机，需要具备足够的知识就可以了，制造出优秀的发动机，则需要具备超越知识的特殊艺术感悟能力才行。像发动机这种纯粹的人工机械系统所依据的秩序，人类的理性逻辑与知识工具还远不能透彻表达，任何有效的设计方法，从冶金材料与复合材料的设计到数控加工方法的设计，从工质流体的燃烧流动过程设计到整机的大规模数据仿真设计，都不能直接设计出优秀的发动机来，优秀的发动机只能通过特殊人才对这种机械装置全部工作过程的深刻感性感悟中才能得到。这种人才才是今天中国最缺乏的，也是今天中国最炫耀的高等学府的文化活动所无法培养出来的。中国的这种人才基本上是依据先天禀赋而自发成长的，基本上在现代教育中没有被完全摧残的。而教育活动本身仅仅是为他们的成长提供无心插柳的条件。因为今天的全部教育理论都还远不能理解这种人才的培养途径。

对于人类的现代社会活动来说，一台纯粹机械结构的发动机，是一种最简单的人工系统。人类的一般社会系统的活动方式，不知要比这种系统复杂多少个数量级。一个简单的社会经济活动，就比全部人类的发动机的总和还要复杂，一个国家的整体秩序构建与管理，就比全部经济活动与文化活动的总和还要复杂。中国现代教育的最高成就，就连设计发动机层次的人才都培养不了，他们的炫耀仅仅在于博士的数量与留学美国的毕业生的数量中。

与操作型人才不同，感悟型人才与创造型人才主要通过在感性观念结构中独特的思维方式来理解自己的合理环境秩序与行为方式。这需要较强大的意识活动能力与完美的观念结构条件，仅仅具有知识的人是不能胜任的。知识只是实现这种能力的简单基础。这种独特的意识活动过程，也是无法知识化与公共化的，对他们的学习与模仿，只能通过感性化的感悟来实现，他们的徒弟与学生，只能通过耳濡目染的感悟来传承他们，而不能仅仅在听课讲道理中明白他们。因为任何逻辑道理都无法表达他们的深刻感悟。对他们的观念形态与意识活动方式的传播，只能依赖传统教育的方法或师傅带徒弟的方法来实现。在一般的教育活动中仅仅依靠肤浅的现代师生关系就够了，在复杂深刻的能力传授活动中，则仍然要依赖传统的具有深刻精神交往的师徒关系。成功的大师要培养自己钟爱的关门弟子，也只能是由非知识化的观念传播为主导的方法。耳提面命与耳濡目染就是深刻感悟的传播方式，它们看似简单，但却远远超越了知识传播方式的深度与广度。因为人类主要的精神环境秩序今天还远不能被逻辑化与知识化。逻辑工具的功能还远远低于精神环境的秩序内涵。

在现代社会高度工业化模式形成的社会组织结构中，将社会成员的个人社会活动也都高度地逻辑化与程序化了。这就是所谓的现代社会的行为规范。如何走路，如何乘车，如何进餐，如何购物，如何工作，如何就业，甚至如何交友，如何表白，都有了行为规范与逻辑方法。甚至也都有了套路。人们可以离开自己真实的意识活动而遵照这些行为规范与套路，就可以大致实现全部社会活动的形式与效果，就可以大致正常生活。这种社会活动方式与社会生存方式，也就需要大量依据逻辑方法进行程序化行为的人才，而对这种人才的培训与教育，则正是现代教育方法的长项。

人类在这种社会活动方式中的深陷，虽然会形成简单和谐的有序生存方式，但也会形成对人类精神世界的简单化与扁平化塑造。这就是马克思所诟病的现代社会对人类的异化，就是马尔库塞所担忧的病态的单向度的人。现代社会看似向人们提供了广泛选择的自由空间，但实际上却是在高度压缩的秩序空间中为人们提供了高度局限的选择细节而已。这种对精神世界的秩序空间通过知识灌输实现的高度统合与高度压缩，却是对人类精神世界自由空间的大规模与大范围的限制。知识中承载的秩序内涵可以拓展人类的精神环境，但知识化的观念结构，则会压缩个体的意识活动环境。如果个体不能将知识中蕴含的秩序内涵在观念空间中展开，单纯的知识灌输就会变成对他功能空间秩序的压缩与桎梏。

正是知识化的教育活动将知识的传播高度专业化与狭隘化了，这就使得现代人才中的专才很多而通才日益稀缺。像欧洲文艺复兴时期的达·芬奇那样的辉煌通才永远不会再有了。这都是现代教育方法所赐。

尽管如此，现代社会的秩序结构与活动方式对人才的基本需求，仍然可以通过现代教育的知识传播方法得到。这就是现代教育方法对现代社会的适应性。现代教育对高层次创造人才的培育乏力，只能通过在现代教育的桎梏中具有特殊感悟能力者的自我努力来补偿，只能依赖还生存在现代教育制度中的传统教育方法残留的补充。现代高层次人次的出现来自规模化的现代教育成果中的少数奇异果。

在现代教育环境中，要提高对创造性人才的培育效率，不是应当更加严格地引导他们，而是应当给予他们更多的精神自由空间。但现代教育的高效率恰恰来自对学生全部时间的无空白管理，现代教育对特殊人才的摧残也恰恰来自这种管理方法的僵化。只有在这种僵化的教育秩序的空隙中还能够努力完善自己的感性化直觉能力的少数佼佼者，才能够躲过摧残脱颖而出。这种人才在现代教育中的稀有性就是必然的结果。

在人类的文明史中，任何优秀的创造型人才的核心能力，都是其意识活动的基本感性能力。逻辑能力与理性知识仅仅他们的工具性条件。古今中外概莫能外。没有强大的感性意识活动能力的知识接受者，最终只能成为优秀的操作者，而无法成为优秀的创造者。这就是钱学森先生生前反复提出理科大学要培养学生的艺术能力的哲学依据。中国教育中的这个"钱学森之问"，至今没有答案，也没有太多人深入探讨答案，就是今天中国教育活动中最奇怪的现象。这也是今天的中国知识分子已经严重缺乏哲学化的深刻思维能力的结果。它们中间少数接近深刻思维的人，则又常常进入佛学或遁入空门去了，因为现代社会的文化环境与任何深刻思维都已经格格不入了。

如果在现代教育的传授方法与考核方法中，有一些培养与考核感悟能力与消化能力的内容，也就会刺激一些具有感性意识活动能力的特殊学生在学习中注重知识的消化，重视将知识感性化地还原为观念，也就会改善现代教育方法的不足。不要将全部资源都投入对知识的传播中，而要适当关注对感悟能力的培养，这就是优化现代教育方法的唯一途径。

但是，中国现代教育环境中的激烈竞争环境所形成的培养活动的高效率追求，教育活动的产业化发展形成的对商业利益的强烈依赖，特别是将现代教育活动直接作为向商业社会提供就业能力的准备环节，也就必然高度压缩甚至完全消灭了试图优化其知识化传播方式不足的可能性空间。注重知识的消化与感悟，就必然会降低知识传播的效率。这种对商业化操作人才的需求与教育活动提供知识化人才训练功能的互动，就形成了一个封闭的自我强化循环。这个循环的结果就是不断提高教授知识与考核知识的效率，并坚决地将对知识的还原与感悟的培养环节排除在教育活动之外。

培养操作型人才就是现代教育的优越性。其中包括了设计人才与编程人才，也包括管理人才与规划人才。他们来自知识传播的主要能力就是不同层次的规范化与程序化的操作能力。在这些社会活动领域中，原来需要认真思考与特殊感悟的社会活动，大部分被规定的制度化程序简单化与高效化了，同时也被高度地公共化与客观化了。程序至上的原则，就来自逻辑化的程序可以最大限度地消除公共事务中个体价值判断的干扰。但这也最大限度地消除了个体特有的思维方式与感悟能力的特殊贡献。这就像高度的法治带来了高度的公平，但也会消除必要的人治中蕴含的合理性与效率。

只有在不得不依据不完善的知识来解决人类的健康难题的医学活动领域中，现代教育才不得不开了一个口子，这就是在知识的灌输与考核之外，还保留了感悟与实习的环节。但为了提高效率，花更少的资源培养更多的医生，花更少的时间尽快毕业，这个环节也常常会名存实亡。

在人类漫长的文明史中，传统的教育方法依靠观念的直接表达与直接感悟来实现公共观念的传播。这也就必然造成了教育活动的低效率与教育成果的不确定性的传统弊端。这就是传统教育常常被现代教育所诟病的短板，也是现代教育能够成功地取代传统教育的原因之一。

现代化转型中的中国，为了改良传统教育而满足建立工业化社会的需要，对教育方法与教育模式也进行了彻底的改造。中国的现代教育方式，大体上来自面对西方国家强大的竞争压力中对西方文化的行为模仿与形式搬弄。行为模仿的结果就是走入了知识化传播方法的极端。实际上，就是在现代西方的教育活动中，也还仍然会保留了大量的知识还原与知识感悟的环节，也仍然会保留培养青少年感性意识活动能力的环节，以补偿单纯知识传播方式的不足。但这常常不能被直接搬弄西方教育工具理性的中国人所看懂，只能被理解为是他们的传统文化习惯。为了实现对西方方法的彻底移植，也就常常要表现出与自己的传统教育方法的彻底决裂，也就是与任何感性化的观念传播方式的决裂。

今天中国的中小学生移民西方社会，常常以自己的数学能力而傲视西方的同学，但真正进入大学以后，在需要依靠感悟能力的创造性思维中他们就开始落后了，强大的数学解题能力也就用不上了。在创造性思维中少数能够灵活运用自己数学工具的学生，并不是数学训练中最优秀的学生，而是保留了感性能力与感悟方法的学生。在中国教育中对这种现象的不能理解，就将这种学生称为个体的特殊聪明。实际上，今天越是聪明的学生越会追求知识的快餐，只有显得愚笨的学生才会关注自己独特的内在精神世界。

在中国的传统社会中传统教育方法的形成，来自中国传统文化与传统公共观念的高度感性化结构。这种教育方式与需要传播的文化结构是相适应的，也是与社会活动对一般人才的需求模式相适应的。中国由农耕文明向工业贸易文明的转型过程中，从西方引入了现代文化的形态与传播方式，也就逐渐改变了教育活动的方式。中国对工业贸易文明社会秩序的追求，也就改变了传统社会对人才的需求模式，由对具备儒家修养与深刻感悟能力的人才需求，迅速变成了对懂得现代文化的知识型人才的需求。传统教育方法也就这个转型中逐渐被废弃，新的大学教育模式逐渐变成了主流。

这个教育模式的转换过程，也可以分为两个不同的阶段。一个是民国时期对主流文化的更迭阶段和现代教育模式的初步确立阶段，另一个则是新中国时期对文化结构与社会管理方法的彻底更新时期与对现代教育方法的极端化发展阶段。

在第一个时期中，通过新文化运动实现了对传统文化的贬斥，但并未全面接受西方文化的深层次伦理结构，特别是还保留了传统文化传播中的深刻感悟与个性化体悟的传统教育方法，并在这种教育方法的基础上叠加了具有西方教育方式优越性的知识化方法。民国时期凸显出来的一批所谓学贯东西的大师，并不仅仅是思想与学问的中西融合的成果，也是学习方法与思维方式的中西融合的成果。这种综合形态的教育方法的好处，就是在接受知识传播的准确与精确优点的同时，仍然能高度地关注对知识的还原与消化。这也是对民国时期只有少数人才能享受到的精英化教育的成就受到了历史公认的高度评价的重要原因。

从此以后，西方文化作为比自己的传统文化更好的文化形态，通过现代教育的方式大规模地引入了中国，并为中国社会的现代化转型准备了文化条件，特别是为中国政治的现代化改造与现代国家的政治重构的革命运动培育了基础人才。后来在现代中国政治舞台上叱咤风云半个多世纪的国共两党的核心骨干，大多是这个教育方式中的优秀学生。

在这个文化更迭与文化引入的时期中，教育方法则还仍然继续保留了传统的优点，仍然主张知识的个性化感悟接受与知识的还原与消化，特别是，还没有因为就业的激烈竞争向教育活动中的延伸而引发教育活动本身的激烈竞争。在任何领域的激烈竞争结果都是必须不断地提高效率与降低成本才能实现生存，教育领域也同样。提高效率的最好方法，就是教育方法的高度知识化和去感悟化。

民国时期的教育方法，正是因为在引入西方知识化传播方法的同时，仍然兼顾了甚至坚持了中国传统教育方法中的感悟功能，还没有将教育的目标完全变成传播知识，还适当地保留了教育塑造优秀人格的优良传统。教育的目标还没有完全依赖社会活动的成就来评价，还适当保留了追求个人精神世界完美性的目标和塑造道德人格的精神追求。这种相得益彰的综合状态，就是民国时期在国家的政治动荡与经济混乱中仍然保持了不错的教育成就的重要原因。民国时期出现的一大批文化与学术大师，大都是具备了优秀的知识化理性能力与优秀的艺术化感悟能力的佼佼者。这样的人才，进入新中国时期以后就日益稀少了。

新中国新秩序，新国家新精神。新中国以终结了辛亥以来的国家政治动荡为其重要的历史功绩，更以终结了晚清以来国家与民族在西方的竞争压力下的衰败趋势的功绩而彪炳于史。新中国承载了中华文明由传统文明向工业贸易文明实现国家化转型的关键过程，也是中国制止衰败重新崛起的新起点。民国时期只是这个过程的准备与过渡阶段。这个新起点的核心标志，就是政治上的独立与经济上的自主。虽然为了获得这个独立与自主的新中国，不得不忍受了极其艰难的内部与外部的困境。对于很多中国人来说，实现这个艰难的翻身转折与重新崛起的代价是惨痛的。今天占据了中国文化活动领域的大多数知识分子，由于他们特殊的青少年教育经历所形成的历史短视，就仅仅将这种艰难的困境理解为国家的错误与自己的苦难。对中国现代历史经历的讨论，可以是如何减少代价，而不应是漠视与放弃崛起，更不应是仅仅沉湎于倾诉个人经历的惨痛。

为了迅速重构稳定有效的国家治理结构，为了突击构成工业化的基础以便应对严重的外部军事压力，新中国就选择了苏联的道路。这种选择是历史合理的，其他道路都是弯路与死路。这条道路在文化领域中的结果，就是将文化体系迅速实行马克思主义化的改造。

新中国成立初期对教育系统剧烈的院系调整与专业重设，就是为了让教育活动高效率地为国家的迅速工业化服务，这也就必然形成对教育方法强烈的知识化改造。这种教育方法的改造是在强烈的马克思主义化的意识形态改造运动中实现的。今天的中国所具备的世界工厂的地位，就是这个高效的工业化运动的历史性成果。大多数发展中国家没有经历这个艰难的涅槃，也就难有今天中国的世界性地位。亚洲"四小龙"成功崛起的特例，也是拜了儒家文化环境对冷战前沿的资源富集之福。与中国几乎同时立国的印度，曾经以比中国优越得多的工业基础而傲视中国，而他们今天会渐渐落伍于中国的基本原因，就是因为没有中国人饱含了痛苦的高速工业化过程对社会结构的根本改造。其中也包括最大的改造失误带来的大饥荒。一代中国人的苦难，栽下了今天国人得以乘凉的大树。有些聪明的知识分子则以为可以不必经历这种苦难，就是因为他们肤浅的社会知识无法理解今天的成就与曾经的苦难的必然因果。

新中国教育改造的结果，就是在迅速为国家培训出大量专业配套的工业化操作人才的同时，也将民国时期的精英化教育逐渐改造为全民化的教育。这个改造是渐进的，也可以分为两个阶段。前一个阶段是改革开放前具有政治化精英特征的工农化改造，后一个阶段则是改革开放以后将高等教育市场化的普及化改造。

改革开放前的国家教育目标，就是高速培训工业操作人才，而将少数具有感悟与创造能力的高端人才的来源，寄希望于西方教育的人才的回归与少数优秀分子的苏联留学。这个时期高等教育的全部目标就是高效率地知识化训练工业操作能力。因为新中国工业化初期的主要任务，就是对西方与苏联工业技术的直接模仿。国家对全部教育机构的设置与功能，也就以这个目标为依据进行了相应的改造，也就几乎废除或弱化了全部没有工业化操作意义的专业，几乎将全部教育方法变成了知识的强化传播。这种培养目标的改造，也就将优秀人格的塑造目标功利化与高效化地改成了优秀政治思想的目标。人格培养与伦理塑造由政治思想教育来承载，政治思想教育的方法则是政治理论的知识化传播。其中必要的塑造劳动人民感情的培养目标，也就无法在教育活动中得到落实，只能依赖教育活动之外的社会活动了。当时的这种教育目标被称为"又红又专"。

这个教育模式改造的特殊结果之一，就是在整个教育活动领域中几乎断绝了人格培养与伦理塑造的理论与方法。当改革开放以后不得不废除已经百无一用的政治思想教育后，也就失去了伦理教育与人格教育的理论根基与方法传承了。在教育活动中失去了对基本伦理观念构建的目标，或者将这个目标放任于社会文化环境中的自然构成，全部教育活动的目标就仅仅是传播社会活动的技术操作知识了。当将狭隘的又红又专目标展宽为德才兼备目标时，才的标准就简化为知识的标准，德的标准也就必然被虚化与悬空了。

当被政治价值取代的伦理价值被虚化以后，重新恢复德的教育就失去了文化基础与教育理论依据。在这样的教育活动中的培养成果，就常常是一些缺乏道德精神根基与本土文明伦理观念精神依托的极端工具理性化的人才，他们在西方文化的熏陶中被耳濡目染地塑造成了个人主义的伦理结构，也就必然在与高度理性化的知识结构的融合中，变成了冠冕堂皇地高唱工具理性价值观的精致的利己主义人才。他们的知识与能力最终都必然是实现个人主义伦理目标的理性化工具。这就是今天看似具有伟大成就的中国高等教育的某些成果与现状。

在这个教育改造的成果中，也仍然具有向底层青年提供向上流动渠道的功能。但这个功能与培养高素质人才的功能的目标则是对立的。

今天的中国通过大规模的城市化进程实现社会结构的现代化转型，就必然要将新中国成立初期不得不塑造的城乡二元化的社会结构融合起来。这就形成了迅速开通农村与底层青年向现代城市社会流动渠道的任务。今天商业化的高等教育也就必然成为这个目标的实现载体。在中国高等教育的主体责任中也就有了对新青年进行知识化培训，让他们具备在城市中就业的操作能力的功能。

这与新中国初期的高等教育以大规模地培训工业生产的操作能力的任务是类似的，只不过由于那时教育资源的匮乏，而不得不保留了精英教育的模式，就是将资产阶级的精英教育改变为工农阶级的精英教育。今天的高等教育则以普及化为目标，向几乎一切适龄青年提供高等教育的机会，只要他们愿意付出资源与努力。

当高等教育活动变成了就业准备与向城市移民的条件后，就业竞争的压力与城市移民竞争的压力，就必然会向上传入教育活动的领域中。高考与中考就变成了向大城市移民与向西方移民准备的重要门槛。在当代中国社会中，农村青年的大规模城市移民热潮中的激烈竞争，城市青年的大规模西方移民热潮中的激烈竞争，也就必然充分地转移到教育活动中来。对现代教育活动的高度商业化改造又为接纳与贯通这种竞争提供了良好的条件。如此，对通过不同层次的移民活动来改善自己人生境遇的教育追求者们，大谈人格塑造与素质教育就必然是对牛弹琴。他们唯一关心的受教育结果，就是如何打开就业与移民通路的文凭与学位。文凭与学位中的间接知识含量，则在激烈的就业竞争与国际化的移民操作中变成了人才鉴别的基本方法。

因此，今天中国高等学府中的考试作弊盛行，各种逃课替课的操作技巧流行，甚至雇人替考也常见。中学与高校老师们像对付犯人一样地对付学生们的各种古怪行为也就完全可以理解了。因为从教师们到学生们，他们到学校来的追求中，就是学历与学位的空招牌是实在的，其他的一切都可以虚构。他们学习知识的活动，就仅仅具有获取学历学位的意义。如果真的还具有了某些操作技能的意义，就只是一种附带的功能。即使是这样的高等教育状态，也完全符合为底层青年提供向上流动的社会通道的功能需求，而且可以非常高效地实现。这就是今天中国畸形的教育活动的社会合理性。

此外，具有一定违法风险但更为高效的通道技术也会应运而生。当代中国各种提供假学历与假文凭的文化服务行业自成体系地兴旺发达就是例子。这种巨大的需求与利益甚至可以引导与改造西方的教育机构，专门为中国人提供假学历的西方野鸡学校，在方鸿渐们死了多年后，又因为当代中国的需求而重新兴旺起来。

面对激烈的就业竞争而形成的仅仅为就业服务的高等教育，也就必然是一种严进宽出的制度。世界上最严格的高考一旦通过，就进入了世界上最宽松的大学。学生们学与不学大致都可以毕业。充满了不上课而混毕业的技巧，就是当代中国大学生活中的奇葩特征。

正因为大学的目标与复杂艰难的塑造人格无关，大学就变成了一个就业培训的过场，就仅仅是一种文化产业的利润来源和文化机构的官位载体。能不能学到一些知识与能力全靠学生们的自觉，学校大体上是不会多管的。而大多数同学除了尽快毕业去享受城市生活以外，也是不会有其他追求的。很多学生的大学生活本身就是重要的城市生活享受，课业与学习反而变成了一种形式装饰。逃课与睡课对它们来说是理直气壮的，因为上课对他们来说本来就是多余的事情。他们与直接花钱买文凭的在职官员们相比，已经是比较尽职了：至少我还在学校里住了三年。

尽管如此，中国的大学教育仍然可以保留一个合理的公共化目标，这就是尽可能地实现教育的公平。无视了教育质量的教育公平，也就变得简单得多也容易得多了。至于公平塑造的人才质量如何则不必太关心。

正因为在今天中国尊重知识的教条中，几乎将文凭当作了城市就业的全部条件。文凭的含金量就在大学的排位中，对大学不切实际的评价与排位，也就显得异常重要了。它既决定了文凭的地位，也决定了学校官员的地位和学校经费的规模。而中国根本就没有对大学生质量的评价体系。

如果大学生们的目标就是就业，就业竞争就变成了文凭竞争。这样的大学生永远不够用。因为并没有真实能力的大学生却在就业中常常干着普通人的活。今天大学生的就业能力基本上就相当于"文革"前的高中生。

当社会基础教育和社会家庭教育不再追求对青少年的基本社会生存能力的培养时，这个任务就只能推移到大学中去。在今天中国的大学中，也就在奇怪地承担起培养学生们本应在中学甚至小学就具有的自主生活能力与自主学习能力了。大学老师就变成了与未成年人打交道的中小学老师。那么中学与小学老师们在干什么呢？传播知识！因为除了传播知识他们大概什么也不会干。培养青少年良好的自尊与良好的社会行为习惯，早就不是中小学教师的能力与追求了。现代化的中小学教育早就将塑造青少年基本人格的功能虚化了。各种管理中小学生的行为规范就像奇葩一样，从裙子与膝盖的距离到头发与肩膀的距离，从头发颜色的深度到男女生面部的距离，都有了明确的规定。因为在教师们的知识结构中，学生们就是流水线上的产品。因为教师们除了有知识以外几乎对教育什么都不懂。教育理念与教育方法从来都无法知识化。通过中学教育的流水线出来的毕业生，除了有"知识"以外也几乎什么也不懂。他们常常缺乏情感，可能没有爱心，几乎不知责任。他们进入大学的唯一追求就是自己的财务自由，财务自由的唯一用途就是豪宅靓车美女帅哥与移民。这样的人才或许可以成为中国崛起的垫脚石，但不会成为引领者。

81. 中国当代教育的改造方向

新中国的历史状态与历史任务，决定了其教育活动的现代化转型，必须采用传播知识的高效方法来实现。这是由新中国面对建立工业化基础的人才需求方向所决定的。新中国工业化进程的初期努力，主要是对苏联与西方工业技术的模仿和复制，并依此快速形成国家系统化的工业基础。模仿与复制需求的人才主要就是单纯的知识型人才，就是可以熟练运用逻辑工具理解工业生产技术与方法的人才。

在模仿与复制中也会需要一些具有高度感悟能力的创造性工作。对这种高层次人才的少量需求，可以依靠少数民国时期的学者与从西方回归的技术专家，也可以依靠执政党自己历练出来的管理专家。而大规模的知识性的人才才是自己教育活动的培养任务。

至于在模仿中进一步实现理解与感悟，并在感悟中改造这些技术将其本土化落地，则仅仅依据这些少数专家们的感悟能力与大部分本土知识分子的知识能力就基本上够用了。正因为很多技术专家并不能很好地将外来技术消化，也就有了很多嘲笑知识分子不当行为的故事。这也是在业务上必须推行知识分子与工农相结合的思想改造的依据，这种改造常常与政治思想与伦理观念的改造并行。鉴于知识型的专家们对工业化初期的模仿与复制任务基本上是胜任的,新中国成立初期对他们也就仍然是信任与重用的。

就是在对知识型专家的培养中适当地关注知识的消化与还原应用的目标,也还可以被适当地保持,特别是在对高层次专家的培养中。这个时期的教育方法的现代化转型也仍然可以包容一些传统教育的方法,这也就衔接了民国时期的教育传统。

渡过了这个阶段,在中断了与苏联的大规模技术合作以后,对于具有超越知识能力的感悟能力的技术专家的需求,也就明确地增加了。在十多年高等教育成果的数量积累中,也产生了少量能够具有超越知识模仿方式的感悟型人才,他们也还基本上可以满足国家的需要。

改革开放之后,大规模多样化的经济建设活动蓬勃兴旺,各行各业对技术模仿型人才的需求就集中爆发,国家对高等教育活动的市场化拓展形成的培养能力的急剧扩充,也能很好地满足这种需求。国家高等教育自我复制式的高速扩充,也就只能简单化地复制知识化的教育方法,而具有深刻感悟能力的教育人才则无法突击培养。特别是对主流文化中的宏观公共伦理教育的弱化与边沿化,这个时期培养出来的知识型人才的特征与缺陷也就更加突出了。人才质量不佳的诟病开始显现了,呼吁培养具有创新能力的高素质人才的声音出现了。

所谓创新能力,就是超越对知识模仿能力的感悟能力与审美创造能力,就是既具有强大的理性逻辑工具的运用能力,也具有强大的感性化体悟能力甚至艺术创作能力的人才。这样的人才在中国高等教育的高度知识化与专门化的方法体系中,就只能很少量地培养出来。只有少数具备了特殊天赋与强大独立审美能力的个体,才能在中国方式的教育制度的缝隙中,偶然地顽强地生长出来。因此,以当今中国高等教育的数量规模却只能出现少量特别优秀人才的现象,就是可以理解的,也是必然的。

很多经历了民国教育和西方教育的优秀专家,是非常理解当代中国教育的短板与弊端的,虽然他们的理解还仅仅停留在个人经验的感悟中,但对这种教育方式的本质弊端则是说得十分明白了。他们的意见常常是超越了他们所擅长的专业领域的，还无法深刻地哲学性概括与进行国家文化视角的表达，因此也就难以形成对国家教育方针的重要影响力。

例如钱学森，例如丘成桐，就多次提出过在对理科大学生的培养中，也要强化培养他们的感性能力与艺术能力的建议。他们都从自己的学术成功中深切地体会到知识传播功能的局限性，深刻理解了知识的理性化传播还必须依靠知识的感性化还原，才能构成最根本的创造能力的道理。但是今天中国哲学的凋敝与教育理论的幼稚，使得他们的表述变成了一种特殊的个人经验感受，而无法得到逻辑化的理解与公共化的支持。今天教育界中的知识分子群体与官员群体甚至没有人能够理解它们。他们言辞切切，听者莫名其妙。

现代教育的弊端来自以知识的传播代替了观念的传播。这也是现代教育的优势。优势对弊端的掩盖，就是弊端无法被认知与去除的基本原因。

现代教育的优势就在于可以通过高效率地传播知识，迅速培养现代社会活动中大量需求的操作技术人才。但仅仅依靠传播知识的教育方法并不能有效地大量培养真正理解知识内涵，并能够依据知识表达的观念内涵改造与创新知识体系的人才。这种人才的认知能力与创造能力不仅仅需要依据知识，更需要依据对知识的感性理解与感性还原能力获得的超越知识表达的深刻领悟。这种人才在新中国大规模工业化的初期并不大量需要，在今天中国的大规模城市化运动中也仍然不会大量需要，但对国家今后的现代化进程却不可或缺。要成为文化独立自主的国家，必须依赖一大批具有超越知识具有独立精神追求能力的人才。

随着当代中国城市化进程的深入，中华文明对西方文化的移植与模仿，也就会逐渐转变为依据自己的思维来创造自己特有的社会活动形态了。西方的知识体系曾经为中国人提供了进入现代化社会的阶梯，但今天已经开始变成中国现代化进程中的桎梏与阻碍了。中国现代化道路的征程还须中国人依据自己的感悟与思考来完成。

当西方文化的内容已经无法包容与安置中国现代化进程的特有方式时，就开始大量需求具有理解与改造知识体系能力的人才了。今天的中国已经不仅仅需要只会模仿知识的技术操作人才了，更需要深刻理解技术与创造新技术与新知识的人才了。今天中国遍布于高等学校与学术机构中的知识分子们，仍然大都是技术模仿型人才，他们所谓的学术研究，大都是照抄西方知识与西方模式，大都是在西方文化既有的观念范式中加入一些中国数据，并对由此而得出的结果仍然依据西方人的视角进行解释。他们还基本上浮在中国社会之外而沉浸在西方文化之中。新加坡国立大学华裔学者郑永年，已经鲜明地指出了中国当代学术的这种诡秘特征。但在中国的学术界中甚至没有反应与争论，因为没有人能听懂。

这些知识分子们在茶余饭后常常会羡慕民国时代，但在那种艰危的国运中还有大量知识分子在独立思考。而在今天的国泰民安中，具有独立精神的知识分子已经凤毛麟角了。虽然他们也常常把独立精神的口号挂在嘴边，但他们的所谓独立精神就仅仅是他们的个人欲望而已。某些看似主张公共价值的独立精神者，实际上则是在捡拾西方人诟病中国的牙慧。

在今天中国的发展中出现了人才需求内涵的转变，新中国成立以来确立的现代教育方法与教育理论也就开始捉襟见肘了。中华文明中蕴含的智慧本身就必然开始审视与思考我们教育方法的弊端了。

但是，如果将中国今天的教育目标，完全转变为对知识的感悟型与创造型人才的培养，也无法适应当今社会对高等教育的需求。中国的高等教育仍然要在相当长的时间中承担就业培训与知识训练的任务。通过高效率地知识传播来迅速改变大量年轻人的生存方式仍然会是中国大学的重要任务。这就构成了今天中国教育的二元目标，即既要培养创新型人才也要培养模仿型人才。但它们的方法与途径是不同的。

当代中国对模仿型人才的需求，就是高速城市化进程对社会文化的需求，满足这种需求就是高等教育为城市移民与城市就业的重要贡献，这也是国家权力对高等教育的基本要求。广大低层次青年人对此翘首以盼。对他们宣传追求对知识的感悟与塑造完美人格，差不多就是对牛弹琴。类似毛坦厂中学的集中营式的教育方式，对于现代人文精神是毛骨悚然的梦魇，对于底层农村青年则是人生追求的希望。

继续强化知识化的教育方法，继续通过对知识的考核来实现移民与就业的竞争，对于仍然生活在落后农村的年轻人来说，就是最大的公平。他们只能在这种公平中体验到社会的平等。也只有与此衔接的高考制度，才能消解一些已经在中国城市中出现的阶层固化。对他们来说，艰苦而高效的知识灌输，残酷而激烈的考试竞争，就是他们得以上升的唯一阶梯。

另一方面，在今天中国的沿海地区，高度现代化的城市形态已经大规模形成。这种社会环境对知识的需求已经不能仅仅满足于简单的传播与直接的行为模仿了。产业的升级需要感悟与创新，生活的小资化需要独特的审美，中国人也必须重构自己的现代新文化了。理解今天中国特殊经济活动方式的思想，也需要新的感悟与智慧，整合与创造今天中国新文化的任务，更需要超越知识的感悟型与智慧型人才。仅仅满足于对知识模仿的教育方法，就开始不能适应了。对新的教育方法的研讨虽然已经迫切，但对它的表达仍然模糊不清地沉溺于对素质教育的争论中。

在中国社会历史性突变中形成的发展不平衡，使得中国社会仍然需要面对大量人口的现代化知识塑造任务。对大量农村人口的再教育与再塑造的繁重任务，仍然是中国现代高等教育的历史责任。简单的知识传播方法对此仍然是最有效的。大量的农村青年们或者刚刚进入城市的底层青年们，需要迅速便捷地改变自己的生存方式，需要快速进入现代城市的就业环境。对他们来说，仅仅用知识化的操作方法训练就是最合理也是最高效的教育方法。

今天中国普及化的高等教育活动，仍然会在一个较长时期内对这部分社会成员提供知识化的观念塑造服务。由新中国成立初期确立的高效传播知识的教育理论与教育方法，也就仍然具有合理性。用高等教育的知识传播，来实现对农村人口进入城市的需求进行控制与调节，既是符合现代公平原则的，也是符合中国传统伦理的。

任何调节方法都是一种限制。运用教育成果对社会上升活动实现调节与选择，具有中国文化中来自科举制度的伦理根基，也是中国人心目中的公平标准。尽管这种教育成果有待商榷。

当教育结果成为城市化移民的调控方式后，激烈的移民竞争与就业竞争也就必然向上延伸到教育领域中。激烈的竞争必然形成手段的多元与方法的无序。马克思说过利润让资本必然含血，含血的资本并非来自利润，而是来自获取利润的激烈竞争。今天的中国形成了人类历史上最大规模的就业激烈竞争，也就形成了最大规模的教育激烈竞争。这种竞争甚至延伸到了西方教育中，赚中国留学生的钱已经成为西欧北美的新兴产业。

当代中国的二元化教育目标与教育方法还会持续一个时期，直到大规模城市化的历史进程结束。在这个历史时期中，也就必须保留适应二元教育目标的二元教育方法与二元教育结构。一方面，要进一步满足城市优秀学生对塑造优秀人格的需求，保证国家对高端创新人才的需求，向他们提供在传播知识的基础上更全面更深刻的优良教育，减少这些追求优良教育的人口大规模地流向西方，以便为中国文化的整合与崛起，为中国经济结构的高端化升级，为构建中国必需的文化精英集团而提供合适的人才。另一方面，则还必须保留简单直接的知识传播教育，实现对新兴城市人口的现代化塑造与职业训练，让他们迅速适应城市的生存与生活，也让他们快速进入社会结构中的上升轨道。

对此，国家的教育方法与教育理论也就必然二元化，既要继续支撑传统的快速传播知识的教育体系，也要不断创造与扩大能够塑造完美人格与培养综合创造力人才的教育理论与教育方法。其中一个可能的途径，就是区分本科教育与研究生教育，改变研究生教育本科化与普及化的趋势。

今天中国的文化与教育领域中对教育方法与教育改革的激烈争论大都不得要领。争论的双方基本上就是站在这两种合理的教育需求的片面一方，而攻击与诟病另一方。他们都有道理也都无道理。这种不理解中国情况的争论永远不会有结果。争论并不一定会形成真知与真理。

今天中国的合理教育模式必然是二元化的。中国也必须构建二元化的教育理念与教育目标。改变人生状态是教育目标，塑造完美人格也是教育目标，这两个目标要明确区别。在面对社会底层青年改变人生状态的追求就不要奢谈完美人格了，他们的需求就是就业能力。艺术修养与审美能力，综合素质与道德精神，对他们就是奢侈品。他们的基本伦理应该在通行的义务教育中塑造。义务教育要强化伦理，高等教育再强化知识。将知识教育过度地下移到义务教育中，既挤占了伦理教育的空间，又让本科教育内容过于稀薄。但这也是一种无奈，因为混乱的中国文化已经失去了伦理教育的依据。

在面对城市优秀青年追求完美人格与创新能力的教育中，就不必追求教育后果对他们社会地位的改变与就业能力的强化了。单纯的精神修养与审美禀赋也可以是教育的目标。恢复对传统贵族精神的培养并非坏事，毕竟人类全部优秀的文明形态，都首先发端于传统贵族的生活方式中。人类文明的传播过程就是贵族生活方式的普及过程。"腹有诗书气自华"，就是中国人对贵族精神的追求。红酒咖啡夜生活，则是暴发户对于贵族精神的误解。

二元化的教育目标在文化与宣传中的混淆，就是教育二元化改造的首要拦路虎。受教育者不接受二元化的目标，教育的二元化改革就无法落地。受教育者对二元化目标的混淆，也一定会影响教育者与教育管理者的头脑。中国教育改革的起步应该从对教育的基本伦理与教育文化的基本结构的检讨出发。

二元化的教育结构并不是精英教育与职业教育的简单划分，而是改变生活状态的教育与优化生活状态的教育目标的划分。他们没有高下，只有是满足不同社会需求的方式。就像任何服务业都会具备满足不同层次需求的行业状态一样。不应依此来标定学校的地位。

追求不同教育目标的青年可以选择适合自己的教育机构。追求塑造完美人格目标的人不要诟病教育的成果没有社会效用。人格的改变并非技术能力的提升。追求改变人生与尽快上升地位目标的人则不要诟病教育不塑造人格与不提高素质。就业的竞争力主要来自技术能力而不是精神素质。

对于迫切希望通过优良教育改变身份与改变生活的年轻人，就为他们提供不同层次的知识训练，从简单就业训练到高级经理人的训练都应当有，不要追求培养他们创新能力，这样才有效率。他们就是社会活动中的不同层次中的操作者。

对于已经衣食无忧而仅仅通过就业来自我实现的城市青年，则可以为他们提供不同层次的贵族化教育，让他们的完美人格状态与文明社会举止成为一般社会成员的楷模。不要将贵族教育理解为暴发户教育与奢侈消费教育，必须重构中国新时代的文明标准与文化楷模。社会主义核心价值观的优秀践行者就应当是新贵族的最高行为标准，而不是仅仅将它们压缩在小学生的最低行为规范中。将贵族行为理解为专横跋扈的暴发户行为，是一种文化误解。

社会的腐败来自稳定秩序中积累的沉疴。教育的腐败来自在稳定的教育秩序中的方法简单化与目标异化。改革开放初期，为了在国力不足的条件下迅速改善教育困境，将新中国成立初期的精英化教育迅速平民化，将教育活动市场化就是国家的合理选择。这个选择的副作用就是教育活动的商业异化。

腐败的有效清除来自腐败机构内部的自洁功能。教育腐败的清除来自教育机构成员对合理教育行为的追求。合理的教育行为方式由合理的教育目标与合理的教育伦理来塑造。没有合理的教育文化与教育伦理的社会环境，就不会有清廉健康的教育活动形态。

教育活动的过度市场化提供了腐败的土壤，但教育的市场化或教育的经济活动化并非教育腐败本身。要消除教育腐败必须在市场化的教育活动中有效隔离教育活动与一般经济活动的直接联系。经济活动可以资助教育但不能直接进入教育，教育机构更不能追求利润目标。例如，教育捐款机构不能控制教育活动的方式，教育基金不能插手教育活动，研究经费的提供机构不能直接或间接干预研究活动的具体方式。

今天中国教育活动中严重的市场化腐败，就是将教育构直接变成了商业机构。这就是教育的商业异化。当大学变成了企业，当教育活动变成了赚取利润的工具，教授就变成了必须服从领导的企业员工。教育的异化来自教育文化的异化。教授治校的权力来自单纯追求精神塑造的教育目标。

第四篇‖
价值与动机

第二十一章　环境需求与价值

82. 欲望与需求是人类适应环境的生命能力

生命是宇宙的特殊形态中孕育出来的存在方式。作为特殊的生命存在，人类在生命的演化中逐渐形成了自己适应与利用环境的行为能力，这种行为能力是人类得以实现环境生存的条件。

人类形成环境生存能力的生命秩序动因就是欲望。欲望是人类实现生存的生命本能。欲望通过生命的繁衍在生命个体中传承。个体的欲望形态来自生命秩序的遗传规定。

所谓欲望，就是人类的生命秩序形成的生存能力，就是人类生存行为的原始动因。欲望就是人类全部行为的生存本能依据。欲望就是本能。

欲望来自生命活动，由生理能量维持与保证。欲望是人类对环境需求的内在依据，欲望在环境中通过人类的行为获得满足。不同的生命秩序对环境形成了不同程度的需求，也就形成不同强度的欲望。欲望的强度表达了生命秩序对环境需求的程度。

人类的不同欲望具有不同的强度。同一欲望在不同内在环境与外在环境中也会呈现不同的强度。欲望的强度可以被生命活动的积累而强化。欲望的强度在行为的满足中可以得到消解。追求欲望实现的行为也是消弭欲望的原因。

人类在生存中依据生命秩序不断形成与积累欲望，也不断强化欲望。人类通过生存行为不断削弱与消除欲望，也不断弱化欲望。欲望的构成与积累和欲望的实现与消弭构成的对立与均衡，就是人类欲望存在形态的秩序依据与变化依据。

欲望是人类行为的基础动因。欲望的变化与具体展开的不同方式，也就形成了人类个体与群体生存行为方式的复杂形态。不同欲望间的均衡状态，决定了人类群体与个体的生存状态。

人类不同的欲望形态表达了人类对环境的不同需求，也决定了人类对不同环境条件的适应能力。人类不同欲望的强度总和具有恒定的形态。不同的欲望之间的不同强度具有互相遮蔽与互相代偿的关系。在人类的全部欲望中，某一欲望的增强会形成对其他欲望的压抑。欲望的满足也会在不同欲望形态之间形成相互影响与相互传导，在人类的局部欲望中，某一欲望的强烈满足也可能形成对相近的另一欲望强度的激励与强化。

人类在两个世界中以两种行为方式实现自己的生存，也就形成了在两个环境中不同的欲望形态。人类在精神世界中的欲望，可以全部由审美欲望来表达。审美欲望是人类构建精神环境秩序并维护意识活动秩序的全部动因，也是创造人类丰富的精神价值与环境需求的全部内在动因。审美欲望的实现构建了观念结构，创造了观念空间。审美欲望的实现也维护了意识活动对观念结构秩序的依凭。审美欲望是人类在意识活动中追求观念结构与价值结构的和谐与完整的唯一动因，审美欲望将人类变成了有理性的生命，变成了有道德精神追求的动物。

审美欲望通过人类的意识活动实现满足。观念空间环境中的结构层次与差异，形成了意识活动的环境差异，也形成了审美欲望表达与实现的差异化形态。审美欲望在不同的意识活动领域中可以表达为不同的审美禀赋，在不同的意识活动方式中可以表达为不同的审美价值取向。审美价值取向的结构由观念结构决定。

人类的生存来自生命形态在自然环境中的演化成果。人类的生存欲望首先是依赖自然环境的物质欲望。人类的基本物质欲望通过对自然环境的利用与适应实现满足。

人类意识活动能力与群居方式的结合，形成了人类社会化的生存形态，形成了人类的文明。所谓人类的文明，就是以社会环境为媒介来实现对自然环境的适应与利用的生存方式。进入文明以后，人类的物质环境就逐渐从自然环境转化为社会环境了。在高度文明化的现代社会中，人类的全部物质环境就是社会环境了。人类就开始生存在精神环境与社会环境中了。

人类对物质环境或者社会环境的生存需求，通过物质欲望来表达。人类的物质欲望可以分为三个层次。最基本的物质欲望层次是生存欲望，主要包括食欲性欲与环境安全欲望。这来自人类对自然环境的基本需求，也是人类依赖自然环境的生存方式的演化与延续。食欲与性欲是生存欲望的基本内涵，对自然环境的安全需求与自我保护需求也是生存欲望的内涵。人类性欲与食欲的逐渐社会化，人类环境安全欲望的逐渐社会化，也就构成了人类文明的基本形态。

人类较高一个层次的物质欲望，则是来自人类群居方式形成的群体依恋欲望。这种欲望植根于人类的动物群居本能中，又通过人类的社会化生存方式实现了新的具体表达。爱同类与被同类所爱，就是这种本能的基本内涵。害怕孤独也是这种本能不能实现的基本感受，个体的群体追随与群体归属感受也是这种欲望的表现。这种欲望强烈地主导了人类个体与群体的社会行为方式，这种欲望的高度强化与高度情感激发状态，甚至可能遮蔽人类的生存欲望。爱情胜过生命的现象，群体责任胜过生命的现象，就是这种欲望状态的特殊社会行为方式。让自己始终处于一个大型群体中所实现的归属欲望与依恋欲望，既是人类的生存本能，也是人类追求社会文明的欲望依据。

人类最高层次的物质欲望，则是对环境影响与改变环境秩序的欲望。这就是在社会环境中自我实现的欲望或者广义权力的欲望。这种欲望来自人类的群居本能在社会环境中的需求表达。人类的环境影响欲望或者广义权力欲望，在不同社会环境的领域中的展开与分化，形成了不同的自我实现追求或自我实现价值，并由此而构成了人类复杂的社会性行为的原始动因。被自我实现欲望主导的人类个体的生存状态，就是高度社会化的生存状态。与此对立，被食欲性欲主导的人类个体的生存状态，就仍然是处于高度自然状态中的动物化的生存状态，尽管食欲与性欲通过社会环境的经验展开，也会构成高度社会化的食欲价值结构与性欲价值结构。

人类个体在不同社会结构中的自我实现欲望会有不同的行为动因表象，个体对虚荣与自尊的追求，个体对同类的各种竞争性嫉妒与攻击行为，都可以在广义权力欲望中得到合理安置。

理解欲望的形态与结构，理解人类全部欲望在社会环境中展开的不同价值形态，就是理解人类行为方式与行为选择的依据与钥匙，也是理解人类社会秩序与社会环境如何构成与如何存在的根据。

欲望来自人类生命存在中的秩序与本能。人类通过本能与欲望形成了自己在环境中的行为动因，并通过行为对欲望的满足，来实现自己的环境生存。

人类具有通过精神环境或内在环境中的意识活动，实现自己在物质环境或外在环境中生存的特殊能力。这种能力实现的方式与结果，就形成了人类特有的精神世界与意识活动形态。人类依据自己精神环境秩序表达了自己对全部生存环境秩序的理解，也表达了全部生存环境的需求，并决定了自己的全部生存行为。人类依据精神环境实现生存，也就使得全部欲望都在精神环境中得到了相应的表达。在构成精神环境存在形态的观念结构中，也就蕴含了欲望表达的功能。

欲望在精神环境中的功能形态就是需求。需求是欲望的精神环境功能形态，欲望是需求的生命环境功能形态。这是对同一存在形态的不同视角投射。人类三个层次的欲望结构对应了三个层次的需求。在第一个欲望层次中的食欲性欲对应了精神环境中的饮食需求与性需求，环境安全欲望对

应了精神环境中的环境安全需求。在第二个欲望层次中的群体依恋欲望就
对应了精神环境中的群体依恋需求。爱与被爱的欲望对应了爱与被爱的需
求。在第三个欲望层次中的自我实现欲望与广义权力欲望则对应了精神环
境中的自我实现需求与广义权力需求。在一般的文化表达中，常常认为欲
望就是需求，需求就是欲望。

83. 价值是观念中的环境需求表达

人类是特殊的生命存在。人类特殊的生存方式就是利用精神环境中的
意识活动实现在物质环境中的生存。人类的精神环境秩序就是人类利用与
适应全部生存环境所形成的特殊存在形态。精神环境的唯一功能，就是表
达与实现人类对生存环境的需求，包括表达对精神环境的需求与对物质环
境的需求。人类通过精神环境对生存需求的表达来实现在两个生存环境中
的行为选择与行为驱动。

人类由生命秩序提供的对环境的利用与适应能力就是欲望。欲望在精
神环境中的功能形态就是需求。人类的精神世界就是人类全部环境需求的
存在环境，人类精神环境中的观念结构就是人类全部生存需求功能的载体。

观念空间中的观念要素与观念结构就是人类精神环境的存在形态。人
类对环境的需求功能在观念要素中的相应表达就是价值。所谓价值，就是
人类精神环境的观念要素与观念结构中蕴含的环境需求功能，也是人类精
神环境能够为人类提供全部生存方式的功能依据。

人类精神环境的存在形态就是观念。存在由其环境中的功能确定。存
在的环境功能是多元的，由此而形成的存在本质也是多元的。价值是观念
的本质。

人类精神环境的全部功能都由观念表达。所谓价值，就是人类的环境
需求与欲望展开的功能在观念要素中的存在形态，就是观念中对人类环境
需求功能的特定内在表达形态。价值是观念的环境需求内涵，观念是价值

的内在环境载体。观念与价值在精神环境中相对应。有观念就有价值，有价值就有观念。

精神环境中的观念要素通过审美欲望驱动的认识活动所构建，并实现了在观念空间中的组织化与结构化。认识活动也同时实现了对观念空间中价值的构建与价值的组织化与结构化。观念结构表达了观念空间中的存在秩序，观念结构还表达了观念空间中的生存需求秩序，也承载了观念空间中的价值结构。

人类通过社会群体中的观念交流活动实现了个体观念结构的公共化，也就实现了个体精神环境中蕴含的价值的公共化。公共观念中承载的人类群体的环境需求内涵就是公共价值。将公共价值在社会环境中实现的文化表达就形成了文化价值。

价值是观念的功能内涵，每一个观念要素都蕴含着相应的价值，每一个观念结构中都蕴含着价值结构。观念是价值的载体，观念空间就是价值空间的映射。价值是人类精神世界中的生存环境需求功能要素，价值也是形成精神世界的重要功能依据。认识活动构成了观念要素与观念结构，也同时构成了价值要素与价值结构。观念要素与观念结构为认识活动提供了环境条件，价值要素与价值结构也是认识活动的环境条件。精神环境中的观念要素来自认识活动对感官信息的秩序构建。认识活动由审美本能驱动，全部认识活动的成果中都蕴含了审美需求与审美价值，也都蕴含了超验需求与超验价值。

感官信息来自人类的生命本能对环境秩序的感受结果。感官信息表达了人类环境需求的实现方式。被认识构建的观念结构中所安置与容纳的感官信息，也就在观念要素中表达了人类对外在环境的需求。感官信息中的外在环境秩序向精神环境提供了外在环境需求的价值依据。

人类认识活动成果的内在表达，构成了观念空间中的观念要素的存在。人类认识活动成果的外在表达，则构成了人类社会环境中的文化存在。认识成果实现外在表达的条件就是群体公共化。

对观念的表达就是对价值的表达。对观念的理解逻辑就是对价值的理解逻辑。在这个意义上可以说观念就是价值。在一般文化的陈述中观念与价值常常可以互换。价值观就是蕴含了价值的观念，观念形态就是价值形态的文化表达。只有在理解精神世界的哲学中逻辑中，观念与价值才是明确不同的概念。

观念是精神环境的存在形态，价值是精神环境的生存功能形态。观念通过价值得到自己环境存在的依据，价值通过观念得到自己环境存在的实体。用观念表达价值是强调表达中所关注的精神环境存在，用价值表达观念则是强调表达中所关注的生存环境功能。

需求是人类欲望精神展开的文化表达形态。价值是人类欲望精神展开的观念形态。价值是人类的生存环境秩序在精神环境中的功能化映射，其中包括了物质环境秩序的功能映射，也包括了精神环境秩序的功能映射，前者构成了物质价值，后者构成了精神价值。需求则是这种映射的外在化文化表达，前者表达了物质需求，后者表达了精神需求。

从这个意义上说，需求就是价值，价值就是需求。需求与价值是人类生存依据在两个环境中的不同表达形态。用价值表达需求强调了需求的精神环境存在内涵，用需求表达价值则强调了价值的社会环境存在功能。

人类精神环境的存在形态就是观念要素构成的观念结构。观念空间是安置全部观念结构的逻辑环境。在任何观念要素中都蕴含了特定的环境依据与环境秩序来源，这种来源由观念要素中的元初观念要素决定，由元初观念中承载的感官信息决定。其中包括了外感官信息也包括的内感官信息。

观念要素中蕴含的外在环境秩序构成了观念中的经验形态。观念要素中蕴含的内在环境秩序构成了观念中的超验形态。观念要素中的环境秩序内涵构成了观念中蕴含的价值。观念要素中的外在环境秩序内涵表达了物质价值，观念要素中的精神环境秩序内涵则表达了精神价值。

蕴含了外在环境信息的经验观念表达了人类对外在环境的需求。经验观念形成了外在环境秩序向精神环境中的映射方式。在认识活动的全部成果中都蕴含了精神环境的秩序内涵，也就是蕴含了超验观念的内涵。认识活动实现的观念空间秩序的自组织过程，就是超验秩序的生成过程。

观念要素中的超验内涵构成了超验观念。超验观念中蕴含的环境需求就是人类对精神环境的需求，也就是人类的精神价值。经验观念是物质价值的主要载体。超验观念是精神价值的主要载体。

欲望是人类生存行为的初始动因。经验观念是人类对生存行为结果的意识感受。价值是欲望在经验观念中的展开。认识活动构成经验观念的过程就是融合与安置感官信息的过程，也是将欲望展开为价值的过程。物质欲望的经验展开形成了物质价值体系。精神欲望的经验展开形成了精神价值体系。

物质欲望分为三个层次。基本生存欲望的经验展开形成了生存价值结构。食欲在饮食经验中的展开与表达构成了饮食价值结构。每一个饮食经验中都蕴含了特定的饮食价值要素。性欲在性活动经验中的展开构成了性价值结构。每一个性经验中都蕴含了特定的性价值要素。环境安全欲望在安全经验中的展开形成了安全价值结构。每一个生存安全经验中都蕴含了安全价值要素。

群体依恋欲望在群体依恋经验中的展开形成了群体依恋价值结构。每一个群体依恋的经验中，每一个爱别人与被别人爱的经验感受中，每一个避免孤独而依恋他人的经验观念中，都蕴含了特定的爱恋与依恋的价值要素。

自我实现欲望在自我实现的经验中的展开，形成了自我实现的价值结构或者广义权力的价值结构。在每一个实现广义权力的行为经验中，都蕴含了特定的自我实现的价值要素。

观念结构由精神世界的内在秩序对感官信息的融合而成，观念结构由此而融合了外在环境秩序。这两种环境秩序的融合与组织化就形成了人类精神环境中两个环境秩序的表达形态。其中融合与蕴含的外在环境秩序表达了人类对外在物质环境的需求与价值，其中融合与蕴含的内在环境秩序则表达了人类对内在精神环境的需求与价值。

人类作为生命存在的特殊形态，必定是依赖物质环境与自然环境的存在形态。人类精神环境的观念结构无论多么复杂与抽象，归根结底都离不开人类在外在环境中的生存追求。外在物质环境是人类生存的基本条件，也是人类生存的终极依据。

人类在外在物质环境中，由生命器官的活动构成了自己的环境生存行为，并由此而实现对物质环境的适应与利用。这就构成了人类的外在活动。人类在内在精神环境中，通过高级精神器官中的意识能量的运动构成的意识活动，实现自己在精神环境中的需求与生存。人类生存在两个环境中。

人类在两个环境中的行为依据，都来自人类精神环境中蕴含着的两个环境的价值。物质环境价值是外在物质环境中全部社会行为的动因，精神环境价值则是内在精神环境中全部意识活动行为的内在动因。

人类外在行为的最终结果，就是形成了人类社会化的生存方式与活动方式，就是形成了人类的社会秩序与社会环境存在，就是形成了人类的文明。人类内在行为的最终结果，就是形成了人类的精神环境以及其中的意识活动，包括了人类个体独特的精神环境与意识活动，也包括了人类全部文化中表达的群体化的精神环境与群体化的意识活动。这种群体公共化的精神环境形态，就由人类文化结构中的伦理价值实现其社会表达，这种群体公共化的意识活动方式，就由人类所具备的道德精神活动的特殊内涵来表达。

个体精神环境中的观念要素蕴含了个体的环境需求，也是个体价值的内在环境载体。在人类群体的公共观念要素中，则蕴含了群体的环境需求，也就是群体公共价值的内在环境载体。公共价值是人类群体中的个体价值共识，这种共识通过观念交流活动形成，由社会文化表达。公共价值的社会环境表达形态就是文化。人类社会文化内涵的环境功能就是社会环境秩序的精神依据。

个体在同样的环境中实施同样形态的生存行为所形成的经验感受并不一定相同。在人类社会群体的不同成员中，共同形态的群体化的行为方式，则会通过观念的交流活动而形成某些共同的经验。形成这种公共化的个体经验观念的社会环境条件，就是群体的文化环境。人类共同的社会行为不一定形成共同的个体经验观念，但会形成个体共同的公共化经验观念。

当人类群体的共同行为经验在社会文化环境中实现了高度统一时，就构成了群体的无差别经验。这就是所谓的客观事实。群体无差别的经验观念的形成或者客观事实的建立，必然以特定文化环境中的特定观念交流活动为条件。任何无差别经验在个体观念空间中的具体存在形态，则仍然是独特的和有差别的。无差别经验与客观事实仅仅是不同个体的经验观念在公共意识活动环境中的公共化形态。全部客观事实都是公共观念，也都必然具有文化形态，也都必须依据社会文化环境而存在。

群体的公共观念结构，是群体无差别经验观念的环境条件与结构基础。客观事实依据群体公共观念所构成。不同文明的社会群体所具有的不同公共观念结构，也必然会构成不同的客观事实体系。事实具备的客观存在形态，仅仅是公共观念空间中高度公共化的公共观念的存在形态，主要是高度公共化的超验公共观念的存在形态。客观事实所具备的不以人类意志为转移的特征，并不是超越了人类的精神环境与人类的意识活动方式的特征，而是超越了个体的观念差异与个体意识活动差异的特征。

在人类不同的文明形态中，依据不同的群体结构与不同地域中的生存方式形成了不同的文化体系。不同的文化体系也就形成了不同的无差别观念体系与客观事实体系。至今为止，全人类认可的共同事实并不太多，就是在高度公共化的自然科学的表达中的客观事实，也还会在不同的人群中存有异议。对于仍然深刻信仰现代一神宗教的人群来说，对自然科学提供的事实体系与世界观就常常存有质疑的态度，今天这个人群仍然很大。看似他们在社会生活中服从了现代科技，但他们并不一定遵从现代科学。他们对科技事实仍然可以有依据宗教世界观的安置与说明。

这就表明，属于全人类的公共观念仍然很稀薄的。全人类认可的客观事实就是全人类的无差别经验，但这种无差别经验观念仍然要依据不同文化体系间的观念共识才能构成。当人类不同文明间的基本文化结构无法统合时，人类共同的客观事实就不会明确。

在人类不同文明之间实现观念交流与文化交流的可能性，来自人类所共同具备的意识活动本能，来自人类所共同具备的感官信息获取本能。不同文明之间的观念交流可以形成一定的观念共识，但这种观念共识与不同文明内部的观念共识相比较，仍然是很稀薄的。在人类不同的文明与文化体系之间，常常会形成对事实理解的差异甚至冲突。

人类大文化体系的区分就是文明体系区分的标志，也是大的主流社会秩序体系的区分标志。群体文化体系中公共观念的基本结构就是伦理。不同伦理是不同文化的区分标志，不同文化是不同文明的区分标志。

不同文明中的文化体系，依据自己不同的公共观念结构表达出了不同的公共价值结构或伦理结构。人类不同的伦理体系表达了不同群体独特的价值追求与行为标准，也表达了不同的社会秩序追求。伦理结构也提供了社会行为的善恶标准与道德规范标准。

任何文明都以伦理作为善恶的标准，都以无差别公共经验作为善恶行为的判断依据。但不同的文明会具有不同的伦理结构与不同的事实体系，也就会形成不同的善恶标准与不同的善恶判断依据。

84. 传统文化中价值观念的混乱

观念是人类精神环境的存在形态。概念是人类理性化地表达观念的文化形态。逻辑方法是将观念概念化的基本工具。

价值是人类理解全部生存行为的观念依据，也是人类理解全部生存行为的基本概念。价值的概念就是人类文化中对观念中蕴含的生存需求的理性化表述与逻辑化安置。人类在物质环境与精神环境中不同的行为方式，又形成了价值内涵的高度复杂与高度抽象，也就常常形成了价值观念与价值概念的模糊与混乱。

但价值观念在人类文化中的普遍性，又形成了它在一般文化形态中明确的感性化与通俗化的表达形态。感性通俗的价值观念表达与复杂混乱的价值概念表达，就是人类文化中广泛存在的神秘化观念形态的基本来源。人类对社会文化理解的复杂形态与混乱形态，也就形成了数不胜数的文化定义，也就形成了几乎同样多的价值理解。价值观念的神秘与抽象又妨碍了社会文化对它进一步实施定义的兴趣，价值的概念定义因此反而很稀有。

价值是哲学的基础性观念，也是哲学必须明确定义的基本概念。哲学关注与表达了人类对精神世界的理解。价值是精神世界的基本内涵与普遍功能。哲学体系的混乱形成了对价值理解的模糊。不同的哲学体系中出现了不同形态的价值观念表达。清晰准确地将价值观念实现概念化表达，也应该是成为廓清混乱的哲学体系的一把钥匙。

人类文化中很早就有了关于价值的公共观念与概念。当人类不能将精神世界理解为一种环境存在的形态时，当人类不能将精神环境存在的基本形态理解为观念空间中的观念结构时，价值概念就很难在哲学中获得本体论的地位支撑。

如果价值不能被看作是人类精神环境的基本内涵，或者不能被当作观念要素的内涵，如果观念不能被理解为精神环境的存在形态，价值就常常只能被感性化地看成是人类社会行为的表象，或者被看成是人类社会秩序的表象。这样，价值这个哲学中的基本概念，就变成了对复杂社会行为与复杂社会秩序的表象化表达符号，它除了可以表达人类社会行为与社会秩序的独特性与根本性之外，几乎无法在哲学体系中得到基础性的安置位置。

这就是价值的概念在哲学中不断被悬空的原因。也因此，不同的文化群体依据不同的公共价值体系就会形成对价值概念的不同理解与不同表达。

价值概念的抽象与混乱，还表现为形成了客观价值与主观价值的区分。这来自对人类社会行为与社会秩序的主观化与客观化的表达表象。在今天的现代文化结构中受自然科学世界观与方法论的影响，常常将无差别的经验观念中所蕴含的环境秩序当作超越人类生存活动的存在形态，并将其中蕴含的价值表述为超越人类生存活动的客观价值。现代文化又将人类个体观念结构中蕴含的具有明确个体特征的价值当作了主观价值。于是，主观价值就可以得到人类化或者人性化的安置与理解，客观价值则开始更为抽象地悬空起来，也就更无法在人类社会与人类精神世界中落地。这就不得不将客观价值神秘化与宗教超验化。

对价值的二元区分来自对人类精神环境的个体化与公共化的二元区分。在人类精神环境中，从完全独特的个体观念形态到完全公共化的客观事实形态之间，形成了观念形态的公共化程度连续变化的状态。在主观价值与客观价值之间也就因此而具有几乎无穷多的中间状态。最微观的公共价值就常常可以理解为充分个体化的价值，最宏观的公共价值也就常常可以理解为充分公共化的公共价值。人类之外的价值或者超越了人类存在与人类活动的价值，也就更为难以得到明确的哲学安置了，也就又重新回到了一种类似宇宙精神的存在形态中。

在文化的传统中，将人类意识活动对公共化程度较低的价值选择表达为价值判断，将对公共化程度较高的价值选择则表达为事实判断。实际上这种区分是相对的。在任何事实价值中都会具有个体价值的功能特征，只不过这种特征在观念交流中被群体化而弱化了。在任何个体价值中也都会具有群体公共价值的功能特征，这种特征来自个体观念空间中广泛存在的文化内涵。

资源是满足人类需求的环境存在形态。社会资源是满足人类需求的社会环境存在形态。价值是人类精神环境中对环境需求的表达。这种表达在环境对象中的投射与行为实现，就形成了环境存在要素的价值特征。由此，社会环境中的全部资源都具备了价值。在至今为止的全部文化传统中，都不能理解社会资源的价值依据之所在，都不能理解人类对社会资源的需求方式与需求程度决定了社会资源的价值依据，反而常常将价值看作是社会资源本身的存在属性。这就出现了资源价值的超人化与客观化的观念。

实际上，资源的价值就是人类精神环境中表达资源需求的观念在资源形态中的投射。

所谓客观价值论，就是将人类精神环境中的观念需求内涵，看作是人类外在环境存在要素属性的哲学观念。这也是马克思的政治经济学体系的超验观念基石与本体论公理条件。这个具有高度终极性的超验观念的局限性，就是马克思政治经济学局限性的基本来源，也是今天的现代西方经济学体系能够背弃马克思的经济学体系的重要哲学原因。

但现代西方经济学也并没有解决好理解价值的客观性问题，它们只是技术性地将这个问题悬空，并从美国的实用主义哲学中获得了摆脱这种悬空的自信心，从而将全部超验观念都赶出了经济学领域，以便将经济学与哲学绝缘。

他们将理解人类一般经济活动的经济学简单化为理解经济周期与经济危机的经验体系，或者将经济学简化为人类干预经济周期的技术体系。这种将深刻依赖哲学的观念体系工具化的简单化，也就失去了试图用经济学回答一切社会行为问题的功能。马克思的宏大理想虽然还不透彻，马克思的天才答案尽管还有缺陷，但今天的西方经济学不但没有比马克思更前进一步，反而是更为萎缩了。这种萎缩在实用主义哲学的文化氛围中，在对人类精神世界进行工具理性的简化理解中，却受到了鸵鸟式的崇拜。

既然价值变成了不同文化中表达社会行为的工具化表象，依据人们对社会活动的不同理解，也就必然有了各种不同的价值形态与不同的价值概念。当价值变成了物质的客观属性时客观价值就出现了。当依据客观价值的观念赋予了社会资源或商品客观化的价值时，对依据它们形成价格的主观特征就不得不被忽视，客观的价值如何形成主观化的价格，就成为一个现代经济学难以回避的神秘问题。价格围绕价值波动的原因就成了经济学中一个神秘的黑洞。

当将人类复杂的价值追求看成是对社会资源禀赋的迷恋时，社会资源的价值就变成了它们的客观化表象，各种价值的概念就变成了表达各种社会资源禀赋的超验观念。对于人类无法逻辑化地理解的各种社会行为，也就有了一个模糊而又确定的原因，这就是所谓的追求与保护某种价值和某种价值的观念。于是价值观就变成了解释人类行为的最抽象的超验理由。在现代社会学中，一旦某种社会行为的目标无法被清晰地表达或者不愿被清晰地表达，就可以钻入价值观的俗套中去。仿佛一进入价值观中，一切不可理解没有道理的行为就有了可以理解的道理了。价值观似乎就成了社会学中简化一切难题的遁洞。

当诋毁别人的行为变成了追求言论自由时，当限制别人的行为空间变成了保护法制时，各种陈腐的宗教思想也就可以在自由的价值观中找到防空洞了。近年来极端主义宗教思潮在欧洲的泛滥，造成了防不胜防的国际化的恐怖主义活动的恶果，在这种文化结构中对某些社会行为的理解与保护就是其重要的文化原因。任何社会行为只要被带上了抽象的追求与保护价值观的大帽子，似乎就得到了最好的辩护与通行证而变成了畅通无阻的合理行为。但却没有人愿意深入地分析一下各种不同价值观的来由与其合理性的依据。价值观难道就不会出错吗？

人类意识活动中的价值判断就是价值选择的活动，就是意识活动对可能构成行为动机的价值进行比较的结果。人类全部价值判断活动的对象都是观念空间中的观念要素的功能，都是判断者观念结构中蕴含的价值。这种价值的形态就来自社会文化环境与意识活动的共同的塑造，但也常常被文化环境表达为对社会需求对象的投射。对这种投射的误解也就误解了人类社会行为的价值依据，也就将精神环境中决定人类生存行为的价值变成了社会环境中的存在要素的天然禀赋。

理解与分析人类的价值结构，就是理解与分析人类全部行为选择与行为方式的依据。这也应该是现代哲学深入发展的一个方向，但这并不容易。将人类价值结构逻辑化表达与理解的途径，就是将人类观念空间结构的逻辑化表达与理解，但这个任务则又是异常艰难的。理解与分析人类某一领域的观念结构的逻辑工具，已经比较发达了，但理解与分析人类全部观念结构，特别是深入地理解与分析人类高层次的超验观念结构，这本身就几乎是逻辑工具的禁区。

将人类意识活动中的价值判断分为事实判断与价值判断的二元形态，就是将价值的选择分成了客观的与主观的两种方式。实际上，这种划分表达了个体价值选择中的公共价值依据与个体价值依据的相互关系。所谓客观的价值判断，就是依据与服从明确的公共价值或公共伦理的价值判断。现代文化中最高层次的公共价值与公共伦理，主要由自然科学观念体系主导的公共价值体系与世界观体系所表达。一旦某一价值判断依据与服从了自然科学的方法与观念体系也就获得了最高层次的客观性。现代流行文化中对科学方法与科学观念的普遍性崇拜，就来自这种价值判断的客观性与公共性。

实际上，全部价值判断都是主观的，都是个体意识活动的内涵。因为价值本身就是个体精神环境中观念的属性，就是个体环境需求的主观表达。全部所谓客观价值或者所谓客观化的价值判断活动，都是主观意识活动中对高层次公共价值的皈依与服从的结果而已。因为人类的文明已经将各种公共价值通过无孔不入的社会文化环境润物无声地侵入了每一个个体观念空间的各个角落中。

从来就没有单纯与绝对的客观价值和客观价值判断，只有相对具有客观性的价值与价值判断。所谓的相对客观性，就是意识活动的价值选择对观念空间中公共观念的不同程度服从的表达。高度公共化的价值判断就是对公共价值较高程度的服从，也就容易获得群体成员更为充分的理解与接受。高度公共化的价值判断以高度公共化的观念结构为依据，以高度公共化的观念交流活动为条件。

主观的价值如何会成为物质的属性，这又是传统哲学所回避的一个神秘问题。物质环境是人类生存的外部条件。满足人类生存的物质环境条件可以理性化地分析为不同层次的物质资源形态。物质资源的功能并非直接来自它们的存在方式与存在形态，而是来自它们的环境功能对人类生存需求的价值。物质资源并非由它们的物质存在形态的形成而被建立，而是由其满足人类生存的功能得到人类的确认而形成。将物质环境中自在的物自体转化为物质资源，必须依据人类的生存需求与意识活动成果。物质资源的价值，仅仅表达了它们作为满足人类生存需求的环境存在的特殊功能禀赋，这种禀赋正是人类生存中的意识活动的选择结果。

人类在自己的演化中生存。人类的演化形成了对环境需求的演化与变化。变化的环境需求形成了变化的物质资源形态与变化的资源价值形态。

第二十二章　价值构成行为动机

85. 价值是人类行为的动因

　　人类在自己的生存环境中通过行为实现生存。人类通过环境中的不同行为实现不同的生存目标并满足不同的生存需求。人类的生存行为与生存需求相对应。

　　人类通过精神环境的存在形态与秩序形态表达与实现对物质环境的需求，这就是观念空间中的经验观念体系中蕴含的经验价值的功能。价值是观念的环境需求内涵，人类通过对精神环境中的价值选择决定自己在物质环境中实现生存需求的行为方式。

　　人类也依据精神环境中的观念存在表达自己对精神环境的需求。这就是超验观念体系中蕴含的超验价值。人类依据超验观念体系实现对精神环境的理解与利用，也实现对自己意识活动的行为选择。

　　人类依据生存行为的结果实现意识的环境感受。人类对外在环境中的行为感受通过感官信息输入观念空间，人类对内在环境的行为感受则只能通过意识活动本身直接获取。意识活动对内在环境秩序的感受功能，也被称为内感官的功能。

　　人类的全部行为，包括外在环境中的肢体器官行为与内在环境中的意识活动行为，都是实现环境需求与实现生存目标的具体方式，也是实现价值满足的具体方式。

　　人类从动物的自然生存方式进化到文明化的社会生存方式，就是形成了利用与依赖精神环境实现自己生存的方式，也就是形成了人类在两个环境中依据两种行为方式共同实现生存的方式。人类在外在社会环境中实现生存的行为就是物质行为或社会行为。人类的物质环境行为或社会环境行为目标的实现，就是物质价值或社会价值的满足。表达人类追求物质价值或社会价值的生命本能就是物质欲望。

人类在内在精神环境中实现生存的行为就是意识活动或意识行为。意识活动的目标实现就是精神价值的满足。表达人类追求精神价值的生命本能就是精神欲望或审美欲望。

欲望是人类生存行为的基本动因，价值是人类生存行为的直接动因。人类精神环境中蕴含的价值，人类观念结构中表达的价值结构，就是人类在两个环境中全部行为的依据，也是全部行为的追求目标。人类就是依据精神环境的观念结构中蕴含的价值，实现了自己的行为选择并确定了自己做什么与不做什么。人类就是依据这些价值，决定了自己的行为方式并确定了能怎样做和不能怎样做。

价值的外在社会文化表象就是需求。人类在物质环境中的行为动因也表达了人类的物质需求。人类对物质环境中不同生存方式的选择依据，来自精神需求对物质需求或物质价值的整合与表达。物质价值仅仅是物质环境行为发生的初始动因，表达与安置了物质价值的精神价值的形态，则决定了物质环境行为的选择方式与组合方式。人类精神环境中的超验秩序或精神价值将各种物质价值要素组织起来形成了精神环境的内在秩序，这就在各种可能实现的物质行为方式中，构成了特殊的选择方式空间与价值组合的可能性空间。这就是人类精神环境中具备的生存行为的可能性空间。这个行为可能性空间的秩序也就决定了人类在物质环境中行为方式的全部可能性状态。

人类精神环境中蕴含的精神价值就是意识活动的全部内在动因。人类精神环境中蕴含的物质价值也为意识活动提供了外在动因，也常常成为实现精神价值必要的附加条件。这些附加要素以经验观念或文化观念的形态形成了观念空间中的特殊审美环境。精神价值是意识活动的直接动因，物质价值是意识活动的间接动因。

人类社会化的物质生存环境不仅仅是实现物质价值的全部条件，也同时为人类提供了构成精神价值的必要条件。人类在社会环境中的生存行为构成了社会活动，其中的经济活动为社会成员提供了物质价值的实现条件，其中的文化活动为他们提供了精神价值的实现条件。

人类在生存环境中具有两种实现生存需求的行为。一种是非主动行为，一种是主动行为。人类不追求明确价值目标的行为就是非主动行为。非主动行为或者来自环境信息刺激的被动生命反射机制，或者来自意识不能明确感知的价值目标。非主动行为也就是无意识行为。大部分无意识行为实际上仍然是隐含了价值目标的，只是这种价值目标在观念空间中以完全感性化的方式存在而无法被意识明确感知。

人类在物质环境中可以通过感官感受某些特定的生命刺激信息，这种信息通过生命秩序的反射功能也会激发出相应的非主动行为，这就构成了行为方式与环境信息的条件联系。这种条件联系无须依赖精神环境中的意识活动选择，也就不会被意识活动所感受。这种条件关系也因此被称为条件反射。例如膝关节受到刺激后的弹跳反射，眼睛在突发的强光刺激中的闭合反射，皮肤上的刺激形成的肢体肌肉收缩反射等等。

条件反射行为的结果，也会加入某些元初经验观念中的价值条件而形成具有意识活动内涵的条件联系。这种介于生命活动与意识活动之间的复杂关系，就是基础性的下意识条件行为。这种行为也是人类大量非主动行为的基本形态。这种行为一旦融入了社会环境的基本价值，就构成了人类特有的具有社会性特征的条件反射现象。这种下意识条件行为属于生命活动与意识活动交集领域内的行为方式，因此也就具有了一定的哲学意义。而单纯的条件反射活动不属于哲学关注的范畴。

人类的主要或重要生存行为，则是具有明确价值目标或环境需求的主动行为方式。所谓主动行为，就是追求明确价值目标的环境活动。人类的非主动行为方式或者被动行为方式，虽然没明确的价值内涵，但却大量融合在有价值目标的主动行为之中，并为主动行为提供了丰富的环境条件与实现路径。

人类在环境空间中遍布的各种被动行为，就是主动行为的润滑剂与适配器，它们可以使互相对立或冲突的主动行为之间形成比较协调的关系，它们可以使得协调一致的主动行为更为融洽顺畅。人类的全部被动行为，都是主动行的环境条件补充活动与行为过程的融洽活动。这就是看似没有意义的人类被动行为的价值意义。

因为全部被动行为只能在主动行为中体现自己的环境功能，所以任何人类意识可辨识的被动行为，都是人类主动行为的附加要素。由此，人类的全部行为都来自价值的驱动，价值驱动了主动行为，也主导或带动了附加的被动行为。没有价值内涵的行为对于人类的生存没有功能意义，它们不属于人类的生存行为，而仅仅属于人类的生命活动。

人类在精神环境中的被动行为就是无意识的意识活动，也就是心理学中的无意识。这种无意识的意识活动也具有适应精神环境与协调意识活动之间关系的功能，它们是主动意识活动必要的协调与补充。尽管它们不具备明确的内在价值目标与实现审美愉悦的功能。

人类精神环境中的全部观念要素都蕴含了表达环境需求的价值。在意识活动可以明确感知的观念要素中蕴含着可感知的价值，在意识活动无法感知的观念要素中则蕴含着不可感知的价值。例如元初观念就是观念空间中不可感知的观念要素，也为无意识的意识活动提供了无法感知的价值，并提供了实现可感知意识活动的必要环境条件。它们也是外在环境中的被动行为的主要内在环境依据。

人类在物质环境与精神环境中的被动行为，都是适应环境的生存活动结果。全部被动行为仍然会被主动行为中的价值间接引导与间接驱动。只不过这种引导与驱动无法被人类的意识所直接感知。

被动意识活动也可以看作是无法感知的内在价值所驱动的意识活动，它们来自意识能量在观念空间中的自由流动形成的态势。被动的感官刺激可以形成观念空间中元初观念的感受，但不一定会进一步构成可感知的感觉。它们没有被追求审美价值的认识活动实现进一步的构建，也就会仍然以无法感知的元初观念形态在观念空间中流动与漂浮，也就不会在观念空间中得到安置与形成结构与记忆。它们在意识活动中似乎并不存在。

意识活动就是意识能量在观念空间中的运动。意识能量的无目的流动就构成了被动意识活动。这种自在的意识能量运动仍然在观念空间的结构秩序中实现，其运动形态仍然表达了观念空间的秩序。

这种被动意识活动就是主动意识活动的重要能量来源。这种不可感知的意识能量的运动与分布状态，无法被人类的理性能力所表达，也无法形成人类的哲学理解与逻辑形态。但它们的普遍存在又强烈地影响着个体的意识活动状态或个体的情感状态。这就是人类的情感状态与感情几乎永远不能被理解，几乎永远不能被逻辑化表达的原因，也是哲学始终远离情感的原因。

86. 行为的动机与动机的结构

人类通过环境中的行为实现对环境的适应与利用并实现自己的生存。人类环境行为的全部依据都在精神世界中的价值中。价值是行为的直接动因。

人类精神环境中的全部观念要素中都蕴含了环境需求，这就是其中蕴含的价值。人类全部环境需求的依据都在生命本能中。表达了环境需求的生命本能就是欲望。需求是欲望在环境中的展开与具体化，欲望是需求的观念抽象。价值是需求的精神环境观念化表达，需求是价值的社会环境物质化表达。需求与价值是人类赖以生存的环境资源功能在两个环境中的不同表达形态。

人类每一个具体的行为方式都来自一个价值组合的驱动。这个观念空间中的价值组合结构就是行为的动机。所谓动机，就是人类生存行为的直接精神依据，这种精神依据的内涵就是观念空间中的价值组合结构。动机中的价值组合结构来自人类意识活动对特定观念要素的价值内涵的组织化构建。

行为的动机表达了行为中的全部价值目标。动机就是人类生存行为的目的。动机与行为相对应，是行为动因在精神环境中的表达形态。动机又是人类理解自己行为方式的精神依据，也是理解自己生存行为发生的内在原因的依据。动机由一系列价值构成，动机具有可分析的价值结构。

价值是观念要素中蕴含的环境需求，价值也是动机的结构内涵。观念要素中蕴含的价值来自认识活动的秩序构建对环境行为结果的内在表达。动机中的价值结构也来自意识活动的构建，构建行为动机的意识活动就是价值活动。人类的认识活动构建观念，观念要素中蕴含了价值。人类的价值活动构建行为动机，动机中的价值来自价值活动所关涉的观念要素。认识活动与价值活动分别构成了人类意识活动的全部功能。

在每一个动机中，都由一个表达了人类生存欲望的基本价值作为其结构核心，每一个动机所驱动的环境行为就以实现这个核心价值为其主要目标。动机中的核心价值是行为动机的基本结构，也是行为动机的表达标志，还是生存行为的表达标志。动机与行为的存在都由核心价值的确立而形成。

仅仅选择与确定了核心价值，一般还无法构成完善的行为动机。要通过行为实现核心价值的需求目标，还须要在行为的环境中具备实现核心价值的可能性条件。这些条件也由观念空间中的价值所表达。将实现核心价值的环境条件价值加入动机结构中，就构成了动机中的条件价值。动机中的条件价值是必须与核心价值一起实现的附属价值。条件价值沟通了核心价值与行为环境之间的联系，融合了核心价值与行为环境的差异与冲突。

　　人类的简单行为可以由简单动机直接驱动。所谓简单动机，就是仅仅由核心价值构成的动机。例如表达了饮食需求的具体饮食价值作为核心价值，就可以直接驱动一个进食行为。当人类对满足饮食需求的环境的认知与理解逐渐复杂化以后，当人类实现食欲的行为经验逐渐复杂化以后，每一个进食需求的行为满足过程，也就逐渐复杂起来。要吃饭必须先做饭，要做饭必须先准备食材原料，食材原料又必须通过其他社会行为获取，如此等等。这样，在吃饭活动的复杂行为中，就会加入一系列的辅助行为。这些辅助行为的价值目标本身，并不一定是核心价值中表达的需求，而是在核心价值的满足过程中必须被逐渐满足的环境条件。当核心价值必须以一些其他价值的实现作为其实现的条件时，这些环境条件构成的价值结构也就必然与核心价值一起构成了行为动机的价值结构内容。

　　动机中条件价值的加入就将简单动机的结构复杂化了，也将人类实现环境需求的行为方式复杂化了。人类的简单动机来自人类原始的简单生存方式。人类的复杂动机则来自人类复杂化的社会生存方式。进入高度文明以后，人类的全部欲望满足过程，也都逐渐变成了复杂的社会化行为，人类的简单行为方式也就逐渐减少与边沿化了。文明化生存的人类社会成员的几乎全部行为动机也都变成了复杂动机。在每一个行为动机中几乎都要在核心价值的主导下形成不同层次的环境条件价值的加入。动机的复杂化既是人类生存环境复杂化的结果，也是人类精神环境复杂化的结果。

　　价值是人类观念空间中环境秩序的表达，也表达了观念要素中的环境需求。在人类文明的初期，精神环境的结构简单，生存欲望在观念空间中的经验展开形态大都是可以直接行为实现的动机中的核心价值。人类的生存行为也大都可以直接由核心价值驱动。随着人类的生存行为形成的经验观念的复杂化，随着人类对环境秩序认知的深入形成的精神环境秩序的复杂化，人类的意识活动方式与所构成的动机结构也就逐渐复杂起来。在原来简单动机的核心价值结构中，也就会不断地加入实现它们的条件价值。人类复杂的生存行为就是一系列简单行为的组织化。这既是人类社会环境秩序不断复杂化的结果，也是人类文明化的生存行为方式不断复杂化的结果。

条件价值在经常发生的行为动机中的逐渐积累与稳定，又会在人类的实践循环中逐渐凝聚成一个简单行为的核心价值。人类的生存欲望目标就是在不同条件价值的加入中，逐渐复杂化与丰富化的。在人类生存方式的演化进程中，条件价值的逐渐核心化过程就是欲望逐渐展开为观念空间中的复杂价值形态的过程，也是观念空间秩序逐渐复杂化的过程。

人类精神环境中观念要素的认识构建过程，就是一个核心价值的形成过程。每一个新的核心价值的形成，也就是一个既有的核心价值与必要的条件价值的秩序融合过程。这个过程由人类认识活动实现。

人类认识活动的观念要素构建过程，可以理解为在一个核心环境需求目标之上加入与整合了其他必要的无序环境要素的结果。这些可以整合在一起的环境要素就是实现核心价值的环境条件。人类认识活动对观念结构的构建与整合过程，就是不断地将简单直接环境需求中表达价值通过加入环境条件而逐渐复杂化的过程，就在这个过程中同时实现了审美价值的过程。审美欲望驱动的认识过程，必然以认识对象中蕴含的环境需求价值的组织化为目标。这种观念空间中的认识实现条件在审美形式上是内在的，在价值内涵上则又是外在的。

在人类意识活动构成的每一个典型的行为动机中，都会围绕着一个核心价值构成一个实现它的条件价值的集合体。在行为动机中条件价值集合体的逐渐复杂化与丰富化，就是人类不断实践这个核心价值的必然结果，也是人类在实践循环中不断丰富对环境秩序理解的过程与观念结构不断复杂化的过程。在这个过程中，观念空间中原来简单孤立的核心价值要素，也就会被价值活动逐渐组织化而添加了与周围更多的经验价值的联系，并使得核心价值的观念载体在观念结构中实现了结构化的增生。在旧的核心价值与其他价值要素的逐渐融合与逐渐复杂化的同时，又会在观念空间中不断地凝聚出新的核心价值来。不断结构复杂化与秩序浓厚的核心价值也就会将观念空间中的观念要素或价值要素多层次地组合起来，并不断强化了整个观念空间中的秩序形态与环境需求。这既是人类观念结构的不断复杂化过程，也是人类价值结构的不断复杂化过程。这个过程的机制仍然是认识活动的自组织过程。

人类观念空间的核心价值，依据对特定行为方式的直接驱动关系而确认。核心价值来自观念空间秩序的认识构建，也来自人类环境行为方式结果的信息输入。人类在两个环境中的实践循环，就是观念结构与行为方式共同复杂化的过程。随着人类观念结构与行为方式的不断复杂化与专门化，直接驱动特定行为的核心价值也就不断增加，围绕着这些不断增加的核心价值，也会逐渐形成更为广泛的条件价值集合。

核心价值得以形成的条件，就是可以直接驱动一个独立的环境行为。形成这个核心价值的前提也就必然是要具备一个环境行为实现的可能性。这个可能性的形成也就是一组条件价值的构成。每一个核心价值的构成过程，就是在与特定行为方式的实践对应中不断加入环境条件的过程，就是在一个潜在的核心价值中通过不断加入行为可能性的条件并逐渐实现它们的融合的过程。被既有的核心价值所凝聚起来的条件价值集合，一旦在实践循环中被固化，也就构成了一个新的核心价值，它也就会通过认识活动的秩序构建而被组织化抽象所简化，原来的核心价值与条件价值的复杂结构就变成了认识构建的新观念的内在机制了。人类的实践循环过程就是不断通过交融环境条件的方式构成新的核心价值与新的稳定行为动机的过程。

动机中的核心价值通过动机驱动的行为获得实现。在实现核心价值的行为中并不是全部条件价值都必须实现。全部条件价值可以构成实现核心价值的随机环境条件，在这个随机环境中实现核心价值的行为时，可以选择不同的条件价值构成不同的条件价值链来满足核心价值的实现需求。在核心价值的条件价值集合中选择不同的条件结构的过程，就是人类精神环境中的行为动机在现实生存环境中的现实化过程。

在每一个行为动机中都会蕴含行为实现的条件。所谓简单动机，就是将这种条件确定性地融合在核心价值中了。在没有被固定融合形成稳定简单核心价值的动机结构中，条件价值的结构并不完全确定，其实现方式仍然具有随机性。这种随机性可以在生存行为的实践循环中逐渐消除。消除了随机性的条件价值也就可以通过认识活动的抽象化而与核心价值融为一体了，被实践循化由此而固化了的条件价值也就变成了具有复杂内涵的简单价值了。复杂价值要素的简单化来自观念结构的抽象化。简单的价值要素中仍然可以蕴含复杂的环境需求。

核心价值的确立是构成一个行为动机的必要条件。一旦生命欲望的满足动因选择了一个核心价值，也就是选择了通过一个特定的行为方式来实现欲望。这个特定行为方式的确立就是一个行为动机的确立。

人类的生存行为结果不断以感官信息的方式进入观念空间中，并被认识活动构成经验观念而使得观念结构不断复杂化。人类观念结构的不断复杂化与丰富化，也就必然为核心价值的实现提供了不断复杂化的条件价值空间。人类通过意识活动选择不同的条件价值而构成合理行为动机的唯一标准，就是核心价值实现的便捷性与简单性。降低实现核心价值的行为方式中必要付出的生命资源成本，就是选择条件价值并构建行为动机结构的基本依据。人类文明的演化形成了人类生存行为的不断复杂化，不断复杂化的行为方式又必然形成更为复杂的行为实现条件。在不断复杂化的行为方式中选择更低资源付出的行为方式，既是人类文明演化进程的本质，也是人类精神世界演化进程的外部条件依据。

每一个生存行为都由一个动机来驱动。每一个动机中必然具备的核心价值都是人类精神环境中稳定的观念要素中的环境需求内涵，都是必须通过行为满足的基本欲望的价值展开。几乎在每一个动机中都具备的条件价值，就表达了实现核心价值的必要环境条件。由核心价值凝聚起来的条件价值集合表达了人类对核心价值与行为环境关系的深入理解，这来自人类实践循环中对实现同一核心价值的不同行为方式与不同行为结果的经验感受。

人类在精神环境中的意识活动具有两种功能。其中的认识活动构建精神环境，其中的价值活动构建行为动机。动机是人类全部行为的直接精神动因。动机是观念空间中的一个价值组合结构，这种价值组合结构仍然以一个观念结构为载体。这个价值的组合结构由特定的意识活动构成。

动机是结构是人类理解生存行为的精神动因的逻辑方法与理性化成果。将行为动因理解能为动机，将动机理解为价值组合的结构，就为人类的提供了理解自己生存行为动因的分析条件。理性化地分析人类生存行为的精神环境依据就是哲学的基本目标。在哲学中将意识活动的特定观念表达为构建行为动机的价值活动，就是实现这个基本目标的基本观念。

在被分析的动机结构中核心价值是动机的基本结构，它表达了动机的主体目标。动机结构中的条件价值则表达了实现核心价值所必须满足的一系列环境条件。每一个条件价值可以对应一个条件行为方式，这就又可以将其分离出来形成另一个特定行为的核心价值。这种形态表达了行为动机的多重可分析结构。

每一个核心价值对应了一个核心行为目标。每一个条件价值也可以继续分析为对应了一个核心行为目标，它又可以构成自己特有的条件价值。这种可分析结构一直可以向下细化到人类生命器官中的细胞活动与精神环境中的元初观念中所蕴含的价值对应关系中去，只要逻辑工具可以实现这种分析。

按照这种分析结构，也可以将每一个动机中的核心价值理解为更高层次的动机中的条件价值。这种理解就形成了对动机结构的综合。这种在观念空间中对动机结构的向上综合，一直可以延伸到精神环境中的终极价值中去。终极价值就是人类生存行为的最高综合核心价值，也是人类的终极人生目标。

行为动机的可分析与可综合结构形态是相对的逻辑形态，其具体形态由人类对动机分析活动的意识活动视角所决定。在每一个动机中的核心价值与条件价值的关系，既可以理解为条件价值是核心价值的环境延伸要素，也可以理解为条件价值是核心价值行为之外的另一个独立行为的动机的核心价值。这种动机分析结构的相对性形态就表达了人类观念结构中蕴含的环境功能关系的相对性，也表达了人类精神环境中的价值结构的相对层次关系。

所谓动机分析，就是通过逻辑化地理解动机中的价值内涵与价值结构，进而理解动机的全部环境功能。动机分析的依据是观念空间中的价值结构。将个体观念结构逻辑化也就可以实现对价值结构的逻辑化。人类理性化的意识活动方式构成的理性化观念结构，表达了可以分析的观念结构，也表达了可分析的价值结构。

价值要素是观念要素的环境需求内涵。价值结构是观念结构的环境需求内涵。观念要素是价值要素的环境存在载体。观念结构是价值结构的环境存在载体。

在动机结构中，除了围绕核心价值的条件价值外，还会附加一些其他价值。这种附加价值是动机实现核心价值时可以或可能在环境中同时实现的其他独立价值。附加价值不属于必要的条件价值，而是可以在条件价值环境中被满足的独立价值。动机中的附加价值提供了更为丰富的行为成果，也就必然降低了实现环境需求的资源付出成本。在动机结构中添加附加价值是人类提高行为效率的方法。所谓顺便做的事情，所谓附带实现的目标，就是对物价价值的文化表达。例如办事途中顺便买了需要的东西，例如公务应酬中附带办了私事。

附加价值也可以理解为弱化了的条件价值或者非必要化的条件价值。条件价值也可以理解为强化了的附加价值或者必要化的附加价值。

动机结构中的附加价值提高了人类生存行为的效率，使得实现一个核心价值的行为还可以同时实现一些其他的非核心价值。附加价值的实现一般无需增加实现核心价值的主要资源付出，但有时也常常会因为附加价值的实现而增加了必要的资源付出。只要这种付出小于单独实现附加价值的资源付出，这种付出就是可以接受的。

无资源付出的条件价值可以理解为附加价值，有资源付出但又仍然具有行为必要性的附加价值也可以理解为条件价值。

并非全部动机中都具有附加价值。附加价值的加入有其特殊条件。这个条件由核心价值与条件价值形成的行为过程决定。动机中的核心价值决定了行为的核心方式或主要方向，动机中的条件价值则决定了实现核心价值的必要行为过程或必要的行为方式。不同的核心行为方向与复杂的必要行为方式，提供了附加价值实现的可能性空间。各种附加价值向动机中加入的程度，由意识活动对这个附加的价值实现可能性空间的理解深度决定。因此，附加价值的合理加入方式，常常是个体意识活动的综合能力与观念结构的合理性的标识。

动机中附加价值实现的可能性空间，形成了在同一环境行为中可以实现不同的价值目标的行为可能性。附加价值在动机中的加入，就是人类生存行为所具有的多样性形态的原因，也是人类动机结构具有难以理解的复杂性的原因。

　　人类在两个世界的环境中实现自己的生存。人类在两个世界中的行为由动机中两类不同的价值所驱动。人类在精神世界环境中的意识活动由动机中的精神价值直接驱动，在这种动机中仍然可以包含物质价值的间接动因。人类在物质环境或者社会环境中的行为则由动机中的物质价值直接驱动，在这种动机中仍然可以包含精神价值的直接与间接动因。以精神价值为核心的动机中可以间接蕴含物质价值，以物质价值为核心的动机中则可以直接或间接蕴含精神价值。

　　精神价值与物质价值在观念结构中融为一体，也在价值结构中融为一体，也可以在动机结构中融为一体。这就形成了动机结构价值内涵的复杂性，也形成了人类生存行为方式的复杂性。将人类的生存需求逻辑化地分析为精神需求与物质需求，将人类的动机结构中的价值内涵逻辑化地分析为精神价值与物质价值，是人类理性化地理解动机结构与行为方式的逻辑简化。这种简化是为了实现明确的外在表达。人类的哲学追求必须将复杂的精神环境与意识活动简化为逻辑化的概念与概念间的明确关系，才能形成哲学的文化表达形态。实际上，任何真实的精神环境与意识活动方式，都要比逻辑表达的形态复杂得多。这就是在复杂的逻辑表达中必然会出现对立概念间反而边界不清的原因。

　　清晰的逻辑只能表达简单的事情与高度简化的复杂事情。不太清晰的逻辑才能表达比较复杂的事情与轻度简化的复杂事情。完全不清晰的逻辑则没有用处。

　　人类通过对自己的内在与外在行为过程与行为结果的感受，理解了意识活动构成的动机，也理解了观念结构与其中蕴含的价值。人类对行为动机中价值结构的理解，也就形成了理解行为过程与行为方式的精神依据。欲望促生了动机，动机驱动了行为。人类通过动机实现了对行为的理解，又通过行为实现了对动机的理解。

在至今为止的哲学中，对价值的形态及其环境功能理解的模糊与混乱，使得在流行文化中虽然可以表达出各种具体的社会价值，但关于人类一般价值的抽象概念则常常呈现出飘渺神秘的形态。

理解价值是理解人类行为的钥匙，模糊与散乱的价值概念也就模糊了人类对自己生存行为的统一理解。今天的全部社会学观念体系的目标，就是理解与说明人类在社会环境中的行为方式与行为依据。清晰理性地理解价值，理解价值的形成依据与价值在精神环境中的存在依据，理解价值与人类行为的关系，理解从价值到行为的转换中意识活动构建出来的动机结构，就是全部社会学的逻辑基础，也是社会学向哲学提出的基本任务。

人类的社会行为可以分析为经济活动、文化活动与政治活动三种追求不同社会价值目标的行为方式。试图仅仅用人类利用自然环境资源的经济活动方式来理解人类的全部社会活动，是一种不切实际的简化，也会常常带来不切实际的社会学观念模糊。

人类文明化的生存活动形成了复杂的文化环境与复杂多样的社会活动方式。人类行为的复杂化，就是精神环境的复杂化与动机结构复杂化的结果。进入文明以后，人类的行为动机就基本上开始呈现出由核心价值主导的包含了条件价值与附加价值的复合形态了。单纯的仅仅由一个核心价值直接驱动一个独立行为的简单动机也就几乎消失了。

复杂的动机由复杂的价值活动过程依据复杂的价值结构所构成。动机的复杂结构表达了人类观念结构中蕴含的价值要素的复杂关系。人类精神环境中多层次嵌套的观念结构表达了多层次嵌套的价值结构。不同层次的价值结构要素都可以表达为一个独立的核心价值，也都可以被分解出为更低层次的条件价值结构。在多层次嵌套的价值结构中，高层次的价值要素可以成为低层次价值要素的核心价值，低层次的价值要素可以成为高层次价值要素的条件价值。在每一个价值要素中所具有的可分析形态，也会呈现在每一个行为动机的结构中。

当一个高层次动机中的条件价值在反复的环境行为构成的实践循环中逐渐被固化，也就会转化为可以独立驱动特定行为的核心价值。理解这个过程的思维，就是将高层次动机中的条件价值进行结构分化与逻辑隔离。这就形成了脱离原有条件价值功能的新的价值表达，也就在观念空间中新确立了独立的价值形态。

复杂动机中的条件价值在实践循环中的不断分化与外在化独立，就是人类价值结构演化进程的复杂化过程，也是人类观念结构的演化进程中的复杂化过程。

人类作为生命的特殊形态，必然依据生命本能利用与适应环境条件而实现生存。全部生命本能驱动的生存行为的实现，都必须以付出生命秩序提供的内部资源为条件，至少要付出生命能量与生命器官的功能。人类文明化的社会生存环境，又为人类利用与适应自然环境提供了社会化的资源条件。全部社会资源都以被社会成员的明确占有方式与不明确占有方式被社会成员所利用。人类利用社会资源的方式，就是付出社会资源以换取生命本能表达的欲望的实现，或者换取欲望在环境中展开所表达的价值的实现。

人类通过环境中的生存行为实现自己的欲望与价值，也就必然以资源的付出为代价，其中包括了生命资源的付出与社会资源的付出。人类赖以实现生存的全部环境资源也都是具有满足人类生存需求功能的环境存在，包括生命存在与社会存在。人类的生存资源表达了人类的环境需求与生存价值。资源的价值就是资源提供的满足生存需求的功能在精神环境内在表达。

人类通过付出与消耗资源实现生存行为。在合理的生存行为方式中，付出的资源价值总和一般应该低于欲望满足的价值实现总和。这就是人类实现欲望的合理行为的一般依据。只有实现行为功能付出的资源价值低于行为满足的价值时，行为才是一般合理的。反之，行为就是一般不合理的。付出资源的价值与行为满足的价值之间的关系，由人类的意识活动来比较。这种比较的结果就是价值判断。

人类合理的生存行为方式就是有收益的行为方式，也就是行为所获取的价值高于实现行为所付出的资源价值。最基本的收益就是付出的生命资源实现的生命行为，就是可以增加生命资源的总量的行为。合理是社会行为就是付出的社会资源价值低于所获取的社会资源价值，就是应该增加社会资源占有总和的行为方式。

人类对合理行为方式的判断依据或者对生存行为是否"应当"的判断依据，就在行为获取价值与行为付出价值的比较之中。这种判断依据就是所谓的性价比。"性"就是行为获取的价值收益，"价"就是实现行为的资源付出价值。人类在实践循环中，必然会不断强化与巩固合理的行为方式与动机结构，弱化与废弃不合理的行为方式与动机结构。

人类行为动机中的核心价值的实现，必然形成行为的主要资源付出，这也常常是行为的主要成本。为核心价值补充环境条件形成合理行为方式的条件价值，也必然形成核心价值以外的资源付出，这就是核心价值实现的条件成本或广义技术成本，也或者是秩序成本与制度成本。

在动机结构中添加的附加价值，就是在不会明确增加资源付出的条件下实现的其他生存价值。如果附加价值的添加明确地增加了行为的价值获取，却不会明确增加资源的付出，这种添加就是合理的。反之就是不合理的。

在价值活动中，当核心价值的行为方向实现的价值获取与价值付出的比较处于合理状态中时，也就是获取价值高于付出价值时或者有价值收益的状态中时，意识活动才会进一步补充合理实现核心价值的条件价值，并不断地权衡条件价值的加入所附加的资源付出，以继续保持全部价值实现的资源付出价值不会超越核心价值实现的获取价值。如果某种条件价值的添加使得资源付出的价值总和超过了核心价值实现的价值获取，就会使得动机的整体功能失去合理性，这个添加的条件价值就是不合理的，就是在价值活动中应当废弃的。

87. 人类行为动机结构的复杂性

观念是人类精神环境中的存在形态，观念中蕴含了环境需求与价值。人类的生存行为由观念空间中的行为动机来直接驱动。人类通过意识活动中的价值活动所构成的行为动机，就是一个承载了价值组合的观念要素结构。动机的主要功能就是驱动环境中的行为，实现动机中的核心价值。在动机的行为中还必须包括实现核心价值的条件价值，也可以包括可同时实现的附加价值。

动机中的核心价值，就是人类生存环境中能够满足生存需求的环境要素功能的内在表达，其中包括了物质环境中的生存功能要素与精神环境中的生存功能要素。表达物质环境需求功能的核心价值就是观念空间中经验观念的主要内涵，表达精神环境需求功能的核心价值就是观念空间中超验观念的主要内涵。

动机中的核心价值就是人类行为的主要环境目标，也是人类行为的主导价值。核心价值表达了人类价值结构中的基本要素，也是人类基本观念结构中蕴含的价值内涵。

人类实现环境行为的不同方式，表达了人类在环境中的不同行为能力。人类的行为能力由人类的行为方法与行为工具构成。人类在物质环境中的生存行为工具就是人类的肢体器官。人类在社会环境中的生存行为工具就是人类构建的社会活动秩序与由此而形成的社会行为方式。人类的全部社会秩序都是人类拓展自己生存活动方式的工具成果，都是肢体器官的行为能力在社会环境中的能力拓展与能力延伸。人类肢体器官的功能与社会秩序的功能共同决定了人类在物质环境中的行为能力与行为方式。

人类在精神环境中的行为工具，就是人类的意识活动中蕴含的审美能力与人类对审美能力的拓展形成的理性化方法。由审美欲望构成的审美本能，在精神环境中展开形成的审美禀赋，是人类生命活动中衍生出来的意识活动工具。人类意识活动中逐渐形成的感知与理解意识活动环境的理性化能力，则是人类社会化的生存方式中衍生出来的意识活动工具。人类的理性工具也是人类意识活动本能之外的文化工具与文化能力。人类意识活动的感性化审美能力与理性化逻辑工具，共同决定了人类在精神环境中的行为能力与方式。

受到人类生命本能与行为能力的限制，人类的行为能够实现的生存环境需求与人类生存环境中所能够提供的需求实现的可能性空间相比较，仍然是非常有限的。人类的肢体器官的活动方式与活动范围，与它们在生存环境中活动的可能性空间相比较是非常有限的。人意的审美本能形成的观念构建与精神环境秩序发现的能力，与精神环境空间中可以构成超验秩序的可能性空间相比较更是非常有限的。这种多层次的有限性就构成了人类生存需求实现的相对性与不确定性，也构成了人类的生存行为在生存环境中的局限性。但这也恰恰是人类行为自由的必然空间。这就是人类行为方式的相对性与不确定性的本体论依据，也是人类精神环境形态或观念形态的相对性与不确定性的本体论原因。

正是人类对生存环境的感受，以及依据这种感受构成的精神环境中提供的生存行为的可能性空间，才形成了人类的生存行为方式相对于生存环境中行为可能性空间的超越，才形成了人类生存行为的选择空间。这种对行为能力与行为方式可能性空间的超越，也就决定了人类具有远远超越了生存行为实现可能性的生存需求空间。人类的生存行为可能性由人类的生存环境秩序决定，人类的生存需求由人类的精神环境秩序决定。生存需求空间就是观念空间的功能内涵，这就是人类的生存欲望在精神环境中展开为价值结构的价值空间，这个空间远远超越了人类生存环境中的行为可能性空间。

人类的特殊生存方式，就是在两种生存行为的可能性空间中对生存行为能力的超越所形成的行为自由空间或行为选择的自由度，由此而决定了人类是具有特殊生存自由的动物。

　　人类具有两个生存自由空间或行为自由度空间，一个是物质环境中实现生存行为的可能性空间，包括自然环境提供的行为空间与社会环境提供的行为空间。这个空间对人类物质行为能力的超越，包括对适应与利用自然环境的能力与适应与利用社会环境的能力的超越，就是人类物质自由或社会自由的哲学依据。另一个自由空间则是来自人类意识活动的可能性空间或者观念空间对意识活动能力的超越，包括了对全部感性活动能力与全部理性活动能力的超越。这就是人类精神自由的哲学依据。

　　环境存在中秩序的自由状态形成了秩序的冲突。人类的行为自由形成了人类的内在精神冲突与外在社会冲突。人类的行为方式与行为能力的有限性与环境需求和观念价值提供的几乎无限的可能性，也就构成了人类意识活动的内在冲突。这既是人类全部精神冲突的内涵，也是人类全部社会冲突的精神来源。

　　人类对这种冲突的解决方式，就是在表达了生存行为的无限可能性的观念空间中，通过审美活动构成了一个具有绝对终极秩序的观念结构，这个观念结构为人类提供了一个统合一切行为可能性空间的终极价值，这就形成了人类有限的生存行为方式在无限的行为可能性空间中的价值收敛，这就形成了人类行为选择与价值判断在特定秩序空间中的收敛与协调，从而约束了人类的行为可能性空间。个体观念空间中的终极观念中蕴含的终极价值，就是约束个体过度自由的行为空间的精神工具，也是人类的生存方式演化进程中形成的最基本的内在秩序形态。这种个体精神环境的基本形态在群体中的组织化，也就形成了群体的终极超验观念中蕴含的终极公共价值，这就是人类全部文化形态的核心结构。文化中表达的终极公共价值的功能，就是消除人类群体中的行为冲突，就是促进人类群体行为的合理化与和谐化，并由此而构成人类和谐的社会生存方式。

　　人类个体与群体精神环境中的这种基本秩序形态构成了人类精神结构的基本形态，也保证了人类生存行为的和谐与有序。终极公共价值是人类文化结构的基本依据，终极关怀追求是人类价值判断的基本依据，终极情感是人类心灵的基本靠山。

人类的这种基本精神环境状态的具体形态，在不同社会成员中则是具有明确差异的。在不同个体的观念空间中，终极观念与终极价值的形态与功能常常大相径庭，在人类不同群体的文化结构中的终极公共价值与终极伦理的形态，也是千差万别的。例如很多不同的文化体系都以某个一神宗教甚至多神宗教为其核心结构，例如有些现代文化体系可以依据自然科学世界观为其核心结构。

在每一个大文明的文化结构中，都具有自己独特的终极公共价值形态与功能。中华文明独特的儒家文化体系就是中国人终极公共价值的基本载体，就是在被马克思主义文化改造过的中国当代文化中，自深层次的终极公共观念结构也仍然是由儒家文化体系提供的。马克思主义的中国化就是马克思主义的儒家化，中国社会接纳马克思主义文化的依据就在儒家传统文化的根基中。今天的中国文化必须理解这个判断的哲学依据，这也是今天中国马克思主义哲学研究的基本课题。

在人类具体的生存活动中，都是在依据不同文化环境提供的终极伦理，或者依据个体观念结构中不同的终极价值，来努力约束与限制自己的行为方式的，都是依据这种终极价值努力将自己生存行为的不确定空间相对压缩成与自己的行为能力相协调的状态中的。尽管这种努力常常是人类自在的和不自觉的。

人类意识活动的这特殊功能，就形成了观念空间中始终具备的逐渐凝聚与逐渐收敛的观念结构。正是这种精神环境特征以及由此而形成的特有的意识活动方式，才构成了人类特有的文化形态与社会活动方式，才构成了人类特有的社会环境与社会结构。人类的全部文化活动方式与文化活动成果的形态，人类文化中始终具备的广义宗教形态，人类哲学中始终不能摆脱的终极理念形态与客观规律形态，人类始终在追寻一种终极合理的社会秩序的形态，都是来自人类精神环境中的这个基本特征。

人类依据自己精神环境秩序的终极汇聚形态，实现了自己特殊的社会化生存，也创造了自己的文明。为了将逐渐向终极秩序汇聚的生存需求与生存环境中的复杂条件实现融洽，人类也就通过意识活动不断地构成了观念空间中各个层次的基本观念与其所统辖的丰富多彩的经验观念蕴含的价值之间的条件联系。在每一个行为动机中的核心价值与条件价值之间的关系，就是这种广泛存在的条件联系的构成依据。

　　虽然人类可以将自己的生存需求在观念空间中逐渐凝聚为抽象统一的超验价值，但人类在环境中生存行为的具体实现，则又必须服从复杂多样和不能确定的外在环境。这种服从的结果就是人类在实践循环中不断构建出来的条件价值结构。

　　人类在社会活动中创造的全部劳动工具，以及全部生产设备与辅助装置，都是人类为了实现对自然环境的基本需求所创造的条件价值的社会资源载体。人类为了实现所追求的社会秩序的核心目标，也就必然会创造出复杂的文化成果与政治成就，以作为实现社会秩序核心价值目标的条件价值的资源载体。人类复杂的社会文化活动方式与复杂的社会政治活动方式，就是构建与流转这种社会资源的社会行为。

　　人类群体化的社会生存方式又促生了群体成员观念结构的公共化，并依此而实现了对个体价值结构的凝聚与统合。这也就简化了个体观念空间中的价值结构，压缩了个体对环境的需求空间。即使是在这种被公共化所简化的观念结构中，仍然会在其驱动的社会行为中形成高度的不确定性。这就是人类社会永不会消除的自由与无序形态，也就是人性之恶的基本依据。

　　在人类的文明演化进程中，由稳定的文化形态表达了稳定的公共价值。但人类历史中形成的稳定的公共价值的社会实现方式，仍然是不稳定的与不确定的。这就是人类社会秩序与社会环境中最难理解的形态。

人类的行为动机以一个核心价值为其基本行为目标。这个核心价值离开环境行为直接实现的方式越远其价值空间就越开阔和行为方式的选择空间越开阔，在实现这个核心价值的动机中，围绕着核心价值构成的条件价值也就会越复杂，其条件价值链也就会越长。

动机中条件价值链的长度还来自个体观念结构的开阔程度。人类文明沉淀出来的群体文化为个体提供了广阔的公共观念空间，也为个体拓展观念结构提供了文化环境。在人类文明提供的广阔公共观念空间中，群体化的生存方式形成的价值积累，也就构成了复杂的社会活动的工具体系。其中可以区分为以自然哲学或自然科学观念体系为核心的经济活动的工具体系，以伦理结构为核心的文化活动的工具体系和不同的政治活动工具体系。为了公共化地表达这些工具体系，为了理解这些工具体系的构成方式，人类也就构建出了不同层次的逻辑工具。逻辑工具是对基本公共观念体系实现高效准确表达的方法条件，也是表达复行为动机结构的条件价值。逻辑能力或理性能力就是人类高度超验的公共观念体系得以保存与传承的基本条件。

人类对群体化的公共价值或者群体行为动机结构的外在表达，就构成了社会环境中的文化。人类文化体系中的伦理观念就是公共价值的核心结构或基本结构。人类文化体系中的各种技术工具就是实现伦理价值的条件价值的社会资源载体。例如，自然科学观念体系中蕴含的技术工具体系就是所谓的现代科技，就是实现人类基本生存伦理的条件价值的文化资源载体。

不同文明中蕴含的文化体系的复杂程度，就表达了这个文明的生存方式中伦理价值实现的条件价值链条的长度。这也由群体公共观念结构的空间范围决定。具有开阔的公共观念空间结构的文明，才能构成复杂的社会活动条件价值链与复杂的社会秩序结构。在发达的文明形态中所具备的复杂文化体系，正是表达了实现核心公共伦理的复杂的方法体系与条件价值链结构。

所谓价值链，就是行为动机中实现核心价值的条件价值集合的虚拟实现所构成的连续行为环节。价值链就是条件价值集合的行为实现环节结构。公共价值中复杂的条件价值链，就是由社会文化表达的群体公共行为动机中的核心伦理价值的条件价值集合的实现环节，它们构成了一个差异化的社会行为模式体系与环境秩序的层次结构，也就形成了社会结构中的阶级化或阶层化的行为方式。

这种差异化的行为方式构成的社会关系的历史积累，也就形成了复杂社会结构中不同阶级与阶层社会成员间公共价值结构的差异性。这种公共价值的差异形成的社会行为方式的差异，就是社会冲突与社会摩擦产生的基本原因，也是社会秩序演化的基本动因。秩序演化的全部动因都在秩序存在要素间的环境功能差异中。物理环境的演化如此，生命环境的演化如此，精神世界环境的演化如此，社会环境的演化也如此。

马克思将社会结构中的公共价值差异与社会行为差异简化表达为依据经济资源的分配与占有差异形成的阶级差异，将阶级差异形成的社会行为冲突看作是社会发展的动力。这种对社会秩序理解的观念具备深刻的真理性内容。但在对这种具备真理性的公共观念的文化表达中，其理性化逻辑的不足与缺失，其逻辑结构的过于简化，其内在依据的过度简化，又形成了对其中表达的高度抽象的公共价值的实现的方法选择的高度不确定性，或者搭建其具体条件价值链形态的不确定性。这种不确定性与复杂多样的微观公共价值的不同结合，就是其驱动的社会改造运动中可能蕴含历史谬误的空间。

在狭隘简陋的个体观念空间中，就不太容易形成行为目标复杂的条件价值链。在狭隘简陋的文化结构中，也不太容易形成行为目标复杂的公共条件价值链。合理的个体生存方式并非简单地来自对伦理价值的服从，也要具备构成实现伦理价值的条件价值空间。一旦这个空间狭隘以形成的伦理实现条件价值链不合理，追求伦理的行为方式也就会不合理甚至怪异。

人类文化中表达的合理的伦理结构，也并非一定会促生合理的社会秩序模式，其合理实现也还需要具备构成合理的公共化条件价值的秩序空间。任何"道"中的真理实现，都要依据与其协调的"器"。任何工具理性结构的合理性，都是由其作追求与服务的伦理目标来确定的。无"道"之"器"只具备虚幻的真理性。没有伦理依据的工具理性，失去了终极价值依凭的理性假设，也都只能具有虚幻的真理性。

构建复杂和谐的个体观念结构，是实现个体追求合理的终极价值实现合理生存的途径。构建复杂和谐的文化结构，则是实现群体追求合理的终极伦理与实现合理社会生存方式的途径。个体的合理生存在个体观念结构的合理与和谐中。群体的合理生存在群体文化结构的合理与和谐中。

在人类不同的个体间，由生命本能决定的基本生存能力的差异并不大，他们在社会活动中的行为能力的巨大差异，则是由他们构建行为动机的价值活动中所能够形成的条件价值链的复杂程度与合理程度所决定的。个体生命本能的先天差异被后天形成的观念结构差异所放大，才形成了人类个体间巨大的社会追求差异与行为方式差异，也就因此而形成了剧烈的社会秩序差异与社会摩擦与社会冲突。文明的复杂化与社会秩序的复杂化，形成了社会成员价值结构的复杂化与深刻差异化，也就形成了社会摩擦与社会冲突的广泛化与普遍化。

现代社会秩序在整体更为和谐的条件下并不会形成社会行为方式的更为和谐，因为在复杂的微观社会结构中社会成员的自由空间反而更为开阔了，其中的社会摩擦与冲突也就更为丰富了。现代社会的文明化并非社会摩擦与冲突的绝对减少，而是社会摩擦与社会冲突的大规模微观化与人性化。传统社会的冲突主要集中在宏观秩序中，国家间经常战争。现代社会的冲突则主要集中在微观秩序中，个人间与企业间则充满了竞争。现代社会在不断将国家间战争方式不断人性化的同时，也在不断将社会竞争的方式不断人性化。

在文明社会中，在社会成员相同的具体社会行为方式中，常常都蕴含中根本不同的核心价值目标。个体在精神环境中的价值活动所构成的行为动机中的价值结构的复杂程度，决定了他们在社会环境中行为方式的复杂程度，也决定了他们社会生存能力的差异性与社会活动能力的差异性。如果在他们的行为动机中具备了复杂的多环节的条件价值链，也就可以极大地延展他们的行为选择空间与行为能力范围，也就可以依此而构成个体更为独特的间接行为能力。这就是人类独特的精神环境为人类的生存方式提供的独特功能，也是人类社会行为目标与行为方式的复杂性依据。

个体行为动机中的条件价值链的复杂程度，由他们的观念空间的开阔程度与观念结构的复杂程度决定，也由他们主动的意识活动能力或者思维能力决定，还由他们的理性能力决定。个体思维能力与理性能力的实现条件则由其观念空间结构的理性化内涵所决定。离开了观念结构本身的丰富性与复杂性，人类个体无论进行多么强大的理性思维能力训练，都无法真正形成强大的间接行为能力。为了增强个体的行为能力，深厚的文化内涵比单纯的逻辑能力重要得多。

人类在两个生存环境中实现自己的生存。人类对两个环境的需求构成了人类的生存利益。利益是人类生存需求的社会功能表达。需求是利益的人类价值结构表达。人类对生存环境需求的总和就形成了人类的全部社会利益。个体的需求总和就是个体的生活追求。人类对两个环境的需求构成了两种利益，这就是物质利益与精神利益。

在至今为止的传统文化中，由于对精神欲望与精神价值，对精神需求与精神利益理解的模糊，也就不把它们看作是欲望与价值，也不能理解为需求与利益，并常常它们神秘化与虚幻化。

在今天的流行文化中，所谓的利益就是物质利益甚至经济利益，或者就是不道德与不合理的需求。所谓是利益动，几乎就变成了对任何不合法不合理行为的原因解释。

实际上人类的全部行为都来自利益的驱动，其中也包括了全部合法与合理的行为，还包括了道德精神追求与道德行为。不合理的行为是利益的驱动，合理的行为也是利益的驱动。人类的生存行为的全部动因都在需求与价值中，也都在利益中。用利益驱动来说明不合理行为的原因等于什么都没说。

这种混乱的观念也恰恰是哲学的肤浅与凋敝形成的社会文化结果。当人们失去了深刻思维能力时就只能用肤浅混乱的观念来理解复杂的社会行为，也就会失去对社会现象的判断能力。在今天混乱的公共观念中，利益的内涵也就被狭隘化地理解为人类精神环境中所蕴含的外在环境价值的功能，这种观念就无法安置与说明来自人类本能的内在环境价值的利益追求，也就必然将人类的生存行为简单化与动物化了。用动物化的行为动因来理解人类社会秩序，就恰恰是西方社会学的基本范式。用物质利益来自理解人类全部社会行为的动机，就是今天中国文化中来自西方文化的现代愚昧。

人类的审美欲望就是人类全部内在价值的利益依据。人类的全部审美追求，都来自审美利益的价值驱动，人类的任何理性追求，都来自内在环境秩序表达的精神价值或精神利益的驱动。人类的任何道德精神活动与道德行为都来自审美追求或审美利益的间接驱动。人类全部伟大的文化构建与艺术创作，也都是文化价值所表达的利益驱动的结果，人类的全部社会改造理想与对社会合理秩序的全部追求行为，也都是来自内在超验价值对外在的社会环境需求的统合与安置的结果，归根结底也都是来自精神价值与精神利益的结果。由此，人类的全部文明都是人类追求自己的生存需求与生存利益的活动的成果。司马迁看似狭隘的论断，"天下熙熙皆为利来，天下攘攘皆为利往"，实际上则具有深刻的普世价值内涵。人类不同群体的不同利益追求，形成了人类的不同文明形态，也形成了人类不同的社会秩序结构。美国人如此，中国人也如此。

在至今为止的传统文化中欲望的概念也主要是指物质欲望。在流行文化的表达中则基本上没有精神欲望的概念。好像人类的精神需求不是来自生命本能的欲望，好像人类任何精神追求与理性信念都与欲望无关。这是对人类生存方式的动物化或物质化的狭隘理解，也是哲学文化逐渐教条化与脱离人类社会生活方式的结果。这也来自哲学本身的肤浅与愚昧。

人类的精神欲望和追求伦理实现的道德精神追求，与人类的物质欲望和追求物质利益的追求同等重要。正是这两种欲望的共同追求与共同实现才造就了人类本身。没有精神欲望的人就是动物化的人。忽视精神追求的社会生存方式就是人类的动物化退化。来自人类精神世界成果的现代社会丰富的物质条件，终结了人类自古以来的生存资源匮乏状态，也激发出了物质欲望至上的文明理解。这个结果既是将人类的生存带入了物质富裕中的进化，也是将人类对生存的理解动物化的退化。这种进化来自西方自然技术的巨大成就，这种退化来自西方哲学的现代愚昧。

今天中国哲学的凋敝与边沿化，使得今天中国的流行文化中高度缺乏哲学营养，也就使得社会成员的意识活动与文化活动高度幼稚化与扁平化。看似现代社会生活为个体们提供了充分自由的精神活动空间，但这种空间的扁平化与狭隘性，则常常被现代文化活动中热闹的幼稚化娱乐方式所遮掩。

在传统文化中关于需求的概念，也由于哲学关于物质环境与精神环境认知与区分的含混与模糊，而失去了对物质需求与精神需求的明确区分。人类的精神需求就被简化为物质化的文化需求，人类的文化需求又被简化为商业化的娱乐需求。

其中一种对精神需求内涵的误解，就是将精神需求理解为对社会秩序资源或社会地位的需求，这就是将奢侈化的消费需求看成是对精神价值的追求。实际上这仍然是融合了一些精神价值的社会物质需求，仍然是人类物质欲望中的最高形态的物质化表达而已。

将复杂形态的物质需求表达为对精神价值的追求的例子也体现在对爱情价值的异化中。人类追求异性的欲望是一种最基本的物质欲望，仅仅依据性吸引形成的性兴趣就是典型的物质需求。爱情中蕴含的精神欲望与精神需求则来自人类异性间的精神依恋与审美追求。但在现代流行文化中则常常将爱情等同于性欲。这就是将人类重要精神追求的动物化，只不过是将性欲通过文化包装而变成了具有艺术表象的欲望而已。这也是文化商业化与文化产业化的必然结果。

在现代流行文化中不能理解精神需求与物质需求的本质区别，也就不能理解精神欲望与物质欲望的本质区别。这甚至延伸到了流行的哲学观念中，也就在哲学中回避了对欲望进行清晰的逻辑界定与定义。哲学一旦提到欲望也就立刻换了一副文学的面孔。

在现代流行文化中，对于利益概念的表达则基本上不涉及精神利益，甚至不涉及由文化表达的公共利益。精神利益与公共利益似乎在流行文化中消失了。实际上，人类全部文化活动，文人与记者们的全部辛苦工作，都完全是在追求自己的利益，其中既有自己的经济私利，也有社会的群体公利。实际上，清官们与贪官们的行政活动也都同样由利益所驱动，区别就在于他们行为动机中的核心价值是由伦理中的公共利益所主导，还是由一般经验中的私人利益所主导。清官的行政行为中也不会完全没有私人利益。贪官的行政行为中也不会完全没有公共利益。德高望重的院士们在科学研究与工程实践的枯燥领域中，几十年如一日地艰难跋涉，也完全是出于他们对自己的利益追求。只不过其中蕴含了丰富的国家公共利益而已。公共利益的私人化就是任何伟人成就伟业的基本条件，这就是所谓的"以人民利益为己任"，只不过这并不容易。全世界所有的政治家与政治领袖，从秦始皇到毛泽东，从华盛顿到特朗普，从成吉思汗到本·拉登，都是在对自己的利益追求中实现自己的社会活动选择与社会行为结果的，他们的全部行为都是实现自己个体价值的活动，他们因此而具有了迷人的个人魅力。只不过，在他们的个人利益与精神追求中，蕴含了丰富的群体利益，而且这种群体利益恰好与社会历史的演化需求相一致。

今天的西方人本主义文化与存在主义哲学对现代文化的塑造结果，就是简化了人类的精神环境与精神利益，就是将人类的生存与人类的社会动物化，就是将群体利益与公共价值虚幻化。这来自他们追求从基督宗教文化不合理的公共价值中追求人本主义解放的伟大成果，也来自他们哲学能力的肤浅与局限对这种正确追求的极端化与歪曲化。但这种极端与歪曲的观念种子，则恰恰适应了中国改革开放初期知识分子们的精神需求与文化土壤，并由此而在今天的中国文化中不断结出奇异的毒果。今天的中国人虽然开始不满意这种毒果的泛滥了，但仍然找不到铲除它们根源的文化途径。

第二十三章　价值活动

88. 价值活动是构建行为动机的意识活动

人类通过自己特有的精神世界实现环境中的生存。人类对精神环境的秩序构建与生存行为的动机构建，就构成了意识活动的两种功能。前者为意识活动中的认识活动，或者为意识活动中的价值活动。认识活动构建出人类的精神环境，价值活动构建出人类的生存动机。认识活动是意识活动的内在化功能，价值活动是意识活动的外在化功能。

价值活动也由意识活动能量在观念空间中的分布与运动构成。价值活动也有一个意识审视的局部空间。意识能量通过对这个局部观念结构空间中所蕴含价值的审视，形成了对不同价值的比较，进而形成了对不同价值的权衡与选择，最终通过价值选择而形成价值组合并最终构成行为动机。

价值活动中的价值选择过程就是人类的价值判断活动。所谓价值判断，就是对不同价值进行权衡所实现的选择。价值判断的结果来自价值比较的过程，来自通过价值比较实现的价值权衡与价值选择。价值判断的目标是构成行为动机。

人类的全部生存行为都具有一个精神环境中驱动其发生的动机。人类的社会行为主要由具有明确价值目标的动机所驱动。人类的某些行为虽然并不具备明确的价值目标或动机结构，但也仍然来自一个隐含了环境价值的经验观念的驱动。只不过这种驱动功能中隐含的价值常常无法被意识明确地感知。这就是无意识行为或被动行为的发生原因。

人类在自然环境中与社会环境中由可明确感知的价值目标或动机所驱动的行为，就是有意识行为或主动行为。主动行为具有可感知的动机，被动行为具有隐含的动机。主动行为的动机由人类自觉的意识活动所构建，被动行为的隐含动机则来自观念空间中自在的意识能量运动对生存价值的隐含表达。所谓价值活动，就是指人类自觉构建行为动机的意识活动。这种意识活动构成了人类主要的社会行为的动机，也是理解人类全部社会行为方式的基本哲学依据。

　　动机是人类精神环境或观念空间中的一种观念结构形态，其主要内涵与功能就是表达了一个环境需求的行为实现形态的价值组合。与此对应，在观念空间中一般观念要素的功能内涵则是表达了精神环境中的内在秩序。精神环境的内在秩序就是生存环境秩序的载体，观念要素就是价值要素的环境载体。结构是环境秩序的逻辑化表达。观念结构的要素表达就是观念要素，价值结构与动机结构的要素表达则是价值要素。观念结构是观念要素可理解的组织化形态，价值结构与动机结构则是价值要素可理解的组织化形态。

　　观念空间中的价值由观念要素承载，观念空间中的动机也由观念要素承载。动机的存在形态仍然是观念。动机并不是直接来自认识活动的审美构建，而是来自价值活动的动机构建。价值活动仅仅构成行为动机。价值活动的动机构建对观念结构的影响与改变，仍然要通过认识活动的过程来实现。

　　价值活动与认识活动仍然是统一融合的意识活动的内容，它们都是人类精神环境中分布的意识能量的运动成果，它们的区别仅仅在于其不同的环境依据方式与不同的成果功能。认识活动由观念空间中的秩序所引导，由审美欲望的展开形成的审美价值所驱动。价值活动则由人类观念空间中的生存欲望所展开的全部价值所引导，由内在的审美欲望与外在的生存欲望所共同驱动。审美欲望是全部意识活动的内在动因。其他生存欲望或物质欲望则是价值活动的直接外在动因，也是认识活动的间接外在动因。在认识活动过程中的审美欲望满足形成了人类的观念结构与审美愉悦。在价值活动过程中的物质欲望满足形成了人类物质环境中的行为动机，在价值活动中的审美欲望的满足则形成了人类精神环境中的道德精神愉悦。

将意识活动区分为认识活动与价值活动，来自人类对其功能的理性化理解与逻辑化表达的哲学需求。认识活动与价值活动仍然是观念空间中统一的意识能量的运动过程。他们的成果也是同时形成的。在价值活动中可以激发与蕴含认识活动的过程，在认识活动中也可以激发与蕴含价值活动的过程。它们统一由人类的精神活动本能所直接驱动。在认识活动中接纳了外在环境输入的感官信息，在价值活动中则蕴含了外在环境需求的价值内涵。

驱动认识活动的精神本能被称为审美欲望，它追求观念空间中的秩序构建。驱动价值活动的精神本能则是审美欲望与物质欲望的综合，它追求动机结构的有序与完整，也追求动机在物质环境中实现的可能性。

价值活动的功能目标是行为动机的构成，包括外在环境中的行为动机，也包括内在环境中的行为动机。价值活动的核心内涵就是价值的选择。价值选择的结果决定了动机的价值结构。价值选择的依据来自行为动机的环境目标。价值选择的实现来自价值比较。实现价值选择的标准就是价值的最大化。价值的最大化由不同价值要素之间的功能比较形成。

价值活动中的价值比较过程，在意识能量形成的有效审视观念空间中形成。价值比较的结果，就是在意识审视的观念空间中实现价值要素的最大化选择。价值活动的意识审视空间，决定了价值比较的范围。在审视空间之外的价值要素，就不会进入价值活动的价值比较中，也就不会出现在最大化的选择中。

价值活动中的意识能量在观念空间中的分布状态与分布范围，具有影响价值选择结果的决定性意义。精神环境中不同的意识能量分布状态，也就是不同的情感状态。在不同情感状态中形成的价值比较与价值判断就会形成差异巨大的结果。

观念结构中的价值结构，仅仅提供了价值活动的基本环境，而价值活动的直接环境则由意识能量的分布状态决定，也就是由价值活动的情感状态决定。这种现象就是人类行为方式复杂多变而又难以琢磨的基本原因，就是难以从观念结构中直接推出行为动机结构的基本原因，也是传统哲学回避对情感状态理解的重要原因。

意识能量在观念空间中的分布状态，对认识活动的影响同样重要，但由于这种影响对人类社会行为与社会活动方式的间接性，也就仍然没有被传统哲学所重视。

价值活动中的价值判断与价值选择来自价值比较。实现价值比较的方法，就是以同类价值中的相对不变量为标准，将被比较的价值要素进行模糊排序，并依据这个排序实现最大价值要素的选择。

价值活动是人类实现生存的核心意识活动，也是最普遍的意识活动。人类逐渐形成的理性化意识活动能力，将这种最普遍的模糊排序活动的外在表达的不断精确化的成果，就是形成了数量逻辑。作为数学逻辑的观念基础与一切逻辑的量化基础的数量逻辑，就是人类对最基本最普遍的价值活动的核心过程的外在公共化理性表达成果。所谓数量化，就是对价值比较过程的特殊逻辑化。所谓数值化，就是对可数量化的观念内涵的逻辑符号化表达。

价值活动中的价值比较过程所必须依赖的价值不变量的理性精确化表达，就形成了价值度量标准。但在绝大多数的价值活动的价值比较过程中，对这种不变量的表达与依赖仍然是模糊的，甚至是难以直接感知的。这就决定了人类价值活动中可感知的价值不变量或绝对理性标准的稀少，也就决定了人类价值活动的主要形态仍然是不可理性化理解的感性形态。

在价值活动形成的不同意识能量审视空间中，构成了价值比较的不同集合，也就需要有不同的同类价值的不变量，并依此形成不同的价值比较不变量标准。当价值活动的意识能量在观念空间中的分布改变，也就是价值活动的审视空间改变，价值比较的不变量也就会改变，价值判断的结果也就会大相径庭。这就是人类价值活动的复杂性与不确定性的重要原因，更是人类行为动机构成过程难以简单化理解的重要原因。

　　人类要构成明确稳定的行为动机，也就必须形成明确稳定的价值审视集合与价值不变量。不同范围的价值比较审视集合就会形成不同层次的价值不变量标准。个体最高层次的价值不变量标准就是其终极观念中的终极价值。

　　人类构成统一的社会群体行为的条件来群体行为动机的明确与稳定，也就必然会形成明确稳定的公共价值的不变量标准。对这种公共价值的标准的构建与表达，就是各种文化活动中追求公共终极价值的原因。

　　但是，个体的具体价值活动则主要发生在低层次的观念结构领域中，其价值不变量的选择与变化也就因此常常是多样化的，甚至是光怪陆离的。复杂多样的价值比较标准就是人类社会行为复杂多样与高度不确定的原因。

　　在价值活动中，不同的意识能量审视范围可以形成不同的比较标准与比较方法。如果要对不同的审视集合实现更高层次的进一步比较，就必然要在更大的审视范围内选择比较标准。这种比较范围的扩大与比较标准的提高，一直可以延伸到观念空间的最高层次的终极观念中。终极价值是人类全部价值判断的最高价值判断不变量，它为较低层次的价值不变量之间提供了比较标准。很少有具体动机的构建的价值活动可以用到终极价值作为比较标准。终极价值主要为不同比较标准之间的选择与判断提供依据。

　　人类的观念空间由不同的观念结构体系组成。不同的观念结构体系也就会形成不同的价值不变标准，它们可以适应人类在不同行为领域中的价值判断需求。例如在社会经济活动中具有在经济活动的经验观念体系中的价值不变量，在社会政治活动中具有政治活动的经验体系中的价值不变量，在社会文化活动中具有文化领域中的价值不变量。人类在自然环境中的价值判断可以依据自然科学提供的客观性价值。人类对精神世界中的价值判断则可以依据哲学或宗教提供的终极价值。

在价值活动中为了实现不同观念结构体系中的价值体系之间的价值比较，就要在观念空间中寻求可以覆盖不同价值体系范围的众多的价值不变量，这就常常要涉及终极价值。

人类观念空间中的基本观念，表达了观念要素间的关系汇总与结构凝聚，也表达了观念空间中的价值汇总与价值凝聚。基本观念所具备的价值表达功能，就使得它们常常成为价值比较的基本标准。基本观念具有不同层次的观念结构统合与凝聚功能，也表达了不同层次的价值比较标准。越高层次的基本观念的价值内涵就可以成为越大范围的价值比较标准。因此，基本观念提供的价值表达就常常是一定观念空间范围中的价值不变量。这就是基本观念在价值活动中的重要功能。

不同层次的基本观念可以提供不同范围的比较标准，也就可以适应不同范围的价值判断需求。但当更广泛领域中的价值判断需求超越了它们提供的比较标准范围时，又会通过对这些不同的价值不变量间的价值比较范围，选择出更高层次的价值比较标准。这样就形成了一个对价值不变量的层次升级的过程。这个过程的最后结果就是到达终极观念蕴含的终极价值。终极观念就是全部观念空间中的最高基本观念。所谓终极价值，就是终极观念要素中的环境价值内涵，就是人类精神环境中进行价值比较的终极不变量，就是人类价值判断的最高依据。

人类在价值活动中不断追求更高层次的价值不变量的过程，也就是一个不断提高作为价值载体的观念结构的秩序层次的过程，这也就会激发出新的认识活动过程。新的认识活动如果构建出了新的基本观念要素也就会提供新的价值不变量。在观念空间中认识活动的叠加积累构成了精神环境中必然存在的终极观念，也同时构成了其中承载的终极价值。

构建具体生存行为动机的价值活动，一般并不会囊括全部观念空间，而总是处于特定的局部观念结构中或局限的价值结构中。每一个具体的价值判断过程，一般总是一个相对局限的价值审视集合中的结果。在个体日常的价值活动中，较高层次的价值审视状态并不会太多，必须依据终极价值或者准终极价值的价值判断则是十分稀少的。这种价值判断虽然十分稀少，但却对于人类的生活形态与社会行为方式具有重大的意义。这种价值判断活动，常常就是人类社会行为选择中最根本的价值判断，也就常常是决定了人类社会活动方式与社会环境秩序的最重要的价值判断。这种价值判断也就是终极伦理判断。

在最普遍的价值活动中，一个最常用与最普通的价值判断依据就是个体自己的生命存在的价值。实现与保护自己的生命存在就形成了一个常见而重要的基本价值不变量。这个价值不变量可以满足大多数个体价值判断的比较需要。一般来说，在生命价值面前其他的很多价值都会变得相对起来，都可以权衡与放弃。生命的价值也会通过在经验观念中得到的广泛表达，而逐渐凝聚进入到终极观念中。很多个体也就常常会将保存生命的存在当作了终极价值。

生命价值又是人类最高的经验价值。在一般的价值判断中，大部分价值选择都是依据经验价值的，这就决定了在一般价值判断中不会具有超越生命价值的比较需要。但是，作为经验价值领域中最高层次的生命价值，常常又不一定能够覆盖个体精神环境中的终极价值。终极价值主要由终极超验观念构成，在以超验观念为主要载体或者以群体公共观念为主要载体的终极价值中，就会具有超越生命价值的终极价值形态。例如在某些深刻的信仰观念与宗教观念中，就常常会承载超越生命存在的价值不变量。在这种终极价值内生命价值也会变得具有相对性了。各种为信仰而牺牲生命的行为选择，就是这种终极价值促生的行为方式之一。

在不同程度的舍弃生命的价值选择中，或者在情感性的不稳定的舍弃生命的价值判断中，则常常会出现并不是依据最高层次的超验价值做出价值判断的现象，或者是在非常局限的价值审视范围中形成的价值判断结果。例如"生命诚可贵，爱情价更高"这样的价值选择。现代社会中很多自杀行为，就是这种行为选择的后果。

人类在环境中生存的活动，可以分解为一系列的行为组成的行为结构，也可以由不同的行为间的联系构成一个生存活动的行为体系。这种分析与综合的依据，就是人类对行为过程与行为动机的分析与综合逻辑。依据这种逻辑，人类的生存行为也就具有了统一的结构，人类精神环境中的价值需求也就具有了统一的结构。

将人类个体的全部生存活动看作一个完整的行为体系，就可以得到表达个体全部生存行为的核心价值，这就是个体的人生价值或人生目标。这个人生价值一般会与终极价值相重合，但又常常并不是终极价值本身。人生价值常常会容纳在比较多的经验观念结构中，而终极价值则要以高层次的超验观念结构为载体。当人生价值与终极价值完全重合时，就是用高度超验的终极价值包容与表达了经验化的人生价值，具有这种人生价值的个体就会具有比较超脱潇洒的生活状态。

价值结构是人类观念结构中蕴含的环境需求功能。观念空间中的经验观念结构的总和蕴含了经验价值结构，观念空间中的超验观念结构的总和蕴含了超验价值结构。观念空间中经验观念与超验观念的融合状态，决定了经验价值结构与超验价值结构的融合形态。但作为对价值结构的逻辑化分析，则仍然可以区分出经验价值结构与超验价值结构来。

个体的人生价值常常是他们全部经验价值结构的综合表达。如果理解了个体人生价值的形态，也就大致可以理解他们精神环境中的经验观念形态了。据此，冯友兰将哲学称为人生价值的学问也是有某些道理的。

但是，将人类精神环境的整体理解为经验性的观念体系，则是中国传统哲学的局限性之一。这种局限性也恰恰是中国传统文化呈现出非宗教的世俗形态的原因，也是中国传统哲学不太关注超越人类生存需求的宇宙环境秩序，也无法形成独立的自然哲学的原因。

当将人类精神环境中的价值结构理解为以超验观念为核心的价值结构时，其人生价值就仅仅是其中的一个局限的子集了。超验化的人生价值常常追求超越个体生命存在的终极价值。这就是很多个体视宗教价值高于自己的生命价值的精神依据。正是传统哲学对经验观念与超验观念区分与融合的肤浅理解，进而形成对经验价值与超验价值的区分与融合的肤浅理解，才使得至今为止的哲学无法分析这两种终极价值的差异。

由全部人生价值所驱动的生存行为体系，可以理性化地还原为一个一个具体的社会行为过程与具体社会价值的实现环节。但对它们的哲学化表达则需要对这种分析性结构提出更为广泛的综合性安置。哲学的逻辑结构必须能够说明任何具体的生存行为状态与精神环境中的内在意识活动间的关系。

理解人类全部生存行为的可分析结构，就是一个个可以孤立观察并具备独立环境功能的行为要素集合及其对应的动机要素集合。前者是物质环境中的存在形态，后者是精神环境中的存在形态。将人类的生存活动还原为行为动机驱动的行为过程的普遍形态，并构成了社会环境中的行为过程要素与动机中的价值结构要素的一一对应，就是哲学可以提供的一种理性化地表达人类生存活动的逻辑方法与逻辑结构。每一个可分析与可独立讨论的生存行为过程，都是一个行为动机的驱动结果。每一个可分析与可独立讨论的行为动机的形成，都是一个核心价值的选择结果，都是在广泛超越了这个行为可能性的价值空间中的价值比较的结果。核心价值是一个可分析的行为动机的确立标志，也是区分一个可分析的社会行为方式的依据。

意识活动中的价值活动，以核心价值的选择与确立开始。确定一个核心价值作为行为动机的核心目标的意识活动过程，就是通过对特定价值审视空间中的价值要素进行价值比较的结果，就是在局部观念空间中的同类价值集合中的价值最大化的判断结果。这个比较与选择的过程，既可以是独立构成一个新的行为动机中的核心价值的过程，也可以是在既有的核心价值中加入适当的条件价值的选择过程，还可以是在构成了条件价值结构的核心价值体系中添加附加价值的选择过程。由此，价值比较与价值选择，就是价值活动的基本内涵。

人类为了在特定环境中实现核心价值的行为目标，也就必然要在行为动机中不断地选择与加入融合核心价值与行为环境的条件价值。这个不断为核心价值补充条件价值的过程，也就是将一个不可直接行为化的核心价值的行为目标逐渐分解为一个个可以直接实施的具体行为方式的过程，也就是将抽象的甚至超验化的核心价值目标具体化的过程。

表达了这个逐渐满足条件价值的连续行为方式的动机组合，就构成了一个复杂的动机结构。每一个条件价值要素的行为实现，都构成了这个连续活动过程中的一个行为环节，每一个行为环节，都是构成条件价值链的价值要素的行为实现过程，这个条件价值链的连续实现结果，就是实现核心价值的环境条件。这就是对行为动机与行为方式的分析方法与还原过程。

在任何一个动机中，都可以实现对其核心价值与条件价值的分析。任何一个价值的行为实现及其行为动机，也都可以理解为更为复杂的动机结构中的条件价值。将每一个条件价值要素还原为一个独立行为的核心价值就是对动机结构的分析方法。例如，人生价值就可以理解为最复杂的核心价值。实现人生价值的全部具体行为过程都可以理解为人生价值的条件价值的实现过程。每一个人生价值实现的具体行为又可以理解为是对一个独立的核心价值的追求，它仍然可以继续分解出自己的条件价值结构与要素来。这样的分析一直可以深入还原到人类最微观的行为要素中与最微观的经验观念要素中，直到生命活动的形态要素与元初观念的价值要素。

人类对自己意识活动的理解构成了理性化的意识活动与理性化的观念

结构。理性化的价值活动就是可理解与可分析的行为动机构建过程，其结果就是可理解与可分析的动机结构。

人类意识活动中的价值活动过程，就是不断在自己的人生目标中选择更具体的可理解与可控制的行为方式的过程，就是将自己的人生价值逐渐分解为更简单的可理解的动机结构的过程。这个过程也就是人类的生存方式逐渐理性化的过程。每一个更为简单的行为分解的实现，就是建立了一个可理解与可公共化表达的独立行为方式，就是建立了一个可理解与可控制的独立的动机结构。为了建立这个更为简单直接的动机结构，就需要更为简单的行为方式来对行为进行更为确定的条件表达与条件固定。这个分解过程可以一直继续下去，直到达到最简单最明确的肢体器官活动形态或者最具体的社会生存方式形态中。

个体的全部生存价值，都蕴含在个体独特的观念空间的观念结构中。越高层次的价值形态也就越抽象，越抽象的价值形态所驱动的行为方式，也就具有在环境中实现的越大的可能性选择空间，也就具有越多的行为方式或行为过程的不确定性。例如，追求有意义的人生目标是一个高度抽象的价值表达，在生存环境中实现这个价值的行为方式就有很多不同的选择可能性，也就是可以通过很多不同的生活方式与不同的社会活动形态来实现这个人生目标。越是高度抽象的价值目标的实现方式，也就越是具有高度不确定的行为方式形态。如果将抽象的价值目标逐渐分解为比较具体的行为方式，也就是逐渐加入了行为方式的确定性。如果将抽象的价值目标最终分解为与简单的经验行为相对应时，其行为方式就表象化与确定化了。将抽象价值分解为具体价值的过程，就是在价值活动中对追求抽象核心价值的动机结构中逐渐添加条件价值的过程。

例如，在人类不同文明中，对传统手工业的加工行为过程，大都用比较抽象的价值目标来实现其公共化表达，这也就不容易在不同操作者之间实现操作行为的协调与统一。如果将这种模糊表达的操作方式通过细化其环境条件的进一步分解，直到表达了最简单的可以无歧义理解的经验事实形态中，就可以形成一个由抽象的核心价值表达的明确目标，与一系列的条件价值所表达的确定的环境行为方式的公共化的动机结构。依据这种细分的动机结构来组织不同个体之间的工作关系就具有了稳定的一致性。现代工业生产技术中规范化的操作规程，相对于传统手工业方法的感性化技术表达形态，就是通过对条件价值的逐步分解与公共化固定的表达，从而形成了行为方式的高度确定性成果。这也是现代工业得以大规模组织化生产而实现高精度的协调与配合的方法论依据。人类现代社会活动的高度组织化就是这样实现的。这种理性化分析方法与逻辑工具就是公共化的社会活动的组织化方法。

人类就是在这样的不断强化对自己生存行为方式的确定性的过程中，逐渐形成了对自己行为方式的深入分析与理解，也逐渐形成了分析与理解自己意识活动的逻辑方法。为了理解自己的行为方式，就必须理解自己驱动行为的内在价值，为了理解精神环境中的价值结构，就必须理解自己的观念结构。人类的理性能力就是在这种追求中逐渐形成的。

89. 价值活动的三个环节

人类通过行为实现生存。人类通过意识活动中的价值活动构建行为的动机。动机是人类一切生存行为的直接动因。动机的价值内涵表达了行为的目标。动机是价值活动构成的价值组合，是人类意识活动的成果。

价值活动的过程可以分为三个相继的环节。这就是选择核心价值，构成条件价值与添加附加价值。在每一个完整的动机结构中，都大致会具备这样的结构，这就是核心价值，条件价值与附加价值。意识活动通过三个相应的构成环节，形成动机中这三个价值结构。

核心价值的内涵对于动机是决定性的。他决定动机的主体行为目标，决定了动机的在环境中的行为方向。条件价值则提供了核心价值实现的环境条件，也就是实现核心价值的技术手段或工具途径。附加价值则是为了提高行为的效率，在不大量增加行为成本的前提下在动机的行为组合中附加了一些可以顺便实现的其他价值。

价值活动的第一个环节就是确立一个动机的核心价值。核心价值的确立就是动机主体结构的确立。这就是在生存欲望的驱动下，在观念空间中选择一个可以通过某一行为方式实现的环境需求目标以满足欲望。这个目标必然是被满足的欲望在观念空间中展开的价值形态。选择核心价值的结果也就是确立了一个满足欲望的行为方式。核心价值确立了动机的主体结构，也就形成了内在环境中的一个价值与行为环境中的一个行为方式的对应。尽管这个对应不一定具有直接实现行为的结果。

建立核心价值的动因依据就来自人类生命本能提供的不同强度的欲望，生存欲望在观念空间中展开为价值需求，对价值现实的追求驱动了价值活动来构建行为动机。

动机中直接来自价值需求的核心价值却不一定可以匹配能够直接实现的环境行为。核心价值与其实现的环境行为的匹配就是核心价值的环境实现条件。能够与确定的环境行为方式直接匹配的核心价值就具备了环境实现的条件，不能与直接实现的行为方式相匹配的核心价值就不具备环境实现的条件。这就必须在动机中补充条件价值。

每一个动机的核心目标，都是人类观念空间中具备行为实现可能性的观念要素的环境功能内涵。核心价值表达的环境功能内涵就是动机所追求的行为目标。动机中的核心行为目标可以包括两个环境中的环境需求，价值活动构成的行为动机也就由此可以分为社会行为动机与精神动机或审美动机。

观念空间结构具有逐层向下分解或分析的结构形态，直到分解为元初观念为止。人类的每一个行为过程也都可以逐渐向下分解或分析为肢体与器官的动作要素，直到分解为器官的基础生命活动方式为止。

人类的生命器官的基础行为方式，大都可以与一个元初的经验观念作为其精神环境中的价值表达。因为元初经验观念必然来自既有生存行为的结果。由此，每一个基础行为方式也都可以理解为是相应的元初观念的环境需求功能内涵的实现方式。这就构成了人类生存环境中的行为要素与观念空间的观念要素的一一对应的关系。这种基础对应关系还会继续形成逐渐升高层次的对应关系。这来自人类认识活动对行为经验观念的构建，也来自价值活动对人类行为动机的构建。这两种构建在人类的生存活动与意识活动中被统合起来。

　　这种内在价值与外在行为的对应关系，就是人类行为动机中核心价值形成的基本依据。当动机的核心价值在观念空间中观念载体的层次不断升高，而其中的超验秩序内涵逐渐增加时，其中的经验内涵与环境行为的对应关系就会逐渐减弱，其行为直接实现的可能性也就会逐渐减弱，直到由高度超验化的观念内涵构成的核心价值完全失去了直接行为实现的可能性。

　　对于这种状态的动机主体或核心价值，就需要补充逐渐增加经验内涵的条件价值来提高其行为实现的可能性。这就是在动机中构建条件价值的依据。

　　经验秩序与超验秩序是每一个观念要素的基本内涵。经验观念中也具有超越秩序。这就决定了完全由经验观念构成的核心价值，常常也需要补充条件价值来消除其中的超验价值形成的行为不确定性。几乎在任何核心价值的行为动机中都需要补充条件价值，只不过在经验内涵浓厚的核心价值动机中，须在价值活动中补充的条件价值非常简单而已，或者可以直接在行为过程补充经验方法来消除微弱的超验价值带来的不确定性，从而免除了价值活动中的补充条件价值的过程。

　　人类的生命秩序与生存方式决定了人类对环境的需求。环境需求不断被生存活动的行为所满足，又不断在新的生命活动中产生出来。这就构成了欲望的积累与欲望的满足的对立与均衡状态。

生存需求的积累形成了需求的强度，也就形成了驱动实现需求的行为动因的强度。每一个生存行为的实现，又会满足需求并削弱欲望的强度。欲望需求强度的积累是连续不断的，满足欲望需求的行为则是间歇的。这就形成了人类的生存欲望在生命活动中的连续积累，并不断被间歇性的行为过程满足与削弱的均衡状态与变化周期。

　　人类满足欲望的行为实现需要消耗或付出资源，包括生命资源与社会资源。当欲望需求的强度不足时，人类就可以忍受需求的不能满足，直到需求强度足以驱动一个满足它的行为的发生为止。实现需求的行为必须付出的资源价值就是满足与削弱需求强度的代价。满足需求的代价越高，驱动其满足行为的欲望强度的阈值也就越高。

　　当一个欲望需求的强度与满足这个需求的行为代价相适应时，这个行为就具备了发生的可能性，这就是行为动机完成的条件。需求强度与满足行为的代价之间的对应关系，由人类的价值判断构成。这种价值判断就是激发一个动机驱动行为的条件。

　　当动机驱动行为的条件不能满足时，价值活动就会继续追求对动机结构的改变，并选择新的行为方式以满足动机驱动的条件。动机对生存行为的驱动实现就是构建动机的价值活动的最终完成。只要动机没有实现，构建与修正它的价值活动就不会结束，但可能会中止。

　　价值活动的发起条件，则是由认识活动构成的一个经验观念中的行为方式与观念空间中的价值目标间联系的建立。认识活动构建了观念结构也酝酿了价值活动。在每一个认识活动的成果中都会潜在地形成价值活动的条件，每一个价值活动的激发都是特定认识活动的结果。

　　人类生存需求欲望的不断积累，也就会不断形成激发出建立需求与实现需求的行为方式关系的认识活动，一旦某一认识构建的成果中具备了需求强度与行为方式的匹配可能性，一个潜在的价值活动就激活了。这种匹配可能性在价值活动中的具体实现则是价值活动的完成。每一个被需求强度激活的价值活动都以最终实现对行为的驱动而结束。

在被激活的潜在价值活动中，一个核心价值与特定行为方式关系的确定，就是一个价值活动的开始与一个动机结构的初始形成。但这并不会具备行为发生的完备条件，也就是不一定达到了需求强度与行为代价的真实匹配，也就是不一定具备行为实现的完备条件。这就决定了动机对行为的驱动不会真正发生。

核心价值确立与行为动机的初始构成，仅仅是构成动机的初始环节。这就是建立了一个横跨精神环境与行为环境的需求于行为之间的可能性关系，这个可能性的真实行为现实则还需要价值活动进一步补充条件价值，这就是价值活动的第二个环节。价值活动的第一个环节初步确立了动机结构的可能性条件，价值活动的第二个环节则逐渐形成了动机结构的现实性条件。价值活动对动机中逐渐补充条件价值的过程，就是逐渐压缩核心价值实现的可能性空间，将其实现的可能性逐渐变成一系列确定行为构成的现实性。

由充分经验化的观念内涵构成的核心价值，也会形成具有充分现实性的动机结构，这种动机结构几乎无须补充条件价值。具有明确的超验秩序内涵的观念要素中承载的核心价值则具有明确的虚拟性与行为不确定性，这就必须补充条件价值。一般经验观念中都蕴含了超验秩序，一般动机构建的价值活动中都需要具备补充条件价值的第二个环节。

超验秩序内涵越浓厚的观念要素，其提供的核心价值就越抽象。核心价值的抽象程度就决定了价值活动的第二个环节的复杂程度。条件价值的补充过程就是降低核心价值的超验程度的过程。直到形成了由核心价值发出又可以直接指向确定行为的高度经验化的条件价值链。

无论条件价值得到的最终行为指向如何真实，其中也都仍然不可避免地蕴含着超验虚拟，这就来自任何经验观念都无法完全与确定的环境行为相对应。这也就决定了人类任何完备的动机结构都无法表达一个完全确定结果的行为方式，这就决定了人类的生存行为中永远蕴含了不确定性。人类生存行为的确定性来自观念结构中提供的价值结构的合理性，来自价值活动实现这种合理性所构成的条件价值链中的经验行为的确定性。

对于一个动机中被确定的核心价值，其环境行为的实现方式则常常具有多种可能性，这就是核心价值的行为实现不确定的秩序依据，这就形成了价值活动第二环节构建条件价值的多种可能性与条件价值的不确定形态。每一种添加了确定性的条价值链结构，都表达了一种核心价值实现的确定化的行为方式。

复杂的动机结构就来自其复杂的条件价值结构，就来自其实现核心价值的间接性与其中复杂的条件价值链。复杂的价值活动也就来自其构建复杂条件价值的过程，核心价值的抽象化程度或者超验化程度就决定了其条件价值的复杂程度。越是高度超验的核心价值，其条件价值结构就越复杂，构建条件价值的价值活动构成就越困难。反之亦然。

价值活动的第二个环节中的条件价值构建，就是在观念空间中的直接经验价值与动机的核心价值之间建立起一个经验价值的联系结构，这就是条件价值链。所谓条件价值链，就是从动机的核心价值出发的可以连续行为实现的经验价值结构，这个结构终止于具有高度行为确定性的经验价值中。条件价值链提供了将抽象而不确定的核心价值通过一系列确定的行为最终确定实现的虚拟行为结构。但这和虚拟行为结构具有高度的可实现性。核心价值的超验程度越高这种虚拟的行为结构就越复杂。

条件价值中最终环节的经验化程度，以及条件价值中的各个经验观念之间关系的经验化程度，决定了条件价值所提供的行为确定性。这种确定性最终来自观念结构中经验价值的丰富程度。因此，具有丰富经验的个体，其行为动机中的条件价值的确定性程度就高，其动机实现的可能性就高。

但是，观念空间中的经验要素并非环境行为本身，任何高度经验化的观念要素中都蕴含了超验条件，这就是决定了任何经验要素的行为实现的相对性。这就是任何条件价值中都仍然绝对具有行为的不确定性的依据，也就是任何动机的行为实现中都具有不确定性的依据。动机对应了生存行为，但动机的存在并非行为的实现。

例如，人类食欲最抽象最超验的需求表达就是饥饿，对饥饿的消除就是一个典型的行为目标的核心价值，这个核心价值目标可以就是一个抽象超验的进食活动。进食行为的实际发生则必须满足实现行为的资源付出代价与需求强度或饥饿强度的相匹配，还必须具有在现实环境中具体实现的可能性。这种行为实现的可能性方式决定了抽象进食行为的资源付出代价。

当进食行为付出的代价高于饥饿的强度时，进食行为就不会发生，也就是进食动机的构建还没有完备。只有当动机中表达实现进食方式的条件价值中蕴含的资源付出的价值低于饥饿的强度表达的需求价值时，进食行为才会发生。

在构建进食动机的价值活动中必须选择具体的进食实现方式，这就是构建条件价值。不同的条件价值形态表达了不同的进食方式，或者自己买菜做饭，或者出去下馆子，或者买些零食应付，或者就在家里翻出些剩零食对付。不同的条件价值结构也就具有不同的资源付出代价，这些代价与食欲强度的匹配状态，就决定了最终驱动进食行为的动机结构形态与行为实现方式。各种条件价值的最终合理性，既是其中的经验价值的行为现实性，也是其实现所付出的代价对核心价值实现的适应性。如果自己很少做饭，买菜做饭的条件价值链的合理性就很低，如果家里没有保存零食的习惯，在家里搜寻零食的条件价值的合理性就很低。如果经常出门买零食，买零食来消除食欲压力的条件价值链的合理性就很高。在这个价值链中，也就必然蕴含了比较确定的买零食的地点经验，买零食的种类经验，甚至买到理想零食的可能性经验与时间代价、体力代价、交通代价与货币代价的确定经验。所有这些确定性构成了动机实现的确定性。

消除饥饿的需求强度决定了核心价值的形态，也决定了条件价值的形态。核心价值需求强度高也就会忍受条件价值中更多的不确定性，反之就只能接受较高确定性的条件价值。消除饥饿的需求强度来自人类价值活动的初始价值判断，这个判断的结果决定了进食动机的形态与进食行为的方式，这个判断的改变也会改变进食动机的形态与进食行为的方式。

人类在文明的生存环境中，消除饥饿的进食行为是一个具有独立环境目标的可理解行为。但进食行为的具体实现则常常是一系列不同的环境行为的连续发生过程，这来自动机中的条件价值结构。这个过程的不同内容，构成了不同的进食行为方式与实现进食行为的技术手段。为了消除饥饿，可以以不同的行为方式进入可进食的环境中，可以以不同的行为方式获得食物的合法与非法占有，可以选择不同的进食对象，可以以不同的方式获得进食的工具与器具，可以实施一系列不同的进食行为，最终才能实现消除饥饿的核心价值目标。所有这些具体行为方式就来自动机中的条件价值结构或条件价值链。

进食活动的条件价值链中的每一个具体行为，又都可以表达为一个独立的核心价值，并构成一个独立的行为动机。去吃饭要进入餐馆，寻找与选择餐馆就是一个核心价值。选择不同的餐食内容也都可以成为核心价值来构成行为动机。获取保证进餐消费的货币支付能力，更是一个独立的核心价值。在所有这些条件满足以后，先吃什么后吃什么，如何吃法，以及用什么方式结束进餐活动，又都可以构成不同的核心价值。在进餐活动中实现控制体重的核心价值与实现改善营养状况的核心价值是不同的，也就会形成不同的动机结构与相应的条件价值链。当进餐活动中蕴含了社交价值时，吃饭活动的价值链就会更为复杂。

如果消除饥饿需求的强度很高，就会在条件价值不满足的情况下不断降低对条件价值的追求，直到可以直接消除饥饿尽快进餐，叫个盒饭或进个最方便的快餐店。这就是饥不择食。如果消除饥饿需求的强度不高，就可以充分追求各种条件价值的完美满足，甚至食不厌精和口味奢华，甚至追求豪华舒适的进餐条件和愉快的社交环境。

例如，要通过进入优秀大学来改变自己的人生轨迹，就是一个比较抽象比较超验的核心价值。要实现这个核心价值也就可能搭建出各种不同形态的条件价值链。这些不同条件价值链构成的行为可能性，就形成了一个非常复杂的行为方式的选择空间。可以努力进入重点高中，可以努力出国留学，可以努力进入重点班，可以努力改善较弱的课程的成绩，可以建立良好的学习环境氛围，可以建立丰富的课外活动条件，如此等等。

例如，要通过改变饮食方式来降低体重，就是一个比较具象与比较经验化的核心价值。要实现它而可能搭建出来的条件价值链就不会太复杂也不会有太多的选择可能性。要么改善饮食结构或者减少进食量以减低摄入热量，要么改变活动方式增加运动量来消耗热量。以这两个行为目标为核心价值，又可以形成更为具体确定的条件价值结构，这就又压缩了行为方式的可能性空间。在这些条件价值链中，每一个具体价值的实现又可以固化为一个核心价值，作为生存活动中的一种新的价值追求，由此又可以派生出新的条件价值链来。这种分析可以一直深入到人类器官的行为分类中去。

由高度抽象的核心价值或者高度超验性的核心价值确立的动机结构，就会表现出对具体经验价值的广泛约束与绝对超越。其动机结构就会就表现出在广泛领域中对各种行为方式的开阔选择空间。对这种条件价值的构建活动，也会因为必须服从明确的超验伦理而可能具有明确的道德规范内涵。由各种信仰价值构成的行为动机就具有这样的特征。

反之，由高度具象或高度经验化的核心价值构建的动机，就会直接蕴含了与具体行为方式的明确联系。尽管这种联系也可能是由更为具体的条件价值间接构成，但这种价值链常常是简单的，也常常具有明确局限的行为选择空间。

在价值活动的第二个环节中构建条件价值的过程，必然在由核心价值的观念结构所覆盖的行为方式的可能性价值空间中实现。核心价值的层次越高，越抽象化与越超验化，其可能建立的条件价值的选择空间就越广泛。反之亦然。

由核心价值确定的条件价值选择空间，也就是实现核心价值的行为可能性空间。个体在这个可能性空间中的价值判断结果，就可以形成一系列不同的条件价值选择可能性。对这些行为可能性的外在公共化表达，就是所谓的假言命题。

所谓命题，就是对既定动机结构的价值选择的公共化外在表达。全部命题的集合表达了人类生存行为的全部可能性。不同的条件命题，表达了人类在不同环境中不同行为方式的可能性。由语言表达的全部命题，并非人类必然的行为前景，而是人类行为的可能性空间。人类对这个环境空间的理解就是实然的空间，对这个行为空间的表达就是"是什么"。对这个空间中进行必要的行为条件限制，就会压缩可能性空间而增加行为发生的必然性。当在这个空间中构成了确定的条件价值结构时，也就形成了人类理解的应然空间。对这个空间的表达就是"应该怎样"。对应然行为空间的语言表达，就构成了命令陈述。在应然空间中仍然会有不同条件价值的选择可能性，这就构成了假言命令。没有任何选择空间的命令就构成了实言命令。对多个假言命令的行为可能性表述就构成了或言命令。

由命题表达向命令表达的过渡，或者由实然命题向应然命题的过渡，就是在一个行为动机的结构中通过添加条件价值而逐渐增加行为实现可能性的过程。

在人类构建行为动机的价值活动过程中，还常常还会有加入附加价值的第三个环节。所谓附加价值，就是在实现核心价值与条件价值链的行为过程中，可以同时实现的其他价值。附加价值的实现，一般是核心价值与条件价值实现行为的自然结果，一般并不需要改变它们原来的行为方式。但有些重要的附加价值的加入，也会改变核心价值与条件价值的行为方式，只不过这种改变也是附加的与低成本的。

附加价值必须是个体欲望需求中所追求的价值，也必须是通过实现核心价值与条件价值的行为过程可以附带实现的价值，还必须是基本上不增加行为实现的资源付出价值。附加价值是在既有动机的价值实现过程中顺便实现的。附加价值的出现，来自人类提高行为效率的生存本能。

例如，吃饭的过程中可以顺便看看电视新闻，散步的过程中可以顺便听听手机音乐，与朋友的交往中可以顺便办一点公事，在公共事务的旅程中可以顺路办一点私事。如此等等。

附加价值一般以不增加行为实现的资源付出代价为条件，但这个条件也是相对的。每一个附加价值的行为实现，都必然会绝对具有一个附加行为与附加代价。例如，吃饭看电视必须分散吃饭的精力，也必须提供电视播放的资源。散步听音乐也会干扰散步的宁静心境，也要为播放技术付出成本，在与朋友的私交中办公事必然会污染友情，出公差办私事必定要增加行程与时间，也必然会占用公共资源与冒违规的风险。但只要这种附加行为是在实现核心价值的主体行为的基础之上进行，并且不会严重干扰主体行为，并因为依托主体行为提供的条件而大大降低了其实现的成本，附加价值的追求就是合理的。

附加价值的实现如果增加了资源付出的代价，只要这种代价价值与主体行为的代价价值相比较是微弱的低层次的，这种代价的增加就是可以接受的。

附加价值一旦融入动机中也就变成了动机结构的价值内涵，也就会在动机实现的全部过程中得到行为的保证。对于某些重要的附加价值，价值活动也会为他们构建一些条件价值，只要这些条件价值的资源付出不会压倒核心价值条件实现的资源付出。如果价值活动中的价值判断将附加价值条件实现的资源付出变成了超过核心价值实现的资源付出，动机的结构就发生了变异，原来的核心价值就会降低为附加价值，原来的附加价值就会提高为核心价值。这就是在人类行为中所谓的"无心插柳"现象。实际上这种现象是非常普遍的。

附加价值的加入以及它对核心价值的影响与改变，就是人类行为复杂性的另一个重要原因，也是人类行为动机难以理解与分析的重要原因。

附加价值的行为实现相对于核心价值的主体行为实现的附加性是相对

的。附加价值的实现相对于主体行为实现的资源付出的低层次也是相对的。对这两种相对性的判断就是在价值活动中添加附加价值的基本依据。它们来自价值活动对核心价值与附加价值的性价比的权衡。

人类观念空间结构的超验化形态形成了核心价值的抽象化，也形成了行为动机中条件价值的复杂化。在复杂的行为动机结构中也就具备了广泛添加附加价值的环境条件。全部附加价值都是由复杂的条件价值链构成的复杂行为实现方式的功能多样性的必然结果，有些附加价值就直接来自条件价值要素。

人类日益复杂的动机结构与行为方式就是添加丰富多彩的附加价值的充分条件。这就形成了看似简单实际复杂的价值活动的第三个环节，这也就形成了人类行为方式的怪异纷繁与难以理解，这才使得哲学家们常常回避对人类行为方式的理性化分析。

价值活动的三个环节都是价值选择的结果。只不过他们选择的价值在动机中具有不同的结构地位而已。因此，全部价值活动的核心内涵就是人类通过意识活动对观念空间中不同层次与不同结构的观念中蕴含的价值的比较与选择。这就是传统哲学中表达的价值判断。每一个价值判断就是一个价值选择的实现。价值判断的结果必然要经历一个价值审视与价值比较的过程。

康德在他的判断力批判中表达了他对人类意识活动中价值活动的理解，但这种理解的逻辑结构并不透彻。这主要表现在康德的哲学体系在不同的意识活动领域中所依据的逻辑方法的不协调与不统一，这主要来自康德的本体论体系无法将宇宙中的存在方式与人类以及人类在环境中的生存方式实现统一的理解。无法统一理解人类的环境存在也就无法统一理解人类的行为。康德自己的终生疑惑，就是无法理解宇宙秩序与人类行为秩序的独特依据，这就是康德心中的宇宙星空秩序与人类道德秩序的无法统合。

90. 价值活动中的价值权衡

　　人类生存行为的目标就是实现动机中的价值组合。人类的全部生存方式都由精神环境中蕴含的价值来表达。精神环境与其中的意识活动就是人类生存行为的全部依据。

　　人类生存行为的功能就是实现人类生存对环境的需求，就是实现欲望在环境中展开的价值。价值是行为的环境功能在精神环境中的内在表达。人类行为功能的实现必须要付出自己所具备的环境资源，这就是人类实现价值目标的必要条件与代价。

　　所谓环境资源，就是在人类的生存行为中与价值目标的实现中所必须依赖与利用的环境存在要素。资源就是可以满足人类生存需求的环境存在。环境资源包括内在资源或精神资源，也包括外在资源或物质资源。物质资源还可以分为自然资源与社会资源。

　　环境资源的存在功能就是满足人类的生存。人类对环境存在要素的需求就是精神环境中蕴含的价值。资源的价值由人类精神环境秩序确定。资源的功能来自人类的环境生存方式，资源的价值来自人类的意识活动。资源的价值蕴含在观念空间中，观念空间中的价值要素表达了生存资源的功能。

　　人类对生存资源的需求就是对其价值的需求，人类对生存资源的利用就是对其价值的利用。人类的生存行为实现所必须付出的环境资源代价，也就是必须付出的价值代价。

　　所谓内在资源，就是人类精神环境所提供的满足人类生存需求的观念存在要素，精神资源就是观念要素。所谓外在资源，就是人类生存的物质环境资源，包括自然资源与社会资源。自然资源就是自然环境所提供的满足人类生存需求的环境存在要素。社会资源就是社会环境所提供的满足人类生存需求的环境存在要素。自然环境包含了生命环境。人类的生命活动秩序中所提供的满足人类生存需求的环境要素，既属于自然资源也属于社会资源。其环境生存来自自然环境，其生存功能来社会环境。人类的生命秩序提供的社会资源就是人力资源。其中包括人类的文明化生存方式形成的劳动力，也包括依据社会文化环境形成的智慧能力。

人类生存方式的演化过程就是逐渐文明化的过程，就是将人类的生存方式由直接依赖自然资源逐渐转变为直接依赖社会资源和间接依赖自然资源的过程。

人类实现生存的全部行为的功能实现都必须付出资源代价，资源的代价就是资源的价值。资源的价值由人类精神环境秩序确定。例如社会行为的实现必须付出人力资源，人力资源的价值由精神环境秩序确定。例如对自然环境的利用必须消耗与付出已经占有的自然资源，自然资源的价值也由精神环境选择确定。例如对社会环境的利用必须消耗与付出已经占有的社会资源，社会资源的价值仍然由精神环境秩序确定。

人类的生存行为实现了生存价值，也必须付出资源价值。可以作为生存行为的代价付出的资源，必须是人类拥有或占有的资源。例如付出人力资源代价的社会行为就是劳动。由此，人类在自然环境中的生存活动就是与自然环境交换资源的活动，人类在社会环境中的生存活动就是与社会成员交换资源的活动。

人类的生存行为，就是在人类占有的资源条件下利用与适应生存环境，就是付出自己占有的资源价值获取生存价值。人类生存活动的效率就是这种价值交换的效率。这种效率可以通过生存行为获取的价值满足与付出的价值代价的比较而得到。

一般来说，合理的生存行为就是获取价值高于付出价值的行为，也就是有正面价值收益的生存行为，生存行为的合理性程度由价值收益的程度决定。在这种生存方式中人类占有的生存资源就会增加，人类就可以实现有效的生存延续。一般来说，不合理的生存行为就是获取价值低于付出价值的行为，也就是具有负面价值收益的生存行为。在这种生存方式中人类占有的资源价值就会减少，人类就无法实现稳定的生存延续。人类社会成员在特殊的环境秩序构建中也会追求具有负面价值收益的生存行为，这就是广义的奉献行为。

人类的文明形成了群体化的社会生存方式，社会生存行为的主体常常是社会群体。社会群体的合理生存行为就是具有群体公共价值的正面收益的社会活动。在这种社会活动中，群体成员的生存行为的合理性并不能简单地由具有正面收益来判定，个别成员的某种具有负面收益的行为，则常常是保持群体具有正面收益行为的必要条件。这也是人类社会行为方式复杂性的基本原因。

人类依据精神环境秩序表达对生存环境秩序的理解，并依据这种理解形成了生存方式的选择。这种理解与选择的空间与生存环境提供的生存行为的可能性空间相比是非常局限的，人类的生存环境提供的生存行为的可能性空间远远大于人类观念空间中的价值结构提供的行为选择空间。人类观念空间结构的不断拓展，人类精神世界的不断丰富，就是人类拓展生存方式的主要途径。人类生存行为选择的局限性，又决定了人类不断拓展生存空间与生存资源的可能性。

人类通过拓展精神环境秩序来拓展生存空间的可能性几乎是无限的。这就决定了人类利用生存环境的能力与认识生存环境秩序的能力几乎是无限的。这来自人类生存方式中提供的自组织成果的无限可能性。因此，人类通过认识能力构建的表达生存环境秩序的精神环境秩序的内涵就几乎是无限的，人类依此而为自己生存行为方式提供的选择空间也就几乎是无限的。

人类全部生存行为的实现，都来自精神环境提供的几乎具有无限可能性的行为方式中的价值判断成果，也是利用有限的资源条件所进行的价值权衡的结果。这种对行为实现获取的价值与完成行为必须付出的价值的比较与权衡，就是人类在无限可能的生存环境中选择与确定有限行为方式的全部依据。这种权衡通过构建行为动机的价值活动实现。

人类的价值活动构建行为动机的基本过程，就是在价值实现的几乎无限可能性空间中选择有限的行为目标与行为方式。这种选择的标准，并不是追求行为实现的价值目标的绝对最大化，而是追求行为实现的价值与行为所付出的价值相比较的相对最大化。这既形成了对核心价值的权衡，也形成了对整个动机结构的权衡。

在价值活动中，动机结构中的价值目标的性价比决定了行为的选择。这里的"性价比"，就是对行为实现获取的价值与行为实现付出的价值的比较的直观化表达。

价值活动构建行为动机的主要过程，就是核心价值的选择与实现这个核心价值的条件价值的选择。同时也常常包含附带价值的选择。全部价值选择的成果，就是选择生存行为的方式的价值判断。因此，价值活动的动机的构建过程，也就是行为与行为方式构建中的价值判断过程，这也就是广义的行为决策过程。

价值的比较就是价值的权衡。单一价值的最大化比较结果形成了性价比，性价比之间的比较形成了行为方式选择的权衡。简单价值比较是复杂价值权衡的意识活动基础。

感性化的价值比较依赖意识活动的价值直观，理性化的价值比较则依赖对价值的量化排序。对价值的量化就是实现理性化价值比较的基本条件。对价值的量化操作就是对价值的可排序安置，这也是对价值的基本逻辑化安置。数学逻辑就是人类意识活动实现价值量化的基本工具，也是依据量化结果对环境需求功能进行价值不变中的形式演绎的基本工具。对价值实现数量化演绎与比较，就是人类最高层次的理性化价值判断方法。

实现价值权衡的基本方式仍然是意识活动的直观方式，这也是人类价值判断的普遍方式与基本方式。只有极少数的简单价值判断才可以实现理性量化与逻辑化演绎。自然科学中高度理性化的价值判断是人类价值判断中最简单的形态，也是最稀少的形态。

人类在一般行为选择中的价值判断则主要是感性直觉的。其中可能蕴含的稀少的数量化排序方式仅仅是对直觉方式的改善与辅助。实际上，任何理性化的价值权衡也都必须将价值形态进行逻辑简化，也都必须将判断结果再还原到直观中。在价值活动中，逻辑演绎永远无法完全取代意识的直觉。

人类全部价值活动的成果，都来自依据不同的价值比较实现的价值权衡的结果，由价值比较构成的价值权衡是价值活动的核心内涵与基本过程。简单的价值权衡常常可以直接来自价值比较，复杂的价值权衡则常常包含了多层次嵌套的价值比较。可以数量化的简单价值比较，常常就是复杂的价值权衡的基础方法。任何简单价值比较的结果都不会直接形成价值判断，都必须整合到价值权衡活动中去才能形成价值判断的依据。逻辑数据永远不会直接形成价值选择的结果。

价值比较的方法是实现价值权衡的具体条件，值权衡则是价值判断的依据。价值活动构建行为动机的过程就是运用一系列价值权衡结果的过程。确定动机中的核心价值以确立动机，需要经过对核心价值选择的复杂权衡，构建实现核心价值的条件价值链，又需要实现一系列的条件价值的复杂权衡。在动机中加入附加价值的方式，又是对一系列附加价值的复杂权衡的结果。

理解价值比较活动，就是理解人类价值活动的基础与钥匙。

人类观念空间中的观念要素的主体形态是感性化的，人类实现其中蕴含的环境价值的感受与比较的意识活动，也主要是感性直觉的。人类可以通过理性化的逻辑方法将感性直觉的价值比较活动外在化与感官化，也就是确定化与事实化。但逻辑工具对价值比较的改善仍然是非常局限的。在人类稍微复杂的价值比较中，特别是人类社会活动中大多数重要的价值比较，实际上还仍然是通过感性直觉实现的。今天高度发达的理性逻辑工具，在这种重要的价值比较中仍然处于次要的补充地位。任何大数据为人类提供的一般社会价值的比较与判断都是非常间接的，数据的精确仅仅在逻辑中。

价值活动构建动机的第一个环结，就是确定核心价值。这就是对同一个欲望中的不同环境需求的获取价值，与其对应的行为方式的价值付出关系比较结果间的权衡。初步选择的核心价值也就可以在价值活动的第二个环节中初步构成一个条件价值链。由初步的条件价值链的价值付出，又会引发对核心价值的重新权衡。新选择的核心价值又会形成新的初步条件价值链的权衡。如此反复不已，就构成了价值活动中复杂的权衡迭代过程。这个迭代还会因为附加价值的加而更加复杂化。

就是在价值活动的第二个环节中，为确定的核心价值构成条件价值链，也会包含对多个条件价值链间关系的反复权衡过程。每一个条件价值链的构成就是复杂的多重权衡的结果，在不同的条件价值链之间实现选择，则又是一个层次的复杂权衡。

一个简单动机的构建过程，常常都是多重嵌套的价值权衡的结果。一个复杂动机的构建过程，就更是包含了几乎无法明确分析的复杂价值权衡。它们也大都是意识活动的直观过程。

人类通过群体化的活动方式实现了自己社会化与文明化的生存。这种方式为人类提供了更为强大的适应与利用自然环境的能力，也为人类提供了更为广泛的行为空间。

个体观念空间中的意识活动实现了个体观念结构的构建，也实现了个体行为动机的构建。群体公共观念空间中的公共意识活动，则实现了对公共观念结构或者文化的构建，也同样会实现对群体行为动机的构建。人类群体的行为方式就是实现群体公共价值的群体社会活动。构建群体行为动机的公共意识活动，就是人类群体社会活动方式的全部依据所在。

驱动群体行为的动机，由人类在群体的公共观念空间中进行的群体价值活动来构建，由公共观念中蕴含的公共价值所构成。构建公共行为动机的公共价值活动与构建个人行为动机的个体价值活动方式相同，也具有选择与确定行为的核心价值，选择与构建行为实现的条件价值链，选择与构建行为实现中的附加价值这样三个环节的过程。在公共观念空间中实现的公共价值活动，都以社会文化活动的外在行为为载体，都由社会文化成果来表达。公共意识活动以人类群体中的观念交流活动为环境条件，构建公共行为动机的公共价值活动也离不开观念交流活动的过程。在人类构建群体活动的行为动机的活动中，充满了多层次的复杂深刻的观念交流活动。合理有效的群体行为动机与行为方式必然是合理有效的观念交流活动的结果。

在人类不同的文明形态中，都由它们特有的文化表达了它们专有的公共价值结构。社会文化中表达的公共价值的基本结构，就是人类群体公共行为的核心价值。这种核心价值的哲学化表达就是伦理。不同层次的伦理表达的不同层次的基本公共价值，也称为伦理价值。伦理价值就常常成为群体公共行为动机中的核心价值。依据不同层次的伦理价值构所成的公共行为动机，就表达了不同抽象程度的群体公共行为方式。

现代社会中构成社会狭义权力体的活动，也就是形成国家权力机构的活动，是最重要的群体公共化行为，也是最复杂的群体公共行为动机的驱动结果。将这种动机的构成局限于所谓投票选举的简单群体行为中，试图在这种复杂动机的构成中回避复杂深刻的观念交流与观念共识，就是现代西方政治学的文化愚昧，也是现代西方哲学的愚昧。这就像当年欧洲人将复杂多样的自然环境形态简单地归为由一个超人能力的上帝的创造一样，这就像现代西方哲学家门将人类肚子深刻的意识活动方式简单地理解为逻辑活动一样。投票选举的民主就是上帝创世纪的神话，就是运用逻辑来表达人类心灵的愚昧。

社会环境由社会秩序对社会能量的复合所构成。社会能量就是人类个体的生存活动状态，社会秩序则是人类个体间建立的实现公共化的生存目标或公共价值的社会联系。人类社会的存在形态构成了人类直接的物质生存环境。社会环境的秩序就是人类的生存行为构建出来的社会成员间的生存行为关系。这种关系中表达了群体公共价值的秩序功能。

社会环境的存在为人类提供了社会资源条件。人类在社会环境中的生存行为必须通过付出社会资源才能实现。群体价值活动的核心内涵就是对群体行为实现功能的公共价值获取与公共价值付出的权衡。在人类公共意识活动中与文化活动中的全部讨论与争论，无不是对这种价值权衡结果的广泛表达与比较。

人类的群体公共行为由群体公共动机所驱动。公共动机的核心内涵就是核心公共价值。实现核心公共价值必须具备条件公共价值来提供公共行为的方法与技术。所谓现代科技，就是人类公共化地利用自然环境行为的条件价值体系的文化表达形态。所谓现代政治制度，就是人类公共化地维护社会秩序的条件价值体系或技术体系的行为程序化表达。实现群体公共行为的动机中的全部条件价值，也就构成了公共行为实现的环境条件的价值付出，这就是对社会群体活动的广义秩序资源的价值付出。对这种资源付出的现代经济学表达就是广义的制度成本。

91. 价值的量化与可排序化

人类通过价值活动构建行为动机，通过行为动机实现对行为方式的内在表达并驱动生存行为。动机来自意识活动的价值选择与价值组合。人类全部可分析的行为要素都可以与动机中的价值要素相对应。

价值活动的基本内容就是在观念空间中选择不同的价值，并依据选择的结果构成不同行为的动机结构。理解了价值选择的方法与依据就可以理解价值活动和分析价值活动。

所谓价值选择，就是在一个价值选择的领域中，或者在意识能量对观念要素的审视空间中，按照确定的标准将不同价值要素的环境功能效果实现排序，并依据这个排序选择出具有最大环境功能效果的价值要素来。

确认参与比较的价值要素中的最大价值的一般方法，就是对这些价值要素的价值功能实现量化排序。量化与排序是对同一个意识活动过程的不同表述。排序与量化互为条件也互为结果，它们的实现是意识活动的一个自纠缠过程。

所谓价值要素的价值量，就是它的环境功能在同类要素中的可比较关系，就是对这种可比较关系的逻辑化安置与表达。意识活动对观念要素环境功能的价值排序，主要是感性直觉的与非量化的。将这种排序结果实现理性化安置与表达，就形成了它的价值量。价值量是价值功排序结果的逻辑化表达，这种表达的主要目的就在于构成对公共价值排序的公共化外在表达，就在于形成公共价值的价值量。排序逻辑方法的完美形态就是数学逻辑，对排序结果的直接演绎方法就是计算技术。

一旦价值审视集合要素的排序结构形成，最大价值要素就必然出现，次大价值要素与其他价值要素与最大价值要素的关系也就形成了，价值选择的条件也就具备了。价值比较的理性化方法与精确化方法就是对价值比较集合排序的公共化与精确化。人类因此而创造出了数量逻辑和数学逻辑。

排序操作的可实现程度就是价值比较的确定性程度的标准。人类逐渐构建出了日益复杂的量化方法与数量逻辑工具，就是为精确化与确定化的排序操作提供的逻辑方法，就是人类创造出来的最重要的精确化的理性工具。排序操作的逻辑化结果就是对价值要素的数量化处理结果与表达结果。

人类的理性能力就是理解观念结构的能力与控制意识活动的能力。逻辑工具就是人类实现理性能力的意识活动工具。逻辑工具可以表达观念空间中观念要素间的价值关系，也可以表达意识能量在观念空间中的运动关系。前者是后者的条件，前者为人类提供了理解观念结构的方法，后者为人类提供了理性化的思维模式。通过价值结构理解观念结构也是哲学的一把钥匙。

价值判断是价值比较的结果。实现价值比较的方法就是对比较集合进行价值排序。理性化的价值排序过程可以具备两个可分析的环节。第一个环节是确立排序依据，这就是在价值比较集合或比较空间中，确立一个具有与全部比价元素相同环境功能的价值要素，这个价值要素又要在比较空间中具有稳定的环境功能不变形态。这就是确立价值比较的不变量。第二个环节则是依据这个价值不变量通过价值比较实现对比较空间中的全部价值要素实现价值排序。实现元素排序的条件是可以对它们进行比较操作，而排序的结果又是为了实现比较。

例如，人类在自然科学中对任何物理量的可测量操作，就是对这种表达了自然环境秩序的价值要素集合在特定环境空间中实现了可排序的操作。对物理量的测量，必须先选定一个同类量中具有最稳定的价值不变特征的物理量，以作为测量标准或测量依据。摄氏温度测量方法中的冰水混合物的温度不变性，华氏温度测量方法中的人类体温的稳定状态，开氏温度测量方法中的物质分子自由运动动能为零的状态，都是对不同领域中的物理温度测量的不变量标准。不同的测量标准提供了不同的价值比较领域，也提供了不同的价值排序精度。

例如，时间是人类理解环境秩序演化进程的逻辑工具。人类在不同领域中对具有时间特征的演化要素间实现价值比较，必须依据相应公共观念空间中的特殊时间不变量，这种不变量就是可以高度公共化的环境秩序演化进程的事实经验观念，也就是人类在不同领域中的客观时间标准。人类最早选择的客观时间标准，就是稳定流动状态中的流体流动量的变化，例如滴漏与沙漏。它们可以满足人类在简单社会活动中的时间计量需求。人类理解自然环境秩序的宏观理性能力的形成，也就出现了利用地球引力场中具有稳定震动频率的物理摆来作为时间标准，这就出现了机械钟。人类在更大范围内的时间标准就是地球围绕太阳的公转周期。对这个标准的逻辑分解，就形成了延续到今天的年月日与时分秒的时间计量单位。为了在更广泛的环境领域中获得更高精度的时间标准，人类就开始依据在宇宙环境中具有稳定演化特征的特殊原子的震动频率了。这就出现了原子钟。

例如，人类对社会资源价值的比较与排序标准，就来自社会资源的交易活动领域中具有较高价值稳定性的同类资源价值。在经济活动中的价值不变量标准就是具有价值稳定特征的货币。原始货币曾经是稀有的自然物，后来则是经过人类采集加工而又方便流转与分割的贵金属，例如黄金白银。在现代社会中则变成了依据人类权力活动保障其价值稳定性的纸币。例如美元。在国家范围内的货币则可以为国内经济活动提供必要的价值不变标准，这种价值标准的不变量特征由国家权力活动实现保障。国际化货币的价值稳定性来自国际经济活动秩序的保障，控制国际货币稳定性的能力来自控制国际化的经济活动秩序的能力。货币的价值可以在经济活动中波动，这来自对其价值公共化认知的经济活动过程。国家货币价值的剧烈动荡来自国家权力对经济活动的失控，国际货币的剧烈动荡则来自国际社会经济秩序的动荡。

人类合理的社会秩序依据有效的权力活动形成，而不是依据充分的自由形成。

在个体的价值活动中，也需要观念空间的特领域甚至全部领域中的价值不变量作为价值比较的标准。在感性化的情感价值的领域中，个体常常依据的价值不变量就是对自己父母的情感价值。所谓杀父之仇辱母之恨就是这种领域中最高价值不变量的例子。个体对不同生存价值实现大范围的排序与权衡则需要更为广泛的价值不变量，这一般就是自己的生命价值。"好死不如赖活着"的俗语就是对这种价值不变量的调侃性表达。但在更广泛的具有社会公共性的价值比较领域中，还会需要超越个体生命价值的比较不变量，"若为自由故，二者皆可抛"就是将自由价值作为超越生命价值的不变量。

个体对观念空间中的全部价值实现可排序操作的最高价值不变量就是观念空间中的终极价值。个体观念空间中必然具备的终极观念表达了全部观念结构秩序的最高统合形态，也表达了全部生存需求的价值内涵的最高不变量。对于仅仅追求个体生活幸福的一般社会成员，终极价值常常就是生命价值。对于某些具有特殊公共价值目标追求使命感的个体，则常常会具有某种超越了个体生命存在的终极价值，这就是他们的公共化理想与社会化自我实现的追求。他们常常能够在更为广泛的人类活动环境中，在大社会与大历史中看淡甚至忽略个人的生死。在人类不同文明的历史中，具有重要历史贡献与重要文化贡献的特殊个体，就常常会表达出超越个体生命价值的终极价值追求，这也正是它们能够创立流芳于世的丰功伟业的精神结构原因。在不同的人类文明形态中从来就不乏各种殉道者与殉国者，甚至为了对某种公共价值的精神追求而放弃生命的志士与烈士。

不同个体的终极价值形态的差异也就形成了他们最高价值标准的差异，也就会向下延伸与塑造出更为广泛领域中的观念结构与价值结构的差异。这种差异就会让不同个体表现出不同的人生状态与价值选择形态。

文化就是表达人类群体公共观念的工具。群体公共观念与个体观念结构的同构特征，决定了在任何公共观念体系中也都具有一个终极公共观念结构，以统辖全部公共观念的形态，以表达全部公共价值中的最高不变量。在自然科学的公共观念体系中，必然要具备一些作为预设前提的基本观念与不证自明的公理，这就是自然科学在各个领域中的价值不变量的基本载体。这些超越科学观念体系之上的超验观念结构就是所谓的科学的范式。在自然科学方法中必须规范运用的现代数学工具就是科学范式中的核心内涵，它们具有表达方法中的终极价值意义。数学不是自然科学观念结构的内涵，而是人类观念空间中高层次的公共化超验观念形态。现代数学仅仅是自然科学必要的表达与思维范式。任何科学观念如果不能用现代数学逻辑表达，或者在表达中破坏了数学逻辑的完整性，就会被认为是超越了科学观念体系的可比较价值空间，也就被认为是非科学的思想。自然科学的公共观念体系以经验观念为内涵，但一般不包括超验公共观念。

在人类的文明史中最稳定的文化形态就是不同形态的宗教文化体系。全部宗教文化的内涵都包含了稳定的终极价值结构。维护与保持自己终极观念与终极价值的稳定不变功能就是各种宗教文化的鲜明特征。不断发展的宗教文化也就因此而成为人类公共价值的稳定基石。

人类的哲学文化体系，则是包含了终极观念结构的理性化的公共观念体系。哲学可以是理性化的宗教，宗教可以是感性化的哲学。人类精神环境的感性化本质决定了宗教文化的核心历史地位。人类精神环境中的理性化不足也就决定了哲学文化的边沿化地位。理性化程度较高的一神宗教常常具有丰富的哲学内涵。感性化内涵丰富的哲学也常常会具有宗教的味道。人类的哲学如果无法成熟也就无法取代宗教文化的影响力与地位。好的哲学具有取代宗教的可能性，也可以为人类提供理性化的超验公共观念体系。但这还很遥远。

宗教文化提供的具有终极价值的公共观念体系，常常可以为意识活动能力不足的个体提供安置自己观念结构要素的基本观念框架，这个基本观念结构既可以安置冲突散乱的经验观念，也可以提供超验的终极信仰。这就是人类自古以来离不开宗教文化的基本原因，也是宗教今天仍然具有生命力的原因。

好的哲学也可以实现宗教文化的功能。对哲学的深刻理解，也可以安置散乱冲突的经验观念，也可以提供理性化的终极信仰。人类近代具有哲学能力的思想家常常都以提供稳定有效的终极信仰为己任，例如马克思就提供了共产主义的超验公共价值体系，但他们的成果大都不太成功。因此，在今天的现代文化中宗教还无法被哲学完全取代。

人类理解自己生存环境的终极秩序依据与最高价值不变量的基本形

态，就是绝对空间与绝对时间的观念。对这种基本超验观念的理性化与公共化表达，就形成了绝对的空间逻辑与时间逻辑。只有当人类理解宏观物质环境秩序的观念超越了时间与空间逻辑的内涵，时间与空间才能被相对化。但这又必须以超越时间与空间逻辑的更宏观的绝对秩序为条件。这种绝对秩序就是创立相对论的爱因斯坦在面对量子理论的迷茫中所坚守的确定秩序的观念。但量子物理学的发展则打破了爱因斯坦的终极观念，一种有序而不确定的崭新世界观正在冉冉升起。对于这种世界观今天的哲学还蒙在鼓中。

由于传统哲学对人类精神环境与意识活动理解的肤浅，就形成了将空间与时间看作是超越了人类精神世界的永恒不变的神秘实体的观念。这种观念就类似于各种宗教文化中将自己维护的终极价值看作是外在环境存在的实体。在基督教神学中，证明上帝的实存就是一个永恒的理性任务。在自然科学中的"上帝"就是科学哲学提供的宇宙终极存在形态的观念。这也是科学世界观的最高超验依据。

人类价值活动中的价值比较方法的深刻公共化，就形成了人类终极价值文化的共同形态，也就形成了具有最高超验价值的排序工具。这种排序工具就是不同文化形态中都具备的数学方法与数学工具，包括了从不同文明的远古数学到今天的现代数学。

人类对自己观念空间中的价值要素实现量化的最普遍方法，就是抽象的数量观念。所谓数，从结绳记事的数到现代数论体系中表达的数，都是人类对观念空间中的价值要素的最普遍的量化方法。数学工具就是价值量化与价值表达的普遍性工具。

全部可以数学量化的价值都可以形成理性化的精确排序，也就提供了精确化价值判断的条件。人类价值量化的精确化程度，就决定了对环境资源功能价值的公共化表达的精确化程度。人类对社会资源的精确化表达方法，就形成了现代社会管理与现代经济活动中的数量化管理与数据化操作技术。这也是人类在工业贸易文明中创立的现代化社会秩序形态的特征。

但是，在人类今天的价值比较中可以实现理性化排序的价值领域仍然是非常局限的。理性化的排序方法只能在非常简单的环境秩序与资源功能中得到普遍实现。人类的大部分价值判断，特别是比较复杂的价值判断，仍然只能是感性直觉的，仍然是不可理解的与不可逻辑化的。这就是人类价值活动的主要方式，这就是人类动机结构与行为方式的复杂性与不确定性的基本哲学原因。

人类在广泛的公共观念空间中，如果对某类价值体系形成了可量化的价值不变量，也就形成了几乎具有绝对稳定性的公共价值，这也就是人类公共观念中的公共价值的不变量依据。这种公共不变量形态中表现出来的超越个体精神环境秩序的功能，以及超越人类一般行为经验的功能，就是人类具备客观价值观念的心理依据，也是人类形成客观规律终极存在观念的心理依据。实际上，客观价值仍然是人类的观念，客观规律仍然是人类精神环境秩序的大范围的历史性公共化表达。

第二十四章　价值活动与认识活动

92. 两种意识活动的同一性

　　人类依据精神环境中的意识活动实现自己的环境生存。人类的精神环境提供了完整表达外在生存环境秩序的特殊方式。精神环境的有序性与完整性，决定了人类生存行为的有效性，也决定了人类生存方式的超越性。

　　精神环境秩序提供了超越人类对外在环境秩序感知的散乱冲突形态，形成了对外在环境秩序的超越性理解，并依据这种理解构成了和谐有效的生存行为，特别是形成了人类群体化的社会活动方式与社会秩序。

　　社会化的生存方式与社会环境秩序，是人类对自己生存环境的改造与创造的成果，这种创造超越了人类精神环境对外在环境秩序的经验感受，这种创造来自人类意识活动的特殊功能。这种超越的全部依据就在精神环境中的超验观念中。

　　人类对自然环境的透彻理解来自人类意识活动特殊创造，人类对社会环境的特殊构建也来自人类意识活动的特殊创造。人类精神环境对人类物质环境的秩序超越，来自人类认识活动对精神环境秩序的自组织构建。这就是唯心论哲学的本体论依据。人类精神环境的存在对物质环境的基本依赖，则是唯物论哲学的本体论依据。这两种本体论的分裂与对立恰恰表达了他们的局限性。

　　人类的精神环境提供了意识活动的条件，实现了对人类生存活动方式的表达与支持。意识活动本身就构成了精神世界的秩序来源与存在依据，意识活动的环境由其中发生的认识活动的自组织过程构成。人类在精神环境中的意识活动在构成自己的活动环境的同时，又为人类在生存环境中的行为方式提供了秩序表达，这就是意识活动可以区分为认识活动与价值活动两种功能的依据。

将人类的意识活动区分为两种功能，是人类理解精神世界的存在方式与理解精神环境的存在功能的结果，也是人类意识活动对精神环境秩序的理性化表达的结果。这就是哲学理解人类意识活动的基本形态。

观念是精神环境的存在形态。价值是观念的功能内涵。驱动人类生存行为的动机就是价值的组合体。动机的构成过程也就是意识活动对观念内涵的组织化过程，但这个组织化过程与认识活动的组织化过程具有不同的环境功能。认识活动构建了精神环境中的秩序本体，也构建了其中蕴含的环境需求与价值。价值活动则仅仅构建了观念结构中的价值内涵可以行为实现的组合关系。认识活动是精神环境秩序构成的本体原因，价值活动则是精神环境秩序可以构成环境行为方式的功能原因。认识活动的成果决定了价值活动的形态与方式。

人类的精神环境作为统一的环境存在，则具有统一的活动方式与统一的功能形态，对其进行理性化表达中形成的不同功能区分，仅仅是人类理性化表达方法或逻辑化方法的结果。真实的意识活动并不会区分为认识活动与价值活动两种形态，意识能量在观念空间中的真实运动与分布也不会分成两种状态。认识活动与价值活动都是统一的意识能量运动形成的不同环境功能。在每一个具体的意识活动中，都会同时表现出认识活动与价值活动的功能。认识活动中蕴含了价值活动，价值活动中蕴含了认识活动。

人类通过认识活动实现对精神环境秩序或观念结构的构建。在认识活动的准备环节中，形成了意识能量在观念空间中的特定分布状态，这种状态形成的对无序观念要素集合的关涉，也就形成了认识构建的无序审视集合。这个审视集合的形成并不是来自意识能量的盲目流动，而是来自人类生存欲望的驱动，其中既有审美欲望的驱动，也有构建行为动机所追求的其他欲望的驱动。价值活动的过程也会驱动认识审视集合的形成，在价值比较的审视集合形成中，也就常常蕴含了认识的审视集合。价值活动形成的意识能量在观念空间中的分布状态，也就常常是认识准备环节的形成条件。

价值活动的核心过程就是价值的比较与选择。价值比较的实现也要形成一个意识能量对蕴含了价值要素的观念要素的审视集合。这个审视集合在为价值活动构成条件的同时，也常常会为认识活动构成准备条件。在价值比较实现的过程中，被组合在一起的价值要素之间，也就常常会在承载它们的观念要素间形成认识发现的条件，并以此而激发出一个观念空间的自组织过程。这就是在价值活动的过程中对认识活动的准备与激发。

认识审视环节形成的条件，就是具有一定秩序内涵的无序观念要素集合被意识的审美欲望所关注。在价值活动的价值比较过程中，比较集合必然具备了特定的秩序，这就是他们的价值同一性与可比较特征。其中也必然会蕴含审美的无序，这就是比较集合中的审美价值差异。当这个集合中的秩序与无序的关系，恰好与同结构中汇集的审美价值相融合时，认识的自组织就必然会发生。在价值比较的过程中发生的自组织过程，也就必然会形成新的观念结构。这个观念结构对同一价值内涵的观念要素间就可能形成新的环境功能发现。价值活动在完成自己的价值比较的过程中也在常常构建出了新的观念。

在每一个观念要素中都蕴含着表达环境需求的价值。价值表达的人类环境需求功能就是可以将它组合而构成行为动机的依据。但这种组合也就常常为认识活动提供了一个审美价值实现的环境空间。如果能够将观念要素中蕴含的价值比较集合作为认识活动的对象，也就形成了将一个散乱的环境秩序功能的观念表达构建为观念空间中新的观念结构要素的条件。在这个条件下形成的认识成果既是在观念空间中创造出了一个新的观念结构要素，也会将其中蕴含的价值要素在新的观念结构中实现新的需求功能的价值表达。新的观念要素必然具有新的价值内涵。

由此，构建人类外在环境行为动机的价值活动，也就会成为精神环境秩序构建活动或认识活动的外在环境动因。人类正是这样在日益复杂的生存行为中构建出了日益复杂的精神环境秩序。人类个体的任何环境行为以及驱动这种行为发生的内在动机，都可能构成激发一个审美活动的新的环境条件，其结果都有可能成为一个新的观念要素的构建。

人类的生存行为必然要依据其精神环境中构建的行为动机，动机的构建又常常引发出新的观念结构的认识构建。人类的认识活动就遍布于人类生存活动必须依赖的价值活动之中，人类日益复杂的观念结构就是在实现生存目标的价值判断中逐渐构成的。人类每一个新的认识成果又会蕴含与表达新的环境功能价值，又会为价值比较与价值判断提供新的环境条件。人类价值活动与认识活动的相互融合与相互激励，就构成了人类精神环境秩序演化与发展的内在动因。

在这种相互融合中，认识活动由此而获得了外在行为追求的间接驱动，认识活动的成果又不断为外在行为的实现提供了可能性空间。这就构成了人类从生存行为到认识活动的实践循环的内在活动的基本内涵。

人类实践活动的循环提供了认识活动的外部动因或间接动因，并将人类的内在审美欲望与外在生存欲望组合起来。认识活动的间接动因只能提供形成认识准备环节的条件，并不会促使认识活动的真正发生，只有审美动因才是认识活动实际发生的内在直接动因。任何认识活动的观念构建过程的发生，都必定是审美欲望直接驱动的结果。

人类生存活动中的实践循环只能提供精神环境中发生认识活动的一般外部条件，而不会形成认识构建过程的充分内在条件。认识活动最终发生所依赖的审美条件，必须是认识审视集合中实现审美欲望的有效性，这种有效性的形成只能来自审美欲望的驱动。

人类的生存活动为认识活动提供的外部动因或实践动因，最终必须转化为服从审美欲望的内部动因，才能真正激发认识的自组织过程。只有审美欲望才是人类全部认识活动的本质动因与直接动因。离开了审美欲望的追求与实现，认识活动的条件可能会出现，但认识活动的自组织过程不会发生。

那种将人类的实践循环直接看作是一切认识活动的全部动因的哲学观念，是一种肤浅与粗糙的认识论。这种认识论只能说明人类认识活动的外部条件或间接条件，但不能表达与理解认识过程发生的内在动因。这种粗糙的认识论也可以安置与说明一些简单特殊的认识活动，也可以具有特殊的真理性，但无法安置与说明人类一切观念要素的构建过程，也就是不具备完备的真理性。

在这种认识论所支持的唯物论哲学体系中，一些人类非常重要也非常根本的认识活动，一些人类精神环境形态与功能的重要依据，例如艺术创作的认识活动与超验观念的构建活动，就必然被悬置起来，或者将它们隔离在认识活动的功能之外了，它们就只能在传统文化中被表达为各种超越人类存在方式的神秘化的特殊来源。这就足见这种认识论的狭隘与局限。这种狭隘与局限极大促限制了它们所支撑的哲学体系的功能普遍性。

传统哲学中的美学，大致可以模糊地说明人类精神世界内涵的形成原因，但又无法逻辑化地说明人类普遍的高度感性化的认识活动与人类有明确生存目标的实践活动激发出来的不同的认识活动的统一性。这就是至今为止全部哲学认识论仍然处于分裂状态的原因，也是认识论始终无法对人类构建精神世界秩序的全部原因实现说明的原因。

人类的认识活动是全部精神环境的秩序源泉。人类实现生存的实践活动，人类实现审美的意识欲望，共同形成了认识构建的动因。前者是认识活动的生存动因或外在间接动因，后者才是认识活动的直接与本能动因。没有前者，认识活动无法构成功能神奇而又丰富多彩的精神世界。没有后者，认识活动就失去了根本依凭而无法构成深刻精妙的精神世界。

人类的意识活动构建生存行为动机的结果，就是在观念空间中构成了表达行为的环境需求与行为方式的价值组合与观念结构。生存行为的动机结构的功能来自其中的价值组合。动机结构的观念空间表达与存在依据，则必然在蕴含价值要素的观念结构中。这种表达了动机功能的观念结构的构建，必然以认识活动对观念结构的秩序发现与结构构建为依据。每一个生存行为动机的构成，也都蕴含了一个观念结构的内在表达形态，也都蕴含了一个认识活动的潜在成果。

　　价值活动依据观念空间中的既有价值而实现动机的构建，也是对既有价值功能的有效利用。观念空间中的既有价值则来自认识活动的观念构建，来自认识成果中蕴含的满足生存需求的外在环境秩序功能的表达。价值活动的成果也实现了对观念结构的特定功能内涵的组织化，但这种组织化无法超越认识活动对观念结构组织化的普遍性与深刻性。价值活动仅仅为认识活动提供了特殊的内在条件。认识活动则为价值活动提供了普遍的内在条件。

　　价值活动是人类实现环境行为的内在条件与准备活动，是精神环境中追求外在生存目标的意识活动。观念空间中的观念结构为这种意识活动提供了必要的环境。认识活动则是构建与形成这个精神环境的意识活动，也是比价值活动更为根本更为基础的意识活动。

　　人类个体的全部认识活动又必须以既有的观念结构为依据，任何观念要素间的价值联系都会成为认识活动的环境条件。全部价值活动在观念空间中构成的行为动机结果，也都必然为认识活动准备了特殊条件。这种条件就决定了认识活动的主导方式，也决定了人类精神环境的主导形态。这种主导形态构成了精神环境的主要框架结构，但并非精神世界的全部存在形态。价值活动引导了精神环境骨骼的形态。认识活动则是全部精神环境存在的血肉营养依据。

　　人类的价值活动的最终成果，就是在观念空间中形成了观念要素中蕴含的价值要素的组织化，并最终通过认识活动对这种价值组织结构的固定与表达而构成了观念空间中的价值结构。观念空间中的价值结构表达了人类在环境中生存的全部行为依据，也是人类行为方式的全部内在依据。人类的审美欲望构建了观念结构，人类的生存欲望将观念结构进一步组织化构成价值结构。观念结构为价值结构提供了环境存在的条件，价值结构表达了观念结构中的生存功能。

人类精神环境中的观念结构与价值结构的同体结构与统一性，来自人类的认识活动与价值活动的统一性。人类对自己生存环境的整体性理解，在观念空间中形成了不同的价值结构，也同时表达了不同的审美欲望实现成果。人类审美欲望的不同形态或审美禀赋的个体差异，又会来自他们对环境秩序与生存方式的不同的理解成果，又会来自他们的生存需求在观念空间中形成的不同的投射结构。这种差异的群体化与公共化，最终形成了不同文化结构的差异。

人类的认识活动为精神环境提供的秩序形态，超越了人类生存行为方式的可能性空间，这种超越也通过观念空间中的价值结构表达出来。在人类观念空间中的价值结构表达的行为方式中，也就具有了提供现实行为与提供虚拟行为的两种形态与功能。人类理性化的虚拟行为空间就是虚拟逻辑空间中蕴含的价值结构，人类感性化的虚拟行为空间就是所谓的"摹状词"构成的虚拟陈述空间。人类的全部实践成果则表达了人类全部现实行为空间的秩序内涵。其中的实践知识结构表达了理性化的现实行为空间，其中的实践艺术结构，表达了感性化的现实行为空间。

人类的虚拟行为空间与现实行为空间的区分是融合的与相对的。绝对的区分仅仅在理性逻辑中。实际的区分总是虚拟中蕴含了现实，现实中蕴含了虚拟。

在人类不同文明的社会化群体的公共观念空间中，在这些公共观念的文化表达中，也会具有公共行为的现实空间与虚拟空间。文化中的现实公共行为空间构成了社会秩序的现实环境，也表达了人类公共价值中具有现实生存功能的现实价值。文化中的虚拟公共行为的空间则表达了社会秩序的可能性环境，也表达了人类公共价值中的各种具有审美意义的虚幻价值。在人类不同文化中都具备的丰富多彩的神话故事就是这种虚幻公共观念空间中的虚幻公共价值的表达。

对于成年人来说，必须能够明确区分现实公共价值与虚拟公共价值，以便形成现实的社会行为方式。对于儿童来说，则主要在于接受与建立合理的公共观念结构，也就不必太在意其中的现实价值与虚拟价值，有益的童话也就永远是适合儿童的教材。

人类的观念结构来自认识活动的构建，人类认识活动的动因来自审美欲望。如果个体仅仅依据自己的审美欲望而不依赖感官信息中表达的生存需求来构建观念结构，就是一种玄想式的认识活动。实际上离开了感官信息任何认识活动也不会发生。玄想的发生就是在认识活动中高度忽视了对经验观念的依凭与安置，就是高度追随了观念空间中的超验观念与超验价值。

单纯的玄想也会实现对观念结构的构建，这种构建的结果就是仅仅表达了精神环境的内在秩序的超验观念结构。逻辑方法就是高度玄想的成果，纯粹的数学观念也是这种成果的例子。任何文化中的全部理性工具都来自玄想的成果。

玄想的认识成果的文化表达就是玄学。在人类不同文明的文化演化进程中，都会形成感性化主导与理化主导的摆动周期，也会形成经验化主导与超验化主导的摆动周期。前者形成了知识兴旺与艺术兴旺的摆动，后者形成了现实价值的兴旺与虚幻价值兴旺的摆动。在中国文化与欧洲文化的演化史中，这种摆动周期的现象是明显的。

在中国历史中，西周时期充满了感性与理性的分歧，充满了现实与虚幻分歧的各派文化，被秦汉的社会政治需求统合而重塑为统一的儒家文化体系。传统儒家强调了治理社会秩序的经验化伦理价值的至高无上，从而弱化了文化中的超验价值与虚幻观念空间。王道与霸道成为主流，神仙与玄鬼成为边沿。当汉帝国的政治结构崩溃以后，这种文化形态也就松弛了，表达虚幻公共观念的超验公共价值就开始变成了知识分子们的喜好。魏晋玄学出现了，表达现实政治需求伦理道德开始边沿化了，琴棋书画与诗词歌赋中的虚幻审美成为读书人的主要追求。王羲之的书法，竹林七贤的艺术，都是这种文化环境中的必然成果。这种文化环境也就成为大规模接纳具有高度超验内涵的外来佛教文化与创立本土道教的土壤。一旦隋唐恢复了儒家文化的正统地位，这种文化形态就又被贬低为边沿化的玩物丧志了。民国初期文化领域中的科学与玄学的争论，就是社会文化对经验主导与超验主导的争论。在大规模引进西方科学文化的背景中，传统文化中的超验文化的功能，也就必然被丑化为"玄学鬼"了。

西方现代科学的兴起，就是经验文化与超验文化的互相促进相得益彰的成果。自然科学的实证方法强烈地安置了经验观念，传统理性的数学逻辑则强烈地安置了超验观念。中国人急功近利地将科学理解为科技，也就放大了经验而忽略了超验。直到今天中国的文化活动中，也没有人愿意孤独寂寞地深入对超验观念的探讨。现代中国的纯科学与基础数学薄弱的原因，现代中国哲学仅仅局限在满足政治需求的马克思主义体系中的原因，就来自对西方现代文化历史性的片面理解，也来自对自己文化传统演化的不能自知。

玄想的认识结果可以非常完美地表达精神环境中的环境需求与价值功能，但却不一定具备外在物质环境中的现实行为意义。例如永不相交的平行线就是人类无法用行为感知的。玄想的意义在于为人类提供了观念空间中尽可能广泛的精神环境秩序的可能性空间，这种秩序空间也就最大限度地为物质环境中的现实行为提供了广泛的可能性。这就是人类价值活动中价值比较与价值选择的丰富性与复杂性的内在原因。合理的玄想结果或超验秩序空间，可以为外在行为经验提供广泛的有序安置环境，并在安置中实现对经验观念的融合与内在表达。这种融合也会实现对超验观念结构的经验化改造，并因此而增加玄想结果的现实行为可能性。

合理的玄想来自合理的理性观念结构，不合理的玄想来自不合理的感性观念结构。逻辑演绎就是典型的合理性玄想。在不合理的错误逻辑演绎中也就会包含不合理的玄想。例如对辩证法逻辑的滥用，例如对易经逻辑的不当引用。不合理的玄想主要来自不合理的感性超验观念，例如将神话当作现实。

玄想成果与超验观念结构就是人类精神环境秩序的主体形态，也为人类意识活动的和谐有序提供的基本的环境条件。人类可以在合理的玄想中模拟与理解现实行为，也可以依据超验观念秩序合理地组合出不同的行为方式。爱因斯坦的所谓思想实验与光速火车，就是一种可以表达与安置合理的现实行为方式的玄想活动。

人类的认识活动对精神环境的秩序构建成果的直接存在形态就是超验观念，其中也就必然广泛蕴含了玄想的成果。其中能够包容的来自感官信息的经验观念，则为这种超验性的成果提供了现实行为化的依据。由构建生存行为动机的价值活动所激发的认识活动也就必然蕴含了丰富的经验观念内涵，这种价值活动对认识活动的激励就是对观念空间中的超验结构不断实现经验化改造的途径，也是对其进行环境行为实现的可能性改造途径。

人类的审美本能提供了精神环境中的虚幻空间，人类的生存活动则将这种虚幻空间现实化。这就是人类实践活动的基本哲学内涵。人类的审美本能提供了真理的虚幻模式，人类的生存活动将真理的虚幻模式现实化。在任何文化中的真理中都仍然蕴含了虚幻与现实。玄想提供了真理的广泛性与深刻性，生存活动则将真理变为现实。

人类的认识活动不断为观念空间提供超验秩序内涵，人类的价值活动又不断通过对行为动机的构建，激励认识活动对经验秩序的安置与包容，这两种不同的精神环境秩序构建方式的综合，就是人类精神环境秩序形态的全部依据，也是人类精神环境秩序演化的全部依据。人类的认识活动实现了精神环境存在的第一个层次的组织化与约束，这就是精神环境的内在秩序约束与超验约束。人类的价值活动则实现了观念空间存在形态的第二个层次的组织化与约束，这就是精神环境的外在秩序约束与经验约束。这两种活动的组织化的相互融合，就共同构成了人类精神环境秩序的全部内涵。

认识活动不断拓展了观念空间中的超验秩序形态，价值活动则不断依据生存行为的现实经验约束与凝聚了观念空间中的超验秩序。价值活动的过程压缩了认识活动构建的秩序空间，使得认识成果的秩序形态服从了生存环境中的经验，这也就剔除了玄想活动或超验观念结构中的不合理虚拟成果，并形成了观念结构对人类生存方式的合理表达。

例如，在人类利用观念的表达与接受的生命器官功能进行的感性化观念交流的方式几乎具有无穷的可能性，但在经历了几十万年以上的群体行为中的公共价值凝聚，也就最终形成了几个非常具体而规范的艺术表达门类。这就是人类在环境需求的实现过程中所构建的价值结构对观念结构实现凝聚的典型例子。任何进入文明的人类群体，都会通过自己独具的一般感性化方法或艺术方法实现自己基本的观念交流活动，并在交流的过程中不断凝聚自己的交流模式，从而形成了对观念交流方式的价值约束与行为方式规范化，这就形成了人类社会文化活动的习惯形态与习俗形态。习俗是对习惯的文化固定。这些从广泛多样的感性化观念交流方法中通过习俗的约束而逐渐形成的极其有限的艺术活动方式，也是群体化的公共价值结构对个体价值结构实现约束与规范的文化成果。

自然哲学史与科学史表明，人类理解与表达自然环境秩序的观念体系的多样性形态，总是在不同的历史时期中被人类的群体行为方式强烈地简化与凝聚起来，从而排除了各种繁杂的其他既有的关于自然环境秩序的公共观念体系。这些曾经出现的多样而繁杂的公共观念体系，就是不同公共意识活动环境中丰富多彩的审美构建成果。在欧洲传统文化中，表达理解自然环境秩序的观念体系中的凝聚方向所形成的规范化超验公共观念，就被称为科学范式。他们在艺术活动中的行为规范也被类似地称为艺术范式。科学范式中的超验观念结构，提供了科学文化安置与表达经验观念的规范形态与学术标准。艺术范式中的超验观念结构，则提供了狭义艺术形态技术体系的规范依据。

当人类的群体行为方式或文明结构形态发生了明确的变化时，他们理解环境秩序的公共观念与公共价值体系也就会出现神秘的范式转换。例如各种已经被文化史所认可的科学范式转换与艺术范式转换。这种范式转换的神秘性就是现代科学哲学与艺术哲学对人类基本文化活动仍然缺乏清晰透彻理解的结果。

例如，在人类发现了核裂变可以提供新的物理能量之后，试图利用这种物理过程获取能源的超验观念途径与现实工程途径也是五花八门极其繁多的。但最终只有极少数的方案成为各国核工程的现实投资目标。在核能实现武器化的设计中也具有类似的过程。这种公共观念体系的汇聚，并不仅仅是来自科学思维认识活动的审美成果，而是来自人类现代社会工程实践所形成的条件价值结构，对科学观念体系中丰富多彩的价值形态的实现可能性进行简化与凝聚的结果。很多在观念空间中的审美成就构成的天才的科学观念与想法，由于在现实的价值活动中的不易实现，或实现的条件价值的成本太高，也就构筑了他们自己的坟墓。并非任何精美的科学思想都会必然成为现实的社会技术。

93. 价值结构与观念结构的同构

认识活动构建了人类精神环境中的观念结构，积累与凝聚了精神环境的全部秩序。人类精神环境存在的基本形态就是结构化的观念要素。每一个观念要素中都蕴含了人类的环境需求，这就是精神环境对于人类生存的意义。观念要素中的环境需求的内在表达就是价值。价值表达了观念要素的环境功能，观念要素是价值要素的存在载体。

人类遍布于观念空间中的认识活动对观念空间秩序的普遍构建与普遍整合，形成了观念空间中逐渐向上抽象化与逐渐向上统合的观念结构。观念结构的最高层次就是凝聚与统合了全部观念空间结构秩序的终极观念。

与观念空间中的观念结构相对应，蕴含在观念要素中的价值内涵也在观念空间中形成了相应的逐渐凝聚与逐渐统合的价值结构。价值结构就是观念结构的环境功能内涵，观念结构就是价值结构的存在载体。

人类特有的文明化生存方式，就是依据精神环境中的价值来表达与选择自己的生存目标与生存行为。形成这种选择的意识活动，就是精神环境中的价值活动。价值活动提供了人类全部生存行为的精神动因的依据，这就是依据观念空间中蕴含的价值要素组合构成了行为动机。动机的结构表达了人类环境行为的目标与方式，其中包括行为的核心价值与实现核心价值行为方式的条件价值链，还常常包括为了提高行为效率的附加价值。

价值活动不断形成了观念空间中的价值组合，并依据这种组合激发认识活动重构了观念结构。人类在观念空间中的价值活动及其激发与引导的认识活动，不断实现了对价值要素的组织化构建，也就不断形成与强化了观念空间中的价值结构。

所谓价值结构，就是观念空间中蕴含的价值要素之间的环境功能联系，就是通过这种联系而构成的更复杂更抽象的环境功能，就是价值要素的组织化形态。价值结构的环境功能的重要表达形态就是价值链。价值链是价值结构的基本形态，人类观念空间中的每一个基本价值，都是一系列价值要素的结构化形态，也都常常是一个价值链的形态。

尽管在价值活动中的价值链构成主要来自构建条件价值的第二个环节，实际上在任何可分析的价值活动中所确立的核心价值，仍然可以看作是一个更高层次的价值链中的环节。围绕独立的核心价值构成新的价值链的意识活动，也可以看作是对一个对处于价值链中的价值环节构成独立的行为动机而实现的价值隔离的逻辑结果。在高层次的价值链中的每一个环节，如果作为一个独立的核心价值而形成了自己特有的条件价值链，也就是从这个环节向观念空间中延伸了一个价值链的分支。这种现象的普遍化就形成了价值结构中的树状分叉形态。

全部观念空间中的价值结构就是一个逐渐汇聚的价值链体系。每一个行为动机的构成，就是这个价值链体系的某个层次中某个环节的行为化分割的结果。在观念空间中具有统一形态的价值链结构中，也就可以由此而形成不同价值环节的行为分割。这个分割的不同结果，就来自意识关注的行为目标的不同，也来意识活动自对生存行为结果的不同理解。

在可以独立关注与理解的行为动机中的核心价值，如果是一个更高层次的动机结构中条件价值中的一个环节，由其构成的动机结构中延伸出来的条件价值，就会构成一个由这个价值环节向观念空间中发出的一个新的价值链分支，这个分支中的价值环节又可以分解为更低层次的可理解的独立核心价值，从而构建出新的条件价值链的分支。这就形成了观念空间中由上向下逐渐分解与逐渐细化的价值链的脉络结构。这个结构类似一颗倒置的大树。由树梢所表达的微观价值链逐渐向上汇聚起来最终凝聚为统一的树干。

在观念空间中，微观的价值要素由微观的观念要素承载，中观的价值要素由中观的观念要素承载，宏观的价值要素则由宏观的观念要素承载。观念空间中逐渐向上汇聚与逐渐抽象化的价值结构，由逐渐向上汇聚与逐渐抽象化的观念结构所承载。

在人类意识活动的进程中，认识活动不断为观念空间提供了新的审美结果与观念要素，其中蕴含的生存环境信息也就不断为价值活动提供了新的条件。价值活动的动机构建不断实现了观念空间中价值要素的组织化与结构化，也就为认识活动的观念构建提供了价值结构的依据。

随着人类的生存行为与意识活动对观念空间中的价值结构的不断组织化与复杂化，价值结构就逐渐形成了类似倒立树形的脉络形态，其中的脉络就是价值要素之间的观念功能联系构成的价值链。

在观念空间的最低层次中，或者在以元初观念构成的观念形态中，就蕴含了最低层次的经验价值或可直接行为实现的价值，它们也就构成了最简单的价值要素。一组具有近似环境功能的最简单的价值要素，可以共同向上指向一个较为为复杂或较为抽象的价值要素，并被它凝聚为比较复杂的价值要素结构。这种凝聚就构成了它们之间的条件价值关系。这种较复杂的价值要素，也就常常无法被直接的行为方式所实现。这种凝聚结果一般直接来自承载它们的观念要素间由认识活动构成的观念结构的组织化关系。

在观念空间中，一个具有相似环境功能的这种较复杂的价值结构要素的集合，还可以指向更高层次的更复杂的价值结构要素，并被进一步凝聚为更复杂的或更难以直接行为实现的抽象价值要素。这种指向关系也就构成了它们之间的条件价值联系。当这种逐渐被凝聚集中的结构形态在观念空间中不断向上延伸，就不断实现了价值结构的结构汇聚，并最终汇聚于观念空间中可以统合全部价值要素的终极价值中。这就形成了逐渐汇聚的价值树结构。

这种价值结构的汇聚关系，也就表达了观念空间中的全部价值要素都是终极价值的条件价值。在这个价值树的树梢，就是最简单的元初经验价值或直接经验价值，也就是可直接行为实现的价值。在这个价值树结构中的每一个价值要素的汇聚点上，都表达了一个不同层次的基本价值。这也是观念空间中一个基本观念的存在点。

所谓基本价值，是价值空间中的结构凝聚点，也就是由一些更低层次或内涵更简单的价值要素集合的汇聚结构。每一个基本价值都表达了一个条件价值关系，每一个汇入基本价值中的低层次的价值要素，都表达了一个实现这个基本价值的行为方式。基本价值与基本观念同构对应。

人类观念空间中的价值树结构所表达的价值要素的组织化形态就蕴含在既有的观念结构中。观念结构是价值结构的载体，价值结构与观念结构同构。认识活动构建出来的观念结构的秩序汇聚，也就表达了价值结构中的价值功能的汇聚。观念结构可以表达为一个类似金字塔的实体表象，其中承载或蕴含的价值结构则可以表达为一个倒立的树状的网络表象。观念表象表达了观念空间中存在的实体，价值表象表达了观念空间中的环境功能凝聚脉络。

价值结构与观念结构的同构特征，决定了价值结构中表达的环境功能也随着结构层次的升高而不断地内在化。在较低层次的价值结构中就主要表达了外在环境的需求价值或行为实现的功能，在较高层次的价值结构中则主要表达了内在环境的需求价值或意识活动的内在行为的实现功能。随着价值结构层次的升高，外在环境价值的内涵就逐渐稀薄，内在环境价值的内涵就逐渐浓厚。在最高层次的终极价值结构中，就主要是表达了精神环境中意识活动的行为功能了。终极价值的环境需求内涵主要就是精神价值或超验价值。终极观念缺乏经验内涵，终极价值无法经验实证。

94. 在价值活动与认识活动中的实践循环

地球表面的生命存在通过与环境间建立的新陈代谢关系实现自己的生存。这种生存方式构成了生命对环境条件的高度依赖。作为生命形态中的特殊形态，人类对生存环境的依赖具有了特殊的主动方式，这种生存方式来自人类独具的精神环境与其中的意识活动功能。

人类通过意识活动构建出精神环境，由精神环境表达自己生存环境的秩序，并通过对这种表达实现了对生存环境的主动适应与主动利用。人类由此从动物中脱颖而出，由自在与自为的生存变成了自觉的生存。

一般动物对环境的适应与利用方式则蕴含在生命活动的秩序中，它们表达生存环境秩序与相应的生存行为的方式，就在生命本能中。动物无法理解与控制自己的生命本能，只能服从与顺应生命本能。人类则形成了可以自主构建与自主理解的精神环境，人类的理性能力对自己生存行为的内在依据的理解与控制，就形成了人类区别于动物的生存方式，人类自觉的生存活动可以依据意识活动的特殊功能而超越对生命本能的依赖与服从，人类由此而成为自己肉体的主人，并由此从动物式的自在生存变成了人类的自觉生存。

人类的自觉生存或主动利用环境的行为方式，来自人类精神环境秩序对生存环境秩序的映射表达，来自意识活动对这种秩序表达的构建与利用，其中包括了对自己生命环境的秩序理解与利用。人类的自觉生存方式又构建出了人类特有的社会生存环境，并依据社会环境中的文化活动实现了对精神环境秩序的群体公共化与代际传承，这种群体性的秩序积累与代际间的秩序凝聚，就形成了人类精神环境秩序的高度复杂化与高度超验化，同时也为人类提供了高度复杂化与高度虚拟的生存行为可能性空间。

合理的精神环境秩序为人类提供了有效的精神环境功能，决定了人类生存方式的合理性，也决定了人类的生存能力与文明状态，还决定了人类与生存环境的融合程度。反之，不合理的精神环境秩序，则会引发人类不合理的生存方式，甚至危及人类的生存环境与生存空间。人类文明的演化进程就是不断探求更为合理的生存方式的过程，也是不断排除不合理的生存方式的过程。

人类全部生存行为的依据就在自己构建的精神环境中。精神环境也是人类社会环境的构成依据。人类精神环境秩序对生存环境秩序的映射与表达，必然形成了它与生存环境秩序的协调性或相容性。其协调与相容的程度决定了人类生存行为方式的合理程度。

人类依据感官信息感受生存环境秩序，并由内在的审美本能构建出全部精神环境秩序。但人类的全部感官信息都仅仅是人类外在生存环境秩序的一孔之见或九牛一毛。依据如此局限与微弱的环境信息建立起如此复杂与全面的精神环境秩序，也就必然是充满了内在秩序的添加与两个环境的秩序差异的。但人类成功生存的历史与人类灿烂的文明，又充分表达了人类精神环境的合理性与有效性。

在两个环境秩序的深刻而巨大的差异中，这种合理性是如何实现的呢？人类的精神环境如何能够依据如此微弱的感官信息联系，实现对如此复杂的外在环境秩序的表达呢？答案就在人类行为方式中的实践循环中。

实践是人类特殊的生存活动方式。实践不仅仅是人类在物质环境或社会环境中的行为与活动，也不仅仅是人类在精神环境中的意识活动。实践是人类在两个环境中行为的互动与交融。实践是一个跨越两个世界两种环境的一系列行为构成的行为链，这种行为链又通过在两个生存环境中的因果互动，构成了首尾相接的循环，这就是实践循环。

实践循环的重要意义就来自其群体性与公共性。表达了人类生存方式的实践活动是人类群体的也是人类文明的。人类个体的生存行为在群体环境中被组织化以后就构成了群体化的实践活动。人类的群体实践就是人类公共观念与公共价值的形成依据，也是社会秩序与社会环境的构成依据，更是人类文化活动的基本条件。人类的全部文化成果都不仅仅是个体意识活动的成果，都是群体实践的结果。人类的文明就是群体化实践活动的成就。群体化是人类的生存方式。

将人类的生存与人类的文明理解为个体的，理解为依据个体精神环境与个体意识的，是至今为止人类文化中的重要误区。这个误区遮蔽了对人类文明的理解，也遮蔽了对人类社会形成方式与活动方式的理解。这个误区被现代西方文化剧烈放大了。这个误区在中国传统文化中就几乎没有。但这个误区却恰恰被误解为现代西方文化的优越性。

对实践循环的理解与分析可以由人类的价值活动开始。价值活动依据观念结构中蕴含的价值结构构成行为动机，包括个体行为的动机与群体行为的动机。人类的行为动机可以驱动人类在两个环境中的行为并实现其精神环境中蕴含的价值需求，但其生存成果则是驱动人类外在环境或社会环境中的需求实现。人类生存行为的结果的依据，无非是满足或不满足动机中的核心价值的需求实现，或者不同程度地满足或不满足核心价值的需求实现。

人类生存行为的结果，必然通过感官信息输入观念空间形成人类对行为的经验感受。所谓经验，就是动机驱动的行为结果在观念空间中的表达。经验观念是认识活动对感官信息进行不同层次的组织化成果，经验构成了观念空间中不同层次的外在环境秩序形态，也就蕴含与表达了外在环境的生存需求结构。经验观念的合理性与有效性，就是它对生存环境秩序理解与表达的有效性。这种有效性根本依据就在感官信息表达的行为结果中。

人类生存行为的感受构成的经验观念，就在表达外在环境秩序的有效性中超越了行为动机中的价值内涵。这种超越就来自行为的结果对动机价值的现实性超越。在观念空间中的任何价值中都会具有虚拟的超验内涵，但依据行为在环境中实现的价值则消除了这些虚拟内涵。这个转换环节就是实践活动的核心环节。

当行为的感受以感官信息的形态重新进入观念空间以后，就在认识活动的构建中形成了新的经验观念形态，并在其中加入了认识活动的自组织秩序内涵或新的超验内涵。这些新经验中蕴含的价值功能，就会为构建新动机提供更为现实的价值资源，也会为生存行为形成新的虚拟空间。随着人类实践循环的永恒存在，这种对价值结构不断现实化的过程就永不停息，这种对价值结构的虚拟化过程也永不停息。前者不断弱化价值结构中的虚拟空间，将价值结构中的秩序内涵不断与生存环境秩序相符合。后者又在不断拓展出价值结构中新的虚拟行为空间，不断为价值结构添加新的可能性形态。人类实践循环中的这两个对立统一的过程，就在引导人类精神环境秩序不断接近生存环境秩序的同时，也在不断开拓出新的精神环境空间。

如果仅有前者，虽然人类的精神环境秩序就会逐渐收敛于非常局限的生存环境秩序中，但也会逐渐僵死在其中。人类的精神世界最终将会变成将自己局限于自然环境中的局部秩序的机械反射的镜子。人类意识活动的全部灵感与想象力都将失去依凭，人类的精神与文化将失去鲜活的生气，人类也就完全不可能具有精神自由与社会自由。

　　如果仅有后者，虽然人类的精神环境会充满浪漫的幻想与虚幻的灵感，但却会逐渐完全背离人类生存其中的物质环境的秩序，不待这种背离走向极端，人类就已经无法生存而自取灭亡了。

　　人类正是具有了由这样两个对立过程的均衡，才形成了自己特有的依据实践循环的合理生存方式，这种方式使得人类的精神世界既不会完全桎梏与局限的生存环境秩序中，也不会被自己的超验幻觉所毁灭。

　　认识活动对感官信息提供的外在环境秩序的接纳，认识活动同时对观念空间超验秩序的添加，这两个不同的核心环节在实践循环中被统一起来了。这就构成了一个不断拓展观念空间秩序与不断生存现实化观念空间秩序的均衡过程。这个对立而互补的均衡过程，就是实践循环可以不断建立复杂丰富但又具有现实实现可能性的观念空间秩序的基本依据，也是人类可以依据自己不断拓展精神环境实现生存环境中真实有效的生存活动的基本依据。

　　在人类的实践循环中，外在环境中的行为与活动是一个重要的能动环节，但离开了精神环境中的认识活动的单纯的生存行为，就并不是实践循环的完整过程。那种将实践活动仅仅理解为人类的生存活动或社会行为的概念，是肤浅的也是不确切的。

　　驱动有效生行为的内在价值依据，以及人类的意识活动对不同生存行为后果的感受与评价，都必然要依据观念空间中的秩序，都必然要来自人类认识活动的观念构建成果。这种成果以及这种成果在不断循环的生存行为与认识活动中的不断深化，才是实践循环的本质内容。离开的精神环境中的意识活动，实践循环就会退化为动物的本能化生存。

通过实践循环，在全部来自行为结果感受的经验观念中蕴含的行为动机的价值结构都被生存活动现实化了。这个现实化的过程，也就是将认识活动不断构建出来的观念要素中的超验秩序不断经验化与行为化的过程。实践循环为观念空间中添加的行为结果的意义，并非仅仅是构建精神环境秩序的依据，还是将超验秩序现实化的依据。这种依据就是人类合理生存行为的依据，就是人类精神环境秩序与生存环境秩序能够相对统一的依据。

人类群体化的复杂行为方式，通过公共观念的文化表达，在人类个体的观念空间中得到了传承与保持，这就促生了人类群体化的社会活动，也通过文化活动在人类群体中形成了进一步的观念共识。人类复杂的群体化社会生存行为方式，构成了文化传承的公共观念中的主要内容。从远古的狩猎采集生存方式，进化到中古的养殖栽培生存方式，再进化到近古的农耕畜牧生存方式，最后进化到现代社会的工业贸易生存方式，这些构成不同文明台阶的每一个层次的生存方式，都具有其特定复杂结构与其相应的社会组织化形态。它们既表达了人类生存方式的文化结构的不断复杂化过程，也表达了人类特定生存环境的社会结构的不断复杂化过程。

人类的感官信息虽然是其生存环境秩序的九牛之一毛，但这种极端的局限性在人类特有的实践循环中，则会通过认识活动的超验秩序的添加，逐渐展开与逐渐完善化，尽管这种展开是通过虚构模拟行为环境秩序的方式实现的。人类的认识活动在极其有限的感官信息中，通过添加与融入复杂丰富的超验秩序，将这些感官信息的合理性充分延伸与放大了。人类又通过价值活动与生存行为的实现，不断将这种内在虚拟的超验秩序现实化与外在化。这样的实践循环，就会不断地将高度局限的感官信息逐渐明确地指向人类得以合理生存的行为方式中，也就会不断地将人类精神环境的秩序构建方向逐渐地收敛在人类生存行为的合理性领域中。人类的社会文化对个体精神环境的塑造，以及在这种塑造中表达了核心功能的伦理，就是这种收敛功能的实践依据。

　　能够被实践循环所收敛的经验观念称为实践经验。这种经验观念对审美方式与审美方向的收敛与规制形成的观念结构就称为真理。人类的实践活动是社会群体化的，人类的真理由社会文化表达。真理的形成并非来自感官经验，而是来自在一孔之见的感官信息中添加的超验秩序在实践循环中的融合与重塑。超验观念中蕴含的实践经验的相对行为合理性，就是全部真理的相对性原因。人类生存行为向观念空间不断输入的感官信息，人类认识活动向观念结构中不断添加的超验秩序，就是不断弥合人类精神环境秩序相对于人类生存环境秩序的差异性的过程。这个过程的不断深化保证了人类对两个生存环境秩序的不断深入理解，也保证了人类生存行为方式的不断合理化。

　　精神环境中逐渐积累的高度超验化的观念结构在社会文化活动中被高度公共化，也就构成了人类自己仍然难以理解的似乎超越了人类精神环境与人类生存行为环境的终极秩序。这就是人类文化中至今挥之不去的绝对理念与宇宙精神，就是今天的文化中仍然广泛存在的逻辑实体与客观规律。

　　人类在两个生存环境中的实践循环方式，是保证人类精神环境秩序对外在环境秩序合理映射与有效表达的全部原因，也是难以理解的审美活动所依据的内在环境中的自组织过程构建出来的超验观念可以具有外在行为实现的真理性的依据。在人类的实践循环中，人类构建行为动机的价值活动与构建观念结构的认识活动的交织与融合，人类在两个生存环境中行为的交织与融合，则是实践循环具备的全部功能的依据。实践循环既是人类广泛的审美活动所构建出来的日益复杂的精神世界的合理性的依据，也是人类日益复杂的社会环境仍然可以在人类广泛自由的行为追求中，不会脱离合理轨道的依据。

　　对实践循环还可以进一步分析。依据实践循环中主要依赖的环境条件，可以将其分为两种不同的形态。这就是外在实践与内在实践，也就是在两个生存环境中实现了外在行为与内在行为的大实践循环与小实践循环。

实践的大循环通过肢体器官的活动实现了人类的外在环境生存，也改变了外在生存环境的秩序形态，同时将外在生存行为的成果信息通过感官信息输入到内在的精神环境中。这就形成了外在环境秩序向内在环境的输入，并因此而影响和改变了精神环境的秩序形态。这种影响就最终形成了内在环境秩序对外在环境秩序的有效表达与映射。实践的大循环表达了人类的社会活动形态。

实践的小循环则仅仅发生在精神环境中。人类通过在精神环境中的认识活动来实现自己的审美价值，在这个活动中还可以将意识对精神环境的感受表达为内在环境信息，并将这种信息提供给认识活动。认识活动依据内在环境信息，构成了内在行为的经验感受与内在经验观念。内在经验观念表达了意识活动在精神环境中的行为结果，也蕴含了意识活动在观念空间中的合理性。这种合理的内在行为方式的进一步超验化内在表达就构成了逻辑。认识活动构建了完美合理的观念空间秩序，也就为意识活动提供了完美合理的环境条件。合理的意识活动又形成了新的合理内在经验，又为认识活动提供了合理构建新观念的依据。这就是人类生存行为中的内在实践循环或实践的小循环。实践的小循环是实践的大循环的精神依据。实践的小循环表达了人类精神环境秩序的合理演化方式。

人类感受外在环境信息的功能来自实体的感觉器官，人类感受内在环境信念的功能也来自虚拟的感觉器官。前者可以经验化地表达为五类感官，后者则被表达为虚拟的第六感。

在实践的小循环过程中，意识对观念空间环境信息的感受来自意识能量在观念空间中的分布与运动，其中包括了认识活动与价值活动，也包括了各种并没有环境功能意义的意识能量的无序流动，也就是既包括了意识的主动与自主的活动方式，也包括了意识的被动与自在的活动方式。

没有明确环境功能意义的被动意识活动，虽然无法纳入认识活动与价值活动的功能区分的表达中，但仍然会产生对环境信息的感受，仍然会为认识活动的准备环节与价值活动的价值比较范围提供必要的环境条件。这就是意识能量在观念空间中的无序自在分布与运动为意识活动提供的一般环境条件。对这种条件的文化表达就是人类的情感状态与感情功能。

小循环的实践活动，也就是人类在精神环境中的内省活动与自我体察活动。在这个实践活动中并没有涉及外在环境的行为，但仍然会通过意识对观念空间秩序的感受而涉及外在环境的秩序内涵。这种秩序内涵就遍布于观念空间中的经验观念中。由此，人类的内省实践也就必然蕴含了对外在环境的行为方式与行为结果。

人类通过精神环境中的反思与内省活动的实践循环，内在地改善了精神环境的秩序形态，塑造出了更为合理更为和谐的精神环境与观念结构。内省与反思活动因此仍然是具有重要意义的人类生存行为，其意义就是改善了人类生存行为的大实践循环的内在环境依据。

小实践循环虽然并不直接涉及外在感官信息与外在行为，但仍然会通过对观念空间中既有的外在秩序的感受，也就是通过对观念要素中的经验内涵的感受，间接涉及与关照了外在环境秩序。由此也就改善了外在环境秩序在内在环境中的表达方式，进而也就改善了观念空间中的外在环境需求与价值结构。这种改善对人类在外在环境中行为方式的合理化与和谐化，仍然具有重要的意义。

自古以来，人类的内省修养就是改善人格与改善社会行为方式的重要方法。唯物主义哲学对这种活动的忽视，就来自其对人类精神世界理解的简单化，其对实践活动的肤浅理解也就割除了其中最重要的内在实践循环。实际上，在人类的文明化进程中，处处都可以看到内省的小实践循环的重要功能。

内在的小实践循环之所以能够实现对外在行为的合理塑造，其依据就在人类的全部外在行为都来自内在环境的意识活动方式中。内省的小实践循环对改善人类外在行为的功能，也必须依据其内在环境中经验内涵的丰富程度与合理程度。只有具备了丰富的外在经验内涵，内省活动才会具有明确的外在行为改善成果。很多事业有成的人士会突然离群索居或遁入空门，就是在丰富经验感知的条件中对内省的强烈追求。而观念空间中外在经验秩序单薄的人，其内省的结果对外在行为的改善也就必然是肤浅的，其内省的成果也就只能主要体现在内在审美环境的改善中。

因此，任何内省活动改善观念结构与行为方式的功能，都仍然是有条件的和不充分的，这就来自小实践循环本身的局限性。只有具备完善经验观念内涵的个体，其内省与反思活动才能具有明确的大实践循环的意义。

人类在精神环境中的意识活动的直接动因就是审美欲望。人类的内在价值就是审美价值，内在需求就是审美需求。但由于观念空间中不断被注入表达了外在环境秩序的感官信息，在意识活动的审美追求中也就必然蕴含了对外在环境秩序的间接容纳与间接构建。人类的外在经验感受丰富了审美活动的内涵，也使得人类的内在审美活动变成了外在生存活动的依据，还使得内在审美追求对外在价值的间接构建丰富了人类外在行为的选择空间。人类全部理性能力的为人类的社会秩序与社会活动提供的思维成果的依据就在于此，人类的逻辑工具可以演绎与表达出虚拟的外在行为空间的依据也就在于此。

人类的价值活动中所构建的行为动机中核心价值，则既可以是内在的审美价值，也可以是外在的生存价值或社会价值。这两种价值都广泛地蕴含在观念空间中。价值活动虽然主要是构建外在环境行为动机的意识活动方式，但也是构建内在环境中意识活动的行为动机的方式。人类的价值活动也在构建意识活动本身的行为动机。

外在行为动机的核心价值，就是外在环境欲望或者物质欲望在观念空间中的明确展开与表达。内在意识活动行为动机中的核心价值，则是精神环境中的审美欲望在内在环境中的明确展开与表达，这就是审美欲望在观念空间中展开所形成的审美取向与审美价值。

以外在价值为核心价值的动机所驱动的外在行为，构成了人类大实践循环中的生存行为，以内在价值为核心价值的动机所驱动的内在行为，则构成了人类小实践循环中的内在生存行为。这两种实践的行为方式所直接涉及的价值目标不同，但它们所追求的价值在观念空间中的表达形态中，却都必然会直接或间接涉及两种不同的环境需求。以外在价值为核心目标的实践活动中必然会涉及内在价值，以内在价值为核心目标的实践活动中也必然会涉及外在价值。

第二十五章　意识活动与行为动机

95. 价值活动与认识活动的欲望满足

人类依据生命秩序提供的本能以及本能表达的欲望，实现自己在环境中的生存。本能与欲望是全部生存行为的原始动因。人类依据特有的生存方式形成了两个生存环境，人类由此而区分出两种不同的生存本能来驱动两种不同的生存行为。

人类依据物质欲望与社会活动实现在自然环境与社会环境中的生存。人类依据精神欲望与意识活动实现在精神环境中的生存。价值是欲望在环境中的展开，价值的展开结果在精神环境中的观念结构得到表达。价值是观念要素中所具备的环境需求内涵的表达，价值表达了人类对环境的需求。价值也是人类两个生存环境间的联系桥梁，价值沟通了两个环境的关系，促生了人类在两个环境中的生存行为构成的实践循环。物质欲望在观念空间中展开为物质价值，直接驱动了人类的社会行为。精神欲望在观念空间中展开为精神价值，直接驱动了人类的意识活动。

人类的欲望通过特定的环境行为实现满足。欲望驱动行为的唯一目标就是满足与释放欲望，欲望满足的间接成果就是实现了人类的环境生存。欲望在生命活动中形成积累，不能满足的欲望表达为生命活动的欲望饥渴。来自生命本能的欲望积累在特定行为中得到满足与释放。生命活动产生与积累欲望，生存行为削弱与释放欲望。人类依据生命秩序的生存方式，就是欲望的本能积累与欲望的行为释放的对立与均衡，就是这种对立与均衡间关系的转换构成的周期性过程。所谓周期，就是由时间逻辑表达的存在秩序相同形态的演化进程。

例如，人类的食欲与性欲在生命活动中积累，通过进食行为与性活动得到满足与释放。它们的积累与释放的转换，就形成了人类食欲与性欲的周期形态，也形成了人类饮食活动与性活动的行为周期。

例如，人类的审美欲望在生命活动中积累，通过意识的审美活动或认识活动得到满足与释放。审美欲望的积累与释放关系的转换形成了人类审美欲望的周期形态，也形成了人类审美活动的周期形态。

人类在精神环境中的行为就是意识活动，意识活动由人类高级神经器官的功能提供神经生命能量。神经生命能量在精神环境中转换为意识活动能量，意识活动能量在精神环境中的分布与运动构成了意识活动。意识活动由审美欲望直接驱动，由外在生存欲望间接驱动。人类主要通过意识活动中的认识活动实现对审美欲望的满足与释放，人类的价值活动也具有满足审美欲望的功能。

审美欲望的功能主要直接驱动了人类的认识活动，但也与物质欲望共同驱动了价值活动。认识活动的结果直接获得审美欲望的满足，并释放与消解审美欲望的积累。价值活动在满足了外在环境欲望的行为实现的动机构建的同时，也会满足一些审美欲望。精神欲望与物质欲望的环境实现都是价值活动的目标。前者为价值活动的间接目标，后者为价值活动的直接目标。人类的生存行为的合理实现是价值活动的直接动因，审美欲望的满足则是价值活动的间接动因。人类的价值活动由外在生存欲望直接驱动，也由内在审美欲望间接促进与约束。前者是人类全部物质生存活动与方式的内在依据，后者则是人类道德精神与信仰追求的内在依据。

价值活动的目标是构建行为动机，人类在价值活动中仍然会追求审美欲望的满足，其满足方式则由观念空间中的价值结构提供的审美环境来约束，同时还会受到表达了外在环境秩序的经验价值的约束。价值活动在实现价值结构的审美满足的同时，也在实现价值结构的环境功能实现。前者是价值活动的内在欲望满足，后者则是价值活动的生存功能实现。

无论价值活动具有怎样的外在价值与内在价值的目标追求与方式追求，价值活动始终离不开审美欲望的基础性引导。价值活动环境中的价值结构形态对价值活动的引导与制约，也都要在审美欲望的影响中实现。价值活动中的审美满足通过动机构建中蕴含的价值秩序的构建实现。这种在动机构建中追求审美欲望满足的价值构建的结果，既是人类特殊的认识活动过程，也促生了人类的道德精神活动。这就形成了价值活动对审美欲望满足的间接性。在价值活动中直接实现构建行为动机的价值判断，间接实现观念空间中的审美满足。

认识活动通过构建观念结构直接实现审美欲望的满足。价值活动则通过构建动机结构间接实现审美欲望的满足。认识活动的观念结构构建必然会实现对外在环境秩序的表达与理解，这是通过对感官信息的吸纳与包容实现的。价值活动的行为动机的构建也必然要满足人类对外在环境秩序的需求与理解，这种满足则是通过构建可能在环境中有效驱动生存行为的动机结构来实现的。

认识活动对审美欲望的直接追求，使其具有更为自由的审美空间，也具有更为自由的秩序构建可能性。但认识活动仍然会受到外在生存环境的感官信息结构的约束与限制。价值活动则以认识活动的成果为环境条件才能实现，价值活动由此而具有比认识活动更深刻更复杂的意识活动层次。这就决定了认识活动对价值活动的基础引导功能与价值活动对认识活动的环境依赖。

价值活动具有比认识活动更小的自由度空间与可能性空间。一方面，价值活动必须依据认识活动的成果，也就无法深入认识活动本身的秩序构建的活动的空间中去。另一方面，价值活动还会受到价值结构中蕴含的外在环境实现可能性空间的约束，这就进一步限制了价值活动的自由度。这种双重限制使得价值活动的自由度大大小于认识活动的自由度。价值活动表达了人类生存方式的经验性，认识活动表达了人类生存方式的超验性。

由此，人类的精神自由，或者人类意识活动的自由空间，主要就体现在认识活动中，也就主要体系在精神欲望的实现中。认识与审美的自由，是人类精神环境中的主要自由空间。

由此，人类主要的精神不自由，或者人类意识活动受到的主要自由度限制，也就集中表现在价值活动中。人类个体在外在生存环境中的价值选择与行为方式选择受到的限制，就是价值活动不自由的主要原因。人类认识活动提供的"是什么"的意识活动环境，表达了充分的精神自由空间，人类价值活动提供的"应当怎样"的意识活动环境，则使得意识活动受到了强烈的限制。

认识活动具备的广泛自由空间，使得认识活动可以无拘无束地任意发挥，使得认识活动在观念空间中构建出来的秩序形态具有广泛的可能性，这种可能性远远超越了人类行为实现的可能性空间。正是这种超越为人类提供了丰富多彩的虚幻行为可能性，人类将来自审美构建成果的虚幻行为可能性的想象，在现实生存环境中通过改造与适应环境后的实现，就是人类特有的创造力的活动方式。

人类依据观念空间中的秩序构建出来的生存行为动机，则必须受到更为苛刻的环境限制，这种限制既是对审美成果的自由度要压缩，也是对审美成果中的虚幻秩序的压缩与我实现可能性的提高。人类的认识成果形态远远超越了人类行为实现的可能性。人类通过行为实现环境生存的自由度远远低于人类精神环境的秩序空间。

价值活动必须在强烈的生存环境秩序约束中实现动机结构的构建。这种构建的结果并不会直接形成新的观念与新的价值，只能为新的认识活动提供新的观念空间环境。价值活动的结果必须实现对生存环境欲望的满足与释放，还必须满足外在环境中的行为实现的可能性。这就决定了价值活动的动机构建结果无法涉及观念空间的全部自由度。价值活动的结果就只能是生存环境中行为动机的价值要素间的有序与和谐。认识活动的审美结果则可以构成广泛和谐的观念结构，其中可以包含生存行为无法实现的丰富的超验秩序。

归根结底，人类的生存欲望只能通过环境行为实现满足与释放。内在环境欲望只能通过内在环境中的意识活动实现满足与释放，外在环境欲望只能通过外在环境中的自然行为与社会行为实现满足与释放。内在环境中的价值活动虽然可以通过构建外在行为的动机结构来决定外在行为的目标与行为方式的选择，但并不能直接实现对外在欲望的满足与释放。外在欲望的满足与释放活动必须回到外在行为中。由此，价值活动本身的欲望满足功能也就只能局限在审美欲望中。

96. 精神欲望的充沛与稀缺

本能是生命在环境中生存的能力。欲望是本能驱动生存行为的方式。价值是欲望在观念中的展开，也是欲望驱动行为的具体方式。

人类依据行为在环境中生存，人类的全部行为来自欲望的驱动。人类的具体行为来自对价值的追求。意识活动中的价值活动构建具体行为的动机，动机由价值组合构成。全部动机都可以抽象地表达为欲望，欲望可以是动机的一般表象。

价值是由内在观念到外在行为的桥梁。欲望在精神环境中的经验展开形成了价值，欲望在外在行为方式中的实现也就表达了价值。具体行为方式表达了人类在环境中的生存活动过程。抽象的欲望表达了人类生存行为的一般原因。行为过程的具体展开方式来自欲望中蕴含的环境需求。

欲望具有不同的强度。不同强度的欲望表达了人类对环境存在要素需求的不同程度。欲望的强度来自人类生命本能的积累。强烈的欲望表达了对环境要素的强烈需求，微弱的欲望表达了对环境要素的微弱需求。没有欲望表达了对环境要素的疏离与隔绝。

物质环境提供了人类全部外在环境的需求，精神环境提供了人类全部内在环境的需求。外在环境需求在观念空间中的表达就是物质价值。内在需求在观念空间中的表达就是精神价值。对物质价值驱动生存行为功能的抽象化表达就是物质欲望，对精神价值驱动意识活动功能的抽象化表达就是精神欲望。

物质欲望可以分为三个层次。这就是生存欲望，群体依恋欲望与环境秩序控制欲望。精神欲望都可以表达为审美欲望。审美欲望也可以分为两个层次。这就是驱动认识活动构建观念结构的观念审美欲望与驱动价值活动构建行为动机的价值审美欲望。观念审美欲望的实现结果就是构成了精神环境中新的秩序或新的观念存在。价值审美欲望的实现结果就是构成了人类动机结构的价值完整性与协调性，就是让动机结构服从观念结构，就是人类在行为中追求伦理实现的道德精神。

精神欲望来自人类生命活动中精神本能的激发。精神欲望直接驱动了精神环境中的全部意识活动。精神本能又为精神欲望的实现提供了意识活动的生命能量，并将这种生命能量转换为意识能量的形态。意识活动就是意识能量在精神环境中的运动，意识能量在观念空间中的不同分布状态构成了不同的意识活动形态。

审美欲望的源头是生命能量，审美欲望的归宿是意识活动对审美价值的满足。在正常的生命活动状态中，人类会不断积累审美欲望。当生命活动衰弱或出现障碍时，生命本能对欲望的激发就会减弱甚至会消失。精神欲望在精神环境中的积累就会逐渐增加审美欲望的强度。审美欲望的强度增加形成对意识活动驱动能力的增加。

意识活动的价值实现会满足审美欲望，释放并削弱审美欲望的强度。在人类个体正常的生命状态中，意识活动的不足与成果的稀缺，会形成审美欲望的积累与强化，意识活动的丰富与成果的充沛，会形成审美欲望的充分满足与消解。人类生命本能对欲望的激发与欲望通过行为满足的困难与不足，构成了欲望对其强度保持的均衡条件。实现欲望满足的行为在环境中的过度便捷，会破坏这种均衡而减低欲望的强度。这就像流体缺乏约束而失去压力。实现欲望满足的行为在环境中的过度困难，也会破坏这种均衡而增加欲望的强度。这就像流体被约束而形成压力。

人类的审美欲望可以通过认识活动的完成而得到满足。人类意识活动对审美欲望的满足感受就是精神愉悦。人类在各个领域中的审美感受与美感，都是审美欲望被满足的感受结果。所谓的好奇心，就是审美欲望驱动认识活动构建经验观念动因的文化表达。所谓广义理性，就是审美欲望驱动认识活动构建超验观念动因的文化表达。人类的狭义理性，则是对在审美欲望驱动下构成合理动机结构的价值活动方式的表达。人类的崇高情怀，就是审美欲望追求公共化终极价值的意识活动方式的文化表达。

好奇心的满足，理性的追求的实现，崇高情怀的形成，都来自审美欲望对意识活动的驱动与引导结果，其中包括了直接驱动与引导认识活动，也包括了间接驱动与引导价值活动。好奇心驱动人类创造新的经验观念，例如发现生存环境中的新事物。崇高情怀驱动人类对超验观念的审美追求，例如形成了人类的宗教精神与科学精神。

人类价值活动的成果也会间接实现审美欲望的满足。每一个行为动机的形成，都是一个与外在环境条件相协调的内在价值结构的构成，这也是对观念空间秩序的间接构建。这种构建也会实现审美欲望的满足。严谨认真的生活态度，理性化的行为方式，就是明确依赖审美欲望而构建出来的行为动机特征。当这种动机特征中蕴含了明确的伦理价值时，就形成了人类追求道德精神的行为特征。

处于最低层次的观念结构中的微观审美活动，构成了个体的精神隐秘与完全个体化的审美价值实现方式。这种意识活动是全部审美活动与审美价值的基础，这种活动方式遍及人类几乎任何时间与任何状态的意识活动中。这种可以满足个体独特审美欲望的意识活动结果，就常常没有明确的观念构建意义与动机构建意义，但却可以为一般审美活动奠定了环境基础与准备了环境条件。在微观的或非文化形态的审美领域中，审美能力强大的个体，也就常常会具备在宏观领域或文化活动中强大的审美能力。这就是通常说的敏锐的感性能力。

由这种微观审美活动所构成的认识活动与价值活动，也是意识活动中的基础内涵和审美功能中的基础功能。这类活动保证了对观念空间中观念元素或元初观念构建的充沛能力，也保证了微观观念要素在观念空间中的充分存在。这就为意识活动提供了有效的能量条件与活力条件。个体的微观审美欲望不足与基础审美能力的微弱，常常就是个体意识活动缺乏活力的重要原因。这就是通常说的愚钝。

例如，艺术家的艺术创作就是典型的审美构建与认识发现活动。这属于具有特定文化活动规范的狭义审美活动。艺术活动为艺术家带来审美欲望的满足与精神的愉悦。艺术创作的激情与灵感就是艺术活动领域中的审美欲望的积累与汇聚。对艺术创作成果的追求就是对这种欲望的行为实现与满足释放。艺术创作目标的未能实现就会形成强烈的审美欲望积累与强烈的不满足感受，可以实现但又未能实现的艺术目标，就会形成强烈的创作行为冲动。艺术创作的完成也就形成了审美欲望的满足与释放，也就形成了心灵冲突的缓解与生命状态的松弛。

例如，当一个功成名就的艺术家的艺术创作过于外在功能化与雷同化时，这种便捷的欲望满足方式既不会形成强烈的审美欲望积累，也会因为欲望的便捷释放而显著地削弱既有的欲望的积累。这就常常表现为灵感的淡薄枯竭与激情的淡漠消退，艺术家也就常常会因为失去生命的活力而出现意志薄弱的生活行为。

任何个体的正常生存状态都必须由合理的欲望强度来保持，这就由欲望的有效积累和合理实现的行为方式共同构成。过度的环境资源困顿会积累过度强烈的欲望，例如过强的食欲与性欲。过度便捷的欲望实现方式也就会明显地削弱欲望积累的强度。例如山珍海味包围中的无食欲与美色充斥中的食草男。人类审美欲望的过度容易实现，也会形成对审美欲望的过度削伐而形成审美无欲和精神无聊。

艺术活动既是艺术家的审美活动，又是社会群体中构建公共观念的文化活动，既是个体审美欲望的实现活动，又承载着构建群体公共价值的目标。这就是狭义艺术活动的双重功能。审美价值是艺术活动的基本内在价值，也是艺术活动的精神环境追求。文化目标与公共价值目标则是艺术活动的外在环境价值，也是艺术活动的社会环境功能。任何狭义艺术活动都既是意识活动也是社会活动。

科学家对科学观念与科学技术方法的发现与创造活动，也同样具有双重功能。一方面，科学家的发现与创造出于满足自己内在审美欲望的价值实现，这种欲望是科学活动的内在动因。另一方面，科学活动也是一种构建公共观念的文化活动，也具有明确的社会价值的追求动因。作为科学活动的意识活动本质，科学家的活动在于满足自己的审美欲望或实现审美价值的追求。但任何科学活动又都是构建特定科学共同体的公共观念与公共价值的社会活动，又都是为特定的社会环境秩序提供公共价值的文化活动，这也是科学技术活动的社会文化资源构建功能。实现个体的审美欲望的满足与实现群体社会环境秩序的构建，就是科学技术活动的双重功能。

将科学家的活动仅仅理解为对特定社会文化资源构建的追求，是将他们的认识活动与精神创造表面化与功利化。将科学家的活动仅仅理解为神圣的个体审美追求或科学精神追求，又是对他们科学活动的过分个人欲望化与过度人本化。这都来自对人类审美活动与价值活动的肤浅误解。

人类审美欲望的满足，主要来自审美欲望直接驱动的认识活动对观念空间秩序的自组织过程，也可以来自审美欲望间接驱动的价值活动中对价值结构的有序化追求。审美欲望的满足并不是来自对精神环境要素或物质环境要素的体验与欣赏。

所谓的审美欣赏，主要是为了实现审美发现与审美构建而做的内在环境的准备活动。没有认识发现的单纯欣赏行为并不会产生审美愉悦，在形成了精神愉悦的欣赏活动中一定蕴含了审美发现。对任何艺术欣赏活动的行为模仿，都不会有明确的精神愉悦。对任何艺术作品的模拟与抄袭，都难以形成明确而强烈的审美满足。任何可以获得审美愉悦的欣赏成果都是在实现欣赏行为的内在环境中构成了新的审美条件而激发了特定的审美发现的结果。离开了欣赏活动所激发出来的认识构建与认识发现，任何欣赏活动都会变得乏味与无聊，任何优秀艺术作品都会变成味同嚼蜡。所谓的审美疲劳，就是在欣赏活动中失去了新的认识构建活力的审美状态。

全部认识活动或审美活动的对象，就是观念空间中的一个无序观念要素的审视集合。外在环境中的审美对象，仅仅是形成这个内在对象的感官信息来源。传统哲学的就常常将这种感官信息当作了审美对象的表象。这个观念要素的审视集合的秩序程度或秩序内涵，对认识活动的结果有巨大的影响。如果认识审视集合的无序性太高，就使得认识活动难以形成新的秩序发现与构建，也就形成了较大的认识难度与构建困难。无法实现的认识构建并不会得到审美满足，只能得到意识活动的焦虑和审美欲望的强化。

如果审美活动的审视集合中具有较高的有序性，甚至本身就已经具备了一个现成秩序的形态，这个既有的秩序形态常常就会遮蔽审视集合中的无序状态，也就弱化了新秩序发现的可能性，也就常常失去了发现新秩序的可能性空间。当审美活动面对过分有序的或者过分优美的审视对象时，也就不容易形成新秩序的发现和获得新的审美感受，这就会形成审美无聊。处于过度优美有序的审美环境中的个体，由于失去了获得新的认识发现的可能性空间，也就常常会感到无聊与无趣。这种过度优美与有序状态并不是外在文化环境的形态，而是认识接受者与欣赏者内在观念结构的形态。审美对象的合理性并不在文化环境提供的审美资源的固定形态中，而在审美者的观念结构中。

个体意识活动的无聊状态，就是过于有序的审美环境形成的审美欲望的无法积累与无法宣泄状态。任何欲望在过于优越的满足条件中都会出现类似的无欲状态或无聊状态。

审美无聊的状态直接来自审美欲望满足条件的过度充分，也就是来自审美者观念结构的过度单一。单一的观念结构形成了单一的价值结构，单一的价值结构也就容易提供一目了然的简单审美环境。这种环境或者已经充分有序，或者已经没有新的秩序发现空间。这种状态的打破，就是改变与丰富价值结构来形成新的欲望空间或价值空间。例如，处于优越的小资式的生活方式中的个体，如果观念结构过于简陋，无聊情绪就会经常发生。优越的生活并非一定形成精神的愉悦，精神简陋的富家子弟也常常会无聊苦闷。精神愉悦与精神幸福的依据在于丰富多彩而结构完美的观念空间结构中。

如果始终面对一个大致不变的审美环境或者认识审视集合，而这个环境或集合中的秩序已经被反复发现了多次，已经多次提供了审美愉悦的满足成果，其中仍然蕴含的无序关系又超越了审视者的审美能力与审美习惯，它就不再具备新的秩序发现条件了。这样的意识活动状态就会进入审美疲劳。

合理的审美对象或审美审视集合，应当具有与审美者认识能力相匹配的适当的无序状态，这就是既不过度完美有序，也不过度冲突无序。这种适当状态中的有序与无序的比例，由审美者的认识能力与认识禀赋所决定，也由他的审美价值取向所表达。具有完美的审美禀赋与丰富的审美经验的个体，就可以依据自己的审美能力在复杂的审美对象中有效地选择审美构建的目标，例如选择合理的艺术欣赏对象与欣赏方式，例如选择合理的学习内容与学习方法。这就可以以保证自己的意识活动处于最优越的审美状态中，也就是保证艺术欣赏与文化接受的有趣与兴奋，保证学习活动的合理兴奋与合理兴趣。所谓没有学习兴趣，就是对学习内容失去了审美发现的能力，就是将学习过程中本来必然蕴含的审美过程淡化，就是将学习活动变成了文化观念的单纯输入活动与记忆活动。这种学习就是枯燥无味的艰苦活动了。

现代教育方法对学习过程的高度程序化与高度知识化，极大地压缩了个体学习活动的审美选择空间。但审美能力强大的个体仍然可以在这种制度中找到自己相应的审美空间，这就是具备了比较聪明的学习方法。

在审美对象的审视集合中，适当的冲突与无序状态的存在，就可以形成较佳的审美条件。这个条件既是知识学习形成兴趣的条件，也是艺术创作形成灵感的条件。如果审美者不能创造与利用这种条件，并引导意识活动进入适应自己审美禀赋的审美状态中，学习就会无兴趣，创作就会无灵感。学习者对知识的兴趣，必须靠适当的问题与困扰来激发，创作者对艺术的灵感，必须靠适当的丑陋与冲突所激励。在各种艺术表达方法中对比形态的构建与对比方法的运用，就是在艺术的表达中用适当的审美无序来为欣赏者提供激发与衬托审美灵感而构建的环境条件。

97. 意识活动的动机

人类在精神环境中的行为就是意识活动。每一个意识活动也来自一个动机的驱动。行为与动机的一一对应结构在两个世界中同构。

驱动认识活动的行为动机由审美价值构成，它也来自价值活动的构建。价值活动构建了人类在两个环境中的全部行为的动机，既构建了外在环境中的行为动机，也构建了内在环境中的行为动机。价值活动构建两种行为动机的方法与过程是相同的。

价值活动构建意识活动的行为动机也同样通过三个环节的过程，这就是选择与确定动机的核心价值，选择与搭建实现核心价值的条件价值链，添加动机行为可以附带实现的价值。驱动外在环境行为的核心价值就是物质价值或社会价值，驱动内在环境意识活动行为的核心价值则是审美价值。

价值活动对内在行为动机核心价值的确定，就是对审美价值的选择与判断的结果。

为了实现核心审美价值，意识活动也会提出对观念空间环境的条件需求，对这些需求的满足就构成了实现核心价值的条件价值或条件价值链。例如，要读懂中华古诗词，就必然要理解古诗词的韵律规则，要理解韵律规则，就要具备古汉语的基础修养，要理解古汉语，也就必须熟悉现代汉语的一般规则。这就构成了一个实现理解古诗词核心价值的条件价值链。但在这个例子中，核心价值与条件价值的实现并不仅仅局限于意识活动。一般来说，审美价值的实现常常都要涉及社会环境中的文化活动。文化活动是人类在两个环境中行为的交织。

认识活动作为构建精神环境秩序结构的行为，就几乎完全被审美价值所驱动，但也会受到感官活动对外在环境信息接纳的影响与刺激，还会受到价值活动对意识活动状态的影响与引导。人类构建外在环境行为动机的价值活动的行为动机，虽然以外在环境中的核心价值为其功能目标，但其内在意识活动行为的实现，则仍然是由内在环境中的审美价值所引导与驱动的。人类的外在动机对应与驱动外在行为，人类由审美价值为核心目标的内在动机，才能对应与驱动内在的价值活动。

审美价值是意识活动的全部内在动因，既是认识活动构建观念空间秩序的直接动因依据，也是价值活动构建动机结构的间接动因依据。观念结构表达了精神环境中的存在秩序，动机结构既是精神环境内在秩序的表达，也是人类外在生存环境秩序的表达。观念结构中蕴含的价值结构则是观念结构对外在环境秩序的内在映射形态。

认识活动构建内在环境的一般秩序，价值活动则在构建能够承载两个环境中的行为方式的内在环境秩序。审美欲望直接驱动了内在环境一般秩序的构成，其他欲望则间接驱动了价值结构的构成。价值活动构建内在意识活动行为动机所形成的价值结构秩序，必然要受到外在生存环境秩序的制约，也就要比认识活动的秩序构建空间狭隘得多。人类回答"是什么"

问题的空间要比回答"应当怎样"问题的空间开阔得多。

直接驱动意识活动的欲望就是审美欲望。在认识活动中审美欲望或审美价值直接促生了对观念结构的构建过程，并在这个过程中实现其满足。在价值活动中，审美价值间接促生了价值结构的重构，并在形成行为动机的过程中也激发出构建观念结构的认识过程。

在价值活动中的价值审视与价值比较的实现过程，仍然是意识活动的过程，仍然会受到审美价值的引导与驱动，仍然需要审美价值提供内在环境秩序的依据。审美价值可以提供价值比较与价值判断的审视空间依据。在价值活动中的价值比较空间的建立，仍然是审美价值实现的结果。每一个价值比较的审视结构都是由审美价值表达或驱动所构成的一个观念结构，审美价值在价值活动中的实现，为价值活动提供了价值比较与价值判断的观念结构环境。审美价值通过这种环境条件的提供实现了对价值活动的引导与制约，这就是审美价值对价值活动的间接驱动。审美价值是价值活动的内在环境依据，其他生存价值则是价值活动的外在生存行为追求的直接依据。

在价值活动中价值比较与价值选择的直接依据，来自不同观念要素的价值内涵之间环境功能的比较，其间接依据则来自对价值审视结构秩序的审美追求。价值活动对价值结构的审美追求限制与约束了价值选择的空间，也就决定了价值选择的最终结果。没有审美价值对价值活动的比价对象实现结构约束，价值比较活动就会因为对象的混乱与繁杂而难以实现。

个体在观念空间中构成的不同形态与程度的价值比较能力都来自他们的审美能力。在观念空间中繁杂混乱的价值要素中实现有序的比较与选择的条件，就是由审美价值的驱动而建立起来的。具有高度完美的审美能力的个体，也就会形成高度完美的价值判断方式。这种能力就是广义的理性能力，这种方式就是道德精神活动的依据。

在审美价值的约束下与引导下，个体的价值活动具有追求价值结构的有序性与完整性的欲望与趋势。这种趋势的结果就是形成了人类的价值判断对观念空间中的基本价值结构的服从，这就是价值活动常常会服从伦理价值的依据。伦理是个体观念空间中来自文化环境的基本价值。

这种由审美欲望的间接驱动形成的价值活动中的伦理服从，就是人类道德精神活动的内在动机与价值依据。也就是人性中普遍具备"善"的依据。善是人类的本能，道德精神来自人类的本能。审美欲望对价值活动间接驱动的强度，就是个体道德精神追求欲望的强度依据，就是个体人性之善的强度依据。

人类观念空间中的价值结构具有由下向上逐渐汇聚的形态，并最终汇聚于终极价值。终极价值具有对其他价值的统辖与汇聚功能。对这种价值结构形态的直观表达就是树形价值结构。在审美欲望的影响下，人类的价值活动对动机结构的构建也就能够直接趋向与间接服从终极价值，并且实现终极价值对全部行为动机的归纳统辖。在这种意识活动状态中所形成的社会行为方式，就是追求美好理想与皈依宗教精神的人生追求。

人类的精神环境是后天形成的，是人类在生存活动中依据生存本能驱动的意识活动与社会活动行为的综合结果。人类的生命本能只能赋予个体意识活动的能力与审美的欲望，而个体的精神环境则只能由个体自己运用意识活动能力在追求审美欲望实现的过程中构建出来。来自感官输入的经验信息向意识活动提供了外在环境的秩序，来自内感官感受的超验信息则向意识活动提供了内在环境的秩序。

经验观念来自人类对物质环境行为的感受，来自对感官信息的认识构建。人类的主动行为来自精神环境中动机的驱动，人类的被动行为则来自对环境秩序的无意识被动接受。主动行为构成了人类的自觉存在，被动行为构成了人类的自在存在。

观念空间中蕴含的价值提供了主动行为的依据，人类的生命本能提供了被动行为的依据。主动行为形成有意识的经验观念，被动行为形成无意识的经验观念。有意识经验观念在认识活动的不断组织化中的被超验化，就构成了观念空间秩序的演化进程与价值结构的演化进程。无意识的经验观念则主要构成了观念空间中的元初观念形态，并为意识活动提供了在观念空间中自由流动的能量。

个体幼稚时期的主要经验观念大都来自元初经验观念的构建。人类的幼儿时期常常出现的看似并无目的行为方式，例如胡乱挥舞手臂和满地乱跑，就来自这种观念中蕴含的价值。散乱自由的经验观念中蕴含的混乱而无意识的价值目标，就是无意识行为的动因。

人类个体的成熟化就是其行为方式的有意识化，在成年人的行为方式中无意识行为就会日益减少。当一个成年人的主要社会行为方式中充满了无意识行为时，它的社会活动方式就会出现异常。这种异常主要就来自精神环境中意识活动的异常。主要由无意识经验价值构成的异常行为也称为幼稚化行为。老年人意识活动能力的减弱常常就会增加无意识经验的行为。

人类对物质环境中的行为感受在精神环境中构成的经验观念，就是传统哲学中表达的"经验"的概念。人类在精神环境中对意识活动的行为感受与观念空间环境秩序的感受，就是认识活动在精神环境中构成的超验观念，这也就是对精神环境的感受经验或者"内在经验"。内在经验通过感受意识活动而感觉了观念结构。

人类对意识活动的感受只能来自意识活动本身，人类对观念结构的感受也只能来自意识活动。这种感受无须感觉器官的转换与传输就直接发生在意识活动之中。康德将这个感知能力称为内感官的功能。

依据内感官的感受形成的精神环境的"行为经验"，就是对内在环境超验秩序的感受经验，就是超验观念。人类认识活动的全部成果都是超验秩序，都蕴含在超验观念的存在形态中。只不过其中仍然包容了不同程度的感官信息"外在经验"而已。超验观念表达了人类对超验秩序的理解，就是超验的超验。超验观念的高度可理解的公共化形态就是广义的逻辑。

人类的价值活动也会通过构成新的价值要素间的联系，转而激发认识活动重塑观念结构。这就向观念空间中输入了由价值功能主导的超验秩序。这种超验秩序中深刻地表达了人类的生存需求。

在传统哲学中关于"观念"的概念，主要是对超验观念的感性化表达，关于"价值"的概念，也主要是对超验观念的环境需求内涵的表达。人类精神环境中观念结构的感性本质与不可理解本质，也就决定了一般超验观念的感性化形态及其不可完全逻辑化的形态。

但人类的社会需求与文化活动又在不断追求对公共化的超验观念实现理性化的表达。至今为止具有较高理性化表达程度的公共化超验观念体系，就是自然科学观念体系中的超验结构。就是这种结构也仍然难以完全实现理性化与逻辑化，也就只能以科学思想与科学范式的方式被感性化地陈述。科学观念体系中的主要内涵则是经验实证的。

在宗教文化中，则以表达与陈述公共化的超验观念体系为其主要目标。在人类不同宗教文化中对超验观念的表达也都必然以感性方式为主体，这就决定了宗教观念的感性文化形态。尽管某些一神宗教体系中也开始逐渐形成了一些理性化的表达方式，例如基督教的神学体系与佛教的佛学体系，但宗教文化的一般形态则仍然是感性化的。由此，自然科学文化体系具备的高度理性化形态就在宗教文化面前具备了透彻安置人类生存经验的优越性。但科学观念体系的高度理性化形态也只能在它的经验观念结构中透彻实现，一旦进入其超验结构中，科学观念的表达也仍然是感性化的。

在人类漫长的文化演化进程中，精神环境中的超验观念结构仍然逐渐被人类所相对地公共化理解了，这就逐渐形成了依据这种理解表达人类意识活动方式与观念结构的特殊文化形态，这就是逻辑工具与逻辑方法。全部逻辑方法都来自超验观念体系的内涵，都是超验观念体系中表达了人类对观念结构理解的公共化观念。

人类的认识活动形成的观念空间秩序的构建成果，就是超验观念的秩序表达内涵。超验秩序就是观念空间的存在秩序。离开了超验秩序的安置环境，人类的感官经验观念要素在观念空间中的存在方式将是散乱无序的，也将是无法结构化的。超验观念体系也是完美统一的审美价值结构的构成依据。具有完美价值结构的个体必定会具有强大而完善的超验观念结构。宗教文化就是为一般民众提供的构建完美价值结构的通俗化超验观念工具。

人类精神活动的最高追求，就是形成完美的超验观念结构，就是以此来统辖与整合散乱的经验观念结构，并形成意识活动的高度有序。逻辑方法与逻辑工具就是理解与利用超验秩序的方法与工具。

人类完美的观念结构具有和谐性与稳定性，可以提供完美的意识活动环境，可以形成生存活动的幸福状态。完美的观念结构又相对独立于外在生存环境。一旦外在生存环境突变，观念空间中的无序经验观念就会大量增加，就会瓦解与破坏原来观念结构的稳定性，就会因为固有的超验结构与大量无序经验观念间的冲突，而出现意识活动的混乱困境。具有广博与完整的超验观念结构的个体，则更能够具备适应这种困境与重整自己观念结构的能力。

人类个体对外在环境秩序突变的适应性结果，也就形成了稳定有效的价值活动方式，这就是沉着冷静与从容应对的生存状态。个体对外在环境秩序突变的不适应，也就会由其价值活动的混乱与困顿所表达出来，这就是手足无措或行为乖张的生存状态。

个体价值活动的和谐性与有效性决定了个体社会行为的协调性与稳定性。个体价值活动的失稳与失和可以来自其外在环境秩序的突变，也可以来自其内在环境秩序的不良。这就是由观念结构的冲突与混乱而引发价值活动的失稳与失和。这种失稳与失和一方面会来自个体文化环境的混乱与冲突，来自由此而向观念空间输入了大量冲突的文化要素，另一方也会来自个体观念结构的内在混乱与冲突，来自个体认识能力的不足对散乱冲突的经验观念的安置不力。冲突的文化要素与冲突的经验要素的不适当输入，就常常会扰动与破坏个体意识活动和谐统一的内在环境。

弗洛伊德的心理障碍纾解方法的哲学依据，就是通过观念的交流活动的外部干预，来引导与改变这种观念结构的冲突引发的意识活动困境，并进而让认识活动重新感受与安置冲突的观念。这虽然不能完全消除这些散乱冲突的观念要素，但却可以使它们形成与既有观念结构更为和谐的联系，从而缓解并消除意识活动的障碍。

98. 传统哲学对意识活动的狭隘理解

哲学是人类文化中表达精神环境的存在方式与活动方式的理性化公共观念体系。精神环境与意识活动的复杂性与人类对其感知方式的局限性，决定了哲学的困境。

自从有了人类文明，人类就开始了探索认知精神环境以及自己在精神环境中的活动方式了。但由于人类理性能力的限制，这种探索的成果就只能局限于特殊个体对自己意识活动的感受之中，这种成果也就很难在文化中得到深刻细致的表达。在人类漫长的文化史中，表达人类对精神环境理解的公共观念形态，始终是各种间接的感性表象，例如从各种自然物到拟人化的神明。人类很晚才形成了深入明确表达精神环境的理性化能力，哲学也就只有很短的历史。

就是有了哲学文化以后，由于人类理性化能力的不足，人类表达对精神环境理解的观念体系仍然是充满了感性化方法的，仍然是难以充分实现外在公共化文化表达的。人类哲学文化的表达形态，也就常常是艰深含混与难以理解的。哲学的困境来自人类理解与表达自己精神环境的困难，也一直是人类认识与理解自己精神环境的障碍。在漫长的文明史中，人类表达精神环境秩序的公共观念形态主要是感性化的，近代以后的哲学虽然深刻地改变了这种状态，但至今为止仍然非常不足。

在不同文明的古代文化形态中，人类都有依据不同程度的理性能力来以尽可能深刻地表达自己对精神世界理解的努力，尽管这种表达仍然一直主要是感性表象的。从自然物图腾崇拜文化中的自然物表象，到多神宗教文化中的多元拟人化表象，再到一神宗教文化中的非偶像非具象但又仍然是抽象拟人化的超人表象，无不如此。但在这种感性表象表达的演化中，理性化程度也在缓慢地提高。在每一个文明的台阶中都蕴含这种提高的文化成果。

在人类不同文化中始终挥之不去的神明，就是人类不同文明中表达精神世界的终极超验观念的拟人化表象，神话就是人类对这种超验终极公共价值的功能理解的感性化表达。人类对于复杂超验观念最方便的公共化表达方式就是拟人化，人类自己就是最好的复杂表象。人类表达精神世界方式的不断深入理性化的过程，也就是不断去除这种拟人表象的过程与弱化有神论的过程。但这个过程只是明确体现在对经验观念秩序的表达中，一旦进入了对高层次超验观念的表达，神明的影子则常常挥之不去。就连现代自然科学家们也不能免俗，现代宗教文化则更不可避免。

所谓的有神论与无神论的对立与争论，实际上是对这种表达方式中的理性化与感性拟人化区分的绝对化理解。在人类的精神环境与意识活动方式中始终具备的终极统一的基本特征，决定了人类高层次超验观念的终极凝聚与绝对感性化，也决定了人类在这个领域中的哲学表达不会完全去除感性表象。复杂的感性表象总会具有拟人化的倾向，有神论的文化形态也就因此始终会伴随人类的文明，只不过它会越来越向高度抽象的超验领域中隐秘化而已。就是在高调皈依马克思主义的无神论者中间，一旦论及自己的死亡也会感性拟人地表达为"去见马克思"。他们虽然不认为马克思是神，但却抵挡不住将它神话的精神倾向。就是具备了现代最为无神化精神追求的现代物理学家们，也常常在讨论对终极观念的理解中不自觉地引入了自然神的观念。所谓的客观规律，就是将传统神明非拟人化而已。

直到人类的理性能力足以独立地系统表达自己对精神世界的理解时，哲学才能从传统的宗教文化中独立出来。今天哲学的重新独立，则需要从传统的自然科学世界观中分离出来。

但人类理性能力的局限性，又使得即使是在哲学的表述中也仍然充满了对感性方法的依赖。在哲学还仍然模糊的逻辑体系的宽大缝隙中，还到处充斥着感性化的超验谶语与细腻的文学情感。这种现象在现代自然科学的表述中已经不复存在了，因为现代自然科学已经基本上得到了一个比较完美的逻辑表达工具。但在欧洲古典文明中，作为现代自然科学前身的自然哲学中，也还仍然充满了感性表象。

虽然哲学通过建立一个表达精神环境总体认知的初步理性化结构来确立了自己，并且也据此而切割了自己与一神宗教文化的历史性联系。但这个理性化的总体结构还仍然是粗疏的与不严谨的。这就决定了在哲学对精神环境的充分表述中，在不得不离开了粗浅理性结构的大部分观念空间中仍然是感性化的。将哲学中充沛而又重要的感性化表述进行深化拓展的努力，也就常常混淆了哲学与文学的区别。有些哲学家也常常是文学家，有些文学家也常常自以为是哲学家。

人类至今为止所创造的全部逻辑工具，包括作为其最精密形态的现代数学，仍然只是在表达人类对自然环境秩序的简单理解中才获得了比较理想的成功。这种仅仅局限于对无生命环境秩序的成功表达的逻辑工具，一旦进入了对生命环境秩序的表述中，立刻就捉襟见肘了。系统论逻辑方法就是为了应对表达生命秩序的困境而创立出来的。但今天的系统论逻辑还仍然处于成长的幼稚期中，因为它还仍然无法透彻明确表达高度超验化观念结构，它还有待于在广泛的哲学领域中得到深入安置与整合，从而实现其高层次超验化，它也有待于借用数学逻辑实现自己的精确化。

人类为了表达比生命环境秩序更为复杂的精神环境秩序，至今拥有的全部逻辑工具就显然远不够用了。即使接纳了还嫌幼稚的系统论方法，逻辑工具对哲学观念表述的贡献还仍然很粗糙和很局限。在哲学的表述中，也就不得不到处借用已经获得了有效成果的科学表述与文学表述。哲学的科学化表述大致搭建了一个并不太合理的逻辑框架，哲学的文学化表述则可以在这个框架的巨大空隙中充分施展自己的补充功能。借用科学的例子可以填充哲学逻辑的理性空隙，引用文学的故事则成为可以溶解与滋润混乱与冲突的哲学结构的心灵鸡汤。例子永远不是严谨的结构，鸡汤永远不会化解结构顽石。哲学结构的合理与和谐只能依靠哲学自己的改造与创新。

精神环境是人类意识活动的空间与生存行为的依据，表达精神环境的哲学观念本来就应该是人人都可以理解的，也本来就应该是与人人都有关的。正是哲学的表达所必须依赖的理性工具的局限，才将哲学变成了一种艰深的学问。依据系统论逻辑与辩证法逻辑表述的哲学观念，讲起来头头是道，听起来则常常云里雾里。这既是它们不能适应哲学表述的证明，也是哲学本身在这种不良表述中无法构建通俗传播形态的结果。在不良的哲学表述中对逻辑工具不当运用的结果，系统论逻辑常常变成了缥缈的玄学，辩证法逻辑常常变成了可疑的诡辩。

在经历了几千年的文化努力后，人类的哲学观念已经足够深邃了，但哲学的文化形态仍然因为表述的粗糙而显得艰深晦涩。哲学表述的困境也必然限制了哲学观念的结构合理性。这就是今天的哲学形态与哲学表述，与自然科学的形态相比仍然非常幼稚的原因之一。

在传统哲学中，对人类意识活动的理解模糊的核心表现，就是对认识活动本质认知的肤浅与分裂。这源于对人类对意识活动功能理解的肤浅，也来自对人类精神环境的存在方式理解的本体观念的肤浅。这表现为哲学本体论的模糊与神秘化，也必然形成了对精神环境秩序的来源与构成方式理解的模糊与神秘化。

在哲学史中，认识论经历复杂的演化已经形成了两个主要对立的分支。一个分支引导确立了唯心论的哲学体系，这就是认为精神世界来自神秘的人类先验能力以及这种能力与宇宙秩序或宇宙精神的神秘沟通，并认为人类依此而构成了对物质环境的感受并构成了物质环境本身。对这种精神世界与物质环境之间的神秘沟通方式的不同理解，就成为不同一神宗教文化中的认识论依据。一神宗教文化就是唯心论哲学的土壤。

另一个认识论的分支，则将人类的认识能力理解为对宇宙秩序的感官感知能力，这就构成了唯物论经验论认识论的全部基础，并依此构成了理解全部精神环境的存在依据。构成唯物论基础的经验论认识论与唯心论认识论的具体争论，就是哲学史中著名的经验论与唯理论的对垒。唯理论认识论的本体论依据仍然是唯心论的。

在经验论认识论的不同体系中的最重要的形态，就是反映论的认识论。获得了巨大成功的自然科学的思维方法，则为这种认识论的强大影响力提供了有力的辩护，科学文化的普及就是反映论认识论传播的前导。但这种认识论仍然是狭隘的。

在经验论的认识论中的另一个具有明确影响的分支就是构建论。但这仅仅是对机械反映论的被动补充与改善。这也是使得构建论似乎处于唯物论认识论与唯心论认识的模糊的中间地带中。这种微妙的地位和其本体论依据的悬空，就是这种认识论始终无法普遍流传的原因。构建的结果是什么？构建的依据是什么？构建的过程又是什么？这些基本问题还没有清晰的答案。

构建论的历史功绩在于，它初步瓦解了一神宗教秉持的预成论的认识论体系。但它的不彻底性又必然会悄悄地将终极预成的模式偷运进来，因为构建的方向很可能会向预成的结果收敛，就像自然科学冠冕堂皇地追求的客观规律与因果关系，也会无法回避地趋向冥冥中的预成结果一样。

反映论认识论的依据，就是必须确认在人类之外的环境中存在着一个与人类的存在无关，但又能够决定人类精神世界的存在方式的秩序。欧洲古典哲学的奠基人柏拉图创立的这个基础性的哲学观念，一直深刻地滋润着今天的现代哲学。在欧洲基督宗教的文化体系中，认为这个秩序来自上帝的神秘智慧，在亚洲佛教的文化体系中，认为这个秩序来自佛主永恒具备的佛心与人类必然具备的佛念。在自然科学文化体系中，则认为这个秩序就是一个人类之外的存在的客观真理或宇宙规律。至于这个客观规律的来源，就不是科学思维可以探讨与证明的范畴了。如果有好事者非要向科学大师追根究底，他们大概也会学习牛顿与爱因斯坦，将提问者推到上帝那里去。

无论是宗教还是科学，都在用神秘的方式回避了对秩序来源的探求，这似乎是自古以来人类智慧的极点。只是在现代科学的某些领域中，才开始萌发了秩序来自存在中的自发组织化的新观念。但这种观念对现代文化的整体影响还并不显著，人类文化的根基还深深地植根在古典传统中。

认识论就是对精神世界形成方式的理解，就是对精神环境来源的哲学回答，更是理解人类意识活动方式的依据。传统哲学对人类认识活动本质的不同认知，就来自对认识结果的外在化与内在化，这就构成了唯物论与唯心论认识论的不同渊源。这两种认识论体系都不能透彻理解认识活动对精神世界存在秩序的组织化创造的构建功能，更不能理解认识活动实现构建的自组织过程的自然性与普遍性。精美细巧的世界并不一定要有一个宇宙超人来设计。但人类的智慧还一直难以跳出这个窠臼。

人类认识活动的秩序创造功能，就蕴含在无生命世界对化学元素存在的创造功能中，就蕴含在化学世界对生命存在的创造功能中，也蕴含在人类意识活动对社会秩序的创造功能中。认识活动就是人类本身以及人类的生存环境中无限存在与无穷形态的自组织过程的一个重要的特例而已。哲学的认识论，只有在这种本体论的思想中得到安置才能落地与清晰。

这种哲学本体论思想，可以构成一个新的世界观结构与本体论结构的基础。这个基础就来自对人类的存在与人类生存活动功能的自然化理解，也就是彻底地消除自古以来的文化中始终无法驱除的人类中心论论观念的幽灵。归根结底，人类精神世界的存在与其中的意识活动，就是自然界秩序不断地组织化进程中构成的一种高级形态而已，这就像人类的存在就是自然界的存在形态的演化中形成的一种特殊高级状态一样。

人类通过意识活动构建出精神世界的存在形态，既是自然界秩序的演化结果，也是人类生命本能的演化结果。生命本能驱动的全部行为的成果都由其欲望的满足得到表达，认识活动所满足的欲望就是审美欲望，对这种欲望感受就是认识活动发生动因的表观原因。

　　在至今为止的文化中，对人类精神愉悦的感受原因的理解还是非常表面与非常肤浅的。这是人类对自己意识活动感受的间接性与模糊性的必然结果。在漫长的文明史中，人类并不了解精神愉悦的原因与结果，仅仅将精神愉悦当作一种神秘缥缈的精神感受来接受。在较高文明的复杂文化活动中，人类终于找到了精神愉悦的表观化的重要依据，这就是在观念的感性表达活动中与在对这种表达的接受过程中，都必然会得到这种奇妙的感受。但这种理解并没有化解精神愉悦的神秘化，而是将精神愉悦的表象与表达与接受感性观念的艺术活动对应起来。一旦可以证明在全部艺术活动中都必然会获得这种精神愉悦的感受，人类就将审美愉悦当作了艺术表达与艺术欣赏的结果了。由此，哲学中的美学就逐渐变成了艺术表达的技术方法体系的超验依据了。

　　这种文化形态虽然是人类理解精神愉悦的一种深入，但这种理解对于哲学来说仍然是肤浅的与局限的。美学的艺术化就是哲学的肤浅化与外在行为化，这种观念也深刻地影响与改造了哲学。一直到今天，哲学中的美学分支仍然不能理解审美愉悦与人类认识活动的本质关系。

　　至今为止的哲学中的美学，仍然将审美愉悦与规范的艺术表达活动与艺术欣赏活动对应起来。这就将哲学问题经验化地转化为一种社会行为问题和文化问题了。美学也就逐渐变成了艺术活动的心理学。将审美活动与认识活动的隔离，哲学对人类认识活动的行为动因的理解也就更为虚无缥缈了。认识论与美学的无缘也就决定了认识论与经验观念的隔绝。这种隔绝又被科学方法论强行打开，这就促生了反映论的认识论体系。

对认识活动理解的肤浅，也来自对人类意识活动与精神环境关系理解的肤浅。这种肤浅也就无法理解观念空间为意识活动提供的环境功能。不能理解意识活动在观念空间环境中的实现过程，也就很难理解人类对环境需求的价值概念，很难理解人类意识活动中的价值判断与价值选择的依据，也就很难理解人类全部行为动机的构成依据。这就将本应回答人类全部生存行为原因的哲学基本功能悬空了。离开了对人类基本生存方式理解的哲学，也就常常会变成接近玄学的逻辑游戏。

现代文化仅仅是在心理学领域中为哲学留了一个与行为经验相关的窗口。现代哲学逐渐退出了理解与说明人类社会行为方式的努力，正是现代哲学自己的肤浅将自己封闭起来的结果。

哲学不应该仅仅是少数哲学家圈子中的智力游戏。哲学应该是人类全部文化活动的依据，也应该是理解全部社会行为方式与社会秩序的依据。今天的哲学离实现这样的文化功能还十分遥远。

第二十六章　价值的真实满足与模拟满足

99. 人类的行为空间与行为预测

　　人类通过环境中的行为实现自己的生存。人类行为的选择依据是观念空间中价值结构。人类依据精神环境中的价值结构选择自己的行为目标与行为方式。价值结构构成了价值空间，价值空间提供了人类行为的可能性空间。人类在生存环境中的可实现行为的总和构成了人类的行为空间。人类的价值空间大大超越了行为空间。这由精神环境秩序对生存行为方式的虚拟化所决定。这种虚拟化来自超验秩序对经验秩序的虚拟。

　　人类的观念空间构成了精神世界的全部存在方式，观念中的秩序模拟与映射了人类全部生存环境的秩序，也表达了人类全部生存行为的可能性空间。精神环境秩序是对人类生存环境秩序的虚拟映射。

　　人类精神环境秩序具有相对真实与绝对虚拟的特征。精神环境的相对虚拟性，由精神环境的内在秩序与外在环境秩序的绝对差异决定，这种绝对差异来自它们不同的存在方式与自组织构成方式。但精神环境秩序的虚拟化结果，仍然可以表达人类对外在环境秩序无限存在中的行为可能性的有限理解，这种有限理解仍然可以满足人类的生存需求，仍然可以将不可理解的外在环境物自体秩序投射为精神环境中可理解与可分析的秩序结构和秩序体系。

　　人类精神环境的相对真实性，则由精神环境秩序为人类提供的行为目标与行为可能性的真实性决定。精神环境为人类的生存活动提供了全部的行为目标与行为方式的可能性，这种可能性中蕴含的行为实现的绝对真实性，就是人类可以依据精神环境秩序实现自己生存行为的依据。

人类在两个环境中的行为能力，首先来自人类在两个环境中的行为器官的生命功能，其次来自价值空间中提供的行为方式的可能性空间。人类在外在环境中的行为能力，由生命的肢体器官功能提供的生理行为空间，及其与精神环境中蕴含的价值结构空间中的行为可能性空间的交集决定。这个交集就大大限制与压缩了价值空间，并将价值空间中对生存行为的虚拟性现实化。

人类的文明化生存方式不断构建出来的广义技术工具，不断拓展了人类价值结构的内涵，也不断拓展了人类肢体器官的行为功能。这就在不断拓展虚拟价值空间的同时，也在拓展价值实现的器官功能空间。这就是人类的文明化生存方式中不断拓展人类在生存环境中的现实行为空间的重要方式。人类依据自己创造出来的文明，将自己的生存由自然环境中的自在状态逐渐改变为社会环境中的自觉状态。

人类在精神环境中的意识活动，就是对外在环境中的行为能力进行技术化拓展的全部依据。人类依据意识活动对自己生存环境与生存方式的拓展追求，最终创造了人类复杂精妙的精神世界。归根结底，人类精神环境的观念空间，提供了人类外在环境行为能力拓展的可能性空间与拓展的可能性领域范围。人类的任何广义技术能力，都不会超越自己精神世界秩序的内涵，它们都仅仅是精神环境提供的行为可能性空间中的一个技术子集。

人类的肢体器官能力，提供了外在环境行为的基础性空间。人类依据自己价值空间中表达的行为实现条件或广义技术能力，则是外在环境行为的技术实现的可能性空间。肢体器官的能力决定了外在环境生存行为可能性空间的实现基础，价值空间的结构决定了外在环境生存行为可能性空间的范围与边界。随着人类精神环境秩序层次的提高，人类生存行为空间的可能性范围也在扩大。人类生存环境空间的扩大过程与人类文明的进步过程同步。

来自人类价值空间的技术能力无论如何发展，都不会超越精神环境的秩序领域，由此也就决定了人类生存行为空间的发展极限。一般来说，人类的全部生存行为空间都仅仅是价值结构空间中很小的子域，人类精神环境提供的行为可能性空间则远远大于人类的生存行为空间，或者远远大于人类可实现的行为方式。

人类在精神环境中意识活动能力的局限性，则来自人类高级神经器官生命功能的限制，也就是来自人类意识能量的有限性与局限性。有限的意识活动能量与局限的意识能量分布与运动方式，决定了人类意识活动的内在行为对观念空间领域的涉及关照的局限性，也决定了人类意识活动可利用的观念空间环境的相对性与观念空间秩序功能的局限性。

人类意识活动中的认识活动，通过对观念空间秩序的局部审视实现了对观念空间秩序的自组织构建。意识能量在观念空间中的审视领域的局限性决定了认识活动的局限性。

人类意识活动中的价值活动，通过对观念空间中的局部价值要素的审视与比较实现了价值的选择与动机的构建。意识能量在观念空间中审视领域的局限性，决定了价值比较与价值选择的局限性，也就决定了价值判断与动机结构的局限性。

人类的理性能力，提供了超越意识能量对观念结构空间关涉局限的工具与方法，也为人类开辟了拓展意识活动领域与空间的技术途径。但人类任何理性方法，都仅仅是凌驾于感性活动方式基础之上的意识活动方式，其对观念结构的理解方式的相对改善，都无法形成对意识活动关涉空间的绝对性拓展。任何理性化方法都是人类意识活动的技术性工具。任何技术工具对人类行为空间的拓展永远都不会真正超越人类行为器官功能的基础性局限。

人类对自己的行为结果具有预测能力。预测实现的可能性程度就来自价值结构在生存环境中所驱动的特定行为的实现概率。人类预测行为概率的依据就在精神环境中的价值结构中，人类对行为实现概率的判断仍然来自意识的价值活动。

　　人类对自己行为与他人行为的预测都是概率性的与不确定的。这由人类的基本行为能力与价值空间中的行为可能性空间相融合状态的不确定性决定。人类行为预测的概率，就来自在特定价值结构中的行为实现能力与这个价值结构提供的行为可能性空间的比较。概率的数值化就来自它们的可数量化比值。人类每一个生存行为的实现过程，都是特定价值结构中的基本行为能力与特定价值结构行为空间的具体复合的过程。这个过程的核心内容就在价值活动中。

　　人类在两个环境中的行为能力空间，或者行为的可实现空间，都必然大大小于价值空间提供的行为可能性空间。这就决定了人类的意识活动能力远远小于观念空间的秩序功能，也就决定了人类的社会活动能力远远小于社会环境的秩序功能。人类精神环境秩序对意识活动能力的超越提供了人类绝对的精神自由。人类的社会环境对人类社会活动能力的超越则提供了人类绝对的社会自由。每一个社会成员观念空间的具体结构对其意识活动能力的超越形成了他相对的精神自由空间。每一个社会成员的价值空间的具体结构对其社会活动能力的超越则形成了他相对的社会自由空间。

　　人类的行为能力空间在价值空间中的自由移动与分布，就形成了行为方式的几乎无限的可能性。这种移动分布状态的无限可能性就是人类意志自由的无限可能性。这就是人类意志自由的哲学依据。

100. 欲望与价值的不同满足与实现形态

　　人类的生命本能驱动了人类的环境生存行为。生命本能形成的不同欲望，表达了人类对环境不同的抽象需求。欲望在环境中的具体展开，就构成了人类精神环境中表达环境需求的价值。价值是人类精神环境秩序对生存环境需求的表达。

人类全部行为的目标就是实现观念空间中的价值。人类的生存行为目标与生存行为方式由动机结构决定。动机的结构来自意识活动对观念空间中蕴含的价值要素的选择与组织。

人类的欲望来自生命活动的秩序，并在生命活动的过程中得到积累。欲望在满足欲望的环境行为中得到释放与缓解。被释放与缓解的欲望又会在继续存在的生命活动中获得新的发生与积累。人类的生存状态，就是在欲望的生命发生与欲望的行为满足的对立中的冲突与协调的状态。欲望与实现欲望的行为方式间的均衡状态是人类正常合理的生存状态。欲望与满足欲望的行为方式关系的失衡是人类不正常与不合理的生存方式的原因。

不能被行为适当满足的欲望会积累而强化，也就会形成过于强烈的欲望与满足欲望的行为方式间关系的失衡。欲望的过度满足或者生命能力的过度微弱，也会形成欲望的过于微弱，也会形成欲望的不足及其与行为方式间关系的失衡。人类生命秩序的瓦解或生命活动的消失就会失去欲望的来源，人类的全部生存行为也就停止了，人类就进入了死亡状态。

人类在外在环境中的自然行为与社会行为的目标，就是实现外在价值或物质价值。人类在内在环境中的行为与意识活动目标，就是实现内在价值或精神价值。不同的价值由不同行为方式实现与满足。人类的外在行为就是其内在价值结构的外在投射与外在实现。

人类无法直接感知自己与他人的价值结构。人类对自己与他人的价值结构的理解只能间接地来自行为实现的结果，人类自己对自己的价值结构的理解与表达常常非常局限的。社会成员之间只能通过观察他人的行为方式来理解其价值结构或公共价值结构。人类可以通过观念交流活动表达自己的价值结构，但这种表达的有效性远远低于其生存行为方式的表达。人类对公共价值的外在表达形成了社会文化，社会文化中蕴含的公共价值仅仅是人类真实精神环境的微弱子集。通过群体文化来了解群体的公共价值结构也常常是非常局限的，例如我们很难依据今天的西方文化真实地了解西方人的公共价值结构，西方人也很难通过中国文化了解中国人的公共价值结构。任何思想家的表达都仅仅是他精神内涵的凤毛麟角。任何科学理论都是科学家观念结构的冰山之巅。因为社会文化的表达功能远远低于人类意识活动的功能。

人类表达外在环境需求的价值分为不同的三个层次。这就是低层次的生存价值及其抽象表达的生存欲望，中层次的群体依恋价值及其抽象表达的群体依恋欲望，高层次的环境影响价值及其抽象表达的权力欲望。

人类的生存欲望可以依据不同的行为满足方式分为食欲性欲和安全生存欲。食欲通过进食行为得到满足与释放，也会因为进食行为的不充分而积累与强化。性欲通过性行为得到满足与释放，也会因为性行为的不充分而积累与强化。安全生存欲望通过外在环境中的基本生存环境的行为实现得到满足与释放，也会因为基本安全生存环境的不足而积累与强化。

人类的群体依恋欲望通过个体对共同生存群体中的其他人类成员的亲近与关照行为得到满足与释放，其中也包括受到其他成员的亲近与关照，也会因为缺乏对其他成员的亲近与关照而积累与强化，其中也包括缺乏被其他成员的亲近与关照。群体依恋欲望的满足使得个体感受到爱别人与被别人所爱，以及依恋别人与被别人所依恋。群体依恋欲望的不满足会使个体感受到寂寞与孤独。

人类的环境影响欲望，则通过对群体环境秩序或者社会环境秩序的影响与控制行为得到满足与释放，也会因为对群体环境秩序或社会环境秩序的无法影响和无法控制而被强化。人类环境影响欲望的实现方式，就是个体的自我实现行为与群体的广义权力行为。个体通过自我实现行为满足对环境秩序影响的欲望，并因此而感受到自己在环境中的存在影响与存在价值，这就是所谓的"存在感"。个体对环境秩序影响行为实现的不足，就会积累与强化个体的自我实现欲望，这就会引发个体与环境秩序的疏离与隔绝的感受，甚至对环境无能的感受，还会有与环境秩序的分隔而被环境压迫的感受。

这些环境影响欲望或自我实现的广义权力欲望，驱动了人类复杂的社会秩序构建与控制行为，就是构成人类社会秩序的自组织过程的人类本能依据，也是人类政治权力行为的本能依据。这种环境影响欲望或自我实现欲望的积累形成的欲望饥渴，常常会引发个体异常的社会行为。

人类群体通过广义权力活动实现环境秩序影响欲望的满足，并因此而实现对不同层次的社会秩序的影响与控制，其中包括了对社会秩序的构建。这种欲望被满足的群体就会感受到广义权力欲的实现，这种欲望不能满足的群体就会感受到在社会环境中的权力饥渴与秩序压迫。

欲望在观念空间中展开的价值形态决定了欲望的实现方式。不同个体实现广义权力欲望的方式由其观念空间中的自我实现价值结构决定。发财与升官是最为世俗的权力欲望实现方式，为别墅与豪车而玩命工作，为时髦装束而卖身，为精美电子产品而卖肾，都是不同的广义权力欲望的释放方式。革命者改造社会的理想，红卫兵的政治豪情，科学家的孜孜不倦，传教士的不畏生死，都是人类不同自我实现欲望的实现方式。在通俗文化中则将它们表达为对信仰的追求。广义权力欲望与自我实现欲望的实现则是一切信仰追求的外在价值的哲学依据。

人类的物质欲望满足可以获得物质愉悦，精神欲望的满足可以获得精神愉悦。人类通过欲望驱动行为实现环境生存，也可以表达为行为对欲望满足愉悦的追求。人类对欲望满足的感受就是广义的快感。人类欲望的积累与强化就会形成愉悦的缺失和快感的渴望。

人类不同层次的欲望满足会获得不同的愉悦感受，不同层次的欲望积累也会形成不同的欲望渴求。食欲的满足会获得饮食快感，性欲的满足会获得性快感，群体依恋欲望的满足会获得爱与被爱的快感。权力欲望的满足会获得自我实现的快感。

人类欲望的多层次与欲望满足方式的多层次，来自人类特殊的生存活动方式，也来自人类特殊的精神世界秩序内涵。现代心理哲学中某些流派将人类的欲望全部归属于性欲望，是一种来自狭隘文化环境的狭隘观念，这种观念将人类还原为一般动物。

人类低层次基本欲望的满足感受称为狭义快感或直接快感，其不满足感受则称为痛苦。人类中层次社会欲望的满足感受被称为幸福感与美满感，其不满足感受则称为不幸与凄凉。人类高层次抽象欲望的满足感受被称为圆满与显赫，其不满足则称为失意与落魄。

人类的欲望在精神环境中的具体表达就是价值。人类欲望的满足是通过环境行为对价值的实现结果。每一个层次的欲望都可以展开为不同的价值结构形态。欲望的积累与强化，会形成对相应价值结构统一追求的行为动因，也就是会强化一个价值结构中不同价值要素的行为追求强度。欲望的释放与缓解，也会消解一个表达了这个欲望的价值结构的行为动因，也就是会弱化一个价值结构中不同价值要素的行为追求强度。这就是欲望的积累与消解对价值结构的整体性影响功能。这种欲望对价值结构的整体性影响，就会在价值的行为实现关系中表现出同一结构中不同价值要素间的代偿关系。

例如，食欲的积累可以激发一个饮食价值结构中广泛的食物价值追求，饿了会想吃很多种食物。如果实现了对其中某一种食物的进食，食欲就会因为满足而削弱，这也会同时削弱了对其他并没有进食的食物的追求强度。这就是某一食物的进食行为代偿了对其他食物的欲望追求。饥饿使人既想吃面条也想吃米饭，仅仅吃饱了米饭也会弱化想吃面条的欲望。

例如，性欲的积累会激发出广泛的实现性满足的行为追求目标，如果性欲通过其中一种行为方式得到了满足与释放，也就会消解对其他性满足行为方式追求。这就是一个具体满足性欲的行为方式，可以具备释放全部性欲追求行为的代偿功能。现代社会流行的成人玩具就依此而具有合理性。

例如，群体依恋的欲望可以激发出对生存环境中其他亲近个体广泛的依恋需求。如果通过与其中一个个体的亲近实现了这种欲望，也就会消解对其他个体依恋欲望的需求。任何一个可以满足依恋欲望的对象，都会具有释放全部依恋欲望的代偿功能。爱恋了一个对象就会忽略其他曾经也渴望爱恋的对象。个体在社会环境中追求不同的依恋对象都具有统一消解依恋欲望的代偿功能。

例如，个体的环境秩序影响欲望或自我实现欲望，可以激发出对不同的自我实现价值目标的追求动因，对其中某一个价值目标的实现也就可以释放与削弱整个自我实现的欲望，并弱化了对其他自我实现价值的行为追求强度。人类个体可以在社会活动中选择丰富多彩的不同方式来满足自我实现的欲望，每一个广义权力价值目标的实现都具有释放全部自我实现欲望的代偿功能。当个体在某一个社会活动领域中实现了自我实现欲望的满足后，对其他自我实现价值目标的追求动因就会淡化与消失。有了艺术成就的人常常不再重视政治权力，有了专业成就的人也就常常不太重视群体威信。

个体的广义权力欲望可以激发出社会环境中不同层次的多样化的权力价值目标。一旦个体的某一个具体权力价值得到实现，也就会缓解他对其他权力目标的欲望强度，一旦个体在既有的权力活动中失去了行为效果，也就会激发与强化他在其他领域中的权力价值目标。例如企业环境中的权力实现会代偿家族环境中的权力欲望，家庭环境中权力目标的实现也会代偿社会环境中的权力目标追求，官场失意的痛苦可以被回归家庭与天伦之乐所部分代偿。

在人类不同层次的欲望之间也会具有某些弱化的代偿关系。例如对食欲的强烈渴望与强烈满足，有时可以部分代偿性欲的渴求，反之亦然。例如群体依恋欲望的充分满足，有时也可以部分代偿性欲的需求，在某些形成了强烈依恋欲望满足的情人之间，性欲追求甚至会被削弱到很低的状态。强烈的自我实现欲望的满足，有时也会部分代偿一些食欲性欲与群体依恋欲，对事业的强烈追求常常会淡漠饮食与情感。

人类的生存欲望具有整体性的行为驱动功能。不同的欲望间具有一定的代偿功能。同一个欲望中的不同价值目标间具有更为明确的代偿功能。因此，人类可以有目的的选择适当的行为来释放与缓解广泛的欲望。这种选择的重要标准就是代偿效率或者代偿方式具有资源消耗的低成本。

人类在精神环境中的行为或意识活动，由精神欲望在观念空间中展开的超验价值所驱动。人类的意识活动就是直接追求精神愉悦或精神价值的行为，也是间接追求观念空间中的其他生存价值的行为。人类对自己在精神环境中的意识活动的理解程度，还不足以形成对精神欲望实现结构分析与层次理解，精神欲望还只能简单统一地理解为审美欲望。虽然审美欲望在驱动认识活动与驱动价值活动中会呈现出不同的精神价值展开形态，但全部精神价值都可以统一抽象为审美欲望构成的价值，就是人类理解意识活动的重要哲学依据。

人类精神欲望的满足与实现就会获得审美快感或审美愉悦，全部精神愉悦都是审美快感。人类意识活动的全部直接动因就是对审美快感的追求。

审美欲望在观念空间中的不同层次中可以表达为不同的超验价值形态。这种超验价值分布于观念空间中的价值结构中，可以呈现出由低到高的逐层抽象的形态。在观念结构或价值结构的低层次中，精神价值呈现为分布在浓厚的经验价值结构中的较稀薄的超验价值。在观念结构或价值结构的高层次中，精神价值则呈现为构成了容纳稀薄的经验价值要素的超验观念结构主体。这种层次化区分的融合状态使得表达了内在环境秩序的精神价值与表达了外在环境秩序的经验价值难以明确区分。

因此，人类通过行为追求观念空间中低层次经验价值实现的同时，也会实现部分表达了精神价值或审美价值的超验价值。例如在食欲或性欲的实现行为中也可以蕴含一些审美价值的实现。在观念空间的较高层次中表达了精神价值的超验价值结构，就会形成自己独特的功能与形态，也会形成对意识活动的明确引导与制约。

人类在文化活动中可以明确地表达的精神价值常常都是高层次价值结

构中的超验价值，而分布在低层次价值结构中的超验价值则难以实现公共化的表达。在人类观念结构的最高层次中表达的超验价值就是人类精神环境中的终极价值。终极价值的主要功能内涵必然是超验的与精神的，其中虽然也会蕴含一些稀薄的经验价值，但它们已经难以表达为明确的环境需求形态了。

人类进入文明以后，特别是进入高级形态的现代文明以后，人类的超验观念结构与超验精神价值也就逐渐变成了外在文化环境的塑造成果了。因此，人类的社会文化环境就常常决定了个体终极观念的结构与超验精神价值的结构。文明人类的精神价值主要由其文化环境与文化活动方式决定。

人类的精神欲望由高级神经器官的生命活动所积累，人类通过意识活动的行为功能实现对精神欲望的满足与缓解。人类意识活动的功能不足就会形成精神价值满足的困难和审美欲望的积累与强化。人类审美欲望的统一性决定了在不同层次的精神价值结构中的价值满足，都可以实现对审美欲望整体性的释放与消解，在人类不同的审美价值之间也就因此而具有明确的代偿关系，但这种代偿功能仍然具有相对性。对于某些层次中的审美价值就只能通过相同层次结构中的审美价值的满足才能得到明确的代偿性消解。

101. 人类欲望的满足代偿与模拟满足

人类依据生命本能欲望形成了生存活动的方式。人类的生存行为直接追求欲望满足的快感与愉悦并间接实现生存需求与价值。人类行为快感的直接性与生存价值的间接性，就常常形成快感目标与生存价值目标的分离。这种分离状态就形成了人类单纯追求脱离了价值目标的快感目标或欲望释放目标的行为方式，这就形成了仅仅具有快感功能而基本上没有生存价值功能的行为方式。这种行为就是单纯满足快感价值的行为。

例如，人类的食欲是人类生存本能保证自己从环境中获取足够的营养条件的行为动因，但食欲追求饮食快感的直接目标有时就会与追求合理营养的价值目标相分离，这就出现了为了口舌之欲而进食没有营养的食物甚至有害食物的行为。在现代社会的商业化食品提供方式中，很多食品与饮料并没有太多的有效营养价值但却会让人趋之若鹜，这就是实现人类食欲快感的人工代偿商业化方式。比如肉类与鱼类的鲜美口味来自人类对它们丰富的氨基酸营养的感受，人工合成的调味品则可以提供更为浓厚的美味但却毫无营养。

例如，人类的性欲提供了依据生命本能的生命体繁育功能的行为动因，但性欲的直接行为目标则常常是性满足的快感。由此，人类就逐渐形成了与生育活动无关的性活动以直接追求性快感，也就发明了各种实现性快感的性欲代偿行为方式与性欲代偿技术。

对于更高层次的群体依恋欲望与自我实现欲望的直接快感，也可以和实现这种欲望的生存行为功能相分离，从而提供了代偿其功能的行为方式可能性。在人类很多复杂的文化活动中的艺术欣赏活动就常常具有这样的代偿功能。这也是艺术作品的虚拟表达常常会唤起欣赏者高度真实的情感感受的依据。比如美妙的音乐会唤起美好的情感心境，比如伟岸的场景会引发崇高的价值意向，比如庄严的仪式会凝聚高尚的公共价值。

人类的欲望对行为的驱动功能就是实现人类的生存目标。对欲望目标直接快感的代偿行为会隔离欲望对合理生存方式的追求，而去追求便捷释放欲望积累与缓解欲望需求紧张状态的功能。人类在社会活动中创造出来的各种欲望代偿方式与代偿技术，虽然脱离了人类的生存目标，但却具有缓解欲望积累的紧张感与缓解快感缺失的痛苦的意义与价值。一般来说，在实现困难或者实现成本过高的快感目标中就会出现多样化的人为代偿方法。

例如，人类呼吸的快感很重要，但在一般条件中实现起来并不困难，因此今天就还没有人类呼吸快感代偿技术的出现。如果人类的大气环境恶化到呼吸快感的实现已经很困时，呼吸快感的代偿技术可能就会出现。

例如，人类社会生活的文明化大规模地约束了个体行为方式的可能性空间，某些欲望快感实现的行为自由空间被大大压缩了。比如在自然生存环境中，性快感的随时实现就受到了诸多的伦理限制，合法实现性快感的婚姻条件的建立，成本也常常很高，各种性快感的低成本代偿技术也就层出不穷了。

随着文明程度的提高对人类物质生存条件的不断改善，人类在物质环境中的生存活动的自由空间也就日益扩大，行为自由度与行为选择空间也日益增加，人类终于可以从艰难的物质生存状态中解放出来了。这种解放就使得人类可以具备大量的行为能力来提供对生存功能以外的欲望目标的满足，也就是可以追求丰富多彩的单纯快感目标了。于是，各种欲望代偿方式开始层出不穷，对物质欲望的各种代偿技术也就日益成为人类文明中的正当消费方式，大量单纯实现欲望代偿的社会消费资源就出现了。在人类文明化的丰富多彩的生活方式中，更多仅仅实现欲望快感的虚拟价值也就逐渐被公共化与社会秩序化了。

例如，在居住环境和服装样式中，更多地表达出了超越生存安全与环境遮蔽需求以外的虚拟价值功能，就像满足审美追求的装饰功能和满足自我实现价值的奢侈化功能。房子与车马衣物已经变成了超越身体防护与遮蔽和交通工具的生存功能，而逐渐表达出了更多的自我实现价值功能了。

当人类通过物质环境中的行为方式追求高层次的超验价值目标时，当人类追求精神环境中的审美价值目标成为普遍的社会行为方式时，在较低层次的物质行为方式中实现对这些目标的代偿，既是人类文明形成的行为自由空间为行为选择提供的结果，也是高层次的价值满足在低层次的行为方式中实现代偿快感的技术追求。现代社会中丰富多彩的奢侈品消费活动就是这样的低成本代偿活动。

例如，模仿社会权力体成员或贵族群体的行为方式，并不会真正获得社会权力与真正进入贵族的生存状态中，但却可以体验到与权力体成员与贵族成员类似的欲望满足快感。这种代偿功能就是人类社会普遍存在的追求奢华的习惯与附庸风雅风气的基本依据。这种习惯与风气可能普及优良的生活方式，例如优雅与礼貌，也会推广不良的奢靡，例如吸毒与酗酒。

人类的审美欲望只能通过意识活动的观念构建与价值构建来确定实现的方式，但通过意识活动实现审美欲望的满足并不容易。个体常常因为意识活动的局限性而使审美欲望难以满足，从而处于审美饥渴或精神焦虑中。通过参与艺术活动来丰富自己的审美领域，通过参与文化活动实现对观念结构的合理塑造，虽然可以强化自己的审美能力，但常常是困难的与高成本的。对于很多社会成员来说，特别是对文化修养不足的社会成员来说，常常是难以实现的。就是具有高层次文化修养的个体，也常常需要通过便捷的审美满足来缓解自己繁重的工作压力。少数高层次的文化构建者都会具有自己特殊的释放审美压力的方法，例如爱因斯坦与钱学森都会在工作之余用演奏小提琴来获得审美休息。

为了满足人类个体普遍存在而又广泛滋生的不同层次的审美欲望，为了向审美活动能力不足的个体提供低成本的代偿方式，社会化的娱乐活动就出现了。所谓娱乐活动，就是为实现审美快感的单纯满足而在人工虚构的审美对象与审美环境中实现的审美活动，娱乐活动就是便捷而直接实现审美快感的虚拟审美活动。娱乐活动可以实现人类的审美满足，但却不会形成真实有效的观念构建。娱乐活动的结果常常是在精神环境中构成了虚幻的观念结构与价值结构。虚幻的观念结构不会为人类提供有效合理的生存方式。

合理的娱乐活动可以明确区分与隔离这种虚拟审美结果与真实审美结果的边界。不合理的或者过度的娱乐活动，则会因为模糊这种边界而误导娱乐者正常的价值结构，从而形成他们社会行为方式的失常与混乱。轻者称为玩物丧志，重者称为游戏人生。

例如，电子游戏就是运用现代电子拟声与拟视技术，高度逼真地虚拟出的人类的活动环境与审美环境的娱乐工具，电子游戏可以虚拟人类的生存环境与生存行为效果，并通过这种虚拟便捷地满足人类的审美欲望。没有能力在真实的社会环境中实现具有高度审美快感行为的社会成员，特别是青少年，就可以在电子游戏的虚拟世界中实现自己复杂的虚拟审美追求，并实现虚拟观念的构建，甚至实现自己复杂价值的虚拟实现。

狭义艺术活动是人类表达公共观念的规范化感性观念传播方式。感性观念传播的实现，就是接受者对表达者的观念表达实现了特有的审美构建和审美感受的结果。为了在复杂的感性观念传播活动中让接受者方便地实现自己的审美，各种艺术方法中就大量安置了不同层次的虚拟审美要素，这就可以让任何文化层次与意识活动能力层次的个体都可以在规范的艺术表达中得到相应的审美感受，并因此而愿意追求对这种表达的接受。由此，对审美快感或者美感的直接追求就变成了全部艺术活动的直接价值功能。也由此，提供审美快感就变成了全部狭义艺术活动的直接功能。哲学中的美学对这种现象的狭隘理解也就将美学变成了艺术方法论。

在社会文化活动面对复杂的观念传播任务时，适当加入低层次的娱乐要素以丰富接受者在接受过程中的审美快感，就是用娱乐方法作为公共观念的传播媒介。在教育活动中利用娱乐要素来增加被传播的公共观念的可接受性，就是所谓的寓教于乐。

狭义艺术活动表达了真实的公共观念内涵，因此而提供的审美环境也是真实的。在狭义艺术表达中为了增加欣赏者实现审美的便捷性，增加他们审美快感的获取机会，也会以虚拟审美条件的方式添加大量便于实现审美的代偿要素。这就是在艺术活动中为了更好地表达真实所进行的虚构。艺术虚构所实现的审美便捷，引导了欣赏者对真实公共观念表达的深入理解与情感接受，它们作为表达真实中的技术手段，就是通过合理的虚构提高了传播真实观念的效率。这就是艺术活动中真实与虚构的关系，也是现实与浪漫的区分。

当艺术表达中的虚构要素非常稀薄而主要呈现了真实的公共观念时，艺术活动就是严肃的文化传播活动。例如正统教育活动与宗教传播活动。当艺术活动中的虚构要素足够丰富而真实的公共观念内涵反而比较稀薄时，艺术活动就变成了娱乐性的观念传播活动或者文化游戏活动。所谓游戏，就是为了简便实现而虚拟的人类活动方式。各种民俗性的文化活动大都属于这类活动。

社会教育活动是对主流公共观念的真实传播活动，其中包含了艺术传播活动与知识传播活动。在教育活动中逐渐增添娱乐元素，也就会逐渐增加教育活动的游戏特征与审美便捷实现功能。主要由娱乐要素构成的教育内容就是对低龄儿童的教育游戏。从正统教育活动到单纯游戏活动的逐渐过渡，就可以表达人类广义艺术活动全部方法空间的内涵。

游戏活动可以是真实公共观念表达内涵非常稀薄的广义艺术活动，其中蕴含的公共观念特征表达了游戏活动的文化功能。游戏活动提供的审美快感主要是虚拟的审美代偿，但游戏中也仍然蕴含的公共观念内涵，也会以附加价值的形式提供公共观念的传播功能。因此，游戏活动也可以依据主流公共观念的传播规范而区分出健康与不健康的文化功能评价，也可以依据其中蕴含的狭义艺术方法的规范性区分出高雅与低俗的艺术特征评价。在提供便捷审美娱乐的游戏活动中，如果蕴含了对主流公共观念的传播功能就被称为健康的活动，如果蕴含了规范的狭义艺术方法的游戏活动，就被称为高雅的活动。反之就是不健康与低俗的活动。

此外，游戏活动还具有对真实社会行为方式的训练与模拟的功能。儿童可以通过有益的游戏学会正常的社会行为规范，成人可以通过有益的游戏在便捷地获得审美快感与化解审美饥渴压力的同时，也得到合理社会行为的引导甚至形式化的伦理感召。

例如，军人可以通过兵棋推演的游戏活动模拟真实的战争过程并检验自己的军事能力。科学家可以通过虚拟实验与虚拟思维的思想游戏检验自己构建的真实观念结构的合理性。学生可以通过解习题的虚拟游戏训练与考核对知识的掌握。逻辑演绎就是一种依据特定工具的严谨虚拟游戏，其演绎结果为安置真实的经验观念要素提供了虚拟的超验观念空间。所有这些严肃的虚拟审美活动的特征就是没有太多的虚拟审美要素，他们用虚拟审美环境高度模仿与映射了真实审美。

例如，现代电子游戏可以提供复杂而逼真的审美环境与价值判断环境。这种高度复杂而逼真的虚拟环境，就常常会模糊其与个体真实生活的社会环境与观念空间环境区别。由此而深陷其中的游戏者常常会模糊自己精神环境的真实存在与游戏环境的虚拟存在的边界。正是这种模糊可以提供高度真实的审美代偿功能，引导了电子游戏技术的发展目标。

电子游戏也会因为提供了高度真实的虚幻化的社会环境，而误导参与者的一般社会行为方式，甚至让他们在真实社会环境与游戏环境中迷失。这就是现代电子游戏的社会危害性。具有这种危害性的虚拟文化活动，一旦与合理的文化活动鱼龙混杂，就常常会变成不合理的洗脑工具。

第五篇 ‖
价值结构与人格评价

第二十七章　人类的价值结构

102. 观念空间中的价值结构

人类依据自己特有的精神世界实现在环境中的生存。人类精神世界的存在方式就是观念空间中的观念结构或观念体系。作为人类特殊的生存环境，观念空间与观念结构的全部功能就是虚拟表达人类全部生存环境的秩序，并通过这种虚拟表达形成人类生存行为的全部依据。

观念结构来自人类认识活动的构建。作为观念空间中独特的自组织过程，人类认识活动构建出了精神环境的内在秩序。精神环境秩序对外在环境秩序或物质环境秩序的虚拟表达，就是人类对外生存环境秩序的内在映射与功能模拟。这种相对虚拟的投射与模拟可以满足人类的生存对环境秩序的全部需求，也就具备了对外在秩序表达的真实性。

人类观念结构中蕴含着的来自感官信息的外在环境秩序要素，它们形成了观念空间秩序与外在环境秩序的联系，这种联系就是精神环境秩序与外在环境秩序相对一致性的依据。这种一致性还来自人类对依据感官经验构成的生存行为方式的不断修正。人类不断将生存行为结果以感官经验的方式输入到观念空间中，又不断依据观念空间中的秩序构成新的生存行为方式，这种实践循环就是人类精神环境秩序与物资环境秩序能够具备相对一致性的原因。

人类观念空间中对外在环境秩序的表达形态，就是依据感官信息构成的经验观念，经验观念来自人类的生存行为感受。经验观念要素的组织化形成了经验观念结构。广义的经验观念秩序内涵包括了人类在两个环境中的行为感受。人类在外在物质环境中的行为感受在精神环境中构成的经验观念就是狭义的经验或外在经验，也就是传统哲学中的"经验"概念。人类对精神环境中的意识活动的行为感受在观念空间中构成的经验观念，就是狭义的超验观念或内在经验观念，也就是广义的经验观念的内涵。外在经验的环境信息来外感官或五官感受，内在经验的环境信息来自内感官或第六感。

在观念空间中的全部结构内涵中，都遍布着经验秩序内涵与超验秩序内涵。观念结构中的经验内涵表达了人类对外在生存环境的需求，也表达了人类实现这些需求的行为目标与行为方式。观念结构中的超验内涵表达了人类对内在生存环境的需求，也表达了实现这些需求的意识活动目标与意识活动方式。可以外在公共化地表达的高度超验化的内在环境秩序就是逻辑。

观念结构中表达的环境需求与实现需求的行为可能性，就是观念结构中蕴含的环境价值。其中包括了表达外在环境需求的物质环境价值，也包括了表达内在环境需求的精神环境价值。价值是人类精神环境中表达的生存欲望在环境中的需求展开。价值是人类选择与构成生存行为方式的全部环境秩序依据。人类精神环境中的全部观念结构都是价值的载体，价值是观念存在的环境需求功能。

精神环境的观念空间中的观念要素的组织化形态就是观念结构。观念结构中蕴含的价值内涵也具有相应的组织化形态，这就是价值结构。观念空间中分布的价值结构也来自认识活动的构建成果，认识活动在构建出观念结构的同时，也构建了其中蕴含的价值结构。

观念结构为一般意识活动提供了环境空间，价值结构则为特殊的价值活动提供了环境空间。一般意识活动通过认识活动不断深化观念结构的组织化程度，价值活动则不断深化观念空间中的价值结构。价值活动的成果就是人类生存行为的动机。行为动机中表达了人类生存行为目标与行为方式的价值关系，价值活动构成的动机结构又会引导与影响认识活动的方式，并由此而重构了观念结构并重塑价值结构。

观念结构与价值结构都来自人类精神环境中意识活动的自组织结果。意识活动的认识活动与价值活动对这种自组织过程提供了不同的贡献。认识活动直接构建了观念空间中的秩序，价值活动在构建行为动机的同时也间接地引导了认识活动。将意识活动的功能分析性地区分为认识活动与价值活动，是人类自己理解意识活动功能的理性化方法。任何理性化方法都是对真实环境秩序的分割与简化。

价值活动的核心功能就是价值判断。来自价值比较与价值选择的价值判断直接表达了观念要素间的价值联系，也间接表达了承载它们的观念要素间的联系。观念空间中价值要素的全部联系的总和就构成了价值结构。

人类对生存环境的不同需求分别通过不同的环境行为来实现。人类的每一个环境行为都由精神环境中对应的动机表达其价值目标与实现方式。在不同的动机中，构成了观念空间中不同的价值要素间的特殊组合关系，人类全部行为动机在观念空间中的存在与分布，也就在观念空间中形成了价值要素之间多层次嵌套的广泛的联系，这种联系在观念结构中的沉淀，也就构成了观念空间中的价值结构。

观念结构具有由下向上逐渐汇聚的形态，其中承载的价值内涵也相应地具备了类似的由下向上的汇聚形态，这就是价值结构逐渐汇聚的倒置树的形态。

人类多元散乱的外在生存环境秩序与生存行为方式，通过感官信息向精神环境中的输入与认识的构建形成了多元散乱的经验观念。人类的审美本能对经验观念的不断组织化，形成了观念空间秩序的整体性与统一汇聚。散乱的经验观念中蕴含的外在环境需求价值也是散乱的。在被逐渐统合起来的观念结构中，散乱的经验观念也就逐渐得到了有序的安置与表达，这也同时实现了对散乱的价值要素逐渐升高的有序化整合。

这种被逐渐整合起来的价值结构形态，表达了人类外在环境行为的价值追求也在不断地向逐渐升高层次的群体性价值目标中的汇聚。在人类精神环境中价值目标的逐渐汇聚结构也就表达了观念空间中价值要素的一般组织化形态。这种价值结构的形态就是人类社会化的环境需求的成果，也是社会文化的塑造结果。这种由下向上逐渐汇聚的价值结构形态就是观念空间中的价值树。

　　价值树的树叶是散乱的元初经验观念中蕴含的价值，它们被认识活动与价值活动逐渐组织起来，就形成了简单经验观念结构中蕴含的价值树的树梢。这些简单经验观念又不断被认识活动与价值活动构成了逐渐升高层次与逐渐汇聚的观念结构与价值解结构，也就逐渐构成了价值树的枝条与枝干，进而又构成了更为集中的价值树干，并最终构成了全部价值要素的总汇聚的终极价值，这就是价值树的树根。

　　终极价值是人类价值结构中的最高不变价值，是人类价值活动的最终判断依据与最高选择依据，观念空间中的终极观念就是终极价值的载体。终极价值表达了终极观念的环境需求内涵。

　　人类精神环境中始终具有终极观念的结构形态。这来自人类意识活动的本能与方式的必然结果，也构成了人类意识活动的特殊环境条件。并形成了公共观念结构与文化结构的显著特征。

　　人类个体与群体的成长过程，也就是其精神环境秩序的不断完善的演化过程和价值结构不断成熟的过程。在人类个体观念结构与群体公共观念结构演化的每一个阶段中，都会具备相应的终极观念与终极价值或者相应的终极公共观念与终极公共价值。

　　个体幼儿时期的观念空间狭窄简单，价值内涵简陋肤浅，但终极观念与终极价值就已经初具形态。在个体的儿童时期与青年时期，观念结构迅速成长与拓展，终极观念结构与终极价值也迅速变化与成熟。个体成年以后的观念结构也就基本定型，终极观念与终极价值就开始稳定成熟，它们也就成为整个稳定存在的观念空间结构的稳定不变的秩序统和与结构归结。个体的成熟就是他精神环境秩序的成熟，就是他观念结构与价值结构的稳定化，也是他终极观念与终极价值的不变化。

在社会群体的新生状态中，其公共观念形态也是不成熟的，但也会具有相应的终极公共观念与终极公共价值。尽管这种终极观念形态并不一定是其独特的，也常常并不一定具有完善的群体共识，但任何群体都仍然会具备，以作为自己理解自己群体活动与社会存在的终极依据。

社会群体的成熟过程就是其公共价值的稳定化过程，也是其文化结构形成历史沉淀的过程。每一个在人类社会中具有稳定历史形态的群体结构，都会具有相对成熟稳定的公共观念结构，也都会具有相对成熟稳定的终极公共价值。这种稳定存在的公共价值结构就是其文化形态的内涵。人类稳定存在的文明群体的依据都在其稳定的文化结构中，这种文化结构中也都必然具备了稳定明确的终极公共观念与终极公共价值。在人类文明的主要文化形态中，宗教文化的形成与成熟就具有这样的典型特征。

稳定成熟的终极价值，为个体与群体提供了全部价值活动中价值比较的最高稳定依据和最高价值不变量。具有稳定的终极价值，就是价值活动稳定性与社会行为方式稳定性的内在保证。不稳定的终极价值或者分裂的终极价值，就是人类个体或群体意识活动方式反复无常的基本原因，也是个体与群体社会行为方式变幻不定的内在原因。

人类社会进入高度文明以后，个体的终极价值就主要来自社会文化环境输入与塑造了。文明化的人类个体也就不再独立地构建自己特有的终极价值了，他们常常在文化环境中获得自己终极价值的形态依据。在社会文化中表达的公共化的终极价值，就是信仰价值与基本伦理价值，承载这种公共价值的主要文化形态就是宗教文化。近代以来由自然科学本体论支撑的优良完美的哲学文化体系，也开始具备了承载信仰价值与基本伦理价值的功能。但其功能还不能完全取代宗教文化。

人类个体稳定合理的社会行为方式，来自他们稳定合理的终极价值结构。在对青少年教育活动中的优良人格塑造任务，就是塑造他们稳定合理的终极价值结构的素质教育。缺乏稳定合理的终极价值的个体，其社会行为方式常常乖张与出轨，常常会与社会秩序冲突和对立，他们的社会生存方式也常常不会和谐幸福。所谓的犯罪心理，就是一种由高度不合理的终极价值结构统合形成的价值结构形态的人格特征。这种价值结构与社会基本秩序相冲突。

合理的终极价值结构的公共化形态，主要由主流文化中的基本伦理结构所表达。但基本伦理却并不一定能够塑造每个个体观念空间中合理的价值结构。社会文化环境的冲突与散乱也会形成对个体价值结构冲突散乱的伦理塑造，这就是生存其中的个体形成不合理的终极价值或者终极价值结构分裂的社会文化原因。

对人类精神环境秩序的结构化表达方法，就是人类的理性化方法与逻辑方法。逻辑就是对精神环境秩序的理性化表达工具，也是引导人类实现理性化意识活动的方法依据。逻辑工具也可以间接实现对观念空间中价值结构的理性化表达。逻辑演绎的方法就是可以保证价值内涵的统一性与不变性的意识活动过程。

由于逻辑工具的局限性，至今为止的哲学对观念结构与价值结构的理性化表达还都还十分粗糙，都还不可避免地包含了大量感性化的表达方式，在简单通俗的表达中感性化方式仍然是最有效的。

人类个体的观念结构可以分解为微观中观和宏观三个不同的层次，价值结构也可以同样分为微观中观与宏观三个层次，不同的价值结构层次表达了人类对不同生存行为领域的环境需求。

在人类个体的价值结构中，微观结构处于价值结构的底层，表达了个体在社会微观环境中的生活方式与社会情趣。微观价值结构的公共化形态就构成了微观文化的精神内涵。微观价值结构主要来自个体特殊的社会生存经验，是个体独特的社会生活方式与社会生存行为的经验化成果在观念空间中的表达，因而具有多样化与散乱的特征。在微观价值结构中蕴含的文化要素或公共价值要素，也是社会微观文化环境中或者非主流文化中的公共观念要素的输入与构建的成果。个体的微观价值结构与社会微观文化环境具有密切的联系，这种联系是充分互动的。其中既有文化环境对个体微观价值结构的塑造，也有个体微观价值结构对微观文化环境的影响，这两者的区别就在个体的文化活动能力之中。

个体的微观价值表达了个体生存方式的独特性，表达了个体与众不同的生存需求。微观价值是个体全部价值的基础与依据，具有原初观念所表达的环境需求禀赋。微观价值是个体价值结构独特性的主要依据，因而也表达出强烈的个体行为特征与个体人格特征。微观价值也是个体意识活动的独立性与个体精神世界独立性的基本依据。

中观价值表达了个体在特定社会环境中的行为方式特征，也是表达了社会基本秩序结构中的公共价值对个体价值结构的映射与塑造结果的特征。中观价值主要来自社会一般文化，特别是来自表达社会主流制度体系的伦理文化。中观价值也是社会文化教育的主要结果，现代社会中的知识传播活动就主要是在塑造个体的中观价值。

个体的中观价值结构的观念载体也表达了他对社会环境一般秩序的顺应与理解，中观价值结构也具有对一般社会活动的行为方式的统和功能，也表达了个体社会行为方式中具有的社会秩序特征。中观价值结构具有决定个体社会一般行为方式与社会基本秩序的协调性的重要功能。实现这种功能的程度则来自中观价值结构与社会主流公共观念的协调程度。个体中观价值中的公共价值的形态大致就可以表达个体社会行为方式与社会基本秩序的协调状态。

如果个体的中观价值结构中具备比较完整的伦理，也具有较强的价值空间统合功能，个体在社会环境中的行为方式就会基本上处于社会主流秩序之中，个体的生活方式就与社会环境秩序比较和谐。

反之，如果个体中观价值结构中的伦理结构不完善，其结构统合功能也不明确，个体对主流社会秩序的行为服从也就不明确，其社会行为方式就会常常会背离社会主流秩序，甚至与主流秩序相冲突。当个体中观价值结构的统合功能不足时，其社会行为也就常常处于独特的微观经验主导中，或者处于非主流文化的主导中。

宏观价值结构表达了个体的终极价值或者准终极价值，也表达了个体被信仰文化的塑造结果与观念空间中的终极伦理形态，其终极观念载体还表达了个体对社会宏观秩序的超验理解。个体宏观价值结构主要来自社会宏观文化的塑造与引导，常常是宗教文化或准宗教文化对个体高层次观念结构的塑造结果，也来自个体的信仰追求对终极观念的自我构建。

宏观价值结构主要来自社会宏观文化对个体精神环境的塑造，其中表达了浓厚的超验公共价值的内涵。某些具有强大意识活动能力的特殊个体，其宏观价值结构也会主要来自自己独特的意识活动构建，但在他们所构建的宏观价值结构中仍然会以包含大量宏观文化要素的内涵，也仍然会以社会主流公共价值的基本伦理基础。宏观价值结构具有强烈的文化环境特征。

在个体构成他们宏观价值结构的认识过程中，他们独特的意识活动方式也会提供特殊的贡献，并因此而形成个体终极价值的特征，这种特征甚至可能具有超越社会宏观文化结构的深刻性。这种特殊超越就来自个体意识活动对宏观文化结构的特殊感性化还原。

具有独特性的终极价值结构的个体，也就常常会形成不易被他人理解的特立独行的社会行为方式和特殊的人生追求。其中对表达一般社会秩序的公共价值的追求中的自我实现欲望，就会形成强烈的社会历史责任感，这种责任感也就常常会塑造出新兴主流文化的创建者与新文化的构建者，也会塑造出政治领袖与政治伟人。

103. 文化环境对个体价值结构的影响

自从进入文明以后，人类就在社会秩序的制约与引导中选择自己的生存行为方式了。人类社会环境的构成依据来自人类群体的公共价值，社会公共价值由社会文化表达与传承。人类社会化的生活方式来自社会文化环境对社会成员观念结构与价值结构的塑造，来自文化环境对社会成员意识活动方式的引导与规制。

人类社会文化的环境功能，就是将自由生存的人类个体的精神环境，塑造成为具有社会公共观念与公共价值的精神环境，就是用基本公共观念结构或伦理价值来自引导与制约社会成员的生存活动方式。

社会文化对社会成员观念结构的塑造，将他们从动物式的 DNA 的后代转变为文化的后代，并通过对他们价值结构的塑造，限制他们的行为自由度与统合规范他们的行为方式，从而构建与维护社会环境秩序。这种限制与统合的成果就是人类生存方式的社会化与文明化。

生存于社会文化环境中的人类个体对文化内涵的自觉与不自觉的接受，就是个体观念结构与价值结构中的基本公共价值来源与基本社会秩序依据。在人类所接受的全部感官信息中，包含了人类对全部生存环境行为的感受，其中最重要的感受就是文化感受。个体感官信息构成了个体生存环境秩序对精神环境的直接投射，文化感官信息则构成了人类社会秩序对精神环境的公共观念投射。

所谓文化，就是人类群体公共观念与公共价值的社会环境表达，就是人类形成特有的社会化生存方式与社会环境的精神依据，就是人类不同文明的精神内涵。文化依据多层次嵌套的社会群体结构而形成多层次的形态。对任何文化的内涵与结构的探讨总是相对于具体社会群体的，离开了人类群体环境或特定社会环境结构的文化表达没有意义。在人类构成统一的生存共同体之前，没有统一的人类文化形态，也没有统一的社会秩序形态。

任何文化形态都是相对于特定群体的。任何文化结构的功能依据都是特定群体公共观念与公共价值的结构。人类社会环境的存在与演化形成了不同文明的形态与不同文化的形态。不同规模的文化结构相应表达了不同规模的人类群体社会结构的精神依据。人类社会中的不同文明，就是依据不同的大文化结构而构成的大群体。对不同文明的演化与延续的公共化理解构成了不同文明的历史，不同大文化的演化与延续则是人类历史的精神依据。

公共观念或公共价值的结构与个体观念结构或个体价值结构同构。在完整的文化结构中，在稳定延续的大文化结构中，都具有与成熟的个体观念空间结构相类似的结构形态。它们都具有宏观地表达了超验信仰的终极公共观念结构，也都具有中观地表达了对社会秩序的构建与维护方法功能的文化结构，还必然具有微观地表达了社会成员的具体生活方式与微观社会关系的结构。

在完整的文化结构中蕴含的公共价值，也都具有逐渐汇聚成终极价值结构的价值树形态。其中终极公共价值的社会化表达就构成了宏观文化的结构。宏观文化结构中主要包括了信仰文化与终极伦理，也蕴含了主流宗教文化的主体结构。例如，几大一神宗教文化与现代自然科学文化就是两种比较完整的大文化体系，它们都具有自己特殊的宏观结构。这就是宗教体系中神秘的感性化超验信仰结构与科学体系中的决定公理预设与决定方法范式的超验观念结构。但宗教文化活动追求表达与强化神秘的超验公共价值，而自然科学活动则追求表达经验实证价值。宗教文化以通俗的感性化方式向大众传播与普及自己的超验公共观念，例如通俗的故事与拟人的神明。科学文化则将自己的超验公共观念隐藏在少数科学家的精神环境中，而仅仅将它们的经验价值功能向普罗大众普及传播。因此，宗教似乎以神秘的超验公共价值为主体，科学则似乎以现实的公共经验价值为主体。

不同文明中的宏观文化结构，具有对社会成员的终极价值结构的塑造与引导功能。特别是对于身处复杂多元的现代社会文化环境中的一般民众，由于他们缺乏对这些复杂文化要素的深入理解能力而无法实现对它们的完美整合，也就难以构建出自己统一完整的终极观念结构。对这种困难的克服就是依据宏观文化中的终极公共价值结构对他们意识活动的塑造与引导。宏观文化可以为他们提供一个构建终极观念结构的模板案例与规范框架，这就可以明确地缓解一般社会成员渴望完美终极观念的困境，同时也实现了对他们终极观念结构的公共化塑造。这种塑造的结果就是在不同个体独特的观念空间中，构成了高度公共化形态的终极价值结构。对这种塑造成果的追求一直是人类社会文化活动的基本目标。远古的群体祭祀，中古的传播多神故事，近古的皈依去偶像的一神，直到现代社会中的传播科学与哲学，都在追求这样的文化目标，只不过随着文化的演化进程，终极公共价值的内涵与形态不同了而已。

在完整的文化体系中，表达了对社会秩序的构建与维护依据的公共观念体系常常具有明确的宏观主体结构，也就是具有在自己独特的信仰文化与终极伦理结构。其中也必然明确构成了相应的中观文化结构，在现代文化体系中这主要包括了科技文化、政治文化、经济文化与法律文化。它们表达了社会秩序的构建方法与维护技术。中观文化结构社会功能的展开也就分别构成了不同领域中基本社会秩序形态的依据与基本公共活动方式的行为规范，它们的具体化也就构成了不同行业体系与专业体系的中的公共价值。

在现代社会中，中观文化结构的传播与普及主要通过系统化的社会教育活动实现，并依此而塑造了社会成员对社会基本秩序及其维护方法的高度共识，也引导了它们在经济活动与政治活动中的公共化行为方式。现代教育活动的巨大成功和现代媒体的巨大影响力，就是现代中观文化结构能够深入普及的基本原因。这种普及的直接结果，就是为高度组织化的现代社会活动方式准备了精神环境条件。任何由传统社会进入现代文明的社会秩序突变或社会革命都常常是这种文化传播的必然结果。

在中华文明中，中观文化结构始终是文化结构的主体，儒家文化体系主要表达了维护与构建社会基本秩序的精神依据与方法依据，儒家伦理的核心目标就是追求合理的社会秩序。儒家文化的宏观结构深刻地受到中观结构的引导与规制。中华文化中的宏观文化没有明确超越社会秩序维护功能的独立公共价值追求，也没有被理解精神环境秩序的超验公共价值所主导，其主要功能就是为安置中观政治伦理服务的。儒家文化的微观价值也仍然是中观文化的延伸，也仍然充满了维护社会一般秩序的微观世俗公共价值。其中表达个体精神世界微观秩序内涵的公共价值也比较薄弱。

以中观结构为主体的中华文化的普及与传播，则主要依据了中国特有的科举制度，以及由其主导的社会化的教育活动方式。这些特征有别于其他任何文明的文化形态，其他文明的主流文化则主要依据宗教活动实现其普及与传播。

文化环境对个体观念结构的塑造，虽然形成了个体观念形态的公共化结构框架，但并不会消除个体意识活动的独特性。这种独特性就是个体追求生存行为自由发展的结果。

社会文化来自社会成员的观念共识。充满了自由价值追求的独特的个体观念与个体价值，也就不断为社会文化提供了散乱冲突的多元活力。这种活力的成果就是微观文化结构的丰富多彩。

散乱多元的微观公共价值构成了社会微观文化形态，它们对社会成员的价值结构的塑造成果，就是形成了不同层次丰富多彩的社会生活方式。对这些生活方式的文化表达就是社会习俗。所谓习俗，就是依据社会微观文化的公共价值形成的公共化的生活方式，也是社会群体公共化的生存行为方式的精神化与文化表达。习俗就是微观公共价值的社会行为载体。习俗保存与传播了微观公共价值，微观公共价值滋养与塑造了习俗。

个体的微观价值结构虽然呈现了价值树的末梢枝叶的形态，但仍然也是具有一定流动性的自由状态。习俗中表达的社会秩序是最不稳定的形态，也是在社会秩序的演化中最具自由能量特征的形态。只有得到了中观文化甚至宏观文化的明确安置与引导的习俗才会具有比较稳定的存在形态。对稳定延续的社会习俗的改造，虽然是对社会生活方式的末梢的扰动，但有时也会牵动更高层次的公共价值基础的瓦解。为了维护既有社会秩序体系的稳定性，某些习俗的改变仍然会受到明确的抵抗。这就是习俗的历史稳定性依据。

个体的微观价值结构由于受到社会生存经验的多元化塑造而常常处于散乱的状态中。表达了人类基本生存方式的微观公共价值的微观文化形态也同样因此而具有高度散乱自由的特征。正因如此，任何追求人类个体微观价值至上的公共观念体系，都必然会将这种自由与散乱的精神环境状态当作人类文明构成的基本条件，都会高举自由的文化旗帜。具有这种特征的文化体系在现代社会中的具体形态就是人本主义思潮。

由社会文化中的公共价值所支撑的社会活动方式与社会资源利用方式，对社会成员观念空间中的价值结构的塑造功能最为直接也最为强烈。它们是最直接地影响社会成员的社会行为方式的经验文化要素。人类社会进入工业贸易文明之后形成了发达的社会化的教育活动方式，这就使得在各层次中的经验文化的公共价值成为个体塑造与整合自己价值结构的最重要的文化依据。这种文化环境对个体价值结构的塑造成果，就是驱使社会成员在行为中直接模仿特定的社会行为方式与社会生活方式。这就是现代社会文化对个体独立意识活动方式与独立价值判断活动逐渐弱化的原因。现代社会成员的生活方式看似更为自由，实际上则是更为规范与统一。他们的自由是在高度统一的社会生活方式中的微观小自由，但对这种自由的感受则被特定的社会文化放大了。

现代文化环境中感性化的行为方式与生活方式的充斥，使得跟随与附和社会环境秩序的行为更为直接与更为简单化了。传统的附庸风雅与赶时髦，变成了模仿名人明星的群体狂欢，就是在为了表达个体独特性的服饰追求中，实际上也是暗中依附流行的趋势。所有这些，也是现代主流文化提高塑造社会成员合理行为方式的高效方法的成果。现代社会的高度组织化必然带来社会生活方式的高度统一化。

在现代文化环境中，社会成员对公共价值简单化的直接行为模仿，就是现代社会活动中时尚行为与赶时髦趋势深入人心的原因。他们对公共价值中表达的行为方式的直接模仿，常常是对价值结构解构以后的行为简单化结果，也是他们意识活动盲目化的结果。现代人具有了更多的知识但也因此而具有了更多的盲目。知识常常变成了他们盲目人生的显性表象。在统一的知识文化与知识化生活中现代人基本上没有了自己。马克思强烈诟病的工业化社会对人类个体的异化，曾经是大机器生产方式的社会弊端，在后工业化社会中人类的异化并未消失，大机器的异化功能却被大知识继承了。曾经的操作工人可能是机器的奴隶，今天的知识化教育则在培养知识观念的奴隶。机器的奴隶不得不服从机器，知识的奴隶只会服从知识，而他们对知识中表达的公共观念内涵则常常不能理解也不会关心。

这种文化形态的最好例子就是今天中国的流行影视，其中的人物已经没有了人的特征，而是一个个具有高知识与高技术的机器人。知识的奴隶们观赏与赞赏他们的知识能力但却不会理解他们的人性。传统的戏剧在追求表达人，现代的影视则仅仅关心表达知识。

104. 价值结构与思维定式

人类个体的价值结构由观念空间中的观念结构所承载，也主要由认识活动所构建。人类的认识活动在构建观念结构的同时也就构建了价值结构。

价值结构是意识活动构建行为动机的依精神据。价值活动依据观念结构中的环境需求内涵进行价值比较与价值选择，实现价值判断与构建出全部生存行为的动机。行为动机除了表达人类生存行为的价值目标与行为方式以外，也是对价值结构的再次整合与组织化。这种仅仅依据价值结构的秩序内涵实现的组织化整合，也是对观念结构的重构，也必然通过直接或间接影响与引导认识活动来实现。这就是价值活动对认识活动的引导与激发。认识活动构成的观念结构为价值活动提供了环境空间。价值活动形成的动机结构又为认识活动重构观念结构提供了外在行为依据。

价值活动对价值结构的改造与重塑就是在既有的价值结构中添加了新的价值关系，这种价值关系就是在动机结构中表达的价值判断的成果。价值活动对价值结构的重塑也就必然为后来的价值活动提供了新的环境条件，曾经的动机结构必然被后来的价值活动所继承，这就形成了价值活动对自己活动环境的塑造整合。

人类在稳定的内在与外在生存环境中会形成稳定的动机结构形态，这种稳定的动机结构就是在稳定的生存环境中被重复行为的强化结果，这种结果也就必然会在观念空间中形成稳定的经验观念形态，这种经验成果在观念空间中的积累与超验化塑造又形成了稳定的价值活动环境。这就形成了从价值结构到行为方式的耦合循环，这个耦合循环就是蕴含了丰富的认识活动过程的实践循环。

人类稳定的实践活动在不断塑造具有稳定结构的观念形态与价值功能的同时，也会形成具有稳定形态的行为方式。这种稳定形态的行为方式就是人类的行为习惯和由习惯在群体中的公共化认知，并由此而构成的特定社会活动形态的习俗。在这种稳定形态的行为方式中所依据的稳定形态的价值活动方式，就是人类的思维定式。思维定式可以简化复杂价值活动的过程，避开复杂深入的价值选择与价值判断过程，直接从既有的动机结构与行为经验的关系中得到大致既定的行为方式。思维定式是行为习惯的内在意识活动依据，行为习惯是思维定式的外在行为状态。思维定式与行为习惯是人类提高价值活动效率的必然结果。

价值结构是一般价值活动的环境依据，从微观价值元素到经验价值要素则是价值活动的基本环境依据，它们也都是思维定式的内在依据。思维定式是价值活动的重要形态。作为一种决定了特定意识活动方式的环境形态，普遍存在的思维定式的结构一般又是不可感知的，这是由价值结构的感性化本质所决定的。由思维定式形成的行为习惯也是普遍的与不可分析的。人类的生存行为由普遍的微观行为习惯构成，就像人类的价值活动由普遍的微观价值结构决定一样，这就应该称为广义思维定式与广义行为习惯。

只有当思维定式与行为习惯干扰了人类正常的价值活动方式与行为方式时，只有人类不得不审视自己的思维定式与行为习惯的合理性时，它们才能被感知与被讨论。这就是狭义的思维定式与行为习惯。

在流行的文化中，将人类对行为目标与行为方式选择的无意识方式统称为思维定式。所谓无意识，就是没有感知与不被审视与关注的意识活动，包括了个体无意识与群体无意识。思维定式就是个体与群体的简化直觉的价值活动方式，由此而形成的行为习惯，就是个体与群体的简化直觉的行为定式。因为思维定式与行为习惯深刻地表达了个体与群体的价值结构或公共价值结构，它们也就常常成为个体与群体特有的行为方式标记，也就成为辨识行为主体的重要依据。就像特殊的走路姿态与肢体举动可以作为个体身份鉴别的依据，特殊的说话方式与对他人的某些行为方式的特殊反应，也就是思维定式提供的个体鉴别依据。例如某些群体化的特殊生活方式，某些由特殊思维定式构成的特殊的社会秩序，常常就是区分与标识人类社会群体特征的依据，甚至也是确认某些微观文化的依据。

人类利用语言工具表达观念与标识观念，也就使得语言工具成为最基本的思维定式形态。每一种语言都表达了一种微观思维定式，每一种语言的使用都会形成特定的社会行为习惯。语言作为微观意识活动的思维定式甚至迷惑了某些现代哲学家，他们认为语言本身就是意识活动的方式，甚至认为人类精神世界的构成元素就是语言。实际上语言方式与语言工具仅仅是人类最容易感知的广义微观思维定式形态而已，仅仅是人类总容易感知的微观价值结构的表象而已。

广义思维定式依据人类价值结构中蕴含的稳定价值联系形成。其功能就是可以被价值活动直接引用而提高效率。提高意识活动的效率是思维定式的基本功能与正面意义。思维定式对价值活动选择核心价值的影响，就是在特定环境中形成无意识的直觉核心价值目标，而并不需要进行必要的价值判断。思维定式对价值活动构建条件价值的影响，则是在确定的价值目标面前依据直觉确认固定的条件价值与行为方式。思维定式同样也会影响附加价值的选择与组合，在思维定式的影响下，相似的核心价值甚至也会形成相似的附加价值。

人类依据思维定式可以减少不必要的价值比较过程而提高价值活动的效率。这在复杂繁难的价值判断中具有重要意义，也是人类可以依据有限的思维能力实现几乎无限复杂的价值判断的基本方法。所谓"快刀斩乱麻"，就是用明确的思维定式简化复杂的价值判断。思维定式也是人类实践循环得以不断深化的意识活动基础。实践活动对合理价值结构的认可与合理行为方式的固定，使得人类得以积累合理的复杂生存方式。

人类生存环境中任何有效的秩序都具有约束合理自由行为空间的局限性。人类广泛使用思维定式的方法也会带来动机形态的过分固化。在特定生存环境中的价值活动虽然可以经常利用固定的价值结构实现价值判断的直觉，但也常常会遮蔽了对价值结构的进一步优化机会，这也就失去了对处于变化中的环境条件的积极适应能力，并因此而形成了价值判断的迟钝僵化与不合理方式积累。这就是思维定式方法的明确弊端。人类只有通过积极主动的意识活动不断优化自己的价值结构与行为方式，才能不断适应变化中的生存环境，才能不断改进与完善自己的价值结构与行为方式，这就常常需要打破思维定式。

思维定式的打破来自积极深入的价值比较与价值选择，来自对既有价值结构的突破性判断形成对价值关系重构，也来自新的认识审美成果的激励。

激发打破思维定式活动的条件有两个，一个是在依据既有价值判断直接构成的动机效果中，出现了失败的经验感受，使得意识活动不得不重新审视既有价值判断的合理性。另一个则是在价值活动提供的审美环境中出现了审美疲劳,需要在新的价值结构中构成新的审美环境。前者需要对无意识的直觉价值判断实现解构与突破,以形成价值活动过程的新形态与新活力。这种解构与突破则需要对价值结构的理性化理解。人类的理性能力由此而成为打破既有愚昧与创造新兴合理价值判断的依据。后者则需要在价值活动中广泛激励新的审美需求,这种激励需要感性化的新鲜审美价值的发现。

思维定式的打破,还需要具备在特定观念空间中蕴含必要的观念结构演化的活力基础,这由其中蕴含的元初观念的丰富程度决定。只有具备了足够丰富的元初观念要素或者多元化的微观价值要素,才能为在既有价值结构的狭窄空间中为构建出新的价值结构提供足够的意识能量与审美活力。

人类的思维定式并不仅仅存在与价值活动中,只是在价值活动中具有明确的表观功能而已。在认识活动中也常常会形成思维定式,这就是认识活动中所出现的具有固定观念构建方式的审美取向。所谓审美取向,就是认识活动中的思维定式。

审美取向由对经常实现的审美构建方式的固化而形成。审美取向的积极意义,就是在特定的审美环境中面对基本上相同的审美对象可以形成对认识审视集合的直接简化确认,这种简化的结果就是依据审美直觉直接构成审美对象,而不再进行审美对象的组合与选择。这种审美取向可以在大致相同的审美环境中提高构成认识审视集合的效率,但也会形成固化认识对象与认识方式的弊端,这就是常常会封闭认识活动对观念空间秩序的广泛兴趣,从而约束了发现新秩序的可能性空间,使得认识活动的过程逐渐变成对固定形态对象的结构构建活动。虽然这个构建的过程仍然是创造新观念结构的审美顿悟过程,但在这种创造方式中对观念空间环境所具有秩序发现的广泛可能性,以及对不断发现新的审美对象的活力,则形成了局限与制约。

但是，这种认识活动中的审美取向固化，在无须拓展审美领域的认识活动中则常常需要保持。而在需要打破既有的认识方式甚至认识范式，需要构建具有突破性的新观念结构的认识活动中，就必须打破思维定性形成固定审美取向的束缚。

审美取向的打破需要重新激发出新的审美欲望实现方式。只有在返回审美欲望的原始状态中，只有重新组织审美欲望在观念空间中的展开方式，只有重新形成对熟悉环境中的审美价值的重新发掘与重新认定，才能有效打破审美取向构成的思维定式。审美取向的打破过程也就是构建新的审美价值的过程，这个过程的积极结果就是形成认识构建成果的新形态。

105. 理性化方法对价值活动的促进与遮蔽

精神环境中的价值活动构建人类的行为动机。动机的构建过程就是核心价值的选择与条件价值与附加价值的加入与组合。价值活动的核心内容就是在特定观念空间中实现对价值的选择，价值选择的条件是在选择空间中实现价值比较，价值比较的依据则是价值结构中蕴含的价值关系。

人类在精神环境中逐渐形成的理性化的意识活动方式，就是超越了意识能量对观念结构的直觉感知而理解了观念结构在观念空间中的分布状态。这种对直觉超越的范围与深入的程度，就是意识活动的理性化程度。理性化形成了不必直接依赖意识能量对关涉的观念结构的感受，并由此而得到了在更为广阔的空间中的观念结构感知，也得到了不受意识能量的分布与流动状态影响的观念结构感知，这就避免了情感状态对观念结构的感知的局限与扭曲。

人类对观念结构的感知只能来自意识能量在观念空间中的分布。感性化的感知来自意识能量在观念空间中的本体分布与自由流动。理性的感知则来自意识能量在观念空间中特殊的逻辑结构中或逻辑脉络中的分布。这种分布实现了意识能量在观念空间中的充分展开，这种展开依据了意识活动曾经形成的对观念结构的理解。严谨的逻辑工具就是人类认识活动构建出来的特殊超验观念体系。这个观念体系高度抽象地表达了观念结构的脉络。这种表达来自认识活动对观念结构的高层次自组织抽象的特殊内在表达成果。

理性化感知的超越空间远远大于感性化的直接关涉观念空间。这种超越的感知是通过将意识能量有依据特定逻辑工具由目标地引入并重新分布在表达了观念结构的更为简单的逻辑脉络中实现的。对观念结构的直接感知来自意识能量的普遍蔓延充盈，对观念结构的逻辑感知则来自意识能量在特定逻辑脉络中的简单分布。逻辑化分布的意识能量必然具有更为开阔的关涉空间。意识能量感知观念结构的最简单高效的逻辑化分布就是数学分布，数学是最为抽象超验的逻辑。

人类依据对理性化感知的观念结构形成了理性化的意识活动方式，其中包括理性化的认识活动与理性化的价值活动。理性化的价值活动可以超越意识对价值结构的感性直觉，在更广泛的价值空间中实现价值选择与价值判断。利用可理解的价值结构有利于价值活动扩大与拓展价值比较与价值选择的空间范围，有利于形成可理解的价值选择方式与价值判断。在特殊情况下，甚至可以穿透不同层次的价值结构实现整个观念空间中的价值判断。这就可以大大提高价值活动的功能效率。

价值活动中可理解的价值判断就是所谓的理性选择与逻辑判断。与此相对应的主要依赖直觉感受的价值判断，就是感性选择或直觉判断。观念结构的主体形态是感性的，价值活动中价值判断的本体形态也是感性的。感性化的价值判断可以深入观念空间的各个领域中，但却缺乏明确的意识感知与结构确定性。理性化的价值判断则可以超越感性选择的局限，在更为广泛的观念空间中实现有目标可理解的价值判断，从而更有效地形成动机构建中的价值目标选择与价值结构组合，而感性化的价值判断过程对于意识活动则是盲目的与不可控制的。

人类依据理性化价值活动所构成的动机结构也是可以理性化理解的，也就是可以实现结构化分析的。可理解的动机结构有助于在行为的过程中体验其结构功能的合理性与分析其实现的行为过程，也有助于形成行为经验的理性化构建。理性化的经验观念也具有可分析的结构内涵，这就是经验观念的行为过程与行为方式的可分析结构。在这种可分析的经验结构中，人类意识可以感知到行为后果的合理性与局限性，也可以感知到行为过程和行为方式的内在关系。可分析的经验结构可以为事后的行为分析活动提供意识活动的理性化条件，并可以通过这种分析检讨行为动机的形成过程与行为的实现过程的合理性与局限性。

理性化的经验观念又提供了观念结构在认识构建中进一步理性化的要素条件，具有理性化结构的经验观念也就更容易融入既有的理性化观念结构中实现其结构安置，也有助于形成对其进一步的理性化外在表达。人类的理性能力就是在不断构成具有理性内涵的经验观念与对这种经验观念的进一步理性化构建中逐渐实现观念空间的理性化塑造的。这个塑造过程由蕴含在实践循环中的理性能力与理性方法构成。人类在价值活动中的理性化过程也是这种塑造构成的重要内涵。

人类构建自然科学公共观念体系的活动就是典型的构建理性化经验观念体系的例子。虽然这种观念体系仍然要以充沛的理性化超验观念结构作为自己形成的大环境，但其文化表达形态与外在社会功能则主要是理性化的经验性的。在自然科学观念体系的构建活动中，高度公共化的可分析的理性经验观念是其基本依据，它们就是科学事实依据。科学事实的获取方法依赖于客观的观察与人为构建的可重复实验。这就是在高度理性化与公共化的行为动机的行为驱动中，构成高度公共化与理性化的经验观念的方法。科学实验方法的规范性，就是为了保证其获取的经验观念具有高度公共性特征与具有特定逻辑化特征。其规范中依据的特定逻辑方法也就是科学思维所必须依赖的理性工具。逻辑工具与公共化经验构成了科学规范的主要内涵。一方面，任何科学观念的表达都必须遵照科学共同体认可的逻辑方法，以便获得明确的高度共识。另一方面，任何科学事实依据，都必须具有科学活动领域中的高度公共性，也就是可以重复观测与重复实现。违反了这两个条件就不能形成科学观念。这就是自然科学学术规范的哲学依据。

　　精神环境中的价值结构蕴含在观念结构中，人类对观念结构感知与理解的相对性，决定了对价值结构感知与理解的相对性。人类对价值结构的基本感知方式仍然是感性化的。任何理性化方法与逻辑工具的功能，都是在不可理解的感性直觉方法之上的相对功能。

　　人类的价值判断活动的不可理解与不可分析的特征是绝对的与不可避免的，感悟与直觉方式是价值活动所必须依赖的。任何理性化的价值判断方法都是对感悟与直觉的补充。人类就因此而永远不会无限透彻地感受到自己无时无刻不在进行的价值比较与价值选择的过程，永远都不会清晰透彻地感受到自己时时刻刻都在构建的行为动机的结构。

　　价值活动的感性本质，决定了人类对自己大多数的行为动机没有太多的理性化感受或逻辑理解。只有极少数的行为动机是可理解其价值判断过程与构建过程的。这主要集中在人类群体公共行为动机的理性化构建中。正因为群体行为动机需要实现外在环境中的文化表达，才激发出了人类的理性能力与对意识活动过程的理性化表达方法。这种能够实现相对理性化表达的群体化行为动机，就是利用逻辑方法实现其价值判断的。所谓逻辑演绎活动，就是在保持价值功能不变条件下的价值要素变换活动。逻辑演绎的失范或逻辑悖论的出现就是演绎过程中出现了价值要素的改变。

　　逻辑演绎的方法既是构建可理解的行为动机的方法，也是分析可公共化表达的行为动机结构的方法。但任何逻辑方法对意识活动的改善都是局限的与相对的。

　　正因为在人类意识活动的领域中理性化价值活动方式的稀少与困难，也就决定了理性化的价值活动必然是简单化的与局部化的。在特定领域中为了保证价值活动的高度理性化，为了保证群体行为动机的公共化透明，也就必须建立严格的行为规范，例如特定社会管理活动的程序化与特殊文化活动的学术化。

理性化价值活动的重要社会功能，就是在社会环境中形成群体公共化价值活动的方法共识与过程共识。这种共识就是通过用逻辑方法相对清晰地表达出价值活动的过程内涵来实现的。这种共识使得价值活动过程可以被公共化理解，也使得价值活动动机结果可以被公共化理解。

人类的社会行为就是群体化的生存活动。理解社会行为方式的途径，就是理解社会群体中公共化的价值活动过程，就是由此而理解群体公共行为的行为动机结构，并最终理解群体的社会行为方式。对这种理解的文化表达成果就是社会群体的公共价值。可理解的公共价值由可理解的公共观念来承载，可理解的公共观念可以在文化中表达为基本公共观念，这就是社会伦理。

在人类的社会群体中，通过观念交流与理性化方法所构建的公共价值的共识程度无论如何复杂与深刻，其中也仅仅是表达了可以理性化的价值结构或者被简化后的价值结构，也仅仅是相对可理解的价值活动的过程。被理性化地表达出来的价值结构与价值活动的真实内涵，相对于能够表达出来的文化形态，则要复杂得多也要深刻得多，其中必然蕴含了理性化方法所不可表达的感性本质的深刻内容。

人类通过理性化的观念交流方法所获得的公共价值与价值活动的共识，虽然常常具有精确与准确的文化形态，但也必定是简单的与肤浅的。它的显耀功能就在于明确地表达与传播了这个被简化表达的价值结构与活动方式。

人类社会成员中每一个对理性化公共价值的接受者，都必然要依据自己的感性能力将它们还原到自己的感性观念结构中去，才能实现对所接受的公共价值的真实感受，并在自己的观念空间中实现有效安置。这个感性还原过程的方式与结果则必定是个体所独有的。这就决定了在任何公共价值的传播结果中，在保持了它的公共化理性结构的同时，又必然会被个体意识的还原过程所个人化。因此，在社会文化活动中通过理性化方法所形成的价值共识与价值活动共识常常是表面的与肤浅的，在每一个社会成员的观念空间中所最终形成的对公共价值的感悟或理解则是各不相同的和各自独特的。

人类精神环境中的公共价值所具有的表面化与肤浅化的局限性，常常就是来自理性化方法本身，它们也就不可能被理性化方法所消除与避免，但可以被适当地减弱。减弱的途径就是利用更加复杂的逻辑工具来更精确地表达。人类由此也就不断寻求与发展更为适合表达与理解人类精神环境的更为有效的逻辑工具体系。这既是既有逻辑工具发展的动力，也是创建新的哲学形态与新的社会学结构的努力方向。

至今为止的全部哲学体系与理性方法向人类文化提供的精密有效的逻辑工具，都主要集中在表达与传播人类理解自然环境秩序的理性化观念体系的方法中，今天如日中天的现代数学逻辑工具，也只能在表达与理解简单的无生命环境秩序中才具有比较透彻的功能。人类今天的哲学所能够提供的表达与理解生命环境存在秩序与社会环境存在秩序的逻辑方法，还仍然是比较粗糙肤浅的，尽管这些方法已经在哲学史中具备了一定的合理地位。

在中国的传统哲学中，虽然已经有了一些比较周全均衡的逻辑方法与理性化思想的传统，但它们的严谨性与精确性仍然非常局限。在欧洲哲学中形成的精确化的思维传统，虽然在理解简单局部的环境秩序中具有明晰透彻的功能，但还远不能有效理解与表达人类的宏观环境秩序。这就大致形成了西方文化与中国文化的理性化能力的两个局限与偏颇。一个精密而局部，一个周全而粗糙。在今天中国全面实现向工业贸易文明转型的伟大社会变革中，融合甚至统合各自具有局限性的中国文化与西方文化，创造既有中国传统文化的均衡周全又有西方现代文化的精密细致的新的现代文化形态，则已经具备了条件。

如果在公共价值的表达与传播的文化活动中，过度强调理性化的价值共识与理性化的公共意识活动的重要性，例如在现代教育活动中过度强调了知识传播的重要性，虽然会获得表达与传播活动的高效与形式化的准确，但却会因为对其中必然蕴含的基础性的感性化方法的抑制，从而窒息和抑制了社会成员接受公共价值的理性化传播形态以后的感性还原与感性体悟的能力，这种抑制必然会形成对公共观念接受表面化的障碍。这种障碍的结果也会将实际上承载了非常复杂的价值内涵的理性化的观念形式，变成了简单枯燥的逻辑教条或思想教条。

现代社会中的成员看似在文化活动中迅速接受了这些理性化的知识观念，但这些知识对他们来说还只能是无法透彻进入意识活动环境的逻辑化的教条而已。现代文化活动中普遍存在的对重要公共观念的教条化理解与教条化运用，实际上就是在现代文化活动的习惯中排除了人类意识活动中基本的感性感悟方法的结果，也就是对价值活动进行单纯理性化塑造的结果。

当价值判断依据理性化方法提供的教条来实现时，这种判断就必然是简单肤浅的了。人类的理性能力为人类表达公共化的观念结构与价值结构提供了有效的方法，但这种方法的普及又为人类的意识活动中引入了简单与肤浅的教条化。工具的使用必然形成工具的局限，每一种迅速推广的有效方法都会有副作用，有时副作用的恶果还会遮蔽方法的有效性。

教条化的公共价值看似统合与塑造了群体成员的价值选择，看似得到了群体成员的价值接受与价值服从，但实际上这种接受与服从会仅仅局限在简单化与肤浅化的价值结构的逻辑表达形式中。这种价值结构的逻辑表达形式只能悬浮在接受者的观念空间中，虽然可能在外在表达中非常好看，但却不会真正进入与渗入接受者的价值活动之内。这种悬浮状态的公共价值只能提供表达形态统一的功能，而难以达成真实地塑造社会成员的价值活动方式与公共行为方式的目的。

例如，在欧洲中世纪社会的宗教文化中，在新中国成立初期急速构建出来的新型公共意识活动状态中，在中国执政党初期依据外来思想迅速构成的公共价值体系中，都具有典型的公共价值教条化形态。"教条"的概念，就是来自对欧洲宗教文化活动中这种弊端的表达。

在欧洲近代文化的重构与文化现代化转型运动中，哲学的存在主义转向与文化的启蒙运动，就是对这种过度理性化的价值活动形成的教条化倾向的反动与解构，就是试图对教条化的公共价值向个体化的独特价值还原的文化努力。这就是启蒙的涵义。在现代中国"文革"后的文化重塑运动中，对经典公共价值体系的重新解读甚至重新安置，也是对曾经教条化状态的公共价值的感性化还原与理性化除魅，但在这种改造中的盲目性又常常形成对具有真理性的经典教条中的核心价值的损毁与贬斥。这也在是今天的中国文化活动中经常见到的对不同层次的公共价值的对立理解与激烈争论现象的文化演化缘由。

这种现象在人类的文化演化史中是普遍的。人类表达公共观念的理性化能力的突变引发了文化形态的突变。在每一次大规模的理性化文化重塑之后，又通过对理性化方法的普及形成的教条化弊端的纠正，从而实现纠偏式的理性化除魅与感性化还原，这就构成了人类文化演化的基本周期。这种周期就是在文化结构的理性化形态与感性化形态的均衡中，它们所分别占据的文化形态主导地位的交替改变结果。

哲学是属于全人类的

哲学必须依托某一文明

只有优秀的文明才能为人类提供哲学

我们生活在两个世界中

哲学新解

上卷

3

孙利平 著

九州出版社
JIUZHOUPRESS

第二十八章 人格的评价

106. 人格是个体价值结构的社会化表达

　　人类依据自己的精神世界实现外在环境中的生存。人类文明化的生存方式就是依据公共观念在社会环境中的社会行为方式。人类社会行为目标与行为方式的全部依据都在精神环境中的观念结构之中，都在观念结构中蕴含的价值结构之中。

　　人类群体公共观念的社会表达形态就是文化，人类个体观念结构的社会表达形态就是人格。人格是个体观念结构中蕴含的价值结构在社会活动中的表达与呈现，人格是个体社会行为的内在依据与社会特征。人格又是社会文化活动或社会公共意识活动对个体观念结构的评价依据与评价表达。人格也因此是对个体社会行为一般特征的评价方式，这种评价不是个体意识的而是社会公共意识的与文化环境的。

　　人类社会环境是由人类群体化的生存方式构成的存在形态。每一个人类个体在社会环境中实现自己生存需求的社会行为，都会形成对社会环境秩序的影响与改变。人类通过不同群体的公共观念体系构成的公共意识活动环境，实现自己对社会环境秩序的需求表达，也通过公共意识活动的方式来审视与评价人类个体的生存行为对社会环境秩序的影响功能。人格评价活动来自人类公共意识活动对社会秩序构建与维护的需求，人格的范畴与定义来自人格评价的需求与方法。

　　哲学是人类表达不同群体对人类精神环境与意识活动的理性化理解的

公共观念体系，人类理解社会环境秩序的全部理性依据都在哲学中。人格评价的需求来自对社会秩序的构建与维护，人格评价的方法也就必然来自对社会秩序的哲学化理解。人类的人格评价活动既是公共价值与个体行为方式的联系，也是不同层次的社会权力活动的微观工具。

哲学对观念结构的表达与理解的依据来自意识活动本身的感悟。人类的文化活动对人格评价的依据来自群体公共观念对个体社会行为方式的理解。社会行为方式是实现人格评价的表象。

人类观念空间中的价值结构所表达的行为需求空间，远远大于人类社会环境中的行为可能性空间。这种需求对行为的空间超越，就构成了人类精神环境中的虚幻价值与虚幻行为方式。人类文化中丰富多彩的神明与神话，人类光怪陆离的梦境，就是这种虚幻行为空间的表达。这种虚幻行为方式在社会环境中是虚假的，但在精神环境中却是真实的。

人类的生存环境具有多层次嵌套的空间结构。依据子空间环境中的有限秩序表达，来间接理解与评价母空间环境秩序的结构特征，是人类理性化意识活动的基本方法。这种方法的逻辑化表达就是归纳方法，这种方法的感性直觉就被称为"举一反三"。人格评价的方法也是一种广义的归纳方法，也与一切归纳方法一样具有方法的多维度与结果的不确定性特征。

人格评价并不具备什么经典方法或主流方法，其方法由评价的需求目标决定。人类对社会秩序的构建维护需求的空间维度，远远低于个体依据价值结构的生存行为方式的空间维度。这就决定了社会秩序的维度低于个体自由行为的维度。这种空间关系就是人类社会存在能够形成社会秩序对生存行为的限制与规范的基本依据，也是人类在自由生存行为中还必须追求合理社会秩序与最高的善的合理依据。

社会环境秩序对个体社会行为方式的约束具有丰富的维度，这也就提供了丰富的人格评价方式。但在不同文明的文化中表达的有限的公共观念体系中，人格评价的方法却仍然可以得到大致的共识与集中。今天的流行文化中的人格评价视角与方法就是这种集中的结果。任何人格评价方法得到的结论都是高度相对的，人格评价的全部结论都相对于人格评价的社会秩序目标。

在人类社会的漫长演化过程中，不同的文明体系形成了自己不同的历史沉淀与文化形态，也形成了不同的公共价值结构体系。公共价值通过文化活动塑造了个体的观念结构。不同的公共价值体系在个体观念空间中的存在形态，就构成了不同的伦理结构。伦理就是公共观念体系中的基本结构。

个体观念空间中的伦理结构，决定了个体价值结构与社会行为方式的主要形态。人格评价实际上就是间接评价个体精神环境中潜在的伦理结构。社会文化环境提供了社会成员对伦理的统一理解，也就形成了人格评价维度的相对集中。由此，在社会文化的哲学体系中对个体观念结构与价值结构的表达，也就提供了人格评价的基本依据。主流哲学观念主导了主流人格评价。

个体观念结构中蕴含的价值结构决定了个体在社会环境中的全部行为。这就形成了通过社会行为理解与评价个体价值结构的可能性。个体独特的价值结构也形成了个体社会行为的独特性与差异性。依据这种独特性与差异性所表达的个体精神世界的禀赋，以及个体价值结构的行为特征，就是所谓的人格。人格由观念空间中的价值结构决定。

在现代社会环境中生存的个体的观念结构与价值结构，主要由其社会文化环境决定。现代社会的文化环境对个体观念结构塑造的深入与普遍，也就形成了对个体人格的决定性影响。个体的人格就是社会文化环境对个体行为方式的塑造结果。复杂多元的文化环境在不同个体观念空间中的秩序映射，其中蕴含了不同个体的精神环境禀赋对公共观念的接纳方式与理解方式，也就由此而形成了丰富多彩与各具差异的人格特征。由此，人格评价的方法可以通过对文化环境的分析得到阐释。

与人格评价相近似的另一种个体行为方式的评价就是性格评价。所谓性格，就是对个体意识活动方式特征的社会行为评价。其中除了必然要体现的社会文化环境对意识活动方式的塑造结果外，还体现了生命秩序的生理功能差异所形成的意识活动的独特禀赋。性格也是对个体精神欲望或审美欲望的独特性形成的社会行为方式特征的评价。性格评价相对于人格评价，就更多地表达了个体精神环境中意识活动方式的先天生命特征。而人格评价则更多地表达了在社会文化环境的塑造中，个体后天意识活动的价值构建结果。

一般来说，人格可以通过个体文化环境的改变或价值结构的改变而形成相应的变化，尽管基本人格的根本性改变并不容易发生。一般人格的改变主要是因为文化环境决定的评价视角的改变与个体行为特征表象的改变。而主要依据个体生命秩序或生理禀赋的影响而形成的性格特征，则一般会终生不变。在社会生活中我们感受到的个体行为方式的重要改变主要来自人格的改变，而不是来自性格的改变。

社会文化环境就是人类精神环境秩序向社会环境秩序的投射结果，也是这两个层次的环境之间的信息传播形态。文化是精神环境秩序向社会环境秩序投射的中间形态，也是表达了精神环境秩序的社会环境秩序状态。

人类的不同文明形态，形成了他们依据社会环境的不同生存方式。人类个体为了在由社会文化所表达的社会秩序中获得环境安置与秩序认可，就会追求人格的完美，并通过完美的人格实现自己对社会秩序的融合与皈依，以实现自己在社会环境中的合理生存。这就是通过协调与改造自己的价值结构，将自己在社会环境中的生存行为方式与社会环境秩序协调起来，以便获得生存方式的有效与安定，以便获得意识活动的和谐与安宁。

社会文化环境对个体的人格评价就是这种协调性的依据，也是个体能够获得安定与安宁的生存状态的标准。优良的人格就是与社会环境秩序相协调的价值活动方式与社会行为方式。由此，个体也就必然会努力影响与改变社会环境对自己的人格评价，甚至用外在行为方式来影响社会环境对自己的人格评价。

例如，现代社会中流行的奢侈品消费与追求时髦的行为方式，就是通过对超越了消费需求的价值追求，来获得优良人格评价的行为方式。奢侈品的功能常常超越了真实生存需求的消费功能，其中蕴含了对优良人格评价的追求。人们对奢侈化消费的投入，人们对时髦行为的追随，就是为了在社会环境中获得更为优良的人格评价表象。"文革"初期的旧军装就是当年青少年的奢侈品，而今天中国的奢侈品已经变成了提包手机与靓车。时髦行为的功能也常常超越了真实的社会生存需求，但却可以获得优良的人格认可。学雷锋做好事曾经是中国人的时髦行为，今天的时髦则变成了咖啡红酒消费与西方社会旅游。在奢侈品消费与追求时髦中投入的多余资源，正是为了获得与社会主流秩序相一致的行为特征的代价。这种行为既可以获得满意的外在人格评价，也可以获得充分的内在心理安慰。这就是奢侈与时髦中蕴含了精神价值的哲学依据。

直接用对消费行为方式的评价来简化对人格的评价，就是现代文化中的习俗。人们常常通过对他人消费行为方式的评价来简单与间接评价他们的人格特征，并通过这种简单评价来划分他们的社会群体归属。崇尚时髦者对时髦行为的认同就是他们的公共价值认同。将时髦行为表达为高尚，也就通过时髦行为实现了自己的高尚。

在欧洲的传统社会中，对人格的评价依据，则长期由处于主流文化地位的基督宗教文化中的公共价值形态所决定。对完美人格特征的行为评价的直接依据，就是虔诚信徒的行为特征。近代欧洲形成的新教伦理体系，则又依据新兴文明的文化中所表达的公共价值体系构成了人格评价的新标准。这个标准也就逐渐成为现代西方社会主流的人格评价标准。现代西方社会的另一个人格评价标准，就来自现代自然科学文化体系所构成的公共价值中。宗教公共价值与科学公共价值这两个不同的文化体系，表达了不同的甚至有些冲突的人格评价标准，但在现代西方社会中则逐渐实现了它们的融合与协调。

依据中国传统文化体系形成的优秀人格的一般行为标准，就是儒家价值观所表达的君子标准。中国传统社会中优秀人格的政治标准就是士大夫的行为标准。在中国近代社会的民国时期，社会文化结构在西方文化的大规模输入中开始散乱与分裂，人格评价的标准也就混乱起来。那时的人格标准则是西方文化中流行的人格标准与中国传统文化中的基本人格标准的冲突与混合。新中国确立了新的主流文化，其人格标准也就是革命政党与马克思主义公共价值体系的标准，一些原教旨社会主义制度的行为方式也就变成了主要的人格评价依据。在经历了复杂曲折的社会秩序的改革与重塑以后，今天中国社会的主流文化的内涵，则又逐渐变成了融合中国传统文化与西方现代文化的中国特色的社会主义价值观体系。这也是来自西方文明的马克思主义公共价值体系与中国传统的儒家公共价值体系更为复杂融合的演化成果。这就是今天中国的人格评价标准复杂化的原因。

今天中国社会与西方社会不同的人格评价标准的一个例子，就是在公共场合中的行为方式的安静标准。欧洲优良人格的行为方式是追求在公共场合中的行为收敛与行为自律，不能出现声音与行为对他人的骚扰。中国现代流行的人格标准则主张在公共场合中张扬自我，这种张扬的过度甚至常常会达到破坏公共秩序的程度。这就是新中国成立以来的社会主义文化结构所形成的行为方式特征在当下的表现。在社会主义公共价值中，每一个普通人都可以成为社会环境的主人而不必仰视权贵。

在不同社会环境中的人类社会成员，为了获得优良的人格评价结果，为了以此获得社会主流文化的认可和社会秩序的合理安置，就常常会依据主流文化表达的公共价值形态，进行人格修炼与社会行为训练。在欧洲传统社会中的人格修炼方式就是努力追求宗教文化中规范的虔信，并表达出对这种虔信的行为方式。中国传统社会中的人格修炼方式就是努力服从儒家文化的价值追求与行为方式，也就是追求仁义礼智信的精神内涵与行为方式。在今天的现代社会中的人格修炼方式，就是追求现代文化中流行的知识体系与自由平等的价值观念，并且通过对各种时髦化的行为方式表达自己的精神追求。

中国古代的人格修炼标准就是儒家的道德规范标准。新中国的人格修炼标准曾经是共产主义道德规范的标准，今天则是融合了社会主义公共价值与儒家传统公共价值的中国特色的核心价值标准。但这个公共价值体系的内涵还比较抽象与模糊，还在发展与构建之中。

107. 人格评价的哲学文化形态

人格是个体价值结构在社会环境中的行为表达，这种表达依据社会环境秩序形成与实现。人格评价就是社会秩序对个体价值结构的认可方式。

人格的依据在个体精神环境中的价值结构中。个体的价值结构难以直接表达与感知，只能间接表达与认可。社会文化对个体价值结构的理解与描述，也就常常是感性模拟与超验抽象的。感性模拟表达的价值结构就是拟人行为化的人格形态，超验抽象表达的价值结构就是哲学化的人格形态。

依据感性模拟的人格形态进行人格评价，就具有通俗直观的功能，容易表达以理解，但也容易局限与误解。

依据哲学化的人格形态进行人格评价，就是依据价值结构的一般逻辑形态来评价个体的抽象行为方式，这就可以超脱与涵盖不同文化的差异来表达一般化的合理人格特征。这也是一般化的公共价值结构的特征。

观念空间中蕴含的价值内涵决定着人类在社会环境中的行为方式与行为特征。人类观念结构的复杂性及其对意识活动方式影响的不确定性，形成了人格评价的复杂性与不确定性。人类意识活动的情感状态又进一步增加了人格评价的复杂性与不确定性。这甚至在极端的存在主义思潮中形成了反哲学与反理性的观念，也就是认为根本就没有确定的人格与确定的人性。人类不同文化中对人格的不确定性的看法都来自人格评价的困难。在经验主义文化的视角中，达到目标的极端困难就意味着没有目标。

确定的人格评价，来自对评价对象观念存在与观念结构的确定理解与确定共识，这种确定理解与确定共识首先由对世界存在秩序与人类生存环境秩序的确定性信仰来保证。对世界存在秩序的确定性的理解则来自对世界存在有序性的终极观念，来自对人类本身存在的理解，这就是对世界存在中特殊的有序性成果的认知。尽管今天的人类离开透彻地认识自己的生存环境与自己的生存方式的有序性还十分遥远，离开透彻认识人格形态的有序性还十分遥远，但人类与人类生存环境的有序性，则是人类认知自己的存在与生存活动方式的一个基本立足点。这个立足点不会因为局部秩序的混乱与冲突而消失，不会因为人类至今还散乱的认知结果而磨灭。

人格评价的依据与标准在不同的文化中。主流文化的变迁常常引起人格评价标准的变化。但离开文化环境提供的具体标准，人格也可以有其更为一般的哲学标准，这种哲学标准的依据就在超越一般文化差异的一般哲学中。尽管人类今天还远没有建立一种超越性的一般哲学，但哲学观念对一般文化观念的超越性则是明确的。

相对于一般文化提供的人格评价标准，哲学标准是更为抽象化与一般化的评价标准。哲学化的人格评价并不塑造具体的社会行为模式，也不支持特定的社会行为方式，但可以为不同文化体系中的人格评价活动提供一般性的理性分析框架。

人格评价的依据就是观念空间中的价值体系。对价值体系的理性化表达就是价值体系的结构化。在人类个体的观念空间中弥漫着复杂多样的环境需求与价值要素，这些价值要素在观念结构的载体中实现了自己的组织化与结构化，也就具有了可分析的层次结构。

个体的价值结构也可以简单地分为微观中观与宏观三个层次，不同层次的价值结构表达了不同的社会环境需求。不同层次价值结构的价值强度或者环境需求功能强度，也就表达了个体对社会环境中不同层次的秩序需求的强度与行为追求的强度，这也是个体的环境需求欲望在不同层次的社会秩序环境中展开结果的差异化。依据对价值结构的三个层次间关系的分析可以得到人格评价的不同模式。

微观价值结构决定了个体的"本我人格"。本我人格特征主要表达了个体独特的基础价值，这些基础价值主要由个体独特的审美禀赋与意识活动方式和个体独特的基础经验观念所构成。本我人格是个体丰富多样的价值追求所形成的行为方式独特性的主要内在依据，也是个体社会需求独特性的内在依据。本我人格是个体人性化的人格依据，既表达了个体在社会环境中的自由价值需求，也表达了个体与社会环境秩序的对立与冲突。

中观价值结构决定了个体的"自我人格"。自我人格由社会基本秩序环境与社会基本文化环境所决定，它既是社会基本秩序的文化表达对个体价值结构的塑造结果，也是个体的社会行为方式被社会文化的评价结果。自我人格表达了个体对社会环境的适应性需求。自我人格是个体的社会性人格依据，表达了个体对社会基本秩序的理解与依赖。

宏观价值结构则决定了个体的"超我人格"。超我人格主要表达了个体对社会环境秩序的终极追求与对终极伦理的理解。超我人格由社会文化环境中的终极公共价值与表达终极伦理的社会文化所塑造，它表达了个体的终极价值结构与个体对社会生活方式和人生目标的最高理想。超我人格是个体宗教性人格与信仰性人格的内容，表达了个体精神环境中对社会基本秩序的超验化理解。

价值结构的差异形成了个体人格的差异。人格评价活动就是追求对这种差异形成的社会行为特征的公共化表达。哲学化的人格评价就是依据对个体价值结构的一般差异的哲学理解来表达对他们社会行为的一般差异的内在原因。

不同人格特征间的主要差异，可以用不同层次的价值结构在个体观念空间中的影响力比重或功能地位来评价，也就是可以依据表达了微观价值结构的行为特征的本我人格，表达了中观价值结构的行为特征的自我人格与表达了宏观价值结构的行为特征的超我人格，依据它们对整个人格特征的不同主导性与对个体一般社会行为特征的不同影响功能，作为基本人格特征的表达依据与评价逻辑。在这种评价方法之下，就可以得到三种抽象的逻辑人格和抽象的个体人格特征，这就是具有本我人格的个体，具有自我人格的个体与具有超我人格的个体。它们就是分别由微观价值结构主导的人格特征，由中观价值结构主导的人格特征与由宏观价值结构主导的人格特征。

具有本我人格特征的个体的价值结构，就是微观价值结构居于社会行为方式的主导地位的人格。具有这种价值结构的个体的社会行为方式主要被微观经验价值所主导，他们观念结构中由文化输入的公共价值内涵则比较薄弱。这种个体虽然也会受过明确的文化教育，但他们所接受的文化价值或知识体系并不能主导与整合他们来自个体行为经验的微观价值结构，他们的知识与他们的日常行为的价值判断常常是分裂的与二元结构的。

具有本我人格特征的个体，其社会行为方式常常主要以自己的个人感受和个人欲望为主导，并不太顾及社会环境的秩序要求与社会文化表达的公共价值的约束，即使自己的价值需求与行为方式和社会主流秩序相冲突，他们也不会轻易放弃。

具有本我人格特征的个体，一般具有我行我素的行为特征与自我欣赏的自恋情感。但他们一般也会具有规避自己的行为方式与社会秩序相冲突的能力，这种能力主要通过对自己社会生存方式的封闭与局限来实现。正是这种封闭自己的规避能力，才是他们能够保持自己本我价值追求与本我行为方式特征的环境条件。

具有本我人格特征的个体的价值结构的形成，也必然有其审美禀赋所决定的性格特征的内在原因。他们一般具有内向型性格特征，也一般具有关注自己意识活动的内在感受的强烈兴趣。具有本我人格的个体也会具有相应的本我性格特征。

具有本我人格特征的个体常常具有强烈的精神自由追求与意识独特

性，他们是现代社会中重要的秩序能量来源。当他们对社会环境秩序采取主动协调或干预的态度时，就既容易成为各种社会秩序领域中的秩序瓦解者，也容易成为其中的秩序创新者。当他们对社会环境秩序采取被动的规避态度时，也就容易为社会环境提供稳定机制。

具有自我人格特征的个体，具有其社会行为方式由社会环境秩序主导的特征。这种行为方式特征表达了个体对社会环境秩序的理解与服从，也表达了个体对社会环境秩序的有效适应与利用。一旦他认为自己的行为符合社会秩序所规范的价值目标，就会稳定地去坚持。

具有自我人格特征个体的价值结构的形成，来自他们对社会主流秩序的经验化理解与对流行的社会行为方式的接纳，来自他们对社会秩序与社会环境的深入体验。自我人格又可以分为文化型自我人格与经验型自我人格两类，前者主要依据对社会主流文化中表达的公共价值形成其对社会秩序的理解与服从，后者则主要依据在主流社会生活方式中的经验体察与感知而形成。具有典型的自我人格特征的个体常常是这两种形态的综合。

具有自我人格特征的个体的社会行为方式，常常能与社会主流秩序中的行为规范密切协调，他们会随着社会秩序的实际变化而调整自己的行为方式，而并不会过多地拘泥于社会主流文化中的公共价值表达内涵。他们常常就是乱世中的识时务者与盛世中的追时髦者。

具有自我人格特征的个体，常常具有比较好的社会相容性与秩序服从性，是与现代社会形态比较相容的人格形态，他们也常常是现代社会秩序的稳定性力量。

具有超我人格特征的个体的价值结构，则以宏观价值为社会行为方式的主导，这常常是来自他们对宏观文化中表达的公共价值的有效接受的结果，也是依据宏观公共价值有效塑造了自己终极观念的结果。他们也常常会形成对具体宏观文化的崇拜与皈依来表达自己的人生追求，他们的社会行为方式常常具有理想主义的特征，他们的价值选择与价值判断则主要注重信仰与理想的追求与实现。

在具有超我人格个体的社会行为方式中，常常表现出对美好社会秩序的追求与幻想，也常常形成超越社会现实秩序的价值追求。他们的社会行为方式，在特定情况下又常常会成为新兴的社会文化与新兴的社会秩序的最先拥戴者或努力推动者。但他们的日常生活方式，则常常会因为脱离对社会秩序现实状态的理解与服从而形成怪癖与异化的特征，或者会明显地脱离社会世俗行为。所谓的出世隐居就是这种状态的典型行为。他们常常被一般社会成员看作是生活在另一个世界中的不食人间烟火者。具有超我人格特征的个体的终极价值一旦与流行的公共价值向契合，就容易投入强烈而激进的社会公共情感状态中，他们在这种状态中既可能会成为强大的社会秩序创造力量，也可能会成为强大的社会秩序破坏力量。

以构建公共价值体系的文化目标为自己人生追求的个体常常就具有超我人格。现代社会中能够创立伟大成就的艺术家与科学家，传统社会中形成了历史性的文化影响与创立了历史性的文化形态与宗教形态的智者与圣贤，人类历史中创造了社会历史突变的伟大政治家，大都具备超我的人格特征。人类历史上能够力挽狂澜而登峰造极的英雄必然具备超我的人格。

个体具有完美的价值结构并形成完美人格的主要特征，就是本我人格、自我人格与超我人格的结构均衡。不均衡的人格形态形成不均衡的甚至冲突的社会行为方式与社会文化态度。这三种基本人格结构间的不均衡，就会形成本我人格强烈、自我人格强烈与超我人格强烈的不均衡人格形态，也会形成本我人格不足、自我人格不足与超我人格不足的不均衡人格形态。

具有强烈本我人格的个体所呈现的不均衡人格，常常具有内向封闭的社会行为特征，他们对复杂社会环境的适应能力常常不足，甚至在社会秩序的变动中行为失措与精神焦虑。他们解决这种困境的方式常常是选择更为稳定与更为封闭的社会环境，或者局限于单纯的社会行业中，或者离群索居。

具有强烈自我人格的个体所呈现的不均衡人格，就是常常缺乏独立的个体意识活动能力与独立的个体价值追求。他们容易在复杂变动的社会秩序环境中随波逐流，顺利时可如鱼得水，不顺利时则疲于奔命。具有这种不均衡人格个体的社会生活方式，就会常常漂浮在动荡的秩序表层而追逐眼前利益，并无法沉入稳定的行业中。他们喜好在社会秩序演化的波涛中逐浪而耐不得寂寞。他们这种生活态度的最终结果如果不顺利，就常常会是辛苦一生而无所收获。但他们也常常会在剧烈变动的社会环境中偶尔接获天上的馅饼，这种现象被流行商业文化的鼓吹和放大，就在现代社会中引导了大量人群对此趋之若鹜。

具有强烈超我人格的个体所呈现的不均衡人格，就是常常将脱离社会实现可能性的高远价值作为自己现实的生活目标。他们的社会行为方式常常脱离主流社会秩序而追求理想化的目标，也就会因此而在现实中屡受挫折而总是处于困顿之中。但这种困顿的结果又可能会使他们进入更为虚无化的超验价值追求的极端情感状态中。他们如果能够将自己的超验理想坚守终生，虽然现实成果远不如意，但也仍然会向社会文化贡献有意义的公共精神资源。当他们无法坚守这种状态而崩溃放弃也会走入相反的极端，他们因此会变得玩世不恭或悲观厌世而呈现出人生的败像。

本我人格不足的不均衡人格的个体，常常会表现出过度依赖群体价值而缺乏自己独特的意识活动体验与独特的价值判断能力的社会行为方式。他们由于精神活动的自由独立能力的不足，也就难以在社会活动中形成自己独特的人格魅力与社会秩序的影响力，虽然他们常常活跃地参与各个层次的社会秩序的构建与维护活动，但他们却始终无法成为任何层次的权力体的主体。他们由于个体自主的情感能力的不足，也难于进入一般狭义艺术活动的领域中。

自我人格不足的不均衡人格的个体，常常表现出对社会一般秩序理解的肤浅与轻视，他们在社会行为中的价值需求与超验理想主要来自文化灌输的形式与表象，如果受过良好的教育，他们的知识结构也常常是悬空的与漂浮的。他们在一般社会行为中具有随波逐流与赶时髦的特征，他们在知识活动中常常具有书呆子的特征。他们常常会沉浸在自己营造的小世界中追求自己独特的幸福，这种生存方式在稳定和谐的社会环境中也容易得到满足。一旦他们生存的社会环境出现剧烈的变化，他们就会手足无措和无所适从，就会失去行为选择与价值判断的稳定能力。他们的社会理想与社会秩序目标就是稳定与不变。他们常常被社会权力者喜爱与塑造，但却被社会改革者反对与诟病。

超我人格不足的不均衡人格的个体，就常常会表现出对信仰与终极伦理价值的淡漠，常常缺乏超验思维的兴趣和终极关怀情感，也常常缺乏理想追求。他们的行为目标过分现实，也容易见风使舵与随波逐流，他们常常表现出缺乏对宏观价值理解的能力与缺乏基本伦理价值的主见。他们在社会活动中会表现出过分俗气的行为特征，也容易被流行的时髦所左右。他们一旦处于分裂与对立的社会文化环境中，就会出现高层次价值选择焦虑。他们也难以进入构建大文化的社会活动领域。

108. 人格评价的社会文化形态

人类通过自己特有的精神环境与意识活动构成了文明。文明化的生存方式也将人类转变为由社会秩序组织起来的社会成员。每一个社会成员的精神环境，也就必然受到他们生存其中的社会文化的引导与塑造，并在他们的价值结构与行为方式中表现出明确的社会文化特征。当不同文化特征的价值结构与个体意识活动禀赋的差异相融合时，就会形成具有一定人格特征形态的典型社会行为方式。依据不同社会文化形态的主导所形成的人格特征，就提供了人格评价的社会文化维度。

人类个体的观念结构为意识活动提供了感性化与理性化的不同方式，也具备了感性化与理性化的结构特征。两种意识活动方式及其构成与依赖的观念结构形态，来自个体意识活动的审美本能，也来自个体审美禀赋的差异，来自这种差异中形成的两种意识活动方式的不同均衡形态。个体观念结构与价值结构的独特形态也就必然会表达出个体人格特征的独特性。

个体不同的审美禀赋与他们生存其中的特定文化环境相融合，既会形成具有不同文化特征的感性观念结构与理性观念结构，也会形成具有不同文化特征的感性人格特征与理性人格特征。

当主导个体意识活动的观念结构以感性形态为主体时，价值活动就会呈现感性化的特征，个体的社会行为方式也会呈现出感性化的人格的特征。这种感性化的人格特征也常常具有一些感性文化形态的方法要素与结构内涵，这就形成了具有不同艺术文化特征的个性化的人格形态。

感性化的人格特征常常被称为艺术型人格。具有这种人格特征的个体常常表现出社会行为强烈的艺术化倾向与个性化倾向，也表现出价值活动的非理性化倾向与直觉倾向。他们的价值判断与行为方式选择常常是依据感觉或直觉的，他们在价值活动中并不注重行为目标的合理性与价值结构的逻辑性，他们社会行为动机的构成方式，具有明确的情感化特征甚至情感冲动的特征。

具有感性人格特征的个体，常常具有丰富的审美情趣并表现出强烈的审美欲望。如果他们也同时具备了本我人格特征，就会具有敏感的环境感受能力与环境体验能力。他们常常是内心丰富的但又常常是外在表达困难的，因为他们丰富的观念创造能力远远超越了他们的观念表达能力。他们在社会活动中常常会因为想法丰富而又表达与交流困难而显得表达犹豫与迟滞。他们的丰富感受与复杂情感常常不易被别人所理解，他们的精神状态经常会处于某种情感状态的封闭中。

具有感性人格特征的个体的行为方式中，常常会表达出某种特定狭义艺术文化的公共价值内涵，这种狭义艺术的表达方式特征也就会成为他们人格特征的内涵。在他们通常的观念表达方式中甚至社会行为方式中也常常会体现出艺术化的特征，例如文学化特征或音乐化特征。这种特征来自他们感性化的观念结构与艺术化的文化环境的融合，来自这种融合对他们价值活动的塑造。

他们的行为方式也不容易被群体成员所理解。这主要来自他们自己不易表达的丰富的感性化的价值追求。对其他人来说他们的行为动机常常最难理解与琢磨。具有感性特征人格的个体一旦也同时具有本我人格的特征，这两种特征都会受到强化。

具有理性意识活动特征与理性价值结构特征的个体的人格形态，就是理性人格形态或知识型人格形态。具有这种人格特征的个体，其审美禀赋在观念空间中的展开形态，也具备了理性化的特征，他们的价值结构也常常被理性化的观念结构所承载与表达，他们的社会行为方式也就常常显得道理丰富而情感冷静。他们的价值选择与价值判断不容易为自己的情感状态或情绪所左右。

具有理性化人格特征的个体，其价值选择方式常常会规范而稳定，他们的价值结构也就常常呈现知识化的形态，因此而常常具有与社会主流知识相一致的价值追求。这在现代社会中就是对科学观念或现代知识体系的精神服从，但有时在这种服从中也会具有理性的盲目。他们的社会行为选择主要以理性观念结构为依据，其行为的理由常常稳定而清晰。但他们也会因为知识结构或理性观念结构的简陋而显得道理肤浅。

具有理性人格特征的个体特有的价值活动方式，主要来自其强烈的理性化意识活动倾向或理性化审美禀赋。他们的社会行为特征来自其价值活动的理性化倾向，也来自他们观念结构的理性内涵。他们的价值活动方式常常是比较均衡冷静的，他们的意识活动倾向常常可以调节价值判断的偏差。

在他们具有明确理性化特征的价值活动中，价值选择的主要依据在可理解的价值结构中。他们反对跟着感觉走并且轻视直觉，认为感觉与直觉不可靠。这种方式也常常会遮蔽了大量合理而深刻的感性意识活动内涵，并将自己的意识活动表面化与简单化了，但这种简单化与表面化又可以由其理性能力得到适当补偿。

特殊的人格特征是个体意识活动特殊禀赋的结果，也是特殊文化环境的结果。具有理性人格特征的个体，主要来自特殊理性文化环境对他们的明确塑造，来自他们接受的知识体系对他们观念结构的明确影响，来自知识结构对他们意识活动的明确引导。

具有明确的理性化意识活动禀赋的个体，如果生活在理性化不足的文化环境中，其公共观念结构受到的知识化训练就会不充分，他们也不容易形成明确的理性化人格特征。反之，生活在高度理性化的文化环境中，或者受到了充分的知识化训练的个体，如果其审美禀赋具有明确的感性特征，也会冲淡知识结构对他们价值活动的影响，也并不容易形成具有明确理性化特征的价值活动方式与行为方式。这两种类型的个体，都会在不同的行为领域中呈现中既有感性化特征又有理性化特征的行为方式。

具有明确的理性化人格特征的个体，也就常常具有明确的知识化行为特征，这也可以称为具有知识化特征的人格。如果他们知识化的观念结构并不完善，或者仍然仅仅以知识的形态悬浮在观念空间中，就会使他们的行为方式中显示出更明确的知识化狭隘性。

具有强烈知识化人格特征的个体，其意识活动方式常常会简单地悬浮在知识结构中，而不容易返回基本的感性观念空间中去，他们由价值判断所确立的行为目标与行为方式，就常常呆板而机械，并表现出教条式的特征。这种人格特征的典型例子，就是在微观社会环境中的书呆子行为特征与中观与宏观社会环境中的纸上谈兵行为特征。

个体的人格特征依据其特殊的审美禀赋而形成。无论是具有感性人格特征还是具有理性人格特征，只要其整体的意识活动方式比较均衡，都可以形成比较完美的观念结构与社会行为方式。虽然他们的意识活动方式常常呈现出主要依靠理性化方法或感性化方法来实现，但只要在他们的价值活动方式中可以得到有效的方法均衡与补偿，其价值活动的结果也就仍然可以合理化，其人格特征也就仍然是比较均衡的。

具有比较完美的感性化人格特征的个体，常常会依据自己广泛而深刻的感性能力和适当的意识活动方式弥补自己理性能力的不足。具有完美的理性化人格特征的个体，也常常会依据自己广泛周密的理性化能力弥补自己感性能力的不足。他们表现出来的意识活动的理性化倾向或感性化倾向，实际上都是观念结构的表观形态或人格评价的经验形态，而他们比较均衡的观念结构，则可以提供具有补偿性功能的意识活动方式，他们也会因此而具有隐含着的另一个倾向的意识活动能力。

主要呈现了感性化行为特征的个体，也会隐含一定的理性化能力来补偿自己的行为方法缺陷。主要呈现了理性化行为方式特征的个体，也会隐含一定的感性化能力来补偿自己的行为方法缺陷。这种补偿来自他们的审美本能对意识活动方式的均衡与纠正，也来自他们的审美能力提供的内在经验对自己行为方法的均衡。正是因为他们的行为方式能在隐含的对应方式中获得适度的补偿与均衡，他们具有明确的感性化或理性化特征的人格，才会是比较完美与均衡的。

具有不完美的感性人格特征或理性人格特征的个体，就是不具备用这种隐含的对应方式来实现补偿的结果。这就使得他们的意识活动方式只能局限于由偏颇的感性化或理性化主导的方式中。这来自他们审美能力的宏观组织化能力与宏观秩序构建能力的不足。

具有不完美的感性化人格特征的个体，就是明确缺乏理性补偿能力的个体，他们的意识活动方式具有明确的感性局限。这表现为在认识活动中的回避与忽视理性而过度依凭直觉，也表现在价值活动中的感觉至上。这使得他们的价值判断与行为方式常常飘忽不定，并常常形成与其他社会成员的行为差异与行为冲突。他们的社会行为常常表现出不可理解或我行我素的怪异特征。

这种人格特征的典型例子就是不食人间烟火的艺术家人格。他们的行为方式常常极端偏激与唐突，常常是不顾他人感受与不顾社会习俗的。但他们高度感性化的意识活动能力却可以在某一狭义艺术领域中得到有效训练与发挥，并形成出色的艺术创作成就。在人类文化艺术史中，著名艺术家们的各种怪异行为甚至反社会行为的例子比比皆是，从贝多芬与毕加索到王国维与顾城，都大致如此。

具有这种人格特征的个体，常常局限于狭隘的审美喜好中，常常缺乏对社会一般秩序的理解与服从。他们常常极端地将偏离正常社会秩序的生活方式作为自己最重要的价值目标与人格追求来标榜，有时甚至为了怪异而怪异。

但他们又容易将自己的全部意识活动能力都集中在某一特定艺术或学术领域的创作活动中，而不被任何其他价值目标分散与干扰。这就是在他们怪异的生活中创造了辉煌的艺术成就或学术成就的原因。

具有不均衡或狭隘理性化特征的人格，就是知识碎片型人格。这种个体的观念结构主要来自知识的接受，他们理解知识或者将知识还原为感性观念的审美能力则远远不足，也就无法构成以知识为主体的均衡化的观念结构。他们来自教育文化活动的知识常常仅以接受时的形态漂浮在观念空间中，或者悬挂在感性本体的观念结构之外。这种不能与本体观念结构相融合的悬浮知识，并不能有效地进入意识活动之中，而只能孤立于正常的意识活动之外。在特殊的意识活动状态中，他们的知识虽然能够被意识能量进入与关注，但其所构成的意识活动环境也仍然是孤立的与碎片式的。

他们的知识结构仍然有可能形成局部的体系化，或者也能够与局部的观念本体实现感性融合，这也会在他们的社会行为中表达出一定的知识能力。但这种能力常常只局限在特殊的专业技术领域中，而无法对他们在广泛领域中的价值判断提供理性化的引导。这种技术化的知识能力主要不是来自他们自己的认识构建，而是来自外部文化环境输入的知识方法训练与技术经验灌输。但这种人格特征的个体常常可以满足现代工业化社会的人才需要。

具有知识化碎片特征的意识活动方式，常常在悬空的知识结构中飘荡而不能在观念空间中落地。他们的知识结构所具有的便于表达的功能，使得他们常常在仅仅通过表达知识来考核能力的场合得到重视。一旦离开了表达既定知识体系的场合，一旦需要让他们依据意识活动能力做观念构建或价值判断时，他们曾经滔滔不绝的口才表达就会露怯。他们即使是仅仅从事传播既有知识的教育工作，也会由于自己本身就缺乏对知识的感性感悟，而成为仅仅会搬运知识的教书匠，而无法成为塑造人类灵魂的工程师。

109. 多重人格

人格就是依据社会行为理解与评价个体价值结构的结果。人格评价也是理解个体社会行为方式的依据。完美的人格形态可以表现出协调确定的社会行为方式。不完美的人格形态则表现出不确定或不协调的社会行为方式。人格评价可以为个体改善与修正自己的价值结构与行为方式提供依据。这种依据也就常常成为对社会成员实施教育或者实施观念塑造与行为改造的工具。

在不完美的人格形态中有一种典型的相对协调形态，这就是多重人格。当个体的价值结构形成了多重分裂对立而又各自相对完整的结构时，就会形成多重人格的行为特征。

多重人格结构是价值结构的相对完美化的结果。绝对完美的价值结构具有对全部观念空间秩序的逐渐统合与凝聚的形态，并且最终统合为一个统一表达了终极价值的结构之中。相对完美的价值结构则是在意识活动的审美功能无法对全部观念结构实现整体统合的前提下，将观念结构分别统合在几个不同的准终极观念结构之下。为了覆盖复杂多样的观念空间秩序，这几个不同的准终极观念常常是明确分裂的甚至是对立的。这就在观念空间的不同层次中形成了功能分裂甚至对立的多重价值结构。在这种多重价值结构中，也就会呈现出由不同的准终极价值表达的环境需求与人生目标的分裂与对立。

在这种被分别统合起来的不同价值结构之间所形成的社会基本行为方式的不协调或对立，就形成了多重人格的特征。其不协调与对立的程度就是多重人格的典型程度。

一般来说，在个体观念空间中的最高层次结构中，出现分别统合不同观念领域的准终极观念结构的状态是普遍的。如果它们之间并没有明确的对立形态，而是分别表达了不同领域中的生存追求，也就只能形成普遍而非典型的多重人格特征。如果这种价值结构的分裂呈现出在相同领域中的不同价值追求，就会形成典型的多重人格特征。他们在特定社会领域中的行为方式，就会呈现出分裂对立的形态。

每一个人类个体都在具体的社会环境中生活。在个体的生活环境中常常具有对立形态的社会秩序与文化结构。在对立冲突的环境秩序与文化环境中也就会形成个体对立的经验观念结构。这种经验观念结构如果不能被认识活动在观念空间的最高层次中整合与统一起来，就会在次高的观念层次中形成分裂的多重结构。这种分裂的观念结构中也就会形成分裂的价值结构，也就形成了分裂的社会环境需求与社会行为方式。当个体在同一社会行为领域中具有多重而分裂的行为方式时，就呈现出多重人格的特征。

具有多重人格特征的个体的价值活动，如果被局限在一个相对完整的多重价值结构的其中之一时，也会形成协调完美的行为方式。这种行为方式的合理性由这个局部的价值结构与个体所处的社会秩序环境的融洽性决定。如果他们分裂冲突的多重价值结构可以协调地对应分裂冲突的社会环境秩序，他们的社会行为方式仍然会是相对合理的。但依据社会主流文化对其全部社会行为方式评价时，则会形成多重人格特征的结果。

具有多重人格的个体在不同的社会环境的转换中，也就常常会形成截然不同的社会行为方式与公共价值追求目标。他们在不同的社会环境中，可以将价值活动引入不同的观念结构环境中，通过变换不同的价值结构环境，构成与这个环境相适应的行为动机。他们在不同社会环境中的同类行为动机与行为方式，则常常大相径庭。

对立的多重人格特征的依据就在对立的多重价值结构体系中。个体依据在对立的价值体系中不同的价值活动方式，就可以形成对立的社会行为方式，也就表现出对立的人格特征。个体对立的价值结构来自社会秩序与社会文化的对立。处于分裂与对立的社会文化环境中的个体，也就常常分别从对立的文化体系中得到构建对立的价值结构的公共观念依据，他们复杂丰富的社会经验感受，也可以为构成对立的价值结构体系提供有效的微观经验要素的支持，并为这种分别协调的高层次观念构建提供充分的意识活动能量。这就是多重人格的形成条件。

多重人格常常由对立的宏观社会文化对不同领域中的微观社会活动经验分别形成观念结构的统合而构成，这就形成了个体观念空间中的结构分割与价值分裂。他们的观念空间中中观层次的观念结构的融合功能的薄弱，也是使得对立的宏观文化形态容易被分别统合的原因。

宏观文化表达了社会秩序的基本伦理价值与信仰价值，也容易在特定的社会行为中被经验观念所充实，从而直接展开为具有微观结构的价值体系。如果在这个价值体系中缺乏中观公共价值对微观经验价值的整合与塑造，就容易呈现出分裂的宏观价值结构形态。

在人类的社会文化环境中对立的宏观文化并不罕见，但这种对立的宏观公共价值并不一定塑造出分裂的个体宏观价值结构，每一个社会成员常常会有选择地皈依某一特定的宏观公共价值体系，而主动规避或屏蔽其他宏观公共价值体系。只有具有深刻的宏观文化接受能力，或者不得不生活在不同宏观公共价值统辖的社会活动环境中的个体，才会明确形成分裂甚至对立的宏观观念结构。前者如精神开放的文化学者，后者如在官场与世俗社会中生存的官员。

在社会环境的不同领域中分别协调的中观公共价值，常常是融合对立的宏观公共价值的有效工具，它们使得对立的宏观公共价值在不同领域的社会活动中被统一的技术方法融为一体。如果个体的中观公共价值薄弱，而他们又重视对不同宏观公共价值的追随，对立的多重价值结构就常常会出现。

这种缺乏中观公共价值的融合而直接由微观社会经验观念充实的多重价值结构，其宏观公共价值对微观经验价值的统合则常常是不确实的与虚浮的，在他们的社会行为方式中也就常常呈现出一种奇特的虚假性。这种虚浮的行为动机常常被完美的宏大叙事的公共价值所掩盖，也就常常表现出貌似合理的典型双重人格的行为方式。他们在不同社会领域中就会呈现出强烈的行为对立。例如在公共领域中可以坚决冷漠与六亲不认，在私人领域中却蝇营狗苟与拉拉扯扯。

双重人格的重要例子就是传统中国社会中官员们的行为方式。他们常常具有官场人格与生活人格的双重而对立的价值体系。当他们在官场文化环境中活动时，就表现出官场道德真实的虚伪，当他们在自己生活的社会经验文化环境中活动时，就表现出社会生活虚伪的真实。这种人格结构来自他们的认知能力不足以对宏观伦理价值实现通透的理解与整合，但出于社会身份与职业的原因，他们在行为方式中又不得不认真服从职业要求的宏观公共价值体系。他们的文化环境与教育经历虽然高度强调这种伦理价值的意义，但他们除了在行为上简单服从以外，并不能真正融会贯通这种公共价值的观念内涵。

这也是中国传统社会的政治文化形态被高度道德工具化的结果。在中华文化的基本伦理结构中主要强调了群体公共价值的地位，但缺乏有效合理安置个体特殊经验价值的地位，这就使得个体独特的审美追求与价值喜好不能与主流公共价值有效融合。这也是中国传统文化的特殊表达形态使得传统士大夫的思维方式难以透彻理解宏观伦理的结果。

这种官场中的多重人格特征一直延续到了现代中国社会中。今天的官员们在官场中必须遵循特定的行为规范，并服从特定的公共价值体系。他们在这个环境中的行为是宏观真实的，但也常常是微观虚伪的。因为他们的审美能力无法消化完美而坚硬的宏观公共价值体系，他们服从宏观价值体系的行为方式并不都能在微观价值活动中真实落地。一旦他们回到由微观价值结构决定的行为领域中，就只能进入另一个价值体系中而表现出另一种人格特征来。但这时他们在形式上还会努力表现出与宏观公共价值的一致性，这时他们的行为方式又是微观真实的和宏观虚伪的了。

这种中国特色的官场多重人格，主要来自中国政治文化的宏观结构缺乏中观层次与微观社会经验的有效衔接，也来自中观传统政治伦理缺乏向个体审美活动中的逻辑延伸，这种文化特征甚至也影响到了中国人接受马克思主义伦理的方式。中国人的宏大叙事精神常常高尚完美，中国人的微观社会经验常常精巧合理，但却缺乏高度公共化的中观技术与逻辑工具融合它们。这种中观技术又恰恰是西方文化的强项。正是当代中国文化的中观技术结构完全被西化才使得中国现代宏观伦理常常被架空，社会主义核心价值观常常就飘在半空中。

在复杂的现代中国社会环境中，某些具有独立审美能力的官员甚至可以分别构成对立但又内在和谐的宏观、中观与微观的价值结构，他们可以在宏观价值结构中维护基本上虚浮而空洞的中国政治伦理，在中观价值结构中则可以维护半真半假的西方技术伦理，而在微观价值的行为领域中，他们精巧使用的价值判断则常常是动机真实而伦理虚假的。

中国官场多重人格的形成也是来自官场文化的分层次结构。中国的政治伦理与官场文化仅仅追求对宏观公共价值的合理构建与表达，而常常忽略这种高大上的公共价值对官员们的宏观观念的塑造成果，也能够有效安置微观社会生活中复杂经验观念，而是仅仅将塑造宏观公共价值作为文化活动的全部目标。这就使得在文化活动中对微观经验价值仅仅提供宣传性的虚假安置，以服从表达宏观价值的完美性需求。中国主旋律的影视作品常常将真事演得像假事，美国主旋律的电影则常常将假事演得像真事。

因此，官员们对微观经验价值在观念空间中的安置活动就只能依据他们个体的认识能力来自由发挥，正统的政治教育并不提供这种方法。仅仅依靠"理论联系实际"的空口号而缺乏理性哲学能力的真实引导，这种仅仅是形式好看的政治教育常常是吃力不讨好的事倍功半。

中国官员们的审美能力不足常常是一种基本的文化状态。他们有限的认识能力常常就只能在特定的文化环境中勉强构成分别适应两种环境的对立的价值结构体系，一个体系明确表达对宏观伦理的服从，另一个体系才能周全安置自己的经验价值与真实社会需求。只有具备了强大的认知能力的个体，才能将这种合理的政治文化从宏观到微观完美地统合起来，但中国官员们的文化经历又决定了这样的个体并不多。这就是今天中国官场中"两面人"繁多的文化原因。

消除这种奇特的价值活动状态与人格形态的方法，只能是构建更为有效的既可以表达合理的宏观伦理，又能够有效安置社会成员丰富多彩的微观经验价值的文化体系，并在官员们的基础教育与选拔中重视真实审美能力的培养，这就是今天中国艰巨的政治伦理文化的现代化重建任务。在今天的中国政治文化活动中，这种目标还没有被认识。中国今天的政治文化活动还仍然在简单地模仿传统的方法，还远不能在理解西方现代政治文化结构的基础上重塑自己适合现代社会需求的政治文化活动方式，包括对马克思主义文化的理解与对自由资本主义文化的理解。

今天的中国在改革开放之后迎来了社会秩序的剧烈转型。为了在剧烈转型中保持平稳有序，也为了暂时回避对宏观伦理改造的根本性争论，也就有意技术性地保持了政治文化中的宏观结构与微观结构的分裂状态。这种在特殊历史时期中分裂的政治文化结构也就必然会造就出大批具有多重人格行为特征的官员群体。官员们在维持大致虚浮的宏观伦理的同时，又不得不在自己真实的社会活动中构建出与此分裂甚至冲突的真实的经验价值体系。

具有多重人格特征的个体，在对立的价值体系中依据环境的变化而变换自己的价值活动的观念空间，这就必然会形成一种社会行为的价值表达假象。貌似个体在行为中表现了其价值追求的虚伪，但个体实际上的行为方式与价值追求本身则是真实的。他们不得不真实地生活在自己对立与分裂的价值结构中。

具有双重人格特征的个体，具有不同的甚至是对立的但又相对完备的价值体系。他们虽然在主流文化表达的伦理结构中服从了一个体系，一旦环境突变，他们也就会将自己的主流伦理结构转换到另一个对立的价值体系中去，这就形成了他们的社会行为方式特别是政治价值判断在对立的极端之间的跳动。有些官员在台面上的大讲廉政，在台底下又从容敛贿，并非仅仅是做秀。处于激烈冲突的政治漩涡中的政治叛逆者们的价值选择则更是这种状态。他们在一个政治营垒中可以是优秀的佼佼者，反叛到另一个营垒中又会迅速变成能干的人才。例如最后捕杀著名抗日将领杨靖宇将军的人并非日本军人，而是他自己曾经优秀的麾下。

理解了双重人格形成的哲学依据，他们惊人的行为方式转变就是很好理解的了。从汪精卫到张国焘和林彪，都是这种激烈地转变了自己宏观伦理体系归属的最好的例子。

110. 现代教育方法形成的人格缺陷

所谓教育，就是向社会成员灌输主流公共观念并塑造个体观念结构的文化活动。全部教育活动的目标，就是实现社会基本秩序对社会成员意识活动方式的规范，就是通过塑造他们的观念结构来引导他们的社会行为方式。各种知识体系的传播方法，就是实现教育目标的技术手段。个体可以在教育活动中受到审美能力的训练，但这种训练也仍然是塑造其规范行为方式的内涵。

自从人类形成了专门化的文化活动方式，就开始有了教育活动。所谓现代教育方式，就是运用高度理性化的观念传播方式与高度组织化的社会活动方式来实现对公共观念的灌输与个体观念的塑造目标，现代大学就是实现这个文化目标的社会机构。与此对立的传统教育方式，则主要是依据感性化的观念传播方式实现教育目标的，但其中也会不同程度地利用当时所具备的理性方法作为补充。

现代教育的方法特征就是以传授知识为活动主体。教育活动传授知识，教育结果的考核则检测对知识的接受。因此，评价现代教育成果的标准，也就变成了知识的普及效果，而不是文化的普及成果与公共观念的塑造成果。

知识并不是公共观念本身而是公共观念的传播形态与简化载体。知识是公共观念的理性化与表面化表达。实现了知识的传播与灌输，可能会同时实现其中承载的公共观念的传播与灌输，也可能仅仅是传播了并不能还原为公共观念的知识。知识传播的效果不能由知识传播活动与传播方法本身来决定。

社会成员通过文化活动接受的公共观念的知识化表达，并不一定是对公共观念的完美接受，也并不能一定能够实现公共观念对他们社会行为方式的规范与引导，常常仅形成了对公共观念的教条化接受，常常仅形成了对社会行为方式的表面化与形式化塑造。

知识化的教育方法之所以可以在现代社会环境中被高度认同与普及，是因为这种方法具有比传统教育方法更为高效与更为精确的公共观念传播形式，也在训练操作技术人才的文化活动中具有明确的效果。现代社会主要通过技术方法的公共化来统合社会成员的行为方式，就是现代教育在现代社会必然被普及的基本社会原因。

因此，在传统教育中塑造合理的人格结构的培养目标，就在现代教育中逐渐变成了训练由知识体系规范社会行为方式与技术能力的目标。传统教育对意识活动能力的培养目标在现代教育中也就变成了对技术能力的训练目标。当然，在技术能力的训练中也会间接形成对观念结构的塑造，但这并非现代教育的主要目标。

现代教育的方法对现代经济活动方式具有广泛的适应性，这种适应性就是现代教育受到高度评价的依据。统合社会行为方式的高效率与精确性就是现代教育巨大影响力的来源。

现代教育的局限性就是塑造了一大批拥有知识但却不一定具备了知识所承载的公共观念内涵的人才。这种人才对社会秩序与社会活动的理解，仅仅局限于知识体系的逻辑关系之中，而不一定能真正渗透到观念空间中的基本感悟之中。但他们却可以较好地满足现代社会环境中对以技术操作能力为主要目标的人力资源需求。这种人力资源的需求主要不依赖他们意识活动的自由活力与创造能力，而仅仅需要他们遵循既定的思维方式执行既定的操作方法或技术规范。从流水线工人到程序员，从依据规范的设计活动到依据程序的管理活动，甚至从依据模式的创作活动到依据模式的表演活动，都大抵如此。工业贸易文明创造的大规模机器化社会活动技术的巨大功能所形成的人类对机器的崇拜，也将人类的活动机器化了，尽管是一种复杂特殊的机器化，这就是马克思所诟病的对人类的机械性异化，也就是马尔库塞所担忧的单向度的人的弊端。现代教育方法则是最好地培训单向度异化人才的方法。其中少数创造性人才的出现，只是他们特殊的审美禀赋对现代教育方法的偏离与异化的结果。

在现代教育的流水线中大量培养出来的人才产品们，就连生活方式与娱乐方式也常常被机械化了。他们的生活目标变成了对流行时髦的追求，而失去了其中蕴含的独特乐趣，他们的消费活动变成了对广告行为的模仿与对明星举止的跟随，而失去了自己的独立判断。他们的审美欲望的实现，则以现代娱乐活动为主导，他们很少能真实地审视自己生存的社会环境，而仅仅满足于用虚构的审美活动中的廉价快乐来填充自己的精神空间。现代社会秩序对人类的知识化塑造，统合了人类的生存方式，也简化了人类的意识活动。少数追求真实精神活动的个体，常常会极端地通过皈依宗教的出世方式来强行回避这种塑造与简化，来追求回归人类的生存本源。

知识的传播方式所具备的巨大的社会文化影响功能，就来自其高效准确地形成群体观念共识的文化成果。这种文化成果使得社会活动与行为方式得以高度公共化，就是工业贸易文明所追求的社会秩序形态。但这种知识化的精神塑造结果，并非是真实透彻的社会观念共识，而是悬浮在知识逻辑结构中的观念共识。共同认可某种知识体系的人类群体成员的真实观念结构，仍然常常是差异巨大而各自独特的。

当个体的知识结构不能被完整透彻地还原为观念形态的精神环境秩序时，依据知识结构形成的观念共识，就仅仅是知识的共识而不是观念的共识。知识化的共识只能构成社会文化表达的一致形态，并不能真正形成个体价值活动的一致形态。在现代社会中经常可以看到这样的现象，一群在文化表达中或教育考核中观点一致的人们，一旦进入一个具体的社会实践领域，就会发生价值目标的分裂。看似在知识层面上没有分歧意见的群体，一旦进入真实的社会活动中，如果这种活动没有被制度化与程序化的方法所塑造，他们的行为方式就会四分五裂，但也会丰富多彩。与此对应的是，运用感性化的文化传播方式或教育活动所凝聚起来的群体的公共化行为，则要比用知识化方法实现的凝聚结果可靠得多。传统的伦理塑造让人们实现精神的汇聚，现代的知识统合让人们实现行为的统一。

但传统教育方法也有低效率与不确定性的弊端。这种不确定性仅仅存在于教育活动过程中。知识化的观念传播与教育方式所获得的高效率与确定性则具有表面性，也仍然仅仅存在于教育活动的过程中。一旦回归到人类真实社会环境中的价值判断，它们的高效率与精确性差异就会模糊起来。传统的艺术化的感性观念传播与教育方式，则在显现真实的低效率与不确定的同时，也展示了真实的观念传播效果。

仅仅被表面化的知识形态形成凝聚的社会群体结构，也有其合理适用的社会活动领域。在由一系列程序化的行为过程构成的严格分工的社会组织化活动中，例如在军事组织中，在现代工业化方式的社会活动中，知识化的人才塑造方法就是典型的适用领域。在这个领域中，每一个个体仅仅醉心于自己专门技能的规范化社会实现，他们之间的组织关系则由更高层次的既定社会秩序来安置。他们不必也无法理解自己的专业化活动对社会整体秩序的精确影响，而只需满足于理解其宏观的一般意义。在他们的价值活动中，社会宏观伦理与自己的微观动机常常是分离的，或者常常是简单依附的。在这种社会活动方式中的个体观念结构与价值结构，就构成了现代社会中小资式的生活方式与精神状态。小资生活方式就是典型的知识型人格的行为特征。

知识型的人格常常容易表现出分裂的人格或多重的人格。当个体观念空间中的主体结构由知识构成时，当这种外来的知识化的观念形态并不能透彻地还原或消化其中承载的公共观念内涵时，也就无法为意识活动提供真实的感性观念环境，它们在观念空间中呈现出一种被隔离于本体感性观念结构之外的悬浮状态，但它们又可以具有独立完整的行为结构功能，而这种完整的功能并不容易深入他们的意识活动中。

这种悬浮式的知识孤岛，在意识活动中很难充分提供内在环境功能，常常只能在向外在环境表达时才会得到充分显现。它们的主要功能体现在对既有知识结构的外在表达与传播中，或者主要体现在回答考题和拼凑论文的能力中。具有这种观念结构的个体，在社会交往中常常会对某些公共化的观念侃侃而谈，但他们一般并不知道自己表达的真实内涵，他们常常口若悬河但又空洞无物而没有用处。在他们的观念空间中悬浮但又系统化的知识结构，并不是他们自己真实的精神环境内涵，而仅仅是他们观念空间中寄存的公共观念的表达与传播形态。

现代教育方法灌输的知识形态又是高度分科化与结构化的。用这种方式表达自然环境秩序的现代西方公共观念体系，就被称为自然科学文化体系。科学知识的传播形态也是分科的与分裂的。如果缺乏强大意识活动能力，或者缺乏有效安置知识结构的丰满的感性观念结构基础，个体通过教育方式获取的知识化的观念，就难以在观念空间中得到充分的组织化融合。他们的观念结构就会呈现出知识化的破碎形态。在他们知识化的观念结构中可能表达的价值结构，也就常常是分裂的与破碎的。这种破碎的价值结构难以进入复杂真实的价值活动中，难以提供完美的价值判断环境与动机结构，更难以支持复杂的审美创新。

具有知识化人格个体的社会行为特征，就是具有丰富的知识但又并不具备这些知识的观念内涵所提供的意识活动能力。当社会文化环境与社会活动方式不能区分出知识与观念的功能差异时，在这种个体的社会行为中就会表现出知识的虚假性。他们就是所谓的没有实际能力的知识分子。这种虚假并不是来自知识本身，而是来自人们对知识的误解与对知识的不能消化与无法应用。这种人格的主要社会行为特征就是有知识而无能力，也可以是有知识而无文化。

流行文化对知识的误解，使得具有知识型人格的个体在社会活动中常常会具有一定的欺骗性。这就是将他们具备的知识形态的观念表达误以为是他们真实的观念结构，而将具有强大的知识表达能力的个体误以为是具有强大意识活动能力的人才。这就是知识的表达形成的虚假性，这也是具有知识型人格的个体常常会形成虚伪的人格评价的原因。

实际上，这并非他们意识活动中的真实虚伪，而是人们误以为他们振振有词和逻辑严谨的引经据典的表达，就是他们的心迹和他们的观念内涵了。例如很多正确答题而获得了考分的考生，他们仅仅是在机械地执行解题方法而已，而答案的真实含义他们是不必真正理解的。例如很多写出了漂亮论文而实现了优秀表达的作者，也常常并不一定真正明白他们论文的真实含义，他们的论文仅仅是他们悬浮知识的逻辑组合而已。没有真实观念内涵的论文，也可以是合理堆砌知识结构的优秀作品。就像某些没有深刻观念内涵与公共情感的优美诗歌，仅仅是一种拼接文字技巧的智力游戏而已。

第二十九章　人格的完整性

111. 完美的人格的依据与实现方式

人类依据自己的精神环境以及其中的意识活动方式实现了在自然环境与社会环境中的生存。人类全部生存行为的依据都在精神环境中的观念结构所蕴含的价值结构中。价值结构的合理性，决定了人类生存方式的合理性与生存行为的有效性。

人类为了实现自己在环境中的有效生存，为了实现自己在环境中的长远存在甚至永恒存在，就必然要追求适合于自己生存的合理精神环境秩序与合理价值结构。人类价值结构的合理性来自在生存环境条件中实现的生存行为评价，评价的依据就是文化中凝聚出来的伦理。人类对自己生存行为评价的结果，就为塑造与改善自己的精神环境与价值结构提供了文化依据，也形成了文化环境对意识活动方式与生存方式的引导与塑造。人类对自己价值结构的评价，就是在人类保持两个生存环境秩序一致性的实践循环活动中具有核心意义的意识活动方式与文化活动方式。

人类对实现自己有效生存的价值结构也具有内在的评价标准。这个标准就是价值结构的内在有序化与内在和谐性。有序而和谐的价值结构就是完美的价值结构。人类合理地适应生存环境的价值结构首先是结构完美的，这是由人类的审美欲望与其驱动的意识活动方式决定的。人类价值结构的完美性通过意识活动的审美过程来实现，它就是完美的审美活动的必然结果。审美欲望对人类认识活动的直接驱动，既造就了人类的精神环境，也形成了人类的审美价值与审美禀赋。审美欲望对人类价值活动过程的影响与塑造就构成了人类的道德精神。人类道德精神的内在依据，就来自个体在追求自己价值结构的完美性中的审美欲望实现。这种特殊的审美欲望的实现方式也就形成了行为动机对观念空间中伦理价值的服从。

对价值结构的完美性追求，还可以通过它与人类外在生存环境秩序的协调性来实现。这也就提供了评价价值结构完美性的外在依据。这种评价结果，就是人类个体的尊严感受。所谓尊严，就是具备了其价值结构与生存环境秩序相融洽的环境感受，这种感受通过完美的价值结构在生存环境中的完美实现来获得。

人类价值结构的完美性，还可以通过依据其选择与驱动的行为方式的有效成果来评价，这种评价的结果就是人类个体的幸福感受。人类的幸福感受来自欲望的实现与完美价值结构的相融合。单纯的欲望满足仅仅是快感，快感有时会与完美价值结构相冲突。违背伦理的快感满足称为"一时之快"，常常会事后懊悔。只有与完美价值结构相融合的欲望满足方式才能获得幸福感。幸福并非简单的快乐，而是与内在环境的价值结构相一致的快乐。

人类个体的精神环境秩序与价值结构一般无法得到完整的直接表达。个体之间对他人观念结构的理解也不能依据他自己的表达，而只能依据他完整的社会行为方式。由此而间接理解的观念结构或价值结构就是个体的人格表象。外在的人格就是内在价值结构的表象。

完美人格间接表达了完美的价值结构。完美的人格是人类意识活动主动追求的成果。人格评价是对价值结构改造与塑造的依据。依据人格评价可以提供对他人的人格塑造要求，并实现对其完美人格的塑造。通过人格评价也可以实现对自己的人格追求，并塑造自己的完美人格。

完美的观念结构与价值结构，可以为个体提供完美的意识活动环境与完美的行为动机。不完美的观念结构与价值结构，则无法实现个体意识活动的和谐与通透，也陷入精神的困顿和感到焦虑，还会使行为动机处于分裂与冲突的状态中，让个体无法实现幸福的生存状态。

完美的观念结构与价值结构具有完整与和谐的双重含义，完整表达了整体通透和没有缺失，和谐表达了有序与协调。完美结构就是完整结构与和谐结构。完整是宏观完美的条件，完美是微观完整的结果。

人类观念结构完整性的一般形态，就是微观中观与宏观三个层次的完备与均衡。这样的观念结构中蕴含的价值结构就会表达出比较均衡的个体社会行为方式。不完整的观念结构的最一般的形态，就是微观中观与宏观的观念结构的某些缺失形成的薄弱，其中蕴含的不完整的价值结构也就会表现出本我自我与超我的人格特征的不均衡状态。人类群体与个体的公共价值结构或价值结构的不完整与不均衡，就会在他们的社会行为的结果中无法实现群体社会行为的文明化与没有个体社会生活的幸福感。

个体观念空间中价值结构的复杂与独特，形成了他们意识活动环境功能的复杂与多样。他们生存其中的社会环境也同样是复杂与多样的。哲学提供的观念结构完整性分析，远不能说明个体生存方式的各种形态，而仅仅是对观念结构与价值结构分析的哲学方法的导引与示范，也还是表达哲学思想的实例。具体而多样的观念结构分析与价值结构分析活动，常常可以融合在社会文化活动中与社会心理学活动中。

不同的人格特征表达了不同的价值结构特征，也就折射出不同的观念结构特征。对个体人格特征的完整性评价间接地表达了对个体观念结构与价值结构的完整性评价。完整的人格特征表达了完整的观念结构与价值结构，也表达了其完整的世界观。所谓世界观，就是个体观念结构中对全部生存环境秩序的统一理解与终极观念表达，也是其价值结构中对全部生存环境需求的统一理解与终极价值表达。

个体的世界观表达了他对物质环境与精神环境的统一理解。个体观念结构的完整性就是世界观的完整性。完美的价值结构也可以表达为完美的世界观。完美的世界观必然是个体对两个生存环境理解的完美融合。反之，不完美的价值结构也就必然表达出有缺陷的世界观。

人类进入文明以后，其生存行为方式就开始社会化了，人类的生存就开始从自然环境中的自在状态，逐渐变成了社会环境中与精神环境中的自觉状态了。从此，人类的精神世界内涵或观念结构功能就开始逐渐强烈地受到社会文化环境的塑造与引导了，个体的世界观结构就逐渐疏离了个体特殊的行为经验，逐渐变成了社会文化环境的内在投射结果了。由此，人类个体世界观的结构就基本上由社会文化环境所决定了。在每一个个体的观念结构中就并不仅仅是处处打上了文化的烙印，而是处处被文化环境所塑造与主导了。这就是世界观的文化环境决定性。

马克思将人类的社会存在方式表达为阶级的形态，认为人类的社会结构依据阶级实现其基本区分，认为人类精神环境的价值结构中充满了阶级的烙印，这是对人类文化环境塑造人类社会行为与精神环境的简单化理解与逻辑简化表达。阶级的区分就是对文化区分的逻辑简化，阶级的烙印与阶级利益的塑造就是对文化塑造的逻辑简化。阶级就是对人类依据不同文化结构形成的社会群体的结构简化。

个体世界观仍然是个体认识活动的成果，也仍然会受到个体意识活动能力与审美禀赋的影响。这就是世界观的个体禀赋决定性。人类个体的观念结构与世界观，主要由社会文化环境决定，其次由个人审美欲望中的环境需求倾向所决定。

人格是人类观念结构与价值结构的社会环境或社会行为表象。合理的人格就是合理的观念结构形成的合理社会行为方式的评价表达，完美的人格就是完美的价值结构驱动完美社会行为方式的评价表达。

人类合理的生存方式，就是与社会环境秩序相融洽的生活方式。人类在文明的演化进程中不断优化与改善自己的社会生活方式就是改善与优化社会秩序的成果。人类优化生活方式的活动既包含了优化自己生存行为方式的活动，也包括了改善自己的社会环境的活动。个体优化生存行为方式的结果就是形成了完美的人格。

所谓完美的人格，就是个体与社会主流文化和主流秩序相一致的完整人格，就是个体与社会环境秩序相协调的完整的观念结构。与此对应，所谓合理的社会秩序，就是与社会主流群体的主要人格相融洽的社会秩序。不合理的社会秩序就是背离了社会主流群体的主要人格特征的社会秩序，或与其相冲突的社会秩序。人类群体的公共价值结构是他们社会环境秩序的内在依据，人类群体构成的社会环境秩序就是他们公共价值结构的外在条件。

这个对完美人格与合理社会秩序的说明性定义，在稳定的社会秩序环境中是简单而清晰的，在剧烈变动的社会环境中则会呈现复杂的形态。

具有完美人格的个体，如果生活在与其价值结构相协调的社会环境中，其社会行为目标与行为方式就可以与社会秩序有效融洽，也就可以在社会生活中获得足够的价值满足，也可以获得充沛的幸福感受。

反之，具有不完美人格的个体，也就是具有与社会主流环境秩序不协调甚至相冲突的观念结构的个体，他们的社会行为方式也就会与社会环境秩序错位与冲突，他们的行为就会得不到社会秩序的有效认可，他们就会生活在社会冲突与精神冲突之中，他们常常不会获得充分的幸福感受。具有完美人格的个体处于与其价值结构不协调的社会秩序环境中也会具有类似的状态。

完美人格评价的依据就是决定了主流社会环境秩序的主流文化与主流公共观念体系，完美人格的标准就在主流文化中。在人类不同的文明中，不同的文化体系会形成不同的完美人格标准。在同一个文化体系中的不同文化演化的历史阶段中，也会有相应的人格标准的演化与变化。

在人类不同文明中，不同的社会文化形态与不同的社会秩序形态，都会形成他们特定的完美人格标准的理性化表达，也都会有他们主张的完美人格的感性化样板，这就是当世的精英与俊杰，这就是当代社会生活的主人。

在不同文明中与不同的文明演化阶段中，人类形成了不同的社会秩序形态，也就没有普适不变的精英与俊杰的标准与形象。任何精英与俊杰的形象，都是具体文明中的具体社会文化与社会秩序的成果。识时务者为俊杰。

在一个稳定延续的文明中，在其稳定延续的文化所表达的公共价值体系中，也一定会形成一些相对稳定不变的精英与俊杰的形态。这些形态的相对稳定程度由他们承载的公共观念内涵的历史高度来决定。一个文明中的精英俊杰形态的稳定性，表达了这个文明秩序本身的稳定性。一个对自己的历史精英与俊杰的评价变幻不定的文明，其社会秩序本身就处于不稳定中。

例如，民国时期的中国人曾经大规模诟病自己的历史精英，就是因为这时的社会文化失去了自己的方向，这时的社会秩序处于不确定的混乱中。例如，改革开放以后的中国也流行了对历史精英的解构思潮，这也表达了社会主流文化的迷茫与对社会秩序演化前景认知的混乱。

完美人格的具体标准由社会主流秩序与主流文化决定。在社会演化的突变中，在社会主流秩序剧烈的变化之中，曾经表达了完美人格的行为方式，就会因为与环境秩序的不适应而变成了不完美的行为。在新的社会主流秩序的逐渐形成中，又会逐渐形成新的完美人格的行为标准。

无论社会秩序如何变更，完美人格的行为方式的内在和谐性与外在和谐性则是不变的。个体行为方式的内在和谐性，表达了个体精神环境中审美本能的实现方式与审美欲望的展开方式的不变形态。这种对精神环境完美性的内在追求，在中国传统文化中就表达为"仁"的基本伦理，在西方传统文化中就表达为广义"理性"的基本伦理。仁是中国人的终极公共价值，理性则是西方人的终极公共价值，但它们的哲学内涵是相通的。

人类个体行为方式的外在和谐性表达了其价值结构与一般社会秩序的协调关系。这就是中国基本伦理中的"善"与西方伦理中的狭义"秩序"。

由仁与善和理性与秩序的公共价值形成的行为方式，也会在社会秩序与社会文化的演化中不断变化，但仁与善和理性与秩序作为终极理想的公共价值则是与文明稳定共存的，它们作为一种超验的形而上公共价值在文明中也就具有了普世的意义。但它们在文明演化的不同阶段中的不同社会秩序环境中的具体形态，则是各有具体内涵而不同的。将超验化的形而上的公共价值具体化为某一文明中的普世价值形态，就是一种文化凝聚与文化传播的手段。将其表达为超越了文明的人类共同的普世价值，则是一种与其他文明的文化竞争手段而已。西方人经常向其他文明中输出自己的公共价值，表达了西方人强烈的生存危机感与竞争意识。中国人仅仅安于塑造自己的公共价值，主张己所不欲勿施于人，则表达了中华文明的历史安定，表达了中国人在自己的历史安定中的生存自信。

当社会秩序与社会文化处于突变中的混乱形态中时，完美人格的标准或者仁与善和理性与秩序的标准也会模糊起来。人类社会对仁与善和理性与秩序的明确追求与彰显，从来都是盛世文化的形态。在社会秩序突变的乱世环境中，主流文化所表达的完美人格的标准就会变成是能够力挽狂澜定天下或者推翻恶政建良序的英雄作为了。盛世出贤人乱世出英雄。

用贤人的标准评价英雄，英雄常常满身疮疤。用英雄的标准评价贤人，贤人常常庸碌无为。

人格形态和人格评价标准的稳定与完整，依据主流公共观念或主流文化形态的稳定与完整。具有与主流公共观念结构相一致的完整观念结构则是完美人格的内在依据，那种试图表达与理解一种超越人类一般社会环境的文明人格的形态，是一种历史的肤浅与哲学的无知。尽管在普罗大众中这种公共观念仍然会成为他们的终极价值。

个体观念结构完整性的外部条件是和谐统一的主流文化环境。其内部条件则是个体均衡强大的审美能力形成的协调均衡的意识活动方式。在统一和谐的社会文化环境中，个体追求完美人格的途径就是改善自己意识活动的能力与方式，并在追求均衡和谐的观念结构中实现价值结构的完美化。这也是个体在特定社会环境中获得比较完美的社会生活方式与幸福状态的途径。

人类驱动意识活动的审美本能的禀赋来自先天，但个体仍然可以通过对意识活动方法的修养与完善，来追求完美的观念结构与完美的人格。其方法就是锻炼与发展自己全面均衡的审美能力与构建实现这种能力的审美价值，并在认识与反思中不断追求观念结构的完美化。追求完美意识活动方式的审美欲望在观念空间中的展开就是审美价值，审美价值的动机形态就是好奇心。审美价值是追求精神环境有序化与完美化的内在依据，也是人类社会行为方式中追求道德精神活动的内在依据。

人类审美欲望的形态来自先天的精神活动本能，后天已经无法根本改变。但个体仍然可以在审美欲望的形态并无改变的条件下，追求更合理更均衡的意识活动能力，这就是追求审美欲望在观念空间中的均衡价值展开。

人类获得均衡合理的意识活动能力的重要途径之一，就是对社会文化环境中的一般文化内涵的全面接受与理解。文化是人类文明的精神依据，个体对优秀文明的文化接受与理解，就必然会获得合理的意识活动方式，并引导与塑造出优秀的审美价值结构与获得优秀审美方法的熏陶。这个过程也就是自我修养的过程。

所谓自我修养，就是对完美文化中蕴含的完美公共观念结构的接受与理解的意识活动，就是在这个过程中吸取精神营养而不断塑造合理而均衡的意识活动能力的活动。

社会环境中的文化体系与文化结构，既是社会秩序形成的精神依据，也是既有社会秩序与公共价值的表达方式。在任何稳定的社会结构中的主流文化都具有与社会环境秩序和谐一致的特征。一旦主流文化与社会基本秩序相冲突，社会秩序在失去稳定性的同时也就形成了突变演化的条件。

在稳定的社会秩序环境中，社会成员通过接受与理解完美的主流社会文化体系就可以获得修炼完美人格的基本外在条件。这就是在盛世环境中都会将努力学习文化作为向社会成员普及合理公共价值的方式，也作为塑造他们合理完美的价值结构的方法。这也是人类在稳定的社会环境中对维护社会秩序的文化活动的要求。

在社会秩序的演化突变而形成的乱世环境中，主流文化中就会出现鄙视传统文化与解构传统文化的潮流，以为社会新秩序的构成准备文化条件，也会通过更新社会成员的观念结构来重塑他们的新人格。

在不稳定的社会秩序环境中，在社会秩序的突变过程中，表达社会公共价值的社会文化由于对迅速流变的社会秩序的必然滞后，其固有的形态常常背离社会秩序的新需求，这就形成了社会文化与社会环境秩序的分裂或冲突。

处于这种环境中的社会成员，就难以通过对主流文化的追求与接受而有效获得完美人格修炼的外部条件。这种社会文化环境本身也会失去对完美人格的明确评价标准，甚至可能根本失去对完美人格的追求活动。在激烈变动形成的散乱冲突的社会秩序环境中，面对剧烈变动的公共价值，社会成员就常常处于意识活动与价值选择的混乱困境中和精神焦虑中。在冲突的社会秩序与分裂的文化环境中个体难以实现对完美人格目标的追求。

112. 价值结构的外在环境秩序评价

人格是对个体价值结构的社会化公共感受与行为方式评价。人格评价的结果就是社会秩序对个体行为方式的认可与安置。人格评价的标准就是社会文化环境中的群体公共价值的文化凝聚。人格评价的主体是社会环境中的群体意识活动主体或者群体意识。人格评价也就是对个体价值结构的社会评价或公共意识评价。

　　社会成员也具有对自己价值结构的自我感受与自我评价。其中依据群体公共价值结构的群体人格的自我评价，构成了群体内部文化活动的重要内涵，也是群体文化自信与历史自信的依据。其中的个体价值结构的自我评价，则构成了个体意识活动中超验价值的审美追求与自尊追求。群体公共价值结构的自我评价依据，就是社会环境秩序与公共价值结构的协调性。个体价值结构的自我评价依据，则是社会环境中的主流秩序与个体价值结构的协调性。群体公共价值结构或群体人格的自我评价的主体就是群体文化活动主体与群体权力主体。个体价值结构或个体人格的自我评价主体则是个体意识活动本身。群体公共价值与群体人格的自我评价成果就是群体的文化自信与历史自信。个体价值结构的自我评价成果就是个体的自信与自尊感受。

　　个体的价值结构蕴含在个体精神环境的观念结构中，个体的观念结构提供了个体意识活动的环境，也提供了意识活动对观念结构与价值结构的感受。这种感受只能是对精神环境内在秩序的意识感受，也就无法形成具有外在秩序依据的客观化表达与客观化评价。个体意识活动对价值结构的感受只能形成内在环境中的审美感觉与超验经验，这种感受的内在化可表达形态就是自尊感，外在化可表达形态就是道德感。

　　个体价值结构的自我评价的客观化，就是对依据社会主流公共价值对个体价值结构的安置程度的评价，这种评价方式的结果就是自尊感与道德感的外在文化表达。

　　个体的自尊感受，就是对其价值结构与外在社会环境秩序关系的自我评价感受。这种关系评价的协调性结果就是具有自尊的感受。这种关系评价的不协调结果，就是缺乏自尊的感受或者自卑的感受。自尊感受结果的外在行为表达就是道德感。自尊感受来自外在社会秩序对自我价值结构的认可与安置，道德感则主要表达了自我价值结构对外在社会秩序的影响功能。它们是各有侧重的价值结构自我评价的感受。

个体价值结构自我评价的外在化的实现或者道德感的实现，先要分别获得对自己价值结构的内在感受与对主流社会环境秩序的外在感受，才能再在此基础上获得对两个秩序形态的关系的协调性的感受。这种关系的协调性感受只能通过社会环境中的行为效果获得。当个体在社会行为中感受到自己的价值结构与外在主流社会秩序相一致时，就获得了自尊感与道德感，当个体在社会行为中感受到自己的价值结构与外在主流社会秩序不一致时，就会感受到不自尊或自卑，也会感受到不道德。

自尊感受由个体对内在环境中的价值结构与外在环境的社会秩序结构的相互关系的感觉决定，这就是自尊感受的复杂性与多样性的原因，也是这种感受与社会环境秩序与社会行为密切相关的原因。

个体获得自尊感受的条件，就是首先要获得对内在环境中价值结构的感受，其次要获得对外在环境的社会秩序的理解与感受。前者来自个体的意识活动，后者来自个体的社会行为。当某一个环境的秩序发生改变时，也就是当价值结构改变或者社会环境改变时，都会形成自尊感受的改变。或者增加了自尊感而减少了自卑感，或者增加了自卑感减少了自尊感。

重塑价值结构或者改变社会环境，都是增加自尊与减少自卑的有效途径。前者通过改变自己的价值结构使它与外在环境秩序相协调，这也就会改变自己在社会环境中的行为目标与方式。后者就是改变自己的社会环境以消除它与自己价值结构间的冲突，或者直接改变环境，但这并不容易或者成本很高，或者间接更换环境，这就相对容易实现。这两个方法都改变了价值结构与社会环境的关系，让它们更为协调。

在现代中国的大规模城市化进程中，突然进入现代城市生活的农村青年们，常常通过努力改变自己的行为方式来减少自卑感。这就是他们努力模仿自己并不一定理解的城市生活方式的原因。他们有些人也会通过改变社会环境甚至抗拒社会秩序，来追求自己的自尊感，这就是某些新市民坚守自己与城市环境并不协调的陋习的原因，也是少数人愿意铤而走险挑战环境秩序甚至挑战法律的原因。前者获得自尊感受的结果，必然是对自己观念结构的改变，后者获得自尊感的结果必然是改造了与自己观念结构不相适应的社会生存环境。

个体自尊感受的获得，是对内在环境秩序在外在环境中的实现方式的评价结果。这个结果首先要通过对自己价值结构与意识活动方式的明确感受才能获得。对自己精神环境秩序与意识活动方式的明确感受的追求就是获得自尊感受的基本条件，追求自尊感的个体因而都必然是具有较强审美欲望与意识活动能力的人。那种忽视或轻视自己内在价值追求与内在环境感受的个体，那种只简单追求物质欲望的外在满足而缺乏审美追求的人，常常就不太会关注自尊的感受。具有强烈自尊感受的个体，或者在社会活动中注重自己尊严的人，大都是具有较强烈的审美欲望与精神追求的人，也大都是具有较强大的意识活动能力的人。他们的这种能力既来自审美禀赋也来自文化修养。

个体对自尊感受的明确缺乏就会形成自卑感。强烈的自卑感来自个体价值结构与外在环境秩序的格格不入。具有比较完美的价值结构自我感受的个体，一旦进入一个陌生社会秩序环境中常常会感到自卑。但他们具备的比较强大的意识活动能力，又能够迅速理解这种自卑的原因并调整自己。这种调整可以是改变自己的价值结构与生存追求，也可以是改变社会生存环境。他们或者通过自己的行为构建新的环境秩序，或者是选择其他的社会生存领域。具有稳定明确的价值追求的个体常常会仔细选择自己的居住环境与就业环境，以便获得足够的自尊感。

主要依赖外在社会环境而建立与维护的自尊感受就是尊严感受。自尊必须以内在价值的明确稳定为条件，尊严则必然以外在环境秩序对自己并不一定明白的内在价值结构的维护或认可为条件。

当一个因为生存环境的突变而陷入强烈自卑状态中的个体，既无法明确改变自己的价值追求形态，又无法直接或间接改变自己的生存环境时，就会形成与环境秩序的强烈对抗。这种对抗形成的强烈精神焦虑，常常会让价值结构不完善或者意识活动能力有缺陷的个体促生强烈的情绪化行为选择，甚至以不惜破坏自己根本生存条件的方式来解脱自己的精神焦虑，因强烈的自卑而自杀就是这种选择的极端结果。自杀的结果虽然消除了个体的自卑状态，但也消灭了个体的生存本身。自杀者大都是意识活动能力薄弱或意志薄弱者，也大都是缺乏深厚的文化修养者。现代社会中的某些高级知识分子的文化修养仍然会很浅薄。

处于强烈自卑状态中的大学生马加爵的怪异行为，就是通过极端的暴力方式强行改变环境秩序来解脱强烈自卑的典型例子。他虽然将形成强烈自卑的环境改变了，但合理的生存方式也被自己消灭了。

个体追求稳定充沛的自尊感受的基本途径，就是通过对意识活动能力的修炼而获得完美的价值结构。具有完美价值结构的个体也就会具有对一般形态的社会生存环境的强大适应能力。这种适应能力使得他们在任何外在环境中，都可以大致保持自己的自尊感受，只不过在不同的生存环境中保持自尊的感受会付出不同的行为代价而已。

当一个具有强大意识活动能力与完美价值结构的个体，不幸落入了一个非常恶劣的生存环境中，如果他对保持自己的价值结构和追求自尊的感受仍然具有强烈的欲望，就会调动一切自己可以付出的资源来保护自己价值结构的完美与生存方式的自尊，直到付出自己的生命，他们宁可有尊严地死去。苏格拉底之死的故事就是典型的例子。无数具有强烈自尊追求的人，在恶劣的环境中宁可放弃生命也是这样选择。生命对他们来说仅仅是一种保持生存的资源条件，而自己的生存方式与价值追求的合理性，则是更为根本的人生目标。具有这样的人格的个体，并不仅仅生存在自己的生命环境之中，而是生存在更为广泛的社会环境与历史环境之中，他们的理想并不是自己的人生目标，他们的人生目标则是自己的理想。对他们来说，生命服从理想，而不是理想服从生命。人类文明中从来都不乏舍生取义者。

对于在社会环境中生存的普罗大众来说，获得稳定自尊感受的方式，就常常是迅速理解引起自己自尊危机的社会环境，并通过这种理解来修正和改变自己的观念结构以尽快适应这个环境。这也是在一般社会生活中消除自卑的主要方式。

113. 价值结构的外在行为结果评价

人类依据精神环境的秩序实现在自然环境与社会环境中的合理生存。个体精神环境秩序的合理性决定了个体生存方式与生存行为的合理性。群体文化结构的合理性决定了群体的精神环境，也就决定了群体行为方式的合理性。

文化是人类群体结构的精神依据，对文化结构的合理性追求，也就是追求社会环境秩序合理性的途径。人类通过构建自己合理的精神环境秩序与文化结构的活动来追求合理的生存环境与生存方式，也就必须要对自己构建观念结构与文化结构的结果进行审视与评价。人类个体通过对价值结构的评价实现对观念结构的评价，其评价的直接结果就是对自己的人格评价。人类群体对自己文化结构与公共价值结构合理性评价的直接结果，就是依据不同的方式形成对自己文化结构的合理化塑造与合理性追求。

个体人格评价的依据在其两种环境的生存行为中。依据不同的生存环境秩序，也就形成了三个层次的评价标准和评价依据。第一种评价依据就是个体精神环境秩序。这种评价方式追求价值结构的内在完美性，其评价的结果形成了个体的道德精神追求。第二种评价依据就是个体生存的社会环境秩序，这种评价方式追求价值结构与外在环境秩序的和谐，其评价的结果形成了个体的自尊追求。第三种评价依据就是个体在两个生存环境中的生存状态，其评价结果形成了个体的生活幸福追求。

个体对自己价值结构的不同评价方式，也形成了对意识活动能力与观念结构感受的不同要求。个体对自己追求幸福的效果评价，常常可以通过对生存行为的效果感受而直接得到，因此在形式上常常简单直接而不会深入涉及精神环境与意识活动。这种评价方式也就最容易形成公共化的经验文化，也就最为通俗与普遍。但这种评价方式的内涵则是最深入最透彻的。几乎人人都可以追求幸福，但只有很少人能深刻理解幸福。幸福似乎处处可以感受，但幸福又最难以透彻表达。

追求自尊感的评价方式则必须涉及个体的价值结构与价值活动，但还可以间接实现比较明确的公共化表达。只有具备一定程度的意识活动能力或审美追求的个体，才能完美实现自尊感受。追求道德精神的评价标准则是直接评价价值结构与价值活动方式，也就必然最难以公共化表达与公共化交流，只有比较少数的具有强大意识活动能力和强烈审美欲望追求的个体才能很好地实现。

所谓幸福，就是人类对自己生存行为效果的直接评价。但其中主要蕴含了对自己价值结构与生存环境的协调性评价，这就必然间接蕴含了对自己价值结构的合理性评价。合理有效的生存行为，必然来自价值结构与环境秩序的和谐，在与环境秩序相和谐的价值结构中又必然具备自己内在的和谐。因此，在最简单最直接的幸福评价中，也就必然间接隐含了自尊感评价与道德感评价。自尊感与道德感是完美幸福的基础，缺乏基础的幸福感常常是虚幻的简单快感。

当个体的社会行为方式或生存方式是合理状态与和谐状态时，个体就会感到幸福，否则就会感到不幸福。幸福的感受来自欲望的追求与具体价值实现结果的整体和谐，来自欲望的实现方式与价值结构的和谐。单纯的欲望实现仅仅会感受到快感，只有与整体价值结构相一致的欲望实现才会感到幸福。并非快感都是幸福。与整体价值结构相冲突的快感，只能带来一时之快消失以后的失落与焦虑，与整体价值结构相一致的快感，才会形成稳定充实的幸福感受与幸福记忆。

能够获得幸福感受的个体，必然是处于其价值结构中表达的环境需求，与其生存环境中可能提供的价值实现条件相一致的状态中，这就是由幸福的生活环境提供的幸福的生活状态。他们也必然是处于生存行为和价值结构相一致的生活方式中。幸福的感受来自个体价值结构与生存行为结果相和谐，这就决定了幸福感受成为个体价值结构合理性的基本评价依据。

　　幸福感既是个体对自己价值结构合理性的自我评价结果，也是对自己在环境中行为方式合理性的自我评价结果。幸福感受来自内在价值结构与外在行为结果的和谐一致，它也就成为内在价值与外在行为方式与行为环境秩序的最为综合的评价标准。这种高度综合评价的复杂性，又决定了其常常主要依据对行为结果直接感受的评价，这就形成了幸福评价的直接化与模糊化。由此，在幸福评价中隐含的对价值结构的合理性评价，以及行为方式与环境秩序关系的协调性评价就常常被遮蔽了，这种遮蔽简化了幸福的概念。这就是对幸福感受的真实评价常常是最复杂的生存状态评价的原因。

　　个体对幸福感受的追求融合了人类的全部生存目标，又是对个体最直接的行为方式评价依据与生存效果评价依据，幸福感也就由此而成为人类主流文化中对社会生活一般状态的评价依据。这种评价方法的普及来自其结果的感性与直接，但这也常常会引起对这个评价方法本身的曲解。

　　在传统社会文化中，常常将个体对社会行为结果的直接感受作为幸福与否的依据，这就形成了对幸福感的简单与混乱的表达。通过不合理方式的巧取豪夺而建立的生活方式的"幸福"，常常被称为是纸醉金迷的糜烂。糜烂的生活就是糜烂者追求的幸福。各种具有畸形价值结构的个体，在社会环境中所追求的畸形生活方式的满足也常常就是他们的"幸福"。实际上，任何清晰稳定的传统文化也都不会承认这种幸福。不被社会主流文化认可的价值结构的社会实现也就不会成为主流文化评价中的幸福。

　　幸福的感受并不会必然来自特定形态的"合理"社会环境秩序。社会成员的幸福感受也无法成为社会秩序合理性的绝对标准。只要社会成员的价值结构与其生存行为结果与其社会环境秩序相对和谐，哪怕其社会生存行为并不合理，他们也会感受到幸福。例如，嗜血暴君的杀戮也会让他们感受到一些幸福的满足，拦路打劫的成功也会让剪径强盗有些幸福感。贪官们通过贪腐聚敛钱财或公权私用常常也是他们追求自己幸福感受的行为方式，非正义战争的胜利者们甚至能够塑造出他们幸福的历史，就是各类瘾君子的怪异追求也常常被他们表达为幸福的目标。他们的幸福难以形成人类的尊严，更无法具备人类的道德精神。

正因为幸福的感受常常直接来自环境行为的效果，不幸福的感受也就常常会被认识是环境秩序对自己行为的限制与阻碍。当不合理的价值追求在社会环境中受到限制时，对幸福的浅薄认知就会觉得社会秩序不合理地阻碍了幸福的实现。当这类个体认为自己又无法改变这种社会环境秩序时，就会使他们进入悲观厌世的精神状态中，这种精神状态就常常形成颓废的生活方式。各种自杀行为的精神原因，就是因为精神环境的困顿焦虑而悲观，因为对人生的悲观而厌恶自己的生命。

某些自杀行为则来自更为主动的价值追求，依据某些具有安慰功能的社会文化，就会塑造出他们对天堂的向往，他们就会为了进入天堂而主动抛弃现世。这都是超越了个体自我价值评价能力的特殊文化形态或特殊伦理灌输的结果。

最流行最简单的幸福感确认与幸福感评价方式，就是从与社会主流秩序相一致的生活方式中获得的价值满足。这种确认标准也来自社会主流文化的塑造。具备了这种幸福感受的社会成员，也就会追求与维护增强社会秩序稳定性的生活方式。例如现代社会中的中产群体或小资群体。中产是小资的社会经济状态表达，小资是中产的社会文化状态表达。

在现代主流文化中所表达的幸福常常就是中产们小资式的幸福。这只是对不同阶层社会成员复杂多元的幸福感受非常狭隘的简化表达。这种表达也就常常简化了对一般社会行为结果感受的精神本质，也就常常模糊了对幸福理解的哲学内涵。在不同社会成员中所具备的复杂与多样的生存感受形态，才是幸福感受的本质。

尽管如此，人类对复杂多元的幸福感受仍然具有普遍而一般的追求方式。通过对完全美好与和谐的社会秩序的追求来实现自己的幸福常常是文化浅薄者的理想，具有深刻文化修养的个体才能真正理解获得人生幸福的原因。仅仅简单追求精神环境和谐的人也常常会用隐居避世来获得相对的幸福。

人类的幸福感来自其行为结果与价值结构的和谐一致，其中蕴含了其价值结构与社会环境秩序的和谐一致。这种和谐一致的程度与深度就是幸福感的稳定程度与深度。如果他们的生存行为结果可以与其价值结构高度融洽，他们就可以获得最深刻最稳定的终生幸福感受，但这并不容易。具有这种幸福感的个体也就常常具有对社会环境秩序与人类文化历史的深切体悟，并通过这种体悟深刻地理解了社会环境与社会活动的全部内涵，既包括了其中必然具备的和谐与秩序，也包括其中无法消除的散乱与冲突。他们能够合理地安置自己价值结构中不同层次欲望的展开形态，并将自己的欲望对社会环境的多元化需求与社会秩序可能提供的条件合理地搭接。他们既有对宏观终极公共价值追求的理想，也有微观生存需求中的私欲。他们的幸福感来自将自己复杂的价值结构与更为复杂的社会环境秩序在生活行为中的统一。

当个体的价值结构与其对社会环境秩序的理解完全和谐时，他就可以达到"随心所欲不逾矩"的境界。当社会群体结构的公共价值及其文化结构与生存其中的个体的精神环境秩序相一致时，他们才能具备一种环境友好型的合理生存状态，这也是中国传统道家文化中隐含的人生追求。

第三十章　群体的人格

114. 人类的观念共识与公共意识活动

　　人类依据精神环境中的意识活动形成了自己社会化的生存方式。人类在社会环境中群体化的生存方式又促进了人类精神环境与观念结构的复杂化演化。人类特有的社会化群居方式形成了社会成员之间的观念交流活动，它在促进观念结构的公共化与复杂化的同时，也形成了群体化生存的内在精神依据。这就是个体观念结构之间的组织化形态的形成原因，也就是群体中的观念共识与公共价值的形成原因。

　　个体精神环境中的观念结构提供了个体意识活动的行为环境与个体审美欲望的满足环境。在群体组织化的观念空间中则构成了群体公共意识活动的行为环境，提供了人类审美欲望的公共化实现形态，也形成了人类社会文化的精神内涵。

　　人类在公共观念空间中的公共意识活动是人类社会化群居方式得到实现的基本条件，也是人类能够形成复杂而独特的精神环境的基本原因。人类依据不断复杂化的精神环境实现不断复杂化的群居方式的过程，就构成了人类不断复杂化演化的社会环境与社会活动方式，也构成了人类的文明与人类的历史。

　　人类的公共意识活动环境与公共观念结构又依据人类的社会化生存方式得以不断复杂化演化，并通过社会文化活动的外在表达实现了其保持与传承，进而又促进了人类个体精神环境与观念结构的不断复杂化。这就是人类生存其中的两个环境之间互为因果的自纠缠关系。

每一个人类个体在自己独特的观念空间中的意识活动，在构建自己独特的观念结构的同时也在构建自己全部行为的动机。在社会环境中多层次嵌套的每一个人类群体，也在自己的公共意识活动中不断构建出自己的公共观念结构体系，并在社会环境中表达出它们的文化形态，也同时构成了群体活动与群体行为的全部动机。个体意识活动由个体的神经器官提供能量，群体的公共意识活动则在个体意识活动提供能量的基础上，还具备了社会环境中提供的文化资源能量。

人类生存的自然环境由自然秩序对自然能量的组织化而构成，人类生存的社会环境由社会秩序对社会能量的组织化而构成。自然环境是人类生存环境中的基本形态，社会环境是人类生存环境中的最高形态。社会秩序的理性化文化表达就是社会结构，社会能量就是追求自由生存的人类个体。社会环境的组织化依据来自人类群体的公共观念，社会环境构成的自组织过程来自人类的社会生存活动。人类的生存行为对社会能量的组织化构成了社会秩序或社会关系，也依次而衍生出了全部社会资源。

公共观念的社会存在形态构成了人类的社会文化，文化是群体公共观念的社会化表达。在群体的公共观念空间中被组织化起来的个体观念空间，则是公共观念在精神环境中的存在形态。社会文化形成了群体公共观念的外在存在形态，也形成了社会环境中的公共观念结构。文化是公共观念在社会环境中的载体，文化也是群体公共意识活动的社会环境与物质环境。

个体的观念空间中蕴含了个体对生存环境的全部需求。观念结构对环境需求的承载功能，就是观念结构向人类个体提供的全部生存意义，也就是其中蕴含的价值功能。观念结构也同时形成了价值要素在观念空间中的结构形态，观念结构是价值结构的载体。

在群体的公共观念空间中，同样蕴含了群体对生存环境的全部需求内涵。这种需求就是社会群体存在的依据，也是群体的公共价值功能。公共价值由公共观念为其存在载体，公共价值也通过社会文化实现其外在环境表达。

　　个体的价值结构是他们全部生存行为的精神依据。通过他们的生存行为方式，可以感受到这个价值结构的存在，也可以评价这个价值结构的合理性。群体的公共价值结构则是群体全部公共行为的精神依据。群体通过社会公共行为构建与维持自己的群体结构与群体秩序，保持自己的群体存在与群体功能，追求自己的公共价值的实现。社会文化环境提供了群体公共价值的外在表达形态，并通过这种表达实现了公共价值在群体中的保存与传播，还实现了公共价值对群体成员的精神环境引导与塑造。社会文化既是群体公共价值的客观化存在形态，也是社会成员个体价值的客观化存在形态。

　　社会成员通过群体的文化内涵理解群体公共价值。在人类不同群体之间，通过文化的交流实现了公共观念与公共价值的交流，也实现了更高层次的公共观念与公共价值的组织化构建。人类通过不同群体间的文化交流，理解与接受不同公共价值的差异，也实现了对不同群体公共价值的评价与公共行为方式的评价。群体内的社会成员则通过不断评价自己的文化结构，来改善与巩固自己的公共价值结构，并由此而实现了自己文化结构的演化。

　　人类的文明构成了人类特有的社会化生存方式，也同时构成了社会结构与社会环境，社会环境就是人类文明化生存的环境，社会环境包容甚至超越了人类的全部生存行为目标。社会化的生存方式就是超越了个体生存方式与个体行为方式的群体化生存方式与群体行为方式。人类多层次嵌套的社会群体构成了多层次嵌套的群体行为空间与群体行为方式，也构成了人类的全部社会结构与社会环境。

　　人类的群体行为就是实现其群体化生存的方式，群体行为的全部精神依据就在群体文化表达的群体公共价值之中。群体的公共意识活动同样具有以两个基本功能。一个是构建群体的公共观念并实现对公共观念的外在文化表达，另一个则是构建群体在社会环境中的公共行为动机。公共意识活动构建群体行为动机的结果，也就构建与表达了群体行为的目标与群体的公共价值结构。群体公共行为的精神依据就是群体行为动机，群体行为动机的结构也必须通过文化表达才能实现超越群体成员观念空间的存在与保持，才能实现其外在物质化的保存与传播。

个体精神环境以个体生命存在为环境条件，个体生命的消失就是其精神环境的消失。人类的观念空间与观念结构仅仅在个体精神环境中无法永恒保持。群体公共观念环境才是个体特殊精神环境的永恒保持环境。所谓灵魂，就是人类对这种个体无法保持而又形成了群体保持的精神环境的虚幻化表达。不死的灵魂就是已死的个体公共化的观念形态在群体文化中的存在。

群体公共精神环境可以通过社会文化得到超越个体生命存在的保持，其中也就蕴含了对个体观念形态超越其生命存在的保持。正是人类对超越个体生命存在保持精神环境秩序的需求才形成了人类的文化。文化是人类文明的精神核心，文化是人类公共化的精神环境永恒的保持方式。正因为有了文化才有了人类精神的不朽，才有了超越人类生命存在与生存活动的意识活动空间，才有了宇宙精神与绝对理念，才有了至今为止的哲学困惑。

人类社会环境的存在方式就是社会群体的生存活动方式，就是人类群体化的公共行为的环境。群体活动方式的全部依据都在社会文化表达的公共价值之中，其中也必然蕴含了超越群体文化表达内容的公共观念与公共价值内涵。文化只能是公共价值的外在简化与社会环境归纳。人类公共观念的空间秩序要比人类全部文化结构更为复杂与开阔。

人类个体通过人际间的观念交流活动形成了群体的观念共识。观念交流活动的唯一目标就是构成与传播公共观念与公共价值。观念交流活动也就是构建文化的基本社会行为。观念交流活动所形成的全部公共化的感性观念形态与全部公共化的理性观念形态，构成了人类至今为止所创造的全部艺术文化与知识文化的形态。它们都是观念交流活动的成果，也都是观念交流活动的方法环境与工具条件。文化并不是公共观念与公共价值本身，而是它们的表达形态与载体。任何观念的表达形态都是对观念内涵的简化与概括。

人类对自己观念结构的理解与对其公共化表达的需求，形成了理性化的观念表达方法与理性化的观念形态，这就是逻辑工具与知识体系。但这种理解与表达的进程仍然远远滞后于个体与群体观念结构的形成进程。这种滞后就形成了人类的文化形态对群体公共观念的分离与异化。

在人类的传统文化中，由于对公共观念的感性化表达方式理解的肤浅，就常常将一般艺术文化的深刻本质肤浅化与表象化了。这就无法深刻透彻地理解艺术文化的存在功能与艺术活动的社会功能，也无法理解艺术文化与艺术活动与社会秩序的构建与维护的深层次关系。甚至将人类的艺术活动及其文化成果仅仅当作了人类个体的审美追求与个体的精神活动成果。

人类依据以艺术方法为主体的观念交流方式构成了自己特有的公共观念形态，并依据不同的公共观念形态构成了群体化的社会秩序结构。广义的艺术活动就是群体公共观念的基本表达方式。狭义的艺术活动则是对公共观念表达方式的特殊技术规范成果。人类的艺术活动并不是表达与彰显个体观念结构的方式，而是彰显与表达群体公共观念的方式。仅仅表达了个体独特观念内涵的感性观念表达形态，永远也不会成为社会环境中的艺术成果。

在传统文化中对知识文化理解的肤浅又常常夸大了知识的功能。知识文化的主要功能就是高效准确地形成公共观念的表达与传播。科学知识体系就是人类群体理解自然环境的公共观念体系，这个公共观念体系依据特定的逻辑方法形成了其特有的精确表达形态。全部逻辑方法都是对观念结构实现理性化精确表达的工具。

传统文化对知识的误解主要表现在将知识观念形态中的秩序内涵与人类外在生存环境秩序内涵的混淆，从而模糊了它们的根本区分，甚至形成了试图消灭它们的根本区分的哲学思潮。这就在流行文化中常常将知识的内涵当作了人类生存环境秩序本身，具有这种理解的哲学流派就在追求将逻辑观念实体化与外在化。

人类依据公共观念与其中蕴含的公共价值构成了文明化生存的社会环境与社会关系。在社会环境中，通过观念交流活动构成的公共观念又形成了社会群体成员共同的意识活动环境。在多层次嵌套的社会群体中，社会成员共同的意识活动就构成了公共意识活动。

人类对个体在观念空间环境中意识活动的理解所形成的社会行为依据，就是个体心理活动方式的文化表达。人类对群体在公共观念环境中的群体意识活动的理解所形成的社会行为依据，就是群体公共意识活动方式与群体心理活动方式的文化表达。在流行的社会学文化中这也被简称为意识形态或群体心理。

人类的观念交流活动既是构成公共意识活动环境与公共观念结构的行为，也是形成在这个环境中的公共意识活动方式的行为。人类的社会文化则表达了这个环境与这种方式。文化是人类结成群体与构成社会结构的公共价值的外在表达与社会环境依据，文化是人类公共意识活动环境与依据这个环境构成的社会环境的连接纽带与交集凝聚。特定的文化就是特定的社会公共意识活动的外在环境，就是特定的公共意识活动形态或意识形态的环境表达。

115. 公共价值与群体人格

文化的内涵就是群体的公共观念及其蕴含的公共价值。公共观念就是群体成员公共意识活动的观念空间或意识活动环境。公共观念的结构决定了群体成员的公共意识活动方式。这种方式对社会秩序的影响与文化表达，就是所谓的公共意识形态或广义意识形态。狭义的"意识形态"就是决定社会基本群体的基本生存追求的公共观念环境，也就是由现代国家权力构成的公共意识活动方式。文化就是广义意识形态环境的社会存在形态。

社会文化活动就是构建群体公共意识活动环境的活动。在社会群体的文化环境中生存的个体，必然会受到群体文化对个体观念的塑造与意识活动的引导与制约。这就是文化环境对个体精神环境与意识活动方式的熏陶。这种熏陶弱化了群体成员观念结构的独特性，形成了他们观念结构的相似性与意识活动方式的同一化，这也就形成了他们相似的价值结构与相似的社会行为方式，形成了他们相似的情感状态与相似的人格形态。

这种由文化环境所决定的社会成员意识活动形态的相似性，也就通过对他们行为选择与行为方式的影响，提供了社会群体秩序的存在依据与社会结构的精神凝聚力。社会群体成员中由共同的生活方式形成的联系紧密的社会组织化结构，就是社会文化环境对他们精神环境的塑造成果。

共同的公共价值结构使得群体成员在社会行为中具有相似的行为方式，也具有统合起来的群体生存追求。这就形成了群体人格的社会文化表达。所谓群体人格，就是依据社会群体成员公共化的行为方式对他们的公共价值结构的评价，这种评价的依据就是群体成员组织化的公共行为。

所谓群体人格，就是依据群体社会公共行为对群体公共价值结构的评价与表达方式，其中也必然蕴含着对群体成员个体价值结构的行为评价与表达。群体人格就是个体人格的公共化形态与组织化形态。

群体的文化表达了群体的公共观念与公共价值，对群体人格的评价活动也就可以作为对群体文化结构评价的间接方法，群体的人格特征就是群体文化内涵的社会行为结果。因此，群体人格的完整性与和谐性也就表达了群体文化的完整性与和谐性。反之，群体人格的散乱与冲突也就表达了群体文化的散乱与冲突。散乱冲突的文化对个体观念结构的塑造结果，就是个体观念结构的混乱与冲突，就是个体意识活动的混乱与困顿。

在人类漫长的文明演化史中，不同文明间的文化交流形成了不同文明间的互相了解，也形成了不同文化间的互相评价。在多层次嵌套的人类社会结构中，每个宏观社会结构中的大型群体构成的文明形态中必然蕴含着多重的社会小群体，大型群体对自己内在文化结构的合理性评价，也就涉及了对内部小群体文化结构的评价与它们公共化人格的评价。这种评价的结果就常常是大型群体改善与维护自己合理文化结构的依据。

例如，多民族的国家一定要通过对自己内部不同民族的文化结构的评价，来理解自己文化结构的整体和谐性与合理性，并提供对自己文化结构的改善依据与维护依据。

例如，大型企业要构建自己的文化体系，也就必然要理解与评价自己内部不同文化圈子的小文化的合理性，并通过增加它们的合理性与调整他们之间的协调性来改善与巩固自己的文化结构。

例如，在由表达不同领域的自然环境秩序的自然科学所构成的文化体系中，也是由低层次科学共同体的文化结构构成了它的内部结构与学术分支，维护自然科学文化宏观结构的协调性与合理性，就要通过评价与改善学术分支的结构以及它们之间的关系来实现，但这种改善与协调常常因为可以依据高度规范的学术规范而被技术化地遮蔽。而在其他文化领域中的内部结构评价与内部结构调整活动中，就会因为比科学文化体系更为模糊和困难而常常更不易被理解。

例如，对不同民族文化结构的评价也常常就是对他们群体人格的评价。这种评价必然要通过对他们在社会环境中的公共化行为方式的评价来实现。对不同民族的公共行为方式的评价，就是对他们公共价值与公共人格的间接评价。

人类社会的存在形态与结构形态就是多层次嵌套的群体。社会群体的公共观念结构与公共价值结构就表达了群体秩序的本质功能，它们决定了群体成员的社会行为方式，也决定了群体本身的社会行为方式。对任何群体人格的评价活动的目标与结果都是相对于群体的，对任何社会文化的评价与结果也都是相对于群体的，离开了特定的群体环境对群体人格与群体文化的评价就没有意义。

依据群体的外部文化环境由其他群体对某一群体公共价值和群体人格进行评价，也是一种常见的社会文化活动，这常常来自人类社会群体间在共同的资源环境中形成的竞争活动的需求。对群体文化与群体人格的外部评价并没有绝对的内部意义，只能为群体构建与改善自己的文化结构提供有益的相对参考。任何群体构建自己文化结构的全部意义都只能是为了自己的生存而不会是为了他人的生存，超越了群体自己生存需求的文化构建也就构成了超越自己群体结构的更为宏观的群体结构的组织化依据与凝聚力。这种超越性的文化活动常常来自人类追求对自己的生存环境与生存方式的终极性理解。所谓全人类的需求与价值就是这种理解的结果。

人类的公共观念和文化体系是属于群体的，不同群体所具备的公共观念和文化的演化进程，也都来自不同群体成员对环境的共同需求的演化内涵，群体对自己文化体系与公共人格的自我评价才是这个演化进程的根本依据。欧洲文化的演化动力来自欧洲人对自己的文化评价中，中华文明的演化动力也来自中国人对自己无能的评价中。任何外部文化环境形成的冲击都仅仅是文化演化的外部条件而不是文化演化的动因。

人类社会环境的存在形态就是演化。人类社会的演化依据就在社会文化中表达的公共观念的演化进程中。文化与公共观念的演化进程也决定了人类文明的演化进程。

人类文明的从无到有，就是由小群体的形成开始逐渐组织化构成更大的群体结构的过程。这个过程也就是人类文化体系不断公共化与不断大型化的过程。至今为止人类文明史中的几大古典文明就是文明演化史中最具文化影响力的大型群体结构。今天的西方文明与今天的中华文明都是这些历史文明的现代化延续。

不同社会群体依据人类的不同生存需求与生存方式而构成。人类共同的生存方式与共同的生存需求才能构成全人类的统一群体或人类命运共同体，但这种完美的人类命运共同体今天离我们还十分遥远，今天在人类中能够高度公共化的个体生存需求还远没有形成。

例如，在现代社会中人类对于地球环境的需求就常常是分裂的，为了改善地球环境的巴黎协定看似表达了一种统一的环境需求，但不同国家在其中的诉求则是貌合神离甚至分崩离析的。对这种形式统一的公共价值，很多国家是因为面对复杂的国际利益的博弈而不得不接受的，有些国家就认为它的内容是不公平的。

人类今天对于世界政治环境的需求也是非常多元与分裂的。联合国的决议大多数是通过投票的方法强制形成的结果，投票方法的合理性仅仅是一种强加于人的合理性，这种强加于人的功能就来自组织投票活动的秩序结构的权力能力。正因如此，完全依据投票结果形成的公共化行为方式，也就常常难以真正落实。能够较好落实的投票结果大都要依据并非投票的群体文化共识。

今天的人类社会，仍然被不同的生存需求与生存方式分成了不同的文明与不同的国家集团，这种区分的依据就在不同的文化形态中。人类对不同文化形态的尊重与保护，就是尊重与保护这种社会群体间的需求区别与他们生存方式的差异。人类社会内部的这种差异在共同的环境中形成的竞争活动，曾经孕育了极为血腥的杀戮与极为惨烈的破坏。人类文明中最大的善与最大的恶，都来自文明本身。只不过，人类文明演化的成果将这种竞争的方式逐渐合理化与逐渐文明化了。人类不同文明间的竞争活动方式的不断文明化，如果能够逐渐弱化与消除竞争活动本身的话，也只能通过弱化与消除不同文明间的文化差异与生存需求差异来实现。

人类形成一个统一群体或命运共同体的前景至今还十分遥远。大部分发达文明虽然高唱全人类利益的赞歌，但这种漂亮的口头表达经常被他们的实际行为所嘲弄与瓦解，曾经高喊代表全人类利益的美国今天也改为高喊美国第一的口号了，曾经试图构建一个能够代表全人类共同利益的社会阶级结构的理论，今天也已经式微了。

今天在大多数先进文明的生存方式中，仍然是自己的利益至上与自己的发展至上。在今天具有世界性影响力的西方文化结构中，还没有表达出对人类共同利益可以形成的终极逻辑依据，如果这种逻辑不再回到上帝那里去的话。他们现代政治文化中的民主自由至上的伦理，则只能保护他们自己的利益与强化不同群体间的差异。只有在中国的传统文化中，才具备了合而不同地将人类统合为具有共同终极价值群体的政治伦理。这种伦理的合理性并不在于消除人类群体间的差异，而在于有效地组织化安置这种差异。在今天世界上还仍然落后的发展中国家，则只能在先进文化维护的世界秩序的夹缝中实现自己生存利益的最大化。对他们来说，全人类的利益就更像是世界权力的一种漂亮招牌。

在不同文明中的志士仁人中所追求的世界大同的社会理想，在人类历史上还从来没有实现过，今天也仍然是遥不可及的。人类不同文明群体与国家群体间的巨大社会差异，今天还看不到消失的前景。今天还没有一个群体的主流文化体系可以作为最一般的人类文化和全体人类的人格评价标准。今天对任何群体文化的漂亮的外部评价标准就只有外部的意义，就只有不同群体如何相处的意义，就只有群体间竞争活动合理化的意义。那些努力传播与推广自己的文化体系，并宣称这种传播与推广就是实现全人类的公共利益的文化活动，都注定会变成被社会演化的风雨所荡涤的被漂亮包装起来的一己私利。几乎遍及全球的西方传教士们是如此，几乎全球化传播的西方文化也如此。人类的文化都是群体的，任何传播文化的活动都是追求群体利益的，只不过在有些追求者心目中它们被终极化了而已。

实际上，任何不同的文化形态都是人类不同群体的生存方式与生存需求的表达，不同的文化并没有高于全人类的生存方式的优劣意义。不同文明间公共价值的比较意义仅仅在文明的演化进程中才能体现，离开了对文明演化的追求，文明间的比较就没有高下。

这就像对个体人格的外部评价，如果离开了对具体社会秩序维护的意义，也就无所谓人格的优劣一样。人格的合理性如果离开了对社会秩序形态的具体需求，就只能由个体自己评价与体验。群体的公共人格与群体文化的优越性，如果离开了不同群体间的生存竞争，也就只能由群体自己体验与评价。

人类社会中不同层次的群体间的关系，就应当主要是互相尊重与互相协调的关系，或者是互相交流与互相竞争的关系，而不应是互相干预与互相改造和互相革命的关系。就像人类个体之间的人格是平等的一样，人类不同群体间的文化也应当是平等的。曾经信奉马克思主义文化体系的群体，试图向全世界推广自己的文化来消灭自由资本主义秩序，是一种理解历史演化方式中的错误。这就是唯物主义哲学的短板在历史文化中的表现。实际上，今天仍然主张马克思主义公共价值的文化，也已经放弃了世界革命的幻想。今天信奉自由资本主义文化体系的群体，还仍然在试图向全世界推广自己的文化以消灭社会主义文化以及其他异己的文化秩序，这也来自同样的西方传统哲学所提供的虚幻世界观，也仍然是对人类社会演化与人类历史的误解。只不过这些误解都有一个占据了道德制高点的漂亮包装来粉饰自己的合法性而已。这种包装曾经是伟大的上帝，今天则似乎是神奇的科学。世界革命的追求者们曾经将自己的自由资本主义敌人称为人类社会的剥削者与压迫者，世界民主的追求者们今天则将自己的社会主义敌人称为人类社会的集权者与专制者。

116. 公共观念与公共价值的三个层次结构

人类个体的观念空间秩序与观念结构表达了个体对自己生存环境的全部理解，也蕴含了个体的全部生存需求，并通过对这种需求的价值表达实现了个体在环境中的行为目标与行为方式的选择。观念中蕴含的环境需求就是价值。

对于个体的观念结构，可以通过理性化方法实现深入明确的理解与分析。对于蕴含在个体观念结构中的价值结构，也可以通过不同层次的分析来实现理性化的理解与表达。这种分析的基本方法之一，就是将个体的价值结构理解为微观的本我结构、中观的自我结构和宏观的超我结构。

每一个个体观念空间中的价值结构形态，都可以具有微观中观与宏观的层次化理解与表达。对于某些个体，这种层次结构的形态常常不一定会非常明确。只有具备完美观念结构的个体才能够形成明确清晰的对三个层次价值结构的表达与理解，而对于某些个体的并不完美或者很不完美的价值结构来说，其观念结构的层次特征也就会出现不同程度的模糊化与非典型化。

人类个体之间的观念交流活动形成了个体观念空间之间的秩序联系，这种联系的重要成果就是构成了个体观念结构的群体化组织形态，就是构成了人类群体的公共观念体系与公共意识活动环境。

在群体的公共观念结构中，表达了群体对自己生存环境的全部理解，也蕴含了群体对自己生存环境的全部需求。这种群体的生存需求就构成了群体的公共价值体系。群体的公共价值体系也具有可分析的层次结构，这就是群体的微观公共价值结构、群体的中观公共价值结构和群体的宏观公共价值结构。

人类社会环境中多层次嵌套的群体结构，也就形成了多层次嵌套的公共价值体系。只有在比较完整的大型社会群体中，才会具备明确清晰的三个层次完美的公共价值结构，这种公共价值结构以比较完整的文化形态实现其社会表达。传统的国家群体与民族群体就是可能具备完美公共价值结构的大型群体，而在中小型的社会群体中，则常常只能具备不完美或不独立的公共价值结构。其中虽然三个层次的结构形态仍然存在，但常常并不会明确地独立于其他群体的公共价值体系，这就会形成中小型群体之间在不同层次的公共价值结构中的混合与共有的形态。

例如在一些中型的社会群体之间，可能会具有共同的宏观公共价值结构，在一些小型的社会群体之间，可能会拥有共同的中观公共价值结构。由此，人类社会的公共价值体系的可分析结构，也就常常是超越了具体社会结构的公共观念的存在方式与社会文化的存在方式。这种状态正是使得直到今天的哲学，还仍然不能很好地理解人类文化与人类社会结构间关系的重要原因。

人类社会中的大型群体所具备的独立的宏观公共价值结构，就表达了该群体对自己全部生存环境秩序的独特共识，也表达了该群体独特的终极公共价值。不同的人类大型群体依据他们各自独特的宏观公共价值的形态及其文化的表达，形成了与其他大型群体生存方式与社会环境需求的差异和区分。

承载了宏观公共价值的群体宏观公共观念结构，构成了群体公共意识活动的基本精神环境，也构成了其文化活动的基本环境。在不同群体构成的不同文明的宏观公共观念结构之间，也就形成了他们公共意识活动的环境边界与文化结构的边界。

具备独立的宏观公共观念结构与宏观公共价值结构，常常就是社会大型群体或典型的独立社会结构的基本特征，也是不同文明的基本特征。人类的不同文明，就常常依据这种特征构成自己文明的标志。这种标志的简化表象就是其文化特征与文化符号。只有具备了自己独特的宏观公共价值结构体系，只有在自己独特的宏观公共观念空间中形成了独特的世界观形态与独特的社会生存方式的群体，才是人类社会结构中典型的大群体结构与文明结构。

在人类社会的历史演化中形成的稳定文明，或者在历史中能够稳定延续的国家，才能够具有独特而完整的宏观公共价值结构，并且也就必然会具备自己独特与独立的中观与微观公共价值结构与独立的文化结构。直到今天流行的历史观念与公共观念中，仍然主要依据不同的文明来确认与区分社会大型群体结构。

与由文明区分的大型群体结构相比较，由国家结构区分的大型群体则常常并不稳定。因为国家形态的群体结构常常并不一定具备独立的宏观公共价值结构与宏观文化结构。国家结构仅仅是人类社会中的政治权力群体，而不一定是独立的文化群体，更不是独立的文明群体。只有在极少数的国家结构中才具备与文明群体类似的独特而稳定的宏观公共价值结构，例如今天的中华文明中的国家形态。而在现代欧洲社会结构的国家形态中，就大都不能具备独立的宏观公共价值结构，而是由不同的国家共同拥有统一的宏观公共价值。在某些欧洲国家中甚至无法具备自己独立的中观公共价值体系，也只能与其他国家共同拥有宏观与中观公共价值结构。这样的国家形态，就是文化不能独立的政治与行政独立的群体结构，甚至仅仅是行政独立的群体结构。作为现代社会中依据政治与行政结构区分出来的国家形态，也就构成了现代社会中典型的社会大群体形态，但这种大群体形态仍然具有自己的文明局限性。

　　因此，理解与表达现代国家形态与国家功能的公共观念与公共价值，在不同的文明中就会常常大相径庭。西方文明中的国家观念与中华文明中的国家观念就不可以等同。中国人具有的与西方人几乎完全不同的国家观念，就是中华文明与西方文明的基本区分特征。欧洲社会的国家形态仅仅是一种行政与社会管理结构，其中只能具备中观甚至微观的社会管理功能，而他们的宏观公共价值的表达与维护则与国家无关。中国的国家形态则是一种文明的群体结构，中国的国家结构不仅仅是社会管理结构，还是文明的结构与终极价值的载体。今天中国国家结构的功能也要比西方社会的国家功能宽泛得多也深刻得多。这是今天西方人的智慧所无法理解的，因为他们没有类似的社会文化经验。

　　在西方文化大规模被中国文化接纳与复制的文化融合进程中，有些中国人也不自觉地用西方人的国家观念来看待与理解自己的国家形态，就是今天中国人的一种文化迷失。这种迷失来自中华文明现代化转型中的困顿与败落形成的文化不自信与文明不自信，也来自中国人对自己的历史迷惑。

正因为中国社会的现代重构与转型的文化依据是来自欧洲的马克思主义文化，这种对自己的文化迷失与历史迷惑也就进一步被这种文化的主流化而强化与放大了。

这种迷失只能在东西方文化的深入交流中，在逐渐恢复了中国人对自己文明的历史认知中，在今天在中国对文化自信的追求中，才能得到化解。中国人的文化自信只能来自中华文明的文化传统，而不能仅仅依据西方提供的某些主义。西方的主义无法形成中国人的文化自信，只能形成中国人的文化依附。尽管这些主义今天仍然是中国现代化进程中不可或缺的有效工具。

就是被今天中国人尊崇的马克思，也不能理解中华文明的国家结构所具有的与欧洲国家形态不同的独特功能与独特意义。马克思的国家观念也深刻地打着欧洲文化传统的烙印，也在欧洲人智慧的局限之中。马克思国家理论的局限性早已不足以引导今天中国人的历史思考了。

人类的社会群体成员，在宏观公共观念空间或宏观公共价值空间内的公共意识活动，构成了群体中最高层次的公共意识活动方式，也构成了他们在超验公共观念空间中的超验公共意识活动。这种公共意识活动由群体的公共化终极观念与终极价值所决定与所引导。不同的宏观公共价值结构，决定了不同群体的超验公共意识活动的基本形态，也必然引导了群体中不同的政治活动形态和经济活动形态，还必然引导与制约了群体成员的个体意识活动方式。

今天一般现代西方人的超验公共意识活动仍然常常回到上帝那里去，理性化的西方人则常常回到柏拉图那里去。有文化修养的西方人，则会进一步追寻笛卡尔、康德与黑格尔的思考。今天一般中国人的超验公共意识活动则大多数被西方人统治了。只有少数具有独立精神的中国人，才能够在现代化转型中将自己的超验公共价值追求回归到儒家文化的精髓中去。大多数曾经高喊独立自由口号的学者们已经没有这种能力了，他们只会继续咀嚼毫无滋味的新文化运动历史的文化残渣。

中国人在政治上的被西方殖民，已经被"站起来"打破了，中国人在经济上的被西方殖民，已经被"富起来"打破了。中国人在文化上的被西方殖民，还远没有被打破。今天中国的大多数学者们则在打着学习西方的旗号享受着西方的文化殖民。文化学习的目标是强化与发展自己，文化依附的目标则是跟随与服从他人。在曾经的中国历史中，抗日者与附日者的区分，在中观的社会管理技术中与微观的生活方式追求中常常会被模糊起来。在今天的中国文化活动中，强化与发展自己和依附与跟随他人的差别，也会在中观技术方法中与微观生活方式中难以区分，但今天的中国人中必须有能够区分的清醒者。

这种差别常常被今天中国的学者们故意混淆，他们要么在学习西方中妄自菲薄，要么在彰显自己中盲目自大。

群体的公共价值是他们组成社会结构的精神依据。宏观公共观念与宏观公共价值决定了社会结构的基本秩序与基本形态，也决定了群体的社会政治活动与社会经济活动的基本目标。人类历史上每一个能够稳定存在的大型社会群体，其稳定存在的依据就在他们宏观公共观念的稳定与独特的功能中。

在任何社会结构中，宏观公共价值的异化与崩溃都必然会引发大型群体结构的异化与崩溃，这就是文明与国家瓦解的内在原因。一个具有稳定演化历史的大型群体的稳定性依据，就在于其独特的宏观公共观念结构的稳定性之中，就在于其宏观公共观念结构对整个公共观念体系提供的稳定性支撑功能之中。中华文明是今天唯一稳定延续的文明体系中的政治实体与经济实体。这种稳定性来自其特殊的以社会政治伦理为核心的宏观文化结构的稳定性。其他人类历史上的文明体系大都已经变成了非实体化的社会文化形态了。他们曾经具备的大型或典型的社会群体结构大都已经瓦解了，他们今天的社会存在形态只是分布在不同国家群体中的文化遗存。

例如，在西欧的社会结构中曾经也形成了类似中华文明的文化形态与社会宏观结构形态。从古希腊的多元政治结构到罗马帝国的大一统社会结构，与中华文明的从商周的多元诸侯国家到秦汉帝国的政治大一统，具有类似的社会演化状态与进程。但后来欧洲社会与中华社会的演化则经历了不同的途径。形成这种差异的依据就在他们不同的宏观文化结构中。

西欧所经历的宏观文化体系的整合与变异的历史过程，也就出现了罗马帝国解体以后基督宗教文化统治中的中世纪社会形态，他们又在社会经济活动的变异与宗教文化的变异中，瓦解了这种形态而进入了近代世俗社会。中华文明中的秦汉帝国也曾经同样经历了解体的困境，但他则在自己孕育出来的新儒家文化的支撑中得到了重构与恢复。这种社会结构形态虽然又经历了几次剧烈的政治瓦解与政治重构，其中也包含了北方游牧的入主，但其基本的社会结构形态与宏观文化形态，则不断在重整与恢复中经过调整而保持下来了。中华文明中的宏观文化结构具有比西欧宏观文化更高的稳定性，就是在今天的中国向工业贸易文明的全面转型的社会剧烈突变中，以儒家文化为主体的宏观公共价值体系，仍然在其中起着引导与凝聚的基础作用。马克思依据欧洲文化传统构成的现代社会主义文化，之所以能够在中文明中力排众议而率先落地，就是因为儒家文化与社会主义文化的宏观公共价值中的类似基因。

由此，来自欧洲的马克思主义文化，也就像一千八百年前外来的佛教文化一样，虽然在中华文明中激起了宏观公共价值结构和传统文化的强烈异化，但最终仍然被儒家文化的巨大包容性所消化与吸纳了。儒家文化的基本宏观结构始终没有消失。

由宏观文化结构所表达的宏观公共观念体系的唯一功能，就是形成与凝聚宏观社会组织结构。一旦这种凝聚功能不能维持社会结构的继续存在，在瓦解的社会结构中继续被保存下来的宏观文化，就变成了新结构中的文化遗存与文化营养。新的社会结构必然依据新的宏观文化实现自己的维护与凝聚。现代欧洲社会的宏观结构仍然要在基督宗教中与柏拉图那里寻求宏观依据，现代中华文明的现代化转型则仍然要被儒家文化所引领。欧洲社会中曾经的宏观文化遗存虽然还延续着原来的文化形态，但已经不再具有凝聚社会宏观结构的公共价值功能了。尽管它们还可以为社会成员提供一些有益的超验意识活动的公共观念环境，但也只能具备中观文化与微观文化的功能了。无论是在基督宗教文化的兴盛时期还是今天现代文化的统治中，欧洲社会始终没有具备可以统合自己社会结构的宏观文化。统一而强大兴旺的欧洲还很遥远。

社会群体结构中的中观公共观念表达了维护群体基本秩序的方法形态与工具体系，也是其基本社会结构的特征标志。表达了中观公共观念的中观文化形态，就是基本社会结构中的制度文化体系与管理技术文化体系。中观文化结构中的中观公共价值，为社会结构中的基本政治活动提供了公共意识活动的基础环境与技术条件，也为社会结构中的基本经济活动提供了制度资源与技术条件。

群体的宏观公共价值表达了群体对自己全部生存环境的理解，群体中观公共价值既是群体对社会基本秩序的需求表达，也是群体构建与维护主流社会秩序的工具体系与技术方法体系的文化形态。虽然中观公共价值结构受到宏观公共价值结构的制约与引导，但中观公共价值又为宏观公共价值提供了必要的结构支持，并通过这种支持形成了宏观公共价值社会功能的落地。中观公共价值体系中蕴含的技术功能，使得它们具有了相对于宏观公共价值的独立性。

一旦某一群体中独特的中观公共价值体系得以形成，就可以通过这种公共价值在不同群体间的文化交流活动实现移植。这就形成了人类社会在不同的宏观文化环境中，仍然可以具备相同的中观公共价值表达的技术体系的文化形态。

人类维护社会秩序的技术体系的交流，从来就是不同文明间文化交流的重要内容。每一个文明都会通过坚守自己的宏观文化来确认自己的社会存在，但每一个具有稳定有效的宏观文化结构的社会群体，又会开放地接受其他文明的中观文化与中观公共价值提供的实现社会活动的技术体系，这也是今天全球化的文化交流活动的重要依据。

这个文化现象是由中观公共价值的工具性功能的本质所决定的。工具价值具有合理的通用性与可移植性。例如，中华文明维护自己社会秩序的四大发明，可以移植到阿拉伯社会与欧洲社会中去作为它用，欧洲社会创造的现代科技文化与现代政党政治制度，维护了自由资本主义社会秩序的稳定性，也可以用来维护中国的社会主义秩序。例如，农耕技术文化与畜牧技术文化，都可以在具备不同宗教文化的群体中有效地传播与复制。工业生产技术也可以在完全不同的宏观文化环境中，得到有效传播与不同程度的复制。现代企业制度与现代军事制度，也可以在仍然坚守了不同传统宏观文化的文明中，得到广泛的复制与有效的应用。

现代文化中流行的工具理性思潮，既是对现代社会中可以普遍有效传播与移植的中观公共价值体系的高度通用性功能的肯定，又是将这种功能向宏观公共价值中推广的绝对化。这种绝对化遮蔽与弱化了宏观公共价值体系对现代社会秩序的基本凝聚功能，也误导了现代社会学的思维方式。

微观公共价值表达了社会成员的基本生活方式与微观环境需求，它由微观文化结构表达。微观公共价值的微观公共观念载体，形成了个体社会个体成员的公共意识活动环境，也为个体提供了公共意识活动的基本文化环境与公共情感环境。微观公共价值的结构引导与决定了社会个体成员的基本公共情感状态和基本生活追求，也引导与决定了主流化的个体社会生活方式。社会微观文化就是微观公共价值的载体，其中的家庭文化体系，承载了家庭生活环境中的微观公共价值，其中的消费文化与娱乐文化，则承载了社会消费活动与社会娱乐活动中的微观公共价值，其中的社区文化与企业文化，又承载了表达社会微观结构的秩序依据的公共价值。

微观公共价值表达了群体成员的基础生活方式，它决定了群体成员公共化的日常生活形态与日常行为方式，它又提供了个体经验观念形成的主要行为环境。表达微观公共价值的社会文化形态可以统称为社会习俗文化。

　　人类的经验观念来自对生存行为的结果感受。个体在社会环境中的经验观念来自他们对社会行为结果的感官感受。这种感受在观念空间中的组织化就构成了个体的社会经验体系。基本经验观念构成了个体观念空间中的微观基本观念的形态主体。公共观念体系中的微观公共价值结构对个体经验观念的引导与塑造，就是群体公共价值对个体观念结构的基础性塑造。微观公共价值是直接塑造个体经验观念的主要文化环境因素。这种塑造的结果，就在个体观念空间中形成了表达微观公共价值的文化环境所构成的基本经验观念结构。这种几乎遍布于观念空间中的经验观念要素也就形成了个体观念空间中的基本环境秩序特征。这就是微观文化中的微观公共价值对个体观念结构耳濡目染的深刻影响功能。

　　群体的中观公共价值与宏观公共价值也会塑造个体的经验观念结构，但这种塑造则主要是间接的，是通过为大量微观经验要素提供结构安置的功能间接实现的。随着公共价值结构形态的逐渐升高，它们所塑造的个体观念结构的形态也就会逐渐超验化。这种观念结构逐渐超验化的结果既来自个体认识活动的组织化构建的积累，也来自塑造了个体观念结构的文化环境中公共价值结构的逐渐超验化。

　　表达了微观公共价值的文化环境对个体观念结构的塑造结果，主要形成了公共化的经验观念。主要表达了宏观公共价值的文化环境对个体观念结构的塑造结果，则主要形成公共化的超验观念。主要表达了中观公共价值的文化环境对个体观念结构的塑造结果，对于个体观念形态的影响则处于两者之间。

第六篇

情感状态与感情

第三十一章　意识活动的情感状态

117. 情感是意识能量在观念空间中的分布状态

人类以及人类生存其中的环境都是存在。人类对全部存在的理解构成了人类的世界。理解世界的存在方式的最一般也是最普遍的逻辑就是秩序对能量的组织化。存在就是能量在环境秩序中的运动形态。能量的运动与秩序的演化是存在的基本形态。存在中能量的运动构成了存在形态中的变化活力，存在中的秩序的演化构成了存在环境功能的改变。

所谓"秩序"，就是存在的能量要素之间形成了外部环境功能的内在关系结构与内在环境机制，所谓"关系"，就是存在要素间形成了环境功能的内在依据。秩序决定了存在能量的在存在空间中的运动方式，也决定了能量运动形成的外部环境功能。环境中的存在可以依据其环境功能分析为存在要素。存在要素的内部组织化形成了其外部环境功能的确立。秩序就是存在要素形成环境功能的内部机制。

人类具有两个生存环境，这就是外在环境或物质环境与内在环境或精神环境。人类的外在物质环境就是物理能量与生命能量运动的自然环境，它们由物理秩序与生命秩序构成了物理存在与生命存在。人类的外在社会环境就是人类本身的活动环境，它由社会秩序构成了社会的存在。人类的精神环境就是人类意识能量的活动环境，它由精神环境秩序或观念空间秩序构成了精神环境与观念结构的存在。人类理解物质世界本质的逻辑，就是物质环境的存在，人类理解精神世界本质的逻辑，就是精神环境的存在。

这两种逻辑在哲学中可以得到完美的统一。人类理解自然环境存在的理性化公共观念体系构成了自然科学文化体系，人类理解社会环境存在的理性化公共观念体系构成了人文学与社会学文化体系。人类理解精神存在的理性化公共观念体系构成了哲学文化体系。

人类特有的精神世界是一种人类生存环境的存在。精神世界构成了人类意识活动的精神环境，它是人类生命环境中的特殊功能中形成的超越了生命存在形态的特殊生存环境。人类精神环境的存在就是精神环境秩序对意识活动能量的组织化成果，就是意识活动能量在观念空间中的环境秩序中的运动方式与运动形态。观念空间就是表达精神环境存在的基本逻辑。人类观念空间中的观念结构就是意识能量被精神环境秩序的组织化凝聚而构成的观念存在，这种能量的组织化形态在观念空间中形成的内在表达构成了观念结构。观念结构就是精神世界秩序的环境存在载体。

观念空间中充满了非组织化的意识能量，它们的分布与运动受到组织化的观念结构的引导与制约，并在观念结构中实现与表达自己的分布与运动。意识能量被观念空间秩序的组织化构成了意识能量的存在功能，也构成了意识能量的运动环境。

所谓运动，就是能量或存在要素在空间中不均衡分布状态的改变。能量在空间中的运动动因，来自能量在环境空间中的不均衡分布形成的环境功能差异。物理能量在物理空间中的不均匀分布形成了量子涨落运动，形成了由量子涨落的组织化为发端的自组织过程，并最终构成的宇宙物质的全部运动与全部存在。生命能量在生命环境中的不均匀分布构成了生化运动以及由生化运动构成的细胞活动，最终构成了全部生命体的生命活动。人类意识活动能量在观念空间环境中的不均匀分布，形成了意识能量在观念空间中的流动与汇聚，并最终形成了人类的意识活动。社会能量在社会环境中的不均匀分布，形成了人类个体的自由社会行为之间的复杂联系与社会关系，并最终构成了人类社会的全部活动与环境。

人类的意识活动，就是意识能量在观念空间环境中或者观念结构中的分布状态的改变所形成的运动。观念空间是意识活动的环境。人类对自己观念空间与观念结构的感受只能来自意识活动本身。人类的意识活动构建了观念结构，人类又只能通过意识活动感受与理解自己的观念结构。意识活动形成了人类的意识感受，也就是形成了人类对观念存在或精神环境存在的感受。意识的感受与观念存在的感受都由意识能量在观念空间中的聚集与分布状态所形成。

人类的意识活动能量，来自人类生命存在环境中的高级神经器官提供的生命活动能量，高级神经器官的生命活动状态决定了意识活动的能量提供形态。生命活动向观念环境空间中提供的意识能量，必然受到生命活动秩序的限制，人类的意识活动能量因而是生命有限的。

人类的意识活动构建出来的观念空间，来自人类精神环境中意识能量运动形成的自组织功能，来自表达这种功能的认识活动的积累。观念空间中的秩序内涵，依据这种自组织过程所提供的几乎无限的秩序可能性，形成了观念结构形态的几乎无限性，也就为意识能量的分布形态提供了几乎无限的环境空间。

有限的意识活动能量在几乎无限的观念空间结构中的分布，也就必然形成了其特有的不均匀分布状态。意识能量的不均匀分布就是观念空间中能量分布的基本特征，也是观念空间秩序形态的基本特征。这就像有限的物理能量在深邃无垠的宇宙空间中的不均匀分布，并由此而形成了丰富多彩的物质凝聚形态与星系形态是宇宙存在的基本特征一样。

人类的生命本能也具备使生命能量在生命环境中不均匀分布的功能。这种本能保证了有限的生命能量可以在最重要的环境中集中分布，以获得其环境功能的最大效果。而在不处于重要活动功能中的生命环境中，则让生命能量形成较微弱的分布状态，在暂时没有生命活动功能价值的环境中就可以不被生命能量所关涉，或仅仅保留维持生命秩序的微弱能量。一旦生命活动对环境需求的重要性改变，生命能量的分布状态也就相应改变。

通常的生命能量分布形成了正常的生命状态，特殊的生命能量分布形成了生命的应激状态。这种生命本能保证了生命能量在生命环境中的最有效分布。人类生命体中的生命能量分布状态如此，人类精神环境中的意识活动能量的分布状态也如此。

人类的意识能量在观念空间中的不均匀分布，就形成了意识活动的情感状态。所谓情感，就是人类意识能量在观念空间中的局部分布与局部关涉状态，以及由这种状态形成的意识感受与意识活动结果。意识能量在观念结构所提供的环境中的局部聚集状态，以及这种状态的不断变化，就形成了人类意识活动中永远呈现出来的变化不定的情感现象。情感状态是人类意识活动的普遍状态与一般状态。在人类个体的观念空间中与群体的公共观念空间中都普遍具有情感状态，也都普遍具有情感状态形成的意识活动方式与结果。

意识能量在观念空间中的不均匀分布形成了其运动与变化的条件。意识能量在观念空间中的运动构成了人类的意识活动。人类通过意识能量对观念结构的关涉感受自己的观念空间环境，也感受自己的观念结构。人类意识对观念结构的感受通过意识能量对观念结构的表象关涉来实现。这种感受方式以及由这种感受方式所实现的意识活动，就是意识活动的普遍而基本的感性化方式。

在人类的意识活动中，意识能量在观念空间中的运动必须依据观念结构的秩序形态提供其运动的环境，必须受到观念结构的引导与制约。人类的意识活动又通过对观念结构的感受决定了意识能量在观念空间中的运动方式，也就是决定了意识活动的方式。

感性化的意识活动方式是人类意识活动的基本形态。在这种方式中形成的对观念空间秩序或观念结构的感性化感受，仅仅依据观念要素的内在表达表象而形成，因而也就是不可分析与不可理解的。依据观念结构的感性表象实现的意识能量的运动，也就必定是被表象的形态所引导与所安置的。观念空间中感性表象之间的不通透的散乱形态，也就必然形成了意识能量被感性表象的分割与限制。这种分割与限制就是意识活动普遍具有情感状态的环境依据。

人类意识活动的情感状态具有普遍性。由意识能量在观念空间中的不均匀分布构成的普遍状态就是广义情感状态。在某些情感状态中，意识能量会与观念结构形成特殊的互动关系而构成了意识能量的特殊汇聚。这就构成了特殊的狭义情感状态。人类的意识活动对广义情感状态没有明确的感受，对狭义情感状态则会形成明确的感情感受。这种区别也是区分它们的依据。

118. 情感状态形成了理解意识活动的困境

人类在环境中有目的的生存方式，有目的的利用与适应生存环境的活动，构成了人类的自主生存。人类有目的的利用与适应精神环境的意识活动方式，构建与创造了人类特有的精神环境，也创造了人类特有的意识活动方式。人类通过对精神环境秩序的感知实现自主的意识活动，这种感知的不同状态与方式，区分了人类的感性意识活动与理性意识活动。

人类对精神环境秩序的感知与理解，来自意识能量对观念结构的关涉。意识能量在观念空间中的不均匀分布的情感状态，决定了人类对精神环境感知的不均匀性。这就形成了情感状态对观念结构的局限与遮蔽。

意识能量的不均匀分布形成了对观念结构的不均匀关涉。被意识能量分布与聚集的观念结构，就像被意识照亮的观念结构。没有意识能量分布与聚集的观念结构，就像在意识的黑暗中。被照亮的观念结构就像能够被意识看到而感受到，黑暗中的观念结构就像不能被意识看到而没有感受。在意识能量分布与聚集而处于被意识照亮的观念结构中，对于当下的意识活动来说，就是其全部的观念空间。在没有意识能量分布与聚集而处于意识的黑暗中的观念结构，对当下的意识活动来说就像消失了或者不存在一样。这就是意识活动的情感状态对观念结构的遮蔽。

情感状态在意识能量的流动中的不断变化，也就形成了对观念结构的感知状态与遮蔽状态的变化。变化不定的情感状态就形成了意识活动实际涉及的观念空间与观念结构的变化不定，也就形成了人类对意识活动与观念结构感受与理解的变幻不定。

人类的理性能力形成了对观念结构超越表象的感受与理解。理性能力由此而扩大了意识能量的感受空间。当这种感受被认识活动实现了新的表象固定以后，就形成了理性化的观念结构。人类理性能力对观念结构表象的超越感受是模糊的与相对的，人类的理性能力以及依据这种能力形成的理性化观念结构也是边界模糊的与程度相对的。人类的理性能力与理性化的观念结构通透了情感状态的空间，拓展了意识能量的关涉范围，也就形成了将情感状态对观念结构遮蔽的化解。人类的情感状态形成了意识活动的局限化，人类的理性能力形成了破解情感局限的能力。

情感状态由意识能量在观念空间中的分布所决定，情感状态也处于意识能量的运动中。当意识能量在观念空间中的运动而形成了其分布与聚集状态的变化时，被意识能量照亮的观念结构也就在变动之中，被意识能量舍弃而处于黑暗中的观念结构也就处于变动之中。人类个体的情感状态的变化所引发的对观念结构的关注与感受的变化，就是人类意识活动及其观念空间环境所呈现出的复杂性形态的重要原因，也是人类始终难以理解与表达自己的观念空间结构的存在方式的重要原因。这也是哲学不同于自然科学的基本困难。

情感状态对观念结构的局限与遮蔽，会强烈地影响着意识活动的状态与方式。没有被意识能量分布与聚集的观念结构，就不能被主动的意识活动所关涉与利用，它们在被动的意识活动中也只能呈现无意识的若隐若现。这种由情感状态形成的意识活动在观念空间中的不均匀分布，形成了意识活动在观念结构中的局部化，也形成了意识活动环境的不确定状态。这种局部化与不确定状态的不断变化，也就形成了人类的意识对观念空间结构形态感知的复杂化与神秘化，进而也就形成了人类对意识活动方式与进程的难以自主控制与难以清晰表达。这种困难与不确定性就来自在情感状态中呈现的意识活动方式。人类对这种意识活动方式的感受就是情感感受与感情观念。人类对这种意识活动困难或困境的感受就是所谓的被情绪主导或为情所困。

处于不确定变动的情感状态中的意识活动，对观念结构的感知常常会是忽隐忽现与变幻不定的。这就是人类长期无法确认自己意识活动具备一个处于稳定的演化状态中的观念空间环境的重要原因，也是自古以来的哲学始终不能确认人类的精神世界是一个稳定的环境存在的重要原因，还是哲学永远躲避对人类情感活动方式进行分析的原因。

在西方古典哲学中，仅仅将高度公共化的超验观念看成是稳定的环境存在。在现代西方哲学中，就仅仅将高度理性化的公共观念看成是实体的存在。这就是逻辑实证哲学思潮的依据。而他们对于人类一般的意识活动环境，则始终无法给出一个稳定存在环境的理解，这也就是存在主义文化思潮的哲学依据。

在中国传统哲学中，则并不太在意对人类精神环境的理性化表达。这表现出中国哲学的逻辑化程度不足，但也没有因此而被逻辑工具的困境所束缚。充满感性和自由表达的中国哲学常常会呈现出对人类精神世界更为合理的感知，西方现代哲学则将远不足以表达人类精神环境秩序的逻辑方法奉为圭臬而不敢越雷池，他们甚至试图用语言与陈述来简化哲学，但却肤浅地束缚了自己。

在情感状态中被意识能量所关涉和照亮而能够被意识感受到的观念结构，就是传统哲学中所说的有意识的观念。在情感状态中没有被意识能量所关涉而处于意识的黑暗中的观念结构，就是传统哲学中所说的无意识的观念。当意识能量在观念结构中迅速流动而不断改变情感状态形成的关涉形态时，当下虽然不能够被意识感受到但又在曾经的感受中形成了记忆的观念，就是潜意识的观念。这种被曾经感受而被记忆的观念结构，也可以影响意识的环境感受，也可以形成意识活动可能将会进入其中的环境预测，并在这种预测中表达了对它们存在的感受，就是潜意识观念的哲学依据。

人类意识对观念结构的感受主要依据观念要素的感性化表象实现，潜意识的感受也如此。当人类将感性化的表象记忆逐渐用可分析的逻辑结构组织起来以后，这种逐渐理性化的观念要素间形成的记忆关系也就开始进入了潜意识中。高度逻辑化的潜意识就是理性化的思维。高度感性化的"思维"就是潜意识的直觉。潜意识为人类意识活动提供了不被意识当下关涉的虚幻观念空间。这种虚幻性来自观念要素表象间联系的结构不确定性，也来自这种联系被意识能量感知状态的不确定性。逻辑工具则为人类的思维提供了虽然不在当下意识的关注中，但却仍然可以理解与分析的思维空间。逻辑方法可以引导着当下的意识能量实现理性化的分布和理性化的运动，也就是在逻辑感知的观念结构中分布与运动。透彻的逻辑工具可以提供对广博观念空间的理性化关涉，这种关涉的空间拓展就是意识能量在观念空间中的脉络化分布。正是将意识能量的弥漫性分布转化为脉络性分布，才是理性能力得以拓展其关涉空间的能量分布范围的依据。由此，意识能量并没有增加，但其所关涉的观念空间却扩大了。意识能量被逻辑工具的简化集中，就是它能够在观念空间中延伸关涉范围的原因。

例如，几何逻辑可以让人类思考广博宇宙空间中的存在要素间的关系，但这种思考仅仅被汇聚在抽象的几何图形中。一旦意识回到真实的宇宙环境的感受中，一旦这种感受要关涉全部经验空间，意识的关涉领域就立刻被局限起来了。数学逻辑为人类提供的对宇宙环境的几乎无限关涉，就是因为它可以将意识能量的分布无限抽象与微弱地集中于逻辑形式之中。理解无限延长的直线与无穷数列只需微弱的意识能量，但要关注具体存在的直线形态与数据内涵则需要大量的意识能量。意识能量一旦进入真实的观念空间中实现弥漫性的分布，则会由于其能量的有限而只能局限在非常局部的观念空间中。

人类的理性化能力就是突破情感状态束缚的方法，就是拓展意识能量在观念空间分布范围的能力。但这种拓展又必然是对意识能量的分布方式进行简化与形式化的结果。被理性化理解与表达的观念必定由此而引入了失真，理性方法的意识失真就是理性能力卓越功能的必要代价。在理性化的意识活动中要时时注意向无微不至的感性化方式中的还原，就是在不同领域中对理性失真的消除法方法。

在传统哲学中，则将意识活动对观念结构存在形态的不同感受表达为对意识本身的感受。传统哲学中所表达的意识与意识感受，包含着意识能量的不均匀分布形成的情感状态的观念环境感受，也包含了这种状态的变化形成的对观念结构感受的复杂变化。在如果没有关于意识活动的能量运动与其活动的观念空间环境的区分，就是一种理解人类精神世界内涵的经验性化简化，就是一种理性程度不在充分的哲学观念。将人类的精神世界分析性地理解为意识能量在观念空间环境中的运动，则是哲学逻辑的巨大拓展。这种拓展将人类理解精神环境与理解物质环境的逻辑统一起来了，提供了人类理解自己生存环境的统一模式。

人类在精神环境中的意识活动就是人类的意识能量在观念空间中的运动。意识能量在观念空间中的分布与聚集的不均衡状态是意识能量可能发生运动的条件，也就是意识活动的条件。这就形成了意识活动的绝对情感状态。人类意识活动的情感状态及其变化所形成的对观念结构的流动性遮蔽，就是人类自古以来对自己意识活动的感受与理解的困难原因与神秘性原因，这也是至今为止的哲学中最难以化解与表达的精神活动现象。传统哲学因此而回避对情感问题的研究。

人类意识活动的普遍情感状态，形成了意识活动与观念空间环境的对应关系的复杂变化形态，也形成了人类意识对观念结构感受的各种变化不定的遮蔽状态。这种遮蔽形成了意识活动在观念空间中的局限性，也形成了意识活动在观念空间中的聚集与强化放大。这种局限性与强化放大的结果，就呈现出人类意识活动极其复杂的形态与功能。正是由于情感状态的存在及其对意识活动的强烈影响，人类对自己观念结构的感受与理解才会极其困难复杂与变动不定。这就是在人类专门关注精神世界与意识活动的理性化文化结构中，这就是在哲学中对观念结构的存在难以实现理性化与结构化理解与表达的基本原因，也是在高度理性化的哲学家们的思想深处，还仍然弥漫着复杂而神秘的观念散乱与理解困惑的原因。这种理解与困惑一直在左右着传统哲学的发展进程。

119. 理性能力对情感状态的化解与破除

认识活动实现的自组织过程，就是对观念空间秩序的无中生有的创造，就是精神环境中的负熵发生，认识构建的结果就是在观念结构中注入了精神环境的内在秩序，就是增加了观念结构中的超验秩序内涵。这种秩序的内在表达首先是依据其感性表象的，这种秩序的本体状态首先是感性化的。

人类观念结构的基本形态是感性化的，也就是主要以观念要素的感性表象来构成其结构形态的。这来自人类构建观念结构的认识活动过程的感性化本质。认识活动的自组织过程就是构成观念空间秩序的感性化突变，这就决定了认识活动对其结果的内在表达与结构安置的表象依据方式。感性化的认识活动过程与结果形成了观念空间中普遍的感性化观念结构。

理性化的观念结构，来自人类运用特殊的表达工具对感性化观念结构实现的特殊内在表达与结构安置的改造成果，这就是人类运用逻辑工具重新表达与安置了感性化的观念要素，并依此而改变了感性化的观念结构，使得模糊混乱的表象联系在观念空间中依据超验化的逻辑脉络而逐渐清晰起来。

逻辑工具与逻辑方法来自意识活动对观念空间中的超验秩序的特殊理解与对这种理解的特殊表达。这种理解提供了人类意识对观念空间秩序的抽象化凝聚，也提供了对意识活动方式的抽象化凝聚。逻辑方法将观念结构中的超验秩序抽象出来，凝聚成为蕴含其中的特殊脉络，这种凝聚的秩序脉络超越了认识活动构成的观念结构的表象间联系，也就形成了特殊的逻辑关系。逻辑关系为人类提供了通透而抽象地整体表达观念结构的工具，用逻辑工具重新表达的观念结构，就转化成为理性化的观念结构。这种表达转化的过程就是观念结构的逻辑化过程，逻辑化就是对观念结构的抽象简化与表面脉络化。

　　人类的精神环境的存在方式，就是人类的意识能量在观念结构中的分布方式与运动方式，也就是人类的意识活动方式。意识活动就是意识能量在观念空间环境中的运动，意识能量的运动依据观念结构的秩序而发生。意识活动的方式可以凝聚简化为逻辑关系表达的超验秩序的内涵。

　　在人类不同层次的生存环境中的各种能量的运动动因，都来自其在环境中分布的不均匀。能量在环境中的不均匀分布来自环境秩序功能的差异与不均衡。物理能量的分布与运动如此，生命能量的分布与运动如此，社会能量的分布与运动仍然如此，人类精神环境中的意识能量在观念空间环境中的分布与运动也具有这种特征。

　　能量在环境结构中的不均匀分布就形成了能量势差，能量势差形态间接表达了环境秩序的形态。物理能量的势差用物理场逻辑化表达，生命能量的势差用生命力与生存活力模糊地表达，精神环境的意识能量势差则可以用情感状态感性化地表达，社会环境中的能量势差可以用社会资源的价值链和流转社会资源的交易链或社会关系间接地表达。

　　能量在环境中分布的环境势差驱动了能量在环境中的运动。物理能量的势差形成了物理运动，例如电磁势差形成了电磁运动，引力势差形成了质量运动。生命能量的势差形成了生命活动，社会能量的势差形成了人类的社会活动，例如经济资源在社会环境中分布的价值势差形成了社会经济活动，政治资源在社会环境中分布的价值势差形成了社会政治活动。

意识能量依据观念结构安置它所形成的势差则形成了观念环境空间中的意识活动。这种运动方式也就决定了意识能量无法同时充满全部观念空间。意识能量在观念空间中的移动或运动路径，由意识能量对观念结构的感受构成，意识活动路径的清晰程度，就是意识能量对观念结构感知的程度。

人类观念空间结构的感性化的表象形态与观念要素间的表象关系在观念空间中的分布也是不均匀的。这种不均匀来自认识活动自组织过程在观念空间发生的随机性。这种观念结构秩序的不均匀就是意识能量在观念空间中不均匀分布的环境条件，也是意识能量运动动因与运动形态的依据。不均匀的环境秩序才能形成能量分布的势差，才能形成对能量运动的汇聚路径。不均匀的环境秩序提供了能量运动的通道，也提供了能量运动的阻力与分隔。意识活动的通道弱化了情感状态，意识活动的阻力与分隔强化了情感状态。

人类文明形成的社会群体活动方式形成了构建群体公共观念的明确需求。这种需求形成了向他人表达自己的观念结构内涵的强大动因，也就逐渐形成了人类对观念结构实现清晰的外在表达的能力。观念结构的外在表达依据其内在表达的形态与结果，清晰的外在表达需求促发了清晰的内在表达的形成。人类理性化的意识活动方式与能力就由此而逐渐形成。

人类逐渐强化的理性化意识活动方式，也就逐渐强化了对自己观念空间秩序的超验化理解。逻辑方法就是这种超验理解的外在文化表达。人类通过对逻辑方法的文化传播，也就逐渐塑造了人类精神环境秩序的内在表达的逻辑化形态。观念的外在表达需求形成了逻辑化工具，观念的内在表达结果形成了逻辑化观念结构。基础性的逻辑构成了人类表达观念结构的基本方法，例如形式逻辑。高度抽象的逻辑方法就是对超验秩序不断超验化凝聚的成果，例如现代数学逻辑。

人类对观念结构的理性化理解，引导与促生了理性化的意识活动方式。

理性化的意识活动方式又进一步形成了理性化的观念结构。理性观念结构就是人类对意识活动方式与过程不断深化理解的成果，就是这种成果的内在表达与超验化积累。

人类不同逻辑化程度的观念结构，就是相应程度的可理解与可分析的观念结构，就是具有层次化与结构化特征的观念结构。逻辑就是人类理解与表达自己观念结构的特殊工具。

理性化的观念结构也就形成了意识能量在观念空间中可理解的活动方式。这种意识活动方式具有超越感性表象的通透的活动空间与开阔的活动路径，也具有了可以感知活动方式与活动路径的可分析条件。理性化的意识活动方式提供了有利于意识能量在观念空间中相对均匀分布的条件，从而具有了弱化与瓦解在感性观念结构中意识能量分布的不均匀状态的功能。这种功能就打开了感性观念要素间局限于感性表象的局限性与封闭性，这就是理性化意识活动方式对情感状态所具备的克服与消解功能。

人类观念空间中的感性化形态是基本的与绝对的，人类意识活动方式的感性化特征也是基本的与绝对的，由此而形成的情感状态也是基本的与绝对的。人类的理性化意识活动能力则是相对的，理性能力所创造的逻辑方法的功能也是有限的。任何逻辑方法只能表达与理解相对简单与相对表面的感性化观念结构，也都无法完全透彻地理解与表达全部观念结构。在观念空间中大部分或绝大部分的观念结构，仍然是处于不能被理性化理解与逻辑化表达的状态中，它们就不能为意识能量提供可理解的运动方式与完全均衡的分布形态。这就是人类理性能力的相对性与情感状态的绝对性。

意识能量在可理解的逻辑化观念结构中运动，就可以形成对其运动方式可理解的路径感知。这种感知就在观念空间中分布的感性表象间构成了联系的通道，这就使得意识能量在原来不能顺畅活动的感性观念结构中，得以广泛而开阔地流动起来，并因此而进入了理性化的通透状态中。这种状态就会化解意识能量在观念空间中的不均匀分布，就会弱化情感状态而形成通透顺畅的非情感性的意识活动方式。意识活动的理性化方法就是化解情感状态局限性的方法，也是瓦解情感状态的途径。

但人类理性能力的局限性与理性化方法的功能有限性，又决定了它对情感状态的疏导与瓦解功能是相对的与肤浅的。任何理性方法都不能彻底改变意识能量在观念空间中不均匀分布的绝对状态，只能相对地缓解意识能量的分布不均匀。人类今天的任何理性化方法与逻辑工具，都无法完全消除意识活动的情感状态。这就是意识活动情感状态的绝对性。

自从人类具备了理性化的意识活动能力，也就开始了不断将自己的观念形态塑造成不同程度的通透性结构的努力，这种努力来自对这种精神环境实现通透的外在表达的需求。这种努力的结果，就在人类公共观念中不断形成了逐渐复杂化的各种逻辑方法。逻辑方法的文化积累与传播逐渐强化了人类的理性能力，也就逐渐可以在观念空间中形成相对于局部的非情感状态。这种状态能够在较大范围的观念空间中形成广泛与均衡分布的意识能量，形成意识对大范围观念结构的广泛与周全的关照和广泛与通透的感受。这就是理性方法对人类意识活动方式的改变。

理性能力打开了意识能量在精神环境空间中分布的局限性与封闭性，使得人类得以通过大范围地超越感性表象的局限来理解与感受观念结构，并在观念空间中的开阔领域中实意识能量的分布与运动，并因此而增加了认识活动与价值活动的广泛性与深刻性。理性方式为人类提供的特殊意识活动功能就是人类理性崇拜的原因。

人类理性能力的形成与发展，带来了人类能够超越情感状态局限与束缚的广泛而深刻的意识活动能力。这种能力最重要的功能就是构建出了人类文明中清晰明确的公共观念结构与文化形态，这种文化形态的一般例子，就是一神宗教对多神宗教的统合，就是中华文明儒学的确立。这种文化形态的现代化例子，就是自然科学文化的辉煌。

这种文化形态为人类社会化的公共意识活动提供了更加合理与更加有效的文化环境，这就是知识文化与知识环境。知识就是超越了观念表象而能够清晰通透地表达的理性化公共观念体系。知识文化的特殊功能就是人类的现代文化崇拜知识的原因。

理性能力使得人类独具的精神环境在文明的演化进程中逐渐具备了更为复杂的秩序内涵。这个秩序内涵就是能够在更为开阔的观念空间中安置广泛而丰富的经验观念的理性化超验结构。知识观念在文化活动中的积累与传播，也就塑造了社会成员与人类个体日益复杂的理性能力与日益复杂的观念结构。人类的理性能力与精神环境的复杂形态，归根结底来自人类强大的认识能力和认识活动对超验秩序构建与积累。这种积累的丰硕成果必须来自超越了人类个体生存方式的群体文化活动形态。

但是，人类至今为止所形成的全部理性能力，还远不能达到人类精神环境秩序中的全部感性观念结构的深度，也就不可能超越精神环境存在本体中的感性观念形态的复杂性。这来自人类理性能力的局限性。人类理性能力的形成与发展来自人类感性能力的丰富积累与感性观念结构环境对审美能力的孕育积累，人类的逻辑能力就是人类的审美能力对精神环境秩序的不断超验化积累的内在与外在表达成果。有什么程度的丰富性与复杂性的感性观念结构，才会产生什么深刻程度的理性逻辑能力和表达这种能力的逻辑方法。就是人类的数学逻辑也并非来自宇宙精神的投射，而是来自人类自己精神环境秩序的超验凝聚。人类的全部文化演化与发展的历史都是对这一要点的证明。

人类理性能力的发展与成果，永远是在人类感性能力的发现与构建成果基础上的跟随与升华，理性能力的形成与发展也就永远落后于感性能力的形成与发展。人类知识能力的发展永远以艺术能力的发展为自己的环境条件，具有强大知识构建能力的个体从来都是具有强大艺术感悟能力的个体中的佼佼者。

在人类精神环境中处于本体地位的感性观念结构中，意识能量的不均匀分布就是意识活动得以形成的基本动因。由此而呈现出来的人类情感状态，也就是人类意识活动的一般状态。情感状态形成的对意识活动的局限化和对观念结构感受的遮蔽，一直是人类发展意识活动能力与理解精神环境秩序所需要努力克服的弊端。克服的方法就是不断积累与发展理性能力与理性化的观念表达方法。

120. 广义情感状态与狭义情感状态

人类意识活动能量在观念空间中的不均匀分布是普遍的与绝对的。这种意识能量的简单不均匀分布就形成了广义情感状态。

在一般的情感状态中，有一种特殊形态的意识能量的不均匀分布状态，这种状态不仅仅是意识能量在局部观念结构中自在的或自然的不均匀分布，还会在这个特殊的局部观念结构中形成了与观念结构的环境功能间的复杂互动。意识能量在这种特殊的观念结构环境中被激发出了相应的特殊运动方式，并形成了意识能量在这个观念结构中的聚集与强化。这种聚集与强化来自意识能量在特殊的局部观念结构中逐渐形成的封闭性运动，并可以在运动过程中形成对结构以外分布的意识能量的不断吸纳。这种能量吸纳就是在特殊观念结构中意识能量强化的条件。

这就是特殊观念结构中的狭义情感状态。狭义情感状态是广义情感状态中的特殊形态。其特殊形成的确立来自人类意识对其实现意识能量的汇聚与放大程度的感受。

在由意识能量的普遍不均匀分布所形成的广义情感状态中，仍然会有普遍的意识能量汇聚与放大形态，这也是意识能量在观念空间中不均匀分布的基本条件。只要这种能量的汇聚与放大状态不能形成对意识活动的明确影响，只要这种影响无法形成人类的明确的情感感受，它们就仍然属于广义的一般情感状态。

狭义情感状态由意识能量在特定的观念结构中的特定运动方式与观念结构之间构成的自激震荡状态所构成。这类似于物理能量在特定物理结构中的汇聚形成的共振放大现象，也类似于某种特殊的生命形态与特殊的生存环境间形成了互相强化的耦合关系而爆发性地发展起来的现象，就像人类在地球表面的文明化生存方式。

　　能量在特定环境中的汇聚与放大，来自能量的运动方式与环境结构秩序的同一性形成的功能正反馈耦合，这就是所谓的能量与环境的共振。这种耦合就是特殊观念结构中形成的与结构秩序相匹配的意识能量运动方式，也就是在特定观念结构中形成的与其环境功能互相促进的意识活动方式。

　　当特定的观念结构环境功能激发出了于此相应的意识活动方式时，当这种意识活动的结果又强化了这种观念结构的环境功能时，这种汇聚意识能量的耦合关系就形成了。

　　当一种意识能量的运动方式对观念结构的环境需求与其所处的观念结构秩序提供的环境功能具备了同一性时，这种运动方式就会在这种观念结构中得到强化，这种观念结构也会在这种运动方式中得到强化，也就形成了意识能量在观念结构中的类似共振的现象。物理共振的机理可以为理解与表达意识活动的狭义情感状态提供一个可理解的逻辑分析途径。

　　狭义情感状态就是意识能量在其聚集与分布的观念结构中的共振耦合，这就形成了意识能量在特定观念结构中的封闭与放大。所谓封闭，就是意识能量逐渐向这个观念结构中汇聚而不分散出去。所谓放大，就是将周围环境中分布的意识能量逐渐吸纳进来而增加了这个环境中的能量强度。能量的放大并不是能量的无中生有，而是环境结构形成了对周围环境中同类能量的吸纳与同构化。

　　为这种吸纳提供能量的方式也可以分为两类，一是对周围观念结构中分布的广义情感状态的意识能量的吸纳，二是直接从生命环境中获取生命能量向意识能量的转换。后者的吸纳方式对形成与维持狭义情感状态常常具有重要意义。

　　人类的意识活动能量来自生命活动，人类情感状态的形成最终都要来自人类生命活动环境提供的高级神经器官的活动能量，第一种方式就是将生命能量转换为意识能量后，再实现其在观念结构空间中的汇聚。第二种方式则是直接获取的生命能量的转换来实现结构的能量汇聚。任何生命活动能量在被情感状态吸纳前都必须实现向意识能量形态的转化。

　　狭义情感状态的形成，或者将狭义情感状态从广义情感状态中被区分出来，其依据来自特定的观念结构秩序与同质的意识能量运动秩序的耦合，这也是一种复杂而特殊的自组织过程。

　　在人类的观念空间中自由运动与自由分布的意识能量，自觉或自发地实现着人类意识活动的认识活动功能与价值活动功能。当它们遇到了具有同构秩序的观念结构时，就会被封闭汇聚与吸纳放大，这就像散乱运动的流体在与某种有序化运动方式相耦合的环境中构成了特殊的漩涡，从而形成了超越正常强度的能量在特定环境结构中的特殊聚集。强烈的狭义情感状态就是在观念空间中形成了类似大气环境中的台风与龙卷风，这种汇聚也就必然会形成个体强烈的意识感受，这种感受的观念结果就是强烈的感情。

　　能量也依据特定的秩序实现自己的环境存在。无秩序的能量与无能量的秩序都无法存在。观念空间中的意识能量中蕴含的特定秩序也就形成了它们与观念结构之间形成秩序耦合的可能性，当这种耦合足够强烈时，也就会构成意识能量在特定观念结构中的封闭聚集与吸纳放大。这就构成了意识能量的狭义不均匀分布与狭义情感状态。

　　所谓狭义情感状态，就是形成了明确的意识能量的封闭聚集与吸纳放大的情感状态。所谓广义情感状态，就是没有形成明确的意识能量的封闭聚集与吸纳放大的情感状态。它们的形态区分是相对的，这种相对性来自人类对意识活动过程及结果的感受与需求。人类对意识活动过程与结果的不同感受的相对性，也就决定了这种区分的相对性。

人类处于狭义情感状态中的意识活动，就形成了意识向一个观念结构内部的集中的形态与方式，也就是意识能量对观念结构的关涉被集中与封闭。这种被封闭在特定观念结构之内的意识能量虽然能够不断增加其强度，但并不会拓展其范围。这就形成了意识能量对其关涉以外的观念结构环境的存在形成了强烈的忽视。在这种状态中的意识活动也就出现了强烈的局部异化的特征。

强烈的局部异化是狭义情感状态的基本特征，也是其能够区别于仅仅由于简单不均匀分布的广义情感状态对观念结构的一般遮蔽与一般忽视的依据。狭义情感状态就是强化了的广义情感状态，在这种区分中也形成了对强化原因的内部机理的特定表述。

人类意识活动的功能由意识能量与观念结构间的耦合构成。人类意识活动狭义情感状态的形成，必然形成了意识能量在特定观念结构中的高度富集与浓缩，这就会形成意识感受能力与意识发现能力的放大与增强，也就是在局部的观念结构中具备了超常的意识活动能力。这种现象就是人类意识活动的应激放大功能。这就形成了在一般情感状态中所不具备的特殊意识活动功能，包括特殊的认识活动功能与特殊的价值活动功能。

这种超常的意识活动能力就来自狭义情感状态提供的意识能量的汇聚与放大功能，这也是人类对这种情感状态重视与追求的原因。人类在这种状态中形成的审美能力的超常，会形成极其辉煌与神奇的认识与创作成果。这既是伟大的哲学发现与科学发现的精神状态，更是伟大艺术成就的创作状态。

狭义情感状态也会形成超常的价值活动能力，这也就会形成极其迅速与极其深刻的价值判断成果与行为方式选择结果。这种状态中的价值活动，就是人类在特殊的危机与困难环境中行为选择的应激状态。应激状态的概念，一般用来表达生命活动秩序应对特殊环境需求的能量汇聚形成的特殊生存能力，例如人类由肾上腺素所激发出来的生命活动方式。在这里也可以同样用来表达意识活动应对特殊生存行为需求的价值活动能力的激发状态。在人类的精神活动中出现的各种神奇状态与超常神秘能力，就是由意识活动的狭义情感状态所造成的。这种特殊能力的构成需要特殊的意识活动形态与其实现活动的观念空间环境条件的特殊耦合，这是这种内在环境中的特殊性，就形成了其难以理解的神秘性原因，传统哲学因此对其而没有分析与理解能力。传统哲学因而回避情感问题。

　　狭义情感状态形成了人类个体超常的意识活动能力，这也是在特殊情况下人类意识活动为人类的生存提供的特殊功能。但狭义情感状态又形成了对观念结构明确的局部封闭，这也同时形成了对意识能量关涉以外的观念结构的强烈忽视。这就是狭义情感状态对意识活动明确的扭曲与异化，并由此而形成意识活动功能的异化与偏差。这就是情感状态，特别是狭义情感状态的局限性与危害性。

　　这种局限性常常形成情感性的认知狭隘与认知偏差，特别是会形成情感性的价值选择狭隘与价值判断偏差，并因此而形成情感性的不合理行为方式与不合理行为目标。这就是所谓的情绪化行为与非理性行为。

　　人类的理性化意识活动方式具有超越观念结构局限性的能力，也具有化解情感状态弊端的能力。理性化的意识活动方式是有害的狭义情感状态的解药，也是对意识活动的强烈聚集状态的有效瓦解方法。但理性化的意识活动方式也会形成对观念结构的简单化关涉而弱化对其深刻秩序功能的利用。

　　当人类的社会生存活动不需要强烈的情感状态形成的意识能量汇聚时，就会鼓励与歌颂理性化的意识活动方式，甚至会崇拜理性。在人类的文化史中不乏理性崇拜的流行。当人类的社会生存活动需要强烈的情感状态形成的超常意识活动能力时，又会贬低与反对理性的滥用，甚至于憎恨理性。人类的哲学史与文学史中也不乏反理性的潮流。

　　人类反对理性方法的更为广泛的理由，来自对公共价值体系的改革与创新的需求。理性方法形成了对既有公共观念体系的有效表达与有效传播，也就形成了对既有公共观念体系的有效辩护，以至于在某些文化体系中会将特定的理性化公共意识形态推崇为最高的与终极的公共价值体系。中国有亘古不变的天理，欧洲有表达了宇宙秩序的理性精神。为了打破这种价值结构的超级稳定性而实现对价值结构重塑与更新，也就必须反对包裹与维护这种稳固价值结构的理性外壳。由此，实践与经验就会成为超越理性而被崇拜的对象，感性化的方法也就会成为歌颂的对象。少数智慧者在特殊的情感状态中形成的特殊感悟，就常常变成了神秘的文化图腾。人类文化史中从来就不乏对特殊智慧者的特殊感性感悟的传播与崇拜。

121. 意识活动中的情感与感受

人类通过观念空间中的意识活动选择生存行为目标与行为方式。观念空间中的观念结构形态决定了人类内在环境中的意识活动方式，也决定了人类外在环境中的社会行为方式。观念结构中蕴含的价值结构形态决定了人类的生存方式与生存结果。

人类对自己观念结构的感受只能来自意识活动本身。人类只能通过在空间中分布与运动的意识能量对观念结构的关涉来感受观念结构，离开意识的关涉就没有观念的感受。人类通过意识能量对观念的感受实现对自己观念结构的理解与评价。人类评价自己观念结构的结果，就是评价自己生存方式的依据，也是改善自己观念结构的依据。其中包括了个体对观念结构的评价，也包括了群体对公共观念结构的评价。

个体对自己观念结构感受也就表达了对自己生存方式的感受，个体对观念结构感受的合理性评价则表达了对自己生存方式合理性的评价。人类对自己观念结构的感受结果就是对自己生存方式的评价依据。

个体对观念结构的感受来自意识能量在其中的分布状态，这种感受就是观念空间秩序通过内感官向意识活动中的输入。每一个感受形成的内在经验观念都是一种意识能量在观念空间中具体分布状态的结果，也就是具体的情感状态的结果。每一个观念感受也都是在一个具体情感状态中，对认识活动的审美发现结果或自组织过程结果的感受如此，对价值活动实现价值判断活动过程的感受也如此。每一个观念感受的结果都是在观念空间中形成了一个相应的感情观念，其中必然蕴含了内在的超验秩序，也常常蕴含了外在的经验秩序。在每一个感情观念中也都蕴含着意识对自己观念结构的感受与评价。

人类对自己观念结构感受结果的公共化表达形态或者文化表达形态，就是各种逻辑形态的知识观念与各种感性形态的感情观念。文化中表达的感情观念就是人类的感情。感情一般都可以分为正面的或褒义的与负面的或贬义的。正面的感情常常包括幸福与快乐，安宁与和谐。负面的感情常常包括痛苦与困顿，焦虑与恐惧。

个体对幸福的感受表达了内在环境中的价值结构在外在社会环境中的有效与完美实现，也表达了个体价值结构与社会环境的相互协调。个体的快乐感受主要表达了个体内在价值的外在直接实现，也表达了外在环境秩序对内在价值实现的直接有效性。个体的安宁与和谐感受主要表达了内在环境秩序的完整性与协调性，也表达了个体价值结构的完美性与意识活动的和谐有效。

人类幸福的感受或幸福情感并不一定是欲望的直接实现结果，而是欲望的实现与观念空间的价值结构相一致的感受。当某一欲望的具体实现方式与观念空间中的整体价值结构不协调，虽然也会获得欲望满足的快感但却不会有幸福感。单纯欲望的直接实现感受仅仅是快感或快乐，从食欲性欲到审美欲望，从群体依恋欲望和自我实现欲望到权力欲望无不如此。任何幸福的感受都是欲望的实现与精神环境的整体秩序相一致的结果。"久旱逢甘霖，他乡遇故知，洞房花烛夜，金榜题名时"，就是中华文化中对幸福感受的四种归纳。它们表达的并不仅仅是某种重要欲望实现的快感，而是实现欲望的情感与自己人生价值的高度契合的感受。

快乐的感受与快乐的情感则可以直接来自欲望的有效满足。快乐的情感就是快感，快乐情感是幸福情感的基础，但并不是幸福情感本身。快乐情感比幸福情感简单而直接。

在现代西方文化中，将人类的幸福情感简化为欲望的实现感受，是一种实用主义肤浅哲学的观念，它模糊了幸福情感与快乐情感的差异，正是因为无法理解人类价值满足状态的多种形态。

在生存活动中仅仅追求欲望满足的快感会使人类幼稚化与动物化，很多不合理的社会行为方式都是这种简单追求的结果。例如通过吸毒与服药获得精神快感，例如在法不责众的环境中违法获利。只有具备了由伦理价值主导的完美价值结构，只有在这种价值结构主导的人生追求中所实现的快感，才是人类文明化与智慧化的幸福感。

人类对观念结构的感受并非直接来自意识能量在其中的分布，而是来自意识能量分布其中形成的环境功能。人类对观念结构的内在感受来自意识能量分布形成的自组织过程，来自这个过程实现的审美欲望的满足，也来自这个过程中审美欲望满足的障碍与不足。前者获得了精神愉悦与审美快感，后者则形成了精神困顿与意识焦虑。无聊的情感就是审美欲望实现不足形成的特殊焦虑。任何内在环境的感受就是一个不同层次的自组织结果，其感受形成的感情观念就是这种结果的内在表达。没有自组织的观念构建意识就不会形成内在感受。

人类对观念结构的外在感受则来自对其中蕴含的价值功能的行为实现结果，价值的行为实现获得了物质欲望的满足快感，只有形成了外在快感的感官信息才能被构成经验观念。这种快感与价值结构整体和谐的价值满足则进一步形成了幸福感。幸福感来自对经验快感在观念结构中的和谐安置，不能和谐安置的快感就仅仅是悬浮在观念空间中的简单快感。精神环境中表达了欲望的价值的无法行为实现形成了对欲望的积累，也就形成了痛苦的情感。实现价值的行为无效而积累的欲望，则形成了挫折与沮丧的情感。

忧愁则是与幸福相对应的贬抑情感感受，当欲望价值实现的快感缺失表达了价值追求的整体实现困境时，当这种困境被意识在观念空间中明确的感知时，就会出现忧愁情感。忧愁并非单纯的欲望价值得不到满足，单纯的欲望价值不能满足仅仅表达了痛苦情感。忧愁的感受则来自欲望不能实现的积累与整体价值目标追求形成的冲突。忧愁情感中包含了痛苦的感受，虽然没有痛苦感受的尖锐与直接，但却是比痛苦感受更为丰富和深刻的情感。

只有明确地感受到表达欲望的价值在环境中无法真正实现满足的条件才会感到忧愁。这种感受来自观念结构中对实现欲望价值的外在环境秩序的整体理解。中国传统的"望梅止渴"故事，就是表达了将无法缓解干渴痛苦的忧愁情感，转化为直接的干渴痛苦，并用虚幻的梅林回避与减轻了干渴的痛苦。虚幻的梅林虚化了无水的忧愁，并进而用虚幻的进食酸梅的快感回避了干渴的痛苦。这就是心理安慰的功能。没有消除痛苦的环境条件与行为可能性才会形成忧愁，消除痛苦的虚幻条件形成了消除痛苦的希望，就会减轻痛苦。

所谓心理安慰的方法，就是将产生了忧愁感受的情感状态，通过隔离痛苦感受与价值结构冲突的关系，转化为简单的欲望需求痛苦。简单的痛苦感受仅仅涉及简单的价值要素，可以通过意识活动的转移关注而相对地回避代偿与减缓消除。复杂的忧愁常常会涉及广泛价值结构的意识关注，也就会形成几乎无法回避的意识活动焦虑。

在相同的不利于欲望实现的环境条件中，对于意识活动能力低下或观念结构简单的个体，主要是感受到简单的痛苦情感，这种感受也容易被其他欲望的实现而遮蔽。观念结构简单的个体因此而不容易陷入深沉的忧愁中。意识活动能力强大或观念结构复杂的个体在同样的境遇中则常常会感受到忧愁，它们的这种感受几乎可以统辖与影响全部意识活动的情感状态，但也可以通过理性化的意识活动方式得到一定程度的化解。多愁者常常是观念复杂的善感者，善感者常常具有丰富的意识活动能力，而且在他们意识活动的主导方法中常常充满了感性而缺乏理性。

具有强大的意识活动能力与审美感受能力的叔本华，甚至可以将忧愁的感受深入到哲学的思考中去。但他的强大感知能力无法被深刻的理性能力所整合与均衡，也就使得它的哲学思考充满了情感的忧愁与世界观的无奈，他的学术行为也就常常会愤青化。乐观者看人生常常感受到人类的奋斗成就与希望，悲观者看人生则常常感受到生存中无尽的痛苦与黑暗。这来自它们不同的审美禀赋。

人类的痛苦感受仅仅表达了欲望实现的饥渴状态，而基本上与实现欲望的环境条件无关，一旦环境条件出现变化也就可能会得到满足。痛苦迅速转化为快乐是常有的事情，环境一变就常常破涕为笑。

人类的忧愁感受则在欲望饥渴的状态中蕴含了对环境条件的周密思考，并得到了在当下环境中欲望价值不会得到满足的深入价值判断，无法缓解痛苦的精神无奈就构成了忧愁的情感状态。所谓的忧国忧民，并不是简单地担忧国民的痛苦，而是担忧这种痛苦的无法有效解脱。为天地立心和为生民立命，则并非不解人间疾苦，而是具备了缓解与消弭这种疾苦的理性逻辑。

人类满足任何欲望价值的方法都在生存行为的具体方式中，人类的任何行为都要消耗生命资源。欲望的满足必定消耗生命，强烈的快乐通过强烈的生命损耗来实现。过度地追求快乐就会过度地损耗生命。对于并不是可以有效满足生存需求与直接缓解痛苦的快乐的追求对于人类的生存并不恰当，过度追求娱乐活动中的快感是一种无价值的生命消耗。

现代社会为人类提供了日益丰富的追求单纯快乐感受的代偿性娱乐，但很多这类活动并不一定必要。虽然它们可以为社会成员提供便捷的生存快乐，它们的社会功能仅仅在于调节现代社会生活的简单秩序为人类带来的无聊痛苦。适度的娱乐可以缓解审美快感不足的痛苦，过度的娱乐则会弱化人类的思维能力与审美追求。这种缺乏社会生活价值的娱乐活动方式大都是在通过消耗真实的生命资源来满足虚拟环境中激发出来的虚幻价值，获得这种快乐可以虚拟性地遮蔽现实生活中的痛苦，但不会真实地改变产生这种痛苦的生活方式与社会环境。

在中华文明中，追求合理生活方式的清心寡欲，则是通过引导人类的合理的内在价值活动来回避与消除产生于外在环境条件中痛苦的方法。在这种方法中如果引入或构成了合理的价值结构也就具有了真实价值的意义。所谓的无欲则刚，并非消灭了生存欲望，而是将个人的生存欲望包容在对群体公共价值的广博追求中，从而弱化了它们。追求清心寡欲并不是简单地节制欲望与压制人性的苦行，而是不去追求不必要的欲望满足，特别是在精神上不被不必要的欲望所引导与控制。这就是智慧者的精神追求方式。从苏格拉底的从容去死到朱熹的存天理而灭人欲，都是对这种生存价值的表达。陈忠实笔下的朱先生之死也是表达了这种人生态度的文学故事。

人类的幸福状态就是仅仅生活在自己必要的欲望满足之中。超越了必要的欲望满足的生活方式就是穷奢和极欲，穷奢极欲从来不会感到稳定的幸福。这种生活追求方式常常来自曾经的极度欲望饥渴。一旦具备了消除饥渴的充分环境条件，个体就会超越合理欲望需求而盲目地追求饥渴满足的快感。这种不顾一切地追求快感的社会行为方式，就是对曾经的欲望饥渴以及满足方式的情感性夸大形成的价值判断结果，这也是暴发户的社会行为特征。炫富者的行为恰恰在炫耀自己曾经的贫穷与财富饥渴，富贵世家则会用简单而高尚的"贵"来表达自己低调的"富"。穷奢极欲与过度追求奢侈消费的生活方式，就是曾经穷人的生活方式的翻转形态，只有三代以上的贵族经历才会逐渐回归到富足充实而简单的生活中。飞扬跋扈的行为主要是在代偿自己曾经无人理睬的痛苦。到处夸夸其谈的高调正是因为刚刚从无知中理解了一点点知识。如果他们能从权力与知识的积累中得到了智慧，才会逐渐低调与内敛起来。

第三十二章　人类的爱情状态

122. 爱情是人类多重欲望形成的价值封闭

"问世间情为何物，直教人生死相许。"这句话表达了人类所具有的一种特殊的情感状态，这就是爱情状态。

爱情的状态，就是人类三种欲望形成的基本价值体系的密切融合所形成的特殊情感状态。在这三种欲望的价值体系的融合中，形成了对意识能量特殊的高度汇聚与强化的状态。正是三种欲望形成的对两个生存环境的需求，形成了广泛复杂的价值体系的大范围融合，才形成了在个体观念空间中大范围的意识能量的汇聚与叠加。特别是在青少年时代，个体具备着充沛的生命活动能量，又初次进入了自主控制的社会行为状态中，也就更加放大了这种状态的能量汇聚能力。

在爱情状态中，既有生命能量在一般社会活动中的汇聚，又有生命能量在意识活动空间中的汇聚，这两种不同能量的汇聚又会形成人类活动能力的叠加与强化。三种价值体系的叠加形成了欲望的强化，两种能量形态的叠加形成了实现欲望能力的强化。这两种强化就形成了人类最强烈也是最美好的情感状态。

人类具有在两个环境中驱动生存行为的欲望，这就是物质欲望与精神欲望。物质欲望分为三个层次，其中基本生存欲望中的性欲望和群体依恋欲望都是形成爱情状态的欲望依据。在精神环境中的审美欲望也是形成爱情状态的欲望依据。

欲望在观念空间中展开为价值结构，欲望的实现在同一的行为中的重合形成了重叠的价值结构，广泛重叠的价值结构形成了广泛而强烈的意识能量汇聚。人类的这三种特定欲望的展开所形成的三种重叠的基本价值结构体系就共同形成了对爱情情感的特殊汇聚，也就由此而形成了驱动人类最普遍，也最强烈和最美好的爱情情感的社会行为。

爱情之所以美好，就源自其在两个重要的物质欲望中又可以间接蕴含审美欲望的实现，美好的爱情正是两种物质欲望对审美价值的激发与叠加。在性欲中蕴含的异性肉体审美价值，与群体依恋欲望中蕴含的个体精神审美价值的叠加，就是这种情感状态可以得到普遍广泛的价值凝聚与意识活动能量强度汇聚的依据。

审美价值在爱情状态中是一种内在环境中的高层次价值凝聚力量，也是将两种不同的物质欲望展开的价值体系在精神环境中充分融为一体的价值结构依据。审美价值在性欲价值与群体依恋欲望价值中的充分展开与充分实现，就使得人类的爱情状态常常成为各种以审美价值为基本追求的狭义艺术表达中的主题。没有爱情的艺术作品几乎总是不够完美的。

欲望在精神环境中的展开表达就是价值。人类三个层次的物质欲望表达了三个层次的物质价值结构。审美欲望在不同层次的观念结构中展开为精神欲望的审美价值。审美欲望是驱动意识活动的基本动因，也是形成意识能量在观念空间中分布形态与运动方式的基本动因，人类不同的情感状态都来自审美欲望的直接驱动。审美价值在性欲价值结构与依恋欲价值结构中的广泛分布，就是爱情状态的形成依据，也是爱情状态的特殊形态依据。

人类的爱情情感状态之所以如此强大与如此广泛深刻，就是因为构成爱情状态的价值依据的复杂丰富与广泛。爱情中包含了两种基本物质欲望的价值驱动，又在其中蕴含了两种审美价值的融合与强化。正是两种广泛的物质欲望形成的价值驱动，才使得爱情情感状态中蕴含了强大的外在行为动因，也就使得爱情状态可以广泛深刻地影响社会成员的社会行为方式。

正因为爱情状态中也同时蕴含了丰富深刻的审美价值，这种对外在环境的价值追求才会在精神环境中得到明确的表达与强化，这又使得爱情状态成为人类特定意识活动中的普遍内在审美活动的追求动因。这就是爱情状态能够广泛分布在整个价值结构中形成综合而强烈的情感封闭与情感放大的哲学依据。

首先，爱情状态中蕴含了人类最基本的生命欲望的价值展现与价值追求，也就是蕴含了个体性欲驱动的全部行为动因。性欲是人类最基本最普遍的物质欲望，也是个体在成熟初期进入社会环境后的最重要的自主行为动因。性欲具有最深刻最普遍的行为影响力。这个特征甚至在西方心理哲学中形成了性欲是人类全部社会行为的基本动因的误解。

在个体的青壮年时期，性欲的冲动会在个体观念结构中形成丰富的价值展开与明确的意识能量汇聚，也就形成了明确而丰富的特定感情观念，也就必然会在个体的全部社会行为动机中成为广泛分布的价值要素。性欲价值要素会对个体的各种社会行为动机形成广泛的影响，常常成为不同领域中的价值比较与价值判断的基本依据，并在广泛而丰富的社会行为方式中安置与实现它们。性价值由此而广泛分布在人类社会行为的动机结构中。

性价值对行为动机的广泛渗透与影响也就会相应地形成丰富的环境行为的经验感受，并因此而进一步强化与丰富了蕴含性价值的经验观念结构。在这种微观实践循环中被强化起来的性价值的公共化表达，又深刻地影响了人类的文化形态，并进一步通过文化活动的灌输而塑造出个体观念空间中普遍分布的性价值。从这种不断复杂化与普遍化的价值结构的演化，到依据这种价值影响与塑造的社会行为方式的演化，再通过行为结果的经验强化回归到价值结构中，这就构成了人类性价值与性活动的实践循环过程。正是在这种实践循环中单一的基本生存欲望的价值展开被逐渐社会化与文明化了。人类文明化的社会环境就是人类爱情状态的构成条件。爱情是人类文明的内涵，也是人类文化的成果。

其次，爱情状态也来自人类更高层次的物质欲望的驱动，也就是来自在自群体依恋价值结构中的意识能量汇聚。群体依恋欲望是人类的群居本能的社会文明化成果，是人类来自群居动物本能的社会化欲望形态。群居欲望的社会化演化表达了人类对群居方式的生存依赖，也表达了人类群居方式的独特突变。

　　群体依恋欲望在人类个体的幼年时期中主要构成了对家庭成员或直系血亲成员群体依赖的价值展开。这种价值展开也就形成了个体幼年强烈的亲情情感与深刻的亲情基础经验观念，母亲因此而成为人们终生的亲情依恋对象。

　　个体进入青春期以后性欲就开始逐渐强烈地体现出来，个体的群体依恋欲望就开始被性欲引导与叠加了，并在同龄异性中形成了超越家庭亲情价值强度的环境价值展开。两种强烈欲望在观念空间中的价值结构重叠展开，也就使得幼年时期明确而强烈的依恋亲情的情感，开始向依恋同龄异性的性欲对象的价值转移，并在性欲展开的价值结构中得到经验强化。青春期以后个体主要的群体依恋欲望的价值展现，就开始强烈地汇聚于具有性欲价值内涵的异性对象的经验观念之上了。这种价值汇聚常常压倒与遮蔽了曾经的亲情欲望，也常常会压倒与遮蔽各种社会文化塑造形成的文化对象依恋。在堕入爱河的情侣们心中爱情常常胜过父母的亲情，也常常会左右他们的社会群体依恋的基本选择，甚至可以左右他们的文化选择与公共价值选择。

　　最后，作为一种最普遍的情感状态，爱情状态又必然会受到人类的精神欲望或审美欲望的叠加驱动，又会在审美价值的展开空间中被进一步强化。审美欲望是人类意识活动的全部动因，也必然是各种情感状态的形成依据。爱情状态的形成虽然从外在环境需求中的性欲价值中发起，虽然被外在环境中的群体依恋价值所强化，但最终必然得到审美欲望的驱动与整合，才能实现其在观念结构中最广泛的能量汇聚。

审美欲望与审美价值驱动的意识活动形成了观念空间中的秩序构建，也依据这种秩序而引导着意识能量的运动，并形成意识能量在观念空间中的不同汇聚状态。单纯的审美价值就是单纯的超验价值。单纯审美价值对意识活动的驱动功能就仅仅体现在超验观念结构中，但超验的审美价值的追求目标又常常在观念要素中与经验价值融合与叠加，这就是将融合了超验价值与经验价值的观念要素综合为审美价值的追求目标。当这种目标以其观念表象被意识所感知时，表象的经验内涵也就常常成为审美的外在对象了。在人类对自己意识活动方式理解的初期，在人类哲学的幼稚状态中，这就形成了将审美对象外在化的经验观念。

当审美价值在性欲价值与群体依恋欲望价值叠加的经验观念中，实现了对其中的超验价值的追求时，也就在这个观念要素中形成了进一步的预期叠加与价值强化，这种叠加与强化也常常被这个经验化的观念要素的表象所表达。于是，一个提供了这种表象功能的异性个体就变成了精神环境中三种价值叠加的外在表象依据，一个普通的异性个体在强烈的爱情状态中就会变成高度完美的"男神"和"女神"。

爱情状态是人类精神环境中的特殊意识活动状态，最终构成爱情状态的意识活动动因就是广义的审美价值动因。但审美价值在爱情中的表达层次也会被经验化与肤浅化，也就是去超验化，并因此被外在化为一个异性对象的表观特征。实际上这种表观特征只是在性欲价值与依恋价值的叠加放大中才变成了审美表象的。情人眼里可以出西施，无情以后的西施也就是黄脸婆。将普通的异性对象变成了爱情追求之神，并非由于他们直接提供的审美表象，而是他们的普通审美表象在性欲价值与依恋价值的叠加中的强化与放大的结果。一旦两种价值的叠加放大消失，男神就回归到了油腻大叔，女神就回归为黄脸婆了。

爱情状态的形成首先来自审美价值在性欲价值中的叠加展开，也就是在对异性的性欲对象构成的经验观念中实现了审美价值的展开。这种审美价值的展开形成了对异性对象的特殊表观经验感受与强烈的性欲价值的融合，进而形成了强烈的审美情感状态。爱情歌曲里所迷恋的"他的味道"与"他的袜子"，就是这种强烈情感的外在经验表象。一旦离开了这种情感状态，味道与袜子就是垃圾。为了维护对爱恋对象的情感，也就必须不断培育与更新这种审美价值，也就要不断创造这种审美表象的经验观念。这种能力就是爱情的经营能力。

在爱情状态中，性欲价值强化了审美表象的价值，审美表象的价值又放大了性欲价值。这种在封闭观念结构中的价值功能的激荡与放大，既实现了性欲价值的强烈追求与满足，也实现了人体审美价值的强烈追求与满足。这两种欲望的满足与放大也就在统一的经验观念中被融合而形成了新的价值要素。这种放大效果使得一个普通的异性对象承载了强烈的性欲目标，也使得一个普通的异性个体承载了强烈的审美价值。这种融合的价值放大又将这种经验观念与价值要素特殊化与专一化了，这就是爱情状态一旦建立起来，就具有强烈的专一性与排他性的原因。

在爱情状态中的建立初期，审美欲望主要集中在对异性对象的生命机体的审美之中，因为只有异性的生命机体的审美价值才能与同样来自生命机体的性欲价值高度重叠。对异性性特征的审美感受与性欲感受的特殊叠加，就是"一见钟情"审美感悟的依据。

在这种叠加起来的审美感受中也同时会实现对性欲的满足，在这种审美快感获得的意识活动中也同时可以满足了性快感。这不同于单纯性行为满足的性价值仍然是面对生命机体审美对象中的性价值，只不过这种性快感已经被审美快感所融合与模糊了。与审美价值相融合的性价值的满足，就是超越了单纯性行为的肉欲快感而更为复杂的环境需求满足快感。这就是对异性对象的肉体与容貌的经验感受中获得的性价值与审美价值共同满足的综合快感。

所谓综合快感，就是在审美价值结构中与其他物质价值结构中统一汇聚起来的意识能量在满足审美价值的同时，也激发与满足了其中的物质价值。望梅可以止渴，画饼可以充饥，谈论美食可以减缓饥饿，大都属于类似的现象。

在当今中国流行文化中的女神崇拜与小鲜肉追求，就是通过文化形态表达的对这个层次的审美快感的追求。这种崇拜与追求常常被高雅地美化为单纯的审美追求，但其中仍然必然蕴含了强烈而原始的对性欲快感的物质追求。正是这种内在的物质欲望的充沛，才形成了这种追求在普罗大众特别是性欲充盈的年轻人中的普及。它们也正是因为能够提供这种普及而强烈的物质快感的满足，才成为现代廉价娱乐中的流行商品。

进入了爱情状态的个体在追求爱情价值满足的行为中，也就必然会与异性对象在相处中形成了观念的交流活动。这就会形成关于对恋爱对象的人格感受的经验观念在自己审美价值结构中的展开。这种审美价值的展开加入了爱情状态中，也必然叠加在对恋爱对象的依恋欲望之中。这种审美价值在依恋价值中展开与叠加的结果就是对异性对象的人格欣赏与人格依恋，这就形成了爱情状态中对异性对象审美追求的第二个层次。

在这个层次中的审美欲望满足形成了对爱情对象的人格欣赏的审美快感，这种快感常常叠加在对爱情对象的人格依赖的快感之上被强化和放大，则会弱化叠加在性欲价值中的审美满足，这就进入了所谓的红颜知己与精神伴侣的情感状态。如果这种情感状态与叠加在性欲价值之上的审美价值再叠加，就会得到进一步的强化与放大而形成最典型的爱情状态。

人类在爱情状态中汇聚起来的审美欲望的价值结构，并不仅仅局限于异性对象的经验观念的表象之中，也会拓展到观念空间中更为广泛的超验观念中去。这种情感状态对价值结构关涉的拓展与深化，主要来自从异性对象的肉体表象深化到异性对象的人格表象中，并通过对异性对象人格的审美依恋而进一步深入地依恋于爱情对象的社会行为方式与社会活动领域中去，最后也会因为对爱情结果的婚姻生活方式的预期而形成更为广泛的价值关照。在这种价值关照与意识能量的广泛汇聚状态中，就会使得爱情状态的价值关涉几乎遍布于全部观念空间中。

这种意识能量的关涉范围向高层次价值结构中的延伸，一方面会在每个层次的观念结构的领域中激发出更为丰富的基于爱情状态的审美成果，另一方面也会使得爱情状态的价值关涉会逐渐地进入超越低层次的物质经验价值的超验价值内涵中，这就会逐渐将爱情状态的关注重心从一开始形成这种状态所必不可少的性欲快感的追求中逐渐解脱出来，将其价值关涉形态逐渐变成了以高层次的超验价值结构为主体。这就是爱情状态由以物质欲望的追求为主体逐渐向以精神欲望的追求为主体的转移过程。

当这种情感的升华达到了主要以精神环境中的超验价值为其关涉主体的状态时，也就进入了高度精神化的所谓柏拉图式的爱情状态中。这种爱情状态只能在具有丰富完美的观念结构的个体精神环境中才能得到实现，观念结构简陋的个体则很难进入这种状态中，他们也就无法理解这种情感状态。无法理解的公共观念在他们的意识活动中就会变成一种虚幻的文化形态。

人类强烈而典型的爱情状态，虽然最终来自意识活动的审美欲望的融合与拓展，但在形成初始爱情状态的过程中，物质环境中能够激发性欲快感追求的经验观念的表象，仍然具有重要的主导功能。表达了性欲价值的观念要素在局部观念空间中的富集与强化就是爱情状态形成的初始条件。这种条件激发了爱情状态的形成，也会一直延续到很高层次的爱情状态之中，并成为维持爱情强度的不可或缺的因素。

没有性欲价值的激发不会形成爱情状态，只能形成来自依恋欲望价值的亲情状态。没有性欲价值的维持，爱情状态也会逐渐转化为依恋欲望价值所主导的亲情状态。尽管这种状态仍然会维持特定的强烈情感，但已经不是爱情状态了。

一旦性欲价值的追求在爱情状态中弱化与消失，这种强烈美好状态的初始动因也就消失了。但如果通过初始性欲价值的强化已经在较高层次的观念结构中形成了明确的爱情状态，这种状态也就并不一定会随着性欲价值的弱化而消失，甚至还会在没有性欲价值的观念结构中得到维持。对于不能升华进入较高观念结构层次中的爱情状态来说，一旦性欲价值弱化与消失，爱情状态也就常常不能维持必要的强度而随之弱化与消失了。这就是变化不定的"花心"爱情的原因。花心并非仅仅是性欲的强烈，而是强烈的性欲价值只能局限在性欲之中，而是性欲的追求无法形成对审美欲望向高层次观念空间中的引导。

在人类的不同文化中都高度歌颂的对爱情的专一，也就是崇尚升华到较高层次中的爱情状态中。只有对于爱情对象的存在表象实现了高层次的审美追求才会形成对爱情对象的审美专一，才能高度依恋爱情对象特殊的观念结构与精神情感。那种水性杨花式的爱情就是仅仅局限于低层次性欲价值中的爱情。对于低层次性欲的满足，任何一个具有表观审美条件的异性个体大都可以提供相似的条件，追求这种爱情情感的人也就必然可以在社会环境中具有大量可替代的选择空间。这就决定了他们对爱情对象的无法专一。

依据爱情情感状态所驱动的正常社会行为的成果就是形成家庭。通过对家庭环境与家庭生活方式的追求与维护来维持一般社会秩序的稳定，就是人类文化中始终歌颂与推崇合理的爱情状态的基本依据。对爱情状态中表达出来的人类深刻的审美价值的歌颂，则是不同文化中表达的对人本价值的终极追求。爱情情感既是构建家庭结构的精神媒介与精神条件，也是表达人类美好的审美追求的精神愉悦状态。但爱情状态的价值内涵并不是家庭结构得以形成与维持的全部价值依据，人类社会中常常会有已经失去了爱情情感但仍然会稳定存在的家庭。

爱情是人类意识活动在特殊生存环境中形成的特殊情感状态。爱情状态的特殊性就在于，一方面由性欲本能与群体依恋本能构成其物质欲望的普遍基础，另一方面又会在观念空间中得到审美欲望的融合形成的大范围价值叠加和价值拓展。这种精神欲望对物质欲望叠加与拓展的结果，常常就形成了观念空间中蕴含的价值功能的汇聚与强化，这就为意识能量的分布与运动提供了极为特殊的环境条件。这种基于最普遍的物质欲望的精神活动方式，也就形成了爱情状态普遍而又强烈的特殊状态。

爱情状态的强烈特征来自审美欲望对从基础的性欲价值到高层次的超验终极价值之间，在广阔的观念空间中的价值融合与价值叠加。在人类的一般意识活动方式中能够达到这种普遍分布于观念空间中的情感状态的形态是十分罕见的。只有在对具有广博的经验价值基础之上的超验价值的特殊追求，才会形成类似爱情的情感状态，甚至还可以形成超越爱情状态的强烈情感，但人类的这种情感状态要远比爱情状态稀有，它们远不如爱情状态的普遍。

正如流行的诗句所表达："生命诚可贵，爱情价更高，若为自由故，二者皆可抛。"特殊的自由追求可以形成高于爱情的强烈情感，普遍的爱情情感则有时会超越人类对生命的珍惜。

人类的爱情状态是在两种外在环境价值体系的支持中被内在审美价值融合与放大的结果。尽管任何具体的爱情状态都由不同形态的性欲与群体依恋欲望所激发，都由审美价值对异性个体不同形态的经验感受所融合与放大。正是这种由复杂多样的价值所激发与融合所形成的丰富多彩与千奇百怪，就形成了每个具体爱情状态的独特形态。正是这种深刻与强烈的独特性，才使得传统哲学难以获得对其理解的统一逻辑。

在这种人类个体生命经历中普遍而又独特的狭义情感状态中体现出来的复杂性与多样性，也就形成了对爱情状态最难以确切地公共化表达与最不易理解的文化形态。但其对人类意识活动与社会行为影响的强烈性与普遍性，则使得爱情状态与爱情情感，成为人类感性化文化形态中的重要主题。没有爱情内容的艺术形态常常是不完美的。在传统哲学中对人类意识活动环境理解的肤浅，对人类价值本质与价值结构理解的肤浅，则是人类文化对爱情状态的理解难以理性化与难以逻辑分析的原因。由此，人世间情为何物的永恒疑问，才会遍布于人类不同文明的全部文化史之中。

在现代社会的流行文化中，那种用一句话或一个符号来表达爱情的方式是最概括最简化的感性化方式，因此也常常是最幼稚与最机械的表达方式。这是现代人类个体精神活动在高度统一的微观文化环境中形成的趋同性结果，也是现代社会环境中个体微观意识活动被文化环境的同化与塑造形成的高度不自由的特征。现代年轻人常常用模仿流行方式来表达自己独特的爱情，正是因为他们的爱情状态已经失去了自由追求的独特性了。

在人类不同的文化中处处可见的流芳百世与脍炙人口的爱情故事，则总是在表达着爱情的错失与误会，就是在证明着人类爱情的独特性与难以理解性。人类的爱情状态常常体现了由个体的独特价值结构所决定的最复杂最独特的外在行为方式，要通过对这种情感状态的外在表达来形成恋人之间的情感理解，也就是人类个体间观念交流活动中最常见也是最困难的事情。对这种状态表达的高度感性化，使得它比对任何复杂知识的学习与理解都要困难得多。

人类观念的知识化表达与理解的通透性，来自它完美的理性化结构。人类爱情情感表达的复杂与困难，则来自其难以理性化。这是由今天的人类文化工具或哲学能力对爱情状态中所涉及的高度感性化的意识活动方式还难以逻辑化理解所决定的。

正是因为爱情状态无法被任何逻辑方法所透彻表达与分析，依据逻辑工具才能实现的任何人工智能活动，在至今为止的科学化的文化活动中也就会始终难以涉足这个领域。所谓的机器人表达爱情并非是真正表达了人类复杂特殊的情感，而仅仅是对人类爱情状态的外在行为方式的简单模仿而已，只是人类将自己对爱情状态的简单化的外在表达方式在机器人身上模拟出来而已。

个体在精神环境中构成了复杂深刻的爱情状态，但这种状态构成的社会行为方式则被高度文明的文化环境所统合与简单化了。人类复杂深刻的爱情活动为了实现普及化的文化表达与传播，也就被高度抽象化与简单化了。这种抽象与简化的爱情文化形态也就常常遮蔽了爱情状态真实的复杂性与丰富性。也正是这种表达的弊端造成了人类对爱情状态理解的神秘性。

人类对自己复杂的观念空间秩序与其中的意识活动方式的感性化的简单表达，常常需要借助极其复杂的意识活动过程才能获得真实深入的接受与理解。简单的恋爱话语与恋人形象让人终生心中萦绕不散，简单的爱情表白与恋爱行为则会让人向往一辈子而不能理解。

123. 爱情状态对价值判断的放大与异化

人类在观念空间中不均匀的意识能量分布形成了意识活动的广义情感状态。特定的观念结构与特定的意识能量运动方式的耦合，又形成了意识能量的特殊封闭性汇聚形态，特定观念结构在这种状态中对周围观念空间环境中的意识能量的吸纳与强化，就形成了人类意识活动的狭义情感状态。

爱情状态是人类个体意识活动中最普遍最奇特的狭义情感状态。人类爱情状态的强烈性与复杂性形成了对人类意识活动方式的强烈影响与特殊改变，这就构成了人类在爱情状态下复杂而特殊的社会行为方式。

人类的全部社会行为都来自对观念空间中社会价值的追求，都来自这些价值要素在意识活动的动机构建中形成的特殊结果。情感状态对构建行为动机的价值活动形成的明确影响，就是在价值比较与价值判断中形成了对特殊价值功能的放大，并因此而形成价值判断与动机结构的异化。这种影响的结果就是对被爱情情感所涉及的价值要素的功能内涵的明显放大，有时这种放大是剧烈的。这就会明确甚至严重地扭曲价值活动中的价值比较结果，并扭曲价值活动的正常形态与行为动机的正常结构。

爱情状态中对意识能量的强烈汇聚，来自两种基本物质欲望价值的展开在内在审美价值中的耦合与叠加，也来自审美欲望对它们的融合与放大。

爱情状态的复杂性则来自其所涉及的价值体系的广博性。爱情情感状态几乎可以在任何价值结构中落地。

性欲与食欲是人类基本生存欲望中的基础欲望。人类的任何物质欲望几乎都可能形成与性欲的联系，这就是弗洛伊德依据性欲来解释人类广泛的社会行为的依据。这种理解将很多属于群体依恋欲望与生存安全欲望领域中的价值追求也归属在性欲中了，这就为弗洛伊德的理论构成了坚实的经验基础。性欲在观念空间中实现自己价值展开的广泛性特征，也就形成了人类爱情状态的广泛价值基础与复杂行为依据。

人类的群体依恋欲望的价值表达形态则更为广泛也更为复杂与抽象，这种价值体系在爱情状态中与性欲价值体系的叠加就是爱情状态形成的初始原因。在传统哲学中并没有明确地表达出这种欲望的形态，也就无法深入地关注这种欲望的重要功能，这也为弗洛伊德的理论提供了经验空间。人类的群体依恋欲望为人类的社会行为提供了广泛的价值依据，个体在青少年时期对爱情状态的强烈皈依，就是这种欲望在社会活动中重要的行为实现。

人类丰富的审美价值追求也是爱情状态的激励与放大因素。审美价值在对异性对象的感受中的性欲价值与依恋价值中的展开与融合，在将爱情状态进一步强化的同时也形成了对其公共化表达的特殊艺术方式，这使得爱情始终是人类各种狭义艺术活动中的主要情节与主要内容的依据。

爱情状态的这些基本特点，使得爱情状态几乎可以放大任何被爱情状态所涉及的价值内涵，也使得爱情状态本身就常常是不同价值要素被异常放大与异化的结果。所谓堕入爱河，就是因为形成了爱情状态而明确地改变了个体在固有价值结构中的价值活动方式的结果。爱情状态甚至可以改变个体的人格特征，这就是为爱而疯狂，这就是爱情形成的精神病态。

这种进入爱情状态而出现的行为方式变异，就是在这种特殊的狭义情感状态中形成了对观念结构的遮蔽和对价值活动的扭曲。这种改变来自特殊的情感状态，也就必然是临时的和可恢复的。但任何恢复都会留下爱情状态的感情结果与感情痕迹。这种情感状态的消退就是爱情常常会弱化与消失的原因，也是强烈的爱情状态常常被比拟于病态的原因。

人类生命活动中的病态形成的疾病，是来自生命活动中的局部失序形成的秩序功能异常。这种异常既会来自外在环境条件变化的干扰，例如物理环境的突变与微生物环境的突变，也会来自生命活动秩序控制能力的减弱，例如免疫力的下降。生命秩序异常的恢复或疾病的消除，常常来自外部环境秩序的恢复或干扰的消除，例如合理的调养，也来自内部生命秩序的控制功能的重新强化，例如免疫功能形成的各种应激反应。人类有目的的生命秩序外部干预活动也是生命秩序恢复的重要手段，这就是人类文明中的医疗技术。

人类精神活动中的病态也是来自意识活动局部的失序形成的秩序功能异常。这种异常既会来自精神环境的外部信息突变形成的干扰，例如激发强烈情感状态的恋爱对象的出现，也会来自个体意识活动秩序控制能力的异常，例如强烈情感状态的激发。对这种异常状态的纠正与恢复，则来自正常的审美价值追求对意识活动的正常统辖，例如正常伦理价值与道德精神状态在价值活动中的统辖地位的恢复。也可以来自对外部环境刺激因素的消除，例如回避与改变外在环境中的迷恋对象。

人类的爱情状态形成了强烈的狭义情感状态特征，它通过对正常价值活动的干扰形成了临时性的与必然会冷却而改变的价值判断结果。那种冷静和理性的爱情就是一种并不具备狭义情感状态的爱情，也是一种特殊的爱情。只有这种爱情状态才会形成稳定不变的情感价值与稳定不变的行为追求。

人类大多数个体普遍的爱情状态则主要是不稳定的狭义情感状态。这种爱情状态的行为结果的临时性与不稳定性，并不是有意的感情欺骗，而是人类意识活动的正常现象。燃烧得越旺盛就烧尽得越迅速。

希望爱情既轰轰烈烈又天长地久就是一种精神乌托邦。天长地久的爱情并非没有，但却常常并不会轰轰烈烈。希望用强烈的爱情状态作为未来家庭结构稳定的依据，则是对人类意识活动方式与社会生活方式的幼稚理解，这常常是儿童们的童话故事中王子与公主们的生活方式。

人类对美好爱情的追求是建立家庭的重要动因，但却并不是全部动因，特别不是家庭稳定的全部原因。爱情可以是家庭和睦与幸福的初始原因，可以是构成家庭与稳定家庭的润滑剂，但家庭作为社会基本结构的主要建立依据并不在爱情中，而是在对共同社会生活方式中形成的环境需求的观念共识中。形成这种观念共识的最有效最稳定的情感状态就是所谓的亲情状态。

进入爱情状态是年轻人建立家庭的情感媒介与初始动因。受到社会文化的塑造，家庭也就常常是年轻人追求爱情的归宿目标。正因为对爱情状态的追求常常并非家庭建立的核心价值目标，所以家庭的建立常常会为不谙世事的年轻人带来爱情被削弱的感受，这就有了家庭是爱情坟墓的说法。

爱情是人类特殊情感的强烈愉悦成果，也是形成稳定的家庭亲情的初始情感动力。家庭可以成为爱情继续存在与发展的环境，也常常会成为爱情被其他价值目标所冲淡的环境。爱情是家庭建立的原动机，也是家庭维护的润滑剂，但并不是家庭存在的核心价值基础。轰轰烈烈的爱情故事常常与家庭生活无关，在幸福的家庭中爱情并不一定占主导地位。

人类的文明就是通过社会化的方式实现自己的环境生存。人类社会的存在形态就是多层次嵌套的群体结构。至今为止的人类社会中家庭仍然是社会的基本结构，家庭为人类提供了社会化生存的基本方式，家庭的稳定仍然是社会秩序稳定的重要基石。人类追求家庭生活的价值内涵要比追求爱情的价值内涵更为复杂与超验。

人类个体依据群体的公共观念与公共价值构成了社会群体结构。构成群体结构的公共价值中也会蕴含特定的公共情感状态，其中也包括了爱情。人类构成家庭的环境需求来自对社会环境中共同生活的公共价值，其中也包括了共同的爱情价值。但共同的爱情需求并非构成家庭的全部公共价值，爱情情感在构建家庭的初始阶段会起主导作用，但在后来的家庭生活中则会被其他逐渐增强的共同生活需求所逐渐冲淡。

随着家庭生活的持续，当建立与维护家庭的爱情价值的地位逐渐减弱后，其他公共价值与共同需求则会强化起来，并成为维护家庭结构的主导精神依据。在稳固家庭的互相依赖与不愿分离的生活状态中，就是因为具备了这种公共价值的成果，但其中的爱情价值常常已经不再处于主导地位了。这就是主要依据亲情状态甚至主要依据家庭所提供的其他社会功能来实现家庭结构的稳定维护，例如家庭经济利益和家庭社会地位利益与道德伦理利益。家庭结构最终稳定存在的公共价值依据，主要来自家庭成员对在社会环境中共同生活需求的共识。只有这种共识的消解才是家庭解体的根本原因。

伟大而辉煌的爱情并不会太长久，长久稳定的家庭则并不一定依赖爱情来维持。这是人类社会的正常状态。天长地久的稳定家庭常常来自天长地久的社会生活价值共识，而并非来自天长地久的爱情。门当户对的社会地位常常是形成稳定社会生活共识的环境条件，这就是传统社会中对稳定婚姻追求的合理条件。

那些仅仅依据爱情的情感而缺乏更为深刻的社会生活共识的公共价值基础而建立起来的婚姻，就常常会因为爱情状态的消退而发生生活目标的分歧，并因此而解体。例如在现代社会中演艺界的人群中就常会见到这样的婚姻现象。他们短暂的婚姻并非因为对爱情不忠，而是或者没有共同生活的稳定价值共识，或者曾经具备的价值共识在动荡的社会生存方式中容易失散。人类真正的爱情状态总是短暂的。

124. 爱情在不同文化中的地位

人类依据群体的观念共识与公共观念形成了自己特殊的社会生存环境。公共观念中蕴含的公共价值为人类构建社会秩序与社会结构提供了精神依据与凝聚纽带。人类公共化的精神环境形态决定了人类的社会环境形态。

作为人类个体的一种特殊的情感状态，爱情状态也表达了个体特定的公共观念结构与公共价值结构。不同的个体具有各自独特的观念结构与价值结构，也就会依据这种价值结构的不同形态形成不同的爱情状态。而在个体的爱情状态中所蕴含的两类基本物质欲望的价值展开，也就蕴含了人类由共同的生命本能所决定的观念内涵。这种由生命秩序的遗传所延续的共同本能欲望在爱情状态中的展开表达，也就形成了人类爱情状态中的共同行为目标与共同行为方式的依据。

进入文明以后的每一个人类个体，都生活在特定的社会文化环境中。表达了主流社会秩序的主流文化环境，又强烈地塑造与引导着个体观念结构的构建与价值结构的安置。在人类不同文明的群体中，也就会形成来自他们的不同文化环境的不同公共观念与不同公共价值。这种观念结构与价值结构的差异，也必定会表达在不同文明群体的爱情形态之中。在不同文明的文化结构中，也就相应会形成明确不同但又大体类似的对爱情状态的文化表达。

在不同的文明的公共观念与公共价值的文化表达中，也就必然表达了他们公共化的情感状态。由公共价值结构所引导与安置的个体爱情状态，也就是不同社会主流文化的重要内涵。

人类精神环境的感性本质决定了观念结构由感性状态所主导。人类对感性化为主导的观念结构的表达与交流也就主要是艺术化的方式，人类构成公共观念与文化的方法也就主要是艺术化的。在人类不同文明的文化演化进程中，感性化或艺术化的方式从来都是文化表达的主流形态。就是在现代社会中由高度理性化的科学文化体系作为公共观念表达的主导形态以后，人类的观念交流方式，特别是在表达个体观念特征与个性化的观念交流方式中，也还仍然是以感性方式或艺术方式为主导。在现代文化活动中的传播知识与讲授道理的方法，还仍然是观念传播的技术手段，在真正达成深刻成果的观念传播活动中则仍然要回到感性方法中去。正是由于今天人类哲学的仍然肤浅，才使得这种根本性的感性化的观念交流活动常常在知识和道理中没有明确的地位。

在至今为止的人类文化体系中，感性化的表达方式形成的艺术活动形态仍然是文化的主体结构。在任何高层次的公共观念表达中知识还不能取代艺术。就是在自然科学的高层次观念表达中，一旦进入了超验公共观念的领域也就只能打比喻讲故事，在其中运用的任何逻辑工具都会逐渐充满了悖论而靠不住。只有在社会活动的技术领域中才能主要依据知识来表达公共观念。但这个领域中的知识传播也必须最终依赖艺术化的感性还原才能在个体观念空间中落地。

在主流文化的公共观念表达方式中，对情感状态的外在表达就是最基本的观念交流方式。在人类文化的不同结构中也就始终充满了对各种爱情内容的表达。爱情是人类文化的亘古主题。

生活在共同社会环境中的人类个体们构成了群体中的共同成员，共同文化环境中的成员具有类似的爱情状态。这种状态由群体共同的文化环境对他们价值结构的塑造而形成。在人类不同文明的文化中也形成了对爱情价值的不同塑造特征与不同表达特征，这就是群体文化塑造与安置爱情价值的公共意识活动环境依据。

人类的社会结构由多层次嵌套的群体构成，在同一个文明中仍然蕴含了不同层次的社会结构，也就蕴含了不同层次的公共观念与公共价值，同样也就蕴含了不同层次的公共化的情感状态与爱情状态。在同一个文明中的不同社会结构层次中的社会成员也会表现出不同的爱情状态。例如今天中国社会中大学生群体的几乎相同的爱情状态与农民工群体的爱情形态就会具有明确的差异。这由他们各自不同的文化环境对他们的观念结构的塑造而形成。

人类文化活动的全部意义就是表达群体的公共价值。在人类不同文明的不同大型文化体系中，也就必然通过对爱情状态的不同表达与彰显推崇了不同的公共价值内涵。不同文化结构中不同的爱情表达方式也就蕴含了不同的主流与非主流公共价值。

在人类文化活动的艺术形态中常常会表达出不同爱情形态与爱情价值的特殊性与奇异性，新奇而绚丽的爱情故事永远是各类艺术作品中的重口味调料。正因为爱情是人类最容易进入共识的情感状态，也就最容易变成不同公共观念的公共传播媒介。特殊而凄美的爱情故事永远具有对普罗大众的精神吸引力，也永远是公共观念传播的润滑剂。就是在最宏大最严肃的历史文化中也会常常加入爱情要素。就是在最理性化的哲学表达中也常常引用爱情的例子。

人类文化对爱情问题最为公共化的表达则主要在哲学文化中，只有哲学才能追求对人类精神环境与意识活动的统一理解。

哲学对人类所共同具备的典型爱情形态与爱情价值结构的分析，主要是依据人类两种基本物质欲望在爱情情感的观念空间中价值展开的不同比例，也是通过对两种物质欲望与审美欲望在爱情情感中的不同交融状态，来分析不同的爱情情感形态。

在哲学思考中可以依据性欲望与群体依恋欲望被审美欲望的均衡交融所形成的情感状态，作为人类普遍追求的完美爱情的公共化形态，这也构成了完美爱情的表达形态与行为方式的依据。各种文化中的永恒爱情大致都是对这种哲学表达中的均衡状态的艺术化表达。

但是，在不同的文明中形成的不同的文化追求，又会形成对爱情价值的特殊喜好差异而形成不同的价值偏移。当他们将精神欲望或审美价值形成的内在动因当作追求完美爱情状态的主导价值时，就会强调爱情的审美价值取向与审美价值表达，也就会贬低甚至忽略爱情状态中的性欲望的价值动因。当他们将群体依恋价值的社会化形态作为爱情状态形成的主导动因时，就会忽略审美动因与性欲动因对爱情状态存在的重要性。在源自欧洲近代主流文化的人本主义公共价值的追求中，又常常会强化性欲望对爱情状态形成的重要性，以至于将爱情就当作性欲的价值化表达，并因此而将爱情中的审美欲望与群体依恋欲望在公共价值中虚幻化，并在伦理价值中虚伪化。我们在不同文化对爱情的表达中，都可以明确地看到这些差异。

例如，在中华文化中表达的完美爱情状态，就是以群体依恋价值为主导的。这种爱情表达的文化形态，来自中华文化的核心结构对社会群体结构与社会秩序的崇拜与依赖。中华文明的公共价值的主体结构就是追求社会群体结构的合理化与社会群体秩序的稳定化。

例如，在欧洲古典文化中对爱情的表达，就有一种将爱情状态极端化地理解为人类精神环境中审美价值的激发的结果，这就形成了绝对精神化的爱情价值观。在欧洲传统文化环境中的绝对理性主义者和处于强烈宗教情怀中的个体，常常就会追求这样的爱情价值观。这在文化史中被称为柏拉图式的爱情。

在欧洲近代文化的多元形态的演化中，对这种不均衡的爱情价值结构的纠正，又形成了另一个相反的极端形态。这就是将爱情状态看作完全由人类个体对性欲望的追求所构成。文艺复兴运动将支撑了工业贸易文明的市民群体的人本主义价值的主流化，就是这种爱情价值结构的文化环境基础。他们将爱情状态所追求的全部价值表达为不同层次的性活动中的不同形态的快感目标，并在哲学中将各种复杂的爱情状态都收纳到性欲望在不同环境中不同形式的价值展开中。西方现代文化中的人本主义价值诉求与存在主义哲学思潮共同为这种爱情价值观的兴盛提供了理性依据。在弗洛伊德的哲学中，由于逻辑方法的浅陋与理性化能力的不足，就用人类感性经验观念中的模糊形态来混淆爱情状态中的审美价值与性欲价值的区别，而又完全忽视了群体依恋价值在爱情状态中的重要地位。他将本来就难以逻辑化表达的充满了感性内涵的性欲价值拓展到了整个审美欲望的功能空间中。在弗洛伊德的所谓性欲的价值结构中，实际上包含了人类群体依恋欲望与审美欲望的复杂价值展开。正是这种价值展开的形态与性欲价值的展开形态的高度感性经验化，才使得它们难以区分，才使得这种哲学似乎有些道理。在母亲轻吻自己心爱儿子的行为中，充满了亲情式的群体依恋欲望与个体审美欲望，而不会是性欲望。按照这种爱情价值的观念，中华文明的爱情状态就无法安置，这也是现代西方人因为不理解而贬低中国人的爱情情感的原因，很多被西方文化洗脑后的中国知识分子也在以拾他们的牙慧咀嚼为乐。

现代西方文化正是依据其丰沛的简单欲望价值内涵而获得了在世俗阶层中的广泛流行，也正是这种价值内涵对普通人直接经验的安置与推崇，才在中国当代知识分子中获得了极高的支持力。但人类辉煌的文化从来就不是仅仅依据简单欲望的直接经验而构成的。正是形成了人类文明的高层次超验公共价值的复杂与难解，才让这种简单文化与动物化的价值观大行其道。殊不知，若如此就不会有今天的现代文明。

在现代社会中逐渐显化与合法化的同性恋者之间的爱情状态中，实际上也常常是用群体依恋欲望代偿了性欲望。同性之间的性活动既是他们性欲的代偿实现，也常常是他们依恋欲望的具体补充。与异性爱情的发生原因不同，同性爱情的发生常常是以群体依恋欲望为直接动因的，他们之间的性欲望与性活动，则是对依恋欲望的调节与补充，他们通过性器官的非正常接触中获取的快感，常常是用性快感对群体依恋欲望的间接代偿。理解了这一点，就可以理解人们对同性恋合法性支持的内在理由，在他们的支持中所推崇的并非是异常的性行为，而是与异性恋者们同样神圣的群体依恋情感个体审美情感。

大多数现代同性恋者的爱情状态，主要是由群体依赖欲望与审美欲望的融合而主导的，这来自现代社会的高度组织化的生活状态与广泛欲望化的文化环境为人们带来的精神困顿。性欲望在其中可以被边沿化，也可以成为一种爱情关系的行为媒介与行为确认，也可以成为极少数具有异常性欲者们的行为合理性依据。具有强烈的群体依恋欲望的个体，如果出现了性欲望的薄弱与后天文化环境形成的异性排斥观念，也很容易陷入同性恋的爱情状态之中。

人类的现代社会生活方式，为社会成员提供了丰富多彩的欲望实现手段与欲望代偿方式，发端于生命繁衍功能的性活动在现代社会中已经可以与人类的繁衍生殖无关了。与生殖繁衍无关的性活动如果可以深入代偿群体依赖欲望，也就必然会发生在同性之间。

当代的中国由于社会秩序的巨变也促生了文化的剧烈转型，还形成了传统伦理结构的崩溃与更迭，西方主流文化中的新自由主义与传统的马克思社会主义都被中国构建新文化的土壤所接纳了。在新中国的建立过程中经历了对主流文化体系的马克思主义化的强烈改造，也形成了社会主义文化体系对全部社会伦理的主导。这也是中华文化的传统伦理在现代文化中的合理安置方式。

在中国式的社会主义道路探索中的曲折与失误在"文革"后形成了对新兴主流文化的严重危机。"文革"的文化追求努力并没有构建出更好的新文化，而是促进了已经成型的社会主义文化结构的瓦解。要将中国现代化进程融入当代世界环境中，要在原教旨社会主义文化瓦解的基础上重塑中国特色的新文化，也就必然要在社会经济秩序的剧烈重塑中接纳西方自由资本主义文化。由此，在一代人中开始抛弃了过于严苛的原教旨社会主义伦理，并为他们打开了人本主义精神的自由空间。这一代人就将这个文化转型称为新启蒙运动。

在新启蒙运动中个人主义价值观合理化地突起了。按照这种公共价值培养出来的新一代文化人也就成为今天中国文化活动的主导者，他们高举着自由主义的大旗在讲台上高声嘲弄着中国传统文化与社会主义精神，并以此来塑造着中国现代社会的新人。在他们中间也就必然会趋附西方现代文化中由性欲主导的爱情价值思潮。

在这种文化环境的塑造下，也就使得生活在今天的中国年轻人以为爱就是性，以为爱情的目标与成果就是"上床"。在高度商品化流行的文化作品与影视娱乐方式中，则为这种动物化返祖的人类行为方式提供了推波助澜的能量供应。在社会文化活动中具有高度深刻的反文明功能就是今天中国文化的异象，也是今天中国世俗文化的特征。在今天中国文化中对弗洛伊德观念的崇拜，则为将丰富的审美经验与群体依恋经验理解为简单直接的性经验提供了哲学营养，那种坚持表达人类美好的群体依恋价值与美好的人格审美价值的文化作品，则被今天年轻人的精神肤浅与无法理解而贬斥为腐朽与保守。对性欲快感的追求与对奢侈消费方式的追求，几乎构成了今天部分中国年轻人动物化与肤浅化的全部人生目标。现代社会的文化活动方式则为这种西方人已经摒弃的肤浅公共价值提供了精美的文化包装，在这种包装中他们追求发财与性快感的人生目标就变成了追求财务自由与爱情自由。

但是，这种流行文化趋势的出现又是在对文明秩序的重构与文化体系的重构中必要的返祖过程。这个文化过程虽然将人们的精神欲望动物化，将人们的群体依恋欲望性欲化，将人们的审美欲望物质化与简单化，但只有简单化以后的回归才能让人们回到对自己生存方式的根本审视中。在这种文化演化的过程中也就必然会排挤道德精神的公共价值与社会功能。伦理价值与道德精神的边沿化与人本主义价值的兴旺必然是共同的文化互动。

社会成员这种对文化回归的根本性审视不会自发地形成，这必须来自高层次的智慧引领。中国人仍然会保留自己祖先提供的智慧，也会具有延续自己五千年文明的精神追求。随着中国社会对现代化转型中的混乱与贫穷的消除，逐渐进入安定富裕生活中的中国人也必然会重新回到文明与理性中去。混乱与贫穷激发出人类的动物本能，富裕与安宁才能滋养理性与文明。仓廪实而知礼节是亘古不变的真理。

在今天中国的社会文化环境中，主张盲目模仿西方文化中曾经强烈主张的性欲主导爱情的人们，由于被弱化了审美欲望与审美能力，由于被弱化了群体的依恋情感，也就必然会忽略人类文明所依赖的社会秩序的存在意义。他们反而会嘲笑崇尚精神价值与群体价值的爱情，并将这些文化表达贬斥为虚伪。但这恰恰表达了他们自己的幼稚与浅薄。但这种幼稚与浅薄被罩上了西方文化的绚丽光环后，在被红酒与咖啡包装起来后，在西方社会今天仍然还比我们丰裕的财富形态的照耀中，也就被高尚化了。在他们的行为模仿中并不能真正理解西方社会曾经的审美价值的辉煌。就是今天西方人自己的流行审美艺术，也常常在肤浅的商业文化的大潮中变成了大众化的附庸风雅的活动。古典音乐变成了富人聚会中的氛围装点，著名油画的廉价临摹品变成了流行的时髦文化符号。

中国人只有重新找回自己的文化自信，才能从这种依附他人的幼稚与浅薄中解脱出来。

第三十三章　情感状态对意识活动的影响

125. 情感状态与意识活动

　　精神世界为人类的意识活动提供了环境，意识活动的功能就是构建观念结构的认识活动与构建行为动机的价值活动。意识能量在观念空间中的不均匀分布状态，就是意识活动的普遍情感状态。情感状态深刻地影响着意识活动的方式与结果。

　　观念结构本身在观念空间中的不均匀性也决定了意识能量运动的复杂形态。意识能量在观念空间中的运动过程就是意识能量与观念结构之间的相互作用过程，并在意识能量的运动过程中实现了对观念结构要素的逐次关涉，也实现了这种关涉的逐渐变化。在这个过程中观念结构也会形成对意识能量的吸纳与富集，这是观念结构中的环境秩序提供的能量凝聚功能对意识能量运动方式引导与安置的结果。意识能量在特定观念结构中形成的逐渐汇聚与逐渐强化，也就会将其所关涉的观念要素间的关系强化与凝聚起来。意识能量在观念结构中的吸纳与富集过程与其对观念结构关涉的强化过程同时发生。

　　意识能量在不同观念结构中分布的浓度相对于观念结构提供的环境空间尺度，就构成了意识能量的分布强度。这种分布强度也就是观念结构对意识能量吸纳与富集的强度。这个强度由观念要素间形成的结构秩序的凝聚程度决定，也与意识能量对这种凝聚形态的依附程度相关。具有不同的结构秩序汇聚程度或不同结构强度的观念结构，也就形成了对意识能量不同程度的吸纳与富集功能。这种功能的差异在观念空间中分布的变化就形成了意识能量运动的基本动因，也表达了意识能量运动方式的复杂性与非线性特征。这就是在情感状态中意识活动的复杂形态的观念空间环境依据。

意识能量在观念空间中的不均匀分布形成了对观念结构的局部化关涉，并构成了意识活动的广义情感状态。意识能量在观念空间中的分布常常会形成明确的结构封闭与能量吸纳形态，并因此在特定的观念结构中形成富集与强化，这就构成了意识活动的狭义情感状态。

在广义情感状态中的意识活动，会形成对观念结构的遮蔽与忽略，在认识活动中会形成秩序构建的局部化，在价值活动中则会形成价值判断的局限化。在狭义情感状态中形成的特殊的意识活动方式，则会在认识活动中强化对认识审视集合要素的感知能力与组织化能力，也会在价值活动中形成在价值比较集合中的意识能量的高度汇聚，并因此而强化价值判断能力或放大特殊价值结构的功能。前者构成了人类审美活动与认识活动的灵感来源，后者则为人类面对困难的价值判断目标时提供了必要的应激能力。

当个体必须在广泛无序的观念要素的集合中实现明确的认识发现时，当个体必须在混乱的价值结构中实现明确的价值选择时，就会通过激发在相应的观念结构中的狭义情感状态来强化自己的认识活动能力或价值活动能力，也会通过这种方式来缓解意识活动能力不足的困境与焦虑。人类一旦遇到了艰难的生存环境或困难的行为目标，就会激发出特有的意识活动应激状态来应对。所谓意识活动的应激状态，就是集中于特定价值目标中的特殊狭义情感状态。应激状态形成的对意识能量功能的强烈放大也必然要通过对生命活动能量的特殊激励来提供。

生命活动中的应激状态依赖特定生命激素的生化功能来形成，并且依据生命机体对这种功能的特殊反应来实现。意识活动中的应激状态则依赖特定的观念结构提供的意识能量的吸纳与富集环境来形成，并在通过在这种环境中形成特定的狭义情感状态来实现。这种在两个环境中协调一致的活动方式共同为人类提供了应对生存困境的特殊能力。

在具有明确社会价值目标的强烈的脑力劳动中，例如在科学家与艺术家们的发现活动与创作活动中，在政治家、军事家和企业家们的复杂与重要的价值判断中，在人们必须要做出重大决定的意识活动过程中，大都需要这种局限与封闭的情感状态。在这种状态提供的强大的认识发现能力，就是在强烈的灵感中孕育的强大创造性，在这种状态中提供的强大的价值判断能力中，也就孕育了深邃的智慧。在人类社会文化活动中的全部灵感与智慧所创造出来的杰出成就，都来自狭义情感状态所形成的意识活动的能量的聚集与意识活动功能的放大。

在狭义情感状态中形成的意识活动方式也具有强烈的认识发现局限性与价值判断封闭性。强烈的意识活动能力就是强烈的意识活动封闭性与局限性的结果。封闭性与局限性，就是狭义情感状态提供的特殊意识活动能力的副作用代价。

个体意识活动一旦进入了意识能量强烈聚集的狭义情感状态中，在特定观念结构中形成了强大的意识活动能力的同时，也会形成对其他更为广博的观念结构的明确漠视与忽视，这就会使得个体在获得灵感与智慧强化的同时，出现对观念结构的遮蔽形成的意识活动方式的异化与扭曲。这种异化与扭曲对他们社会行为的影响，会使得他们本来协调和顺的社会行为发生变异。某些才华横溢的艺术家们的怪异行为方式，某些成就斐然的科学家们的不食人间烟火，就是这种行为变异在观念结构中的沉淀形成的人格特征的异化。

这就需要在狭义情感状态中满足对认识发现能力或价值判断能力强化的同时，又要尽量化解意识能量的过度集中和适当松弛已经形成的狭义情感状态，以便缓解或化解这种副作用。其中包括了用理性化的思维活动来主导意识活动。这就是所谓的保持精神状态的冷静与运用理性来保持意识活动的合理性。人类对冷静与理性的追求就是对情感状态弊端的化解。

　　人类情感状态的形成可以是有意识的，也常常是无意识的。有意识的构成情感状态，特别是构成狭义情感状态，就是个体主动强化自己意识活动能力的结果。无意识的情感状态的形成就是个体不能自主控制的意识能量在特定观念结构中的汇聚。

　　在无意识的情感状态中，当意识能量的汇聚与集中与观念结构本身提供的认识功能与价值功能相一致时，这种状态就会强化正常的意识活动能力，个体就会形成愉快的情感感受。当意识能量的汇聚与集中与观念结构本身提供的认识功能与价值功能相冲突时，这种状态就会弱化与破坏正常的意识活动能力，个体就会形成不愉快的情感感受。当个体经常处于这种情感状态中时，就会使意识活动的状态失常。所谓功能性的精神疾病就是这样形成的。

　　人类的狭义情感状态所形成的意识能量聚集常常会激发一个认识过程而形成一个认识的成果与观念的表达，这就是意识能量的汇聚形成的感情观念。广义情感状态不一定会形成明确的感情观念结果，但狭义情感状态一般都会形成明确的感情观念结果。

　　作为观念空间中的结构形态，观念要素中蕴含的环境秩序可以具有浓度或强度。观念要素中秩序强度的结构性表达就是观念的结构强度。由不同的狭义情感状态形成的感情观念也就具有不同的结构强度，这种强度由情感状态对意识能量的汇聚与强化的程度所决定。强烈的感情来自强烈的情感状态，来自这种状态的能量汇聚形成的强烈的秩序构建结果。

　　人类认识活动中的一般成果也是一种广义的感情观念，认识构建的一般观念就是广义的感情。认识活动的感性本质决定了认识成果具有的感性观念形态，也决定了认识成果的感情形态。认识活动发生在特定的观念审视集合中，这个审视集合就是形成认识活动的意识能量在特定观念结构中的汇聚分布。形成认识活动的意识能量状态就是情感状态，认识活动的任何构建成果也都是情感状态的感情观念结果。

在强烈的情感状态中的认识活动，其构成的感情成果或观念要素成果也就会提供明确而强烈的意识感受能力，也就提供了意识能量对观念空间秩序关涉的明确的显现能力，在这种观念结构中也就表达了观念要素的感情色彩。如果由这种观念要素形成对分布其中的意识能量的明确汇聚，就会形成一个明确的结构空间秩序的汇聚点。这就形成了基本观念的结构形态。

在强烈的情感状态中的认识活动成果也都是明确的基本观念要素。个体观念空间中的基本观念要素或基本观念结构，一般都会具有鲜明而强烈的记忆特征与感情色彩特征。一般来说，基本观念就是狭义情感状态的认识成果。

人类的全部意识活动都会受到狭义情感状态的明确影响，就像受到基本观念结构的影响一样。狭义情感状态由意识能量与观念结构的耦合对它们的聚集与吸纳所构成，这个过程又主要是发生在观念空间中普遍分布的感性化的观念结构中。感性化的观念结构对意识的感受提供的表观性与不可穿透性，也就决定了狭义情感状态的形成过程的不可理解。

人类对感性观念的感受来自它们内在表达的表象，对感性观念的有限而模糊的相对理解，也只能依据这些表象而间接地和不确定地实现。人类只能通过逻辑工具理性化地理解实现了逻辑表达的观念结构，这种理解要比感性化的模糊理解透彻得多广泛得多。借助逻辑工具人类可以直接理解少数理性化的观念结构，但永远也无法直接理解感性化的观念的结构，更无法理解因此而形成的狭义情感状态的原因。人类的情感状态与感情永远是人类自己的神秘对象，这也是在人类文化中永远不会消除的各种神秘形式的基本原因。

哲学的出现试图打破人类精神环境中的神秘领域，但效果仍然是局限的。现代文化中方法深刻的逻辑能力，现代社会中发达的信息处理技术对意识活动的间接模拟，给了人类深入理解甚至模拟人类意识活动的希望，并形成了对人工智能技术的憧憬。但这种希望的依据，仅仅在于对人类意识活动及其精神环境的简单化理解形成的误解之中。

126. 情感状态中的认识活动与观念交流活动

由人类的审美欲望所驱动的认识活动形成了人类精神环境中的秩序来源，也构成了人类精神环境的存在。认识活动的方式与过程决定了精神环境存在的形态。认识活动是人类意识活动的核心内涵与基本功能。

意识活动由意识能量在观念空间中的分布与运动构成。意识能量在观念空间中的不均匀分布构成了人类普遍的情感状态。认识活动中的情感状态深刻地影响着认识活动的方式与结果，也深刻地影响着人类观念结构的形态。

形成认识活动发生条件的认识准备环节就是构成认识发现对象的无序观念要素的审视集合，任何认识审视集合的形成都是一个情感状态的结果。认识的审视集合就是意识能量在这个观念要素集合中形成的分布与汇聚。认识活动准备条件的形成就是一个具有特定内涵的广义情感状态的形成，这个情感状态构成了意识能量对这个审视集合的关涉。这种特殊的广义情感状态就是具备了构建与发现新的观念空间秩序的审美目标状态。这种以审美欲望的实现或审美价值的追求为目标的广义情感状态的形成过程，就是认识活动的准备环节。

人类观念空间中普遍分布的广义情感状态的出现，就是形成了意识对特定观念结构的局部审视。在这种局部审视状态的形成过程中，也就包含了认识审视集合的形成过程。认识审视集合的形成，就是一种具有特殊功能的广义情感状态的形成。意识活动中普遍存在的广义情感状态，就是形成认识活动准备环节的观念空间环境条件。

在确定的观念结构环境中，不同的情感状态常常会形成不同的认识审视集合形态，这也就会引发不同的认识发现结果与观念构建成果。认识审视集合的形态虽然要受到审美欲望的引导，在特殊情感状态下还会受到理性方法的引导，但都必然是由形成特定情感状态的观念结构环境作为其基本条件的。每一个认识活动的成果，也是必须要依赖情感状态才能实现对其在观念空间中的表达与安置的。

人类个体活跃流变的广义情感状态，对认识活动的形态与方式具有决定性影响，特别是对高度感性的艺术活动中的认识活动，更是具有根本性影响。这就是人类认识活动纷繁多彩和不可预测的基本原因，也是人类认识活动与认识成果的高度不确定性的重要依据，还是人类认知灵感常常被神秘化的原因。

人类的广义情感状态常常会自发地引起认识活动的不自觉发生。这就是在意识能量的不均匀分布中随机形成的审美结果，或者是在情感空间中对观念秩序无意识的组织化结果。人类由广义情感状态所引发的全部认识成果就是广义的模糊感情。人类在狭义情感状态中实现的认识成果就是狭义的明确感情。广义的感情观念就是一般观念要素在观念空间中的存在形态，狭义的感情观念就是具有明确审美目标的认识成果在观念空间中的存在形态。广义感情就是无意识感情。

人类一般的认识活动，特别是无明确审美目标的认识活动，大都在广义情感状态中发生。一般认识活动的成果也大都属于广义的感情。作为最普遍的感性化的观念要素，广义的感情在人类个体的观念空间中广泛分布。人类的任何认识成果与认识构建都具有情感的意义与感情的色彩。人类观念空间中普遍发生的一般认识活动就是广义感情的来源。人类对一般审美欲望的追求就是广义感情形成的动因。审美的结果就是感情。

人类认识活动对观念秩序的发现与构建，就是在情感状态中激发出来的观念要素间的自组织过程，也就是由情感状态提供的顿悟过程。认识的发现来自情感状态中的意识能量汇聚功能，认识活动的强大创造能力与无尽的秩序构建可能性，则来自人类意识活动能量在观念空间中具有无限形态的局部汇聚，来自这种汇聚形态中可能蕴含的无限的秩序内涵。

人类的一般认识活动对观念要素的构建大都来自广义的情感状态，只有在狭义情感状态中发生的认识活动才会激发出特殊的认识发现与观念构建成果，只有在强烈的狭义情感状态中发生的认识活动才能形成辉煌不朽的认识成就。就是在科学活动的辉煌发现中，也常常是具有一定理性化方法的癫狂情感状态的结果。人类文化中全部伟大的艺术创作成就大都是艺术家们进入强烈狭义情感状态的癫狂状态后的认识结果。

情感状态是人类意识活动的一般形态，这也就决定了认识活动遍布于日常的意识活动之中。人类大量的认识结果并不是发生于自主的狭义情感状态中，而是发生于不自主的广义情感状态中。仅仅形成了意识能量的局限分布的广义情感状态，并不会形成意识能量的结构汇聚与放大，这种状态常常不能被个体的意识所明确感知，其中发生的认识活动也就常常是无意识的审美结果。大量的这种认识结果就形成了遍布于观念空间中的秩序强度微弱的流动漂浮的观念要素。元初观念就属于这种形态。

但这种无意识的认识发现结果则具有广博而基本的认识论意义。这种过程创造了元初观念与微观观念结构，也创造了人类精神环境观念空间的基础秩序形态。这种形态的观念要素在观念空间中的分布就形成了意识能量在观念空间中的分布与流动的基本环境条件，也为意识活动提供了基本的能量环境。它们是构建复杂观念要素与高层次观念结构的不可或缺的无序材料提供与能量来源。

人类观念空间中无处不在的元初观念与微观观念结构的浓厚程度，来自意识能量对环境感受的活跃与敏感程度，也来自广义情感状态所激发出来的一般认识活动的充沛发生与丰富成果。

观念空间中元初观念与微观观念要素的稀薄，则来自个体的意识能量在广义情感状态中对观念空间环境秩序感受的麻木与迟钝，来自个体在广义情感状态中所发生的认识活动的滞缓与僵化。这常常由意识能量的生命供应不足引起，也常常是因为意识能量的运动活力不足。这种状态也就必然使个体在深刻的主动认识活动中出现艰难与困顿，在高层次的认识发现与观念构建活动中出现呆滞与肤浅。这就是人类的微观认识的意识活力滋养着宏观的伟大发现的哲学依据。缺乏对自己生活其中的微观环境的敏感感受与欣赏兴趣的个体也就难以成为伟大的艺术家与科学家。反之，仅仅有丰富的微观感受而缺乏宏观审美追求与宏观伦理体验的人也无法造就伟大的文化成就。

由广义情感状态中激发出来的认识活动，其成果主要为漂浮不定的元初观念与结构松散的低层次观念。这主要来自他们因为审视集合的随意与散乱而形成的认识成果内在表达安置的困难。在既有观念结构中不易安置的认识结果，就只能在观念空间中松散地漂浮与流动。这种观念要素也就不能形成明确的记忆。其中有些即使是具有重要的外在环境价值功能的认识与发现，如果没有形成明确的内在表达与结构固定，也不能成为明确的记忆目标。很多重要的感情一旦时过境迁就会忘却就是这个原因。但它们在观念空间中的漂浮状态仍然是对它们存在的确认，这种存在会在意识活动的偶然需要中重新被感知。在遐想中常常出现的各种离奇的情感就是这种没有记忆的感知。

例如，王羲之酒醉之后书写的兰亭序，清醒之后再重写，就怎么也无法达到当时的水准了。优美的书法必然是特定内在审美结果的外在表达，这也是书写过程中内在观念结构的不断审美构建的成果。书法表达的形态常常是在行为过程中由随机感受的不稳定的微观观念要素所决定的，例如对具体笔画形成过程中的微观感受，这种观念要素也就常常不能形成明确的记忆而无法被主动利用。

意识活动中情感状态的不确定就形成了认识审视条件形态的不确定，

这就是很多艺术创作的灵感状态不能确定地被酝酿生成，又只能是无意识地神出鬼没地突然出现的原因，这就是艺术家们的灵感常常被神秘化的哲学解释。

人类观念结构中的基本观念来自明确的狭义情感状态所形成的认识成果。它们具有对一定空间范围的观念结构的统合与凝聚功能。它们所统合的观念空间的范围与统合的观念结构的领域，与形成这个认识成果的情感状态的意识能量的聚集程度与强化程度正相关。在越是强烈的狭义情感状态中所形成的感情成果，也就具有越强大的基本观念功能，也就具有越广泛的观念结构与统合范围。人类一般的意识活动经验也证明，越是强烈的感情，越是鲜明的观念表达所形成的深刻印象，就越是记忆深刻，就越是在后来的意识活动中频繁出现，就会对后来的情感形成与行为选择具有能更大的影响力。这就是基本观念的环境功能。

人类意识活动的不同情感状态形成了不同的认识成果与审美结果，在由内在的认识与审美和外在的观念交流活动所构成的社会文化活动中，处处都可以感受到情感状态的影响。

艺术活动是人类最基本的文化活动方式。狭义艺术活动则是人类社会文化活动中凝聚出来的规范化的活动方式，也就是具有规范方法体系与特定的行为模式的艺术活动。它为人类文化活动提供了表达与传播公共观念的特定方式。这种方式的意识活动形态就是被公共化的观念体系所规范的形态，就是在规范技术方法统辖中的感性化的认识审美与感性化的观念交流形态。狭义艺术活动依据其特定的规范技术方式，规范了音乐、绘画、雕塑、文学、戏剧、舞蹈等等艺术活动的具体方法与表达技术体系。与此对应的广义艺术活动，就是在一般观念交流活动中具有广泛个性化的观念表达与观念接受活动。

狭义艺术活动必须依据特定的社会文化活动秩序进行，这就是它们的艺术规范与艺术方法中所表达的艺术技术体系，也是这种技术体系与社会环境相融合的文化活动秩序。人类全部艺术活动都以个体认识活动所形成的观念创造活动的成果为条件，这也是全部狭义艺术活动实现自己表达的前提条件。

在人类的任何艺术活动中都必须通过对观念的表达实现公共观念的传播功能。狭义艺术活动对观念结构的表达并不是直接彰显这个观念结构，而是创造一个具体的可表达的艺术形态来间接实现其表达，这就是在观念交流活动中构成了一个公共化的特殊感性观念的情感空间。其中每一次具体观念表达的实现，都是在这个公共意识活动的感性情感空间中构建出一个具有新的表达形态的情感状态。

例如在话剧的表达方式中，每次演出的剧本虽然不变，但每次表演的演绎内涵都会有所不同，每一次表演的成果在演员与观众共同的公共观念空间中构成的新的观念表达的情感状态都有所不同。这由演员们当时的情感状态决定，也由观众欣赏时的情感状态决定。例如在交响乐的表达方式中，虽然每次演奏的乐谱不变，但每次演奏的演绎内涵也都会有所不同，这种不同就由乐队成员当时的公共化情感状态的不同所决定，也由乐队指挥当时的表达情感所决定。例如对同一部文学作品的多次阅读，虽然重复阅读的文本未变，但每次阅读的感受都会不一样。因为阅读者阅读时不同的情感状态，也就形成了对同样文字符号所投射出来的观念内涵的不同感受。

人类艺术表达中的创作活动与再创作活动，都属于精神环境中的认识活动。前者在符合艺术规范与艺术方法的表达形态中构建出新的艺术表达观念，后者则在同样的规范演绎活动中创新了或更新了已经被表达的艺术观念。既定的艺术观念结构在被艺术演绎过程再表达的过程中，就会因此而时时更新着与演化着。人类公共观念的艺术表达的演绎过程也就同时是公共观念的艺术化的再创造过程。

常年讲课的教授们看似每年在重复相同的课程内容，但他们每次对同一个知识内涵的表达都是不尽相同的。这也是他们对自己知识的不断重构过程。好课程不会直接来自教授的深刻思考，而是常常来自常年重复的表达与交流对既有观念的不断锤炼。这就是任何学问高深的教授都仍然可以在教学相长中获得知识优化的哲学依据。任何知识的构建与表达的深层次活动方式，仍然都是感性艺术化的，感性艺术能力是知识的构建与表达的基本条件。没有艺术感悟与表达能力的老师，也无法有效而深刻地传播知识，他们的讲课常常枯燥而单薄和味同嚼蜡。艺术能力是任何老师的基本功。

在狭义艺术活动中的每一种艺术表达，都必须进入一种特定的情感状态之中，这种状态由狭义艺术的规范方法决定与引导，并进而形成对特定感性观念结构的特殊情感化关涉。虽然其感性化地表达方式与表达内涵是被作品既定的，但它在具体的演绎者或表演者的观念结构中所形成的情感聚集空间，以及其中汇聚起来的观念结构则是不确定的。在对既定艺术作品的演绎表达的过程中，这种演绎者观念空间中并不确定的情感状态，就是由丰富多变的表达内涵所形成的意识能量的分布形态所决定的，这种通过不确定的情感状态来表达出确定的演绎内涵，就是艺术演绎活动中的表达方法具备的神奇魅力之所在。

在狭义艺术活动的表达过程中形成不同的情感状态，必须具有两个技术性条件。一个是必须进入具体的艺术方法或艺术形态的情感空间中，形成对表达方法观念结构中的情感聚集。这就是对特定表达技术与表达方法的意识关涉形成的情感汇聚。另一个则是同时进入被表达的艺术作品的内容构成的观念空间中，进而形成艺术表达方法对艺术表达内涵的关涉交集，并在这两种意识能量汇聚的交集中形成情感状态的强化。这就是不同形态的表达方法情感或表达技术情感在艺术表达内容情感中的汇聚与再汇聚，并由此形成了表达者观念空间中不同情感状态的叠加与强化。这就是艺术创作与艺术表达中形成的特殊表达情感形态的复杂多变与难以预测琢磨的哲学依据。

至今的哲学对审美活动内涵理解的肤浅，就使得美学逐渐脱离了哲学，而变成了勉强悬挂在哲学与艺术方法学之间的特殊文化形态。

在狭义艺术活动中形成的情感状态中，意识能量的汇聚激荡与放大，既来自艺术方法审美的情感聚集，也来自表达内涵审美的情感聚集。前者是形式与技术的，因而也常常是肤浅的，有时甚至可能是具有一定知识内涵的，但也是容易公共化与文化形态化的。后者则是高度感性的，因而也是广博深刻的与个体独特的，也是决定了狭义艺术活动之所以可能表达极其丰富的观念内涵的基本依据，更是艺术魅力的基础。仅仅是依据已经公共化的表达方法与表达技术的情感聚集形成的艺术表达，也就仅仅是方法与技术的公共化形式表达。单纯的技术形式表达常常是技术炫耀的与内涵空洞的，也常常是脸谱化与程式化的呆板表达，它们的表达中只有固定场景中的规范技术形态，而缺乏丰富深刻、生动活跃的人的精神与人的情感。这种表达看似形式复杂与热闹，但内涵则扁平单薄而无张力。这种表达仅仅依据技术训练就可以实现，它们也是低层次艺术演绎者与廉价影视作品的表达特征。某些高水平的艺术家，如果因为精神内涵的枯竭而钻入了炫耀技巧的迷失中，其表演也会出现同样的特征。例如某个中国年轻而著名的钢琴家。他们的表演只能掀起内心简单的青少年的技术崇拜，而无法感动具有深刻精神内涵的文化欣赏者。但这也许就是他们表演的本来目标。

在狭义艺术表达的全部形式中，都必然要蕴含丰富的非形式与非技术的对人类特殊情感与特殊观念内涵的表达，才会具备艺术的魅力与艺术的感染力。规范化的技术与方法表达再精美完善，仅仅是艺术的美妙躯壳，艺术的灵魂必定在不确定的人类独特情感之中。艺术教育的技术与方法训练只能培养技术躯壳的操作者，艺术家的成长必须在丰富的感性观念空间的拓展中才能形成。

只有在恰当的形式技术表达中与恰当的观念内涵的表达中，构成了不同情感状态的恰当合理的融合与汇聚，才是全部艺术表达与艺术演绎获得特殊感染力的原因。这种感染力必然是因人而异的，也是每次表达都不尽相同的，这就是艺术家个人魅力的来源。同一个艺术作品在不同的演绎者的不同演绎中所能表现出来的艺术品格的差异，就在于演绎之中两类表达内涵的情感融合形态的差异，就在于演绎者特殊的人格形态的差异。

例如在音乐艺术中的表达活动中，就既要具备在音乐表演技术方法观念结构中的审美情感汇聚，也要具备在音乐作品的观念内涵中的审美情感汇聚。这两种情感汇聚的不同融合与强化，才能最终形成艺术表达的完美成果。这两种情感汇聚形成的不同融合形态，则构成了同一个音乐作品表达的不同品格，也构成了在不同的表达活动中的不同风格。狭义艺术表达活动由此而对表达者提出了复杂的意识活动能力的要求，这就是掌握复杂的艺术作品内涵与复杂的表达方法的能力。

狭义艺术活动的表达的结果大都是在强烈情感状态中的意识活动成果，这就是艺术家们在艺术活动中的行为方式特征。这种强烈情感状态的形成，来自它对特定观念内涵的复合性关涉与相应的意识能量汇聚，也来自它对广泛的观念空间结构中的意识能量的有效吸纳。艺术家们的创作状态，也常常是一种特殊的强烈情感状态。进入创作状态的艺术家们就常常处于一种强烈的情感封闭与特殊价值的放大状态之中，也常常会表现出一般行为的异常。这由强烈的情感封闭对价值活动的局限与扭曲所形成。这就是艺术创作中的癫狂状态。

人类在自然科学活动中的创造与发现过程则是另一种情感状态。科学观念的构建与表达是严格依据特定的理性化逻辑工具的。在这种创造与发现活动中的情感状态，必须实现在逻辑方法中的情感汇聚与在创造目标涉及的观念结构中的情感汇聚的融合。

逻辑方法的理性化结构，决定了汇聚其中的情感状态对意识能量的通透性与非封闭性感受，因此，在科学创造与发现活动的技术方法观念中的情感状态汇聚强度，就常常要远低于狭义艺术创作活动中方法观念中的情感汇聚强度。这就是科学家们的活动方式始终表现出冷静与规范的行为特征的原因。科学家们进入创造的癫狂状态是罕见的，如有这种状态，也必然是因为科学创造的认识活动实际上已经进入了艺术创造的形态之中。

人类在哲学创作活动中的情感状态，则处于艺术与科学之间，并且涵盖了它们的状态。哲学活动方法的理性化特征形成了它与艺术活动中的情感汇聚方法的不同形态。哲学活动对人类观念结构的广博关注使得其中蕴含了丰富的感性化内涵，这就决定了它比科学活动具有更广泛的艺术形态的情感汇聚方式。哲学家们的创造状态也就因此常常表现出较高的不确定性与散乱特征。既有追求严谨逻辑方法的哲学家，其创造活动中的情感状态接近于科学家，也有对逻辑方法与理性化构建的不太重视，或者还找不到系统的理性化方法来表达自己的感受的哲学家，他们在创造活动中的情感状态则会更为接近于文学艺术家。很多本来属于狭义艺术领域的文学家们，如果具有了比较强烈的理性化表达的追求，并形成了自己特有的逻辑结构，他们的文学作品就会常常呈现出不同程度的哲学味道，这就是通常所说的具有哲理意味的文学。

文学与哲学，都是表达对人类精神世界内涵公共化理解的文化活动，只不过哲学必须具有整体完善的理性化的表达结构，也就更为追求自己表达的公共观念体系的严谨性与完美性，因而也必然具备通透性与知识性。尽管文学的语言工具中具有一定的理性规则，文学的观念表达中也有一定程度的理性化内涵，也会试图表达某些道理，但文学的表达则仍然高度依赖感性化的观念表达方式而不追求观念体系的确定与完整，因此也就必然具备更多的表达者个人的情感特征。当一个文学家开始追求高度理性化地思考与表达时，他就向哲学家靠拢了。

文学的表达并不太计较观念结构的完整性，这是由它的感性化的方法体系决定的。哲学的表达则必定关注表达内涵的完整性与逻辑的统一性和自洽性，这是由哲学的理性化方法所决定的。如果哲学观念在不同领域中形成了逻辑的混乱与冲突，这种观念虽然仍然可能深刻，但其形态则开始脱离哲学近似文学了。欧洲近代很多存在主义哲学家们就处于这种状态中。他们感动人的成果并非通透的人类精神世界，而是深刻的个人情感。

现代哲学活动中呈现出来的碎片化与局部化特征，就是现代哲学在逻辑方法中面临困境的结果。现代文化中日益丰富多彩的新知识与新观念，已经远远超越了传统哲学的完整逻辑可以安置的领域，哲学逻辑方法的陈旧与不得在生动发展的文化形态面前捉襟见肘，就是哲学现代困境的原因。

今天重构哲学的基本任务就是重新选择新的整体逻辑框架，以便完整安置全部传统与现代文化的要素，进而说明人类全部的历史。文化是哲学的问题。历史是哲学的例题。

在困境中的很多哲学家，都在通过努力增添自己的文学气味来掩饰自己的尴尬。这种哲学表达方法的转向，也为一些具有一定理性能力的文学家们打开了哲学的大门。具有完美的整体性理性化结构的哲学体系，必须来自哲学创作者强大的理性能力，也必须来自他们对人类文化的整体性关注。这需要不同文明中的或对立的文化体系间的观念交流的刺激，也许需要新的逻辑方法的借鉴与引领。

127. 情感状态中的价值活动

人类依据精神环境实现自己的生存。人类在精神环境中的意识活动决定了人类的生存行为。意识活动中的价值活动构成了人类生存行为的全部动机，并驱动生存行为实现动机中的价值需求。

人类在精神环境的观念空间中构建行为动机的价值活动过程，就是价值选择与价值组合的过程，也就是价值判断的过程。价值活动的成果，就是组合不同的价值要素构成行为动机的结构。行为动机的结构必然由价值比较的方式与价值选择空间范围所决定，也就最终由价值活动的情感状态空间形成的价值结构空间所决定。

人类的意识活动由意识能量在观念空间中的分布与运动形成。意识能量在观念空间中的不均匀分布形成了意识活动的情感状态。不同的情感状态形成了不同的意识关涉空间，也形成了价值活动中不同的价值比较与价值选择空间。情感状态的变化常常形成价值活动方式的变化，最终也会形成人类行为特征的变化。因此，情感状态在必然引导与制约着个体的认识活动的同时，也必然引导与制约着个体的价值活动与社会行为。

在价值活动中，情感状态就是价值比较范围与价值选择集合形成的一般条件。处于不同情感状态中的价值活动，通过意识能量对不同观念结构的关涉，形成了不同的价值比较范围与价值选择要素的集合。面对同一个行为动机的核心目标，不同的情感状态会形成不同的价值选择范围与价值判断状态，也就会形成不同的条件价值结构与附加价值结构，并形成不同的行为动机结构与行为特征。情感状态决定了人类的行为方式，这就是理解人类行为变化的哲学依据。

人类的广义情感状态仅仅形成价值判断的局限性，或者形成对一般价值结构的局限与遮蔽。人类的狭义情感状态则通过对意识能量在局部观念结构中的汇聚与放大，放大了意识能量所汇聚其中的观念结构的价值功能涵义，从而明确而深入地影响与改变了价值比较的方式与结果，并常常形成价值判断的改变与异化。这就是狭义情感状态对价值活动的汇聚放大作用和对价值结构的扭曲作用。强烈的狭义情感状态就会形成强烈的价值结构扭曲，从而形成强烈异常的行为方式，这就是感情冲动的异常行为方式发生的原因。

在广义情感状态中会形成对价值活动的忽视性遮蔽，形成对某些既有的但又不被意识关照的价值要素的忘却与忽略。在狭义情感状态中则会形成价值判断的封闭性扭曲，形成对某些重要的基本价值的视而不见，或者形成对某些基本价值的扭曲性放大而被强烈地关注。

现代流行文化中的所谓"洗脑"，并不是真的对个体观念结构的重塑与价值结构的重整，而是通过群体化的观念交流活动构成了特定的公共意识活动状态，进而为沉浸其中的个体营造出特定的狭义情感状态，并形成对他们价值结构的强烈遮蔽与强烈扭曲，使得他们在这种环境中的价值判断会忽视一些重要的基本价值，也会放大一些不重要的基本价值。只要这种公共意识活动环境与情感状态削弱或消失，个体就会恢复原来的价值活动状态与行为特征。洗脑状态是可逆的，不可逆的价值结构塑造活动则是思想改造。

但如果洗脑状态得以长期维持，并在这种状态中不断形成真实的行为选择与行为结果，也就会在观念空间中逐渐积累相应真实的经验观念，这种真实经验的积累就会逐渐改变与重塑个体的价值结构，并将洗脑状态不可逆地固化起来。这就由洗脑状态进入了思想改造状态。思想改造过程就是洗脑状态的不可逆固化与积累。人类文明中的任何教育活动都是广义的思想改造活动。所谓的通过教育塑造人的灵魂，就是通过文化灌输的洗脑积累重塑个体合理与和谐的观念结构。洗脑状态也就是教育活动中的初级入门方法，但仅仅依据洗脑状态并不会形成最终的教育成果。一旦离开了受教育的文化环境洗脑灌输的合理观念就会消失，在新环境中的行为方式选择中受教育的内容就会被忽视与抛弃。成功的教育必须通过合理的洗脑形成强烈的观念灌输，还必须通过对新观念的行为经验化固定，才能实现对个体观念的合理塑造。这种行为固定既要依据社会行为，也可以依据意识活动行为。

在流行文化中洗脑的概念常常只用在不合理的观念灌输活动中。而对于合理的教育活动则不用这种表述。但对洗脑状态的理解则恰恰是理解教育活动过程的重要哲学逻辑。今天教育理论的过度感性化与虚幻化常常使得教育理论与教育实践相脱离，就是因为缺乏对人类教育活动的哲学化理解。

洗脑状态的形成必须以社会文化环境的相对封闭为条件。传销活动构成洗脑状态需要实现对社会生活的严格封闭。教育活动所必需的洗脑状态也需要相应的环境封闭，合理的教育活动必须具备相对封闭的教育环境。从幼儿园教育到现代职业培训无不如此。一旦这种相对封闭的文化活动环境被打破洗脑状态就会削弱或消失。一旦合理封闭的教育环境被瓦解，教育活动的效果也就会大打折扣。

在狭义情感状态中的价值活动，也就会形成对其关涉的价值要素功能的放大异化，这就会形成扭曲的动机结构和行为方式。这既会形成个体行为特殊的执着与坚守，也会形成个体行为的怪癖与异常。

这种对价值要素的扭曲与放大，会将一些原来不具备较高层次地位的价值要素提高其层次功能，在严重的情况下甚至会将一些普通的基本价值变成了终极价值。某些个体为了一些人们看来并不重要的事情而付出巨大的努力，甚至付出生命的行为方式，就是这样形成的。这种情感状态的典型例子就是爱情状态。

人类观念空间中终极价值的主要秩序内涵是超验的，其中的经验内涵非常微弱。终极价值的主要功能是统合观念空间中的结构秩序，而不是表达与实现外在环境中的需求。

具有理想主义人格的个体对自己终极价值的实现具有强烈的情感与欲望，这种状态既是他们的价值结构特征形成的行为方式的结果，也是他们意识活动能量在终极观念结构中集中分布与强化的结果。在这种情感状中形成的价值选择与价值判断，也就会封闭地放大某些终极价值中的虚幻经验功能，并将其中的超验价值经验化。他们有时也会将某些高层次的基本价值或者准终极价值当作终极价值来看待，一方面放大了其中微弱的经验内涵，一方面也放大了其超验内涵中的统合功能。在这种情感状态中，个体就会将终极价值或准终极价值的统和功能，当作了外在环境中的直接生存价值目标与直接环境需求目标来追求，这就是理想主义的行为方式的哲学依据。

均衡合理的人格结构既需要具备合理的终极价值表达的理想，也需要具备合理的经验化基本价值表达的现实需求。理想可以引领个体的意识活动方式，却无法成为直接的社会行为目标。缺乏终极理想价值的人格特征是不完善的，他们常常会在经验价值中反复折腾，常常缺乏深刻的生存智慧。将终极价值中的超验价值当作经验价值来追求也是不完善的人格特征，他们常常将终极价值中的内在需求外在化，常常出现不合理的虚幻社会追求或者不食人间烟火的生存方式，常常表现出脱离现实的行为状态。

有一种特殊的情感状态被称为高尚的情怀。所谓高尚，就是两种特殊的观念结构被意识能量的特殊分布形成了价值内涵的融合，这种融合使得一种普通层次的经验观念与一种高层次的具有丰富超验内涵的观念的价值功能融为一体。这就形成了普通价值在高层次价值中的映射表达，也形成了高层次价值在普通价值中的表象化表达，从而形成了一种特殊的感情体验。人类文化将这种情感体验称为"高尚"。

例如，高山大海本来是普通的自然环境形态，在表达它们的经验观念中只蕴含了一般的生存环境价值。一旦它们形成了与某些特殊终极观念蕴含价值的情感融合，例如与某些宏观伦理价值的融合，例如与表达了国家的利益与人类的前途的公共价值的融合，就实现了它们的价值功能在超验价值中的映射，它们就变成了高尚价值的表达形态或特殊表象。高山大海就具备了某些超验价值的内涵功能。

例如，绿色的松柏仅仅是一种特定的自然植物，如果它们的观念表象与人类某种稳定坚守的超验价值实现了情感融合，它们就具备了表达这种超验价值的功能，"大雪压青松"的形象也就会具有了特定的情感内涵。这种融合的情感经验常常来自人类文化活动的塑造。

例如，帮助他人本来是人类个体实现自己群体依恋价值的普通社会行为，一旦表达这种行为的经验观念要素与个体的某些终极观念中的超验价值实现了情感融合，这种行为就具有了高层次的超验光辉而变得高尚起来。同样帮助他人的行为，在有些人的意识中仅仅是正常的价值需求表达，也就仅仅是"我应该做的"，在有些人心目中则会是体现了终极价值追求的辉煌行为，甚至变成了"理想的实现"。对这种区分的哲学理解就是两种不同价值的情感融合。

具有丰富的内心世界的个体，其观念结构中也就会形成复杂的要素间的联系，他们的一些低层次的经验感受观念也就容易与高层次的超验观念中的终极价值实现结构关联，因而也就容易形成意识能量的特殊汇聚而形成狭义情感状态，他们就常常能够具有高尚的情怀。高尚情怀的经验表象在简单行为之中，高尚情怀的形成基础则是深邃广博的超验价值追求。

具有简陋的内心世界的个体，其观念结构中要素间的联系就会非常稀薄，他们的终极观念结构也就常常是单薄的和模糊的，他们在不同层次的价值结构之间形成情感融合的可能性就很低，形成基本经验价值与终极价值的融合的可能性就更低。他们就很少会感受到高尚的情怀。但这并不会影响他们仍然具有合理的人格特征与合理的社会行为方式。他们仍然会有自己的社会善行习惯与自己的公共价值情感，只不过这种行为只有被具有复杂内心世界的个体进行了超验化的整合与放大，才会被高尚起来。

在文明社会中生存的人类个体，其文化修养的程度是他们精神环境复杂性与丰富性的基本依据。具有较高文化修养的人常常可能具有较多的高尚情怀。但文化修养简陋的人也会具有稳定清晰的合理伦理，他们也会具备与高尚情怀相一致的社会行为，只不过这种行为在他们的价值活动中没有被超验价值中的情感放大与观念表达而已。

所谓情绪，就是一种表达了明确的外在行为特征的价值活动的情感状态，这种情感状态形成的行为动机具有特定的社会行为特征。在情绪化的情感状态中形成了对价值活动的特殊影响与制约，并将价值活动封闭与限制在特定的观念空间中，使得行为主体表现出特定的和异常的行为方式。情绪化的状态就是特殊情感状态对价值活动的扭曲与异化的状态。所谓情绪化的行为，就是因为进入了某种情感状态后形成的动机结构失常和社会行为的扭曲。

由于个体情绪状态的出现与消除会影响与决定个体行为方式的特征，情绪也就具有了社会行为的评价意义。人格是个体稳定的观念结构与价值结构的社会行为评价方式。情绪则是对情感状态形成的临时性行为特征的评价方式，情绪就是人格的情感变化与情感异化。

任何情绪状态都是处于情感状态中的价值活动方式。所谓良好的情绪，就是在均衡充沛的情感状态中形成的价值活动方式。良好的情绪也仍然是一种价值活动的方式，只不过这种情感状态并没有扭曲与异化动机的结构，而是强化了构成合理动机结构的价值活动过程。在这种情感状态中的意识能量汇聚状态与个体环境需求的价值结构能够和谐一致，因而它对个体价值活动的影响是正面的与有益的。

如果个体的价值结构本身是社会合理的，在这种情绪中的价值活动也就必然会形成与社会秩序向协调的行为。如果个体的价值结构本身就是社会扭曲的，在这种情绪状态中的价值活动也就会形成与社会秩序相冲突的行为。具有良好人格个体的良好情绪会形成更为有效的合理社会行为，具有不良人格的个体的良好情绪有时则会形成破坏性的社会行为。

所谓不良的情绪，就是形成了与个体观念结构或环境需求相冲突的价值活动方式的情感状态，也就是与个体正常人格特征相冲突的价值活动状态。不良情绪会形成扭曲的社会行为方式。具有正常人格的个体的不良情绪会破坏他的人格状态而形成不良的社会行为。具有不正常人格的个体的不良情绪也会破坏他们不太合理的社会行为方式，但也难以使他们的行为更为合理。

不良情绪的化解方法就是情感状态的消除方法。使用适当的思维方式打破意识能量的不合理汇聚就可以恢复到正常情绪之中。这就是所谓的"放下"与"想开"，这并非消除欲望与放弃生存活动，而是消除意识的价值活动中的不良情感状态。所谓"放不下"与"想不开"就是无法化解自己价值活动中的不良情感状态。化解情感状态的主要方法也就是化解不良情绪的方法，例如设法进入理性化的思维方法之中，例如引起意识能量在其他观念结构中的集中。前者就是冷静与理性，后者就是分散注意力。

如果个体处于合理而良好的情绪状态中，也就无须放下与想开，而应该继续保持这种封闭状态。

第三十四章　情感状态与人格

128. 文化环境中的情感状态

　　人类进入文明脱离了动物式的生存方式以后，就通过社会化的行为方式来实现自己的生存目标了。精神环境中的价值结构就是人类全部生存需求的内在表达。依据精神环境构成社会生存环境，通过社会环境中的行为实现精神环境中的价值，就是人类社会化的生存方式。

　　所谓人格，就是对人类价值结构的社会行为方式评价。个体的社会行为方式是评价个体人格的现象依据，群体的公共行为方式则是评价群体人格的现象依据。价值结构寄存于观念结构之中，人格评价也就间接实现了对人类观念结构的评价。

　　人类对个体与群体价值结构的公共化表达与公共化理解只能来自他们的社会行为，他们的价值结构通过价值活动构成社会环境中的行为动机才能通过行为表达出来，才能被观察和理解。人类的意识能量在观念空间中的不均匀分布形成了广义的情感状态，这种状态对人类价值活动以及社会行为的影响就是广义的情绪状态。

　　人类的情感状态影响了价值活动的状态与方式，任何人格评价方法都会受到情绪状态的折射，这就是对人类行为的理解极其复杂困难与不确定的原因，也是人格评价常常模糊不清的原因。

　　在至今为止的人类文化中，理解人类价值结构与行为方式之间关系的复杂性与不确定性，特别是理解人类群体公共价值结构与群体行为之间关系复杂性与不确定性，也就决定了今天的人工智能技术与人类意识活动方式之间的巨大鸿沟。人工智能只能依据机械逻辑的功能模仿人类的行为方式，而远不能模仿人类的意识活动。这种深刻的差异常常被科学主义者们抹杀，他们总是要夸大人工智能技术对人类意识活动模仿的可能性。从今天人类的科学活动方式来看，这个目标如果不能说是绝对不可能也必定是非常遥远的。

这有些像自古以来人类一直矢志追求而又无法实现的长生不老的理想一样。按照自然科学的内在理性逻辑，发现消除生命死亡原因方法的可能性是存在的，至少有可能将人类的生命延续到几乎不死的程度。但这个理想的真实实现则要比人类的理解要复杂得多与困难得多。从自然科学的理性出发，既然生命体的生存局限性必然有其逻辑原因，科学就有可能发现与改变这种局限而消除人类衰老的原因。在理性思维与逻辑方法中这是具有明确的可能性的，但在现实中这也必然是遥远到几乎不可能的事情。

今天的科学主义者们似乎觉得完全模仿人类的意识活动比实现长生不老要容易一些，实际上它们几乎是同样层次的难题。古人以为既然可以找到医治疾病的方法最终也就可以找到消除死亡的方法，不同文明的古代圣贤中从来不乏探讨长生不老之术的努力。这种努力的依据在中国传统文化中的表达主要集中在道教的终极观念中，而在欧洲历史中则存在于炼金术士们的逻辑理性中。今人以为既然可以开始简单模拟人类依据智力的行为，也就最终就可以全部模拟人类的意识活动。道教中对人类不死的探讨为中医奠定了超验观念的基础，炼金术士们试图点石成金的努力则创造了现代化学。今天人工智能的伟大成就可能造成社会工业活动的完全机器化，甚至造成人类基本服务的机器化，但这离模仿人类的意识活动还十分遥远。

人类社会环境得以形成的精神依据就在人类的文化之中。文化是人类精神环境功能向人类物质环境中延伸的信息载体，也是人类构建生存环境与社会活动方式的内在环境依据的外在表达。文化及文化活动同时又形成了社会环境对精神环境的影响与塑造。

人类的社会环境存在就是人类可以试图理解的最复杂的自纠缠结构，就是人类精神环境与物质活动互为因果的互动成果。人类的文明越是发达，社会文化环境对人类精神环境的影响就越强烈。进入现代以后，文化环境已经是人类个体精神环境秩序结构的决定性因素了，这既是马克思所说的"人类由此而变成了社会的人"的依据，也是他所说的人类被"异化"的重要原因。这也是萨特所担心的人类失去了自己的自由的内涵。在萨特看来，人类的意识自由已经被社会文化环境消灭了。

人类依据环境实现生存，人类在生存中又必然形成对环境的影响。人类的社会化与组织化，就是通过人类个体间的环境影响功能关系的组织化方式构成的，这种组织化方式的依据就是个体观念空间秩序的公共化。人类通过精神世界的公共化实现了社会关系的自组织。

人类个体观念空间秩序公共化的环境与途径，就是社会文化环境与社会文化活动。社会文化向人类提供了公共意识活动的环境，这个环境在塑造与整合了个体观念空间秩序的同时，也拓展与表达了超越个体观念空间的秩序内涵。人类的绝对理念与宇宙精神，以及对它们感性化表达形成的宗教偶像，就是这种超越形态的终极表达。所谓人类的先验能力也是一种公共化的观念形态而已。这种公共观念极大地拓展了人类精神世界的空间与人类意识活动的环境边界。

在现代社会中个体的观念结构中几乎充满了文化要素。因此，个体观念空间中来自个体认识活动所构建的独特超验观念要素也就日益稀薄，个体观念空间中的超验结构也就无不是由文化环境的信息输入所塑造与所引导的了。从此，不同个体的观念结构与价值结构的差异，不同个体的人格差异，也就深刻地受到了社会文化环境的影响与制约。文化环境对人类个体精神环境秩序的塑造功能，也就逐渐与生命环境对个体的塑造功能一起，成为人类个体的独特性形态被公共化的两个基本依据。在文化环境中生存的人类个体，除了是 DNA 的遗传后代之外，还是文化的传播后代了。

现代文明中强大的文化影响力强烈地消除了个体价值结构的根本差

异，从而形成了不同个体价值结构一般形态的高度同一性。这种同一性就是现代社会成员能够实现多层次的复杂协调性社会活动的精神依据，也是社会成员可以深入理解他人行为目标的依据。也因此，对社会成员的人格评价就常常就变成了对他们观念空间中的文化结构的评价。这就决定了人格评价的内涵的高度文化化。

人格的评价活动就是一种构建理解观念结构与价值结构的公共观念体系的文化活动。人格评价的结果中也就必然深刻蕴含了社会文化的形态。评价人格的标准来自人类的观念共识或公共价值，也就是来自人类的文化环境内涵。文化环境就是人格评价的外在标准。同一个个体的人格形态由此而在不同的文化环境中会得到不同的评价结果。

个体在相同的社会文化环境与文化氛围中又会形成意识活动的不同情感状态，或者形成不同的情绪状态。这也就会显著地影响他们的价值活动方式与行为方式。具有一定社会阅历的个体在进入不同的文化氛围中时就会形成相应的情绪状态，也就是形成了与相应的文化氛围相协调的意识活动状态，在他们进入不同的文化环境时也就会形成不同的举止和不同的语言表达方式。一旦社会环境改变，这些行为特征也就改变了。

人类现代社会的宏观结构日益同质化，但却在微观结构中日益多元化。具有复杂微观结构的现代社会环境也就形成了复杂多样的微观社会文化。现代微观文化大致可以划分为五大领域，这就是家庭文化、企业文化、社区文化、消费文化与娱乐文化。在中华文明中历史悠久但又被广泛诟病的家族文化，就是传统的社区文化。在欧洲文明中的传统社区文化曾经就是社区教会的文化，后来又被市民阶层的世俗文化所部分取代。欧洲现代社会中的世俗文化就是社区文化的重要内涵。

现代社会中的人类个体常常同时处于不同的微观文化环境之中。在家庭之内他们依据家庭文化表达自己的公共价值，在企业之中又必然要依据特有的企业文化来规范自己的行为，在社区中他们还会服从社区传统的行为习俗。一旦进入了个体自由选择的消费领域与娱乐领域中，他们又会表现出高度隐私化的个人喜好，这也是多样化的微观文化的表现形态。

每一个现代社会的成员都会在不同的文化环境中表现出不同的行为方式。依据这种行为方式实现的人格评价，也就必然具有了强烈的文化环境局限性与社会活动领域的特征。

一个家庭中的优秀父亲与丈夫在企业中也许很懒惰，个在社区活动中常常被人反感的人在家庭中常常被家人爱戴，一个职场中的佼佼者在家庭与社区中也许会评价不佳，这就是不同文化环境中的人格评价呈现出来的复杂形态。这种复杂的人格特征看似来自文化环境的差异，实际上仍然是个体在不同文化环境中形成的特定情绪状态或者情感状态的结果。

社会成员在不同文化环境中的不同行为方式必定是进入这个环境后形成的特定情感状态的结果，也必定是特定的文化环境为他们引导与塑造出来的情绪状态的结果。对他们来说，在不同环境中的不同行为方式都表达了他们真实的价值需求，而并非他们在不同环境中的刻意伪装。这正是他们复杂多样的价值结构在不同的情感状态中形成了不同的价值遮蔽与价值放大的异化结果而已，但这种价值结构的异化却为他们提供了在不同环境中有效的价值活动功能。

129. 情感状态与人格特征

精神环境来自人类认识活动的成果。观念空间中的结构来自人类认识活动的构建。人类认识活动的过程由观念空间中的既有秩序决定，也由意识能量在观念空间中的分布形态决定。认识活动由情感状态形成与激发，不同的情感状态就会形成不同的认识活动内涵与成果，并且形成不同的感情。

狭义的情感状态形成明确的认识成果与强烈的感情，也形成厚重明确的观念结构，观念空间中各个层次的基本观念大致都是狭义情感状态的认识结果。基本观念相对于一般观念的特征就是具有更为强烈的环境影响功能与结构凝聚功能，也就是具有更为厚重的结构特征。这就形成了它们对观念空间中一个局部领域中的结构统辖与结构安置功能。

基本观念的形态特征又是相对的。具有明确而强烈的结构统辖与凝聚功能的基本观念就会影响与涉及较大范围的观念空间领域，具有不太明确的结构统辖与凝聚功能的基本观念就只能影响与涉及较小范围的观念空间领域。在精神环境的观念空间就是被多层次嵌套的基本观念的影响空间所笼罩与所统辖，不同基本观念的统辖与涉及空间也是多层次嵌套的。

基本观念就是观念结构的结构凝聚空间节点，基本观念统辖与安置周围环境秩序的功能范越广泛形态越复杂，基本观念的结构功能就越强大。基本观念来自具有强烈环境影响力与观念结构整合功能的认识活动，这种认识活动来自强烈的情感状态形成的意识能量在特定观念结构中的汇聚。一般来说，基本观念来自由狭义情感状态促生的认识活动。狭义情感状态常常就是基本观念的形成条件，广义情感状态常常就是一般观念的形成条件。观念空间中的基本观念构成了全部观念结构的骨干与框架，也同样构成了终极观念的形态。

基础观念就是在观念空间的特定领域中初始构成的基本观念，类似于白纸上的初始笔画。基础观念构成了个体观念结构的基底或基础，它们为意识活动提供了基础环境，从而决定了后来认识活动的发展方向或者观念结构的生长方向。

基础观念的形成又必然依据其统辖空间中最初始的狭义情感状态作为条件。在基本上空白的观念空间环境中形成的情感状态，就只能依据其中漂浮流动的元初观念要素的存在形态。元初观念在观念空间中的不确定分布，就是构成基础观念的不确定环境条件。

基础观念中的感情内涵也就表达了个体最初始的狭义感情。个体幼年时最先体验到的狭义情感状态大都是基础观念的形成条件。这就是个体早期的情感经历，对他终生的观念结构与价值结构的演化形态都具有明确的影响功能的哲学依据。

观念结构是价值结构的载体。在人类个体的观念结构中，蕴含了他们实现自己环境生存的全部环境需求与价值。人类观念空间中的价值结构决定了他们在生存环境中的全部生存行为方式，也决定了他们的人格特征。

人类意识活动的狭义情感状态，在提供了构建观念空间中的基本观念结构条件的同时，也提供了构成基本价值的条件。狭义情感状态同样决定与影响着个体的价值结构的形态与人格的特征。

人类通过个体在社会环境中的行为方式来理解与评价他们精神环境中的价值结构，这就是人格的评价。在人格评价的结果中也必然蕴含了对个体狭义情感状态的理解与评价。

个体强烈的初始狭义情感状态常常构成了重要的基础观念结构，也常常构成了重要的基础价值结构。这种基础价值就会影响与决定个体后来的全部生存行为方式与形态。在这个基础上，个体后来明确与强烈的狭义情感状态也都常常会形成观念空间中重要的基本观念与基本价值。人类每一个明确而强烈的狭义情感状态，都会为他们的观念结构与价值结构留下重要的结构影响功能。

人格特征就是观念结构与价值结构的特征，其依据就在外在行为的表象中。意识活动的情感状态决定了价值结构的形态，也就最终决定了人格的特征。在人格特征中也就由此而必然蕴含了意识活动的情感经历。

在人类个体的生命经历中，强烈的情感状态形成的感情观念成果，也就常常是重要的基本观念与基本价值的标识或依据。强烈的狭义情感状态构成的感情也就必然强烈影响着个体的人格特征。这就是人类的感情在精神世界中具有重要地位的哲学依据。

情感状态通过影响认识活动而塑造了观念结构的形态。情感状态通过影响价值活动而塑造了行为动机的形态。表达了情感状态的外在情绪就是个体社会行为方式的重要依据。

强烈的感情既是明确的基本观念，也是明确的基本价值。这种基本观念的公共化，还是构成文化结构中的伦理价值的依据。

在稳定的观念结构中经常出现的狭义情感状态，就会逐渐构成稳定的价值结构。这种价值结构的逐渐普遍化也就形成了稳定的价值体系，就会沉淀出个体的人格特征。这就是情感状态形成感情，感情铸就人格的积累过程。

在不同文明的传统文化中，都会常常用个体的感情特征来代替对人格特征的表达。这就是常说的某人具有某种情结的含义。所谓情结，就是具有感情形态的基本价值结构。

例如，在人类的青少年时期，既是身体的生命环境迅速成长与变化的时期，也是精神环境中观念结构与价值结构的迅速成长与变化的时期，更是其人格特征的逐渐成熟与稳定的时期。在这个时期中如果出现了爱情的狭义情感状态，也就必然会在他们的观念空间中形成重要的基本感情结构。这种观念结构常常具有基础性功能，它们的影响也就常常是终生的。少年的初恋爱情常常是简单而幼稚的，但也常常因为其强烈和鲜明的感情成果而终生不忘地被铭记于心。

个体一旦进入成熟的婚姻之中，他们与配偶之间的情感内涵就会由于蕴含了复杂得多的价值要素而淹没在大量日常生活的情感状态之中。处于稳定婚姻中的配偶之间并不会经常形成刻骨铭心的感情，但稳定婚姻中已经具备的凝聚功能却并不会因此而被削弱。

逻辑是人类理解与表达自己观念结构的方法，也是理解意识活动方式的工具，逻辑来自人类理性能力的构建。人类通过社会文化活动逐渐形成了理解与表达自己观念结构与意识活动的能力，并逐渐在文化中凝聚出日益复杂的逻辑工具。人类精神环境中的基本形态就是感性观念结构。其中的理性观念结构就是对感性观念主体进行逻辑简化与逻辑表达的结果。

人类的理性能力形成了意识活动不同程度的理性方式。这主要来自他们受到不同理性化程度的文化活动的塑造与浸染，其中也蕴含了他们特殊的意识活动先天禀赋。由于个体理性能力的差别，在不同个体的观念结构中也就会形成不同理性化程度的观念结构。在理性能力较强的个体的观念空间中，理性观念结构常常发达与浓厚。在理性能力较弱的个体的观念空间中，理性观念结构就常常简陋与薄弱。

具有不同理性化程度的观念结构的个体，必然会形成不同的意识活动形态，也就会表现出不同的人格特征。前者常常被称为理性化的人格，后者常常被称为感性化的人格。

情感状态主要依据观念结构的感性形态而形成，理性化的观念结构则是情感状态的消融条件。在具有感性化人格特征的意识活动与社会行为方式中常常具有鲜明的感情特色，在具有理性化人格特征的意识活动与社会行为方式中常常具有明确的逻辑推理与演绎的形态。

具有较高理性化程度的观念结构的个体，他们的价值活动经常受到理性观念结构的引导而不容易进入狭义情感状态中。他们理性化人格特征的行为方式，也就经常具有稳定不变的形态。

具有高度理性化人格特征的个体，则容易走入另一个极端，容易变成行为方式的过分机械化的形态。这主要来自对逻辑方法的过分遵循，也常见于虽然具有完善的理性化观念结构，但却缺乏感性还原能力个体的行为方式中。他们严格依据知识结构的价值判断与行为选择，在复杂的社会环境中也就常常缺乏灵活变通的能力。

具有理性化人格特征的个体，其社会行为目标也常常会稳定不变，这是由其价值结构中较浓厚的理性化功能所决定的。但他们实现价值追求的行为特征有时也会出现变化，这主要是由其理性观念结构改变的结果，而并非是情感状态的结果。他们行为特征的变化也就具有稳定性与和缓性。

个体理性观念结构的任何改变，都要以感性观念结构的改变为基础条件。机械式地知识灌输活动，虽然可以形成理性观念结构的迅速改变，但这种改变则常常是表面的与无法深入的。

理性观念结构的变化必然滞后于感性观念结构的变化，这是由理性观念结构的形成方式所决定的。感性观念结构的改变则会明确地受到情感状态的影响，这是由观念结构的普遍性与基础性所决定的。

人类精神环境中的认识活动随时都在形成丰富多彩而又杂乱无章的感性化新观念，这些新观念随时都在改变着感性观念的结构形态。但要在这些新鲜变动的感性观念中进一步形成理性化的结构或逻辑化的表达，则要经历缓慢得多的认识活动对超验秩序的积累过程。只有通过文化活动直接接受的理性化知识结构，才会形成对理性观念结构的直接形式改变。

在个体的价值活动中，由感性观念的改变而影响的情感状态的变化也就要迅速得多与频繁得多，由理性观念结构的改变而对思维方式的影响改变也就要和缓得多与稀有得多。这就表现出了思维定式的现象。具有明确理性化人格特征的行为方式也就具有不易改变的稳定形态。

具有理性化人格特征的价值活动也会具有透彻全面的特征，在其中不易形成明确的情感遮蔽。他们常常显现出在复杂多变环境中能够冷静地控制情感的行为方式。

具有明确的感性化观念结构特征的个体，其价值活动也就常常处于强烈的情感状态中，也就会呈现出感性化的人格特征。他们的价值活动常常处于明确的情感状态中，他们的行为方式也就常常会受情感状态的引导与束缚，常常出现各种情绪化的行为。

处于流动不定的情感状态中的价值活动常常会对价值结构局部封闭与局部放大异化，这就使得价值选择与价值判断结果常常受到流动不定的情感状态的影响。在这种状态中的个体，就常常表现出价值结构变化不定的行为特征。但这并非其价值结构真实地发生了迅速改变，而是处于变幻不定的情感状态中的价值活动方式与行为方式的变幻不定。对他们也就会由此而形成变幻无常的人格评价。

具有感性化人格特征的个体，常常会因为在特定的情感状态中形成对某些特殊价值的放大，并在行为方式中表现出对某些特殊价值的特别关注与特别重视。他们的价值活动主要是感性的与直觉的，他们的动机结构常常是模糊不清与无法分析与表达的。但他们对动机中的核心价值的感受并不会模糊不清。清晰的核心追求与模糊的行为条件与行为方式，就是感性化价值活动的重要特征。

他们模糊不清的行为动机的外在表达形态就是直觉型的社会行为方式。他们自己也无法理解行为动机的形成过程，他们常常不能向别人表达自己行为动机中的价值关系，也无法说明自己行为方式如此选择的理由，而只能坚持必须如此行为。他们唯一的解释就是直觉。

他们这种行为方式的特征，一方面受到情感化的价值局限与价值放大，并形成对价值结构不确定的扭曲与异化，另一方面则来自其动机构建过程中的直觉方式形成的动机结构的难以表达。这就使得他们的行为方式不易被他人所理解。他们对行为方式的表达与说明，对别人来说常常是新奇的与古怪的，甚至是不可理喻的。但他们自己却仍然是真诚的。他们说明自己行为方式的最常用的理由就是"我感觉如此"。

理性化人格特征与感性化人格特征的对立，来自对立的观念结构中对立的意识活动方式，他们各有利弊。合理的人格特征应该是这两者的均衡。通过合理地运用两种不同的意识活动方式，可以得到比较均衡的人格。可以使它们的优点得到保留与发扬，它们的缺点得到限制与减少。

如果个体观念空间中具备了比较充分的理性观念结构，也就不会形成太多的感性化价值活动方式，也就不会表现出明确的感性化人格特征。个体对理性化观念结构的适当运用，也就不会出现太多的理性化价值活动方式，也就不会表现出明确的机械僵化的人格特征。

均衡人格的实现条件，并不仅仅是具备了在两种方法中的价值活动能力，而是要具备在相应的场合中合理地选择两种价值活动方式的能力。他们不会过分理性化与分析化，不会过分排除感性价值活动的直觉方式，也不会过分坚持或拘泥于理性分析，在实现理性分析的同时也会相信感性直觉的成果。

对理性化价值活动方式的合理运用，一是在于合理拓展价值审视与价值选择的空间，不被自己处于情感状态中的感性局限所限制，二是充分化解自己的情感状态，不被自己的情感所左右。当价值活动需要更广泛的价值选择范围以实现不常见的价值判断时，当价值活动进入了明确的情感状态时，特别是处于狭义情感状态中时，对理性化方法的运用就非常必要了。

任何理性化的意识活动方式，都是观念空间环境秩序的相对简化与表面化的结果。为了克服理性化方法的局限性，在任何意识活动中都不能完全排除感性直觉的方式。只有最终能够回到感性直觉中的理性化方式，才是透彻与深刻的意识活动方式。仅仅停留在理性方法之中的意识活动方式，仅仅会依据知识观念思维的方式，就只能是肤浅的意识活动方式。

对感性化价值活动方式的合理运用，必须要进入特定的情感状态之中，但又不能过分地陷入其中而形成价值判断的明确扭曲与异化。这就不会因为狭义情感状态的局限与封闭而限制了价值空间中的视野。价值判断的深刻与细腻由感性直觉来保证，价值判断的广博与周密则由理性思维来保证。

具有均衡人格的个体，应当能够随时感受到理性化方式的不足与局限，并因此会随时利用感性化方式来改善这种局限。真正具有理性能力的个体从来不会排除感性方法，他们常常在最困难的价值选择中，回到具有深刻感性选择与直觉判断的情感状态中去。

130. 人格形态与文化环境

所谓人格，就是依据社会行为方式对个体价值结构的理解与评价。评价人格特征的依据与标准就在社会主流文化中。每一个文化体系中的伦理结构都是人格评价的基本标准。

价值结构蕴含在观念空间中的观念结构之中。观念结构的形态决定了个体的人格特征。人类进入文明以后，个体的观念结构就开展逐渐强化地受到文化环境的引导与制约了，其人格特征也就逐渐具有了特定文化体系的痕迹与形态。在文明中生存的个体就开始变成了社会化的个体，其人格特征也就处处打上了文化环境与社会秩序的烙印。人格评价的依据在社会环境的文化结构之中，评价的结果也必然被文化结构中的公共价值所安排置与表达。

任何特定的社会文化环境都会塑造出与之相协调的人格。在具有丰富艺术活动内涵的文化环境中就容易塑造出具备感性化特征的人格，在具有丰富科学活动的文化环境中就容易塑造出具备理性化特征的人格。

个体的精神世界与价值结构与他们的生命形态一样，也有一个从无到有从幼稚到成熟的演化过程。生命形态发育成熟以后，个体就会逐渐进入其价值结构与人格特征的成熟与稳定状态中。文明环境中个体的人格成熟一般要滞后于他们的生命成熟，文明程度越高这种滞后就越显著。这是人类文化结构的复杂化与个体生存环境的优越化的必然结果。

当个体处于精神环境的演化过程中，当个体由于环境的变迁而处于与自己人格特征不相协调的社会文化环境中，就常常会出现人格特征与文化环境的冲突。

精神世界的复杂性与多样性远远超过了人类的理解能力。个体价值结构与人格特征的复杂性与多样性，形成了他们对不同社会文化环境秩序的适应能力。当价值结构与人格特征与社会文化环境相适应时，个体就会处于意识活动的顺畅状态中和社会行为的舒畅状态中，个体就容易感到愉快与幸福。当个体的价值结构与人格特征与社会文化环境不适应甚至相冲突时，他们的意识活动就会不顺畅，社会行为就会不舒畅，个体就常常会感到别扭与郁闷，感到焦虑与痛苦。

个体追求合理有效的社会生活中的一个重要途径，就是调适自己的观念结构和行为方式与社会文化环境和社会秩序的一致性，以便获得心灵的安宁与生活的幸福。这种调适有两个方式，一个是选择与改变自己的生活环境，另一个就是调整与改变自己的价值结构或行为方式。这两个方式都有很大局限，都不容易。

人类生存的社会文化环境是一种自在的存在。个体对社会环境理解的肤浅与社会活动能力的局限，常常使他们对社会环境没有太多的选择空间，也常常缺乏选择的能力。越是在高度文明与现代化的社会结构中，个体对自己生活环境与方式的选择反而越狭隘与困难。但现代社会环境则会通过向社会成员提供更丰富的微观环境选择，来补偿他们在一般环境选择中的高度局限性。社会成员在现代社会环境中看似多样化的生活选择，实际上大都是被局限在特定文化环境中的微观选择。

现代社会丰富与复杂的社会活动方式，虽然为社会成员提供了生活形态的多样性条件，但也形成了文化环境对社会成员生活方式的强烈引导与限制，并由此而缓解社会成员的精神环境与社会环境间的冲突。

现代文化比传统文化具有更为丰富的微观公共价值内涵，也具有更为丰富的人类基本生存欲望的价值展开内涵。现代文化环境将人类生存欲望的高度公共观念化，使得在社会成员欲望的价值展开中充满了社会文化的引导与安置。现代社会成员的价值结构中由此而充满了文化环境要素。

现代社会中的文化活动对一般社会活动形成了无微不至的影响，这种影响可以深入到经济活动与政治活动的各个层次中，这种影响也形成了社会成员价值选择的强烈桎梏。

例如，高度商业化的经济活动与流行的微观文化相融合，就形成了对个体消费方式的强烈限制与引导，个体常常在流行的消费文化的引导中不由自主地付出消费资源而顺从流行的消费方式，但这种付出常常并非必须与必要，对这种消费方式的选择常常已经被文化环境营造的情感氛围所局限与遮蔽。被消费文化主导的畸形的消费方式就常常是现代社会的生活特征，对于精神环境处于迅速发展和不成熟状态中的青年人这种特征就更为明显。当今中国大学生中超越自己经济能力与价值需求的各种怪异消费就是最典型的例子。

　　只有处于非常优越的社会地位中的个体，其社会活动方式的选择空间才会相对大一些。但这种相对的扩大也仍然会局限在中观文化的领域中。他们中只有少数人才可能对自己所处的社会环境中的文化结构形成超越性的理解，并依据这种理解形成自己行为选择对文化环境制约的超越，尽管这种理解并不能为他们提供改变文化环境的能力。

　　在现代社会环境中生存的普罗大众们，则类似在单一文化结构与单一现代教育方式中被放牧的精神羔羊，他们一般都缺乏对自己文化环境的超越性理解，也缺乏在一般社会生活中的精神自主能力，而只能在现代文化的引导与安置中，在现代福利的条件中与消费文化中随波逐流。现代消费文化常常成为他们精神娱乐的文化毒品。当文化安置的精神功能不足时，适当放松对精神药物的管制就是最好的补充手段。这种社会状态就为社会管理者与社会秩序塑造者提供了统一"放牧"大众的便捷社会环境。例如美国精英们提出的"奶头乐"社会管理政策，这种方法甚至成为他们的国际文化输出的方式与国际竞争的手段。

　　个体的精神环境一旦成熟，观念结构与意识活动方式也就难以大变。一个成熟的个体一旦处于与自己人格特征不协调的社会文化环境中，就必定会陷入意识活动的冲突状态而产生精神焦虑与抑郁。在任何文明中，这都是人类精神痛苦的基本原因。

　　社会成员的这种焦虑与抑郁，来自他们观念结构的独特性与社会文化环境或公共伦理的单一性与局限性的冲突。这种精神冲突的结果就基本上是个体顺应文化环境，而不会是个体改变文化环境。这由社会文化环境具有比个体观念结构更高的稳定性所决定。

　　这也是现代社会成员的价值结构在不同文化环境中都必然会被高度统合的原因。现代文化环境对社会生活的深刻影响，来自现代文化活动与观念传播活动的高度便捷与低成本，也来自现代文化活动对全部社会生活的高度渗透与高度融合。

越是高水平的人类文明状态，社会秩序就越具有高度复杂的形态，但社会结构也越容易高度扁平化。社会成员的意识活动方式与文化环境也就越容易高度同质化。这种同质化的文化环境在高效便捷的现代传媒技术的强化与放大中就会更为显著。例如现代互联网技术创造的各种自媒体，就为普通社会成员提供了普及便捷的观念交流方式，也就必然会塑造出不同社会领域中社会成员更为同质化的观念结构。互联网大大提高了便于流行的肤浅公共观念的传播效率，就连古怪谣言的普及效率也提高了，但却难以提高社会伦理的深入传播。因为娱乐化的大众互联网文化并不适合传播复杂深刻的公共观念，因为生活在僵化扁平的社会文化环境中的普罗大众已经被弱化了关注深刻公共观念的兴趣，就是在具有高等教育文化背景的知识分子群中也不例外。

在现代社会环境中的个体观念结构中，仍然会在逐渐优越化的生存环境中不断滋生出丰富的个体环境需求的独特形态，这种观念形态在人本主义文化环境中被公共化地表达与强化，就形成了塑造个人主义价值结构的充沛精神资源。

这种价值结构也就必然会表达出个体高度个性化与多样化的社会环境需求，这样的环境需求又必定形成他们更为多样化的微观社会行为方式。现代社会环境向他们提供的社会行为微观选择的充分自由度，又会进一步提供放大与强化这种个体微观价值结构差异化的条件。

现代社会一般活动方式的高度同质化与社会秩序的高度扁平化，与社会成员微观行为方式的高度多元化与个性化，就是现代社会区别于传统社会的社会结构的典型特征。处于严密的社会秩序限制中的社会一般活动的高度不自由，与社会个体微观生活行为的高度自由化合理均衡，就构成了现代社会成员的生活形态。

现代社会为人类的生存虽然提供了极大的物质改善，但人类的精神痛苦则并没有得到更多的缓解，有时反而会因为个体简陋而多元的价值结构与高度统一的社会环境秩序间冲突的增加而扩大。

在高度统合的环境中被高度物质优越化的社会生活方式，也就必然会进一步简化与弱化个体感受与适应社会环境秩序的能力。高度多元的个体环境需求又会扩大个体自由意志与环境秩序间的冲突领域。这就是现代社会病形成的哲学依据，也是从马克思到马尔库塞们所诟病的现代社会对人类异化危险的重要内涵。普遍流行的现代社会病，就是高度文明化的社会环境带来的社会秩序高度组织化与社会文化高度同一化的副作用。这种副作用虽然难以消除，但却可以通过人工代偿得到缓解。

消解现代社会病的代偿的方式有两个途径。一个是通过普及现代娱乐活动，这是由人工虚构的微观审美活动环境实现的代偿。它为社会成员提供了大量的多样而便捷的虚拟审美快感的获取方式，从而可以充分缓解与冲淡他们在现代社会病中的痛苦。另一个途径是进一步恢复传统宗教活动对个体宏观观念结构的统合与安置功能，并让宗教文化实现对个体价值结构中的多元冲突实现超现实的宏观整合。现代宗教生活方式也就是一种虚拟的宏观审美代偿方式，这种代偿提供了一种在超验精神领域中方便的心灵抚慰功能。这种心灵抚慰则是局限于微观意识活动的经验领域中的现代心理学技术所无法替代的。

这就是现代社会中娱乐行业膨胀与宗教文化复兴的基本原因。

第三十五章 群体意识活动与群体情感状态

131. 群体的观念结构与公共价值

　　人类依据自己文明化的生存方式而区别于动物。人类的社会化生存来自人类的群居本能，这种本能依据人类特有的精神世界提供的特殊功能，就构成了人类的社会环境存在与社会生活方式。人类社会的结构就是多层次嵌套的群体，包含了个体的群体就是社会结构的基本要素，人类个体则是社会结构的元素。人类构成文明化的群体结构并形成社会秩序的依据，就是人类群体成员通过观念交流形成的个体精神世界的公共化，这种公共化的人类精神环境就是公共观念空间，这种公共化的人类意识活动方式就是公共意识形态。公共观念在社会环境中的表达就是社会文化。

　　公共观念来自个体间的观念交流活动形成的观念共识，来自个体观念结构在群体意识活动空间中形成的组织化形态。群体意识活动空间就是由观念交流活动联系起来的个体观念空间。公共观念表达了不同个体对生存环境的共同需求，也承载了他们构成的群体的公共价值。

　　群体的公共观念空间就是群体公共意识活动的环境。人类通过群体意识活动不断构建出公共观念环境，又依据公共观念环境实现公共意识活动。以观念交流活动为基础的社会文化活动就是将个体观念空间组织化构成群体观念空间的社会行为方式。

　　不同的人类文明依据其不同的文化与不同的生存方式而构成。不同的文化表达了不同社会群体结构中的不同公共观念体系。社会群体具有多层次嵌套的形态，社会文化必然是多元的与杂乱的。文化环境是社会群体公共意识活动的社会环境空间，人类的社会文化活动既是构建文化环境的活动与行为，也是依据文化环境实现的公共意识活动与行为。

人类的意识活动发生在个体的观念空间中或个体的精神世界中。公共意识活动也仍然是个体观念空间中意识能量的分布与运动形态，只不过是通过个体间的观念交流活动沟通了他们不同的环境空间，使得在不同个体各自观念空间中的意识活动能量能够形成互相影响与互相激励的联系，并依此而形成了公共化的群体观念空间，也就形成了这个公共观念环境中统一协调的意识能量运动形态。发生在个体观念空间中的意识能量运动就由此而形成了超越个体观念空间的活动状态。

这种公共化的意识能量分布与流动状态所依赖的环境就是公共化的观念空间。意识活动的公共化与观念空间的公共化相辅相成。公共观念空间由观念交流活动形成与维持，观念交流活动也是公共意识活动的构成条件。社会文化活动就是人类构建公共观念与实现公共化意识活动的社会活动方式。观念交流活动的社会环境依据在社会群体结构中，社会文化活动构建出来的公共价值成果又是社会群体结构的形成依据。

个体精神环境中的观念要素蕴含了个体对环境的全部需求，这就是个体观念中的价值内涵。在人类群体公共观念空间中的观念要素中，则蕴含了群体对环境的全部需求，这就是公共观念中的公共价值内涵。公共价值的文化表达形态就是价值观。公共价值是社会群体结构的精神依据与精神纽带，也是社会群体的文化特征。人类正是依据公共观念环境中蕴含的公共价值才构成了文明化的社会环境秩序。

人类不同社会群体的基本区分，就在他们不同的公共价值以及表达公共价值的文化特征中，就在他们依据不同的公共价值形成的不同社会行为特征中。人类不同层次的社会结构形态就由相应层次的社会文化来表达。

不同的文化结构表达了不同的公共价值结构。不同的社会文化形态就是不同群体的公共观念在社会环境中的投射表达，也就是群体公共意识活动环境在社会环境中的映射形态。理解一个群体的公共意识活动方式与公共观念环境的途径，就是理解他们的文化。人类不同群体间的文化交流与文化理解，就是不同群体间公共观念与公共价值的互相理解。

　　具有稳定完善的意识活动环境功能的个体观念结构，都具有比较完美的形态。在个体完美的观念结构中，可以清晰地表达为宏观的终极观念、中观的基本观念与微观的元初观念的结构化区分。具有稳定完善的群体公共意识活动环境功能的文化形态，也都可以清晰地理解为宏观文化结构、中观文化结构与微观文化结构三个结构化层次的形态。具备完美形态的群体文化结构并不相同，人类因此而形成了稳定延续的不同文明。在任何一个完美的文化体系中，都可以实现这样三个层次的结构划分。这种划分的依据就是人类通用的文化理解逻辑。

　　具有完美文化结构的群体就是人类的文明群体。具有完美结构形态的不同文化的区分，就是不同文明区分的基本依据。不同文化的交流与融合也就形成了不同文明的交融。只有保持了独特宏观文化形态与相应的社会生活方式的文明才是独立的文明。中华文明就是人类现代社会中的典型文明。

　　在不同文化的融合形态中，主要是在不同宏观结构中衍生出来的不同中观文化结构与微观文化结构之间的融合，这种文化融合的形态也就形成了不能完全独立的文明结构。例如中华文明的部分传统宏观结构与中观结构和欧洲文明的传统中观结构相融合，就形成了特殊的现代日本文明与现代韩国文明。中华文明所具有的历史延续的独立性的依据就在他独立延续的宏观文化结构中，就在这种宏观文化对一般社会秩序的基本塑造与对其他中观文化的安置中。

　　人类独立的文明形态，就是依据其特有的完美文化体系所构成的利用与适应生存环境的特定社会结构与特定社会生存方式。这种社会结构的特殊标识必须由其宏观文化结构的独特性来表达。人类不同文明中的完美文化体系也就是不同独立文明的精神标志。

　　人类的不同群体在共同生存环境中具有的共同环境需求以及实现这种共同需求的生存行为，就形成了人类生存行为中的竞争方式。人类生存方式中的普遍竞争形态形成了人类社会中的基本冲突。人类文明间的竞争归根结底来自其文化体系合理性的竞争。人类文明间的冲突归根结底来自他们文化体系的冲突。文化的冲突决定了文明的冲突，消弭文明冲突的途径只能是对冲突文化的融合。现代西方文化中那种保持不同文化的独立与差异而仅仅通过权力暴力来消除文明冲突的方法，是一种现代的乌托邦。

人类依据不同的文明区分了自己基本的社会结构。在每一个文明内部又会依据他们成员公共价值结构的进一步分化，区分出不同的内部群体结构，也就是在共同的宏观公共价值体系中区分出不同的中观公共价值体系与不同的微观公共价值体系。这种群体结构的进一步区分会一直延续到人类个体成员为止，也就是他们公共观念的差异化最终会回归到个体观念结构的差异化之中。个体价值结构的独特性决定了个体社会需求与社会行为差异的绝对性，这也是个体行为自由的绝对依据。

人类个体依据不同层次的公共价值构成了不同层次的社会群体结构，这种结构化层次的不断提高也就最终构成了人类的文明结构。从人类个体的生存行为与社会活动到人类文明的存在与活动，就可以概括出与分析出人类全部的社会存在方式与社会活动形态。人类是社会生存活动就是多层次嵌套的群体化的生存活动，而不仅仅是单纯的个体生存行为。那种将人类的社会生存行为完全用个体生存活动来表达的社会学观念，是一种机械论与还原论逻辑的不恰当运用，也是一种对人类复杂的社会生存方式的无知。

132. 群体的公共意识活动方式

人类的群体成员通过观念交流活动形成了他们意识活动的公共环境或公共观念空间，他们在公共观念空间中形成了共同的意识活动或公共意识活动，群体公共意识活动由成员个体意识活动通过观念交流实现的组织化而构成，由公共观念的结构形态决定的群体公共意识活动形态就是广义的公共意识形态。

人类的观念交流活动形成了个体意识能量在公共观念空间中的统一化的流动与汇聚，并由此而构成了社会文化的内涵。文化活动就是将个体观念空间组织化构成群体公共意识活动空间的社会行为方式。社会文化既是公共观念的外部表达，也是公共意识活动环境的外部媒介或物质载体。

　　公共观念是社会群体们共同的精神依据与精神特征。不同层次的群体具有不同层次的公共观念结构，这由他们不同层次的观念交流活动方式与交流成果所构成。公共观念结构为不同群体提供了不同的公共观念空间或公共意识活动环境，并由此决定了他们公共意识活动的方式和社会环境中的公共行为方式。群体公共意识活动方式的文化表达内涵就是广义的意识形态，在现代文化中将意识形态的狭义化与政治化，就是现代西方主流公共价值的狭隘认知，也是现代哲学对文化的肤浅理解。

　　所谓广义意识形态，就是人类社会结构中全部群体所具备的公共观念空间的形态，就是在这些不同的公共观念环境中不同的公共意识活动方式的总和。所谓狭义意识形态，就是由不同文明区分的基本社会群体所具备的基本公共观念结构与其中意识活动方式的总和，其中主要表达了人类特定宏观群体的公共价值结构与伦理结构，以及他们在这种环境中维护自己基本社会秩序的公共意识活动方式。这种表达也会延伸到依据这种公共意识活动方式所构成的其他社会秩序形态与其他社会活动方式中。一般来说，狭义意识形态就是现代国家结构所依赖的基本公共观念结构。

　　在现代文化中，常常将表达了构建与维护社会基本秩序的政治活动方式当作公共意识形态的主要特征，这种理解的教条化传播就是将公共意识形态政治化与狭隘化的原因。流行的狭义公共意识形态的概念就由此而来。这种理解也形成了对公共意识活动理解的去哲学内涵的异化。

　　为了恢复对人类公共意识活动的哲学理解，特别是对欧洲近代传统意识形态的解构需要，也就出现了现代文化中对公共意识形态理解的去政治化潮流，对这种思潮的简化表达就是去意识形态化。这种潮流又在冷战竞争的文化活动中被进一步放大了。将对公共意识活动理解中的狭义化与政治化的内涵去除，以便恢复对人类意识活动的广义理解的文化方向，就常常被简单化地理解为对狭义化与政治化的公共意识形态本身的抛弃，这是一种肤浅的文化误解。这种误解还来自哲学的凋敝让人们失去了对一般社会文化活动的理性化理解。

公共意识形态是社会成员普遍的公共化意识活动方式，也是形成观念共识与公共价值的方式，还是构成人类的社会生存环境与社会生存方式的依据。公共意识形态可以作为社会结构的公共价值特征。依据公共意识形态形成与表达的公共价值，就是人类社会结构与社会环境得以建立与维持的精神依据，也是人类文明的精神依据。

人类多层次嵌套的社会群体结构，从微观的家庭家族直到宏观的国家民族与国际集团，都是依据其独具的公共意识形态活动成果而构成的。在人类复杂多样的社会结构中形成了复杂多样的公共意识形态，并依据这些公共意识形态获得了自己社会结构的稳定存在与社会秩序的合理维护。

进入近代以来，人类不同群体成员的全球化流动，社会经济资源在全球化贸易中的广泛流转，不同文化的世界性交流，既形成了世界性的文明冲突，将地区冲突扩展成为世界大战，也形成了人类文化的世界性同化与世界性统和，形成了超越传统文明差异的崭新的公共化价值需求与环境秩序诉求，并以此而塑造了新的世界秩序。这也就在现代流行文化中形成了一些超越传统文明区分的世界性公共意识形态的萌芽，并逐渐形成了它们的社会影响力。曾经在世界范围内流行的民族独立与民族自主的政治追求，当今流行的追求和平与发展的全球化目标，今天中国提出的构建人类命运共同体的憧憬，都是这种超越文明的公共价值体系的例子。

在人类个之体间，通过建立不同层次的社会关系的活动就逐渐构成了复杂的社会结构。社会结构的形态就是多层次嵌套的群体。社会群体的构成依据就是群体成员在公共价值中表达的共同环境需求。没有群体化的公共意识活动与公共价值，或者没有公共意识形态，也就不会有人类社会的结构与社会环境的存在。

　　社会群体成员在公共观念空间环境中的公共化意识活动，也具有认识活动与价值活动两种功能。群体认识活动构建出群体的公共观念，形成群体的文化内涵。群体的价值活动构建群体的社会行为动机，形成社会群体行为以及社会群体活动的相应精神依据。

　　群体意识活动以公共观念空间中的公共观念结构为活动环境。群体的公共观念环境并不会离开个体观念空间而存在，在人类个体的精神环境之外也没有这样的环境。群体的公共观念空间就是个体观念空间在观念交流活动中形成的组织化形态，也是个体观念空间在文化结构中形成的公共化表达结构。在公共观念空间中的群体意识活动就是个体突破自己观念空间的界限形成了在他人观念空间具有共同影响功能的意识活动，并通过这种互相影响的功能形成了群体化的意识活动。这种特殊的个体意识活动通过特定的文化活动与观念交流活动而形成明确的群体化功能与公共化功能，并由此而形成了对群体公共观念结构的构建与表达，还由此而形成了对群体公共行为动机的构建与表达。

　　在公共意识活动中的群体化的认识活动实现了对群体公共观念的构建。群体化的认识活动也具有同样的三个环节。群体认识活动的准备环节的形成，就是一个特定公共观念中的群体化的无序要素的审视与关注结构的构成，这就必然是一个依赖群体成员之间的观念交流活动构成的群体文化活动的成果，这就是群体认识准备环节的外部化与文化化。

　　群体认识活动的发现与构建环节，则仍然是特殊个体观念空间环境中的自组织过程，只不过在这过程构成的观念秩序形态中，已经充分蕴含了群体的公共观念要素而已，只不过这种公共化的观念构建结果必然会形成外在环境中的文化表达而已。群体认识活动的核心构建环节仍然是人类观念空间中的自组织活动。

群体认识活动的成果表达必然是外部化的与文化形态的，这也就必须通过观念交流活动与文化活动才能实现。这就是群体认识活动的表达环节的外部化与文化化。在这种外部化的表达中，就会逐渐消除认识构建过程中蕴含的特殊个体的观念内涵而逐渐形成完全公共化的观念形态。艺术创作的反复外在表达形成的反复观念交流构成了高度公共化的艺术文化形态，科学观念的反复外在表达形成的反复观念交流构成了高度学术规范化的科学观念体系。

人类的社会群体构成了人类社会的结构。社会群体的形成与维持，就是人类追求公共化地利用与适应生存环境的成果。群体利用与适应生存环境的公共化行为就是群体的社会行为，群体社会行为的依据仍然在群体公共观念环境中形成的公共行为动机中。群体公共行为的动机由群体公共意识活动中的公共价值活动构建。

群体价值活动对群体公共行为动机的构建也必须以群体中普遍的观念交流活动与文化活动为条件。构建群体行为动机的群体价值活动的公共价值判断的核心过程，仍然发生在特殊个体的观念空间中，但群体公共价值的价值选择与价值判断的公共化实现，则必须通过观念交流活动在公共观念环境中实现。这个公共价值的比较与选择空间也是由观念交流活动构成的。群体中的观念交流活动形成了公共价值的比较空间，也形成了公共价值选择的比较标准。

群体价值活动的动机构建成果必须通过外在公共化的文化表达才能逐渐形成群体成员的公共行为目标与方式。也正是在这种外在表达中，才逐渐消除了公共行为动机中的个体意识活动构建痕迹。

群体价值活动也具有个体价值活动形态中的三个环节。但这生环节都必须通过观念交流与文化表达才能实现。人类看似复杂多样与光怪陆离的社会文化活动，实际上却正是对公共化的精神环境中的行为动机的构建，也正是为了构成群体的公共行为动机，才需要构建与维护群体的公共观念与公共价值。传统的哲学不理解这种关系也就无法透彻理解人类的文化活动，这就是传统哲学对人类一般文化活动的理解与分析总是若即若离模糊不清的原因。

通过认识活动构建公共观念的特殊个体，必然以文化形态表达与传播自己构成的公共观念，并因此而更新社会文化的内涵。通过价值活动构建公共行为动机的特殊个体，也必然以文化形态表达与传播自己为群体行为提供的公共动机，并因此而影响与改变社会群体的公共行为方式。

这样的特殊个体就是公共知识分子。所谓公共知识分子或者简称知识分子，就是通过构建群体公共观念来在自己观念空间中实现审美价值的个体，就是通过为社会群体的公共行为动机提供价值判断来实现自己价值结构中的伦理实现与道德精神满足的个体。知识分子文化活动的影响范围，代表了他们意识活动成果的环境功能范围，也表达了他们意识活动的文化功能规模。所谓大知识分子或大师，就是能够为大群体提供公共观念与公共行为动机的个体。所谓小知识分子，就是只能为小群体提供公共观念与公共行为动机的个体。大知识分子可以大到为大文明与大国家构建文化体系，小知识分子则可以小到仅仅为家庭或企业构建公共观念与行为动机。

文化媒体是现代社会中公共观念与公共价值的重要表达工具，其中包括了现代社会中至关重要的新闻媒体。在人类文明的演化进程中，文化媒体演化的特征标志与台阶就是公共观念的交流方式与表达方式的技术突变的结果。这些技术变革常常带来文化活动方式的突变与公共观念表达形态的改变。从语言的形成到文字的发明，从到纸张的出现到印刷术的发明，从现代报刊的出现到互联网的普及，都在印证这样的历史过程。

曾经的广播报纸与电视，今天的互联网社交工具，构成了现代流行媒体的主要普及形态。现代流行媒体是传播公共观念最直接最有效的文化工具，现代媒体的高效与普及造就了现代公共意识形态的高度全球化传播与高度流动性。现代社会中公共观念的构建与传播的高度活力与流动性，为公共意识活动带来了充沛的自由能量与演化活力，也形成了公共意识活动形态的不稳定性与不确定性。适当的稳定与确定与适当的自由与活力的均衡，是任何合理的公共意识形态的必然追求。

公共意识形态的自由与活力，归根结底来自知识分子对意识活动与审美欲望的自由追求。公共意识形态的稳定性与确定性，归根结底来自社会权力对文化活动的主导与控制。人类合理的公共意识形态与文化活动方式，就在知识分子们的精神自由追求与社会权力对文化活动方式的约束与控制的均衡中。这就是社会文化存在中的对立统一。

公共意识活动就是群体化的意识能量在公共观念空间中的分布与运动。公共意识活动也同样具有群体公共化的情感状态。公共意识活动的情感状态由公共意识能量在公共观念结构空间中的不均匀分布构成。这种不均匀分布的意识活动能量仍然处于群体成员的个体观念空间之中，但却由社会化的观念交流活动提供了他们之间的互相激荡与互相呼应，这种激荡与呼应就打破了个体观念空间的局限与分割，实现了他们的意识活动能量在群体公共观念空间中的共同运动。群体观念交流构成的公共意识活动空间，就是形成了联系与组织化的个体意识能量的公共化运动空间，也就是群体公共意识活动的情感空间。

群体中的公共化情感状态也可以同样区分为广义公共情感状态与狭义公共情感状态。广义公共情感状态形成公共意识活动的局部化，形成公共观念结构与公共价值结构在这种局部化中的遮蔽与局限。狭义公共情感状态则形成公共意识活动能量的局部汇聚与局部价值放大，这种能量汇聚与价值放大也同样是通过公共化的意识活动能量在特定公共观念结构中的环境吸纳与结构激荡形成的，这种环境吸纳与结构激荡虽然发生在个体观念空间之中，但却在群体中开放的观念交流活动中形成了超越个体观念空间的公共化形态。

群体情感状态决定了群体公共意识活动的形态，也决定着群体认识活动与群体价值活动的成果。广义的群体情感状态决定了群体社会文化活动的形态，各种文化活动的区分与局限就是这种状态的结果。狭义的群体情感状态则通过强烈的公共意识能量聚集与公共价值的放大，形成了对特殊公共价值强烈而鲜明的特殊追求。这种群体情感状态就是各种激烈突出的群体化行为与某些特殊的社会行为方式的构成条件。随着社会文化活动形成的公共价值塑造功能的强化与观念交流活动的便捷，强烈的群体化社会活动构成的社会运动在现代社会中日益显著与重要，近代以来的人类历史几乎就是各种群体化运动的历史。狭义公共情感状态也必然是新兴而激烈的社会改造运动与社会革命运动的形成条件，它们既可以是既有社会秩序的破坏条件，也可以是新兴社会秩序的催生条件。

133. 群体的情感状态与群体无意识

群体意识活动就是群体意识能量在群体公共观念空间中的分布与运动。群体意识能量来自群体成员中个体的意识活动能量，并通过观念交流活动实现在群体中的组织化分布与公共化流动。观念交流活动是人类群体意识活动的基本条件，也是群体情感状态的基本条件。

公共意识能量在公共观念空间中的分布仍然是不均匀的，这就是个体广义情感状态在群体中组织化叠加的结果。这是由公共意识能量的有限性与公共观念秩序内涵的几乎无限性决定的。公共意识能量的公共化流动又受到个体之间观念交流活动方式的强烈引导与制约，这就更加强化了这种不均匀性。

群体对自己公共意识活动的公共观念空间环境，必然会依据自己的理解与需求实现外在的理性化表达，以便将公共观念空间更有效地公共化。有效的观念交流活动是群体公共观念空间构成的基本方式，对公共观念的理性化表达则提高了公共化观念交流的效率。实际上，人类全部理性方法都来自对提高构建公共观念空间效率的追求。

但是，在公共观念空间中的理性方法与逻辑工具的功能，则要比它在个体观念空间中的功能微弱得多。公共观念中的公共化逻辑结构也要比个体观念空间中的逻辑结构更为简陋与肤浅。这也表现在越是大群体的文化结构就越是呈现出艺术化的主体结构特征的现象中。人类的知识体系就是理性化的公共观念结构，但知识在群体公共观念空间中的存在形态，则仍然是散乱的与功能薄弱的。严谨有效的知识体系仅仅存在于特殊个体的观念空间中与特殊群体的公共观念空间中。人类具有明确的理性化公共观念结构的群体总是较小的特殊文化群体。在人类社会的一般群体中理性化的公共观念总是模糊不清的。

例如，严谨的科学思想仅仅存在于少数特殊的科学家的观念空间中，严谨的科学理论仅仅存在于狭隘的科学共同体的小群体公共观念空间中。越是复杂的科学理论其公共化的群体就越小。只有很少的物理学家才能真正理解相对论，今天还有很多科学家反对量子理论，但这却是现代物理学的基础观念。大众化传播的科学思想与科学观念常常是散乱破碎与公共化程度很低的，它们看似高度公共化的文化知识形态，实际上常常是分崩离析与互相冲突的，即使是经历了现代科学教育的人也不能免俗。

例如，对于一神宗教公共观念体系的理性化理解，也仅仅局限于一个非常小的神学文化共同体中，普通信众们对教义的理性化理解常常也是混乱不堪与各自成形的，他们理解教义的方式必然是高度感性化的，宗教教义的公共观念在他们心目中就是一个个的宗教故事。

例如，在狭义艺术活动的群体中，真正形成了对艺术方法的完美理性理解的知识结构的人仍然是其中的少数艺术大师。在一般艺术家成员之间，对于个体艺术活动的表达方式的理性化理解，则仍然是模糊的与小众的。这就是艺术活动中常常会呈现出明确的个人特征的原因，不同的艺术流派的标志常常就是艺术家本人。

这种现象在一般社会文化与经济活动中，在一般社会政治活动与军事活动中，都是通行不变的。在每个社会活动领域的核心群体中，对于自己公共观念的理性化理解也都远远弱于特殊个体的理解。在一般社会活动中对于复杂公共观念的表达与凝聚，仍然是主要依赖广义艺术方法的，知识的方法只能起到辅助作用。知识方法作为表达与凝聚公共观念的工具，仅仅在大群体的粗糙观念交流活动中明确有效，也只能在大规模简单操作活动的组织化中才能有效。现代社会广泛的甚至规范化的知识传播方式，也并没有形成在社会群体中高度严谨与完美的公共观念结构。在被灌输了同样知识的个体观念空间中的观念结构形态仍然是千差万别的。

正是这种群体公共观念的散乱形态才加剧了群体意识活动中情感状态的主导地位，使得在群体公共意识活动中情感状态具有更为显著的特征与功能。越是大的人类群体，其实现理性化的公共意识活动方式就越困难。

群体公共意识能量在群体观念空间中分布的普遍不均匀性，形成了群体意识活动的广义情感状态。普遍存在的群体广义公共情感状态，常常局限化与遮蔽群体文化中表达的公共价值，并常常在群体公共意识活动中形成对某些文化结构的视而不见。这就是人类社会活动中常见的"群体无意识"的哲学原因。

当群体的公共意识活动能量与特定的公共观念结构或特定的文化结构相耦合，也会形成对公共意识能量的环境吸纳与结构聚集，并因此而形成对公共价值的放大与异化。这就是群体公共意识活动的狭义情感状态。狭义群体情感状态对公共价值的强烈扭曲与异化，就是人类群体在公共情感的激荡中常常出现强烈的非理性行为的哲学依据。这种状态是正常的社会管理活动必然要避免与消除的，也是非正常的社会改造与社会革命活动所需要与激发的。

群体公共意识能量的特殊汇聚，就是在特殊文化活动中通过特定的观念交流方式形成了大量个体意识活动的加入，或者形成了已经参与其中的个体意识活动的情感状态的强化而形成的，这就是群体意识活动获取外部意识能量汇聚的两种方式。前者增加了群体中参与同一意识活动中的人群规模，后者增加了同一意识活动参与者们的意识能量投入或情感投入。前者是社会成员对特定公共意识活动或文化活动的参与规模扩大，后者则是处于群体化情感状态中的社会成员的观念空间中的意识能量向这个公共观念结构中的情感化集中。

在群体的狭义情感状态中，必然会通过强化对特定公共观念的群体化关注而放大了其中蕴含的特定公共价值，也会因此而明确遮蔽不被群体情感状态所关注的公共价值。群体情感状态对公共观念结构的集中关注可以形成群体化公共审美活动的强化，例如在特定的科学共同体与艺术共同体的公共化的创造与创作活动中形成的特殊的文化功能，就是这种群体化的审美功能强化状态的成果。

科学家群体形成的集中关注某些特殊公共观念结构的观念交流活动，他们的意识活动也就高度集中于对特殊科学问题的强烈关注中，这就强化了他们在这个公共观念领域中的群体审美能力。他们在群体审美活动中的互相启发与互相激励，就会形成远远超越个体思考的科学发现成果。

例如在二十世纪二十年代，西欧科学家群体们在短时期内迅速突破了量子力学在经验安置领域与逻辑表达领域中的基础构建，就是科学史中群体激励创造激情的一个鲜明的例子。这也是在现代物理学的发展中酝酿了观念结构突变条件的结果。

艺术家们通过特殊的艺术活动方式形成了群体化的情感汇聚状态，也就会形成在特定的观念构建活动中强大的审美共识与审美发现，甚至会激发出某些个体特殊的情感状态与特殊的艺术能力。

例如中国东晋时期的书法家王羲之，在与朋友饮酒聚会的共同交流中写出了流芳百世的书法作品"兰亭序"，当他隔日酒醒后试图重新再书写一遍以便更完美时，则无论如何没有群体酒醉状态中的神奇灵感了。他失去了酒醉状态中的群体环境，也就失去了那种特殊的公共情感汇聚状态，也就无法具备那种特殊的审美表达能力了。

例如在传统的宗教文化活动中，就常常利用构成狭义群体情感状态的方式形成信徒们对教义价值的强烈感受。宗教活动中神圣的仪轨与庄严的形式，既是对参与者的吸纳与汇聚，也是对参与者们观念空间中意识能量与情感精力的吸纳与汇聚。在任何宗教文化活动中，神圣而庄严的仪式都是必要的和不可轻慢与不可亵渎的。在人类维护与彰显重要公共观念的其他社会活动中，各种庄严的仪式或仪式化的行为方式，各种集体聚会中的严肃宣誓行为，从婚礼中的宣誓到国家权力体的即位宣誓仪式，都是通过汇聚群体情感而强化群体公共价值的文化活动方式。

例如，在现代政党化的政治活动中，也常常需要汇聚强烈的狭义公共情感状态，以便形成对特定公共价值的强烈放大并形成更为统一的社会行为能力。这种汇聚群体情感状态的例子，就是西方社会民主选举活动中的各种方式的造势活动，就是东方政党活动中的宣传教育活动与群体集会活动。对一般社会成员进行政治宣传就是任何现代政党活动的核心文化活动内容。只不过在西方政党活动中为了维护其实际上虚幻的社会自由精神，要将这种政治宣传掩盖在一般社会文化活动中而已。而在东方的政党活动中则会直接明确自己的政治目的。这种差异来自东西方政治伦理的差别。

在现代政党的政治活动中，一方面要通过传播自己的公共价值以吸纳与汇聚社会成员参与进来，另一方面则要通过向已经参与进来的政治成员灌输特定的公共观念结构，以形成他们更为集中的意识关注与更为统一的价值追求。现代政党在其外部环境中的公共观念传播活动就是他们的宣传活动，现代政党在其内部环境中的公共观念灌输活动就是他们的教育活动。

例如，现代企业的核心竞争力就来自他们广义产品的市场影响力，企业产品的市场影响力就是企业利润来源的社会环境条件。将特定社会环境中的消费者们的价值关注引导到自己的产品领域中来，就是任何现代企业的主要竞争方式与生存方式。这种引导也是通过公共化的观念传播活动实现的。引导消费价值演化趋势的公共观念的传播活动就是商业广告活动，也就是特殊消费公共价值的构建活动与特殊消费群体的构建活动。有效的商业广告，可以形成对社会一般消费群体成员意识能量的情感汇聚，以便将它们的消费需求集中到对自己产品的关注中来。这就是对特定狭义情感状态的营造活动，就是一方面传播某种公共价值，将一般消费者吸纳到对这个公共价值的关注中来，另一方面则对已经形成情感关注的消费者们强化他们的情感汇聚，形成他们在特定消费价值结构中稳定不变的公共情感状态。

例如，要在特殊的社会活动中形成与既有社会秩序强烈对抗的行为群体，也就必然要通过构成他们强烈的狭义公共情感与公共价值的封闭汇聚才能达成。这种强烈的群体情感状态可以隔离他们对既有主流公共价值的关注，可以强化与放大对特定非主流公共价值的情感汇聚。各种激烈的社会革命运动的发动，当今世界流行的恐怖主义政治集团的构成，今天中国社会中遍布的传销机构的活动方式，都是这种功能的表现例子。今天西方社会花大量资源在全世界构建与维护的所谓非政府机构的功能，大都是在传播有利于他们国际竞争能力与瓦解其他政治对手的国际竞争能力的活动。比较文雅的说法就是在构建"软实力"或传播"普世价值"。

在公共意识活动中情感状态的形成，特别是狭义情感状态的形成，传播公共观念的观念交流活动的便利与效率是一个基本条件。高效率的观念交流方式有助于形成一般社会成员的意识关注，也有助于形成关注者们高度的群体意识能量聚集，更有助于形成群体内的公共价值的局部放大。现代媒体的出现为各种群体的公共意识活动与公共情感状态的形成提供了有利的条件，从科学活动与艺术活动的领域中到宗教文化的领域中，从政治活动的领域中到商业竞争活动的领域中，现代媒体无不具备了特殊的影响地位。

人类传播公共观念的媒体功能的每一次突破性发展，都会诱发出一些新兴的群体公共意识活动思潮与文化潮流。报纸的出现，电视广播的出现与互联网的出现都是如此。例如互联网技术提供的个体化的社交媒体，就在已经出现了政治动荡条件的某些国家中被有目标地激发出了群体化的政治动荡浪潮，这就是所谓的颜色革命。这种媒体技术也会在广泛民主化的政治选举中形成特殊的公共价值放大，例如在美国的大选中社交媒体的功能已经成为主导性的力量。现任美国总统的社交工具治国方式就是用高度个体化的情感状态来高效率地汇聚民众的公共情感状态。

在人类社会结构中群体狭义情感状态的构成必然会形成对特殊公共价值的放大结果，这就会因为对既有公共价值结构的扭曲而影响与改变群体的公共行为方式，这种改变就常常形成对群体公共行为的异化，在极端的异化中就会出现极端的公共行为。人类在各种社会运动中的群体性极端行为，都必然来自他们群体性的狭义情感状态对公共价值的极端异化。例如某些在正常社会环境中行为规范的人，在特殊的狭义群体情感状态中就会做出不可思议的偏激行为，一旦他们脱离了这个环境又会真诚地后悔。

群体的行为来自群体公共动机的驱动，群体行为动机来自群体公共意识活动形成的群体动机构建。正常的群体意识活动为群体提供正常的行为动机，并形成正常的群体公共行为。异常的群体狭义情感状态形成异常的群体动机，并驱动异常的群体公共行为。正常的群体行为表达出正常的群体人格，异常的群体行为则表达出异常的群体人格。

所谓群体人格，就是依据社会群体的公共行为方式对群体公共价值结构的社会评价。群体人格就是群体公共价值的行为表达，也是群体文化内涵的社会行为表达。

群体狭义情感状态的形成条件就是群体中高效的观念交流活动。如果群体中的观念交流不顺畅就会形成群体意识能量汇聚的阻力，就会形成公共价值判断的分散与公共价值的平淡化。

例如，在中国传统农耕社会的文化活动方式就常常处于这种不太顺畅的观念交流活动的状态中。近代西方文化活动方式进入中国以后，一方面冲击与瓦解了中国传统社会文化，另一方面也带来了中国社会文化活动与观念交流活动的新鲜活力，这种活力就是中国社会秩序的更新与重构的有利条件。

例如，中国近代进入社会秩序的剧烈变革状态以后，曾经出现的群体化的政治活动方式的农民运动既是新兴的公共观念的凝聚成果，也是新兴的公共观念传播方式的成果。革命政党举办农民运动讲习所的活动与在农村发动的农会运动，就是这种新兴公共观念的高效传播方式，也是形成新的群体情感状态的社会组织化方式。

群体中观念交流的特别顺畅状态，也就容易形成群体意识能量在特定公共观念结构中的过度集中，也就容易形成群体成员对公共价值判断的局部放大与偏激的公共行为。任何激进的社会思潮都容易发生在观念交流统一而顺畅，观念结构简单而易变的现代学生群体中就是很好的例子。激进的政治思潮如此，激进的经济思潮与文化思潮也如此。

例如，近年在中东地区兴起的恐怖主义极端政治势力，就来自一种在传统文化结构中形成的狭义公共情感状态对公共价值强烈扭曲的结果。这种狭义公共情感状态的形成与保持，高度依靠特定的现代宗教文化活动方式。在现代宗教活动中比传统文化活动方式更为高效的公共观念传播形态，就是这种极端思潮得以迅速聚集的一个重要条件。

在人类的历史中，任何强烈的大规模公共意识活动的狭义情感状态的形成，以及由这种强烈的公共情感状态所激发出来的社会秩序的突变成果，大都来自新兴的观念交流技术的催化。大致可以看到的是，文字催生了古代的帝国，印刷术催生了欧洲宗教改革，报纸催生了中国的辛亥革命，互联网催生了现代颜色革命。

群体中的公共化情感状态在对群体公共价值实现放大与扭曲的同时，也会形成对群体公共价值的遮蔽。这就是群体无意识状态形成的原因。所谓群体无意识，就是在特殊的群体行为中出现了对一种司空见惯的普通公共价值的视而不见，就是对这种特殊的群体异常行为状态的现代文化称谓。

在稳定的社会结构中，比较稳定的群体公共观念也具有比较完善与比较合理的结构，也就是具有与社会基本秩序相协调的公共价值体系。合理的公共价值体系的内在统一性与协调性形成了它的内在完美性，它的外在稳定性则来自它与社会秩序结构的协调与融洽。稳定合理的社会秩序与稳定合理的公共价值体系的相融合，就是人类社会生活能够处于和平繁荣状态的内在依据。

稳定合理的公共价值结构为社会群体提供了公共价值活动的合理环境，也形成了群体意识形态的和谐特征。当一个群体进入了强烈的狭义公共情感状态以后，其公共意识活动形态就会在局部价值结构中形成明确的扭曲与放大，曾经合理的公共价值结构就会因此而扭曲变形。这时，社会文化环境中原来具有的很多合理的价值要素，就会因为群体情感状态的遮蔽而被排除在外，原来并不十分合理的价值要素就会被强化起来。社会成员的群体公共行为就会由此而进入群体无意识状态。

例如，在今天中国社会中常常见到的传销商业机构中，就是通过营造出特殊的群体狭义情感状态来将成员凝聚在其特殊而又并非合理的公共价值结构中，也必须通过这种情感状态来屏蔽他们对正常公共价值的关注。他们就会由此而强烈地放大了不择手段挣钱的公共价值，也就会群体无意识地忽视了他们曾经珍视的友情价值与亲情价值。

例如，在近代社会中经常发生的激烈的社会革命运动大都是公共意识活动中强烈的情感状态的结果，也大都是公共意识活动中对局部公共价值扭曲性放大的结果。这种状态可能会形成对既有社会秩序的瓦解甚至剧烈破坏，也会形成社会秩序演化进程中的有利突变。社会革命运动效果的不确定性就是社会文化对其评价剧烈分歧的原因。歌颂者认为革命是社会演化的发动机，诟病者则认为革命只有社会破坏的功能，他们都有局限的真理性。革命运动的合理性无法在革命行为自身中得证明，伟大的社会革命并非来自其激烈的行为方式，而是来自其行为目标与社会秩序演化进程的协调。不合理的革命运动也不是来自其激烈的行为方式，而是来自其行为目标与社会演化进程方向的背离与冲突。盲目地反对一切革命与盲目地歌颂一切革命都是一种历史哲学的愚昧。

在激烈的社会革命运动中，革命所主张的一些偏激的社会秩序目标也就变成了被广泛追求的合理的公共真理，也就会将各种偏激的社会改革行为合理化。例如中国近代的大革命时期的各种偏激行为，例如中国现代的"文革"时期红卫兵们的极端行为，都是社会成员们进入了一种公共意识活动的强烈狭义情感状态的结果，都是这种公共意识活动状态中形成的公共价值扭曲与遮蔽的结果。一旦这个状态消解，社会成员们必然会从这种行为追求的迷失中解脱出来而回归常态。

但是，这种不合理的偏激行为一旦与社会秩序演化的重要节点相耦合，也就会表现出一种推动历史前进的表象动因。任何革命行为都仅仅是历史演化的表象动因。社会历史的演化不在人类的控制之中。将革命化行为作为推动历史前进的手段，只有在这种手段耦合了社会演化的进程时才会显现出手段的合理性，否则只能显现出对社会秩序的破坏。

在社会经济活动中，人类对经济资源价值判断的依据，就来自社会文化中表达的关于经济资源的稳定合理的公共价值结构。在涉及对经济资源的价值认知的文化环境或公共意识活动的环境中，当公共意识活动出现了强烈的狭义情感状态时，某些经济资源的价值就会被明确地扭曲，它们的价值或者被强化与放大，或者被遮蔽与贬低，这就会形成在特殊公共情感状态中不合理的经济活动行为。

现代经济活动中的经济泡沫就是这种行为的典型例子，现代经济活动中的经济危机的发生就是这种经济资源价值的不合理扭曲的重要结果。经济危机形成的经济活动秩序的崩溃就是这种价值扭曲的积累所形成的秩序破坏。

现代资本主义经济秩序中的公共意识形态对工业经济资本功能理解的狭隘性，形成了社会成员对一般经济资本具有强烈的情感性或非理性追逐。当这种追逐形成了某种资本形态的过剩时，经济秩序失稳的危机就出现了。

合理的社会经济秩序在于社会经济资本的状态与社会经济资源流转秩序状态的合理匹配。但现代经济理论却并不理解与关注这种匹配。社会资源的依据在关于人类对自然环境的生存需求的公共观念中。社会经济资源的流转秩序就是社会经济秩序或者关于经济活动的社会关系，它们的依据也蕴含在人类对自然环境的生存需求的公共观念中。经济资源与社会经济秩序的合理匹配，经济资本与经济活动方式的合理匹配，归根结底来自人类表达社会经济需求的公共观念的合理与协调。但是，在现代西方经济学中表达的公共观念体系则仅仅在于关注理解与分析社会经济资源的社会功能与流转方式，还不能明确地理解与分析经济资源的形态依据及其流转方式合理性的依据判据。现代西方经济学远离社会哲学就是它仍然肤浅的基本原因。

当人类在社会经济领域中的群体情感状态形成了对表达经济资源与经济秩序的公共价值明确的扭曲时，就会形成社会经济活动方式的扭曲与异化。在经济活动中对一般经济资本的投资严重超越了经济资源合理流转的需求就是这种扭曲的主要形态，在这种状态中经济活动秩序就可能会出现危机。所谓的经济泡沫，就是在追求经济资本的最大化中形成的经济资本公共价值的虚幻化，就是人们对经济资本的公共价值的认知脱离了表达一般社会资源的公共价值结构，也就是脱离了人类对物质环境的一般需求的合理状态。经济泡沫的消除是这种脱离的回归也是这种脱离的合理性固化。

当主导了公共意识活动的情感状态发生改变时，表达了经济资源依据与经济秩序依据的公共价值结构的遮蔽的扭曲状态也就会改变。在比较自由活跃的经济活动状态中，在具有方便的资源公共价值的交流环境中，也就是在比较充分的现代市场化经济活动秩序中，经济资源的公共价值形态也就会因为观念构建的活跃与观念交流的活跃而常常处于剧烈的波动状态中。在这种波动中形成的经济活动状态的异化被稳定的公共情感所逐渐固化，也就在酝酿经济秩序的新危机。

例如，在现代经济活动中股票市场价格的剧烈波动，并不是来自公众真实合理的价值判断，而是来自公众关注这种经济资源价值的公共意识活动形成的变动不定的情感聚集状态。现代经济活动中任何资源价格的剧烈波动都是社会经济环境中的公共情感状态剧烈变化的结果，当然这种剧烈变化常常事出有因。

在现代经济环境中依据市场机制形成的比较稳定的经济资源公共价值判断所形成的稳定价格，就是在较大群体中广泛分散的公共价值活动中形成的充分分散的价值判断的结果。分散的价值判断常常会融合与化解不合理的价值关注的偏激。也就是消除了不稳定的经济资源价值关注情感状态的结果。一旦市场中的公共意识活动过度集中倾向性地关注某一资源，其价格的扭曲也就常常会发生。所谓的经济预期，就是这种公共意识活动对经济活动方式的关注所形成的价值判断与群体行为趋势。在广泛自由参与的经济环境中形成的充分竞争的经济活动中，各种公共观念信息传播的畅通与充分，各个经济活动参与主体价值选择空间的充分自主，就是抑制商品价格剧烈波动的内在机制，反之则会形成商品价格的剧烈波动。这就是充分市场化的经济环境带来的经济秩序的稳定性。对这种稳定性的追求则是更大领域中的秩序控制目标。离开了对基本经济环境秩序的有效引导与控制的大环境，在人类群体社会化的公共意识活动的内在趋势中，充分市场化的经济活动方式就容易在特定领域内形成强烈的公共情感汇聚，这就会形成对特定公共价值判断的强烈扭曲。合理的社会经济活动一定是适当的市场化自由与适度的权力化控制的均衡。适当的市场化自由来自对经济活动的微观放纵，适当的权力化控制则来自对社会经济秩序的必要调控。

人类合理的经济活动方式就是装在笼子里的自由市场，只不过在不同的经济秩序形态中笼子的大小与笼网的疏密不同罢了。现代西方经济学理论在不同的经济状态中分别强调了自由市场与秩序笼子，并因此而形成了"看不见的手"与"看得见的手"两种经济管理工具。它们都是局限的短视。当经济活动状态需要权力控制时就片面强调看得见的手，于是凯恩斯主义盛行。当经济活动状态需要自由活力时又片面强调看不见的手，于是新自由主义流行。这正是西方经济学观念缺乏宏观思考能力的结果，也是现代西方文化被实用主义的中观技术工具所主导的表现。

缺乏哲学文化，或者哲学文化的实用化与工具化，就是缺乏深刻经济学的基本文化原因。

第七篇

伦理与道德

第三十六章　伦理价值与伦理实现

134. 伦理是人类公共观念中的基本结构

人类进入文明以后，就开始逐渐依赖自己的精神世界内涵来决定外在的生存方式了，并依据精神环境中的意识活动构成了人类特有的社会环境。人类从此从动物脱颖而出。作为地球表面生命形态的一个分支，人类形成了与其他动物不同的生存方式，这种生存方式的核心特征就是具有了文化，就是依据文化建立了文明。

文化是人类在社会环境中表达自己群体化的精神环境秩序的成果，是人类群体公共观念的物质化与社会化表达。人类之所以需要外在化地表达个体独具的精神环境秩序与观念结构，并依此而构成群体公共化的观念空间与公共价值，就是为了依据这种超越了个体观念空间秩序的公共化的精神环境来构成自己特殊的群体化的生存方式，正是这种生存方式构成人类的社会秩序与人类的文明。文化是社会秩序的精神依据，文化是文明的精神内核，文化是公共价值的表达与保持形态。

大部分动物也具有精神器官，某些高等动物也具有利用高级神经器官实现环境生存的能力，它们也可能具有某种特殊的精神环境。但任何动物个体的精神环境的秩序内涵，都无法明确地超越它们本体的生命存在而得到群体化的保持与传承。如果高级动物也具有意识活动的能力，也都只能发生在个体的生命存续之中，它们的精神环境也会随着个体生命的结束而消失，它们的精神环境无法在生命体的生殖延续中得到延续。动物生命秩序的延续依赖于 DNA 的功能，人类精神环境秩序的延续则依赖人类特有的文化活动与文化形态。

任何动物都不会具备人类在群体中对自己精神环境秩序的有效而深刻的传承，这就决定了它们无法建立人类特有的复杂生存方式与复杂的社会环境，也不会具备人类特有的复杂意识活动方式。

人类对自己特有的公共化精神环境秩序的保持与传承方式就是社会文化活动。保持与传承群体的公共观念与公共价值，就是人类文化的全部功能与全部成果。具有文化与文化活动能力，具有依据文化活动构成的精神世界，具有依据精神世界构成的社会环境，是人类与动物的根本区分。这种区分来自人类创造了深刻表达精神环境内涵的文化活动方式，也来自人类依据文化活动创造了自己复杂丰富的精神世界，进而创造了人类社会与人类文明。

人类超越了自己从中脱颖而出的高等动物，创造出了自己特有的文化活动方式与文化形态，从而构建与传承了自己公共化的精神世界内涵。正是有了这种对精神环境秩序外在化的表达与传承方式，才使得复杂而精巧的人类精神环境秩序得以形成与传播。每一个人类个体正是因为生活在这种公共观念的传播与灌输的文化环境中，才得以世代不绝地继承着来自祖先文化活动的复杂与深刻的精神世界。每一个人类个体都通过自己的文化环境继承与接受着自己祖先积累的公共观念形态与意识活动方式，其中包括感性化的艺术能力，也包括理性化的逻辑能力。而其他高等动物则只能在自己的生存活动中重新展开自己从基因中得到的意识活动能力，并从头构建自己的祖先已经实现了的精神内涵与精神能力，这种构建的成果又会与它们个体生命的消亡一同灭失。

人类依据自己特有的精神世界实现了超越动物化生存方式的生存状态，并依次而建立了自己特有的文明。具有文明是人类的特征，具有依据文化保持与传承的精神世界，具有从文化中获取的意识活动能力，则是人类超越动物的全部生存能力的根本依据。

人类依据自己特有的文化活动能力与精神活动本能，构成了自己精神环境中的观念空间结构，也形成了发生其中的意识活动。人类意识活动的群体化与外在化，也就形成了人类独有的文化活动方式与社会文化环境。人类的社会活动与文化环境，人类的意识活动与精神环境，构成了人类生存方式中的最重要的互为因果的自纠缠结构，由此也就形成了人类社会环境与精神环境的自纠缠结构，形成了人类的文明。

看似发端于原始人类社会中的似乎难以理解甚至无关紧要的原始宗教文化，则是今天伟大而深刻的人类文明的构成基础。文化活动并非是人类生活方式的补充与调节活动，而是人类之所以成为人类，之所以构成文明的全部依据之所在。至今的人类还没有完全理解自己的形成过程与存在方式的本质，还不能理解人类从动物的自在生存过渡到人类的自觉生存的关键条件，也还在误解文化与文化活动的功能。

人类对文化的误解来自人类文化活动本身的局限性，也来自这种局限性形成对自己生存方式理解的肤浅。人类对文化活动功能的肤浅理解，就是今天人类对文明的理解处于要么模糊肤浅要么遥远神秘的状态的重要原因。今天的人类似乎对于宇宙与自然界已经获得了深刻精细的理解，但对自己的存在方式与生存活动的理解则还仍然模糊不清。这种模糊不清也将最终模糊我们对宇宙的理解。

人类精神环境的存在形态就是观念要素构成的观念结构。观念结构的总和构成了人类意识活动的观念环境空间。将观念理解为结构化的空间形态是人类对自己精神环境的理性化理解成果的逻辑化表达。

人类对精神环境理性化理解的公共化表达，就形成了哲学文化。结构化方法是哲学表达精神环境的逻辑工具。观念结构的存在形态构成了它的环境功能。价值是观念结构中蕴含的人类对生存环境的需求功能，观念结构是价值结构的载体。价值表达的外在环境需求构成了观念结构的经验依据，价值表达的内在环境需求构成了观念结构的超验依据。

观念交流活动形成了人类群体中的公共观念结构与公共观念空间。公共观念是群体对生存环境理解的内在表达，也是个体环境需求的公共化组织形态。公共观念空间为群体公共意识活动提供了环境。群体公共观念结构与个体观念结构具有相似的同构形态。

公共观念中蕴含了公共价值。公共价值是公共观念中的环境需求内涵，表达了群体成员的共同环境需求。群体的公共价值与个体的价值结构具有相似的同构形态。

文化是群体公共观念与公共价值的社会化表达形态。文化的结构就是人类群体公共价值结构在社会环境与社会活动中的表达形态。文化体系的结构与相应的群体公共价值体系的结构具有类似形态。

在群体的公共观念空间中也形成了公共观念的基本结构形态，这种形态的主要特征就是基本公共观念。基本公共观念构成了公共观念空间中的结构凝聚形态与结构框架。基本公共观念中蕴含了基本公共价值。

人类的大群体中或文明中所具备的完整文化体系，也就表达了完美的公共观念结构。群体的文化结构与公共观念同构。在文化体系中的结构凝聚形态中或结构框架中，表达了基本公共观念的形态，也表达了基本公共价值的形态。

文化体系中的基本结构，是对群体公共观念空间秩序或公共观念结构的映射。在文化体系表达的基本公共观念中蕴含的基本公共价值就构成了文化中的伦理。

所谓伦理，就是文化中表达的群体基本公共观念，就是公共观念空间中的基本结构及其外在文化表达。伦理就是基本公共价值的观念载体。伦理结构中蕴含了群体的基本公共价值，伦理价值就是基本公共价值。这就是伦理的广义哲学定义。

在流行文化中或传统哲学中的伦理概念，则是一种狭义的伦理。狭义伦理表达了人类社会关系中的超验公共价值依据。广义伦理则表达了人类一般生存行为中的基本公共价值。狭义伦理表达了广义伦理的主要社会功能，但它的狭义化则抽空了它的哲学本体论基础。广义伦理的概念拓展了伦理的功能内涵，但并没有改变伦理概念的哲学本质。

传统哲学将公共观念中的基本价值结构局限于狭义伦理中，也来自它们对公共观念的不能理解与无法安置。狭义伦理也就为它们提供了一种虚幻的公共价值本体论基础。传统哲学对广义公共价值的虚幻化构成了虚拟的宇宙精神用以安置虚拟的宇宙秩序，传统哲学对狭义伦理的虚幻则构成了虚拟的社会秩序依据。将伦理概念的广义化，既是对传统宇宙精神的实体化安置，也是对传统社会秩序精神依据的实体化安置。

群体公共观念中的基本观念或文化中的伦理通过文化活动向个体观念空间中的传播，就通过个体的意识活动构成了个体观念空间中的伦理观念。个体的伦理观念是社会文化环境对个体观念结构的塑造结果，也是个体价值结构对社会文化环境不可避免的皈依成果。个体观念空间中伦理观念塑造与规制了个体的价值结构，也表达了个体观念结构对文化环境的服从状态。

进入文明以后的人类生存在社会文化环境中。文明的人类必然是文明中文化的后裔。在社会化的人类个体的观念空间中必然具备文化环境中蕴含的伦理。任何文明化的个体都无法摆脱文化环境对其观念结构的伦理化塑造，也都无法排除价值结构中蕴含的伦理价值。

社会文化环境是人类公共观念的保存与传承方式，伦理是文化中传承的基本公共价值。公共观念中的伦理结构表达了文化体系的基本结构框架，也表达了群体的基本社会秩序需求。伦理观念中蕴含的伦理价值就是社会群体秩序在精神世界中的表达形态，也是群体公共价值的基本结构。

在人类的历史中形成了完整而稳定的文明形态，完整稳定的文明具备完美的文化，完美的文化具有多层次的完整结构，这种结构中也就蕴含了多层次的完美伦理结构。完美的伦理结构表达了文明群体对社会环境的整体性需求，并为文明提供了支撑文化结构的公共观念形态，也为社会一般公共价值提供了精神依据。

在不同层次的文化结构中蕴含了相应层次的伦理结构。在人类不同的文化体系中的宏观伦理，就承载与表达了其社会群体的终极公共价值，它们也是社会成员个体观念空间中的终极价值的文化来源与基本结构依据。文化环境中的宏观伦理为社会成员提供了构建自己的终极观念结构的文化依据，为他们提供了整合自己经验冲突与实现心灵安宁的文化工具，并提供了个体终极公共价值的文化依据。人类文化史中的各种宗教文化都以宏观伦理为其结构主体与价值主体，以宏观伦理为结构主导与价值主导就是宗教文化的基本特征。

在不同文化体系中的中观伦理，表达了其社会秩序构建方法与维护方法中的基本公共价值，也表达了其社会秩序形态的基本特征。它们为人类的社会权力文化与社会管理文化提供了伦理价值依据。例如"三纲五常"就是中华文明中的中观伦理观念，"自由平等博爱"就是近代西方文明中的中观伦理观念。中观层次的伦理价值是人类道德行为方式的主要依据，也是人类一般社会活动方式与社会行为规范的主要依据。

在完美的文化体系中也必然具备丰厚的微观公共价值内涵，其基本观念结构就是微观伦理。微观伦理观念为社会成员们丰富多彩的社会生存方式提供了群体公共化的精神依据，也表达了社会成员们广泛的社会自由行为空间。社会成员在微观伦理价值中可以得到自己各种欲望的合理安置，也可以得到自己行为方式自由伸展的环境。

依据微观伦理观念结构中承载的微观公共价值体系构成的社会秩序结构，就是社会环境中的各种微观环境与各种小江湖。在每一个家庭中都有自己特殊的公共价值结构及其相应的伦理结构，它们形成的行为规范构成了"家规"。在每一个社会行业与文化专业领域中也都有自己特殊的公共价值结构以及伦理结构，它们提供的行为规范也就构成了不同的"行规"。从庙堂官场的潜规则到江湖荒野的小习俗，都是这种微观公共价值形成的社会环境秩序形态，都由其中的伦理价值来实现其文化表达与社会传承。

公共观念是人类个体精神环境的群体公共化所构成的特殊意识活动环境，也是人类哲学中最复杂最含混与最容易被忽视的领域。至今为止的人类理性已经明确地深入了个体的精神世界中，但仍然游离在群体的公共观念空间以外。很多哲学中神秘模糊的概念都可以依据公共观念得到清晰化的表达。公共观念概念的确立，可以拓清与简化大部分模糊不清的哲学领域。

哲学与神学的交集，纯粹理性中的先天范畴，神秘的全体理性存在物，从遥远的柏拉图的绝对理念到近代黑格尔的宇宙精神，这些在今天的哲学中仍然若明若暗地被理性所回避或者无法深入说明的神秘概念，就是对高度超验化的公共观念的不同形态的文化理解与哲学表达而已。理解了公共观念就可以完美地安置它们。公共观念的概念确立可以一举拓清它们。

将公共观念理解为人类精神世界的群体公共化存在方式，是化解今天哲学中仍然被回避的各种奇妙神机的钥匙，也是荡涤今天哲学中仍然弥漫的各种迷雾的清风。

所谓伦理，就是公共观念的基本结构的文化表达形态，就是公共观念中蕴含的基本价值的文化表达形态。伦理概念的广义化拓展就是伦理概念的理性化说明。理解广义伦理结构与广义伦理价值，就是将传统哲学的观念结构进一步理性化与逻辑化的重要途径。

传统哲学中伦理概念的感性模糊就是哲学结构难以理性化的第二个重要领域，传统哲学难以理性化的第一个重要领域就是对人类情感状态的理解。

伦理一直是哲学中无法回避的基本概念，但又常常是哲学中最模糊的概念。这种模糊来自其难以实现本体安置与逻辑分析，甚至难以逻辑定义。伦理的功能，伦理的存在方式，伦理的形成依据与来源，都是模糊不清的。伦理与由它而形成的社会行为方式的关系甚至是倒错的。这就是在伦理学或道德哲学中将伦理看作是道德活动的结果。

能否清晰地定义与安置伦理，是哲学体系是否完美透彻的重要试金石。任何哲学体系如果在对伦理概念的表达上仍然是犹疑不定与模糊不清的，它就无法透彻。伦理学一直是哲学体系中最繁难而艰深的部分。

理解伦理必须依据哲学的理性与智慧。伦理一直是哲学的核心内涵。因为伦理表达了人类精神世界的核心功能与核心特征。伦理既表达了精神环境存在的核心形态，也表达了人类在精神环境中全部意识活动方式的最终依据，哲学因此而始终离不开伦理。虽然哲学的理性化进程试图逐渐将伦理学分离出去，例如将哲学收缩为语言的形态或简化到逻辑实体中，但这种分离并不一定合理，也从来就不成功。离开了对伦理学的说明与安置哲学虽然会简单一些，但也必然变肤浅了。

哲学的全部内涵都来自结构化地理解人类的精神世界。传统伦理概念的含混是哲学内涵结构化的最大障碍，拓清伦理概念的逻辑则是打开人类精神世界结构化通道的钥匙。由此可以说，在哲学的全部智慧中，最重要的就是理解伦理的智慧。

理解伦理的困境也就是哲学困境的重要表现。在今天的哲学中，理解人类个体的心理结构与心理环境，已经没有太多的逻辑困难了，但理解人类群体的公共化心理与公共化意识活动的环境，则还在迷惘中。清晰地理解伦理的逻辑结构，也是将人类哲学中表达人类的生存活动方式与表达宇宙秩序的理念结构化地融为一体的重要途径。

135. 伦理在精神世界中的秩序功能

人类生存在自己创造的文明环境之中。人类的文明为人类的生存提供了具有文化内涵的环境。文化环境就是社会环境中群体公共观念的秩序投射与秩序表达。文化一旦形成，就构成了社会环境向精神环境投射秩序信息的形态，也构成了人类依据精神环境塑造与优化社会环境的方式。文化信息通过人类的感官进入个体的观念空间后，就会被认识活动构建成为具有文化内涵的文化经验观念，文化中蕴含的超验秩序内涵也由此而在个体观念空间中实现了表达。

个体观念空间中的伦理观念与伦理价值来自文化环境对他们观念结构的塑造。个体观念空间中的伦理观念就是文化环境的构塑造成果，就是文化的基本结构或基本公共观念被认识活动在个体观念空间中的重构与安置。

个体依据外在环境输入的感官信息构建出了精神环境中的经验观念。感官信息可以分为两类，一类表达了个体生存行为的直接结果感受，一类表达了群体公共化的生存行为的间接文化感受。前者构成了个体经验观念的主要内涵，后者构成了个体文化观念的主要内涵。伦理就是文化观念中的基本结构。

社会环境秩序向个体精神环境的投射功能构成了人类的社会文化环境。文化环境向个体精神环境投射的信息体系构成了个体观念空间中公共观念结构的外部秩序来源。个体观念空间中公共观念结构的基本结构要素就是伦理，个体的伦理中蕴含了公共化的基本价值。伦理就是个体观念空间中具有公共观念内涵的基本观念，由伦理统合起来的观念结构就是个体的伦理结构。伦理结构中蕴含的公共化生存环境需求就是伦理价值。进入高度文明中的人类个体，其观念空间中的伦理结构构成了其基本观念结构的主导形态与安置环境。

人类的不同群体在不断复杂化的演化进程中形成了不同的文明体系。人类历史中各个稳定延续的文明体系都具有相对合理的社会秩序结构。所谓文明的合理性，就是在文明中所具备的群体化生存方式与社会秩序中，其适应与利用自然环境的方式与社会秩序的形态是相协调的，也就是表达了社会秩序的社会文化形态与他们群体化的生存方式是协调的。这是评价人类文明合理性的唯一标准，也是表达文化优劣的唯一标准。其他标准都具有局限性。文明的高下与文化的优劣的评价标准都是其内在的稳定自洽性。就像鞋子与脚的稳定融洽是好鞋子的唯一标准。

在今天的流行文化中，将工业贸易文明中的西方社会形态作为现代文明的标准模板向世界推行，使得有些模仿程度很高的国家常常失败得很惨。这就是因为模仿来的社会生存方式与其具备的社会文化结构不能匹配。社会秩序可以模仿，社会文化的表观形态与活动方式可以模仿，社会文化的深层次结构则植根在群体的文化演化历史经历中，因而是无法通过简单模仿他人而根本改变的。社会文化的改变只能通过文化活动本身的演化进程来实现，而无法由人为的"革命"与改革来迅速实现。

一旦社会群体结构中的生存方式与社会秩序的文化依据的协调性在演化进程中被破坏，文明的合理性就会消失，文明就有瓦解的危险。

人类至今没有瓦解的原始传统明就是中华文明。欧洲古典文明与现代美国文明都不是原始文明，都是对其他原始文明的融合与继承的成果。欧洲文明来自希腊文明与希伯来文明的融合，美国文明来自欧洲文明与拉美文明的融合。在中文明的文化延续中也融合了一些外来文化，曾经融合了佛教文化，现代融合了欧洲的马克思主义文化与自由资本主义文化，但中华文化的本体功能并没有散失。这就是中华文明没有瓦解的依据。

中华文化的功能协调了中华文明群体化生存方式的有效延续，就是在由传统农耕文明向现代工业贸易文明的转型中，也仍然保持了基本社会秩序形态的不变，这表达了中华文明的社会组织化形态中所具备的环境适应性与历史适应性。这种深刻的适应性曾经有效协调了中华文明在农耕经济形态中的生存方式与社会秩序，使得它在两千年看似没有改变的朝代更迭中不断地调适自己，并在调适中保持和延续了自己的文明。今天的中华文明又在向工业贸易文明的转型中继续有效地调适着自己的文明结构，并仍然有效地保持了自己文明延续的能力。

能够维护文明稳定延续的文化体系就是完美有效的文化体系。合理的社会秩序结构由完美有效的文化体系表达其公共价值的精神内涵。完美有效的文化环境塑造了生存其中的社会成员观念空间中的合理的伦理结构，并依此构成了他们追求完美和谐的观念结构与价值结构的条件，也构成了他们的道德精神环境。

当文明中的文化体系的演化与社会秩序的演化出现了分离，甚至出现了冲突时，社会文化环境就会出现散乱的甚至冲突的形态。社会文化演化对社会秩序演化的滞后就是这种状态形成的基本原因。

散乱冲突的社会文化环境，也就会塑造出社会成员散乱冲突的伦理结构。处于这种文化环境中的社会成员的意识活动状态与社会行为方式，也就会常常是混乱与冲突的，由他们的生存行为构成的社会秩序也就会因为散乱冲突而常常不合理。他们因为无法在社会行为的选择中追求自己价值结构的完美状态，也就在对各种生存利害的追逐中失去了道德精神能力。社会成员混乱无序的伦理结构就会形成混乱的甚至冲突的价值判断，也会形成他们社会行为的失措与混乱，他们也就常常会处于强烈的意识活动焦虑与痛苦之中。社会伦理的冲突必然形成道德精神的混乱与道德行为的崩溃。

伦理来自社会文化活动的构建，伦理又构成了社会秩序的精神依据。伦理塑造了个体观念结构，并引导与制约了个体的行为方式，也就引导了社会秩序的演化进程。从伦理到社会秩序，从社会秩序到社会文化，从社会文化到伦理，这就构成了一个复杂深刻的人类实践循环。这也是人类文明中最高层次的实践循环。这个循环结构还表达了伦理价值与社会秩序之间的复杂深刻的自纠缠关系。

无论是将伦理理解为社会秩序与社会关系的结果，还是将社会秩序理解为伦理的结果，都是一种简单肤浅的逻辑。简单的因果逻辑只能相对有效地表达最简单的物理环境秩序，试图将这种逻辑方法引入复杂的社会环境中，试图寻求经济基础对上层建筑的因果关系，或者试图寻求文化活动对一般社会秩序的因果关系，都将是没有结果的。在人类的社会环境与人类的精神环境之间，还没有任何有效的逻辑模式可以表达出简单因果关系。

人类观念空间中的秩序结构为意识活动提供了行为环境。来自生命本能的审美欲望既是构成人类精神环境秩序的基本动因，也是形成人类意识活动有序化追求的基本动因。意识活动在审美欲望的驱动下不断构建与整合观念结构秩序，也在不断追求意识活动服从这种秩序。前者形成了认识活动的功能，后者则引导了价值活动中的价值选择保持对完美价值结构的服从与皈依，形成了人类价值活动中的道德精神。人类意识活动对审美欲望实现的追求，既是人类精神环境得以形成的原因，也是人类道德精神形成的原因。

　　人类的价值结构蕴含在观念结构之中。审美欲望在驱动了认识活动的同时，也驱动了对蕴含其中的价值结构的构建。观念空间中的观念要素不断被认识活动整合与构建，不断形成了观念空间中的秩序，也不断形成了价值结构中的秩序。观念结构的秩序又决定了认识活动的方式与形态，提供了认识发现与审美追求的依据。价值结构的秩序则决定了价值活动的方式与形态，提供了价值选择与价值判断的依据，也提供了价值判断中实现审美追求的依据。观念结构与价值结构是全部审美追求实现的环境条件，人类的审美欲望在认识活动与价值活动中共同实现。

　　观念空间中的结构形态由基本观念表达。基本观念是观念空间秩序形态与结构功能的汇聚。基本观念的构成来自明确的审美价值驱动的认识活动成果，也来自明确的情感状态中的认识活动。人类自主的认识活动构成了基本观念，基本观念中蕴含的环境需求就是基本价值。人类通过社会文化环境的塑造所形成的公共化的基本观念与公共化的基本价值，也就形成了观念空间中的伦理结构。

　　个体观念空间中的伦理结构首先来自社会文化环境中的文化信息的感官输入，其次来自认识活动对文化信息的经验化内在构建与安置，最后在认识活动的反复深化中融入了观念空间中的基本观念结构中。融入基本观念结构中的基本文化要素或基本公共观念就是个体观念空间中的伦理，其中蕴含与表达了社会环境中公共观念的基本结构。

个体的伦理观念来自社会文化活动的特殊灌输与审美欲望驱动的认识构建的综合成果。塑造个体的伦理结构就是社会文化活动的基本功能。社会文化活动由此而实现了对个体行为方式的塑造，进而形成了对社会秩序与社会结构的塑造。

在社会文化活动中提供的审美愉悦与娱乐功能，都是在这种伦理塑造活动中对人类审美欲望的实现形成的附带依赖。只有满足了人类的审美欲望，文化活动的伦理塑造才能成功。任何伦理教育中都必须蕴含审美价值，没有审美内涵的伦理传播常常是徒劳的。

文化活动对个体伦理观念的灌输与塑造是广泛的，其中包括了表达信仰价值与宗教情怀的宏观伦理，也包括了表达全部社会秩序塑造与维护方法的中观伦理，其中有自然科学伦理与工业技术伦理，有政治伦理与经济伦理，还有立法伦理与司法伦理。还包括了表达人类具体生活方式的微观伦理，其中有家庭伦理与企业伦理，有族群与社区伦理，还有娱乐与消费伦理。每一个文化层次中的伦理都为相应的社会秩序与社会活动方式提供了规范依据。社会行为领域中的伦理失范来自社会文化的散乱与冲突，也是社会行为混乱冲突的基本原因。人们对社会行为方式的合理性的争论不清就是相应的伦理观念混乱的必然结果。

人类个体观念空间中具备的伦理结构，虽然首先来自外部文化环境的灌输与熏陶，但它的最终形成仍然是个体内在审美欲望实现的结果。文化环境中的伦理结构也仍然是群体公共意识活动的成果，它也来自人类公共化的审美活动。在社会文化活动中，通过对将个体观念空间的公共化观念结构的审美成果实现外在社会表达，就将来自特殊个体审美活动的伦理观念转变成为社会文化环境的内涵。无论是人类文化活动对伦理的构建，还是个体吸纳文化伦理将其个体观念化，其核心过程都是人类的认识活动，从而都是人类审美欲望实现的成果。

个体观念空间中全部伦理观念中的价值内涵，构成了个体所具备的公共价值的基本结构形态。个体观念空间中的伦理价值结构的完整性与和谐性，既决定了个体公共价值结构的完美性，也决定了个体全部价值结构的完美性。

个体价值结构的散乱与冲的不完美形态是个体价值活动与社会行为选择的焦虑与痛苦的来源。个体价值结构的完整与和谐是他们社会生活安宁与幸福的基础。完美价值结构的标准和依据，必然在这种价值结构与个体生存其中的社会秩序结构的一致性之中。这种一致性来自社会文化环境对个体生存经验的有效安置的结果，也来自社会文化环境对个体价值结构的塑造与引导的结果。完美的个体价值结构中既蕴含了其内在的自洽性，也蕴含了其与外在环境秩序的相容性。

完美的价值结构来自个体完美的审美能力，完美的审美能力来自个体完善的审美禀赋，也来自文化环境对个体审美价值的完美有效塑造。完美有效的文化环境又是人类个体的审美追求在文化环境中的活动成果。个体完美的价值结构归根结底来自审美欲望展开的审美能力。审美欲望与审美能力就是个体心灵安宁与社会幸福的最本源的依据。

人类生活中的痛苦与不幸，看似直接来自其生存环境的不完善与其生存能力的不完备，但归根结底是来自他们审美能力的不完善。个体审美能力的简陋形成了个体不完美的价值结构，群体审美能力的简陋形成了不完美的文化结构与文化环境。不完善的个体价值结构与文化环境必然形成不完善的社会秩序形态，或者形成社会成员与社会秩序环境不协调的生存方式。

完善的社会秩序结构来自社会成员完善的审美能力的成果，来自这种成果的公共化提供的社会秩序构建与维护依据。不完善的社会秩序结构来自社会成员不完善的审美活动结果，来自这种结果形成的不完善的社会秩序构建方式与维护方式。

人类不同社会成员对同一社会环境的共同需求，形成了人类的生存竞争。合理的竞争促进了人类生存能力与人类文明的发展。不合理竞争形成了社会的冲突，剧烈的社会冲突包括了血腥的暴力与大规模的战争。不合理的竞争来自不合理的文化环境与伦理结构，来自这种社会文化环境形成的不合理的社会秩序与不合理的生存行为方式。不断完善自己公共价值的结构与伦理结构，进而不断完善社会秩序的结构，就是人类不断弱化人世间各种恶念与恶行的途径。

生存竞争是生命存在的基本活动方式，人类也永远生活在社会化的生存竞争中，但人类生存竞争方式可以逐渐文明化与人性化。动物的同族在生存竞争的冲突只能通过对同类的生存抑制与生命消灭来化解。人类则逐渐形成了文明化的生存竞争方式。这种方式的形成与强化就是人类文明的重要内涵。人本主义公共价值的核心内涵就是和谐友善地与他人竞争。

136. 伦理价值的外在实现效果

人类进入文明以后，个体的精神世界中的观念结构与外在行为方式就被社会环境同化了，这就是人的社会化。这就是个体精神环境中的基本观念由社会文化环境中的伦理来引导与塑造的结果。社会伦理引导与塑造个体基本观念的方式，就是社会文化的传播与灌输，其中包括了社会化的教育活动。

在被社会化的人类中，具有较高文化修养的个体，其观念结构中的基本观念主要就是伦理观念，其价值结构中的基本价值主要就是伦理价值，他们的文化修养将他们的基本观念与基本价值伦理化了。文化修养简陋单薄的个体，其基本观念结构中还会存在一些自己独特的行为经验，如果他们受到的文化灌输与伦理塑造严重不足，就会使得他们观念结构中的伦理价值十分薄弱。虽然他们也不可避免地接受文化环境中的伦理灌输，但这些文化伦理常常并不能有效地融合到他们的观念结构中去，而仅仅是以文化经验的形态悬挂在观念结构之外，这也就不能有效地为意识活动提供伦理价值的支持。他们虽然在社会活动中也可以表达和谈论一些文化与伦理的概念，但却不能在意识活动中真正有效地运用这些概念中表达的观念。

社会文化环境中蕴含的全部伦理，都表达了拥有这个文化体系的社会群体对社会秩序的环境需求，这来自人类文明化的生存方式对社会文化的构建。社会文化体系中表达的全部伦理价值的实现方式就是群体成员理想化的社会秩序的形态，对这个社会秩序实现的追求方式就是他们在伦理价值的引导中与对社会秩序的构建与维护活动，就是他们在生存行为中对符合伦理的社会关系的构建与维护活动，这也就是他们拥护的或者直接实施的广义社会权力活动。

社会秩序与社会结构的形成，来自人类个体之间依据对生存环境的共同需求而形成的组织化联系。这种对生存环境的共同需求，就是社会文化中所表达的公共观念的内涵。这种社会成员实现生存需求的组织化联系，则可能发生在任何层次的社会关系或社会结构之中。全部社会秩序与社会环境的形态都是这种组织化联系的成果，在这种结果形成的自发性与多元性也就必然决定了社会秩序的多元与散乱形态。

社会环境的存在形态就是人类个体之间形成的社会关系，就是人类依据社会关系实现的占有、流转与利用社会资源的活动方式。社会环境的存在就是社会秩序对社会成员生存行为方式的有序化整合的成果。社会秩序中蕴含的统一与协调的关系来自人类统一与协调的公共化的价值结构，来自其中蕴含的公共化的环境需求，来自完美有效的表达这种需求的社会文化体系。社会秩序中蕴含的散乱与冲突，则来自散乱与冲突的公共观念结构与文化结构，来自这种文化结构中表达的社会成员散乱冲突的生存环境需求。

社会存在中统一和谐的秩序形成了社会成员和谐的生存方式，也为人类文明提供了合理的社会环境。社会存在中多元散乱的无序状态则提供了社会环境中的演化活力与促生社会秩序的能量形态，它们也就是社会秩序整合与组织化的对象。人类社会环境的存在形态与一切环境存在形态一样，也是处于秩序与能量的均衡中。这种均衡就来自秩序对能量的适当组织化。社会秩序表达了社会存在的形成依据与功能依据，社会无序或社会能量表达了存在的原初本体，也表达了社会存在的能量来源。

在秩序与能量的均衡中蕴含了秩序与能量的对立与冲突，也提供了秩序演化的基本动因。辩证法逻辑提供的理解人类环境存在的对立统一模式的本体论内涵，就是秩序与能量的对立与统一。将社会演化的基本动因表述为社会结构中的阶级冲突，是一种过于简单化的逻辑，但在特定社会环境中也曾经具过相对的真理性。社会环境的实际存在形态要比阶级矛盾和阶级斗争复杂得多与丰富得多。用过度简单化的对立统一模式来理解人类社会形态与社会活动方式，必然形成对社会秩序与人类社会生存行为的简单化扭曲。

社会存在的形态就是动态的演化。社会秩序的演化进程中具有缓慢演化进程的积累，也有激烈演化过程的突变。演化进程中的突变，就是社会秩序与社会能量均衡状态的突然改变。社会演化突变过程的出现，由社会存在中蕴含的多层次秩序演化中积累的秩序与能量均衡中的失衡形成。

社会环境的存在形态，就是这种均衡中蕴含的多层次嵌套的社会关系中复杂的非线性耦合关系。社会关系的复杂性超越了个体精神环境的复杂性，也超越了生命环境的复杂性，更远远超越了物理环境的复杂性。

在这种高度复杂的非线性耦合关系中，也包含了人类生存行为中的复杂博弈关系。人类生存行为之间依据精神环境中意识活动结果的博弈活动，就是社会秩序复杂性的重要原因，也是社会秩序的演化动因与演化过程远远超越了人类今天的理解能力的原因。

今天的人类文化对社会环境的理解还是十分肤浅的，还是仍然缺乏合理逻辑工具的。曾经普遍用于理解人类社会秩序的辩证法逻辑，相对于人类社会的复杂性来说还远远不足。人类试图依据这种肤浅的理解来主导改造与构建社会秩序的活动，也就基本上是肤浅的和不太靠谱的。

人类今天合理的社会权力行为并非来自对社会秩序的合理理解，也并非来自今天社会学理论与政治学理论的合理性，而是来自人类赖以生存的实践循环的活动方式。人类全部合理的社会活动依据都仅仅在实践经验观念之中。人类自觉与不自觉地对社会秩序的构建与维护，并不会直接形成理想的社会秩序形态，却会为社会秩序的自在演化提供了必要的内在动因，也会为人类生生不息的实践循环提供内在动因。今天人类理解社会秩序的所谓真理，都基本上只能是在实践循环中得到证明的经验观念体系，其超验程度还远远不足，还远不能形成安置人类社会经验的理性化结构。今天的社会学理论还在懵懂中。

社会秩序中复杂的多元结构也必然会形成社会文化体系中的多元化表达。这样的文化体系如果总体上缺乏合理统合，也就会形成散乱甚至冲突的伦理。在突变中的社会秩序环境中，常常形成文化结构与社会秩序的分离，这也常常是统合不良的散乱伦理的基本来源。这种文化环境也就会塑造出沉浸其中的个体们散乱冲突的基本观念结构。

社会成员由于伦理的散乱而形成的基本价值的多元与散乱，既是他们意识活动混乱与冲突的原因，也是引发他们心灵困惑与意识困顿的原因，还是他们的社会行为方式中充满了混乱的对立冲突方式的原因。完美的伦理结构塑造出社会成员和谐的心灵与和谐的社会活动方式。冲突混乱的伦理结构的塑造结果，就常常形成困顿焦虑的心绪与混乱冲突的社会行为。

人类的生存本能，追求自己在合理而协调的生存环境中形成和谐有序的行为方式。这种生存本能来自人类的生存方式与世界环境秩序的相容性与一致性。中国哲学中的"天人合一"观念，就表达了对这种人类生存方式的根本理解。

这种生存本能形成的生存方式追求就为人类提供了形成文明的基础原因。人类依据这种生存本能形成了有序和谐的精神环境与完美的价值结构，并追求与实现有序和谐的生存行为方式。这就是人类追求幸福生活的逻辑依据，也是人类可以形成幸福感受的本体论依据。

有序和谐的社会环境形成有序和谐的文化体系，进而形成有序和谐的个体精神环境。这种精神环境可以由统一和谐的伦理观念与伦理价值来表达。

个体伦理观念的有序与和谐，来自基本文化环境的有序与和谐提供的完美的伦理结构，也来自个体认识活动对观念空间秩序的组织化对伦理结构中散乱无序的消弭与安置。完美的文化环境是构成社会成员完美伦理观结构与完美观念结构的必要条件。社会成员完善的认识活动能力与公共意识活动能力，则是实现他们伦理结构与观念结构的有序与和谐的充分条件。

和谐统一的文化环境向社会成员提供了和谐统一的伦理，人类的审美本能则驱动着他们对和谐统一的观念结构与价值结构的不懈追求，也驱动了他们对和谐统一的伦理结构的皈依。

社会化的教育活动就是向社会成员灌输与传播合理公共观念的主要方式，也是人类在构建与维护合理的社会环境秩序中逐渐形成的重要文化活动方式。在人类的不同文明中，构建与推行教育活动来实现伦理灌输的社会成员只能是广义的社会权力体。社会教育工作者仅仅是实行这种广义权力活动的技术操作者群体。

个体价值结构中来自文化环境的伦理价值主导了个体的基本价值，也主导了个体的行为动机与生存行为。如果来自文化环境的伦理价值在个体观念空间中处于悬浮状态或者无法融合在他们的基本价值结构中，也就无法真实地主导个体的价值活动，也就无法在个体的生存行为中表达与实现。社会文化活动形态的复杂与多样，使得个体观念空间中常常会具有不能主导他们价值活动的伦理形态。无效的文化传播灌输就是形成个体空间中悬浮的伦理价值的基本原因。

人类的审美欲望通过认识活动追求观念结构的有序化而得以实现。人类审美活动的深入也逐渐形成了对观念结构中蕴含的价值结构的有序化追求。这种追求就会在意识活动过程中形成对认识活动的目标与方式的塑造，进而实现了对价值结构的整合与有序化改造。

当个体的社会文化环境处于和谐有序的状态中时，当个体观念空间中的伦理结构处于和谐有序的形态中时，伦理价值就为他们提供了和谐有序的价值活动的环境条件，他们的审美欲望在价值活动中的追求与对价值活动的审美整合，就会主要依据对观念空间中的伦理价值的服从与皈依来实现。由此，在和谐有序的社会文化环境中表达与传播的伦理就常常是个体价值活动中实现审美欲望的基本环境条件。

在进入文明以后的人类意识活动方式中，其审美追求的主要内涵也就逐渐地被文化环境塑造成为伦理化的了。当社会文化环境主导了个体的观念结构的塑造进程时，也就实现了外在的文化伦理对内在的基本观念与基本价值的整合与融合，也就将伦理文化转化成了个体的伦理价值。

如果个体意识活动的审美能力不足或认识能力不足，也就无法将已经输入观念空间中的伦理观念有效地转化为伦理价值，伦理观念也就无法有效引导他们的价值活动。这种伦理也就只能以文化观念的形态悬浮于观念空间中。个体看似接受了这种伦理，但却不能真实地实现它们对意识活动的主导与塑造功能。

处于优越的文化环境中但审美能力又仍然薄弱的个体，他们的观念空间中就常常会保留大量悬浮状态的文化伦理。这就类似处于优良的知识传播环境中但审美能力薄弱的个体的观念空间中常常充满了大量悬浮状态的文化知识一样。

将社会环境输入观念空间中的文化伦理转化为精神环境中的伦理观念与伦理价值，只能通过认识活动对伦理的审美重构来实现。认识活动对伦理文化的审美过程或其中的内在秩序的发现过程，就可以将悬浮在观念空间中的文化伦理经验整合与重构为观念结构中的核心基本观念，由文化输入的伦理就由此而融入了个体的观念结构中，并实现了对个体价值结构的塑造。

实现这个过程的个体要具备两个条件，一个是要具有文化修养与文化兴趣，以便接受与理解伦理文化要素。另一个是要具有对伦理内涵的审美整合能力与审美重构能力，也就是具有深入高层次观念结构的认识能力，以便将文化伦理整合与融合到自己的基本观念结构中去。

社会文化环境向每一个生存其中的社会成员都提供了伦理，但能够有效接受与有效利用这些伦理价值的个体，则必须是具有较深厚的文化修养与较深刻的认识能力的人。深厚的文化修养形成接受文化伦理的能力，深刻的认识能力才能将文化伦理要素整合与融合到自己的观念结构之中。

进入文明以后，人类的生存方式就逐渐被社会化了。在发达的文明环境中，个体就完全变成了社会化的人，他们的观念结构就由社会主流文化与重要的社会亚文化来引导与制约了。社会化的人就是被文化塑造了精神世界的人。社会文化环境的内涵就是他们意识活动的内在与外在的环境依据，就是他们构建观念结构的环境条件，就是他们价值活动的价值判断依据。社会文化中蕴含的伦理，也就由此而成为个体观念结构与价值结构中的基本形态，宏观文化结构中所表达的基本伦理或高层次伦理，也就会成为个体终极观念与终极价值的基本依据。

在现代社会中生存的人类个体，虽然仍然在努力追求自己的精神独立与精神自由，但他们全部的价值目标与行为目标，都已经是被文化环境所塑造的结果了。他们看似独立自由的行为，实际上到处浸透了文化塑造的公共观念与公共价值。他们的精神自由仅仅存在于观念空间中伦理结构的超验缝隙中，他们的社会自由仅仅存在于社会环境的无序缝隙中。精神环境中的超验空间是精神自由的空间，社会环境中的无序空间是社会自由的空间。

现代社会为人类提供的自由，一方面来自社会无序环境中合理生存行为的丰富化，例如微观生活方式与消费方式的丰富化，另一方面则是塑造了他们在已经丰富化的精神环境中的更为丰富的审美能力。这就是现代西方人本主义文化思潮与存在主义哲学流派的文化贡献。这就是人类在日益有序化与组织化的社会环境中，仍然可以得到日益开阔的自由行为空间的哲学依据。

现代社会中每一个个体的自由行为，实际上都是人类社会秩序演化进程中的一个不确定的微观运动的环节，个体的生存目标与行为追求的选择空间所提供的不确定性，都由此而变成了社会演化进程中的不确定历史内涵。文明化的人类个体并非没有行为自由地生存在一个预先确定的秩序中，而是生存在自己的意识能力不能透彻理解的不确定的社会环境中。这种不确定的生存环境为人类的生存行为方式提供了不确定性，为社会秩序的演化过程也提供了不确定性。

每个人在自己观念空间中的自主价值判断形成了自主的生存行为方式。每个人的自主行为形成的人生经历都为人类社会演化的历史进程提供了自己难以理解的必要贡献。只不过这种贡献在人类文化中留下的痕迹因人而异大相径庭而已。有些人生轻如鸿毛，有些人生重如泰山。每个人的一生都会在社会环境中留下历史的刻痕。刻痕的深浅表达了他们的生存对人类历史意义的轻重。最重要的人成为力挽狂澜的历史英雄与塑造文化的大师泰斗，最不重要的人也至少为当时的社会活动提供了生存活力。哪怕是罪犯的行为，也可能会为社会秩序的演化进程提供有意义的秩序扰动与秩序活力。

137. 伦理对价值活动的决定性意义

人类意识活动中的价值活动就是组合价值构成行为动机的活动。人类通过环境中的生存行为实现价值追求与环境生存，人类的全部行为都由相应的动机来驱动。行为动机中的核心价值就是它所驱动行为的核心目标。

蕴含了基本公共价值的伦理，既是公共观念中的基本结构，也是社会主流文化体系的基本结构。伦理通过文化的传播与灌输和个体的认识重构，也就转化为个体观念空间中的基本价值。人类通过对文化环境提供的伦理的接受，通过对文化伦理在观念空间中的审美发现与认识重构，实现了对文化环境提供的公共观念与公共价值的接受，实现了公共价值在个体价值结构中的融合与安置。文化中的伦理就由此而变成了个体观念空间中重要的基本观念，就变成了融合在个体价值结构中的伦理价值。

人类的生命本能提供了人类的生存欲望。生存欲望在观念空间中的经验化展开形成了价值。追求价值的实现就是欲望实现的方式与人类生存的方式。

人类构建行为动机的价值活动由对核心价值的追求而激励和发动。核心价值受到观念空间中基本价值的引导与制约，伦理价值则是引导与制约核心价值的价值主体，它们本身就常常是高层次行为动机中的抽象核心价值。伦理价值还可以通过为价值活动提供价值判断的依据来实现对核心价值的引导与制约。

进入文明以后，人类的价值活动所依赖的价值判断依据，就开始逐渐由文化环境输入的伦理价值所主导了。人类在物质环境或社会环境中的行为方式也就由此而开始受到公共观念的塑造与规范了。在高度文明化的社会环境中生存的人类个体的生存行为，也就基本上由伦理价值来统辖与制约了。伦理与伦理价值，就是社会文化环境中的公共观念与社会成员生存行为中的价值依据的连接桥梁。

所谓文明的人类精神，就是被伦理价值所统辖的意识活动方式。所谓文明的人类行为，就是符合文化体系中表达的伦理价值的行为方式。人类文化的演化主导了文明的演化，人类文明的演化又支撑与滋养了文化的演化。在这两个秩序体系的演化过程间也构成了互为因果的自纠缠关系。在文明与文化的演化中蕴含了基本公共观念与基本公共价值的演化，也引导与塑造了社会成员的意识活动方式与社会行为方式的演化。

个体精神环境中的伦理观念与伦理价值，通过文化活动的构建与传播输入，通过认识活动的审美重构而形成。人类的文化活动及其成果，就是人类构成合理与和谐的社会环境结构的精神依据的表达，就是塑造人类的行为方式使其伦理化与文明化的途径与工具。人类追求文化与服从文化，进而欣赏文化与崇拜文化，就是追求自己行为社会化与自己价值伦理化的活动与途径。这就是中国传统文化中表达的对教化的追求，也是欧洲传统文化中表达的对宗教皈依的追求。

　　社会环境具有多层次的结构形态。人类在其中的生存方式与行为方式也具有多层次的结构形态。表达了社会环境秩序的人类文化，也必然同样具有多层次的结构形态。无论在社会秩序的结构中具有怎样的层次形态差异，其最终的功能只能集中在全人类对自然环境的合理适应与合理利用之中，其最终的功能只能是为人类整体提供合理的生存环境。无论人类的生存方式与行为方式具有怎样复杂的形态，这些行为的综合功能最终必然是追求全人类的合理生存。无论人类的文化体系中具有怎样复杂多样的层次与形态，也必然是人类整体的合理生存方式的观念汇集与价值汇集。人类生存方式的整体化就是人类生存方式的基本特征。人类追求合理生存环境秩序的终极目标必定是形成人类整体的命运共同体。

　　人类的文明创造了人类特殊的生存方式，也创造了人类利用与适应环境的特殊形态。人类的文明也同样创造了人类整体的生存价值与生存利益。文明将来自动物形态的人类组织化为一个生存的整体了。这种组织化就是通过文化活动对人类公共观念与公共价值的整合与表达实现的。

　　每一个人类个体的生存与活动，只能利用与改变自己周围有限的环境秩序。每一个个体的生存行为，也仅仅是公共价值中的微观要素与具体欲望的实现。每一个个体对社会文化内涵的追求与理解，也仅仅是文化体系中一个具体而局限的形态。但人类个体不同的行为方式与生存追求的总和，人类个体不同的文化追求与文化活动的总和，则必然是汇聚于人类整体对合理生存方式的追求之中，都必然是汇聚于人类整体对合理的公共价值的追求之中。

　　这来自人类文化构成的整体性智慧，也来自人类精神环境中形成的对全部合理生存方式的理解能力，更来在人类的文化所必然追求的具有终极价值的完美体系。这种追求形成了人类文化的主体形态，也形成了人类文化的基本结构。

　　在文明中生存的个体观念空间中必然具备伦理价值。在他们通过价值活动构成的行为动机之中，也就必然要体现出伦理价值的行为目标，他们的社会行为方式中也就必然会蕴含了与社会秩序相协调的伦理形态。伦理让人类变成了与社会环境相协调的社会之人。人类通过自己伦理化的生存行为方式表现出自己的社会化本性。

伦理与伦理价值，就是实现人类行为群体化与社会秩序文明化的精神工具。伦理与伦理价值，就是实现个体行为有序化与道德化的精神依据。具备了由伦理价值主导的价值结构的个体，也就是融入了社会秩序的个体。在意识活动中构缺乏伦理价值主导的个体，也就常常是游离于社会秩序之外的个体，也就是不被社会秩序相容纳的个体。这就是所谓的缺乏人伦观念与没有文明教化和没有文化信仰的个体。

无论是在东方文化还是在西方文化中，个体对伦理的服从与追求，群体对伦理的构建与传播，都是有其明确的核心功能内涵的。只不过在中华文明中，这种核心功能内涵又是主流文化体系的主要功能目标，只不过在西方现代文明中，这种核心功能内涵则被主张个体自由价值的文化体系的功能所分散化与多元化了。

在人类个体的价值结构中只有具备了充分完善的伦理价值，才能保证个体的行为动机由社会公共价值所主导与制约，并形成与社会秩序相协调的行为方式与生存方式。伦理价值缺乏或者不完善的个体，就常常会出现与社会公共秩序相冲突的行为动机，进而常常出现与社会秩序相背离甚至相冲突的行为方式。

在现代社会中，用维护社会基本秩序的法律工具体系表达了对社会成员行为方式合理性的基本标准，违法与犯罪的行为就是与社会秩序相冲突的行为底线。在对人格的评价结果中也就有了一种犯罪倾向的人格评价结果。所谓具有犯罪倾向的人格，就是因为价值结构中伦理内涵的严重缺乏而常常形成与社会秩序相冲突的行为动机的人格特征。

在任何文明形态中，伦理与伦理价值都表达了社会成员行为方式的最高合理性，伦理价值就是社会文化对社会合理秩序追求的精神凝聚成果。

符合伦理价值的行为方式就是最终的合理社会行为，社会主流文化中提供的伦理结构就是全部维护社会秩序的工具体系的功能依据，伦理既是立法与司法活动的最高依据，伦理也是公序良俗的原始依据，伦理还是道德规范的设定依据。

伦理价值为文明群体确立了合理行为的一般标准与最高标准。具有完美伦理价值的人格特征，就是"德"的特征。在中华文明中，德性与德行就表达了最高的合理行为方式。外在德行的内在精神依据就是"仁"。在西方文化中，德行的精神依据就是"善"。无论东方还是西方，仁者与善者就是具备了优良伦理价值的个体。

个体的价值结构表达了他们对多层次环境秩序的理解。其中的核心结构必然表达了社会环境中的群体行为方式与群体公共价值。伦理价值作为文化环境输入的基本公共价值，既是个体价值结构中对社会环境秩序的基本表达，也是个体基本价值结构中的重要结构凝聚点，它们构成了个体价值结构的脉络核心与基本框架。

在个体的价值活动中，虽然激发出动机构建过程的核心价值并不一定是伦理价值，但价值活动中的价值选择与比较过程，则必定处处受到伦理价值的引导与制约。伦理价值就常常是价值比较的基本标准与价值不变量。在价值活动最终成果的行为动机中，并不一定包含明确的伦理价值，但都必然是伦理价值引导与制约的结果。这就决定了人类的任何行为动机都必然受到伦理价值的直接或间接塑造。

伦理价值作为价值判断的基本标准，也就形成了对全部价值活动的影响与覆盖，并由此将自己的价值内涵注入个体的全部行为动机中，并通过个体的行为在外在环境中实现伦理价值的社会功能。

在一般情况下，伦理价值通过对行为动机的间接塑造实现对行为制约功能。在特殊的情况下，如果伦理价值本身就是行为动机的核心目标，伦理价值本身就成为社会行为的目标了。这就是伦理价值在社会行为中的直接实现。

第三十七章　人类的道德精神活动

138. 道德精神来自人类的审美本能

　　人类以及人类生存其中的全部环境可以表达为世界。世界可以用存在来理解。世界的存在方式就是秩序对能量的组织化，就是由此而构成的存在形态与存在的环境功能。环境秩序的组织化进程构成了环境的演化过程。环境的演化形成了生命形态从无生命形态中的脱颖而出。生命依据其特殊的新陈代谢方式利用与适应环境，从而延续与保持了自己的存在，并演化出了特殊的人类存在。在人类的群居生存方式中，形成了利用与适应环境的特殊方法，这就是依据精神环境与意识活动构成了人类社会。

　　人类依据生命环境秩序与精神环境秩序构成了社会环境的存在。秩序是存在的功能依据。社会环境的存在依据在社会秩序中，社会环境秩序形成了社会环境的存在功能，又为人类提供了有效而合理的生存方式。

　　人类以及人类的精神世界是自然环境中普遍的自组织过程的复杂化成果。人类社会则是人类群体化生存环境中的自组织过程的复杂化成果。从人类的生命存在方式到人类的精神存在方式，再到人类的社会存在方式，就是一个自组织过程的层次飞越与秩序形态的结构突变过程。

　　人类依据精神环境与其中的意识活动，将群居方式构成了社会化的生存方式与社会环境。人类构建与维护自己合理的社会环境秩序，就是人类意识活动的最高与最终目标。实现这个目标的意识活动的总和，就构成了人类的道德精神活动。

人类的道德精神活动方式，就是世界存在形态中自组织进程中的特殊形态与特殊成果。从宇宙大爆炸的原始混沌中到基本元素的出现，从元素到复杂的大分子与生命秩序的出现，从生命的出现到人类以及人类社会的构成，形成了人类以及人类生存环境的全部自组织进程的链条。人类的道德精神活动就是这个自组织链条中的一个最重要的环节。

伟大的康德体会到了人类神秘的道德精神，也体会到了更为神秘的宇宙秩序，但他仍然无法理解其中共同的形成机制所构成的共同的环境功能本质，这就是他著名的终生困惑的由来。

本能是生物体适应环境与利用环境的生命能力，也是生命秩序的功能表达。生存本能与环境条件的融合形成了生命存在对环境的需求。存在对环境的影响功能与存在对环境的需求构成了存在与环境的全部关系。所谓价值，就是人类精神环境秩序中对人类生存环境需求的外在表达。

人类依据自己特有的生命本能构成了精神环境。人类也依据自己的生命本能创造出了精神环境中的意识活动方式或精神行为。人类构建出精神环境的本能就是审美本能。由审美欲望驱动的这种环境秩序的构建活动就是认识活动。由人类的外在生存欲望与内在审美欲望共同驱动的意识活动就是构建行为动机的价值活动。动机是人类精神环境中的价值组合。

人类通过生存行为实现对全部生存环境的需求，也实现了精神环境中的价值。人类在两个环境中的两种行为方式，分别实现了两种需求与两种价值。肢体与感官构成的外在行为实现了物质需求与物质值价值。意识能量在观念空间中的分布与运动构成的内在行为实现了精神需求与精神价值。两种行为方式区分了人类的两种生存环境，而它们的依据都在精神环境秩序中。人类外在生存环境的秩序由精神环境中的经验观念表达，人类内在生存环境的秩序由精神环境中的超验观念表达。精神环境中对两个环境秩序的表达也就蕴含了对两个环境的需求，也就构成了两种价值体系。

审美本能驱动认识活动，在精神环境中形成了表达两个环境需求的两种观念体系，它们的公共化与社会化表达也就构成了两种文化体系。一种文化体系表达了人类对精神环境中的行为方式的理解，这就是广义的逻辑观念体系与广义的道德精神价值。哲学则是人类对精神环境与意识活动方式的整体化理性理解。逻辑观念与道德精神模式共同构成了哲学的基本内涵，只不过今天的哲学和必能将它们统合在统一的秩序结构中。

另一种文化体系则表达了人类在物质环境中的行为方式的理解，这就是自然科学观念体系与广义社会学的观念体系。不同的文化形态与艺术形态中表达的自然哲学文化体系，则是人类理解外在生存环境的成果在内在精神环境中的理性化表达形态。

人类的逻辑观念来自审美本能对精神环境秩序的公共化理性理解。逻辑又表达了人类对精神环境的利用方式与需求形态的公共价值。广义的逻辑就是审美活动对精神环境秩序的构建方式的理性化表达。逻辑既是认识活动的超验依据，也是一般意识活动的环境秩序依据。

广义的道德精神则是审美本能对精神环境中价值活动方式的公共化理解的感性化表达。逻辑方法与道德精神，就是人类公共观念与社会文化对精神环境中的两种行为方式的表达形态。逻辑方法为道德精神活动提供了理性化的支持，广义的道德精神活动则是逻辑方法实现的普遍感性化形态。

与此对应，审美本能对物质环境秩序的认识成果与价值表达，也有两种公共化形态。其理性化形态就是从自然哲学体系到自然科学体系的文化形态。其感性化表达形态则比较散乱，它们主要集中在狭义艺术文化中表达的自然观念之中，也常常集中在各种宗教文化的自然观念体系之中。

所谓道德精神活动形成的道德行为，就是在审美欲望驱动的价值活动中，通过对精神环境秩序的遵守和价值结构的皈依，所实现的表达了伦理价值的行为方式。形成了道德行为的道德精神活动就是狭义的道德精神。

人类特有的道德精神活动与道德行为方式，就是人类社会秩序得以维持的重要内在机制，也是人类的审美本能对人类创造的社会环境秩序的再投射与再塑造的方式。人类在追求道德精神中实现的审美满足，以及在这种审美满足中实现伦理价值的道德行为的成果，就是通过审美本能对精神环境秩序的追求所形成的对社会秩序的维护方式。所谓道德价值，就是通过道德精神活动所实现的伦理价值。道德价值就是狭义道德精神活动所追求的价值目标的文化表达。

人类追求意识活动有序化的行为方式来自精神环境中的审美本能。审美本能驱动的认识活动创造了精神环境中的秩序，审美本能驱动的道德精神活动则维持了意识能量在这个环境中的活动方式对这种秩序的遵从。认识活动创造的成果构成了观念结构，道德精神活动维持了这种成果也就构成了伦理价值在动机中的实现。

审美本能驱动认识活动，直接实现了精神环境秩序或观念结构的创造与构建。审美本能引导价值活动则规制了价值比较与价值选择的结果，维护了价值判断中价值结构的完整与和谐，也间接实现了对观念结构本身的秩序维护与构建。前者构成了认识活动，后者构成了道德精神活动。

审美本能对价值活动的引导与规制的结果直接维护了既有的价值结构，也是对既有观念结构的间接维护。当个体的价值结构由社会文化环境输入的伦理价值为主导时，这种引导与规制的结果就必然是在价值判断中对伦理价值的服从。这样，审美本能在价值活动中对观念空间秩序的维护也就间接维护了价值结构与伦理价值。人类道德精神活动的结果就是在价值活动中满足审美欲望实现的同时，也实现了对伦理价值的行为服从。

在至今为止的哲学体系中，还不能透彻清晰地理解人类意识活动方式的本能依据与内在环境依据，特别是不能深入地理解审美本能对意识活动普遍的引导与规制功能，也就难以理解人类道德精神的形成原因与功能依据。

这种哲学观念的模糊不清，就不得不将人类普遍存在的道德精神活动置于对人类复杂行为理解的神秘化形态之中。据此，即使是构建出了一些理解道德精神的哲学模式，要么过于玄妙而没有太多的现实经验化意义，要么过于肤浅而没有超验化的说明深度。这也是今天哲学文化的理性化程度仍然还十分薄弱的结果。

哲学的理性能力不足与思考模式的不合理形成了哲学观念的肤浅与局限，也形成了哲学对人类精神环境理解与表达的局限与回避。这就不得不将一些重要观念的理解与表达推给感性化的艺术与文学。今天的哲学仍然离不开艺术与文学的补充与支持，甚至在重要的领域中离不开艺术化与文学化的表达，就是其仍然处于幼稚状态的特征。对于人类精神世界中最为重要的道德精神活动，今天的哲学仍然无法摆脱艺术方法与文学方法，以至于人类今天理解与表达自己最重要的道德精神活动还基本上要依赖艺术文化工具，而单纯依赖哲学文化的思考就很难表达出人类对道德精神的深刻理解。

在今天的哲学中，还无法形成对人类精神环境与意识活动全部领域与全部内涵的统一理解与表达。自从康德推出了被哲学家们相对普遍认可的现代哲学的基本结构以后，尽管其并不完美，但今天哲学的发展还仍然没有出现对康德模式的本质超越。康德以后的哲学家们，大都是在他的逻辑框架之内进一步阐发自己的观念，而对他不能理解但已经提出来的哲学根本问题，则很少有人继续问津。黑格尔看似独立于康德建立了一套哲学结构，但他也没有超越康德，而仅仅是在康德的框架中对特定领域的逻辑细化。

关于康德提出的人类生存的全部环境都是不可终极理解的物自体的问题，至今还没有更好的本体论阐明，也没有人试图反对这个观念。关于康德提出的人类的宇宙环境中的秩序是如何发生的终极难题，今天也还没有更进一步的哲学化探讨，仅有的探讨还局限在自然科学中。关于康德提出的人类精神世界环境秩序是如何形成的问题，人类的道德精神活动是如何发生的问题，还都在现代哲学家们视而不见的回避中。从存在主义哲学到现象学哲学都大抵如此。这些问题既是康德哲学的黑洞，也是今天全部哲学家们的梦魇。

康德哲学最核心的贡献，就在于回答了人类精神世界中的理性化的观念体系是如何构成的，也就是回答了知识体系的环境来源与构成条件问题，并对此实现了不太透彻的超验安置或形而上学表达。它对知识形成方式的超验安置的不透彻，就来自他对人类精神世界全部秩序形态与全部活动方式安置的不透彻。

马克思从黑格尔的观念体系中强化了人类实践的行为方式，以便更好地说明人类行为的有序化与社会环境有序化的原因。但在马克思的哲学中由于对一般哲学观念的统一透彻安置的不足，对超验观念或形而上观念的忽视，也就使得它仍然是一种理性化不足而充满了感性经验观念的哲学体系。

在马克思的实践哲学中，以强调人类经验观念的功能为其全部逻辑基础，并由此而奠定了其唯物主义的特征。也因此，马克思观念体系本身的哲学特征也就基本上是经验化的或者难以充分理性化的。这种观念体系在具体行为方式的选择中可以提供必要的理性化工具，但仍然无法整合与安置全部哲学中的超验体系，它也就不得不回避对形而上学根本问题的回答。哲学体系的本体结构毕竟是以超验观念为主体的，没有透彻的超验逻辑模式，没有完美的形而上逻辑，就没有透彻的哲学。

人类通过社会文化活动接受伦理，通过意识活动在观念空间中塑造伦理价值。而他们伦理价值的行为实现则是依据审美本能对价值活动的引导与规制。这种引导与规制实现了价值判断对于完美价值结构的皈依，也就实现了对伦理价值的服从。

依据审美欲望实现对伦理价值服从的价值活动方式，就是人类的道德精神的活动方式。这种意识活动方式及其成果就是人类神秘的道德精神与伟大的道德行为。道德精神来自人类在精神环境中对审美欲望实现的追求，道德行为来自人类道德精神追求的行为成果，道德行为的依据则在文化环境提供的伦理中。

欲望是本能的行为动因表达。人类具有特殊的审美本能与审美欲望。

审美本能在驱动特殊的意识活动中实现，其结果既构建了人类精神环境的存在也构建了人类的社会存在。审美欲望追求精神环境空间中的秩序与完整，并通过这种追求的实现获得人类特殊的精神愉悦与审美满足。审美欲望的实现构成了微观观念要素的秩序存在，也构成了宏观观念结构的和谐性与完整性。

审美欲望在认识活动中通过对观念要素的构建实现，并由此获得审美快感或精神愉悦。这种欲望的实现方式也就会引导认识活动的方式，并由此形成个体的审美禀赋。审美欲望在价值活动中通过对宏观价值结构的秩序保持与秩序维护来实现，这使得个体在价值判断中同时获得了审美愉悦与精神满足，也通过对价值活动的引导与规制形成了对伦理价值的服从。

在文明环境中的个体价值结构的完美主体必然是由伦理价值所主导的。在追求审美欲望的满足而构成的动机结构中也就必然服从了被文化环境所塑造出来的伦理价值，依据这种意识活动方式所形成的服从伦理价值的社会行为方式，就是人类的道德精神活动。

道德精神活动形成了人类在社会环境中对伦理价值的行为服从，也就是形成了服从伦理价值的道德行为。直接来自道德精神活动的社会行为是狭义的道德行为，间接来自道德精神的社会行为是广义的道德行为。

人类的道德精神活动有两个依据。一个是观念空间中由文化环境塑造出来的基本价值结构中的伦理价值，另一个是在价值活动中对审美欲望的明确追求。文化修养不足而伦理价值单薄者，道德精神难以形成，审美能力不足而在价值活动中难以透彻追求审美价值的满足者，道德精神也不会出现。

所谓道德行为，就是服从社会主流文化中表达的基本公共价值或者服从伦理价值的社会行为。服从伦理价值的行为方式，可以来自道德精神活动的成果，也可以来自追求其他物质欲望的结果。前者为狭义道德行为，后者为广义道德行为。

伦理就是表达了群体社会秩序需求的公共观念，伦理观念与伦理价值就是个体观念空间中的观念结构与价值结构形态。伦理结构的和谐来自社会秩序的合理与稳定，也来自人类社会群体对合理稳定的社会环境的观念共识，这种观念共识通过稳定和谐的社会文化活动构成。

伦理结构中也会出现混乱与冲突，这来自社会秩序的混乱与冲突，也来自因此形成的社会文化的混乱与冲突。社会公共观念与社会主流文化的稳定形成了和谐的伦理结构，社会公共观念与社会主流文化的散乱与瓦解形成了伦理的瓦解与混乱。

社会秩序演化中的突变常常形成社会秩序结构的散乱与冲突。社会成员对突变中瓦解的社会秩序的重新整合与构建，才能恢复它的和谐与稳定。冲突散乱的社会秩序就会瓦解和谐稳定的伦理，形成散乱冲突的伦理形态。散乱冲突的伦理构成的文化环境就会瓦解人类精神环境中和谐统一的伦理价值结构，并进而瓦解了道德精神的实现条件。

冲突与对立的伦理结构，破坏了观念空间中价值结构的基本秩序，也就会破坏价值活动中对价值结构的审美追求。社会环境中散乱冲突的文化结构与伦理结构，最终会销蚀社会成员精神环境中形成的道德精神活动条件。道德精神被瓦解道德行为就会崩溃。和谐统一的社会文化环境是道德精神培养与实现的基本条件。

人类独有的文明化的生存方式就是由社会环境秩序提供了行为规范与行为约束的生存方式，人类的文明化就是这种规范与约束的成果。文明的演化又驱使人类不断追求新的文明形态，追求与维护新文明的活动就是构建与维护社会新秩序的活动。

人类之所以重视道德行为的活动方式，之所以敬仰与崇拜道德精神，就是因为道德精神形成的道德追求是人类追求审美价值来实现与社会秩序相协调的行为方式的精神依据，就是因为这种活动方式是对社会秩序的最有效与最根本的维护。道德精神与道德行为随着人类文明化程度的增加，也就逐渐成为规范社会成员的社会行为方式的主要方法，成为维持社会合理秩序的最重要与最基本的工具。人类维护社会秩序的另外两个基本工具则是习俗与法律，它们与道德精神工具一样依据人类社会文化中表达的伦理价值所构成。

人类的道德精神环境由内在环境中的审美价值驱动。道德精神活动的审美价值目标就是伦理价值体系与价值活动方式的协调与统一，这就决定了行为动机结构中对伦理价值的服从。道德精神中的审美追求形成了伦理价值在社会行为中的实现，也就实现了对公共价值的保持与社会秩序的维护。人类的道德精神活动由此而成为维护社会秩序的工具。

139. 道德精神活动的社会秩序维护功能

道德精神活动之所以被人类重视与推崇，就是因为它提供了深刻透彻的社会秩序维护功能。道德精神对社会秩序的维护功能，首先来自个体在价值活动中对审美欲望的追求，其次还必须以其观念空间中具备完美的伦理价值为条件。

在人类对道德精神的推崇中，包含了对社会环境中主流文化的推崇，也包含了对精神环境中审美追求的推崇。正是道德精神活动跨越了人类两个生存环境中的两种价值的追求与两种行为方式，才构成了道德精神的活动的复杂性与神秘性，也是道德精神活动至今在哲学中仍然难以形成逻辑模式与分析方法的原因。

人类大约很早就体会到了自己具备特殊的道德精神能力。但却很难理解这种活动能力的本质内涵，更无法实现对这种体会的理性化表达。就是在今天的哲学中，伦理学与道德哲学仍然是充满了感性表达形态的最为模糊与最为含混的内容。

在人类漫长的文明史中，道德精神更是始终被感性化的理解与描述，这就形成了不同文明中不同的伦理价值形态与不同的道德精神活动方式，以及对于它们最难以表达与交流的文化现象。人类对自己道德精神活动的感性化理解与个性化表达，铸就了不同文明中狭义艺术广泛歌颂的道德精神形态。直到出现了试图理性化地表达对精神世界理解的哲学，对道德精神的理性化探讨才开始。但今天仍然幼稚的哲学，对这个人类最为复杂的行为方式的理解仍然还在迷雾之中。在康德表达的终生敬畏与不解的两个问题中就有道德精神让他形成的困惑。

在今天的哲学中对道德精神的理解并没有比康德走得更远。三百年的哲学发展仍然在回避对这个难题的探讨，今天的道德哲学仍然被不同层次的感性化理解所分割与悬置。在今天哲学家们的观念体系中，道德精神仍然是最具神秘性与最具感性化的观念形态。在哲学中试图将道德问题实现高度理性化表达的伦理学分支，也就因此而不得不退缩到仅仅分析伦理观念本身的理性形态中去，而对伦理观念在意识活动与社会行为中的实现过程，对伦理观念的形成与传播过程，则简单地掩盖与回避了。这种掩盖与回避虽然躲开了道德精神的理解难题，但也使得今天的伦理学分裂成了两张皮，一张是不易理解的伦理玄学，一张是直接说明其公共价值功能的伦理经验。不同的伦理学教科书只能在这样两张皮中择一表述。某些哲学家试图用所谓的元伦理学与实用伦理学来从形式上统合这两张皮。

但是，在人类的文化中仍然形成了对道德精神感性化的统一理解。虽然对这种理解的表达无法被今天的哲学方法理性化，但它们仍然具有广泛的文化基础与文化影响力。人类的不同文化中都有关于德与德性的明确观念与强烈情感表达。在中华文明的传统文化中，对道德精神的表达形态就是很深厚的典型例子。中华文化用"仁"表达了道德精神活动的精神依据。在西方文明的传统文化中，这种表达则主要融合在一神宗教的观念之中，他们用上帝的伟大感召力来表达道德精神的功能。

东方的仁与西方的上帝精神，就是完美的伦理价值被人类的审美追求所实现。人类追求仁与上帝精神的能力，就来自人类特殊的生存方式与人类特殊的精神环境活动能力。仁的社会实现就表现出人格中之德。德就是道德精神活动形成的道德行为状态。上帝精神的实现就是对上帝精神的皈依，也就是在完美伦理规制中的道德行为实现。

狭义的德与狭义的上帝精神，就是依据个体社会行为方式所表达出来的价值结构的合理性。这种合理性来自其观念空间中蕴含的完美伦理价值结构。在中华文明中认为教化可以塑造德，在欧洲文化中则认为弘扬基督教义可以形成上帝精神。它们都表达了社会文化活动对社会成员的伦理塑造，也表达了主流文化中预先蕴含了合理的公共价值结构。

伦理是人类智慧构成的完美公共价值结构的文化表达形态。伦理对个体价值结构的塑造形成了个体具备德与具备上帝精神的条件。

所谓德性，就是人类的价值活动在审美欲望的驱动下，实现了行为动机结构与观念空间中的伦理结构的统一性，这种统一性形成了服从伦理价值的社会活动方式，也形成了人格中的德性。

自从人类具有了道德精神形成的行为方式，以及依据这种行为方式实现维护社会秩序的功能，道德精神就逐渐被社会权力与社会文化构建成维护社会秩的最重要的方法。

人类对社会秩序的维护方式的道德化就是人类文明化的基本特征。这种特征表达了人类的生存活动高度依赖精神环境中的意识活动，并通过意识活动实现对自己社会环境秩序的构建与维护。也表达了人类的社会文化与文化活动成为社会环境秩序得以稳定存在的精神依据。

社会文化通过其中的伦理表达了社会成员对社会秩序的观念共识。社会文化活动通过传播与灌输伦理塑造了社会成员的观念结构。社会成员在价值活动中追求审美欲望的满足，使得行为动机服从了伦理价值。由伦理价值主导的行为方式，表达与维护了社会环境秩序的功能。

社会成员对社会环境秩序的理解与对合理社会秩序的追求，又会继续在文化活动中构建出新的伦理。新的伦理又同样成为新的社会行为方式与社会秩序的精神依据。人类在社会物质环境与精神环境中的行为方式的互动，构成了人类最复杂的实践循环，并由此创造出难以理解的人类文明。

在道德精神方法形成明确的社会秩序维护功能之前，人类就开始具备了相对简陋的社会秩序维护方法。那就是从动物的生存方式中继承过来的用肢体暴力维护群居利益的方法。人类的祖先就依赖这种方法维护了自己初始的群居环境。当人类逐渐创造出了依据道德精神活动维护自己社会化生存秩序的方法时，也就逐渐弱化了依赖肢体暴力以及工具暴力的方法，人类维护社会秩序的权力活动也就逐渐文明化与人本化了。

直到今天，人类仍然不能完全抛弃维护社会秩序的暴力方法，只是不断在文明化的社会生存方式中将暴力方式打上了更为柔和的文明烙印而已。原始的暴力依赖肢体的强壮与技巧，现代的暴力依赖日益复杂的社会化工具。从石头棍棒到核武器，人类一直都在努力强化自己的暴力能力。核武器以后的武器发展方向则是通过精准化来降低暴力的无关破坏。

人类不断深入地依赖伦理价值与道德精神的社会秩序维护方式，也就逐渐将暴力方式变成了维护社会秩序方法的补充。人类利用文化活动构建与传播规范社会行为方式的伦理，再利用有限与适度的文明化暴力维护这种行为的规范，这就形成了法律工具。人类利用行为习惯固定伦理规范的方法，就形成了维护社会秩序的习俗工具。法律就是以社会权力暴力为支撑的伦理工具，依据伦理实现立法，通过行政暴力强行限制违法者的人身自由与剥夺违法者的社会权力与财产，直到强行剥夺违法者的生命。习俗则是依据人类简化价值活动的繁难所形成社会群体习惯构成的秩序维护工具。从道德精神到法律习俗，它们的秩序依据都在伦理中。

中华文明得以稳定延续的核心特征，就是形成了以道德精神为主体的社会秩序维护方法体系，这也是儒家文化体系的核心功能。直到今天的现代文明社会，暴力方法仍然不会完全失效，人类也还无法将社会秩序的维护方式完全依赖于道德精神，只是在不得不保留的暴力方法中不断深入地引入伦理依据而将其文明化而已。

道德精神的社会秩序维护功能依据人类的意识活动本能所形成，道德精神通过人类对价值活动中的审美追求来实现，它也就因此而具有了最透彻最完善的功能特征。来自道德精神的合理行为，几乎没有局限与死角地引导与规制了社会成员在一切环境领域中的行为方式。道德精神由此而成为维护社会秩序最深刻最透彻的方法。

　　由于道德精神方法对精神环境中意识活动的高度依赖，也就具有行为实现的难以理解与不透明性。这来自人类意识活动的无法透彻公共化。正是这种不透明性，使得道德精神活动的行为规范效果，常常混杂在由其他方式构成的行为方式中。这种行为效果依据的模糊不清，也就常常模糊了道德精神活动的功能本质，也就将道德精神活动变成了社会行为规范方法评价中的一个不确定的模糊领域。某些道德精神的行为成果常常会被模糊地理解到其他方法中去，某些非道德精神的行为后果也常常会被模糊地理解到道德精神中来。道德精神工具由此而变成了可以任意变换的大杂烩，在这个大杂烩中也就充满了伪善的道德活动。

　　对道德精神活的理解方式与评价方式的模糊化，也就常常形成对道德精神效果与道德行为原因的理解异化。这就是今天哲学的肤浅仍然难以通透表达道德精神方法功能的结果，也是人类社会文化中到处都充斥着对虚假道德精神的甄别与贬斥的原因。这个原因也弱化了道德精神对社会秩序的维护功能，贬低了道德精神对社会秩序的意义，有时甚至会将道德精神贬斥为一种获取其他利益的虚伪欺骗。在人类文化中从来就不乏贬斥伪道德的正义。

　　在人类不同文明的文化演化史中，对道德精神的不同评价与将道德精神所置于的不同地位，就来自道德精神功能实现的不透明性。在这种不透明的行为过程没有被哲学实现理性化的透彻阐明之前，人类文化就始终难以为道德精神普遍正名。在哲学家与道德学者们心目中具有极高地位的神圣的道德精神，在世俗社会文化中则常常被边沿化。那种被社会政治权力体强行塑造的道德精神方式与道德楷模，也就无法真正深入人心而常常成为一种权力文化的包装符号。这种道德符号的文化影响力常常依赖其包装形式的情感功能。离开了文化活动对道德行为的模糊煽情，人们仍然无法理解道德精神的真实内涵。

中华文明在人类历史的演化中具有特殊的形态。中华文明在复杂的历史演化中没有瓦解，中华文明可以超越民族的差异构成统一的国家，这就构成了中华文明在世界文明中的特殊成就。这种成就就来自以道德精神为核心的社会秩序维护方法与社会秩序形态。这种社会文化与社会形态，在不能理解道德精神的秩序功能的根本意义的西方文化面前，也就并不能被完全理解。今天的中国人在复制西方现代文明的剧烈社会改造中，也就追随西方文化而不再理解与尊重自己的传统文明了，在现代化转型中的当代中国人中，也就开始与西方人一样轻视自己的道德精神传统了。在时髦的当代中国文化中甚至以抛弃传统道德精神的程度来表达自己现代化的程度。

只有能够理解这种文化内涵的西方学者才会真正崇拜中华文化，不能理解这种文化内涵的西方学者则会嘲笑中华文化。就是现代中国自己的学者们也常常用夸大道德精神方法副作用的方式，来贬低中华文明中对道德精神的依赖。道德治国在工具理性治国与数字化治国面前就变成了愚昧与落后的象征。殊不知，真正完美的社会环境秩序的构成必定是依据道德精神与道德规范的结果。工具理性可以形成明确高效的成果，也可以形成异常荒谬的破坏。现代美国的兴旺与法西斯德国的崛起都是工具理性的历史成就。

道德精神活动在人类文明中具有重要的文化地位，在中华文明中具有核心地位。但道德精神活动跨越人类两个生存环境的复杂行为方式，又使得它在人类文化中仍然具有不可消除的模糊性与局限性。这种局限性来自人类哲学能力的肤浅，来自人类精神环境中意识活动的复杂与无序形成的哲学困境。

人类观念空间中意识活动的无序状态就是人类精神环境中的能量形态，环境中的无序状态为秩序的构建提供了能量条件。观念空间的无序状态既是认识发现的自组织过程得以形成的基本条件，也是认识活动永葆活力的条件。

　　观念空间的无序状态为认识活动提供了基本条件，也表达与蕴含了人类散乱冲突的环境需求要素与价值要素。这也就决定了价值活动构成的动机结果中，必然无法全部消除对散乱冲突的行为追求。人类的行为动机中对散乱价值的包容与接纳，来自人类的生存欲望在环境中的价值表达的多样性，也是人类追求行为自由本能的行为实现结果。人类具有行为自由的依据既来自观念空间中永远不可消除的无序形态，也来自人类动机结构中永远不可消除的散乱价值。

　　人类对行为自由的必要追求形成了他们的生存行为对伦理价值的必要偏离。这种行为中永远不可消除的伦理偏离，就注定了道德精神工具的局限性。道德精神活动形成的"善"，永远不会消除人类行为中的"恶"。社会秩序永远不会消除社会自由与社会能量。那种依据道德精神的追求而希望消除一切恶行的理想，既是对道德精神的无知，也是对人类社会存在方式理解的肤浅。

　　人类社会的存在形态就是社会秩序对社会能量的组织化，就是社会之善对社会之恶的规制与均衡。没有无序的能量就没有秩序的功能。没有社会之恶就无须社会之善。道德精神被人类的尊崇形成了对其功能的绝对化理解，这种理解与现实经验的冲突就形成了人类文化中对道德精神工具的诟病。

　　尽管社会秩序无法消除社会无序，尽管任何秩序维护工具的功能都是相对于社会无序的必然存在而具有局限性，但不同秩序维护工具之间的相对功能仍然有差异，它们之间的相对局限性仍然可以互补。

　　道德精神的相对局限性来自其功能实现内涵的复杂与模糊，来自其效果的难以直接评价。道德精神维护社会秩序的功能主要是隐含的，这种模糊的隐含形成的相对局限性，则可以由法律工具与习俗工具来补充。法律工具与习俗工具则具有行为效果直接明了的特征。在人类不同形态的社会秩序维护方式中，这三类工具在同时使用中的不同强度比例，也就形成了不同文明中最基本的社会秩序形态特征。

道德精神活动的局限性决定了其行为规范成果的有限性，这就形成了道德精神成果的最高形态与最低形态的两个极端状态。道德精神成果的最高形态，就是由观念空间中完美的伦理价值决定了个体的全部行为方式，就是社会成员的社会行为方式与伦理价值的完美统一。但这种完美状态常常是罕见的与不容易实现的。

在道德精神成果的最低形态中，就是社会行为的动机结构中出现了对伦理价值的蕴含。只要行为动机中具备了任何形态的伦理价值，都可以归为道德精神的成果，哪怕这种价值对行为方式的影响微乎其微。实际上，人类普遍的道德精神活动方式都是处于两种极端状态之间的，既不会是完美的伦理服从，也不会是完全没有伦理的行为。此为人心皆存善意。

在普遍的道德精神活动中，常常是在对伦理价值的有限服从中仍然保留了大量与伦理价值不一致的价值追求。只要在行为动机的核心目标或主体结构中蕴含了伦理价值，就会在社会行为中表达出道德的特征。所谓在大是大非中保持价值观的正确，就是在基本行为的价值目标选择中实现了对重要伦理价值的服从。而在这种价值服从中，仍然可以容忍一些与伦理价值相背离的次要价值选择。

人类对道德精神的追求来自人类的审美本能，来自依据这种本能形成的意识活动方式。由此而形成的与伦理价值相协调的社会行为方式就是道德行为。道德行为构成了社会环境的有序与和谐。这来自完美的伦理对社会秩序的合理表达。

所谓道德行为，就是依据道德精神活动形成的社会行为方式，也就是符合主流伦理价值的社会行为方式。前者为狭义道德行为，后者为广义道德行为。狭义道德行为之来自道德精神活动。广义道德行为则可以来自更为多样的价值追求。

　　人类对道德精神的彰显与崇拜来自追求与维护完美社会秩序的需要。这种彰显与崇拜的依据来自对道德精神活动的外在行为效果判断。作为一种维护社会秩序的公共化方法必然会有公共化的效果评价。对于道德精神活动的行为效果的判断，并不会依据对内在价值结构的审美实现的判断，因为这种活动是无法被他人观察与公共化感受的。这种判断必然是依据对道德精神活动的外在行为特征进行的间接推测。

　　但是，人类对道德精神活动的理解，也必然将价值活动中实现的内在审美满足作为道德精神活动结果的评价依据。这种评价依据只能通过社会成员的外在行为特征与主动观念表达来间接推测。就是对道德精神活动结果的评价常常被模糊化与神秘化的原因，也是这种评价结果常常会众说纷纭莫衷一是的原因。

　　在高度文明的人类文化中对道德精神活动的存在与功能的表达是清晰明确的，但对社会成员在特定社会行为中的道德精神活动方式与成果的确定则常常是模糊不清的。这种模糊不清就来自对其判断的间接方式。

　　对道德精神活动行为成果来源的模糊不清的间接判断，也就形成了对其行为过程模糊不清的感受与理解。在不同文明的传统文化和传统哲学中，也都必然蕴含了对道德精神活动结果理解的模糊不清。这就常常模糊与混淆了伦理价值与道德精神活动间的复杂互动关系。

　　这种混淆就是常常将人类价值活动中服从伦理价值的内在审美追求当作了对伦理价值本身的追求，这也就将伦理价值内在欲望化了。这种混淆一方面模糊了伦理价值的外在来源与功能本质，另一方面也将道德精神追求的意识活动过程理解成了伦理价值的内在实现过程。

　　这种混淆理解形成的哲学模式，就是对道德精神活动过程的本末颠倒。这就是将伦理价值当作了道德精神活动的结果，而将人类内在的道德精神追求的意识活动，当作了形成伦理价值的过程。这种哲学观念就必然将道德精神活动悬空起来，并不得不将其神秘化。传统道德哲学的含混与艰涩大致就是由此而来。就是异常聪明的康德，也不得不将人类的道德精神置于不可理解的神秘领域中。

人类至今对道德精神活动理解的模糊与混乱，就是来自对文化活动与文化成果的功能认知的含混，也是来自对伦理的存在方式与形成方式理解的含混。

如果不能理解伦理是文化的核心结构，不能理解文化来自人类的公共观念表达，不能理解公共观念来自观念交流形成的个体精神环境的群体化，也就无法理解伦理本身。人类文化对不能理解的重要观念，就习惯于安置在超人的存在中。精神化的超人安置对象就是不朽的上帝，物质化的超人安置对象就是永恒的宇宙。于是，伦理的存在就只能不明不白地飘上天去了。康德最难以理解的两个对象，无垠的星空与人类心中的道德准则，就在宇宙与上帝的融合中合为一体了。

对于文化活动构建成果与文化表达内涵认知的含混，就是传统哲学对人类精神环境中的意识活动动因与功能肤浅化理解的结果。这种含混与肤浅理解的结果在哲学中的表现，就是将道德精神活动的结果与功能，混同于伦理价值的社会功能，就是模糊不清地将道德哲学当作了伦理学。

如果真有伦理学的话，也应该是表达人类社会文化活动如何形成伦理价值与如何表达与传播伦理价值的活动方式的观念体系，也应该是如何理解人类公共化的观念结构与价值结构的观念体系。这样的伦理学就应该是文化学或文化活动学，至少应该是公共观念学与公共价值学。而哲学中的伦理学就应该明确地称为道德哲学。

在人类的传统文化中还常常将对道德精神的追求与对信仰的追求混为一谈。这是由于在道德精神活动的过程中，常常要依赖观念空间中高层次的伦理价值实现对复杂价值判断的引导与安置，这就使得对追求道德精神的理解容易混淆于对超验伦理价值的追求。而个体精神环境中的超验伦理价值就是信仰观念的环境功能。在流行文化中，对于高层次的超验伦理与超验化的终极观念常常是无法明确区分的。

所谓信仰，就是个体观念空间中高层次的超验观念结构中所蕴含的伦理价值，就是对这种价值的终极追求。信仰是个体观念结构中的一种功能形态，也是个体价值活动服从这种观念结构的意识活动状态。在这种状态中，价值活动中的价值判断高度服从最高层次的超验伦理，也就使得个体的社会行为方式始终服从这种伦理。这种价值活动状态与行为方式的结果，就是人类的信仰状态与人类在行为中追求信仰实现的行为。

如果个体的终极超验价值结构已经被终极伦理完美地塑造，也就是其终极价值结构已经伦理化，那他们的信仰追求活动也就同时是道德精神活动。信仰追求活动是道德精神活动的特例，道德精神活动是信仰追求在一般伦理中的世俗化实现。确信与追求某些伦理价值并不一定是信仰，追求信仰则必定是确信伦理价值。

在高度文明环境中生活的具有文化修养的个体，其终极观念结构就已经充分地公共化与伦理化了。这就决定了他们的道德精神活动状态就是信仰状态。人类文化也就由此而常常将道德精神活动与信仰活动混为一谈了。

140. 道德精神与价值活动

人类的道德精神活动是跨越了两个环境与两种行为方式的活动。道德精神之所以被人类重视与崇拜，来自这种活动深刻透彻地规范社会行为的方式与普遍入微地维护社会秩序的功能。道德精神活动的形成必须依据两个条件，一个是价值活动中对审美欲望的追求形成对价值判断的特殊引导与制约，另一个是观念空间的价值结构中蕴含了完美的伦理结构。

人类的道德精神活动由观念空间中的意识活动所主导，这种活动无法直接外在表达和被他人外在感受。道德精神活动的成果只能通过它塑造出来的社会行为方式得到认可与评价。人类对社会成员在社会活动中具备了道德精神状态的认可，只能依据特殊的社会行为方式进行间接推测。

在意识活动中缺乏强烈审美价值追求的个体不会具备对道德精神的追求。审美欲望是先天的生命本能，但审美欲望在意识活动中的实现则必须依据其在观念空间中的有效价值展开。这种展开在观念空间中形成的审美价值才是审美欲望实现的具体目标与具体条件。个体观念空间中审美价值的充分与完美程度决定了其审美欲望实现的可能性，个体审美价值的形态则决定了审美欲望实现的意识活动方式。这种条件的形成，必须由后天的文化修养所引导与开发，必须在这种引导中通过认识过程来实现。没有在观念空间中得到充分价值展开的审美欲望，就只能是个体潜在的审美能力，潜在的审美能力并不会形成现实的道德精神追求。

观念空间中的伦理价值来自文化环境的塑造。如果个体观念空间中的伦理价值处于混乱与冲突的状态中，虽然在价值活动中仍然在追求审美价值的实现，但也不会形成维护社会秩序的道德精神活动的效果，他们也就不会被社会文化中的道德精神评价所确认。对道德精神活动确认的唯一标准，就是依据内在精神追求实现的符合伦理价值的社会行为方式。

形成道德精神活动必须具备的两个条件就是完美的伦理价值结构与深刻的审美价值追求，这两个条件都要依赖个体的审美能力来形成。前者依据将文化环境的伦理塑造结果在认识审美中实现观念的整合，后者则依据在价值活动中对审美欲望的追求。因此，修炼审美能力也就成为人类强化道德精神活动能力的基础方法，这就是所谓的"修身养性"。修身养性的直接目标虽然是审美能力的增强，但审美能力的增强在特定文化环境中必然会增强道德精神活动的能力。

所谓道德精神，就是个体通过价值活动中的审美追求使得行为动机的结构服从观念空间中的基本价值结构，这种动机结构中也就常常充满了伦理价值的内涵。行为动机结构对基本价值结构的服从也就就保证了动机结构与基本价值结构的一致性。当个体个观念中的基本价值结构来自文化环境提供的伦理塑造时，这种行为动机的结构也就必然与伦理价值相协调，由此而构成的社会行为也就必然与主流社会秩序相协调。

或者反过来，当价值活动中的价值判断形成了与观念空间中的基本价值结构相背离的动机结构时，个体在审美欲望的追求中形成的道德精神活动方式就会排除或舍弃这种价值判断，从而最终舍弃了与社会主流秩序相背离的行为方式。

个体在道德精神活动中也必然获得了明确的审美愉悦或精神满足。

人类正是体察到了道德精神活动具备了社会秩序维护功能的效果，才开始了对两种文明化的社会活动的推崇。一种是歌颂特殊社会成员的道德精神活动方式，彰显他们高尚的伦理审美追求，另一种则是在文化中构建完美的伦理，并向社会成员实行有效灌输。在社会文化活动中歌颂道德精神和构建与传播完美伦理的唯一目标，就是通过塑造社会成员完美和谐的精神环境与审美追求来约束与规范它们的社会行为方式，并促进社会秩序的合理化与和谐化，就是为人类的合理生存构建有序的社会环境。

因此，个体修炼与强化道德精神活动的能力就是加强这样两个能力，一个是将审美欲望在观念空间中的展开方式，形成在价值活动中对完美价值结构追求的审美动因。另一个就是对社会主流文化中表达的伦理价值的内在接纳与观念化，并强化自己价值结构中蕴含的伦理价值内涵，以便在追求审美欲望的价值活动中形成服从伦理价值的行为动机形态。因此，审美欲望薄弱的个体难以形成强烈的道德精神能力，文化修养浅薄或伦理价值接受浅陋的个体也难以形成明确的道德精神能力。

在道德精神活动形成的对基本价值价值结构的服从中也就必然包含了对终极伦理的服从。所谓终极伦理，就是社会文化宏观结构中的超验伦理在个体终极观念中的表达与安置，就是个体精神信仰的观念形态。因此，具有强烈道德精神追求的个体也就常常会具有明确的信仰追求。对终极伦理价值的追求也就是对理想信念的追求，缺乏道德精神能力，缺乏对超验伦理的理解与接纳能力，就不可能具有强烈的理想信念。

　　培养特殊社会成员的理想信念的途径并非仅仅是外在文化的灌输，更需要他们从小就接受的审美能力训练与超验价值理解能力训练。在社会教育活动中缺乏审美能力训练与超验价值理解能力的训练，就是缺乏对个体基本意识活动素质的训练，这样教育出来的社会成员只能是仅仅具有知识能力和只能从事社会操作活动的盲从者，就是只会关心自己物质欲望实现的动物式的人生追求者，他们终生都不会有理想信念的兴趣。对他们谈理想信念就是装模作样的对牛弹琴，他们自己表白的理想信念也就是工具理性的功利包装或者获取利益的能力表演。中国今天的教育制度中培养出来的大量的精致的利己主义者们，从来就不会缺乏表演理性信念的能力，这种能力从幼儿园就开始训练他们了。

　　由于人类表达公共化的终极价值的文化形态主要是宗教，非宗教的终极公共观念体，例如完美的哲学观念体系今天还很薄弱，由此而形成了广义宗教文化滋养的广义宗教情怀今天还仍然具有广泛的文化影响力，社会成员对信仰价值的追求也就常常会表现为对宗教观念的皈依。因为宗教观念比哲学观念更容易普及。

　　任何由终极公共观念统合起来的公共观念体系都可以具备塑造个体信仰价值的功能，具备了这种形态的文化体系也都可以成为个体信仰价值的塑造依据。不同的文化体系对个体信仰价值塑造功能的强弱，就来自他们的终极价值结构对全部价值结构的统合深度。但在今天的现代文化中，具有被明确的终极观念统合形态的文化结构还仍然很薄弱，马克思主义中所具备的终极统合功能并不容易普及，各种哲学文化体系能够提供的终极观念统合功能就更加稀薄，这就是传统一神宗教在现代文化环境中仍然具有强大生命力的原因。马克思主义还没有能够取代所有的宗教，哲学文化力取代宗教的理想还十分遥远。

具有强烈的道德精神追求能力的个体，常常就是具备了超我人格特征的个体，也常常会形成强烈的理想主义人格特征或者明确的宗教精神兴趣。具有强烈的审美价值追求的个体，也必定会通过认识活动对超验审美的实现而构成明确的超验价值结构。如果他们所处的文化环境比较完美，如果社会文化活动可以提供较完美的伦理，他们就容易受到相应的文化熏陶而构成较完美的超验终极伦理结构，他们也就常常会表现出明确的信仰追求与明确的宗教情感。

在传统文化环境中，具有强烈道德精神追求的社会成员的主要文化兴趣就常常在宗教文化之中。在现代文化环境中，这种社会成员的主要文化兴趣也会集中于自然科学与哲学的文化活动之中，还会集中于某些抽象艺术文化之中。他们常常对提供社会活动的操作功能的具体知识不太有兴趣。如果自然科学的观念体系与哲学的观念体系可以为他们提供较完美的终极价值载体，就会使得他们在纯科学的文化活动中，或者在形而上学的哲学思辨中，找到自己终极价值的观念依据与审美空间，并由此而实现对自己观念空间中价值结构的终极统合。就像传统社会环境中的他们要在宗教文化中找到这种统合的条件一样。

所谓的广义宗教精神追求和广义宗教情感，就是对公共化的终极伦理的审美追求。在现代文化环境中对自然科学的终极审美追求和对哲学的终极审美追求，都可以纳入广义的宗教精神追求之中。狭义的宗教文化追求就是具体的一神宗教文化体系的皈依，就是对传统宗教文化形态中具有较高理性程度的特定文化的追求。这种文化体系具备向社会成员提供一般终极伦理观念的功能，其社会传播功能中也常常具有直接安置社会成员散乱经验观念与整合他们价值结构的功能。这就是传统宗教与现代宗教能够在普罗大众中普遍传播的功能依据。

宗教文化提供的伦理塑造功能也同样可以提供对道德精神活动的文化支撑，这就形成了宗教文化中的道德精神。这也是传统文化或传统哲学中常常混淆宗教精神与道德精神的原因。宗教文化主要通过直接灌输宗教伦理来规范社会成员的行为方式，这种规范中常常可以蕴含道德精神的功能方式，也可以蕴含其他社会秩序维护工具的功能方式，其中也会具有法律工具的方式与习俗工具的方式。这就由此而形成了宗教权力中的司法与立法活动，也形成了宗教权力的执法活动。各种一神宗教的活动方式中从来不乏这种法律活动。一神宗教文化也形成了广泛深入的宗教习俗与宗教规诫，这也是它们维护教权秩序的基本方式。例如不同宗教中的复杂的清规戒律。

在任何自然科学与哲学的终极观念体系与终极伦理观念中，都不会深入规范信仰者们的一般社会行为方式。他们仅仅是局限在特定领域中的文化活动。科学与哲学基本上与社会权力活动绝缘，它们在统合了自己的公共观念体系的同时，也为皈依者们提供了安置终极公共价值的精神环境。但这种精神环境中不会具有社会一般伦理的内涵。自然科学的终极观念仅仅局限于对自然环境的理解中，哲学的终极观念仅仅局限于对人类精神环境一般形态的理解中。自然科学不会涉及社会秩序，哲学不会涉及具体伦理的形态。

为自然科学提供了奠基性贡献的很多科学家，常常都是具有强烈的宗教情感的学者，这种对广义宗教情感中的审美满足的追求，就是它们努力投身于科学实验的最重要的内在动因。也正是这种深刻广博的高层次科学观念的审美创造，才使得他们获得了足够的审美欲望满足而不必去追求某一宗教。

人类通过道德精神活动实现对观念空间中具备的伦理价值的服从与皈依，也就间接实现了伦理中表达的社会秩序目标。但任何道德精神活动的过程，都是一个特殊的价值活动过程，也都具有一般价值活动的内涵。

人类的价值活动，就是通过价值比较实现价值选择来构建生存行为动机的意识活动。价值比较是价值选择的依据。通过价值比较实现的价值权衡是价值判断的依据。所谓价值权衡，就是进行价值实现的功能获得与其中必要的价值付出的比较。价值权衡就是对价值实现的收益与付出的比较。

人类通过行为实现其生存价值。每一个价值的实现可以获得具体生存欲望的满足，也都必须付出与消耗行为实现的资源或价值。这就是行为实现的价值成本。人类生存行为的现实都会具有两类价值付出，一种是生命环境的价值付出，也就是在行为实现中消耗的生命资源，例如体力与精力。另一种则是外在物质环境价值付出，也就是行为实现中消耗的自然资源或社会资源，例如各种经济资源、文化资源与政治资源的付出，其中最普遍的就是各种资产形态与资本形态的经济资源。人类每一个合理的社会生存行为，都大致具有付出价值低于行为实现价值的形态。在复杂动机结构中的条件价值的实现，有时则会维持高于行为实现价值的付出价值。

合理的社会行为来自合理的动机结构。合理的动机结构来自对其中全部价值要素的实现收益与付出价值的合理权衡。在每一个价值活动中都充满了复杂的价值权衡过程，人类每一个行为动机的构成，都是复杂权衡的结果。

道德精神活动是特殊的价值活动，是一种在追求价值结构的完美性中实现审美欲望的价值活动，这种价值活动的结果就使得行为动机中蕴含了与观念空间中的完美价值结构相一致的价值要素，也就常常舍弃与遮蔽了与完美价值结构不一致的价值要素。这种价值权衡的结果，也就必然会实现对完美价值结构中蕴含的伦理价值的服从。自从进入文明，人类个体的完美价值结构就开始伦理化了。

在道德精神活动中实现的动机构建，也仍然是价值权衡的结果。只不过是在这种权衡中加入了追求审美价值的目标与对完美价值结构的服从而已。任何道德精神活动的结果，都不会是对伦理价值的直接绝对服从，都仍然是在权衡中的相对服从。如果有对伦理的绝对服从，也必然是在特殊情感状态中对伦理权衡的绝对化结果。

在任何道德精神活动中形成的道德行为动机，都是在对特定伦理价值的权衡中实现的伦理服从。如果这个伦理价值不可直接实现，也都要在动机中构成必要的条件价值。这些条件价值的构成仍然是复杂权衡的结果。人类道德精神活动对伦理价值的实现，也仍然都是在复杂的价值权衡中对伦理实现的收益大于伦理实现的付出的价值判断的结果。

因此，人类在追求审美欲望实现的道德精神活动中，并不是都必然会形成明确完备的道德行为结果。只有特殊完备的道德精神活动才会形成明确完备的道德行为。在一般道德精神活动所构成的动机结构中也仍然会包含着非伦理的价值要素，对他们的包容既来自审美追求实现中的价值结构协调有序的相对性，也来自在审美追求中的价值权衡。在这种动机中结构中也都必然包含了追求伦理价值的目标价值与条件价值，在选择它们的价值判断中也都必然包含了对伦理价值的实现收益与付出的权衡。在任何价值权衡的结果中也都必然包含对立的价值要素。权衡的结果就是价值的折中，就是"对立统一"与"中庸"。

成功的道德精神活动就是对伦理价值的判断肯定，但也会蕴含对非伦理价值的权衡包容。不成功的道德精神活动就是伦理价值的判断否定，但也会蕴含着被否定的伦理价值。在任何道德行为的动机中表现出来的伦理追求都必然蕴含了非伦理的价值内涵。好人好事从来无法纯净。在任何明确追求了非伦理价值的行为动机中也都必然会蕴含了伦理要素。坏人坏事都会包容德心。纯净的好与坏只能来自思维中的逻辑简化与逻辑概括。

审美欲望在观念空间中展开的审美价值驱动了人类全部意识活动。人类的认识活动几乎全部由审美价值所驱动。在人类的价值活动中也充满了对审美价值的追求，但并不是这种追求都会有道德精神的成果。其中很多审美价值追求的结果会在价值权衡中被否定而舍弃。只有审美欲望强烈和伦理价值完美的个体才会在价值活动中形成较多的道德精神活动成果，他们的行为动机中也就会具备较多的道德行为特征。

对于审美欲望薄弱和伦理价值混乱的个体，在他们的价值活动中也仍然遍布着审美价值的追求，但这些价值追求在价值判断的权衡中大都被权衡的结果所舍弃了。特定的社会文化活动可以通过影响他们价值活动的情感状态来改变他们的价值权衡结果，从而增加价值权衡中对伦理价值的肯定。这就是对所谓的坏人可以向好人改造的方法依据，也是做坏事的坏人在特定条件中可以幡然悔悟的依据。在社会秩序维护活动中的洗脑方法与思想改造方法就是营造由特定伦理价值统辖的公共化情感状态的方法。

在社会行为中缺乏道德精神内涵的个体，并不一定在观念空间中缺乏审美价值，而是他们的审美价值很少能够在构建行为动机的价值判断中得到肯定伦理价值的效果而已。他们在特定公共观念空间中，例如某些艺术活动领域中，仍然会表现出明确的审美追求。

对缺乏伦理价值追求行为而在人格评价中呈现出丑恶特征的个体，仍然可能对其实现人性发掘与实现人格改造的依据，就是他们来自生命本能的审美欲望在观念空间中仍然具有普遍价值展开的可能性。对他们实现改变与改造的途径就是启发与激励审美价值在价值活动中的合理运用，就是整合他们混乱的伦理结构而实现被审美价值所追求。这就是人性塑造与思想改造可以实现的哲学依据，这就是对任何社会成员都可以进行道德教育与道德精神塑造的哲学依据。

归根结底，人类的道德精神活动来自他们生命本能中的审美欲望与文化环境提供的伦理价值的塑造，人人都具有审美欲望，人人都具有伦理接纳能力，人人都有实现道德精神活动的可能。这就是"人性本善"的哲学依据。所谓没有道德精神的恶人，仅仅是实现道德精神活动的能力过于薄弱，仅仅是实现道德精神活动驱动得到行为的几率太低而已。

责任是道德精神活动的社会行为特征。所谓责任，就是人类在价值活动中对公共价值的服从，就是在动机结构中充分包含了伦理价值。肩负责任就是坚守伦理的行为，就是有担当的社会活动方式。担当责任的行为实现就是道德精神的成果。负责任就是守道德。道德精神活动就是责任行为与担当行为的意识活动依据。

所谓有责任感，就是在价值活动中具有明确的道德精神特征，就是在动机结构中较多地容纳了伦理价值。所谓不负责任，就是在动机结构中伦理价值稀薄，就是由此而使得社会行为具有与伦理价值相冲突的特征。

责任感的内在依据来自个体的审美追求，责任感的外在依据来自文化环境的伦理塑造。前者来自审美本能在观念空间的展开成果，也来自审美文化的熏陶。后者来自文化环境的伦理塑造，也来自文化活动的公共价值灌输。合理的社会文化环境是形成责任感的必要外在条件，这也是通过教育活动可以增强责任感的哲学依据。在个体观念空间中充分展开的审美价值则是责任感的内在充分条件，这就是具有内心智慧的人才能形成强烈责任感的哲学依据。观念结构简陋的个体难以具备强烈的责任感。

人类审美欲望的实现来自对观念空间秩序的追求本能。在价值活动中实现这种追求是实现审美欲望的途径之一。更多的审美欲望实现则来自多层次的认识活动。对于那些观念空间中缺乏伦理观念的个体，他们审美欲望的实现也就常常主要集中在对环境秩序直接感受的简单认识活动之中。如果他们仍然具有强烈的审美欲望，如果他们始终没有形成完美的伦理结构，他们就常常会在文化环境的引导中成为狭义艺术活动的爱好者。在观念空间中具备完美的伦理观念结构的个体，他们审美欲望的实现方式就会比较容易地集中在伦理价值的实现追求中，他们的社会行为方式就会呈现出道德感与责任感。

个体的道德精神活动，是一种特殊的价值活动方式或特殊的意识活动方式。这种意识活动方式的主要形态是感性的。这是由一般社会行为中涉及广泛与复杂的价值结构所决定的。人类对价值结构的理性化认知来自对观念空间中观念结构的理性化认知，人类至今为止的全部理性能力形成的对观念结构的认知的程度，相对于观念结构的复杂形态，还仅仅是非常表面与非常简化的。任何完美的理性化观念结构还只能非常局限地表达观念空间中的结构秩序，任何完美的逻辑工具也只能在非常局限的价值空间中才完全有效。在处于终极价值的特殊观念结构中的意识活动中，在无法明晰结构化的观念结构中对逻辑工具的运用中，常常出现的二律背反与逻辑悖论现象就是这种局限性的表现。任何理论与逻辑在一般的价值判断中都具有极大的局限性，这就决定了人类在日常的价值判断中充满了感性与直觉。价值判断的领域越广泛，价值判断的内涵越丰富，理论方法与逻辑工具就越无效，价值活动就越会更多地依赖感性方法与意识直觉。

　　就是在高度依赖科技方法的现代工程领域中的意识活动也仍然是如此。在很多较复杂的技术开发活动中都充满了对感性经验的依赖，其中对逻辑工具的应用都只能局限在非常狭小的领域之中。任何复杂的技术开发必然经历漫长的经验积累与漫长的试错纠正的迭代过程就是很好的证明。迭代活动就是实践循环对逻辑工具功能不足的有效补充。只有当一个工程技术问题局限在非常简单的行为环境中时，才会明确地直接依赖理论工具与逻辑工具来获得确定的成果，否则，人类任何工程技术活动的预期成果都要严重地依赖实践循环的方式。当工程技术问题逐渐涉及比较复杂的价值领域而逐渐具有了复杂的价值判断需求时，理论方法就会逐渐失效，逻辑方法就不再成为价值判断的主要依据。这时的价值判断就会更多地依赖判断者的经验积累与艺术直觉，而不再依赖他们的技术逻辑了。

　　在人类一般社会行为的价值判断中，都常常会进入复杂综合的环境领域，这样的价值判断也就只能依据感性方法与直觉活动。人类的道德精神活动就因此而主要是感性的与直觉的，也是无法理性化与逻辑工具化的。这也是人类的哲学今天仍然无法理性化地理解与分析道德精神活动的方式与过程的基本原因。至今为止看似严整的伦理学逻辑，大都是远离人类真实价值活动的逻辑游戏而已。

　　人类的文化活动只能将自己的伦理价值相对地理性化，伦理价值的理性化程度由对其实现公共化表达的需求程度相关。伦理来自对公共价值明确的公共化表达，也就必然会具备一些明确的理性化形态。人类在构建与表达伦理的文化活动中始终会具有将公共价值实现理性化表达的追求，这也是任何构建与表达伦理的文化活动的内在需求。在这种表达的追求中常常会回避感性化的道德精神活动过程，而直接通过简单的文化灌输实现对个体的伦理塑造。这就是在文化活动中常常将道德精神活动简单化理解的重要原因，也是流行文化中将人类的责任感简单化地理解为对伦理认知的原因。

在社会文化中表达的责任感，常常要通过文化灌输的观念交流来活动表达与实现，也就常常会具备一些理性化的形态。个体也会在价值活动中依据对价值结构与伦理结构的相对理性理解而直接追求伦理价值的实现，这种责任感就常常会表现出理性化的特征。这就是具有较高的理性化能力的个体也会具有较高责任感的依据。

责任感就是道德精神活动的结果，这就决定了责任感必须依赖个体的审美能力与伦理结构。来自审美本能的审美禀赋可以构成责任感的先天条件，来自文化灌输的伦理价值则必然是责任感的后天条件。

第三十八章　道德精神的异化与宗教化

141. 道德精神与人类的文明

人类的在精神环境中形成的审美活动发生得很早，这种活动就来自人类在将动物化的群居方式改造为社会化的群居方式中创造出原始文明与原始艺术的本能动因。人类明确形成道德精神活动的方式则比较晚，在人类文化中开始明确表达道德精神活动的形态大致与人类的理性能力的能形成和哲学文化的出现同时。因为理解与确认道德精神活动的条件，就是对观念结构与意识活动方式的初步理性化理解与表达，就是在文化结构中明确构成伦理价值与传播伦理价值。

对道德精神活动的文化确认也是人类具备初步理性化意识活动能力的结果。人类的理性化能力构成了文化中的伦理，也形成了伦理对社会成员的观念灌输与传播，进而构成了审美活动对伦理的追求与服从。道德精神与哲学大致同时形成，它也是哲学关注的重要精神内容。

在人类漫长的文明史中，在意识活动中追求审美欲望的实现活动并不具备直接维护社会秩序的功能。在人类的文化中，审美活动仅仅是人类一般艺术与一般公共观念得以构成与表达的精神依据而已。没有比较复杂的理性化能力道德精神活动的方式就不会发生。直到人类构建出了对社会活动方式的初步理性化理解的公共观念体系，直到人类可以将这种公共观念体系变成文化活动中的伦理价值进行表达与传播，人类对审美欲望的追求，才开始与价值活动中对伦理价值的追求与服从融合起来，道德精神活动才开始形成。

　　人类道德精神形成的历史文化条件，就是对审美价值的追求可以主导一般意识活动，就是在个体观念空间中蕴含的伦理价值能够成为审美价值追求的目标。要建立这个条件，就是在社会文化体系中形成明确的伦理结构，就是社会文化活动可以明确地塑造个体的伦理价值。这都需要依赖成熟与理性化的文化活动方式。

　　伦理价值的形成来自人类文化体系的成熟化，来自人类观念交流活动的社会化形成了完美表达群体公共价值的成果，来自人类的公共价值体系具备了完美的结构。

　　在精神环境中确立了伦理的主导地位，就是人类脱离动物的内在标志。具有完美伦理价值的个体就是高尚的人，完全由伦理价值主导意识活动的个体就是纯粹的人。在生存行为中仍然充满了对基本物质欲望的追求的个体就是低级趣味的人。

　　人类文化活动的发展与演化形成了人类群体公共价值的逐渐复杂化与完美化，形成了系统表达社会秩序需求的超验化的公共观念体系。只有在这种形态的公共观念体系中才能形成明确有效的伦理文化。只有成熟的公共观念体系才能具备从微观到宏观的完整结构，才能将这种结构相对理性化地表达为伦理，并实现有效的传播。成熟的文化体系的显著例子就是不同文明中的一神宗教文化。在中古以前的多神宗教文化形态中道德精神还处于幼稚的萌芽中。

　　在欧洲大陆上基督宗教文化形态的形成，就是构成道德精神活动的基本文化条件。在亚洲大陆上儒家文化体系与佛教文化的出现，就构成了道德精神活动更为完美的文化条件。

　　伦理是人类文化结构完美化的成果。正是完美成熟的文化形态才能为人类理解社会秩序与规范社会行为提供道德精神活动的依据。人类文化活动的道德化就是促进社会文化活动独立与成熟的基本标志。

　　伦理的形成也是社会结构复杂化与完善化的结果。完美的社会秩序是在人类逐渐复杂化的社会环境中被人类的意识活动能力逐渐构建出来的。只有对完善社会秩序模式的追求与理解，才能形成完美的公共价值体系，才能孕育出完美的伦理。伦理价值的完善与完美则是道德精神活动形成的必要条件。

文化结构与公共价值的完美化，又来自人类观念交流能力的强化与文化活动形态的完美化。这也是人类理解精神环境与意识活动方式的理性能力的形成条件。人类理性能力的明确形成，也就是由文字工具普及所形成的第二次理性的爆发，促生了各大一神宗教与哲学，也促生了明确的伦理价值体系。必要的理性化能力与理性化意识活动方式是道德精神活动方式形成的基础条件。

人类具备了复杂完美的文化结构，就是形成了依据超验化的宏观公共价值对全部公共价值结构的完美统和。这也是完美伦理形成的条件。宏观文化中的超验伦理表达了社会群体对社会秩序完整统一的超验理解，这种具备了高度超验形态的公共观念结构才能形成对文化体系中终极公共价值的承载。超验伦理构成了文化结构中的宏观伦理的主体结构，这也就是流行文化中表达的终极伦理与大伦理。

超验伦理可以统合全部伦理。个体对超验伦理的理解与接受就构成了他们系统地接受与安置各个层次伦理的条件。观念空间中超验伦理稀薄的个体也就难以形成完美的伦理结构。人类对完美伦理结构的追求也就必然形成对超验伦理的追求与皈依。传统的一神宗教文化就是最普遍的超验伦理载体。

人类主要通过对完美的超验伦理的文化接受与精神皈依实现被其统合的全部伦理体系的接受与安置，这就是信仰价值的功能，这就是皈依宗教的用处。例如对基督宗教或佛教的皈依活动，就是在追求对它们的超验伦理的接受与信仰，并通过这种信仰实现对他们的全部伦理服从。所谓的树立科学世界观，就是确立对现代科学文化提供的超验伦理的接受与皈依。所谓的共产主义信仰，就是对马克思主义文化体系中提供的超验伦理的接受与皈依。科学世界观体系与马克思主义文化体系中超验观念结构的不充分，就是这两种信仰难以充分普及而只能在少数特定人群中流行的基本原因。一神宗教的普遍流行的强大功能也就在其超验伦理的充分化与大众化之中。就是特定人群对科学世界观与共产主义世界观的明确皈依，也仍然要来自传统超验伦理对他们的超验补充。因此，深刻信仰科学与深刻信仰共产主义理想的人大都是具有深厚传统文化修养的人。没有传统文化的修养，任何信仰都是肤浅的。

有了超验伦理提供的信仰，就会形成服从其中安置的全部伦理的自觉，这就来自超验伦理对一般伦理的蕴含与安置功能。具备了对儒家精神的信仰，就会自觉接受与服从儒家的全部伦理价值，有了对马克思主义文化体系中的超验伦理的信仰，才能自觉追随马克思主义公共价值体系中的一般伦理。

人类文明的演化最终凝聚成了几个大的文明体系，也就构成了今天社会结构中的大群体基础。大文明中塑造出来的稳定的社会秩序形态与完美的文化体系就是在大群体中构成的完美公共观念体系的社会成果。完美的文化体系是文明结构的精神依据。任何大文明的精神依据或文化体系都必然具备从微观到宏观的完整伦理结构。只有这样的伦理体系表达的文化形态才能成为人类不同文明中稳定延续的精神依据与公共观念纽带。

在传统社会中，每一个试图构建大文化结构的学者与智者，都必然要追求对其构建的公共观念体系的完整表达形态，也就是追求从微观伦理到宏观伦理的文化体系的构建。只能在某一个伦理结构领域中实现自己文化构建与表达的学者就不会成为大师型的学者，至少不能成为具有巨大文化影响力的学者。

在现代社会中，每一个为社会管理方式与自然资源利用方式提供了根本性或重要的方法技术的学者，也会成为具有重大文化影响力的学者，例如科技学者与经济学者。这来自现代社会对工具理性的崇拜与现代技术的高度商业化传播。但任何重要的现代技术方法也都必须依赖对人类生存环境深刻理解的观念体系的完美构建。自然科学家的文化构建依赖于理解自然环境的完美观念体系，哲学家的文化构建依赖于理解精神环境的完美观念体系，社会学家的文化构建依赖于理解社会环境的完美观念体系。但在现代文化活动中在这些文化领域中形成重要的新成果则变得异常困难了。因为现代科学方法已经将文化活动严重地分科化与"专业化"了。

不具备从微观伦理到宏观伦理所表达的完整的公共观念结构，也就无法构成主导大文明的文化体系，更难以形成对文明历史进程的影响力。每一个由完美而稳定延续的文化体系所支撑的文明，都会在自己的演化进程中不断发现与补充自己的文化结构缺陷，从而不断地适应社会环境演化的发展而保持了自己的延续。

例如，中华文明依据儒家文化结构形成了自己的文明特征。传统的儒家文化并非十分完美，这来自儒家文化中哲学方法的薄弱。在大一统的传统集权国家的文化构建活动中，儒家文化通过对其他传统文化的吸纳与对自己的改造，仍然逐渐形成了自己比较完美的形态。这种支撑大一统的中华文明的完整文化体系的构建始于汉武帝与董仲舒的文化贡献，先秦的诸子百家文化成果仅仅是构建这种文化形态的基础条件与文化营养。

受到传统文化结构的影响，儒家文化体系中的超验结构仍然比较单薄。这虽然不影响其对世俗伦理的统合，但在深刻的信仰领域中仍然存有空白，仍然不能周全地安置全部人类社会经验与生活经验，很多特殊经验的超验安置还需依据传统文化的超验遗留，各种玄学也就因此而被保存下来。在中华文明的近代转型中，这种短板也就被强烈地放大了，甚至变成了中华文明落后于西方文明的文化依据。

在中华文明的演化进程中，佛教文化的引进与道教文化的发生，似乎冲击与瓦解了儒家文化的主流地位。但儒家文化对他们的吸纳与对自己的重整，则又改善了自己的结构缺陷而有效消除了自己的超验短板，重新又恢复了自己稳定的主流文化地位。这就是程朱理学的功绩。

例如，马克思主义文化体系的短板也是其宏观伦理体系的单薄。因为马克思的基本文化目标不在哲学中，因为马克思的直接文化理想就是为欧洲社会的现代化整合提供理性工具。正是马克思主义观念体系明确的工具理性特征，才是它能够在不同文明中迅速传播的原因，中国革命政党对马克思主义的前期文化吸纳也正是看中了其中强大的工具功能。

马克思的思想体系在改造社会的活动中可以提供有效而犀利的武器，但在广泛深入地提供理解社会秩序的文化功能中就常常会显现出局限。马克思主义文化体系中超验观念结构的单薄与模糊，常常无法深刻统合其提供的中观伦理体系，使得一些必须追求超验价值的学者们与政治家们仍然不得不到其他文化中去寻求终极性的伦理安置。例如中国当代的毛泽东。

这种结构性的短板并不会影响它作为社会改造工具的合理性与有效性，但却不足以为长治久安的稳定文化提供更为深刻的超验伦理环境，其中模糊而不确定的共产主义秩序的美好与安宁，不足以在逻辑上统合人类对社会秩序散乱冲突状态的全部理解，因而具有明确的乌托邦意味。这就形成了这种社会理想模式与一般社会模式的隔膜。

马克思理解社会演化基本动因的阶级与阶级斗争模式虽然具有明确的工具理性功能，但也具有很大的超验局限性。乌托邦在人类理性能力不足的文化状态中仍然具有积极意义，仍然是人类对完美超验伦理的感性经验化表达。但对于追求理性化地理解社会存在方式的文化中，在需要以此而构成维护社会秩序的具体技术体系的需求中，则又会表现出明确的模糊与不足。

在曾经统辖了欧洲大陆几乎一千年的基督宗教文化体系中，其超验伦理的高度抽象与适度理性化，以及它对中观伦理与微观伦理的有效安置，就是它具有十个世纪强大影响力的基本依据。但它的伦理体系与人类最基本的生存方式与精神活动方式的逐渐脱节，就为与其对立的世俗文化的伦理体系提供了发展空间。

随着城市自由民在全球化贸易活动中的逐渐强大，促成了主张人本价值的世俗伦理的发展，并最终形成了基督教伦理与人本主义伦理的明确文化对抗。人本主义伦理在新兴的工业贸易群体的发展壮大中被激化起来以后，就依据其对人类基本欲望与基本生存价值的合理安置而得到了迅速传播与壮大，基督宗教伦理就不得不改变自己了。这种改变的结果就是宗教改革的出现与新教伦理的形成。这也是它逐渐退出了社会主流文化地位的原因。

在人类的文明中，一旦创造出了完美表达社会秩序与社会行为方式的文化体系以后，就开始通过传播由其凝聚的伦理来塑造社会成员合理的社会行为方式了。这种塑造具有两个途径，一个是由社会权力依据伦理直接规范社会成员的行为，也就是塑造习俗与构建法律。另一种则是塑造与强化人们的道德精神活动。这是最为有效与最为深刻的社会秩序维护方式。

道德精神活动依据人类的审美本能实现了对伦理的服从，从而形成了对个体社会行为方式深刻真实的引导与约束。当这种引导与约束成为人类构建完美的社会秩序的重要依据时，当这种引导与约束成为人类消除不合理的社会秩序的重要依据时，人类就逐渐形成了追求道德精神与崇拜道德精神的理想信念，道德精神活动也就由此而成为人类维持社会秩序的核心依据与主要方法。人类不同文明中对道德精神的普遍崇拜，就开始逐渐取代了漫长与悠久的对各种神明的崇拜。这也是人类精神开始理性化的标志。

142. 道德精神的异化

人类从动物的脱颖而出就是人类文明的形成。文明具有两个内涵，一个是精神内涵，也就是表达了文明精神依据的公共价值与文化体系。另一个就是社会内涵，也就是依据公共价值形成的社会环境秩序与社会活动方式。文明的核心是其文化体系，它表达了人类群体的公共观念与公共价值。

文明的存在形态则是这种公共价值体系的社会活动表达。

社会结构为人类社会化的生存方式提供了活动环境。社会环境的存在由社会秩序对社会能量的组织化所构成。社会秩序的功能就是实现人类文明化的生活形态与活动方式。

文明就是表达群体公共价值的文化体系与群体社会秩序结构的复合体。群体文化与群体社会秩序的融合构成了群体文明。文明也具有多层次嵌套的文化结构与社会秩序结构。

人类创造了文明，文明也塑造了人类。文明形成后，人类就开始生活在社会环境之中，人类就开始了对社会秩序的依赖，就开始了社会化的生存。人类构建文明就是构建了社会秩序，人类为了维护文明也就要维护社会秩序，维护社会秩序就是保护社会环境。

当人类理解了自己对社会环境的生存依赖，就开始主动自觉地保护社会秩序了。当人类理解了自己对自然环境的生存依赖，就开始主动自觉地保护自然环境了。人类对环境保护的深度，由人类对环境依赖的理解深度决定。

人类进入文明以后就通过社会活动实现自己的环境生存，也就在社会活动中不断地构建社会秩序与维护社会秩序。人类社会化的生存方式与构建与维护社会秩序的活动就成为文明活动的主要内涵。

在文明的演化进程中，各种构建与维护社会秩序的方法与工具应运而生。道德就是人类维护社会秩序最重要的基本工具。人类的道德精神活动就是道德工具的本能依据与行为方式依据。

道德精神的社会成果就是道德化的社会行为。依据道德精神形成的道德行为一旦变成了文明中维护社会秩序的重要工具，道德精神就开始了被工具化异化的进程。道德精神的工具化异化，就是其工具功能的实现在社会活动中的行为简化。这种简化的结果，就是道德精神活动中依据审美价值追求来实现伦理价值的行为方式被直接外在行为化或者直接社会秩序化。道德精神活动的工具异化就是道德精神的伦理行为化。

人类不断复杂化的文明形成了不断复杂化的社会环境，也形成了不断复杂化的精神环境。在人类精神环境中表达全部生存需求的价值结构中，可以直接通过行为实现的价值目标就是工具价值目标。它为不可直接行为实现的非工具性价值提供了环境实现的条件。工具价值主要是经验观念的环境需求内涵，非工具价值则主要是超验观念的环境需求内涵。经验观念与超验观念存在形态的融合与环境功能的相对性，形成了工具价值与非工具价值的密不可分与相对融合。在人类生存行为的目标视角中，价值的工具化就构成了工具的价值。

　　人类通过精神环境秩序表达与理解外在生存环境秩序。所谓异化，就是人类精神环境中表达环境秩序的观念要素功能的异常化。异化来自人类社会化生存方式对精神环境秩序的简化。

　　人类观念空间中的观念要素表达了生存环境秩序，人类依据观念要素区分与标识环境秩序。观念要素功能的异化形成了人类对环境秩序理解的混乱与标识的混乱。因为异化而混乱的观念为人类观念空间中输入了无序与冲突，也为人类认识活动提供了活力与能量，并能够在新的认识整合中被消除。这种被认识整合实现的异化消除也就形成了观念要素的差异与观念结构的变异。在观念空间中不断地出现异化，又不断地被认识的整合与重构所消弭与融合，这就构成了人类精神世界的演化进程与人类公共价值的演化进程，异化就被蕴含在这个进程中。在人类观念空间中越是高层次的观念结构，其演化活动就越缓慢，其稳定性就越强大。反之亦然。

　　哲学必须关注人类精神环境的整体功能与意识活动的整体形态。这是哲学思维与哲学文化的基本特征，将哲学科学化地分割就是对哲学的破坏与瓦解。

　　理解与表达超验观念结构是哲学的主要领域，形而上学是哲学的核心结构。哲学中所讨论的异化就是高层次超验观念的异化，就是在长期的文化演化进程中难以被整合与重构所消除的异化。而对于低层次经验观念中迅速发生又迅速被认识重构所消弭的异化则不会被哲学所重点关注，它们常常被理解为文化与公共观念的流变和社会秩序的流变。

人类用精神世界映射与理解自己的外在生存环境，这种映射的形态与外在环境秩序形态之间的差异，就是人类观念空间中能够形成广义的异化的基本原因，也是异化的基本环境条件。人类的认识活动不断构建出观念空间中的新秩序，也就不断增加了广义异化的条件，人类又通过自己生存方式中的实践循环不断地消弭精神环境秩序对生存环境秩序表达的虚幻，也就不断消除了这种广义的异化，并不断强化了观念空间秩序与生存环境秩序的相对一致性。活跃的意识活动与社会活动不断形成异化，人类的实践循环也就不断消除异化。

实践循环消除一般社会活动异化与一般文化异化的功能是明显的。这就是人类精神环境中的价值要素在实践循环的迭代中不断接近生存环境秩序真实状态的原因。但实践对高层次超验价值的异化的消除功能则是隐蔽的与缓慢的。这也是传统哲学无法理解异化与无法理解异化的消除成果将收敛于人类合理生存方式之中的原因。当哲学无法引导文化的构建时，文化中对异化消除的不能理解就会不断放大各种异化带来的人类危险，认为人类最终会在自己精神世界的异化中瓦解自己的合理生存与文明，并最终消灭人类自己。至今为止，各种关于科技的异常发展最终会毁灭人类的预言不绝于耳。

所谓价值的工具化，就是用价值在行为实现中的条件价值代替了目标价值，就是目标价值的条件价值化。例如战争活动从来就是人类生存竞争的工具，但在某些人群的观念空间中就变成了终极的价值追求，战争变成了他们神圣的事业。例如获取更多的经济资源与实现更复杂的资源消费方式，从来就是人类合理生存的实现手段，但在某些人群中就会异化为人们终极的人生追求，对经济财富的占有与消耗的程度也就变成了社会生活方式的合理性标准。例如宗教文化就是维护人类合理生存的文化工具，但在某些人的精神环境中宗教价值已经超越了人类的生存价值。

人类复杂的多层次的目标价值在观念空间中的工具表象化也就形成了人类文化中的工具价值异化，这就是在文化形态中用工具价值作为了人类生存目标价值的表达表象。

在现代文化中流行的所谓工具理性的价值追求，就是现代社会中人类超验价值目标被工具化简化的重要结果。当工具理性主导了主要社会精英们的精神世界以后，人类文化中的超验价值就被高度工具异化了，其中的超验价值就在异化中被虚幻化与边沿化了。在传统文化环境中，文化精英们以稳定抽象的超验价值为人生追求，在精神中充满了诗和远方，也充满了对人类终极文明的思考。在现代文化环境中，文化精英们以具体的逻辑方法构成的知识价值为人生目标，在精神追求中只有直接的物质利益与技术手段，常常充斥着对显赫地位的追求与对巨大财富的向往。这也被美其名曰回归了人类本性。实际上这是偏离了人类的文明而回归了人类的动物性，只不过是用人类的文明成就来维持的复杂而繁荣的动物性而已。

目标价值的工具化就是工具价值对目标价值的污染与异化。例如现代社会中知识的传播对观念交流的异化，读书活动对追求伦理价值对自己观念塑造的异化，劳动行为的方式对社会活动的异化，社会管理的技术方法对社会秩序维护目标的异化，具体社会秩序对人生存追求的异化，如此等等都是异化的例子。马克思所关注的异化，就是最高层次的社会秩序环境对人类生存方式的异化。高层次的异化以低层次的异化为存在条件。

与道德精神活动有关的异化有三个层次。首先是将具有维护社会秩序功能的道德精神活动当作了社会秩序功能的工具表象，将社会秩序异化为道德精神。其次是将道德精神产生的行为结果当作了道德精神活动的工具表象，将道德精神异化为道德行为。最后是将道德行为中形成的道德规范当作了道德行为的工具表象，将道德行为异化为道德规范。

当人类的道德精神活动成为社会秩序的重要维护工具时，社会秩序本身就开始被道德精神活动异化了。这就是用道德精神的功能代替了社会秩序的内涵，用人类对道德精神的追求来代替对社会秩序合理形态的追求。在中国传统社会的政治伦理体系中常常用构成道德精神活动的方式代替了构建合理社会秩序的活动本身。这种异化就是道德治国理念的哲学局限性。离开了充分公共化的完美伦理支撑的道德精神活动，离开了这种道德精神活动对社会秩序的有效维护功能，单纯的道德精神活动就会退化为少数知识分子自恋的精神游戏。

　　所谓道德行为，就是道德精神活动形成的社会行为方式与社会秩序成果。道德行为的功能就是道德精神工具效用的判据。正因为道德行为是道德精神维护社会秩序功能的实现工具，道德精神就常常被道德行为所异化。这就形成了各种道德精神活动常常被相应的道德行为方式所代替，士大夫精神就变成了修齐治平的社会行为，学雷锋的共产主义精神追求就变成了做好人好事。

　　缺乏道德精神内涵支撑的单纯的道德行为构建，就常常会异化为无效用用的权力活动形式，或者异化为获取其他社会利益的行为工具。各种道德行为一旦成为社会秩序目标的异化代替物，用行为来代替精神，用精神来表达秩序，就造成了秩序追求的虚幻性和道德精神的虚假性。在现代中国曾经踊跃的学雷锋运动中以及今天到处普及的公益志愿者活动中，就主要是依据其提供的社会资源给付来吸引参与者的。其唯一的好处就是缓慢而低效率地养成参与者们的良好行为习惯，其中蕴含的道德行为对道德精神的异化，则是在社会活动中将得到精神活动本身虚幻化和形式化。虽然这种有益的异化结果也可以逐渐养成优良的社会行为习惯，但这种习惯在新的社会利益面前又会随风飘走。改革开放以后原来轰轰烈烈的学雷锋活动的边沿化，重新投入资源给付以后学雷锋运动的部分复苏，就是最好的例子。

　　道德行为对道德精神的异化并非完全失去了道德精神的秩序维护功

能，而是通过异化而架空了道德精神的本来涵义，这就最终会萎缩与消灭道德精神。

人类文明化的生存方式既包括了完美的社会秩序环境，也包括了社会成员生存活动习俗化与程式化。将社会行为方式合理地习俗化与程式化，也是有效维护社会秩序的基本方法。这种方法带来社会成员对社会秩序理解与实行的简单化与形式化。这是人类文明得以形成的重要方法与重要工具。

对社会合理行为方式的工具化简化，就将来自道德精神活动的合理行为方式绕过复杂的道德精神活动过程而直接地规范化了，当这种规范化由社会权力直接推行时，也就必然会形成对道德行为的异化，继而形成对道德精神与合理社会秩序的异化。

这种异化就是人类社会行为的规范活动具有了复杂形态的原因，也是形成对合理的社会行为方式的评价与判断的困难而常常出现了判断混乱与评价虚假的基本原因，更是在社会合理行为的形式中充满了虚假与欺骗的原因。这来自人类文明创造的社会秩序环境的复杂性对多层次性，也来自人类精神环境的复杂性与多层次性，更来自人类对自己的意识活动与社会活动的简单化理解的结果。对于这种普遍的现象，不是简单地归结为人类的虚伪本性就可以说明与安置的，这样文化解释没有任何积极意义。

正是由于道德行为表达了对主流社会秩序的服从与支持，社会秩序的维护者们就将一些具有维护社会秩序功能的道德行为方式树立为道德规范与道德模范。道德规范在主流文化中就常常代表了道德精神活动本身，也常常作为道德精神活动的行为标志。通过传播与维护这种文化，就为维护社会秩序创造了传播伦理的条件。这也就将对道德规范的推广与传播活动成了维护社会秩序的直接文化工具，在这种工具化的文化活动中恰恰消失了人类意识活动中追求的审美本能的功能，这种文化活动方式就是在依据人类本能的活动中消除了人性。这就是道德规范对道德行为与道德精神异化的权力活动依据。

例如，在道德精神对社会合理秩序的异化中，在道德行为对道德精神的异化中，中国传统社会秩序的合理形态就变成了士大夫们的精神内涵形态与精神活动形态了，对共产主义社会秩序与理想的追求就变成了对雷锋精神的追求了，甚至变成了对雷锋特殊的行为方式的追求了。维护与推行某种社会秩序的活动也就变成了推行某种道德精神的活动方式了，推崇某种道德精神活动方式又会异化为推崇某种特定的道德行为方式了。

例如，在市场经济活动中有效的诚信，必须以特定的道德精神活动为依据。离开了道德精神活动的诚信行为，就仅仅是一种经验工具，一旦经验有变就会立刻被抛弃。

例如，今天的中国文化中推崇的爱国主义价值观，也必须以特定的道德精神活动为基础才能被真正确立。离开了道德精神支撑的爱国主义行为，就会变成仅仅是依据经验观念形成的现实利害判断的结果，也常常会变成彰显狭隘的个人利益的民族主义甚至民粹主义的精神土壤。

例如，某个学业优良政治进步的大学生，可以在行为上符合先进共产党员与优秀学生干部的标准，但这仅仅是依据经验的利害判断就很容易做到。但他在私密文化空间中则会表现出强烈的鄙视中国人与中国文化的情感，这才是他本来的精神面目。他似乎用道德行为的规范就获得了道德精神的承认，如果不是特殊的私密活动被暴露的话。

例如，某些官员可以在台上大讲廉政道德，因为这样可以获得明确的官场利益。但他们在私下里则仍然会在偷偷"贪腐"。仅仅依靠利益引导而塑造出来的道德行为，就常常在精神上是虚假的。

人类的文明史既是不断构建更为复杂的超验观念体系的历史，也是不断将这种复杂抽象的超验观念与超验价值具体化与工具化的历史，也就是不断创造更为合理的公共价值体系的历史，以及因为普及与传播它们而不得简化它们与表象化它们的文化历史，这就是人类文化体系中各种异化不可避免地不断生成的原因。也是人类文化中各种虚幻观念与虚假价值不断形成的原因。真实价值正是普遍虚假的存在而具有了高尚纯真的意义，各种将真实价值的虚假化方式则正是真实价值得以普及的途径。

　　人类合理的社会秩序来自社会成员合理的社会行为方式，合理的社会行为方式来自合理的公共价值与合理群体观念共识。依据观念共识构成的合理行为方式一旦形成，就会脱离这种观念共识中的价值目标，而仅仅依据行为方式本身的习惯形态而形成对社会秩序的文化表达。这种公共化的行为秩序形态就被称为习俗。习俗所具有的真实价值层次并不会被崇尚习俗的社会成员所理解，这就是习俗行为的基本特征。

　　人类形成习俗的原因就是群体行为方式本身的组织化与秩序化，就是群体成员为了规避公共意识活动中价值活动的复杂与繁难。习俗的形成也是为了简化维护社会秩序的艰巨任务，为了节省权力活动维护社会秩序的巨大资源付出与不确定风险，因而采用了对既定合理群体行为方式的直接推崇与追随。但这种既定合理的行为依据仅仅就在既定的行为方式效果的沉淀中。习俗的形成也来自人类社会活动中的随大流本能。随大流是人类群体活动中最常见的行为选择方式，也是一种比较合理的简化公共意识的价值活动的方式，因为大多数人的稳定行为方式常常具有基本的环境合理性。

　　习俗的普及力量来自人类对公共意识活动中复杂价值判断的俭省，来自对维护公共秩序的权力活动效率的追求。习俗的创立常常依据道德行为与道德规范。一旦习俗形成，也就会脱离道德行为与道德规范的支撑而成为独立的社会公共行为形态。习俗不必诉诸道德精神，但习俗又与道德精神具有先天联系。

　　当一种道德精神活动的行为成果在社会环境中被普及或者被主流文化所推广时，这种特殊的行为方式也就会逐渐演化为一种习俗。当一种道德规范在权力体的努力推广中逐渐成为社会行为的基本形态时，这种道德规范也就会逐渐转变为习俗。这就是道德精神与道德规范对社会习俗的塑造功能。

当一种习俗与道德行为相符合，就会构成道德精神普及化的行为方式。这就是习俗对道德精神活动的支撑。当一种习俗与道德行为相冲突，也会构成对道德行为的抵制与瓦解。当习俗与道德规范相一致，习俗就会成为道德规范的推崇基础，就变成了公序良俗。当习俗与道德规范相冲突，习俗就会成为推行道德规范的阻力，这就形成了无德恶俗。

离开了道德精神依据的道德规范方式的公共价值化，就形成了伪道德的文化形态与假道德的行为方式。形成这种文化的基础就是没有道德精神依据的虚假道德行为。虚假道德行为仍然是道德行为，只不过其动机不是来自道德精神而已。

但虚假道德行为却常常被当作有效的道德规范被宣扬与推崇。伪道德文化与假道德行为来自文化环境中对道德精神的异化，来自流行文化对道德精神活动理解的肤浅，也来自道德哲学的幼稚与含混。

肤浅的道德哲学常常为虚假的道德文化提供依据。当这种文化在特定的社会文化环境中兴盛起来时，例如在欧洲中世纪的基督宗教文化活动中，例如在中国传统社会的道德治国的文化环境中，就会在社会权力活动的推行中形成对道德精神活动本身的虚幻化。各种具有道德规范形态而并无内在伦理服从的行为方式，也就会被错误地看作是道德精神的楷模，也就被披上了道德精神的光环。在今天中国文化的肤浅状态中这种现象也很普遍。

发生在观念空间中的道德精神活动无法真实地实现外在表达。人类也就不得不用道德行为或者道德规范的行为方式作为道德精神活动的表象，这种对道德精神与道德行为不得不倒错的理解与评价方式，就是伪道德与虚假道德形成与流行的文化环境。

143. 道德精神与宗教文化

　　道德精神活动来自人类的审美本能，也来自社会文化环境对人类的伦理塑造。个体形成道德精神活动的能力必然是后天有目的的审美修炼与伦理构建的结果。

　　所谓道德精神的修炼，就是塑造与训练审美能力对价值活动的引导能力，就是训练对文化伦理的有效接受与理解能力。这就是修养道德精神能力的两个方向，它们不可偏废。道德精神能力的形成就是将这两种能力融为一体的成果。

　　要具备道德精神活动能力，首先必须具有对观念空间中价值结构的深入的审美能力，并可以将审美价值在价值活动中普遍安置。这是获得道德精神能力的第一个基本条件。如果观念空间中具备了较完美的伦理结构，在这种审美能力主导的价值活动中就会自然形成对伦理价值的服从与皈依。在这种审美追求的方式中，就会依据伦理价值实现对价值活动的统和，并保持行为动机结构与伦理价值相一致。

　　这个条件表达了道德精神活动的本能依据，也表明了人类道德精神活动形成的先天原因。人类先天的审美本能支撑了道德精神活动，但这种本能也必须通过特定的审美价值在观念空间中的展开来具体实现。欲望来自先天本能，欲望的价值展开成果则来自后天的塑造与修炼。这种修炼就是对先天能力的开启与发掘，也是对其具备的价值可能性空间在观念空间中的具体构建。

　　具备道德精神能力的另一个基本条件，就是对伦理价值的接受与理解。这来自个体文化环境中所具备的完美伦理结构，也来自个体的文化接受能力与文化修养能力。优良的文化修养首先来自优良的文化环境，其次来自个体对文化的接受与理解能力。这种能力对文化活动灌输的完美伦理的接受与理解，就是道德精神活动能够形成符合伦理价值的社会行为方式的外在依据，就是在道德精神活动中追求内在审美价值满足形成的外在秩序成果。

在同样文化环境中生活的个体，常常会具有大相径庭的文化修养兴趣与文化修养成果，就是个体审美欲望的形态差异对个体文化接受能力的影响结果。

在现代文化环境中塑造出来的专门追求知识体系与技术方法的个体，由于缺乏对文化中伦理内涵的追求兴趣与理解能力，也就常常将审美欲望的实现集中在知识体系与技术方法中，他们的文化修养常常会因为缺乏充分的伦理内涵而表面化与肤浅化，他们也就难以形成明确的道德精神能力。当他们面对冲突的社会环境秩序与冲突的文化环境时，常常会因为缺乏有效的价值判断能力而陷入精神困境。但现代社会环境则会通过为他们提供局限而安宁的生活环境来弱化他们的精神困境。现代小资形态的精神生活大致处于这种状态中。

他们的文化修养可以将他们塑造为技术专家，但并没有形成他们广博的伦理关注与深刻的公共价值判断力。他们对公共价值的审美能力主要集中在某些微观文化中或特殊的中观文化中。他们局限的公共价值的判断能力，可以保障他们在安宁和谐的社会环境中的正常生活，也会基本保障他们具备基础性的道德精神能力。一旦社会秩序进入突变中的混乱，他们就会手足无措，他们的道德精神能力就会瓦解。中国大多数知识分子在"文革"中无法独善其身，并非主要来自政治压力，而是来自自觉的选择。在政治压力中无法自由选择的知识分子只是少数。今天的流行文化夸大了这种压力下的选择，今天的知识分子也希望用这种夸大来解脱它们当时不当选择的窘境。当时压迫少数特殊知识分子的人也主要是知识分子，这些知识分子们的行为也是他们自主的选择，因为他们应该有选择不做这种事情的环境空间。

宗教是人类特殊的文化形态与社会文化活动方式。依据不同教义表达的不同公共价值体系与社会行为规范区分了不同的宗教文化，但宗教又通过共同的文化活动特征与公共价值特征表达了其宗教文化的归属。

宗教文化公共观念形态的共同特征就是由高度超验的终极公共观念所绝对主导，宗教文化活动方式的特征就是通过感性化的传播与灌输方式深入规范皈依者的全部社会行为。这两个特征区分了宗教文化与其他世俗文化，例如自然科学文化不会由超验观念体系绝对主导，经验事实在科学中具有强大而独立的影响力。当科学家盲目皈依了某种超验观念，比如盲目皈依了数学方法，他的思维就开始宗教化了。例如哲学文化不会用感性方式深入约束信仰者的一般社会生活，哲学不提供具体行为方式工具。当哲学家醉心于为社会成员提供具体的生活方式，他的行为也就会宗教化。

这种特征也就决定了宗教文化成为人类不同文明中超验伦理体系的主要载体，宗教由此也成为人类漫长文明史中最主要的文化形态。

在人类传统社会中，宗教文化就是文化环境中伦理的主要载体，宗教活动对人类一般社会生活的深刻影响也就形成了对个体精环境中伦理价值的主要塑造方式。宗教伦理由此而成为人类精神环境中最重要的伦理来源。

传统的宗教文化与宗教活动，也就由此而成为人类不同伦理体系的主要表达形态与传播方式，也就成为提供道德精神活动文化环境的主要方式。宗教文化因此而在人类道德精神活动形态中打下了深刻的烙印。在各种非宗教的文化体系中，如果具有了表达与传播高层次的超验伦理的文化功能，也都会具备某些宗教活动的特征。例如特殊的科学活动与特殊的哲学活动。

例如，当中国人强调中华文明中的儒学文化所具备的超验伦理载体功能时，就常常称它为儒教。当欧洲人强调现代自然科学在某些文化活动领域中也承载了完整的超验伦理价值时，也会称它为科学教。正是自然科学文化体系中所具有的部分伦理载体功能，才形成了试图用它取代全部宗教文化的思潮。也正是它对超验伦理承载功能的不足，也就在科学文化成为主流形态的现代社会中，仍然给已经缩小了影响领域的传统宗教留下了稳定的地盘。

在人类文明进入近古时代以后，成为人类文化主导形态的就是几大一神宗教。在西方社会流行的基督宗教，以其与社会权力活动的深入融合而形成了广泛的社会影响力。伊斯兰教依据其对社会底层信众的强大精神影响力，近代也在南欧与中亚南亚的传统社会中获得了强烈的发展。发源于印度教领域中的佛教文化，则以其特有的超验理性化形态主要在中华文明中扎下了根。当它们以文化活动的方式深入地影响了社会权力活动时，特别是它们作为伦理的文化载体主导了社会道德精神的形态时，这些一神宗教的文化活动就变成了社会秩序维护活动的重要内涵，这就使得宗教活动甚至深入到了社会权力活动之内，并重塑了社会政治活动的形态。这样的宗教文化机构也就变成了具有社会权力能力的准权力体。由此而形成的欧洲传统社会中教权与王权的冲突，就是他们中世纪社会冲突的主导形态。

欧洲近代的社会秩序突变与文化突变形成了著名的宗教改革运动，这就瓦解了基督宗教的高度集权化与政治权力化，恢复了它原初的广泛传播伦理的文化功能。宗教改革的最终成果就形成了将宗教文化活动与政治活动的明确分离，并逐渐塑造出了西方现代社会中的宗教活动、政治活动与世俗经济生活的独立形态。而在独立的现代文化活动中又保持了以自然科学为主导，并形成了继续包容已经大大收缩了的基督宗教文化的二元形态。欧洲的宗教改革运动具有恢复宗教活动的文化本性的功能，这种恢复也是科学文化体系中的公共观念结构被广泛接受的结果。

在宗教文化活动中，其观念传播方式的高度感性化与艺术化方式，就在向信奉者们灌输伦理观念的同时也塑造了他们的审美能力与审美价值结构。这就在一般宗教文化活动中形成了对道德精神活动能力的较全面的培养，也形成了人类追求道德精神活动能力的文化活动常常能与宗教活动相融合的状态。在很多流行文化中甚至直接简单地将道德精神能力表达为宗教信仰能力。这只是文化中的哲学误解。

文化是人类构建社会环境秩序的精神依据。塑造与维护主流文化，从来都是人类构建与维护基本社会秩序的权力活动的重要外延。宗教作为人类文明中长期处于主导地位的文化活动方式与文明形态，其中派生出来的社会秩序维护功能又强烈地依据宗教文化活动的具体形态来实现。宗教以感性方法为主导的活动形态也决定了宗教文化对艺术活动的深入依赖，在某些社会环境中宗教活动甚至是狭义艺术活动的基本环境条件。例如基督宗教文化广泛深入地依赖文学艺术与音乐绘画艺术的活动，并依此而形成了具有明确艺术方法规范的活动仪轨与行为规程，这也铸就了这些宗教文化的艺术性活动特征。基督宗教文化直接深入到社会权力中的传统功能，就使得西方现代权力活动中仍然常常在借鉴与借用宗教文化。

当社会主流宗教中表达的伦理体系与社会主流秩序相一致的时候，宗教就是最好的秩序维护文化工具。人类的文化演化相对于社会秩序演化的滞后特征，使得在社会秩序突变环境中稳定的主流文化常常会显得落后与保守。这就是宗教文化在人类历史演化进程中常常呈现的主要表象。中华文明中的儒家文化在现代社会中的保守形象就是在社会秩序突变中被新文化运动塑造出来的。宗教文化对高度抽象的超验终极价值的稳定追求常常超越了社会秩序与社会主流公共价值的变化，这也就成为它们具有保守性的明确特征。

在任何文化体系中合理的超验结构都具有高度的稳定性，都会在社会秩序的突变中成为抵抗秩序突变的精神力量，从而变为相对的保守。就是在科学文化的演化中也是这样。在相对论面前，坚守牛顿体系的科学家变成了保守，在量子力学面前，曾经具有强烈创新能力的爱因斯坦也会保守起来。在中国特色的社会主义文化面前，原教旨的社会主义思想就是强大的保守势力。面对当代中国发展的新环境与新任务，曾经在改革开放中成为主要动力的新自由主义文化的拥趸们又会成为新的保守势力。

在人类历史中，高度稳定的宗教文化的保守性使得宗教文化与宗教工具常常落后于社会秩序的演化进程，也就常常成为社会演化进程中的文化阻力。这就使得他们常常在主张演化与变革的文化体系中被描述为社会进步的阻力。马克思就由此而对宗教持鄙视态度，认为宗教是麻醉人类精神的鸦片。

任何具有完美体系的独立文化结构也都会具有阻碍社会秩序进一步演化的特征。任何有效而稳定的文化都会具有保守性，任何完全不保守的文化都会是肤浅的流云。中国的儒家文化在近代社会的突变进程中就被公认是社会进步的阻力。民国的文化学者与思想家们将传统中华文明在工业贸易文明面前的必然落后归纳为自己传统文化的内生弊端，这是一种历史的短视与文化的肤浅。这种文化观念也就遮蔽了儒家文化对中华文明稳定延续的基本贡献，遮蔽了它对中华文明在工业贸易文明中得以延续提供的深层次的秩序维护功能。今天的中国人在需要重新考虑对新秩序的有效维护时才又想起了儒家文化的好处，才又从完全依赖马克思主义文化与新自由主义文化提供的精神工具中逐渐回到了儒家文化的根基中。任何外来文化要在中华文明中落地都必须与儒家文化的基本观念实现融合，这是儒家文化为中华文明提供的最深厚的伦理根基，也是中华文明成为唯一被完整保留与延续的古典文明的文化依据。

宗教文化的相对完美与相对稳定形成了它的相对保守性，也决定了它作为维护社会秩序的文化工具常常显得落后的特征。这也是宗教文化在迅速变化的现代社会中常常并不能成为很好的文化工具的原因。一旦社会成员面对迅速改变和剧烈冲突的社会环境而需要追求精神环境的稳定与安宁时，就会重新举起宗教文化的旗帜。在现代的西方与今天的中国，宗教文化在民间的小中兴就是这个原因。

在人类历史上，当宗教文化活动变成了单纯的社会行为制约与社会秩序引导工具时，宗教就会渐渐脱离其深厚的文化内涵，变成了社会权力约束社会成员的直接工具。这时的宗教文化就常常会被自己的工具功能所异化，宗教活动也就变成了权力活动的附庸，包括宗教权力本身的附庸。现代文化中对传统宗教的普遍诟病主要就是针对这个特征，这种诟病对人类理解自己文化历史的重要影响，就是在欧洲文化中将基督宗教文化广泛参与甚至有时主导政治权力的历史时期，称为黑暗的中世纪。欧洲的中世纪如果有黑暗的话也不一定主要来自基督宗教。

宗教文化特殊的生命力来源，就在它对人类精神环境与意识活动的完整表达与引导之中，就在它对人类道德精神活动方式的承载与孕育之中，也在它对人类审美欲望的依赖之中。宗教文化活动并非道德精神活动本身，但又因此而与道德精神活动形成了紧密的关系，以至于有些肤浅的文化观念常常将宗教精神与道德精神混为一谈。

自然科学文化体系依据理性化的知识工具表达与传播，并由此而获得了巨大的社会影响力，也因此而常常会压缩甚至泯灭了其中的审美空间而远离了人类深刻的感性化意识活动。在非宗教形态的文化中，只有中华文明中的儒家文化体系具有理性化方法与感性化方法的均衡性特征。正是这种特征造就了儒家文化的历史性功能，既使得儒家文化可以具有知识性，也使得儒家文化常常被认为具有准宗教的功能。这也是儒家文化成为最优良的道德精神载体的依据。对道德精神的直接追求就是儒家文化的基本特征。

宗教文化活动对道德精神活动的有效承载也有效地实现了对教义中伦理价值的传播，特别是承载了对超验伦理的有效传播，这就是宗教文化能够对人类不同文明形成巨大影响的全部文化功能的重要基础，也是宗教文化始终具有深刻的神秘性的重要原因。只是在进入现代以后，当自然科学文化体系中的超验观念结构不断被完善以后才形成了对宗教文化的整体性挑战。

进入工业贸易文明的现代社会之后，随着社会基本伦理结构的科学观念化，宗教文化也就逐渐开始脱离了对伦理价值的深入维护功能，也就逐渐弱化了其对道德精神活动的承载，而逐渐变成了主要为个体展开超验审美价值的追求，促进个体观念结构的整体和谐性的文化工具。这种文化功能对现代文化活动短板的补充，就是现代社会中又重新出现了人们对宗教文化追求兴趣的基本原因。中国的改革开放为知识分子们提供了文化多元化的精神自由环境，也使得很多知识分子们重新形成了对不同宗教的新兴趣。

第三十九章　道德行为与个人利益

144. 精神价值利益是最根本的个人利益

动物依据生命本能在自然环境中生存。人类则依据特有的精神世界构成了社会环境并实现了更有效的生存。精神世界依据人类的审美本能构成。人类依据精神环境表达了对全部生存环境秩序的理解与描述，进而实现了对生存环境的有效利用。

人类生活在两个世界中。两个世界为人类的生存提供了两种环境，一个是由自然环境与社会环境共同构成的物质环境，一个则是精神环境。

人类的祖先仅仅生存在自然环境中。自从进入文明以后，人类就开始了用社会环境中的生存方式逐渐取代了在自然环境中的生存方式，这个过程就是人类文明化的进程。进入高度文明中的人类已经完全生存在自己构建的社会环境之中了，人类与自然环境的联系也就必须通过社会环境来转换了，人类对自然环境的利用与适应活动也都变成了社会环境中的社会活动了。

人类依据精神世界实现了自己的文明化生存。人类通过精神环境的功能内涵深刻与深入地理解与描述了物质环境的秩序，并依据这种理解与描述实现了对物质环境的适应与利用，也实现了自己的物质生存。文明化的人类依赖并且只能依赖精神环境实现对物质环境的全部需求，也依赖与只能依赖精神环境构成自己的全部生存目标与生存行为。

实际上，人类的精神环境也是物质环境的一个特殊层次。精神环境是人类作为生命存在的形态中所衍生出来的特殊生存方式与生存环境。将人类的生存环境区分为物质环境与精神环境仅仅是人类曾经肤浅的文化传统而已。哲学今天还有时仍然沉浸在唯物与唯心的区分和争论中也是这种传统肤浅的结果。今天的哲学应该可以具备融合两个生存环境的本体论逻辑了。

人类在精神环境中的活动就是人类特有的意识活动，精神环境就是意识活动的环境。人类生存方式的文明化也就将精神环境变成了人类的直接生存环境，并将物质环境变成了人类间接的生存环境。

将人类的生存环境分为两个世界的依据，来自人类在两个环境中的两种不同的行为方式。人类在物质环境或外在环境中的行为依据生命机体的肢体器官功能在自然环境与社会环境空间中实现。人类在精神环境或内在环境中的行为则由高级精神器官中蕴含的生命能量在观念空间中的分布与运动实现。

人类在两个环境中的行为都是实现环境需求的生存活动。人类在两个环境中的行为依据都在精神环境中。这是人类区别于其他生命存在形态的唯一标识。

每一个人类个体的意识活动与社会活动，无不是实现他精神环境中蕴含的价值目标的行为。人类精神环境中的观念结构中蕴含的价值目标，在社会文化中的表达形态就是广义的利益。利益就是精神环境中蕴含的生存价值的社会环境表达。

人类精神环境中的价值结构可以分别表达出两个环境中的需求。精神环境中的价值结构中蕴含了精神价值与社会物质价值。前者主要蕴含在精神环境中的超验观念要素中，并可以抽象表达为审美价值。后者主要蕴含在精神环境中的经验观念要素中，并可以抽象表达为人类社会诉求的三个层次，这就是生存与安全价值，群体依恋价值和广义权力价值。

人类通过精神环境中的意识活动直接实现精神价值，也间接为物质价值的实现提供了内在条件。人类对物质环境或社会环境的全部需求，都必须通过精神环境中的价值进行表达与确认，进而构成行为动机而驱动实现它们的社会行为。人类在社会环境中的全部行为目标与行为方式都在精神环境秩序之中。在人类精神价值实现的过程中也为物质价值的实现提供了行为方式条件。这是价值活动的直接结果，也是认识活动的间接结果。人类全部文明化生存方式的依据，都在由不同文明的文化体系所表达的精神环境秩序之中。

每一个人类个体对自己精神利益与社会利益的追求，构成了他们全部的行为目标，除此之外没有任何其他的行为目标。人类的全部行为都是为了实现价值或者实现利益。"人不为己天诛地灭"，是比我们对传统文化内涵的肤浅理解要深刻得多的哲学真理。

人类的全部生存活动，包括全部个人行为与全部社会行为，都是实现自己内在价值的"为己"活动，包括人类追求社会公共利益的政治活动与文化活动，也包括有志于改造社会创造文明的志士仁人的活动和发现宗教真理与科学真理的伟大文化活动。人类追求公共利益的活动仅仅是其行为的社会效果，而其行为的内在动机则仍然是在驱动个人价值实现的"为己"行为。人类无限复杂丰富的精神世界的全部内涵，都是个人的与独特的，人类全部生存行为都来自自己独特的精神世界。这就是广义为己的哲学依据。

将人类的行为区分为"利己"与"利他"，来自人类对自己生存行为依据的肤浅理解，来自人类依据社会行为的简单功能表象实现的区分。归根结底，全部利他行为都来自利己追求中对公共价值与伦理的实现。

人类对自己生存行为方式依据理解的肤浅与狭隘，人类对自己生存环境理解的肤浅与狭隘，人类对自己的环境需求与价值体系理解的肤浅与狭隘，共同形成了人类对自己行为目标理解的肤浅与狭隘。

自从人类形成了自己的精神世界以及其中的意识活动方式，就从动物脱颖而出了。人类区别于动物的标识，就是具备了自己特有的精神价值与物质价值，并形成了依据精神价值实现物质价值的意识活动方式。

人类的精神价值是精神欲望在观念空间中的需求展开，人类的物质价值是物质欲望在观念空间中的需求展开。两种欲望在观念空间中的不同表达形成了两种价值体系。它们通过认识活动的秩序构建与结构整合形成了两种价值与两种环境需求的融合。从此，在人类的具体行为中也就无法明确区分两种价值追求的差异了，在人类的任何行为中都开始蕴含着精神价值的追求与物质价值的追求了。

文化就是人类群体公共价值的社会环境表达与传播形态。公共价值来自人类群体化的精神活动的观念共识成果，也是个体价值在群体中的组织化形态。群体公共价值中蕴含了个体价值，个体价值中表达了群体公共价值。这种蕴含与表达通过群体中的观念交流活动与社会环境中的文化活动构成。

进入文明以后，人类文化中表达的公共价值就开始逐渐主导个体的行为方式了，人类的生存行为就开始社会化了。在高度文明化的现代社会环境中，每个个体的社会行为都被他们价值结构中的公共价值或者伦理所主导与规制，每个个体的社会活动与社会行为方式主要都由他们生存其中的文化环境来决定了。

但是，个体的观念结构与价值结构又是独特的。这种独特性中蕴含了与公共价值的深刻区别，这种独特性中表达了个体价值与公共价值的绝对差异，这种区别与差异就提供了人类个体追求行为自由与实现意志自由的精神环境空间。

人类不同群体的全部公共观念空间，以及表达了这种环境空间的全部文化形态与文化成果，都是个体观念空间秩序的自组织凝聚，也都是个体观念空间秩序的抽象与简化。人类全部文化中表达的全部公共价值，可以统合与概括个体的观念空间中的全部秩序功能，但永远无法表达与超越个体观念空间秩序的总和。人类个体对自由意志的全部追求以及这种追求的结果，永远都无法在文化环境中或公共观念空间得到充分的表达。

现代社会中个体社会行为的复杂性与特殊性，虽然仍然处于多层次文化环境所塑造出来的公共观念空间中，但却永远会超越公共观念与公共价值的秩序内涵。现代人类个体精神活动的无限追求，他们社会生活行为方式的无限丰富，既来自公共价值的统辖与引导，又为公共价值提供了几乎无限的演化可能性空间。

现代文化为任何个体的精神活动都提供了可能的表达环境，任何个体的思考结果与审美感受，也都可以相对地得到公共化地表达，尽管绝对透彻的表达永远不可能。个体的任何对社会活动具有重要意义的观念都可以实现相对有效的交流，尽管绝对透彻的交流永远不可能。这就形成了个体精神环境的绝对独特性。

人类文明中形成的文化环境塑造了社会成员的意识活动方式，也引导与安置了个体的审美价值。任何个体的审美禀赋都在文化环境所塑造的观念空间中得以实现与表达，离开了公共观念构成的文化环境与文化方法，个体难以有明确有效的审美能力与思维能力，也难以有明确有效的价值判断能力。尽管他们仍然会有独特的梦境与意念，也仍然会有独特的神游与幻想。这里的明确与有效，就是社会化生存行为的必要结果。

个体观念空间中的文化要素承载着个体社会环境中的公共化需求，也承载着个体社会化的个人利益。个体观念空间中的观念结构与价值结构，在文化环境的塑造中就被认识活动逐渐构建出精神价值与物质价值的混合体，这个融为一体的价值结构也是群体利益与个人利益的混合体。在个体观念空间中的文化要素中，在个体价值结构中的伦理要素中所蕴含的个人利益，就是对文化要素中的公共价值在个体价值结构中的安置与落地的方式。这些文化要素中所表达的蕴含了个体利益的群体利益，则是公共价值要素可以被安置在个体观念空间中的环境依据。

观念空间中价值结构的全部价值要素最终都要汇聚成为个体的终极价值。终极价值的形成来自人类审美欲望在观念空间中的整体实现方式及实现结果。终极价值是最高层次的精神价值形态，也是观念空间中全部价值要素的最高抽象与最终结构汇聚。人类的全部生存价值与环境需求都在终极价值中被统和与抽象。终极价值中表达了文化环境输入的全部公共价值，也表达了认识构建的全部个体独具的个人价值。

人类实现需求与价值的行为目标与方式，都来自动机中的价值组合。行为的目标就是动机中的核心价值，行为的实现方式就是动机中的条件价值。构建行为动机的价值活动依据价值判断实现价值选择，价值判断是价值比较的结果。价值比较活动依据特定范围中的价值不变量为标准来实现，价值比较的最高标准与最终价值不变量就是终极价值。

人类的文化环境与文化活动是观念空间中公共观念与公共价值的来源。社会文化活动既是公共观念的构成活动，也是公共观念的传播活动。在价值结构的各个层次中，从元初观念蕴含的价值到终极观念蕴含的价值，从直接的生存需求中到抽象的超验信仰中，都包含了来自文化环境的公共观念与公共价值。

人类进入文明以后，在其生存行为目标中就开始蕴含了逐渐处于主导地位的公共价值了。在行为动机的复杂形态中，看似表达了独特的个体价值与个人利益，实际上却隐含了复杂而丰富的公共价值与群体利益。

人类通过社会行为实现生存的开始就是人类社会化的开始，也就是人类脱胎于动物的开始。社会化的人类个体虽然在其全部行为中追求着观念空间中的价值与需求，这种价值与需求也就常常在文化中被表达为个人的利益，但在这些需求中却蕴含着个体的公共价值。

个体观念空间中的全部公共价值与公共利益，都由他们的个体价值与个人利益所蕴含，都以他们的个体价值与个人利益的形态在观念空间中得到表达与安置。被个体观念结构所接纳与融合的伦理就蕴含在个体的生存利益之中。这就是伦理价值的个人利益化。

在个体全部社会行为中，追求公共价值与公共利益的行为方式也都蕴含在追求个体价值与个人利益的行为方式之中，这就是公共行成为个体行为的哲学依据，也是公共利益成为个人利益的哲学依据。

只有将公共利益当作个人利益来追求，个体才能真诚地投入，甚至能不惜一切地投入。为公共利益贡献个人利益就是在个人行为中追求公共利益的方式，就是在一般个人利益的价值选择中选择了其中蕴含的公共利益的结果。就是为公共利益牺牲生命也是在追求自己的最高人生价值或实现自己个人利益的最大化。人类的全部奉献行为都是个体价值结构中的价值判断的结果，而不是什么超越个体精神世界的飘在神秘虚空中的人类精神与公共利益的成果。将人类的精神活动个体化应该是唯物主义最深刻的内涵。将"宇宙精神"与"客观规律"坚实地植根于人类个体的精神环境中则是在瓦解唯心主义的最后根基。

人类的每一个行为都由观念空间中的个体价值所驱动，人类追求公共价值的全部行为都由个体的价值活动所引发。个体的全部社会行为都是人类追求个人利益的结果。个体追求社会公共利益的内在动因与激发价值也仍然在个体价值结构之中。

创作出伟大的不朽作品的艺术家们艺术活动的内在动因，来自艺术家个体的审美追求，发现永恒深刻的科学定律与智慧深邃的哲学思想的学者们学术活动的内在动因，来自科学家与哲学家在特殊领域中的个体审美追求。伟大的政治家力挽狂澜的英雄业绩也就是他们个体终极价值中统辖的政治理想价值的驱动结果。每一个献身于公共事业的历史人物都是依据其独特的个人价值与个人利益才建立起了伟大的历史功勋。孔夫子彪炳史册的文化成就来自他个人的理想追求，来自蕴含了这些理想的个人精神利益。毛泽东与众不同的伟大精神来自他个人的政治理想与民族责任，来自蕴含了这些理想与责任的独特的人生追求与个人利益。在他们的个体观念空间中与价值结构中，蕴含了丰富深刻的民族群体的公共价值，而不是悬在空中的公共价值"感召"了他们。

那些悬在空中的"感召"功能，恰恰是来自各种表达了虚幻公共价值的文化载体，这也是塑造虚伪公共利益与虚假公共行为的文化依据。肤浅的唯物论哲学就是由此而与似乎深邃的唯心论哲学融为一体了。因为人类与人类的精神环境本来就是一体化的。

在个体的价值结构中没有游离于或独立于个体价值要素之外的社会公共价值。个体观念空间中的全部公共价值与公共利益都是他们个体价值结构与个体利益的特殊形态而已。在这些特殊的个体价值与个人利益中蕴含了文化价值与伦理价值，也就蕴含了公共价值与公共利益。

人类在自然环境中的全部行为都是个体的生存追求，人类在社会环境中的全部行为也都是个体的生存追求。人类个体的全部生存行为都是实现他们个人价值或个人利益的结果。只是在这种结果中由于他们观念结构不同程度的伦理化与公共价值化，使得其中蕴含了不同程度的公共价值与公共利益而已。

人类追求公共价值或公共利益的全部行为都是他们追求个体价值与个体利益的特殊方式与特殊成果。个体不可能在行为中追求不属于他们观念空间中的价值目标，也不可能追求不属于他们个体价值中的环境需求。

人类文明的璀璨催生了文化的繁盛。繁盛的文化表达了丰富多元的公共价值。繁盛的文化也滋养了人类个体蕴含了公共价值的精神环境，从而将动物的人变成了文化的人与社会的人。从此，在个体价值与个人利益的追求行为中就离不开对群体公共价值与群体公共利益的追求了。个体文明化的行为中也就永远蕴含了公共价值目标与公共利益需求了。在中华文明中将这种蕴含称为普世的"德性"。德性来自"天理"对"人欲"的塑造，天理就是公共化的超验价值，人欲就是人类的生存追求。在欧洲文明中则将这种蕴含称为"人性"中之"善"。他们的人性就是人类实现生存的本能欲望，他们的"善"就是人类精神环境中的公共价值。

在文明化的人类个体的精神环境中永远蕴含着不同形态的伦理与德性，永远具有不同的理性与良知。在个体的价值结构中与私利目标中也就永远蕴含着公共利益，公共价值就是个体价值的必然内涵。在价值判断中对公共价值与个体价值的不同选择并非是对立的零和博弈。

任何公众人物的公共理想，任何公共知识分子对公共文化的构建与表达的追求，无不是他们个人的价值追求与个人的利益追求行为中的具体社会功能，也是公共价值在他们观念空间中的环境功能表达成果，在个体价值结构中蕴含的公共利益就是他们的个人利益。为公共利益而献身的人物就是为自己的个人利益而献身，只不过这种个人利益中蕴含了极为宏大的群体公共价值而已。只有公共利益在他们的观念空间中实现了个人利益化的结构安置与价值融合，他们才能将公共利益当作自己的人生目标来锲而不舍地终生追求，才能为公共利益舍弃与牺牲单纯实现个人生存的狭隘价值与局限利益。社会革命者的抛头颅洒热血，文化构建者们的克己苦行，仍然来自他们生存欲望中表达出来的生存价值。只不过这种生存价值已经超越了动物的生存欲望而被社会化了。

　　个人利益是个人行为的唯一动因。个体对公共利益的追求必然是公共利益向个人利益转化的结果。任何真诚追求公共利益的人都是在追求他们自己的利益，都是在"把中国人民的解放事业当作他自己的事业"，都是在追求他们个体精神环境中的价值实现。任何对没有被个人利益所承载与融合的公共利益的追求，只不过是追求其他个人利益的工具化手段而已，这种融合的程度就是公共利益非工具化的程度，就是公共利益个人化的程度。任何公共价值是否在个体观念空间中被个体价值化，任何追求公共利益的行为就是在追求自己的利益，还是在追求为自己利益服务的工具利益，就是追求公共利益行为的真诚性与虚伪性的基本区分。任何官员在公务行为中是将为人民服务当作了自己的人生追求，还是将为人民服务仅仅是当作谋取其他个人利益的手段，就是他的公心的真诚程度的基本区分。毛泽东所说的"纯粹的人"与"脱离了低级趣味的人"的涵义就是将伟大的公共利益完全个人化了人。

　　以工具手段追求公共利益的社会行为也会具有积极的社会功能意义，只不过这种功能中必然蕴含了对其他个人利益追求的副作用，只不过这种公共利益的追求并不纯粹。一旦环境条件改变，他就会抛弃公共利益而直接追求其他个人利益。当追求个人其他利益的副作用小于其工具化的功能为实现公共利益提供的功能支撑时，这种行为就仍然是具有公共利益意义的，就仍然是包含了善意的。当这种副作用在环境的变化中逐渐增大，如果大到了足以抵消其工具化功能的效用与公共利益的功能时，这种行为就变成了被异化的虚假公共价值的追求而应当被排斥了。

从为近代自然科学的宇宙观提供了理解宇宙结构新模式依据的哥白尼开始，到为现代世俗文化奠定了理解生命环境基础并化解了生命存在与演化的神秘性的达尔文，到为物理学提供了理解自然环境基础秩序的优雅而完美的基本观念体系的牛顿，以及进一步改善与完善这个体系的麦克斯韦与爱因斯坦，再到为人类理解社会秩序的演化方式提供了一个完整的逻辑结构的马克思，直到为这种观念体系的中国化提供了一个完整的思想体系的毛泽东，他们的成就都是他们追求个人审美价值的实现与追求个体特殊生存方式的行为成果。他们在追求个人价值实现的特殊意识活动中，都蕴含了对人类最重要的公共价值的贡献。中华文明中延绵不绝的政治风流人物们，从秦始皇到孙中山，从汉武帝到毛泽东，从唐宗宋祖到邓小平习近平，都是在追求自己独特个人价值实现的特殊社会活动中创造出了或继续创造着我们文明辉煌的历史。他们与凡夫俗子市井小资们的区别，仅仅来自观念空间中的价值结构里所蕴含的公共价值与伦理要素的形态差异与多寡区别而已。

人类的道德追求就是对道德精神活动方式的追求，就是实现自己意识活动的高度有序与高度审美满足的追求，就是实现自己基本精神价值的追求。人类道德精神的活动方式所形成的社会秩序维护功能就来自其中社会公共价值的实现，就是在追求伦理价值的实现中实现了对合理完美的社会秩序目标的追求与维护。但是，在道德精神活动中实现的全部社会秩序成果，并不是个体直接以伦理价值或文化形态的公共价值为行为目标的结果，并不是在价值活动中将伦理价值或文化价值与知识价值直接确立为行为动机的核心价值的结果。如果有这种形态的行为动机，也就只能是单纯追求公共价值表象的行为动机，或者是追求公共价值中蕴含的其他个体价值的行为动机，而不是具有道德精神活动方式的行为动机。

人类道德精神的活动方式就来自在价值活动中追求审美欲望的完整实现，道德精神活动的结果也就是个体追求观念空间中高度超验的精神价值的成果。基于道德精神活动实现的道德行为，并不是来自个体对伦理价值外在实现的直接追求，而是来自对伦理价值要素内在审美的间接追求。这种追求精神欲望满足的价值活动的结果，也就实现了包含伦理价值的动机结构的完美构建。

只有当伦理价值在个体观念结构中充分被观念化还原时，只有来自文化环境的伦理在观念空间中脱离了孤立漂浮的文化要素形态或知识形态时，才能成为个体价值活动中被自然关注与涉及的价值内涵，才能成为个体对价值结构审美追求的对象。仅仅将文化环境输入的伦理生吞活剥地悬挂在观念空间中，仅仅将知识构成观念空间中的记忆孤岛，它们是不能进入道德精神活动的审美关注之中的，也不会为道德精神活动提供明确的贡献。

在个体的价值活动中，充分而完美的道德精神活动是稀少的，依据道德精神形成的高度有序的社会行为方式也是不容易的。这是因为获取完美的伦理结构在一般社会文化环境中并不容易，将已经获取的完美的伦理结构充分地观念化还原与消化，使之与个体的观念结构充分融合，则更不容易。

在大部分社会成员的人生经历中能够接受完美的伦理文化是不容易的。只有少数具有高度文化修养的个体，只有他们处于特殊文化活动的环境中，才能具备接受完美伦理的充分条件。在大部分已经接受了不同的文化伦理要素的个体的观念空间中，也并不会实现伦理文化的完全观念化。

正因如此，在人类社会环境中具有高度完美的道德精神活动方式，具备纯粹道德行为方式的社会成员并不会太多。大多数实现了道德行为的社会成员的行为依据，常常都并非完全来自道德精神活动的结果，至少并不全部来自对道德精神的追求。他们的道德行为常常是对工具价值追求的结果，也就主要是对道德行为间接提供的其他社会利益追求的结果。这就是人类道德精神活动方式的复杂性原因，也是人类构成道德行为方式的动因的复杂性依据，还是在传统文化中对道德精神的理解与判断常常模糊不清的原因。这种模糊不清带来文化神秘化就使得它们在具有高度理性能力的康德那里也仍然是个不解之谜。

人类道德精神活动的全部成果都来自对个体观念结构中所具备的伦理价值在价值活动中的秩序关照与结构统和，都来自对观念空间中由文化环境输入的伦理价值在行为动机中的融合。他们对伦理价值的行为实现，最终都是依据精神环境中对审美欲望的追求而形成的。

归根结底，人类道德精神的成果来自个体对精神价值的追求，来自个体对审美欲望在价值活动中的满足方式的追求。这种对审美欲望的追求与对食欲与性欲的追求具有同样的行为动因形态，只不过这种行为动因的实现环节要复杂得多。这种复杂性正是人类意识活动功能复杂性的表现，也是人类的行为方式被精神环境所主导而形成的复杂性的结果。对食欲与性欲的追求实现了人类生命的存在与延续，对道德精神活动中的审美欲望追求则实现了人类对合理与完美的社会秩序环境的维护。

道德精神是个体的欲望实现方式与行为方式。道德精神活动是人类最复杂的个人价值追求方式，也是人类最高层次的个人利益实现方式。完全来自道德精神活动的纯粹道德行为，则是个体在精神环境中追求最高层次的个人利益的结果。

145. 从道德精神到道德规范的异化

　　道德精神来自人类价值活动中的审美追求对伦理价值的服从。道德精神的内在实现就是对价值结构的审美追求，道德精神的外实现就是用完美的伦理结构引导价值活动的动机构建，进而规范了个体的社会行为。

　　个体在道德精神活动中所追求的价值目标包含了人类的内在价值与外在价值。道德精神的实现就是人类精神价值与物质价值的融合与统一，就是审美价值与伦理价值的融合与统一。驱动道德精神活动的审美动因就是道德精神对精神价值的追求形式，道德精神活动中的伦理动因就是道德精神活动对公共化的物质价值的追求形式。只有具有强烈的精神欲望与完整的伦理修养的个体，才会具有明确的道德精神追求。

　　道德精神活动引发的道德行为对社会秩序的维护功能由其中对伦理价值的动机容纳与行为服从来实现。伦理价值是人类基本公共价值的文化表达形态，也是文化中的基本价值在个体观念空间中的表达形态。伦理价值来自人类群体对社会环境秩序的基本认知的文化表达，也来自文化环境对个体观念结构的塑造。伦理是人类的社会秩序形态在精神环境中的秩序凝聚形态。

　　道德精神活动形成的精神欲望与物质欲望相融合的道德行为，就是其维护社会秩序功能的方式。在道德行为中表达了人类基本的精神欲望与基本的物质欲望。

　　广义的道德行为就是对维护了特定社会秩序的社会行为的标识，就是复合社会公共价值或社会公共利益的行为方式。狭义的道德行为则是依据道德精神活动形成的道德行为，就是在对审美价值的追求中实现的对伦理价值服从的行为成果。

　　广义道德行为可以来自道德精神活动，也可以来自绕过审美价值的追求而对伦理价值的直接追求，或者来自对伦理价值的工具化追求。对伦理价值的直接追求可以来自以伦理价值为核心价值的社会行为动机，也可以来自在行为动机中将伦理价值作为其他核心价值的条件价值而被间接追求。

人类丰富多彩的文化结构中的伦理价值，可以为高层次个体价值要素特别是超验化的个体价值要素提供广泛深刻的实现条件，伦理价值也就可以因此而成为追求这些核心价值的条件价值，它们也就可以在动机中直接被社会行为所间接实现了。

来自道德精神活动的道德行为就是直接道德行为或纯粹道德行为。来自社会行为动机中直接或间接追求伦理价值的道德行为就是非道德精神的道德行为或者间接的与异化的道德行为，它们虽然也同样实现了对伦理价值的行为追求但却无关道德精神活动。

人类通过社会行为实现在社会环境中的生存。为了构建合理的社会秩序来追求合理的生存方式，人类也就需要对社会成员的社会行为方式进行合理性评价，其评价标准来自人类对合理社会秩序的认知。伦理就是这种认知的文化表达。对社会行为进行评价的基本标准并不是道德精神的或者审美的，而是满足社会秩序维护需要的或者是伦理的。人类文化结构中的伦理既是人类合理社会秩序的依据，也是评价合理社会行为方式的标准。

社会环境与社会秩序由人类社会成员的社会行为方式所构成，也由他们社会行为方式的变化而改变。在社会文化中表达了合理社会秩序的公共价值与公共利益的伦理，就是评价社会成员合理社会行为的标准。伦理就是在不同文明中评价一切社会行为的优劣与否和适当与否的社会公共标准。

人类社会环境的多层次结构差异形成了多层次的公共价值差异，也形成了社会行为评价标准的多层次差异。所谓"各种思想无不打上阶级的烙印"，就是对这种复杂的多层次社会结构差异与公共价值差异的简单化表达。这种差异性在不同的文明之间，在同一个文明的不同社会阶层之间，常常会形成对立冲突的行为评价标准。但在人类的文明中也会形成了一些共同的或者差异不大的标准。在人类文化中，越是高层次的公共化伦理就越是抽象，将高度抽象的普适化的超验价值表达为具体化与工具化的标准，就是这种评价活动中常见的不合理之处。

当社会成员的社会行为方式与公共价值或社会秩序相一致时，对其行为的评价结果就会是利他的与公正的，也就是"善"的正义的。当社会成员的社会行为仅仅与自己的价值需求相一致，而无关社会公共利益与社会秩序时，对其行为的评价结果就会是利己的与自私的，有时也就是"恶"的。当社会成员的社会行为既充分表达了个体价值，也能够与社会公共价值和社会秩序相一致时，对其评价的结果就会是既利己也利他的和公私兼顾的，也就是人性化的善。当社会成员的社会行为与社会公共利益或社会秩序相冲突时，对其行为的评价结果就会是不合理的与不道德的，也会是不公正的与非正义的和丑恶的。

道德行为是实现了社会公共价值与维护了社会秩序的行为，道德行为必然是利他的公正的行为，也必然是表达了善与正义。但狭义道德行为的基本动因则仍然要来自个体审美欲望的实现，要来自对自己精神环境利益的追求，也就是来自对精神私利的追求。因此，来自道德精神活动的狭义道德行为就仍然是利己的行为。

在广义道德行为中对伦理价值的追求，也可以分为直接追求伦理价值所构成的核心动机目标，与间接追求伦理价值的条件动机目标两种形态。前者依据个体观念空间中的伦理价值确立动机的核心价值，后者则在追求其他核心价值目标的动机中包容了伦理价值的条件实现。前者是对个人化的伦理价值的直接追求，是单纯的个人价值实现，后者则是个人价值的间接实现。两者同样属于对个人利益的追求，只不过在个人利益中包容了公共利益。

伦理价值的个人价值化是非常特殊与罕见的。特别是将伦理价值作为个体基本价值中的核心要素则更为罕见。因此依据这种个体价值的直接行为动机所形成的社会行为方式也就很罕见。例如为了艺术追求而不惜贫困落魄甚至放弃了一切正常生活方式的人，例如为了社会改革理想而颠沛流离或出生入死而在所不惜毫不犹豫的人都是很罕见的。

因此，在人类的广义道德行为中主要都是通过追求其他个体价值目标而间接对伦理的实现。例如为了获取社会地位与个人尊严而服从伦理，为了维护自己在特定文化圈中的社会关系而服从伦理，甚至为了取悦自己尊重或心爱的人而服从伦理。

个体的全部行为都来自对观念空间中的价值追求。任何公共价值的行为实现都在对个体价值的追求之中，都是个人利益实现的社会效果。由此，人类个体的任何社会行为都是利己的。个体的任何利他行为都是在利己追求的行为中实现的公共价值成果而已。这些公共价值在个体观念空间中由伦理价值来表达，利他行为就来自对利己行为中对伦理价值的蕴含与服从。任何伦理价值的实现都是在个体追求自己的价值实现的行为方式中被蕴含的结果，包括对伦理价值的直接追求的结果，也包括对伦理价值的间接追求的结果。能够直接追求的伦理价值也就必然是个体价值。

所谓利他的行为，就是在利己目标的价值追求行为中依据其伦理价值的实现或社会秩序维护功能的效果评价。利他行为仅仅是对个体生存行为与社会秩序关系的表象评价，其内在动因则仍然是利己的。"利己"是形成全部人类社会行为的内在动因。

个体社会行为的利己性与利他性并不是来自个体行为的内在动因的差异，而是来自个体行为对社会环境秩序的影响功能的外在评价差异。

不同的文化体系就是不同文明的精神内涵。不同的文化体系表达了人类各个大群体对自己生存方式的全部理解，也表达了他们构成文明化的生存行为方式的全部精神依据。在现代文明中形成的全球化观念交流逐渐形成了一些超越文明区分的可被不同文明理解的文化形态，这就是具有一般意义的现代流行文化。但这种具有对不同文明的超越性特征的文化形态，则仍然是以流行的消费文化为主体的，则仍然是在最易流变的微观文化中形成的。它们的流行恰恰是来自它们的易变。一旦深入到这些现代流行文化所必然隐性依赖的高层次文化形态中，一旦要寻求这些文化形态的历史依据与文明依据，就仍然会显现出它们的区分来。

人类所共同具备的道德精神活动方式的公共化依据，就在人类共同的生命形态中形成的共同的精神环境与意识活动方式中。就在人类不同文明依据不同的文化活动构成自己社会生存方式的基本活动形态中。道德精神活动虽然是人类共同具备的特殊精神活动方式与社会活动方式，但它的实现所必然皈依的伦理价值的形态则是各不相同的，由此而形成的对社会秩序维护功能的追求目标也就是各不相同的。

在现代哲学中，有些伦理学观念将道德精神理解为完全来自外在环境的伦理塑造结果，将道德精神活动理解为仅仅是由伦理价值促生社会行为的活动，理解为是个体对伦理价值直接追求的结果。这种哲学观念虽然比较好地表达了道德精神活动功能的实现方式，但却无法理解在道德精神活动中伦理价值如果可能主导人类行为的内在机制，更无法深入理解伦理价值的形成方式及其塑造个体价值结构的依据。这是一种比较肤浅的伦理哲学，也是对人类精神世界环境不能深入理解的伦理哲学。

在中华文明的传统哲学中，对道德精神活动的理解主要就是这种形态。在这种肤浅地理解人类精神活动本质的哲学中，也就会形成对人性善恶的表观性争论而长期没有哲学结论。

在传统的中华文化体系中，认为人类道德精神能力主要由文化的传播与伦理的教育来实现，人类的道德精神也就是外在文化环境的教化成果。虽然这种哲学观念将伦理价值置于较高的社会秩序维护地位中，也清晰地表达了伦理形成的文化环境原因，但却忽视了人类的精神本能在道德行为中的关键性作用。这来自中华文化体系中对人类精神本能理解的薄弱，也来自中华文化体系对公共价值与伦理理解的外在绝对化。这种理解就常常被现代哲学打上了唯心论形而上学的标记。

在传统的欧洲文化中也有将伦理价值的绝对化与外在化形态，这来实现对人类道德精神活动依据理解的特殊倾向。这种理解的结果就是将伦理置于宇宙环境之中去了，这就将人类的道德精神活动能力外在化与宇宙化了。在欧洲传统哲学中动辄就将超验伦理安置在宇宙之中，就将超验伦理看作是宇宙中的永恒存在，就认为人类的道德精神的终极原因来自永恒的绝对理念，就是这种哲学倾向对人类道德精神活动理解的必然结果。就在康德试图根本改造欧洲哲学的理想中，也仍然保留了对道德精神与宇宙秩序的统一暗示。这种统一如果真实存在的话也只能在更深层次的自组织过程的逻辑中。但至今为止的哲学还远没有能够感受到这一点。

　　面对人类道德精神活动中必须依赖的人类独特的意识活动本质，面对道德精神活动对人类审美欲望的根本依赖，在一些传统哲学中又将人类的精神活动本身当作了道德行为的全部依据，又将道德精神活动当作了伦理价值的精神来源。由此，道德精神又变成了伦理价值形成的原因。在传统西方哲学体系中对道德精神的理解就基本上是这样的逻辑，在今天中国流行的道德哲学中还仍然普遍依据这种逻辑理解伦理价值。

　　中华哲学偏重了人类的文化环境与文化灌输，欧洲哲学则偏重了人类的精神环境与意识活动。它们都有局限性，也都无法深入理解人类依据精神世界形成的社会文明。

　　在这种两种偏狭而局限的道德哲学的逻辑结构中，也就形成了对道德精神活动与伦理价值的错乱关系与倒错逻辑。在这种逻辑中，本来由人类构建公共观念的社会文化活动构成的伦理价值，变成了道德精神活动的成果，如果离开了人类的道德精神活动，伦理价值就失去了存在的基础而被悬空起来。为了将悬在空中的伦理安置起来，就不得去寻求"绝对理念"和"天理"，这也就不得不将伦理价值的终极依据神秘化，也就常常将人类最普遍的道德精神活动与道德行为的依据引入了彼岸世界之中。

　　现代哲学在这种神秘化面前则采取了掩耳盗铃的躲避态度，他们通过追求科学哲学与实体逻辑的完美，追求人本主义精神存在的丰富与生动来自满足自己的审美，也依此而回避对伦理价值的探讨。这种哲学流派对流行文化的影响就是虚化对超验观念的探讨而贬低形而上学，就是将人类在公共化的精神环境中的群体意识活动方式简单地表述为支撑狭隘政治权力的公共意识形态。

这种混乱主要来自传统哲学对人类文化活动与社会文化成果功能的模糊理解，来自对伦理价值由文化活动构成的模糊理解，也来自对文化环境中的伦理转变为个体观念中伦理价值的无法理解。这些模糊的哲学观念的来源，还可以追溯到对人类精神环境中认识活动本质的模糊理解，追溯到对认识活动的本能动因的模糊理解。传统哲学对认识活动的模糊理解，又可以追溯到对精神世界存在方式与形成方式理解的模糊化与神秘化之中。在传统哲学中，本体论的含混形成了认识论的混乱，认识论的混乱形成了方法论的模糊，它们共同为人类文化提供了含混不清的世界观。

在西方传统哲学中对道德精神活动与伦理价值的本质及其相互关系理解的混乱，就是伦理学与道德哲学的逻辑体系无法得到清晰表达的基本原因，这也是在今天的哲学中对伦理学与道德哲学的区分始终是一个模糊领域的原因。

在这些乱源中的一个核心因素就是对伦理本质理解的模糊与混乱。这首先来自对文化活动与文化成果的功能理解的模糊与混乱，也来自对社会文化活动与社会秩序的构建与维护活动的关系的不能理解，来自对完美的社会文化环境与社会成员合理的社会行为方式的关系的无法理解。

在这些混乱的观念中，伦理并不被看作是人类文化的内涵与人类文化活动的成果，而被看作是具有独特功能的超越人类活动的一种内在精神存在，因而只能来自人类存在之外的宇宙环境中的所谓"精神秩序"。依据这种精神秩序对人类精神活动的投射与引导，就形成了人类的道德精神活动与道德行为方式。这就是在今天西方哲学中仍然占主导地位的伦理学与道德哲学的本体论结构。

在中华哲学中伦理也具有"天理"的存在方式与来源，人类虽然可以通过教化得到伦理修养，但伦理的存在本质与形成方式则仍然是模糊不清的。佛教文化的输入为这种本质提供了似乎实在化的本体论载体，这种载体在儒家伦理结构中的高度超验化就是程朱理学构成天理观念的依据。王阳明试图探讨天理观念的真实来源，提出了与程朱天理观念对立的思想，他的"心学"就是阐明天理来自人心的观念体系，这是中华哲学的本体论思想与认识论思想的一个最重大的近代突破。但这个天才的突破并没有引起国学的重视，因为中华文化中并不太在意对超验观念的本体论安置，也不在意将这种安置实现逻辑化表达。

正是由于这个重要的哲学突破缺乏细致周密的逻辑表达与对全部文化结构的重新有效安置，也就始终没有形成它在中华文化中应有的影响力。中国学者们对王阳明心学的学术理解并不比对他人格的理解更重视，王阳明的文化影响力至今还仅仅是停留在知行合一的肤浅层次中。正因为在中国现代文化中一直没有形成独立自主的哲学追求，从民国时期的"中西合璧"到新中国的马克思主义化，再到今天的西方化与回归传统，都仅仅是在古人与外国人的哲学中折腾。今天的中国已经有了自己广阔而深刻的社会实践与文化环境，也开始注重自己对世界文化的影响力了，也就应该孕育当今自己独立的哲学思考了。不补足中国哲学的短板中国文化就无法真正走向世界。

处于这种混乱的哲学与伦理学状态之中，也就无法深刻理解道德精神活动对社会环境秩序的维护功能与塑造功能，更不能理解人类社会行为中普遍存在的背离道德精神和违反道德规范行为的根本原因，也就只能将道德精神与伦理价值变成一种超验领域中的神秘活动与神秘功能。人类对任何文化要素的神秘化都是表达自己难以理性化理解的观念体系的感性化方法。

在今天的流行文化中，由于不能清晰地理解社会文化活动的社会秩序维护功能，也就不能理解与社会秩序相背离的伦理价值就是社会秩序冲突的基本原因，也不能理解人类对伦理价值善恶评价的哲学依据，更不能理解在混乱滞后伦理环境中的道德精神对社会秩序的背离和破坏功能。这种对道德精神与道德行为的不能理解，也就无法理解社会道德崩溃状态的形成原因和不能理解道德重建的合理方法与途径。

　　道德的崩溃来自伦理的混乱。道德的重建来自伦理的重构。伦理的重构来自文化体系的整合。文化体系的整合必须回到人类文化活动的根基中去，必须回到哲学中去。

　　形成这些模糊混乱的哲学观念的另一个重要原因，就是在人类日益复杂的社会行为方式中，在道德精神活动对社会秩序维护功能的日益复杂化的过程中，形成了道德行为的工具价值对道德精神的目标价值的遮蔽与替代。这就是道德行为对道德精神的异化。

　　来自道德精神活动的社会行为方式构成了道德行为。道德精神对社会秩序的维护功能通过道德行为实现。人类对复杂行为动机理解的简单化，就会用其中直接显现的工具价值替代间接实现的目标价值，这就会用道德行为的直接目标代替了复杂的道德精神活动中追求的审美价值与伦理价值。这就形成了道德行为对道德精神的异化。

　　当将道德行为的目标作为蕴含其中的伦理价值追求的动因时，也就会依据伦理价值构建出道德行为的方式与标准，这就是道德规范形成的方式。所谓道德规范，就是人类依据伦理价值塑造出来的符合社会秩序的社会行为方式。道德规范是直接由伦理价值确定的社会行为方式。例如由尊重他人的伦理形成了礼貌化的行为方式。

　　道德规范的实现不一定要依据道德精神活动。道德规范主要是人类维护社会秩序的权力活动的直接工具成果，在这种工具方法的实现中，可能蕴含其中的道德精神活动就被道德规范异化了。这是道德精神被道德行为异化的进一步结果，这种深刻的异化也是伦理价值在道德精神活动中的地位与功能难以理解与常常被误解的重要原因。

文化是人类理解自己生存环境的公共观念的社会表达，为了表达出来也就常常简化理解，对伦理简化理解的方式主要来自伦理实现的行为表象。在这种简化表达中，道德精神活动就被道德行为的表象异化了，道德行为也就被道德规范的表象异化了。道德精神被道德规范的异化就是对道德精神理解的最严重简化。

在更为广泛的文化环境中，道德规范又会进一步被推崇道德规范的权力活动所异化。在这种对人类道德精神活动功能的复杂的连续异化过程中伦理价值的社会秩序维护功能也就逐渐模糊起来。将伦理价值直接置于道德行为之上的思想就是这种异化与模糊的结果，也是今天的道德哲学仍然错位原因。

正因为道德精神维护社会秩序的功能是通过道德行为来实现的，社会秩序的维护活动就将可以维护社会秩序的道德行为直接打造成为道德规范，并用直接推广道德规范的方式来代替复杂繁难的道德精神培育。这就是道德规范对道德行为的工具简化与工具异化的社会权力活动原因。由此，道德行为在社会文化表达中就常常被道德规范所简化与代替了。

由于道德行为在社会文化的表达中可以通过直接与伦理价值的符合来实现对公共秩序的维护，隐藏在个体精神世界中的道德精神活动就被道德行为遮蔽起来了。由此，关注人类意识活动方式的哲学思考也就与道德精神活动的本质隔离开来了。当道德行为又通过社会权力活动以道德规范的方式来推崇时，道德规范就又在社会文化中变成了道德行为的依据与来源。这种本末倒置就使得道德行为在被道德规范的异化中与道德精神活动更远地隔离开了。

在人类逐渐积累起来的传统文化中，道德行为构成了对道德精神活动的两个层次的异化，就是人类的道德精神活动一直难以被理性化地理解而不断被神秘化的哲学原因。以至于，在康德完成了对自己哲学的理性化哥白尼革命的改造以后也仍然只能对道德精神与宇宙秩序保留着敬而远之的神秘崇敬。从康德以后，大概就再没有哪个哲学家敢于深入这个领域了。现代欧洲的存在主义哲学家们则将对人类道德精神活动的理解引入了完全感性的领域中，他们的哲学表达也就常常更像是阐述了深刻观念的文学散文。

对人类道德精神活动的理性化理解，必须依赖对人类精神世界与意识活动理解建立新的理性视角才能有所突破，仅仅在道德哲学的逻辑结构中钻研与纠缠是无法得到超越与透彻的成果的，这也是今天中国的伦理学学者的困境。

在道德精神被伦理直接形成的道德规范的异化的文化形态中，修养道德精神活动的能力，就变成了单纯修养与塑造伦理价值的活动，甚至就进一步被简化为训练服从道德规范的道德行为方式了。由此，研究道德精神活动的哲学就变成了研究伦理的哲学，研究伦理的哲学就变成了设计道德规范与研究道德行的哲学了。这就是道德哲学向伦理学异化的过程和伦理学向道德规范学异化的过程。

人类将复杂的难以理解的意识活动方式进行工具异化与工具化简化，是文化表达与文化传播的必要。这种异化与简化也模糊与遮蔽了人类对自己生存行为的全面深刻理解。人类只有在追求完美理解自己与自己的生存活动方式的文化活动中，在追求完美理解自己的精神世界的哲学活动中，才会逐渐剥离与化解这种异化，并还原人类生存方式的本来面目。这是人类文化演化的不断有序化的进程与不断完美化的进程，也是人类哲学演化的不断有序化的进程与不断完美化的进程。

在这个进程的每一个阶段与环节中，人类的文化与哲学都为人类提供了可以适应自己当下智慧能力的理性化形态，但也不同程度地遮蔽了人类自己与人类生存环境的物自体本质。但是，只要这种遮蔽形成的简化理解方式能够满足人类当下的合理生存需求，这种简化与遮蔽就是合理的。

人类的认知能力与理性化能力，是随着人类生存方式的演化进程而不断深入与发展的，这就使得人类对自己与自己的生存环境与生存方式的理解逐渐丰富起来，这也就必然会逐渐突破了曾经可以接受的工具化简化的文化形态。这时，在人类审美欲望的驱动下，理解人类生存活动的新模式与新逻辑关系就必须被提出来了。人类的精神世界结构与人类的智慧就是在这样的积累与突破中不断深化的，人类的哲学也是在自己并不悠久的历史中这样不断深化的。

　　实际上，就是在人类今天理解自己生存环境秩序最为得意的观念体系中，也就是在物理学体系中，也仍然是处于依据经验观念对自己可能的行为功能的间接化表达与工具化简化的观念体系。牛顿的理论体系只是对亚里士多德以来被伽利略实现了理性化的全部物理学经验的统一逻辑表达，也是一种表达深奥观念体系的逻辑工具而已。当这种观念表达中的秩序异化在新的物理学经验中被突破，爱因斯坦的相对论作为新的表达工具就必须出现了。直到人类对微观粒子感知经验的突破性丰富又打破了相对论逻辑中秉持的确定性超验基础，新奇的量子理论就出现了。自然科学的范式革命，就是在经验观念的丰富中不断突破旧的表达工具寻找新的表达工具的过程，就是旧的逻辑异化被新的逻辑异化所取代的过程。

　　当人类的观察方法与行为方式仅仅停留在对自然环境感性直观的经验认知中时，人类的物理环境或自然环境的本质就是天地土石大气海水，就是土火水气，人类的哲学观念就是简单的自然观念体系。当人类的观察方法与行为经验进入了可控的化学分子活动环境之中时，世界的本质就是多样化的分子了。莱布尼茨的单子世界就是将分子模式观念的哲学化推广。当人类的观察能力发现了原子内部的结构时，世界的本质就逐渐变成了更为简单的元素，又变成了更为基本的电子质子与中子了。西方哲学就开始了钻入了逻辑实证主义窠臼的运动分支之中。当人类的观察能力与经验观念进入了可以感知与理解高能粒子的能量形态与运动方式之中时，人类对物理世界的理解就又变成了全新的量子世界模式了。在量子世界中，物理能量逐渐变成了物理实在的本体，从亚里士多德到牛顿逐渐形成的物理世界的实在性与确定性模式也就开始被彻底抛弃，坚实稳定的基本粒子逐渐变成了弥漫在空间中的能量团与神秘纠缠的弦线，确定存在的世界就变成了混沌中的随机过程，就连宇宙也可能不再唯一了。所有这些神奇的新逻辑，只不过是人类表达自己复杂的经验观念的新工具的功能表象而已。

今天的人类哲学又在面临一次新的解放，又在形成一种可以展开更为合理与神奇的遐想空间的条件。科学幻想的文学作品表达了科学家们的遐想空间，这种遐想中蕴含的合理猜想，必须经历理性的整合与经验的实证，才能逐渐沉淀为严谨的科学思想。哲学的遐想则为哲学家提供了创造新观念的可能性空间，新的哲学观念的在理性化的表达与打磨中严谨化地沉淀，则必须满足对人类社会中不断生成又不断复杂化的文化体系的安置与整合的需求。哲学无须实证，但必须容纳与安置既有的文化。合理地安置文化就是哲学相对的实证方法。自然科学遐想的落地来自在合理伦理引导中的经验化的逻辑实证。哲学遐想的落地则来自对纷繁复杂光怪陆离的人类社会文化的有效安置，来自对人类几乎无所不包的历史的合理说明。

历史是哲学的例题。文化是哲学的问题。哲学是人类追求智慧的理性工具。

人类在每一个理解世界本质的观念层面中都是生存在自己特有的真理之中的。人类的全部真理又都绝对是相对于自己的经验能力与理性化能力的，也是相对于特定的生存方式的。人类理解自己生存环境的真理性观念永远要依据人类的生存活动方式与适应人类的生存活动方式，人类理解自己环境的真理性观念永远会在人类自己的经验工具与生存方式的演化中不断地更新与不断地演化。

人类的真理性观念永远没有确定的形态。人类生存其中的物质环境对人类的精神世界来说，永远是一个可以不断深化认知又永远不能穷尽接近的物自体。

146. 道德规范形成的类道德行为

人类的全部社会行为都来自精神环境中的价值内涵与意识活动的动机构建。价值活动构建的行为动机就是价值选择与价值判断的结果。行为动机中的价值组合结构表达了行为目标与行为方式。

道德精神活动是人类个体意识活动的特殊功能形态，是人类依据审美欲望对价值活动的整合与约束。道德行为是道德精神活动形成的特殊社会行为方式，这种行为方式表达了对伦理价值的服从与遵守。道德行为是道德精神活动对人类社会活动方式的伦理化成果。

人类通过道德精神活动对伦理价值的行为实现，形成了个体发自本能欲望的对社会秩序的行为服从与行为归顺，也就是形成了实现伦理价值的自觉行为。这就是道德行为具有的社会秩序维护功能的特殊意义。

所谓道德行为，就是个体出于实现精神欲望或追求精神价值的实现而服从伦理中表达的社会秩序的行为。道德行为的依据在伦理中，道德行为的实现动因在审美欲望中。道德行为在形式上是社会秩序对个体的约束，在形成原因上则是个体追求内在审美价值实现的特殊方式。

人类的道德行为就是个体的精神价值或精神利益的社会秩序化方式。这种从个人价值或个人利益到社会秩序的过渡与综合，是通过文化环境中提供的伦理价值对个体价值结构的塑造来实现的。而个体追求自己的精神利益的道德行为，又间接实现了个体观念空间中表达了社会群体利益的伦理价值。人类道德行为的发生并不是出于个体对社会秩序的直接服从，而是出于个体对自己精神利益或审美欲望追求的间接结果。

自从有了源于内在道德精神活动的外在道德行为之后，人类就形成了直接由伦理价值出发构成的理想化的社会行为模式的文化追求。这种忽略与简化了内在意识活动对伦理价值的维护机制的社会行为规范就是道德规范。

道德规范直接来自伦理价值。道德规范对社会成员行为方式的制约与引导并不一定依据道德精神活动，而是常常依据社会权力体维护社会秩序所提供的其他社会价值的引导与社会利益的输送。道德规范的结果也会形成类似源自道德精神的道德行为，这就是道德规范形成的类道德行为。

所谓类道德行为，就是在形式上与源自道德精神活动的社会行为方式没有明确的区别的行为，而它的形成方式又与道德精神活动无关。道德行为与类道德行为对社会秩序的维护功能并无差别，区别仅仅在于形成它们的内在意识活动机制，仅仅在于他们形成价值选择的依据。道德行为依据个体追求审美欲望实现对价值活动的引导，是个体出于内在自觉的外在行为。类道德行为则来自个体直接对社会权力活动的服从或者来自社会权力活动提供的利益交换，是个体在社会环境中的资源交易行为。

人类的社会是一种独立的环境存在。环境的存在由秩序对能量的组织化整合所构成。环境存在的功能与形态就是存在秩序的功能与形态。存在的确立就是秩序的形成与确立，秩序的稳定性是秩序形成的内在依据。

社会秩序的存在依据也在其稳定性之中。社会秩序由人类依据精神环境的意识活动形成的生存方式所构成。人类的社会活动构成了社会秩序，人类的社会活动提供了社会秩序的稳定性，也维护了社会秩序的存在。人类构建与维护社会秩序的活动就是广义的权力活动。

人类通过广义权力活动维护社会秩序的方式或工具有三类，这就是道德精神工具，法律活动工具与社会习俗工具。社会权力活动必然要构建与维护自己的权力工具，其中包括必然要构建与维护道德精神工具。广义权力活动构建与维护一般社会秩序，狭义权力活动则构建与维护典型国家秩序。

工具的演化与发展过程，就是在不断保持与发展工具功能的基础上不断降低其功能实现成本的过程。前者发展了工具，后者则简化了工具实现的成本，也就常常简化了工具本身。

人类的权力活动，特别是狭义权力活动，在对道德精神工具的运用中，也在不断发展与简化了道德精神工具。其中发展的途径是不断构建便于表达与传播的伦理文化。其中简化的途径有两个，一个是不断简化伦理传播的方式。这个途径就促进了现代教育与现代传媒的形成与发展。另一个就是直接简化从道德精神活动到道德行为的环节。这种简化的结果就是避开复杂繁难的道德精神活动而直接依据伦理价值构成与推行合理的社会行为模式，并通过社会文化活动直接传播这种行为方式，还通过狭义权力活动直接引导与鼓励这种行为方式。

这种由权力活动依据伦理直接构成的道德规范的行为方式，常常就是简单方便与容易普及的道德规范行为，由这种方式形成的道德行为就是类道德行为。因此，道德精神活动虽然是维护社会秩序的最基本和最重要的方法，但在人类文明的演化进程中这种方法的实现方式则常常被权力活动简化为类道德行为。

类道德行为并非虚假的道德行为，仅仅是虚假的道德精神活动方式。它们在一般社会行为规范方式中的普及化，使得它们常常成为道德行为的主体。这也是在现代哲学中常常难以在社会经验的统计中找到道德行为的精神活动依据的重要原因，也是道德哲学越来越超验虚幻化的原因。

随着人类社会秩序的复杂化与社会伦理的复杂化，道德精神活动的复杂程度也在不断增加，道德精神活动在一般社会成员中也就日益稀少。特别是在现代教育活动中日益弱化了对伦理价值的灌输，而将其主要的公共观念传播目标局限在各种工具理性的知识观念之中，社会成员构建完美的伦理价值也就日益困难，在社会环境中具备完美伦理结构的个体也就日益稀罕，真实追求道德精神活动的个体也就日益稀少了。

　　由此，社会权力活动对道德工具的运用也就日益依赖类道德规范了，在现代社会的权力活动中，也就日益提高了塑造类道德行为的其他社会利益的输送强度，以构成维护社会秩序的便捷形态。这种推行类道德行为的利益输送方式主要是由社会权力安排的各种利益与奖励，例如通过社会文化活动提供对他们人格评价的推崇，以形成他们瞩目的道德荣誉地位，或者通过某些奖励来引导类道德行为，例如今天给社会志愿者的各种利益补贴，例如曾经对学雷锋标兵的物质奖励与精神鼓励。如此等等。

第四十章　道德规范与社会秩序的维护

147. 道德规范是维护社会秩序的基本工具

　　自从人类进入文明以后，就开始了对自己行为方式的理想化追求。文明的发展促使人类认识到，自己可以依据精神内涵与价值结构构建出合理的社会秩序环境，也可以依据合理的社会秩序目标形成对生存行为的合理化约束。人类依据精神环境中的意识活动来选择与约束自己社会行为的方式就是人类文明化生存方式的基本特征。

　　人类文化活动创造了公共价值与伦理也创造了人类文明的精神依据。人类的文明就来自依据公共观念构成社会秩序环境，公共观念的基本结构就是伦理。伦理通过文化活动实现了社会表达与社会传播，并实现 对社会成员观念结构的塑造。

　　人类与动物的基本区别就是具有复杂的精神世界。精神世界为人类提供了追求合理社会秩序与实现社会化生存方式的能力。在中华文明中，这种能力就被称为"仁"与"德"。仁表达了内心完美的观念结构与价值结构，也是合理的外在行为的内在依据。德是依据和谐的观念结构形成的外在社会行为方式，是仁的行为实现形态。"德性"与"德行"就是对德的阐释。

　　在西方文明中，这种能力就被称为"善"与"正义"。善表达了内心完美的观念结构与价值结构，正义则是依据善所形成的合理社会行为方式。善是正义的内心依据，正义是善的行为表达。

　　在中华传统文明中，仁的外在行为方式也依据其对合理社会秩序的服从而被称为"义"，内仁而外义统称为仁义。中华传统文化中的基本伦理可以归纳为三纲五常。三纲为社会政治伦理，五常为社会一般活动的伦理。其中的仁是一切合理行为的精神依据。

中华传统文化中的伦理体系是灿烂辉煌的中华文明的精神依据，也是人类农耕文明中最优秀的公共观念体系。中华文明演化的现代化进程，实现了由农耕文明向工业贸易文明的转型，并逐渐消除了在基本社会秩序形态中与现代西方文明的差距，还将逐渐重构中华文化并实现其在工业贸易文明中的新延续。在新的中华文明形态中必须有新的伦理结构代替曾经辉煌的三纲五常。

文化是文明的精神依据。现代化转型中的中华文明必须重构新的现代文化。这个文化重构的过程，必将形成支撑现代中华文明的新兴公共价值体系与伦理体系。在这个文化的重构中，传统中华文化的基本伦理仍然可以为新伦理的构建提供有益的公共观念基础，西方现代伦理则可以为这个重构提供有效的工具价值与方法论营养。今天中国推出的社会主义核心价值观，大致表达了这个新伦理的框架。但仍然需要进一步的阐释与展开。

中华文明的有效延续与重新崛起必须依赖全新的文化来重新武装中国人的精神世界。仅仅依据马克思与毛泽东，仅仅回到孔孟与老庄，仅仅移植与模仿西方与美国，都不能完全解决中国今天的精神需求问题。今天的中国是新时代与新历史中的新中国，今天中国的新文化需要超越马克思与毛泽东，需要超越孔孟与老庄，更需要超越西方与美国。

在漫长的文明演化进程中，人类为了追求合理与和谐的社会秩序，也就逐渐形成了社会成员追求理想社会秩序的合理行为模式。这种理想的社会行为模式主要通过道德规范来表达。不同的文明具有不同的社会秩序追求，也就具备不同的道德规范体系。

所谓道德规范，就是依据道德精神活动所形成的符合社会主流公共价值与主流伦理的社会行为方式，就是对这种行为方式的文化表达与社会秩序表达，就是对这种行为方式的社会化推行。道德规范仅仅是一种行为方式，是社会文化中表达的理想社会秩序所追求的行为方式，也是人类塑造与维护理想社会秩序的基本行为规范依据。道德规范具有对道德精神活动成果的依赖，但常常更直接地来自伦理价值的直接塑造，尽管这种塑造常常离不开道德精神活动提供的超验价值。但是，道德规范仅仅是社会秩序与社会权力对合理行为方式的规范，而不必来自道德精神活动的结果。道德规范常常直接表达了社会权力对社会秩序的维护目标，这种表达的依据就在社会权力构建的社会主流文化中。

道德规范的原初形态仍然来自对人类道德精神活动成果的凝聚与总结，来自对道德精神成果的公共观念化与文化表达。但道德规范成为稳定的文化内涵以后，就开始独立于道德精神活动而逐渐变成了对伦理价值的直接行为表达，尽管这种表达仍然离不开道德精神成果的经验。

当道德规范形成了与文化结构中伦理价值的稳定联系之后，就可以脱离对道德精神的依赖而成为一种独立的社会文化存在形态了，道德规范就由此而变成了人类追求合理社会秩序的伦理价值在社会行为方式中的直接投射，变成了伦理价值的社会行为模式。这样，从伦理价值到道德规范提供的直接行为方式，就通过社会文化活动而绕过了对道德精神活动的追求，人类的道德精神活动也就由此而在道德规范中被悬空了。

离开了依赖道德精神活动促发动因的道德规范行为，就只能通过社会秩序对社会成员行为方式的直接约束来实现。这种约束主要依赖在社会权力活动中引导与运用的另外两种秩序维护工具，这就是法律工具与习俗工具。社会权力在司法与立法活动中投入的大量资源，在塑造与引导社会习俗活动中投入的大量资源，很多就是为直接塑造社会行为规范的资源投入。这种约束还可以直接来自社会权力的利益输送诱导，这也需要投入大量的社会资源。

由维护社会秩序的社会权力活动直接塑造出来的道德行为方式，就常常会混同于来自道德精神活动的道德行为方式，也就常常形成了对道德精神活动的虚假化，因为权力塑造的道德行为并非道德精神活动的结果。道德规范就是各种类道德行为的主要来源。

　　在中华传统文明中，强烈地依赖权力活动主导的文化活动对社会成员的伦理塑造来维护社会秩序，也就由此而形成了道德治国的政治传统，其中也就必然会形成大量的并非来自道德精神活动的道德规范行为成果。流行的社会文化对道德精神活动的成果与道德规范的成果认知的模糊，面对这种普遍的类道德行为也就常常被严格的道德哲学考证为虚假的道德。因为这种类道德行为常常是对伦理价值的工具化服从或功利化服从，而没有对道德精神的内在追求。

　　当社会权力绕过伦理价值直接构建出依据道德规范的社会行为标准时，就形成了社会行为的一般规则。行为规则中蕴含了道德规范，但又不会明确蕴含伦理。道德规范是道德精神的工具异化简化，社会行为规则则是对道德规范的进一步工具异化简化。行为规则的实现无须对伦理的理解，仅仅依赖与对权力的服从或者对习俗的服从。从道德精神形成的道德行为，到道德规范形成的类道德行为，再到行为规则直接塑造的规范行为，人类遵从合理社会行为方式的内在的内在自觉性在不断降低，但服从社会秩序的行为过程则在不断简化。这种简化形成了社会秩序维护活动的工具化简化，也形成了人类行为选择的习惯化简化。

　　对维护社会秩序方式的工具化简化就是对社会秩序的技术化塑造，它带来了秩序维护的简单化与低成本。塑造社会成员的道德精神活动方式需要复杂深刻的伦理塑造与文化滋养，塑造道德规范也需要深入的伦理文化传播，树立行为规则则只要简单的权力活动与习俗跟随。

　　在道德治国的权力活动方式中，如果不能普遍形成简单直接的社会行为规则，其效果就常常会模糊不清与不确定，对道德的追求就常常不如对规则的追求简单直接。面对社会权力的直接秩序目标，明确的规则要比复杂的道德精神活动更为直接有效，这也是现代中国人对西方社会的直接治理技术崇拜的原因。文化肤浅的现代中国知识分子们常常以此来贬低中国传统道德的功能，将它们斥为愚昧的腐朽。其实这正是他们自己的文化无知与哲学无能。西方人的社会治理技术并非来自他们的深刻与高妙,而是来自他们的肤浅与简陋。

在各种社会秩序的维护方法中,只有道德精神活动是最深刻与最自觉的,也是最透彻与最完美的,但也是最困难与最稀缺的。道德规范对道德精神活动的工具简化,也同时削弱了其中深刻的自觉与完美,社会行为规则对道德规范的工具简化,则基本上悬空了自觉而变成了对行为方式表象的简单模仿。因此,对行为规则在复杂多变的社会环境中正确完美的执行,仍然要依赖道德规范提供的伦理理解,对道德规范在复杂的价值判断与行为选择中的自觉完美实现,仍然要依赖道德精神活动提供的内在自觉与精神皈依。

道德精神是道德规范的精神活动依据,道德规范是行为规则的文化内涵依据,社会行为规则则是最容易在普罗大众中简单推广普及的社会秩序形态。人人都可以接受社会行为规则,只有具备一定文化理解能力的人才能自觉接受道德规范,只有具备了深刻文化修养的特殊个体才能形成内在自觉的道德精神活动。只有他们才能成为道德楷模。道德楷模永远稀缺。

在工具化或者功利化的道德规范行为动机中,伦理价值常常并非动机的核心价值,而常常会是条件价值。而行为动机的核心价值则是复杂多样的其他个人利益追求。道德规范在社会环境中的普遍推广,特别是道德规范的规则化工具延伸,就为追求不同个人价值实现的社会成员提供了宽泛的条件价值选择空间,使得他们在广泛的道德规范行为方式中都可以实现自己的利益。例如,服从道德规范的行为可以成为对追求荣誉与名声的行为目标的条件价值,也可以成为追求社会地位的行为目标的条件价值。当社会成员在个体价值追求的社会行为中普遍地利用道德规范作为其他核心利益实现的条件价值时,也就形成了对道德规范的普及与推广,也就实现了对合理社会秩序的有效维护。但这种状态却虚化了他们的伦理价值自觉服从。道德精神活动虽然在这种活动中被工具化与功利异化了,但其维护社会秩序的功能仍然会有效地实现。

这种现象也是道德规范由社会权力活动来推行的必然结果。权力活动一定会追求秩序维护工具的低成本与高效率，用道德规范工具为社会成员的社会行为方式提供广泛的条件价值，要比通过文化活动塑造他们的伦理价值和培养他们的审美能力要便捷地多与简单得多。孔子的"民可使由之不可使知之"，大致就是这个意思。

孔子深刻的道理常常被现代知识分子们望文生义地肤浅理解。这一方面来自在近代中国两次强烈批孔运动留下的文化遗风，另一方面则来自在尊孔时代被强行附会与美化形成的文化肤浅。孔子大概是能够理解道德精神实现的本质与困难的人，但理解孔子的人却很少。今天的知识分子以为自己比古人明白，实际上远非如此。今天学者们的头脑被看似深刻而实际高度技术化的知识文化所分割与局限，才是他们的智慧退化的根本原因。

现代社会看似在推崇社会成员的自主精神与自由选择，殊不知他们的选择已经被世俗文化提供的各种简便的技术手段强烈地塑造与引导了，甚至被商业广告强烈地塑造与引导了。他们只需依照社会权力提供的世俗文化价值与社会行为规范实现自己的行为选择，他们无须深入道德精神活动之中。他们按照社会规则行事，他们依据社会专业就业，他们根据商业广告消费，他们甚至依据流行文化提供的形式来表达自己复杂丰富的爱情，除此以外他们几乎没有自己的精神自由。传统社会用简单社会劳动约束社会大众，现代社会则用复杂社会生活放牧社会大众。

因此，在现代社会活动中诉诸道德文化与道德精神的活动方式，就常常是违反道德精神的追求个人功利的活动方式。例如通过对他人的道德谴责来获取自己的社会利益。

道德精神活动来自人类个体内心的精神自觉。道德规范活动来自人类对社会秩序与社会权力的理性服从，社会规则则为社会成员提供了合理行为的直接行为模仿与服从的模板。它们都是规范个体行为选择方式的不同的内在方法与外在工具。对道德精神的追求与对道德规范的服从从来都是规范自己服从社会秩序的行为。传播与宣扬道德精神与道德规范的文化活动也是引导他人自觉服从秩序的活动。但在今天的社会文化活动中，宣扬道德精神与道德规范则常常会异化成为谋取自己私利的工具。

人类利用道德规范工具甚至社会规则工具维护社会秩序，虽然逐渐离开了道德精神活动的方式，但它通过各种社会资源的交换与分配得到了对合理社会秩序的有效普及与推行，也就使它们成为直接有效的社会秩序维护方式。这种社会秩序维护方式由于可以直接通过对世俗利益的表达来推广，也就更为容易在一般民众中普及，也就简化了对深刻完美的文化修养追求的条件。例如，宣传群体化的诚信行为可以获得比较稳定的商业利益，宣传不诚信的行为最终会损害自己利益的道理，就比塑造"仁"与"信"的伦理并培养服从这种伦理价值的审美能力要容易得多。

依据道德精神活动实现的社会行为虽然只能在特殊的少数人群中得到普及，但却可以为大多数社会成员提供道德规范的行为方式依据。当道德精神的行为方式被道德规范化以后，就可以脱离道德精神依据而成为一般社会行为的选择方式来实现了。道德精神的行为结果虽然被道德规范异化了，但却获得了更为高效的社会秩序维护的工具形式。

当道德精神活动的本质与过程不能被人类的理性所理解，这种工具的异化也就不能被理解。这就要么混淆了道德精神活动与道德规范的本质差异，并形成了错误的哲学观念，要么诟病普遍的道德规范行为是虚假的道德行为，而将有效的社会秩序维护工具束之高阁。

道德规范对道德精神的异化带来道德行为的简化与普及，但也带来了对道德精神的虚假化与悬空化。当道德哲学不能说明这种虚假与悬空的必然性与有效性时，也就会形成对道德精神与道德行为的误解。

道德精神的伟大与神圣来自他发自人类内在的精神追求。道德规范的世俗化与普及化，则来自它发自人类普遍追求的社会一般私利。伟大而神圣的精神难以普及，世俗的私利追求则常常有效。

社会存在是人类创造的特殊生存环境。环境的存在依据其秩序的稳定性实现自己的功能。人类社会存在具备的内在稳定机制就来自人类特殊的社会活动方式，这种社会活动就是社会广义权力活动。没有社会权力就没有社会秩序与社会存在，就没有人类文明。

自从人类进入中古社会的养殖栽培文明以后，人类的社会权力活动与社会文化活动就开始与主要的社会经济活动区分出来。权力活动就开始专业化了，专门从事权力活动的社会成员就出现了，社会权力体开始形成。

在现代社会中，随着社会结构的扁平化与精密化，权力活动也在逐渐减少的社会层次结构中更为专业与规范。例如在专门进行经济活动的企业结构中，在专门进行公共观念传播活动的教育机构中，权力活动也都更为规范化了。

在现代社会中，专门从事社会基本秩序的构建与维护的权力活动就是狭义权力活动或者国家政治权力活动，专门从事这种权力活动的社会群体就是国家权力体或者国家权力机构。现代政府是国家权力体的专业化执行机构，在不同的现代国家中政府机构之上的国家权力体的形态则不大相同。

中国的执政党就是国家权力体。西方社会的政党则不是国家权力体，而是流转与富集权力资源的政治活动机构，他们的国家权力体主要分布在议会与法院中。现代中国的社会成员进入国家权力体的途径较为直接而明确，这就是加入执政党并服从其行为纪律与政治理念，依据在其中的工作业绩逐渐提升地位。西方的社会成员进入权力体的方式则比较复杂多样，还常常不透明。现代中国的国家权力结构的形态来自历史的政治活动方式与政治秩序的延续。尽管在其现代化进程中也不断吸纳了西方政治活动的一些工具性方法，但其基本形态与基本功能机制则没有根本改变。

人类通过社会权力活动追求与实现社会环境秩序的稳定性，从而追求与实现合理的社会环境。权力活动的功能就是构建与维护社会秩序。社会权力在社会成员的生存方式中构建与推行道德规范，就是权力活动依据道德精神活动的成果实现维护社会秩序的方法。构建与推行道德规范从来就是权力活动的重要内涵。

在现代中国的权力结构中道德规范由执政党直接或间接构建，由政府机构直接或间接推行。在现代西方的国家权力结构中，则由国家权力体间接构建，由媒体和其他专门文化机构间接推行。

来自人类道德精神活动的道德行为方式，通过权力活动中的工具简化与利益交换，也就变成了直接维护社会秩序的道德规范工具，也就变成了社会权力体对社会成员行为的直接约束方式。这种直接的方式绕过了复杂的道德精神活动过程，由对社会资源与利益的直接交易活动来实现。这就是典型的构建道德规范的权力活动方式。

社会秩序构成了社会环境的存在，社会秩序的功能就是通过限制社会成员的行为自由度实现的。在高度文明的社会环境中，依据道德精神与道德规范对社会成员行为自由度的权力约束，就是主要的非暴力约束。在另外两种社会秩序的维护工具中，习俗工具也是非暴力的约束方法，法律工具则是依据行政暴力支撑的约束方法。从传统法治到现代的法制的演化进程中，通过对其中的暴力方法的日益弱化与人性化来实现其进步，但法律方法对暴力的依赖则永远不会消除。例如在现代国家中逐渐取消死刑就是一种弱化法制工具暴力方式的进程。

通过权力活动对道德精神进行的道德规范的工具性异化，道德规范的成果就基本上不属于道德精神活动的行为结果了，就变成了社会秩序维护活动或权力活动的直接文化成果了。

道德规范一旦成为权力活动的直接工具，也就变成了一种伦理价值的独立实现方式，也就会形成对伦理价值的独特文化表达形态。由权力活动推行的道德规范一旦作为社会公共价值的文化表达形态被确立，也就必然在文化结构中形成道德规范与伦理价值的新关系与新结构，在人类的社会文化结构中就由此而出现了绕开道德精神活动的道德行为追求方式。这种没有道德精神活动依据的道德行为方式就是一种直接追求对伦理价值的行为方式，这种行为方式也就会在文化环境中被表达为伦理价值的文化内涵。道德规范作为伦理价值在文化环境中的直接表达，又会为新的伦理价值的形成提供价值动因。

依据伦理在道德精神活动中的实现方式构成了道德行为规范，依据道德规范的文化表达又构成了新的伦理，再依据这种伦理直接构成了道德规范的行为方式。这就是从伦理到道德规范的一个小实践循环。将这个实践循环延伸到依据伦理的道德精神活动中，就构成了人类道德行为的大实践循环。

人类维护社会秩序的道德规范方法，从权力活动的工具到伦理价值的文化转化都来自社会主流文化活动的塑造。人类公共意识活动空间中的公共价值就是社会秩序构成的精神依据，这就决定了文化对社会秩序的基础支撑功能，也就决定了文化活动在社会秩序维护工具的构建活动中的明确地位。由权力活动主导的社会主流文化活动所必然具备的权力属性，也就决定了主流文化活动对道德规范与伦理价值的构建与整合的必然性。

所谓主流文化活动，就是由维护社会基本秩序的国家权力体主导的社会文化活动。所谓主流文化，就是社会基本秩序的公共价值依据的社会环境表达。将权力活动的各种直接工具在主流文化活动中实现文化形态的内化与容纳，常常就是主流文化活动的必然内涵。古今中外概莫能外。

在今天的现代西方社会中，在今天的中国社会中，在今天的世界中，也都在这种文化活动与权力活动的交融中实现着自己社会秩序的维护功能，只不过在不同的政治体制中这种活动会表现出不同的权力活动方式与不同的社会秩序追求目标而已。自由民主是一种秩序目标，发展与富裕也是一种秩序目标。在今天不同文明的文化体系中各种不透彻的政治文化甚至还很蹩脚的政治理论与政治伦理，则常常会在并不完美的文化表达中遮掩了这个本质。

人类主流社会文化活动的核心目标就是构建与社会基本秩序目标相一致的文化体系，也就是构建与维护主流文化体系。人类对社会秩序的维护目标还可以通过建立由道德规范表达的社会行为标准来实现。将道德规范的秩序工具转化为公共价值甚至转化为伦理，将道德规范的行为方式转化为公共价值，也就必然是主流文化活动的内涵。

　　这种转化的最典型的也是比较成功的例子，就是中华文明传统文化中由三纲五常的观念体系表达的伦理结构。在中华文明的传统社会活动中，三纲五常伦理的推行已经无需道德精神的支撑了，已经完全变成了权力体在一般伦理灌输与一般规则约束中表达的理想化的社会行为规范的直接标准了。对这种行为规范的权力活动推崇，就会在社会成员的一般社会生活中，激发出各式各样的行为选择形态与各式各样的社会关系形态。但这种行为规范在具有深厚主流文化修养与优秀审美能力的社会成员身上，也仍然会继续保持其隐含的道德精神活动方式。他们实行道德规范的动机中就更为具有内在的自觉。

　　这种比较罕见的仍然依据道德精神活动的道德行为方式，常常就在主流文化活动中被推崇为规范的行为方式而被放大与宣扬，这也就常常将它们神圣化与普遍化了。但对于高效率地追求社会秩序维护目标的权力体来说，这种虚幻的神圣化与普遍化则是权力目标所需要的。

　　例如，新中国成立初期的学雷锋运动与宣扬雷锋精神的文化活动，就是一个比较高效地构建与维护社会新秩序的普及化方法。但要真正构成雷锋式的道德精神活动方式，则仍然是需要极为特殊的条件的，也是难以普及化的。对雷锋式行为方式通过权力活动的直接推广则是方便的与容易普及的。学雷锋的群众运动只能在道德规范的范畴中实现，雷锋式的道德精神活动方式则很难大规模普及。

　　在今天的社会文化中，对各种道德精神活动的虚幻化甚至虚伪化评价之所以还普遍流行，就是因为对道德精神活动成果与道德规范行为成果的混淆。在社会活动中完美典型的道德精神活动只能在少数具有完美伦理价值结构与完美审美能力的个体中发生，而通过社会主流文化活动所推崇的道德规范行为方式，则可以在各个层次的社会成员中得到普及。他们对道德规范的行为服从并不会来自道德精神的追求，而是来自社会权力安排的其他利益驱动与利益输送，他们对道德规范的服从与追求就是他们对一般社会利益的追求方式而已。社会权力对道德规范在一般社会利益实现方式中的合理安置，使得他们在追求个人利益的目标中就可以实现对道德规范的服从，使得他们在直接的利己价值判断中，就实现了间接的利他行为。

社会权力直接推行道德规范的另一个例子就是今天开始普及的失信者黑名单制度。通过社会权力活动的安排对社会活动中的失信者实行必要的行为限制与必要的经济惩罚，就是一种推行道德规范行为的权力活动办法。这种办法的实施并不会改变失信者的伦理价值与道德精神追求状态，而是通过对他们其他社会利益的限制与破坏来强制他们改变自己的行为方式。在黑名单制度中重新遵守诚信的失信者们并非皈依了社会伦理，而仅仅是在现实利益面前进行了新的行为选择而已。这种方式就是现代社会中推行道德规范的最高效的方式。

这种高效率的社会秩序维护方式也不可避免地形成了由权力推崇的道德规范对道德精神活动方式的异化。所谓异化，就是人类公共观念的表象与内涵的分裂。道德规范对道德精神的异化会形成文化的混乱也造成了哲学的困境。这种异化混淆了对人类道德精神活动与道德行为关系的理解，并引发了道德哲学的逻辑混乱。道德哲学的混乱又进一步模糊了对道德精神的理解，并不得不将道德精神神秘化。由此，伦理学与道德哲学就开始变成了经院哲学中的教条。对道德精神的教条化虽然可以在哲学中保留它的重要地位，但却将它悬挂起来变成了人类精神活动中不可理解的形式贡品。这就是今天道德哲学的窘态。

148. 道德规范是权力对行为的引导与限制

人类的生存环境与人类本身都可以理解为环境。宇宙与世界仅仅是人类对环境的表达形态。人类通过精神环境映射与表达了全部生存环境的秩序与功能，并表达了自己实现生存的方式。人类理解全部环境秩序的根本逻辑，可以表达为秩序对能量的组织化。能量是环境的本源形态，秩序是环境的功能形态。

秩序是存在要素集合中形成了特定外部功能的内部联系。秩序是存在的环境功能标识。秩序是基于其存在的外部功能对其内部联系的组织化与规范化。秩序为存在提供的全部外部功能都是对其内部要素的无序形态与活动自由度进行限制的成果。

理解人类生存的环境就是理解不同层次的存在形态，就是理解其中能量与秩序的关系。物理世界是人类的无生命环境层次。人类物理学的全部成就就是将这个环境的秩序形态透彻地理解为物理秩序对物理能量的组织化结构。物理学的发展就是人类的经验不断打破统一的理解模式，又努力建立新的统一理解模式的演化进程。

在人类对生命环境的理解中包含了对人类本身存在方式的理解。人类对生命环境的理解还远没有达到对物理世界的理解程度，因为生命环境的秩序比物理环境的秩序复杂得多。人类在物理学中获得的成功的逻辑工具与实证方法，并没有为理解生命存在带来更大的成就。生命科学还在襁褓中。

人类是生命环境中的特殊存在。人类的精神环境层次是比生命环境层次更复杂的环境存在层次，是从最复杂的生命形态中对其特殊功能进一步组织化的成果，是人类最复杂的生命器官为人类的生存提供的特殊环境。

人类对精神环境的理解还远没有达到透彻的理性化，也远没有形成完美有效的外部表达方法。哲学就是人类表达对精神环境理解模式的文化形态，人类在哲学观念的构建中虽然竭尽全力追求理解与表达的理性化，但直到今天的全部哲学形态还仍然是半感性的。在至今为止的全部哲学思想的表达中还不得不大量借用文学性的方法。

人类最有成效的理性工具还仍然局限在对物理环境秩序的理解与表达中，这就是数理逻辑与数学工具。在人类理解与表达生命环境秩序的观念模式中，透彻的理性化方法也还没有成形，也还主要在引用物理学的逻辑工具。人类为理解与表达精神环境秩序与意识活动方式而创造出一种透彻有效的逻辑工具的前景还很渺茫。

人类的社会环境则是人类生存环境中的最高存在层次，其中的能量形态就是人类本身，也就是社会个体成员。整合人类个体的生存行为并形成高度组织化的秩序形态，就构成了人类的社会环境与人类的文明。社会秩序中虽然仅仅表达了人类社会成员之间流转环境资源的关系，但这种秩序的建立则是依赖人类精神环境秩序的群体组织化的结果。群体化的精神环境形成了超越个体精神环境的功能，依据这种功能构成的对人类生存行为的组织化，也就构成了精神环境之上更为复杂的社会存在形态。

如果说今天人类的哲学还仍然幼稚的话，人类具有完美理性形态的社会学观念模式则还没有真正出现。今天冠以社会学名头的各种公共观念体系，大都仅仅是表达了不同层次的社会行为而无法统一逻辑化安置的经验观念而已。从心理学到经济学，从博弈论到政治学，从艺术方法理论到社会关系结构，从历史观念论到社会演化理论，还都分别处在混乱的微观和中观经验观念的形态中，其中的逻辑化方法仅仅是借用来的对经验观念的包装工具。所谓具有了严谨理性化体系的经济学与政治学，实际上也仅仅是对人类社会活动最粗糙的经验感受的逻辑化包装而已。今天所谓的大数据技术，仅仅是对传统社会信息的初步逻辑化的组织方法，还只是借用数学逻辑工具来表达的人类社会活动的散乱微观表象而已。

在今天人类的文化中，对社会秩序的理解与表达更是深深地依赖感性化的文学方法。人类最深刻的社会秩序感悟还仍然蛰伏在文学中，任何理性逻辑离完全解析文学的内涵还十分遥远。

作为人类理性化文化结构中最庞杂的体系，社会学还远不能实现对自己中观结构的学术化分类，还只能与人类的一般文化形态混合在一起模糊地表达，也就只能被统称为人文社科学术类别。在这个学术类别中，在某一个文化领域或思维方式中，看似某些理论还可以具有不可怀疑的真理性，但换一个人类活动的环境，同样的模式就可能会变成一钱不值的瞎说。在今天的经济学与政治学中充满了自我标榜的确凿真理，又充满了令人迷惑与欺世盗名的理念。

今天的所谓社会学的整体状态，还大致处于类似两千年前的哲学刚形成时的状态中，就是在似乎最完美的经济学领域中，也还远没有达到三百多年前被牛顿的超验观念统为一体的物理学与化学的文化表达状态，尽管当时的学者们仍然对遍布着炼金术士和永动机专家们的学术成就沾沾自喜。今天自以为是的经济学家们对社会经济活动的理解，还远达不到当时炼金术士和永动机家们对化学与物理学的理解高度。

由人类依据自己的精神世界与群体化生存活动所构建出来的社会环境，仍然是一个完整的环境存在的层次。与其他环境层次一样，社会环境也仍然是秩序对能量的组织化结果。社会秩序的形成与演化机制，也具有与自然环境与精神环境的演化的类似机制。社会环境是人类生存环境中的最高层次，也是超越了人类精神环境秩序的层次。

社会环境来自人类文明化的生存活动的成果，也来自人类自觉的主导与构建。人类自觉构建社会环境秩序能力的形成，就是人类从自在的动物存在转变为自觉的人类存在的标志。人类今天还处于向自觉存在的演化进程中。人类自觉主动构建社会秩序的行为方式并不会超越社会秩序本身的自在形态与来自人类一般生存行为的自组织过程。

人类的环境存在依据其秩序的内在稳定性实现。宇宙的存在依据其内在的秩序稳定性实现，生命的存在依据其内在的秩序稳定性实现，人类社会的存在也仍然依据其内在的秩序稳定性实现。在人类对合理社会环境的追求活动中也就必然要追求社会秩序的稳定性。

构成社会秩序稳定性的依据就在人类生存行为中偶然形成的自组织状态之中。人类试图用自己的意识能力理解这种状态，并通过自己的社会行为努力自觉地构建与维护这种状态，但直到今天还并不成功。人类的伟大智慧对社会环境秩序稳定性的理解，还仍然是十分模糊的。人类自觉或不自觉地对社会秩序的构建活动与维护活动的成果，还仍然是高度随机的与高度或然的。

但这种模糊与无奈，并不会阻挡人类对更为合理的社会环境秩序的构建与维护的奋发努力。这种努力的有效性只能通过这种努力形成的秩序成果的稳定性来评价。任何能够稳定存在的人类文明体系，都必然具有其成员对其构建与维护活动方式的内在合理性依据。人类社会结构或文明结构存在的历史稳定性程度，基本上可以作为其社会秩序的一般合理性判据，这就像最稳定的基本粒子与元素结构就是物理环境中最合理的微观秩序一样。

人类构建社会秩序与维护社会秩序稳定性的活动就是人类的广义权力活动。权力活动是人类自觉地维护社会秩序稳定性的活动，也就是人类自觉地构成社会秩序的活动。任何稳定存在的社会结构与社会文明，必定是一种相对合理的权力活动的成果。例如在今天高度稳定的美国社会中，必定蕴含了他们的社会成员合理的权力活动方式，例如在今天唯一没有中断的中华文明的历史进程中，也就必然蕴含了合理的权力活动方式与社会权力结构。在今天动乱而分裂冲突的国家中，也就必然蕴含了不合理的权力结构与权力活动方式。

社会秩序的合理性是相对的，它相对于不同社会成员的利益评价，只有其稳定性才是超越了社会成员利益局限的一般性评价。但任何社会秩序的稳定性也是相对的，它相对于社会成员对生存行为自由的永恒追求。

在相对稳定的社会秩序中，永远蕴含了社会成员的无序自由行为对秩序的瓦解，也永远蕴含了广泛的不合理秩序内涵。合理秩序中的无序要素与不合理内涵为合理秩序提供了变异与进化的活力条件。

只有在相对稳定与合理的社会秩序环境中才可以形成比较好的人类生

存状态，才可以构成比较好的人类文明形态。那种追求绝对和谐有序社会秩序的理想，从来就是一种超验的精神乌托邦。从理想国到共产主义和大同社会，大抵如此。但优良的乌托邦观念仍然可以为人类提供合理安置混乱社会秩序经验观念的精神环境，仍然可以为人类带来精神希望与理想信仰。但任何乌托邦都无法为人类社会权力活动提供真实的精神工具，乌托邦一旦被真实经验化就会形成社会灾难。

曾经的中国传统社会就是农耕文明中相对比较好的文明形态。今天的西方社会就是现代工业贸易文明中比较好的人类生存状态。中华文明从农耕文明向工业贸易文明的成功转型，则是中华文明现代化延续的可能性条件。

存在的秩序就是对存在中能量状态的组织化成果。社会环境的秩序就是对人类生存行为的自由度进行合理限制与规范的结果。社会秩序对人类社会成员行为自由度的限制与约束，在社会文化中就表达为人类的行为规范与社会活动的规则。人类的行为规范与活动规则既是人类文明的基本特征，也是人类文明的存在依据。

社会秩序由人类的活动构建也由人类的活动维护。人类维护社会秩序的方法可以分为三大类，这就是三类社会秩序的维护工具，也就是道德工具、法律工具与习俗工具。它们就是三种限制与规范社会成员行为自由度的基本方法。

人类依据对个体精神环境的群体公共化与组织化，构成了公共观念与公共价值，也构成了社会秩序的精神依据。人类维护公共化的精神环境中的公共意识活动秩序的方法，就是人类的社会文化活动秩序以及社会文化的形态，就是社会主流文化成果的表达方式与传播方式。社会文化活动对个体精神环境的信息输入也就形成了对他们观念结构的自组织过程或者意识活动的引导与制约，也就是形成了对意识活动自由度的限制。这就构成了个体精神环境中的公共观念或伦理。

只有完全脱离了文明与文化环境的个体才是精神绝对自由的个体。人类的文明向人类提供了更为优越的生存环境与生存方式，也同时为人类提供了绝对不自由与相对自由的行为空间。社会文化环境对个体意识活动的自由度形成限制与束缚的结果，就是形成了人类的公共观念就与公共意识活动方式，就是形成了人类的文明。

环境的存在依据其内部秩序实现它对环境的影响功能。社会环境中的社会秩序功能的实现方式就是对人类个体行为自由度的规范与限制。这种限制的全部依据就是由个体组织化构成的社会群体结构中的外部公共利益。这种限制的结果就是形成了社会秩序与社会结构，形成了社会化的人类生存方式，形成了人类的文明。

人类通过自己的生存活动自发或自觉地构成了社会环境秩序。人类为了获得群体生存的外部利益，也就依据社会秩序限制了内部成员的行为自由空间。例如家庭的家规对家庭成员的行为限制就是追求家庭的延续与繁盛的必须。例如企业的制度对企业成员的行为限制就是追求企业的生存与企业利润的必须。例如国家的制度对国民行为自由的限制就是追求国家的生存与国家的外部竞争力的必须。

个体自愿接受社会秩序的行为限制与制约，个体遵守道德规范与服从伦理规则，就是对获得秩序福利的价值付出自愿，也是个体利益对群体利益的付出。但这种自愿常常并非是个体自觉价值判断的结果，而常常是文化环境塑造的非自觉结果。

这种服从社会秩序制约与限制的价值付出，就是获取群体对其内部成员提供的公共服务与公共利益的价值权衡结果与利益交换方式。例如服从家规是为了获得家庭环境提供的生活条件与对家庭的权力与财产的继承，其中也包括了家庭环境提供的精神价值满足。遵守企业制度或政党纪律，就是为了获得企业的工资与福利或政党的政治资源，就是为了获得在企业或政党中的权力地位，其中也包括了企业与政党环境提供的精神价值的满足。遵守国家制度则要复杂一些，除了获得安宁和谐的生活方式和社会福利与公共服务以外，还会追求国家的精神归属感与国家的外部影响力与竞争力，其中也包括在国家环境中获得的各种文化价值与精神价值的满足。前者可以统称为国家福利，后者可以统称为爱国情怀。

人类文明化的生存方式逐渐形成了文化中表达的道德规范与伦理规则来维护社会秩序，也表达了合理社会行为方式的形态。人类依据道德精神活动的道德行为成果形成了对伦理价值的直接服从。人类通过对道德行为的直接权力推广就形成了道德规范与社会规则。

维护社会秩序的道德工具的通用形态就是依据道德精神成果形成的道德规范。道德规范是社会权力活动维护社会秩序的基础性工具，它也为习俗工具与法律工具提供了伦理依据。道德规范形成了对社会成员行为自由度的基本限制，它也被理解为人类文明化的行为方式。道德规范为社会成员的社会行为方式提供了基本的合理空间，也提供了基本的限制范围，它是构成社会环境秩序的基础性依据。道德规范形成的行为限制让社会成员失去了部分行为自由，但却获得了社会环境为其提供基本福利条件。

人类全部社会公共利益的实现都是通过社会成员的利益付出来达到的。每一个生存在社会环境中的社会成员通过付出自己的资源与利益，通过付出或牺牲自己的行为自由度，也就获得了文明化的社会生存环境与文明化的社会生活方式。

社会秩序来自人类社会活动中形成的自组织机制，也来自人类主动自觉的秩序维护活动。人类实现生存欲望与环境需求的自由行为，既是社会秩序形成的依据，也是社会秩序具备内在稳定性的依据。人类自觉确立与维护某一社会秩序形态的活动，为社会秩序的自组织过程提供了外部稳定因素，这种因素提供了社会秩序抵御环境扰动的功能，这种因素有时对社会秩序的存在是决定性的。任何秩序的稳定性依据都在秩序本身形成的内在机制中，任何外部稳定性因素的功能实现，都必须通过在内部秩序的影响中实现。归根结底，人类维护社会秩序稳定性的社会权力活动的功能来自社会结构内部的社会活动。

当这种外部稳定性因素与社会秩序的内在稳定性机制相耦合，就会形成具有明确社会秩序功能的稳定性状态。当这种外部稳定性因素与社会秩序的内在稳定性机制相冲突，就会弱化其稳定性，就会形成社会秩序瓦解的原因。前者形成了有效的外部权力行为，后者形成了无效的外部权力行为或权力破坏行为。

在人类文明的演化进程中，随着人类对社会存在的形态与功能理解的日益深化，人类文化中蕴含的公共观念体系与伦理结构也就日益具备了对社会环境秩序表达与投射的合理性。这种合理性的程度就是人类不同文明的合理程度的内在依据，也是人类维护社会秩序的权力活动方式的合理性与合法性的依据。

自从人类进入文明，就开启了依靠社会环境的生存方式，也就开启了人类构建理想与和谐的社会秩序，维护理想与和谐的社会秩序的社会活动方式，这就是广义的权力活动。人类对社会秩序的任何新构建，也都是依据对新秩序的稳定性维护来实现的。维护社会秩序的活动也就是构建社会秩序活动的核心内涵。权力活动就是维护社会秩序的活动。

人类社会维护秩序的基本方法有三大类，这就是道德、法律与习俗。不同的社会环境形态就是处于不同社会秩序与不同的个体行为自由空间的均衡状态之中。其中也必然表达了不同的秩序约束强度与个体行为自由的度。人类文明的本质就是社会秩序与个体自由的均衡。社会秩序强度的增加以社会成员行为自由度的消减为条件，社会成员行为自由度的增加以社会秩序强度的消减为条件。

在人类不同文明中及其不同的历史阶段中所形成的各种不同形态的社会秩序与社会结构，都是其社会秩序形态与社会成员行为自由度形态间的不同均衡状态。理解与表达这种均衡状态的理性化方法就是理解人类社会的全部形态与人类历史的全部演化方式的基本逻辑。

存在的秩序是存在形成环境功能的依据。社会秩序形成了人类社会群体的外部环境生存能力。社会秩序强度的依据，就在人类群体生存环境的需求中。在人类不同文明的不同历史形态中，其群体的外部生存条件越优越，内部秩序的约束就越宽松。其外部生存条件越艰难，其内部秩序的约束就越严厉。这是一条理解人类社会形态的基本定律。

在广漠荒原中生存的原始共产主义文明中，成员常常处在饥寒交迫与自然危险之中，他们的原始社会秩序看似简陋实则严厉，对违规者绝不会怜悯与同情，常常会毒打与杀戮。这种社会管理作风一直延续到近代仍然生存艰难的文明结构之中。只有在热带雨林中延续的人类文明由于其优越的生存环境，其简陋的社会秩序就要宽松和谐得多。这种社会形态也在某些封闭的热带海岛中延续到了近代。

今天西方社会中伟大而温暖的人文精神，来自他们曾经残酷的社会改造与社会竞争的胜利，也来自他们对殖民地原住民的残忍灭绝。一旦他们进入了优越富足的生存状态中就会努力发扬自己文化中的和善与温情了。

传统的中华文明中曾经流行的温良恭俭让，来自当时富足优越的农耕生存环境。晚清以后传统社会的崩溃形成的生存危机，一方面摧毁了社会习俗中贵族文化的优雅，一方面滋生了社会成员中的残忍与狼性。中国人开始进入了只顾自己人人提防的生存状态中。近代中华民族外部环境的凶险恶劣也就促生了其内部社会秩序的混乱与残酷。当社会群体在追求有效的外部竞争能力时，其内部秩序也就常常会是强烈严酷的，当中华文明重新回到世界的前列实现了振兴之梦时，也一定会重新恢复自己温良恭俭让的传统。所谓的"仓廪实而知礼节"大致就是这个意思。

不同的社会结构由不同的秩序形态来标识，也具有不同的秩序约束程度与秩序约束方式，还具有不同的秩序维护方式与秩序维护工具，以及对这些方式与工具的不同文化表达。

在不同的文明体系中，在不同文化结构主导的社会秩序结构中，对社会秩序的不同维护方式就会呈现出对三种秩序维护工具的不同使用状态。人类不同文明中呈现出的道德、法律与习俗工具的不同形态，以及对它们应用依赖的不同状态，也就形成了人类历史中丰富多彩的社会活动方式与社会秩序形态。用这个逻辑分析与表达每一种社会秩序的存在形态，大致就可以看到道德规范主导了法律工具与习俗工具的发展与运用。这就使得道德工具始终处于社会秩序维护工具的基础地位之中。

现代西方文化对道德工具的贬损与忽视，就来自他们对道德工具理解的肤浅，也来自在他们的社会演化进程中道德工具的异化带来的弊端对他们肤浅文化能力的影响。他们的所谓契约精神，所谓的遵守规则，所谓的诚信与尊重他人，并不是来自上帝精神的感召，也不是来自对道德精神的自觉追求，而是来自社会权力与社会文化对道德行为的规范化塑造。看似优雅高效的秩序维护方式，实则是最为简单的权力活动成果。

现代中国文化对自己传统道德精神的诟病，也来自中国现代哲学的肤浅与近代文化的幼稚，还来自这种肤浅与幼稚对近代中国以来复杂的道德精神异化与道德行为异化的不能理解。少数理解了中国文化精髓的思考者们的抽象感悟，远无法侵入已经被西方理性工具遮蔽起来的中国人的心灵中。大多数人将他们的表达当作一种文化遗留来欣赏，少数人则将它们的特殊文化价值当作自己标新立异的工具。

中国的传统社会是一个以道德价值为主要文化内涵的社会结构，也是主要依据道德工具实现社会秩序维护与稳定的国家。传统中国的道德工具通过儒家文化体系与科举教育制度推广，在中央集权的政治制度中实现。近现代的中国在文明的转型与社会秩序的突变过程中则出现了道德工具的失效，也形成了社会秩序维护功能的弱化与社会秩序的混乱无序。这就决定了在现代中国的秩序重构中，努力构建新的道德规范工具的文化基础的必要性。

在中国传统社会中，法律工具与习俗工具一直是维护社会秩序的辅助方法。在中华文明中，也曾经有过提高法律工具地位的思潮，这个思潮与主张依赖道德工具的主流公共观念的争论，就是儒家与法家的争论。当道德工具维护社会秩序的效率下降时，法家思潮就会强化起来。在社会演化的秩序突变与秩序混乱中，由于文化构建的滞后形成了道德工具的失效，法家思潮就比较兴盛，例如在新中国成立初期就是如此。当时来自西方的马克思主义文化又为新中国构建中的这种工具倾向提供了充分的工具理性支撑，于是阶级的伦理与阶级斗争的工具就被抬到了至高无上的地位中。当社会演化的进程进入了平缓状态中后，儒家思潮就会重新兴起，道德精神与道德规范就会逐渐上升到主导地位之中，例如在今天的中国。

在欧洲传统社会中，道德工具主要依赖宗教文化活动实现其功能。基督宗教文化对社会生活的无微不至就使得宗教形态的道德规范实现了普及。欧洲传统社会中政治权力与文化权力的二元分裂构成了王权与教权的对立，也形成了宗教权力功能的不稳定，这就形成了道德工具功能的不确定性。这就是欧洲文明远没有中华文明重视道德工具的基本原因。现代西方社会中宗教权力的萎缩则弱化了道德规范工具对宗教文化的依赖，但却在新兴的世俗文化与伦理价值的发展中得到了一定的补偿。

道德规范的形态由社会主流文化中的基本伦理结构决定。不同文明中不同的主流文化形成了不同的道德规范形态。欧洲中世纪的宗教文化形成了依据基督教伦理和天主教伦理的道德规范，中国传统社会中的儒家文化体则形成了儒家伦理的道德规范，在新中国成立初期的原教旨社会主义文化中也提出了共产主义伦理的道德规范。今天的中国则在开始提倡中国特色的核心价值观作为重构道德规范的伦理依据了。

作为中国现代文明中的特殊政治群体与文化群体，今天中国的执政党承担了重构社会秩序与激励民族复兴的艰巨历史使命。她为了维护其特殊的内部秩序，也就形成了依据党性伦理的特殊道德规范。党内行为规范与党纪就是这种伦理的文化表达，但这种伦理还因为其超验结构的虚弱而主要处于工具状态中。马克思主义文化体系已经无法为今天中国执政党提供超验伦理的依据了，这种依据只能从传统儒家文化的根基中得到，这也是今天中国执政党重塑自己新伦理的基本方向。在开国领袖的言语中还会不时引用马克思，在今天中国领导人的言语中一旦涉及超验终极价值则几乎全是传统文化的内涵了。这也是中国人开始恢复文化自信的征兆。

在欧洲近代自由主义思潮中文化形态中出现了对人本主义价值的强烈推崇。这种思潮将个人价值至于至高的地位中，也就形成了对社会秩序的明确诟病，进而也形成了对维护社会秩序的道德规范的根本否定。

这来自在欧洲创立工业贸易文明的社会秩序突变中，对原来依据宗教伦理构成的道德规范进行否定的文化运动成果，也来自欧洲传统社会秩序转型中的文化解构，还来自这种解构中的道德规范体系的瓦解。欧洲现代哲学中的存在主义流派就是对这种文化解构思潮与否定道德规范思潮的哲学化表达。

人类近代历史的任何极端化思潮都是将社会文化中某一工具化公共价值的极端化与基础化的后果，都会形成将孩子与洗澡水一同泼出去的文化改造行为。这样的思潮常常会将伦理的重构与道德规范的转型变成了对道德规范本身的解构与质疑，以至于形成了对道德规范工具的根本否定。这种否定的思潮对于幼稚的社会学的影响，就是在理解社会活动的方式中根本否定了人类的社会秩序维护行为的正当性，也就间接否定了社会秩序的根本功能。

在这种思潮中对人类社会秩序的理解，就会将社会的存在简单地归纳为来自个体自由行为的必然成果，就会将复杂的社会秩序的精神依据归纳到人类特殊的"理性"中。实际上，这就是将人类的公共价值的形成与社会秩序的建立的依据又推给了上帝，只不过这种上帝已经隐蔽在各种社会学知识的背后了。这种将社会秩序的构建与维护活动虚幻化的思潮，也就是现代社会中各种神秘主义公共观念与意识形态的基本来源。

在当代中国社会的改革与开放进程中，也形成了社会基本秩序与主流文化的剧烈转型与重构。中国社会秩序的现代化转型突变，在西方人本主义文化的深刻影响下，也同样形成了强烈地解构伦理与瓦解道德的思潮，也必然地出现了崇尚个人主义与自由主义的思潮。这种思潮在被西方文化强烈地主流化改造的激励中，深深地融入了散乱的中国现代文化体系和公共意识形态中。

对当代中国的教育方式与教育机构强烈的西方化改造的结果，在造成了高等教育平民化普及成就的同时，也造成了中国基本教育活动成为传播西方公共价值的基本状态。在中国社会中的教育活动中已经基本上无法传播中国自己的公共观念体系与伦理价值了。这就将今天中国年轻人的终极价值与人生理想塑造成了西方社会与西方文化所希望的形态，这就造就了一代甚至几代只知西方公共价值不懂中华文化伦理的人群。这就是在中国的重新崛起中尴尬的文化活动人才形态。

这种结果对当代中国文化演化进程的深刻影响，对中国社会秩序演化进程的深刻影响，甚至对中华文明的现代化历史进程的深刻影响，都是不可忽视的。这个文化倾向目前还仍然具有明确的正面意义，还在引导中国社会努力接受现代西方先进文化中起主导作用，但其负面功能也在逐渐展现。这将是今后几代人甚至几十代人的文化重构任务中的繁难与障碍。

在今天的中国，这个文化倾向之所以还没有引发社会基本秩序的稳定性危机，主要是因为当下宽松的外部生存环境。宽松的外部环境容许对社会秩序维护活动的放松，也容许对社会公共观念的多元化，甚至可以适度容忍对中华传统文化和新中国文化的解构与否定。一旦中国社会的外部生存环境恶化，这个思潮对社会基本秩序的瓦解功能就会明确显露出来，对这个思潮的重新抵制与消解运动也就必然会出现。

现代西方自由主义思潮的文化基因，来自现代西方社会向工业贸易文明转型过程中对传统文化的解构与人本价值的崇拜，来自科学方法的巨大成功的强烈激励，来自这种思潮在现代世俗生活中的普及传播。将这种思潮构成稳定的文化体系的努力，则来自将个体精神世界功能极端放大的狭隘哲学追求。这种哲学追求的文化成果就必然会否认公共价值在人类精神世界中的存在意义，必然会否定公共价值对社会秩序构成的基础性功能，进而甚至会虚化社会秩序存在的本体论基础与社会结构的逻辑基础。这也就从根本上堵塞了通过哲学思考理解人类社会秩序与人类社会存在的理性化道路。

自由主义思潮的逻辑武器就是对社会秩序的还原论模式。这种逻辑认为，社会秩序的存在就是个人自由行为的自然结果。这种逻辑主张，在个人充分自由的社会行为中，就会自发地形成社会秩序。这是现代社会理论中幼稚的乌托邦情结。这种还原论方法在社会政治学中的表达之一，就是否定对社会存在方式理解中的有机体模式，否定这种模式中对社会存在的自在性理解与内在控制机制，这也就必然进入对人类维护社会秩序的超越性权力活动的虚幻与否定。

这种文化潮流来自西方社会现代化转型中文化改造的狭隘惯性。虽然在理解社会存在的有机体模式中充满了感性特征而显得粗糙，虽然这种模式在现代科学逻辑面前显得比较原始，但这种模式中至少还保持了人类对自己社会环境理解的客观化尊重，至少还保持了对社会环境存在的理解中不可或缺地蕴含着自在统合权力的深刻思想。这种看似保守的思想在今天人类还远不具备理解社会环境存在的有效逻辑的文化环境中，仍然是比还原论逻辑更为合理的方法论。

149. 道德精神的工具异化形成的多重人格

人类的道德精神活动来自人类意识活动中的审美本能，来自这种审美本能对价值结构的完美化追求，来自这种追求中实现了对伦理价值的服从。对于意识活动能力薄弱或者缺乏强烈自主的意识能力的个体，也就难以具备完善的道德精神活动能力。

所谓道德规范，就是由道德精神活动形成的社会行为方式的直接伦理化表达，就是对这种伦理价值的直接行为实现方式，也是伦理价值的外在化的实现方式。伦理价值与相应的行为方式是道德规范的两个基本内涵。道德规范也是彰显与推广主流文化的社会权力活动成果。服从道德规范的行为，既是维护社会秩序的行为，也常常是获得社会权力的特殊利益输送的行为。这种依据其他利益对道德规范行为的外在驱动，就是社会权力活动典型而有效的方法。但这种方法也必然会广泛催生不具备道德精神能力的道德规范服从者，他们对道德规范的遵守并不是来自意识活动中对价值结构的审美追求形成的内在自觉，而是来自对其他社会利益的外在服从。

　　所谓习俗，就是人类个体在社会活动中对既有秩序与行为方式的简单与直接服从。这种服从规避了复杂价值判断中为意识活动带来的烦难与焦虑，而是将群体成员在特定社会秩序中公共化的行为方式直接作为自己的价值判断依据，这就是在难题面前随大流。群体公共化的潮流中天然蕴含了局部的合理性，群体化的行为方式比个体独特的行为方式具有合理性的更高概率。

　　在人类文化活动中所谓的逆潮流的真理追求，就是探讨长远的深层次合理性的文化活动。而社会习俗的合理性则是直接的与局限的。社会习俗的形成又是人类在微观社会环境中行为选择方式的公共化凝聚与沉淀，这种凝聚与沉淀中就蕴含了局部生存行为的合理性。

　　习俗为社会成员在复杂的价值判断中提供了一个简单工具，这种工具在稳定和谐的社会秩序环境中具有积极意义，但在社会秩序的突变与重组的环境秩序动荡中则会具有消极意义。所以在和谐稳定的社会秩序状态中，权力活动必定提倡与推广符合主流社会秩序的习俗，这就是所谓的塑造公序良俗。但在激烈变革的社会秩序状态中，权力活动又必须强烈反对与破解既有的习俗以为建立新的社会秩序形态提供社会秩序重构的自由度空间。这就是所谓的移风易俗。

　　当社会习俗中包含了道德规范的内容时，社会成员通过对习俗的服从与追随也就包含了对道德规范的服从。因此，将道德规范习俗化就是推崇道德规范的有效方法。这既是习俗对道德规范的依赖，也是习俗对道德规范的塑造。

当道德规范具有比较完美的形态时，当其中蕴含了与社会主流社会秩序相一致的伦理价值时，社会成员仅仅服从道德规范也会形成和谐的价值活动方式。这就是通过推崇道德规范就可以引导与塑造道德精神活动的依据。当完美的伦理结构通过道德规范的行为引导成为个体价值活动的主要依据时，也就会通过价值活动的积累，形成对他们价值结构的伦理化塑造，这种塑造的结果，也就会强化他们的道德精神活动能力。这就是道德规范的推崇活动对道德精神能力的塑造功能。

当社会习俗中包含了合理的伦理时，社会习俗通过对社会成员社会行为的公共化约束，也就会通过经验观念形成对他们观念结构的伦理化塑造，这种塑造通过习俗中表达的行为方式对他们观念空间的经验化输入而形成。这种伦理塑造并非直接来自社会文化灌输，而是来自社会文化环境中的习俗的间接灌输。这就是文化引导了习俗，习俗塑造了伦理。

由社会习俗形成的经验观念输入只能塑造行为经验中蕴含的伦理。由文化活动形成的文化观念输入才能塑造具有浓厚超验内涵的伦理形态，也才能深刻完美地塑造个体的价值结构。

当表达了道德规范行为方式的伦理塑造功能主要通过习俗的经验成果的输入来实现时，就会形成伦理价值的习俗化或庸俗化。这也是伦理价值的一种普遍的异化形态。习俗化或庸俗化的伦理常常会通过将伦理价值的内涵行为形式化，并因此而形成脱离伦理内涵的行为状态。这就是庸俗化的伦理形态，也常常是虚假伦理的社会行为表象。

当伦理在文化中的表达被习俗化或庸俗化就会形成伦理的形式化与虚假化，当这种伦理在被文化活动的安置与推崇中被沉淀与凝聚起来，就会形成异化的文化结构或者文化的异化。这也是人类社会文化复杂形态的形成原因。

　　文化结构中出现的虚假性伦理就是来自这种基本公共观念对行为方式的直接模仿成果，而不是出于公共意识活动中深刻的审美追求与逻辑构建。这种行为模仿具有对符号伦理的公共化行为的简单普及的功能，也具有逐渐将伦理价值异化或虚假化的功能。对复杂公共价值的教条化表达的文化形态的形成就常常来自这种庸俗化的公共观念异化。这个过程在社会文化活动中的积累就是各种并不具备真实公共价值意义的伦理文化得以形成与传播的原因。

　　社会文化中的这种异化的或者具有虚假性的伦理不能有效塑造个体价值结构并与个体价值结构真正融为一体，它们常常只能在个体观念空间中形成一种悬浮与外挂的伦理结构形态。具有这种伦理结构的个体社会行为方式也就具备了一种特殊的人格特征。

　　具有这种庸俗化的虚假伦理的个体，具有对合理公共观念体系教条化理解的个体，其社会行为方式仍然会形成真实的人格特征。这里的虚假并非其价值追求的虚假，而是其伦理价值功能的虚假。其社会行为中表现出来的伦理价值并不能融合于观念空间中的价值结构中，或者并不是发自价值结构的整体秩序，而是发自局部或孤立的经验观念中蕴含的伦理。这就像岩石表面附生的无根基植物与岩石本体的关系是脆弱和疏离的。具有这种人格特征的个体，在社会行为中也会表现出某些道德规范人格特征与伦理性人格，但这常常是缺乏坚实的价值结构基础与审美追求依据的伦理追求。这种伦理追求不会具有内在的坚实性与稳定性，他们一旦进入复杂艰难的价值判断中，这种伦理追求常常就会散失。

　　这种具有虚假性的伦理人格主要出现在需要明确的道德规范甚至道德精神要求的社会职业中。由于对这种能力的需求难以真正表达与理解，由于对这种能力的评价只能通过外在的社会行为来实现，由于对这种能力的训练与塑造的艰难与复杂，这就必然形成依据文化观念的接受评价与行为方式的评价，来确认这种能力的简便与直接的方法。当这种评价方法主导了对这种能力的训练与培养活动时，就会造就大量具有虚假性伦理人格的社会成员。

例如，在中国传统社会中的政治官员常常就是具有这种人格特征的典型。按照规范的评价与考核方式，他们都是具备完美的政治伦理的人才，但实际上他们却主要是依据文化表达与行为表象确定的虚假性伦理人格。他们在一般社会行为中可以表现出完美的伦理人格与道德规范行为，一旦进入复杂的价值判断环境中，这些伦理就都会失效。在当代中国改革开放的剧烈社会变迁中，大量原来曾经表现出完美的为人民服务伦理追求的官员突然变成了巨贪，并不是什么例外。说他们抵抗不了利益的诱惑而腐化堕落，仅仅是一种无可奈何不置可否的自圆其说。因为我们的伦理哲学还无法分析与解释这种现象，因为我们简单肤浅的政治思想教育的模式在这种现象面前还不堪一击。

这种虚假人格在西方社会中的典型例子就是政客。政客们在一般社会活动中必然会表现出优秀的政治伦理尊崇，但他们在心灵深处则常常并不认可这些伦理。他们在竞选中的优秀表现与私下里的极端自私都是真实的，他们的虚假仅仅在对他们政治伦理的理解之中。

所谓政客，就是仅仅具备完美的政治伦理表现与政治活动能力的人，但他们完美的政治伦理行为仅仅表现在他们的文化表达中与他们在特定环境中的规范行为方式中。在他们的观念空间中，政治伦理的价值结构并没有真正融合于他们的价值体系之中，也并不会真正主导他们深层次的价值判断。他们的政治伦理主要是悬浮在观念空间中的，他们虽然具有伦理行为实现的真实性，但这种行为却常常是深层次价值虚假的。对他们来说，这种伦理的用处就仅仅是应付社会政治活动中的行为规范，就仅仅是应对社会环境对他们的政治理念评价。他们可以在一般环境中表现出与政治道德规范完全一致的行为方式，一旦环境有变，一旦他们的深层次的价值追求与政治伦理相冲突，他们就会进入另一个价值结构主导的行为状态中，也就会表现出另外一种不同的人格特征。政客就是具备典型的双重人格特征的社会成员。

真正具有政治理想的政治家则与政客不同。他们的政治伦理追求与自己的价值结构已经充分融合，它们的政治理想并非追求社会利益的行为工具，而是自己的终极人生目标。

在当代中国的官员群体中双重人格也是普遍的。在他们的一般社会活动中会表现出对主流政治道德规范的明确尊崇，也会表达出他们明确的主流伦理行为方式，但在特殊的环境中，他们则会恢复自己真实的终极伦理追求，常常会呈现出相反的人格特征。

具有习俗化与庸俗化的虚假伦理人格的个体，在其深层次的价值结构中仍然会保持自己观念结构所支撑的真实人格，这就是他们的基本人格。基本人格与政治伦理人格的分裂对立，也是中华文明政治环境中官员们的典型人格特征。这来自中华文明政治文化的高度道德化，也来自中华文化对道德行为的强烈表观化简化，还来自这种简化在社会主流文化中的表达形成了对个体价值结构塑造与个体意识活动影响的经验化与非道德精神化。

当主流文化中用表观的简化来表达道德行为时，也就会弱化甚至压制个体在自主意识活动中追求道德精神的本能。在中华文明的传统文化与传统哲学中，这种对道德行为的简化也常常来自其表达方法的高度感性化形成的传播困境。在这种文化环境中的受教育者，要接受深刻的道德精神活动的训练，曾经是非常困难的。

这样，人们对道德精神活动与道德行为的理解就只能从伦理的文化表象中获取全部依据，这样塑造出来的个体伦理价值也就常常会具有行为表象的虚假性。个体依据这种伦理的行为表象也可以形成符合简单化的道德规范评价标准的行为方式，但这种行为中所追求的价值内涵，则常常会与他们观念空间中的主流伦理无关。这就是普遍流行的虚假道德行为的文化传播原因。

虚假的道德精神理解必定形成虚假的道德精神活动，也常常会形成依据推崇符合伦理的道德规范来代替养育道德精神能力的文化活动方式，并形成仅仅训练道德规范行为方式来代替塑造道德精神能力的教育方法。这种文化活动与教育活动方式，就是大规模滋生虚假道德精神活动的土壤，这种土壤在中国官场中最为肥沃。

对道德精神活动的庸俗化与虚假化推广也必然会形成社会成员真实道德精神能力的薄弱。但在主流社会政治活动中对道德工具的便捷推行与简化运用，也常常不得不明确依赖简化与表象化的道德规范工具以实现普及性的伦理推广与灌输。于是，出于人类本能的无处不在的道德精神活动，也就常常变成了简单化的依据伦理价值的行为表象的道德规范了。这也是现代文明对人类本能的一种异化。

由这种文化活动方式与道德精神活动状态所构成的道德规范模式，也就会塑造出大批缺乏道德精神能力而仅仅具有明确的道德规范行为能力的个体。这就是中国传统社会的官场中缺乏自主精神的文化环境与缺乏真实道德精神能力的结果，也是中华文明的官场文化常常具有道德虚伪性的哲学原因。

在平顺的政治环境中缺乏自主精神依据而只会随大流的规范化政治行为，也会让庸俗的官员们获得庸俗的政治成就与合理的官场技术能力。这种成就与能力无须完美的价值体系支持，仅仅依据对工具方法的有效理解就可以达到。正是由于他们的规范化技术行为缺乏深刻的价值体系支撑，也就难以在动荡与复杂的政治环境中形成有效的政治作为。他们一旦面临这样的环境，就常常会举止失措，甚至会信仰瓦解。这就是太平盛世的官场中总是拥挤着大批庸俗官员的文化原因，也是只有危机与磨难才能筛选与塑造出真正的政治家的社会原因。对高层次的社会权力者来说，无论是政治权力者、经济权力者还是文化权力者，"生于忧患死于安乐"是永恒的真理。人类的任何伟大创造与文明成就，都常常在合理的内部秩序与艰难的外部环境中才能得到成长与延续，也常常在慵懒的内部环境与优越的外部环境中出现瓦解。

在中国历代的吏治中都有塑造官德的文化目标，这就是通过文化的熏陶构建官员们完美的价值结构。但由于文化活动方式的缺陷与理解精神活动方式的哲学能力的肤浅，特别是缺乏对这种文化活动方式的哲学逻辑表达，这种塑造活动的简单化与急功近利，又常常会形成对他们自主意识活动能力与自主精神追求的压抑，从而使得这种塑造的结果常常不能真实落地。

　　在现代中国社会中也仍然会出现这种状态，这就使得对官员们的思想教育活动流于表面的形式。这种不能在精神环境中真实塑造出合理价值结构的异化伦理灌输，这种脱离了人类精神活动方式与审美追求欲望的文化灌输，就常常塑造出了一种脱离他们真实意识活动与审美追求的虚浮的外部化形式，而与他们内心深处的真实意识活动方式无关。他们可以接受与掌握这种教育活动的全部内涵要求，但却无法被这种教育活动所感动，也无法让这些只能应付考核的教育成果真正变成自己价值结构的终极依靠。

　　官德塑造的虚浮化就是因为将道德规范的行为表现当作了对官员道德精神的评价标准，就是不得不依据这种评价标准来建立与评价官德塑造活动的必然结果。正因为塑造真实的伦理价值是难以直接考核的，正因为养育真实的审美价值追求是难以行为表现的，中国历代的官德塑造活动就常常是成果式微的播龙种收跳蚤。在今天中国官场中也设置了大量专门针对公务员们的教育培训机构，但他们肤浅的文化活动方式让这种宏大的活动常常并没有预期的效果。教育培训的成绩仅仅局限在行政操作的技术中，从来也无法真实评价官员们的精神世界。

　　只有从根本上培养教育者与被教育者们理解自己精神世界的哲学能力，才能让他们在教育活动中合力合作互相激励，才能让他们真正理解这种伦理塑造活动的深刻本质，才能将这种塑造官德的文化活动置于他们深刻的精神追求之中。

　　缺乏对人类道德精神活动与价值活动的深入的哲学理解，缺乏对这种理解在教育活动中的应用，这就是中国传统文化中的伦理工具虽然很强大，但在现实文化活动中的道德精神养育活动则很薄弱的根本原因。中华文明历史中的特殊智慧者曾经创造了伟大的政治伦理与政治文化，但中国文化活动方式与教育方式的落后，则难以传播与普及这些伟大的智慧成果。

今天中国文化的现代化构建活动还主要集中在吸纳与传播西方化的知识体系之中，还仍然没有涉及对自己根本文化活动方法的改造探讨，中国人今天理解自己精神环境与意识活动的方式还只能从西方哲学并不合理的知识中"山寨"，中国传统文化中的深刻智慧还无法进入今天的主流文化活动中。今天的中国人在政治上已经有了自己的地位，在经济上已经有了自己的财富，但在文化上还没有自己的精神。今天中国文化中的稀薄新酒还必须用旧瓶子来承载才能出售，今天中国人的新观念还必须用西方人的文化马甲来包装才能得到传播。因为中国今天的国家教育活动还只会训练中国人利用西方文化的技巧。

传统中国文化中的道德精神常常被诟病为伪道德。今天中国文化中的道德精神则几乎被全部工具化与虚假化了。在今天的中国文化中，工具化异化的道德精神与道德规范，已经变成了真实的道德了。

在今天的中国主流文化的传播活动中，在今天中国的教育活动中，已经几乎没有了道德精神的内容，最多就是一些在权力活动的宣传中高喊的道德规范口号。知识分子与教育工作者们将传播这种口号的活动仅仅当作是对国家权力的被动服从，他们缺乏精神的理解与精神追求的自觉，因为这种肤浅的口号根本无法真实地进入他们的精神环境中。

在今天的中国教育活动中除了机械地推崇具体的道德规范以外，深刻的伦理价值塑造与审美能力训练已经几乎完全消失。将原来还蕴含在政治思想教育中的伦理教育改成了法制教育，将原来还蕴含在艺术教育中的审美训练变成了狭义艺术技巧的考级培训，就是这种尴尬文化状态的最好说明。

今天所谓的政治思想学习除了政治技术的内容以外，已经几乎完全没有任何思想内容了，特别是已经完全没有具有深刻感召力的哲学思想了，就是在已经高度马克思主义化的正统哲学结构中也已经几乎没有道德精神的地位了。今天中国的伦理学，则只是在对社会主义道德规范的宣扬之外开辟了一些更为虚幻的逻辑方法而已。从幼儿园和小学就沉浸在枯燥机械的道德品质教育中的中国人，已经从小就被弱化了追求道德精神的本能，这也必然同时弱化了他们创造新观念的审美本能。

中国今天的执政党在脚踏实地的艰苦奋斗中获得了国家政治权力。这个过程与结果的历史真实性证明了他们追求的伦理与道德规范的有效性。在执政党的革命时期，他们的道德规范与他们的道德精神活动并不疏离，他们的实践活动与推行道德规范的行为也主要是道德精神活动的成果。在他们转为执政党以后，道德规范就常常可以不需要道德精神的支撑了，就可以通过简单直接的行政活动与教育活动来推行了。因为对执政党的道德规范的服从要比理解与形成革命党的道德精神活动能力要容易普及得多。这也正是因为执政党脱离了艰难困苦的生存状态以后，也就无须继续使用革命时期的深刻真实的精神动员方法的结果，也就可以直接利用手中掌控的大量社会资源来简单直接地推行道德规范的结果。

一旦道德规范的推行进入了用社会资源的利益输送来实现的主要方式，道德精神就必然被边沿化与虚伪化。这时，在高层次的核心社会精英中坚守道德精神追求的理想，也就必然要成为国家秩序稳定的核心需求，也必然是国家构建与维护社会秩序的基础精神依据。如果社会精英们也失去了对自己基本伦理的审美追求，仅仅依据道德规范的塑造所形成的悬浮的行为技术来执政，那种双重人格的官员就会被大批培养出来，那种大批的官员们在台上真心地讲廉洁，在台下又真心地搞腐败的官场现象就不会根绝。这也是今天中国的精英教育中培养出了大量"精致的利己主义者"的文化原因。那些在精神深处浸透了自由主义价值观而具有强大而精致地追求利己主义伦理的精英们，在必要的公共场合中就会完美地表现出对主流政治伦理的完全服从与深刻领会，他们在必要的时候仍然会成为公共利益服务的"人才"。

150. 从道德规范向道德精神的实践循环

人类社会文化中表达的道德规范，虽然是社会权力活动的直接秩序工具，虽然是不必依赖道德精神活动而被权力活动所直接引导与制约的社会行为标准，但这种单纯依赖社会利益的输所送实现的行为规范，也可以通过特殊的方式转化为道德精神活动的内涵。只不过，这种转化的途径比较复杂与间接，其效果也漫长与不确定。

人类在维护社会秩序的权力活动中推崇道德规范的结果，使得道德规范的行为方式不同程度地转变成为在社会成员的习俗，并进而形成了他们价值结构中的秩序积累。道德规范由此而变成了行为习惯。

习惯来自固定行为方式的重复积累所形成的经验积累与价值积累。当这种具有道德规范内涵或伦理内涵的价值要素，逐渐被认识活动的整合而提高了结构层次以后，就会成为观念空间中的基本结构与基本价值，其中蕴含的伦理也就会在观念空间中被表达与固定。这样，道德规范就通过习惯而间接和不确定地塑造了伦理价值。

习俗也是一个重要的社会秩序维护工具。习俗的形态来自社会环境中群体性的行为习惯。习俗构成的文化环境将这种行为习惯以文化的形态直接输入到个体的观念空间中，塑造与引导了个体对习俗的服从与依赖。在这个过程中也会蕴含低层次的文化接纳与价值重构。人类遵守习俗的行为方式，来自对群体化的行为习惯有效性的信任，来自这种信任形成的价值塑造。这种信任简化了复杂的价值判断，改善了价值活动中繁难与困境。习俗工具的功能实现就是对公共价值活动的黑箱化简化。

习俗就是社会群体成员长期共同活动形成的公共化的行为方式。当这种行为方式中蕴含了权力活动所需求的行为目标时，习俗就会被权力活动所推崇，也就会在主流文化中得到表达。这就是习俗成为社会秩序维护工具的依据。

社会成员对习俗的遵守并非来自他们对这种行为方式中的真实价值追求，而是来自他们对前人稳定不变的行为方式的直接模仿与价值尊重。任何习俗都是社会秩序的微观形态，也都会蕴含主流公共价值与伦理。但习俗中蕴含的伦理并不是来具有超验内涵的文化构建与灌输，而是来自共同的行为方式形成的公共化的经验沉淀。虽然这种公共化的经验观念也可以理解为微观的世俗文化活动的伦理成果，但世俗文化并不会自动保持与主流文化相一致。社会主流文化结构必须以终极公共观念作为其基本价值的依据，例如具有信仰内涵的宗教文化体系。所谓的世俗文化就主要是表达习俗的文化，世俗文化不重视对终极超验观念的塑造与依凭，其最完美的形态也就是形成技术性的中观文化结构，习俗主要属于亚文化结构。现代西方文化依据世俗文化来构建主流文化，也就必然要仍然回到现代宗教文化中去补充自己的终极价值的营养不足，这也是现代西方文化仍然保留二元结构的原因。

对符合社会主流秩序的习俗文化的引导与推崇就是社会权力活动运用习俗工具的文化活动方式。当道德规范通过权力活动的塑造以群体公共行为的方式逐渐沉淀为社会习俗，也就将习俗工具转变成为道德规范的载体或者间接的道德工具了。

作为人类社会行为方式群体化共识的习俗也会通过文化活动形成对习俗经验的塑造，并逐渐转化为群体的观念共识与公共价值。这就是习俗的文化转化与公共价值沉淀。这种转化来自文化活动对公共化的行为经验观念进行超验化结构整合与表达的结果。这种文化整合的结果就改变了习俗的经验观念特征，并必然在习俗观念中注入了超验化的伦理意义。

社会微观文化的基本结构与伦理就主要来自微观文化活动对习俗经验的整合与超验安置。习俗中蕴含的道德规范就是这种文化整合的依据，也就是将习俗与习俗经验进行伦理化转化的依据。例如中华传统文化中的"增广贤文"就是将习俗经验进行文化转化与实现伦理化表达的例子。

当具有伦理意义的习俗经验通过文化活动整合为具有超验内涵的公共观念后，习俗中的经验观念就转变为社会文化体系的重要内涵了，习俗经验就由此而转变成一般文化了，习俗行为方式就由此而变成了具有文化内涵的公共观念载体，习俗中也就表达了文化。仅仅以经验观念的形态实现文化表达的习俗，就只能被包容在微观文化中，而难以成为文化体系的重要结构。只有被进一步的超验化文化整合，习俗经验才有可能升华为中观文化形态与伦理形态。

公共化的习俗行为通过认识活动构成了个体公共化的习俗经验，认识活动对公共化的习俗经验的超验化塑造与整合形成了对习俗中伦理的凝聚，就将个体公共化的习俗经验逐渐改造成了一般公共观念，就将习俗公共经验伦理化了。这就是习俗文化形成的哲学依据。

伦理是文化体系中的基本结构。如果习俗中蕴含了道德规范内涵，对习俗经验的文化转化过程也就实现了对道德规范内涵的伦理升华。这就是对习俗经验中的伦理内涵凝聚提高的重要环节，也是习俗行为可以成为将道德规范中的伦理内涵不断超验化的中间过程。

由道德规范的推广形成了新的习俗，新习俗形成了新经验，个体意识活动对新习俗经验的超验化改造，也就实现了其中稀薄的低层次伦理的不断凝聚与升华，并在新的习俗行为中不断以文化的形态表达出来。只有不断向文化结构中注入新的伦理，才能保证文化演化的活力，也才能向道德精神与道德规范不断提供新的精神依据。

通过这个过程，道德规范通过习俗化的行为实现反过来促生与滋养了道德精神所需求的伦理。道德规范虽然直接形成了类似道德精神的行为结果，这个结果虽然没有通过道德精神活动来实现，但仍然通过人类复杂的社会活动与精神活动的交织，通过将道德规范内涵的习俗化，通过将习俗经验的伦理化，最终又为道德精神活动提供了伦理条件，最终又促进了道德精神活动的形成。人类对道德规范的推崇并不能直接强化道德精神的能力，但仍然会通过复杂的社会活动过程，最终强化了道德精神的活动环境。

依据道德精神活动形成道德行为，将道德行为通过权力活动简化与异化为道德规范，权力推崇道德规范形成了习俗，将习俗形成的行为经验在主流文化活动中实现伦理化，最终又回归了对道德精神环境的强化。这就是人类社会活动中的道德实践循环。这个循环的复杂性，也就是人类理解道德活动的难处，也是道德哲学的困境。哲学为人类的道德实践过程提供的简明逻辑就是理解人类道德活动的钥匙。

通过道德精神活动形成道德行为，是人类个体精神追求与审美实现的成果。人类文化中的伦理价值则是构成道德精神活动的公共意识活动环境。道德精神是道德行为发生的内在动因，伦理价值则是道德行为发生的文化依据。道德精神是道德行为之源，伦理价值则是道德行为之流。人类直接推崇道德行为的结果构成了道德规范。道德规范通过引导习俗实现了对习俗的伦理注入，习俗对社会一般行为的引导与规范，将伦理融入了习俗经验中。社会文化活动对习俗经验的超验化重构与安置，就升华与强化了伦理，就为道德精神活动提供了更为广阔的公共价值空间，也为个体实现对价值结构的审美追求提供了更为优越的条件。这就是道德实践的基本哲学内涵。在这个复杂的社会实践循环中，法律工具作为强化习俗伦理内涵的行政手段，也可以被纳入其中。

人类生存环境中的存在要素间几乎无限可能的因果联系，在偶然的条件中构成了循环的耦合。这种特殊联系间的耦合就构成了秩序。人类社会的环境存在就是在人类生存行为的几乎无限可能的因果联系中依据人类的环境需求形成了特殊的耦合，这就是构成社会秩序的自组织过程。实践循环就是人类理解社会秩序构成的耦合过程的逻辑。在人类的社会化生存活动中，蕴含了几乎无限可能的多层次实践循环。

在人类文明漫长的演化进程中，在人类探索与追求理想社会环境的实践活动中，形成了这样一种跨越了两个生存环境的公共价值与社会秩序的实践循环。人类的社会活动形成了社会经验。人类的一般文化活动将社会经验整合为不同层次的公共观念。人类构建宏观公共价值的社会文化活动整合了全部公共观念，构成了宏观公共价值的结构。其中也就蕴含了不同层次的伦理。伦理表达了人类对社会合理秩序的理解与追求。伦理通过文化活动输入到个体的观念空间中，形成了个体的伦理价值，并因此而实现了对个体价值结构的引导与改造。个体观念空间中的伦理价值被审美本能的实现活动所整合与所依赖，又通过认识活动与价值活动的环节约束与规制了个体的行为动机，并形成了服从伦理的个体社会行为方式。这个实践循环过程的核心内涵就是道德精神活动。

个体的道德精神活动通过道德行为实现了伦理价值，也就实现了道德精神活动对社会秩序的塑造与维护。道德精神活动的道德行为的结果被社会权力活动的工具化塑造构成了道德规范，道德规范的形成就直接简化了复杂的道德精神活动过程，并使得道德行为逐渐变成承载了伦理价值的独立社会行为方式。当道德规范作为伦理价值的直接行为表达被塑造为主流文化的核心内涵时，也就在主流文化中为道德规范提供了重要的公共观念支撑。主流社会文化活动可以将道德规范广泛传播，并输入到个体的观念空间中。道德规范由此就成为社会成员精神环境中的主要伦理来源。这个实践循环的最终成就，也就是通过价值活动规范了社会成员的行为方式。其中也必然包含了道德精神活动的环节。

在中国传统文化中尊崇祖先的祭祖行为，在欧洲传统文化中的敬仰上帝的告解行为，都是这种复杂伦理塑造的文化活动的例子。直接由文化活动输入个体观念空间中的伦理价值，既可以直接成为个体的价值判断依据，也可以进一步成为个体更为深刻的审美依据，可以直接形成规范化的社会行为方式，也可以间接进入个体的审美追求之中，形成更为超验更为深刻的道德精神活动中的伦理追求。在一般的价值活动中，前者容易而普遍，后者艰深而稀少。

社会文化环境中的伦理可以作为一个普遍而深刻的实践循环的逻辑出发点，这就是伦理文化的哲学意义。在经过复杂的文化灌输环节与观念塑造环节以后，又通过对价值判断环节的影响与塑造，最后形成了依据伦理价值的行为方式，特别是形成了具有完美伦理结构依据的行为方式，这就构成了人类意识活动中与社会活动中的伦理循环或道德实践循环。

　　人类在两个环境中与两类行为中的道德实践循环，既是伦理价值不断形成与不断经验化的过程，也是道德精神与道德规范互相影响与互相强化的过程，还是不断构成超验化的伦理结构的过程。伦理价值的不断经验化与不断超验化，就构成了伦理价值的演化逻辑。这就是人类伦理价值与人类文明得以复杂化与完善化的哲学依据。

　　文明的形成与演化进程，就是人类在两个世界的环境中通过两种行为的跨越所构成的复杂多样的实践循环的过程。社会秩序与社会环境的存在结构，就是这些复杂多样的人类行为构成的实践循环形成的自组织过程。这就是理解人类社会演化的基本逻辑，也是理解人类社会构成的基本逻辑。这种逻辑的伟大雏形来自马克思的思想。但马克思的社会演化逻辑与实践逻辑还仍然简单与粗糙，还具有很多局限性。这来自他对人类社会环境与精神环境的复杂内涵理解的粗糙，来自他对人类复杂的生存行为方式理解的粗糙，也来自他对人类道德精神活动与道德规范活动的复杂深刻内涵的忽略。他在这种天才而伟大的粗糙模式中，将人类的社会活动逻辑简化为经济活动对全部文化活动的塑造与影响，表达为经济基础决定上层建筑，就是仅仅看到了人类实践循环的一个方面。

　　马克思的天才思想为人类打开了理解自己与理解社会的大门。但这扇门的打开并不彻底。马克思的急功近利与没有精神能力的后代们就只会通过这扇没有开全的大门看世界，马克思聪明的后代们应该能够理解马克思的伟大目标与未竟努力，应该能够将马克思指明的大门继续打开。马克思的思想是人类现代文化的重要里程碑，但不是终点站。人类文化的演化进程仍然任重道远。

人类文明中依据道德精神活动逐渐形成的道德规范，对人类道德精神活动形成了直接的简化，并直接通过权力的推崇形成了从文化伦理越过道德精神活动到达伦理化的社会行为的权力目标。但这种权力推崇又可以形成从社会行为再到文化伦理的文化活动循环。这是由社会权力对社会文化的引导与控制所实现的。这就构成了人类社会活动中最重要的道德规范实践循环。

　　道德规范实践既是人类文明的工具化成果，也是人类文化活动的理性化成果。这个在文化活动体系中被工具化的实践循环模式，绕过了人类依据审美本能的道德精神活动过程，在为人类提供了维护社会秩序的方便工具与方法的同时，也同时异化了人类的道德精神活动。

　　这种异化就是获得了高效秩序维护工具的副作用。这种异化也模糊了道德哲学肤浅的逻辑结构，从而将道德哲学引入困境。人类虽然很早就对道德精神活动形成了深刻的感受，但直到今天的哲学中，对这种复杂社会行为方式的理性理解与表达仍然十分肤浅简陋。哲学的不彰模糊了人类的道德精神，哲学的含混异化了人类的道德精神。

　　人类在实践循环中不断实现了对公共价值的伦理化，也不断简化了复杂社会行为的环节与形态，还不断将有效的生存方式不断工具异化。人类的理性能力不断创造出新的理性方法与逻辑工具，也在不断实现对精神环境秩序理解的工具化简化，这个过程的伟大成果，就是在人类文化中创造出了便于传播与普及的知识文化。

　　简化的方法与异化的工具节约了人类在复杂社会环境中实现合理生存的社会成本，也简化了人类的哲学并节约了人类的思考成本。但在简化的道德哲学中又误解了人类的道德本能。这就是在今天的道德哲学与伦理学中仍然缺乏清晰逻辑的重要原因，也是伦理学仍然不能彻底摆脱传统文化打下的神秘化胎记的原因。

151. 道德行为的社会权力异化

异化是人类重要的文化现象，也是重要的哲学现象。

所谓异化，就是在人类文化中表达的公共观念内涵与社会活动中对公共观念功能的运用之间出现的差异与分裂，也就是在社会秩序的演化中形成的文化滞后或行为超前。异化造成了人类的文化表达与公共意识形态方式与社会实际活动方式的分裂。

人类文化对公共观念要素的理性表达形态就是概念。异化就发生在概念的内涵与概念内涵的社会运用功能的差异之中。例如马克思提出的人类的异化，就是人类理解自己的公共观念与人类实现自己生存的活动方式之间的分裂与对立，也就是工具化的社会秩序对人类本身丰富多彩而又深刻复杂的存在方式的简单化塑造。

动物的生命秩序决定了动物的存在形态。人的精神世界决定了人类的存在形态。人类的异化并不是人类生存环境与生存方式本身的分化，而是人类精神环境秩序与人类生存行为方式之间的差异与冲突。这种冲突来自人类社会环境对人类生存方式的工具简化。

人类依据精神世界理解自己的生存环境，并通过社会文化表达这种理解。当这种理解与表达形成的生存行为结果，和理解与表达的精神环境秩序之间出现了差异与冲突，就是出现了人类的异化。

人类异化的形成来自人类的社会生存环境与社会秩序的演化，来自社会秩序的构成方式与演化方式，来自人类社会环境秩序与精神环境秩序在演化中形成的分离与对立。这种分离与对立的必然性决定了人类社会化生存方式形成人类异化的必然性。这种必然性来自人类精神环境空间对生存行为空间的绝对超越，来自人类生存行为自由度对人类精神世界内涵的绝对局限。

人类在两个环境中实现生存。人类在精神环境与社会环境中的生存行为的可能性空间为人类提供了自由意志的空间。自由意志空间来自精神环境，自由意志在社会环境中实现。

人类的生存本能形成了对自由意志的追求。人类的精神本能构建了提供自由意志的精神环境，人类的物质本能实现了精神意志。人类对自由意志的追求在实现自己生存的同时，也改变了其生存其中的精神环境与社会环境。这种改变的不同方式与不同过程，使得精神环境秩序与社会环境秩序之间出现了分裂与异化。人类表达公共化的精神环境的社会文化，也就是对这种异化的集中表达。

这种异化是人类生存活动的必然结果，也是人类普遍的文化现象。人类的文化活动则在不断地发现异化与消除异化，这就是在不断在公共观念环境中整合与安置个体观念空间中的经验观念。人类的自由意志又在不断地形成异化与传播异化，这就是在社会生存环境中不断形成突破公共观念空间秩序的个体生存行为方式。人类的文明与社会秩序就是在异化的形成与消除中得到发展与进化的。

异化的形成分裂了人类的生存环境，但也为生存环境的演化提供了活力。异化的消除协调了人类的生存环境，在为人类生存环境的演化注入了稳定性的同时，也注入了保守与滞后。保守与滞后的社会秩序又会形成对自由而活跃的精神环境秩序的新滞后与新异化。

异化的出现造成了人类社会环境秩序对精神环境秩序的偏离与偏差，也就使得人类表达精神环境秩序的文化形态与功能出现了错位与错失，也就会使得人类群体与个体的意识活动出现错位与错失。人类文明中的异化在人类追求意志自由与社会自由中不断地产生与强化，又会通过人类有效的文化活动不断地削弱与消除。异化的消除来自人类文化的更新与文化的重构，这种更新与重构使得人类的精神世界秩序与文化形态重新与其生存的社会秩序环境与社会行为方式相一致。人类的文化活动促生了社会文化与社会秩序演化的周期性进程，在这个进程中既包含了异化的形成与强化，也包含了异化的削弱与消除。

自从人类进入文明，就开始了构建由道德规范所主导的复杂社会行为方式。只是今天的人类早已无法理解人类初始的道德规范形态了。人类初始文明中的很多行为，对于今天生活在巨大的文化隔阂后面的同类来说，只是一些奇异而无法理解的神秘嗜好而已。

道德规范来自人类道德精神活动的成果，来自伦理价值被个体的审美追求而形成的特殊行为方式，来自蕴含着伦理价值的行为方式中所构成的维护社会秩序的功能。人类在社会化的生存方式中形成了对这种行为方式的观念共识，这种共识在权力活动引导的文化活动中实现了升华与传播。人类的权力活动将道德行为公共化的动因来自道德行为提供的维护社会秩序的功能，也来自社会成员对理想社会秩序的追求。

少数人类个体的道德精神活动所形成的具有特殊社会秩序意义的道德行为，被社会权力活动的归纳表达与传播推广，就将符合伦理价值的行为方式转变成为社会群体的公共化行为追求，这就形成了道德规范。例如在欧洲中世纪的宗教文化环境中所推崇的精英行为模式，从天主教推崇的行为模式到新教推崇的行为模式，例如在东方佛教与道教的文化环境中虔诚弟子们的行为模式，例如在中国传统士大夫们中所遵循的儒家伦理的行为模式，都是他们所处时代的道德规范依据。这些来自传统文化的道德规范会一直延续到今天的现代社会生活方式中，也会变成今天明确的社会习俗。

在中华文明中特殊先贤们的不同行为模式被不同时期的社会权力活动所塑造与引导，也就被树立为大家的榜样。从孔融到司马光，从苏东坡到王阳明，甚至从胡适到林徽因，无不如此。新中国成立以后的学雷锋运动就是对特殊个体道德精神活动成果的规范化推广。今天好莱坞大片中英雄们的行为模式也是美国的社会权力体传播道德规范的文化活动方式，只不过因为其中蕴含了大量的娱乐功能和市场传播模式而模糊了人们的理解而已。

人类之所以能够通过自己的公共意识活动与社会行为，不避繁难不辞辛苦永不停息地构建自己的文化，一方面是在追求审美欲望的公共化实现，另一方面则是在追求对合理社会环境秩序的构建，这两种追求共同构成了人类的文明。

在人类构建主流文化的社会活动中，这两种追求的互相代偿就形成了两种追求行为的互相异化。其中重要的是维护社会秩序的权力目标追求对伦理的异化，这种异化来自权力活动对道德行为的选择性归纳与选择性表达。这种选择的结果，常常会扭曲依据道德精神的文化表达所形成的伦理价值的内涵与形态。

在任何文明中，社会权力活动都会依据维护社会秩序目标的当下迫切任务，来引导与左右社会文化活动，来理解和归纳道德行为。这就是社会权力活动对社会文化活动的普遍限制与必然干预的社会秩序原因，也是人类社会活动中自古就形成的追求文化活动中的自由意志对权力活动的必然反感与对抗的原因。社会文化活动对社会权力活动的普遍对抗，就来自社会权力活动对社会文化活动的必然引导与规范。这也是人类社会化生存方式中的基本矛盾之一。这个社会基本矛盾表达了社会秩序与社会公共意识活动的对立与均衡。

在这个社会基本活动的矛盾与对立中，当权力活动对文化活动的引导与干预过于直接而偏离了道德精神活动的主要内涵时，其结果就是形成道德行为与道德规范的过分权力化与行政化，也就是弱化了伦理中的公共价值要素而强化了伦理中的维护秩序工具功能。在中华文明的历史中，道德规范的政治化与行政化的具体表现就是道德规范的官场化与官僚化，这也是官场中虚伪化的道德行为的典型形态。在新中国成立初期对新兴的主流文化的强力构建活动，也树立起了具有强烈政治权力内涵的道德规范，作为当时核心政治伦理的"革命化"理念，也就变成了道德规范的核心内涵。

在欧洲文明的历史中，道德规范的宗教权力化就是道德行为的基督宗教仪轨化与仪式化，道德规范的世俗权力化就是道德行为的贵族行为方式化，所谓的绅士行为与骑士精神行为就是当时的道德规范形态。其中对一般道德行为与道德规范的宗教教条化塑造就是这种异化的典型。这种异化在东方佛教中的表现，也使得晋香拜佛的行为方式变成了具有道德意义的行为规范。在现代社会的政党政治活动中，政治仪式与政治宣誓被赋予了道德行为的意义与道德精神的内涵就是这种异化的现代形态。这种行为方式已经具有了政治法律甚至宪法的意义。在庄严的政治仪式中蕴含与灌注了深刻的政治伦理，但认真服从这种庄严行为的活动却并不一定在意识活动中认真追求了这种伦理。

任何实际上的道德规范都是道德行为的政治化与行政化的结果。当这种结果比较全面地表达了道德精神的内涵时，这种政治化与行政化本身就没有太多的道德异化，就仍然是比较合理的道德规范形态。当道德行为被过度强烈地政治化与行政化时，它们就常常偏离了道德精神的文化内涵而表现出明确的权力工具意义。这种异化就使得在道德规范的行为方式中常常遮蔽了道德精神的内涵，常常偏离了道德行为的形态。

人类文化中的伦理通过个体道德精神活动的实现形成了道德行为。在这种伦理价值的行为实现活动中也就必然蕴含了对伦理价值的审美化塑造。道德行为既是个体伦理价值的实现方式与载体，也是个体在精神环境中的审美欲望实现的成果。个体观念空间中的伦理价值在道德行为中就变成了与审美价值相融合的社会行为，这就是伦理价值的道德化。

但是，社会成员对道德行为的直接模仿与接受则无须通过道德精神活动，而主要是依据社会环境中习俗功能的结果。虽然习俗的形成必然受到权力的引导，而习俗一旦形成又会具有自己独立的行为规范功能。

社会成员通过社会习俗接受与模仿道德行为，既蕴含了对其中的伦理价值接受，也蕴含了对其中的审美价值受。伦理价值的接受促使了他们对公共价值的皈依，审美价值的接受则形成了他们的审美感动与审美情感。道德行为中所具备的精神感召力既来自其中蕴含的伦理价值的外在感召，也来自其中蕴含的审美价值的内在感动。伦理感召与审美感动的综合与叠加就是道德行为强大影响力的来源。

当道德行为通过权力活动的归纳与表达被塑造为道德规范以后，道德行为的形态就不同程度地被政治化与行政化了。当这种道德行为的实现又是权力活动的利益输送的结果时，也就必然在道德行为中加入了蕴含着社会权力的其他价值。这种道德行为的形态也就常常会弱化了其中的审美价值与异化了其中的伦理价值。于是，具有强烈权力活动色彩的道德规范中的感召力与感动力也就必然被削弱了。当道德行为的价值动因中缺乏了对个体欲望实现的感动与感召时也就完全被外在价值化了，也就变成了社会权力活动的直接工具形态，或者就变成了权力活动本身。这就是道德行为的社会权力异化。

社会成员会感受到道德行为的权力异化，也就会感受到其中伦理追求的外在利益化，也就会感受到其中的审美追求的外在形式化。对于具有明确道德精神内涵的道德行为他们会感到真实，对于被强烈地权力异化或外在化的道德行为，对于被明确政治化与行政化的道德行为他们会感到虚假。因为这样的道德行为中已经没有了可以感召他们的伦理内涵与感动他们的审美内涵了。道德行为的普遍权力异化就是对道德行为普遍感到虚假化的社会活动原因。

要保持社会成员对道德行为的真诚信赖，就要求社会权力活动在塑造道德行为时，重视保持包含其中的伦理追求与审美追求，也就是在推崇与宣扬道德行为的文化活动中，注重表达人们对伦理价值与审美价值的信赖与追求，而不是简单地宣扬对权力推崇的伦理行为方式。但这也就必然会将直接推崇道德行为的文化活动与宣传活动复杂化与特殊化，也就会大大增加权力活动的成本。但这是必须的。

对道德行为的简单表彰与形式化宣扬就是官僚主义的权力活动方式的结果，就是文化活动放弃自己的责任而直接附会权力活动的结果。在轰轰烈烈的道德楷模表彰活动中，常常缺乏了弘扬道德精神的真诚，常常充满了追求政绩的虚假。对社会成员的伦理价值塑造与审美能力培养，必须是默默无闻的润物细无声活动，必然是无法在权力中立即兑换利益的。做这样事情的人常常是燃烧自己照亮他人的奉献。

文化中的伦理就是公共价值中的结构凝聚，这使得伦理价值常常具有超验和抽象的形态。人类的道德行为将观念空间中的伦理价值的外在化实现，也就同时实现了对伦理价值的内在审美追求。道德行为中的审美欲望实现就在伦理价值中融入了审美价值，这个过程就将超验抽象的伦理价值内在经验化了。

所谓内在经验，就是人类对意识活动结果的经验感受，也就是对精神环境秩序的第六感感受。来自外在文化环境中的伦理价值的内在经验化就是对伦理价值的观念还原。这个还原的过程就是认识活动追求审美价值的过程。对伦理价值的观念还原过程就是在其中融入认识重构与审美价值的过程。

人类的任何单纯道德行为都来自具体的道德精神活动，也都必然形成了对伦理价值的观念还原与个体化重构，这种伦理还原与重构也就形成了伦理价值的个体化与内在异化，这就是伦理中的公共价值的个体价值化。这就会在道德行为中形成动机的价值结构对伦理价值的偏离，对伦理价值的追求也就由此转变为对个体价值的追求。这就是对伦理价值的个体化改造异化，就是伦理价值的个人审美化与个人情感化。

实际上，任何具体的道德行为都是个人的与情感性的，都不会是伦理价值的直接表达，都是蕴含了对伦理价值的个体改造异化结果的。因此，试图在任何具体的道德行为中安置与表达纯粹完美的文化伦理，也就常常是扭曲的与徒劳的。

人类生存在文化环境中。伦理价值广泛存在于个体的观念空间中，伦理价值广泛浸染了动机结构。但在个体的生存行为中又不会完全地表达出文化中的伦理。任何由道德精神主导的价值活动构成的动机结果，也必定是一个融入了伦理的复杂的价值组合，任何一个动机的行为实现，也都蕴含了复杂的价值追求形态。在任何真实的道德行为中都无法投射出纯净的伦理价值。如果有，也是被意识活动重整后的外在表达，也是对行为方式的社会文化理解。

从伦理的形成到伦理的灌输，从个体价值活动中的审美追求到服从伦理的行为方式，这个几乎涉及了人类全部意识活动内涵的过程就决定了道德行为的复杂性。伦理的形成来自观念的共识与构成这种共识的社会文化活动，伦理又是对基本公共价值的抽象化文化表达。伦理通过文化经验的输入进入个体的观念空间中，蕴含了伦理的文化经验被个体认识活动整合与安置，就形成了个体价值结构中的伦理价值。

在文化经验的接受与观念还原过程中，文化形态的伦理价值就被认识活动个体化了，个体观念空间中的伦理价值就不再完全是文化表达的伦理了。这个过程构成了伦理的个体价值化，也形成了伦理的价值异化。

个体在价值活动中的审美追求形成了道德精神与道德行为。价值活动中的审美欲望实现，将动机结构收纳在伦理价值的结构之中，形成了服从伦理的行为方式。在这个将伦理价值行为化的复杂过程中，又必然将伦理价值审美化和动机结构化了，道德行为中又由此而加入了个体的审美价值与个体价值判断的全部特征要素。这就形成了道德行为对伦理价值的异化。

当社会成员的道德行为被社会权力主导的文化活动归纳为道德规范，就又将个体化的道德行为再一次公共化与抽象化了。这种公共化中蕴含了对道德行为的政治化改造与行政化改造，就像雷锋个人的行为方式就被抽象为雷锋式的共产主义行为了。这个公共化的过程又必然造成对特殊形态的道德行为的公共规范化，这就形成了道德规范对道德行为的异化。当将道德规范构成新的伦理，作为一种新的基本公共价值重新进入文化表达中，就又为社会成员提供了新的伦理环境。这就又开始了一个新的伦理传播与灌输过程。

这几个复杂的道德活动环节在人类社会活动中跨越了广泛的领域。这些环节构成的社会活动与意识活动的复杂交织，也就呈现出了人类从道德精神到道德规范的复杂形态，也常常将自古以来的道德哲学家们引入迷雾之中。

所有这些环节，构成了人类文化中蕴含的伦理在道德精神、道德行为、道德规范的转换循环中，使得道德工具与伦理价值呈现出了不同的形态与功能。它们共同为人类构建与维护自己合理的社会秩序做出了贡献。这个复杂实践循环的结果，不断在人类文化中重塑与整合了伦理，不断在人类公共意识活动中重塑与整合了道德精神，不断在人类权力活动中重塑与整合了道德规范。这个环节的复杂与广博，使得伦理与伦理价值在人类社会环境与精神环境中的交织呈现，以及在这种复杂呈现中表现出对社会秩序维护功能的复杂形态，就是至今为止困扰伦理学与道德哲学，使之神秘与混乱的基本原因，也折射出至今为止伦理学与道德哲学的肤浅。

在这种哲学的混乱与肤浅中，混淆了伦理与伦理价值，混淆了道德精神与道德行为，混淆了道德行为与道德规范，混淆了个体道德追求与权力道德塑造。

例如，在现代中国的主流文化活动中，就将马克思主义文化体系中的共产主义伦理与雷锋做好事的道德行为混为一谈。在现代中国的权力活动中，就将学雷锋运动对新道德规范的推广，与雷锋的道德精神活动混为一谈。就将雷锋个人的审美价值与权力文化归纳的道德规范混为一谈。就将学雷锋式的行为中对道德规范的服从与雷锋个人的道德精神活动混为一谈。由此，雷锋精神就在复杂的异化环节中逐渐变成了展示虚假道德的政治行为与行政行为。

所有这些混淆，一方面弱化与虚化了雷锋真实具备的道德精神的强大魅力，另一方面也将推广道德规范的权力活动行政化，并为社会成员的诟病提供了理由。

第四十一章　社会的转型与道德的崩溃

152. 道德精神的演化相对社会秩序演化的滞后

人类脱离动物形成自己特有的文明，就是形成了社会化的生存方式。人类的生存环境可以表达为存在。理解存在的基本逻辑就是秩序对能量的组织化。社会环境是人类生存环境的一个存在层次，也由社会秩序对社会能量的组织化所构成。

能量表达了存在中的自由无序状态。所谓社会能量，就是在人类个体的生存方式中追求欲望实现的自由行为。这种行为自由的依据就在个体精神环境秩序提供的行为可能性之中。人类个体就是社会能量的载体或本体。

所谓社会秩序，就是人类群体化的生存方式中蕴含的个体间与群体间的全部功能化联系。这种利用社会资源与实现生存功能的联系就是社会关系。社会关系来自人类的环境需求构成的群体观念共识，来自对这种共识的文化表达与文化传播，来自人类世世代代的文化传承对人类生存行为的群体组织化。

社会秩序就是社会关系对个体行为自由度的规制所形成的组织化形态。秩序提供了存在的环境功能，也形成了存在的标识。社会秩序提供了人类社会环境的全部功能，也是全部社会环境存在形态的标志依据。

人类通过自己文明化的生存活动构建出了社会环境，这就是人类社会秩序的自组织过程。社会环境的构建就是社会秩序的构建。社会秩序表达了社会环境的功能与形态，社会秩序的稳定性是社会环境的存在依据。

人类的文明成果，就是将人类自在的与自为的生存方式改造为自觉的生存方式。人类自为的生存活动是社会秩序的自组织过程的环境条件，人类自觉的生存活动则构成了人类构建与维护社会秩序活动的自组织过程，其中包括了构建与维护公共观念的活动，也包括了依据社会秩序利用与适应自然环境的活动。它们就是人类的社会权力活动、社会文化活动与社会经济活动。

在人类构建社会秩序的活动中必然包含了维护所构建的秩序成果的稳定性功能的活动。社会秩序由人类社会关系的自组织过程所形成的不同层次的秩序形态的突变构成，社会秩序的存在由人类对社会秩序或社会关系的维护活动来保持。构建与维护社会秩序的活动就是人类的广义社会权力活动。

演化是秩序的存在方式，也是社会秩序的存在方式。人类在环境中实现自己生存的自由行为既是社会秩序构建的活力来源，也是社会秩序瓦解与变化的动因。社会秩序在人类的生存行为中时时被重构与更新，既形成了对既有秩序的不断解构与重组，也形成了社会秩序永不停息的演化进程。演化中的社会秩序永远在流动之中。社会秩序演化的终结只能是社会的毁灭与人类的消亡。

秩序依据其稳定性保持其环境存在。秩序的稳定性由其内在功能提供。人类理解秩序稳定性的观念就是理解秩序功能的观念。例如万有引力与电磁场力，就是人类理解物理环境秩序及其内在稳定性机制的超验观念，免疫力则是人类理解生命环境秩序及其内在稳定性的超验观念。所谓"力"，就是人类理解环境秩序的超验观念的文化表达。魄力与魅力，号召力与执行力，就是人类表达精神环境秩序与社会选择秩序的超验观念。

人类生存环境中全部环境要素的存在，正是其中的稳定性机制对其组织化成果保持的结果。稳定性是自组织成果得以保持与得以形成的必要条件。

社会环境的稳定性机制是人类社会秩序得以保持与得以形成的必要条件。社会秩序的稳定性来自人类的社会活动。人类构建与维护社会秩序稳定性的行为，就是人类特殊的广义权力活动。人类的权力活动提供了社会秩序的稳定性功能，没有权力活动就不会有社会的存在，就不会有人类的文明。权力活动是人类文明形成的必要条件。

　　人类依据精神环境的秩序构建出社会秩序。人类个体的精神环境秩序通过群体中的观念交流活动形成了群体的公共观念与公共意识活动环境，也承载与表达了群体的环境需求与公共价值。公共价值就是社会秩序的精神依据与精神纽带。

　　公共观念与公共价值通过人类的文化活动实现构建与表达，也实现了它的社会保持与社会传播。人类依据文化活动的成果构成了社会关系与社会秩序，又通过文化成果保持与维护了社会关系与社会秩序。社会文化也是权力活动的精神依据。

　　社会文化来自社会群体精神环境中的观念共识。社会文化的存在稳定性远远超过了社会关系的稳定性。社会关系的演化活力来自人类生存欲望的多样化价值展开，来自人类精神环境中多样化的价值追求形成的自由行为，也就是来自精神环境中的无序能量。社会文化的稳定性则来自对社会成员环境需求在精神环境中的整合与组织化，来自社会成员的意识活动形成的超越了个体生存行为方式公共价值。公共价值是社会成员的生存方式在精神环境中的积累与沉淀，也就是人类群体的公共化意识活动环境的秩序对个体环境需求中表达的无序价值形态的组织化成果。这种公共价值的积累与沉淀形成的组织化成果是通过社会文化活动实现的，也是通过社会文化形成其环境表达的。这种关系就决定了社会文化的演化滞后于社会关系的演化。

　　文化是群体观念共识的表达，群体观念共识的存在依据仍然在个体的观念结构之中。公共观念依据社会成员观念空间中稳定存在的基本观念通过观念交流活动所构成。个体观念空间中流动不定的观念结构就无法在观念交流中实现公共化凝聚，社会成员稳定不变的观念结构主要来自终生不变的基础观念结构的支撑。稳定的基础观念形成了稳定的基本观念，稳定的基本观念形成了稳定的公共观念。个体观念结构的每一个结构层次的升高都必然会增加其中的超验化程度与空间统合程度，也都必然会提高其稳定性。社会成员观念空间中的稳定结构来自其最基本的基础经验观念，也来自其最高层次的终极观念。

个体基础观念的不变性特征与终极观念的稳定性特征，决定了人类社会环境中的公共观念结构与文化结构演化的代际节奏，形成了社会文化的演化进程在人类代际之间才会出现的明确差异化特征。这就是所谓的"代沟"。这种现象表明，群体公共观念的演化依赖于个体基本社会生活方式的改变，而不是直接来自个体观念结构的改变。人类个体基本上终生不变的基础观念结构决定了个体基本生活方式的稳定性，人类生活方式的明确变化并不会直接来自观念结构的一般演化，而是来自人类个体的代际更迭形成的构成群体公共观念基础的基础观念的改变。个体观念结构的变化虽然时时在发生，但却不会对群体公共观念结构或文化结构形成明确的影响。

社会公共观念结构与主流文化结构的变更，是个体观念结构的改变在社会环境中长期积累的结果，这种改变的积累也必然是人类个体代际更迭的结果，也必然是来自群体文化活动方式与文化活动目标改变的结果。这种关系就决定了群体公共观念结构的演化周期长于个体观念结构的演化周期。规模越大的群体，这种演化周期就越长。个体经验观念结构的改变以年计，个体超验观念结构的演化以十年计，社会成员基础观念的改变以人生代际计。社会微观文化形态的演化依据社会成员经验结构演化的积累，常常以十年计。社会中观文化形态的演化依据人类代际观念结构的改变与微观文化改变的积累，常常以百年计，社会宏观文化形态的演化依据社会中观文化改变的积累，常常以千年计，也就常常会超越了社会秩序的改变周期。

人类的历史表明，在任何社会秩序的激烈演化中，其蕴含的社会文化的演化则常常是平缓的与滞后的。任何新兴社会秩序的出现常常是在既有文化的基础之上的新兴经验观念的组织化成果，只有新秩序形成了自己的稳定形态以后，才能逐渐浸染改变既有的文化形态。任何社会文化的突变也就因此而来自社会秩序明确改变的积累。

任何社会文化结构的明确改变，也常常是人类的代际更迭积累的间接结果，而不是当代社会成员观念结构演化变更的直接结果。人类的代际更迭因此就常常形成了文化演化的基本节奏与微观周期，这就是所谓的"三十年河东，三十年河西"。因为每一代社会成员具备活跃的社会活动能力的时间与主导社会秩序形态的时间，大致是三十年左右。三十年就大致是人类的社会代际周期。

伦理价值是社会文化中蕴含的基本公共价值，伦理是文化体系的核心结构与基本结构，伦理是文化的沉淀与凝聚。伦理是文化结构中最稳定的结构要素，伦理也就因此而具有比一般文化形态更高的稳定性。

这就形成了社会环境形态中演化周期的逐层递增关系。个体观念结构具有最为活跃的演化状态，其演化周期最短。群体公共观念的稳定性高于个体观念结构，其演化周期就比较长。文化体系的稳定性高于群体公共观念的稳定性，其演化周期就很长。伦理结构的稳定性高于文化体系的稳定性，也就具有了最长的演化周期。稳定的伦理支撑了稳定的文化，稳定的文化支撑了稳定的文明。

人类的道德精神活动形成了价值活动中的审美追求造成行为动机对伦理价值的服从。人类的道德行为形成了道德精神成果的社会秩序表达。道德规范是道德行为的社会权力活动成果。道德精神活动方式的演化必然依据伦理的演化而具有最稳定的形态。道德行为与道德规范的演化则是依据道德精神的演化结果的，也是依据社会关系的演化结果的。就决定了道德规范的演化滞后于社会秩序的演化，也滞后于道德精神活动方式的演化。

在比较稳定的社会秩序演化状态中，这种滞后关系并不会形成明显的冲突，它们会在复杂的社会演化进程自行协调。人类社会秩序的多层次嵌套关系也形成了复杂的层次间的演化联系，并因此而弱化了它们演化中的层次差异。其中也明确弱化了人类道德行为与道德规范相对于社会秩序演化的滞后。

虽然社会秩序的演化进程与道德行为和道德规范的演化进程不能同步，更不能与伦理演化与道德精神的演化进程同步，但在平稳演化的社会秩序形态中，并不会因为这种不同层次间秩序演化的不同步形成明确的秩序分裂与秩序冲突，而是将这些不同演化进程的不同步消散在社会一般秩序层次的微观摩擦之中。这就基本上可以保持从社会秩序形态到社会文化形态再到社会道德规范形态与道德精神形态的一致性与协调性。尽管这种一致性中仍然会蕴含复杂的社会摩擦与微观冲突。

人类自觉的社会化生存方式形成的社会权力活动，永不停息地在寻求更为合理的社会秩序结构。社会秩序的演化由人类的权力活动所主导。一旦社会秩序的演化在人类的特殊权力活动中进入了迅速的突变状态，既有的社会秩序迅速瓦解，新生的社会秩序不断涌现，社会文化演化的滞后形成的文化冲突，社会道德精神演化与道德规范演化的滞后中形成的道德冲突，就会十分明确地显露出来。在日新月异的社会新秩序更迭中，因为演化滞后而必然显得稳定而保守的伦理价值与道德精神，也就必然会迅速变成了阻碍社会秩序演化进程的保守落后的秩序。滞后的伦理变成了保守公共观念与陈旧公共价值的依据，滞后的传统文化就会因为新兴社会秩序的迅速改变而与之无法协调而形成了文化的冲突，也就会被新兴社会秩序中突现出来的新兴文化追求所抛弃。滞后的伦理与滞后的道德规范也会在与新兴社会秩序的冲突中被废弃与瓦解。这就形成了在社会突变过程中必然出现的道德崩溃现象。

社会秩序就是社会成员间行为关系的总和，就是人类对生存环境需求的总和。人类文明的演化形成了日益复杂的社会秩序结构，人类理解自己生存环境中的社会秩序也就可以逐渐分为微观中观与宏观的不同层次。

微观的社会秩序主要承载了社会成员实现环境需求的生存行为的个性化自由度，主要表达了个体间的社会联系，其演化状态也最为活跃，也就总是处于不易察觉的秩序流变中。这种秩序的流变状态也表达了人与人之间关系的高度不确定。这来自个体追求价值实现的行为自由，也来自个体生存活动对社会微观结构的不断重构。微观社会秩序的演化表达了个体微观生活方式的改变，这种改变大约以十年为基本的可见周期。

中观社会秩序表达了社会环境的一般结构形态，也表达了社会一般公共价值与维护社会秩序的公共化方法。中观社会秩序由社会主流文化中的伦理结构塑造，由其延伸出来的社会秩序控制与管理方法则构成了中观社会文化的主要内容。中观社会秩序具有更高的演化稳定性，其演化进程也就常常滞后于微观社会秩序的演化，大致可以用百年时间表达其演化的可见周期。中观社会秩序的改变常常作为人类历史与文明演化的基本特征。

宏观社会秩序表达了人类文明的整体形态，也蕴含与滋养了文化环境中的超验公共观念。宏观社会秩序由主流文化中的核心公共价值或基本伦理所支撑，也是人类精神环境秩序的最高凝聚形态投射形成的社会关系结构。宏观社会秩序具有最为稳定的演化形态，常常以千年时间标志为其演化形态的区分。它表达了人类不同文明对生存环境的根本性理解，也是这种理解构成的信仰观念在社会秩序中的投射。宏观社会秩序的演化基本上还隐含在人类文化与历史之内，至今为止的人类历史观与社会学还没有形成理解宏观社会秩序演化的清晰逻辑。马克思是第一个尝试建立这种逻辑的学者，马克思的学说为人类打开了理解宏观社会秩序演化的大门，但进门之后的路还很长。

社会秩序的突变就是微观社会秩序变化的积累结果，就是这种积累引发了中观社会秩序的突然瓦解或重组。表达中观社会秩序的中观文化的突变，也常常是中观社会秩序突变的内在原因。

社会秩序的宏观突变则是中观社会秩序变化的积累结果，也是这种积累引发的宏观社会秩序的突然瓦解与重组。表达社会宏观秩序的宏观文化结构的独立演化也会形成自己的突变。宏观文化的突变常常成为对中观社会秩序变化积累的凝集核心，也常常是宏观社会秩序突变的文化表象。

可以形成这样一个理解社会秩序演化的基本逻辑。人类个体在社会生存环境中的自主价值追求与自由行为，无时无刻地在引发着社会微观无序的改变，这种改变形成的无序要素的滋生与积累促成了微观社会秩序的崩溃与重构。这种重构的积累又形成了中观社会秩序中的无序要素的滋生与积累，并形成了对中观社会秩序的瓦解与重构。中观社会秩序中的重构积累，最终必然会引发宏观社会秩序的瓦解与重构。

人类社会秩序中每一个层次的突变，都会形成这个层次中的文化与伦理的滞后，也都会形成这个层次中道德行为与道德规范的滞后。这种滞后都会造成社会活动方式与社会文化结构或社会道德精神的冲突。

社会宏观秩序的任何突变，都会形成社会基本文化与基本伦理明确的甚至强烈的滞后，也就必然会形成道德精神与道德规范明确的甚至严重的滞后与失效，从而形成了明确的道德崩溃现象。

例如在欧洲历史中，从亚历山大的远征到罗马帝国的建立，由集中统一的大帝国统合了分裂的传统城邦国家，就是社会秩序由多元散乱状态向集中统一状态的突变进程。这个进程中形成了必然的文化冲突，也必然出现了道德的崩溃。直到基督宗教被社会权力体接受与认可，并且形成了与新兴社会秩序相协调的社会主流文化形态以后，这个突变进程才结束。罗马帝国虽然瓦解了，但它构成的新文化与新秩序则在欧洲社会中以不同的形态得到了保留。此后，欧洲社会也就逐渐抛弃了古希腊的道德精神与道德规范进入了中世纪的社会形态中。社会秩序也由此进入了相对稳定的演化状态中。罗马帝国历史中形成的新的社会文化与新的社会道德与传统社会秩序之间的冲突，就在这种平缓的演化中被逐渐改善与消失。

在经过近十个世纪的稳定演化以后，强烈依靠贸易活动的欧洲经济秩序在陆上贸易通道不能满足需求时，就萌生出了依据新兴的航海技术建立海上全球贸易通道的努力，这种努力的成果在建立了新兴的全球化贸易经济秩序的同时，也拓展了欧洲人的世界视野与世界活动领域。这就必然形成了瓦解传统经济活动秩序的经济突变与文化突变，欧洲社会从此又进入了一个新的突变进程中。这个突变的成果就是创造了伟大的工业贸易文明。

在这个突变进程中传统的基督宗教文化体系及其蕴含的宗教伦理开始滞后了，传统道德规范的滞后也就引发了道德的崩溃，这就激发出了对社会主流文化的改造运动。这就是宗教改革与文艺复兴。这个改革保留了传统宗教的基本形态与功能，但又瓦解了近十个世纪中基督宗教对社会权力的文化主导地位，将宗教文化活动压缩到个人精神自由的生活空间中去，并开始依赖以自然科学为核心的世俗文化来主导社会权力活动与社会基本秩序。具有明确世俗化内涵的新伦理就被称为新教伦理。

世俗科学文化的兴起开始将一切宗教伦理与宗教道德规范视为愚昧的迷信。在今天的后现代社会秩序中出现的现代文化思潮，又开始诟病科学主义的愚昧与迷信和纠正对科学文化的盲从了。这就在近五百年左右的文化演化进程中表现出了一次周期性的摇摆。人类今天又开始了对曾经影响了一切社会秩序但也仍然有其局限性的科学文化的后现代改造。

例如在中华文明的文化结构与伦理结构中，似乎具有高度的稳定性与形态几乎不变的表象，这种稳定性来自它稳定的社会环境功能。但这个文化体系与伦理体系也具有相对于欧洲社会与欧洲文化更为稳定的演化进程，也经历了几次大的演化突变与道德规范的崩溃与废弃。只不过，一直延续到今天的中国传统历史观念与传统历史逻辑视角，不愿意也无能力理解与看待这种变化而已。就是在现代文化的改造中引入的马克思主义的社会演化逻辑，也无法很好地理解中国社会的演化过程。因为马克思的逻辑来自欧洲社会的历史经验。就是马克思自己也将这种文化的隔膜称为神秘的"亚细亚"模式。

依据中国传统的历史观念与理解历史的逻辑，就形成了中国文化与中国道德精神具有三千年稳定不变的形态。实际上，在中国传统社会中直接显现的政治演化与朝代更迭中，也蕴含了由于文化演化的相对滞后形成的社会秩序与道德规范的冲突。

但在中国传统文化中对高度稳定的社会秩序形态的追求所形成的历史视角桎梏，也就形成了简单不变地看待秦汉以来的文化演化与简单地理解辛亥革命所形成的文化突变的历史观。前者过度强调了中华文化的不变，后者则在中华文化的近代突变中过度强调了文化的瓦解。前者让中国人忽略了文化演化中的变化，后者则让中国人只看到了文化的突变而忽略了文化的延续。处于这种文化状态中的历史观念形成了两个极端。

马克思主义为中国人打开了理解历史的新视角，但中国人对马克思主义历史观的理解还仅仅是机械的甚至是生吞活剥的。没有对自己历史文化的深刻反思也就无法真正运用马克思的逻辑。今天的中国对马克思历史唯物主义方法论的引入只有少数权威的论断和大多数学者的教条式照搬，还鲜有独立思考的深刻探寻。在几乎汗牛充栋的同类文章中充满了同样内容的陈述罗列，但却几乎看不到任何鲜活的独立思考。正因为新中国成立以来的历史研究基本上变成了急功近利的政治阐释，才使得满天飞的历史论文基本上都是寻求文化利益的敲门砖。在今天的中国，真诚追求艺术的艺术家不多，真诚追求历史的历史学者则几乎没有。近年来在公共媒体中凸显了一批热衷历史故事的学者，大都是这种敲门砖残渣在新兴文化产业中的重新张扬，在他们的三国故事与明史水煮中充满了个人的隐晦机巧，看不到重构新文化的理想真诚。

在秦汉帝国的建立过程中，中华文明比罗马帝国更主动地整合与重构了自己的文化结构，也比罗马帝国更为成功。这就是改造与整合西周政治秩序所依赖的多元封建共和文化，创立大一统的中央集权政治文化，这种创立的成果就是新兴的儒学文化体系。董仲舒与汉武帝建立这个新文化的历史性贡献仍然被今天的中国人所忽视。新儒学为新兴的大一统政治秩序提供了伦理支撑，也贬低与瓦解了传统的贵族封建制度。但汉朝的新兴政治结构与新兴文化都还幼稚，还仍然包容了大量的传统封建要素，这些封建政治要素在汉代后期的复兴就是西汉最终瓦解分裂的基本内因。三国两晋的封建贵族军阀化政治瓦解了中央集权的汉朝政治结构，多元文化的复兴则几乎瓦解了儒家文化。政治的瓦解形成了几百年的封建复辟与政治分裂，文化的瓦解则为外来的佛教文化的进入打开了大门。佛教文化中蕴含的理性方法与高度超验的公共观念又为中华文化开辟了新的发展空间。移植佛家的方法与仪轨整合中华文明自己的超验公共观念，也就最终形成了本体的道教。

中华文明与罗马文明的不同形态，就是经历了混乱的分裂后又艰难地恢复了秦汉体制。隋唐王朝的重建不仅恢复与改善了汉朝的政治秩序，也在进一步弱化封建要素的基础上形成了更为合理的大一统国家政治秩序，并重新树立了儒家文化的统治地位。特别是建立了文化与政治相融合的社会秩序结构与社会人才结构，这就是支撑中央集权国家制度的士大夫集团。维护这个集团的文化活动方式的核心制度就是科举制度。

隋唐以后政治秩序的兴旺与稳定就明确形成了与欧洲社会演化进程的差异，也就形成了中华文明超越欧洲文明的基本历史依据。辉煌的中华文明必定来自其相对合理的社会秩序结构，晦暗的欧洲中世纪必定有其社会秩序的不合理内容。只不过今天的历史学者还不具备这样的视角。

中华文明后来的社会分裂与重构，则更多地源自北方游牧势力的侵扰，其中也有自己的社会结构抵抗游牧侵扰能力的缺陷与不足。每一次分裂都大致不过百年，每一次分裂与重构又都明确改善了政治秩序与文化结构。其中最重要的政治改善就是逐渐形成了中央集权与地方治理相均衡的合理政治结构与有效治理方法。这个治理结构在中央权力体中就是君权的集中与相权的文官制衡结构，这个治理结构在地方政体中就是逐渐形成了文官体系与军事机构的两套互相制衡互相融合的结构。只不过在不同的历史时期这两种制衡并不稳定，也并非都很合理。

其中最重要的文化改善，就是宋明对三足鼎立的文化结构的统合，也就是程朱理学的建立。这个文化贡献的重要历史意义，直到今天仍然在被中国人自己忽略。这来自辛亥突变中的历史文化短视。

西方建立的工业贸易文明的全球殖民运动形成了对中华文明的强烈冲击。这种冲击几乎瓦解了稳定的中华社会，也使得西方文化大规模地进入中国，进而让中国传统伦理显现出明确的历史不适应。曾经辉煌的农耕文明必须开始转型了。这种不适应被陷入迷茫与焦虑的中国文人提供了丑化与摒弃传统文化的动力，这种动力在文明转型的不断失败中逐渐将温和的洋务运动强化为极端的新文化运动。

新文化运动的发动，主要由传统道德精神与道德规范的崩溃所引发。传统道德规范的落后与崩溃，激荡了无数文人志士改造自己文化体系与社会秩序的情怀。这个经历了无数曲折与苦难的文化改造与社会秩序改造的最终成果就是建立了新中国。新中国的社会秩序突变又形成了对传统道德的毁灭性打击。这个毁灭曾经为社会新秩序的重构提供了新兴的精神力量，但也毁灭了很多有益的伦理。这种对传统伦理的毁灭经历了"文革"的曲折与警醒后，在重新开始对西方文化的接纳与审视活动中，才又开始重新领悟到中华传统伦理的优越性。

新中国试图一举建立全新的现代中华文化，但这种新文化的幼稚中蕴含的脆弱与不稳定，也就是后来剧烈的文化动荡与社会动荡的基本原因。"文革"的动荡基本上瓦解了这种新文化的体系，对现代中国文化的重新检讨又必然形成新的文化解构，这种解构又被重新拥抱西方文化的潮流所强化，新文化运动的成果又变成了文化重构的对象。在全盘西化的文化潮流中孕育出来的当代中国知识分子们更加失去了自己的精神自由，他们几乎只知道在西方文化的牙慧中炫耀自己而根本无能关注中华文化的重构。

中国社会秩序的明确改革开放与重构，几乎解除了传统文化对中国人的全部精神束缚，也包括瓦解了马克思主义文化体系的影响力。中国人终于回到了依靠自己的实践来创立自己的社会经济秩序的正常轨道中来了。但今天的中国人却仍然没有形成自己独立的文化实践与文化创造活动，仍然认为只要依赖西方文化就可以解决一切问题。今天中国人的勤奋实践逐渐形成了自己在全球化经济活动中的独特秩序，但今天中国的文化结构仍然处于三足鼎立的分裂中。简单地用西方文化统合中国社会秩序是幼稚的，简单地重回马克思文化体系也是幼稚的，简单地恢复传统文化更不可取。

今天的中国实践已经超越了马克思主义和自由资本主义，更远远超越了新儒学。今天的中国人必须具有全新的文化理想与文化目标。中国特色的新文化不会是对西方文化的直接模拟，也不会是对任何传统的简单恢复。今天的中国人已经打开了全新的世界秩序形态与经济活动方式的大门，在这种新的全球化实践中必然要凝聚出全新的文化伦理。这也同时会激发出一个新的文化启蒙运动，"文革"以后的文化启蒙将在这个新运动面前相形见绌。这个新启蒙将以温和的方式更强烈地荡涤今天的中国文化。

153. 中国现代社会突变中的文化崩解与重构

在西方新兴的工业贸易文明的冲击下，近代中国经历了剧烈的社会结构转型与剧烈的文化结构断裂，这就是所谓的三千年大变局。在五千年延续的中华文明中的这个突变来自工业贸易文明的新兴社会秩序输入与新文化输入，来自这种输入对传统社会与传统文化的冲击。工业贸易文明具备的利用自然资源方式的更高效率，让曾经高效的先进农耕文明相形见绌。形成这个冲击的全球化殖民运动也逐渐打开了中国人的全球化视野，为中华文明的全球化融合提供了机会。这个冲击形成了中华文明的生存危机，也将中华民族引入了新的发展环境。

源自欧洲工业贸易文明的新型社会秩序也是他们社会秩序演化中的近代突变成果。形成这个突变的文化依据来自欧洲传统文化中的伦理体系与自然哲学体系的二元结构，来自这种分裂结构中蕴含的秩序活力。这种活力的根基更深深地蕴含在他们在环地中海文明中的多元经济结构的传统中，这就是农耕、畜牧，手工业与航海贸易的四元混合经济。这种混合经济与政教二元文化才是他们率先创立工业贸易文明的秩序基础，也是他们在漫长历史中不能实现政治统合与落后于中华文明的原因。

多元的散乱从来就是自组织的活力。欧洲传统社会中新兴社会秩序的自组织突变，来自多元经济结构在全球化航海成就的激发中形成的新的自组织过程，来自在这个过程中将传统贸易活动的全球化，来自全球化贸易提供的大规模商品需求与原料供应条件，来自这些条件中孕育出的大规模工业化的商品生产方式，来自对这种生存方式对社会秩序的引导与重构引发的社会突变。

在这种经济活动突变的积累中也孕育了微观文化的新突变，以便表达新兴社会群体对新兴社会关系的公共化理解。这种微观文化突变的积累逐渐向中观文化与宏观文化中的蔓延，就为社会文化体系的突变准备了条件。分别代表了世俗文化与宗教文化突变的文艺复兴与宗教改革运动由此而发生。这个突变的最终成果就是构成了新的现代文明。

在欧洲的传统文明中贸易活动是一般经济活动的重要基础，环地中海的地理形态为他们凝聚出了航海贸易的传统。传统的贸易活动被蒙古帝国的大一统秩序通过陆路扩大到了整个欧亚大陆。蒙古帝国的崩溃与阿拉伯民族的兴起，又毁坏了大陆贸易的条件。对大陆贸易的经济依赖则激励欧洲人寻求海洋交通的替代，陆上不行就从海上寻求到达东方印度的途径。跨大洋的航海探险开始高涨。具有冒险意识的葡萄牙与西班牙王室投资组织了意大利的航海人才与技术，这个投资的成功开始于美洲大陆的发现，也为欧洲人开创了远航掠夺远海资源的榜样。他们的航海探险成果最终形成了全球化的海洋贸易模式，形成了欧洲人向美洲和南亚与大洋洲的殖民。英伦三岛的盎格鲁—萨克逊人最先整合了工业化的商品生产模式与全球化海洋贸易的经济秩序，也最先实现了强有力的殖民。大英帝国出现了。西方文明开始主导人类文明的演化进程。

现代商业经济秩序在荷兰首先出现，英格兰的工业革命与航海能力重构了这种秩序，并激发出了将自然哲学改造为自然科学的文化革命，并同时瓦解了欧洲传统的封建政治结构，创造了包容传统平缓过渡的君主立宪政体。其他的欧洲人则激烈地模仿了大英帝国，用革命的强行突变来迅速重构自己的社会结构，这就形成了欧洲大革命的百年动荡。

近代欧洲的社会突变也形成了文化的断裂。其中也包括道德的崩溃与伦理的重构。在对传统基督宗教文化体系的解构中出现的新教伦理就是这种伦理重构的重要成果。新教伦理逐渐替代了基督宗教的伦理，并巩固了人本主义文化的基础。在新兴文化体系构建的初期，为了回避它们在传统文化的强大面前的弱势，也为了保持它们与传统文化的友好与融合，就被模糊与内敛地自称为文艺复兴运动。

由此发端而构成的新兴城市自由民文化或者资产阶级文化，就明确地开始抛弃传统宗教文化的超验伦理。他们张扬的人本主义公共价值与伦理，就逐渐取代了上帝本位的公共价值与伦理，并在后来的文化演化中成为存在主义文化思潮的基础。

在欧洲近代的社会动荡中伴随了巨大的经济成功和对全球经济秩序的强烈影响，这种成功与影响也就冲淡了欧洲社会动荡的各种恶果。但这些恶果最后仍然被马克思所发掘与展示，并孕育出了重构社会秩序的新理想。马克思主义文化体系出现了。

这个文化激发出了欧洲以至全球范围内重构理想社会的革命运动，几乎遍及全球的工人运动主导了一个世界性的政治与文化潮流。这个潮流为落后国家的弯道超车展示了条件。俄国人率先投入，中国人紧紧跟随。但跟随者则更为成功。

马克思对新秩序恶果理解的局限性也就必然成为全球化工人运动的短板。这个短板最终被新兴的自由主义经济秩序所代偿，这就形成了后马克思主义与新自由主义文化的伦理融合。这种文化融合的成果让欧洲工人运动消失了，也让冷战消亡了。和平与发展取代了革命与暴动。中国聪明的政治领导人深刻地洞察了这一点，也就将曾经当作马克思主义核心武器的阶级斗争改换为改革开放。

今天冒出来的恐怖主义暴力运动已经与传统的暴力革命不相干了。他们不具备可以与人类文明相融合的文化传统和被多数人类所接受的伦理价值。他们因此被称为极端主义文化。

欧洲社会文明形态的突变形成了对世界经济秩序的新追求，也严重冲击了独立封闭的中国传统社会，并因此而引发了中华文明社会秩序的明确瓦解与剧烈动荡。这对曾经非常稳定的中国社会带来了文明危机，也同时激发出了中华文明的自我保卫与自我重构的强烈动因。这种动因的根基深深地扎在曾经辉煌的文明历史中。

这种动因在社会秩序的剧烈瓦解中引发了中国社会的强力重构。这个重构过程从无效的社会改良中孕育出了暴力革命，又从政治重构的成功中进入了剧烈的经济秩序改造。这就是从洋务运动到辛亥革命，从新中国的建立到改革开放的中国社会的突变进程。

新中国依据马克思主义文化体系中的社会主义伦理，强烈地重构了社会经济秩序。这个秩序的短板与弊端又使得中国人重新吸纳了自由资本主义的伦理，以追求新的合理经济秩序。为了在现代化的剧烈动荡中夯实自己的文化自信，中国人又逐渐恢复了中华文文明的传统伦理。三种不同的文化结构共同组成了中国特色的社会主义文化的基本内容。但这种文化的内部仍然是分裂的与冲突的。

在这个重构过程中，随着外部文化的输入与内部社会秩序的突变，随着传统文化的解体，也必然伴随着多层次的伦理冲突和道德崩溃，也必然伴随着构建新伦理的文化努力与重构新道德的精神挣扎。但这种文化重构与精神挣扎还不具备充分的理性自觉与历史超越，还主要是依附于权力活动的工具需求之上。直到今天，中国文化的重构结果，还没有为中华新文明奠定明确的伦理基础，还处于被西方文化主导的工具形态的散乱之中。

这个局限于工具性追求中的文化重构，曾经被西方文化主导与蒙蔽而盲目地西学为用，后来又被西方的马克思主义工具伦理所主导而失去了对中华文明终极伦理的依凭，再后来则又被新自由主义伦理所主导与蒙蔽，形成了试图复制西方社会秩序来重建中华文明的文化思潮。这种文化重构过程中的非理性与不自觉，来自中国人的文化不自信，也来自中国人对自己社会转型突变理解的肤浅。

中国人的文化不自信，来自他们失去了独立的哲学支撑与哲学能力，并由此而失去了对终极伦理与终极价值的独立思考。这就在近两个世纪中将自己的文化追求封闭在工具理性的桎梏之内。文明的确立来自具有终极价值的文化体系的确立。文明的延续来自对这种终极伦理的依凭。马克思提供的终极伦理终究不是中华文明的文化，它必须中国化。马克思主义的中国化成就，曾经主要集中在改造社会的工具价值中。今天的中国人必须开始为自己重构新的终极价值了。缺乏对终极伦理独立思考能力的民族，就是精神不能透彻自由的民族，也就是无法构成独立文明的民族。

在中华文明的历史性突变过程中，中国人面对欧洲工业贸易文明的剧烈冲击，出现了对曾经辉煌的传统文化与成功演化的历史进程的强烈困惑，并因为这种困惑而开始盲目地排斥自己的文化传统，以为只要将中国社会秩序西方化或者工业化，就能解决文明重构的全部问题。依据这种认知的文化重构结果就构成了从西学为用的文化复制，到新文化运动的文化抛弃，再到"文革"的文化粉碎。

直到今天中国人才渐渐发现，像中国这样的传统大国不可能像日本那样依傍西方实现文明转型与国家重构，中国只能建立自己独特的新伦理与独立的新秩序，才能重新成为具有世界影响力的大国。今天的中国人就必须开始新的文化探索。这种文化探索仍然还不能自觉，还仍然因为几代人的文化迷茫而处于混乱之中。

新中国曾经病急乱投医地直接效仿了苏联的社会新秩序，以实现对危机衰弱中的国家急救。但当时的文化不自觉仍然希望将临时急救转化为永久养生。这个急救的成绩获得了国家重构的初步成功，也形成了对苏联模式的盲目崇拜。当中国终于摆脱了急救的苏联模式，逐渐走出了具有自己文化主见的社会重构道路时，又被与苏联的政治分歧所左右而陷入了不合理的文化重构方向中。"文革"的弯路则为中国人提供了摆脱马克思主义僵化教条的思考视角，新思考的结果则是在保持国家独立稳定的前提下全面融入西方主导的世界经济活动秩序之中，并通过实现经济腾飞来重振中华文明。中华的振兴终于走上了正轨。

中国又由此而迎来了一个全面吸纳西方文化的新高潮。缺乏文化自信的中国文人们又由此而陷入了对西方文化的盲目膜拜之中，就像当年膜拜苏联文化一样。尽管同时也有试图恢复文化本源的新儒学的再复兴，但这种更为僵化的守旧复古文化方向，也不可能为重构中国新文化提供有效支撑。

今天的中国通过有效的改革与开放，基本上实现了社会秩序的现代化转型。今天的中国在文化重建中的困难与盲目，则来自中国基础哲学能力的萎缩与中国知识分子深刻思考能力的丧失，也来自中华文明转型以来中国知识分子在西方文化面前的自信丧失形成的精神不自由。他们开始为苏联人所捆绑，现在又被美国人所束缚。

中国文化活动中哲学能力的萎缩，就是哲学长期沦为政治概念阐释工具的恶果。中国文化活动中自由思考能力的丧失，就是对工具理性过度崇拜的恶果。这形成了广大公共知识分子急功近利的文化追求，也形成了当下中国文化活动的扭曲生态。

在今天中国活跃的文化表象中，看似充满了前卫和探索，实则仍然被崇尚旧情怀的保守知识精英们所主导。他们也分为对立的两派，一派试图回到原教旨社会主义文化中去解决今天的困境，试图通过重新恢复过时的教条来应对今天的新问题和理解今天的新世界。这也来自他们庙堂地位中的文化工具急需的迫不得已。这个历史倒退之路是没有前途的。

另一派则仍然沉浸在曾经的文化挫折的苦难情怀之中，以狭隘的自恋情结看待中国的历史。他们盲目地搬弄西方已经僵化的自由主义文化来愉悦和安抚自己，还以为是在救中国。很多站立在这个文化运动潮头的知识精英们，却正在可怜地被中国历史的进程所抛弃。他们似乎认为自己在延续中国的文明，实际上则是让中国的文明消失在西方的文明中。被今后中国历史的演化进程与文化重构进程所边沿化就是他们的必然结局。因为他们的精神追求继续将他们蒙蔽在曾经的个人精神困顿中，遮蔽了他们理解中国历史演化真实的能力。他们中的很多人在这种文化迷惘中用诟病曾经的伤痛来支撑自己的伦理正义，实际上这是在为自己的文化沉沦寻找自我安慰的理由。在他们的衬托下，大量活跃在公共媒体中公然为西方国家利益唱赞歌的人，则获得了合理的文化空间。他们的伦理目标是荒谬的，但这种伦理目标一旦穿上了科学主义与自由主义的马甲，常常就形成了对少不更事的年轻人的巨大影响力。他们不足为患，他们对青年人的深刻影响力则是中华民族的隐患。

在今天中国历史演化的真实中，已经出现了构建超越西方陈旧文化的新文化的条件，有志于中华文明振兴的知识分子们应该开始找到自己新的历史地位了。

154. 今天中国的道德困境与信仰重建

今天的中国处于三千年大变局中的剧烈社会突变的结尾。社会的突变必然引发伦理的瓦解与道德的崩溃。社会根本秩序的剧烈突变就会引发伦理的剧烈瓦解与道德的剧烈崩溃。现代中国的文化经历就处于这种状态中。

在这个剧烈突变中，中国的文化活动已经进行过两次应对与两次自我调整，这就是形成了两次对旧伦理的抛弃与对新伦理的寻求。中国文化活动的第一次应对与第一次变革就是新文化运动。在这之前的洋务运动中对体用分离的文化追求，则仅仅是一种温和的方法论调整。洋务运动并没有涉及深层次的伦理变更，也就没有形成根本性的文化变革。

新文化运动来自面对传统社会秩序的瓦解引发的文化重构。中华文明的核心文化面对西方社会秩序的强烈扰动形成的强大文化影响力，开始怀疑自己向社会秩序提供伦理依据的有效性了，这种怀疑形成了中国人对传统文化的全面诟病。为了从这种文化沮丧中解脱出来，也为了试图寻求新的文化形态与伦理依据，前卫的中国知识分子们引发了新文化运动。他们希望这是解决中国社会积贫积弱的灵丹妙药。

中国传统伦理来自中国传统社会的文化积累，来自传统公共观念与公共价值的构建成果，其明确的历史功能就是为中国传统社会秩序提供了有效的精神依据，支撑与维护了传统社会秩序的稳定性，也明确形成了中华文明的精神凝聚力。它也比较好地满足了社会成员经验观念的安置需求与心灵安宁的需求。

进入晚清，西方殖民运动进入中国。西学渐入，中华式微。在西方用武力推行的全球化贸易秩序的面前，中国遇到了军事、经济与文化的强大压力。这是人类文明转换中的冲突，也是文明间竞争的冲突。但我们的历史观念仅仅将这个冲突狭隘地理解为落后与挨打。为了挽救国家与民族的危殆就必须救国图强，也必须检讨自己的历史与文化。但离开了对文明转换的历史理解，这种检讨常常是不得要领的。盲目的救国图强努力的结果，就是盲目追求社会革命与盲目追求抛弃传统社会秩序。这在文化活动中就是盲目地抛弃自己的历史传统与文化传统的新文化运动。

人类及其生存环境都是演化中的存在。社会环境的演化永不停息。社会演化永远是历史的过程，新秩序不会脱离旧秩序而凭空出现。演化中孕育了改变，演化中也包含了继承。新文化运动的历史功绩是推进了中国传统文化的变更，在精神上支撑了社会秩序的变革。但这个运动的幼稚与肤浅中也蕴含了否定继承的错误。一个文明离开对自己传统文化的继承也就失去了文明传承的意义。单纯的文化抛弃就是文明的瓦解。

今天的中华文明并没有瓦解。在中国社会的突变中对传统文化的不自觉继承，来自中华文明传统文化的内在影响力，也来自传统文化的历史有效性。这既不是来自新文化运动的明确目标，也不是来自后来马克思主义运动中和文化革命运动中的文化自觉。中国新兴的政治集团在接受马克思主义外来文化的活动中，也自发形成了将其中国化的文化转化。但这种自发文化活动仅仅局限在对外来文化的有效工具化运用的层次中。由这个过程构成的新中国文化的局限，也就是后来出现了文化可以通过革命运动彻底改造的错误观念的政治伦理依据。

抛弃旧文化只能实现对旧历史的诟病，诟病不会自动转为构建。破除并不一定会确立。构建新秩序必须构建新文化，构建必须继承。在中华民国的新秩序中也引入了西方的新文化，但并不都合用，也就并不能为社会秩序的根本变革提供有效的伦理，而主要是形成了一些文人圈子里的亚伦理。同样是来自西方的马克思主义文化，则让中国文人看到了重构新伦理的希望，苏联在几乎相同的历史变革中的成功又成为有说服力的鲜活例子。曾经推崇过的日本明治维新的例子已经被证明无效了。

同样来自西方的马克思主义文化比自由资本主义文化更容易与中华文明的传统文化相衔接。社会主义秩序主张社会群体利益至上，儒家文化的伦理结构也以公共利益为主体。这就是马克思主义比自由资本主义更顺畅地在中国落地的历史文化原因，这也是继续秉持马克思主义价值观的现代中国仍然可以继承传统文明的历史依据。当然，这个落地的成功也是一个政治集团坚忍不拔前赴后继努力奋斗的结果。当代中国的成就不仅仅来自马克思主义的引导，更是来自中华文明的深厚文化根基。

自由资本主义文化在中国获得的某些成功，只是中华文明历史突变中的文化嫁接。这种嫁接不会将中国变成西方，最多变成了拥趸们的西方移民潮。

新文化运动的最终政治成果就是新中国。因为新文化运动并未有效确立民国的文化根基，而是打开了接纳马克思的大门。今天憧憬与颂扬民国文化的思潮仅仅来自一些小知识分子们追求安宁生活与个人审美的心理需求，而不是来自对中国历史的理解。

新中国为了迅速在当时的世界环境中站立起来，也就必然继续使用马克思的思想工具。对这个工具过度使用的结果就走入了"文革"的误区。

社会秩序可以被政治运动所变革，但社会变革的运动并非总是成功，因为人类对社会秩序与社会历史的理解还很幼稚。文化不可以革命，文化的革命一定会失败，因为人类还不理解社会文化的存在方式与功能。

文化是人类精神世界的群体公共化与历史积淀，也就只能在历史中存在与演化。力挽狂澜的英雄可以改变历史，但不会改变文化。改变文化的大师只是历史的浪花，所以大师不是英雄。

今天的中国仍然处于剧烈的社会改革之中。这种改革必定会有自己的文化成果。改革的文化成果不会直接来自改革本身。

新文化运动造成了中华文明在现代化进程中的第一次伦理崩溃，也形成了社会活动中的第一次道德崩溃。无奈地表达这种崩溃的典型文化例子就是鲁迅的思考。鲁迅的文化贡献在于揭示了这种崩溃。虽然揭示崩溃可以为新伦理的建立廓清道路，但揭示本身并非构建。今天的中国人还可以从鲁迅那里了解那次崩溃在中国人心中引发的痛苦与无奈，从而引申出对今天道德崩溃的有益理解。但也不一定。

新中国必须有新文化。这个新文化当时只能来自马克思。新文化运动的方法继续在新中国的新文化重构中被引用，因为这是新中国的构建者们唯一有效的文化经验。对这种引用的理解就是理解新中国文化运动方式的钥匙。从批判胡风到批判俞平伯，从思想改造到反右运动，从"四清"到"文革"，大致都是新文化运动的方法论与列宁主义政党政治工具论的融合。这种文化改造的方法今天仍然潜伏在中国的文化活动中。

在新中国成立初期社会秩序的全面恢复中，中国传统文化与西方自由资本主义文化也同样是新文化的构建材料。运用这些文化材料的结果有可能会偏离马克思，国家的虚弱与国际环境的险恶则不容许放弃马克思的有效工具。今天回头看看，在同样的历史环境中比中国条件好得多的现代化转型国家很多，无论是盲目回到传统中，还是盲目复制自由资本主义，大都结果不良。印度就是中国最好的参照。

对马克思工具体系的过度使用，也造成了新中国重建中的失误甚至灾难。依据中华文明的智慧对这种失误的反思，就是中国特色社会主义的土壤与营养。在新土壤与新营养中成长起来的当代中国，不仅仅解决了积贫积弱，也打开了重回伟大文明地位的大门。但路还很长。

新中国重建中的曲折与挫折又在苏联集团的崩溃和原教旨社会主义文化的解构中被扭曲与放大了。马克思主义文化似乎在内部与外部都陷入了危机。但当今中国的政治领导者仍然在全面的改革开放中继续坚持了马克思的基本伦理，因为这个基本伦理既能够与中国传统伦理相融洽，也可以与现代资本主义文化相衔接。孕育于西方文化中的现代社会主义理想，仍然在为今天西方自由资本主义秩序的局限性提供精神营养。马克思主义伦理与儒家伦理的融合，就区别了苏联的原教旨社会主义，就形成了具有世界影响力的中国特色与中国模式。这种融合并非机械地嫁接，更不是中国马克思主义理论家们的教条式论文可以表达的。

中国特色修正了原教旨社会主义文化中的机械化与极端化，运用中国哲学的思考方式引入了与自由资本主义文化相对立的要素。将以市场秩序为特征的自由资本主义文化引入中国并不会瓦解社会主义伦理，只要引入恰当，反而会改善社会主义伦理。这就是中国哲学中的阴阳相济与相反相成。西方哲学的辩证法逻辑虽然形式更漂亮，但却没有中国哲学逻辑的通透。更没有中国哲学提供的方法论与中国文化的融洽。

当今中国的主流知识分子，由于他们文化的封闭与历史的局限，则并不理解改革开放对中国文化与中国社会秩序演化的根本意义。他们将自己的精神封闭于西方自由资本主义文化中，他们的理性能力仅局限于新中国挫折的历史中。

他们简单肤浅地认为，中国的现代化进程就是对西方文化与西方秩序的直接复制过程。一旦社会演化的进程不是这样，他们就惶恐了与无所依凭了，他们就像惯坏的纨绔只会抱怨祖先与家长。他们的自由追求仅仅在自己的畅快中。他们将历史的责任与文明的伦理重构看作是完全无用的文化虚幻。

曾经甚嚣尘上的"普适价值"思潮就是他们的伦理旗帜与政治武器。正因为仅仅是旗帜与武器，他们也就不会有兴趣追求对人类普世价值的真正理解。他们肤浅的真实目标就是自由资本主义制度。他们直接的生活理想就是裹挟着在改革开放的自由中获取的钱财移民西方，如果还没有走就是因为在中国挣钱更方便。在他们内心，中华民族与中华文明就一种历史的虚幻，就是中学老师的政治洗脑。但他们不会明说。

虽然中国在改革开放中坚持了社会主义的理想，但为了迅速摆脱"文革"后的全面落后，为了迅速搭上世界经济转型的快车，国家对改革开放采取了强烈措施。这又是一次激烈的社会变革。中国这样复杂而落后的大国，在激烈的社会经济变革中能够保持社会秩序的稳定，就是中国权力体历史智慧与政治能力的体现。

但是，这个剧烈变革仍然引发了社会秩序的广泛无序化与道德的崩溃。今天的中国人与中国文化仍然在咀嚼着这次道德崩溃的苦果。咀嚼的苦味在社会环境中的弥漫，也让很多中国人感到迷茫与愤怒。有些无法发泄的愤怒就会转嫁到改革开放的本身。或者认为改革开放还远远不合理，以诟病今天的中国政府行为。或者认为改革开放本身就错了，甚至试图为"文革"翻案。这也是一种文化的愚昧与历史的愚昧。

社会秩序的突变必然出现道德的崩溃。消除道德崩溃的唯一途径就是重建与新秩序相容的新伦理。伦理的重建就是文化的重构。今天的中国人在解决了温饱以后仍然不时会愤怒与不满，主要就来自今天中国主流文化的分裂与冲突。冲突文化的环境塑造出冲突的个体观念结构，让社会成员常常在价值选择中无所适从而焦虑与沮丧。文明中的人类不可能逃离自己的文化环境，也不能避免冲突的文化带来的不良感受与不良心理。

今天的中国大致解决了道路的选择问题。中国道路已经基本成功，中国共识已经初具世界影响力。但中国实现民族振兴的深层次问题则仍然存在，其中最重要的就是伦理体系的重建与文化的整合，就是重建新的道德精神。

当今中国道德重建的主要困难就是社会基本文化体系的分裂。缺乏道德精神活动能力的中国人，在维护自己理想社会秩序的权力活动中，也就必然过度依赖权力对习俗的规范与法律工具提供的合法暴力。缺乏道德精神活动能力的中国人，也就必然无法真诚理解道德规范与道德行为。因为离开了道德精神活动的道德规范，也就充满了权力的诉求而没有人类的审美。

今天中国依法治国的治理工具转型，虽然为中国人提供了足够的权力空间，但过度依赖权力对习俗的规范，过度依赖权力对道德规范的推行，则必然带来道德行为的高度权力异化。这就会进一步弱化国人的道德精神能力，也会为外部与内部反对者提供攻击和嘲笑的口实。

生活在强力教育环境中的官员们，也常常对主流伦理表现出淡漠与无知。在国家举办的教育机构中培养出来的青年们，则常常对主流伦理表达出鄙视。这就是中国文化散乱的典型例子。

中国吏治的困境就在于官员们道德精神能力的缺失。仅仅依靠法律的严惩，仅仅依靠纪律的规制，在无孔不入的权力腐败面前仍然是网疏而鱼杂。如此治标可以短时遏制腐败的猖獗，如此之本则难以割断自然而顽强的腐败丛生。无奈的西方哲学，就因此而将人类社会中腐败行为的不可避免归纳为人性的使然。但在中国哲学中，则明确将"君子之行如日月"作为人性的根本。

要使人人成为俊杰和舜尧，要使人人的行为如君子之日月，只能是道德精神普遍追求的结果，只能是人类的内在欲望对自己行为方式约束与规范的结果。法律是粗网，习俗是中网，权力是拉网者，道德精神则是细网与石墙。只有行政官员们从内在审美本能出发来皈依自己的信仰与伦理，才能得到完全清廉的官场。

人类的信仰，是对完美伦理结构的超验化审美整合的必然结果，是伦理结构中的超验价值体系为意识活动提供的环境功能。具有这种价值体系的个体，才有希望成为行如日月的君子。在中华文化的哲学中认为这是可以实现的。在西方文化中，则认为是特殊个体的罕见现象，甚至是违背人性的现象。这是中华文化与西方文化的根本伦理差异。

信仰也是人类道德精神活动的特殊环境。缺乏信仰和不相信信仰文化，就不会具备强大的道德精神能力。建立信仰的社会条件则是完美通透的文化环境。社会文化的冲突是个体信仰瓦解与缺失的基本原因。今天中国的文化环境造就了中国人的信仰缺乏，其中包括掌管社会秩序的官员。

在改革开放以后的中国，诟病马克思主义文化的思潮兴起，主流文化却无力辩护。立国的领袖被公开抹黑，主流文化则熟视无睹。直到特殊明星的行为被私人公开，才受到了舆论的谴责。当社会主义的理想变成了获取政治利益的招牌，其中的伦理也就必然变成了时髦的包装。

当代中国的流行文化几乎被自由主义公共价值所统治。特别是在文化界与教育界中，自由资本主义世界观与价值观才是真理与正统。马克思主义世界观则是利益舞台上的化妆，它们只在台上风光，下台必卸。自由主义则是无微不至的生活方式。依据自由主义伦理教育与塑造出来的年青一代，一旦进入政治体制中，就必然要用虚伪的方式服从主流的政治伦理。官场中也就必然充满了虚假，会说真诚的假话就成为官员们的基本功。当官场变成了心照不宣的表演场，官员们在双重人格中的心灵扭曲就形成了它们内心的痛苦与焦虑，他们也就根本无能力追求道德精神与理想信念。这种双重人格一旦成为政治文化的主要生态，国家就隐含了政治危机。因为在维护国家秩序稳定的权力体中，伦理的基础已被掏空。

中国人实现道德精神能力重建的重要条件，就是社会文化的整合与重构，就是伦理结构的整合与重构。只有这种整合与重构才能消除文化的冲突与伦理的散乱，才能形成优良的道德精神环境，才能形成有效的道德规范实践。

今天中国主流文化中互相冲突的三足鼎立，就是文化与伦理重构的目标与攻坚的任务。今天的社会主义主流价值观，就是这种重构的文化形态目标。但这个目标还仅仅飘在空中，文化的重构还任重道远。

在核心价值观的表述形态中，形式上融合了文化的对立，但要将这个价值观体系注入中国人的心中，要以此来重新塑造中国人的观念与心理，并压倒两代以上人被自由资本主义价值观念的塑造成果，从而形成新的文化观念与道德规范，将是几代人的文化任务。因为阐释与细化这个价值观体系的文化形态还非常薄弱，因为传播与推崇这个价值观结构的文化活动与教育活动还很粗糙肤浅。而原有的社会主义价值观已经在改革开放以后被逐渐边沿化了，而西方自由主义价值观则已经在广大追随它的知识分子与教育工作者的不自觉努力中，几乎无孔不入地深入人心了。

重构分裂文化的第一个障碍，就是破除中国人心中已经固化的对立文化结构的认同与对立公共价值的藩篱。这种破除的途径，无法仅仅在对不同文化价值的比较与评价中实现，必须回到对立文化的根基中去探讨其合理性与局限性，也就是回到对人类生存方式与精神活动方式不同理解的根本探讨之中，才有可能唤起人们对这些问题重新理解的兴趣。文化的重构无法在对文化自身的评价与解构中实现，必须在超越一般文化的哲学思考与对基本伦理的重塑中才能实现。

要将二十四个字表达的新伦理的文化形态转变为人们心中的伦理观念，是一个复杂繁难的社会文化与社会心理的阐释与解读过程。这种在一般文化活动中对新伦理的展开与阐释，需要全体文化工作者与知识分子发自内心的投入，但这首先要他们由衷相信。在文化专门活动中塑造新伦理的最好方式，就是知识化的传播方式。将感性化的伦理文化知识化必须依赖对伦理的哲学化阐发。马克思主义伦理的深刻影响力离不开他的哲学。不能设想没有哲学根基的社会主义伦理会深入人心。

离开了哲学的阐发，单独彰显一个伦理并无大问题，但却无法将不同的伦理构成完美的价值结构。例如，自由价值与平等价值的协调，爱国价值与民主价值的协调，友善价值与公正价值的协调，都是深刻的哲学难题。

道德精神能力与完美的信仰，不会来自分裂的伦理。和谐的社会行为方式，不会在极端追求个别伦理中实现。

中华文明中提倡与彰显的三纲五常伦理体系，之所以曾经可以深入人心，就是因为它具有完整与严谨的协调结构，这就是古代圣贤们的智慧对它的合理构建与深刻解读。从某种意义上说，中国传统哲学就是阐发传统伦理的工具基础。在中国传统文化中，不乏文人智者对这些伦理价值的完美阐释。只不过这些文化成果在中国社会的剧烈现代化转型中基本上被抛弃了。

但今天还没有任何文化学者提出对社会主义新伦理的深入阐释，因为在广大的知识分子中几乎无人会对此具有发自内心的兴趣，而官方的文化与学术组织者们又根本不会想到有这种必要，依照他们的行政方法论，一件事情有了好的口号就算是完成了。

社会主义伦理今天还仅仅是权力活动的文化标准，还远没有成为文化活动的审美内涵。这就是社会主义价值观今天还飘在空中而无法深入人心的原因。拴住这个漂浮气球的细线，仅仅是各种权力活动的公共宣传。

中国当代知识分子们缺乏阐释新伦理的兴趣，主要因为他们基本上没有这种能力。如果以后出现了一批有兴趣者，大概也是社会权力投入了更多资源来诱导的结果。今天中国大部分文化经费就是如此打水漂的。在今天的中国，高谈阔论世俗文化与心灵鸡汤的学者满街都是，但能够为中国人阐释完美的伦理体系，能够引导与重塑中国人心灵结构的智慧者可能还没有出现。今天的中国学者还远没有能够达到董仲舒与朱熹当年整合分裂文化体系的能力。今天的所谓文化大师在古人当年的历史文化功绩面前都还是小儿科。

今天中国有能力的学者们还大都在工具理性的领域中驰骋。今天中国有影响的学者们还仅仅是因为能够提出一些对社会秩序冲突的逻辑说明，他们离能够重塑中国人的观念结构与伦理价值的能力还相差甚远。

今天的中国在经济上已是有影响力的大国了，但还远不具备让自己自信和让他人敬仰的文化。中国时髦的文化人还在搬弄西方文化与古人文化的碎片中自鸣得意。没有文化自信就不可能有坚实的理论自信、制度自信与道路自信。

在今天中国不同的社会利益群体与社会文化群体中，虽然不会有明确反对社会主义核心价值观的表达形式，但他们在自己的公共意识活动中，在自己的社会追求中，则仍然在分别拥抱着历史形成的残缺与冲突的文化结构。这就是今天的中国人常常对各种社会事物抱有激烈冲突的价值判断的原因。高喊相同口号的人群，则在追求对立混乱的社会目标，这在中国现代历史中并不鲜见。

曾经，中国文人似乎都拥戴的新文化运动，却结出了对立的国共两党之果。又曾经，中国人似乎都拥护的新中国，却出现了强烈的两条道路的对立。还曾经，中国人都在高喊捍卫革命路线，却在互相动刀动枪。最近的曾经，中国人都在拥戴改革开放而憧憬更为美好的生活时，却在社会财富逐渐向少数人强烈汇集的同时，滋养了大批的贪腐和激怒了普通的民众。

历史证明，分裂的文化无法用统一的政治口号融合。文化的分裂只能依靠文化自己的重构来解决。中国文化的重构和中国人精神世界的观念统合，必须回到对人类精神世界的存在方式与形成机制的理解之中去探讨，必须重新回到哲学与重新振兴哲学。

历史是哲学的例题。文化是哲学的问题。

文化问题只有回到哲学中才能解答，历史问题只有回到哲学中才能拓清。

宗教曾经是感性信仰的文化载体。哲学则是理性信仰的文化载体。不自觉的信仰可以来自对宗教的皈依。自觉的信仰则必须来自哲学的训练。

哲学是一切文化的源头。哲学是塑造知识分子心灵内涵的雕刻刀。哲学是建造人类世界观的模具。

第八篇 ‖
人类的自由

第四十二章　自由与意志

155. 自由的哲学涵义

自由是一个基本的哲学概念，也是一个基本的文化观念与基本的社会学概念。

理解自由是理解人类的欲望与行为在环境中实现的可能性依据。对自由概念的误解形成了对人类行为的原因与结果的合理性的误解，也形成了对人类行为局限性的误解。

误解自由来自对人类自在生存方式与自觉生存方式的哲学误解，也来自对人类行为能力空间与行为环境空间关系的哲学误解。不能正确理解自由，也就不能正确理解人类精神环境与物质环境的关系。

正确理解自由的依据在正确理解人类的生存方式与生存环境的关系中，在正确理解人类的生存环境的存在方式中，也在正确理解人类的生存方式中。

观念是人类精神环境的存在形态，概念是人类对观念的语言表达形式。观念具有多层次嵌套的结构，高层次的观念统合与蕴含了低层次的观念，表达观念的概念形式也具有层次统合的结构。自由是人类现代文化中的核心观念，自由也是表达人类行为方式与环境关系的最高层次的概念。

人类生存在环境中。人类通过环境中的行为实现自己的欲望需求与环境生存。人类的生存行为依据人类的生存本能发生，依据人类的经验观念展开。生存本能的环境功能在人类精神环境中的展开形态就是观念中蕴含的价值。

人类的本能与经验价值构成了人类行为方式依据的总和。人类行为方式总和的结构化表达构成了人类行为能力的空间。人类的生存行为在生存环境中实现，生存环境提供了人类行为实现的可能性空间与现实性空间。

人类的生存环境分为两个层次，这就是内在的精神环境与外在的社会环境。人类的生存行为在外在环境中的实现方式由人类内在精神环境中的观念结构或价值结构决定。人类观念空间的秩序提供了人类意识活动行为的现实性空间，也表达了人类社会行为的可能性空间。个体观念空间的秩序表达了个体社会行为的可能性空间，群体公共观念空间的秩序或者群体文化结构表达了群体社会行为的可能性空间。

人类的行为能力在环境中的实现结果在观念空间中构成了经验观念。人类意识活动能力或者意识活动的审美发现与秩序构建能力在观念空间中构建出了超越了行为结果的信息内涵的超验观念。经验秩序表达了人类外在生存行为的现实性空间，超验秩序表达了人类精神环境中的特殊存在秩序，也表达了人类外在生存环境中的行为可能性空间。经验秩序与超验秩序共同存在于精神环境的观念要素中。观念要素是精神环境秩序的存在形态，由经验秩序主导的观念要素就是经验观念，由超验秩序主导的观念要素就是超验观念。经验观念的总和就是人类的外在行为能力在精神环境中的表达，超验观念的总和则表达了内在精神环境秩序对外在经验秩序的超越，也表达了观念空间秩序对外在行为能力空间的超越。超验观念秩序对经验观念秩序或感官信息秩序的超越，就决定了人类观念空间中表达的行为可能性空间的自由度高于人类外在环境中的行为现实性空间的自由度。

例如，人类的玄想与幻想表达了精神环境中的真实秩序，但常常不具备行为实现的可能性。人类文化中的神话与童话在现实行为中是虚幻的，但却都是公共观念空间秩序的真实表达，都是公共化的精神环境中的真实存在。前者是超越了个体行为可能性空间的观念空间秩序的例子，后者是超越了群体行为能力空间的公共观念空间秩序的例子。

例如，人类的逻辑工具常常会构建出超越人类现实行为空间的精神空间秩序，就像无限延长的直线与永不相交的平行线，就像万能的上帝与神奇的量子纠缠，但这些逻辑真理则远远超越了人类的行为可能性空间。逻辑就是表达超验秩序的超验工具。

所谓人类的自由，就是人类对自己在环境中行为选择空间的感受，也就是人类对自己的生存行为具备的选择空间形态的评价。自由来自人类生存环境提供的超越了生存行为的能力现实空间的行为可能性空间，其中包括超越了经验秩序空间的超验秩序空间，也包括了超越自然行为空间与社会行为空间的自然环境秩序与社会环境秩序空间。自由来自现实的行为能力在可能的行为环境空间中的选择。

自由的依据来自人类环境行为能力的自由度对环境行为可能性自由度的超越，也就是来自幻想与玄想对现实经验的超越。行为能力在行为可能性空间中的实现就是行为的有效选择，否则就是无效选择。有效的行为选择将幻想与玄想变成了设想与理想。

个体精神环境秩序提供的意识活动可能性空间对个体意识活动能力的超越，形成了个体的精神自由。人类社会环境秩序提供的社会行为可能性空间对人类个体与群体社会活动能力的超越，形成了个体与群体的社会自由。人类自由的程度来自这些超越的程度。

人类的生存行为通过特定的环境条件实现。不具备环境实现条件的行为不会成为经验观念。观念空间中幻想的实现可以通过对外在生存环境的改造来重构行为实现的条件，幻想由此可能变为现实。逻辑演绎的结果为人类提供了新的意识活动行为选择空间，也可能优化人类的生存环境。

人类在自然环境与社会环境中生存。比人类生存行为更为广阔的行为环境为人类的行为提供了广泛的选择可能性，也提供了选择的自由度。人类的行为选择由当下的价值判断形成。价值判断依据观念空间中意识活动提供的价值选择的可能性构成，价值判断的不确定性决定了行为选择的不确定性。人类的行为只有在现实的发生中才具有了确定性。确定的行为才能形成确定的经验，确定的经验观念在人类群体中形成的无差别认知才构成了确定的经验事实。

没有发生的行为可能性则仍然可以存在于观念空间中的动机结构中。动机结构中可以蕴含经验价值也可以蕴含超验价值，这种秩序形态就蕴含了超越行为实现的可能性空间。动机的行为实现则压缩了动机价值的空间结构，将仍然具有选择空间的行为动机转变为确定的行为方式。这就像对量子叠加状态的具体观察行为将多种可能性的量子存在状态的自由度压缩了一样。人类对量子物理的理解，就是对人类行为实现与行为可能性空间的理解在最简单的物理环境中的数学逻辑化。

人类的行为动机来自观念空间中的价值活动。动机的构成实现了价值的选择，压缩了价值结构的空间自由度。行为的实现则压缩了动机结构的空间自由度。在构成动机的价值活动中，人类具有价值选择的自由度，在动机的行为实现过程中，人类具有环境条件选择的自由度。人类的行为自由就由这两个自由度的交积所构成。这两个自由度就表达了人类的精神自由与社会自由。

自由的观念来自人类对自己行为的实现方式与实现状态的感受与评价。自由的感受与评价，来自人类对行为的实现方式或行为能力在价值结构空间中的选择自由度的感受与评价，也来自其在社会环境空间中的选择自由度的感受与评价。前者形成了精神自由的感受，后者形成了社会自由的感受。在两种行为中选择自由的程度决定了两种自由感受的程度。

当人类追求价值实现的生存行为在环境中具备明确与开阔的选择空间时，就会感受到自由。当人类生存行为的选择空间模糊而狭隘时，就会感受到不自由。自由的感受表达了人类的环境需求结构与实现行为的能力结构之间的关系。

人类的自由是普遍而绝对的存在，这由人类行为能力空间的自由度普遍绝对地低于观念空间提供的意识活动自由度与社会环境提供的社会行为自由度所决定。人类对自由的感受常常是相对的,这由人类的行为能力结构与实现行为的环境秩序结构常常出现的不相容状态所决定。

绝对的自由存在于人类的全部行为空间与环境空间中。相对的不自由存在于人类具体的行为方式与具体的环境条件的特殊关系状态中。

人类依据两种不同的行为方式实现在两个环境中的生存。意识活动在精神环境中实现,社会活动在社会环境中实现。意识活动在精神环境中的选择性空间构成了人类的精神自由,社会行为在社会环境中的选择性空间构成了社会自由。

人类精神环境秩序的自由度永远超越人类意识能量的运动自由度,这由意识能量在观念空间中分布的局限性所决定。意识能量运动的自由度由其在观念空间中的局部分布状态决定,也由被它占据的观念结构的自由度决定。意识能量的运动自由度永远小于全部观念空间秩序的自由度。精神环境的观念空间秩序为意识能量的分布与运动方式提供了广泛而充分的选择可能性。人类几乎无限形态的情感状态,就是人类意识活动具有无限选择空间的外在表达。人类喜怒哀乐的情感自由就是精神的自由。

由人类个体与群体构成的社会成员也必然局限地分布在社会环境中。每一个具体的社会成员只能占据与利用局限的社会环境。全体社会成员之间的社会关系构成了全部社会环境,这个环境的自由度总和也就远远超越了具体社会成员所能够占据与利用的社会关系的自由度,这种超越就为社会成员提供了行为选择的可能性空间。只不过社会成员对社会环境的利用选择还会受到他的价值活动能力的限制与肢体器官功能的限制而已。社会秩序对社会成员行为选择空间的限制只能压缩其行为自由度,不会完全消除其行为选择的自由空间。社会成员对社会行为没有选择的感受,常常来自其情感状态形成的价值判断与社会环境秩序的绝对冲突。

每一个具体的社会成员在社会环境中的行为领域与行为空间,永远不会涵盖全部社会秩序构成的环境空间，这就决定了他们的社会行为永远具有绝对的选择自由。但他们的行为能力又决定了他们无法真实占据与利用全部社会环境空间，这就决定了他们社会自由永远具有局限性与相对性。

人类行为的选择空间决定了人类行为方式的不确定性。这种不确定性也来自人类生存环境演化的不确定性。人类生存环境演化的不确定性与人类行为能力空间对生存环境空间的局部占据，共同决定了人类的绝对行为自由。

人类的生存行为具有绝对的自由。人类的相对不自由则来自对行为选择空间局限性的感受。这种感受由他们具体的意识活动状态中的价值判断形成。一旦意识活动的状态改变，他们对行为自由的感受就会改变。这就是佛家所说的"放下"与"放不下"的差别。

不自由的感受常常来自人类意识活动方式被局部的观念结构限制的结果，来自这种限制形成的价值判断与社会环境秩序的相冲突。不自由的感受也常常来自人类的社会活动方式被局部的社会秩序限制的结果，来自这种限制形成了社会行为的可能方式与当时意识活动状态相冲突。前者构成了人类的精神不自由，后者构成了人类的社会不自由。

归根结底，人类的全部不自由感受都来自意识活动的相对局限性。首先，意识活动的局限性限制了审美欲望实现的可能性，限制了构建观念结构的自由度，也就限制了意识能量具有合理开阔的分布与运动空间。只要这种局限性被打破，就会形成新的意识活动空间，就会解放精神的不自由。

人类文明的形成与演化过程，就是人类的精神空间不断拓展的过程，也就是人类不断增加自己意识活动自由度的过程。在这个过程中，人类意识活动的生命环境基础，人类的高级神经器官也在演化中被不断拓展，它为人类意识活动提供的能量也在不断增强。

人类精神自由的拓展过程就是人类文明发展的依据。每一个人类个体的精神自由都来自他生存环境中的文化输入形成的文明传承，都来自文化输入提供的精神环境空间与观念空间领域。个体的文化环境决定了他的精神环境空间形态。人类的文化表达了人类个体创造出来的精神世界，也塑造了个体的公共化的精神环境。个体对文化的接受或受到的教育塑造，个体对接受的文化经验的观念还原所形成的文化修养，构成了个体观念空间的结构领域，也构成了个体意识活动的自由空间。在文明化的社会环境中，文化修养就是个体精神自由的唯一来源。

人类的文明形成了人类群体化的社会生存方式与社会环境。人类依据群体的公共意识活动空间构成了社会行为空间。社会环境秩序通过社会经验实现对个体精神环境的秩序映射。其中包括了个体行为结果的感受，也包括了群体行为结果的感受。前者形成了个体观念空间中的经验观念，后者形成了个体观念空间中的文化观念。

个体精神环境中的经验观念又在审美欲望驱动的认识活动中不断实现了进一步的组织化构建，这就逐渐形成了观念空间中的整体超验秩序对经验观念的组织化与安置，这就构成了更为广泛的观念空间自由度，也构成了超验化的价值结构。价值结构的内涵决定了个体社会行为方式的可能性空间与选择空间，这个空间中的经验要素表达了社会行为的确定性，这个空间中的超验要素表达了社会行为的可选择性与不确定性。

个体社会行为的选择空间首先提供了价值活动的价值选择空间，这也就形成了个体价值判断的不确定性。这种不确定性提供了个体社会行为的基本自由空间。当价值活动的结果形成了确定的行为动机，这种自由度就大大被压缩了。行为动机在社会环境中的行为实现过程构成了个体社会活动的确定方式。动机在社会环境中的实现也具有不确定性，这由动机结构中蕴含的超验价值形成，或者由其中的理性逻辑形成。

人类的理性能力实现了对价值结构的确定性表达，也实现了价值判断的确定性，但又在其必然蕴含的逻辑结构中包容了抽象性与不确定性。理性观念结构就是对观念空间中的超验秩序的确定化表达。文明人类的观念空间中充满了不同层次的理性结构，这种理性化的观念结构也充满了个体的价值空间和动机结构空间。动机中必然蕴含的抽象化理性结构中蕴含的超验秩序，为动机的行为实现提供了选择空间，也形成了动机实现的不确定性。这种不确定性就是人类行为选择自由度。每一个具有理性内涵的价值判断，在其行为实现过程中都要进行进一步的选择以压缩其不确定空间。每一个理性化的价值选择与行为动机，除了更好地表达了价值结构的内涵以外，还蕴含了更多的行为自由度。

那种将理性化的逻辑判断结果理解为高度确定的行为空间的思想，来自传统哲学对人类精神环境存在方式的误解。这种误解就认为理性蕴含了确定性，就认为高度的理性就表达了高度的确定，就认为人类可能实现的绝对理性就可以到达完全确定的行为境界。依据这种理解中将逻辑的实体化，也就构成了确定存在与确定行为的世界观。这种世界观来自一神宗教的不透彻理性，这种世界观一直延续到了科学观念之中。曾经被万能的上帝决定的确定世界，今天变成了在科学定律中的确定世界。这种科学世界观在流行文化中的普及，也就形成了人类没有自由的观念，也就形成了任何自由都是人类不理解的确定性的确定结果的观念。既然人类的行为具有终极的确定性，人类的社会秩序也就会具有终极的确定性，人类的历史也就会具有终极的确定性。科学的逻辑一旦绝对化，也就必然出现荒谬。

例如，每一个由语言要素确定表达的行为方式都提供了一个行为选择的确定空间。"现在吃饭"就是一个确定的行为动机。"现在"的具体化确定又具有了选择空间，是半小时的现在还是十分钟的现在，是一分钟的现在还是一秒钟的现在，都是确定语言表达中的不确定。但这些不确定的选择空间都会在行为的具体实现中被消除。

例如，语言逻辑是人类最普遍最基本的理性化能力，也是文明人类的价值判断中蕴含的最基础的超验秩序。更复杂的逻辑则提供了更深入广泛的超验不确定性。复杂精密的数理方程逻辑的解函数，表达了数学的相对确定性，但又蕴含了广泛的物理不确定性。数学演绎压缩了数学逻辑提供的超验观念，但永远不能压缩其中表达的物理超验和物理不确定。对数学解的物理阐释与物理实现，才能压缩其中的不确定性。

例如，诗歌表达了诗人确定的情感价值，但诗歌的欣赏者所获得的欣赏感受则是高度不确定的。每一个欣赏者的不同具体感受，都确定了诗歌的不同表达内涵，但这种感受对欣赏者的价值判断的影响仍然是不确定的。只有通过具体的价值判断，并在社会行为中实现这种判断，欣赏者的诗歌感受才变成了具体价值的实现。这就是从精神自由到社会自由的具体实现例子。

人类在社会环境中的行为实现，就是动机中的超验不确定与超验自由度的消除，这个消除行为自由度的过程，就是自由选择的过程。就是在一个马上就可以实现的行为中，也可以在几乎无穷的时间空间的划分中进行自由选择。每一个在价值活动中的动机的构成，都是意识活动的精神自由的具体选择结果。每一个动机在社会环境中的实现，都是社会行为中的社会自由的具体选择结果。

当人类的价值活动或价值判断在观念空间中遇到了障碍而不顺畅，就会感受到精神的不自由，这就是价值比较的困境与价值选择的困境限制了价值判断的空间。这种不自由的相对性由意识活动的相对局限性构成。这种相对不自由的感受中包含了外在环境价值的选择与判断，也包含了内在环境价值的选择与判断。前者表现出价值活动的不自由，后者表现出认识活动的不自由。

当明确的行为动机在社会环境的实现中遇到困境时，也就会感受到社会行为的不自由。任何合理的行为动机都不会蕴含全部行为的确定性，也都需要在实现中进行行为选择。由动机到具体行为的实现压缩了动机中蕴含的行为不确定性的过程就是人类实践中的重要微观环节。这个环节表达了价值活动对行为不确定性消除的相对性，也表达了人类行为实现的绝对不确定性。

实践的概念，就是人类表达通过行为的实现来自消除精神环境秩序中的不确定性的哲学概念。人类的精神自由必须在价值判断中被消除，自由的思想必须在行为动机中被确定。人类的社会自由必须在社会行为的实现中被消除，确定动机中的自由行为空间必须在具体社会活动中被确定。

人类思想的不自由，来自对确定价值目标的追求中遇到的意识活动障碍。人类社会行为的不自由，来自对确定动机实现中遇到的社会活动障碍。思想的不自由通过改变意识活动方式或价值目标来消除，更好的情感状态，更合理的环境需求，常常是人们拓展精神自由空间的基本方法。思想的不自由也可以通过改变观念结构的形态，形成新的价值空间来消除。通过学习拓展知识领域，通过文化修养开拓思维能力，都可以获得更为开阔的精神自由空间。

社会行为的不自由可以通过改变价值判断的结果或完善动机的结构来消除，还可以通过在社会行为的实现过程中的具体行为选择来实现。在社会环境中选择更合理的职业与生活方式，常常可以获得更大的社会自由。在人生追求中选择更合理的理想目标，也可以打开社会自由的新空间。但任何合理的动机目标都必须通过具体有效的行为方式才能变为现实，这就是传统哲学中的实践的意义。社会行为的不自由可以也可以通过改变社会环境来消除，可以通过改变社会环境而得到更好的价值目标实现空间。

前者是通过精神修炼进入自由状态。遁入空门与离群索居的修炼者看似难以理解，他们实则是在重塑自己更为自由的观念空间。后者则是通过社会环境的改造使自己进入更为自由状态中，社会革命者改革者们既是在追求公共伦理的实现，也是在追求自己的社会自由。

所谓自由主义经济学，就将追求经济活动的最大行为选择空间作为构成合理经济秩序唯一依据的社会学公共观念。但被这种观念忽略了甚至故意视而不见的是，社会经济自由不可能为全人类提供，少数人的绝对经济自由只能形成对他们的价值实现的自由环境，但却常常限制与毁坏了其他社会成员的其他社会活动环境。少数人的经济自由不会自动变成全人类的自由，全人类的相对更大自由只能来自社会秩序对少数人行为自由度的适当限制与引导。

人类不自由的感受并不会直接来自行为实现的环境状态，而是来自环境状态与行为目标的冲突。在任何环境状态中都可以有行为的自由空间，任何行为方式都可以得到相对自由的环境条件。在任何环境状态中也都必然会有行为不自由的限制，任何自由的生存行为都必然限制在特定的环境条件中。人类实现自由的可能性与人类必然的不自由，仅仅表达了人类的生存目标与实现目标的环境秩序间的匹配关系。

当个体的认识活动处于审美发现的困境中时，当个体的价值活动处于价值选择的困境中时，就会感到精神的不自由。反之就会感到精神的自由。个体精神的不自由形成了精神沮丧与精神焦虑。认识审美与价值选择的困境主要来自意识能量对观念结构与价值结构的关注与理解不合理，这种不合理的结果就是无法形成有效的审美发现与有效的价值比较集合，就是无法得到新的观念构建与无法找到有效的价值比较方式。合理地改变认识活动的审视集合形态，合理地改变价值活动中的价值关注与价值理解，就有可能改变这种困境，也就会重新获得精神自由。

精神不自由并不是直接来自人类的意识能量与观念空间秩序关系的不融洽，而是来自意识能量的分布状态对这种关系利用方式的局限。社会的不自由也不是直接来自人类社会活动方式与社会环境秩序的关系不融洽，而是来自人类社会行为动机构建中的意识活动局限，来自这种局限对社会环境秩序的误解，来自这种局限对社会环境秩序的利用限制。一旦意识活动的局限被改变，人类社会行为的不自由感受也就改变了。看似社会环境的山穷水尽，却可以在精神世界中找到柳暗花明。

精神自由也表达了人类意识活动在观念空间中的无序状态，也就是意识活动不受观念结构约束的状态。意识活动的自由度空间来自意识能量在观念空间中的不均匀分布，这是由观念空间中的结构秩序决定的。意识活动的内在动因来自人类的审美欲望，意识能量在观念结构中的自由运动提供了审美欲望的实现条件，也提供了精神的审美发现自由。个体对精神自由的感受来自意识活动方式与其所关涉的观念结构间的协调性，这种协调关系提供了意识能量的自由运动空间。

意识活动的基本方式由观念结构中蕴含的审美价值与超验价值所决定，意识活动的派生方式则由观念结构中蕴含的外在环境价值决定。观念空间中的超验秩序决定了意识活动的基本方式，观念空间中的经验秩序决定了意识活动的派生方式。

当观念空间的结构与意识能量关注的审美价值相一致时，审美价值在意识活动中的实现就很少受到观念结构的约束，个体就会感受到精神的自由。当观念空间结构与意识能量关注的审美价值不一致时，审美价值在意识活动中的实现就会受到观念结构的明确约束，个体就会感受到精神的不自由。当观念空间结构与意识能量关注的审美价值相冲突时，意识活动就会处于困顿中，个体就会感受到强烈的不自由与精神焦虑。

人类对精神自由追求的结果，就是尽可能构成与审美价值相一致的观念结构或价值结构。人类的审美价值主要来自社会文化环境，人类的观念结构则主要来自认识构建。人类追求精神自由的结果就是让自己的认识活动成果与文化环境相一致，就是让由文化环境决定的审美价值在观念空间中的展开状态与自己的精神环境秩序相协调，就是将社会环境中的行为方式形成的经验观念与自己的审美价值相一致。这就会引导物质欲望在观念空间中的展状态与精神环境秩序相协调，这就可能形成随心所欲不逾矩的精神境界。

社会文化环境塑造了社会成员的价值结构，并由伦理构成了他们价值结构的基本框架。他们社会不自由的感受，主要就来自价值结构与社会环境秩序关系的不协调。也就是来自他们的伦理价值结构与社会环境秩序的不协调。

当社会成员观念空间中的伦理价值表达的环境需求超越了他所生存的具体社会环境秩序的功能时，他们就会感受到抽象的社会行为不自由，这种不自由的具体感受最终由他们对社会环境秩序的理解与伦理价值的理解来构成。社会不自由最终仍然要通过精神不自由来感受与表达。

在社会成员的观念空间中，来自社会主流文化的伦理价值也常常处于社会环境秩序的包容与协调中。这也是合理的文化环境提供合理的公共价值的基本功能。这种功能的有效性由社会文化结构与社会环境秩序的协调性来保证。

合理的社会文化可以向社会成员提供与社会秩序相协调的伦理。如果社会文化中的伦理在社会秩序的突变中与社会秩序相分裂甚至相冲突，如果社会秩序的突变形成了社会秩序本身的失序与混乱，这种协调的关系就会消失，社会成员就会因此而出现广泛而强烈的社会不自由的感受。欧洲在法国大革命时期的社会公共情绪就是最好的例子。

在社会秩序与社会文化活动的稳定状态中，社会成员感受到的社会不自由比较少。只有对社会文化提供的主流社会伦理不能正确理解的个体，只有不具备与社会主流伦理相适应的社会活动能力的个体，才会明确感受到社会的不自由。这就是处于社会边沿环境中的个体或者具有反社会价值倾向与犯罪倾向的个体。一般来说，在稳定的社会演化状态中常常感到不自由的个体主要都是文化修养较薄弱的个体。

伦理价值提供了社会行为自由度的上限，社会环境秩序提供了社会行为自由度的下限。个体观念空间中的主流伦理价值对他们所处环境的社会秩序的超验化超越就是他们的行为自由度空间。

在稳定的社会秩序状态中，消除社会成员社会不自由感受的主要或主动途径就是改善与他们的伦理价值结构，以包容与适应社会环境秩序。但也可以通过改变社会环境秩序来适应他们的伦理价值结构，以此消除他们社会不自由的感受。但这种改变在稳定的社会秩序中是十分复杂与十分困难的。只有在社会秩序的突变中，才会具备充分的社会秩序重构机会，才会因为突变中的社会秩序混乱而鼓励更多的社会成员投入社会秩序的改造活动之中。

任何社会革命动员的广泛成功必须以社会秩序的失序与混乱为条件。欧洲大革命如此，中国革命如此，今天的颜色革命也如此。在稳定的社会环境中对暴力革命有兴趣的人，则主要是被社会环境与社会文化边沿化的人，而对改变与优化社会秩序有兴趣的人就会主要集中在具有宏观伦理构建兴趣的高层次文化活动的群体中。在这种社会状态中的大部分社会成员只会集中关注自己的微观生活与个体幸福。

盛世的励志文化鼓励改变自己。乱世的精神追求则鼓励改造社会。自古盛世出贤人，乱世出英雄。

在突变与动乱的社会秩序环境中，伦理常常失效，社会行为空间的自由度虽然大大增加，但又高度不确定。严重脱离伦理而失去价值判断可靠性的社会行为结果的高度不可预测，也不会形成社会自由的感受。

在这样的社会环境中，重构伦理的文化环境也会消失。这就只能通过改变与重构社会环境秩序来实现社会自由。这就是通过社会革命追求个人自由的哲学依据。但这种追求自由的方式仅仅在特殊的社会秩序状态中才有意义。肤浅的社会秩序理解与哲学思维使得流行文化常常放大了这种追求自由的方式的普遍意义，并将革命当作改造与优化社会秩序的普遍方法。

西方现代文化中将自由的伦理抬举到极高的超验公共价值地位中，就来自近代西方文化在传统社会秩序的瓦解与动乱中建立的历史，也来自欧洲传统的多元社会结构与多元文化传统。这种特殊的社会演化历史与文化历史也就将特殊伦理终极化了，特殊的自由伦理就由此变成了普遍的真理。尽管这种终极伦理在欧洲社会仍然可能具有很高的真理性。

在现代西方文化中，追求自由的终极伦理既是理解一般社会行为的出发点，也是安置一切思想的基本逻辑。从自由出发构成的伦理结构，引导着现代西方人看待社会一切行为的视角，就像当年他们将一切道理归为上帝一样，今天他们将一切道理都归为自由。从皈依上帝的约束到追求自由的解放，欧洲人的文化演化与公共观念演化经历了一次周期性的摆动。

在今天的西方人看来，经济活动的依据在自由中，文化活动的依据也在自由中，政治活动更是离不开自由。他们认为只要有了人类的自由就会自动出现合理的社会，人类就会自动出现辉煌的文明。但他们没有任何具有基本理性的哲学观念可以推演与证明这种逻辑。

欧洲人崇拜理性逻辑的嗜好恰恰在最重要的伦理追求中消失了。只有马克思曾经试图将欧洲人的社会学心智拉回到理性中来，但这对欧洲人还没有成功。这就是今天以及今后西方人可能遇到的根本社会困境的哲学原因与心理原因。一向崇尚理性的欧洲人今天在最重要的社会公共价值判断中抛弃理性的最好例子，就是英国对脱欧问题的判断方式，他们高喊着自由歌颂着透明与公开，但却将自己的社会发展引入了迷雾中。

现代西方文化理解人类社会的肤浅与狭隘视角，来自他们对自己在工业贸易文明中取得的巨大成就的历史与文化误解，这种误解滋养了他们的懒惰与肤浅。今天的自由资本主义伦理已经开始捉襟见肘了。

观念空间中合理与完善的伦理结构，为个体提供了被社会秩序所包容的社会行为方式与社会生活目标，也为个体提供了社会行为自由的保障。观念空间中不合理与不完善的伦理结构，为个体提供了与社会环境秩序相冲突的社会行为方式与社会生活目标，也必然会形成个体社会行为不自由的感受。

具有完善审美能力的个体，就会引导认识活动形成丰富完美的观念结构并接纳与塑造合理的伦理价值，也就可以为自己的意识活动提供有序而开阔的活动环境，他们就会具有充分的精神活动自由。反之，由于先天或后天的原因而审美能力不足的个体，其认识活动构建出来的观念结构与接纳的伦理价值也就常常就会散乱与狭隘，他们的意识活动就会缺乏顺畅途径与开阔空间，他们就常常会感到精神不自由。

具有与社会环境秩序相协调的完美伦理的个体，就会具备合理协调的价值结构，也会在社会环境中保持合理的行为方式。他们依据合理的伦理实现在社会环境中的生存，就不会感受到社会的不自由。反之，从文化环境中接受了散乱狭隘的伦理结构的个体，就常常会出现与社会秩序相冲突的行为目标，就常常会使自己的行为方式与社会秩序相冲突，这种冲突就是各种破坏规则与违法犯罪行为的根本来源。他们也就常常会感到不自由。

当个体的基本伦理结构与社会环境秩序相协调时，就不会形成对社会基本秩序的反感，就不会追求与社会基本秩序相冲突的行为目标。当个的基本伦理结构与社会秩序相冲突时，就会形成反感与对抗社会基本秩序的意识活动状态，并可能形成反社会的行为追求。

社会基本文化的混乱与社会基本秩序的突变，就是各种反社会行为增加的基本原因。具有这种心理状态的社会成员如果具有较高的文化修养与理性能力，就常常会成为社会基本秩序的变革者或破坏者，也常常会成为社会基本文化的叛逆者。中国新文化运动的精英们就是这种状态。他们的不自由状态被自己的理性能力所放大与升华就会形成强烈的不自由感受，这种不自由也常常是社会权力活动的不自由或者政治不自由。

156. 自由来自精神秩序与社会秩序的协调

人类以及人类生存的环境都是存在。理解存在的基本逻辑就是存在秩序对存在能量的组织化，这种组织化的结果就是秩序对能量运动自由度的限制。任何存在中的自由，从物理自由到社会自由，都是环境存在中能量运动中的无序状态。物理能量的无序状态表达了物理环境中的自由，生命能量的无序状态表达了生命环境中的自由，观念空间中意识能量的无序状态表达了精神环境中的自由,人类社会行为中的无序状态表达了社会活动的自由。

　　自由就是环境中的存在要素之间不受约束的活动状态与联系方式。秩序就是存在的要素间形成了外部环境功能的约束性联系。存在中的自由与存在中的秩序相对立,对立的状态可以是对立中的均衡也可以是对立中的冲突。均衡的对立形成了秩序的稳定状态,冲突的对立形成了秩序的不稳定状态。

　　存在中的能量表达了存在的自由状态,存在中的秩序表达了存在的不自由状态。广义的能量概念,就是环境存在中的自由与无序状态,广义的秩序概念,就是环境存在中的约束与有序状态。

　　狭义的能量是具体的存在形态。狭义的秩序为具体的存在提供了表象与标识。任何具体的存在都同时具备能量与秩序的两种形态。狭义能量就是具有比较充沛的自由度与比较稀薄的秩序的存在形态,例如物理能量与意识活动能量。狭义的秩序就具有比较充沛的秩序与比较稀薄的自由度的存在形态。例如生命秩序与社会秩序。广义的自由与秩序就是哲学的自由与秩序。狭义的自由与秩序就是一般社会文化中的自由与秩序。

　　人类意识活动的有序与无序的区分依据,来自观念空间中意识能量的运动状态,来自观念空间环境对这种状态提供的约束程度。观念结构表达了精神环境中的秩序,也提供了意识活动的秩序。意识能量在观念空间中不受约束的运动构成了意识的自由。人类精神环境的存在就是意识能量的自由运动与观念结构对这种自由运动约束的对立。这就是精神环境的秩序与自由的对立。

　　人类意识活动中的不协调状态甚至冲突状态,就是无序化的意识活动状态,人类意识活动的和谐状态就是有序化的意识活动状态。意识活动的有序状态由观念结构中蕴含的精神环境秩序提供与保障。

　　人类的审美欲望就是人类追求精神环境秩序的本能,审美欲望的实现就是观念空间秩序的形成,审美活动的成果就是观念结构的构成。人类的审美欲望永恒地追求观念空间结构的有序化，也在永恒地追求观念空间中蕴含的价值结构的有序化。前者驱动了人类永不停息无微不至的认识活动，后者形成了人类的道德精神活动。

　　物质自由或社会自由，就是人类在社会环境中不受社会秩序约束的行为状态，也就是社会成员社会活动的无序状态。人类在社会环境中的行为动因，来自社会价值的实现欲望或物质欲望。人类对社会自由的感受程度，由实现欲望的社会行为与社会秩序的协调性决定。当欲望驱动的行为方式与社会秩序相一致时，社会行为就会具有较多的自由度，社会成员就会感受到较多的行为的自由。当欲望驱动的行为方式与社会秩序不一致时，社会行为就会受到明确的限制而缺乏自由度，社会成员就会感受到社会行为的不自由。当实现欲望的行为方式与社会秩序相冲突时，社会成员就会感到受到社会秩序的压迫，就会感到强烈的不自由。

　　社会成员的价值追求与欲望实现与社会秩序的对立与均衡，就是人类社会的存在形态。这种对立均衡中的协调就是社会的和谐，这种对立均衡中的冲突就是社会的冲突。社会成员的生存行为受到社会秩序的引导与制约就是人类文明的基本形态。当这种制约与社会成员的价值结构相一致时，他们就会感到相对的自由。当这种制约与社会成员的价值结构不一致时，他们就会感到不自由。当这种制约与社会成员的价值结构相冲突时，他们就会感到受压迫。

　　人类的文明与社会的存在决定了社会秩序对社会成员生存行为的制约，也决定了社会成员永远会有感受到压迫的可能性。当多数社会成员感受到压迫时社会秩序就不合理，当少数社会成员感受到压迫时社会秩序就是相对合理的。全部社会成员的生存行为的不受制约与没有压迫感受的状态永远不会出现。如果出现了，也就是社会的完全瓦解与文明的彻底崩溃。

　　人类的精神环境秩序具有比社会环境秩序更为广泛的自由度，社会成员的价值空间的自由度超越了任何社会秩序的自由度。因为社会秩序来自人类依据精神环境秩序对社会生存行为方式的组织化成果，这种组织化就是在社会环境中对精神环境秩序空间的制约与压缩。

在人类文明的任何社会秩序状态中，都会有一些社会成员的价值结构与社会秩序不能协调，都会有少数社会成员的价值追求与社会秩序相冲突。只要有人类的精神自由，就会有与社会秩序不一致的价值追求。人类社会无法让全部社会成员消除压迫感受，任何合理的社会都不能避免对犯罪行为的惩罚。合理的社会秩序就是感受压迫的社会成员足够少的社会。

人类文明的演化阶梯可以通过利用自然资源的基本方式来区分，在这个阶梯的爬升中，可以明确看到被压迫的人群在缩小。马克思所追求的合理社会就是多数人压迫少数人的社会。但是，追求没有压迫的社会秩序的乌托邦理想，仍然具有伦理感召的积极意义。

社会成员行为自由的获得，来自他们的价值结构与社会秩序的相协调。这由合理的社会秩序与表达这种秩序的合理的伦理价值构成。合理的文化伦理塑造出社会成员合理的观念结构与伦理价值，社会秩序的合理性与社会主流文化的协调性就是形成社会成员充分自由的外部环境条件。合理的社会秩序中必须蕴含了合理的文化伦理。

社会秩序是人类文明的依据，人类自由的实现并不是消除了社会秩序，消除了社会秩序就是消除了社会环境与人类文明。人类自由的获得，并非是社会秩序的削弱，而是社会成员的审美追求结果与文明形态的和谐一致，而是社会成员的社会价值追求与社会秩序的和谐一致。在这种状态下，社会秩序的强化并不会让社会成员产生明确的不自由感受，而是可以为他们提供更丰富的公共服务与消费条件。这就是在现代社会的高强度社会秩序中社会成员仍然不会感到不自由的原因。在社会秩序薄弱与混乱的环境中，只要社会成员的价值追求与这种社会秩序的形态相冲突，他们也仍然会感到不自由。

人类的自由感受来自欲望展开的价值追求在环境中的实现方式与环境

秩序的相协调。人类的自由来自生存需求与环境秩序的统一性，这就是所谓的自由王国的境界。人类的不自由来自生存需求与生存环境秩序的相冲突，人类在这种冲突中受到环境的限制与压迫，这就是所谓的必然王国的境界。

自由与不自由，是人类对实现生存需求的行为在环境中受到的约束或限制的感受，也是在特定公共价值形态中对社会环境秩序的评价。社会伦理或公共价值的形态不变，社会秩序的改变就会改变社会成员的自由感受。社会秩序的形态不变，社会伦理或公共价值形态的改变也会改变社会成员的自由感受。

自由的感受也是人类对环境秩序适应程度与利用程度的评价。人类对生存环境的适应与利用的越充分有效，就越能感受到自由。人类对环境适应与利用的困境，必然形成不自由的感受。

自由就是人类不受环境约束的价值选择与价值实现。自由的行为来自自由的价值选择。个体或群体的价值选择空间由个体价值结构或群体公共价值结构所决定。

人类的精神自由来自审美价值与观念结构相协调，人类的社会自由来自社会价值与社会秩序相协调。人类社会行为的价值选择自由与价值实现自由则来自精神自由与社会自由的综合。社会行为的选择与实现归根结底是精神环境中的选择结果。人类精神自由的程度决定了意识活动的方式与结果，也决定了人类实现社会价值的行为动机结构。社会自由归根结底来自精神自由。

社会秩序来自人类群体的观念共识，也就是来自群体公共意识活动的成果或社会文化活动的成果，这种成果则来自公共意识环境中自由实现的公共意识活动。这个成果的合理性决定了社会秩序与社会成员价值需求的协调性，也提供了人类的社会自由的依据与精神自由的依据。

人类精神活动的不自由，来自观念空间秩序的狭隘与简陋，来自狭隘简陋的观念结构与审美价值的不能匹配。如果简陋的观念结构仍然可以与同样简陋的审美需求相匹配，也可以获得特殊的自由感受。例如某些低智能的甚至智障的个体，虽然其社会生存方式非常简陋甚至是局促的和破败的，但他们仍然可能处于一种低水平的自由感受中。

自从进入文明以后，人类的观念结构就主要受文化环境的影响与制约了，其价值结构就主要由社会文化灌输的伦理来塑造与规范了。由此，社会成员的价值结构中就布满了文化灌输的公共价值要素或伦理了。也由此，他们价值结构的狭隘与简陋就主要来自其文化环境的狭隘与简陋，他们价值结构的丰富与完美就主要来自其文化环境的丰富与完美。对文明环境中的社会成员的精神自由程度评价，就是对他们的文化环境与文化经历合理性的间接评价。

改善与优化社会文化环境，就可改善与优化社会成员价值结构的合理性，就会让他们增加自由的感受。构建合理的文化环境与文化活动方式，就是向社会成员提供获得自由感受的环境。为处于不自由状态中的社会成员提供更为优良的教育环境与文化环境，就是增加他们精神自由与社会自由的社会化方式。这种对人类自由的理解在中国传统哲学中具有深刻的表述。中国哲学主张以教树德，以德育人的思想，就来自中国哲学对人类文明与人类生存方式的深刻理解。在这种理解面前，西方哲学是肤浅与简单的，他们仅仅是逻辑精美而已。

人类的精神不自由具有两种形态，一种是绝对的精神不自由，它来自意识活动中的审美价值追求或者意识能量的运动方式与观念结构的不协调。另一种是相对的精神不自由，它来情感状态形成的对意识活动的局限与封闭，也就是情感状态的汇聚与封闭中形成的观念空间关涉局限。

人类的精神相对不自由来自不良的意识活动状态或不正常的情感封闭。被特殊的公共价值所约束与引导而出现的洗脑状态，就是这种情况的例子。现代社会中与主流伦理相冲突的特殊公共价值对某些社会成员的行为塑造，就是这个状态的结果。例如邪教的活动传销的活动。

　　这种相对的精神不自由，限制了价值活动在价值结构中的选择空间，使社会成员的行为动机被限制在特定局限的价值结构中。这也就形成了他们在社会封闭环境中的怪异行为。当这种意识活动的封闭状态与他们被封闭的社会价值追求相一致时，他们仍然不会感受到不自由，某些人似乎自愿进入这种状态之中。当他们的社会价值追求与这种封闭状态开始不一致时，他们就会感受到不自由而渐渐觉醒。

　　这种特殊情感状态形成的相对不自由状态如果被持久的审美活动所整合，也会被固定而形成相对的自由状态。这就是将封闭的外在价值结构与封闭的内在审美追求协调一致的结果。例如某些人可以终生安宁地生活在一种精神封闭的状态中。

　　社会环境秩序必然会形成对社会成员行为方式的限制，也必然会压缩他们在社会环境中的行为选择空间。这种压缩与限制来自群体的公共价值追求与公共利益需求。个体对社会秩序的接受与服从，就是为了实现社会公共利益而放弃了一部分行为选择空间。当这种放弃能够与个体的价值结构相协调，个体就不会感到不自由，当这种放弃与个体的价值结构不协调甚至相冲突，个体就会感受到不自由甚至感到受压迫。

　　在价值结构与社会秩序并不相容的状态中，社会成员仍然可以忍受社会秩序的约束和忍受不自由，就是他们自觉对群体利益的价值付出。当这种付出仅仅是价值权衡的结果时，他们就会感受到可以接受的不自由。当这种付出被终极价值所协调与安置时，他们就会完全自觉而没有不自由的感受。不自由的秩序服从可以在高层次的认识整合中上升为自由的秩序服从，这就是对秩序服从的相对自觉向绝对自觉的升华，也是将对秩序的服从由相对的价值权衡状态提高到了绝对的信仰状态。

　　在和谐的社会环境秩序中具有完美伦理结构的社会成员，就可以到达对社会秩序的信仰服从和实现充分的自由，这就是中华文化中表达的君子的行为方式和"随心所欲不逾矩"的境界。

社会成员可以通过理解而接受社会秩序对自己行为的限制。当这种理解通过认识的塑造转变为基本价值结构以后，他们也就会形成与社会秩序相协调的价值结构，他们价值活动的结果就是必然是与社会秩序相协调的行为动机，他们也就不会感受到社会行为的不自由。这种自由感受常常就是社会习俗所提供的秩序维护功能的效果。

仅仅通过社会文化的伦理塑造形成的秩序服从还不是真正超验化的自觉服从。只有将文化伦理还原为观念空间中的伦理价值，只有将伦理价值在审美构建中升华为信仰价值，才能进入绝对自由的境界。这种境界才是在社会环境中随心所欲不逾矩的状态。

一般仅仅依据经验观念而保持在社会行为中规矩守法的人，虽然不会明确有不犯法就不自由的感受，但仍然不能保证其行为在法律之网没有约束到的领域中与社会秩序相一致，他们仍然可能会有不违法但与社会秩序相违背的行为选择。只有在依据完美的超验价值甚至终极价值所整合的价值追求中所实现的对社会秩序的遵守，其社会行为选择才能超越规避法律惩戒的价值权衡，才能进入对立法伦理中表达的公共价值的自觉尊重。这就是高于法律服从的道德服从境界。

生活在文明环境中的社会成员，对社会秩序形成的行为限制都会依据自己价值结构与社会秩序的关系形成不同的自由感受。其中既有终极服从的信仰自由，也有经验服从的理解自由，也有不能理解与不能接受的不自由。对这种自由状态的不同评价，也就形成了他们对社会秩序合理性的不同评价态度。

在任何社会秩序中，就是到了人类可能建立的高度理想的社会环境中，社会成员都会具有对社会秩序的不同感受与不同评价。人类永远都会具有自由与不自由的感受。这是由社会存在中的秩序与能量的均衡关系的永恒存在所决定的。人类不可能创造一个完全没有不自由感受的社会环境。绝对的自由就是绝对的无序，绝对无序的社会环境就是社会的瓦解与文明的消失。

人类个体绝对超越社会环境秩序形态的独特而多样的观念结构与价值结构，决定了他们绝对的自由追求。人类文明对社会秩序的追求又决定了对个体自由的永恒引导与限制。人类永恒的自由形成了永恒的社会需求差异与永恒的不平等。人类的文明化生存环境的秩序又形成了对永恒自由的限制与绝对的不自由。

自由平等永远在人类社会中相对存在。那种追求绝对自由与绝对平等的社会理想，仅仅是一种肤浅的美好乌托邦。乌托邦具有引领人类追求美好愿望的积极伦理意义，但却不会变成真实理性的社会秩序构建方法与目标。共产主义理想具有正面的精神引领功能与公共价值统合功能，但如果将这种理想进行逻辑化，并依此来改造真实的社会环境秩序，就会进入荒谬之中。新中国曾经出现过的目标荒谬并不仅仅是社会管理方法的失措，而是思维方向的失措。

评价一个社会秩序的优劣与合理与否，不可以简单依据社会成员的自由与不自由的绝对感受，但可以依据大多数社会成员的相对自由感受。这就是将对个体感受公共化为人民感受的意义。

任何合理有效的社会秩序，都由其在特定自然环境中为社会成员提供的生存功能的合理性来标识，对社会秩序的评价永远是群体性的与公共化的。虽然这种依据"人民"来评价的方式并不简单直接。将合理社会秩序的评价集中在少数特殊群体中的方式虽然也会具有一定的合理性，但最终总会失效的。

一般来说，一个具体的社会结构为其成员提供的自由程度，由其在外在环境中的需求实现功能或竞争能力所决定，这在社会环境中的表达就是这个社会结构的竞争优势。处于恶劣环境中的社会结构必须通过强化内在秩序来加强其外部功能并获得更有效的竞争优势，这也就是通过压缩成员的行为空间来提高外部竞争力。只有处于优越的外部环境中的社会结构，只有对其环境功能与竞争能力没有外部压力的社会结构，才有可能为其成员提供广泛的行为自由空间。任何现代国家内的民众自由必然来自其国家的强大与富足形成的外部竞争优势，任何弱小贫穷的国家都无法为其国民独立提供广泛的自由空间，除非他们成为强大大国的附庸。

由于个体精神世界的独特性与独立性，所以在任何社会秩序形态中都仍然会有感到不自由的个体，也至少会有一些想入非非的狂妄者。这也是他们的自由权利。比较好的社会秩序，就是可以合理地对待感到不自由的成员，让他们仍然可以具有基本体面的生存环境，并保护他们的基本权利。不合理的社会秩序，就是不能合理保护感到不自由的成员的基本权利，甚至过度限制与压制他们。所谓社会的平等，并不是社会成员的权利的一致与平均化，而是对不同层次社会成员提供相对均衡的基本权利保障。

人类进入文明，就开始了追求合理社会秩序的漫长征程。在不同的社会秩序形态中，由于社会文化中表达的公共价值对基本生存权利的认知不同，也就形成了对社会基本权利的不同保障形态。

人类在不同的文明层次中形成了不同的生存方式。在物质生存条件非常艰难的社会环境中，个体的基本权利就很简陋，大致就是简单生存或能够活着。在物质条件比较优越的社会环境中，就会形成更为多样的基本生存权利的伦理，也会实现更为丰富的权利保障，社会成员就会在基本生存方式之上享有更为舒适合理的生活，其中也包括在精神环境中的合理与舒适的生存。这就会出现将个体生存权利独立表达的伦理，也就出现了关于人权的公共价值，以及追求这种公共价值实现的社会秩序追求。

不同文明状态中的文化对社会成员基本权利的认知，从来都是依据社会秩序能够提供的生存功能所形成的。随着社会文明程度的升级与社会物质条件的改善，社会成员的基本权利才会逐渐增加而变得更为复杂与多元，人权才会成为社会文化中的重要公共价值。在较低层次的传统文明中社会文化对人权的表达就必然简陋与肤浅。

　　一个处于突变与重新整合中的社会环境也无法将人权当作重要的社会秩序目标。在这个状态中的社会秩序目标就会主要集中于保证社会秩序重建的成功和保证新建秩序的稳定中。只有合理的社会秩序实现了自己的稳定存在，才能逐渐将主要用于社会秩序的重建与稳定维护的社会资源更多地用于对社会成员基本权力的保障中。

　　能够充分保障人权的社会环境，能够形成完美的人权伦理的文化环境，只能是稳定进入了现代工业贸易文明的社会环境。在没有进入这个文明形态的社会环境中，常常不能具备这样的社会秩序功能，也无法形成这样的文化伦理。

　　处于向工业贸易文明转型中的社会形态，就是所谓的发展中国家的社会形态。对这种社会秩序形态用成熟的工业贸易文明社会环境中的文化伦理与人权标准来评价，就是一种苛刻而不合理的要求，甚至是别有用心的要求。用规范成年人的行为标准来要求一个儿童或少年，不是苛刻就是别有用心。

　　在不同文明层次的社会秩序环境中，比较他们保障社会成员基本生存权利的绝对合理性是没有普遍意义的。但现代社会中形成的不同文化的全球化交流，又刺激了处于不同文明层次的国家，使得他们对先进伦理与社会秩序出现了急功近利的认同与模仿。这就是当今不同文明层次的国家中公共价值体系混乱与对立的重要原因，这也是他们在文明程度出现了不同程度的进步时，社会成员的不自由感受仍然在增加的重要原因。

　　公共价值是社会秩序的精神依据，合理的社会秩序来自其环境功能与公共价值关系的和谐。当社会秩序的功能水平落后于社会公共价值的水平时，社会成员就会依据超前的公共价值来维护与评价社会环境，也就会形成不自由与不满意的社会秩序评价结果。这种评价结果如果被盲目地用来引导改善与改造社会秩序的权力活动时，就常常会出现对社会秩序的破坏性后果。在现代社会中的某些发展中国家就是如此。

当社会公共价值的水平落后于社会秩序的水平时，依据这种公共价值与伦理对社会秩序的维护与评价活动，就会形成对社会演化的保守与阻碍，在中国传统社会中有时就如此。

社会存在形态的变化就是社会的演化。在正常的社会演化状态中，社会秩序对社会自由的规范与制约关系的变化就形成了社会演化的内在依据，这种关系变化的周期就形成了社会演化的周期。当这种关系失衡或破坏，社会秩序就会瓦解，社会秩序的演化状态就进入了破坏与重构的特殊状态中。这就是社会秩序对社会自由的规范功能的失效，这就必须在无序散乱的社会环境中重构新的有效秩序。

进入瓦解与重构状态的社会秩序，也就失去了其渐变的演化形态而进入突变状态中。社会秩序的突变来自秩序对能量规范的失效，来自秩序的全面瓦解。这也形成了社会环境的过度自由状态。社会秩序全面瓦解必然引起秩序的全面重构，但重构过程则常常会难以控制与曲折漫长。欧洲社会中由传统文明向工业贸易文明的突变演化中的不同形态就是最好的例子。英国工业革命的突变处于国家秩序大致有效的演化中，突变的过程也就平缓而迅速。法国大革命的突变则处于国家秩序的全面瓦解状态中，突变的过程也就混乱而缓慢。前者的突变具有充分的内生依据，后者的突变则更多依赖外来的伦理依据。

社会秩序的大瓦解与大破坏不一定会达到迅速的秩序重塑。大破不一定会大立。单纯的旧秩序毁坏，并不一定会迅速促成合理新秩序的诞生，还可能形成更为不合理的秩序形态。社会秩序瓦解中的合理重构，必须以社会文化环境提供的合理公共价值为条件。没有这个条件，单纯地破坏旧世界就不一定会到达新世界。

社会秩序的任何重构都是社会演化中内在关系自组织过程的自然成果，而不会是被人为的破坏所催生。没有广泛认可的新伦理支撑的盲目社会革命大都会没有结果。任何脱离了社会演化进程而对形式上更先进的社会秩序的盲目模仿追求，结果常常都是悲剧性的。人类社会的任何革命成果，看似来自社会成员的政治破坏与政治重构，实际上则仍然是来自社会秩序的演化中所蕴含的社会秩序自组织条件的完备。革命的条件可以客观存在，但不能人为创造。

人类对社会秩序的理解，来自他们由文化环境表达的公共价值的形态。社会成员只有通过对社会文化的接受，才能形成对自己所处的社会环境秩序的理解，才能依据这种理解形成对其合理性的判断。社会成员判断社会秩序的依据都在文化环境之中。不同的文化塑造结果，既可以让社会成员感到自由，也可以让社会成员感到不自由。这种差异并不仅仅由文化结构的形态决定，而是由文化形态与社会秩序的协调性所决定。社会主流文化与社会主流秩序的一致性，就是社会成员自由感受形成的条件，也是社会秩序和谐的条件。

当某种文化形态与其所处的社会秩序形态出现了差异与分裂，就会形成社会伦理对社会秩序的诟病与排斥，某些特殊的文化分裂状态甚至会形成对社会秩序的诋毁与抗拒。对排斥或抗拒既有社会秩序的文化形态的抵制与压制，就是社会权力活动维护社会秩序的重要手段之一，就是社会权力体必要的文化引导与文化控制目标。对排斥或抗拒与自己对立的社会秩序的文化形态的传播与推广，也是社会权力活动瓦解权力竞争对手的重要方法。这就是"若欲去其国，必先去其史"的道理。这里的"史"就是历史文化中对社会秩序伦理的凝聚与表达。现代西方社会运用文化工具实现国际权力的竞争，曾经被称为和平演变方法，今天则被称为软实力的竞争。

例如，所谓革命的文化，就是主张抗拒与瓦解现有社会秩序的公共价值体系的文化。所谓启发革命觉悟，就是传播与灌输抗拒现有社会秩序的公共价值体系的文化活动。马克思的政治经济学理论，就是抗拒与瓦解现代资本主义初期社会秩序的文化体系，这也就被称为是"革命的思想"。毛泽东的思想，就是抗拒与瓦解中国近代社会不合理秩序的公共价值体系与工具体系，这个思想体系的核心价值就可以被归纳为"造反有理"。这个工具体系在已经稳定建立并具有了合理演化条件的社会秩序中的不恰当运用，就是毛泽东晚年的错误方法论原因。

维护社会秩序是人类社会权力活动基本功能。其中的一个途径与方法，这就是构建和维护与社会秩序目标相协调的文化体系。没有一个稳定合理的文化体系作为精神依据，任何即成的社会秩序都无法长期稳定存在。

例如，在中国近代曾经出现的具有某些进步意义的太平天国秩序，就是因为其主流文化体系的愚昧与落后才无法持久，即使他真的推翻了大清王朝也持久不了。例如，秦始皇的坑儒就是瓦解维护旧秩序的旧文化的暴力措施。例如，董仲舒的尊儒，就是重构维护新秩序所需要的新文化体系。曾经支撑了封建形态的多元政治结构的儒家文化，其中所具有的维护统一秩序的合理要素经过董仲舒的重新整合与表达后，就构成了维护中央集权的新秩序的公共观念体系。汉武帝的社会秩序目标与孔夫子的社会秩序目标是大相径庭的，但孔夫子的文化结构与文化要素则可以适当地被汉武帝所利用。

例如，程朱创立的理学，就是重构与发展了已经几乎被佛教文化与道教文化强烈挤压了的旧儒家文化体系，就是在保持了儒家文化的核心政治伦理的前提下，吸纳了佛教与道教的超验伦理而构成了新儒家的理学体系。这个文化重构消除了盛唐以来中华文明的文化危机，奠定了蒙元以后政治动荡中的文化稳定基石。这个基石甚至还在为今天的中华文明向工业贸易文明的过渡中提供着有益的精神支撑。中国现代知识分子对马克思主义文化体系的信仰与吸纳，也受到了理学逻辑的熏陶和滋养。中国当代民众正是因为失去了理学修养的土壤而缺乏了超验终极价值的精神依凭，而这种精神依凭又无法在马克思主义的文化中得到有效补充。这就是他们在衣食无忧以后蜂拥进入佛教寺庙与基督教堂的文化原因。马克思主义的中国化基本上就是马克思主义的工具化，而中国人的理学修养则被革命的新文化运动当作脏水中的孩子一起抛弃了。

让今天的中国可以重新成为世界大国的历史根基，就是中国传统社会超越千年的超级稳定中的文化依据，就是中国传统文化与社会秩序形态深刻的协调关系。这个特殊的文化体系也就区分了中国传统社会的大一统结构与欧洲式的诸侯分立小国寡民的社会秩序形态的基本差异。这种差异形成了中华文明在两千中的历史辉煌，也造成了在差不多十个世纪中的文明程度超越了欧洲社会，更是中华文明得以延续到今天的现代中国的文化根基。

西方现代社会秩序的稳定与繁荣，并没有如马克思所预言的那样因为不合理而崩溃，就是因为逐渐形成了与这个秩序相协调的社会文化体系。尽管这个文化体系仍然因为工具化的肤浅而常常捉襟见肘。马克思主义的文化体系因此而在西方社会中逐渐被边沿化。依赖尖锐阶级对立而风起云涌的工人运动逐渐消失了，社会成员中的相对合作关系则成为和谐社会秩序的主流。今天西方社会的演化进程，又使得他们在经济动荡中开始显现出自己文化的工具化短板，马克思才又被西方人重新想起来。但今天的马克思文化并非缓解西方社会病痛的良药，最多是一剂去急火的泻药。

曾经稳定而辉煌的中国社会秩序在近代的瓦解，来自更高层次的工业贸易文明的外部秩序的经济与政治冲击，也来自更先进的西方近代文化输入的精神扰动。落后与挨打基本上是合理的历史表述。现代中国社会新秩序的建立，就是对西方新文明的学习与接纳的结果。这个接纳首先是政治的，其后才是经济的。改革开放就是由政治接纳向经济接纳的转换。中国新秩序最终的稳定性必然要来自与其相协调的新的文化体系的建立，这个新秩序与新文化体系的协调性，还在发展与演化之中。

现代中国通过对西方工业贸易文明接纳的成功形成了自己的文明转型，但这种成功的稳定巩固，则必须落实在新秩序与新文化的融合根基之上。这就是今天中国更为宏大的改革任务与文化目标。

157. 自由感受的主观性

人类在环境中生存。人类的生存环境由秩序与能量的复合形成。环境的秩序是人类生存的条件。人类的存在就是生命秩序环境中独特形态。

秩序提供了对能量运动自由度的限制，并在这种限制中构成了存在的环境功能。能量表达了存在中的广泛自由度，也表达了对秩序的瓦解与重组的可能性。能量表达了存在中的自由。

人类的自由与不自由，是人类对自己生存状态的感受，也是对自己的生存行为被环境秩序约束状态的感受，还是人类对自己在两个环境中的生存行为受到的秩序约束程度的评价。

人类的自由与不自由的感受来自人类的价值追求和行为方式选择与生存环境的关系。人类的生存行为没有受到环境秩序约束的感受，或者受到约束的感受比较薄弱，就是人类感到的自由。人类的生存行为受到了环境秩序明确约束的感受，甚至感到了强烈的秩序约束，就是人类感到的不自由。

自由与不自由，就是社会成员对自己的价值追求和行为方式与自己所处的生存环境秩序的关系的主观评价。这就是自由的主观性。

从来没有客观的自由。如果有，也是来自对主观自由感受的公共化的文化表达。当社会成员将自己的自由与不自由感受构建与表达成为公共观念，这种公共观念就变成了具有客观性特征的自由与不自由。这种感受仍然来自人类的主观感觉，也就是将主观感觉的公共化与群体化。所谓客观性就是群体公共价值的公共性。

人类的任何自由感受与表达，都不会超越对人类的生存行为的价值追求与环境秩序的关系感受的评价。离开了人类的行为感受，仅仅依据对环境秩序评价的自由是不存在的，人类对环境秩序的任何评价依据都在自己的生存行为感受之中。

离开了人类的行为感受，自由与不自由的评价没有意义。那种试图表达一种与人类的感受无关，仅仅由环境秩序的形态所表达的客观存在的自由与不自由的观念，是一种超越人类生存现实的虚妄观念，是一种将人类与环境的关系神秘化与宗教化的观念。试图将人类的自由与不自由的感受客观化与超人类化的哲学思想与社会学思想，是一种在愚昧状态中形成的原始文化传统，也是处于幼稚状态中的哲学形态。

人类全部生存行为或社会行为的依据，都在精神环境的意识活动构建的动机中，都来自动机中的价值目标与价值组合结构。人类通过自己构建的精神环境实现自己的生存。精神世界是人类特殊的生存环境，是人类外在的自然环境秩序与社会环境秩序的内在映像。

这种映像与外在环境秩序的一致性，就决定了人类生存行为的合理性，也保障了人类在环境中的生存功能。这种映像与外在环境秩序的不一致或差异，就形成了对人类生存行为的约束与局限，也是人类不合理的与失败的生存行为的基本原因，还是人类生存需求实现的障碍。

人类的意识活动构成了精神环境的秩序。其中蕴含的价值目标在外在生存环境中受到的约束就形成了人类行为的不自由感受。人类的价值目标在精神环境中构建动机的活动中不受约束就形成了人类的精神自由感受。人类动机的行为实现在社会环境中的不受约束就形成了人类的社会自由感受。

并不是环境秩序直接决定了人类的自由与不自由，而是人类的精神环境秩序与意识活动方式形成的动机结构与实现动机的环境秩序之间的关系，形成了人类自由与不自由的感受。当生存环境秩序不变时，人类的观念结构改变与动机结构的改变就会改变自由与不自由的感受。当精神环境秩序不变时，人类实现动机的社会环境秩序的改变也会改变自由与不自由的感受。

人类社会行为方式的选择与形态来自精神环境中意识活动的成果，来自认识活动构建的观念结构中的价值内涵，来自价值活动构建的行为动机。自从人类通过文明化的生存方式构成了自己的精神世界，物质欲望就在其中展开为物质价值了，人类的全部物质需求就由物质价值来表达了，人类在物质环境或社会环境中的全部行为追求就都在物质价值之中了，也就都是精神环境的意识活动结果了。

在文明中生存的人类依据精神环境中的物质价值实现在物质环境或社会环境中的行为追求。人类对意识活动与观念空间秩序关系的感受也就形成精神的自由与不自由，对这种感受的公共化表达就沉淀为文化中的精神自由与不自由的概念。人类的精神自由与不自由包括了认识活动的自由与不自由和价值活动的自由与不自由。

人类意识活动的自由必然受到观念结构的制约。观念结构的制约来自观念空间秩序的局限性，其中主要表达了理性化方法的局限性或者逻辑工具的局限性。这种制约也来自感性化方法的局限性，这主要是意识活动的情感状态形成的局限性。

观念结构对于认识活动的制约形成了对认识发现范围与内涵的局限，也形成了认识发现的困难，并因此形成了认识追求或审美满足的不自由。

认识活动的自由就是审美价值的自由实现，也就是在观念空间中可以无拘无束地自由构建新的观念，并自由自在地实现审美欲望的满足。认识活动的不自由，就是发现与构建新观念时受到了明确的限制，就是审美欲望不能在观念空间中充分满足。个体观念结构的简陋与狭隘形成了对认识活动的限制，也形成了认识活动最基本的不自由。

个体意识活动中的情感状态形成了意识活动的局部化与封闭化，进入情感状态也会形成意识活动的不自由。人类不能自主控制的情感状态就是精神不自由的最普遍状态。因此，打破情感状态，拓展意识活动的观念空间，放弃由习惯塑造出来的思维定式，就是解脱这种约束的方法，就是获得更大的精神自由的重要途径。

逻辑方法的局限性也是意识活动不自由的重要原因。逻辑方法是人类理性化能力形成的对意识活动方式的理解成果，也是这种成果在意识活动中的工具化运用。逻辑工具为意识活动提供了高效合理的公共化方法。人类理性能力的局限性必然形成逻辑工具的局限性，也决定了任何理性工具都无法透彻覆盖观念空间的全部秩序，完全依赖理性工具的意识活动也就同样具有了这种局限性。这就是逻辑工具的不自由。

单纯地依靠逻辑方法虽然会在一定的领域中获得意识活动的高效率，但也会受到逻辑方法的局限性而限制了意识活动的空间领域。这就是单纯依赖逻辑工具而形成的意识不自由。严重的逻辑不自由会形成非常狭隘与局限的意识活动方式，例如教条式的纸上谈兵。

只有受到充沛的感性方法滋润的理性意识活动方式才能获得足够的精神自由。人类今天的文化中对理性方法的过度崇拜常常是理性不自由或逻辑不自由的重要原因。

对理性工具与逻辑方法的不恰当使用所形成的精神不自由，一方面可以在认识活动中形成逻辑方法对认识发现的窒息，因为认识活动的观念发现过程本质上是感性的。另一方面也可以在价值活动中形成价值判断的扭曲，因为稍微复杂一些的价值判断都难以完全理性化，而是来自直觉的。将理性方法强行引入价值判断中常常是价值活动中不自由的重要原因。

例如，现代社会高度知识化的文化传播方式，在获得了高效与精确的观念表达与传播好处的同时也造成了精神的不自由。完全沉浸在知识思维中的个体就会高度局限在逻辑结构中而失去自己在观念空间中丰富的意识活动自由度。单纯的知识思考只能受到知识考核的赞赏，并不会提供深刻的价值判断能力。这种能力从来就不在逻辑结构中而是蕴含在一般观念结构中。观念空间的秩序内涵要比知识结构所能表达的丰富得多深刻得多，只有超越了知识结构的意识活动能力才是智慧能力。人类高度知识化的意识活动方式就是现代教育方法的弊端，单纯的知识灌输从来都不会形成智慧与造就大师。

例如，今天中国的知识精英们主要在依据西方文化提供的知识体系来思考中国复杂深刻的实践。这就是用固定的模式生硬地套在丰富多彩的社会活动秩序之上，从而无法深入思考真实而复杂的当代中国社会的活动方式。但他们并不理解自己的短处，还常常沾沾自喜地盛气凌人。今天中国已经开启了西方文明不曾有过的人类社会实践领域，但今天中国的思考者们还在西方知识的囹圄中止步不前。西方经济学的逻辑仅仅是对西方经济活动的简化抽象，常常难以涵盖今天中国社会的经济活动内涵。正因为今天中国的学者们不会深刻体悟与逻辑抽象中国自己的经济活动，才不得不完全依赖西方人提供的逻辑化方法。任何逻辑简化都会具有普遍意义，但任何逻辑简化也都会具有特殊条件。

意识活动的理性化方法虽然能够在某些公共观念领域中构建出一些有效外在表达的公共价值结构，例如现代自然科学体系就是比较完美的理性化公共观念体系，但在其他文化领域中，特别是在理解社会秩序的观念体系的表达形态中，理性逻辑工具的运用还是高度局限的。具有一般社会学意义的有效逻辑模式还远未形成，在理解人类社会环境秩序与社会活动的领域中过度依赖既有的逻辑工具，就会形成明确的精神不自由。这就是中国知识分子精神不自由的主要文化原因。

人类意识活动环境对意识活动的制约既来自价值结构的简陋或缺陷形成的空间局限，也来自价值活动的方法局限。过度感性化的情感状态形成价值活动的空间局限，不合理的理性化逻辑工具的运用形成价值活动的方法局限，都是人类精神不自由的基本原因。它们都是人类意识活动的主观状态特征。

社会的自由来自社会成员的价值追求与他们社会环境秩序的协调性。社会环境秩序既绝对地限制了他们的行为空间，也相对地为他们提供了行为自由度。如果他们的价值结构空间超越了社会秩序的空间，他们就可能会感受到一定的社会不自由。如果他们的价值活动形成的价值追求空间处于社会秩序空间之内，他们就不会感受到社会不自由。

社会成员观念空间中的价值结构由文化环境提供的伦理所主导，又由他们的审美活动所构成。他们外在文化环境的伦理塑造与内在的审美活动方式决定了他们社会自由感受的主观内涵，他们的社会环境秩序则决定了他们社会自由感受的客观内涵。社会成员的观念结构或意识活动方式的改变，社会成员的社会环境的改变，都会改变他们的自由感受。

社会文化环境比社会成员的精神环境具有更高的稳定性，社会成员改变自由感受的方式主要由精神环境秩序的改变为主导，人类追求社会自由的方式主要在改变精神环境秩序的活动中。人类通过改变社会环境秩序来追求社会自由的方式，则主要由社会文化的伦理塑造形成的社会秩序理想所主导，而不会由社会成员观念空间中真实的广泛自由度所主导。

仅仅以追求个人自由为目标的社会改造活动几乎总是昙花一现的，这种活动的意义仅仅在为社会秩序的自组织过程提供了不确定的自由能量。人类对社会自由的追求可以提供社会秩序演化的动力，但不会自发形成社会秩序本身，更无法直接构成合理的社会环境。自由主义价值观念构成的社会伦理，从来就不是具有普遍意义的高层次伦理，而主要是在特定社会条件中的工具化伦理。依据自由主义构成的公共价值不会具有广泛的人类社会秩序意义，而只能具有特定社会历史环境中的工具意义。自由的伦理仅仅在欧洲历史中形成的近代西方文化中具有比较高的地位。这种伦理在现代文化活动中形成的全球化普遍传播，并非来自其对人类社会活动的普遍意义，而是来自其对人类个体生存活动感受的普遍意义。人类个体对自由感受愉悦的追求并不会自发形成合理的社会秩序，就像人类对审美感受愉悦的追求并不会自发形成优秀的艺术成果一样。

人类的理性意识活动方法形成的能力就是理解自己意识活动的方式与功能的能力，理性方法也可以提供人类理解自由与不自由感受原因的能力。个体如果理解了不自由感受的社会秩序空间局限的原因，如果理解了这种局限与自己价值结构的关系，就会理性地接受这种不自由状态而遮蔽这种感受，也就是可以忽视与弱化某些不自由的感受。个体就会主动地将价值活动限制在社会秩序提供的合理价值空间中，并因此而形成社会行为与社会秩序的协调状态。这就是人类理性能力为个体提供的放大自由感受的方法。人类通过精神修炼与观念塑造所达到的充分自由境界，例如某种修行活动的成果，虽然会必然压缩了观念结构与价值结构的自由度，但也由此而拓展了由观念结构缺陷或情感状态局限所限制的意识活动自由度，从而协调了自己意识活动与社会秩序之间的关系。

例如，自然科学极大地拓展了人类理解自然环境秩序的观念空间，但这种拓展并非都具有提高人类自由感受的功能。只有受到人类终极伦理引导与安置的科学观念，才能为人类提供生存行为的自由。超越基本伦理的科学观念与科学技术也可能会带来对人类生存环境与人类本身的破坏，这种自由对人类的生存就没有意义。将通过自由的审美活动所创造的科学观念限制在人类伦理的框架之内，就是社会文化活动对自然科学活动形成的条件约束，就是人类的理性能力对人类科学自由的必要引导。

当这种主动地限制自己价值活动空间的方法由审美价值所约束时，当这种在特定价值空间中的意识活动形成了明确的审美价值形态和审美伦理时，这种意识活动状态就是道德精神状态。人类在科学活动中的道德精神追求就是科学活动服从基本伦理约束的工具。

人类的道德精神活动，就是依据对价值结构的审美追求主动限制自己价值活动领域与方式的意识活动，就是在主动限制行为自由度的空间中获得审美欲望满足的内在价值权衡结果，就是由此而对伦理价值的服从。道德精神活动也是通过适当放弃局部社会自由而获取透彻的精神自由的意识活动方式。人类意识活动中审美欲望的充分满足就是意识能量运动自由度的充分展开。观念结构中的无序状态蕴含了精神环境秩序的自由度，但却限制了意识能量有序运动的自由度。

精神自由是人类的根本自由。人类这种为了精神自由而主动限制社会行为空间的行为方式就是道德精神活动形成的道德行为。被社会活动异化的道德行为也会依据对其他社会价值的追求来实现，也会来自对社会道德规范的习俗性服从来形成。人类对道德规范的习俗性服从也具有服从伦理的行为约束功能，也可以使得社会成员的价值活动与社会环境秩序和谐一致。习俗也是维护社会秩序的基本工具，习俗行为一旦被认识活动伦理化，这种对社会行为自由空间的压缩与限制也就不会让人们在遵从习俗中感受到社会的不自由。因为伦理化的习俗具备了实现道德精神活动的内在环境。

　　在人类的社会生活中，社会成员如果自觉服从法律与自觉服从习俗就不会因此而感到社会不自由。这种自觉就是理性化的意识活动能力对价值活动的内在约束，也是理性能力形成的伦理服从。这种自觉服从来自社会成员对法律伦理的理解与接受，也来自对习俗的伦理化理解与接受。法律的伦理化与习俗的伦理化都是社会文化灌输的结果。合理的社会文化中必然蕴含了完美的法律伦理与习俗伦理。社会成员如果缺乏法律伦理的修养，就会感到法律带来的不自由，如果缺乏习俗伦理的修养，就会感到习俗对自由的约束。法制教育的核心内涵不是灌输法律行为规范，而是塑造法律伦理。简单的法律行为规范宣传远不能代替深入的法律伦理精神塑造。社会合理习俗的形成也必须来自习俗伦理的熏陶。

　　社会成员通过道德精神追求服从伦理的社会行为方式，与他们通过自觉服从法律与习俗而服从伦理的社会行为方式，都是精神环境中的审美追求形成的价值判断结果。在这些行为方式中所获得的社会自由感受也都必然是价值判断的主观结果。主观的自由感受可以与社会秩序形态相对隔离。

　　人类的自由感受由精神环境与意识活动方式所主导，外在社会环境秩序的形态则仅仅提供了获得这种感受的外部条件。精神环境是人类自由的主动环境，社会环境是人类自由的被动环境。这就是人类生存方式的核心要义。

　　人类社会秩序的形成就是对人类精神环境秩序的外在组织化约束的成果。在人类生存环境的四个层次中，较高层次的环境秩序的形成都是对较低层次秩序的组织化约束与自由度限制形成的特定成果。物理环境秩序对原始宇宙馄饨的秩序约束与自由度限制形成了今天的宇宙结构，生命秩序对物理秩序的约束与自由度限制形成了地球表面的生态圈，精神环境秩序对生命秩序的约束与自由度限制形成了复杂深刻的精神世界，社会秩序对精神环境秩序的组织化约束与自由度限制形成了人类的文明。

对这种关系的简化理解形成的逻辑工具，就形成了在自然科学中获得广泛成功的还原论方法与还原主义世界观。但这种简化逻辑中恰恰忽略了还原秩序约束中蕴含的特殊环境功能，盲目运用这种简化逻辑的结果必然形成对人类生存环境本质的误解。这种方法论与世界观只在对简单秩序的理解中相对有效，例如在理解物理环境的自然科学中。

人类精神环境秩序的时空无限性与独立性相对于社会秩序空间的时空有限性与群体公共性，形成了精神环境空间对社会环境空间的超越。这种超越关系也就形成了人类社会行为的绝对不自由。人类的自由来自文明化的意识活动方式对社会秩序的自觉服从，来自这种自觉对精神环境秩序自由度的限制。这种限制的伦理化与情感化就形成了人类服从社会秩序的自觉。人类的理性能力提供了限制精神环境自由度的具体方法，也提供了将精神环境伦理化与特定情感化的途径。但在这种理性化限制的成果中仍然隐含了丰富的精神自由度，任何逻辑方法对精神自由度的限制结果都仅仅是表观的与方法论的。

对社会行为绝对不自由的相对消除，并获取相对充分的社会自由，只能通过文化环境对社会成员观念空间的伦理塑造来实现，只能通过这种塑造形成的道德精神追求与对法律和习俗的自觉服从来实现。在这种塑造中也就常常运用了理性方法。社会文化对精神环境秩序的伦理塑造形成了对社会成员价值结构的约束，也形成了对他们价值活动的约束。这两种约束限制了他们行为动机的结构空间，进而限制了他们社会行为方式的空间。这就协调了他们的精神环境秩序对社会环境秩序的绝对超越关系，也在这种协调中为社会成员提供了自由的感受。

当这种协调失效时社会成员就会认为社会秩序形成的行为限制是不合理的。在安定的社会环境中这种失效主要来自社会成员对主流伦理的不能接受与不能理解。文化修养薄弱的社会成员常常会广泛诟病社会环境秩序，这是因为他们的文化肤浅。文化修养深厚的社会成员则会理解与接受社会秩序，这并非他们的迂腐。迂腐的行为方式主要表现在缺乏真实伦理理解能力的文化肤浅的假文人中。只有具备了深入理解伦理与社会秩序关系的智慧，才能具备洞悉世事参透人生的超脱。

在突变与动荡不定的社会环境中，社会文化常常会提供混乱冲突的伦理，社会成员也会因此而陷入道德的崩溃与习俗的失范之中，法律工具也常常会失效。社会成员会因为伦理的失效而形成社会行为方式的混乱，这也必然会形成他们强烈的社会不自由感受。但在这种状态中他们的社会行为自由度实际上是增加了。这种感受就是他们的伦理价值与社会环境秩序不能协调的结果。

突变与动荡中的社会环境会让少数人如鱼得水，会让多数人焦虑不安，但也是社会改革者们的革命机会。混乱的文化与伦理也是重构新文化的有利条件。在人类文化史中，辉煌的成就常常来自动荡的社会环境。安定社会中的文化成就常常乏善可陈。

人类的不自由感受主要不是来自价值活动空间被社会秩序空间的绝对限制，而是来自社会成员的伦理价值与社会秩序的相对冲突，来自这种冲突形成社会行为限制。

合理的社会文化环境，可以为社会成员提供足以满足他们价值追求又能与社会秩序相协调的社会行为方式，可以让他们在合理的社会行为中仍然感受到足够的自由。不合理的社会文化环境，也就无法引导社会成员的价值追求与社会环境秩序相协调，也就只能过度依赖权力与法律的强制来维护社会秩序的稳定。强力的权力维稳活动大量消耗社会资源，剧烈恶化人文环境，也让社会成员明确感受不自由。

伦理的混乱是人类不自由的基本社会原因，文化的冲突是人类社会冲突的根源。从世界大战到冷战，从恐怖主义的泛滥到颜色革命的动荡，从权力镇压到集权统治，从暴力示威到暴力抗法，从犯罪到自杀，从家庭暴力到虐待儿童，无不如此。

　　社会的突变与文化的散乱主要来自社会秩序的演化进程与文化演化进程的相分离，来自社会主流文化演化相对于社会秩序演化的滞后。这种滞后在社会秩序的演化进入稳定状态之后，就会被有效的文化重构提供的新伦理所消除。人类的文化活动总是在不断地提供新的公共价值依据，这种新依据形成的文化演化与更新构成了社会秩序演化的精神依据的演化。人类的文化活动的复杂性与多样性，又总是会形成公共价值与社会秩序的相分离。这就是社会冲突与社会矛盾永远不会消失的哲学依据，这也是社会演化的活力来源。

　　进入文明以后的人类都必须通过社会环境中的行为实现自己的生存。个体精神世界的独立性与独特性决定了社会秩序对他们价值追求自由度的绝对限制。人类如果追求绝对的行为自由就是消除全部社会秩序，这就是消除人类文明而回到动物世界中去。动物的自由来自他们精神世界的简陋，这也就形成了他们生存方式的简陋与生命存在方式的高度不确定。人类的相对不自由则来自精神环境的复杂秩序提供的特殊功能，来自这种功能对他们生存环境秩序的超越。也正是这种功能形成了他们远远超越动物的利用与适应自然环境的生存能力。相对的不自由就是获得这种能力的必要代价。存在秩序的复杂化带来了秩序维持的脆弱性，但也形成了它们环境存在的稳定性。人类及人类环境的有序化演化进程并非是递弱代偿的。

　　中华文化中所追求的个体最优秀的社会生存状态就是随心所欲不逾矩。这并不是可以在自己的观念结构中真实地天马行空而不受任何约束，而是使自己的意识活动时时都能被审美本能的引导而自觉地遵循了与社会秩序相协调的伦理价值，从而自觉地实现了道德精神与服从了道德规范。他们伦理价值的丰富与完美，它们审美追求的充沛与深刻，就是他们在这种自觉服从中不会感到不自由的原因，就是他们在这种自觉服从中能够实现个人的精神自由与社会自由的依据。这种生存状态就使得他们能够进入随心所欲不逾矩的境界中。

158. 意志的哲学涵义

意志既是一个基本哲学概念也是一个流行文化概念。哲学的意志概念表达了人类行为的自主选择能力与自主决断能力，表达了人类价值追求的行为成果在环境中的影响功能，也表达了人类行为对环境秩序改变的可能性空间。人类具有的意志能力表达了人类的环境行为与生存方式的不确定性。流行文化中的意志概念，则表达了人类实现社会需求的能力与追求这种能力实现的行为努力。

意志也表达了人类在环境中行为实现的可能性，表达了人类行为的自由空间。意志是人类的自由行为能力的表现，意志是自由的。意志存在的前提是行为自由的存在。

人类行为的自由空间是意志实现的条件，没有自由就没有意志。人类的意志能力就是实现行为自由的依据，没有意志也就没有自由。

在欧洲传统哲学中，曾经有强大的质疑和反对意志存在的观念。这种观念的依据是确定论世界观。也就是认为人类的存在方式与生存行为与世界环境秩序之间是一种确定的关系，认为世界的演化由确定的规律所决定，认为人类的生存行为也在这种确定的规律之内。在这种世界中人类的全部行为都是确定秩序的内涵，人类由此而不会具有自己的意志空间。这种哲学观念来自柏拉图确立的绝对理念对欧洲文化的深刻影响，也来自近代自然科学世界观为哲学提供的确定论本体逻辑。

在这种文化中，认为人类的行为只不过是绝对理念在不同层次中的确定展开现象，人类感受到的整个世界也是绝对理念的展开形态。绝对理念决定了人类的存在方式与人类的行为，也决定了人类的生存行为与生存环境的确定关系。这种世界观认为每一个人的人生经历都是在绝对理念中预先规定了的，就是现代文化中的科学世界观也没有逃出绝对理念的窠臼。科学活动中努力寻求的固定而永恒的因果关系，科学发现活动对既有自然规律的揭示，都是对绝对理念的科学化展示与表达而已。

这种哲学观念在西方文化中的强大影响力也影响与塑造了基督宗教的世界观，还影响与塑造了近代物理学的世界观，甚至还在影响着现代物理学的思维方式。

牛顿的伟大贡献塑造了完美统一的近代物理学体系，也塑造了现代自然科学的世界观基础，其核心的终极伦理就是决定论。在牛顿看来，世界就是一架由上帝设计与制造的精密的大机器，它的活动方式早就由它的内部结构决定了。按照这个世界观，人类社会与人类本身都不过是这个大机器中的微小零件，他们的活动与功能也是预先被设计的或者被预设的。人类只有服从这个机器表达的预设秩序，才能获得合理的生存方式与合理的社会环境。

从这个终极观念出发，人类追求合理社会秩序的努力也就必然是揭示或接近这个预设秩序的努力，谁先理解了这个预设秩序谁就是真理的化身，谁先达到了这个预设秩序也就处于终极秩序之中了。物理世界具有终极秩序，生命具有终极秩序，人类社会也具有终极秩序。人类的历史演化一旦达到了这个终极秩序中，历史的演化就终结了。

这个世界观在现代西方社会学中的表现，就是对所谓普世价值的终极化，就是对自由资本主义制度的历史终结性认知。在这个世界观统辖下的全部自然科学活动的终极目标，就是逐渐理解与揭示这个大机器的内部结构与内在功能，这个努力可能实现的前提，就是自然界的大机器是预设的与完备的。在很多人心目中的所谓客观规律，就是这个大机器的预设功能。这种预设功能曾经是来自万能的上帝与无所不能的神明。在今天的文化中，上帝与神明则被更为神秘的自然规律所代替。

一直以来，人类在上帝与神明面前是没有行为的自由空间的，也是没有自由意志的。今天肤浅的流行文化也认为人类在客观规律面前也是没有意志自由的。牛顿为人类贡献了新的理性观念，但却仍然没有给人类带来行为的自由与自由的意志的理性依据。

在中国传统哲学中，虽然也有模糊的预设决定论的观念，但由于中国哲学理性化方式的不足，这种世界观的统合功能也就比较模糊。在道家的思想中则蕴含了明确的反决定论的观念。就是到了理学中的天理观念，也并没有提倡明确的决定论，这也为心学留下了探讨人类自由意志的空间。虽然"天不变道亦不变"，但天并非不变。中国人自古就主张"道"生于"混沌"之中而不是预设之中，自古就主张"事在人为"而不是世定人为。

将人类的精神世界拓展为人类生存环境的存在形态，将人类的精神环境理解为不确定的自组织过程的成果，就不会认为人类的意识活动没有行为的自由空间，也不会得到人类没有自由意志的逻辑认知。人类的生存环境由不能预先确定的自组织活动构成，人类的生存行为本身也是这个环境中的自组织过程的结果，这就决定了人类在这个环境中的行为方式具有自由空间。

自组织的过程与结果没有预设但有秩序，由自组织过程构成的人类生存环境与人类本身，就是一种有序而不确定演化中的存在。"有序而不确定"是比"预先确定"更为合理的超验世界秩序，也是能够更好地安置人类今天的全部生存经验的世界观。

自然环境的存在永远处于有序而不确定的演化进程中，人类精神环境的存在也永远处于有序而不确定的演化进程中，人类的社会环境存在还是永远处于有序而不确定的演化进程中。人类在精神环境中具有意志自由，人类在社会环境中也具有实现意志自由的空间。

这种新兴的哲学世界观，就将人类从自古以来就没有自由也没有意志的世界观中解放出来了。这种解放并没有扩大人类的无知，只是将人类的认知放置在一个更为开阔的环境之中。人类由此而具备了确定的行为自由与自由意志，人类的意志也就可以在环境条件中永远具备了创造新秩序的潜能。

　　近代欧洲的康德哲学是试图反对确定论与预设论世界观的，这就是康德哲学对人类文化的基本贡献。康德认为世界的本源是人类不可完全认知的实体，也就是并不具备什么预设秩序的物自体。人类的精神世界来自人类本身的意识活动，人类的知识仅仅是人类精神世界的内涵，知识形态来自人类的先验范畴。但康德还仍然不够彻底，仍然保留了知识形成所必须依据神秘的先验范畴的观念。这个观念也是传统哲学世界观在康德哲学中的延续。

　　黑格尔是忠于绝对理念的确定论世界观的。马克思作为他的哲学弟子虽然试图将黑格尔的头脚倒置颠倒过来，但并没有投入太多精力在哲学体系的改造上，仅仅是修正了自己使用的哲学工具。

　　与黑格尔同时代的一个年轻人看到了这种世界观的荒谬之处，就提出了世界是意志与表象复合的另一种世界观，这就是叔本华。它试图用这种观念体系推翻黑格尔的体系，但他沮丧地失败了。他的失败来自他思想的并不透彻完美，也来自他在艰辛的哲学重构中的缺乏耐心。它的思想开拓了人类对精神环境的认知方式，为存在主义哲学投下了一块基石，但并没有明确的哲学结构影响力。后来的尼采与海德格尔大致上是在他的本体论基础上进一步阐发了对人类社会活动的理解。这个本来具有重要哲学开创意义的分支因为依附了政治失败的纳粹德国的文化，也就被打入了冷宫。

　　叔本华对意志与表象的理解也并不合理。他将人类在精神环境与社会环境中具备价值选择空间的意志，拓展到了人类理解的自然环境的秩序形态中，拓展到了不确定的宇宙环境中。他混淆了人类认识活动的自组织过程与自然环境中的自组织过程，将人类意识活动中的意志自然化，这就形成了逻辑层次的混乱。这种在基本结构中的逻辑混乱就使得他的本体论扑朔迷离而失去了其应有的哲学影响力。叔本华模糊地表达了他对宇宙秩序的多元演化与自组织构成的理解，但他将这种理解简化为意志对表象的组织化，就将人类的特殊活动方式在自然环境中普遍化了。他无法从宇宙秩序本体的形态中理解人类的存在，而是通过理解人类的存在方式来理解宇宙。黑格尔是对全部世界观的头脚颠倒，叔本华试图颠倒黑格尔，但却仅仅不合理地模糊颠倒了本体论。

人类以及人类生存其中的全部环境并不是由意志对表象的复合构成，而是由秩序对能量的复合而构成。意志仅仅是人类意识活动的自由形态，秩序则是一切环境存在中的自组织结果。

现代物理学已经确立了无生命环境中的能量概念与秩序概念，其秩序的概念就是物理定律构成的观念体系的理性化形态。在这个体体系中，从宏观的物理场和物理力一直到微观的基本粒子，都被表达为严谨的秩序结构，也都表达了秩序对能量的组织化关系。

从自然科学中逐渐独立出来的生命科学，今天也开始形成了生命秩序对生命能量组织化的理解。将生命秩序与生命能量作为理解生命活动的基本要素的观念已经开始形成了。但这种理解今天还不具备严谨的逻辑形态。曾经成功地表达了无生命秩序的数学逻辑工具还不能适应对生命秩序的表达。为此而专门创立的系统论逻辑今天还仍然幼稚。

人类的哲学则发展缓慢。虽然弗洛伊德的观念暗示了将人类精神世界理解为能量在环境中的活动，但今天还没有实现对这种思想透彻的哲学化表达。人类今天的哲学还不能将精神世界理解为人类生存与活动的一个环境，更不能理解这个环境是人类的意识活动提供的自组织的过程的结果。

人类对自己文明化的生存方式构成的社会环境的理解则更为模糊。人类的社会环境到底以何种逻辑来表达，在今天的文化中仍然是光怪陆离的。这种状态源自社会环境与人类生存活动的复杂交集。

人类社会并不是人类意志的直接产物，而是人类的自由意志在特殊环境中构成的自组织成果。这种自组织过程构成了社会关系，社会关系就是社会存在的秩序，社会秩序对人类本身的组织化，就构成了社会存在。

社会环境不会直接来自人类的意志，而是由无数独立意志的行为实现之间在环境中构成的普遍联系间的关系的耦合成果。被社会秩序组合起来的人类意志，并不是人类观念空间中的表象，而是人类多层次群体化的生存行为的综合。社会环境中满足人类生存需求的社会资源，则提供了人类生存行为的物质环境。

社会资源是由人类的精神环境秩序决定的外在环境存在，也是人类生存环境秩序被人类的生存行为形成的组织化结果。社会资源是社会环境得以构成的物质条件，社会秩序就是流转与利用社会资源的社会关系。在社会化的生存环境中，人类本身也就变成了满足社会成员生存需求的社会资源的特殊形态，这就是今天复杂的人力资源。人力资源的资本化与雇佣化就构成了人力资本。

人类以及人类生存其中的环境秩序并不是由某些超人的精神存在或先验观念所预先确定的，也不是在追求一个确定结果的演化过程，而是由无数多层次的自组织过程构成的随机结果。人类感知的稳定不变的环境秩序，只是远远超越了人类生存的时间尺度中的稳定随机状态而已。人类对这种稳定性感知的终极观念化也就形成了关于宇宙绝对秩序的幻觉。但这种幻觉又是人类必需的。

存在由秩序表达的有序与能量表达的无序之间的均衡所构成。存在的能量中蕴含的无序提供了秩序自组织的条件，也提供了秩序演化的活力，还提供了秩序的不稳定依据与秩序瓦解消失的可能性。人类的社会环境由社会秩序构成的有序实现自己的存在，也由人类的自由意志表达的无序提供了演化活力与瓦解依据。

人类本身与人类生存其中的全部环境都是不确定的演化成果。他们的存在表达了其秩序的稳定性功能，他们的演化则表达了其秩序的不稳定形态。人类与人类生存环境的全部存在都由稳定的秩序与自由的能量之间的动态均衡所构成，既在这种均衡中稳定存在，也在这种均衡中改变与演化。人类的精神环境与社会环境都如此。

人类的自由意志，就是人类精神环境与社会环境的无序来源与演化动因。人类对社会秩序的维护活动则提供了社会环境的稳定性，也维护了社会环境的存在。人类的自由意志中蕴含了对社会秩序的不满足与不满意，也就形成了对社会秩序的瓦解与破坏，并提供了社会演化的活力。人类群体化的生存需求是社会秩序稳定的依据，人类个体的自由意志是社会秩序演化的动因。

自由意志来自人类的生存本能，来自生存本能在不同个体观念空间的多样化展开，来自这种展开构成的个体价值追求的独特性。人类的生存环境为人类的自由意志提供了选择的空间。人类在精神环境中的行为选择就是个体精神世界独特性的依据。

人类意识活动的自由选择空间来自观念空间秩序对意识能量存在形态的超越，也来自观念空间秩序对人类审美价值的超越。这两种超越决定了人类意识能量运动的自由度，并为观念结构的自组织提供了可能。这两种超越既表达了人类精神环境秩序演化的不确定性，也表达了人类意识活动方式的不确定性。这两种不确定性决定了人类个体观念结构的独特性与多样性，这就是人类可以具有精神自由的本体论依据。

人类社会行为的自由选择空间来自人类社会环境秩序对人类社会行为能力的超越。这种超越提供了人类社会活动的自由度，并为社会结构的自组织提供了可能性。这种超越既表达了人类社会秩序功能的不确定性，也表达了人类社会行为方式的不确定性。这两种不确定性就决定了人类社会环境的多样性与不同社会秩序的独特性，这就是人类可以具有社会自由的本体论依据。

所谓意志，就是人类在生存行为空间中追求观念空间中价值实现的行为选择能力。意志是人类特殊的能力，既是行为的选择能力，也是价值追求的能力。意志能力决定了人类的生存能力。意志的坚强表达了这种能力的强大，意志的薄弱表达了这种能力的弱小。

人类的精神自由来自人类在精神环境中意志实现的可能性，精神自由就是精神意志的自由。人类的社会自由来自人类在社会环境中意志实现的可能性，社会自由就是社会意志的自由。人类意志实现的环境可能性就表达了人类意志自由的环境条件。人类的自由意志决定了人类生存行为的不确定性。

没有环境中的行为自由空间，就没有人类意志实现的条件，也就没有人类追求独特价值的意志，也不会有自由的行为。自由的行为来自意志能力，也来自环境秩序提供的意志能力实现条件。

人类以及人类生存环境的存在与演化的不确定性，为人类的意志与意志的自由实现提供了可能性。理解这种不确定性才能理解人类的意志自由。人类传统文化中关于世界存在方式的确定与预设的观念，就将人类的意志自由悬空与虚化了，就在哲学中排除了意志存在的逻辑条件与本体依据。

依据自组织过程与不确定性来理解人类的生存环境的哲学本体论，才能理解与安置人类意志自由的逻辑条件。人类的意志自由与意志实现的条件，就在人类生存环境的形成与演化的不确定性之中，就在不确定的演化环境中的不同层次的秩序自由度的不协调之中。

这种本体论逻辑已经是今天的现代物理学观念的基本逻辑，但还没有成为今天的哲学与社会学的基本逻辑。在今天的流行文化中这种本体论逻辑还处在神秘的地位中。

人类自古以来所坚守的，并以此来安置自己对环境理解的终极价值的确定论逻辑与预设论逻辑，必须被今天的哲学解构与重组。重构新的本体论，既是重构新哲学的途径，也是重新理解逻辑工具与安置逻辑工具的方式。

人类依据精神环境中的观念结构理解自己的生存环境与生存方式。哲学的出现，则为人类提供了理解生存环境与生存方式的观念体系的统一性与完整性。哲学提供了人类的世界观，其中包括了理解全部生存环境的存在方式的本体论，也包括了理解精神环境秩序来源的认识论，还包括了理解人类意识活动方式的方法论。哲学还应该开辟理解全部环境秩序来源的自组织论。自组织论为本体论与认识论提供了统一的依据，也为本体论提供了坚实的逻辑基础。透彻的本体论既是唯物论的逻辑依据，也是融合唯物论与唯心论对立的依据。融合了唯物论与唯心论的哲学才是彻底的哲学。

彻底的主义者的无所畏惧必须由透彻的自组织论来支撑。仅仅生活在神秘的客观规律之中的唯物主义者们，仍然难以最终离开上帝而完全无所畏惧。

在至今为止的哲学中，很早就已经出现过的自组织论曾经被预设论与确定论所代替。因为它们更容易理性化而更容易理解与传播，也是曾经深刻统治人类文化的一神宗教的核心观念。预设论与确定论也就因此而成为本体论与认识论的稳固依据。在这种依据中，就形成了世界的本体由遥远高悬而神秘莫测的绝对理念与绝对精神所决定的思想。现代哲学被自然科学世界观重塑以后，只是将神秘而清晰的绝对精神改变为现实而模糊的客观规律而已，这就将安置世界存在的终极依据与认识活动的终极成果的绝对精神变成了客观规律。客观规律就是科学世界观中隐含的上帝。看似巨大的哲学现代化进步，实际上则是一个模糊不清的概念代换而已。

传统哲学的世界观为全部一神宗教提供了理性化的观念基础。上帝与佛祖就是绝对精神的拟人化与感性化而已。有神论就是在这种世界观中对人类精神世界中的终极超验观念的拟人化。因为今天的哲学还远不能将人类的终极观念理性化，传统哲学家们努力创立的形而上学体系并不成功。就是在初创的自然科学体系中，也在不自觉地证明这种世界观的模式，只不过是将明确的拟人偶像虚幻为非拟人的自然偶像而已。近代自然科学的全部文化成就几乎都来自教会的文化努力之中，伟大的自然科学创立者们大都是虔诚的基督宗教的信徒，因为他们具有共同的世界观基础，因为早期科学研究的重要使命就是证明基督宗教教义的合理性。

这种概念的代换并非完全没有意义。遥远而抽象模糊的客观规律，不仅弱化了原来宗教观念中非常直接的确定论逻辑，上帝佛祖与安拉们不再直接确定具体的人生了。也为科学方法伦理中新兴的自由讨论方法提供了不确定的空间，至少客观规律是可以在不同意见的争论中展现出来的。

人类的哲学也曾经试图提供非预设的与不确定的世界观形态，这种世界观试图用一种新的视角理解人类的生存环境，这就是用永恒的演化取代确定的预设。中国传统的老庄哲学就秉持这样的世界观。但这种世界观又在现代哲学依据唯物唯心对立的站队划线中被划入了唯心论哲学中。这种曾经非常深刻的哲学逻辑今天仍旧非常薄弱，它们还常常在强大坚挺的确定论世界观面前屈尊俯就，就是科学世界观也没有为他们打开新的大门。只有在自组织本体论中才能恢复它们应有的地位。

就是在马克思主义的世界观中也隐含了对传统世界观的屈服。它的一个基本困难就是无法安置人类个体精神世界中永恒存在的终极观念与终极价值。这也来自传统哲学无法区分人类生存环境的不同层次，无法将人类的精神环境当作独立的存在来认知。

在马克思主义哲学中，通过引入辩证唯物主义的方法论否定了大部分确定论的方法论基础，但仍然无法动摇它们的本体论依据。新兴的演化论的哲学本体论还远没有确定论本体论的基础牢靠，至今还常常深入人心的一神宗教文化就是它们强大的心理靠山。生活在现代文化环境中的西方人大都要到基督宗教中去理解自己的终极观念，而中国知识分子一旦进入了对终极公共观念的追究中，也就常常会到佛教中去寻找依据。因为今天幼稚混乱的哲学还远不能为他们解决精神疑惑。现代哲学家们良好的自我感觉主要来自他们的孤陋寡闻与鸵鸟心态。

不太牢靠的本体论基础也就形成了马克思主义哲学中的明确短板。马克思毕生都在努力建立依据演化逻辑的社会环境模式，但在他所处的文化环境中，确定论逻辑的强大与演化论逻辑的薄弱，又使得他不得不在本体论逻辑中回到确定论中来。马克思哲学最重要的短板就是他的客观价值论。客观的价值来自客观的精神，客观的精神来自超越人类的客观规律。客观价值论就是剩余价值论的哲学基础，剩余价值论就是资本主义必然崩溃的哲学依据。消灭剩余价值的理想就是马克思政治经济学的误区。

马克思主义天才地打开了人类理解社会演化范式的窗口，马克思主义从有效回答工业贸易文明初期的社会问题中获得确立。马克思主义也可以成为理解今天后现代社会问题全部答案的依据，但马克思主义必须进行现代化改造。传统的科学社会主义思想已经被中国特色初步实现了现代化改造，马克思主义的现代化改造必须重构其哲学基础以补充其哲学短板，必须通过引入中国传统哲学的营养来剔除其中蕴含的确定论世界观。尽管这种世界观常常并不直接与明确。

159. 意志的一般文化涵义

意志的哲学的涵义确定了意志概念的广义范畴，意志的一般文化涵义则提供了意志概念的狭义范畴。狭义概念蕴含在广义概念之中。

在一般社会文化中的意志概念表达了社会成员实现欲望的行为能力，意志就是意志力。所谓意志，就是社会成员实现生存价值追求的精神能力或意识活动能力，其中包括了追求精神价值实现的能力与追求物质价值实现的能力。意志能力的结果就是对合理动机结构的构建与维护，就是对合理动机的行为实现。意志能力的社会行为表现，就是具有坚守完美价值追求的社会行为方式与人生态度。

人类精神环境中蕴含的价值与价值结构，表达了来自生命本能的欲望对生存环境的需求。价值通过社会成员的社会行为实现。人类实现价值的行为由动机所驱动。人类的意志能力就是实现价值追求的能力，其中包括了价值判断的能力与构建动机的能力，也包括了实现动机的能力。人类意志能力的核心就是特定的意识活动能力。意志力表达了精神能力。

所谓意志薄弱，就是追求合理价值实现的能力薄弱，就是有价值目标而无动机构成能力与实现价值目标的能力，就是望价值而兴叹，就是徘徊在明确的价值目标中而无所作为，甚至就是没有价值目标的浑噩的人生状态。对于没有合理价值目标的人就谈不上意志，也就无所谓意志薄弱。他们只能是人生的盲目与精神的愚昧。

人类的意志能力也表达了对既有价值的行为实现能力。意志能力的强弱表达了对观念空间中既有价值实现的可能性程度。价值越丰富而实现能力越微弱，意志力就越薄弱。价值越简陋而实现能力与强大，意志力就与坚强。意志力表达了价值实现的相对可能性。

人类不可能没有精神世界，个体不可能没有价值目标。所谓没有价值目标的人，就是观念空间中价值结构简陋的人，就是没有明确社会生存目标的人或者心智能力不健全而无法确定明确价值目标的人。任何健全的人都具有意志。

所谓意志坚强，就是具备实现合理价值目标的强大能力。个体精神环境中合理完善的价值结构只有在坚强的意志能力中才能显现出其社会意义与人生成果。一个价值结构简陋与不完善的个体，一般也难以具备坚强的意志，他们如果仍然具备实现自己价值的能力，这种能力也不会被社会文化环境确认为强大的意志。

合理与完善的价值结构与生存目标是强大意志的精神基础。在实现合理完善的价值目标的动机构建能力中与行为能力中才能体现出意志能力。个体价值结构的合理性由外在的社会文化环境与内在的合理审美价值共同决定。文化环境中的合理伦理所塑造的价值结构就是合理价值结构的依据。与主流伦理相冲突的价值结构就是不合理的价值结构，不合理的价值结构不具备意志的文化意义，尽管也仍然可以具备意志的审美意义。现代西方存在主义哲学中表达的超越伦理的个人意志仅仅具有哲学意义。个体追求不合理价值结构的行为能力，不能被称为文化意义的意志，而只能被称为行为方式的刚愎自用。

具有结构简单而又能够与主流伦理相一致的价值结构的社会成员，其实现生活目标的社会行为方式也就会比较简单顺畅，他们也就容易保持自己的意志能力。

具有复杂而丰富的价值结构的社会成员，如果其价值目标超越了动机构建能力与行为实现能力，这些价值目标也就会被虚化悬空而无法真正实现，这就会形成价值目标泛滥状态中的意志薄弱。他们充满了各种绚丽的幻想而远远不具备实现的能力。各种天马行空的幻想家们，似乎具有复杂而丰富的知识结构与价值目标，但却从来无法构成与自己在社会环境中的行为能力相匹配的动机结构，更是无法行为实现。他们不能脚踏实地的人生过程就常常在空谈与牢骚中虚度。他们的生存状态仍然是意志薄弱的。

如果社会成员的价值活动能力低于他们的社会行为能力，就会形成缺乏价值追求的意志薄弱形态。他们往往愿意沉湎在一些具体的行为方式中来满足自己简单的价值追求，也同时满足自己价值活动中简单的审美欲望。他们由此而常常不愿关注更高层次的生存目标。他们如果衣食无忧，也就可以一壶茶一杯酒一桌麻将了此一生，他们就会是社会秩序的压舱石。社会权力体会努力维持他们的状态以大大降低自己权力活动的成本。所谓的中产阶层是社会秩序的稳定依据，就来自他们主要会处于这样的社会生活状态中。

如果他们的生存陷入了困顿，则容易自暴自弃，严重的甚至会出现反社会的行为倾向。这也是一种常见和典型的意志薄弱状态。因此，维护他们基本的社会生活状态，就是维护社会秩序的基本方式。一个曾经具有广博的宏观价值追求的人在受到社会活动的挫折而转入这种状态之中后，就常常被称为是精神的颓废。

人类的意志力表达了追求合理价值实现的意识活动能力，这在形式上也包含了社会行为实现的能力，社会行为的实现能力实际上也都包含在精神环境中的价值活动能力之中。社会行为能力的依据在对社会环境秩序的理解之中，这种理解为价值活动提供了构建条件价值的精神环境。由此可以说，意志力就是价值活动的能力。

个体价值结构的散乱状态就是意识活动能力薄弱的结果。他们一般也不会具备强大的行为能力，更不会表现出坚强的意志。他们如果有时在社会环境中表现出强势的行为，也常常是没有稳定明确价值目标的莽撞之行。这种行为方式对他们的生存状态并没有积极意义。

　　具备强大的意识活动能力而构建了完美价值结构的个体，一般也会具备较强的社会行为能力。如果他们的价值结构中缺乏与社会环境相协调的微观价值，他们也会表现出较差的社会行为能力，他们也不会具备坚强的意志，主要通过知识灌输构成自己观念结构的个体常常会这样。他们有时还会因为社会行为能力与丰富的价值追求相冲突而形成并不合理的社会行为方式，如果他们能够安于自己的微观价值现状和社会行为能力现状，并以此来调节自己的社会行为方式，他们也可以获得稳定安宁的生活状态，但却不会被称为具有坚强的意志。知识丰富的书生们常常如此。

　　社会文化对社会成员的意志力评价主要是依据他们社会行为方式的间接结果，其中也包括了对构建合理完善的价值结构能力的评价。如果仅仅依据行为方式来评价个体的价值结构，就是对其人格的评价。完美的人格加上强大的行为能力或执行力就是具备了坚强意志的人格。具有坚强意志的人格也是获得社会成就的基础条件。具备一定的意志能力是任何社会成功人士的必要条件，没有坚强的意志，任何意识活动能力与社会知识能力都难以形成明确的社会成就。

　　意志能力表达了人类在生存环境中的行为主动性。具有意志能力的人必然具有意识活动的主动欲望与社会行为的主动欲望。意识活动的主动性追求观念结构的完善，也追求构建合理完善的价值结构。缺乏意识活动主动性的个体常常在精神世界中随波逐流或随遇而安。这样的个体即使具备优越的意识活动能力或者足够的聪明，也不容易形成完善的价值结构。有些并不太聪明的人，如果具备了比较强的意识活动主动性，也会因为锲而不舍地坚持而获得明确的精神成就。

意志能力也表达了人类在社会环境中的行为主动性。只有具备社会行为的主动性才能充分实现观念空间中的价值目标。没有社会行为主动性的个体，即使具备了比较完善的价值结构也难以在社会环境中充分实现。他们也就难以得到具备优秀意志力的文化评价，最多可以获得聪明人的评价。

人类的意志能力通过在环境中的自由行为实现。自由是人类不受约束的环境行为感受，不自由则是受到环境秩序约束的行为感受。人类在两个生存行为的环境中具有两种自由的感受，精神自由是社会自由的基础与依据。人类的精神自由在完善的观念结构中实现，也由合理的情感状态与完善的理性能力所保证。

意志能力具有抵抗环境约束扩大行为自由的功能。人类的价值实现行为必然受到环境秩序的约束，通过行为实现价值的意志能力就是人类克服与适应环境秩序约束的能力，也是在环境中扩大行为自由空间的能力。

没有对不受约束的自由行为的追求就不会形成意志能力。没有对自由行为的强烈追求就不会有坚强的意志。意志能力在抵抗环境约束中得到发展与历练。

具有强烈意志力的人，可以在精神环境中构建出通透有效的观念结构，并获得广泛的价值结构空间。他们就可以由此而获得高度的精神自由，并获得观念空间中很少约束的意识活动方式。这就是在精神环境中天马行空随心所欲的状态，也就是进入了自由王国的状态。人类的意识活动环境由观念结构提供，意识活动也就永远处于观念空间秩序的限制中，这就决定了意识活动对观念空间秩序的最终服从，这就是终极的必然王国状态。

处于自由王国中的人就有能力构成完美的观念结构。这种观念结构能够与审美价值和谐一致，因而使得意识活动充分自由而少受限制。人类的精神自由状态既是自由意志的实现状态，也是透彻的认识能力状态与纯粹的道德精神状态。

观念结构对意识活动的限制，表达了意识活动或审美追求与观念结构的冲突，这种冲突来自散乱分裂的观念结构形态。这种观念结构分割与局限了意识活动的环境空间，限制了意识活动的认识构建能力，也限制了意识活动的价值选择范围与价值判断能力，并必然由此而限制了个体的社会行为空间与社会行为能力。处于冲突散乱的观念结构中的意识活动，也就常常失去了审美追求的环境与主动性，只能被动地服从与遵守观念结构秩序，这也就是一般必然王国的状态。

必然状态与自由状态表达了个体意识活动的主动性程度，但并不表达意识活动的合理性程度。自由状态也会不合理，必然状态也会合理。人类意识活动与社会活动的全部合理性依据都在文化体系表达的伦理中。

社会成员的意志能力对社会环境秩序约束的克服，形式上表达了对社会秩序与社会关系的反抗，本质上则是对社会文化的反抗。社会文化是社会秩序的精神依据，社会文化又是人类价值结构的塑造依据，也是意志能力的评价依据。

第四十三章　自由与道德的对立

160. 道德精神活动在价值权衡中实现精神自由

人类通过精神环境与其中的意识活动实现在物质环境中的生存。人类依据意识活动决定生存行为的方式。理解人类精神环境与意识活动就是理解人类全部生存活动的依据，也是理解人类全部行为选择与行为方式的依据。

人类依据精神环境中的观念结构表达自己对物质生存环境秩序的理解。人类通过精神环境中的价值结构表达自己与社会生存环境的关系，也表达自己适应与利用社会环境的方式。伦理是人类社会文化表达公共观念的基本结构。伦理价值表达了人类群体对社会秩序的公共化理解与公共化需求。

人类通过精神环境中追求的审美欲望实现对自己精神环境秩序的构建与维护，也实现对价值结构的构建与维护。审美欲望是人类的精神欲望，社会欲望是人类的物质欲望。精神欲望的价值展开直接驱动了意识活动，物质欲望的价值展开在间接驱动意识活动的同时也直接驱动了社会活动。审美欲望对价值活动的引导与约束，使得价值活动构建的动机结构服从与维护了观念空间中价值结构的完整与完美，进而引导社会行为服从了观念结构中的伦理价值，这就形成了道德精神活动。

所谓道德精神活动，就是通过在价值活动中的审美追求形成了对个体价值判断的引导与约束，进而实现了对观念空间中的伦理价值服从与皈依的结果。这种对价值判断的引导与约束就间接实现了对社会行为方式的引导与约束。道德精神活动的形成出于人类对价值活动中的审美追求，出于在动机构建过程中的审美价值实现。

道德精神活动在人类的价值选择中加入了审美追求，也就是加入了审美价值对一般价值选择的约束，这种约束降低了动机中的行为空间自由度，却提供了更为有序的动机结构形态，这种有序就是对价值结构的服从与对伦理价值的服从。道德精神活动使得个体的行为动机处于伦理结构的统辖之内，使得个体的社会行为方式服从了主流文化表达的伦理。道德精神活动由此而具备了维护社会秩序的功能。

人类在环境中的行为选择空间构成了人类行为的选择自由度与行为的自由。人类在观念空间中的意识活动选择空间构成了人类的意识能量运动自由度与精神自由。人类在社会环境中的社会行为选择空间构成了人类社会行为的选择自由度与社会自由。审美欲望在观念空间中的展开构成的审美价值，就是人类意识活动的内在动因，也是人类的精神追求与精神自由的内在依据。物质欲望在观念空间中展开构成的物质价值就是人类意识活动的外在动因，也是人类物质追求与精神自由的外在依据。

人类的精神环境秩序提供了超越生存环境需求的意识能量的运动空间与意识活动的行为可能性，也就是为人类提供了精神自由。人类精神自由来自观念空间中的超验秩序对人类物质经验的超越，人类的社会自由来自观念空间中社会秩序对人类社会行为方式的超越。

人类依据审美价值与社会价值驱动的全部生存行为的选择空间，都在审美价值与伦理价值的引导与约束之内。审美价值与伦理价值构成的价值空间就是人类行为的自由空间。超越了这个观念空间的行为方式不会形成自由的感受。人类的行为自由来自这个观念空间对生存行为方式的超越。人类的全部行为自由都在由内在审美价值与外在社会价值构成的价值结构空间之内。

价值结构的空间提供了人类行为自由的边界。这个边界为人类的行为自由提供了两种约束，一个是由经验价值与伦理价值表达的外在社会秩序约束，另一个是由审美价值表达的内在约束。人类通过对这两种约束的服从与协调，实现自己生存行为的相对自由。这两种约束的交集共同提供了人类的行为可能性空间。在每一种约束的独立空间中，人类都可以获得更广泛的行为自由，两种约束的交集形成的共同约束则压缩了行为的自由空间。

个体的价值结构首先依据生存行为的经验观念构成，也首先在生存经验价值中追求生存行为的自由空间。文化环境为人类提供的公共价值则进一步约束了个体的价值选择空间，这就是文明提供的社会环境秩序约束。人类文明化的生存方式就是必然受到社会秩序约束的生存方式，也就是必然压缩了仅仅由生存经验构成的价值结构的行为选择空间的生存方式。

复杂多样的社会文化环境向个体观念空间中灌输了复杂多样的伦理价值，它们为个体提供了更为严格的行为约束。但伦理价值的超验形态又远离了个体的经验价值，从而使得这种约束虚幻化与抽象化。伦理价值中丰富的超验价值常常会拓展经验价值的安置空间，这使得个体在价值活动中并不会处处遵从伦理价值。伦理价值在观念空间的存在，也就常常因此被悬空。悬空的伦理价值并不会直接形成对经验价值空间的约束，反而会开拓出新的经验价值空间。这就是人类在文化环境中并不会直接感受伦理价值对生存行为的直接约束的原因。

完美的文化环境为个体精神环境提供的伦理具有内在统一的秩序结构。当个体在价值活动中具有明确的审美追求时，就会追求对完美伦理价值的统一结构的服从，他们由此而进入了道德精神活动的状态中，这种状态也为他们提供了最严格的价值结构约束。道德精神约束是人类行为自由中的最高约束，也是保证社会成员对伦理价值的最透彻服从。

人类生存行为的最大自由空间在直接简单追求社会经验价值的动机之中，这是人类的第一自由空间。这种行为目标来自在社会环境中直接实现物质欲望的行为经验，这也就构成了人类追求基本社会物质欲望实现的价值目标空间，这也表达了人类的人本化生存价值空间。在能够自由实现这种简单经验价值的社会环境中，社会成员的行为方式又会进一步服从社会习俗与法律规范，这就构成了人类的第二自由空间。这个自由空间就是习俗与法律工具对基本物质价值空间的规范与压缩结果。人类依据文化修养形成的道德精神活动又会让他们更进一步地服从伦理价值，这就构成了人类的第三自由空间。这个自由空间就是道德精神价值对习俗价值空间与法律价值空间的压缩结果。

这三个自由空间具有逐渐缩小的嵌套结构。人类在这三个自由空间中逐渐压缩了自己的生存行为自由度，也就是人类生存行为方式的逐渐文明化。

人类通过对社会秩序的直接尊崇与服从压缩了自己基本物质欲望实现的行为自由空间，并由此将自己自然的生存方式改造成文明的生存方式。这种生存方式的基本形态由不同的社会习俗与社会法律来表达。当个体具有强烈的审美追求时，就会在价值活动中明确地追求对完美统一的价值结构的服从，也就会依据观念空间中的伦理价值进一步压缩了自己的行为方式的自由空间，这就是在实现审美价值的同时进一步压缩了自己社会行为的自由度。这就将人类自在的生存方式改造成为自觉的生存方式。

人类在生存行为中对三个嵌套的价值约束空间的逐渐深入的服从，就是人类在价值活动中对价值目标追求的综合权衡的结果，也是在价值判断中逐渐严格化地压缩了价值判断空间的结果。人类对直接生存经验价值的追求来自对社会环境中的基本生存行为方式实现条件的权衡结果，这种价值权衡压缩了人类的基本物质价值的目标空间，让人类的动物化行为社会环境化。人类对社会秩序的习俗服从与法律服从，则来自他们对习俗价值与法律约束价值的权衡结果，这种价值权衡压缩了人类的社会行为方式选择空间，让他们的社会行为习俗化与法律规范化，实现了他们社会行为方式的文明化。人类对道德精神的服从则来自他们社会行为选择中对审美价值约束的权衡结果，这种约束让人类的生存行为中的价值追求具有精神环境中的完美化与超验秩序化，实现了他们社会行为方式的道德化。

人类对自己社会生存行为在三种自由空间中的逐渐压缩，并非是对特定行为方式的完全排除，而是对不同行为方式间的价值关系的权衡结果，这种权衡来自对价值实现与价值付出关系的比较结果。因此，在社会成员对社会环境的习俗服从与法律服从中仍然会蕴含了对直接经验价值的追求，人类的习俗化与法律化的行为中仍然会蕴含了合理的人本化行为。习俗工具与法律工具仅仅是特殊行为的约束之网，网必有漏洞。在人类被习俗与法律规范后的行为中仍然蕴含了超越习俗约束与超越法律约束的合理的反习俗与合理的不守法行为，这就是他们在习俗中的自由与法律中的自由。

人类在道德精神的追求中也仍然蕴含了对一般社会价值的追求与一般经验价值的追求，这就是在人类的道德精神成果中仍然会蕴含价值权衡中被保留下来的超越了伦理价值规范的社会行为方式，只要这种行为方式通过了道德精神活动中对审美价值追求的权衡。因此，道德精神工具也是网，只不过是最为细密的网。在人类最严格的文明化行为方式中，也就是在人类道德精神活动形成的社会行为方式中，社会成员虽然可以表现出明确的道德精神状态与道德行为结果，但在这种状态与结果中仍然会蕴含了对一般经验价值与对一般社会秩序价值的权衡性追求保留。任何道德精神的行为结果都是对经验价值与社会秩序价值的权衡结果，都不会是纯粹直接的伦理服从。在人类的社会行为中从来就没有纯粹的道德精神行为。

人类文化中表达的全部纯粹化的道德行为方式都是来自文化活动的抽象塑造的结果，都不是人类真实的价值选择结果，都是人类文化对道德行为的表达形态，都不是人类真实的道德行为形态。在任何高尚的道德行为中都会蕴含普通的欲望目标。现代中国人对某些道德楷模行为方式的描述，就是常常高度虚幻化与抽象化的，因此也就常常是失真的。这种失真带来的文化表达的超验与纯粹，但也形成了对真实行为表达的虚假。在不明白这一点的道德行为宣传活动中，以为追求表达的超验与纯粹就可以拔高宣传对象而获得最好的宣传效果，但这种拔高带来的虚假则恰恰适得其反。例如，作为在伟大的新文化运动中追求新道德旗手的鲁迅先生，其真实的生活方式也并非是处处板起脸来与对手战斗的规范化的行为方式，也是充满了幽默戏谑与童趣的。宣传他抽象的战斗行为虽然高大上了，但并不会增加感染力，表达了他不拘小节的幽默童趣看似降低了他的道德精神高度，但却会增加感染力。任何观念交流的感染力都不在超验的抽象理性道理中，而在现实经验的感性感受中。

没有绝对纯粹的道德行为也就没有真实的道德虚伪。任何道德行为的不纯粹，也就决定了任何道德行为中都蕴含了文化表达的虚伪。用文化表达的道德纯粹来评价真实的道德行为，就永远会遇到道德虚伪。

人类的生存行为依据在观念空间中的价值结构中。人类精神环境中的价值活动，就是人类意识活动驱动社会活动的价值转换枢纽。人类的任何价值活动都不可能纯粹，在任何价值活动中也都会融入审美价值的追求，也都会具有一些道德精神的内涵，就像在任何道德精神的行为结果中也都会蕴含非伦理的行为内涵一样。在任何善行中都可能隐藏恶意，在任何恶行中都可能蕴含善心。这就是人类行为的常态，也是理解人类行为与人类心理的基本逻辑。

个体的审美价值追求形成了对其价值活动的约束与规范，也形成了他在社会环境中行为方式选择空间的约束，这就是形成了道德约束与道德不自由。

这种约束的程度由他们在价值活动中追求审美价值的强烈程度来决定。不同的道德精神约束程度也就在不同的社会行为方式中注入了不同深度的道德精神内涵与伦理内涵，也就形成了他们不同程度的道德行为成果。

例如，在中国信仰佛教的出家人，之所以愿意自觉接受对生活方式最严格的行为约束，就来自他们对精神环境中审美价值的最强烈的追求，就来自这种追求中实现的强烈的审美满足。当他们深刻地生活在对佛教伦理的审美满足中时，他们简单与粗陋的物质生活方式则是为了获得强烈审美满足的必要价值付出，他们不食人间烟火的生活就是他们价值权衡的结果。他们之所以能够如此醉心于这种精神追求，大都来自他们特殊的社会经历形成的精神困顿。

例如，在人类不同文明的历史中，都会有某些社会成员为了实现对信仰的追求而可以忍受超人的痛苦甚至牺牲生命，这也是他们在深刻的价值追求中的价值权衡结果。他们牺牲了正常的社会生活，甚至牺牲了自己的生命，但却获得了他们追求的信仰审美的精神满足，对这种精神满足实现的权衡结果甚至可以忽略他们的生存欲望。只有当他们的价值权衡方式发生了改变，他们才会改变自己的信仰追求方式。

在人类的价值活动中，强烈的审美价值追求形成了强烈的道德精神活动状态，也会形成强烈的道德行为追求与强烈的社会行为约束。不太强烈的审美价值追求，形成了不太强烈的道德精神活动状态，也就形成了不太强烈的道德行为追求与不太强烈的社会行为约束。这是在人类价值活动中对审美价值的追求与对其他社会价值的追求之间的普遍权衡状态。这个状态形成了人类道德精神活动在伦理价值与非伦理经验价值之间的普遍权衡，在这种权衡中形成的行为动机，就会在社会行为中在追求道德价值的同时也会兼顾非道德价值的实现。这种状态也就决定了任何道德行为中都可能蕴含了非道德行为。

因此，对于审美价值追求并不十分强烈的普通社会成员，在他们的道德精神活动形成的道德行为方式中，也大多是蕴含了复杂的非道德行为目标的权衡结果。在他们的价值活动的价值权衡中，如果维护道德精神状态的审美价值低于了由此而放弃的其他非伦理的社会价值，他们就会放弃一些对道德精神的追求，以减少对这些非伦理价值的行为约束，并实现审美价值与非伦理价值的重新平衡。反之，如果在他们的价值活动的价值权衡中，维护道德精神状态的审美价值高于了由此而约束的其他非伦理价值，他就会放弃一些对这些社会价值的追求来更好地实现审美价值，这仍然是审美价值与非伦理价值权衡的结果。

在社会成员社会活动中的道德精神行为都是他们审美价值的追求与一般社会价值追求的权衡的结果。社会成员绝对地将道德精神形成的价值追求置于一切生存价值之上的价值选择并不常见，只有这种状态中的价值选择才会形成不顾一切地追求道德价值的决绝行为，但这种社会行为方式是非常特殊与非常稀少的。也因此，社会文化环境就会对这种绝对的与纯粹的道德行为形成高尚的甚至辉煌的评价，具有这种行为的个体就会被称为道德楷模。为了美好的精神理想义无反顾地牺牲自己生命的价值选择就是这样的道德精神状态。

161. 道德规范的社会约束形成社会不自由

人类维护社会秩序的权力活动为了简化与高效，就会绕过复杂的道德精神活动过程，将符合社会秩序要求的伦理价值在道德精神活动中形成的社会行为方式，直接树立为社会成员的社会行为标准，并推行与维护这种行为标准，这就构成了道德规范。

依据道德精神的社会行为来自社会成员的审美价值追求对价值活动的伦理化规范，依据道德规范的社会行为则来自社会成员对社会秩序的直接与间接服从，直接服从来自社会权力的强制，间接服从来自权力提供的利益引导与利益交易。道德精神行为与道德规范行为共同构成了道德行为。

社会成员对道德规范的服从与遵守也可以来自他们的道德精神活动，但主要来自权力的推崇与引导。大多数社会成员对道德规范的服从与遵守主要来自对社会权力提供的其他社会利益的追求，主要来自他们对服从道德规范与追求其他社会利益的权衡。

只有来自或者主要来自道德精神活动成果的道德行为才是自觉的道德

行为。在自觉的道德行为中社会成员不会因为服从了道德规范而感到社会行为的不自由。在不自觉的道德行为中他们常常会感受到不自由。

自觉的道德行为依据精神追求或审美追求实现，这种道德行为直接约束了价值活动的自由空间。只有具备了高度理性能力的个体才会感受到这种约束，也才会感受到精神的不自由。在一般情况下，个体在自觉的道德行为中不会感受到精神的不自由。

由社会权力活动的推崇而实现的道德规范行为，就是维护社会秩序的权力活动对社会成员价值选择空间的直接与间接限制，这也就是通过权力活动直接限制了他们的社会行为自由度。当社会成员不能理解这种引导与限制时就会感受到不自由。当他们理解了社会秩序的引导与限制，特别是将这种理解转变为自己的伦理认知以后，他们也就不会明确感受到不自由。这时，他们服从道德规范的行为也就具有了不同程度的自觉性。这就是道德规范向道德精神的转移，也是道德规范可以塑造道德精神的依据。

只有当社会权力推崇的道德规范与社会主流文化中的伦理结构相一致时，只有道德规范具有明确透彻的伦理依据时，社会成员对道德规范的服从才容易具有自觉性，社会权力对道德规范的推崇也才会逐渐塑造出道德精神的结果。反之，如果道德规范的行为推崇不能在社会主流文化的伦理中得到表达与传播，如果表达道德规范的伦理价值不能明确透彻，对这种行为的权力推崇就难以进一步道德精神化，也就只能继续通过其他利益的输送来实现。这种道德规范的实现方式也就始终会依附于社会权力活动。

例如，在新中国成立初期，当学雷锋的道德规范推崇运动与社会主流文化所灌输的伦理价值相一致时，在这个运动中就可以出现较多的自觉行为，也会由此而塑造出较多的道德精神楷模。"文革"以后的中国社会主流文化的迅速转型，开始将主流伦理改造为西方化的自由主义价值体系。这时再推崇学雷锋，就只能依赖权力的表彰与奖励了。

例如，如果不能在主流文化中塑造出吸烟是一种低俗的不良行为的伦理价值，甚至在文化中还在宣扬吸烟行为的高尚与时髦，禁烟就很难成为明确有效的道德规范，限制吸烟就只能高成本地依赖行政强制利益诱导。

依据社会成员的服从方式，可以将道德规范分为广义道德规范行为与狭义道德规范行为。前者包含了道德精神活动的成果，后者仅仅依据社会权力的推崇。

如果狭义道德规范的行为限制非常明确，而由此获得的利益输送并不明确，就不太容易得到社会成员的遵守。例如在举手之劳的公交让座之类的道德规范中，如果在某些社会成员的心目中仍然缺乏明确的伦理价值意义，如果没有社会权力的强制，他们就不屑于服从。只有能够被广泛伦理化的道德规范，才容易具备道德精神内涵而转变为广义道德规范，也就容易被社会成员自觉遵守。

在稳定的社会秩序状态中，社会主流伦理价值可以在文化活动中得到有效的表达与传播，社会成员也就容易自觉遵守道德规范，并容易在服从道德规范中逐渐形成道德精神能力。社会权力推崇道德规范的目标也就很容易实现，道德规范的推行成本就很低。

在不稳定的社会秩序状态中，或者社会文化的结构与活动方式出现了偏差，对主流伦理价值的表达与塑造就会异化。这时，社会成员对道德规范的服从也就会更多地依赖权力的利益输送或权力的强制，也难以将道德规范转化为道德精神能力。道德规范的推行就会具有很高的社会成本。

在社会秩序的剧烈转型或突变状态中，出现了社会主流伦理的瓦解或解构，社会成员追求道德精神的文化环境丧失，他们服从道德规范的自觉性也会消失，这就会出现道德的瓦解与崩溃。这时的道德规范推行活动也就需要更为强大的利益输送与权力强制，社会秩序的维护成本就会迅速增高。例如当代中国到处泛滥的违反道德规范的社会行为方式，例如今天中国常常被广泛传播的各种令人愤慨的奇葩行为，例如今天高居不下的维稳成本，都是如此而生。过分依赖行政强制的道德规范，也就会完全脱离其道德精神依据而被权力所异化。

在社会权力对道德规范的推崇方式中，如果提供了社会身份或社会地位的标识利益，让道德规范的服从者获得社会地位价值的满足，就是一种低权力成本的道德规范推行方式。这种方式在人类文明中具有悠久的历史。

进入文明以后的人类社会环境，形成了对社会成员的组织化安置，每一个社会成员都处于一定的社会秩序的位置中。这种秩序位置的文化表达就是社会地位。社会成员处于不同社会地位的高度中，就会具有不同的社会秩序影响环境与不同的社会利益获取条件。这也就表达了人类社会环境中社会成员生存方式的绝对不平等。

任何社会成员都会具有追求更高社会地位的价值需求。这是人类物质价值中最高层次的广义权力欲望或自我实现欲望的社会价值化形态或条件价值形态。

所谓社会地位价值，就是社会成员处于特定社会结构中的位置所具有的环境功能。这种价值来自人类自我实现欲望的追求，也来自社会秩序结构的不同位置提供的不同价值实现条件。前者主要表现抽象的价值追求，后者则表现为具体的价值追求。在传统文化中常常将前者看成是精神追求，这是肤浅理解与无法理性安置自我实现欲望的结果。

人类的自我实现价值仍然是对社会环境的需求，仍然属于物质价值。各种附庸风雅与追求时髦的社会行为，看似表达了一些审美价值的追求，但其核心目标仍然是对社会地位的追求。其中蕴含的审美价值只是实现这种追求的精神工具与表达这种追求的文化包装。

社会文化环境对具有较高社会地位的社会成员的彰显，就表达为他们具备了名望。所谓名望，就是社会成员具备的优越社会地位的公共化认可与文化表达。

社会权力将较高的社会地位授予具备优秀道德行为的社会成员，就是通过赋予名望来推崇道德行为的有效利益拉动，这也是一种最高效的道德规范方式。这种方式的社会成本常常不会直接来自权力活动成本，而是隐含在其他社会利益的交换中。

　　道德精神活动追求在价值活动中的审美欲望满足，也同时获得了人类意识活动的自由。这种审美追求展开了价值判断的审视空间，让价值判断皈依了完美的伦理结构。这个过程似乎限制了价值判断的自由度，但这种限制常常又被审美空间的拓展所抵消，甚至还能够获得更为开阔的自由空间。只是当个体的价值结构本身比较简陋局限时，只有这种审美追求的结果只是服从了简单的低层次经验伦理时，对道德精神的追求才会形成明确的社会自由限制。在这种情况下，对道德精神的追求也常常就会蜕变为对伦理的直接服从，甚至会退化为对伦理价值的权衡接受。

　　当个体的价值结构比较完美时，当这种价值结构中充满了高层次的超验伦理价值时，他对道德精神活动的追求就会通过在审美价值空间中展开了超验伦理价值的行为可能性空间，也就会使个体的价值活动超越了经验价值的束缚而获得了更开阔的空间。这时他就不会感受到道德精神结果形成约束的不自由。

　　在人类一般的道德行为中，大都会表现出对行为自由空间的压缩与限制，这就表现出道德与自由之间的一般对立。只有在广博深刻的审美价值追求中实现了对超验伦理的服从，才可以达到在道德精神活动中拓展行为自由空间结果，也才能具有道德与自由的协调。

　　一般来说，社会成员的价值判断活动如果直接绕开道德规范，将会获得更大的行为自由，而他们在价值判断中服从道德规范则会限制自己的行为自由。只有他们能够在道德精神的追求中获得了审美价值对超验伦理价值中蕴含的行为可能性空间的拓展，才能抵消道德精神服从伦理带来的社会行为自由度限制。如果他们没有这种对价值判断空间的拓展，服从道德规范形成的自由限制就是非常明确的。社会成员对道德规范的直接服从所形成的行为自由的直接限制，就会形成明确的不自由感受。

社会成员无论是在追求审美价值实现的道德精神活动中，还是在直接或间接地服从道德规范的行为中，在社会行为的空间自由度中都是受到了限制，这种限制是绝对的。这种限制的唯一目的就是维护合理的社会秩序。道德精神与道德行为之所以成为维护社会秩序的基本工具就是具有了这种功能。

　　这种道德行为对社会行为自由的限制，则可以通过拓展精神自由来得到补偿与削弱。这种补偿如果足够充分，就会消除社会成员的不自由感受，甚至可以获得新的自由感受。因此，只有具备高度文化修养可以达到较高道德精神境界的社会成员，才能在道德行为中感受到自由。对于一般社会成员来说则难以有这种感受。过分夸大这种感受的普及反而会形成对虚伪道德精神的彰显。

　　例如，曾经风靡中国的学雷锋运动，就是传播道德精神与推行道德规范的群众运动。雷锋个人的行为方式的依据，就是他独特的道德精神追求的成果。在学雷锋运动中其他社会成员对雷锋行为方式的直接模仿，就只能是服从道德规范的行为。只有很少的人才能达到理解与模仿雷锋道德精神活动内涵的境界。大多数人的学雷锋活动，只能是对权力推崇的道德规范的服从与追随。当这种服从与追随成为这个运动的主流时，当这个运动逐渐简化了对雷锋伦理价值的表达与传播时，也就会逐渐弱化社会文化活动对雷锋道德精神中的审美价值的理解与阐释，学雷锋的群众运动也就会逐渐变成了依据权力资源所推行与维持的道德规范运动，进而也就会变成了消耗大量社会资源的异化的狭义道德行为。有多大规模的社会利益输送，就会有多大规模的学雷锋人群，有多少表彰与奖励的拉动，才会出现多少学雷锋积极分子。这种道德规范方式的效率不断降低，就是它逐渐被边沿化的原因。这也是现代中国社会文化肤浅理解道德精神与道德行为的结果，这种结果蕴含在现代中国道德哲学的凋敝中。

　　离开了对先进伦理的塑造与传播，单纯依靠权力的利益输送来强行推行道德规范，既是对道德精神的异化，也是对道德行为的异化。

在人类的文明史中，大规模道德规范的普及与推广从来都是社会权力的利益输送结果。只有在对少数具有深刻主流伦理修养的个体的伦理塑造与审美价值塑造中，才会出现明确的道德精神活动的成果。他们就是社会中的道德精英。这些道德精英具有强大的榜样功能。但对这种榜样功能的普及推广，则难以完全复制他们的精神状态与价值判断方式。人人都可以崇尚和学习道德精英，但不会人人都具有他们的道德精神活动形态。道德精英永远是特殊的少数人，精英行为的普及必然蕴含了精英行为的异化。社会权力塑造普罗大众道德境界的努力，常常会结出虚伪道德的恶果。

　　在中华文明的传统文化中，三纲五常与修齐治平是在知识分子中或读书人中被普及的伦理，但它们的社会实现则仍然主要依靠道德规范。完全依据道德精神活动服从这些伦理的仅仅是少数人，多数服从者虽然具有一些道德精神的动力，但更多的是其他利益的权衡结果。

　　在现代中国推崇雷锋精神的社会化普及，也主要是道德规范的成果，道德精神活动形成的审美境界从来不会成为普及道德规范的主要内涵。在道德规范中出现的部分道德精神活动，虽然并非主导而常常处于补充地位中，但也会补充强化道德规范的效果，也会减低推行道德规范的社会成本。

　　单纯依赖道德精神构成道德行为的道德精英总是少数，具备一些道德精神内涵，并且依据对其他价值的追求而服从道德规范的行为，则是普遍的道德行为构成方式。其中道德精神常常并非主导功能。对于社会行为中常见的并不纯粹依赖道德精神的道德行为，在苛刻的道德文化活动分析中就常常被表达为假道德，就是传统哲学的肤浅所形成的文化误解。

　　单纯依赖道德精神活动形成的道德行为是真道德行为，混入了其他社会价值的利害权衡的道德行为也是真道德行为，完全依据利益输送的道德行为还是真道德行为。他们的区别仅仅是行为依据内涵不同。只有单纯依赖审美欲望的追求而自觉服从伦理的道德精神活动形成的道德行为，才是人类最神圣最纯粹的道德行为，才是人类文明所崇敬所讴歌的道德行为的典范。但其他混入了社会物质利益追求的对道德规范的服从，也属于广义道德行为的内涵。这种被动的道德行为则更为常见，也更为平庸。

例如，在中国传统政治文化中，对官员的执政行为历来就具有明确的廉洁规范与对这种规范的伦理表达，官员的腐败行为违反政治伦理。在今天中国执政党的反腐败活动中，提出了塑造官员们的价值判断中的不敢腐败，不愿腐败与不想腐败的目标，就是对不同层次的道德行为追求方式的表达。不想腐败来自道德精神的自觉，可以完全回避腐败行为。不愿腐败来自道德行为的利益权衡，一旦利益关系改变，还会愿意腐败。不敢腐败则来自对权力强制惩罚的躲避，一旦认为惩罚可以躲避，就会继续冒险。

要将官员塑造出不愿腐败的精神状态，就是要让他们能够具备强大的内在审美追求与通透的政治伦理理解，从而形成明确的道德精神活动能力。这不是简单的政治宣示与知识灌输可以做到的，也不是可以直接培训与学习的。人类的理想信念不是中观层次的知识与技术，而是宏观层次的超验伦理与理性信念。知识可以培训灌输，理想信念无法技术性训练，而是需要他们具有丰富的精神活动能力与强大的审美追求欲望才能得到的结果。这种能力只能来自先天禀赋的激发与从小的精神涵养，只能通过深入内心的文化传播与自我修养才能达到。简单肤浅而不能浸透心灵的一般形式化的伦理灌输则是无能为力的。能够在任何环境中都自觉廉洁的官员从来都是少数。有时这种少数是多数的楷模，有时这种少数的多数中的异类。这就是在任何条件下都能够慎独的少数人，而多数人是只能在良好的社会秩序环境中才能服从道德规范的，还有极少数人是在任何环境中都要违反道德规范的。

那些不愿腐败的官员，则是在外部利益约束中的利害权衡中，选择了不因腐败行为而使自己外在利益的最大化受到损害。对他们来说，通过腐败来获利并不划算。他们的廉洁行为仍然是来自个人利益的深入计算。他们并不会认为腐败行为不可取，而只是认为不划算，他们只是依据利害计算服从了廉洁规范。具有这种理性化人格的官员，就是在良好秩序环境中能够保持廉洁的大多数。

那些不敢腐败的官员，则是因为惧怕腐败行为受到的严厉惩罚而躲避腐败。在他们看来腐败获利是天经地义无可厚非的，他们认为从政就是为了升官和发财，躲避腐败只是规避风险的选择而已。有时在精确的风险评估后他们也会冒险腐败一下，只要收益巨大就是有利可图的风险投资。他们总是在运用自己的聪明与法纪博弈，一旦法纪松弛他们就会铤而走险。他们是任何情况下都会考虑选择腐败行为的少数。

离开了道德精神驱动的道德行为，仍然能够有效地维护社会秩序。扶持与维护这种道德行为仍然是重要的权力目标。当社会成员在权力输送的利益诱导中逐渐将道德规范变成了行为习惯，就会逐渐弱化利益的输送而逐渐降低权力的成本。通过社会文化逐渐将道德规范行为习俗化，就是社会权力活动优化习俗降低秩序维护成本的必要途径。

道德规范向社会习俗的转换就是道德规范的秩序化成果。但这种转换结果并不是必然的，而是复杂的伦理灌输与行为训练的结果，这也是由社会文化环境所提供的重要功能。例如当共产主义伦理被自由资本主义伦理取代时，曾经具备了习俗特征的雷锋式行为也就会被个人主义习俗取代了，个人隐私与个人财产至上，甚至个人欲望至上的伦理，也就取代了国家利益至上与集体利益至上的伦理，习俗的形态也会由此而改变。今天中国社会中见死不救见危不帮的习俗，就是个人主义伦理深入人心的必然结果。在个人利益至上的伦理引导下，面对倒地老人的视而不见就是一种最佳的理性选择。

伦理是社会公共价值的核心结构，也是社会秩序精神依据的核心内涵。社会成员对伦理接受的程度，表达了他们对社会秩序的认可程度，也表达了社会秩序的稳定程度。当大部分社会成员都不认可某些社会伦理时，这种伦理支撑的社会秩序就会出现瓦解的条件。

中国近代社会的秩序瓦解，源自西方工业贸易文明的扰动与西方文化的输入。这种文化输入瓦解了传统伦理，进而也瓦解了传统社会秩序。新中国社会秩序的重构也伴随了对新文化的重构。新权力对共产主义伦理的大力构建，就是在重构新社会的精神依据。"文革"的动荡则来自权力体对新伦理的疑惑。但用暴力革命重构伦理则不会成功。中国特色的黑猫白猫论的功利化伦理，则打开了重新接纳西方伦理的大门。利益的多元化与伦理的功利化，形成了移植工具理性伦理的土壤，也为中国社会的现代化转型带来了社会行为的自由空间。

自由是无序的原因与演化的活力。社会秩序的高度自由提供了秩序重构的良好环境，也必然积累了社会结构差异化的条件。经济结构的高度差异化就是贫富的分化。消除社会不公平状态的唯一途径就是重构新秩序来约束过度的自由。

在社会演化进程中一旦新秩序形成，重构新的文化体系来表达与凝聚这种秩序，就是新秩序获得稳定基础的必须。没有与新秩序相协调的文化的重构与伦理的重构，得不到深刻精神依据的社会秩序转型就不会稳定与持久。

重构完美的文化结构，表达完美的伦理体系，就会形成明确的社会道德依据与强大的道德约束功能。完美的伦理既为道德精神活动提供了方法价值依据，也为社会权力重构道德规范提供了行为方式的精神依据。

任何新秩序的出现，都是对社会无序行为的规范，也都是对社会成员行为自由度的压缩。这种压缩通过伦理价值表达，也通过道德规范表达。

162. 自由与道德的协调与对立

人类在两个环境中生存。人类在生存环境中的行为选择空间就是行为的自由空间。具有行为自由空间的生存方式称为人类的自由状态。

人类的行为自由空间来自环境秩序对人类行为能力的超越，来自精神环境秩序对意识活动能力的超越，来自社会环境秩序对社会行为能力的超越。前者来自人类认识活动的自组织成果，后者来自人类社会活动的自组织成果。

人类的精神环境秩序对人类精神价值或审美价值的超越，提供了人类的精神相对自由空间。这种秩序的超越来自人类意识活动构建的超验秩序。人类的意识活动能量在精神环境空间中的分布永远是局部的，永远不会充满全部空间。这就决定了观念空间对意识活动方式的绝对超越，也决定了人类意识活动的绝对自由。

人类通过社会行为实现物质需求与社会生存。社会环境由人类的社会活动所构建。全部社会成员在社会环境中的全部行为，永远无法完全充满社会环境的全部秩序领域，这就是社会环境秩序对社会成员行为方式的绝对超越。这就为人类提供了社会行为的绝对自由空间。

环境秩序也必然对人类的行为提供约束。只要这种约束没有完全消除人类的行为选择空间，人类就仍然具有行为自由。这就决定了人类行为自由的相对性。人类的行为是环境中的行为，人类的行为自由是环境秩序约束中的自由。

精神环境的观念空间为人类提供了意识活动的环境，也提供了对意识活动的秩序约束，但仍然为意识活动留有自由选择的空间。这是人类精神相对自由的哲学依据。人类的精神不自由则来自意识活动在观念结构中的局部化与狭隘化。当意识能量在观念结构中处于局限分布状态时，当这种分布状态形成了对其运动的具体局限时，就常常会出现意识活动选择的限制，这就形成了人类的精神不自由。

人类的精神环境与意识活动方式构成了意识活动的绝对自由。人类意识活动的具体形态构成了意识活动的相对不自由。

当个体的意识活动能力简陋与狭隘时，就会在实际上广泛的观念空间中进入局部分布与局限的状态中，并形成意识活动选择的不自由。在这种状态中，意识活动本身的状态忽略了观念空间更为开阔的选择空间，将自己局限起来。

人类的精神相对不自由状态，主要来自观念结构的散乱与分裂。这主要来自社会文化环境的影响与塑造。人类通过文化对公共观念的传播塑造了精神环境中的秩序结构，这种塑造可以构成完美的观念结构，也可以构成散乱的观念结构。这由社会成员所处的文化环境决定，也由他们对文化内涵的接受能力与理解能力决定。

　　当他们的意识活动方式超越了社会文化环境塑造的观念结构约束时，就会形成精神的不自由。这来自社会文化环境结构与个体观念结构的不相容。

　　人类的社会自由就是在社会环境中具备了行为的选择空间。人类的社会不自由，则来自他们简陋的社会行为能力与他们的社会环境需求之间的不协调关系形成的狭小的行为选择空间。

　　社会环境为人类提供了实现物质需求的生存环境。社会环境的秩序空间超越了社会成员的物质行为能力空间。这种超越为社会成员提供了绝对的社会自由。

　　社会秩序通过对人类的物质生存行为方式的组织化而构成。社会秩序的功能就是通过对社会成员的行为方式进行引导与约束所构成。这种引导与约束就为社会成员提供了社会行为的相对不自由。

　　社会成员相对的社会自由，来自他们对社会环境的需求与他们所处的社会环境秩序之间的关系的协调性。社会成员依据意识活动形成全部行为动机，通过行为动机的驱动实现社会需求的社会行为。当他们的行为动机结构与他们的社会环境秩序相协调时，他们就会获得较宽泛的社会行为自由。当他们的行为动机与他们社会环境秩序不协调甚至相冲突时，他们在社会环境中的行为空间就会非常狭窄，他们就会感受到明确的社会不自由。

　　由此而感到社会不自由的社会成员，只要改善自己的价值活动能力和行为动机，只要由此而拓展了自己社会行为的可能性空间，就会获得新的社会行为自由度。

人类通过社会权力活动构建与维护社会环境秩序。人类的社会权力活动为社会成员提供了行为规范与行为约束，也必然形成了他们相对的社会不自由。人类的社会秩序与文明环境来自人类的权力活动。社会成员的社会不自由来自人类的权力活动。

　　由社会成员的价值活动结果与社会环境秩序之间的不协调关系形成的社会不自由，就是广义的社会不自由，也是社会不自由的哲学依据。由权力活动形成的社会成员的不自由，就是狭义的社会不自由，就是不自由的权力依据。

　　狭义社会不自由的感受，来自社会成员的行为动机中表达的社会需求超越了社会权力提供的行为规范空间，来自这种超越形成的社会权力约束。广义社会不自由的感受，则来自社会成员精神环境中的价值结构与社会环境秩序不协调，来自这种不协调形成的行为方式选择局限。狭义不自由就是广义不自由在社会秩序的权力约束中的体现。

　　人类文化中流行的自由与不自由的概念，主要表达了狭义的自由与不自由。主要表达了来自社会权力活动的不自由感受。因为这是人类经验观念中的社会行为约束的主要内涵。

　　具有合理的价值结构与意识活动能力的社会成员，其行为动机就可以与其社会环境秩序基本相一致，他们就不会明确感受到社会的不自由。在社会环境处于稳定的秩序状态中时，社会文化环境可以为大多数社会成员塑造出比较合理的价值结构与意识活动能力，大多数社会成员就不会感受到不自由。

　　在社会秩序突变或瓦解的混乱状态中，社会文化活动的功能失效，社会成员的价值结构也就会出现广泛的混乱，他们不自由的感受就会增加。社会秩序恢复以后，社会文化结构在重构以后具备了新的公共观念塑造功能，社会成员的不自由感受就会减弱与消失。

人类个体依据独特的价值需求与独特的自由行为实现自己的社会生存，也同时在改变着社会秩序的形态。人类群体依据自己的权力活动构建与维护社会秩序。社会成员在社会环境中的自由行为，永远处于社会秩序的约束与限制之中。人类的社会环境就在人类的自由与人类的权力的均衡中存在。在社会秩序的演化进程中这个均衡状态的交替变化，也就形成了社会秩序的演化周期。

　　社会秩序与社会自由的均衡关系，也必然会在社会文化中实现相应的表达。人类的社会文化中蕴含了人类对社会秩序的价值追求，也蕴含了人类对自由行为的价值追求。在完美合理的文化体系中，秩序价值与自由价值具有和谐的均衡状态。在不完美的文化体系中，这种和谐状态就会失衡，要么过度诟病社会秩序与社会权力，将它们贬低为集权与专制，要么过度诟病社会自由与社会无序，将它们贬低为混乱与罪恶。要么过度赞扬秩序与权力，将它们崇拜为规范与法治，要么过度赞扬自由与无序，将它们崇拜为自由与平等。

　　追求社会文化形态的优化与追求社会秩序形态的优化，从来都是人类追求完美社会秩序的方式，也从来都是追求社会成员行为自由的方式。前者是人类文化活动的基本目标，后者是人类权力活动的基本目标。

　　社会秩序在为人类提供了更为有效的生存环境的同时，也必然压缩了人类的行为空间。这种压缩是对社会成员行为方式约束与规范的结果。这种压缩的唯一目的就是实现社会群体的公共价值与环境功能，就是实现人类群体的文明化生存。

　　个体利益的实现来自个体在社会环境中的自由行为。群体公共利益的实现来自社会秩序对个体行为的约束与限制，来自由此而形成的群体公共行为的环境功能实现。群体环境功能的实现就是个体社会行为不自由的普遍原因。人类的社会不自由就是社会秩序的功能结果，就是人类文明化生存的结果。

人类文明的演化进程，就是人类追求群体化的生存方式对社会成员的行为自由的约束方式的演化进程，就是这种约束方式不断由散乱粗糙甚至暴力残酷向精美细致与文明和人性化的演化进程。秩序对自由的约束是人类文明的依据。社会秩序的演化永远不会消除这种约束，只能不断改善这种约束。

人类文明的演化，就是在不断增加社会秩序的复杂性与有效性的同时，不断改善社会秩序对社会成员的行为限制的方式，不断在社会秩序的强化中实现与社会成员的行为自由相均衡与相和谐。合理的社会秩序形态，既不单纯是强大而有效的秩序，也不单纯是充分的无序与自由，而是秩序与自由的合理均衡。

人类对社会秩序的构建与维护活动，也就是人类的社会权力活动。权力活动就是人类文明的主要内涵与成果。人类权力活动的工具，就是引导与约束社会成员的社会行为自由空间的技术方法。道德工具是人类权力活动的基本方法之一，其中包括了道德精神与道德规范，以及由它们形成的道德行为。

伦理是表达公共观念的文化体系中的基本结构。伦理通过文化的灌输形成了对社会成员观念结构的塑造与约束，伦理也是人类社会权力构建与维护社会秩序的精神依据。观念空间中的伦理结构就是超验秩序为人类社会行为自由提供的逻辑空间。

伦理是塑造社会成员精神环境秩序的依据，也是规范社会成员行为方式的依据。伦理通过权力工具实现其社会秩序的维护功能。伦理是道德工具的直接依据，伦理是习俗工具与法律工具的间接依据。道德工具是习俗工具与法律工具的精神基础。

道德工具的功能，就是依据人类在价值活动中对审美欲望的追求实现对伦理价值的服从和对社会秩序的维护，并进而将符合社会秩序的道德行为通过权力直接实现规范化。道德精神活动约束了社会成员的意识活动自由，道德规范的推行约束了社会成员的社会活动自由。道德因此而与人类社会行为的自由相对立，道德是对自由的限制。人类的社会生存行为处于道德与自由的均衡之中。人类追求社会自由必然瓦解道德，人类追求道德精神与道德规范必然限制自由。

人类维护社会秩序的道德追求必然与社会成员的行为自由追求相对立。对这种对立与冲突的不能理解，就形成了文化中坚守自由反对道德的观念，也形成了坚守道德压缩自由的观念。这是文化局限的表现与哲学肤浅的结果。

承载了人类文明的社会存在方式就是社会在与社会无序的均衡。道德与自由的对立来自社会秩序与社会自由的对立。道德与自由在人类合理的社会行为方式中相对存在。道德与自由的冲突是人类社会行为混乱与冲突的基本原因，道德与自由的协调是人类社会行为和谐与社会生活安宁的条件。

在个体的观念空间中，伦理观念是对观念结构的引导与约束。伦理观念的总和表达了人类精神环境中社会环境秩序的基本形态，也表达了观念空间中的基本秩序形态。这是通过伦理观念对超验秩序的引导与约束形成的。

观念空间中经验观念的总和表达了观念空间中的无序形态。引导了超验观念结构的伦理观念与经验观念的对立，就是人类精神环境中的秩序与自由的对立。伦理观念结构与经验观念结构间的冲突是个体意识活动困顿与焦虑的基本原因，伦理结构与经验结构的和谐则是个体精神安宁的依据，也是合理的精神环境状态。

片面地强调与强化伦理在精神环境中的地位与功能，会泯灭人类的精神自由。片面地强调与强化自由经验观念在精神环境中的绝对意义，则会忽略与否定人类公共价值的地位与功能，进而否定社会秩序的精神依据。

这两种片面性曾经构成了片面的哲学思想体系，并进而形成了狭隘的公共观念与文化结构。例如中华哲学的体系与近代欧洲的存在主义哲学体系。例如东方社会的主张群体利益至上的文化与西方社会的主张个人主义至上的文化。

人类的道德精神活动来自对审美价值的追求。纯粹的道德精神活动不会产生不自由的感受，由此而形成的道德行为也是自由的。具有纯粹道德精神状态的人也是具有精神自由与社会自由的人。

当社会成员的道德精神活动中加入了社会权力推崇的道德规范因素以后，他们就会感受到精神的不自由。当社会成员对道德规范的服从中加入了对其他价值的权衡，他们就会感受到社会的不自由。

完全依据道德规范来约束自己行为的社会成员就会明确地感受到道德的不自由。因为他们的价值选择与行为选择已经失去了自己的精神依据，已经完全被外在规范的简单化的行为方式所约束起来了。

例如，对于少数不想腐败的官员才是出于道德精神的约束而保持了精神自由的选择。对于大多数不敢腐败的官员来说，他们的腐败欲望被外在规范强迫地限制了，在他们不得已的行为选择中就会感受到明确的不自由。

只有少数完全依赖道德精神活动实现自己道德行为的人，才会感受到充分的社会自由。在中国传统文化中推崇的形如日月的君子之行，就是这种状态。但纯粹的君子行为也仍然是少数人的行为。

虽然在一般社会成员的道德行为中都会感到相对的不自由，但在比较和谐的社会环境秩序与比较完美的文化环境中，这种不自由的感受不会很强烈，也不会很明显，道德行为也就能够被大多数社会成员所接受。

社会秩序的和谐与文化结构的合理，来自社会秩序的合理，也必然会形成社会成员对这种合理秩序的接受与服从。这就会明确降低维护社会秩序的难度与成本。例如社会成员对法律的理解与接受就是优良的执法环境，社会成员对法律的不理解与不接受就是困难的执法环境。

人类对可理解的秩序约束的自觉服从，是人类文明的特征，也是社会秩序稳定与有效的保证，更是社会秩序和谐与完美的标志。社会秩序虽然限制了社会成员的行为自由空间，但却为社会成员构成了更为合理的生存环境。对这种生存环境的追求就是他们接受秩序约束的条件。

人类文明得以建立与发展的重要条件，就是能够将文明所必需的不自由，转化为社会成员理解与接受的不自由。这种对秩序约束的理解与接受，就来自社会文化活动的伦理灌输，就来自伦理对社会成员的价值塑造。

例如，人类文明中最辉煌的文化成就，就是一神宗教曾经被广泛地信仰与接受。直到今天，信仰一神宗教仍然是人类大部分个体的精神追求与文化皈依。在这种文化环境塑造的普遍信仰中，为社会成员塑造了特定的价值结构与一定的道德精神能力，其中也必然蕴含了明确的社会行为选择的限制。但由于这种限制是来自信仰形成的特定意识活动状态对宗教规范的盲目服与服从，就并不会让皈依宗教的社会成员感受到明确的社会不自由。只有当宗教文化瓦解与宗教伦理失去社会成员的信仰，他们才会感受到不合理的伦理约束形成的不自由。在欧洲社会的现代化演化进程中，通过瓦解宗教文化而形成了工业贸易文明的现代社会秩序，也就必然将追求自由作为现代社会的基本伦理，他们将这种伦理的极端化放大，就形成了现代西方文化的基本局限性。因为人类文明赖以确立的社会秩序在这种文化中几乎失去了地位。

社会成员对伦理的自觉服从就不会有不自由的感受。社会成员对伦理的不自觉服从必然会有不自由的感受。宗教文化的信众们通过对宗教伦理的理解与接受就会弱化这种不自由的感受，宗教伦理甚至还会为他们拓展出新的精神活动空间。面对社会权力直接推崇的难以理解的道德规范，社会成员就会形成受到权力约束的明确不自由。人们在对宗教观念的皈依与修行中获得的精神解放与精神自由，就是通过修行实现对伦理的理解与接受。

当社会文化中出现了对主流宗教文化观念的异化时，人们对宗教观念的理解就会被弱化，宗教伦理形成的道德精神功能也会被弱化，人们对宗教规范形成的不自由感受也就会加强。这种不自由感受的强化与普遍化，就是宗教文化瓦解的基本原因。

在中国传统社会的瓦解过程中，也经历了传统文化与传统伦理的失效与瓦解的过程。这个过程使得原来处于和谐中的文化环境与社会秩序环境中的社会成员，特别是曾经理解这种文化环境的知识分子们，失去了对传统伦理的接受与信仰，他们也就开始感受到了精神的不自由与社会的不自由，他们对自由的追求也就形成了改变传统文化形态与改变传统社会环境秩序的强大变革力量。中国社会现代革命运动的社会基础力量，今天中国执政党的初始发起人群，就是由这样的知识分子构成的。

在人类的文明中，道德与自由的和谐来自社会文化的完美与社会秩序的合理。完美的社会文化表达了与社会成员的个人价值结构相协调的公共价值，并依据伦理价值塑造了社会成员合理的价值结构。由完美文化与合理社会秩序环境形成的伦理价值与个体价值的一致性，构成了社会成员对道德规范的理解与服从，进而构成了他们实现道德精神追求的条件。这也就最大限度地弱化了社会秩序为社会成员带来的社会不自由感受。

不完美的社会文化环境与不合理的社会秩序，会形成社会成员精神环境中伦理的混乱和伦理与经验的对立，也就常常会形成道德与自由的冲突。不完美的社会文化表达了混乱的公共价值甚至冲突的伦理，也就塑造了社会成员混乱的价值结构与冲突的道德规范依据，这就常常形成社会成员的个体价值结构与社会环境秩序之间的冲突。这种冲突就必然形成他们对伦理价值的难以理解与接受，也必然会形成他们的不自由感受。

一个极端的例子就是，具有犯罪倾向的社会成员的价值结构必然是与主流伦理结构高度冲突的，他们对自由行为的追求只能通过违反社会秩序的犯罪行为来实现。他们具有犯罪倾向的价值结构看似来自个人的经验，但也一定是被某种伦理所塑造的结果。社会的文明来自伦理的塑造，反社会的价值观也来自伦理的塑造。

人类社会的任何不和谐与不合理的社会秩序状态，并不是简单地出于自由不足或秩序不足的结果，而是由于不合理的社会文化结构表达的社会秩序目标与社会成员的公共环境需求相冲突的结果，而是由于不合理的文化中表达的伦理对社会成员观念结构的不合理塑造的结果。这种结果常常会形成社会秩序与个人自由的明确冲突。

人类社会的历史也常常表明，在一些秩序与自由处于不良均衡状态的社会环境中，社会成员的不自由感受并不一定很强烈。在一些已经具有比较充沛的自由行为空间的社会秩序状态中，社会成员则仍然会强烈地感受到不自由。社会成员的自由感受并不会直接来自社会秩序与社会自由的均衡状态，他们的自由感受并不是这种均衡状态的合理性的依据。

和谐的社会秩序状态，并不一定是社会环境高度有序化与社会成员高度不自由的状态，也不是社会环境充分的无序化与社会成员的高度自由化的状态，而是在合理的社会秩序中形成的对社会行为不自由约束的和谐均衡。在这种均衡中，社会环境中蕴含的合理无序为社会成员提供了合理的自由空间，社会环境中蕴含的秩序为社会成员提供了充分的公共利益功能。

这种均衡的合理性的唯一标准，就是依据这个秩序的文明在其自然环境与社会环境中实现了合理的历史延续与合理的生存，其中包含了当下生存需求的合理实现与长远生存的可持续性。任何人类优秀文明的合理标准，并不仅仅是其中的秩序强度与社会行为自由的协调性，也不仅仅是其社会成员的公共利益与行为自由的广泛实现，更重要的是这种均衡状态为社会秩序提供了合理的演化状态，并在这种演化中实现了这个文明的长期稳定存在。环境秩序长期稳定存在的结果，就是其秩序的根本合理性证明。"存在即合理"具有最广泛的哲学真理性。

一个长期稳定存在的文明，必然是其内部秩序与自由的均衡形态与其外部生存环境相适应的文明，也必然是其秩序对社会成员行为自由的约束方式与其外部生存环境相适应的文明，还必然是其文化环境提供的伦理对社会成员价值结构的塑造成果与其外部生存环境相适应的文明，更是其社会权力活动维护社会秩序的方式与强度与其外部生存环境相一致的文明。

人类任何文明的形态都不会是稳定不变的形态，它们总是处于其内部秩序的演化与外部环境变化的协调过程中的演化状态中。社会权力体在维护既有社会秩序的权力活动中必然要不断改变自己的社会秩序与社会自由的均衡状态与均衡方式，并在这种改变中维持自己文明的合理与稳定演化进程。人类的每一种文明都会具备不同程度的社会秩序与社会自由均衡状态的合理性，这就是它们能够稳定存在并被称为文明的全部依据。在人类历史上，每一个能够长期存在的文明都必然具有这种依据的明确形态，每一个短命的文明也大都会因为这种依据的不明确。这种依据就由他们的文化表达。

社会文化演化的滞后，形成了社会文化结构与社会秩序结构在社会秩序的突变中的分离，也形成了社会突变中文化的冲突与混乱。这就是在人类文明中间歇性地出现道德失效或道德崩溃的基本原因。这是理解人类文明与人类历史的基本逻辑。

人类的历史与文化反复地表明，人类不自由的感受并不一定来自社会秩序的强烈约束，而是来自社会成员对社会秩序理解的混乱与冲突。例如，在罗马帝国鼎盛时期的社会和谐中并没有太多的社会自由，但社会成员大致可以接受。例如，在法国大革命发生时是其社会自由处于比较充沛的状态中，但社会成员仍然对此高度不满。例如现代中国的民国时期是社会秩序比较松散的状态，但大多数社会成员并没有太多的自由感受。

要让一个社会失去和谐，并不是通过减少自由或增加自由，而是让社会成员对秩序的理解发生混乱。因此，在现代国际政治的竞争中，控制与搞乱竞争对手的社会文化环境与伦理结构就成为最重要的竞争手段。这就是现代国际社会中重要的意识形态竞争方式与软实力竞争方式。"要想去其国必先去其史"，就是中国古代政治文化中对这种竞争方式的深刻理解。在现代社会中，不同文明与国家之间看似并不重要的历史观念之争，就是激烈的国际利害竞争背后的基本文化竞争。对各种文化遗产进行国际化认可活动中的竞争，就是不同国家深层次生存利益的竞争。

人类创造了文明，文明中孕育了道德精神与道德行为。人类维护社会秩序的道德工具的功能实现，既来自人类个体审美欲望的强盛与审美价值的完善，也来自社会伦理文化的完美与文化传播的有效。这些都由社会环境中完美与和谐的文化环境所提供。社会文化的散乱与冲突必定形成个体审美活动的困境与伦理价值的冲突。社会文化的冲突与混乱来自社会秩序的瓦解与突变中文化演化的滞后。社会道德的崩溃则来自社会文化的混乱与失序，来自文化失序后形成的伦理冲突。

社会文化的散乱与冲突是社会秩序演化突变的必然结果。社会秩序的演化动因在人类个体自由的社会行为中。社会秩序的形态则来自社会权力活动的成果。"人民"通过对自由行为的追求孕育了历史的演化，"英雄"则是创造新秩序的权力体的杰出代表。

163. 中华哲学对道德精神理解的合理性

秩序是人类理解环境存在的本体论基本逻辑。秩序表达了存在要素的环境功能。秩序的环境是人类理解秩序的条件。秩序为存在提供的功能只能在环境中得到表达与显现。

人类文明是特殊的存在。文化是文明存在中的特殊秩序。人类对大文明与大文化本质的理解，也只能通过它们在人类一般文明中与一般文化环境中所表达的功能中才能实现。

在今天的世界与中国，流行着创立了工业贸易文明的西方文化。西方文化几乎是统辖与安置今天各类非西方文化的基本环境，尽管这种环境对中华文明来说并不一定合理。因此，今天理解中华文化的途径，也就只能在西方文化的大环境中进行区别与分析才能达到，直到中华文化自己构建出可以安置与理解全部人类文化的逻辑框架来。中华文化内在逻辑的简陋，常常是今天似乎不得不拜倒在西方文化逻辑脚下的中国人诟病自己祖先的口实。

一直在基本封闭的环境中演化的中华文化，只会站在自己的环境中理解自己，今天还没有中国人能够依赖自己文化的逻辑站在全人类的视角中理解中华文化。而西方文化之所以能够迅速折服多数文明，其内在的魅力就是常常以全人类的视角来阐释自己。今天的中国人对自己传统文化的理解仍然是局限的，这种局限既是西方人嘲笑中华文化的基本依据，也是今天的西方人理解中华文化的困难之所在。

要世界中的其他人类理解我们，必须重新站在全人类的视角中阐释我们自己。但这个视角今天仍然主要是西方人的视角，今天人类理解世界的逻辑仍然主要是西方人的逻辑。合理地向世界阐释自己又必须依赖自己的传统逻辑，但这种逻辑今天还无法具有世界的视角，这就是今天的中国人阐释自己的困境。破除这个困境必须从重塑通透的哲学开始。因为今天的西方哲学仍然并非通透。

道德是人类维护社会秩序的基本工具，在中华文明中的道德工具则是其维护社会秩序的主体工具。这是中华文明的文化特征，也是中华文化优越性的依据。

中华文化可以被称为是一种道德化的伦理体系。其主要结构就是表达了人类社会生存方式的基本伦理，这就是在流行文化中所表达的中华文化主要是关注人与人的关系。

西方文化自古以来就形成了分立的三个基本结构，这就是表达人类生存价值的伦理学，表达人类理解自然环境秩序的自然哲学，表达人类精神环境的心理学。自然哲学一直是西方哲学的核心结构,这就是流行文化中所表达的主要关注人与自然的关系。而在另一个独具特点的印度哲学中则是主要在关注人与神的关系,因为印度哲学的核心结构是人类精神环境中的超验观念体系。

中华文化又被称为是一种政治伦理体系。这凸显了中华道德精神维护社会秩序的核心功能,也表明了中华文化与中华文明的政治结构的高度融合,这在欧洲社会中是一直做不到的。在欧洲,中古的封建共和政治秩序及其文化与欧洲古典文化精神从来就是分立的结构,近古的一神宗教文化则与王权政治文化争斗了几乎十个世纪,直到今天试图统合欧洲政治制度的欧盟,也仍然远不具备统合欧洲不同民族文化的能力。只有文化的统合才是社会秩序统合的精神依据。

道德并不是人类审美价值的实现工具,而是人类伦理价值的实现工具。审美价值只是道德精神实现的中间媒介。道德精神对伦理价值的实现功能,则是使其成为维护社会秩序的基本工具的依据。

在西方文化中,喜欢将道德精神活动的功能依据仅仅置于人类的审美本能之中,从而割裂了道德精神与伦理价值的基本关系。但就是这种安置也仍然是模糊不清的。因为不能理解道德精神的伦理服从功能,也就不能理解道德精神的审美追求意义,道德精神活动就会与艺术欣赏活动混淆。这种模糊不清的安置逻辑,就将文化体系中表达的道德内涵仅仅理解为人类一般精神欲望追求的成果,而无法理解道德精神对伦理价值实现的促进。但道德精神活动与伦理价值的密切关系又是无法忽视的。这就是今天西方的道德哲学绕不出去的泥淖。

现代西方文化处于这种哲学的框架之中,也就不得不将人类文化中表达的伦理看作是道德精神活动的结果了。这种本末倒置至今仍然是西方哲学中道德哲学与伦理学中的迷魂汤,也是误导今天中国哲学家的迷魂药。现代中国人已经失去了自己独立的哲学思考能力,曾经只会重复马克思哲学的原则和语录,今天又只会搬弄西方自由主义人本哲学的牙慧。在今天的中国文化界中，已经有一些清醒的学者开始正视中国当代文化对西方文化的盲目跟随了，已经有一些明白的经济学者开始摆脱西方经济学的桎梏了。但今天的中国哲学还在迷茫中沉睡。

当西学东进，中国学者逐渐变成了西方文化的忠实拥趸以后，中国人也就只会依据西方哲学的三个分离的基本结构来理解与评价中国哲学的结构了，在这种评价中也就必然充满了对自己的诟病。无论依凭马克思主义哲学体系的中国人，还是依凭自由主义哲学体系的中国人，在理解道德哲学中这一碗西方哲学的迷魂汤仍然在喝。

因为他们只会用西方哲学的结构与视角来审视甚至甄别中华文明自己的哲学，这就必然将中国传统哲学在中国现代充分西方化的文化结构中，逐渐变成了边沿化的历史装饰品，并割断了其中的历史营养机能。这样的中国现代哲学形态，也就必然要忽略中华文化中道德哲学体系的核心功能，并将其边沿化与糟粕化。

伦理价值来自人类文化活动的构建成果。伦理是文化的核心结构。文化活动的唯一目标就是为人类构建与维护自己的社会环境秩序提供精神依据。社会秩序复杂多样的层次结构的表象，则分裂与遮蔽了这个文化与伦理的核心目标。

道德精神活动是由人类审美欲望驱动的伦理价值追求与伦理实现活动，这就决定了它的社会秩序维护功能。这也是道德精神被人类文化永恒讴歌与大力推崇的原因。正是这个功能在人类社会权力活动中的很重要地位，也就逐渐将道德精神活动的功能工具异化了。异化的功能又进一步遮蔽了哲学对道德精神的理解。

人类文化对道德精神的推崇常常局限在对人类审美价值的神圣化之中。在西方文化中常常密切了道德精神与艺术活动的关系，而疏离了道德精神与伦理的关系。正因为西方文化不能理解人类推崇道德精神的根本原因，也就不得不将其原因神秘化。就连极其聪明的康德也不能免俗。

但是，道德精神活动的社会秩序维护功能在中华文化中则一直是明确的。道德精神来自人的本性，道德精神的功能就是引导君子追求修齐治平的理想目标。由于中华哲学对这种深刻理解表达的逻辑在现代西方哲学的表达面前常常相形见绌，今天的中国人也就在诟病自己的表达方法中将聪明的孩子与洗澡水一同泼掉了。

在今天的伦理学中，因为涉及伦理价值通过道德精神活动实现的过程，也就常常混淆了道德精神与伦理价值的关系，并将他们本末倒置甚至混为一谈。能够本末倒置的道德哲学至少还在区分道德精神与伦理价值的本质，混为一谈的道德哲学就是一盆糨糊。

这首先是由于在中华哲学与西方哲学的传统中基本上都不能理解伦理的功能与来源，不能将伦理视为人类文化活动的成果。这又来自人类对文化活动与精神环境关系理解的模糊，来自对社会文化活动功能理解的模糊。中华哲学对人的生存活动具有较深刻的理解，但却因为缺乏好的表达逻辑而不能将理解清晰化，西方哲学则在清晰的表达逻辑中仍然表达了模糊的理解。归根结底这来自今天哲学的仍然幼稚。

中华哲学中的"天理"概念，就是统合全部伦理的终极超验伦理。天理来自人心的观念，就表达了伦理来自人类的思维与文化活动的思想。西方哲学则将伦理的概念微观化与中观工具化了，这虽然可以理性化地分割出了伦理学，但也将人类文化环境中的伦理分割开了。在欧洲哲学中，中观与微观的经验伦理来自人类的道德精神活动，宏观的终极超验伦理则来自宇宙精神与绝对理念。康德将宇宙精神与绝对理念简化浓缩为先验范畴，又将人类精神活动形成知识的依据置于先验范畴之中，就似乎又以模糊的逻辑将从亚里士多德开始分割的伦理学统合起来了。但这种统合也仍然是模糊的与简化局限的。康德在自己认为透彻地重塑了哲学以后也仍然认为不能理解人类道德精神的本质，其中包括了不能理解道德精神活动与不能理解伦理。

将伦理看作是道德精神活动的成果就是幼稚哲学的逻辑捷径，因为这种理解可以获得极为简单的道德哲学模式。但过于简单的模式也就强烈扭曲与遮蔽了人类对道德精神活动的理解。而这种简化的遮蔽却可以与西方哲学的逻辑相融洽。这也是西方哲学无法理解中华哲学中深刻的道德精神精髓的方法论原因。

　　在主导了现代哲学的这种理解中，伦理学就变成了道德哲学的内涵，道德哲学则被模糊成了伦理价值的神秘实现方式。今天的中国人也就只能膜拜在西方理解模式的脚下，渐渐将自己祖先的理解悬在了空中。今天中国的伦理学教授基本上都变成了亚里士多德与康德黑格尔的文化后代，而不再是孔孟老庄与程朱陆王的文化后代了。

　　正是因为今天的西方哲学对人类精神世界的存在与功能理解的肤浅，对人类意识活动的功能与动因理解的肤浅，道德哲学与伦理学的混乱关系才无法厘清。但在中华文化中与中华哲学中，对道德与伦理的关系的理解，则一直是比西方哲学更为清晰与更为合理的。只不过由于其表达方式没有西方的逻辑漂亮，就被以貌取人的现代中国人抛弃了。也正是中国哲学表达方式的原始与模糊，才使得深刻鲜活的思想变成了神秘的文化遗存。

　　中华文化的基本形态与内容，并非以安置人类精神世界与意识活动为其主要目标，而是以安置社会伦理与道德精神为其主要目标。这就决定了中华文化的世俗化特征。西方文化自古就有安置人类精神活动的传统，但在哲学中这种传统又分裂为理解自然环境与理解人类心理的两个对立的体系。直到康德与黑格尔才努力将这种二元对立融合起来。西方哲学的重要文化成果就是接纳与凝聚了基督宗教的文化体系。但将人类本身的生存活动作为全部文化的关注核心就是世俗文化的特征。世俗化是中华文化的特点，也是中华文化的优点。将人类的精神活动与生存活动相分离，并将精神活动置于生存活动之外，就形成了宗教文化的核心特征。欧洲传统文化以人类的精神活动为主导，中国传统文化则以人类的社会活动为主导。

这个文化特点与文化优点，也就主导了中华文明特殊的政治成就与出色的政治稳定，并以此塑造了中华文明的延续与辉煌。但中华文化也在近代以来的社会秩序剧烈的变革中表现出了强烈的保守与滞后。正是这种具备了千年稳定功能的文化的优越性，才在百年的巨变中形成了文化的保守并被强烈地诟病为文化的沉疴。

一旦中华文明在激烈的动荡以后实现了文明的转型，一旦中华文化在新的文明形态中重新生发，其优越性就必然会得到新的认知与发扬。中华传统文化中对伦理价值与道德精神的理解，一旦在西方哲学提供的逻辑工具中得到了新的表达空间，就必然可以在现代文明中获得实现其新功能的土壤，这种必然性就在中华文化深厚的哲学内涵之中。

中华文明以政治伦理和道德价值为核心的文化本位，与西方文明以宗教伦理为核心的文化本位的根本区别，就在于对社会秩序的直接重视与间接鄙视。这种区别在中华文化中的表达就是入世与出世，在西方文化中的表达就是世俗与宗教。秉持社会本位的中华文化，以表达人类社会政治秩序的伦理为其公共价值的基本结构，秉持神明本位的西方文化，则以表达人类精神活动秩序的宗教伦理为其公共价值的基本结构。中华文化的终极目标是通过治国平天下实现人类社会的合理化，追求人类的合理社会生存是其终极的目标。西方文化的终极目标则是追求精神活动的合理化，传统的合理目标就是对上帝的尊崇与服从，现代的合理目标就是对所谓科学精神与民主精神的尊崇与服从。至于人类的社会生存方式，在上帝的精神面前与科学与民主面前，则永远是第二位的。

在中华文化中，社会政治目标与终极伦理是融为一体的，人类的政治活动是实现社会秩序合理化的终极价值的正当工具，政治家就应当是具有高尚情怀的君子。在西方文化中，政治伦理则始终是终极伦理之下的追求公王私利与教权私利的低层次技术，政治活动则是低俗的甚至无关紧要的谋利手段，政治家就常常是政客化的小人。在中华文化的伦理结构中包含了全面的政治方法，在西方文化的伦理结构中则几乎没有政治方法的核心地位。进入现代以后，他们就只能用简单的投票选举来补偿其政治伦理的浅陋，但却大言不惭地将其称为政治活动的现代化形态。这种文化的流行仅仅是因为它可以适应大众的政治权力渴求心理。但以投票方式获得的政治权力常常是虚幻的。

在中国文化中对社会大众的政治参与方式的安排则要复杂得多与深刻得多，其中的核心制度就是科举。科举制度试图依据社会成员对政治伦理的理解与认知来决定其对政治活动的参与资格，就是一种更为合理的方式。这种方式的弊端就是常常将政治活动被文化活动所遮蔽与异化。

所有这些，就在几千年中区分了中华文明的政治活动方式与欧洲文明的政治活动方式的基本差异，也铸就了今天的中国政治秩序与西方政治秩序的基本差异。这种差异还将继续延续下去。

中华文化的核心伦理，就是以社会大一统政治秩序为主导的社会层次结构的伦理，就是不同社会成员在大一统的政治秩序中的合理生存方式的伦理。这就是追求定分有序的纲常伦理的社会目标。这种伦理中蕴含了人类社会的存在就是社会秩序的存在的观念，这种伦理中包括了宏观的君臣秩序伦理，中观的官民秩序伦理与微观的乡绅治理秩序与家庭家族秩序伦理。"三纲五常"就是这个伦理体系的精炼表达，但其中的内涵却被现代中国人自己的肤浅而高度地扭曲了，这种扭曲主要来自新文化运动以后形成的用西方文化的逻辑来理解中国文化内涵与功能的结果。而在西方以一神宗教为核心的文化体系中，类似的社会秩序伦理都不重要，它们都仅仅是宗教伦理的附庸。西方现代社会一旦脱离了宗教伦理对政治活动的安置，就只能依据新兴的科学伦理来安置人类的社会政治活动。今天西方政治文化的全部弊端大致来自于此。

但中华文化的结构与内涵也有其弱点，这就是对人类精神世界与意识活动的理解与安置的不足。这种文化需求就主要被亚文化中的各种民间俗术来表达与安置。这就形成了主流政治伦理与微观世俗伦理的分裂。在微观伦理中对人类精神世界理解表达的层次低下与结构混乱，就成为现代文化中所诟病的中国传统迷信。正是中华传统文化对精神环境秩序安置与表达的薄弱，才为佛教的进入与道教的兴起准备了文化空间。佛教道教文化中的一神宗教功能补充了中华文化的这个短板，但也形成了对主流文化的弱化与分裂。这个弱化与分裂在经历了复杂的文化冲突与权力权衡以后才被程朱理学实现了整合。外来的佛教也就在中华文化的土壤中衍生出了禅宗。

中华文化构建出来的政治伦理体系形成了凝聚社会政治秩序的强烈道德精神依据。中华文化的道德精神与道德行为就是维护与服从社会政治秩序的道德精神与道德行为，与此对应的西方宗教文化所形成的道德精神则是维护宗教神明秩序的道德精神，它要求个体精神生活无条件地服从宗教伦理。近代欧洲的宗教改革运动实际上就是破除神明伦理与神本主义公共价值的统治，将个体精神世界置于世俗伦理之中的文化重塑。所谓的新教伦理，就是包容了基督宗教基本伦理的人本主义世俗伦理，但其中也仍然缺乏对社会政治伦理的表达，甚至由此而形成了排斥政治伦理的传统。

中华文化的历史功绩就是实现了中华文明的政治统合与历史延续，实现了将中华文明从军事集权的帝国向文化统合的政治化国家的转型。罗马帝国也追求过这样的转型，但没有成功。罗马帝国在崩溃以后的无法恢复，也就形成了欧洲社会形态与中华社会形态的历史性分野。这就是欧洲传统文化中世俗政治伦理薄弱的结果。这个结果造就了欧洲社会延绵不断的内部争战冲突，也造就了黑暗的中世纪和相对于中华文明的历史落后，直到工业贸易文明的突现。

在欧洲传统社会中，战争与军事活动始终是传统国家的外部政治工具，骑士与军人始终是一种独立稳定的社会身份。在中华文明中，军事征战只是外部政治的补充工具，军事活动始终是服从文人政治统辖的技术工具。这也就决定了欧洲社会的历史主要是军事帝国与封建诸侯国家之间的分合聚散的历史，决定了现代西方文化中对集权的鄙视与对政治自由的歌颂。直到今天，欧洲人仍然在努力追求自己社会的大一统政治结构的实现，而这是中国人在两千年前就已经开始确立了的社会结构。今天的欧洲人以其创立的工业贸易文明的技术手段统合了世界秩序，将来的中国人则可能依据其历史文化中的政治伦理统合世界秩序。中国人实现大一统政治秩序理想的过程曾经非常暴力与血腥，但理想的实现则比较彻底地消除了社会内部的军事暴力，欧洲人追求这个理想的反复蹉跎却让历史的血腥一直延续到了现代，并将欧洲内部的暴力传统转换为世界大战与军备竞赛。

　　欧洲文明曾经在试图创立全球化的贸易航道的努力中发现了新大陆，对新大陆原住民血腥的种族灭绝成就为建立新型的自由移民国家奠定了基础。美国出现了。这种血腥灭绝来自欧洲文化与异质文化的难以沟通。也同样具有巨大体型的美国的内部秩序并非军事帝国的统合结构，而是以现代经济秩序统合起来的多民族移民组合。驱逐了原住民的广袤富饶的原野则为欧洲人的美国后裔提供了移植大一统的经济秩序的优良环境，这种环境在欧洲就不存在。在这个经济秩序统合的多民族移民组合中，也就合理地继承了欧洲传统政治的共和联邦制度。美国社会的凝聚力来自新兴有效的经济秩序与经济文化，而其政治伦理仍然是对欧洲多元政治文化的继承。美国的国家统合依据在统一的经济秩序之中，一旦统一的经济秩序瓦解国家就会崩溃，因为美国人没有经济统合之外的政治统合追求。

　　中华文明由农耕文明向工业贸易文明的转型过程，也就是社会秩序的现代化突变过程。在这个突变中，中华文明的基本文化结构与政治伦理仍然在起主导作用。这个主导的结果，就是在吸纳西方文化与秩序的过程中，使得主张社会群体利益至上的马克思主义文化率先落地。这来自马克思主义的基本伦理与儒家文化的政治伦理的同构性。这也就决定了中国可以将现代化转型进程与文明历史的延续衔接起来，决定了今天中国的政治伦理就是对传统政治伦理的现代化改造。这就是今天的中国可以重回历史高峰地位的文化依据，就是中国梦能够实现的文化基础。

中国的现代化进程，在延续了传统文化的政治伦理统合与秩序目标的同时，也在吸收现代美国的经济统合方式与自由主义公共价值，并用这种方式与价值观补充了社会微观结构活力不足的短板。这就是今天逐渐明晰起来的中国特色的社会主义秩序。今天的中国仍需完成对传统政治遗产的深度改造，并实现对中国多民族文化的现代化统合，其中重要的任务就是对西藏与新疆的文化统合。这就不能仅仅依靠传统的文化工具了，但可以借鉴美国在国家化进程中的经济秩序统和工具。

第四十四章　道德与自由的融合

164. 意识活动的无限可能与道德精神的无限复杂

　　人类依据自己的精神世界与精神世界中的意识活动实现对生存环境的秩序映射与意识感知，并通过意识活动实现在环境中的行为选择与行为驱动。

　　精神世界是人类意识活动的环境。意识活动就是来自生命活动的意识能量在观念空间中的运动，这种运动形成了对观念空间的结构关照，形成了人类对自己观念结构的感受。人类通过这种感受了解自己的精神世界，也理解自己的全部生存环境。在这种感受中包括了人类的全部情感与记忆，也包括了人类的全部逻辑方法与伦理价值。

　　一般来说，人类的意识活动在观念空间中的运动是没有限制的和完全自由的，也就是可以实现全空间的结构关照的。但这种自由与关照仍然是在观念空间环境中的自由与关照，也是必然要服从观念结构提供的环境秩序和受到观念结构的制约与引导的。这就像风在山间的自由吹拂与水在河中的自由流淌都会引发人类对自由行为的遐想，它们的自由仍然是在山川与河床提供的环境限制中的自由，它们的自由来自它们的能量运动在环境中的高度局部化。山川与河床无法阻挡大气与水流的自由流动，大气能量与河水能量在环境的限制中仍然具备自己的活动自由。

　　作为意识能量的运动环境，人类的观念空间几乎是无限的，有限的意识能量在几乎无限的环境中虽然受到了环境秩序的限制与引导，但仍然会具有几乎无限的行为自由度，仍然会具有完美的行为选择空间。

但是，每一个具体意识活动的自由状态又必须是遵循了观念结构提供的环境与路径的，观念结构对意识活动的路径诱导，也就形成了意识活动自由度的局限形态。这种局限的普遍性与意识活动能量的有限性的结合，就形成了广义的情感状态。

人类意识活动在宏观形态中几乎不受约束的自由与在微观情感状态中的必然局限，构成了人类意识活动的基本状态。意识活动在观念空间中不受约束的宏观自由，使得意识活动中的认识活动与价值活动都具有同时涉及整个观念空间的能力，尽管这种能力在具体活动中并不会完全实现。意识活动的有限能量被具体观念结构所诱导形成的情感状态局限，又决定了每一个具体意识活动只能在局部的观念结构中发生。

意识活动的宏观整体可能性展现了人类意识的无限自由。意识活动的微观具体局限决定了意识活动实现的具体方式。每一个具体的意识活动都发生在一个局部特殊的观念结构环境之中，意识能量对这个局部环境的选择就来自其宏观活动的自由。

意识活动在观念空间中的宏观自由为人类的认识活动提供了无限的宏观可能性，形成了人类认识活动的秩序发现空间和认识成果空间的几乎无限性。人类的认识能力在观念空间环境中几乎不受限制。

人类意识活动的宏观自由也为价值活动提供了在价值空间中价值选择的几乎无限可能性，这就是人类几乎无限的价值选择自由。这种自由也就形成了几乎无限的人格特征形态和几乎无限的社会行为方式形态。人类在社会秩序所限制的生存环境中的具体行为，也就由此而具有了几乎无限的可能性空间，这就是绝对的社会自由。这也就决定了人类的社会行为方式与结果都是不可预测的和不可完全理解的。

人类价值活动方式与结果的几乎无限可能性，形成了人类行为动机中价值结构形态的几乎无限可能性。这也是人类社会行为方式的不确定性和无法穷尽性的依据。特别是，依据不同的伦理价值所形成的多元价值结构的可能性形态，依据伦理价值与非伦理价值所形成的复合价值结构的可能性形态，展现出了几乎无穷的动机结构的可能性。这就使得可以依据有限形态的伦理价值构成几乎无限形态的行为动机。这就是人类行为动机具有无限复杂形态的逻辑依据。这一点，即使是在非常局限与非常特殊的道德行为领域中也是如此。

人类的道德精神活动通过追求审美欲望的实现而服从了观念空间中的伦理价值。这种服从对意识活动的自由度形成了限制，也进而限制了动机结构与社会行为的自由度。但这种限制并不会限制意识活动的绝对自由。在道德精神活动中的意识活动状态仍然是自由的，仍然具有广泛价值选择的自由空间。正因如此，人类从来不会把道德精神活动与精神自由完全对立起来，而将道德精神活动看作是人类精神自由中的一种特殊结果。

人类在道德精神活动中对审美欲望的追求，必定会形成一个大范围的审美关注空间，也必然会为价值选择提供一个具有广泛自由度的价值空间。人类虽然在价值选择的过程中受到了伦理价值的引导与约束，但由审美价值展现的大范围的价值审视与价值判断空间仍然会提供广泛的选择自由度。

人类在道德精神活动中保持的价值判断自由度又来自深刻的审美追求对一般情感状态的打破。打破价值活动中的情感状态就为价值选择开辟了广阔的自由空间。人类任何自由的意识活动实际上都局限在特定的观念结构或价值结构中，这种局限常常无法感知。人类的道德精神追求形成的深刻审美目标就是打破这种无法感知的不自由的重要依据，也是拓展意识活动自由度的重要依据。

人类观念空间中的伦理来自社会环境中的文化输入。这种输入通过一般文化活动与特殊教育活动实现。个体观念空间中的伦理表达了社会群体的基本公共价值。

个体观念空间中的价值结构来自认识活动的观念构建成果。不同层次的价值结构表达了人类对生存环境不同层次的需求。通过感官输入的外在环境信息为认识活动的观念构建提供了基本素材。感官信息中包含了社会环境的文化要素，也包含了伦理。通过感官信息的输入与生存行为的实现，人类保持了精神世界的内在秩序与外在的自然环境秩序和社会环境秩序的一致性，也保持了观念空间中蕴含了人类的社会文化与伦理。

生活在先进文明环境中的人类，其观念空间的秩序结构强烈地受到文化要素的引导与安置，以至于社会文化与伦理价值就是其观念结构的基本形态。这种形态决定了人类与动物的区分。动物仅仅是 DNA 传承的后代，人类则还是文化传承的后代。人类观念空间中的伦理就是其中的文化基因。

人类通过价值活动实现生存行为的选择与驱动。在价值活动的价值判断面前，来自社会文化环境的伦理价值与来自个体生存行为的经验价值是融为一体而无法区分的。在道德精神活动中对伦理价值的追求与对经验价值的追求也是融为一体的，道德精神活动是面对观念空间中的全部价值形态的。因此，人类在道德精神活动中并不会感受到价值活动受到了伦理的限制与约束，仍然会在道德精神活动中感受到精神的自由，甚至会由于审美追求对价值活动的拓展而感受到更为充沛的自由。

道德精神活动在精神自由中实现了对完美价值结构的皈依与对伦理价值的服从。文化环境向观念空间输入的伦理来自人类社会文化活动的合理构建。伦理表达了人类理解社会秩序的公共化精神依据，也是个体观念空间中依据文化活动所积累的社会秩序内涵。个体观念空间中的伦理为个体观念结构的协调与统一提供了外在秩序的保证，也提供了道德精神活动实现的条件。

文化中的伦理并不是个体精神环境的内生秩序，而是人类公共化意识活动的社会环境成果。人类文化活动的成果一旦与社会秩序的演化进程脱节，一旦和社会一般活动的形态脱节，就会形成伦理与社会秩序的冲突。

这种冲突形成了对伦理功能的毁坏，也会形成不同伦理之间的混乱与冲突。

冲突的伦理输入个体观念空间中就会破坏其价值结构的统一与和谐，也就会为其带来精神的冲突与焦虑。在这种情况下的道德精神活动也会陷入不和谐的困境。在这种状态中的道德精神活动，才会让个体感受到精神的不自由和意识的压迫。不自由的道德精神活动来自冲突散乱的伦理输入，也来自个体对不同伦理的无法整合。

人类完美的价值结构来自合理的认识构建，也来自和谐的文化环境的伦理输入。当个体的价值结构主要以伦理为骨干框架时，和谐的社会文化环境也就可以转化为个体价值结构的完美与和谐。现代社会环境中的社会成员的道德精神活动能力，主要由其文化环境的完美程度来决定。完美和谐的社会文化是现代社会成员具备道德精神活动能力的基本保证。冲突混乱的文化环境则是他们缺乏道德精神能力的基本原因，也是他们处于道德困境的基本原因。

完美的文化环境可以提供和谐的伦理。和谐的伦理来自合理有效的社会文化活动。人类所崇拜与歌颂的文化大师与思想先驱，无不是为当时的社会文化提供了和谐有效的公共价值与伦理的特殊人才。正是这些文化成就铸就了他们的辉煌。

人类的文化结构并不是人类个体自由观念交流的必然结果，而是以追求合理社会秩序为目标的文化追求的特殊贡献。这种特殊文化贡献可以来自社会权力活动的引导与安排，也可以来自特殊个体的特殊审美追求。

构成社会秩序精神依据的公共价值，既是人类群体公共化审美追求的结果，也是人类群体化生存方式的社会秩序在精神环境中的凝聚。表达公共价值的文化形态的演化，一般会滞后于社会环境秩序的演化。一旦这种滞后引发了社会秩序与文化结构的分裂与冲突，社会文化环境就会破坏与瓦解社会秩序。这种破坏与瓦解就是文化环境塑造了社会成员混乱冲突的伦理价值的结果。由此，社会成员的伦理价值也就会失去了规范他们社会行为的功能。他们的道德精神活动与道德行为就处于失效状态中，社会秩序也就处于道德崩溃的状态。

人类的意识活动总是在特定的情感局限状态中追求对观念结构的整体性关照的。这个趋势来自人类意识活动的特有方式，也是人类的观念空间始终具有整体结构形态的依据。个体的观念结构无论是简陋还是复杂，无论是深刻还是肤浅，都会具有不同形态的层次结构，都会具备从元初观念到终极观念的层次形态。这就决定了人类价值活动在特定情感状态的局限中仍然可以具备整体性与通透性，这就决定了价值活动始终受到终极价值的引导，决定了人类具有追求信仰的审美欲望。

价值活动的整体性与通透性，使得道德精神活动所形成的价值追求在服从伦理价值的同时，也必然蕴含了观念空间中的全部非伦理价值。但这种蕴含仍然会使这些价值服从伦理价值。这种服从通过价值权衡实现。这就决定了在任何道德精神活动的动机结果中，都不会是纯粹的伦理价值，都是伦理价值与更低层次的非伦理价值的综合与均衡。

道德精神活动形成的动机成果中，必然具有对各种价值要素的均衡与协调。这来自道德精神活动对价值结构关注的整体性追求，也是人类意识活动具有整体性形态的具体表现。这就在道德行为的动机中实现了伦理价值对非伦理价值的统合。正是这种统合才使得道德行为具有了普遍意义。

如果没有这种统合，道德精神就会变成虚假的审美表演，道德行为就会变成无法在社会生存活动中落地的空洞形式。

一旦社会文化活动的混乱对精神环境输入了混乱的伦理，就会引起道德精神活动的混乱与失效，尽管这种活动仍然是对审美价值的追求。失效的道德精神活动形成失效的道德行为。失效的道德行为与社会秩序需求的脱节，形成了道德的崩溃。崩溃的道德行为就是社会秩序瓦解的重要条件。

社会成员崩溃而无效的道德行为，就会表现出道德行为的虚假与道德追求的虚伪。这种虚假与虚伪在文化中的积累，就形成了关于虚伪道德的公共观念。

虚假的道德行为就是失去了社会秩序维护功能的道德行为。社会成员可以因为道德无知而坚持道德虚假，也可以因为道德异化而追求道德虚假。前者是精神真诚中的效果虚假，后者则是精神虚假中的效果虚假。

在依据道德精神活动构成的行为动机中，常常权衡地蕴含了大量非伦理价值。这就是人类道德行为的复杂性与多样性的根本原因。也是具体真实的道德行为无法纯粹服从伦理价值的原因。高尚纯粹的道德行为仅仅是其动机中伦理价值所具有高度统合地位，并非其中没有非伦理价值。将高尚纯粹的道德精神行为表达为对单纯伦理的追求，仅仅是人类文化活动的简化与宣传表达的方便。

这种简化形成了对道德精神的机械性理解，也会将道德哲学过分地逻辑化。这也是道德哲学常常脱离现实人情而不易理解的原因。当哲学家们用这种逻辑方法来表达与分析人类的道德精神活动时，逻辑演绎的结果常常会是对任何真实道德精神活动的否定。由此，人类真实的道德精神就只能存在于哲学的神话与文学的虚幻之中。任何真实的人类个体，哪怕是具有丰功伟绩的先贤，也都可能会被这种机械的逻辑分析曲解为虚伪的道德小人。

165. 人格特征的整体性与多元性

所谓人格，就是对人类个体价值结构的社会行为方式评价。人格评价的标准在社会主流文化的伦理结构中。人格评价的结果表达了依据社会行为方式对个体观念空间中蕴含的价值结构的看法。人格评价活动表达了人类公共意识活动对不同的社会行为方式的精神依据或观念结构依据的理解。

人类意识活动在观念空间中的整体性追求与整体性形态也会形成个体不同人格表现的整体性。因此，无论具有何种人格特征的个体也都会表现出与其相反与对立的人格特征来。这就是人类价值结构的功能复杂性在人格评价中的表现，也是人格特征常常具有显性与隐性形态的原因。

显性的人格特征表达了个体主要的社会行为方式，也表达了个体主要的价值追求目标与价值判断方式。显性人格特征也就常常会被看作是个体的全部人格特征与正常人格特征。隐性人格特征则表达了与个体主要价值目标与行为方式相冲突的价值目标与行为方式，隐性人格特征常常会被看作是个体的异常人格特征。

　　显性的人格特征就是个体的主流人格或者个体价值结构的主要形态呈现的人格特征。隐形人格就是个体的非主流人格或者个体价值结构的非主要形态呈现的人格特征。主流人格与非主流人格的同时存在，就是人类意识活动整体性的具体表现。

　　例如，某些个体常常会呈现出同时具备本我人格特征与超我人格特征，他们在某些环境中以本我人格的表现为主，在另一个环境中又会以超我人格的表现为主。这种转换，并不是其人格特征或价值结构发生了变化，而是他们并未变化的价值结构在不同环境中形成了不同状态的价值活动方式的结果，而是不同的价值活动方式呈现出了不同的人格特征而已。

　　在一般情况下，具有超我人格特征的个体主要由宏观价值或终极价值主导其价值活动与行为方式，他们在社会活动中常常表现出理想至上的行为特征，常常注重与坚守宏观伦理价值。他们常常具有超脱一般社会生活方式的行为特征。能够建立明确的社会文化业绩的思想家与文化大师大都具有这样的人格特征。

　　在一般情况下，具有本我人格特征的个体主要由微观价值或感性经验主导其价值活动与行为方式，他们在社会行为中常常表现出注重自己对社会环境的微观感受与自恋的特征，他们常常具有敏感的环境感受与艺术型的观念表达习惯，也常常会我行我素甚至有一些特殊的行为嗜好。他们常常不太关心社会一般秩序或社会宏观活动，而喜欢生活在自己微观经验与微观社会关系的小圈子中。

　　这两种人格特征是对立的甚至难以相容的，但在有些人的社会行为中则会同时表现出来。这表明他们的价值结构具有宏观结构与微观结构并重的特征，他们在价值活动中可以分别保持对宏观价值与微观价值的深入关注。他们的这种能力必须以强大的意识活动能力与强大的审美欲望为基础。他们常常具有超越常人的精神世界内涵与意识活动能量。

另一个例子就是多重人格。个体的多重人格表达了对立甚至冲突的价值结构，并在不同的社会环境中表现出对不同伦理体系的追求与服从。他们在不同社会环境中形成了明确的人格转变，就像具有不同人格的两个人。这是他们形成了多元分离的基本价值结构甚至分裂的终极价值结构的结果。这使得他们常常表现出差异的或对立的环境需求，并形成差异的或对立的行为方式与人格特征。这也是分裂的文化环境对他们观念结构塑造的结果。他们在分裂或对立的伦理结构的引导与安置下，形成了分裂或冲突的价值结构形态，也就形成了分裂或冲突的人格特征。这种人格特征会在不同的社会环境中明确地显现出来。当社会环境改变时，他们就会适应性地改变自己的价值活动方式与行为特征，并表现出不同的人格特征。

多重人格表现出人格的分裂，但也会具备人格的协调性。具备协调能力的多重人格，常常是具有较强的意识活动能力的人。只有较强的意识活动能力，才能将对立或冲突的基本价值要素分别整合成既对立又统一的价值结构，并依此为价值活动提供和谐的精神环境。他们较强的意识活动能力，才能在社会环境的变换中自如地改变自己在多元价值结构的不同价值活动方式，形成相应合理的行为选择。

在中华传统文化中，依据天地秩序亘古不变的哲学观念形成了相应的伦理结构。这为中华文明的稳定延续提供了文化保障，也形成了抵制社会秩序改变与无法理解人类环境演化形态的文化弊端。在中华文化的非主流结构中与此对立的伦理并不稀少，也表达出了对环境演化的理解，但主张人类环境秩序稳定不变的哲学观念则常常处于文化的主导地位中，主张自然秩序与社会秩序稳定不变的伦理，就始终是中华文化结构的主体。

中华文化对社会秩序演化的缺乏理解，首先来自对个体行为与群体秩序关系缺乏理解的文化结构，也来自将群体公共价值来源神秘化的哲学结构。虽然中华文化中也有一些君轻民重的观念，但这里的"君"与"民"都是社会群体的表达，中华文化中"民"的概念，并不是西方人本主义伦理中个体的概念，而是对与社会权力体对应的社会一般群体的表达。

在中华传统伦理中，缺乏关于个体行为对社会秩序提供基本构建功能的观念，也缺乏对个体行为与个体价值在社会秩序中的文化安置，而这恰恰是欧洲文化的长处。这就形成了中华传统文化重群体轻个体的伦理特征，也是中华文明中人本主义观念始终薄弱的原因。

这样文化结构，也就必然将社会秩序的来源问题悬置起来或者神秘化封闭，这种悬置而神秘的终极伦理也就失去了它们自己的演化依据，这就是亘古不变的"道"。儒家与新儒学对"道"的悬置与封闭就隔离与废弃了道家对"道"可以生发演化的观念，而将其变为文化遗迹。当中国人从近代西方文化中惊奇地发现了关于演化的世界观时，也仍然对道家世界观没有感觉。

实际上，中华传统文化中的"道"的概念表达了人类以及人类全部生存环境中的秩序存在，是一种合理的世界观与本体论观念。"道"存在的永恒与不变，表达了秩序是存在中的终极形态。但将道表达为具体的社会秩序与自然秩序，并误解为其永恒不变，就是中国的后人对道家伦理的误解和曲解，这也就是中国传统文化基本桎梏的来源。

中华文明的文化形态构成的社会文化环境也必然对个体观念结构形成相应的塑造。这种塑造的结果，就是形成了亘古不变的伦理与处于流动变化中的个体经验价值的分裂与对立，这就构成了中国人最基本最普遍的双重人格。社会成员就必须在永恒不变伦理中安置自己现实生活中的不断变化，并在这种安置中逐渐变通出分裂的价值结构来。这种价值结构形成的双重人格特征既是中国社会一般民俗的基本形态，也是社会政治活动与官场行为的基本形态。理解这种双重人格特征就是理解中国人人格特征的钥匙。

生存在这种文化环境中的社会成员，如果具有较强的意识活动能力，就会较合理地安排这种分裂的价值结构，分别来统合不变的伦理与流变的经验，使得自己在不同社会环境中的社会行为中有合理的依据。

中华文明的历史中有不少著名人物可以用他们的优秀人格感昭日月。少数文化大师与道德楷模，少数治国明君与政治清官，他们的伟大人格为中华文化提供了道德精神的文化依据，他们伟大人格的感召力，支撑起了中华文明在复杂多变和艰难曲折的历史演化中的稳定前行。但是，对于无法构建优良的价值结构与无法具备强大的意识活动能力的大多社会成员来说，特别是对于大多数政治官员来说，在这种文化环境中形成的分裂的价值结构与对立的双重人格，如果不能在他们的观念空间中得到完美的统和与安置，也就必然在社会行为中既要服从与推崇基本伦理，也要违背伦理实现自己的私利。这种人格特征一直延续到了今天中国的文化圈与官场中。这就是中华文明中对君子行为普遍具有虚伪性评价的原因，也是中华文明中常常充满了虚假道德行为的文化依据。中国的传统道德也就由此而获得了伪道德的称谓。

生活在这种文化环境中的一般民众，也必然会具有类似的双重人格或多重人格，只不过他们的价值结构更为复杂与混乱而已。他们也必然依此来理解官员与学者们的行为与追求，这种理解虽然会脱离主流伦理，但却形成了维护社会秩序基本和谐的亚文化体系。用这种方式来理解人类违反伦理的私利价值的普遍性，理解官员在官场中谋私行为的合理性，就常常是中华文化中的流行的世俗观念。依据这种亚文化伦理的社会行为方式，就构成了中国社会中遍及各个领域中的潜规则。

166. 中华文化的局限性改造与现代化转型

人类社会是由人类的生存行为组织化所构成的生存环境。社会环境也是秩序对能量的组织化形成的存在形态。社会秩序是社会环境存在的形态与功能依据，在社会环境中追求生存的人类个体构成了社会环境中的能量。人类共同而自发的群体化生存活动构成了社会秩序，人类依据特定的社会行为维护了社会秩序。

人类通过社会活动实现在社会环境中的生存。人类的全部社会活动可以分为社会经济活动、社会文化活动与社会权力活动。社会经济活动实现人类对自然资源的利用与分配，实现了人类以社会化方式在自然环境中的生存。社会文化活动构建人类群体的公共观念，为社会秩序提供精神依据与公共价值。社会权力活动构建社会秩序与维护社会秩序。

人类依据自己精神世界中凝聚与表达的群体公共价值形成了自己的社会活动与社会环境。构建与传播公共观念的社会行为构成了社会文化活动。人类的不同群体与不同文明对生存环境的不同需求形成了不同的文化活动方式与文化传统，也形成了不同的文化形态与文化成果。不同的文化形态决定了不同的社会秩序形态与不同的社会活动方式，也决定了人类不同的文明形态。

中华文明的延续形成了中华文化的传承。中华文化的核心结构是由构建与维护社会秩序的政治伦理构成的公共价值体系，中华文化的社会功能主要通过崇尚道德精神与推广道德行为得以实现。道德精神与道德行为处于中华文化的核心地位中，也为政治活动与权力活动中提供了主导功能。对道德精神与道德行为的高度崇尚与普遍推广，是中华文明的重要特征。

人类的道德精神活动由人类的审美欲望驱动形成，由社会文化环境提供的伦理价值实现其价值判断与行为追求中的社会秩序维护功能。道德精神活动的能力来自文化修养提供的伦理价值与内在审美能力，道德精神活动的社会秩序维护功能的依据，则来自社会文化活动构建与输入的伦理内涵。中华文明的特有形态与特有文化，是其道德精神活动的依据所在，也是其道德行为的社会秩序载体。

在中华文明独特的文化结构中，以社会群体的公共价值为基本伦理和终极价值。这也就会在哲学中忽略甚至贬低个体价值的存在意义，并会忽略个体自由行为对社会演化提供活力的依据。中华文化强调社会秩序的稳定与不变，也就不重视社会秩序的演化机制。在中华文化中，个体精神环境中价值结构的独特性，个体追求价值实现的精神自由与社会自由所形成的活力，都被边沿化甚至忽略，而它们既是社会公共价值构成的基础动因，也是社会秩序演化的基本动因。

崇尚群体公共价值而忽视个体独立价值的中华文化与中华哲学，也就会忽略社会公共价值的来源问题，而是将先贤们创建的公共价值与文化体系看作是神秘的特殊精神成果，看作是天意与天理。并通过祖先崇拜的观念来推崇这种终极伦理。而西方传统文化则通过宗教皈依来实现对终极伦理的推崇。西方宗教文化对个体价值特殊功能的忽视，被传统的人本主义亚文化所平衡，被近代的宗教改革与文艺复兴所颠覆。中华文明中对个体价值独特性的忽视，则一直延伸到了近代，直到在中国社会的现代化转型进程中逐渐接受西方的人本主义文化才得到纠正与补充。

中华文化也并非完全否认个体价值，但个体价值在主流伦理中没有核心地位，仅在不同的亚文化中得到表达与传播。这就决定了中华文化的核心结构中没有个人主义伦理，也没有个体自由的伦理。

中华文化的最大与最显著的社会历史功绩，就是形成了与社会政治秩序相融合的文化体系与伦理结构，并实现了社会文化活动与社会权力活动的高度融合与相辅相成。这就是中华文明内在稳定的基本依据。欧洲文明没有这样的文化形态，也就在进入中古时代以后开始与中华文明的演化进程分道扬镳。罗马帝国只能昙花一现，秦汉帝国的政治传统则一直延续为今天中国的举国体制与社会主义制度中。欧洲今天仍然缺乏大一统的政治伦理，也就难以形成稳定统一的政治结构。没有统一的欧洲尽管具备了先进的中观文化，但其国家竞争力与整体竞争力却在逐渐衰落。

正因为欧洲的传统文化中缺乏大一统的伦理，也缺乏主流文化与政治秩序的高度融合，也就形成了欧洲社会政治结构的散乱和教权与王权的对立，也就造就了欧洲历史中延绵不断的政治与军事冲突。这种状态主导了欧洲社会几千年的动荡，一直延续到世界大战与冷战。今天的欧洲人试图建立的欧盟就是一种追求统一社会秩序的政治努力，这种努力之所以比中国人几乎晚了两千年，就是因为缺乏必要的外部生存需求与内在文化依据。

中华文明形成大一统的社会结构，虽然也经历了复杂的暴力冲突过程，但却在基本稳定中维护了中华文明的延续。这种稳定延续的文明即使在两次外族统治中也没有被瓦解。这个文明成就就是今天中华民族的文化自信与道路自信的历史根基，就是中国人可以回到世界强国地位的历史依据。

中华文化为中华文明的历史延续提供了精神保障，也为今天的中国人及以后的中国人可以世世代代不断重构维护自己文明延续的新文化提供了历史依据。中华文化的成果也是中华文明可以在工业贸易文明的冲击中保持文明完整与政治统一的基本依据，这个文化成果在保持文明的延续中还可以实现文明的现代化转型，还为中华文明的现代化改造提供了文化根基。西方的马克思主义工具与自由主义工具，都可以在中华文化的土壤中合理生长。

中华文化的特殊形态与功能，主要形成于稳定的农耕文明环境中。在工业贸易文明的冲击面前她就遇到了危机。这是社会秩序与社会文化演化中的突变危机。一旦渡过这个危机，能够将传统文化的要素在现代环境中实现重组与重构，并由此而接纳工业贸易文明的经济活动方式，就仍然可以在保持其基本政治伦理形态的前提下重新焕发出新的活力。但这些传统的基本伦理必须重新赋予新的现代涵义。

中华文明的曾经辉煌形成了农耕文明中高度组织化的社会结构。它从农耕文明向工业贸易文明的过渡，虽然更迭了其利用自然环境的基本方式，但其社会组织结构的有效性，社会一般生活与一般活动的形态，则仍然会在新兴伦理中得到合理的保持与延续。源自农耕文明的大一统政治秩序与现代化重塑的道德精神与道德行为，由传统政治伦理支撑的政治秩序与权力工具，仍然会在工业贸易文明中找到新的生存土壤，并可以重新成为维护现代社会秩序的精神依据。新中国建立前后的中国社会，在列宁主义政党的组织中实现的高度动员，让积贫积弱的中华文明爆发出了巨大的活力。这种活力既是西方工具文化的成果，也是马克思主义的工具体系被中华传统文化土壤滋养的成果。

社会的突变形成了文明的危机，也形成了文化的危机。中华文明渡过近代危机的方式，就是在吸收西方工业贸易文明的文化要素的过程中实施对传统文化的自我改造，甚至是涅槃式的改造。中华文化已经在成功吸纳外来佛教文化中有过自我重塑的历史经验。同样来自西方社会的马克思主义文化，就是这个转型与突变中的衔接桥梁与涅槃的过渡平台。这缘自马克思主义基本伦理与中华文化基本伦理的相似性，来自它们所共同具备的群体利益至上的公共价值结构。马克思主义的科学社会主义制度与中华文化的大一统社会结构具有先天的同一性，或者可以说中华文明本身就是农耕文明中的社会主义形态。

中华文明在自己的现代化突变与更新中遇到的最大障碍，就是缺乏安置个体精神自由与个体独特价值的哲学结构，这就会削弱对社会秩序演化本质的理解与演化动因的理解。这种哲学结构是与中华文明主张世界秩序与社会秩序亘古不变的终极观念相一致的。

实际上，在王守仁的心学中已经具备了安置个体独特精神活动的逻辑，但这个哲学流派没能得到有效的文化阐释。对心学的重新理解是将中国现代哲学的根基进一步深入到传统哲学中的重要窗口。

文化的演化是文明演化的先导。中华文化也不可避免地处于自己的演化进程之中。但由于这种演化无法在中华文化的体系中得到哲学支持与文化表达，也就注定了中华文化不能具备演化的内在自觉，普遍存在的文化演化也就因此而被特殊化与神秘化了。中华文化的这个哲学特征，也形成了向工业贸易文明转型的巨大文化障碍。日本文化现代化转型的顺畅，恰恰是他们缺乏对中华文化的终极理解的结果。中国近代无数文化界的志士仁人都为破除这个障碍付出了巨大的努力与创造了巨大的成就。但这种成就的取得仍然是被动的与不自觉的，是在文化危机与社会秩序危机的激励下的应激活动，并不是内在自觉的文化构建与重塑的追求。

这种文化转型方式的结果也就形成了一种极端的态度，要么完全废弃传统文化而全盘接纳西方文化，要么死守传统文化而不思改变。前者形成了风起云涌的新文化运动，后者则在中华文明的转型进程中成为或隐或现的副旋律。一旦转型遇到困难，这种保守思潮就会兴起。曾经的保守思潮是恢复旧帝制与旧儒学，今天的保守思潮则是恢复原教旨社会主义与新儒家。对既有秩序的完全否定与完全保守都是违背秩序演化本质的行为，都是对演化不能自觉理解的结果。对文化结构的演化的理解如此，对社会结构秩序的演化理解也如此。马克思的文化体系中对这种演化的表达，在大多数中国人的心目中仅仅是一种政治图腾的教条，真正能理解这种表达的学者都不多。

工业贸易文明的外部扰动促成了中华文明的近代转型，扰动的结果就是西方文化的大举进入。外来的马克思主义文化在传统文化的转型中率先落地，为这个三千年大变局提供了一个有效的重构工具与文化媒介。来自欧洲的马克思主义并不会直接变成中华文明的文化内涵，只有将其融化在中华文化之中，只有将其中国化，这个现代转型中的文化媒介才能完成自己的历史使命。这个历史使命就是中华文明的工业贸易新文化的重构，就是在重构中继承了传统文化与融合了西方文化。

社会的存在就是社会秩序对社会自由的约束形成的组织化形态。在至今为止的任何表达社会秩序存在本质的文化中，都由于哲学对社会存在的肤浅理解形成了在两个极端中的对立分裂。这就是主张群体价值为主导的社会秩序观念体系与主张个体价值为主导的社会秩序观念体系，他们都是狭隘与局限的。

社会存在为人类生存提供的全部功能，都在社会秩序的约束功能与社会成员的自由行为功能的对立与均衡中实现。社会存在既不是仅仅由秩序或群体公共价值主导，也不是仅仅由自由或个体生存价值主导，而是由它们的对立统一主导或对立均衡主导。社会的演化，就是表达了群体价值的社会秩序与表达了个体价值的自由行为在社会存在的对立中或均衡中不断改变均衡状态的结果。对立的双方在均衡中主导地位的周期性交替构成了演化的周期。

　　人类文化中理解社会存在的两种偏向与局限，仅仅是对社会演化进程中的局部状态的固定化与绝对化的结果。中华文明将某一演化瞬间的公共利益绝对化了，可能这个瞬间超越了千年。西方文明则将某一演化瞬间的自由价值绝对化了，这个瞬间才几百年。无论在中华文明还是西方文明中，社会演化的状态都是在秩序与自由的对立均衡中，他们的文化只不过是将不同的均衡表象当作了本质。

　　社会秩序演化中均衡状态的改变，形成了秩序与自由交替表象的呈现，这就是社会演化的周期性循环。所谓"合久必分，分久必合"，就是中华哲学对这种演化周期的通俗表达。这种循环的不变性仅仅是逻辑形式的不变，其中仍然蕴含了不可逆转的改变，这就是社会秩序演化进程本身。理解演化本质的逻辑方法简化了演化的复杂性，也常常遮蔽的演化的本质内容。

　　实际上，在任何大文明的文化演化进程中，也都蕴含了对秩序主导与自由主导的局限理解的周期性交替。只不过由于文化演化的巨大惯性，这种周期常常以千年计，因而远远超越了个人的生命周期与经验感知周期，也就难以被构建公共观念的人所透彻理解。

　　例如，从欧洲的古典文明到中世纪文明，是自由主导向秩序主导的转换，从中世纪文明到工业贸易文明，则是秩序主导向自由主导的转换。今后如果形成了欧盟的稳定实体，也就会是一个新的秩序主导周期。

　　例如，秦汉以前的中华文明形成时期，基本上属于自由主导的微观秩序的构建时期。秦汉帝国形成了大一统秩序主导的形态。汉末的三国两晋南北朝，则是大致相同时间的自由主导状态，隋唐则是重回秩序主导的状态中，唐末以后的五代十国则又是一种自由主导的状态，宋的建立又是重回了秩序之中。从元明清到新中国成立，每一次秩序崩溃后的重组过程都在提速，其中的重要差别来自外部文明与文化的不同扰动与冲击。这表明在中华文明的演化进程中，宏观的大一统秩序逐渐占有了绝对的主导地位。这也是理解中华文化得以成为唯一完整进入现代文明的历史哲学的钥匙。

人类社会由多层次嵌套的群体结构构成，社会秩序的演化也由多层次嵌套的演化周期构成。在重新进入稳定的新中国之后，中国社会还会有一些低层次秩序的演化周期表现出来。新中国成立初期强大的统合能力形成了强烈的秩序主导状态，这也就是计划经济与政治集中所主导的社会秩序状态。当这种秩序状态的弊端逐渐显现与政治秩序演化中积累的弊端的交织，也就促成了新中国的内在改革。改革开放对原教旨社会主义的扬弃就是一种对自由主导秩序的合理回归，充沛的经济自由与社会自由带来了经济与社会的蓬勃发展，也形成了秩序松弛与道德崩解的不良后果。重塑秩序与强化规范则是中国新时代的演化方向。在这几个主导状态的反复转换中，中华文明大踏步地攀升了自己的历史地位。

马克思的科学社会主义是在欧洲工业贸易文明形成之后出现的具有重大历史影响力的群体主义文化体系，它与其他的社会主义思潮的总和可以统称为社会资本主义文化体系。这是欧洲近代的个体至上的世俗文化体系粉碎了中世纪群体至上的一神宗教文化体系的演化反动，是对新兴的自由资本主义文化体系的社会恶果的文化纠正成果。从此，在工业贸易文的现代社会秩序中，社会资本主义思潮与自由资本主义思潮相对立而存在。

正是由于工业贸易文明的创立是自由主义文化的胜利，自由主义公共价值就被西方现代文化奉为神圣的圭臬而变成了教条式的符号。西方人在这个自由主义终极价值的统辖中恰恰失去了精神的自由。

在欧洲社会资本主义思潮中表达的社会理想与中华文化的社会理想具有终极的同一性，这就是外来的社会主义文化能够在中国迅速落地的文化历史原因。直到今天，社会资本主义的伦理特征和文化局限与中华儒家文化的伦理特征和文化局限，仍然在被改革开放之后又重新流行起来的西方自由资本主义文化思潮所诟病。殊不知，他们自以为是的自由主义价值也是另一个极端的狭隘公共价值。

对马克思的科学社会主义更合理的称谓，就应该是社会资本主义。资本主义经济制度是现代工业贸易文明的社会经济秩序基础，也是人类现代文明的基本特征，否定资本主义制度就是否定了现代文明。现代资本主义制度由对社会经济资源的高度资本化为特征。社会经济资源的资产与资本化则正是人类文明的基本成就。

冷战中东西方文化中表达的社会主义与资本主义的对立并不准确，对这种文化对立的准确表达应该是社会资本主义与自由资本主义的对立。马克思的科学社会主义就是社会资本主义，在马克思的政治经济学中，资本主义经济制度就是社会主义制度的经济基础，资本主义经济制度的本质并非是私有制，而是社会经济资源的资本化流转与利用方式。无论公有制还是私有制都是社会经济资源的资产化形态，它们早就存在了，它们与资本主义制度无关。

现代资本主义经济制度就是工业贸易文明的核心特征，就是自由资本主义与社会资本主义共同的经济秩序基础，马克思从来就认为社会主义必须以资本主义的高度发展为建立的基础条件。所谓的社会主义与资本主义的对立，是马克思的学生们对马克思社会演化哲学的形式化误解。马克思所说的从资本主义过渡到社会主义，是一种对统一秩序内涵变革的扬弃过程的错位逻辑表达，它们并非是同层次逻辑形态的对立与替代关系。现代社会主义秩序必须要以现代资本主义为基本经济秩序条件，也就是必须建立在社会资源的高度资本化的基础之上。

被误解的资本主义与社会主义的对立，实际上是在资本主义制度基础上集体主义与个人主义的对立。现代西方主流文化将社会基本秩序中的个人自由主义与经济活动中的资本主义融为一体，也就是这种误解的文化原因。现代社会主义文化不能通透理解现代资本主义的经济秩序本质，也是马克思所未能透彻阐明的，这也就将资本主义经济秩序与社会化的极端自由主义公共价值混为一谈了，也就将来自个人主义与自由主义的极端化所形成的社会秩序弊端全部都归结为资本主义秩序的弊端了。这是一个用合理的经济秩序替不合理的政治秩序的代过。这种误解就来自对资本主义经济活动方式的不能透彻理解。在马克思写资本论的时代，资本主义经济秩序的本质特征还没有充分形成，理解这种本质特征的经济学体系还不够完备，理解这种经济活动方式的历史视角还在模糊中。

马克思的科学社会主义与西方现代自由资本主义来自同源的欧洲文化传统在工业贸易文明中形成的不同公共价值倾向的分支中，它们都共同依赖现代资本主义经济秩序基础。这种文化传统与经济基础的历史性延续，造就了社会资本主义与自由资本主义的近亲血缘。这种关系正是让马克思的科学社会主义思想成为沟通中华文明与欧洲工业贸易文明的文化桥梁的历史依据。

中华文明在向西方创立的工业贸易文明的转型过程中首先接受了社会资本主义文化的公共价值，虽然这种价值体系主要是以改造与重组社会秩序的工具价值被引进的，但这种引进中也就必然蕴含了中华文明向工业贸易文明转型所需的全部文化基因。中国人在今天一带一路的经济全球化运动中仍然可以借用马克思，看似其中的工具价值已经过时，但其中蕴含的文明基础则仍然有用。

马克思主义也为现代中国人提供了接受西方其他文化体系的基本条件。今天的中国人就是从马克思的文化中逐渐理解了西方资本主义的。主张引进市场制度的改革开放仍然是在新中国第一代坚持马克思主义的政治家们的主导中实现的，因为市场经济中蕴含的自由资本主义文化并不与马克思的观念绝对冲突。这就是今天依据马克思的价值体系建立起来的新中国，仍然可能顺畅地转型为与西方社会秩序相融合的社会秩序的最重要的文化原因。尽管今天的中国人还不能自觉地理解这个文化原因，尽管在依赖这个文化的转型中还充满着冲突与争论，甚至还形成了用自由资本主义文化彻底取代中华文化与社会资本主义文化的反向思潮。

中华文化本身的生命力与广博内涵所提供的包容功能，则形成了对社会秩序演化的深刻适应性与文化弹性，也必定使中华文明可以得到涅槃与更新。

在马克思主义的发展史中，其初始形态必须与当时欧洲的工人运动相融合，在马克思主义的世界性传播活动中就常常主要在发展中国家中落地。这也就形成了马克思主义文化体系与不同文明中的本土文化相融合所形成的复杂变异。苏联的社会主义与中国特色的社会主义的区别，就在俄罗斯东正教传统文化与中国儒家文化的差异中。今天欧洲的马克思主义的后现代形态就是典型的社会资本主义的文化形态，今天北欧社会中的当代马克思主义的拥趸们，就是以他们的社会资本主义秩序的社会经验为依据的。

马克思的社会资本主义文化形态在欧洲现代社会秩序中的延续与发展，也来自欧洲现代文化对包括马克思的科学社会主义在内的各种欧洲社会主义思潮的整合成果。社会资本主义在当代的中国就是中国特色的社会主义，这来自马克思的社会主义思想与儒家文化的融合。

后现代形态的马克思主义弥补了原初马克思主义的一些局限，也拓展了马克思主义的社会说服力，还为更新改造马克思主义以适应今天的欧洲社会提供了文化演化的途径。中国特色的社会主义与欧洲后现代马克思主义可以在文化演化中殊途同归，只要这种同归的前景不被欧洲人狭隘的民族主义甚至种族主义所遮蔽。

马克思主义在中华文明中的本土化与后现代化的结果就是形成了中国特色的社会主义文化体系，这就是原初的马克思主义在中国文化中的本土化改造的结果，也是它在中国社会的现代化进程中的现代化演化形态。这个文化演化与文化改造的成果就是今天中华文明中的主流文化能够与世界主流文化相融合的历史依据，也是今天实现了工业贸易文明转型的中华文明能够与自己的传统文化相融合的哲学依据。

今天的中国人，必须用更为开阔的历史视角来理解与阐释马克思了。这种开阔的视角必须打破新中国成立以来从苏联继承的对马克思的教条化理解。这就是用自己的历史文化视角与今天伟大的新实践来重新理解马克思。

中华文化的现代化涅槃，必定是传统的群体主义价值结构对个人主义价值的吸纳与改造的结果。这个结果必须来自中华文化所具备的传统包容能力。中华文化的强大包容性曾经在外来文化的冲击中实现过一次根本性的文化包容与文化涅槃，这就是对外来佛教文化与本土道教文化的包容与改造，这个改造的成果就是理学体系的形成。今天中国特色的社会主义文化体系一旦成熟，也就可以形成中华文明对外来文化的第二次大规模包容成果。理学的包容成果改造了儒家文化的结构短板，为中华文化提供了更为透彻的超验观念空间与终极价值结构，也为理解外来的一神宗教准备了文化条件。在今天中国现代文化的重构中实现的对西方现代文化的成功包容，也必然会为中国人提供理解世界性流行的西方文化的基础条件，并同样会进一步优化已经被马克思主义改造过的中国现代文化体系的短板。

文化的重构方法与改造工具在哲学之中。当年马克思主义的形成就是对欧洲传统文化的重构与改造的结果。在这个过程中对欧洲近代哲学工具的引用形成了马克思主义的哲学方法。中华文明对佛教与道教的包容与重构过程中对哲学工具的利用，虽然激发出了激烈的哲学争论，但却缺乏明确的哲学总结。中华文化在哲学方法中的不够自觉，也是理学文化体系不能与传统儒家体系明确区分的一个原因。

今天已经可以实现向工业贸易文明成功转型的中国，又面临了一个历史性的文化重构与文化改造的新任务，这个新任务的有效完成，必须具备明确的哲学依据，必须形成明确的哲学体系与哲学总结。这才能消除盲目性并且透彻表达文化重构的自觉性。中华文明的重新振兴为中华文化的改造与重构提出了任务，中华文化的重构与现代化改造又必然为中国新哲学的创立提出新的任务。只有依据新哲学提供的新思考视角与新世界观，只有依据新哲学提供的新方法论与新逻辑，才能支持对中华文明在发端于欧洲的现代文明中得到自己特殊的延续，并实现自己对西方现代文明与现代文化的新包容。

第四十五章　人类观念结构中的社会环境内涵

167.人类精神环境中的两个基本内涵

　　人类在环境中通过行为实现生存。精神世界是人类生存的一个环境。人类在精神环境中通过意识活动直接实现精神环境生存，也间接实现物质环境生存。精神环境是意识存在与活动的环境。意识就是人类意识活动对精神环境的感受。

　　精神环境是意识能量被观念结构秩序的组织化所构成的存在。观念结构就是意识能量的活动秩序，就是意识能量的存在要素间的运动关系。精神环境的存在形态就是观念空间中的观念结构。观念结构的总和构成的观念空间提供了意识能量的活动环境。每个个体的精神世界就是由他们独特的观念结构及其中的意识能量的运动与分布所构成。观念结构是人类理解精神环境存在方式的逻辑。

　　观念空间具有层次化的结构。终极观念是观念空间的最高层次与宏观结构，表达了最高层次的精神环境秩序，也是观念空间全部秩序的统合与全部结构的汇聚，还是观念空间中的全部价值统合与价值汇聚。

　　基本观念是观念空间的中观结构，是观念空间局部秩序的统合与局部观念结构的汇聚。终极观念就是最高层次的基本观念。基本观念构成了不同层次的观念结构框架。生存在文化环境中的人类个体，其观念结构的基本框架或基本观念中的主体结构主要就是伦理观念。伦理是人类社会环境中的基本公共观念。

价值是人类精神环境中的生存需求表达。精神环境中的观念要素是价值的载体。伦理观念是伦理价值的载体。不同层次的基本观念中的伦理结构蕴含构成了不同层次的伦理价值。伦理就是人类基本观念的公共化。文化环境中的伦理来自人类群体的社会文化活动，个体观念空间中的伦理来自人类文化环境的灌输与塑造。个体精神环境中公共化的基本观念就是文化中蕴含的伦理的表达。

基本观念也具有逐渐汇聚的结构形态，高层次基本观念是低层次基本观念的结构汇聚，高层次伦理也是低层次伦理的结构汇聚。伦理是人类群体公共价值中的基本结构，也是人类社会秩序的基本精神依据。伦理是文化中的基本结构，它们来自人类文化活动的构建与表达。文化伦理又通过文化活动塑造了个体的观念结构，并融入个体观念空间与个体价值结构中。

个体观念空间中的终极观念中蕴含了全部伦理的统合与汇聚。观念空间中的宏观伦理或大伦理，就是个体终极观念或准终极观念中蕴含的公共价值。在文明化的人类精神环境中，终极观念就是伦理的汇聚，准终极观念就是大伦理。

文化是人类群体公共观念与公共价值的社会表达形态，也是社会秩序的精神内涵表达形态。文化具有社会资源的形态与社会活动方式的形态，前者是所谓的物质文化，后者是所谓的非物质文化。文化是公共观念的社会存在载体，伦理是文化中公共观念的基本结构。文化伦理就是伦理观念与伦理价值的文化形态。

社会文化为人类的意识活动提供了外在环境条件。文化就是公共意识活动环境的物质载体。个体观念空间中的伦理观念与伦理价值就来自文化环境中的基本公共观念要素，就是文化环境对个体观念结构的塑造结果。在文明化环境中生存的人类个体，其观念结构就基本上被伦理所统辖了。伦理对个体观念结构的统辖程度表达了个体的文化修养程度。

知识仅仅是公共观念的逻辑化结构。知识也可以成为伦理的载体，但知识并非伦理本身。文化活动的知识灌输构成了个体观念空间中的知识结构。知识结构中蕴含的伦理如果不能还原为观念就不会形成伦理观念与伦理价值。具有知识而不能将其中的伦理还原为观念的个体，就是所谓的有知识没文化的人。

伦理观念就是文明化的人类个体观念空间中的基本结构与价值结构的基本框架。游离在伦理之外的观念结构表达了个体非公共化的观念结构或者非文化的观念与非文明的经验。了解个体的伦理结构就是理解其观念结构的钥匙。在中华文明中，这把钥匙就是德性。在西方文明中，这把钥匙就是人性中的善。在中华文明中，非伦理或与伦理冲突的观念表达了兽性，在西方文明中，非伦理或与伦理冲突的观念表达了人性中的恶。兽性与人性之恶，就是人类的动物本能与人类的基本生存欲望的表达。

人类存在的基础来自动物的存在。人类与动物的区分来自其观念空间中的善与人性，来自文化塑造的公共观念构成的复杂的精神世界，来自依据精神世界构成的文明化的生存方式。人类复杂的精神世界，来自人类群体化生存方式中的观念交流活动的塑造。

善与恶共同构成了个体的精神世界。它们不可或缺。善与恶的对立构成了个体观念空间中意识活动的动因，也提供了观念空间秩序的演化条件。

逻辑是人类理解自己意识活动方式与观念结构的成果与工具，逻辑也是人类表达观念结构的特殊方法，这个方法提供了对观念结构表达的明确性与确定性。人类只有依赖逻辑工具才能构成明确清晰的公共观念体系与文化体系。可以实现逻辑化理解与表达的意识活动方式与观念结构被称为理性意识活动方式与理性观念结构，与此对立的感性意识活动方式与感性观念结构则是非逻辑化的意识活动方式与观念结构。人类的逻辑化能力是相对的。

人类观念空间中的存在形态的主体是人类的意识无法理解的感性观念结构。人类在观念空间中的意识活动的主要方式也是无法理解的直觉方式。

人类对意识活动方式与观念结构可以实现的逻辑化理解与表达永远是相对的与局限的，这就决定了理性意识活动方式与理性观念结构的相对性与局限性。逻辑化的观念结构仅仅是全部意识活动方式与全部观念结构中的很小一部分。逻辑化的观念结构是人类精神环境秩序的可以外在化表达的一个简化表象。正是这很小的特殊表象决定并支持了大部分公共观念的结构。

可以依据逻辑方法实现外在表达的观念要素主要就是观念空间中的基本观念。当文化环境有效地塑造了社会成员的基本观念结构时，逻辑方法所表达的个体的基本观念结构就主要是伦理观念了。运用逻辑方法对公共观念的表达过程也就实现的对它们的统合与汇聚，这也就形成公共观念的伦理化与范式化。逻辑方法也是公共观念的范式化工具与模式化工具。

人类通过逻辑工具实现观念结构的公共化与范式化就是将具体的经验观念整合塑造为抽象的通用形式。这种塑造过程在公共观念空间中的最终积累就形成了终极化的公共观念的一般形式。这种形式的最高哲学化表达就是绝对理念和宇宙精神，就是先验范畴与客观规律。

例如，康德所说的基本逻辑范畴就是文化环境对社会成员观念结构的塑造而形成的观念结构的基本模式，其形态依据逻辑工具的形态而构成，它决定了社会成员意识活动的基本范式。其中最基本的塑造成果来自语言逻辑。在任何文明化的人类个体的观念空间中都充满了来自母语文化提供的逻辑结构，也就必然依据这种逻辑塑造出了他的基本观念的模式与基本伦理的模式。人类对自己意识活动的感受就是依据自己主要的语言逻辑对观念空间环境的感受，这就是所谓的语言思维。

人类可理解的意识活动方式只是全部意识活动中很小一部分可理性化的方式，这种方式中最基本的形态就是可语言化的形态。人类大量的意识活动方式是不可理性化与无法语言化的，这些难以明确理解与感受的意识活动方式就是所谓的直觉。直觉比理性思维更为复杂与丰富，正是它的无法感知与表达也就将它在人类的文化与哲学中简化与回避了。

在传统哲学中对逻辑方法与逻辑工具的理解是肤浅的，这主要是因为将逻辑方法当作了意识活动与观念结构的主体。这种哲学的极端化就是逻辑实证主义流派与逻辑实体化的哲学观念。

逻辑方法与逻辑结构仅仅是人类观念空间结构在特定文化环境中的可表达脉络，这种可表达的脉络在不同观念结构中的密度或浸染深度并不相同。这就形成了逻辑结构在观念空间中的不均匀分布。在某些能够较合理地表达其结构的观念空间领域中逻辑脉络会比较浓密，例如在自然科学观念领域中，以至于依据这种观念结构中思维活动的认识新发现也都会被完善地安置于逻辑脉络之中，这就是新发现的科学观念常常就是可逻辑表达的形态的原因。

在某些无法有效逻辑化表达其观念结构的观念空间领域中就会形成逻辑脉络的稀疏状态，对这个局部空间的观念要素的深入表达方式，就只能主要依赖于感性化的经验表象或具象，例如在狭义艺术的领域中。在音乐与绘画中所表达的观念就是如此。

传统哲学对逻辑方法与逻辑结构理解的含混与模糊来自对人类精神环境存在本体的理解含混与模糊，来自对人类意识活动本质的理解含混与模糊。这也是从柏拉图的绝对理念到康德的先验范畴和黑格尔的宇宙精神，以及由它们广泛蕴含与表达的人类观念要素都难以得到本体论的逻辑安置的结果，也是它们必然被神秘化的原因。在康德不得不神秘化的环境存在形态中，他就明确表达了对自然环境秩序与精神环境秩序的本质疑惑，这就是他始终敬畏的星空秩序与人类道德精神的秩序。但他对自己的先验逻辑范畴并没有疑惑。这也是欧洲传统哲学中逻辑实体观念传统影响的结果。

在个体的观念空间中伦理观念主要是感性化的，但也可以是相对理性化的。感性化的伦理观念主要来自感性文化形态的传播与灌输，或者主要来自艺术化的文化接受，特别是来自高度感性化的宗教文化的灌输与语言形态的观念接受。个体观念空间中理性化的伦理观念则主要来自理性文化形态中的理性伦理灌输，也就是来自知识观念中的伦理蕴含。它们主要来自知识文化的观念输入，其中主要是科学文化的观念输入，也会包括某些一神宗教的神学与教理文化的输入。

感性化的伦理观念是人类个体普遍的伦理形态，理性化的伦理观念则是特殊的伦理形态。伦理观念的理性化就是基本文化结构的知识化与哲学化的结果，这个结果主要来自哲学方法与科学方法的推广与普及，但这并不会改变感性化伦理观念的主体地位。试图改变这种主体地位的文化努力，就是科学主义思潮的蒙昧。

在理解人类观念结构形态的逻辑中，终极观念是一个重要的概念，也是一种对观念空间秩序重要的逻辑安置。

人类的观念结构具有从下向上逐渐统合与逐渐凝聚的结构形态。其统合与凝聚的最高形态就是终极观念。终极观念是人类观念空间中秩序的统合，其中全部的逻辑化形态都会在统合中被凝聚而消失。只有在没有完全终极化的观念结构中，才能具备可理解与可分析的逻辑结构，才具有逻辑方法有效实现的环境。在完全终极化的观念结构中任何逻辑方法都会失效。只要进入了这个领域，再严谨的逻辑演绎都会出现逻辑悖论。传统哲学中各种经典的二律背反就是在终极结构中的逻辑失效的例子。

任何逻辑工具的有效性来自其运用的观念空间环境的结构化层次区分。在逻辑运用中的结构层次的混乱就是其方法失效与各种悖论与矛盾出现的基本原因。在逻辑运用中必须遵循的矛盾律就是避免出现层次混乱的方法。对于不太深刻的逻辑悖论与逻辑矛盾，人类可以自然而然地运用经验直觉来回避，这种自觉的意识活动回避遮蔽了实际上大量存在的逻辑矛盾，也就夸大了逻辑工具的普遍功效。

在终极观念中的逻辑悖论则是人类全部思维的终极陷阱。因为在终极观念中的全部观念结构层次都被统合压缩凝聚为一体，都失去了其中的结构化层次，也就失去了在其中运用逻辑工具的条件。

这种无法逻辑化表达的公共化的终极观念就是各种宗教文化的核心结

构的基本特征。宗教神学就是试图对其核心观念结构逻辑化表达的文化体系，但在最高层次的神学观念中也就完全无法实现逻辑化了。例如在基督宗教文化中，上帝的存在方式永远不可逻辑化，既无法由逻辑演绎证明，也无法由经验理性证伪。试图证明上帝存在的逻辑活动最终都会陷入悖论中。对佛教文化中的佛祖与佛心的逻辑表达也具有同样的境遇，这是全部神学的梦魇与禁区。

自然科学文化体系的可充分逻辑化则来自它将终极公共观念排除在外。科学文化从不涉及终极化的观念形态，它们都以各种文化环境提供的预设前提与公理假设的形式外在于科学理论体系。在自然科学领域中，公理假设与科学共同体认可的范式就是其文化体系中的终极观念的基本载体，它们也永远无法证实与证伪。全部科学方法与学术规范都不会涉及对公理假设与思维范式的探讨。对它们的探讨在科学研究之外的文化活动中。

在科学文化的公理假设中逻辑方法也会失效。例如两条平行线的永远不相交就无法逻辑证明，既不可经验证实也不可经验证伪。在宇宙爆发的原始奇点中，在宇宙模式的黑洞中，任何逻辑都会失效，也没有任何可以理性思考与逻辑演绎的空间。科学文化中的公理性假设就是科学观念中的终极观念黑箱。

在哲学的终极观念中也同样不可使用逻辑工具。在世界的终极存在形态中，在物质的终极本体中，人类没有思考的空间只有统合的直觉。就像基本粒子与物理能量是物理学逻辑的终点，秩序与能量就是哲学逻辑的终点，任何哲学的理性也都将终结于终极化的概念中。

一直延续到今天的一神宗教文化体系就是人类不同文明中公共化的终极观念文化成果的近代形态。这些文化形态来自人类的不同文明对公共化的终极观念的相对理性化表达。这种表达的依据就来自数千年的哲学发展提供的逻辑工具。但在这种文化体系中的基本表达形态，特别是大众化的普及表达形态，则还仍然是高度感性化的。但在构建与维护这个文化体系的核心成员团体中，则已经塑造出了公共化的理性化工具与通用的逻辑方法了，这种公共化的逻辑化观念体系在基督宗教中就是他们的神学体系，在佛教中就是他们的佛学体系。

在各大一神宗教的文化形态中充满了对深刻感性内涵的理性化的简化与表象化的表达形态，这就是他们的经文与符咒。这种符号化表达工具的特殊与艰深使得它们在难以在世俗文化活动中被普罗大众所理解。信众们对经文与符咒的颂念几乎没有任何理性思考的内容，而仅仅是一种凝聚与感召精神情感的行为仪轨而已。

在人类文明的漫长演化进程中，个体的观念结构经历了世世代代的文化传承与文化塑造，也就逐渐被不同程度地理性化了。原始人类的精神世界是高度感性化的，也是几乎完全不能实现外在表达与公共化理解的。随着人类观念交流活动的进化与理性化方法的发展，人类的精神世界与观念结构也在逐渐被理性化塑造的过程中逐渐实现了相对的外在表达。直到近现代的文化活动中教育活动普及以后，人类的观念结构中才逐渐开始具备了较普遍的理性化形态与知识化的结构，但这种理性化仍然是相对的。

个体观念结构的理性化演化进程大致与群体公共观念结构的理性化演化进程是同步的，这种同步来自人类个体的社会文化环境。人类公共观念的理性化进程所形成的不同阶段与形态也就是人类不同文明阶段中的文化形态特征。

人类文化的演化史就是人类公共观念逐渐理性化的演化史。这个历史演化的进程从原始的自然物图腾文化形态开始，在这种公共观念形态中最简陋最稀薄的理性化形态与最广泛最浓厚的感性化形态，在经历了后来的多神宗教文化形态中的漫长演化进程的理性化凝聚以后，才逐渐达到了最后的一神宗教文化所具有的较高理性程度的形态。这就是在人类公共观念体系中不断提高理性化程度的演化进程中所表现出来的文化形态阶梯。

不同文明中一神宗教文化的形成来自人类不同群体中大致相同的理性

化演化进程与成果的催化，其成果就是在各大主要文明的大致相同的历史阶段中形成了具有大致相同形态的一神宗教文化。在这种人类文化演化的大致同步的状态中也就必然包含了人类不同群体间的文化交流结果。

只有当人类的观念表达与观念交流方式的演化最终形成了比较完备与可以跨文明的通行的理性能力与理性方法以后，才使得人类将对精神环境的理解与对意识活动方式的理解能够统合地表达为一个完整的逻辑整体。于是，充分感性化与拟人化的多神宗教也就开始突变成为反对偶像崇拜的更为抽象更为统一的一神宗教。在这时的宗教文化中才开始出现了独立表达理性方法的观念体系以及构建与维护这个体系的特殊活动方式，例如神学活动与佛学活动的文化形态与活动方法。

一神宗教文化的形成既是人类不同文明中理性化能力演化的文化成果，也是不同文明中理性能力继续发展的土壤，但一神宗教的一般表达与传播方式则仍然是高度依赖感性化方法的。这个特征就决定了宗教文化与知识体系的根本区别，也决定了宗教文化中理性化方法的简陋艰深与它必须表达的观念体系的深奥与复杂的冲突。这个冲突只能依赖感性化方法来化解。

这种冲突的存在，也就使得一神宗教文化向普罗大众的传播方式无法依赖他们的逻辑方法，也使得宗教观念难以知识化，例如神学与佛学就始终是被局限在小范围的特殊人群中的公共观念体系。这就使得一神宗教中的理性化方法只能被保持在少数宗教文化精英们的核心文化活动中，只能被保留在神学经典结构的构建与研讨活动中。

只有具备了更为透彻明了的逻辑工具的自然科学文化体系，才形成了可以大规模普及传播的知识化公共观念形态，这种文化体系的形成条件就是具备了与其表达的观念内涵相适应的逻辑工具。于是，在自然科学文化体系中，一直为宗教文化所烦恼的理性能力不足与观念内涵复杂深奥的基本冲突就开始消失了。

人类的精神环境由人类意识活动所构建，人类感官输入的外在环境信息为这种构建提供了外在环境的秩序依据，这种依据在观念空间中的表达形态就是经验观念。人类的经验观念具有两种环境秩序内涵，一种是个体行为结果的感受，另一种是群体行为结果的感受。前者为狭义经验观念，后者为广义经验观念或者文化观念。

人类的文明化生存方式就是文化化或伦理化的生存方式，也就是生存行为经验的高度群体化与公共化的方式。社会文化观念就是群体化的经验观念。在现代社会环境中的社会成员的观念空间中的经验要素中已经充满了文化内涵与社会秩序内涵。

个体观念空间中的逻辑工具与逻辑能力也是文化输入的重要成果。人类的理性化能力与伦理观念的融合形成了理性化的伦理结构，这种结构也是文化环境塑造出来的精神环境内涵。

人类的理性化能力就是人类的精神本能在精神环境中深入展开的成果，这种成果又是人类精神环境公共化的结果。公共化的精神环境中蕴含的理性化形态，又通过文化活动而塑造了个体的观念结构。人类的理性化能力又来自文化环境中的逻辑方法输入与逻辑能力的激发。例如，人类观念交流的语言工具来自人类理性化能力的工具构建，语言的传播又是人类个体获取初始逻辑方法的一般途径，如果在成长的幼年时期就因为缺乏文化环境对其逻辑能力的激发，个体就会终生失去基本的逻辑能力。

逻辑方法与逻辑结构也是人类认识活动的重要成果，但这种成果并不是来自个体认识活动的一般观念构建，而是对经验观念的高层次认识构建成果的凝聚。认识活动对精神环境秩序的整合与构建形成了观念要素中的超验秩序，超验秩序在高层次观念结构中的积累与凝聚再被认识本身重构与表达就形成了逻辑。

超验观念就是精神环境的内在秩序，逻辑就是对超验秩序的内在经验化观念构建与内在经验表达，逻辑的公共化就构成了逻辑工具。逻辑就是人类依据对精神环境秩序的公共化理解来引导与塑造意识活动方式的工具。

　　人类中少数逻辑学家与哲学家的特殊文化活动不断发展了逻辑工具的形态，他们对逻辑工具的构建与发现活动全部都是对超验秩序与意识活动方式的深入理解的成果，都是这种理解所形成的特殊观念的公共化表达。例如现代数学逻辑体系就是欧洲传统文化活动中形成的对人类特定意识活动方式的超验化理解。

　　进入文明以后，每一个人类个体都会在自己的文化环境中得到逻辑的启发与训练，这种启发与训练常常是蕴含在感性化的观念交流活动之中的。在任何以感性方法为主体的观念交流活动中都必然会或多或少地蕴含与利用一些理性方法。全部理性方法就是观念交流的效率化工具，这包括了从一般的语言工具到最抽象的哲学逻辑工具与数学逻辑工具。

　　具有伦理观念与具备理性能力，是人类特有的精神世界能力的两个基本内涵，也是人类区别于动物的精神活动的两个核心特征。伦理观念表达了人类对外在群体化秩序的超验理解，理性能力或逻辑方法则表达了人类对内在精神环境秩序的超验理解。它们都来自人类精神环境中的意识活动与物质环境中的社会文化活动。

168. 伦理观念与道德精神的理性化

　　所谓伦理，就是人类不同文化体系中所表达的基本公共价值。公共观念是公共价值的载体。公共观念空间中的基本观念与个体观念空间中的基本观念具有相同的形态与功能，也具有多层次嵌套的结构。文化中的伦理也呈现出多层次的结构形态。高层次的伦理蕴含与统合了低层次的伦理。

　　个体观念空间中的伦理来自文化环境的输入，也来自认识活动对文化信息的整合与构建。感官输入的社会文化信息并不是公共观念本身，而仅仅是公共观念的秩序内涵的传输形式。必须通过认识活动的构建实现的观念转化，蕴含了基本公共观念的文化信息才能转化为伦理观念。个体观念空间中伦理价值的形态与功能，既由社会文化环境输入的信息功能决定，也由个体认识活动的能力与方式决定。社会文化环境是个伦理构成的基本外在条件，个体对文化信息的审美与观念化重构方式，则是其伦理价值的具体形态与功能的实现依据。

在个体观念空间中的伦理中蕴含了文化环境提供的基本公共价值，也形成了对个体价值结构的统合。这种统合直接引导与塑造着个体的价值活动，并在个体的社会行为中实现伦理价值。

个体观念空间中伦理价值的公共化程度与认识的整合深度决定了伦理的抽象程度与超验程度，伦理价值的抽象与超验形态决定了其在价值活动中实现的间接性与模糊性。个体只有在深刻的道德精神活动中才能形成充分服从与依赖伦理价值的特殊价值活动状态。个体对道德精神状态的追求程度决定了他们价值活动中价值判断的有序程度，也决定了他们对抽象与超验伦理的追随与服从程度。个体价值活动中审美追求的强度就是其伦理价值得以实现的充分透彻程度的依据。

伦理价值通过个体的道德行为在社会环境中实现。道德精神活动是全部道德行为的初始源泉。社会文化是个体获得伦理文化的外部环境条件，认识与审美能力则是个体接受与构成伦理观念的内在环境条件。审美能力还是个体伦理充分实现的内在条件。社会成员形成道德精神能力的途径，就包含了对文化伦理的接受与对伦理文化信息价值的审美整合与构建，还包括了在价值活动中对审美价值的追求。

社会成员获得公共观念的方式有两个途径。一个是社会环境中的文化教育，包括从牙牙学语到识字读书与培训上学，这也是主流文化伦理的获取途径。另一个则是在一般社会环境中广泛获得的公共观念，这是获得非主流文化观念与亚文化伦理的途径。从读闲书到听闲戏到各种游戏娱乐，到各种亚文化兴趣和小圈子交流中的审美满足，都是这个途径的方式。其中也会包含对主流伦理的接受。

个体道德精神的能力与动因来自先天的审美本能，也来自其后天的审美训练与审美经验，只有充分参与文化活动中的不同审美训练才会获得丰富的审美价值展开与多样化的审美能力，才能具备道德精神能力的基本条件。

个体伦理价值的形成与审美能力的形成都来自他们的文化修养。具有丰富文化修养的个体才能具备强大的道德精神能力。中华文化的核心价值结构是维护社会秩序的政治伦理体系，中华文化的主要社会功能就是对个体道德精神的培育。中华文化将文化修养作为对社会成员的基本要求，也作为评价与区分人性的基本标准。不同社会成员的先天血缘因素并不被中华文化所重视，种族差异从来就不是中华文化的基本依据。在中华文化中没有文化修养和没有道德精神的人就不是完人，就不具备完美的人性。中华文化中的人性就是道德性，而不是动物性。这些都是中华文化与西方文化的基本区别。

中华文明在现代化转型初期的文化瓦解毁灭了几代中国人的道德精神能力，中华文明在现代化转型中对西方文化伦理的饥不择食又塑造了今天中国人的动物化人性。西方人在面对中华文化的传统道德时，将中华文化贬低为保守与落后，西方人在面对今天富裕而缺乏道德精神的中国人时，则将中国人贬低为不文明与没有教养。

文化是人类群体公共观念的表达方式，理性方法就是构成与表达公共观念的基本工具，人类的理性能力就是适应高效构建与表达公共观念的需求才形成的。理性方法的形成与演化过程就是人类公共观念构建与表达方式的演化过程，也是文化伦理形态的演化过程。人类理性能力的演化台阶就是文化与伦理演化的台阶。

哲学是人类理解与表达精神环境形态与意识活动方式的理性化公共观念体系。哲学的诞生来自人类大规模的群体交融所形成的抽象与超验公共观念的构建需求与表达需求。自从有了哲学，人类不同群体的不同文化之间，就获得了全新的交流基础，也呈现出了新鲜的清晰面貌。哲学的发展为人类文化结构的演化与统合提供了文化条件。

在欧洲传统文化中哲学曾经是理性化表达宗教教义的方法依据，由此也就形成了哲学与神学的互相交融。这既是基督宗教文化对理性方法的需求结果，也是哲学对基督宗教的贡献。在传统的欧洲社会中宗教文化是表达与传播公共价值与伦理的文化主体，哲学方法也由此而深入了社会成员的伦理之中。

中国传统文化中的"理"，就是广义的伦理。所谓"天理"就是终极公共观念或大伦理。中国传统文化中的"道"，就是"理"的理性化理解形态。易经就是"道"的一种具体文化表达。"道"与"理"的合一就是"道理"。"讲道理"就是运用理性方法的观念表达，并依此而获得明确的价值共识。

新中国主流文化中的大伦理就是所谓的共产主义信仰。这来自西方近代文化环境中的马克思主义文化的输入，也依据了中国传统文化中的基本伦理基础。共产主义伦理在中国社会的影响力并不仅仅依赖于马克思主义文化的影响力，还依赖于其与中国传统伦理的同一性中所引入的中国传统伦理。马克思主义在中华文明中的落地就是两种类似伦理的融合，中国人理解马克思伦理的依据仍然在儒家文化中。仅仅会搬弄马克思的逻辑的学者不会深刻理解马克思的伦理，就像今天仅仅会搬弄西方自由主义文化的学者不会真正理解自由主义伦理一样。这些伦理只能是他们简陋的观念结构中的文化标签。

马克思主义哲学就是理解与传播马克思主义文化体系的理性化方法体系，也是理解与传播共产主义伦理的理性化方法体系。这个哲学的优越性与局限性，也就决定了共产主义伦理的历史影响力与历史局限性。

169. 观念结构中的逻辑形态与文化的形态

人类意识活动中逻辑方法的出现来自人类群体化的观念交流的需要，

来自人类构建群体公共观念的需要。逻辑方法就是人类文化的基本构建工具与表达工具。

人类对自己精神世界的关注与理解促生了哲学。逻辑方法既是哲学的基本成果也是哲学的基本工具。自从有了哲学，它就逐渐取代了宗教在文化中的核心地位。文化是不同文明的精神依据，不同文化的结构特征与功能特征都可以由他们不同的哲学核心来表达与区分。西方文化的核心是欧洲哲学，中华文化的核心是中国哲学，印度文化的核心是印度哲学，美国文化是欧洲文化的异化形态，美国没有独立的哲学体系。

人类文明的发展依据其文化的演化，人类文化的演化又在不断地激发出新的哲学与新的逻辑方法，新的哲学与新的逻辑方法又为新的文化形态提供了新的演化环境与生存土壤。哲学所提供的高度完美的理性化方法，可以为在不同社会环境中自由生长的不同层次与不同体系的文化结构提供最一般的安置方式与整合依据。哲学的诞生，为人类不同群体中的不同公共观念提供了共同的逻辑依据与结构依据，也为人类文化的高层次融合提供了可能性。人类不同文明之间实现文化理解的依据都在哲学中。

哲学的肤浅与幼稚表达了文化的肤浅与幼稚。文化的肤浅与幼稚将公共观念与公共价值悬浮在复杂深刻的精神环境之上。哲学的发展与完善又为人类提供了理解不同文明间的文化冲突的超验化工具。例如欧洲古代哲学的出现，为基督宗教的一神化结构的构建提供了方法依据。欧洲近代哲学的形成，则试图总结与安置欧洲近代以自然科学为主体的新文化的宏观结构，也试图将散乱的宗教文化与世俗文化凝聚为完整的世界观体系与伦理体系。但这个目标的实现并不理想。马克思主义的文化体系与世界观体系的透彻表达也必然依赖马克思提供的特定哲学方法。

人类文化成就中的不同逻辑方法就是不同哲学体系的表达工具与思维工具，哲学构成了不同文化的结构核心。逻辑方法又具备了表达人类意识活动方式的一般性功能，这就形成了哲学对一般文化的超越。

每一个哲学体系中所具备的表达精神环境与意识活动的一般性方法，也会形成它对自己的文化根基的超越，从而让自己具备了一般意义的文化工具。这就是逻辑方法的普遍性意义与哲学体系的普遍性价值的依据。

人类文明的演化与发展终于形成了几大文明之间广泛交流，也开始了不同文明之间的竞争与博弈。强大的传统文明流向世界，封闭的弱小文明开始瓦解。不同文明中的文化开始互相传播，瓦解的文明又在努力重构。今天与过去世界冲突的根源就在文明的冲突中。

环境存在要素中的状态差异形成了环境能量流动的势能。文明的差异是不同文化传播的基本动因。这种传播具有两种不同的效果。一个是杂化与丰富了各个文明的文化内涵，使得它们可以通过接受外来文化补充自己的演化动力与创新营养，这是文明间大文化交流的正面意义。另一个则是形成了不同文明内部的文化多元化分裂与文化体系的混乱冲突，这种文化的混乱与冲突瓦解了维护文明秩序的精神依据，进而危及社会秩序的稳定性存在，这是文明间大文化交流的负面意义。

例如在中国近代社会的文明转型与现代化进程中就充满了这种大文化的交流活动。西方文化的大规模输入为中国文化打开了眼界与空间，为传统文化创造了新的演化条件。马克思主义落地了，自由主义落地了。但这种文化输入也同时瓦解了中华文明赖以维护社会秩序稳定的文化体系，带来了社会文化与社会伦理的多元混乱与冲突。

大文化的交流带来了不同文化体系内在的演化动因与演化活力，也形成了它们内部的文化危机。无论是文化演化的突变与更新，还是文化结构的重整与文化混乱的消弭，其途径都是重新回到其哲学核心与哲学基础之中。文化重构的困难常常就是哲学重振的困境。

哲学既是文化整合的基本工具，也是消除文化混乱与文化冲突的思想武器。任何哲学的重大进步与明确突变都是在解决文化重构的问题中实现的。哲学家的贡献被确认的标准并不是他的哲学思想孤立的完美与优秀，而是对他解决当下社会文化冲突能力的评价，而是他对当下文化难题答案的完美与优秀。这也是今天的中国文化与中国社会需要重振哲学的原因。

哲学是人类文化体系的构建方法依据，也是文化体系的表达工具依据。人类不同文明中的不同文化体系的形态区别，都可以在它们的哲学体系的形态区别中得到理解。

例如，要理解在中国的文化体系的演化进程中没有出现过类似欧洲的自然科学文化形态的原因，就可以在中国哲学与欧洲哲学的结构区别中得到基本答案。因为中国传统哲学中缺乏独立的自然哲学，因为中国传统哲学所关注的问题主要集中在社会秩序的本质与社会活动方式的本质之中。而欧洲传统哲学从来就有自然哲学与社会哲学分立的历史传统，哲学也就可以分别探讨对自然环境与社会环境的不同理解并分别构成独立的观念体系，这就为独立理解自然环境秩序的自然科学体系奠定了文化与哲学基础。这种文化基础在工业贸易文明的经济需求的拉动下，爆发出了自然科学的文化突变，也就是理所当然的了。

在中国传统哲学中曾经也蕴含着的自然哲学观念，则被后来强大的主流政治伦理哲学边沿化了，它除了孕育出了被肤浅地称为中国科学的自然技术体系外，并没有为中国文化提供根本性的伦理支撑。而欧洲的伦理哲学和自然哲学的二元结构则在为一神宗教提供的伦理支撑的基础上进一步延伸到了现代世俗文化中。新教伦理就以传统的二元哲学为依据。

此外，以数学逻辑为基础的逻辑工具体系也为欧洲传统自然哲学理解与表达他们观念提供了有力的理性工具，这也是中国传统哲学的短板。今天西方自然科学体系在不同文明中的广泛传播，正是借助了现代数学工具的透彻精密功能所提供的深刻说服力。但在中华传统哲学中，自从易经逻辑中断流行以后，对一般哲学观念的表达就一直缺乏精密逻辑。

人类文明的核心内涵就是社会秩序与社会结构。社会秩序来自人类个体间生存行为之间的联系形成的自组织形态，社会秩序的精神依据就在群体的公共价值之中。

公共价值以公共观念为载体，公共观念由人类社会文化活动中的观念交流活动所构成。人类早期文明的公共观念与公共价值主要由感性化的艺术方法所构建，这就决定了人类原始文化与原始宗教的主要形态特征。人类文明的复杂化与大型化不断提出了构建公共观念的更高效与更准确的要求，人类因此而形成了逻辑工具，并逐渐实现了对公共观念构建与表达的高效与准确。逻辑工具就是实现个体意识活动方式的公共化与组织化的方法，也是人类理解与表达意识活动方式的工具。逻辑来自对精神环境中超验观念的秩序构建。

逻辑方法的出现极大地提高了人类观念交流的效率，也塑造出了更为深刻的观念交流方式。语言就是原始逻辑对语音交流方式的塑造成果。自然科学就是数学逻辑对分科表达的自然哲学经验观念的塑造成果。语言得到了其文字表达的形式逻辑的进一步塑造，自然科学观念则得到了数学逻辑与工业化活动的经验逻辑体系的塑造，也就是现代技术体系的进一步塑造。

语言是人类观念交流与公共观念表达方法的第一个理性化文化台阶，知识则是人类公共观念表达的第二个理性化文化台阶。语言依据原始逻辑构成，今天的语法逻辑则是人类后来的语法重构成果。知识依据更为精密的逻辑工具构成，它形成了对公共观念的精确表达。特定的逻辑工具是知识传播的条件，不同文明间知识观念的沟通必然以共同的逻辑工具为条件，西方数学在中国现代文化中的确立正是应对西方知识传播要求的结果。

人类理性化能力的发展进程与发展状态决定了人类文化的发展状态与形态。例如，欧洲古代文明中形成的逻辑工具，就是欧洲文化从完全感性的原始图腾崇拜文化向多神宗教过渡的理性化工具。这个理性工具体系奠定了欧洲古典文明的文化基础，也孕育了欧洲的哲学。例如，周易逻辑与阴阳五行逻辑等理性化工具的形成与流行促成了中华文化的多元爆发，也构成了中华古代经典文化体系。

在人类不同文明的演化进程中，各种不同的多神宗教从原始图腾文化中的脱颖而出，就是人类第一次理性能力的爆发形成的文明突变的成果，其标志就是原始语言逻辑的普及。人类第二次理性爆发所形成的文明突变，则是影响至今的古典逻辑的形成成果，这个成果促生了各个文明中的一神宗教，也促生了哲学。这次理性爆发的巨大文化成就形成了强烈的理性崇拜，也开启了人类不同文明之间的文化交流。欧洲古典文化由此而确立，中华儒家文化也由此而确立。

人类第三次理性爆发所形成的文明突变，就是依据现代数学逻辑工具所促生的现代自然科学文化体系的诞生，这个文化体系构成了工业贸易文明的精神依据。

现代科学文化体系之所以能够在全球各大文明中迅速传播，就是工业贸易文明的经济活动方式的全球化传播的结果，尽管这个传播中充满了血腥与暴力。现代科技文化体系构成了工业贸易文明的精神依据，科学文化的知识化传播必然要依赖特定的数学工具。现代数学是科学文化表达与传播的逻辑依据，它在不同文明中的普及也就成为科学文化全球化传播的必要条件。现代数学也因此在不同文化的刺激中得到了迅速的发展。科学文化在工业贸易文明的全球化推广中也不断升华了自己，并为自己的数学逻辑重构了依据群论模型的新基础。

纯数学或者基础数学的发展必然来自数学观念中的审美深化与哲学思考。数学的核心内涵属于哲学的方法论范畴，数学的应用外延则可以属于自然科学的范畴。庞杂的现代数学体系在现代文化体系中的安置，既不全是哲学的，也不全是科学的。

近代西方哲学中的辩证法逻辑则是马克思主义文化传播的理性化工具，也因此而构成了马克思主义文化体系的哲学核心。要理解马克思的思想就必须先理解现代辩证法。

现代自然科学对生命秩序的理解需求促生了系统论逻辑，因为数学逻辑远不能满足对生命秩序的表达。系统论又打开了人类理解复杂秩序的理性化大门，系统论的深入发展必定会形成新的哲学形态与新的社会学形态。

人类对社会秩序的理解与表达虽然曾经流行过对辩证法逻辑的依赖，但随着理解的深入，这种方法也早就不能适应了。辩证法逻辑的局限就是马克思主义社会学局限性的哲学来源。升华与改造马克思主义以消除其局限，就是让它在现代文化中重获新生命的唯一途径。这种升华与改造必须依赖新的逻辑工具。

系统论逻辑形成了更为开阔的理性化空间，也大致可以安置全部辩证法逻辑。但系统论逻辑的模糊与粗糙则限制了它在理解社会秩序中的运用。今天的社会学还在辩证法逻辑与其他逻辑的混淆中挣扎。

西方经济学与其中运用的数理逻辑的发展，现代数据处理技术与大数据的发展，让数学逻辑也在试图取代系统论逻辑而占领社会学领域。数理逻辑的精密漂亮让它在自然科学中所向无敌，但在复杂的社会学领域中则必定会失败。而系统论逻辑的粗糙使得它达到引领社会学方法论目标的路途还很长。系统论逻辑只有全面进入哲学中才能获得自己进一步精密化的数学空间，但今天的哲学家还没有这样的兴趣。

人类的理性能力在人类文化的演化中经历了漫长的孕育过程。这种孕育决定了人类对自然环境的理解，也引导了人类对社会环境的理解。

在远古时代，人类以简陋的社会关系实现原始的文明化生存。那时社会秩序的精神依据仅仅是自然物图腾的原始宗教文化，其中也会具备原始而粗糙的理性化方法，人类的语言工具就是在这种理性方法中形成的。但这些方法大都被今天的人类当作幼稚的迷信而抛弃了。今天的成年人不会嘲笑幼童的天真，今天的文化人则不能理解人类祖先的天真理性。

人类依据原始理性对社会环境的原始理解也在文化演化的巨大鸿沟中中断了。今天的文化只能在感受它们遗留的碎片中揣测当时人类的思想，这种揣测可能并不靠谱。自然物图腾文化要么被神秘化与玄妙化，要么被嘲笑为愚昧的迷信。今天的人类还可以通过行为实验来理解灵长类动物的意识活动方式，但对自己的祖先已经不可能有行为实验了。延续至今的伟大中华文明对自己中古文化的理解就很稀薄了，更遑论远古。例如殷商文化中的占卜逻辑今天就没有人能理解了。

进入中古时代以后人类群体的规模急剧地扩大了，其社会结构也出现了复杂的突变。对复杂的社会结构的逻辑化表达形成了阶级概念，对社会资源占有方式复杂化的逻辑表达则形成了私有制概念，原始的国家形态也开始出现了。人类对社会活动方式与社会环境的理解需求更深入了。为了表达更为复杂的公共观念体系，在文字工具普及的基础上，古典逻辑方法与古典伦理开始形成。

例如在欧洲古典文化中，这就以亚里士多德的伦理学与心理学为总结。而在理性化方法中则以苏格拉底的辩证法与毕达哥拉斯和欧几里得的古典数学为辉煌的例子。例如在中华文明的古典文化中，诸子百家的文化形态中就已经具有了不同的理性化方法，它们的文化表达形态就是各种古代经典。由孔孟所构建的儒家文化体系则统合了它们而构成了经典的中华文化伦理体系。易经逻辑与阴阳五行逻辑仅仅是那些理性方法中的偶然遗存。但中国古代的数学方法则没有成为哲学的基本逻辑，而仅仅在计算技术中被保存与延续。

中华文明曾经创造了国家化的大规模农耕经济秩序，也创造了大规模的社会政治组织结构。近代欧洲文明则创造了现代工业贸易经济秩序，并促生了超越国家关系的大规模经济活动方式，也开启了全球化的社会组织化方式。现代科学文化成为这个新兴文明的精神依据。新的伦理与新的逻辑工具开始全球化传播。例如新教伦理和现代辩证法与现代数学。

在中华文明中也经历了文化结构的近代化改造，其成果就是融合了儒释道的程朱理学。其中理性化方法的发展则在王阳明的心学中得到进一步的暗示。

现代自然科学文化的巨大成功主要表现在理解与表达自然环境的无生命秩序中。例如以物理学为核心的宇宙模式。但对生命秩序的理解则还处于巨大的困难中，缺乏相应的精密逻辑工具就是其重要原因。系统论逻辑应运而生。但这个逻辑工具至今的应用还主要局限在自然科学领域中，而在理解精神环境与社会环境秩序中的应用还很薄弱。在今天的流行文化中，系统论逻辑还是一种特殊的思维工具，还没有成为一般公共观念的表达工具，还没有达到辩证法逻辑曾经达到的哲学地位。尽管在今天的理性方法中辩证法逻辑也开始式微了。

人类进入文明的标志就是形成了依据精神世界的功能实现自己的生存，人类精神世界功能的形成来自群体中的观念交流，来自精神环境秩序的外在文化表达形成的群体公共化。但人类在很长的时期内，既不能明确理解自己在自然环境与社会环境中的行为依据，也不能深刻理解自己在精神环境与意识活动依据。在这种大致蒙昧的状态中，人类在自然环境与社会环境中的生存行为依据就主要就是经验直觉，人类在精神环境中的意识活动依据则主要是超验直觉。这两种直觉都来自感性化的意识活动方式。

直觉的打破来自理性能力的形成。理解自然环境的理性能力形成了自然逻辑，其最终文化成果的杰出代表是欧洲的自然科学。但每一个文明中也都有自己特殊的自然逻辑成就，例如中华文明中的中医逻辑成就。人类理解社会行为的理性能力形成了社会学逻辑，其最终成果是不同文化中可以被冠以伦理学名头的各种观念体系。人类理解意识活动的理性能力则形成了哲学表达的逻辑，其最终成果就是各种哲学思想，其中被哲学本身特殊表达出来的思维方法，就是一般逻辑学。

归根结底，人类理解生存环境的能力都是意识活动的能力，人类的全部逻辑都是理解意识活动环境的成果。逻辑就是人类理解与表达精神环境秩序与意识活动方法的工具。

不同层次的逻辑工具表达了人类理性能力形成与发展的标志。逻辑工具的形成与发展形成了文明的深化与发展，也形成了社会结构的不断复杂化，这就使得社会环境逐渐超越了自然环境成为人类生存的主要物质环境。

为了理解与适应社会环境，也为了让自己的社会行为能够构建与维护更合理的社会秩序，这就不断激励着人类努力构建与表达公共观念与公共价值，这也促进着人类不断改善与升华自己的理性能力。

人类对精神环境与意识活动理解的不断深化，在促进人类观念结构的复杂化的同时，也逐渐形成了理解意识活动环境与方式的特殊公共观念体系，这就是哲学。哲学在文化演化进程中虽然出现得很晚，但它一出现，就成为人类理解精神环境与意识活动的有效而专门的文化工具，也就成为人类表达公共观念的不同文化体系的核心结构。

自从有了哲学与哲学方法，人类理解社会环境与精神环境的方式就面目一新了，自然哲学逐渐孕育出了自然科学，社会哲学也就逐渐孕育了伦理学与社会学，人类终于开始具有了理性化的文化结构。由此开始，人类理解自然环境的公共观念体系逐渐变成了自然科学文化，人类理解社会环境的公共观念体系逐渐变成了伦理文化。人类理解自己精神环境的公共观念体系也就逐渐变成了逻辑文化。

逻辑是人类全部公共观念或文化结构的框架与脉络，哲学是构成逻辑与理解运用逻辑的文化体系。从西方的古典数学与古典辩证法逻辑到现代数学与现代系统论逻辑，从中国传统的阴阳五行与易经逻辑到今天中国通过西方哲学而引入的西方现代逻辑，都是哲学的成就，也都是哲学的方法论依据。

170. 逻辑方法滥用的弊端与逻辑的未来

逻辑是人类理解与表达精神环境秩序与意识活动方式的工具。逻辑只是观念结构的简化表达，也就只能是意识活动方式的简化表达。逻辑工具只有在观念结构的合理层次中运用才能有合理结果。普遍存在的逻辑悖论就是不合理运用逻辑的结果。

逻辑不是观念结构本身，更不是精神环境本身。逻辑仍然是观念，是表达观念空间秩序的观念，就像物理学定律是表达无生命环境秩序的观念一样，就像物理定律不是物理世界的物自体本身一样。认为逻辑就是观念存在本身的概念，追求对逻辑的理解来理解人类精神世界本体的思想，是一种肤浅局限的哲学。人类对自然环境的理解，早已不会将物理定律误解为物理存在了，但人类对精神环境的理解还在误解逻辑就是精神世界本身。

逻辑间接与简化地表达了人类观念空间的秩序，也是人类意识对自己的活动方式与活动环境的感受进行抽象表达的结果。逻辑是反思的成果。逻辑是对超验秩序的超验化表达，就像物理定律是对物理秩序的超验化表达一样。

逻辑简化了精神环境的丰富内涵，舍弃与忽略了大量的观念要素的秩序结构，逻辑仅仅是人类观念结构的简化脉络。人类真实的观念结构要比任何逻辑的表达都要复杂得多与深刻得多。

相对于感性化的观念表达方式，逻辑提供的理性方法形成了对观念公共化表达的精确与准确。逻辑表达的公共观念的精确与准确程度，就来自它对个体观念结构内涵的承载程度。逻辑是对观念空间秩序的抽象简化，逻辑表达的抽象程度决定了其简化程度。

例如，自然科学是一种公共观念体系，是人类对自然界秩序的理解与表达。这种理解与表达与自然环境存在形态的复杂性丰富性相比，永远是肤浅的和简化的，与人类精神环境秩序对自然环境秩序映射的观念体系相比较，也永远是肤浅与简化的。康德的物自体概念就是在表达这样的涵义。自然科学表达自然环境秩序的相对精确程度，是以其依据的逻辑工具的精密程度为依据的，它对自然环境秩序表达的准确程度，则以其依据的经验事实的深刻程度为依据，也由其依据的审美方式与抽象方法的经验展开为依据。自然科学审美方式与抽象方法由其不同的范式决定。科学范式的进化就是自然科学对自然环境秩序表达与概括的精确性与准确性的进化。从自然哲学到自然科学的重要范式进化形成了他的观念体系的三个演化台阶，第一个是亚里士多德体系，第二个是牛顿与麦克斯韦体系，第三个则是爱因斯坦与普朗克体系。第三个范式还没有完全稳定，还在探讨与发展中。从第二个范式的演化台阶开始，自然哲学才转变为自然科学。

依据逻辑工具对人类理解自然环境秩序的观念体系的表达，是以对自然秩序的简化为代价的，也是以对观念空间秩序的简化为代价的。人类对观念的任何外在表达中都蕴含了简化。佛家的所谓"言语道断，一说就错"，大致就是这个意思。

任何观念的外在表达都不是观念本身。这就是人类观念交流的困境与不确定性的依据。人类自然科学理论都不是自然环境秩序本身，这就是卡尔·波普尔的科学证伪论的依据。科学理论在人类的有限经验中被证实，又在人类经验边界的拓展中被证伪，还在不断地被证伪中发展。

科学观念是人类对自然环境秩序的当下理解，它的前沿性与精密性构成了在现代文化中的引领地位。但他的局限性也在现代文化中被固定与放大。表达科学观念的逻辑方法，以及由这种方法所决定的经验采集方法或事实观测方法，决定了科学观念的深度与高度。

在人类的不同文明形态中，社会成员依据其理解生存环境的观念共识形成了环境资源的观念，这种观念的文化表达构成了环境资源的概念。环境资源依据其满足人类生存需求的功能而构成其存在，而不是依据其环境存在的状态构成其存在。人类精神环境中的观念结构决定了环境资源的形态，自然资源与社会资源的存在依据都在人类的观念空间中，而不是在自然环境与社会环境中。

现代自然科学观念体系形成了工业贸易文明中的自然资源的外边界，人类基于自然科学形成的自然技术则造就了自然资源的社会形态。人类的社会伦理形成了社会资源的外边界，人类的社会秩序构建技术与管理技术体系决定了社会资源的形态。现代自然科学技术体系是现代社会伦理体系的自然环境基础。

人类理解生存环境的公共观念体系表达了人类对环境资源利用方法的观念共识，也表达了对环境资源的价值共识。对环境资源的价值共识就构成了不同文化中的技术体系的精神依据。例如在保障人类生命安全的医学技术体系中，西方依据其自然哲学与自然科学的观念共识构成了西医技术体系，中国人则依据自己传统生命哲学的观念共识构成了中医技术体系。它们都是依据不同的环境秩序理解形成的有效社会资源。

　　例如，欧洲人依据其传统哲学，包括自然哲学与社会哲学，创立了现代工业贸易文明中的利用自然环境资源的新形态。中国人在移植这种技术体系中也可以延续自己对环境秩序的传统理解，并以此构成工业贸易文明的新形态。中国梦的实现将是中国传统文化现代化重构的结果。

　　工业贸易文明形成了人类利用自然资源的新高度，带来了人类适应与利用自然环境的新方法与新技术，这从根本上改变了人类自古以来生存资源的匮乏困境，将人类的生存引入了一个资源充沛的文明阶段。将资源短缺的传统社会变成了资源丰富的福利社会就是所谓的现代文明。

　　这个巨大而耀眼的成就，就让主导了工业贸易文明的科学观念与科学文化被绝对化了，也形成了流行文化中对科学方法的顶礼膜拜与现代迷信。这就像人类曾经在不同一神宗教文化的巨大成就面前的顶礼膜拜一样，也像中国人曾经在马克思文化体系的巨大成就面前的顶礼膜拜一样。

　　科学文化的昌明深刻地化解了人类理解自然环境秩序的冲突与混乱，实现了人类自然观念的清晰与统一，就像一神宗教曾经实现了对人类理解精神环境的观念统一一样。这是科学文化与科学世界观被人类今天所迷信的原因，就像有些人曾经或现在仍然迷信万能的上帝一样。

　　精神环境的存在方式与意识活动方式决定了人类必然要追求对观念空间秩序的绝对表达。这就是观念空间中必然存在终极观念形态的基本依据。将科学文化所表达的观念体系与科学方法的绝对化，就是人类的一般意识活动对科学观念的必要塑造，也是科学迷信的人性依据，还是曾经的科学主义文化思潮的精神活动原因。

科学主义思潮的一个文化目标，就是试图用科学观念体系与科学思维方法取代人类的全部文化形态与文化活动方式，主要是取代各种社会伦理文化与社会宗教文化的形态与活动方式。这个思潮所引发的现代文化冲突与现代愚昧，只能在人类对自己的文化形态与文化活动方式的深入理解中被逐渐消解。在今天的后现代文化的内涵中，就开始出现了对科学观念绝对化的初步质疑。卡尔·波普尔的科学哲学，就是打开这种质疑的一扇大门。虽门已洞开，但入者渺渺。

现代量子物理学也从根本上动摇了科学主义的绝对化观念，但这种观念还没有得到哲学的阐发，更没有形成完整的世界观。量子力学的科学观念对自然环境秩序的理解，仍然被看作是一种特殊的天才思想，甚至是被看作是一种特殊的技术方法，它并没有被看作是一种普遍的自然秩序。人类的思想前沿已经量子化了，但人类理解自然环境的基本观念还仍然被牛顿思想所统治。

由牛顿奠定的自然科学世界观为人类提供了一个近代新兴的世界模式，这就是由万能的上帝创造的世界表达着一个永恒存在的精密机器。安置这个机器的存在环境就是绝对的空间与绝对的时间，这个机器决定了自然界的终极形态，也决定了人类社会的终极形态。这种模式彻底瓦解了统治欧洲逾千年的基督教世界观。依据牛顿确立新的世界观的哲学家们，豪迈地宣称"上帝已死"，并以此而为人类带来了"启蒙"为自豪。这个启蒙运动将人类从上帝那里解放出来，却又将人类引入了科学主义的新愚昧。

实际上，人类的演化就是人类精神世界的演化。人类精神世界的演化周期，就是不断用新的启蒙运动瓦解人类精神世界曾经的终极超验观念，又不断为人类设置出更新的终极超验观念。每一次公共终极观念的瓦解与重构都是人类精神世界的一次升华与开拓，每一次启蒙运动也都为新的精神开拓准备了条件。

例如，中国人的新文化运动带来的启蒙，将中国文化从传统儒家文化的保守与落后中解放出来，但最终又将中国人引入了原教旨的社会主义文化中。对原教旨社会主义文化的启蒙，也就是今天的中国学者们引以自豪的现代启蒙，又试图将中国文化的发展方向引入欧洲人已经开始诟病的尼采与海德格尔提供的世界观中。

他们试图用科学主义思潮支撑的普世价值来取代原教旨社会主义。但中国的文化传统与政治传统又扭转了他们，中国特色的社会主义思想反而比普世价值具有更为广泛的说服力。这来自中国传统哲学的深厚合理性，也来自今天中国知识精英们秉持科学主义世界观的愚昧带来的精神狭隘。

中国蹩脚的现代知识分子，曾经盲目迷信过马克思，他们将马克思的思想当作了亘古不变的教条。好在有了毛泽东，才阻挡了他们。正因为这种阻挡中的不合理形成的社会痛苦造就了他们诟病毛泽东的情怀。这些马克思教条主义者的后代们，又在将马克思教条式地抛弃后，一头扎进了在西方已经开始式微的自由主义的怀抱。他们又用同样的态度将新自由主义奉为新的神圣教条。之所以从曾经的盲从苏联变成了今天的盲从美国，归根结底就是因为中国当代知识分子没有自己的独立精神，也不会自己的自由思想，当西方人的精神奴隶已经成为他们的生活方式。

对中国知识分子病的解药就是中国的传统哲学。但由于没有好的现代哲学作为药引子，他们也无法服下这味苦药。因为这些知识分子又恰恰不能理解中国文化。治疗中国精神疾病的文化构建方向就是创立新的中国哲学。在中国历史上确立了辉煌文化地位的大师从来就不是只会为大众提供心灵鸡汤的乖巧小文人，从来就是回答了当下的文化疑惑与解决了当下的文化冲突的人。从孔夫子到董仲舒如此，从朱熹到王守仁也如此。

能够将马克思主义中国化的毛泽东将中国引入了向工业贸易文明转型的大门，能够将新自由主义中国化的中国精神领袖才能将中国引入重新崛起的中国梦中。

例如，在欧洲文化的演化历史中，曾经的希特勒德国所秉持的社会学观念体系，就是一种牛顿模式的科学主义思潮的恶果。海德格尔大致就是这个文化思潮的哲学化代表与这种世界观的表达者。这个恶果依据其强大的理性能力对人类文化的污染，仅仅被后来兴起的现代人本主义思潮所简单抵制，而并没有得到彻底的哲学清算。在今天的人工智能技术的兴起中，牛顿式的科学主义世界观又开始沉渣泛起，尼采与海德格尔们的哲学思潮又在迷惑了中国现代文化的条件下重新开始蠢动。只不过这种思潮没有得到社会政治能量的汇聚而暂时无法被放大而已，只不过今天的中国人还来不及关注哲学。

科学主义思潮造成的巨大社会灾难的例子，就是欧洲的两次世界大战和今天的大规模环境污染，也可以包括各种新兴的人类现代病。这种思潮以彻底否定宗教文化为目标，但其恶果反而激发了现代宗教的新复兴。在很多接受了西方现代文化的发展中国家中，传统宗教并没有萎缩，而是获得了新的生存空间。例如在阿拉伯国家中。

现代自然科学拓展与深化了人类对自然界的理解，但又形成了人类对精神世界理解的新困境。现代社会物质消费资源的充裕，并没有减少有时反而在增加人类的精神的焦虑。这种新的精神困惑需要新的宗教文化来安抚。在没有可以与科学文化互补的新宗教文化形成之前，或者在科学文化体系还没有完善自己以获得人本主义价值的深刻支撑之前，被改造以后的传统宗教文化仍然会保有自己曾经具备的历史性功能。现代人类今天在依赖科学知识实现对自然环境利用的同时，仍然不得不回到新兴的传统宗教中去安抚自己新的心灵困惑。在现代西方社会，传统权威式的大教堂在异化为旅游点与博物馆，现代的人本化的社区教堂则还在重新兴旺中。

自然科学公共观念体系的表达与思考工具就是现代数学。传统自然科学观念为人类提供的世界观模式主要是机械论模式与还原论模式。机械论模式的逻辑依据，就是认为人类生存环境中的存在要素之间，或者事物之间的关系，仅仅由它们的外部形态特征所决定，存在要素或事物之间形成的联系与功能，基本上与其内部活动机制无关。用这种逻辑模式理解自然界，自然界就是一架由不同零件组合起来的大机器。就是在生物圈中，也可以将不同的生命形态理解为不同的机器系统，从细胞到器官，不过都是不同层次的零件组合而已。从人类的大脑到现代计算机，只不过是不同形态的机器而已，大脑的功能与计算机的功能的差别，只不过的不同机器的功能差别而已。

用这种逻辑模式理解人类社会，社会就是由不同的人类个体之间的外部行为方式所组合起来的大机器。机器可以通过更换零件来修理，社会则可以通过人为的革命来改造。使用暴力更换社会成员只要合理就是正义，使用暴力消灭落后的种族就是对人类的优化。

用这种逻辑方法构成的观念来理解人类的精神世界，精神世界就是由各种外在的经验要素组合起来的一个机器系统，这个机器系统的功能可以通过数学逻辑来描述与设计，可以通过人工构建的信息工具来完全模拟，也可以通过更换零件或改换经验观念来进行思想改造。对人类的思想改造可以通过外部社会环境中的政治运动或暴力活动来实现，也可以通过外部信息技术的强行介入来实现。既然人类的精神世界本身就是一种机器系统，用人工智能构建出来的智慧机器就一定会形成类人化的功能，甚至会取代与统治人类。这些都是机械论世界观的必然结论。

还原论的逻辑模式认为，人类及其人类生存其中的全部环境秩序的功能，都可以由存在中的微观元素的功能来完全表达，只要理解了环境存在中的微观元素功能，就可以推演出由这些元素所组织构成的一切存在形态的全部功能。因此，人类理解自然环境的唯一方法就是理解物理学的微观结构，人类理解精神环境的唯一方法就是理解心理学的微观感受或哲学的微观观念，人类理解社会环境的唯一方法就是理解人类个体的全部行为方式。

用这种模式理解自然界，自然界的一切秘密与一切功能的依据都可以从对基本粒子的功能研究中得到阐释。这个模式可以完美支撑牛顿物理学，可以大致支撑现代物理学，但已经无法支撑生命科学了。这个模式虽然还在现代物理学中当作经典方法所遵守，但已经开始发生动摇了。用这种逻辑模式理解生命的存在，就必然会认为生命活动的全部秩序与功能都应该由无生命的物理秩序所决定，甚至人类的意识活动也可以在量子物理学中找到依据。将心理学与哲学和量子理论联系起来甚至成为一种科学的时髦。还有些中医在试图走这个捷径来一鸣惊人。

这样的观念在今天的生命科学体系中已经开始行不通了，在现代哲学中也早就被边沿化了，但仍然还在强烈地影响着社会学的思考，甚至还是现代西方经济学的基本假设前提。足见今天社会学与经济学的肤浅与幼稚。

依据这种模式来理解中华文化与中医，必然会因为中医不具备微观秩序的还原论依据，中医无法形成与现代物理学体系的逻辑连接，而被认为是不科学的。不科学的观念也就必然是谬误的。这就是中医荒谬论的还原论哲学依据。要重新恢复中医的真理性地位，必须恢复中医的哲学基础，必须摆脱用西方哲学硬套中国文化的蹩脚方法论。

用这个逻辑模式来理解人类的精神世界，就会认为人类无论具有怎样复杂的观念内涵与怎样丰富的情感状态，都必定可以在精神环境中存在的基本经验元素中得到解释，如果解释不了，就只能将它们神秘化地悬置。将逻辑当作人类精神环境的存在实体的哲学，也就必然会将穷尽逻辑元素的功能作为最终的哲学方法。这个方法的深入发展就是所谓的现代语言哲学，它们认为语言逻辑就是人类精神环境的微观终极形态。

这种模式必然得出人类复杂深刻的超验观念直接来自经验观念的结论。这个逻辑结果就是休谟难题的困境原因，也是唯物论认识论的基本局限。这个困境与局限也正是今天的科学文化还可能从宗教文化中得到补充的原因，也是现代科学与现代宗教可以和谐共处的依据。很多在科学史中具有崇高地位的伟大科学家们仍然可以在信仰科学与信仰宗教中得到自己精神世界的秩序统一，这种统一既表明了科学世界观的局限，也表明了宗教世界观的局部合理性。

用这个逻辑模式来理解人类社会,社会环境与社会秩序就是人类个体的机械性集合,社会结构就可以简化为机械性的人类沙堆,社会经济活动就可以简化为沙粒间的所谓理性选择。这种简化是肤浅而愚昧的。

试图将人类社会环境的全部形态与功能,都用人类个体实现环境需求的行为方式来说明,试图用个体的自由行为完全说明复杂深刻的社会组织结构,就是这种肤浅的简化模式的社会学成果。这个模式也是今天西方社会学的全部逻辑基础。

这种社会学模式否定了社会群体的公共价值对社会存在提供的基本功能,将社会群体功能简单而情绪化地归结为权力与权威的依凭。这种模式否定了社会群体结构中所具备的超越了个体价值的公共价值的环境需求意义,这就是西方社会学将公共利益与公共意识形态虚幻化的依据。这种虚幻化的结果就是虚化了伦理,虚化了道德精神,也虚化了社会秩序和社会权力。

今天的西方社会学与西方社会主流伦理就是依据这种逻辑模式构成的,当他们将人类的社会生存方式还原为人类个体的存在与活动以后,他们的主流意识形态也就必然要认为,人类社会的存在就是人类个体存在的等价物,只要保证了个体的自由与平等,或者保证了个体充分的人权,就会必然得到一个合理的社会秩序。但他们从来也不会想一下合理的人权从何而来。这种社会学观念看似传统但却简单而肤浅。

今天的西方社会虽然创立与发展了如日中天的工业贸易文明,但他们并不具备理解这种文明内涵的精神自觉性。他们在人类历史的洪流中虽然搭上了他们自己打造的巨轮,但他们对于自己之所以能够打造这艘巨轮的历史原因与文化原因的理解,还处于蒙昧中。

中华文明在工业贸易文明中的重新崛起,为透彻理解这个文明的本质提供了比西方社会更为有利的文化条件,因为中华文明因此而具备了比西方文化更为宽泛也更为深刻的历史视角与文化视角。

现代自然科学文化体系是一种依据严谨的逻辑方法表达出来的经验实证体系。依据这种文化体系所形成的哲学思想，也就必然会是轻视与忽视超验观念的哲学体系，必然是主张经验至上的本体论哲学。近代唯物主义哲学就是对自然科学世界观的表达。

在这种科学哲学中，一开始仍然从传统哲学中继承了观念本体的思想作为其本体论的依据。一旦要用经验观念来说明一切观念的来源时，反映论就必然成为认识论的主导。当这种肤浅简单的本体论无法为全部哲学内涵提供明确的超验观念的安置依据时，这种哲学就只能从方法论的本体化中寻求自己的突破了，因为自然科学已经造成了逻辑方法本体化的幻觉。这种本体论的确立就形成了逻辑实证主义的哲学思潮。它与曾经流行但已经开始退缩的存在主义哲学思潮一起，分别构成了现代西方哲学的两个基本哲学褊狭。就是在马克思的哲学体系中也没有逃脱将逻辑模式本体论化的窠臼，只不过被马克思哲学本体化的方法论内容仅仅是辩证法而已。在新中国的群众性学哲学运动中，最让群众迷惑的地方就是辩证法的思维方法如何变成了世界存在的本质。对立统一规律是思维方法还是世界存在，是马克思哲学中的无解难题。

逻辑实证主义哲学就是现代科学哲学的狭隘化成果，就是科学主义思潮的哲学凝聚。它改善自己在超验观念领域中苍白与无奈的基本途径，就将自然科学普遍依赖的逻辑工具实体化与本体化，就是将一般超验观念压缩到仅仅是表达超验秩序的逻辑观念的笼子里去。这种压缩并不会太困难，因为逻辑笼子外面的超验观念虽然普遍而深刻，但却常常在文化表达中虚无和缥缈。

实际上，逻辑也就是人类理解自己意识活动方式与精神环境结构的超验观念体系，但将表达精神环境秩序的全部超验观念体系压缩与简化到表达超验观念的超验方法中，将表达工具所提供的精神环境本体化，就像是将一个人的社会存在功能压缩到表达这个人的社会存在方式的档案信息中。完美的档案几乎可以表达个人的全部社会存在方式，但档案并非他活生生的社会存在。将档案当作人本身尽管在某些社会需求中会合理，但用这样的哲学模式来理解人类的精神存在则必定会进入歧途。

　　将逻辑方法作为人类精神环境的普遍化存在与本体形态的思想，用逻辑取代观念的哲学文化，对一般思维活动与文化活动的深刻影响就是逻辑方法的绝对化与神圣化。这就将实际上是人类精神环境存在的基本形态的感性观念虚幻化了，也将人类对精神环境的理解简单化了。于是，人类的情感进一步在哲学中被悬空，甚至人类的全部艺术追求与艺术方法也在哲学中悬空为模糊不清的美学。于是，伦理就变成了道理，信仰就变成了神学佛学与科学，就变成了共产主义学。伦理的逻辑化就是伦理的机械化与悬浮化。

　　这种文化形态与伦理形态的社会文化影响，就是塑造了现代理性崇拜者们认为逻辑就是客观存在的观念，这就是欧几里得认为的几何定理就是世界的终极存在方式的现代文化翻版。只不过这种观念比欧几里得更为丰富深刻而已。在这种伦理统辖中的学者们，也就必然将人类环境的存在本体当作了逻辑，他们就必然将符合逻辑作为一切真理的基本标准，他们也就只会在逻辑体系之内寻找真理。他们不仅试图用精密的数学逻辑来说明人类的全部意识活动，并且已经认为数学模型就是人类经济活动方式本身了，甚至认为数学就是人类精神环境本身。这是十分荒谬的。

　　这种荒谬的观念还在所谓人工智能技术的发展中被进一步深化。今天的人工智能仅仅是逻辑工具在工业产品中的进一步运用而已，这种运用会形成新兴的社会技术体系，也会深刻地改变人类的社会生活方式，但永远也无法代替人类的精神环境与意识活动，就像科学文化取缔了宗教文化的主导地位，但并未改变人类的基本情感一样。

　　任何对大脑活动方法的模拟仅仅是逻辑简化的模拟，远不会达到真实的模仿。人工智能技术的发展会继续深刻改变人类的社会行为方式，但几乎永远都不会取代人类在追求自己的文明化生存方式中深刻的秩序构建活动，更无法取代人类的精神环境与意识活动。这种技术体系只能在最简单的逻辑判断领域中替代人类的意识活动。例如自动驾驶与知识化教育。

人类的精神环境与社会文明绝不是在一个封闭环境中的理性活动不断深化的结果，而是人类在从宇宙到社会的多层次复杂环境中的综合秩序感知与综合实践迭代与创造的结果。今天可以看到的人类逻辑还远远无法理性化地表达人类的全部精神感受与精神创造方式。

人工智能技术体系永远难以覆盖人类的全部生存环境与生存活动，人类根本无法用外在技术方法模拟自己的全部存在方式。无论科技如何进步与深化，科学方法的领域分割性与局部封闭性特征不会消除。人类将不同领域中的科学成就的理性化统合成果，永远不会超越人类本身广泛的生存活动。知识的统合永远无法超越知识的创造。

人工智能技术体系也不会真正左右人类的生存选择。人类的生存选择能力本身就是防止任何技术体系损害人类生存方式的基本武器。那些认为人工智能的技术能力最终会超越人类的生存选择判断的观念，与核武器出现之后认为人类的文明必将被威力无比的核武器技术体系所毁灭一样。尽管人类的文明确实经历了被核武器完全毁灭的危险，但人类的认知能力与智慧必定远远超越这种危险。

逻辑实体化哲学形成的伦理对人类社会文化活动的影响，又形成了数学在社会学中，特别是经济学中的滥用。这种文化思潮在肤浅者心目中甚至将数学模型当作了社会金融活动的秩序本身。这种思潮也形成了试图依据数学逻辑与计算机技术来模拟人类智慧的妄想。计算机技术创造的强大信息处理能力，迷惑了肤浅的科学主义者们，他们兴奋地认为只要将理解人类精神环境的逻辑嫁接在人工信息技术之上，就可以模拟出人类的一切意识活动了，机器就可以取代人类的精神智慧了。这来自他们的哲学无知对科学技术功能的夸大，也来自他们的哲学无知对人类精神世界理解的肤浅。他们如果能够有一些哲学修养就不会有这样的妄想。

自古人类不乏妄想。曾经的妄想相信有长生不老，后来的妄想认为由上帝创造了人类与世界，还有的妄想试图发明炼金术与制造一劳永逸的永动机，就是在现代中国的文化环境中，水变油的妄想还被所谓的科学家们认真地争论过。今天的妄想则是用人工智能取代人类的精神世界。但最后的历史都会证明，一切妄想都来自无知。

尽管逻辑对人类精神世界的理解与表达是表面的与简化的，尽管逻辑来自人类在认识审美中的超验观念构建，但随着人类意识活动方式与观念结构秩序的不断复杂化发展，逻辑方法与逻辑工具也仍然会具有几乎无限的发展空间。只不过，这个空间永远会小于人类认识活动所构建出来的观念空间秩序本身。

自从人类在自己的演化进程出现了原始的理性能力与原始的逻辑工具，逻辑方法就是构建群体公共观念的基本工具了。人类的理性与逻辑就是人类精神环境公共化需求的成果。从此，理性与逻辑就开始在人类文明的演化进程中不断地发展，就开始在表达公共观念的文化形态的演化进程中不断地发展，理性与逻辑就开始成为人类文化的核心。今天的数学逻辑就是人类的理性能力长期积累的文化成果。

尽管现代数学工具提供了高度精密的公共观念表达功能，但它也只能比较好地适应对无生命环境秩序的表达。一旦进入生命环境中，数学工具大都会失效。中华文明在阴阳五行逻辑的表达工具中发展出来的中医逻辑，就是能够较好地表达生命秩序的逻辑，虽然它理性化程度的不足让它在数学逻辑与物理逻辑面前常常相形见绌，但它对生命秩序的适应性仍然可以让它傲视数学。

今天为了应对表达生命秩序的困境而创造出来的系统论逻辑，在对生命秩序的表达中还远远不如中医逻辑。这不是系统论方法的问题，而是其有效运用的问题。哲学家们不懂生命科学与医学，医生们又不懂哲学与系统论逻辑。现代医生们的精神世界已经被物理学与数学桎梏死死地困住了。他们常常在逻辑方法的精巧中沾沾自喜地自娱自恋而无视依据这种逻辑建立的现代医疗技术面对人类复杂健康问题的无奈。他们需要启蒙与解放。

至今为止，人类理解与表达精神环境秩序的逻辑还十分简陋，系统论还无法取代曾经风靡的辩证法。因为系统论主要来自科学家，也仍然主要在科学领域中生存与发展。今天还没有哲学家能够对系统论做当年黑格尔对辩证法所做的工作，因为哲学在现代文化中已经边沿化了。哲学首先被现代西方人的精神封闭所边沿化，又让失去了自主精神的中国人仅仅跟随。

人类理解精神环境的逻辑匮乏与逻辑简陋，也是今天的哲学表达仍然与数学方法相隔绝的基本原因。曾经同时关注数学与哲学的英国人罗素，其学术贡献也是二元的，它的数学逻辑并没有融入他的哲学中。但系统论则应该是这种二元结构的联系之桥。系统论要深入容纳数学，也要深入表达哲学，并在这种表达中让自己从自然科学中涅槃出来。这是数学家与哲学家分别的努力方向，但最终的成果必然是他们的合作。

正因为这种努力既不会直接形成有效益的社会技术，也不会得什么诺奖菲奖，也就难以引起现代学者们的兴趣。古人愿为后人栽树，今人只想自己乘凉。据说这是工具理性。被热情讴歌的工具理性虽然带来了明确的社会效益，但也是人类现代愚昧的文化来源。

今天已经成为自然科学的逻辑依据的现代数学还难以成为生命科学的主体逻辑，更无法进入哲学中。生命科学还在各种不合手的逻辑工具中踯躅前行，生命科学的真正确立仍然在等待其统一完美的逻辑工具的出现。曾经中医的完美，来自其中统一的逻辑，今天中医的落后，也来自其逻辑的简陋。

现代数学还远远无法为哲学提供表达方法，还只能在依傍哲学的思考中获得一些精神营养。数学在社会学中就更没有任何可以有效应用的领域，数学在某些社会学领域中牵强附会的应用，仅仅是对社会经验观念的华丽包装而已。数学就是现代经济学的漂亮西装，售楼中介们的西服革履虽然光鲜，但他们卖的房子也许并不好住，甚至还会是陷阱。

人类进入文明以后就开始追求对自己社会环境的理解。古代原始逻辑对社会秩序表达的表面与肤浅让它们被今天的理性贬斥为传统迷信。今天人类理解与控制社会活动的大数据技术，只不过是现代逻辑方法在现代数据处理工具体系中的具体运用而已，它只能相对地拓展人类对社会行为的理解，还远不能表达人类社会环境本身。将来的后代们在更先进的技术中生活也会认为今天的大数据技术是传统的迷信。

信息仅仅是环境要素间的秩序传播方式。社会活动信息仅仅是社会成员之间的社会秩序的外在化传播方式，对这种信息外在表象的理解，永远无法代替对社会秩序本身的理解，就像再丰富的经验观念也无法取代超验观念一样。

人类文明的演化进程不断更新自己的社会秩序，工业贸易文明就是最近的文明更新形态。人类文化的演化进程也在不断更新自己的理性化工具与逻辑方法，现代数学逻辑就是最近的更新形态。过往的文明被今天的人们舍弃为落后，过往的逻辑方法被今天的人们嘲笑为愚昧。今天的文明也会被将来的文明所取代，今天的逻辑也会被将来的逻辑所更新。在那时的人类心目中今天的文化就是落后的与愚昧的。人类文明的演化进程不会停止，人类文化的形态没有终极的最高形式。

无生命环境是人类最简单的生存环境。正因为其简单才使得人类的理性能力首先在这个领域中取得了鲜明的成就，这就是辉煌的自然科学文化体系。人类本身与其生存的生命环境秩序则要复杂得多，人类对生命秩序的理解就已经使看似成功的科学逻辑捉襟见肘了。为了改善这个逻辑困境，贝塔朗菲提出了系统论的思想。系统论逻辑具较好地理解生命秩序的能力但仍还粗浅，就像中医逻辑的较为合理而粗浅一样。系统论也为人类理解更复杂的精神环境秩序与社会环境秩序提供了逻辑发展的方向。系统论在各个分支的发展中仍然在深化，它对耗散结构逻辑与复杂性逻辑等新兴方法论的全面安置与整合并在整合中细化自己，还仍然任重道远。粉碎了牛顿世界观与科学主义逻辑的现代物理学，为人类展现出的崭新世界观，已经为新哲学与新逻辑的创立开拓了广阔的空间。

人类文化的发展与人类文化活动的需求，必定会形成更复杂的逻辑方法与逻辑工具。今天的系统论逻辑在曾经的数学逻辑的补充与杂合中也会发展出自己的新形态。逻辑的形成来自人类公共观念构建与表达的需要，科学观念的构建与表达促生了现代数学逻辑的发展，人类对新兴社会秩序的理解与表达，对新哲学观念的构建与表达，也必然会促生更为新颖的逻辑形态。哲学并不仅仅是为既有逻辑提供阐释与辩护的工具，哲学本身的拓展必然会成为新逻辑创生的土壤。

逻辑是公共观念构建与表达的工具，没有新兴公共观念的构建与表达的任务需求，就不会有新逻辑的创造空间。正像牛顿的新物理学观念的表达需求创造了新的微积分逻辑一样，今天中国新文化重构中的新观念的表达需求，也具有创造新逻辑的机会。全新的公共观念需要全新的逻辑方法，也常常会形成全新的逻辑方法。

今天人类的新哲学思考，今天的哲学活动，还不得不蜷缩在既有逻辑工具的桎梏中。西方人在传统经典文本中寻找实用的观念，中国人在马克思与孔孟老庄的空间中展现自己。这种桎梏的解脱还不得不依赖非逻辑的感性表达或者简单逻辑的复杂堆积，这就使得任何新兴哲学思想的表达都不得不呈现出繁琐与艰涩。如果牛顿的思想仅仅用传统的代数工具来表达，也就不会有其所展现出来的精炼与精美。伽利略在表达他与牛顿相近的观念时，就要繁琐艰涩得多。

未来逻辑的发展空间可能会在系统论展现的领域中。今天系统论逻辑的粗浅，则恰恰提供了广泛的拓展可能性。但它的发展则必须依赖新文化表达新观念的任务拉动。那种在数学工具中钻牛角尖的闭门造车不会有太大的成就。牛顿关于微积分的精妙思想绝不是仅仅是封闭在对初等函数的审视中就爆发出来的，他的数学发现来自数学以外的思考成果与表达需求。

人类的新文明需要新文化，新文化来自对既有文化的整合与创新。人类的新文化需要新哲学，新哲学也必然是对既有哲学的整合与创新。人类的新哲学需要新逻辑，新逻辑也是对既有逻辑的整合与创新。

新文化的出现来自文化之外的人类新的生存需求。新哲学的出现来自对哲学之外的文化问题的回答与安置。新逻辑的出现来自逻辑以外的哲学体系的拉动与表达的需要。

附　录

下卷目录

下卷　人类的物质环境

第九篇　社会的存在

第十二篇　社会的活动

第十四篇　社会的权力

后 记

本书是十五个寒暑趴书桌敲键盘的成果。思想的成熟离不开公共化表达与交流，离群索居并非做学问的好方法。

作为我最早听众的谢凤清女士，十几年来坚持不懈地为我联络与维系了几个重要的文化平台，为我创造了公共化表达的条件。周澍先生在自己十分困难的创业状态中，为我提供了第一个公共文化环境。深圳市图书馆的南书房读书沙龙，则连续六年每周一次为我提供了优越的讲堂条件。我的很多听众在这里凝聚，我的很多灵感在这里酝酿。

这样一本可能小众而似乎有些敏感的书稿能够顺利出版，则仰仗了我多年的挚友陈平先生的联络与推介，他的哲学科班出身也为我提供了不少帮助。九州出版社原总编张海涛先生，二分社社长周春女士，他们对书稿的理解，他们为编审与编辑印刷奉献的心力，使得本书的出版格外顺畅。

所有这些，一并在此深表谢意！

作 者
2019 年 6 月